1979-2005

中国借用国外贷款

China's Experience with the Utilization of Foreign Funds

国家发展和改革委员会利用外资和境外投资司 编

中国计划出版社

图书在版编目（CIP）数据

1979～2005中国借用国外贷款/国家发展和改革委员会利用外资和境外投资司编.—北京：中国计划出版社，2009.1

ISBN 978－7－80242－244－5

Ⅰ.1… Ⅱ.国… Ⅲ.贷款－外资利用－概况－中国－1979～2005 Ⅳ.F832.6

中国版本图书馆 CIP 数据核字（2008）第135865号

1979～2005中国借用国外贷款

国家发展和改革委员会利用外资和境外投资司 编

☆

中国计划出版社出版发行

（地址：北京市西城区木樨地北里甲11号国宏大厦C座4层）

（邮政编码：100038 电话：63906433 63906381）

新华书店北京发行所发行

北京雅昌彩色印刷有限公司

889×1194毫米 1/16 53.75印张 1586千字

2009年 1月第1版 2009年1月第1次印刷

印数1－3500册

☆

ISBN 978－7－80242－244－5

定价：480.00元

《1979～2005中国借用国外贷款》编委会

主　编　孔令龙　刘旭红

副主编　郑持平　冯宝山

编委会　(按姓氏笔划排序)

孔令龙　叶振东　冯宝山　刘旭红　刘　霞
肖　俊　李果辉　郭　锐　郑持平　潘　军

"中国借用国外贷款回顾与展望"课题组

课题组长　刘旭红　叶辅靖

副 组 长　李果辉　郑持平　冯宝山　姚淑梅　曲凤杰

成　　员　(按姓氏笔划排序)

马　强　叶振东　叶辅靖　冯宝山　刘旭红
刘　霞　李果辉　曲凤杰　肖　俊　张　宏
张岸元　房　伟　郑持平　郝　洁　姚淑梅
郭　锐　潘　军

CONTENTS

1979-2005

中国借用国外贷款

China's Experience with the Utilization of Foreign Funds

目　录

地方和部门篇

CONTENTS

CONTENTS

企业及专题篇

CONTENTS

附录：地方项目汇总表

PREFACE

序

新中国借用国外贷款始于建国初期。五十年代，我国曾向前苏联等社会主义国家借款。此后，随着双边关系的变化，借贷关系很快结束，被迫提前还款对当时的国民经济正常运行带来了很大压力。在整个六、七十年代，由于种种原因，我国与国际金融市场很少来往。“既无内债、也无外债”的思想成为借用国外贷款加快经济发展的障碍。

党的十一届三中全会以后，我国进入了改革开放的新时期。根据对外开放的基本方略，本着以我为主、为我所用的方针，我国开始了借用国外贷款加快国内发展的新阶段。借用国外贷款弥补了我国资金、外汇缺口，引进了先进技术设备，促进了经济社会发展，推动了思想观念转变和体制机制创新，加快了我国改革开放的进程。在国家经济和社会发展战略和规划的指导下，以优先发展的区域、行业、项目为重点，一大批借用国外贷款项目的建设，缓解了发展的瓶颈制约，改善了投资环境，为外商直接投资大量进入奠定了基础。通过借用国外贷款，我国密切了与国际金融组织、贷款国政府、国外金融机构的关系，扩大了我国的国际影响。借用国外贷款还培养了大批人才，积累了管理经验，提升了管理能力，形成了有中国特色的管理体系，为其他发展中国家借用国外贷款提供了有益经验。在不断变化的国内外金融形势下，我国有效控制了外债风险，成功抵御了亚洲金融危机的冲击，维护了国家经济安全。

当前，我国经济和社会发展进入新的阶段，借用国外贷款面临新的机遇和挑战，在相当长的时期内，我国仍将是中低收入的发展中国家，仍需通过各种形式大量吸收国外资本并与国内生产要素相结合，促进经济又好又快发展。随着我国金融对外开放的稳步发展，中国与国际金融市场的交往进一步密切、借贷关系市场化水平进一步提高。在新形势下，借用国外贷款工作必须与时俱进，再上新台阶。

一、以科学发展观统领利用外资工作全局。党中央提出的科学发展观是新形势下指导国民经济和社会发展的指南，在利用外资工作中也必须贯彻落实好，从而为实现全面协调可持续发展做出新的、更大的贡献。在利用外资规模上，不仅要注重数量，更要注重质量，进一步推动利用外资从“量”到“质”的根本转变。在利用外资内容上，不仅要引进“硬件”，更注重引进“软件”，使利用外资的重点从弥补资金、外汇不足切实转到引进先进技术、管理经验和高素质人才上。在利用外资投向上，不仅注重经济发展领域，也要注重社会发展领域，更加注重生态建设、环境保护、资源能源节约与综合利用。在利用外资引进技术上，不仅注重引入而且重视消化吸收。要切实把利用外资同提升国内产业结构、技术水平结合起来，使利用外资“引进来”与境外投资

“走出去”更好地结合。

二、积极应对国际经济、金融发展变化趋势。当前，世界经济发展不确定性增加，国际金融、货币体系动荡加剧，对我国借用国外贷款产生相应影响，对外债管理工作提出了新的要求。主要经济体利率走势有上扬之势，贷款成本上升。借用国外贷款必须密切跟踪国际经济和金融形势的变化，控制贷款风险，维护境内贷款主体的利益。

三、适应我国加入世界贸易组织、对外开放度不断提高的要求。加入WTO标志着我国对外开放进入更大程度、更广范围、更深层次的新阶段。中国经济与世界经济的联系日趋紧密、相互间的影响不断加深。借用国外贷款工作必须适应加入WTO、与国际接轨的大环境。进一步巩固、发挥和创造我国的比较优势，实施互利共赢的开放战略，在更大范围、更广领域和更高层次上积极参与国际经济科技合作与竞争。

四、符合新时期国民经济和社会发展战略和规划的要求。必须统筹国内发展和对外开放，妥善处理好利用外资与国际收支平衡、利用外资与用好国内资金之间的关系，促进国内产业结构、区域经济结构的调整优化，切实提高利用外资的质量；推动建立更加开放的自主创新体系，增强集成创新能力和引进消化吸收再创新能力；在扩大开放中积极主动抵御和化解各类风险，切实保障国家经济安全。

因此，全面回顾改革开放以来我国借用国外贷款事业所走过的历程，系统总结不同时期的特征、不同条件下借用国外贷款的经验和教训，准确把握未来一个时期不同国外贷款提供主体的发展趋势，是非常重要、非常必要的。在此基础上，积极探索有效发挥国外贷款作用的新举措，更好地发挥国外贷款在现代化建设中的积极作用，抓紧解决存在问题，不断改革创新，走出新路子，实现新发展，为全面贯彻落实科学发展观，构建社会主义和谐社会做出新的贡献。

国家发展改革委外资司在繁忙工作中，组织各方面力量对改革开放以来中国借用国外贷款工作进行了回顾和总结，编撰完成了《1979～2005中国借用国外贷款》一书。该书回顾了27年来我国借用国外贷款走过的历程，总结了成就与经验，剖析了问题和教训，对新时期借用国外贷款趋势进行了展望。我相信，本书不仅对我国进一步改进借用国外贷款工作，提高利用外资的质量和水平有所助益，国际各类贷款提供主体、广大发展中国家也能从中获得启示。

張曉强

2008年1月3日

FORWORD

1979-2005
中国借用国外贷款
China's Experience with the Utilization of Foreign Funds

前　言

借用国外贷款是我国利用外资的重要组成部分，是贯彻落实党中央、国务院改革开放重大决策和经济发展战略的具体措施，是我国参与国际经济交流与合作的重要方式。

我国借用国外贷款始于1979年，历经“六五”至“十五”五个五年计划期，至2005年已逾25年。截至2005年底，我国累计借用国外贷款约2520亿美元，主要用于交通通讯、能源、原材料、农业、林业、水利、机电、轻工、纺织、城建、环保、教育、卫生等领域，弥补了建设资金（特别是外汇）不足，加速了国民经济的起飞和发展；引入了先进的发展理念，进行了大量有关改革创新的探索与实践，有力地促进了相关领域的改革开放；支持了一大批基础设施项目建设，有效缓解了能源、交通等国民经济发展的“瓶颈”制约，改善了投资环境，为我国大量吸收外商直接投资奠定了坚实的基础；引进了先进技术设备和管理经验，提升了产业技术水平，培养了人才，增强了企业竞争力；促进了环境保护和区域协调发展，为减少贫困和实现可持续发展做出了积极贡献。与多边、双边优惠贷款及国际商业贷款机构建立了良好的合作关系，逐步形成了一整套具有中国特色的国外贷款管理体系，较好地实现了贷款项目的预期目标，得到了国际社会的高度评价。

进入“十一五”时期，借用国外贷款工作面临着前所未有的复杂局面。一方面，我国已进入全面建设小康社会、加快推进社会主义现代化的新的发展阶段，对国外贷款的需求依然旺盛，同时，也具备有利于借用国外贷款的条件；另一方面，国内资金相对充裕，国际收支持续“双顺差”压力很大，同时，国际组织和双边政府贷款的优惠程度趋于减弱。新时期、新阶段、新局面给国外贷款工作带来了新的机遇，提出了新的挑战。如何在借用国外贷款工作中贯彻以科学发展观统领全局、构建社会主义和谐社会的战略思想，是摆在我们面前的重要课题。在这种情况下，对改革开放以来我国借用国外贷款的历程、成就、经验和问题等进行全面系统的回顾与总结十分必要和迫切。

自2005年开始，国家发展改革委外资司组织全国各地方发展改革委、各有关部门以及中央直属企业开展了“借用国外贷款二十五年回顾与总结”工作，进行了大量的调查研究和历史资料收集、整理、分析工作，完成了各自的总结报告。在此基础上，国家发展改革委外资司会同国家发展改革委对外经济研究所开展了中国借用国外贷款回顾和展望课题研究，撰写了“中国借用国外贷款回顾和展望”总报告。此后，国家发展改革委组织地方发展改革委和有关部门对总报告进行了研讨和审改。汇集上述成果的《1979～2005中国借用国外贷款》，分为“综合篇”、“地方和部门篇”、“企业及专题篇”三部分。“综合篇”是从国家发展改革部门的视角，对我国改革开放以来借用国外贷款工作进行了全面系统的分析和总结；“地方和部门篇”是地方和部门借用国外贷款工作实践的总结汇编；“企业及专题篇”是从不同侧面对借用国外贷款典型案例的深入剖析。书中所采用的数据源自国家发展改革委国外贷款项目管理信息系统、各地方和各部门所提供的贷款项目信息、有关部门的工作统计、世界银行、亚洲开发银行的统计资料。这些资料比较准确、全面地反映了改革开放以来我国借用国外贷款的情况。

愿此书的出版有助于各地方、各有关部门从事利用外资工作的同志相互学习借鉴，能为研究中国借用国外贷款问题的专家学者和所有关心中国借用国外贷款工作的朋友提供丰富生动的资料。

尽管编者和相关人员做了大量工作，但由于资料浩繁，时间跨度较大，疏漏之处在所难免，敬请读者批评指正。

国家发展改革委外资司
2008年1月3日

1979-2005
中国借用国外贷款
China's Experience with the Utilization of Foreign Funds

综合篇

China's Experience with the Utilization of Foreign Funds

中国借用国外贷款回顾与展望

第一章 我国借用国外贷款的成就和经验

自1979年至2005年，我国借用国外贷款①累计约2520亿美元②，主要用于铁路、公路、港口和民用航空业等交通基础设施，电力、石油和煤炭等能源基础产业，钢铁、有色金属、石化、化工、建材、医药等原材料工业，机械、电子、轻工、纺织等加工工业，以及农业、林业、水利、通讯、城建、环保、教育和卫生等领域，有力地促进了我国国民经济和社会事业的发展，推动了相关领域的改革开放。

第一节 借用国外贷款概述

20多年来，我国借用国外贷款从探索、发展到逐步走向成熟，形成了“借、用、还”的良性循环。筹资渠道不断拓宽，筹资方式日趋多元化，已同世界银行、亚洲开发银行等国际金融组织确立了长期稳定的合作机制，与20多个国家建立了双边政府贷款关系，并同国外金融机构开展了多种方式的国际商业贷款业务。绝大多数国外贷款项目达到了预期目标，取得了较好的经济和社会效益，得到了国际金融组织等国外贷款机构的高度评价，维护和增强了我国的对外信誉。

一、规模和来源

1979至2005年，我国累计借用中长期国外贷款约2520亿美元。其中，国际金融组织贷款约580亿美元，占贷款总额的23%；外国政府贷款约650亿美元，占25.8%；国际商业贷款约1290亿美元，占51.2%（见图1.1）。

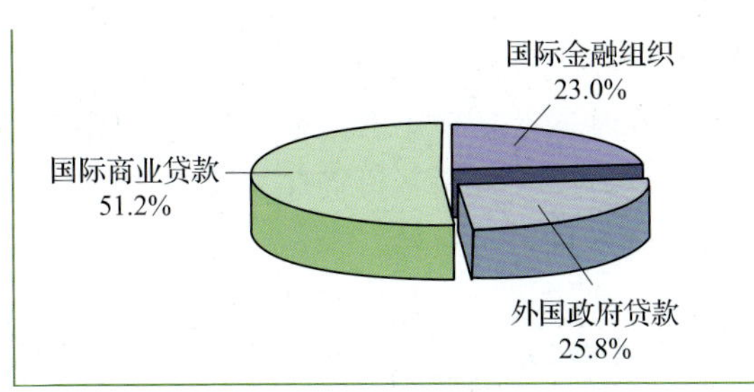

图1.1 我国借用国外贷款资金来源

二、行业和领域

1979到2005年，国外贷款共支持了近万个投资项目，分布在各个重要领域（见图1.2）。其中，能源占25.5%，交通通信31.6%，原材料12.7%，城建环保8%，农业、林业和水利6%，机械、电子、轻工和纺织6%，教育、卫生等社会发展领域2.3%，其他7.8%③。各个时期借用国外贷款的行业和领域投向重点，由我国政府依据国家发展战略和产业政策，结合不同渠道贷款资金的特点，相应进行调整。20世纪80年代，国外贷款主要用于交通通信、能源和重要原材料领域；90年代，在继续重点投向交通、能源和原材料领域的同时，增加了对农业、林业、水利及扶贫的投入，并开始

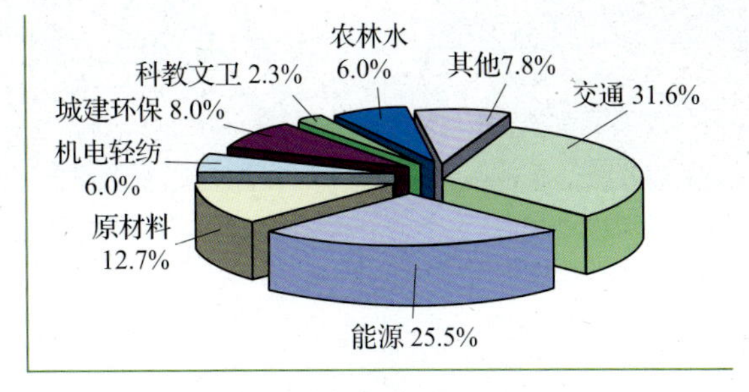

图1.2 借用国外贷款的行业投向

① 本文中国外借款是指贷款期限在一年以上的国外借款，但不包括外商投资企业的国外借款。

② 报告中所引用的数据，如无特殊说明，都来自于国家发展改革委“国外贷款项目管理信息系统”，以及各有关部门和地方发展改革委提供的数据。

③ 不包括金融机构借用国外贷款后自主选择项目发放贷款部分。这部分约占1979年至2005年我国借用国外贷款总额的11.5%。

注重环境保护和社会发展领域；2000年以后，进一步加大了对环境保护、清洁能源和可再生能源、资源节约、医疗卫生、文化教育的倾斜力度。

三、区域分布

我国借用国外贷款涉及全国[①]所有省、自治区、直辖市，其中东部沿海地区约占58%，中部地区21.3%，西部地区20.7%[②]（见图1.3）。随着国家区域发展战略的调整，国外贷款的区域投向也相应变化。20世纪80年代到90年代中期，我国实行东部沿海地区率先发展的区域战略，国外贷款重点投向东部沿海地区，加快了沿海地区基础设施建设和基础产业的发展，加速了投资环境的改善，为沿海地区经济腾飞创造了条件。

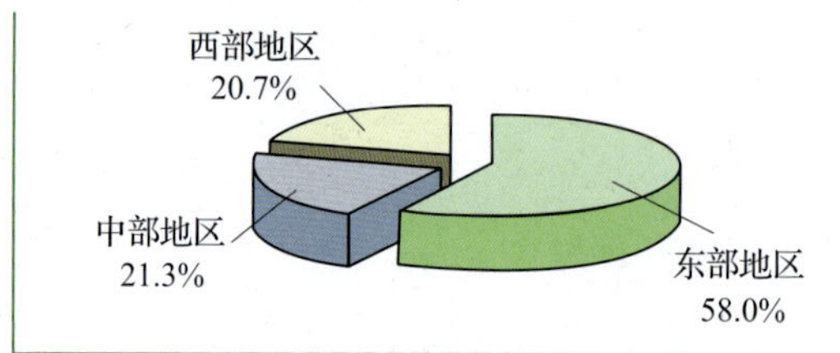

图1.3　我国借用国外贷款区域分布

20世纪90年代中期以后，为了配合国家“西部大开发”、“振兴东北等老工业基地”、“中部崛起”等区域发展战略的实施，国外优惠贷款开始向中西部及东北等老工业基地大幅度倾斜。“九五”计划期间，国际金融组织和外国政府贷款60%以上投向中西部地区，“十五”计划期间，这一比例提高到80%以上。

云南鲁布革水电站项目，总投资17.7亿元，其中借用世界银行贷款1.45亿美元，为我国借用国外贷款建设的第一个水电项目

四、外债状况

20多年来，我国始终保持了适度的外债规模和基本合理的外债结构，负债率和债务率一直处于国际通行的安全线之内[③]（见图1.4），做到了借之有道，用之有效，还之有信，有效防范了外债风险。特别是80年代后期至90年代，在我国对外贸易规模相对较小、产品出口能力较弱的条件下，我国采取正确的宏观调控措施，较好地解决了借用国外贷款支持经济建设和外债偿还压力较大之间的矛盾，经受住了亚洲金融危机的考验。

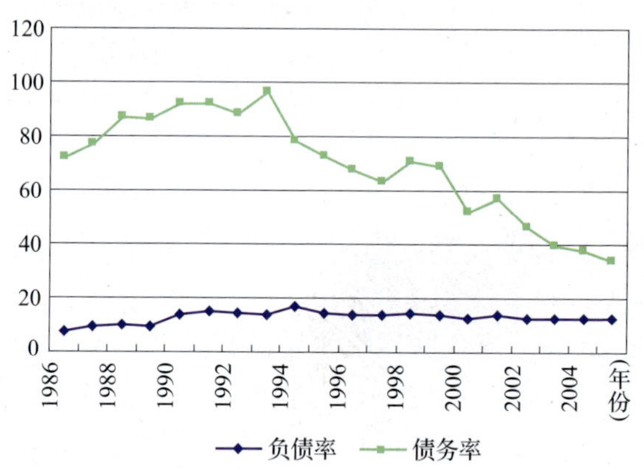

图1.4　1986～2005年我国负债率、债务率

2005年底，我国外债余额为2810亿美元，其中中长期外债(剩余期限)余额为1249亿美元。从国际通用的外债指标看，2005年我国外债偿债率为3.1%，债务率为33.6%，负债率为12.6%，短期外债与外汇储备之比为19.1%，上述债务警戒指标均在国际通行的安全线以内。

五、管理和监督

在借用国外贷款管理方面，我国立足中国国

① 台湾和港澳地区资金视同外资。

② 不包括跨区域项目（下同）。东部地区包括北京、天津、河北、上海、江苏、浙江（含宁波）、福建（含厦门）、山东（含青岛）、广东（含深圳）、海南、辽宁（含大连）11个省（直辖市），中部地区包括山西、安徽、江西、河南、湖南、湖北、黑龙江、吉林8个省，西部地区包括广西、重庆、四川、贵州、云南、西藏、陕西、甘肃、青海、宁夏、新疆、内蒙古12个省（区和直辖市）。

③ 衡量外债规模通常有三大指标：一是外债偿债率，即年度外债本息偿还额与当年贸易和非贸易外汇收入之比（按不同国家，参考线约为20%至30%）；二是负债率，即外债余额与当年国内生产总值之比（按不同国家，参考线约为20%至30%）；三是债务率，即外债余额与当年贸易和非贸易外汇收入之比（按不同国家，参考线约为100%至165%）。

情，借鉴国际经验，经过多年的实践和探索，在国外贷款规划管理、项目和资金管理、外债管理和统计监测，以及贷款项目的审计、稽查等方面，逐步建立起比较完整的、有中国特色的借用国外贷款管理法规体系，形成了职能明确、责任落实、配合协调、运转高效的监管机制。

第二节　借用国外贷款的发展历程

1978年12月，中共中央工作会议明确提出了改革开放的基本方针。党的十一届三中全会提出，在自力更生的基础上积极发展同世界各国平等互利的经济合作，努力采用世界先进技术和先进设备，并大力加强实现现代化所必需的科学和教育工作。同年，国务院作出了统借统还外汇引进技术和进口设备的决定。1979年1月，首批借用国际商业贷款项目正式签约，拉开了通过借用国外贷款、引进国外资金和技术，加快我国国民经济发展步伐的序幕。25年来，我国借用国外贷款从“五五”计划末期的100亿美元，累计增加到“十五”计划末的约2520亿美元（见图1.5），相继经历了探索起步、加速发展、持续增长、平稳发展和协调发展几个阶段。

一、改革开放初期到“六五”计划时期——探索起步阶段（1979～1985年）

改革开放初期我国经济基础薄弱，急需大量资金（特别是外汇）进行经济建设。1979年1月，由国家统借的首批国际商业贷款项目正式签约，共安排了内蒙古的元宝山电站项目等一批大型成套设备引进项目（即“22项”）。自此,我国迈出了利用国外资金支持国民经济建设和社会事业发展的关键一步。

“五五”末期，我国借用国外贷款主要用于中央直属项目建设，从“六五”初期开始，国外贷款投向迅速扩展到各省、自治区、直辖市的地方项目。“五五”计划末期至“六五”计划时期，我国借用中长期国外贷款245亿美元，其中国际金融组织贷款占17%,外国政府贷款占25.2%，国际商业贷款占57.8%（见图1.6）。

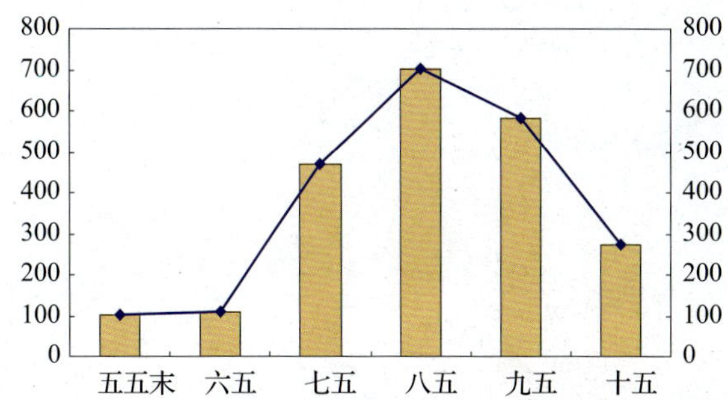

图1.5　“五五”计划末期至“十五”计划期间借用国外贷款情况（单位：亿美元）

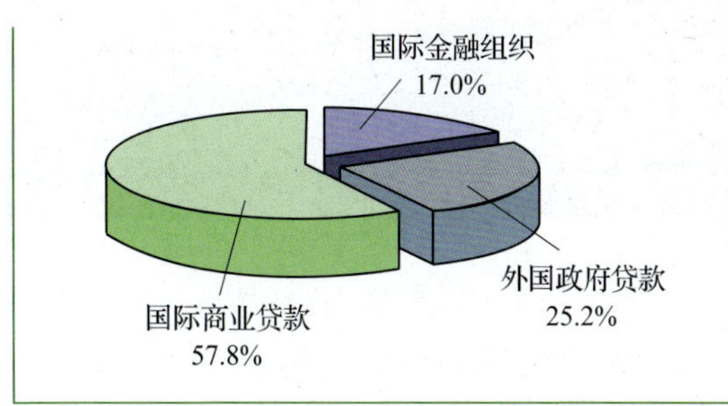

图1.6　“五五”计划末期至“六五”计划期间借用国外贷款资金来源

根据国家集中必要资金加强能源、交通等重点建设，以及优先发展沿海地区的战略部署，国外贷款集中投向了能源、交通、原材料工业领域，重点支持了华北油田、大庆高台子油田、开滦钱家营

中石油南堡油田勘探开发项目，建设开发100万吨原油生产能力，总投资30.8亿元，其中借用日本政府能源贷款356.87亿日元。图为1号人工岛地面工程建设场景

广东大亚湾核电站项目借用国际商业贷款约37亿美元，是我国大陆首座大型商用核电站，也是我国最大的国外贷款项目。图为大亚湾核电基地

煤矿、古交(西曲、钱家营、镇城底、马兰)煤矿等大型石油、煤炭基地项目，兖石线、京秦线、北同蒲电气化等铁路干线，上海宝钢一期工程、大庆石化工程、齐鲁石化厂等大型钢铁、石化项目建设等。教育作为我国长期发展战略的重点，从“六五”初期至今，一直在我国借用国外贷款中占有一定的比例。从区域投向看，“五五”末至“六五”计划时期，东部地区借用国外贷款占各地方借用总额的66.6%，中部地区占21.6%，西部地区占11.8%。

“五五”至“六五”计划期间，我国借用国际金融组织贷款42亿美元。1980年，我国恢复了在国际货币基金组织和世界银行的合法席位。1981年3月，第一笔2亿美元世界银行贷款正式签约，邓小平同志亲自决策，将这笔贷款全部用于教育部直属28所重点大学配置教学设备和人员培训。我国借用国际货币基金组织贷款仅两笔：先后于1981年和1986年向国际货币基金组织借入7.6亿特别提款权和6亿特别提款权，用于平衡我国国际收支并提前偿还。1981年，我国开始使用国际农发基金贷款，第一个项目是黑龙江省的北方草原畜牧发展项目，贷款额约1260万美元。

我国借用外国政府贷款62亿美元。1979年11月，比利时政府在欧洲国家中率先承诺向我国提供政府贷款，第一个项目是河南平顶山姚孟电站（两台30万千瓦坑口发电机组）建设。同年12月，日本政府通过海外经济协力基金向我国提供日元贷款，第一批贷款3300亿日元，主要用于北京至秦皇岛、兖州至石臼所铁路和秦皇岛二期煤码头、石臼所港、大庆油田和宝钢建设。“六五”期间，向我国提供政府贷款的国家或机构增加到16个，分别是日本、比利时、意大利、科威特、丹麦、荷兰、瑞典、芬兰、瑞士、澳大利亚、德国、法国、西班牙、奥地利、挪威和北欧投资银行。

我国借用国际商业贷款142亿美元。1979年1月，财政部以主权债的方式借用了第一笔国际商业贷款。1982年，中国国际信托投资公司在日本发行了100亿日元武士债券。这是新中国成立后，在国际资本市场上首次通过发行债券方式筹集外资。此后，福建国际信托投资公司、中国银行也先后在日本市场上发债筹资。

二、“七五”计划时期——加速发展阶段（1986～1990年）

“七五”计划期间，我国加快了改革和开放的步伐，借用国外贷款呈现加速发展态势。借用国外贷款542亿美元，比“六五”计划时期增加了近3倍。在资金来源中，借用国际金融组织贷款占13.9%，外国政府贷款占25.3%，国际商业贷款的比重占60.8%（见图1.7）。

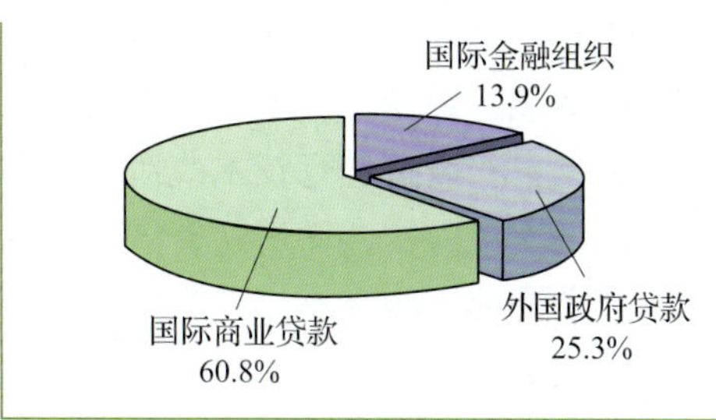

图1.7 “七五”计划期间借用国外贷款资金来源

根据“七五”计划提出的合理调整投资结构，加快能源、交通、通信和原材料工业建设，把建设重点转移到现有企业技术改造和改扩建上来的要求，国外贷款进一步加大了对能源、交通、通信和原材料工业的支持力度，重点建设了一大批燃煤发电厂、水电站、高压输电工程、煤矿、石油勘探及开发、铁路电气化、港口、邮电通讯、钢铁、有色、石化、建材项目。加大了对机械、电子、轻工和纺织等行业以及出口创汇企业的技术改造和改扩建等领域的投入。在区域投向上，进一步加大了向沿海地区的倾斜力度，“七五”计划期间，东部地区借用国外贷款占各地借用国外贷款总额的69.8%，中部地区占15%，西部地区占15.2%。

“七五”计划期间，我国借用国际金融组织贷款76亿美元。1986年我国正式成为亚洲开发银行成员。1987年，我国向亚洲开发银行筹借的第一个借款项目—中国投资银行中间转贷项目签约。自此亚洲开发银行成为我国借用国际金融组织贷款的重要资金来源之一。

我国借用外国政府贷款138亿美元。1988年，除第二批日元贷款外，日本政府还向我国提供了1000亿日元（当时约合7亿多美元）的“黑字还流”贷款，主要用于农业和机电轻纺行业几百个中小型出口商品基地建设项目，重点是对出口企业进行技术改造，提高创汇能力。除农业外，项目主要集中在沿海地区。“七五”期间，对我国提供政府贷款的国家和机构增加了加拿大、英国、卢森堡和北欧发展基金。

我国借用国际商业贷款329亿美元，主要采用借用外国银行和金融机构贷款、买方信贷、境外发行债券和国际融资租赁等方式。与“六五”计划期间比较，外国银行和金融机构贷款、国际租赁、出口信贷，以及境外发行债券等均有较大幅度的增长。

从1984年开始，我国出现经济过热局面，政府出台一系列控制社会固定资产投资和消费过快增长的措施。为了保证能源、交通、原材料等领域重点项目建设，缓解国民经济发展的“瓶颈”制约，仍然扩大借用国外贷款的规模，国外贷款成为一些重大项目投资的重要来源。“七五”计划期间，国外贷款与中央政府预算内投资之比约为56：100，占全社会固定资产投资的比重约为9%，为实现“七五”计划期间经济的平稳发展做出了重要贡献，并为“八五”计划期间吸收外商直接投资大幅增长以及经济快速发展发挥了重要作用。

1989年“六四”政治风波后，西方主要国家暂停了对华优惠贷款。面对这一严峻形势，我国继续坚持改革开放。通过艰苦努力，我国坚定不移推进改革开放的方针得到国际社会的认同和支持。1989年11月，日本政府恢复了对华无偿援助。1990年11月，日本政府决定恢复对华第三批日元贷款。此后，其他外国政府陆续恢复了对华贷款。

大庆30万吨乙烯原料工程，总投资9亿元，借用日本政府日元贷款230亿日元、国际商业贷款101亿日元

三、“八五”计划时期——持续增长阶段(1991～1995年)

以1992年邓小平同志重要谈话和党的十四大为标志，我国改革开放和社会主义现代化建设进入了新的发展阶段，社会生产力、综合国力和人民生活水平上了一个新台阶。“八五”计划期间，借用国外贷款持续快速增长，是我国借用国外贷款规模最大的一个五年计划时期。借用国外贷款769亿美元，在“七五”大规模借用国外贷款的基础上，又大幅增加了41.9%。其中国际金融组织贷款占23.8%，外国政府贷款占28.5%，国际商业贷款占47.7%（见图1.8）。

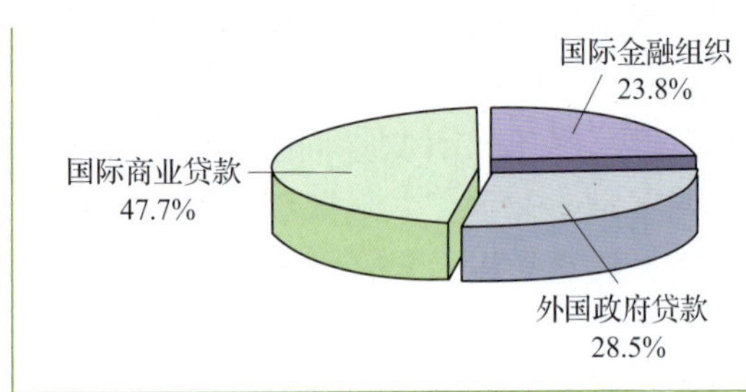

图1.8 “八五”计划期间借用国外贷款资金来源

根据国民经济和社会发展十年规划及“八五”计划纲要提出的积极调整产业结构，重点加强农业、基础工业和基础设施，改组改造和提高加工工业的要求，国外贷款继续重点投向能源、交通、通信基础设施以及重要原材料工业等领域，此外，国际金融组织贷款等条件比较优惠的贷款，增加了对农业、林业、水利以及环境保护等领域的投入，国际商业贷款则在机械、电子、轻工、纺织等加工工业领域进口先进技术和设备进行技术改造和改建、扩建等方面加大了支持力度。借用国外贷款的区域投向继续以东部沿海地区为重点。“八五”期间，东部地区借用国外贷款占地方借用国外贷款总额的63.3%，中部地区占20.9%，西部地区占15.8%。

“八五”期间，我国借用国际金融组织贷款183亿美元。从1991年开始，我国借用国际金融组织贷款进入了高速发展时期，尤其是1993至1995年借用世界银行和亚洲开发银行贷款金额达到了空前的高峰，年贷款额40亿美元以上。自1992年起，我国曾连续多年保持世界银行第一大借款国地位，1994年成为亚洲开发银行第一大借款国。

借用外国政府贷款219亿美元。外国政府贷款渠道进一步拓宽，俄罗斯、韩国和以色列开始对我国提供政府贷款。

借用国际商业贷款366亿美元。“八五”期间，在引入国际商业贷款新方式方面迈出了新步伐。从1994年起，经国务院批准，我国开始进行国内企业发行境外可转换债券的试点。试点企业是中国南玻集团股份有限公司、上海轮胎橡胶（集团）股份有限公司和中国纺织机械（集团）股份有限公司，三家企业均为B股上市公司。1995年7月，中国南玻集团股份有限公司在瑞士发行了5年期共4500万美元的境外可转换债券。原国家计委还会同有关部门开始了对项目融资方式的研究探索。

“八五”计划末期，根据我国国民经济发展和国际收支状况的变化，政府加强了对借用国际商业贷款的管理，开始严格控制借用国际商业贷款的规模。

厦门港东渡港区二期和三期工程于1993年投入使用，借用世界银行贷款3600万美元、亚洲开发银行贷款5000万美元

四、“九五”计划时期——平稳发展阶段(1996～2000年)

1997年亚洲金融危机之前，我们及时提出了加强外债风险管理的预防措施，严格控制外债总量。在国外贷款资金来源方面，

积极争取国外优惠贷款，严格控制借用国际商业贷款的规模。“九五”计划时期，我国克服了亚洲金融危机的不利影响，借用国外贷款总体呈现平稳发展态势。借用国外贷款594亿美元，保持了较大的借用国外贷款规模。各种资金来源中，国际金融组织贷款占27.9%，外国政府贷款占26.6%，国际商业贷款占45.5%（见图1.9）。其中，国际商业贷款规模大幅减少，比“八五”计划期间减少了27%。

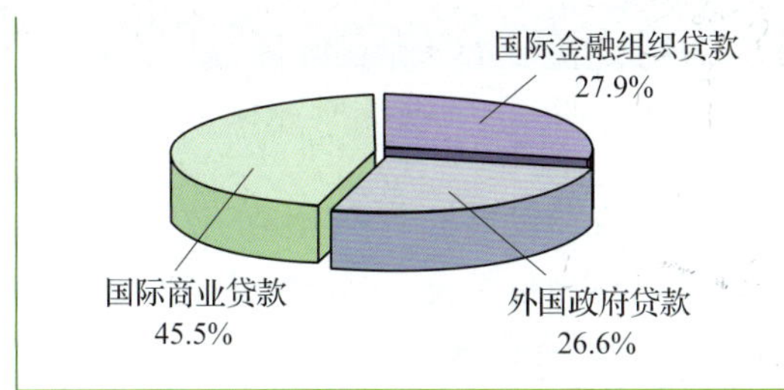

图1.9　“九五”计划期间借用国外贷款资金来源

“九五”计划提出实行适度从紧的财政、货币政策，集中力量保重点，加强农业、水利、能源、交通、通信和支柱产业的重点建设，加快现有企业和老工业基地改造和调整的步伐。同时提出了地区经济协调发展，逐步缩小地区发展差距以及鼓励和引导非公有制经济发展的战略任务。根据“九五”计划要求，以及国内、国际条件的变化，借用国外贷款在行业和区域投向上进行了调整。由于能源与重要原材料工业的投资来源多样化，借用国外贷款的规模明显降低。交通行业借用国外贷款继续保持较大规模，国外优惠贷款加大了对水利、生态保护、环境、城市公用工程等基础设施的投资力度。“九五”计划期间，优惠贷款开始向中西部地区倾斜，国际金融组织和外国政府贷款60%以上用于中西部地区。从区域投向看，虽然东部地区借用国外贷款仍占各地方借用总额的53.9%，但中西部地区的比重比“六五”至“八五”计划时期显著提高，中部地区占22.2%，西部地区占23.9%。此外，从1996年开始允许民营企业借用国际金融组织贷款和外国政府贷款。

“九五”时期，我国借用国际金融组织贷款166亿美元。从1999年开始，由于世界银行单一国别贷款余额上限[①]的限制、贷款投向的调整及软贷款的取消，世界银行对我国的贷款明显减少，但亚洲开发银行对华贷款比“八五”计划期间有所增加。

借用外国政府贷款158亿美元，比“八五”计划有所增加。1998年，我国成为日本协力基金贷款签约额最多的国家。外国政府贷款渠道继续得到拓展，增加了波兰政府贷款。但英国、卢森堡、澳大利亚在“九五”期间正式停止向我国提供政府贷款。

借用国际商业贷款270亿美元，其中，约50.4%用于以国际融资租赁等方式引进飞机和建设大型核电站。自1996年4月起，借用国外贷款实行全口径管理，内资企业和银行等金融机构以各种方式借用中长期国际商业贷款全部纳入外债全口径计划管理。1997年亚洲金融危机爆发后，由于我国对借用国外贷款采取严格规范的管理，始终注重防范外债风险，经受住了亚洲金融危机的考验，借用国外贷款保持了平稳发展。

五、“十五”计划时期——协调发展阶段（2001～2005年）

“十五”期间，我国国内建设和对外开放步伐加快，基本形成了全方位、多层次、宽领域的对外开放格局。2001年12月，我国正式加入世界贸易组织，我国经济开始融入世界经济一体化浪潮中。“十五”计划期间，我国实行积极的财政政策和

安徽琅琊山抽水蓄能电站项目，总投资23.3亿元，其中借用奥地利政府贷款约1亿美元。图为电站的地下厂房

① 根据国际复兴开发银行1997年的贷款上限管理规定，这一上限为135亿美元。国际复兴开发银行可以通过特别协议对超过贷款上限135亿美元的部分进行保护，这一协议包括对中国可能采取一系列措施如注销贷款、提前偿还、减少贷款或从复兴开发银行购买特别私募债券等。2005年8月9日，世界银行执董会批准了对单一国家的贷款最高限额提高提高至145亿美元的决定。

稳健的货币政策，大量发行国债用于经济建设，借用国外贷款的需求明显降低。我国借用国外贷款的主要目的已从弥补资金和外汇的总量不足，调整为解决我国区域经济发展不平衡、资金供给与需求不匹配、金融产品品种不全等问题，以及引进国外的先进技术、设备、管理、理念等，更加注重利用外资的质量。“十五”期间我国借用国外贷款约378亿美元，其中国际金融组织贷款占30.7%，外国政府贷款占20.1%，国际商业贷款占49.2%（见图1.10）。

河南省郑州新郑国际机场项目，总投资13.2亿元，借用科威特政府贷款2310万美元

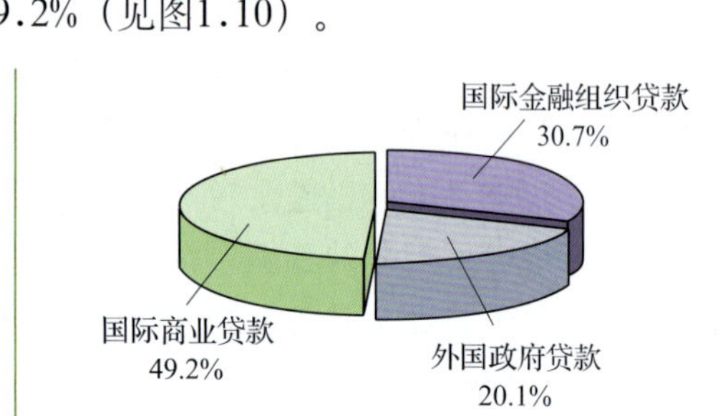

图1.10 “十五”计划期间借用国外贷款资金来源

经济持续快速发展给能源、交通、环境等带来了巨大压力，地区经济发展不平衡问题更加突出。为此，“十五”计划提出要主动全方位地对经济结构进行战略性调整，高度重视人口资源生态和环境问题，把贯彻可持续发展战略提高到一个新的水平。实施西部大开发和振兴东北等老工业基地战略，加快中西部地区发展，合理调整地区经济布局，促进地区经济协调发展；实施“走出去”战略，充分利用国内外两个市场、两种资源。“十五”计划期间，我国借用国外贷款十分重视可持续和协调发展，注重与国债、扶贫等专项资金结合使用，重点投向交通基础设施、城市供排水基础设施、生态建设、环境保护以及社会发展和扶贫项目。约80%的优惠贷款投向了中西部地区和东北等老工业基地，使其更加符合我国产业结构调整，促进了地区经济和社会协调发展。

从区域投向看，东部地区占26.6%，中部地区占31.8%，西部地区占41.6%。

借用国际金融组织贷款116亿美元。与“九五”计划期间相比，国际金融组织贷款的规模明显下降。这一时期，利用国际金融组织贷款加大了环境保护、农业发展扶贫等领域的支持力度，开展了小城镇示范项目建设，与国际金融组织的合作方式得到进一步发展。

借用外国政府贷款76亿美元。受日本国内政策影响，日本政府于2001年开始调整对华日元贷款政策，我国借用日元贷款规模逐年大幅下降，由2000年的2000多亿日元下降到2005年的748亿日元。2004年底，日本政府决定2008年停止对华日元贷款。2003年，沙特阿拉伯政府开始向我国提供政府贷款。2004年10月，法国开发署开始向我国云南等7个中西部省市节能、可再生能源、环保以及农业发展等领域提供发展援助贷款。2005年6月，德国复兴信贷银行向我国提供促进贷款，支持环境保护、能源交通基础设施、供排水等城市基础设施、医疗、生产安全和研发以及金融等领域促进发展的项目。2005年，加拿大和瑞士分别停止向我国提供政府贷款。

借用国际商业贷款186亿美元。从2004年下半年开始，将境内外资银行借用商业贷款纳入了全口径计划管理范围。“十五”计划期间，财政部、政策性银行境外发行外债和外资银行借用国际商业贷款占国际商业贷款的76.3%。政策性银行发债资金主要用于支持海外投资项目和国内大型项目，外资银行借入的外债主要投向符合国家产业政策的石化、化工、电子、轻工等项目。其余国际商业贷款重点支持了需引进的先进重大技术装备和关键设备，如民用航空业大型飞机、大型铁路技术设备，以及支持有条件的大型企业到国际资本市场融资，如青岛啤酒、大唐发电公司境外发行可转换债券。国际商业贷款弥补了国内金融机构金融品种的不足，降低了企业的融资成本。2005年10月，国际金融公司和亚洲开发银行分别在我国发行了11.3亿元和10亿元10年期人民币债券，用于向国内企业提供贷款，首次出现了以人民币为币种的国际商业贷款。

第三节 借用国外贷款取得的成就

20多年来，在“积极、合理、有效”的利用外资方针指引下，我国借用国外贷款取得了巨大成就，弥补了国内建设资金的不足，引进了先进的发展理念，有力地促进了国民经济的快速发展，推动了改革开放，促进了技术进步和创新，产生了较大的经济、社会、环境等效益，对促进国民经济和社会全面协调可持续发展，建立和完善我国社会主义市场经济体制发挥了重要作用。

一、有效弥补了国内建设资金（特别是外汇）不足，为缓解能源、交通等经济发展的“瓶颈”制约，改善国际收支状况做出了重要贡献

改革开放初期，我国是一个既缺资金、又缺外汇的典型“双缺口”经济体，长期以来，能源和一些主要原材料供应紧张，交通运输特别是铁路运输能力严重不足，成为制约经济发展的瓶颈。国外贷款对这些瓶颈产业进行了针对性的投资倾斜，从1979年到“八五”计划末期，能源行业使用国外贷款达409亿美元，交通行业385亿美元，原材料行业236亿美元，与国内资金相配合，建设了一大批能源、交通以及原材料等基础设施和基础产业项目，如大秦线、衡广复线、郑宝线电气化、郑武线电气化、京九铁路、宝中线、浙赣复线、南昆铁路、京郑线电气化等干线铁路，京津塘高速公路、沪杭高速公路（上海段）、广深珠高速、杭甬高速、西安-宝鸡高速、国道319、国道316、国道210、成渝公路等公路项目，秦皇岛港、天津港、上海港、深圳港等沿海主要港口项目，北京、上海、成都、武汉、厦门、乌鲁木齐等十多个干线机场，宝钢、武钢、鞍钢、莱钢、本钢等企业的钢铁项目，上海石化、齐鲁石化等企业的大型乙烯工程，以及安徽宁国水泥厂、铜陵水泥厂、冀东水泥厂、湖北华新水泥厂、广东云浮水泥厂、珠江水泥厂等建材项目等。

这一时期，我国国际收支状况同样面临巨大压力。1979年我国外汇储备只有0.84亿美元，1980

我国航空公司借用国际商业贷款引进大量飞机，促进了我国航空业的快速发展。图为中国国际航空公司引进的部分大型飞机

年我国出现国际收支不平衡，外汇储备为-1.3亿美元，增加出口创汇成为经济工作的重要目标。国外贷款用于进口重要原材料和关键技术设备，一方面直接弥补了国内外汇不足，另一方面，通过支持出口企业技术改造和升级，提高国际竞争力，增强了出口创汇能力，此外，还通过借用国际货币基金贷款直接用于弥补国际收支逆差，为平衡国际收支发挥了重要作用。

二、引入了先进的发展理念，进行了大量改革创新的探索实践，有力地促进了相关领域的改革与开放

改革开放之初到1991年，借用国外贷款是我国利用外资的主要方式。通过与国际金融组织、外国政府及国外金融机构的贷款合作，我们拓展了视野，了解了在国外贷款项目相关领域中发达国家的发展状况和先进的发展理念。

在与国际金融组织合作过程中，以国外贷款项目为载体，国际金融组织提出多项制度性改革建议。在政府治理结构、财政税收、金融、国有企业、社会保障、环境保护、住房制度等多个领域，国际金融组织专家发表很多有关我国的研究报告，为我国改革和发展提供了重要的参考意见。

京九铁路，全长2537公里，总投资269亿元，其中借用亚洲开发银行贷款2亿美元、日本政府日元贷款225亿日元

国际金融组织贷款项目的实施直接推动了相关领域的体制改革和政策调整，如世界银行城市供水贷款项目的实施促进了城市供水体制的市场化改革、水价政策的调整和水务公司治理结构的完善。世界银行疾病预防项目促进了对儿童计划免疫常规程序和慢性病控制新策略的出台；其在环保领域的投资项目及技术援助项目，改善了生态环境，对我国环保领域的政策和制度改革起到了一定的促进作用；世界银行贷款扶贫项目的成功实施，不仅充分验证了综合性扶贫开发模式的有效性，而且通过项目活动的开展，引进了新的发展理念和管理模式，对我国扶贫开发的理论、政策、方法、制度建设等产生了积极影响，推动了我国扶贫管理的改善和制度创新。我国借用国际商业贷款的方式从传统的银行贷款、出口信贷、境外发行债券等方式向项目融资等结构性融资、可转股债券等新方式的延伸，加深了我们对市场经济条件下的金融企业、金融产品和金融业管理的认识，提高了风险管理意识。对借用国外贷款新方式的尝试和探索，对我国金融业的深化改革和扩大开放产生了积极影响。

三、改善了投资环境，为我国大量吸收外商直接投资奠定了坚实的基础

我国借用国外贷款对能源、交通通信、城建环保等基础设施进行了大量投入，在改善投资环境方面发挥了重要作用。20多年来，我国通过国外贷款项目建设，新增发电能力约1亿万千瓦[①]，建成高速公路和高等级公路约14400公里，改造路网1万多公里，新建改建港口深水泊位近100个，新增年吞吐能力约2亿吨，新建、改扩建机场20多个，并采用国际融资租赁方式引进了我国民用航空业的大部分飞机。借用外国政府贷款引进了程控交换机、光缆数据传输、微波通信等一大批先进的邮电通信设备，在较短时期内促进了通信业的跨越式发展。此外，借用国外贷款还建设了大

① 不包括境内金融机构自借国际商业贷款后再发放外汇贷款支持的电力项目以及电力企业境外发行可转换债券筹资建设的电力项目。

宝钢1580热轧项目，借用出口信贷2.7亿美元。图为1580mm热轧带钢轧机生产线

量的城市供排水项目、涉外宾馆等等。借用国外贷款对改善投资环境的作用在80年代及90年代初期尤为突出。随着投资环境的改善，外国投资者逐步扩大了对我国的直接投资规模。自1992年开始，我国吸收外商直接投资超过借用国外贷款成为我国利用外资的主要方式。

四、促进了环境保护和污染治理，为区域协调发展、减少贫困和社会事业发展做出了积极贡献

国外贷款项目率先在固定资产投资项目建设领域突出对环境问题的关注，并在环境保护方面进行了很多超前性和创新性的探索和实践。在农业、能源、交通和城市建设等领域的国际金融组织贷款项目中，都加入了环境保护要求。国际金融组织要求贷款项目出具环境影响评价报告的做法，已在我国国内投资项目中广泛采用。国外贷款用于环境保护、生态建设等项目，如北京环境保护项目、云南滇池整治、松花江流域治理等，在防洪排涝、保持水土、防风固沙、涵养水源和改善空气和水的质量、调节气候等方面起到了积极作用。国外贷款项目的实施，促进了全社会环境保护意识的提高，带动了项目地区在环保方面的投入。

20世纪90年代中后期，国外优惠贷款加大了对中西部地区的倾斜力度，1997～2005年，世界银行贷款的约60%、亚洲开发银行贷款的近50%都投向了中西部地区，国际农发基金贷款和日本政府日元贷款几乎全部投向了中西部地区。国外优惠贷款的投入，支持了中西部地区的基础设施建设，改善了投资环境，对促进区域经济协调发展做出了积极贡献。

在扶贫领域，国际金融组织贷款增加了我国扶贫开发投入总量，加快了项目区扶贫开发的进程。其贷款项目采用综合性扶贫方式，取得了良好的社会效益。土壤改良、农牧产品加工、速生丰产林等农业项目，增强了我国农业综合生产能力，促进了农业增效和农民增收，帮助项目区贫困人口减贫脱贫。

国外贷款项目的实施带来了显著的社会效益。乡村公路建设改善了农村生产生活条件，带动了农村社会由封闭走向开放。城市供水、环境卫生、购置医疗设备等项目推进了城市公共事业的发展。在教育方面，国外贷款既用于高等教育，也用于职业技术教育、基础教育，促进了各类教育事业的蓬勃发展。

五、引进了先进技术设备，促进了自主创新能力建设，提升了产业技术水平，增强了企业竞争力

通过各个领域的国外贷款项目建设，引进了大量国内急需的先进技术和关键设备，如大型发电设备、大型工程机械、铁路技术装备、邮电通信设备等，迅速提高了相关行业的装备和技术水平。同时，通过在国外贷款项目实施中引入“技贸结合”的做法，引进了相关的设备制造技术，推动企业对引进技术的消化吸收，提高了对先进设备的制造和设计能力，加快了设备制造产业技术水平的提升。

我国借用国外贷款加强了我国科学技术创新的基础能力建设。如世界银行贷款的“重点学科发展项目”，支持了132个重点实验室和专业实验室建设，改善了科研基础条件，形成了很多具有自主知识产权的研究成果和产品。

国内企业通过借用国外贷款，引进了先进技术和科学管理经验，进行了升级换代的技术改造，提高了企业竞争力。部分企业逐步具备了利用国际资本市场、优化资源配置和进行国际化经营的能力。

六、培养了大批人才，引进先进的管理经验，推动了项目管理制度的改革

我国高等教育、职业教育和贫困地区基础教育等领域借用国外贷款，改善了教学条件，提高了师资水平，对我国人口素质的提高及人才培养起到了积极的作用。部分科技及管理人员还直接接受国外贷款人才培养项目资金和赠款资助，出国进修和接受培训，其中部分人员成为了专家和高级管理人才。其他行业国外贷款项目的实施，也造就了一大批各个领域的专业技术人才和熟悉国际规则和惯例的管理人才。

通过借用国外贷款，我们还学到了相关领域的先进管理经验。如固定资产投资项目管理，我们引入了国际先进的项目建设和管理经验，并与我国国情相结合，形成一套行之有效、与国际接轨的项目管理规范和体系，推动了国内建设项目管理制度的改革。世界银行贷款教育项目首先引入的竞争性招标采购制度，为规范我国设备采购起到了示范作用。世界银行、亚洲开发银行贷款的交通、能源等项目，采用国际通用的菲迪克（FIDIC）条款合同管理模式进行建设，在控制投资、规范管理等方面起到了良好的作用。其他如“项目法人制”、“项目资本金制”、“招投标制度”、“项目监理制”、“项目咨询评估制度”等，这些制度的建立大都借鉴了国外贷款项目的成功经验，从借用国外贷款的项目开始，逐步扩展到整个固定资产投资领域，对建立和完善我国的项目管理制度产生了积极影响。

七、丰富了我国国际合作的内容，扩大了我国的国际影响力

借用国外贷款是我国与国际社会交流合作的重要渠道之一，大批国外企业家及各个领域的专家、专业技术人员，通过项目咨询、设备采购、工程监理等各个环节，以贷款项目为载体，参与了我国的经济建设，增进了对中国的了解，其在中国市场的发展空间也得到了进一步拓展。

我国借用国际金融组织贷款项目成功率较高，受到世界银行、亚洲开发银行的高度评价。世界银行贷款黄土高原水土保持项目被世界银行誉为农业项目的“旗帜工程”，荣获2003年度世界银行

京沪高速项目，借用亚洲开发银行贷款。图为河北段沧北互通立交桥

"杰出成就行长奖"。我国一些成功的贷款管理模式如"三年滚动规划"[①]，严格科学的项目审查管理、有效的贷款项目实施组织机制等，世界银行已经在其他国家推广。我国减贫的巨大成就，为全球减少贫困提供了大量经验和成功案例，对其他发展中国家提供了有益借鉴，扩大了我国的国际影响力。

第四节　经验和问题

一、主要经验

我国借用国外贷款走过了从起步到成熟的不平凡旅程。我国从国际金融组织贷款受援国逐步转变为战略合作伙伴，从被动接受外方的贷款条件到共同商谈部分条件，从以简单、传统的方式借贷到以多种方式进入国际金融市场融资，充分显示出我国借用国外贷款能力的提高。20多年来，积累了有益的经验。

（一）坚持"积极、合理、有效"的利用外资方针

在党的十一届三中全会以来的路线方针指引下，我国在实践中逐步确立并坚持了"积极、合理、有效"地利用外资的方针。在借用国外贷款方面，我们积极拓展融资渠道，努力扩大借用国外优惠贷款的规模，与世界银行、亚洲开发银行、国际农发基金会、欧洲投资银行等国际金融组织建立稳定的合作机制，与20多个国家建立双边政府贷款关系；勇于探索利用国际商业贷款的各种方式，不仅通过传统的境外银行贷款、发行境外债券、出口信贷等方式融资，也大胆尝试发行可转换债券、融资租赁以及结构性融资（如项目融资等）新的融资方式；国际开发机构发行人民币债券等等，保障了我国对国外资金需求的稳定性和灵活性。

20多年来，我国始终根据国内经济建设需求、国内配套能力、偿还和消化吸收能力合理地确定借用国外贷款规模，并根据经济实际运行情况进行调整。应对国际资本市场形势和其他外部条件的变化，适时调整国外贷款的来源结构。积极利用国外优惠贷款，严格控制国际商业贷款。保持了借用国外贷款规模和结构的合理性。

在使用方面，我国借用国外贷款始终围绕国民经济发展的战略重点，安排和调整国外贷款的行业和区域投向，结合各类国外贷款的特点，通过精心安排和科学管理，努力提高国外贷款的使用效率。

20多年来，由于始终坚持了"积极、合理、有效"的方针，做到了三者的有机结合，国外贷款取得了显著的经济效益和社会效益。

（二）坚持以我为主，正确发挥政府主导作用

在与国际金融组织、外国政府贷款机构以及国外商业银行等其他金融机构的合作中，贯彻平等互利的原则，既尊重对方，又以我为主。在借用国外贷款投向、项目内容和具体实施，以及借用国外贷款管理等各个方面，立足我国国情，不盲目照搬国际经验。

20多年来，我国正确发挥了政府在借用国外贷款中的主导作用。首先，我们坚持了政府对国外贷款的规模、结构和投向的宏观调控，统一规划，统筹考虑资金性质、贷款条件、还贷能力和社会效益，保证了借用国外贷款为我国经济和社会发展战略服务，保证了贷款使用的总体效益和我国外债安全。其次，在外商投资企业外债以及部分短期外债管理方面，我们遵循了市场规则，为我国吸收外商投资和对外贸易的发展创造了条件。第三，根据我国国民经济发展状况和社会主义市场经济体制改革的进程，及时调整借用国外贷款管理的范围和管理方式。通过合理发挥政府主导和市场引导的作用，取得了显著的直接、间接利用外资的综合效益。

（三）坚持国外贷款用于开发性项目投资，坚持经济效益与社会效益兼顾

吸取拉美国家80年代债务危机的教训，我国借用国外贷款始终坚持用于开发性项目投资，而不是用于消费等其他方面，保证了对外举债直接服务于经济建设，也在总体上保障了外债的偿付能力。

在注重经济效益的同时，高度重视项目的环保效应、能源节约效应以及减贫效应等社会效益。如，在农业、能源、交通和城市建设等行业的项目

① "三年滚动规划"指主管部门最初一次性制定三个年度的贷款备选项目规划，以后随年度项目的实施，逐年补充一个年度的贷款备选项目，制定新的三年贷款规划，连续滚动，其优点是项目准备充足，具有连续性、前瞻性和灵活性，可以根据年度新情况随时调整。

中，提出了环境保护的强制性要求；在道路建设项目中关注对贫困地区经济的带动作用。同时，我国借用国外贷款还建设了一大批以社会效益为主要目标的项目，如节能项目、城市污水处理和城市垃圾处理项目、大学发展项目、职业教育项目、农村卫生项目、传染病防治和疾病预防项目等。

（四）坚持量力而行，始终注重防范外债风险

我国借用国外贷款不仅仅考虑国内需求，而是综合考虑国内资金配套能力以及外债偿还能力，量力而行，确定合理的借用国外贷款规模，严格控制外债风险。通过综合运用行政、法律、经济手段，调节外债的规模和结构，保持外债总量与结构的合理性，有效防范外债风险。

二、主要问题和教训

25年来，我国借用国外贷款取得了令人瞩目的成就，但由于改革开放初期对国际资本市场变动的应对能力和经验不足，对市场经济认识不充分，致使借用国外贷款工作出现一些失误，带来一些教训。此外，监管和项目管理制度也还存在一些不完善的地方。

（一）对国际金融市场的认识及风险管理能力建设滞后于借用国外贷款实践的发展，致使一些项目因国际资本市场变动而蒙受损失

改革开放初期，由于对国际金融市场的利率走势缺乏准确判断，也不熟悉规避利率风险的金融工具，在国际资本市场利率上升时期，部分浮动利率贷款遭受一定损失，而部分固定利率贷款在利率下降时期也错失了降低贷款成本的机会。

在逐步认识到国际资本市场风险后，思想上已高度重视，但有利于企业积极防范外债风险的制度安排仍不够健全，缺乏熟悉国际资本运作的人才，导致部分项目又蒙受了较大的汇率损失。20世纪80年代中期，我国安排部分项目借用条件优惠的日元贷款，在日元快速升值过程中，虽然部分转贷机构和项目单位及时对冲了汇率风险，但仍有相当部分项目单位缺乏防范汇率风险的意识和积极性，管理部门也未意识到应及时提供指导帮助，日元升值给这些项目单位带来了巨大的汇率损失，部分项目难以为继，一些企业破产倒闭。

（二）对经济体制改革进程认识不充分，部分项目承担较大的政策风险，未能实现预期目标

在计划经济向市场经济转轨过程中，政府安排国外贷款投向的指导思想受计划经济传统思维的影响，认为加工工业项目最有效益，最有偿还能力。因此，20世纪90年代以前，曾安排了不少加工工业项目借用外国政府贷款和国际商业贷款。随着市场经济体制改革的推进，企业面临的政策和市场环境发生了重大变化，一些贷款企业在日益激烈的市场竞争中未能实现贷款项目的预期收益，甚至被淘汰。

人民币汇率调整、汇率制度改革、内外贸体制改革、财税制度、价格制度改革等，也使一些贷款项目承担了政策性损失，如1994年人民币汇率并轨加重了企业因购汇成本上升造成的债务负担。又如“世界银行贷款种子项目”等具有垄断、专营性质的行业贷款项目，随着市场逐步放开，经营主体多元化，打破了原有的市场格局，致使项目单位经营困难，难以为继。

（三）国外贷款项目管理尚需完善，对项目的全过程监管尚待加强

国内国外程序较复杂，资金到位周期偏长，但同时在一些地方也存在个别项目可行性研究等前期工作不够充分的问题。地方政府部门协调沟通不够，互相推诿责任的现象仍然存在。项目实施过程中，配套资金不到位，政府对贷款项目的全过程监管措施不够，有关单位实施不力，导致一些前期设计很好的项目失败，甚至有违规违纪行为出现。对项目后评价常常流于形式，很多经验教训不能及时总结。项目经验的推广机制不健全，一定程度上降低了国外贷款项目的效益。转贷和担保机制不健全，尚不能满足国内各种贷款主体的需要。

此外，在个别时期、个别环节也存在监管漏洞。例如90年代的“广国投”事件，当时“广国投”因投资效益差、出现大量呆坏账，只能不断借新还旧、借短还长。随着“亚洲金融危机”的爆发，这些问题突然浮现出来，严重“资不抵债”的“广国投”破产倒闭[①]，给国家信誉带来损失。外界以为“广国投”是以地方政府信用为担保，便毫无顾忌地向其大量融资。监管部门对这一情况也未能及时警告和制止。

① 破产时“广国投”负债243亿元，亏损166亿元，而其注册资本只有12亿元。其中80%负债属于违规借贷。

第二章 借用国外贷款的政策与管理制度沿革

“五五”末期，我国开始探索借用国外贷款的政策措施和方法。1978年11月，中共中央工作会议提议：“要改变过去‘既无内债，也无外债’的做法，充分利用对我们有利的国际形势，尽可能多的吸收外国资金。可以向外国贷款，外国人可以到中国来合办工厂。”1978年12月，党的十一届三中全会提出了经济工作指导思想要实现重大转变，积极利用国外资金，大胆进入国际市场。在此背景下，借用国外贷款作为利用外资的先导开始启动，制定了相关政策，形成了管理制度。25年来，随着国内外经济、金融形势的变化，借用国外贷款的相关政策和管理制度不断发展、完善和创新，实现了与国际规则的有效接轨。

第一节 借用国外贷款管理职能

改革开放初期，国家重视利用外资工作，成立了国务院外资工作领导小组，由一位国务院副总理兼任组长，国家计委副主任兼任副组长。其办公室设在国务院特区办公室。随着利用外资工作的发展，管理职能不断细化。

借用国外贷款的管理职能主要包括规划和项目审批、对外工作窗口、外债管理等。为加强国外贷款管理工作，根据不同时期宏观经济形势发展特点和宏观调控的需要，借用国外贷款的管理职能也在相应变化。

一、规划和项目审批职能

国家发展改革委经历了国家计划委员会（1952年）、国家发展计划委员会（1998年）、国家发展和改革委员会（2003年）的名称和职能的调整，一直承担着国务院赋予的借用国外贷款规划和项目审批职能。国务院于1983年1月31日下发的《国务院批转国家计委、国家经委、对外经济贸易部关于对外经济贸易工作中分工意见的通知》（国发［1983］13号文）中规定：“国家计委根据发展国民经济发展计划的要求，提出利用外资的规模、使用方向和限额以上项目，利用国外贷款项目建议书、可行性研究报告，均由国家计委会同国家经委、对外经济贸易部、财政部、中国银行及有关部、委审批。”针对外资工作发展的新情况和经济体制改革过程中各部门职能、权限的变化，按照统一政策、统一计划、联合对外的方针和归口管理、分工负责、加强协调的原则，在国发［1983］13号文外资工作分工基础上，国务院于1986年8月16日批转了国家计委《关于利用国外贷款工作分工的意见》（国发［1986］83号），明确规定：“国家计委会同经贸部、国家经委、财政部、中国人民银行等有关部门，提出国家中长期和年度利用国外贷款的总规模和使用方向，作为国民经济和社会发展中长期计划和年度计划的重要组成部分，报国务院审批。”

此外，按照国务院三定方案赋予国家发展改革委对国外贷款的管理职能，负责我国全口径外债总量控制、结构优化和监测工作，研究防范外债风险措施。负责编制国际金融组织贷款、外国政府贷款和国际商业贷款规划，提出相关备选项目，审核利用国外贷款重大项目；指导和监督国外贷款资金的使用。

二、国外贷款对外工作窗口

主权外债对外窗口是代表国家行使对外提出、谈判、签约、偿还国外贷款等职能的重要部门。国发［1986］83号文规定：“政府贷款的对外窗口是对外经济贸易部；世界银行贷款的对外窗口是财政部；国际货币基金组织、亚洲开发银行和非洲发展银行等贷款的对外窗口是中国人民银行；国际农业发展基金贷款的对外窗口是农牧渔业部；日本输出入银行能源贷款的对外窗口是中国银行。”

随着形势的发展，特别是为加强偿债管理的需要，国务院对主权外债对外窗口部门作出了相应调整。1998年后，按照国务院关于政府机构改革“三定”方案，外国政府贷款、国际货币基金组织贷款、亚洲开发银行贷款、国际农业发展基金贷款、日本输出入银行贷款等对外工作窗口相继划归财政部管理。

国务院对非主权外债的国际商业贷款筹资窗口，在国发[1986]83号文中确定，由中国银行、交通银行、中国国际信托投资公司、中国投资银行和广东、福建、上海、天津、大连5个省市，经中国人民银行核准的一至两个金融机构对外办理。此后，随着国际金融形势的变化和外债管理的需要进行了多次调整，目前国内金融机构和企业借用国际商业贷款实行逐项报批制度。

三、外债管理职能

外债管理是借用国外贷款的重要环节，随着外债管理形势发展的需要逐渐加强。国发[1986]83号文规定，按照国家确定的方针、政策和利用国外贷款计划，由国家外汇管理局具体负责对外债务的有关事项。为了控制外债余额的过快增长，确保我国的对外信誉，充分发挥外资的使用效益，使外债规模与国力相适应，国家计委在1996年4月22日下发了《关于借用国外贷款实行全口径计划管理的通知》，规定：“实行指令性计划的借用国外贷款规模纳入国家中长期和年度借用国外贷款计划，贷款规模如有突破，须报请国务院批准。”“实行指导性计划管理的国外贷款筹融资规模，同样要纳入国家中长期和年度借用国外贷款计划，未经国家计委批准不得突破。”2003年1月8日，国家发展计划委员会、财政部、国家外汇管理局发布28号令，颁布《外债管理暂行办法》，规定：“国家发展计划委员会会同有关部门根据国民经济和社会发展需要，以及国际收支状况和外债承受能力，制定国家借用外债计划，合理确定全口径外债的总量和结构调控目标；财政部代表国家在境外发行债券由财政部报国务院审批，并纳入国家借用外债计划；国家对国有商业银行举借中长期国际商业贷款实行余额管理①，余额由国家发展计划委员会会同有关部门审核后报国务院审批；境内中资企业等机构举借中长期国际商业贷款，须经国家发展计划委员会批准”。

四、其他有关管理职能

有关国外贷款的其他管理职能在国发[1986]83号文规定：外债的统计监测和外汇管理由国家外汇管理局负责；利用国外贷款的国际招标工作主要由经贸部中国技术进口总公司负责，重大问题由国家经委、国家计委会同主管部门协调解决；财务、会计制度由财政部负责；国家统计局、经贸部负责制订、健全利用外资的统计报告制度，由经贸部负责汇总；有关审计工作，按照《国务院关于审计工作的暂行规定》和《中华人民共和国注册会计师条例》办理。在相关文件中还规定利用国外贷款进口设备的减免税由海关总署负责办理。此后，除有关招标工作、统计工作分工有所调整外，其他管理职能基本按各有关部门的职能延续。

第二节　国外贷款项目管理制度

借用国外贷款伊始，我国还没有系统的相关项目管理规定。为了推进利用外资工作的开展，在借鉴世界银行、亚洲开发银行等国际金融机构项目审批管理经验的基础上，结合实际需要，我国按照偿还责任将国外贷款划分为主权外债和非主权外债。前者主要包括国际金融组织贷款和外国政府贷款等国外优惠贷款，此类贷款按照政府直接投资资金进行管理。后者主要包括国际商业贷款，实行规模管理。按照上述划分，逐步形成了具有中国特色、与国际接轨的借用国外贷款项目管理制度体系。

一、统一计划，分级管理

国发［1983］13号文中提出利用外资实行统一计划、分级管理的办法，规定：“各部和省、自治区、直辖市利用外资计划报国家计委、国家经委、对外经济贸易部，同时送财政部、中国人民银行并中国银行。由对外经济贸易部汇总，国家计委会同有关部门综合平衡、统一审定后，分别纳入各

---

① 当时对金融机构外债实行余额管理已得到国务院批准，但因各种原因未能实施。

级国民经济计划和各级财政预算（或部门的财务收支计划）”。在外资计划的编制过程中，为了增强其统一性和权威性，将部门编制外资计划上升为国家外资计划。1983年9月21日，经贸部、国家计委联合下发了《利用外资计划管理试行办法》（外经贸计资字第564号），明确提出：“所有外资项目都必须纳入国家计划之内，在统一计划的前提下，根据不同情况，实行分级管理原则”，“利用外资项目必须明确借还责任，落实还本付息及其他费用的资金来源。外资项目包含了借用国外贷款的统借统还项目、统借自还项目和自借自还项目”，“由国家计委会同有关部门编制利用外资的长期和年度计划。”

此后，随着形势的需要，对国外优惠贷款的管理和国际商业贷款的管理分别又发布了加强计划和规划管理的有关规定。而且，随着我国经济体制改革的深化，利用外资计划的编制逐步与我国社会主义市场经济体制转变接轨，其间经历了以指令性计划为主阶段——指令性计划加指导性计划阶段——指导性计划指标为主、指令性为辅阶段——到现在实行的以规划为主阶段的沿革。

二、项目审批制度

为了适应对内搞活、对外开放的需要，根据国务院关于“大的方面管住管好、小的方面放开放活”和“简政放权”的精神，1984年10月4日，在国务院批转国家计委《关于改进计划体制的若干暂时规定》（国发［1984］138号文）中，对国家、地方和部门的利用外资项目审批权限做出了相应规定：“利用国际金融组织和外国政府贷款等安排的基本建设项目，由国家负责平衡，实行指令性计划。生产性建设项目，按规模划分的，属于大中型项目仍按原规定由国家计委或国家计委核报国务院审批；按资金限额划分的，国家计委审批限额由现在的一千万元以上提高到三千万元以上，其中总投资三亿元以上的项目，由国家计委核报国务院审批。”

2004年7月，发布了《国务院关于投资体制改革的决定》(国发［2004］20号)，提出进一步深化投资体制改革，转变政府职能，建立企业的投资主体地位；完善政府投资体制，规范政府投资行为，政府投资项目均需纳入规划管理；明确我国借用的国际金融组织和外国政府贷款等国家主权外债属于政府投资资金；加强和改善投资的宏观调控；加强和改进投资的监督管理等。在规定中提出：“要彻底改革现行不分投资主体、不分资金来源、不分项目性质，一律按投资规模大小分别由各级政府及有关部门审批的企业投资管理办法”。将以往单一的审批制改为按项目投资来源划分项目性质，区分政府投资项目和企业投资项目，分别采用审批制、核准制、备案制的管理方式。

为了进一步贯彻落实《国务院关于投资体制改革的决定》，2004年9月，国家发改委发布了《国家发改委核报国务院核准或审批的固定资产投资项目目录（试行）》、《企业投资项目核准暂行办法》。2004年11月，发布了《国家发改委关于实行企业投资项目备案制指导意见的通知》，2005年1月，经报国务院同意，发布了《国家发改委关于改进和完善报请国务院审批或核准投资项目的管理办法》。2005年2月，国家发改委发布了《国际金融组织和外国政府贷款投资项目管理暂行办法》。

三、借用国外贷款管理

国外贷款项目管理包括国内项目审批、对外工作、规范转贷行为、落实转贷责任、履行还款责任，确保按时还款、建立地方外债预警体系等，健全贷款项目“借、用、还”管理机制。

（一）国际金融组织和外国政府贷款的项目管理

随着我国利用国外贷款规模的不断扩大，为了规范和加强管理，1992年1月，国家计委下发了《关于加强利用国际金融组织贷款项目计划管理的通知》（计外资［1992］24号），对国际金融组织贷款前期计划、项目的审批、贷款方案、采购计划及项目的实施管理等均作出了明确规定。1992年5月，下发了《关于加强利用外国政府贷款项目计划管理的通知》（计外资［1992］752号），就政府贷款投向、贷款备选项目的安排、对外提出和谈判、项目审批等管理作出了明确规定。由于国际金融组织贷款项目规模较大，前期工作涉及面广，时间长，从1991年开始，对世界银行、亚洲开发银行贷款备选项目规划采取三年滚动方式编制。

随着我国社会主义市场经济体制的逐步建立和国内外形势的新变化，为贯彻中共中央中发［1998］6号文件精神，根据政府机构改革后国务院赋予国家计委的管理职能，2000年5月，国家发展计划委下发了《关于加强利用国际金融组织和外国政府贷款规划及项目管理暂行规定的通知》（计外资［2000］638号），进一步明确和规范了利用国外贷款规划及项目管理的有关程序。

2000年6月，国务院下发了《关于进一步加强外国政府贷款管理的若干意见》（国发［2000］15号），对外国政府贷款“借、用、还”管理机制的基本原则、外国政府贷款项目的国内审批和对外工作、规范转贷行为、建立地方外债预警体系等方面作出了规定。

进入“十五”时期，根据《国务院关于投资体制改革的决定》和国家有关外债管理规定，为加强和规范国外贷款投资项目管理，提高国外贷款使用效益，国家发改委于2005年2月发布了《国际金融组织和外国政府贷款投资项目管理暂行办法》（国家发展和改革委员会令第28号），从国外贷款备选项目规划、项目资金申请报告、项目实施管理等几方面提出了明确规定。

关于“国外贷款备选项目规划”的规定：“国外贷款备选项目规划是项目对外开展工作的依据。借用国外贷款的项目必须纳入国外贷款备选项目规划。”“国务院发展改革部门按照国民经济和社会发展规划、产业政策、外债管理及国外贷款使用原则和要求，编制国外贷款备选项目规划，并据此制定、下达年度项目签约计划。”

关于“项目资金申请报告”的规定：项目纳入国外贷款备选项目规划并完成审批、核准或备案手续后，项目用款单位须提出项目资金申请报告，报国务院发展改革部门审批。

关于“项目实施管理”的规定：“国务院发展改革部门、省级发展改革部门指导和协调项目实施工作，监督有关招投标活动。”“负责将国外贷款进行转贷的转贷机构，应当根据国务院及国务院发展改革部门对项目可行性研究报告或资金申请报告的批准文件对贷款项目转贷”。

随后，为贯彻落实国务院关于投资体制改革决定，国家发改委办公厅发布了《关于印发外国政府贷款项目前期管理工作规程（试行）的通知》（发改办外资［2006］408号）等有关项目管理的政策规定。

（二）国际商业贷款管理

国际商业贷款（除国家统借统还和主权担保）为非主权外债，具体包括银行贷款、发行债券、出口信贷、国际融资租赁等多种方式，管理方式与国际金融组织和外国政府贷款有很大不同。国际商业贷款借用总规模由国家计委提出报国务院批准后确定。1998年以前，采取限上项目由国家计委直接安排，限下项目由地方计委、有关部门及金融机构在国家计委下达的年度贷款计划规模内自行安排。此外，经国务院批准，还安排了上海、天津、辽宁贷款专项。1998年以后，为应对亚洲金融危机的影响，国家计委适时调整了国际商业贷款规模分限上、限下管理的方式，所有商贷规模均由国家计委直接安排。

按照中央关于治理经济环境、整顿经济秩序、深化改革的要求，为切实加强借用国际商业贷款的管理，1989年1月12日，国务院下发了《关于加强借用国际商业贷款管理的通知》（国发［1989］6号），规定要严格控制对外借款规模；对借用短期国际商业贷款实行余额管理，未经国家批准，不得超过核准的余额；要加强对外汇担保的管理；要严格审查借款项目；要收紧借用外债的窗口；要进一步完善外债登记和统计监测系统；合理安排对外债务结构。

1993年12月21日，国家计委又下发《关于加强借用国际商业贷款项目计划管理的通知》（计外资［1993］2555号），就国际商业贷款的项目管理作出了明确规定。

为了更好地适应改革开放和经济建设的需要，进一步提高国际商业贷款的使用效益，防止外债失控，国务院于1995年9月27日下发《关于进一步加强借用国际商业贷款宏观管理的通知》（国发［1995］30号），分别从借用国际商业贷款的总规模、严格按国家规定审批建设项目对外借款、进一步加强对外发债窗口单位的管理、加强债务偿还的监督管理、完善外债统计监测和加强国际金融市场的动态分析等六个方面作出了明确规定。目前，根据新情况正在对《国务院关于进一步加强借用国际商业贷款宏观管理的通知》（国发［1995］30号）

进行修改、完善。

由于发债是一种较为特殊的国际商业贷款形式，对其管理较为严格。在境内机构境外发债的管理方面，针对1994年地方政府不规范发债的行为，国务院办公厅于1995年1月11日下发《关于地方政府不得对外举债和进行信用评级的通知》（国办发［1995］4号），明确规定“发行境外外币债券属于借用国际商业贷款范畴，因此，必须严格按照国务院关于加强借用国际商业贷款的有关规定办理，即借用国际商业贷款必须有国家计委批准的借款指标，纳入国家利用外资计划。”2000年3月，《国务院办公厅转发国家计委、人民银行〈关于进一步加强对外发债管理意见〉的通知》（国办发［2000］23号）发布，进一步规范了我国境内机构境外发债行为。

新形势下，随着金融领域改革开放的不断深入，针对国际开发机构申请发行人民币债券的要求，为规范国际开发机构人民币债券的发行，保护债券持有人的合法权益，根据《中华人民共和国中国人民银行法》和《中华人民共和国证券法》等法律、法规，中国人民银行于2005年2月18日发布《国际开发机构人民币债券发行管理暂行办法》（中国人民银行公告［2005］5号），规范国际开发机构发行人民币债券行为，明确了在债券发行中各部门的管辖权限、申请机构发债需提交的材料、发债审计机构和债券利率等。规定了国际开发机构发行人民币债券要用于国内建设项目的程序。

对利用外资过程中发生的隐性债务、变相举债的情况，为了规范项目融资行为，国家计委和国家外汇管理局于1997年4月16日发布了《境外进行项目融资管理办法》（计外资［1997］612号）以规范项目融资行为。

四、优惠政策

国际金融组织和外国政府贷款属于优惠性贷款，在使用上享受国家优惠政策。而国际商业贷款项目属于符合国家产业政策鼓励的项目才能享受优惠政策。

在对国外贷款提供政府担保方面，根据1995年6月30日第八届全国人民代表大会常务委员会第十四次会议通过同日公布的《中华人民共和国担保法》，第七条规定：“国家机关不得为保证人，但经国务院批准为使用外国政府或者国际经济组织贷款进行转贷的除外。”即，国家为了鼓励借用国外优惠贷款，允许政府部门（主要是财政部门）为借用外国政府贷款和国际金融组织贷款担保。

在税收方面，对借用国外贷款进口货物和设备等征税的问题，相继出台了一系列优惠政策。中共中央、国务院在中发［1983］32号文中明确：“利用外国政府中低利贷款进口的设备、材料，一律免征关税和进口环节的工商税。”据此，海关总署、财政部以（83）署税字第777号文通知各海关执行。随后，对利用国际金融组织贷款进口设备、材料，海关总署、财政部以（84）署税字第698号文作了免征关税和工商税的规定。为进一步扩大利用外资，引进国外的先进技术和设备，促进产业结构的调整和技术进步，并加强税收管理，国务院于1997年12月29日下发《国务院关于调整进口设备税收政策的通知》（国发［1997］37号），规定“外国政府贷款和国际金融组织贷款项目进口的自用设备除《外商投资项目不予免税的进口商品目录》所列商品外，免征关税和进口环节增值税”。2006年，为贯彻落实国务院关于投资体制改革决定，国家发改委办公厅发布了《关于办理国际金融组织和外国政府贷款项目确认书有关事项的通知》（发改办外资［2006］408号），具体规定了如何办理国外贷款项目进口设备免税的有关手续。

在国际招标方面，为了支持国内企业参与国际投标，增强我国企业的竞争力，1989年，国家税务总局与国务院机电产品进出口办公室下发《关于利用国际金融组织贷款、采取国际招标方式国内中标的机电产品减免税问题的通知》（国税流字第037号）规定：“利用国际金融组织和外国政府贷款，在国际招标中标的国内企业如果纳税确有困难，可以给予减免增值税的照顾”。1992年国家税务总局《关于利用国际金融组织贷款、采取国际招标方式国内中标的机电产品退免税问题的补充通知》（国税发［1992］235号）中提出，采用国际招标方式国内中标的机电产品视同出口办理退税。

在区域发展方面，2000年12月，国务院发布了《关于实施西部大开发若干政策措施的通知》和《关于西部大开发若干政策措施实施意见》，提出允许在西部地区先行试点对一些领域对外开放，进一步拓宽利用外资的渠道，用好国际金融组织和外国政府贷款，积极争取国际多边、双边赠款，优先安排西部地区项目。

第三节 外债管理和外债统计监测制度沿革

一、外债管理政策沿革

为了控制外债余额的过快增长，确保我国的对外信誉，充分发挥外资的使用效益，使外债规模与国力相适应，国家计委在1996年4月22日下发了《关于借用国外贷款实行全口径计划管理的通知》，分别就借用中长期国外贷款实行全口径计划管理的范围、实行指令性计划管理的范围和实行指导性计划管理的范围做了详细规定。

党的“十五大”召开之后，1998年4月14日，党中央、国务院下发了《关于进一步扩大对外开放提高利用外资水平的若干意见》（中发［1998］6号），明确指出要：“严格控制外债规模，保持合理结构，改进和规范对外借款管理，着力提高国外贷款的使用效益，中长期国外贷款应主要用于基础设施和开发型项目，建立责权利统一的借用还机制。”

外债安全关系到国民经济的健康运行和金融体系的稳定，是我国经济安全的重要组成部分。为加强外债管理，规范举借外债行为，提高外债资金的使用效益，防范外债风险，2003年1月8日，国家计委、财政部和国家外汇管理局联合制定了《外债管理暂行办法》（2003年第28号令），从外债的类型划分、举借外债和对外担保管理、外债资金的使用、外债偿还和风险管理以及外债监管等方面作出了明确规定，成为指导我国外债管理工作的权威性、综合性法规指导文件。《外债管理暂行办法》的出台，对于完善我国外债管理法规体系、加强全口径外债管理、规范举借外债行为、提高外债资金使用效益和防范外债风险具有重要意义。

我国大部分外债由企业承担，因此，企业外债安全是国家外债安全的重要基础。为推动国有和国有控股企业外债风险管理及结构调整工作，2002年7月8日，国家计委会同中国人民银行和国家外汇管理局提出《国有和国有控股企业外债风险管理及结构调整指导意见》（计外资［2002］1092号），提出企业外债安全是国家整体外债安全的基础，并规定了国有企业外债风险管理的目的、内容，国有企业外债风险管理的有关要求和鼓励国有大中型企业外债风险管理的政策措施。

2004年7月14日，针对我国2003年底的外债情况，特别是中长期企业外债形势，为加强中长期外债风险管理工作，增强外债安全，国家发改委下发了《关于加强中长期外债风险管理的通知》（发改外资［2004］1402号），提出“各地发展改革委应加强对本地区外债风险管理工作的指导；在审核新借中长期外债项目可行性研究报告或资金申请报告时，应要求项目单位做好对汇率、利率变动的敏感性分析，以及防范外债风险预案”等指导意见。

2004年10月，国家发改委出台《关于金融资产管理公司对外转让不良债权有关外债管理问题的通知》（发改外资［2004］2368号）。该《通知》对外资收购金融资产管理公司不良资产的外债管理事项进行了规定，要求四大资产管理公司每年向发改委报送对外转让不良债权计划，发改委根据具体情况核定额度；在额度范围内，金融资产管理公司再就个案报备。

2007年2月发布了《国家发展改革委、国家外汇管理局关于规范境内金融机构对外转让不良债权备案管理的通知》（发改外资［2007］254号），规定了对外转让不良债权要纳入或有外债管理，及如何报送年度转让不良债权计划、备案、审核结汇等手续。

二、外债统计监测制度和项目信息管理

1987年以前，外债统计是按照窗口部门分别统计，没有统一的、全口径的外债统计监测制度。为了准确、及时、全面掌握全国的外债信息，有效地控制对外借款规模，提高利用国外资金的效益，促进国民经济的发展，1987年8月27日，经国务院批准，国家外汇管理局发布《外债统计监测暂行规定》，对外债具体管理制度、外债包含的范围、登记方法、手续等做出了明确的规定。

1988年，国家计委、国家外汇管理局联合开展了外债清查工作，摸清了外债总体情况。在此基础上，在国际金融组织的帮助下，国家外汇管理局逐步建立起比较完善的统计监测系统。1989年11月10日，国家外汇管理局发布了《外债登记实施细则》，1997年9月24日又发布了《外债统计监测实施细则》，对准确、及时、完整地统计全国的外债信息，加强对外债资金流出入的管理，外债登记、账户管理和信息反馈、偿还审核等方面作出了明确规定，进一步完善了外债统计监测制度。对外担保属于或有债务，也要进行统计监测，并做了相应规定。

外债统计口径逐步与国际接轨。2001年，国家外汇管理局按照新的国际标准对我国外债统计口径和期限结构进行了调整，以尽快与国际接轨，增强透明度。调整的主要内容包括：将境内外资金融机构对外负债纳入我国外债统计范围，同时扣除境内机构对境内外资金融机构负债；将所有贸易项下对外融资（包括三个月以下的贸易信贷）纳入我国外债统计；将中资银行吸收的离岸存款纳入我国外债统计；在期限结构方面，将未来一年内到期的中长期债务（签约期限）纳入短期债务。

为加强对借用国外贷款项目的管理，国家计委在1991年1月9日下发了《关于组织实施国外贷款项目管理信息系统的通知》，并附《国外贷款项目管理信息系统实施方案（试行）》。该方案主要从加强国外贷款项目管理的目的出发，采集中长期国外贷款项目信息，从项目覆盖范围、数据采集渠道和填报方式、计算机系统设置、项目审批编号等不同方面对管理系统作出了明确规定。在国外贷款项目管理信息系统运行的基础上，国家计委研究了《中国外债决策支持系统》，对外债规模、结构、用途进行测算和预测。这些管理信息系统在防范1997年金融危机、编制“九五”、“十五”利用外资计划中，发挥了重要作用。

总之，25年来，我国在利用国外贷款工作领域所涉及的各个方面，逐步形成了较为完善的政策管理体系，为今后进一步做好国外贷款工作奠定了良好的制度基础。

第三章 国外贷款类别情况

我国借用国外贷款形成的债务分为主权外债和非主权外债。主权外债包括国际金融组织贷款、外国政府贷款以及国家财政负责偿还的国际商业贷款所形成的外债，其他外债为非主权外债。不同类别的国外贷款在贷款规模、条件、投向和贷款政策要求等方面都有很大区别。本章按贷款的不同类别，分别说明各类贷款的使用情况。

第一节 借用国际金融组织贷款情况

一、总体情况

我国借用国际金融组织贷款[①]主要包括世界银行贷款、亚洲开发银行贷款、国际农发基金会贷款、国际货币基金贷款和欧洲投资银行贷款。从1981年到2005年，我国累计接受国际金融组织贷款约586亿美元。其中，世界银行贷款约391亿美元，包括国际复兴开发银行贷款[②]约291亿美元，国际开发协会贷款[③]约100亿美元；亚洲开发银行贷款约162亿美元[④]；国际农发基金会贷款5亿美元；国际货币基金组织贷款20亿美元；欧洲投资银行贷款8亿美元。此外，部分国际金融组织还提供少量的技术援助赠款，用于贷款项目的准备、相关研究和机构能力加强等。国际金融组织贷款对推动我国改革开放，弥补建设资金不足，改善基础设施，减少贫困，转变观念，提高管理水平，引进先进技术，促进可持续发展都发挥了重要作用。

从资金来源看，截至2005年，国际金融组织贷款中，世界银行贷款占67%，亚洲开发银行贷款占28%，其他贷款占5%。

从区域分布看，我国东部沿海地区、中部地区和西部地区都使用过国际金融组织贷款，但多用于中西部地区。截至2005年，我国中西部地区借用国际金融组织贷款占贷款总额的62%[⑤]。世界银行贷款项目早在1985年就覆盖了我国30个省、市、自治区；截至2005年，亚洲开发银行贷款项目涉及27省、市、自治区。

从贷款领域看，利用国际金融组织贷款项目主要集中在交通、农业（含林业和水利）、能源以及城建环保领域。其中，交通领域项目的贷款额占贷款总额的36%，居于首位。农业占21%，能源占16%，城建环保占15%。其余领域依次是工业、教育、卫生领域（见图3.1）。

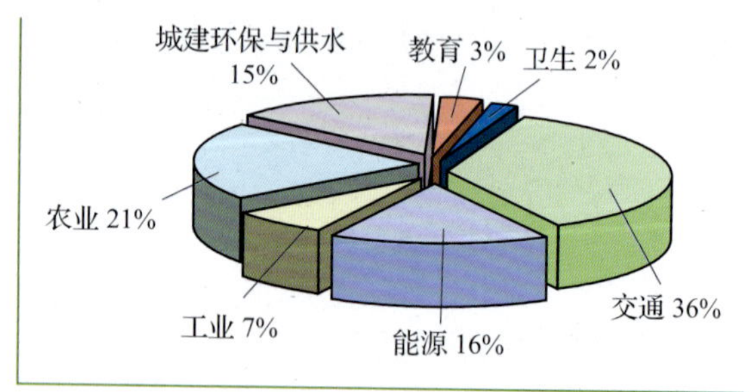

图3.1 1981～2005年我国借用国际金融组织贷款投向[⑥]

二、世界银行贷款

（一）概况

1980年，我国恢复了在世界银行和国际货币

① 这里的国际金融组织贷款主要指国际金融组织优惠贷款。

② 国际复兴开发银行贷款被称为硬贷款，是国际复兴开发银行向人均收入低于5,115美元的国家提供的接近市场条件但偿还期较长的贷款，用于减轻贫困、提供社会服务、环境保护、或经济增长等特定方向。借款国一般是中等收入国家。

③ 国际开发协会贷款被称为软贷款，主要是长期的无息贷款。目前，只有人均国民总收入低于865美元的国家才有资格获得国际开发协会的援助。从1999年7月开始世界银行不再向中国提供软贷款。

④ 我国借用的亚洲开发银行贷款为硬贷款。

⑤ 根据世界银行和亚洲开发银行贷款数据计算。

⑥ 根据世界银行驻中国代表处数据、亚洲开发银行驻中国代表处数据，ADB Approved Projects Database 加工整理。

基金组织的合法席位。1981年，世界银行向中国提供了第一笔教育发展贷款。截至2005年，我国获得世界银行承诺的贷款项目共263个，累计391亿美元。其中，国际复兴开发银行贷款为291亿美元。我国是国际复兴开发银行最大的借款国，截至2005年末，贷款余额为110亿美元。

世界银行自2000财年开始，不再向我国提供软贷款，全部提供硬贷款。世界银行贷款以单一货币美元贷款为主，偿还期为20年，其中含4或5年宽限期。贷款年利率以6个月伦敦同业拆借利率（LIBOR）为基准，外加固定利差50个基点或浮动利差38个基点收取利息。此外，还在贷款协定生效后，一次性按贷款总额的1%收取项目先征费，并对贷款未提取部分，按0.75%的年利率收取承诺费。

从1981年开始，我国借用世界银行贷款的金额逐步增加。1992年进入高峰期，1992年至1998年的连续七年间，每年的贷款均超过25亿美元。但从1999年开始，由于世界银行贷款余额上限的限制，贷款投向的调整，以及软贷款的取消，我国借用世界银行贷款明显减少。2000年到2005年，世界银行对我国贷款额年平均10亿美元左右。

在世界银行所有成员国的贷款项目中，中国的项目是成功的。根据2004年世界银行业务评价局对已完工项目的评估，中国满意项目的比例明显高于世界银行平均水平（见表3.1）。

表3.1 世界银行贷款中国项目评级情况

项目结束财年	项目数量（个）	项目金额（亿美）	项目占比（%）		
			结果满意	有可持续性	有实质进步
1993～1997年					
中国	54	67.6	89	83	46
世界银行总体情况	1195	909.6	74	56	36
1998～2002年					
中国	53	85.5	93	96	80
世界银行总体情况	1314	1021	82	75	50

资料来源：世界银行业务评价局，《中国国别援助评价报告》，2004年。

（二）区域分布

截至2005年底，我国东部沿海地区借用世界银行贷款146亿美元，占贷款总额的37%，中部和西部地区贷款额分别是93亿美元和92亿美元，分别占贷款总额的24%。

1997年以后，随着我国区域发展战略的调整，我国借用世界银行贷款明显向中西部倾斜（见表3.2）。1997至2005年，我国东部沿海地区借用世界银行贷款比例由38%（1981～1996年）下降到28%，而同期西部地区与中部地区所占比例分别上升了5%和4%。1997年到2005年，中西部地区借用世界银行贷款占贷款总额的60%。

表3.2 世界银行贷款区域分布

地区	1981～1996		1997～2005	
	贷款金额（亿美元）	比例（%）	贷款金额（亿美元）	比例（%）
东部地区	93.6	38	38.2	28
西部地区	51.9	21	34.3	26
中部地区	103.8	42	62.1	46
全国	249.3	100	134.6	100

资料来源：根据世界银行驻我国代表处数据计算整理。

（三）行业投向

世界银行贷款项目涉及我国国民经济的多个领域，包括农业（包括林业和水利）、交通、能源、城建环保、工业、教育、卫生等。农业以及交通、能源、城建环保等基础设施是借用世界银行贷款的重点领域。截至2005年，基础设施项目占世界银行贷款总额的58%。到2005年底，各行业的贷款情况见表3.3。

表3.3 世界银行贷款行业分布(1981～2005年)

行业	行业贷款额（亿美元）	占总贷款额（%）
农业	101	25. 8
交通	100	25.6
能源	68	17.4
城建环保	57	14.6
工业	30	7.7
教育	17	4.3
卫生	12	3.1
其他	5	1.3

数据来源：根据世界银行驻我国代表处数据计算整理。

农业（包括林业和水利）领域贷款项目67个，贷款金额101亿美元，其中，硬贷款43亿美元，软贷款58亿美元。支持林业项目15个，贷款金额9亿美元，水利项目15个，贷款金额31亿美元。农业（包括林业和水利）项目主要投向农牧渔业、农业综合开发、农业科研教育、农业支持服务、农村能源、林业发展、节水灌溉和水土保持等领域。较大项目有农业贷款、粮食流通、小浪底水利枢纽一期和二期、黄土高原流域治理、森林资源发展和保护、万家寨引黄、加强农业灌溉等项目。

交通领域贷款项目54个，贷款金额100亿美元，涉及公路、铁路和港口等。该领域中软贷款较少，仅有5.7亿美元，占全部贷款的5.7%。交通项目中用于公路的贷款金额最大，为61.8亿美元，占全部交通项目贷款的61.8%，其次是铁路和港口。1987年的京津塘高速公路是早期的世界银行贷款项目，它在我国公路建设行业开创了一个严格执行国际通行的“菲迪克条款”的先例，并在公路建设领域首次引进了合同管理，建立了监理机制，并引入了招投标制，为我国公路建设管理体制改革做出了积极贡献。截至2005年，中国共有32个公路项目借用了世界银行贷款。较大的项目包括1994年的107国道项目，贷款额为3.8亿美元，建设了石家庄—新乡340公里的高速公路；1997年的第二新疆公路项目，贷款额为3亿美元，建设了乌鲁木齐—奎屯220公里的高速公路；1999年的第四国道项目，贷款额为3.5亿美元，建设了湖北武汉—土城110公里的高速公路和湖南土城—长沙183公里的高速公路；2003年的安徽公路项目二期，贷款额为2.5亿美元，建设铜陵—汤口120公里的高速公路；以及2003年的湖北孝感至襄阳公路项目，贷款额为2.5亿美元，建设243公里高速公路等。

能源领域贷款项目33个，贷款金额68亿美元，涉及石油、水电、火电、煤炭和天然气等各方面。其中，49.1%用于火电项目，39.5%用于水电项目，石油和天然气项目分别占5.8%和3.7%，煤炭项目占1.9%。2000年以来，国际金融组织的能源领域贷款主要投向水电和开发可再生能源项目。主要的项目有天荒坪抽水蓄能电站、桐柏抽水蓄能电站、宜兴抽水蓄能、湖北贫困地区水电和可再生能源规模扩大项目。

城建环保领域贷款项目39个，贷款金额57亿美元。其中城建项目18个，贷款额27.3亿美元；环保项目18个，贷款额24.8亿美元；供水项目3个，贷款额5.1亿美元。1990年以来，世界银行对我国城建环保领域的贷款比重不断上升，从1981年至1992年间的6%上升到1998年至2002年间的20%。较大项目有上海城建环保、辽宁城市基础设施、住房与社会保障、重庆城市环境、北京环境保护二期项目、广州中心区交通和武汉城市交通

上海APL项目，借用世界银行贷款。图为建成的竹园污水处理厂鸟瞰景观

辽河流域治理项目，借用世界银行贷款。图为建成的锦州污水处理厂，日处理污水10万吨

项目等。

工业领域贷款项目20个，贷款金额30亿美元。工业项目主要在1985～1995年间实施，集中用于信贷项目和工业开发方面。主要项目有工业信贷、电信发展、科技发展项目等。

教育领域自1981年世界银行为中国大学发展项目分别提供1亿美元的硬贷款和1亿美元的软贷款以来，截至2005年，一共实施了19个教育项目，贷款总额为17亿美元，其中软贷款为14亿美元，硬贷款为3亿美元。较大项目有大学教育发展、贫困生教育发展、西部地区基础教育、重点学科发展项目等。

卫生领域世界银行对中国卫生贷款的第一个项目是1984年立项的农村卫生和医学教育项目。据卫生部门的统计，20年来世界银行对卫生领域的贷款项目共计15个，总金额约12亿美元，主要是用于边远贫困地区的传染病控制、妇幼保健、卫生扶贫以及基础卫生服务等方面。如传染病与地方疾病控制、农村卫生人力开发、疾病预防、结核病防治、综合性妇幼保健项目等。

三、亚洲开发银行贷款

（一）概况

1986年我国正式成为亚洲开发银行成员。截至2005年，我国获得亚洲开发银行承诺的贷款项目共114个，累计接受贷款162.4亿美元[①]。

亚洲开发银行对我国提供的贷款，偿还期一般为24～26年，其中含4～6年宽限期。贷款利率以6个月伦敦同业银行拆借利率（LIBOR）为基准，外加亚洲开发银行利差60个基点收取利息。此外，亚洲开发银行还在贷款协定生效后，一次性按贷款总额的1%收取项目先征费，并对贷款未提取部分，按0.75%的年率收取承诺费。

向成员国提供赠款开展项目准备和研究等技术援助是亚行同其他国际金融组织相比的独特优势。到2005年，我国共获亚洲开发银行承诺技术援助赠款约2.6亿美元，开展了480多个技援项目，研究的领域涉及农业、交通、能源、教育卫生、金融等我国经济社会发展的方方面面，对行业发展规划、政策改革、技术管理等，为我国政府、企业等

① 亚洲开发银行技术援助项目涉及的领域主要包括金融、清洁发展机制、可再生能源、水资源管理等。这些项目提出了一些政策建议供政府参考，具体包括农村合作医疗新体制的试点、农村最低生活保障制度以及免除农村地区义务教育学杂费等。

部门提出了许多有益的咨询建议。

我国是亚洲开发银行成员国中贷款规模最大、项目执行情况最好的国家之一。我国项目的执行情况总体上好于亚洲开发银行平均水平（见表3.4）。

表3.4 我国亚洲开发银行贷款项目执行情况

项目		1998年	1999年	2000年	2001年	2002年
“基本成功”的贷款项目	中国项目	40%	50%	67%	70%	77%
	亚洲开发银行全部项目	57%	58%	57%	57%	59%
“基本成功”的技援项目	中国项目	60%	60%	64%	65%	65%
	亚洲开发银行全部项目	56%	57%	61%	59%	62%

资料来源：亚洲开发银行《中国国别战略与规划》（2004～2006年）。

（二）区域分布

亚洲开发银行贷款的区域分布较为均衡，西部地区贷款比例略高。截至2005年，东部地区累计借用贷款约41亿美元，占25%；中部地区贷款约38亿美元，占23%；西部地区贷款约49亿美元[①]，占30%；跨省区项目贷款约35亿美元占22%。亚洲开发银行贷款早期集中在东部地区。90年代中后期开始逐渐向中西部倾斜。1986年至1996年间，东部地区借用亚行贷款的比例为48%，而在1997年至2005年下降为14%（见表3.5）。

表3.5 亚洲开发银行贷款区域分布

地区	1986～1990年	1991～1995年	1996～2000年	2001～2005年	合计
跨区域	1.5	11.3	7.5	14.3	34.6
东部	1.9	23.1	10.6	5.3	40.9
中部	0.7	11.0	13.2	13.1	38.0
西部	0.5	2.3	18.3	27.9	48.9
合计	4.6	47.7	49.5	60.6	162.4

数据来源：亚洲开发银行中国代表处。

（三）行业投向

我国借用亚行贷款主要投向交通、能源、城建环保等基础设施领域，占贷款总额的85%以上。从行业分布看，交通领域是我国借用亚洲开发银行贷款的重点；其次是城建环保和能源领域。截至2005年，我国各行业借用亚洲开发银行贷款情况见表3.6。

表3.6 亚洲开发银行贷款行业分布（1986～2005年）

行业	贷款额（亿美元）	占总贷款比例（%）
农业	10.7	6.5
交通通信	90.4	55.7
能源	22.4	13.8
城建环保	25.8	15.9
工业及其他	13.1	8.1

数据来源：亚洲开发银行中国代表处。

农业领域借用亚洲开发银行贷款近11亿美元，占亚洲开发银行对我国贷款总额的6.5%，贷款主要投向种植、养殖业、农村生态能源、灌溉等农业基础设施和农业综合开发，以及林业、水土保持和大江大河防洪等方面。

交通通信领域是我国借用亚行贷款最多的行业，贷款项目51个，贷款金额90.4亿美元，占亚行对华贷款总额的55.7%。借用亚行贷款建设了一批国家重要通道项目，如贵州遵义至崇溪河、陕西禹门口到阎良、四川西昌至攀枝花和雅安经石棉至泸沽、甘肃罗汉洞至定西等国道主干线和西部大通道高速公路项目。

城建环保领域贷款项目12个，贷款金额22亿美元，主要支持城市污水、城市交通等项目建设。在能源领域，亚行贷款项目19个，贷款金额22亿美元，贷款用于火电站、抽水蓄能电站、输电线路等电力项目建设。

四、其他国际金融组织贷款

（一）国际农业发展基金贷款

国际农业发展基金是联合国系统中以扶贫为宗旨，专门向发展中国家提供优惠贷款的非赢利性国际金融机构。我国从1981年起开始借用国际农业发展基金贷款，到2005年实施了19个项目，贷款总额达到4.3亿美元。我国第一个利用国际项目基金贷款的项目是北方草原畜牧发展项目。

国际农业发展基金对我国提供高优惠度贷款，贷款条件为无息贷款，还款期40年（含10年宽限期），年服务费为0.75%。由于资金有限，该机构不像其他国际金融机构那样提供大量贷款，每年

① 根据亚洲开发银行驻中国代表处提供数据计算。

支持一到两个示范项目，平均贷款规模为2500万美元。

从区域分布看，我国借用国际农发基金贷款涉及国内20个省（自治区），大部分为中西部地区。体现了农发基金贷款用于支持不发达地区农村可持续发展的宗旨。

从贷款投向看，国际农发基金贷款主要用于农业综合开发、生态环境保护、扶贫、农村金融服务、支持妇女发展等方面，包括农林牧渔和小型水利、农村道路等基础设施、卫生保健、学校建设等项目，支持不发达地区贫困人群改善农村生产生活条件。

（二）国际货币基金贷款

我国先后于1981和1986年，从国际货币基金组织借入7.6亿特别提款权（约合8.8亿美元）和6亿特别提款权（约合7.3亿美元）的贷款，用于弥补国际收支逆差，支持经济结构调整和经济体制改革。到90年代初，上述两笔贷款已全部提前归还。此后，随着经济实力增强和宏观经济管理水平的提高，我国不仅没有再向国际货币基金组织提出新的借款要求，而且成为国际货币基金组织的净债权国。国际货币基金组织向我国提供了一系列技术援助，为我国80年代的中央银行体制改革，以及90年代以来相继实施的财税体制改革、外汇管理体制改革、人民币经常项目可兑换等，提供了有益的咨询。

（三）欧洲投资银行贷款

欧洲投资银行属欧盟成员国所有，是一个不以盈利为目的的多边金融机构。我国自1995年开始借用欧洲投资银行贷款。截至2005年，贷款金额约8.2亿美元，用于上海平湖天然气开发、成都水厂、广西南宁至友谊关高速公路、珠海航空发动机维修及首都机场扩建（三期）共5个项目的建设。

目前贷款条件为：贷款币种可选择欧元或美元，贷款年利率为6个月的EURIBOR或LIBOR+0.1%～0.15%。贷款期最长25年（含5年宽限期）。无承诺费、先征费等。贷款采用国际招标方式采购。

第二节　借用外国政府贷款

一、概况

外国政府贷款是指一国政府向另一国政府提供的，具有一定赠与成分的优惠贷款。

我国借用外国政府贷款始于1979年。二十多年来，我国先后借用了日本、德国、法国、西班牙、意大利、英国、瑞士、奥地利、荷兰、比利时、卢森堡、瑞典、芬兰、丹麦、挪威、波兰、俄罗斯、加拿大、澳大利亚、韩国、以色列、科威特、沙特共25个国家的政府贷款及北欧投资银行、北欧发展基金等区域性金融机构贷款。目前，英国、瑞士、加拿大、澳大利亚、卢森堡和北欧发展基金等已停止向我国提供政府贷款。

1979年至2005年，我国借用外国政府贷款累计签约额653亿美元。其中借用日本政府贷款439亿美元，占贷款总额的67.2%。借用德国、西班牙、法国政府贷款分别为44.9亿美元、27亿美元和26.8亿美元，位居第二至第四位。从贷款投向看，能源占33.8%、交通通信占30%、原材料工业占11.6%、城建环保占12.5%、科教文卫占3.2%、农林水占2%[①]（图3.2）。

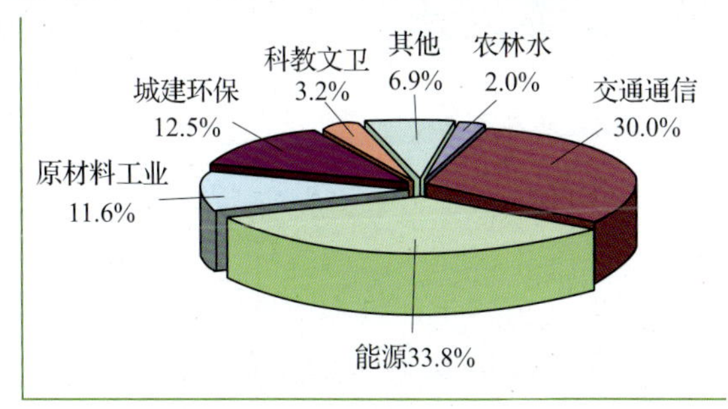

图3.2　1979～2005年外国政府贷款各行业贷款比例

二、国别情况

（一）日本政府贷款

在我国借用的外国政府贷款中，日本政府贷款所占比重最大。日本政府贷款主要包括日本海外经济协力基金贷款和日本输出入银行贷款以及“黑字还流”贷款。

① 1992年前外国政府贷款以工业项目和基础设施项目为主。1992年后工业等盈利性项目利用外国政府贷款受到限制，主要源于1992年经济合作和发展组织（OECD）的“君子协定”：即政府贷款主要用于城市基础设施、环境保护等非盈利项目；若用于工业等盈利性项目，则贷款总额不得超过200万特别提款权。贷款额在200万特别提款权以上或赠与成分在80%以下的项目，则由贷款国提交OECD审核。

秦皇岛港煤码头四期工程，借用日本政府日元贷款100亿日元，项目年设计通过能力为3000万吨/年，布置3.5万吨级煤炭泊位两个，10万吨级煤炭泊位一个

从行业投向来看，日本政府贷款主要用于交通通信、能源、农林水、城建环保、教育、卫生等领域。截至2005年，日本政府贷款投向农林水占2.1%、能源占38.6%、交通通信占32%，城建环保占13.4%、工业占10.2%、教育占2.1%、卫生占0.6%、其他占1.5%。

1．日本海外经济协力基金（OECF）贷款

OECF贷款又称为“日元贷款”，属日本政府开发援助（ODA）贷款，由日本海外经济协力基金提供。“日本海外经济协力基金”是日本政府对外开发援助的独立金融机构，任务是向发展中国家提供长期低息贷款。我国利用日本海外经济协力基金贷款始于1979年12月。截至2005年，我国共借用日元贷款31200亿日元。

1979年至2000年，日本政府以按批承诺的方式向我国提供了四批日元贷款。其中：

1979年至1984年，第一批日元贷款共3300亿日元。主要用于建设北京至秦皇岛、兖州至石臼所铁路和秦皇岛二期煤码头、日照港煤码头、宝钢一期和大庆石化工程等6个项目。

1985年至1989年，第二批日元贷款共4700亿日元。主要用于建设秦皇岛丙丁码头等三个港口项目，衡阳至广州等两条电气化铁路、天生桥坝索水电站、北京水源九厂（二期）、高碑店污水处理厂等城市供水、污水处理、煤气项目、津沪穗程控电话等16个项目建设。

1990年至1995年，第三批日元贷款8100亿日元。贷款领域进一步扩大，主要用于电力、铁路、港口、民用航空业、电信、城市地铁、供水、煤气、桥梁以及化肥等领域的42个项目。主要项目有天生桥一级电站、五强溪水电站、北京十三陵抽水蓄能电站、九江电厂、深圳盐田港（一期）、首都机场扩建、九省市程控电话、国家经济信息系统建设和北京地铁（复八线）项目。

1996年至2000年，第四批日元贷款约9970亿日元（含特别日元贷款）。贷款领域除能源、交通、城建外，增加了环保、农业、林业等新领域，共建设了82个项目。主要项目有：朔黄铁路、河北黄骅港、上海浦东机场、海南岛环岛高速公路（东线）、重庆长寿－梁平－万县高速公路、陕西韩城电厂、山东泰安抽水蓄能电站、兰州－西宁－拉萨和广州－北海－昆明－成都干线光缆、黑龙江三江平原商品粮基地、湖南、湖北和江西城市防护、内蒙古、山西、陕西造林、北京城市铁路（13号线）、重庆轻轨、武汉轻轨、柳州酸雨治理、呼和浩特和包头市、本溪市、沈阳市大气污染治理、贵阳、重庆、大连环境示范城市建设、河南淮河流域、湖南湘江流域、黑龙江和吉林松花江流域污染

综合治理等。

1999年日本海外经济协力基金与日本输出入银行合并，更名为日本国际协力银行（JBIC）。OECF贷款改称为JBIC日元贷款。

从2001年开始，日本政府调整了日元贷款承诺方式，将过去按批承诺改为按年承诺、按年签协议方式。

2001年至2005年，我国共借用日元贷款约5400亿日元，建设了71个项目。由于日本政府对华贷款政策调整，与2000年之前相比日元贷款在规模、区域分布和贷款投向上均有较大调整。2000年以后日元贷款年度规模逐步下降，由2000年的2000多亿日元下降为2005年的748亿日元。贷款领域转向城建环保、生态建设、教育与人才培养、公共卫生、扶贫等。在环保领域，实施了大气污染治理、水环境治理、城市环境综合整治等20个项目。在生态建设领域，实施了中西部8个省（自治区）的风沙治理及造林工程。在教育方面，实施了中西部19个省（自治区、直辖市）和东部3省的高等学校人才培养项目。在公共卫生领域，2003年SARS后，实施了10个中部省份的疾病控制中心和传染病防治项目。还实施了湖南、贵州扶贫项目和6个省、市的广播电视项目。

从贷款区域看，日元贷款项目遍布全国各个省（自治区、直辖市）。2000年以后，日元贷款重点转向中西部地区项目。

日元贷款采用国际招标方式采购，贷款条件如表3.7。

2．日本输出入银行贷款

（1）日本输出入银行能源贷款

日本输出入银行能源贷款由日本输出入银行提供，主要用于石油、天然气、煤炭等能源开发项目。

1979年5月，我国开始使用日本输出入银行能源贷款。1979～1995年，我国共使用了三批能源贷款，贷款总额17000亿日元。

1979～1984年，第一批贷款4200亿日元。贷款年利率6.25%，偿还期9～12年，含宽限期3～7年，用于陆上、海上石油及煤炭开发建设，共11个项目。其中石油项目4个，煤炭项目7个。主要项目有胜利、华北油田，开滦钱家营煤矿，大同四台沟矿等（见表3.7）。

表3.7 日元贷款条件

年份	年利率(%)	还款期	宽限期
1979～1984	3	30年	其中含10年宽限期
1985～1989	2.5、3、3.25、3.5	30年	其中含10年宽限期
1990～1995	2.1、2.3、2.6	30年	其中含10年宽限期
1996～2000	0.75、2.1、2.3	30～40年	其中含10年宽限期
2001～2005	0.75、1.5、1.8、2.2	30～40年	其中含10年宽限期

1985～1990年，第二批贷款5800亿日元，贷款年利率7.125%，偿还期10～15年，含宽限期3～7年。后因国际金融市场利率降低，经双方协商，贷款利率修改为按输银筹资成本加0.05%，结果各年贷款年利率分别调整为7.125%、6.1%、4.65%、4.9%。贷款用于建设13个项目。其中石油开发项目11个，煤炭开发项目2个。主要项目有大港南堡油田、辽河大民屯油田、中原油田和东曲煤矿项目及准格尔露天煤矿等。

1991～1995年，第三批贷款7000亿日元。贷款条件为：年利率为日本输银筹资成本加0.15%，当时为4.2%，贷款期15年，含建设期为宽限期。贷款用于27个项目建设，其中14个陆上石油开发项

海南省海口世纪大桥项目，桥长3500米，借用日本输出入银行贷款5000万美元

重庆轨道交通二号线项目全长约19公里，于2000年底始建，2006年建成通车。该项目总投资约43亿元人民币，借用日本政府日元贷款2.4亿美元

目，4个海上石油开发项目，9个煤炭项目。主要项目有胜利东营稠油开发，大港乌北油区开发，济宁二号、三号煤炭项目，安家岭露天矿等。

（2）日本输出入银行资金协力贷款

1996年，日本输出入银行将能源贷款领域扩大为能源、基础设施、重要原材料、机电轻纺等方面，贷款名称改为“资金协力贷款”。贷款条件为：贷款年利率为日本中长期优惠贷款利率减0.2%，贷款期15～20年，含宽限期5～7年。1996～2000年我国借用资金协力贷款约33亿美元，主要用于吉林、甘肃、陕西热电厂，安徽安庆电厂，广东飞来峡水利枢纽、广州、深圳、杭州、福州、海口机场，杭金衢高速公路、上海、新疆乌鲁木齐城市道路，厦门海仓大桥，海口世纪大桥、湖北荆沙大桥、陕西—北京天然气输气管线、山东日照木浆，济宁抗生素、湖南湘潭聚酯、武钢二热轧、石家庄钢厂棒线材等项目建设。

1999年，日本输出入银行与日本海外经济协力基金合并，更名为日本国际协力银行（JBIC）。资金协力贷款改称为JBIC不附带条件贷款。JBIC不附带条件贷款条件为：①币种为美元，贷款年利率为Liber＋0.395%，还款期13.5年，另加建设期为宽限期；②币种为日元，贷款年利率Liber＋0.28%，还款期13.5年，另加建设期为宽限期。主要贷款领域包括能源及资源综合开发利用、节能、清洁工艺生产、应对气候变化CDM项目等。主要项目有山西吕梁焦化厂、山西晋城煤层气开发利用（与亚行联合融资）、安徽淮化集团清洁工艺生产、黑龙江绥化热电联产等项目。

3．日本“黑字还流”贷款

日本“黑字还流”贷款是日本政府为了减少其外贸顺差对国际上造成的压力，向发展中国家提供的优惠贷款。1988～1993年我国利用日本政府“黑字还流”贷款1000亿日元，主要用于我国出口创汇的农业、原材料、机电、轻纺行业的中小型出口商品生产基地项目建设。重点支持了出口创汇型项目增加产品品种、提高产品质量档次，扩大创汇能力。较大的项目有黑龙江大豆基地、吉林玉米基地、新疆棉花基地、舟山渔业等。

这笔贷款由两部分组成，其中由日本OECF提供700亿日元，贷款条件为年利率2.5%，还款期30年，含宽限期10年。由日本输出入银行提供贷款300亿日元，贷款条件为年利率4.8%，还款期20年，含宽限期10年。该贷款在我国内实行脱钩转贷方式，视不同的项目采取不同贷款条件，即：提高转贷利率，缩短贷款还款期。贷款收回再贷，在国内周转使用。

（二）德国政府贷款

德国是除日本以外对我国提供政府贷款最多的国家。截至2005年底，我国借用德国政府贷款44.9亿美元，生效项目127个。

德国经济合作与发展部（BMZ）是德国政府负责双边和多边财政合作的主管部门，它负责与受援国举行年度会谈，确定年度合作项目清单和签订政府间年度财政合作协定。德国复兴信贷银行（KfW）是德国政府对外财政合作项目的执行机构。

1985年德国开始向我国提供政府贷款。1988年以前主要提供赠款和软贷款，软贷款年利率2%，偿还期30年，含10年宽限期。从1988年开始，年利率调整为0.75%，贷款期40年，含10年宽限期。贷款协议签署三个月后，对已生效而未提取部分收取年率为0.25%的承诺费。当时贷款原则上仅能用于从德国厂商进口的物资设备和服务费用，采购方式为在德国境内公开招标。

德国从1989年开始提供政府混合贷款，由软贷款和硬贷款按一定比例组成。贷款条件为：软贷款，年利率0.75%，贷款期40年，含10年宽限期；硬贷款为商业贷款，实行市场利率，贷款期10年，含3年宽限期。目前，德国政府混合贷款可支持污水处理、医疗卫生、气候保护、城市发展、自然资源的可持续发展、城市商业银行等领域。医疗领域贷款软硬比例为1∶1.3，软贷款期限40年，含10年宽限期，年利率0.75%；硬贷款期限10年，含3年宽限期，同期市场商业贷款利率，德国政府贷款原则上不超过项目总投资的70%。城市商业领域贷款条件为贷款期12年，含3年宽限期，贷款年利率为3.3%，承办此业务的城市商业银行可适当提高贷款条件，向民营中小企业提供贷款。其他领域为混合贷款，贷款期20年，含3～5年宽限期，贷款利率为2.2%～2.7%。德方按贷款总额的0.5%一次性收取管理费。

在采购要求方面，最初为限制性竞争招标，且要求50%以上的供货和服务需来自德国，目前调整为大部分领域为国际招标。

2004年，德国政府对我国贷款进行调整，增加了促进性贷款。贷款领域为环境保护、能源、交通、基础设施、供水、污水处理、医疗、生产安全和研发以及金融领域合作等其他促进发展的项目。铁路和城市发展项目的贷款期17年，其他项目贷款期15年，宽限期视项目具体情况确定，最多为5年。贷款利率为：浮动利率为6个月EURIBOR/LIBOR+0.45%；固定利率为KfW相同期限贷款的再融资成本+0.45%。单个项目的贷款金额不得低于1500万欧元，经双方协商同意后可适当降低。自贷款协议签署日3个月后，对应提未提贷款按每年0.25%收取承诺费；并根据贷款额度不同一次性收取管理费：1亿欧元以下的项目管理费率为0.35%，1亿欧元以上的项目管理费率0.25%。贷款分每半年一次等值、连续分期偿还。当中国政府主权信用评级低于国际资本市场的投资级别时，所有项目的贷款期改为12年。采用浮动利率的贷款，可在任何利息支付日提前偿还应付未付贷款，不需支付额外费用，但须提前30天通知贷款方；采用固定利率的贷款，可提前偿还应付未付贷款，但需承担所有因提前偿还而产生的费用。

利用贷款建成的较大型项目有：①能源领域：天津杨柳青电厂、火电厂脱硫除尘改造、上海杨树浦电厂技术改造，海南、山东、广东、浙江风力发电，国电公司引进节能环保测试设备项目等。②交通领域：上海地铁一号线工程、二号线一期工程，广州地铁一期工程、哈大线铁路电气化改造、沟海铁路电气化改造、中铁建购买施工设备、铁道部购买养路机械设备、渝怀铁路建设、合武客运专线、交通部中远总公司七条集装箱船、经贸部外运总公司四条集装箱船、交通部直属广州、上海、大连、天津海运公司、重庆轮船公司造船项目。③城市基础设施领域：贵州安顺、遵义供水，安徽安庆、阜阳、蚌埠、江苏淮阴供水项目；北京焦化厂煤气精制、哈尔滨至依兰煤气工程。④通讯领域：山东、广西程控电话、青海、甘肃电话、中国专利局专利信息系统工程。⑤原材料及加工工业领域：辽宁锦西钢管厂直缝焊管、湖北大冶钢厂冷热轧生产线、福建绍武刨花板厂胶合板、黑龙江绥化刨花板、黑龙江东方红刨花板、北方集团公司奔驰重型卡车制造、铁道部铁路车辆、大连30万吨合成氨项目；中国农业银行中间信贷（一期）、中国投资银行中间信贷（一期、二期）。⑥环保领域：北京垃圾处理，烟台、青岛、广州、海口、杭州、辽宁阜新、包头南郊污水处理，济宁南四湖水系污染治理，海口供水项目等。⑦林业领域：陕西、云南、湖北、山西、宁夏、安徽、河北、内蒙古、辽宁、甘肃、湖南造林项目等。

浙江富阳市八一污水处理工程，借用德国政府贷款800万美元

（三）法国政府贷款

1985年4月，中法两国政府签署第一个财政议定书，法国政府开始向我国提供政府贷款。截至2005年底，我国借用法国政府贷款累计26.8亿美元，生效项目120个。

法国经济财政工业部对外经济关系司主管法国政府贷款，主要负责贷款备选项目的选择、评估、审核，并签署双边财政议定书。法国政府贷款为混合贷款，由国库贷款和出口信贷组成。

法国政府贷款中，国库贷款和出口信贷的比例通常各占50%。其中，国库贷款的条件每年都略有变化，但两种贷款混合后的赠与成分一般都在35%以上。具体贷款条件如下：贷款初期国库贷款占52%，年利率2%，贷款期30年，含11年宽限期；其余48%为法国出口信贷，按OECD统一利率，年利率每半年调整一次。目前贷款条件调整为国库贷款占50%，年利率为0.4%，贷款期30年，含10年宽限期；其余50%为出口信贷，使用OECD统一利率，贷款期10年，宽限期通常为项目建设期。对部分法国企业特别感兴趣、并对其技术设备出口我国市场具有特殊意义的大项目，法方愿意考虑提供条件更优惠的特别贷款。

最初法国贷款只能用于从法国进口的设备、技术和服务，以及支付由法国船运公司承运的运费和法国保险公司投保的保险费等。目前采购要求已经放宽，原则上项目合同金额的70%须采购法国技术设备，30%可用于第三国采购。

贷款初期主要用于电力、交通、通信、原材料、机电、轻纺、城建、医疗以及环保等领域。目前，贷款额在600万欧元以上项目贷款领域为交通（包括铁路、城市交通系统）和环保领域；贷款额在200万～600万欧元项目贷款领域为医疗、农业及食品加工、清洁能源（特别是可再生能源）以及能源和环保方面的技术培训。使用贷款建成的主要项目有上海轨道交通3号线、上海垃圾焚烧处理及水处理项目、重庆珞璜电厂、湖北神龙轿车工程、湖北液化石油气管道、成都天然气开发项目、甘肃金昌磷肥工程等。

（四）法国开发署贷款

法国开发署是法国国有金融机构，负责法国与有关国际机构的多边合作，同时兼顾向发展中国家提供优惠贷款。

图为重庆市珞璜电厂一期工程借用法国政府贷款建设的脱硫装置交换塔

从2004年10月开始，法国开发署每年对华提供不附带条件的官方发展援助贷款。贷款条件是：贷款期为12年至17年，含3～5年宽限期，采用浮动利率，以6个月期欧洲银行间同业拆借市场利率（EURIBOR）减1%确定；为避免出现负利率，设定利率浮动的下限为0.25%；在提款期结束后，或已经提取较大数额款项后，浮动利率将转换为固定利率。

法国开发署贷款为不附带条件贷款，采购方式为国际招标，也可用于我国本地采购。贷款领域为小水电、沼气、风能、太阳能、天然气等可再生或替代能源，电气化铁路、城市交通等提高能效项目，以及农业发展项目和中间信贷等。除中间信贷类项目外，单个项目金额不低于2000万欧元。贷款重点支持云南、广西、贵州、四川、重庆、湖南、湖北等地区，根据项目情况可扩大至其他中西部地区。

（五）西班牙政府贷款

西班牙政府于1985年开始向我国提供政府贷

款，资助两国经济技术合作项目。1997年我国成为西班牙政府最大的受援国。截至2005年底，我国借用西班牙政府贷款累计27亿美元，生效项目250个。

西班牙经济财政部、官方信贷局（ICO）和发展援助基金部际委员会（CIFAD）共同负责政府贷款事务。

西班牙政府贷款主要形式为混合贷款，赠与成分至少为35%。最初西班牙混合贷款中软贷款占40%～50%，年利率1.5%～2%，贷款期20～30年；出口信贷占50%～60%。目前西班牙政府贷款中50%为软贷款，贷款利率为0.2%～0.8%，贷款期30年，含10年宽限期；另50%为出口信贷，使用OECD统一利率，贷款期5～10年，单个商务合同金额不得超过400万欧元。西班牙方对出口信贷部分收取信贷保险费，其中50%可用贷款支付，无承诺费和手续费。

最初西班牙政府混合贷款原则上只能用于支付从西班牙进口的货物和咨询、技术费用，第三国采购不得超过合同总额的10%。近年来为促进贷款的使用，西班牙政府决定扩大当地费用和第三国采购比例，由原来的10%上调到30%，购买西班牙产品比例由90%下调为70%。

贷款领域初期为电力、石油化工、水泥、纺织、电讯以及农产品加工等。目前贷款领域调整为铁路、城市轨道交通、交通控制、环保、医疗、教学培训、农业（包括农产品深加工、灌溉、玻璃温室等）和贷款额在200万特别提款权以下的各类小型工业项目。其中，医疗、文教类单个项目申请金额需在400万欧元以内，工业性、盈利性项目申请金额需在239万欧元以内。不再支持消防、广播电视类项目。借用贷款建成的主要项目有津沈铁路电气化工程、河南洛阳城市新区燃气输配工程、海南航空公司购买模拟机项目、天津轻轨和地铁、西安天然气工程、湖南岳阳造纸、北京高安屯垃圾焚烧厂、上海浦西垃圾焚烧、甘肃玉门二期风电项目、广州生活垃圾焚烧项目等。

（六）意大利政府贷款

意大利政府于1981年开始向我国提供政府贷款。截至2005年底，我国借用意大利政府贷款累计18.85亿美元，生效项目99个。

意大利外交部合作发展司（DGCS）负责管理政府贷款。其中软贷款的签约和转贷工作由意大利中期信贷银行负责办理，出口信贷的签约和转贷工作由圣保罗银行和意大利信贷银行负责办理。

最初意大利政府混合贷款的条件为软贷款占50%，贷款利率为1.0%～2.5%，偿还期20年，含10年宽限期；OECD条件的出口信贷占50%。贷款只能用于购买意大利的货物、技术和服务，保险费按出口信贷金额的1.5%收取。

目前，贷款条件调整为贷款年利率0.15%，贷款期23年，含11年宽限期。原则上要求项目合同金额的70%须采购意大利的设备或技术，30%可用于第三国采购。医疗设备的第三国或我国国内采购比例可放宽至50%。所有由本地供货商提供产品及服务的相关合同均由意大利中标商总包。使用领域包括医疗卫生、文化遗产保护、环境保护等，目前仅限于投向中西部地区。借用贷款建成的主要项目有天津大港电站、天津无缝钢管工程、新疆独山子14万吨乙烯工程、石家庄己内酰胺工程等。

（七）英国政府贷款

英国政府从1986年开始向我国提供政府贷款。截至2005年我国借用英国政府贷款累计12.9亿美元，生效项目47个。

英国负责政府贷款的机构为海外开发署。英国向我国提供的政府贷款有两种：一种是政府混合贷款。最初由25%左右的政府赠款和75%左右的出口信贷组成，贷款期为12年（含3年宽限期）时，年利率为1.5%；贷款期为20年（含5～7年宽限期）时，年利率为5%。贷款原则上用于支付从英国进口的设备和咨询、技术服务费用。其后贷款条件调整为政府混合贷款由35%的赠款和65%的出口信贷组成。

酒泉钢铁公司中厚板轧钢工程，总投资25.62亿元，借用西班牙政府贷款2700万美元。图为中板车间

贷款领域为能源、交通、铝加工、机场、环保和基础设施等。借用贷款建成的较大型项目有：湖南岳阳电厂2台35万千瓦机组、胜利油田2台2.6万千瓦燃汽机组、重庆江北10万千瓦燃汽发电机组、北京地铁一期改造、中远公司购买集装箱项目、南京机场、江阴长江公路大桥建设项目等。

1997年5月英国政府停止向我国提供政府贷款。取消政府贷款后，在海外开发署的基础上成立了国际发展部，主要负责无偿援助。近年来，英国政府通过英国国际开发署（DFID）每年提供30多亿英镑的赠款，作为多边援助，与欧盟、世界银行、国际货币基金和联合国等国际组织合作，支持发展中国家。2002年和2004财年，世行通过DFID提供的赠款为贷款项目贴息。我国借用世行贷款的结核病控制项目、西部地区教育项目、西部地区扶贫项目均通过DFID赠款予以贴息。

（八）奥地利政府贷款

奥地利政府于1985年正式向我国提供第一笔政府贷款。截至2005年底，我国借用奥地利政府贷款累计10.85亿美元，生效项目173个。

奥地利主管政府贷款的部门是财政部，实施机构为奥地利监督银行。最初奥地利政府贷款年利率为4.5%，贷款期20年，含宽限期为2年左右。目前奥地利政府贷款分A类和B类贷款，其中，A类：贷款期25年（含5年宽限期），年利率为2.25%；B类：贷款期20年（含5年宽限期），年利率为1.8%，宽限期从最后一批交货后开始计算；项目最小金额为150万欧元；商务合同金额100%可由政府贷款支付；奥方将根据项目的不同类型每年收取0.6%～1%的信贷保险费。

最初贷款领域为城市基础设施建设、环保、水电以及一些小型工业项目等。贷款只能用于支付购买奥地利设备、技术或安装调试等服务费用，不能用于支付贷款国当地费用和采购第三国货物。目前贷款领域为医疗、教育、农业、环保及广电等。采购条件放宽为项目合同金额的70%须采购奥地利设备，30%可用于我国或第三国采购。借用贷款建成的主要项目有：中国重型汽车集团公司重型汽车斯太尔项目、安徽琅琊山抽水蓄能电站项目、广西融江大埔水利枢纽工程、河南平顶山PVC塑料管板材工程、湖南永州市南津渡水电站、广西南宁市消防系统工程、哈尔滨市供水二期工程、新疆屯河农牧业综合开发基地、上海市杨浦区市东医院引进医疗设备、山东日照职业技术学院引进技术设备项目等。

（九）荷兰政府贷款

荷兰政府于1984年开始向我国提供政府贷款。截至2005年底，我国借用荷兰政府贷款累计6.34亿美元，生效项目97个。

江苏省金湖中学购置教学设备项目，借用荷兰政府贷款。图为建成的现代化教学设施

最初荷兰政府贷款项目由荷兰外交部提供40%的赠款，另外60%为商业贷款，可由双方政府认可的任何一金融机构提供。1995年荷兰对华提供政府贷款开始实行ORET/MILIEV计划。当年ORET项目的赠款比例为40%，其余为出口信贷，贷款期通常为7～8年，利率4%～7%不等；MILIEV项目的赠款比例通常为60%，其余部分可使用荷兰出口信贷或由项目单位自筹资金解决。1997年ORET项目的赠款比例调整为45%。自1998年1月起，ORET和MILIEV计划合并，新列入清单项目的赠款比例统一降至35%，但荷方特别感兴趣的项目也可争取60%的赠款。目前，荷兰政府贷款条件为贷款总额的35%为赠款，另65%由项目单位通过财政性资金和国内银行贷款、荷方提供OECD统一利率，贷款期7～10年的出口信贷或自有资金解决。

初期荷兰政府混合贷款的三分之二必须用于采购荷兰设备、技术或服务，另三分之一可从我国或第三国采购。目前采购条件放宽为项目合同总额的50%以上须采购荷兰设备、技术或服务，非荷兰成分的供货须由荷兰供货商总包，并获得荷兰出口信用保险公司的保险；特殊情况下，如荷方无法提供项目需要的设备和服务或提供的设备和服务价格显著高于国际市场水平，荷方供货比例可以降低至项目合同总额的30%。

贷款领域最初为能源、交通通信、造船、畜牧业及农产品加工、电子工业等。目前贷款领域为水处理、医疗卫生、环保、天然气输配管线、交通控制、节水灌溉（喷灌、滴灌等）等非盈利领域。借用贷款建成的主要项目有：天津航道局3500万吨挖泥船项目、武汉光纤光缆生产线项目、巴陵石化年产5万吨己内酰胺工程、长沙市中心医院购置医疗设备项目、成都污水处理厂二期工程、南京彩色显像管厂、牡丹江制药厂、北京北郊乳品厂、新疆达坂城风电一期项目等。

（十）比利时政府贷款

比利时政府于1979年11月正式承诺向我国提供政府贷款，是欧洲第一个向我国提供政府贷款的国家。截至2005年底，我国借用比利时政府贷款累计金额2.27亿美元，生效项目35个。

最初比利时政府软贷款为合同总价的43%，无息，偿还期30年，含10年宽限期，其余57%由借款方付现汇或利用比利时出口信贷。目前贷款条件为，软贷款为无息，贷款期30年（含10年宽限期），约占合同金额的48.53%；其余部分为出口信贷，使用OECD统一利率，贷款期6～10年。另有比利时政府超级补贴贷款，是将赠与成分在80%以上的软贷款与商业贷款混合，使混合后的贷款利率降至2%或以下，贷款期延长到15年（含5年以上的宽限期）或以上。

初期贷款领域为能源、通信、电子、医药、化工、纺织机械、轻工等。目前贷款领域为城市供水、污水处理、垃圾处理、广播电视采编设备、制药等。借用贷款建成的主要项目有：邮电部长途交换和邮政信函分拣项目、上海—贝尔公司合营程控电话生产线、江苏无锡电影胶片厂、西安杨森制药厂、湖南省沅陵县高滩水电站、南京六和第二水厂给水工程、广州珠江啤酒厂二期扩建项目等。

（十一）卢森堡政府贷款

卢森堡政府于1987年开始向我国提供政府贷款。截至2005年，我国借用卢森堡政府贷款累计1525万美元，生效项目2个，为鞍钢11号高炉改造(鞍山)和马鞍山钢铁公司三炼钢改造项目。

卢森堡政府贷款主管部门是卢外交部和财政部。卢森堡政府软贷款资助项目合同金额的40%，年利率0.25%，贷款期30年（含10年宽限期）；其余60%由卢银行提供出口信贷。我国借用卢森堡政府贷款的领域为钢铁工业。卢政府贷款只能用于支付购买卢森堡设备、技术及安装调试服务等费用，不能用于支付贷款国当地费用。

1988年卢森堡政府停止向我国提供政府贷款。

（十二）瑞典政府贷款

瑞典政府于1982年开始向我国提供政府贷款。截至2005年底，我国借用瑞典政府贷款累计5.83亿美元，生效项目100个。

瑞典政府提供的是无息贷款，贷款期10年，宽限期为建设期。政府贷款一般占合同金额的85%，另外15%自筹；中方可根据项目情况申请合同金额100%的贷款，但需提交瑞方主管部门批准。单个项目的最小申请金额应不低于200万美元。

贷款初期主要用于支付购买瑞典设备、技术及安装调试服务等费用，不能用于支付贷款国当地费用，采购第三国设备、技术或服务最多不能超过贷款额的15%，并由瑞典供货商负责采购。目前第三国设备和技术采购比例上升为25%。对交钥匙项目，贷款可支付10%～20%的土建费用；对于土建合同独立的项目，贷款是否可用于土建将根据项目情况决定。

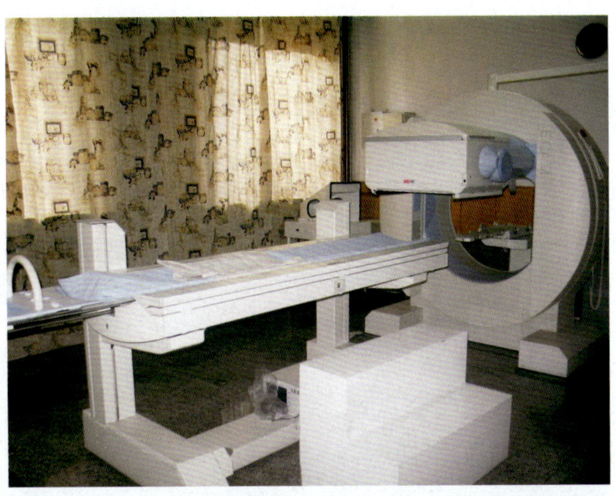

图为黑龙江省医院借用瑞典政府贷款引进的单光子发射型电子计算机断层扫描仪

最初瑞典政府贷款的领域是能源、通信、农畜产品加工、造纸及森林木材加工等，以及具有明显开发价值、特别是瑞典有专长的项目。由于受到OECD的限制，目前贷款主要支持环保、节能和医疗保健等非赢利性项目。借用贷款建成的主要项目有：大连、南京、重庆、沈阳、鞍山、连云港市等市程控电话项目、高碑店污水处理厂二期工程、天水市城区集中供热工程、吉林市造纸厂增产4.4万吨/年胶印纸工程、洛阳廛东污水处理项目、银川市急救医疗中心等。

（十三）芬兰政府贷款

芬兰政府从1985年开始向我国提供政府贷款。截至2005年底，我国借用芬兰政府贷款累计5.07亿美元，生效项目112个。

最初芬兰政府贷款条件为贷款三分之一为赠款，其余为出口信贷，贷款额为项目合同总额的85%。贷款可以与世界银行、地区性银行或其他金融机构的贷款或赠款结合使用。贷款原则上要求用于支付芬兰设备、技术或安装调试服务等费用，不能用于支付贷款国当地费用，第三国采购比例不超过合同价格的20%。目前贷款条件为无息，贷款期10年（含2年宽限期）。芬兰供货比例为不低于51%，其余可购买第三国设备、技术或服务。

贷款领域最初为农业、林业和基础设施。目前贷款领域调整为制浆造纸、木材加工、集中供热、通信、电缆制造、能源、环保、牛奶加工和医疗等领域。借用贷款建成的主要项目有：新疆乌鲁木齐市农垦局乳品厂软包装生产线、广州造纸厂改造工程、京密供水系统技术改造工程、江苏油田通信网技术改造工程、山东德州刨花板生产线项目、福建青州造纸厂扩建年产15万吨木浆项目、蛇口集装箱码头建设、安徽宿县洗涤剂项目、山东、广西、浙江三省光缆传输、上海桃浦区集中供热和血液中心以及吉林延吉集中供热项目等。

（十四）丹麦政府贷款

1982年4月，我国与丹麦外交部国际开发署签署了首批中丹政府贷款协定。截至2005年底，我国借用丹麦政府贷款累计4.17亿美元，生效项目118个。

丹麦政府贷款初期由50%的软贷款和50%的出口信贷混合组成。其中政府软贷款无息，贷款期25年、宽限期7年。

目前贷款条件为：

（1）单个项目贷款金额原则上不得超过3亿丹麦克朗（约合4000万欧元）。

（2）贷款额1500万欧元以下的项目，试投产后分10年还款，无息，建设期为宽限期。

（3）贷款额1500万欧元以上的项目，试投产后分15年还款，建设期为宽限期。当贷款货币为美元时，贷款年利率为1.2%；当贷款货币为欧元时，贷款年利率为0.3%。

（4）贷款额为200万特别提款权以下的小型工业项目，可资助100%的商务合同金额。经中丹双方协商同意，部分项目的采购不必采用招标方式，可直接通过谈判方式与丹麦公司签署商务合同。项目试投产后分8年还款，无息。

（5）可行性研究的赠款：丹麦政府可向丹麦供货商提供赠款，支持项目单位编制可行性研究报告，赠款金额可达到可研编制费用的75%。

贷款初期原则上只能用于支付购买丹麦货物或安装调试等服务费用，不能用于支付贷款国当地费用。目前我国或第三国采购比例已放宽至80%，总包商需为丹麦公司。在项目对设备和技术引进有充分保证的前提下，贷款资

浙江省金华市文荣医院引进医疗设备项目，借用芬兰政府无息贷款499万美元

河北省张家口风力发电项目，借用丹麦政府贷款。图为发电机组

金可部分用于土建。

贷款领域最初为制糖、农畜产品加工、饲料加工、冷冻冷藏、建筑材料、机械制造、污水处理、集中供热、风力发电及船运设备等。目前贷款领域调整为集中供热、水处理、垃圾焚烧、教育、医疗和小工业。借用贷款建成的主要项目有：黑龙江乳品厂日处理鲜奶200吨乳粉生产线项目、北京三元乳品公司酸奶装置和乳制品加工项目、吉林开山屯化学纤维浆厂年产5000吨木素磺酸钠项目、新疆达坂城风电三期工程、辽宁抚顺热电厂、山东临沂市食品加工厂1000吨低温库项目、西安市邓家村污水处理厂技术改造项目、淮阴市四季青污水处理厂二期工程、黑龙江哈尔滨集中供热项目等。

（十五）挪威政府贷款

1985年6月挪威政府正式承诺向我国提供首批政府贷款。截至2005年底，我国借用挪威政府贷款累计2.37亿美元，生效项目63个。

挪威政府贷款初期贷款条件为，贷款35%为赠款，其余为出口信贷，贷款额为项目合同总额的85%。贷款可与世界银行、地区性银行或其他金融机构的贷款或赠款结合使用。目前贷款条件为无息，贷款期10年，宽限期为建设期。贷款占项目合同金额的85%，另外15%由项目单位自筹；中方可根据项目情况申请合同金额100%的贷款，但需提交挪方主管部门批准。

贷款最初原则上要求用于支付购买挪威货物或安装等服务费用，不能用于支付贷款国当地费用，购买非芬兰货物不能超过合同价格的15%，且由挪威供货商负责采购。目前采购方式调整为国际招标。

初期贷款领域为水电、交通通信、造纸、饲料加工及基础设施等。目前贷款领域调整为污水处理、垃圾处理、空气污染控制、医疗卫生、文化遗产保护等。借用贷款建成的主要项目有：江苏、吉林、河南等省的程控电话，北京、安徽、河南等省蛋白饲料生产线建设，铜仁、南宁、万宁、黄冈、萧山、大连、南通等城市供水和污水处理项目、北京酒精厂引进治理酒糟生产线项目、山东潍坊塑料一厂引进硬质塑料(PVC)块状地板生产线项目等。

（十六）瑞士政府贷款

瑞士政府于1984年开始向我国提供政府贷款。截至2005年底，我国借用瑞士政府贷款累计2.5亿美元，生效项目65个。

瑞士政府主管混合贷款的部门是瑞士联邦经济部对外经济事务办公室（FOFEA）。瑞士政府贷款最初的贷款条件为，合同金额的15%须由中方以现汇支付，其余85%的一半为政府赠款，另一半为瑞士银行银团贷款。其后瑞士政府贷款条件为两种：一是瑞士确定为无盈利的环保和市政项目，合同全额由瑞士政府贷款提供支付，赠、贷款比例为40%：60%，贷款的年利率约为5%～6%，贷款期10年（含3年宽限期）。二是瑞士确定为有盈利的项目，包括工业生产、工业环保等项目，瑞士提供合同金额的85%，赠、贷款比例同前，其余15%为中方自筹。

瑞士政府贷款主要用于支付从瑞士进口的设备、技术或服务，非瑞士提供的部分不得超过合同金额的15%。初期贷款领域为精密机械、机床、化工、纺织、电力、电讯、食品加工、环保等，其后贷款领域调整为供水、污水处理、垃圾处理和其他具有环保性质的项目。借用贷款建成的主要项目有：辽宁抚顺引进程控交换机项目、重庆肿瘤医院引进医疗设备项目、乌鲁木齐市卫生系统引进医疗设备、青岛市引进显微外科医疗设备、国棉七厂引进片梭织机项目、宁夏青铜峡变电站扩建工程、贵阳白云区污水处理、湖北省车桥股份有限公司引进冷摆压精锻机项目等。

2005年瑞士政府停止向我国提供政府贷款。

（十七）波兰政府贷款

波兰政府于2000年开始向我国提供政府贷款。截至2005年底，我国借用波兰政府贷款累计1500万美元，建成了辽宁锦州市城市生活垃圾处理工程等3个项目。

最初波兰政府贷款年利率为1.98%，贷款期14年（含宽限期2年）。贷款领域主要为水处理和垃圾处理等环保领域。目前贷款条件调整为年利率0.96%，贷款期16年（含2年宽限期），不收取银行费用（如承诺费、担保费等）。波兰供货比例不低于合同金额的60%。目前贷款领域为采矿、水处理、基础设施和消防等。

（十八）俄罗斯政府贷款

俄罗斯政府贷款根据中俄双方合作项目的需要适时提供。截至2005年底，我国借用俄罗斯政府贷款累计7410万美元，生效项目1个，为江苏田湾核电站项目。俄罗斯政府贷款由俄对外经济联络部负责，俄对外经济银行负责执行。1993年后，没有借用俄罗斯政府贷款的新项目。

（十九）加拿大政府贷款

加拿大政府于1986年开始向我国提供政府贷款。截至2005年底，我国借用加拿大政府贷款累计14.75亿美元，生效项目169个。

加拿大政府贷款主要由隶属于加拿大外交贸易部的出口发展公司（EDC）负责。最初加拿大政府混合贷款的条件为：软贷款和出口信贷的比例为40%：60%。软贷款为无息，偿还期40年，含15年宽限期；出口信贷为OECD统一利率。其后贷款条件调整为：软贷款占政府贷款项目合同的42%，为无息贷款，贷款期40年（含15年宽限期）；另外58%为出口信贷，使用OECD统一利率。为促进加拿大政府贷款的使用，该国政府决定当地费用和第三国采购比例可占贷款的30%，购买加拿大设备、技术或服务的比例为70%。

广西壮族自治区北海市白水塘生活垃圾无害化处理厂一期工程，借用加拿大政府贷款，日处理生活垃圾400吨。图为垃圾焚烧发电车间

贷款领域初期为石油化工、水电、通信、造纸等。其后受到OECD规定的限制，贷款领域调整为环保和其他符合OECD规定的非盈利项目，包括医疗、供水、垃圾处理、汽车油改气、集中供热、燃气站及管道、农业机械和200万特别提款权以下小型工业项目等。借用贷款建成的主要项目有：陕西、江西、辽宁、河北、云南等省市程控交换机项目、四川雅安造纸厂项目、河南洛阳污水处理项目、广东汕头第四水厂项目、河南洛阳集中供热项目、河南电力公司电网调度自控系统项目等。

2005年加拿大政府停止向我国提供政府贷款。

（二十）澳大利亚政府贷款

澳大利亚政府于1984年开始向我国提供政府贷款。截至2005年底，我国借用澳大利亚政府贷款累计5.7亿美元，生效项目89个。

负责贷款的澳方机构有澳大利亚国际发展署、出口信贷保险公司（EFIC）、澳大利亚贸易委员会。澳大利亚政府贷款有三种方式：一是35%赠款，其余由EFIC提供贷款，此部分贷款利率根据受援国发展情况和OECD利率水平确定，贷款期最长可为10年。二是EFIC全额贷款。为了使贷款具有优惠性，提供部分赠款。三是上述两种方式的混合。

贷款领域主要为能源、交通通信、城建、环保、农林、制冷等。借用贷款建成的主要项目有：安徽合肥黄山广安输变电工程、沈阳市中环路交通信号自动控制系统项目、漳州市东区污水处理厂、郑州-西安-成都光缆干线工程、太原市引进锅炉技术及关键设备和新疆农村通信网进行技改项目等。

1998年澳大利亚政府停止对我国提供政府贷款。

（二十一）韩国政府贷款

韩国政府于1994年开始向我国提供政府贷款。截至2005年底，我国借用韩国政府贷款累计2.57亿美元，生效项目24个。

韩国政府贷款是100%的软贷款。最初贷款年利率为1.5%～5%，其中基础设施项目的贷款年利率为3.5%或以下，工业项目的贷款年利率在5%或以上，贷款期限18～24年，含宽限期3～6年。目前贷款条件有以下三类：贷款期最长为30年（含最长为10年宽限期），年利率1.5%；贷款期最长为25年（含最长为10年宽限期），年利率1.3%；贷款期最长为25年（含最长为5年宽限期），年利率1.1%。一般中小型项目均可，但单个项目最高贷款额不得超过2500万美元。原则上，项目所需设备、技术或服务的70%须在韩国境内采购，其余30%可在我国国内或第三国采购。

贷款领域最初为铁路、公路等基础设施和环保领域，目前调整为交通、通信、能源、环保、农业、医疗卫生和职业教育等。借用贷款建成的主要项目有：天津港南疆大桥工程、天津农业综合开发项目、咸阳市秦都农机开发、宁夏银川河东机场建设项目、新疆库尔勒市外环路建设项目、甘肃省武威市供水扩建工程等。

（二十二）以色列政府贷款

以色列政府于1995年开始向我国提供政府贷款。截至2005年底，我国借用以色列政府贷款累计2.43亿美元，生效项目88个。

以色列政府贷款由以色列财政部主管，具体执行部门为以色列外贸风险保险公司。

最初以色列政府贷款分为一般（产品）性贷款和项目性贷款，贷款额均为合同金额的100%，年利率为2.5%，贷款期10年（含宽限期为建设期）。但一般性贷款15%定金部分的利率为1.5%。

目前以色列政府贷款分为15%的预付款和85%的长期贷款两部分。预付款在每个金融协议生效后12个月偿还，固定利率为1.5%。长期贷款部分分为三类：一是贷款期7年，在金融协议生效18个月后，分12次每半年等额偿还，固定年利率为3.2%；二是贷款期10年，贷款的70%在金融协议生效18个月起，分10次每半年等额偿还，其余30%在金融协议生效66个月起，分10次每半年等额偿还，固定年利率为2.5%；三是贷款期12年，在金融协议生效18个月后，分22次每半年等额偿还，固定年利率为3.5%。以上方式的贷款利息均按6个月支付。项目合同金额（含预付款，下同）不超过100万美元的项目适用第一类，合同金额在100万～500万美元的适用第一类或第二类，合同金额大于500万美元的项目三类都适用。适用第三类的项目，合同累计金额不得超过5000万美元。

贷款领域最初为医疗、电子通信及农业开发等，目前扩展到医疗、农业、电信、能源和电力、工业、水处理及基础设施等领域。借用贷款建成的主要项目有：山东、黑龙江、重庆、甘肃、河南、江苏、山西、福建、广西、新疆等省市医院引进医疗设备，江西九江电厂三期扩建工程、重庆梁万公路建设项目等。

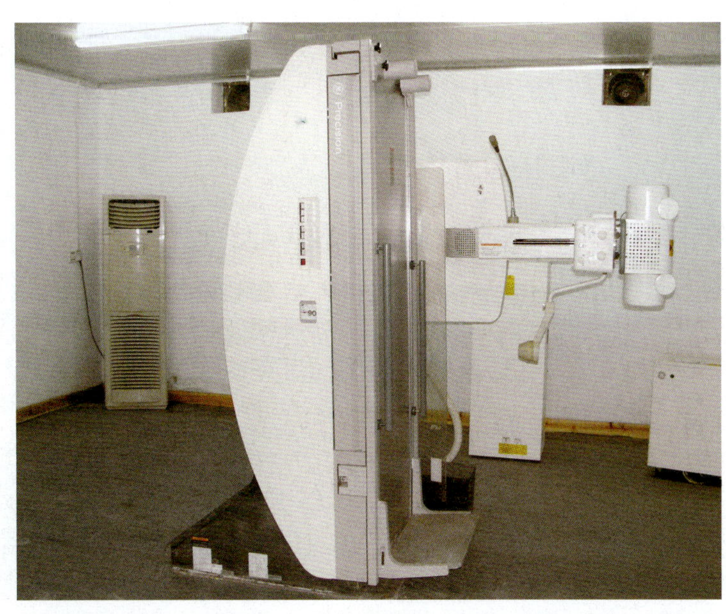

湖南省安化县第二人民医院引进医疗设备项目，借用以色列政府贷款。图为引进的800毫安数字胃肠机

（二十三）科威特政府贷款

科威特政府于1982年开始向我国提供政府贷款。截至2005年底，我国借用科威特政府贷款累计7.48亿美元，生效项目30个。

“科威特阿拉伯经济发展基金会”是管理科威特政府贷款的官方机构，代表科威特政府向发展中国家提供政府贷款。贷款最初年利率一般为1.5%～5%，贷款期18～20年，含3～5年宽限期。目前贷款期调整为16～22年（含4年宽限期），年利率在2.5%～5%之间，其中基础设施项目通常为3.5%或以下，工业项目在5%或以上。另外，科基金会每年按贷款余额收取0.5%的管理费。每年视项目贷款金额支持1～2个项目，单个项目贷款额一般不低于2000万美元，最高不超过3500万美元。自1999年第六批对华贷款起，科基金会明确表示不再支持工业类项目。

项目所需设备、技术或服务采用国际招标方式采购。中科双方确认的项目可以通过招标方式在我国国内采购，部分贷款资金可以支付项目工程土建及劳务费用，已实施项目的后续工程经双方确认也可追溯报账。

贷款领域初期为机场建设、水电、冶金、化工、汽车、港口等。目前贷款领域调整为社会发展或基础设施。借用贷款建成的主要项目有：河南郑州、江西景德镇、福建厦门、四川攀枝花、四川九寨黄龙、甘肃敦煌机场建设项目，福建沙溪口水电站、洛阳石化4万吨聚丙烯装置项目、辽宁北台钢铁厂球墨铸铁管项目、广西钦州港滨海公路、呼和浩特—准格尔铁路项目等。

（二十四）沙特政府贷款

沙特政府于2003年开始向我国提供政府贷款。截至2005年底，我国借用沙特政府贷款累计5067万美元，生效项目2个，为四川省广安市广门－前锋公路项目、黑龙江宜春公路五营－嘉荫公路项目。

沙特发展基金（SDF）为管理沙特政府贷款的官方机构。沙特政府贷款条件为贷款期20年（含4～5年宽限期），年利率3.0%～3.5%。贷款支付采用归垫形式，即：按评估确定的采购清单，经SDF批准评标报告和商务合同后，项目单位实施并用国内资金先行支付，然后SDF予以报账。单个项目贷款额一般不低于1500万美元，最高不超过2500万美元。采购方式为国际招标，项目所需设备、技术或服务等均可在中国国内采购。贷款资金也可支付项目土建工程费用和部分原材料费用。贷款领域为社会发展或基础设施。

（二十五）北欧投资银行贷款

1985年10月，我国与北欧投资银行签订了第一个合作项目。截至2005年底，我国借用北欧投资银行贷款累计8.17亿美元，生效项目185个。

最初北欧投资银行贷款条件为，以美元计的贷款年利率，浮动利率为年息3.8%左右，固定利率约7%，贷款期10～15年，含2～5年宽限期。目前贷款年利率为LIBOR加0.65%，贷款期10～20年，宽限期为建设期。项目单位借用北投贷款的总额应少于项目总投资的50%，该比例限制适用于北投贷款的所有使用领域，也适用于北投与其他北欧国家联合融资的贷款项目。

江西省赣州黄金机场扩建工程，总投资1.15亿元，借用科威特政府贷款581万美元。图为赣州黄金机场全景

贷款领域最初为水电、交通、通信、造纸、饲料加工、森林工业产品加工、渔业食品加工和工业现代化等。目前贷款领域为制浆造纸、通信、能源、环境保护、机械制造和加工、医疗

设备、食品加工、农牧产品加工等。此外，北投同意与其他北欧国家的政府贷款联合融资环保项目。在满足北欧贷款国公司作为总包商，且北投供货比例符合其要求的前提下，可将北投贷款用于支付项目的当地费用（包括土建费用）。借用贷款建成的主要项目有：山西、陕西、湖南、青海等省医院引进医疗设备、甘肃加荣塑料有限公司引进贮青缠绕膜生产设备项目、甘肃临泽雪莲公司10000吨/年乳制品生产项目、天津开发区泰达医院迁建工程、青海新型铝型材加工生产线项目、青海通路铝塑门窗厂50000吨铝塑管材配套工程（管件）项目、新建昌吉州农机系统引进农牧业机械设备项目、山西交口县燃气工程等。

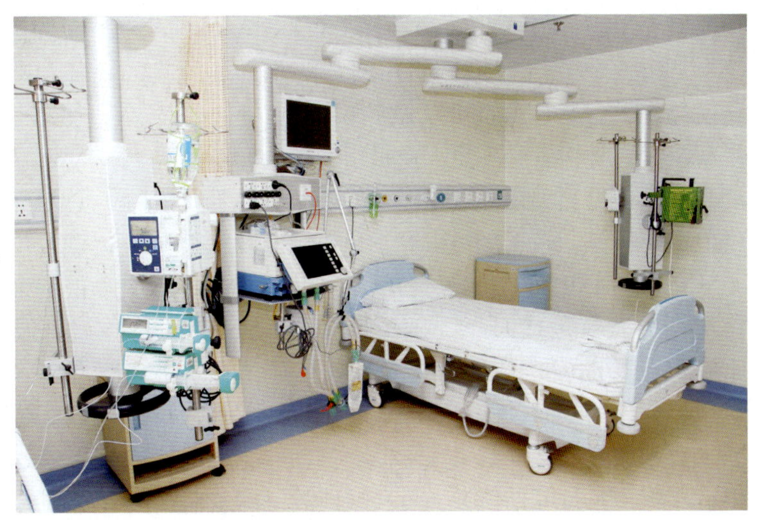
湖北省华中科技大学同济医学院附属协和医院引进医疗设备项目，借用北欧投资银行贷款。图为监护设备及吊塔

（二十六）北欧发展基金贷款

1989年5月，北欧发展基金组织与北欧投资银行联合访华，明确向我国提供贷款。该组织与北欧投资银行联合为环保等有良好社会效益的项目提供贷款。其中，北欧发展基金贷款占贷款总额的1/3，贷款条件为贷款期40年，含10年宽限期，无息，手续费每年0.75%。其余2/3的贷款由北欧投资银行提供。这种联合贷款的总体赠与成分约30%。1992年9月，北欧发展基金决定向我国提供首批500万特别提款权（约合700万美元）的贷款，加上北欧投资银行贷款1400万美元，总贷款额为2100万美元，用于西安北石桥污水处理厂、乌鲁木齐河东区污水处理厂两个项目。此后，没有新项目。

第三节 借用国际商业贷款

一、概况

国际商业贷款，是指境内机构以商业条件向我国非居民举借的债务性资金。主要包括：外国银行和其他金融机构贷款、外国企业贷款、出口信贷、发行外币债券、可转换债券及大额可转让存单、国际融资租赁、以现汇方式偿还的补偿贸易、境外居民在境内的存款等。

国际商业贷款的管理方式与国外优惠贷款不同，“十五”以前，限额以上项目由原国家计委直接安排国际商业贷款规模，限额以下项目采取先由国家向地方和金融机构“切块”下达国际商业贷款规模，由地方自行安排和金融机构自主选择项目放贷的方式进行管理。此外，国家还以专项形式集中安排借用国际商业贷款，包括国家统借“22项”、北京专项、天津专项、上海专项（“94专项”）、辽宁专项、旅游专项（主要用于各地建设旅游饭店）等。

1979年我国开始借用国际商业贷款[①]。1979～2005年，我国累计借用国际商业贷款约1290亿美元，主要用于交通、能源及原材料工业领域的国家重点项目和部分出口创汇项目引进国外先进技术设备，以及支持银行等金融机构的发展。其中，能源占25.6%、交通31.4%、原材料19.1%、机电轻纺7.9%、城建0.9%、其他15.1%[②]。借款主体以大型国有企业和金融机构为主，区域分布主要集中在东部沿海经济相对发达的地区。

借用国际商业贷款建设的国家重点项目主要有：长江三峡水利枢纽工程，广东大亚湾、岭澳及浙江秦山、江苏田湾核电站，大连、丹东、南通、石家庄等电厂，大庆、齐鲁、扬子等30万吨乙烯，宝钢三期、邯钢、珠钢、包钢薄板坯连铸连轧、攀钢扩建，海洋石油的惠州、陆丰等油田开发以及民

① 指期限在一年以上的中长期国际商业贷款，不包括外商投资企业借入的国际商业贷款。
② 不包括由金融机构借用后自主选择项目贷款的部分。“其他”主要部分为财政部发债。

用航空业引进大型飞机。

1979～1985年是我国借用国际商业贷款的起步阶段，共借用国际商业贷款约142亿美元。主要是解决国内外汇资金不足，重点用于煤炭、石油等能源开发项目，钢铁、石化、建材等原材料工业项目，以及机械、轻工、纺织等工业项目建设。

1986～1995年是我国借用国际商业贷款的高峰时期，尤其是1991年，OECD国家修改了《关于官方支持的出口信贷的安排》（俗称“君子协定”），外国政府贷款用于工业项目受到限制，我国工业领域更广泛地利用国际商业贷款，通过境外银行贷款、发行境外债券、可转换债券、出口信贷等多种形式取得融资，借用国际商业贷款金额近700亿美元，建设了一大批火力发电厂、核电站，引进了一大批民航大型飞机，并继续支持原材料及机电轻纺工业项目建设。

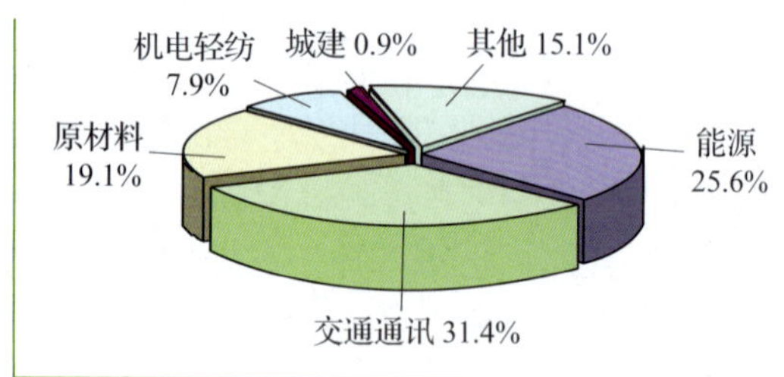

图3.3　1979～2005年借用国际商业贷款投向

1996年以后，应对国际金融环境动荡的形势，我国加强了对国际商业贷款的管理，将原计划外的项目融资、国际融资租赁统一纳入外债全口径计划管理。1997年发生亚洲金融危机，国际融资成本大幅提高，融资渠道严重受阻。国内一般金融机构借款和发债面临期限短、利率高、筹资成本居高不下的局面，部分地方信托投资公司和项目单位偿债困难，一些金融机构的信用被国际评级机构降级，地方信托投资公司基本上无法在国际资本市场筹资。在此背景下，国家开始严格控制借用国际商业贷款，全面清理对外借款窗口，加强全口径外债管理，把规范融资行为、防范和化解外债风险作为重点，从严控制融资主体和借用期限较短的中长期国际商业贷款。“九五”计划期间，共借用国际商业贷款270亿美元，比“八五”计划期间下降了26.3%。

“十五”期间，继续实行借用国际商业贷款总量控制的政策。随着国际国内环境的改善，国际资本市场对我国金融机构的信心逐步恢复。国内外汇资金总体充裕的情况下，配合实施“走出去”战略，支持政策性银行发展，弥补国内资本市场金融品种不足，我国政策性银行重新进入国际资本市场，以发行债券方式融资。为支持民用航空业的发展，各大民用航空公司以国际融资租赁方式大量引进大型飞机。此外，青岛啤酒集团有限公司、北京大唐国际发电有限公司通过境外发行可转换债券以较低成本直接到国际金融市场融资。“十五”期间，共借用国际商业贷款186亿美元，比“九五”计划期间下降了31.1%。

“十五”末期，为统一外债统计监测和管理口径，从2005年开始，将境内外资银行外债纳入我国全口径外债管理范围。对境内外资银行借用国际商业贷款按年度发生额实行规模管理。经国务院批准，2005年10月亚洲开发银行和IFC在境内发行了人民币债券，发债所筹资金部分以贷款形式用于国内投资项目，形成以人民币计价的国际商业贷款。

二、借款情况

（一）外国商业银行（金融机构）贷款[①]

截至2005年底，我国共借用外国银行和金融机构贷款约490亿美元，占借用国际商业贷款总额的38%。我国借用外国商业银行贷款的领域广泛，涉及能源领域的电力、煤炭和石油行业；交通领域的公路、港口、水运、民用航空业以及邮电通讯等行业；工业领域的轻工纺织、机械电子、石化化工、钢铁、有色以及建筑等行业；旅游业方面，多数贷款用于兴建酒店、宾馆以及游乐园等；社发领域的医疗卫生等行业，也曾用过此类贷款。

① 外国商业银行贷款一般包括两种形式：一是由一至两家外国商业银行提供的贷款；二是银团贷款，即由一家银行牵头，多家外国银行参加，联合向借款人提供的贷款，国际上又称辛迪加贷款。外国商业银行的贷款期限分为短期、中期和长期。短期贷款为一年以下的贷款，一般用于解决流动资金不足；中期贷款为1～5年，长期贷款指5年以上的贷款，10年以上比较少见。贷款利率采用固定利率或者浮动利率（以国际同业拆放利率，如伦敦同业拆放利率（LIBOR）和美国优惠放款利率为基准。另外在银行借款业务中，贷款人一般要求第三方为借款人提供担保。一般由有信誉的借款国政府、中央银行、开发银行等提供担保。

广东岭澳核电站一期项目，总投资约340亿元，其中借用国际商业贷款约26亿美元，年发电能力约150亿千瓦时，整体国产化率达到30%。图为建成的岭澳核电站

（二）出口信贷[①]

截至2005年底，我国共借用出口信贷150亿美元[②]，占借用国际商业贷款总额的11.6%。主要用于国家的重大建设项目引进先进的设备和技术，涉及能源、化工等领域，主要项目有广东大亚湾核电站，秦山二期，三期核电站，江苏田湾核电站，三峡水电工程，华能大连电厂，大庆、齐鲁、扬子乙烯工程等。

（三）对外发债[③]

我国对外发债始于1982年。截至2005年底，我国境外发债筹资额总计220亿美元，占借用国际商业贷款总额的17.1%。

1982年，中国国际信托投资公司在日本发行了100亿日元武士债券，这是我国成立后，在国际资本市场上首次通过发行债券方式筹集资金。此后，国有商业银行、地方信托投资公司也先后在国际资本市场上发行外币债券。

1989年国务院确定了十大对外筹资窗口，包括中国银行、中国投资银行、交通银行、中国国际信托投资公司、福建投资公司、上海国际信托投资公司、广东国际信托投资公司、海南国际信托投资公司、大连国际信托投资公司、天津国际信托投资公司。1992年，国家扩大对外发债主体，允许非金融机构自主对外发债，但仍不允许地方政府对外举债。

1996年1月，我国财政部作为主权发行体第一次进入国际资本市场，在美国发行4亿美元扬基债券，其中有7年期债券3亿美元，100年期债券1亿美元。

1994～2005年，我国共批准国内企业境外发行7笔可转换债券，共筹集9.8亿美元，占境外发债的5%，到期均完成了转股。

（四）国际融资租赁[④]

截至2005年，以国际融资租赁方式筹资约300亿美元，占借用国际商业贷款总额的24%。

我国的国际融资租赁主要为飞机融资租赁[⑤]。飞机融资租赁是我国民用航空业引进大中型飞机的主要方式之一，在我国民用航空业发展历程中发挥了重要作用。此外，电子、纺织、机械、建筑、轻工和通信等领域的设备引进也采用国际融资租赁方式融资。

① 出口信贷是一国政府为支持和扩大本国的产品出口，通过银行对出口贸易提供信贷，政府对此信贷给予利息补贴或提供担保。由于出口国政府提供政策补贴，出口信贷利率一般比市场利率略低。出口信贷一般只能用于购买贷款国生产的设备，且只能支付85%的设备款。根据接受贷款对象的不同，出口信贷分为买方信贷和卖方信贷。买方信贷是出口方银行直接向进口商或进口方银行提供的商业信贷，而卖方信贷是出口方银行向本国出口商即卖方提供的商业信贷。出口信贷的贷款期限一般为8～12年，建设期为宽限期。利率目前按国际商业参考利率（CIRR）执行。美元币种贷款期在8.5年以上约为6%。

② 不包括与外国政府优惠贷款按事先约定的比例搭配使用的出口信贷。这部分出口信贷在我国作为政府贷款进行管理。

③ 对外发债是指一国政府、金融机构或其他机构在国际资本市场上向国际投资者发行，以国际货币债券为书面承诺，约定在未来一定期限偿还本金，并按事先规定利率支付利息的有价证券。

④ 融资租赁又称金融租赁，即，租赁公司（通常是金融机构）作为出租人，按企业即承租人的选择，出资购买承租人选定的租赁物，租给承租人适用，并定期向承租人收取租赁费。

⑤ 飞机租赁的实质是出租人给予承租人的一种长期信贷，租金是在租赁期内分担出租人购买飞机的成本和利润。这种方式在国际航空运输界普遍采用。

（五）国际金融公司贷款和亚洲开发银行私营部门贷款

国际金融公司是世界银行集团的成员，致力于促进发展中国家私营部门投资。亚洲开发银行从事类似业务的机构不是独立的法人，而是该银行内部的一个部门。由于它们的贷款是以市场条件发放，不具优惠贷款的性质，我国对国际金融公司和亚洲开发银行私营部门贷款作为国际商业贷款进行管理。

国际金融公司在我国的业务比较活跃。1985年至2006年12月底，国际金融公司以贷款和股权投资的形式在我国投资了123个项目，投资总额超过30亿美元（含国际金融公司带入的银团贷款约7.5亿美元）。由于国家对内资机构和企业借用国际商业贷款规模严格管理，国际金融公司贷款的对象主要为外商投资企业，贷款期限一般为7～10年。对内资民营企业的贷款仅有两笔，贷款额近4000万美元。国际金融公司在我国的投资重点为有限追索权项目融资、民营中小企业发展、参股民营金融机构、支持私营部门投资基础设施等。2005年，该公司在我国发行人民币债券后，将发债筹集的人民币贷给安徽海螺水泥等境内企业。

第四节　不同类别国外贷款的特点

一、国际金融组织贷款

（一）贷款资金规模较大、相对稳定

国际金融组织提供的贷款资金规模较大、还款期较长、相对稳定，在支持农业、能源、交通、城建环保等领域发展方面发挥了重要作用。我国利用这类资金建设了一批国家重点项目。

（二）项目管理体系规范严格，适用于项目准备周期长的大型建设项目

国际金融组织建立了一整套包括项目前期准备、评估、后评价等制度的项目管理体系，有利于保障项目顺利实施。同时，国际金融组织贷款期限相对较长，较适合于交通、能源、城建等项目准备周期长的大型基础设施项目的建设。

（三）引进了先进的理念，在制度建设和体制创新方面作用显著

国际金融组织贷款项目在传播先进的发展理念等方面发挥了示范和引导作用。结合具体贷款项目，在项目管理、结构调整、国企改革、财政、金融、社会保障、环保等方面的不少前瞻性建议，为有关部门重视和采纳。中国政府还积极利用国际金融组织的技术援助进行了一系列有关中国经济社会发展和改革开放的重要问题及政策的研究，对建立和完善相应的体制机制、改革起到了一定的推动作用[①]。

（四）贷款成本相对较高

国际金融组织贷款期限长，但成本较高。贷款利率一般是由伦敦同业银行拆借利率（LIBOR）加上世行筹资成本和利差构成。国际金融组织还往往要按贷款总额的一定比率征收先征费，对贷款本金未提取部分收取承诺费。贷款条件基本上接近市场条件。此外，由于国际金融组织贷款的审查程序比较严格，项目准备环节多、周期长，因此项目准备成本相对较高。

二、日本政府贷款

（一）贷款资金规模大且相对稳定，贷款领域宽

日本政府贷款是我国借用规模最大的外国政府贷款。2001年以前，贷款采用分批承诺方式，贷款资金来源稳定；贷款涉及交通（铁路、公路、港口、民航）通信、能源（煤炭、石油、天然气、电力）、原材料、农林水及生态建设、城建、环保、教育、卫生、广播电视、扶贫等诸多领域，配合我国多个五年计划安排了一大批国家重点项目的建设。

（二）贷款优惠程度较高，用途广，采购不附加限制性条件

贷款还款期长，年利率相对较低，贷款优惠程度较高，是配合我国实施西部大开发战略，率先向西部地区倾斜安排的国外优惠贷款。贷款用途广，可用于土建工程和采购设备、材料，适应建设项目的不同需要。采购不附加限制性条件，

采用国际竞争性招标方式采购，既可降低采购价格，又有利于提高我国产化水平。

① 比如，1984年，世行贷款鲁布革水电项目首次将竞争性招标采购方式引入中国，这种方式“得到了中国政府的充分肯定和工程界的广泛重视”，被誉为“鲁布革模式”，并在其他领域加以推广。1987年中国利用世行贷款修建了第一条跨省市高速公路——京津塘高速公路，采用了国际通行的菲迪克条款，并首次引进了合同管理，建立了监理机制，为中国公路建设管理体制改革做出了积极贡献。此外，通过借用国际金融组织贷款，中国引进了一系列比较先进的管理制度，包括环评制度、项目法人制、供水污水收费制读等。

（三）贷款管理程序规范，且注重项目环境效益和社会效益

日本政府贷款机构为提供日元贷款制定的项目评估、环境及社会评价、招标采购、贷款支付、后评价等管理程序较为严谨规范，为我国建设项目加强管理提供了经验借鉴。

（四）汇率风险问题突出

上世纪80年代后期和90年代上半期，日元对美元汇率波动幅度较大，升值较快，汇率风险大，给以日元为贷款币种的贷款项目带来较大的还款压力。

三、其他外国政府贷款

（一）贷款条件比较优惠

其他外国政府贷款一般具有一定的赠与成分，贷款期限较长，并有一定的宽限期，是我国目前所借国外贷款中条件比较优惠的贷款。

（二）贷款国别多，项目选择余地较大

外国政府贷款国别多，选择空间大，适合于安排中小项目，有利于引进先进的技术和设备。

（三）贷款领域有所侧重

1991年后，外国政府贷款要求符合OECD规定，即政府贷款主要用于城市基础设施、环境保护等非盈利项目。因此，我国利用外国政府贷款主要用于政府主导型项目建设，集中在基础设施、环境保护和社会发展等领域。

（四）大部分国家具有限制性采购要求

除科威特、沙特、法国开发署、德国促进贷款等为国际招标采购外，多数国家政府贷款为限制性采购，即贷款总额中的一定比例须用于购买贷款国的设备和技术。近几年各国限制性采购条件逐步放宽，贷款国的采购比例有所降低。

四、国际商业贷款

（一）具有较强的自主性

相对于国际金融组织贷款和外国政府贷款，借用国际商业贷款具有较强的自主性，可根据我国经济发展的需要以及国际资本市场形势，主动确定借款规模，是我国政府调控外债总量的主要手段。

（二）筹资方式多样，资金使用灵活，贷款落实较快

国际商业贷款包含的金融品种丰富，贷款方主要注重借款方的资信和偿还能力，一般不限制资金的使用投向和设备采购方式（出口信贷除外），可灵活选择贷款币种，不要求披露借款国家的财政经济状况。贷款申请程序简便，资金到位迅速。

（三）成本相对较高，市场风险较大

国际商业贷款成本相对较高，利率风险相对较大。要求企业经营状况好，具有较强的偿债和抗风险能力。

第四章　行业借用国外贷款分析

20多年来，我国借用国外贷款项目主要集中在农业（含林业、水利）、交通通信、能源、城建环保、教育卫生、原材料、机械、电子、轻工、纺织等领域。由于各个行业所面临的发展环境和条件不同，借用国外贷款在不同时期和不同行业也表现出不同的结构特征和阶段性特点，发挥的作用也不相同。

第一节　农业、林业和水利

一、农业、林业和水利借用国外贷款的基本情况

我国农业、林业和水利行业借用国外贷款始于20世纪80年代初期。20多年来，农业、林业和水利行业借用国外贷款有了较大的发展，从改革初期单一接受国外无偿援助，到借用世界银行、亚洲开发银行、国际农业发展基金会等国际金融组织贷款，以及多个国家的政府贷款、混合贷款和出口信贷，贷款渠道不断拓宽。20多年来，借用国外贷款总额约121亿美元，其中世行贷款占75%，为我国农、林、水利国外贷款来源的主要渠道（见图4.1）。

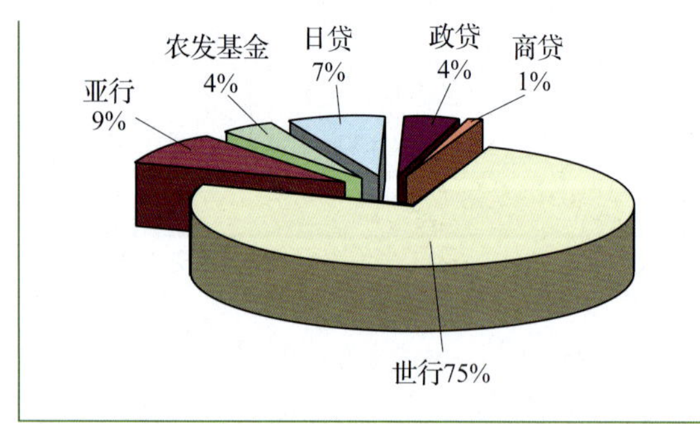

图4.1　农业、林业、水利行业借用国外贷款资金来源

（一）农业

从1981至2005年，我国农业借用国外贷款主要投向了农业灌溉等基础设施建设和农牧渔业综合开发，扶持了大批国家粮、棉、糖、橡胶等农业基地，以及支持农村能源生态建设、农业科研教育和农业支持服务体系建设等。借用国外贷款总额近60亿美元[①]，贷款项目200多个。其中，世界银行贷款46.2亿美元，占77%；亚洲开发银行贷款3.5亿美元，占6%；国际农业发展基金会贷款4.8亿美元，占8%；外国政府贷款（含国际商业贷款）5.2亿美元，占9%（见图4.2）。

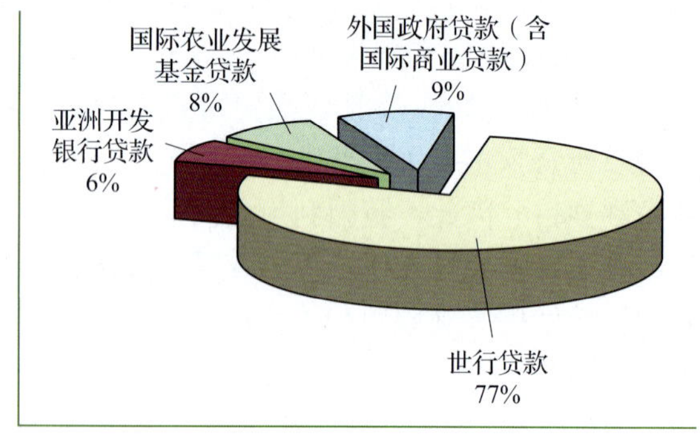

图4.2　农业行业借用国外贷款资金来源

25年来，从农业借用国外贷款的总体趋势看，“六五”时期为起步阶段，期间农业借用国外贷款仅为3.95亿美元；“七五”、“八五”时期进入了快速稳步发展阶段，贷款总额大幅增长，其中“七五”时期比“六五”时期增长了262%，贷款分别达到10.37亿美元和，“八五”时期贷款数量达到了最高峰，贷款额20.66亿美元，比“七五”、时期增长了199%；到了“九五”、“十五”时期，我国农业借用国外贷款进入了调整回落阶段，贷款额分别减少为18.42亿美元和6.25亿美元，其中突出的影响因素是由于世行提供的软贷款在“九五”期间逐年减少，并在1999年7月停止对我国提供软贷款。表现在“十五”期间，我国农业贷款额大幅减少（见图4.3、图4.4）。

① 不包括扶贫项目。

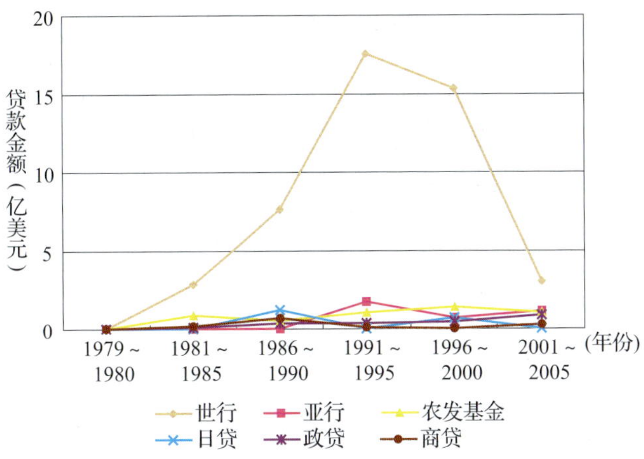

图4.3 农业行业不同时期借用国外贷款变化趋势

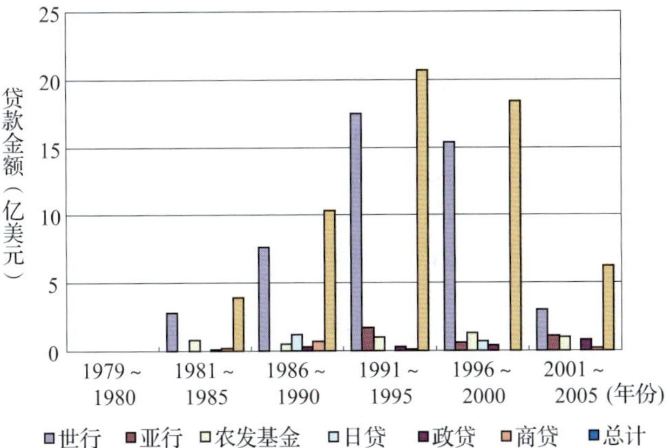

图4.4 农业行业不同时期借用国外贷款数量

从全国农业借用国外贷款的地区投向看，中西部地区的贷款超过了三分之二，虽然不同来源的国外贷款在东部、中部、西部地区贷款的比例有所不同，但从趋势上看，大部分贷款都投向了中西部地区。从农业借用国外贷款最主要的来源世行贷款的分布来看，东部地区的贷款为11.38亿美元，占25%；中部地区的贷款为12.42亿美元，占27%；西部地区的贷款为17.25亿美元，占37%；跨地区项目贷款5.19亿美元，占11%；其中中西部地区所占比例逐年增加，总比例达到了64%。农发基金会中东西部贷款的区域分布与世行表现出相近的特点，比例分别为23%、29%和48%；中西部贷款占到了77%。

（二）林业

截至2005年，我国林业借用国外贷款约14.2亿美元，借用国外优惠性贷款是林业利用外资的主要方式，其中世界银行、日本政府贷款是我国林业发展借用国外贷款的主要渠道。从1985年起，共计借用世界银行贷款9.64亿美元，占贷款总额的68%；日本政府贷款2.44亿美元，占17%。

同期，我国林业发展还得到了德国、加拿大、科威特、芬兰、荷兰、西班牙、北欧投资银行、亚洲开发银行等国家和国际组织的支持，提供贷款约2.1亿美元，占15%（见图4.5）。

四川安宁河流域农业综合开发项目，总投资21亿元，其中借用世界银行贷款1.2亿美元。图为土地开荒改造

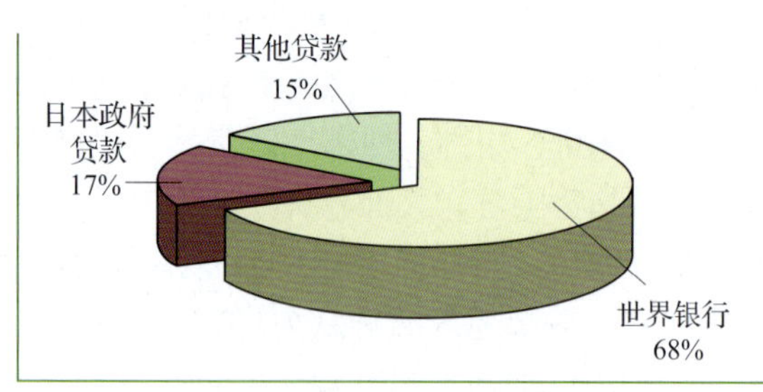

图4.5 林业行业借用国外贷款资金来源结构

“六五”时期我国林业借用国外贷款仅为8700多万美元，随后的几个五年计划中，林业借用国外贷款的规模一直比较稳定，平均为3.32亿美元。其中“七五”时期最多时林业借用国外贷款3.73亿美元。“十五”时期林业借用国外贷款总额约3.5亿美元。

我国林业借用国外贷款主要投向营造林。其中世界银行贷款的投向涵盖了商品林基地建设、森林火灾灾后恢复等方面，以营造林为主，完成造林面积300多万公顷；日元贷款重点用于生态公益林和经济林建设；其他政府贷款多用于建设造纸厂、纸浆厂和木材加工厂和更新设备等林业生产企业。

借用亚行贷款黑龙江省三江平原湿地保护项目，是我国争取GEF赠款最多的林业项目。项目使用亚行贷款1500万美元，GEF提供赠款1240多万美元，用于速生丰产林、经济林、草地恢复建设和湿地保护区管理。

（三）水利

借用国外贷款是水利行业利用外资的主要来源，绝大部分来自于世行贷款。25年来，水利借用国外贷款的投向从开始的水利灌溉项目，逐步扩展到防洪骨干工程、水力发电、农业灌溉、水土保持等各个方面。在贷款项目建设的同时，还引进了国际上先进的设备，围绕水利发展的重点、人才需要和技术开展了科学研究、人才培训、模型开发等技术援助项目。

截至2005年，水利行业借用国外贷款约47.4亿美元，其中世行贷款34.9亿美元，占74%；亚行贷款6.3亿美元，占13%；日元贷款4.6亿美元，占10%；其他外国政府贷款1.6亿美元，占3%(见图4.6)。

20世纪90年代是水利借用国外贷款的高峰时期，这期间签约的项目占借用国外贷款总额近38亿美元，占总额的79%左右(见图4.7)。

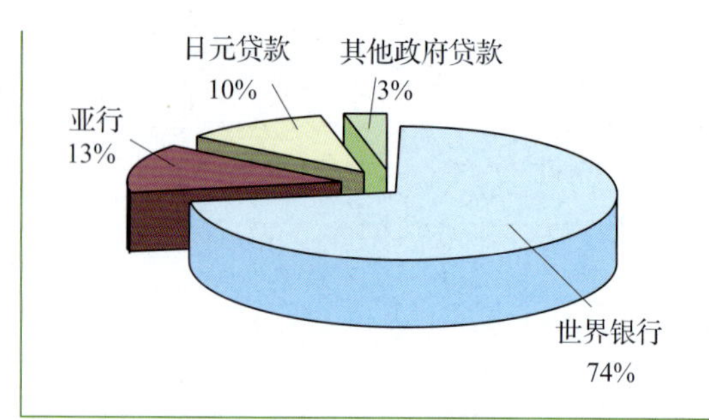

图4.6 水利行业借用国外贷款资金来源

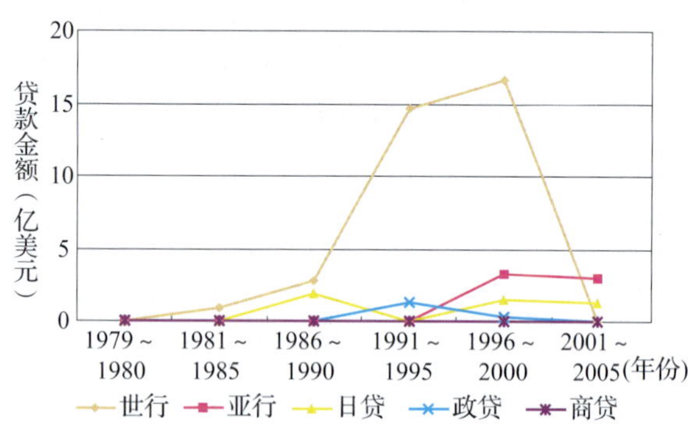

图4.7 水利行业不同时期借用国外贷款变化趋势

二、借用国外贷款的主要成效

（一）拓宽了农林水资金投入的渠道，促进了重点项目建设，改善了农民生产和生活条件

改革开放初期，我国国内建设资金严重不足，农业投入更为短缺。在这种情况下，多渠道争取和利用世行、亚行等国外贷款，拓宽了农业投入的资金渠道，改善了政府支农资金的结构，带动了中央、地方、集体和农户自筹配套资金对农业的投入，一定程度上缓解了我国农业投入的不足。

水利项目自筹资金能力相对较弱，经济效益相对较差，同时具有工程建设规模大、投资多和周期长等特点，借用国外贷款在很大程度上弥补了国内水利建设资金的不足，缓解了资金短缺的矛盾。

世行贷款国家造林项目在贵州的人工杉木林，极大改善了当地的植被和生态状况，同时也促进了当地的旅游业发展

据初步统计，“十五”期间，水利部门年借用外资额约为水利基建投资的15%。水利行业的建设涉及洪水管理、水资源开发、农村水利、水土保持、水污染防治等诸多领域，项目建设所需的投资巨大，借用国外贷款使一些因资金原因不能开工建设的工程能够提前实施，如小浪底工程、黄土高原水土保持项目等，借用国外贷款从整体上加快了水利建设的速度和水利事业的发展。

农林水利项目建设，不仅改善了农业生产条件，同时有效地促进了农民生活条件的改善。

（二）解决了农业生产中一些亟待解决的瓶颈问题，增加了农产品有效供给，提升了农业产业化水平

通过借用国外贷款扶持国家粮食、橡胶、棉花等农产品的发展，解决了农业生产中一些亟待解决的瓶颈问题，提高了农产品有效供给能力。如黑龙江农垦总局通过借用世行和外国政府贷款重点引进先进的大马力高效农机具、农用飞机、粮食烘干设备和水田作业机具，完成开荒330万亩和改造中低产田1000万亩，新增水稻种植面积1070万亩（占黑龙江农垦总耕地面积的三分之一），加快国家级商品粮基地建设，为实现黑龙江垦区2005年粮豆总产200亿斤目标起到了重要的促进作用。

农业借用国外贷款项目的实施，加强了现代化农业基地建设，有效地扶持和发展了一批农产品加工和流通企业，提高了农业产业化经营水平。

（三）引进了国际先进技术和管理理念，促进了农业、林业和水利管理体制的创新

通过实施借用国外贷款项目，我国农业引进了大量国外优良品种、技术和设备，从整体上缩小了我国与世界先进水平的差距，提高了项目的投入产出效益。世行贷款中国种子项目首次引进了棉种稀硫酸脱绒加工技术、种子拌药技术和种子清选、分级、包衣、包装技术以及马铃薯脱毒育种技术，增强了我国种子加工能力。林业部门在“国家造林项目”中推广应用了17项科研成果，使得造林质量得到普遍提高。通过国外贷款项目建设，水利行业引进了成套的碾压混凝土施工技术、隧道全断面掘进机、柔性堤防防渗墙等众多的先进技术，促进了水利建设领域的科技进步。

通过借用国外贷款还引进了国外先进的管理理念，推进了农业、林业和水利管理制度创新。水利行业通过借用国外贷款探索实践了新型的水土流失治理模式，为黄土高原等水土流失严重地区的治理和社会经济发展提供了经验。世行贷款黄土高原水土保持项目被世行誉为世行农业项目的“旗帜工程”；通过农业借用国外贷款项目，在加强农业科技推广体系、建立农业信息体系、规范动植物检验检疫管理、推广农村小额信贷、开展农业普查、推动粮食购销体制改革等多方面进行了有益的尝试，取得了丰富的实践经验，为促进国家农业管理体制改革奠定了基础。

（四）加强了国际交流，促进了农林水人才队伍建设

借用国外贷款促进了我国农林水行业的人才培养与国际的交流。25年来，仅通过农业部组织的借用国外贷款项目，就先后向世界各国派出了4000多人次的访问学者和各类短期培训考察人员，聘请国外专家1000多人次来华讲学授课，在国内培训了4000多人次的项目

浙江温州珊溪水利枢纽工程，借用亚洲开发银行贷款1亿美元。图为珊溪水库大坝

管理和执行人员。通过国内外培训和考察等国际交流活动，培养和锻炼了一大批懂技术、会管理、善经营的外向型农业专业人才和项目管理人才，为农业全方位利用外资、开展农业国际交流与合作以及对外贸易提供了人力资源保障。同时，通过世行贷款农业教育科研项目、世行贷款农业教育二期项目和世行贷款农业科研二期项目，先后选派了2000多名留学生和进修生赴发达国家深造，为我国农业管理、教学、科研和技术推广服务培养了一批优秀的顶尖人才。

在水利借用国外贷款项目中，采取了“派出去，请进来”的办法，培养了大批设计、施工和管理人员，成为国内工程设计、施工、监理、管理、科研等方面的骨干力量。在贷款项目中，通过邀请国际上有经验的咨询专家进行技术指导，显著地提高了国内咨询机构的技术咨询能力。同时，通过贷款项目的实践，培养和锻炼了大批业务水平高、懂外语、会管理的涉外型经济人才，推动了水利行业国际交流活动的开展。

第二节　交通和通信

一、交通、通信借用国外贷款的基本情况

交通是我国借用国外贷款最多的行业之一。截至2005年底，我国交通领域共借用国外贷款644亿多美元，其中，公路水路借用国外贷款达202亿美元，铁路借用国外贷款约127亿美元，民用航空业领域共借用国外贷款约310亿美元。公路水路和铁路借用国外贷款以国际金融组织贷款为主，民用航空业领域则主要以国际商业贷款为主，主要采用国际融资租赁的方式。

（一）公路水路

1．贷款规模

到2005年底，公路水路交通行业共借用国外贷款202亿美元，其中，借用世界银行贷款75亿美元，借用亚洲开发银行贷款62亿美元，借用日元贷款41.5亿美元，借用其他政府贷款及国际商业贷款24亿美元（见图4.8）。

2．贷款项目和建设规模

截至2005年底，公路水路交通行业安排世行贷款公路项目38个，港口、内河项目13个；安排亚行贷款公路项目30个，港口项目4批(个)；安排日元贷款公路项目15个，港口项目13个。从公路水路两大行业项目情况看，公路项目远多于水路项目。借用国外贷款建设高速公路约8500公里，其他高等级公路约6000公里，路网改造10000多公里；新建改建港口深水泊位近100个，新增吞吐能力18581万吨，建设内河水电枢纽3座。

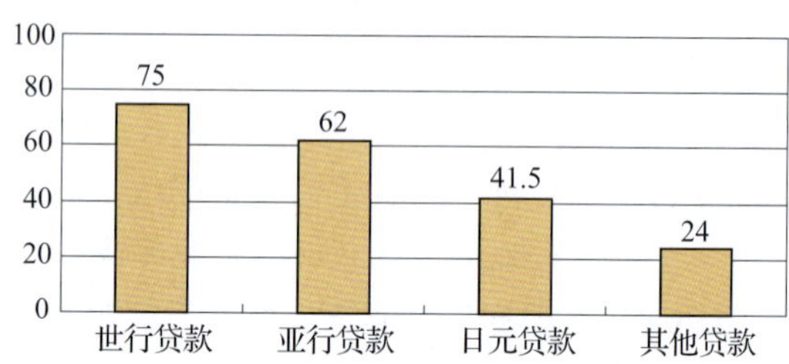

图4.8　公路水路行业借用国外贷款结构及规模

3．地区分布

公路、水路交通行业借用国外贷款注重在区域上的平衡，从贷款总量上看，东部、中部、西部地区的贷款数额分别为82亿美元、49亿美元和68亿美元，分别占全国公路水路交通行业借用国外贷款总额的41%、24%和34%；其中港口项目多集中于东部地区，贷款约占东部地区贷款的47%。不同的贷款来源，不同的时期在区域安排上各有侧重。改革开放初期，世行贷款稍偏重于东部地区，随着国家西部大开发战略的提出，从1998年起，世行贷款的地区分布从东部地区向中西部地区转移；亚行贷款相对集中于西部地区；由于日元贷款后期用于公路等基础设施的贷款逐渐减少，前期安排的贷款多集中在东部地区，从贷款数量上看东部地区要多于中部和西部地区（见图4.9）。

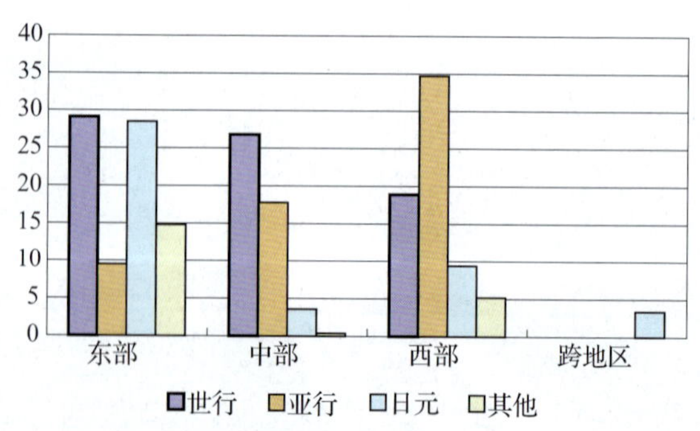

图4.9　公路水路行业借用国外贷款地区分布

4．领域分布

交通行业借用国外贷款从港口项目起步，最先使用日元贷款建设了秦皇岛煤码头、石臼港煤码

头。由于港口行业具有经营性基础设施的属性，90年代中后期，随着我国港口业建设经营与国际的接轨及港口投融资的市场化，国际金融组织逐渐退出了港口领域，开始支持内河航道改造和重点河流航电枢纽项目。

自80年代末我国高速公路建设起步以来，国际金融组织和国外政府贷款开始投向公路行业。1988年，世行向我国提供第一笔高速公路项目贷款建设京津塘高速公路，随着我国高速公路建设需求的加大，借用国外贷款逐渐向公路建设转移，从借用国外贷款的数量上统计，公路建设借用贷款的比例达到了77%。

5．阶段性特点

我国公路水路交通行业从“六五”时期开始利用国外贷款，1979年利用日元贷款进行秦皇岛港煤码头二期项目建设，拉开了借用国外贷款建设交通基础设施的序幕；随着国内交通基础设施建设步伐的加快，公路水路交通行业的国外贷款金额和项目逐步上升。其中公路项目借用国外贷款在“九五”时期达到了最高峰，贷款额60多亿美元，占公路贷款的39%；水路项目借用过外贷款在“六五”时期达到了17亿美元，占水路贷款的37%。“十五”期间，国家实施了积极的财政政策，用于公路水路基础设施建设的财政性资金大幅增加；同时，国内资金相对充裕，国内银行向公路项目贷款的积极性较高，加上受世界银行贷款余额上限的限制、日元贷款从交通领域退出等因素的影响，公路水路借用国外贷款的项目数量和贷款额均有所下降，与“九五”相比借用国外贷款减少了15亿美元，总体趋势上，贷款将保持一定的规模，相对稳定（见图4.10）。

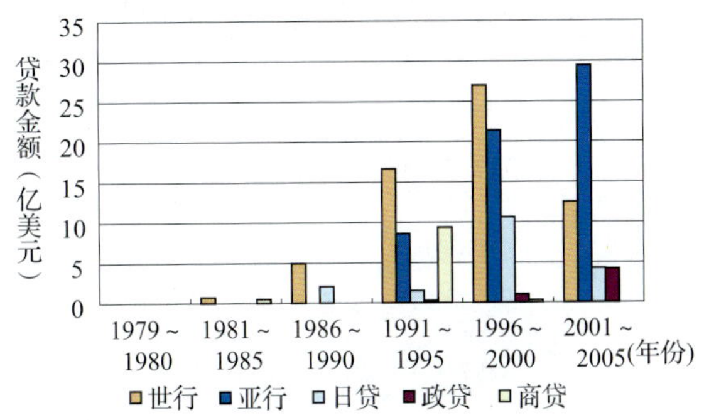

图4.10　不同时期公路水路行业借用国外贷款情况

（二）铁路

1．贷款规模和资金结构

从1979年12月我国开始借用国外贷款建设兖石线、京秦线等第一批利用外资的项目以来，到2005年底，铁路累计借用国外贷款近127亿美元。其中：世行贷款25.5亿美元，占20%，亚行贷款26.4亿美元，占21%，日元贷款约62.4亿美元，占49%，其他外国政府贷款约12.6亿美元，占10%（见图4.11）。

25年来，我国铁路行业还借用国外贷款中建设了一批地方铁路项目，借用国外贷款额约10.7亿美元，包括了广东腰茂铁路、广梅汕铁路，安徽（江西）合九铁路，山西孝柳线，四川（重庆）达万铁路,陕西神延铁路，贵州水柏铁路，以及内蒙古集通铁路、准东铁路、呼准铁路等。

2．阶段性特点

从不同发展时期看，铁路借用国外贷款数量不断增加，贷款来源逐步呈现多元化趋势。“六五”时期借用国外贷款18.3亿美元，以日元贷款为主，其贷款占75%；“七五”时期贷款规模与“六五”时期基本持平，贷款额近18亿美元，贷款来源渠道增多，日元贷款仍为主要来源；“八五”时期借用国外贷款达到高峰，贷款额

福（州）银（川）高速公路宁夏同心至沿川子段，总投资54亿元，其中借用亚洲开发银行贷款2.5亿美元，全长185公里

近37亿美元，其中日元贷款和世行贷款分别占到了38%和31%，世行贷款大幅增加；“九五”时期和“十五”时期，借用国外贷款保持在20亿美元左右，在“十五”期间亚行贷款成为最主要的资金来源，占到了59%。

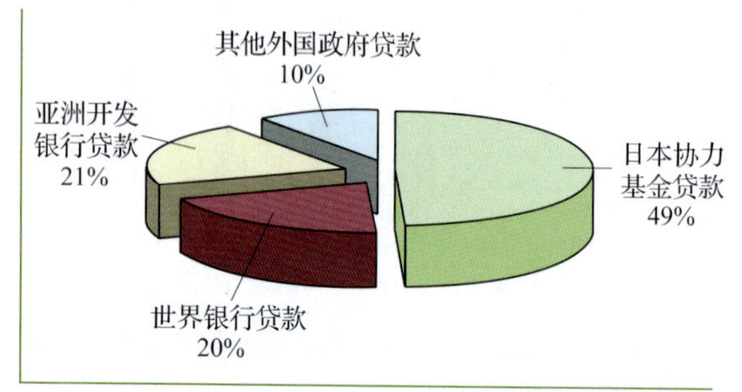

图4.11 铁路行业借用国外贷款资金来源

“十五”期间，开辟了美国进出口银行担保融资贷款、法国开发署贷款、西班牙政府贷款等铁路借用国外贷款的新渠道，开拓了亚行与法国开发署联合融资的新方式，借用国外贷款在规模上呈现回升趋势（见图4.12）。

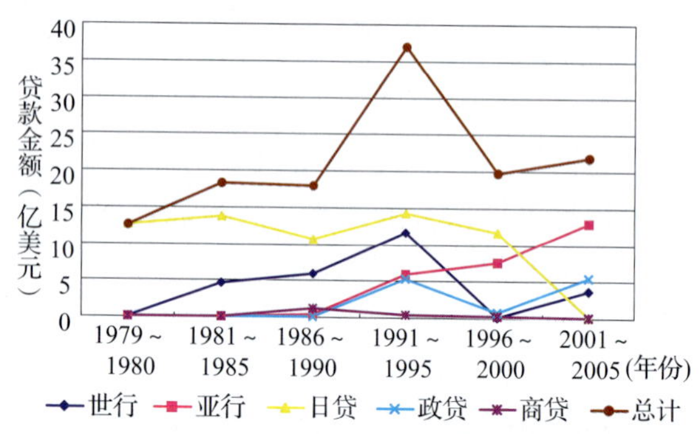

图4.12 铁路不同时期借用国外贷款情况

3．重点投向

二十多年来，铁路借用国外贷款紧密结合铁路发展的重点，从资金投向上看，主要投向路网中重要线路的建设和全路技术装备现代化。

“六五”期间，按照“疏通沿海港口后方通道，确保晋煤和西北煤炭外运；提高西南煤、磷外运能力，适应福建、广东两个特区经济发展”的战略部署，安排了兖石线、京秦线、北同蒲电气化、鹰夏线电气化、川黔线电气化等一批国外贷款项目。

“七五”期间，为打通晋煤外运、进入广州、通向华东的3条通道，确定了“北战大秦，南攻衡广，中取华东”的战略部署，安排了大秦线、衡广复线、郑宝线电气化、郑武线电气化、焦枝复线等一批国外贷款项目。

宁西铁路项目，借用亚洲开发银行贷款3亿美元。图为西安至合肥段

“八五”期间，为尽快改变铁路运输不适应经济发展的状况，提出了“强攻京九、兰新，速战侯月、宝中，再取华东、西南，配套完善大秦”的战略部署，安排了京九、宝中线、浙赣复线、南昆、京郑线电气化、成昆线电气化等一批国外贷款项目。

“九五”期间，铁路确定了抓住机遇、加快发展的指导思想，制定了“大战西南，强攻煤运，打通限制口，配套大干线”的战略部署，安排了西康线、贵娄线、武广线电气化、宁西线等一批国外贷款项目。

“十五”期间，为贯彻落实科学发展观和实现铁路跨越式发展的新要求，提出了“运输能力快速扩充、技术装备水平快速提升”的战略部署，安排了宜万线、浙赣电气化、渝怀线电气化、郑西、武合、石太线客运专线等一批国外贷款项目。

截至2005年，铁路借用国外贷款用于提高技术装备的贷款约34亿美元。其中：用于采购电气化设备8.3亿多美元，采购机车车辆4.1亿多美元，采购大型养路机械5.93亿美元，铁路通信信号8亿美元，采购施工机械5亿美元，采购勘察设计装备、加工设备及TMIS系统建设等近3亿美元。

（三）民用航空业

1．贷款规模和资金来源结构

民用航空业是我国最早借用国外贷款的领域之一。从1980年的第一个项目开始，25年来，我国民用航空业共借用国外贷款约310亿美元。民用航空业贷款资金主要来自国际融资租赁，其次是日本政府贷款、其他外国政府贷款和欧洲投资银行贷款。

2．贷款额变化情况和资金投向特点

我国民用航空业的发展经历了三个阶段，最初通过融资租赁引进飞机起步；接着机场建设全面展开，租赁业务得到快速发展；2000年以后，我国民用航空业业已经完全具有自我积累和发展能力。

分时期看，“六五”时期为我国民用航空业初步发展时期，民用航空业借用国外贷款额度很小；“七五”到“九五”时期，伴随着我国改革开放步伐的加快，民用航空业建设全面展开，借款额呈快速上升趋势；“十五”时期民用航空业已经具备了自身发展能力，借用国外贷款规模相对减少（见图4.13）。

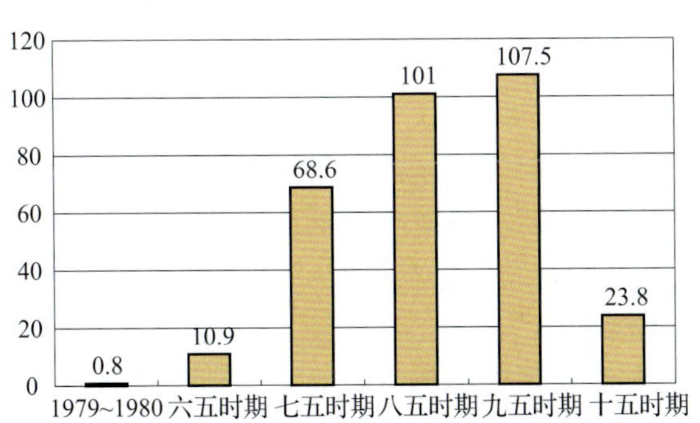

图4.13 不同时期民用航空业借用国外贷款资金情况（单位：亿美元）

3．我国民用航空业借用国外贷款方式特点

民用航空业借用国外贷款方式的特点是：大部分航空公司引进飞机主要以融资租赁方式进行；机场建设项目主要是借用外国政府贷款，主要有日本、科威特、韩国、法国、西班牙、奥地利、荷兰、英国等国政府贷款和欧洲投资银行贷款等。

25年来，国航、东航、南航等三大航空集团公司，以及厦门航空、上海航空等航空公司均通过国际融资租赁引进大量飞机。借用国外贷款实施的机场建设项目有北京首都机场、上海浦东国际机场新建、广州白云国际机场航站区扩建、海口美兰国际机场、福州长乐机场、杭州萧山机场、南京禄口机场、深圳黄田机场、厦门高崎机场、武汉天河机场、三亚凤凰机场、兰州中川机场、乌鲁木齐地窝铺机场、成都双流机场，西安咸阳机场、赣州黄金机场、景德镇机场，银川河东机场等全国20多个机场。

（四）通信业

我国通信业借用国外贷款始于1982年，到2000年共借用国外贷款57亿美元（见表4.1和图4.14），主要用于引进先进程控交换等先进的

表4.1 中国通信业借用国外贷款签约额（1982～2000年）

年份	项目数（个）	签约额（万美元）
1982	1	485
1983		
1984	6	21012.5
1985	7	11185.2
1986	10	7874.1
1987	7	8070.2
1988	44	31824
1989	64	21374.2
1990	48	21184.4
1991	78	53261.4
1992	68	35322.2
1993	95	111164.2
1994	113	138206.9
1995	30	22775
1996	18	70516.7
1997	8	17914
1998	8	8569.1
1999	3	1126
2000	8	4700

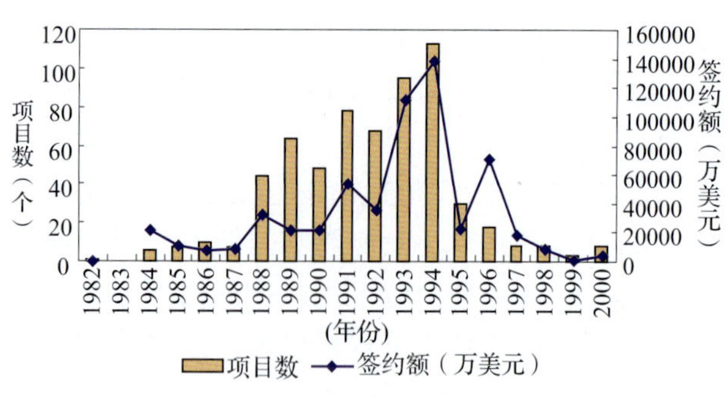

图4.14 通信业借用国外贷款变动趋势

通信设备，建设通信网、交换网、传输网和光缆线路。借用国外贷款对于增强我国通信网络的能力，提升通信网络的整体技术水平发挥了重要作用。1982年，我国通信业第一次使用国际商业贷款，用于广州至汕头、汕头至海口数字微波项目。从1984年开始，我国通信业开始较大规模地借用国外贷款，1994年达到最高峰，项目数突破100个，签约额突破13亿美元，此后，又呈现下降趋势。2000年后，以国外贷款起步发展的通信业已形成自我发展的良性循环，基本不再借用国外贷款。

从贷款的资金来源看，从1982～2000年借用其他外国政府贷款33亿美元，占全部贷款总额的58%，日元贷款13.5亿美元，占全部贷款的23.5%，国际金融组织贷款5亿美元，占8%，国际商业贷款5.6亿美元，占9%（见表4.2和图4.15）。

表4.2 我国通信业借用国外贷款（1982～2000年）的资金来源分布

资金来源	金额（万美元）	比重（%）
国际金融组织贷款	50362.5	8.75
日本政府贷款	135294	23.49
其他外国政府贷款	334172.9	58.03
国际商业贷款小计	56018.9	9.73
总计	575848.3	100

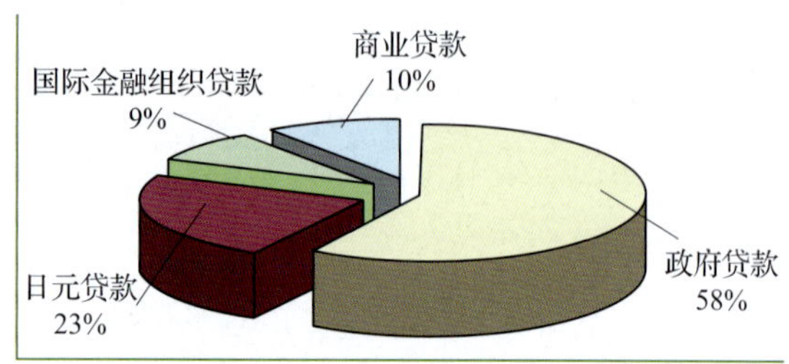

图4.15 邮电通信国外贷款的来源结构

二、交通通信借用国外贷款的主要成效

（一）交通

1．缓解了交通基础设施瓶颈制约，促进了我国交通运输网络的完善

国外贷款拓展了我国公路、铁路、水运、航空等交通基础设施建设的融资渠道，弥补了资金缺口，也带动了国内配套资金的落实，促进了我国综合交通运输网络的完善。从1992年交通部“五纵七横”国道主干线规划出台和1998年西部大开发战略提出以来，国外贷款大量投向规划内和西部开发省际通道重点高等级公路建设，加大向中西部地区转移，在打通公路交通通道、平衡路网结构、促进中西部地区干线公路网贯通方面发挥了重要作用。同时，国外贷款支持了一大批铁路、民航机场、港口和内河航运重点项目建设，为交通运输方式的协调发展发挥了积极的作用。

2．引进了先进理念和管理方法，提高了交通设计和管理水平

通过借用国外贷款，交通行业引进了现代化的设计、施工、养护理念、技术规范和标准，提高了交通运输项目的技术和管理水平，推动了交通项目前期工作由粗放型向精细型的转变，设计理念由传统的工程技术型向统筹兼顾、协调发展、以人为本转变。同时，通过借用国外贷款项目带来的现代化管理理念对我国交通规划和道路安全等多个方面都产生了深远的影响。如湖北省世行贷款项目在公路线位设计上引入了地质选线、地形选线、生态环境选线、技术标准选线，在设计中更多地融入了以人为本的理念。而在环境保护、征迁安置等方面，进一步与国际先进理念靠拢，提升交通行业整体形象。

3．引进先进技术装备，提高了交通建设、运营装备水平

国外贷款项目的建设，为引进国外先进技术装备创造了条件。在公路行业，引进了先进的公路施工、养护设备和监控、收费管理系统；在铁路领域，引进高效大型养路机械、铁路通讯和信号系统、铁路运输安全装备和先进的机车的铁路运营设备；在港口和内河航运方面，引进了先进的港口装卸机械、航道疏浚船舶和水轮发电机组等设备。同时，借用国外贷款有效地促进了设备自主研发、设计和制造，提升了我国交通运输装备的整体水平。

4．实施企业技术改造，促进结构优化调整

交通行业通过“技贸结合”等方式引进国外先进技术，提高了产品质量，带动了工业结构的调整。如先后利用世行贷款对长春客车厂、昆明机械厂等7家企业实施技术改造，优化调整产品结构，使企业在较短时间内实现了产品的更新换代，大大提升了企业参与国际市场竞争力。如长春客车厂在使用日元贷款采购168辆铁路客车的国际招标中中标，并成功地实现了进口替代，其后又获得了向伊朗提供40多辆双层客车的合同。又如，借用国外贷款实施的民航航路改造、雷达系统装备改造更新等项目，提高了我国空中运行安全系数，提升了空中安全运输水平。

5．借用国外贷款引入了国际先进的项目管理经验和管理制度，促进了交通行业建设管理体制的完善

借用国外贷款尤其是国际金融组织贷款，不但引进了国外先进的设备和技术，还引入了先进的项目管理经验和制度。过去二十多年中，国外贷款项目的实施，特别是世界银行贷款的项目实施，为交通行业引进了先进的管理经验和招投标、工程监理、合同管理等国际先进的工程管理制度；引入了国际工程上普遍采用的FIDIC条款，并严格按照FIDIC条款建立监理制度，以项目合同为核心，对项目质量、进度、费用进行控制，不仅有力地保障项目高质量、高效率完成，而且促进了建设管理体制的改革。如宁夏利用世行贷款古王高速公路、盐兴二级公路均采用了FIDIC条款对项目进行管理，促进宁夏公路建设管理体制的完善。如广东省航道局通过实施了世界银行贷款内河航道Ⅱ和Ⅳ项目，引入了规范的合同管理和监理制度，采用了报账制和项目财务审计制度，起到了很好的示范带动作用。目前，广东航道基建项目都采取规范的合同管理和工程师监理制度，而且航道基建合同都参照世行的提款报账模式采取报账制和财务审计制度，保证资金合理有效使用，推动了行业管理体制的改革。

京珠国道干线湖北段项目，借用世界银行贷款。图为部分路段远景

另一方面，在与国际金融组织的合作中，还安排了贷款或使用赠款进行交通行业发展重点课题的研究，内容涉及行业发展战略、行业规划、体制改革、运输管理、财务管理、环境保护等诸多方面，通过这些研究，博采众长，广泛学习借鉴国外改革发展的经验，有力地提升了我们的经营管理理念、方式及手段，促进了交通行业的创新发展。

交通行业在利用贷款的同时，也通过外派人员出国培训，聘请国外专家管理、咨询等多种形式，培养了一批熟悉国际金融、法律、财务分析、项目评估、项目管理及工程技术等方面的人才，这些人才活跃在我国交通建设和管理的第一线，推动了我国交通建设及管理与国际接轨。

6．促进了交通投融资体制的完善及市场化运营

借用国外贷款促进了我国交通建设融资体制的市场化改革和完善。特别在公路行业，通过世行贷款高速公路项目建设，公路管理部门借助世界银行专家，探讨了在基础设施领域建立偿还机制和良性循环机制，首先在国内引入和建立了高速公路收费等成本回收机制，改变了以往完全由政府包办一切的做法。通过航道世行贷款项目建设，引入了市场竞争机制，促进了航道疏浚的市场化改革。如广东省航道部门采纳世行建议，组建财务独立的有限责任公司，运营项目下采购高效率的耙吸式挖泥船，承担日常疏浚和维护任务；有效推动了航道疏浚部门商业运营的转制，促进建立“建管分离”的管理方式，推动行政性的管理、监督职能与具体建设、维护职能分开和航道建设的市场化。

甘肃电信设备引进项目，总投资3.37亿元，其中借用西班牙政府混合贷款2832万美元。图为引进的天水程控交换设备

（二）通信业

1．加快了我国通信业的发展

改革开放以来，国家将通信业作为重要产业提高到优先发展的战略地位。为了解决建设资金的不足，我国积极借用国外贷款，高起点、高速度地建设现代通信网，对交换网、传输网及光缆线路进行了大规模的建设，大大增强了我国通信业的整体实力。“九五”期间，我国网络规模不断扩大，全国长途传输数字化比重达到99.6%，局用电话交换机程控化达到99.8%，全国县以上城市全部实现交换程控化，提前实现了“八纵八横”的光缆干线网，使我国通信网络规模跃居世界第二位。

2．提升了我国通信网络的整体技术水平

我国通信业国外贷款主要用于引进国外先进技术和设备，通过设备和技术引进大大提升了通信网络的整体技术水平。以甘肃为例，1990年全省长途自动交换设备仅有1200多路端，其中程控交换设备不到1000路端。通过利用西班牙政府混合贷款、澳大利亚政府混合贷款、第四批日本政府贷款引进程控电话交换设备、数字微波设备以及SDH传输设备及光缆，实现了地级以上城市、市话交换设备数字程控化，为长途交换、移动通信的发展、数据及多媒体宽带通信的应用提供了高质量、大容量的数字传输平台，使甘肃通信网的技术层次跃上了新台阶。

3．弥补了通信建设资金不足，增强了多元化融资能力

通信是技术、资金密集型产业，随着社会对通信的需求日益增长，企业面临资金严重短缺困难，造成基础设施落后和企业自身积累能力不足，无法形成通信网络的规模效应。通信行业通过多元化的筹资途径，抓住对外开放的机遇，积极利用外资，包括外国政府贷款和混合贷款、商业贷款和国际金融组织贷款，实行规模投入，规模产出，促成了自主融资、滚动发展的良性循环，极大地促进了通信业的跨越式发展。

4．提高了项目管理的整体水平，培养了一批技术管理人才

利用外国政府贷款项目具有项目周期长、项目审批程序复杂、设备采购环节多、工程管理难度大等特点，是一项系统工程。通过利用外国政府贷款引进程控电话交换设备、数字微波设备、SDH传输设备、光缆等项目的建设，探索和积累了丰富的大型项目管理经验，使中国电信项目管理的整体水平有了很大的提升，为今后通信工程项目的建设奠定了坚实的管理基础。很多工程项目管理人员通过出国培训、国内传授、咨询等方式，学习国外企业的先进管理方法，在参与项目的建设和管理过程中，得到了锻炼和提高，学习了先进技术，积累了丰富的项目管理经验，为我国通信事业的发展做出了贡献。

第三节　能　　源

我国能源领域借用国外贷款始于1979年，贷款领域涉及电力、煤炭、石油天然气等行业。到2005年，我国能源领域借用国外贷款总额已经接近600亿美元。

一、我国能源领域借用国外贷款的基本情况

能源领域是我国借用国外贷款最多的领域之一，从借用国外贷款总规模变化情况看，20多年来，我国能源领域借用国外贷款经历了三个高峰时期：第一个高峰出现在1986年，当年能源领域借用国外贷款达到64.7亿美元，主要用于电力行业，贷款额为56.7亿美元；第二个高峰出现在1992和1993年，当年借用国外贷款金额都突破了50亿美元。1992年，能源领域的国外贷款主要集中在电力行业，达到43亿美元；1993年，石油和天然气借用国外贷款迅猛增加，超过电力成为当年能源领域借用国外贷款最多的行业，达到30多亿美元；第三个高峰出现在1995年，当年借用国外贷款达到76亿美元，而且几乎全部集中在电力行业（见表4.3和图4.16）。

表4.3 我国能源领域借用国外贷款情况

单位：个、万美元

年份	煤炭		电力		石油天然气		其他能源		合计
	项目数	签约额	项目数	签约额	项目数	签约额	项目数	签约额	
1979	6	106309.2	2	5054.8	1	61773.1			173137.1
1980	8	106303.5	2	2366.5	2	115252.6			223922.6
1981	7	18103.9							18103.9
1982	7	16648.6	1	96.8					16745.4
1983	7	17805.1			2	25900			43705.1
1984	7	13058.3	3	43487.5	1	8727			65272.8
1985	3	3846.3	10	20968.3	2	49334.4			74149
1986	8	76399.4	36	566858.6	2	3910			647168
1987	1	4060	19	74727.1	11	186913.1			265700.2
1988			41	193582.6	1	29423.4			223006
1989	3	29051	16	49662.3	7	57526.9	1	90.8	136331
1990	2	14184.1	9	47810.5	8	79475			141469.6
1991			22	133773.8	8	28936.5			162710.3
1992	7	67236.9	22	433053.8	1	52232.3			552523
1993	2	49816.3	44	227164.1	14	302863.3			579843.7
1994			35	201418	6	67451.2	1	776.4	269645.6
1995	1	100	70	760593.5			4	1302.9	761996.4
1996			40	232014.9	3	11560			243574.9
1997			51	439157.1	2	15000	2	945.8	456102.9
1998			32	268905.9					268905.9
1999			22	206524.5			1	30	206554.5
2000			30	76834.7			3	5923.7	76834.7
2001			18	105000	1	20000	4	2227.3	125000
2002			5	115614			1	2	115614
2003			6	36604					36604
2004			1	1000					1000
2005	1	13470	1	6700					20170

（一）电力行业

从1979年开始，电力行业开始借用国外贷款，1995年达到最高峰。电力行业是我国能源领域借用国外贷款最多的行业，20多年来借用国外贷款项目500多个，累计贷款金额398.4亿美元，新增装机容量约1亿千瓦[①]。

1．资金来源结构

从电力行业借用国外贷款的资金来源看，国际商业贷款是主要的资金来源，按资金额，国际商业贷款207.4亿美元，占52.1%；国际金融组织贷款73.3亿美元，占18.4%；日本政府贷款66.6亿美元，占16.7%；其他外国政府贷款51.1亿美元，占12.8%（见图4.17）。

从各类资金来源形成的装机能力看，国际商业贷款形成的装机能力约4030万千瓦，占40.3%，国际金融组织贷款形成的装机能力约2730万千瓦，占27.3%，日本政府贷款形成的装机能力约1730万元千瓦，占17.3%，其他外国政府贷款1510万千瓦，占7%（见图4.18）。

① 金融机构自借国际商业贷款再向电力企业贷款以及电力企业境外发可转换债券筹资所形成的装机容量因无法区分没有统计在内。

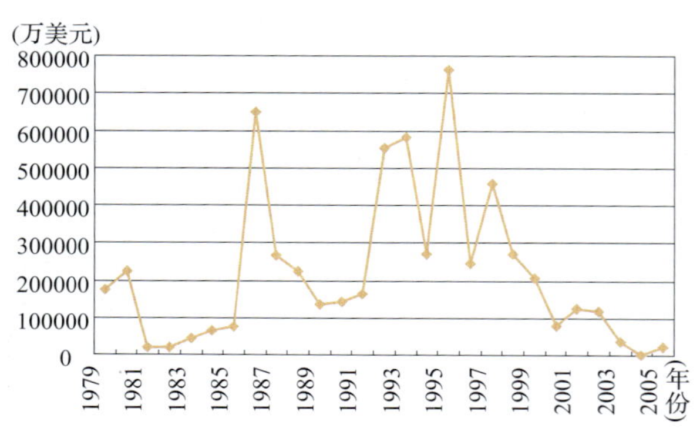

图4.16 我国能源领域借用国外贷款变化趋势

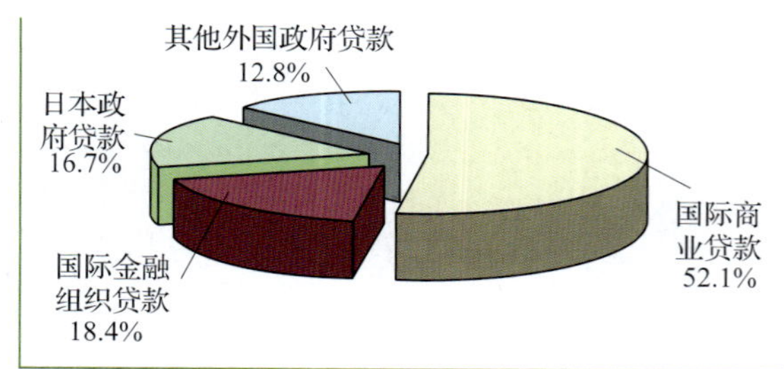

图4.17 电力行业借用国外贷款资金来源

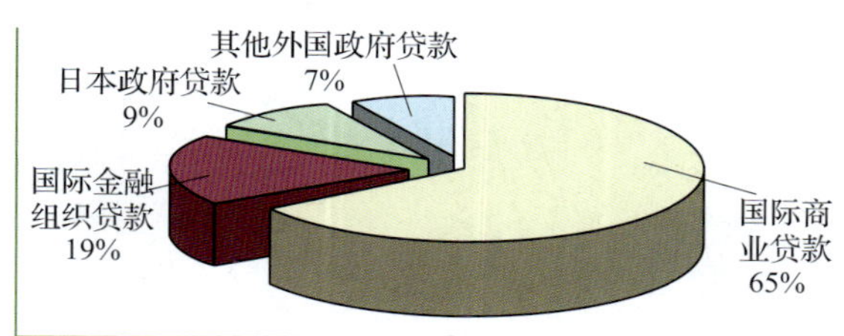

图4.18 各类资金来源贷款形成的装机能力

2．火电、水电、风电等各类电力贷款项目分布

从项目贷款金额情况看，火电借用国外贷款最多，达到200多亿美元，占全部贷款额的46%；其次是核电，占全部贷款额的34%，水电借用国外贷款60多亿美元，占贷款总额的14%。其他电力项目如输变电工程、城市电网改造工程等借用国外贷款20多亿美元，占比重6%。风力发电借用国外贷款比重较少，仅约3亿美元（见图4.19）。

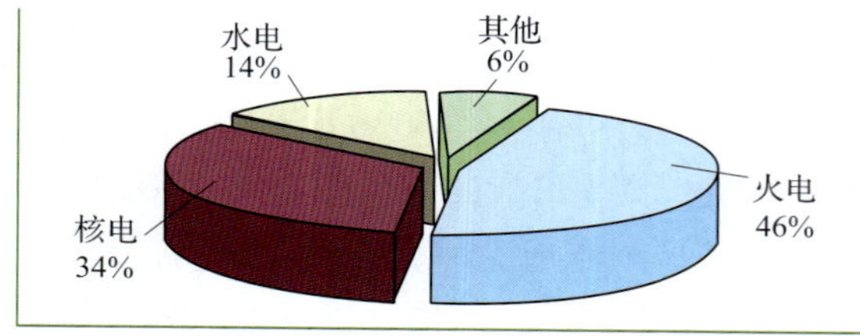

图4.19 电力行业借用国外贷款比重

从贷款项目装机能力情况看，火电大约形成约5450万千瓦的能力，占54.5%；核电大约形成1240万千瓦的生产能力，占12.4%，水电大约形成3180万千瓦的生产能力，占31.8%，风电等其他可再生能源利用国外贷款资金相对较少，形成128多万千瓦的生产能力，占1.3%（见图4.20）。

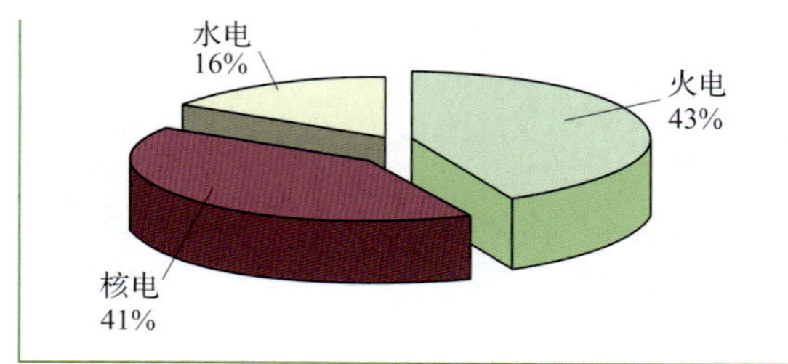

图4.20 各类电力项目生产能力分布

3．阶段性特征

“六五”时期，电力行业借用国外贷款的起步时期，共借用国外贷款6亿多美元，主要用于火电、水电项目，资金主要来源于世界银行贷款和日本政府贷款，其中浙江北仑港电厂项目利用世界银行贷款，签约额为1.4亿美元，形成120万千瓦的发电能力。天生桥坝索水电站项目利用日本协力基金贷款，签约额超过2亿美元，装机能力88万千瓦。

“七五”时期，电力行业借用国外贷款进入快速发展时期，借用国外贷款突破100亿美元，资金来源以国外商业贷款为主。1986年为贷款签约高峰年，签约额达到60多亿美元，这一时期，核电借用国外贷款最多，1986年，仅广东大亚湾核电站就借用国际商业贷款30多亿美元，占当年签约额的一半以上；除了核电外，很多火电项目也通过买方信贷进行融资。此外，世界银行也对火电和水电项目给予了支持，除了浙江北仑港电厂一期工程（一.二号机组）项目外，福建水口水电站一期工程项目签约额1.4亿美元。

“八五”时期，电力行业借用国外贷款达到高峰期，累计借用国外贷款接近160亿美元，仅1995年签约额就接近80亿美元。该时期，除了广东大亚湾核电站仍然通过国际商业贷款等进行继续融资外，国外贷款主要用于发展火电；资金来源更加多元化，世界银行贷款、亚洲开发银行贷款、日本政府贷款、其他外国政府贷款以及各种国际商业贷款纷纷用于各类火电，促进了我国火电的大发展。

“九五”时期，电力行业借用国外贷款规模较之“八五”略有下降，到了“九五”末期，因电力供求关系发生变化，电力市场疲软，年贷款签约额仅10多亿美元。这一时期，贷款投向发生了变化，火电项目大幅度减少，主要用于水电、风电和电厂技术改造等项目。该时期，借用世界银行贷款建设了上海外高桥电厂二期工程、内蒙古托克托电厂（A厂）一期工程、耒阳电厂二期工程等火电项目。同时，我国借用日本政府贷款电力项目明显增多，主要是陕西韩城电厂、山西王曲电厂、山东泰安抽水蓄能电站及吉林、陕西、甘肃热电厂建设项目。其他外国政府贷款如芬兰、德国、丹麦、西班牙、瑞士、荷兰等国政府贷款对风电和水电以及电厂技术改造项目给予了资金支持。

“十五”时期，电力行业自筹资金能力增强，国内商业银行贷款也对电力行业给予了倾斜支持，加之通过利用国外贷款引进技术设备、消化吸收，国内电力制造业自主生产能力提高，该时期电力行业利用国外贷款规模下降至20亿美元，电厂建设已很少使用国外贷款，大多是在进口关键设备时少量借用国外商业贷款。

（二）石油天然气开发

我国石油天然气开发项目最早借用国外贷款始于1979年的22个石油美元专项。此后1980年的两个项目分别是石油专项和借用日本输出入银行能源贷款项目。1987年开始大量使用日本能源贷款，主要用于石油天然气风险勘探开发，1993年达到借用国外贷款的最高峰，当年借用国外贷款30亿美元，项目达到14个。1996年以后，随着国内资金短缺的缓解，石油天然气开发项目的国内融资增加，借用国外贷款大幅度减少。

我国石油天然气行业借用国外贷款累计123.7亿美元。从贷款的资金来源看，借用日本输出入银行能源贷款65.84亿美元，占53.2%；国际商业贷款50.04亿美元，占40.5%；国际金融组织贷款7.72亿美元，占6.3%（见图4.21）。

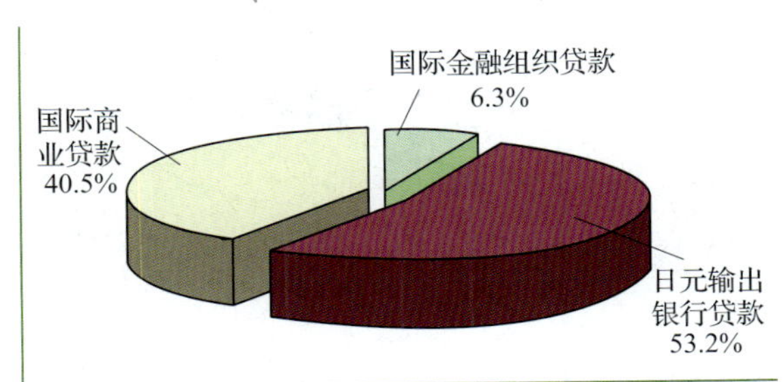

图4.21 石油天然气行业借用国外贷款资金来源

（三）煤炭

我国煤炭行业借用国外贷款始于1979年，仅1979～1980年，签约额就达到10亿美元以上。此后的1987年借用国外贷款也达到7.6亿美元。1992年，山东兖州矿业集团济二矿井和三矿井借用日本输出入银行能源贷款3亿多美元，1993年神华公司借用日本能源贷款近5亿美元，这两年煤炭行业借用国外贷款又达到小高峰。1996～2004年，我国煤炭行业基本上没有借用国外贷款。

我国煤炭行业累计借用国外贷款50.1亿美元。从资金来源看，日本输出入银行能源贷款是煤炭行业借用国外贷款的主要来源，贷款金额共计37.22亿美元，占74.3%；国际商业贷款10.81亿美元，占21.6%；国际金融组织贷款1.92亿美元，占3.8%，其他占0.2%（见图4.22）。

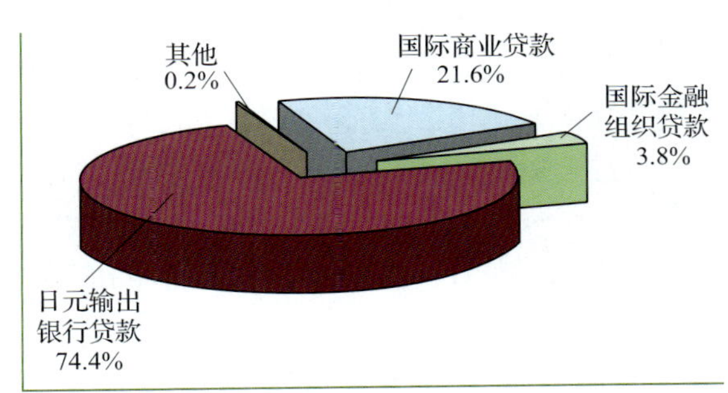

图4.22 我国煤炭借用国外贷款资金来源结构

（四）其他能源

其他能源贷款项目包括地热开发、秸秆发电等项目，使用国外贷款金额1亿多美元。

二、能源领域借用国外贷款的主要成效

（一）缓解了建设资金的不足，加快了能源领域的发展

改革开放初期，国家大型基础设施项目不再全部由财政投入资金。在20世纪80年代中期，随着我国经济的蓬勃发展，电力等能源供求矛盾日益突出。而我国国内资金短缺，外汇资金更是紧缺。为了保障国内电力基础设施的建设，党中央、国务院做出了“利用外资，加快电力建设”的重要决策。从1985年开始，华能电力开发公司先后与美国、日本、法国、英国、意大利、加拿大、瑞士等国家签订了价值20亿美元进口发电机组的设备订购合同，先后建成9个电厂，装机总容量560万千瓦。鉴于20世纪80年代中期的国内融资环境，我国建设大亚湾

核电站的资金全部来自于借用国外贷款。90年代中期，国内融资成本高，筹资难度大，对于总投资额达数十亿元的核电站建设项目，通过借用国外贷款解决了电力建设资金的燃眉之急。

（二）引进、消化、吸收了先进技术，提高了火电、核电电厂的自主设计和建造能力

电力企业在利用国外贷款办电的过程中，充分注意以设备技术领先、同步引进管理作为商务谈判的先决条件，使国外贷款极大地提升了电力产业的技术和管理水平。比如，华能上海石洞口二厂借用国外贷款引进60万千瓦超临界机组，并通过项目建设引进了国外先进的大容量、超临界、超超临界机组制造技术；引进并建成大型烟气脱硫火电厂、引进了发电厂应用大型海水淡化技术、利用城市中水作为发电循环水技术等。大型核电站的引进，对于我国迅速提高核电站自主研发设计能力、建造能力，以及带动相关技术的发展起到了重要的作用。在引进技术的基础上，大亚湾核电站采用当时世界上压水堆核电站的先进技术，为核电技术的消化吸收和提高国产化率打下了良好的基础，中核集团通过多年来的艰苦攻关，基本完成有自主知识产权的新型核电站CNP1000的设计工作。秦山核电站三期工程坚持将借用国外贷款与引进先进技术和设备相结合的原则，改善合作模式，中方除了负责一般意义的对项目进度和质量进行监督检查和对承包商进行管理外，还直接负责BOP部分的建造管理和实施电站调试工作，加快了掌握相关技术的进程，促进了电站建造、调试和生产准备等工作，我方的技术和管理人员在工程建设中得到了充分的实践和锻炼，为自主安全运行核电站打下了坚实的基础。

（三）促进了电力体制改革和电力企业管理机制的转变

长期以来，我国电力行业是垄断行业，厂网不分。通过借用国外贷款特别是国际金融组织贷款，引进了国外先进的管理理念，促进了厂网分开，推动了电力体制的改革。引入了国际先进的招标采购制度，促进了电力企业管理机制的转变，企业经营决策效率大为提高。

（四）促进了节能减排

国外贷款通过支持风力发电、水力发电、热电联产、秸秆发电、沼气发电、燃气蒸汽联合循环发电、余热、余气发电以及火电厂脱硫、超临界机组火电项目等一大批清洁能源、可再生能源和替代能源项目的建设，既提高了能源使用效率，又减少了污染排放，有力地促进了节能减排工作的开展。北京节能促进项目借用世行贷款2100万美元，主要通过锅炉改造、节电等措施，促进能源节约，减少污染排放；华能杨柳青电厂借用德国政府贷款引进的两台30万千瓦直流锅炉，安装了液态排渣及飞灰复燃系统，除尘效率大于99.7%，其排尘浓度比未采用低氮燃烧技术的同型号锅炉降低了3/4，达到国内电力行业环保减排先进水平。

（五）促进了项目管理水平的提高

借用国外贷款引进先进技术、设备，需要与外方开展大量的合同谈判、技术交流、财务管理等工作，为保证各个环节的工作有效开展，控制工程投资、质量、工期，实现与国际对接，国外贷款项目注重强化项目管理，促进了项目管理水平的提高。如秦山三期项目结合国情和工程实际，建立了一套科学先进的管理模式和组织体系。

第四节　城建环保

一、我国城建环保领域借用国外贷款基本情况

（一）贷款总量和资金来源

我国城建环保领域于1986年开始借用外国政府贷款，当年借用国外贷款5400万美元。截至2005年，共借用国外贷款178.7亿美元。

从贷款的资金来源看，世界银行贷款61.8亿美元，占34.6%；亚洲开发银行贷款25.8亿美元，占14.4%；日本政府贷款59亿美元，占33%；其他外国政府贷款23.1亿美元，占13%；国际商业贷款9亿美元，占5%（见图4.23）。

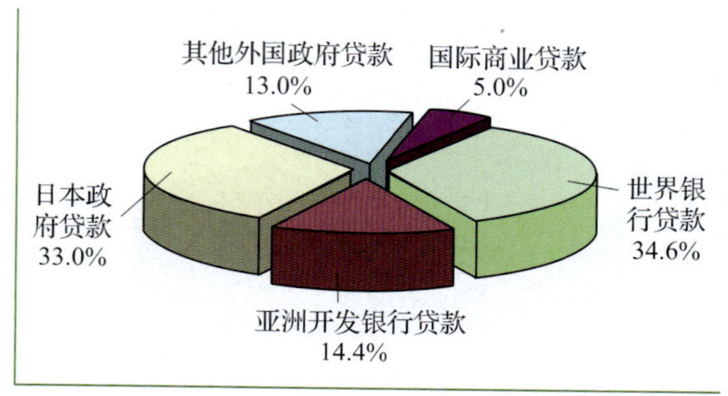

图4.23　城建环保国外贷款资金来源

乌鲁木齐城市交通改善项目，借用世界银行贷款。图为建成的部分路段

（二）阶段性特点

“七五”时期，我国城建环保领域借用国外贷款规模大约为17.9亿美元，贷款主要集中在城市交通、城市煤气和城市水处理等项目，其中城市交通项目最多。

“八五”时期，城建环保领域借用国外贷款规模达到35.8亿美元。“八五”前期，贷款投向城市交通、水处理、城市煤气等项目，主要集中在城市交通和城市水处理项目。

“九五”时期是我国城建环保领域利用贷款最多的时期，贷款规模达到65.1亿美元。贷款主要用于城市煤气、城市交通、城市供水、污水处理等项目，尤以水环境治理和江河湖海水流域污染治理项目为主。

“十五”时期，城建环保领域利用贷款总规模为58.8亿美元，主要涉及城市供水、城市污水处理、给排水管网、城市供气、集中供热、垃圾处理、城市防洪、消防应急等城市水环境、大气环境和固体废物等环境综合治理方面的项目。

二、城建环保借用国外贷款的主要成效

（一）引进了先进的城市建设整体规划的理念，提高了我国城市规划的水平，改善了投资环境

利用国外贷款的城建环保项目十分重视项目的整体规划。项目实施引进了国际先进的城市规划理念，综合考虑城市的整体功能，提高了地方城市规划的整体水平，改善了项目地区的城市交通和城市整体面貌，提高城区水处理、垃圾处理以及供水、供气、供热能力，改善了投资环境，增强了项目地区对外资的吸引力。比如，一些省份在开发区建立污水处理厂项目，大大提高了污水处理率，改善了开发区的投资环境，提高了开发区招商引资的吸引力。

（二）推进城市公共服务体制的市场化改革

国际金融组织贷款项目通过聘请国际专业咨询公司协助项目公司建立持续发展的管理制度、财务制度、营运管理制度，提供财务管理、运营管理和相关培训的咨询服务，促进公共服务体制的市场化改革，打破行政垄断，使自来水厂、污水处理厂等企业步入良性循环的发展轨道，提高了城市综合公共服务能力。以城市供水为例，我国原来的城市供水执行的是保本的水价政策，世界银行城市供水贷款项目的协议中要求项目单位进行改制，并提高水价，促进了公司治理结构的完善、水价政策的调整和城市供水体制的市场化改革。再以北京排水集团借用世行贷款项目为例，世界银行在提供项目贷款的同时，要求北京市政府将北京排水企业发展成为一个“公司法中规定的独立的治理机构；财务独立，有权保留和使用排水收费收入；依法拥有北京城区污水和雨水排放设施的产权并承担责任”的公司。除排水收费由于北京排水行业市场化等原因目前没有划入排水公司以外，其余两个目标均已实现。再如世行APL贷款上海城建环保项目也在开展基础设施服务收费机制方面包括排污收费定价和调整机制、垃圾处置收费等方面进行了积极的尝试。在贷款项目的推动下，2004年，上海已正式对企业征收垃圾处置费用，城市居民生活垃圾征收处置费也正在酝酿之中，同时已计划再次调整供水及排水价格。

（三）提高城市供水、供热、供气、交通和污水处理、垃圾处理能力，减少污染排放，改善城市整体环境，促进可持续发展

20多年来，借用国外贷款建设的城建环保项目覆盖了全国20多个省、自治区和直辖市，项目涉及城市给排水、供热、供气、轨道交通、城市道

路、桥梁、垃圾处理、大气污染治理以及淮河、海河、辽河、长江、珠江、湘江等流域和滇池、太湖等重点湖泊的污染治理。通过借用国外贷款，缓解了项目建设资金紧缺的矛盾，加快了城市供水、供热、供气和公共交通的发展，推动了城市环境综合整治，提高了城市供水、供热、供气、交通和污水处理、垃圾处理能力，大幅度减少了项目所在城镇周边地区的水域污染，改善了大气环境，提高了城镇居住、卫生环境，促进了项目地区的可持续发展。

第五节　社发领域

一、社发领域借用国外贷款基本情况

我国社会发展领域借用国外贷款始于1981年，20多年来借用国外贷款近57.5亿美元，主要用于教育、卫生、科技和扶贫等领域。从贷款来源看，国外贷款主要来源于世界银行，贷款额36.4亿美元，占63.3%；日元贷款12.8亿美元，占22.3%；其他政府贷款约7亿美元，占12.2%；国际商业贷款1.3亿美元，占2.2%（见图4.24）。

（一）教育

1.贷款总量和资金来源

从1981年6月世界银行向第一个大学发展项目贷款2亿美元开始，截至2005年，我国教育事业共借用国外贷款约24亿美元。其中世界银行贷款占近66%，共计15.7亿美元，在世行贷款中软贷款占了80%以上；日元贷款约7.6亿美元，占总贷款额的32%；其他政府贷款0.5亿美元，占总贷款额的2%。

2.贷款的投向特点

我国教育领域借用外资项目涉及高等教育、职业教育和贫困地区基础教育等，不同来源贷款的投向侧重不同。世行贷款主要用于大学教育、贫困地区基础教育和职业培训等方面，其中大学教育（包括电大、短期大学、地方大学、重点学科建设等）占30%以上；其次是贫困地区教育约占18%；日元贷款和其他外国政府贷款主要用于中西部地区非学历人才培养。

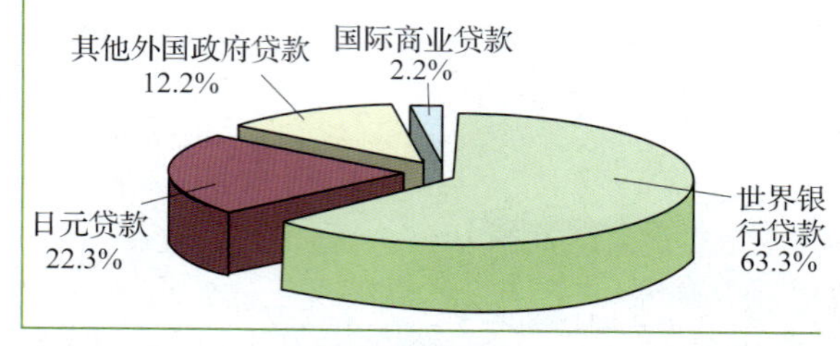

图4.24　社发领域借用国外贷款资金来源

3.阶段性特点

我国教育使用国外贷款与我国不同时期教育改革发展紧密相连。教育领域借用国外贷款最主要特点是2000年以前的贷款主要来源于世界银行，之后随着世行软贷款取消，贷款则主要来源于日元贷款和外国政府贷款。

“六五”时期，缓解经济建设对人才需求的缺口成为当务之急。为此，国家开始大力发展高等教育事业，加大电视大学体系建设，并于1979年组建广播电视大学，期间教育领域借用国外贷款就主要用于发展大学教育，实施大学发展项目，电大及短期职大项目和农村教育科研项目。

“七五”、“八五”时期，为了配合教育改革和提升贫困地区教育水平，在使用方向上转向师范教育和贫困地区教育项目，对高校教育的投入则转向重点学科建设，其间借款全部为世行软贷款。

云南省高等教育人才培养项目，借用日本政府日元贷款。图为昆明理工大学实验楼

"九五"时期随着高校扩招，高等教育规模急剧扩大，各高校办学条件难以满足扩招的需要，同时职业技术人才严重缺乏。因此，期间国外贷款教育项目涉及高教和职教教育改革、劳动力市场建设等内容，多围绕职业教育、人才培养、高校改革进行，借款仍全部来自世行。

"十五"时期，借用国外贷款主要用于实施中西部地区基础教育项目、非学历人才培训项目和西部地区远程教育项目，重点支持了西部大开发人才战略的实施。此间，借用国外贷款来源出现了很大变化，世行贷款额在贷款总额中所占比重下降，而日本政府贷款和其他政府贷款迅速增加。同时，在世行取消软贷款后，"十五"期间又开辟了英国政府提供赠款软化世行贷款，支持了西部地区基础教育项目，保持了与世行的合作（见图4.25）。

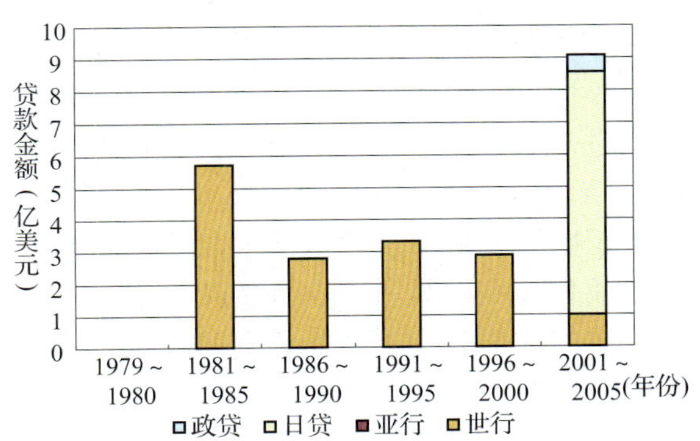

图4.25 不同时期教育借用国外贷款情况

4.地域投向特点

教育项目区域投向的重点是西部地区，20多年来用于西部地区的贷款有10多亿美元，比东部地区多接近1倍；中部地区贷款额超过6亿美元，基本与中部地区持平。特别是2000年以后，世行、日元和政府贷款多投向中西部地区基础教育和人才培养。

（二）卫生

1.贷款规模和来源结构

我国卫生领域借用国外贷款开始于1984年，到2005年共借用国外贷款23.4亿美元。其中世界银行贷款额12.6亿美元，占54%；其他政府贷款和国际商业贷款7.2亿美元，占31%；日元贷款3.6亿美元，占15%（见图4.26）。

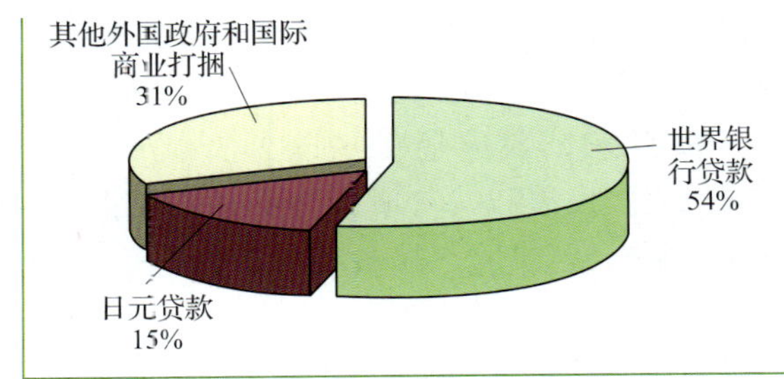

图4.26 卫生领域借用国外贷款资金来源

2. 阶段性特点

从各个时期卫生领域的总体情况看，"八五"和"十五"时期，卫生领域借用国外贷款比较多，分别为6.8亿美元和8.7亿美元。"六五"时期，卫生领域的国外贷款全部是世行贷款，用于支持农村卫生和农村供水项目建设；"七五"时期贷款渠道增多，开始借用瑞士、法国等外国政府贷款购买卫生设备，世行贷款在继续支持农村卫生项目的同时，重点支持区域卫生规划项目；"八五"时期，支持的重点转向传染病防治和疾病预防项目，与此同时，外国政府贷款也有所增加，主要用于引进医疗设备和改善医疗条件；"九五"时期世界银行贷款明显减少，而政府贷款则比"八五"时期增长一倍；到"十五"时期，卫生领域国外贷款的资金来源进一步多元化，北欧投资银行开始向卫生领域提供贷款，世界银行的贷款继续下降，政府贷款成为最主要的资金来源，日元贷款加大了支持力度，贷款额显著增加（见图4.27）。

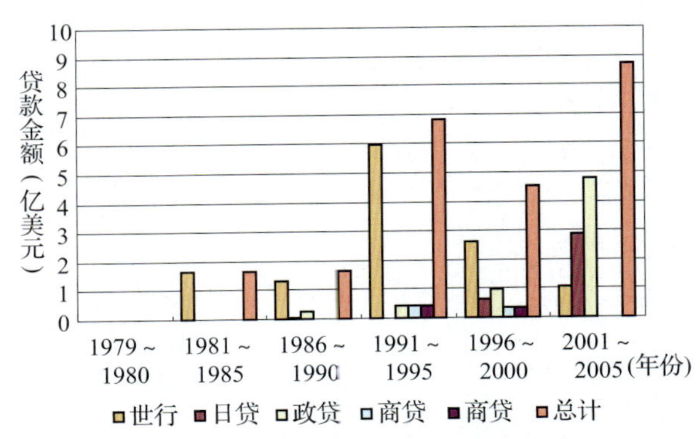

图4.27 卫生领域不同时期借用国外贷款情况

3. 主要贷款领域和区域

卫生项目重点支持涉及了农村基本卫生服务、合作医疗与特困救助的改革和创新、重大疾病防控、妇幼卫生保健、卫生政策研究、医学教育和农村卫生人力资源开发等众多方面，贷款区域更多地集中在中西部欠发达地区，重点支持国家或省级贫困县医疗卫生条件的改善。

20多年来，我国还借用国外贷款10多亿美元，支持科技发展和扶贫项目建设。其中用于科技项目贷款约5.5亿美元，扶贫项目贷款约5亿美元。这些贷款多集中在“八五”时期，以世行贷款为主，所占比例达到了79%。

二、社发领域借用国外贷款的主要成效

1. 弥补了国家在社发领域资金投入不足，有效地缓解了资金短缺的矛盾

改革开放初期，受国家经济发展的制约，在教育、卫生、科技等公益性事业方面的投入十分有限，借用国外贷款明显地缓解了教学和医疗设施、师资培训、重点学科建设和医疗技术装备等方面资金短缺的矛盾，对提高高校招生能力、卫生服务能力等发挥了重要作用，促进我国教育、卫生、科技的快速发展。

2.引进了先进的发展理念、管理方法，促进了教育、卫生等制度改革

通过借用国外贷款，加强了国内地方和部门与国外机构的合作，特别是在与世行等国际金融组织的合作工程中，引进了国际先进的教育和卫生发展的理念。并通过贷款项目的实施，在教育、卫生、科技和扶贫领域引入了科学的规划和项目管理方法。如卫生领域通过综合性区域卫生发展项目的实施，促进了卫生规划由传统的追求卫生机构数量、规模扩张的外延发展转变为以人群健康目标为中心的有公平、有效率、有质量的内涵发展，引进了区域卫生发展理念；在规划实施方面，引入了以人群卫生服务需求决定卫生资源投入重点、方向与顺序，建立了严格的科学评估、监督管理等程序和方法，并逐步得到了日益广泛地应用。

国际组织在促进我国教育、卫生领域的市场化改革、完善医疗保险等制度建设，推动农村卫生改革等方面发挥了积极的作用。

3. 增强了科研能力，培养了大批教育、卫生领域的急需人才

在教育方面，借用国外贷款有效地改善了高等学校和中等学校的教学条件，特别是中西部贫困地区的教学条件，提高了师资水平，增强了重点学科的教学改革研究能力，提升了学科可持续发展能力，促进了我国基础教育、中等教育和高等教育的发展，为我国经济社会发展培养了一大批不同领域、不同层次的人才。在贷款项目在实施过程中，通过从事教育卫生等领域人员赴国外长期与短期相结合的培训、邀请国内外专家开展交流活动、组织国内外考察、举办多种培训班等多种形式，有效地提高了教育、医疗卫生和科技人员的素质、技能和对外交流能力，促进了实用型人才队伍的建设。

西部人才项目之宁夏项目，借用日本政府日元贷款2000万美元。图为建成的宁夏大学美术学院

第六节　原材料工业

一、总体情况

截至2005年底，我国原材料工业共借用国外贷款283.3亿美元，占我国借用国外贷款总额的11.2%。原材料工业借用国外贷款中，借用国际金融组织贷款13.7亿美元，占4.8%；借用日本政府贷款34亿美元，占12%，借用其他外国政府贷款41.9亿美元，占14.8%；借用国际商业贷款193.8亿美元，占68.4%（见图4.28）。

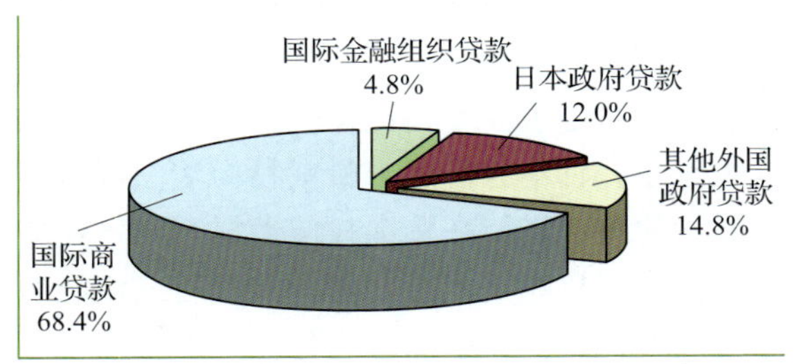

图4.28　原材料工业借用国外贷款资金来源

我国原材料工业借用国外贷款始于1979年。1979～1980年我国原材料工业借用国外贷款43.2亿美元，全部为国际商业贷款。“六五”时期原材料工业借用国外贷款额15.7亿美元，本阶段资金来源逐步拓宽，增加了世界银行贷款、日本政府贷款、其他外国政府贷款以及买方信贷、国际融资租赁等国际商业贷款。“七五”时期原材料工业借用国外贷款84.4亿美元，贷款额逐年上升。“八五”时期贷款规模继续保持上升趋势，贷款总额为91.9亿美元，其后“九五”和“十五”时期贷款规模呈现下降趋势，贷款总额分别为39.6亿美元和8.5亿美元(见图4.29)。

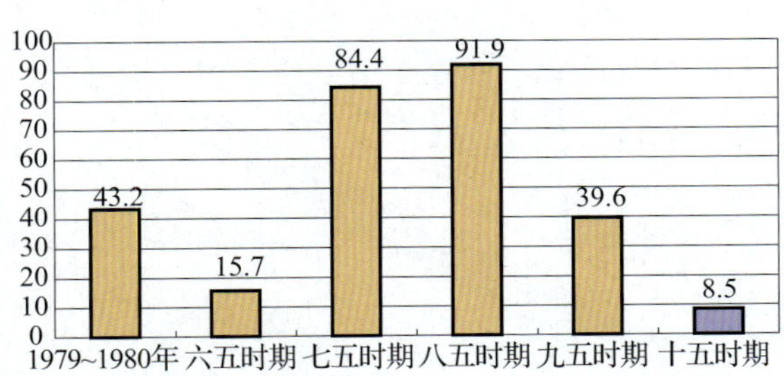

图4.29　不同时期原材料工业借用国外贷款金额
（单位：亿美元）

主要原因是国外优惠贷款领域向非工业领域调整，同时国内信贷资金增长较快，融资成本降低，企业逐步减少了借用国外贷款规模。另外，企业还可以在海外直接上市融资。

我国原材料工业借用国外贷款主要投向钢铁、化工、有色金属、建材和制药行业（见图4.30）。

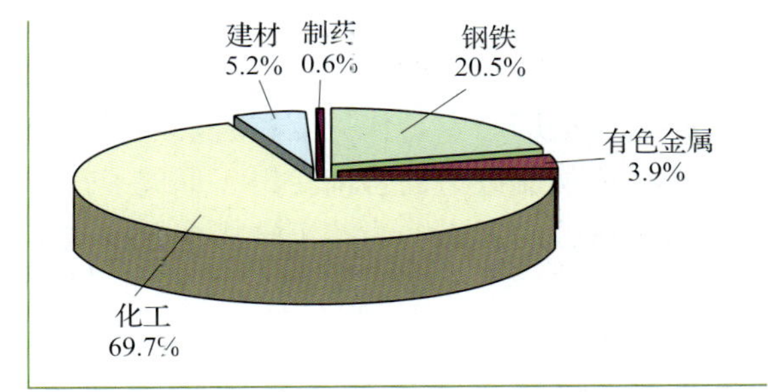

图4.30　原材料工业借用国外贷款投向分布

（一）钢铁行业

截至2005年底，钢铁行业共借用国外贷款56.6亿美元，占原材料工业借用国外贷款总额的20%。

我国钢铁行业借用国外贷款的企业包括上海宝山钢铁集团公司、攀枝花（集团）钢铁公司、山东莱芜钢铁公司、首都钢铁公司、邯郸钢铁公司、马鞍山钢铁公司、本溪钢铁公司、北台钢铁集团有限公司、通化钢铁有限公司等，主要项目有：

宝钢三期工程借款16亿美元，主要用于进口钢铁设备。该工程于1993年底开始建设，对外融资主要采用了出口信贷、国外银行商业贷款和日本政府贷款三种方式，占总借款额的比例分别为76%、8%和16%，其中又以日本和欧洲国家的出口信贷和商业贷款居多。贷款项目涉及电炉、转炉、1420冷轧、1550冷轧、1580热轧等。境外融资不仅为保障三期工程建设提供了资金支持，同时对降低融资成本起到了关键作用。

鞍山钢铁（集团）公司自1988年以来借用11笔国外贷款，贷款总额达到4亿美元，主要用于技术改造、引进设备和环境保护。贷款资金来源有外国政府贷款（涉及卢森堡、英国、美国、德国、比利时、加拿大和日本等7个国家）、出口信贷、世界银行贷款、国际融资租赁和境外发债。

攀枝花钢铁（集团）公司自20世纪80年代以

来，借用国外贷款4笔，贷款总额4亿美元，全部是外国银行和金融机构贷款。具体项目为：攀钢“二期工程”建设、冷轧薄板项目、攀钢集团成都钢铁有限责任公司（简称攀成钢）炼钢配套轧机扩建项目和引进LF钢包精炼炉项目。

山东莱钢1992年改扩建项目借用国外贷款总计3亿美元，其中亚行直接贷款1亿美元，联合融资0.9亿美元，国际商业贷款0.3亿美元；同时提供80万美元的技术援助赠款，作为亚行聘请国内外专家对莱钢进行股份制改造的咨询费用。形成了一套较完整的股份制改组方案，为莱钢转换企业机制奠定了良好的基础。

（二）化工行业

截至2005年底，我国化工行业共借用国外贷款192.5亿美元，占原材料工业借用国外贷款总额的68%。

从资金投向来看，化工行业借用国外贷款投向最多的是乙烯项目，从1979年1月签约的大庆30万吨乙烯工程开始，到2000年几乎每年都有乙烯项目借用国外贷款。主要项目有：齐鲁石油化学公司乙烯项目，1984～1999年共借用国外贷款23.1亿美元；大庆石油化工总厂乙烯项目，1981～1995年共借用国外贷款11.5亿美元；茂名30万吨乙烯工程，1992～2000年共借用国外贷款11.6亿美元；天津联合化学公司乙烯项目，1992～1997年共借用国外贷款4亿美元；盘锦天然气化工厂乙烯项目，共借用国外贷款1.9亿美元；上海30万吨乙烯项目，1985～1989年共借用国外贷款1.1亿美元。

除乙烯项目外，贷款规模较大的化工项目还有上海金阳腈纶厂的腈纶生产装置项目、上海氯碱总厂的氯乙烯项目、中石化兰州化学工业公司的合成氨项目等。尿素、合成氨项目以及子午线轮胎项目也较多。

（三）有色金属行业

截至2005年底，我国有色金属行业共借用国外贷款10.9亿美元，占原材料工业借用国外贷款总额的3.8%。与原材料工业的其他行业相比，有色金属行业借用国外贷款的金额和项目数都比较少。

从资金投向看，较为集中的是铜厂和铝厂的建设以及生产设备引进。如中国有色金属总公司的青海铝厂、贵州铝厂、包头铝厂和白银铝厂工程建设项目以及上海有色金属加工总厂的铜板带生产工艺设备引进，都是借用国外贷款比较集中的项目。另外还有镁、锌等金属加工项目也借用了国外贷款。

（四）建材行业

截至2005年底，我国建材行业共借用国外贷款14.4亿美元，占原材料工业借用国外贷款总额的5.1%。

建材行业借用外国政府贷款国别主要有意大利、西班牙、日本、挪威、科威特、法国等国家。一些国家的政府贷款在资金投向上显示出一定的偏好。如意大利政府贷款主要用于大理石、水磨石、花岗岩等石材开发；法国政府贷款主要用于卫生洁具和玻璃生产设备引进；丹麦政府贷款主要用于水泥生产项目；奥地利政府贷款主要用于塑钢门窗生产设备引进。

中国铝业公司广西分公司平果铝氧化铝一期工程，借用法国政府贷款和国际商业贷款。图为部分建设设施

（五）制药行业

截至2005年底，我国制药行业共借用国外贷款1.65亿美元，占原材料工业借用国外贷款总额的0.6%。

制药行业借用国外贷款主要为国际商业贷款和世行贷款。贷款主要用于引进国外先进的制药设备，以及对制药生产线进行技术改造。

二、原材料工业借用国外贷款主要成就

（一）支持了一批重点企业和项目，有效地补充了国内建设资金

借用国外贷款为一批国家重点钢铁、乙烯项目提供了资金支持，降低了融资成本。这些项目的建设在很大程度上缓解了当时我国原材料的供需矛盾。

（二）引进了先进技术，增强了企业自主创新能力和国际竞争力

在借用国外贷款的同时，也引进了先进技术。如宝钢借用国外贷款建成了达到国际先进水平的大型钢铁联合企业；攀钢的冷轧薄板项目对于攀钢集团调整产品结构、提升产品档次、增加经济效益、增强企业核心竞争力起到了积极作用。鞍钢通过借用国外贷款项目，建设成为我国首家具备钢铁生产全流程自主集成能力的钢铁企业。

（三）提高了企业的节能和环保能力

原材料工业借用国外贷款，除技术改造与引进设备项目外，还建设了一批原材料工业的节能降耗减排项目。这些项目通过采用清洁生产方式和先进的环保技术，有效地降低了能源消耗并促进了环境保护。

（四）优化了公司治理结构，拓宽了企业融资渠道

企业通过借用国外贷款，优化了债务结构，拓宽了融资渠道，有效缓解了企业建设资金紧张的状况。在项目实施时，一些企业通过股份制改造和股票上市，完善了治理机构，健全了企业经营机制。

第七节 机电轻纺

一、机械电子行业借用国外贷款概况

（一）机械行业借用国外贷款情况

截至2005年，机械行业借用国外贷款共计约35.4亿美元。“八五”时期是机械行业借用国外贷款的高峰期，“七五”时期也是机械行业借用国外贷款规模较大的时期。“九五”以后，机械行业借用国外贷款急剧下降（见图4.31）。从地域看，机械行业使用国外贷款较多的省份和城市有广东、北京、江苏、上海、辽宁、陕西、沈阳、天津和厦门。

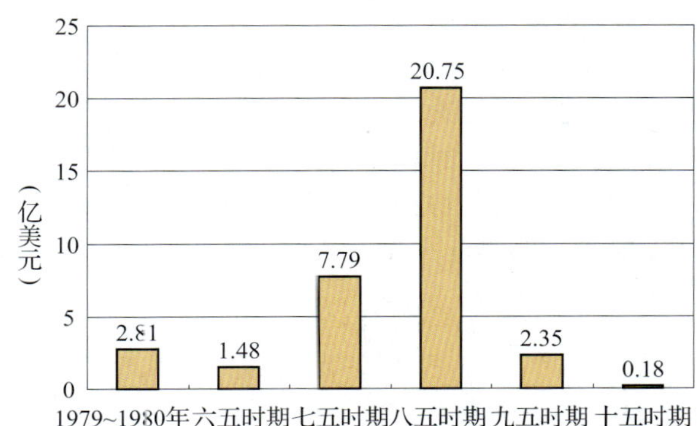

图4.31 不同时期机械行业借用国外贷款金额

从资金来源看，机械行业借用国外贷款涉及国际金融组织贷款、外国政府贷款和国际商业贷款，其中国际金融组织贷款有世界银行、亚洲开发银行和欧洲投资银行，为3.93亿美元，占借用国外贷款的11.1%；外国政府贷款主要有奥地利、澳大利亚、比利时、丹麦、德国、芬兰、荷兰、加拿大、科威特、日本黑字还流、瑞士、瑞典、西班牙和意大利，为19.21亿美元，占54.3%；国际商业贷款包括外国银行和金融机构贷款、外国企业贷款、国际融资租赁、买方信贷、补偿贸易和延期付款等方式，为12.21亿美元，占34.6%。

从各资金来源所占比重看，国际金融组织贷款在机械行业借用国外贷款中占11.1%，外国政府贷款占54.3%，商业贷款占34.6%（见图4.32）。

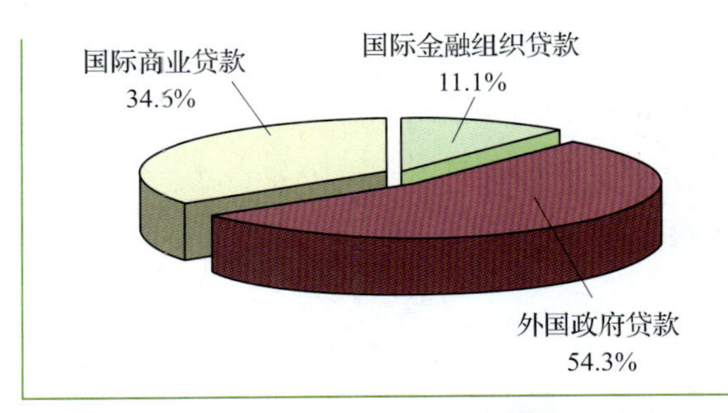

图4.32 机械行业借用国外贷款资金来源

从借用国外贷款的历程看，机械行业借用国外贷款的大项目主要集中在1995年以前，单个项目签约额在1000万美元以上的项目有38个。自1996年

以后，机械行业市场竞争程度较高，主要通过境内银行贷款筹集建设资金，借用国外贷款逐年呈快速下降趋势。

（二）电子行业借用国外贷款情况

电子行业借用国外贷款始于1979年，第一笔贷款是东方绝缘材料厂借用的国际商业贷款，贷款金额472万美元。1979～2005年底，电子行业借用国外贷款共计约21.2亿美元。电子行业借用国外贷款高峰出现在“七五”时期。“八五”、“九五”也是电子行业借用国外贷款规模较大时期。“九五”后呈快速下降（见图4.33）。

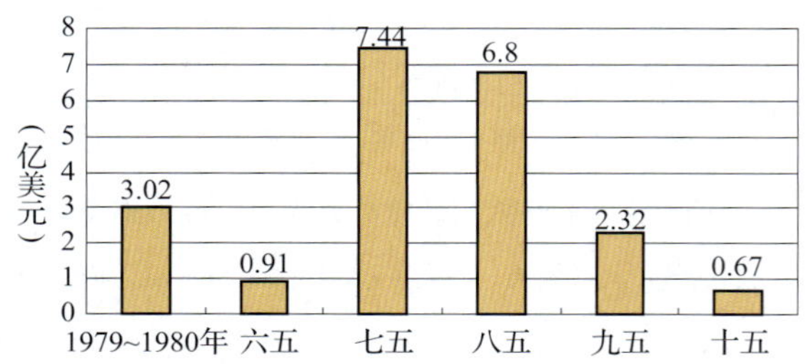

图4.33 不同时期电子行业借用国外贷款金额

从地域看，电子行业使用国外贷款主要集中在东部地区，使用较多的省份和城市有广东、江苏、北京、上海、天津和厦门。

从资金来源看，电子行业借用国外贷款涉及国际金融组织贷款、外国政府贷款和国际商业贷款。其中国际金融组织贷款主要为世界银行和亚洲开发银行，为1.94亿美元，占电子行业借用国外贷款的9.2%；外国政府贷款主要为日本政府贷款（以黑字还流贷款为主）、奥地利、法国、芬兰、加拿大和意大利等国政府贷款，为2.27亿美元，占10.7%；国际商业贷款包括外国银行和金融机构贷款、外国企业贷款、国际融资租赁、出口信贷、补偿贸易等，为16.96亿美元，占80.1%（见图4.34）。

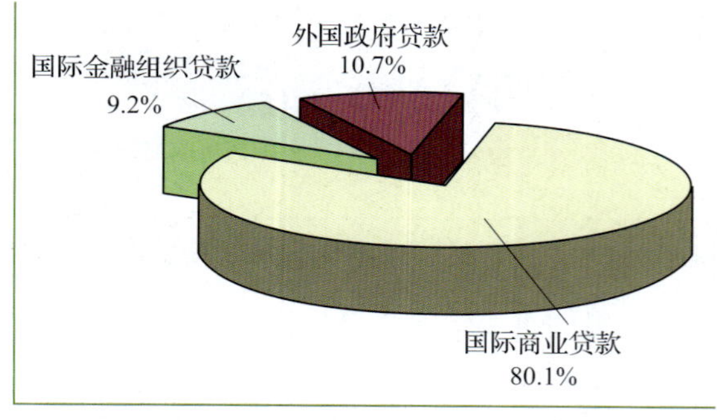

图4.34 电子行业借用国外贷款资金来源

总体来看，电子行业借用国外贷款高度集中在国际商业贷款，其中规模较大的贷款主要集中在1995年以前。借用国外贷款签约额超过1000万美元的项目共有39个，1995年以前的项目有31个，占比80%，大部分项目为电视机彩管生产线项目。

二、轻工纺织行业利用国外贷款概况

（一）轻工行业借用国外贷款情况

截至2005年底，轻工行业借用国外贷款共计约47.6亿美元。从不同发展时期来看1979～1980年是轻纺行业借用国外贷款的初始阶段，借用累计借款1.27亿美元；“六五”时期该行业借用国外贷款1.79亿美元；“七五”时期是该行业借用国外贷款最多的时期，累计借款15.2亿美元。“八五”、“九五”、“十五”三个五年计划期间，分别借用国外贷款为9.38亿美元、14.5亿美元和5.44亿美元（见图4.35）。

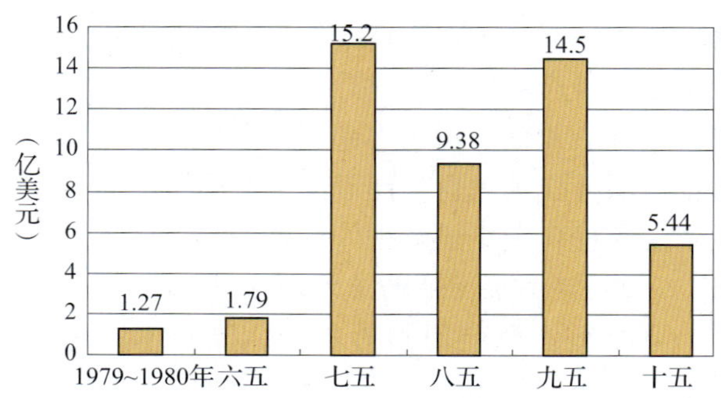

图4.35 不同时期轻工行业借用国外贷款金额

从贷款资金的来源来看，几乎涉及各种国外贷款形式，其中借用国际金融组织贷款2.7亿美元，占轻工行业借用国外贷款的5.7%；外国政府贷款14.1亿美元，占29.6%；国际商业贷款30.8亿美元，占64.7%（见图4.36）。

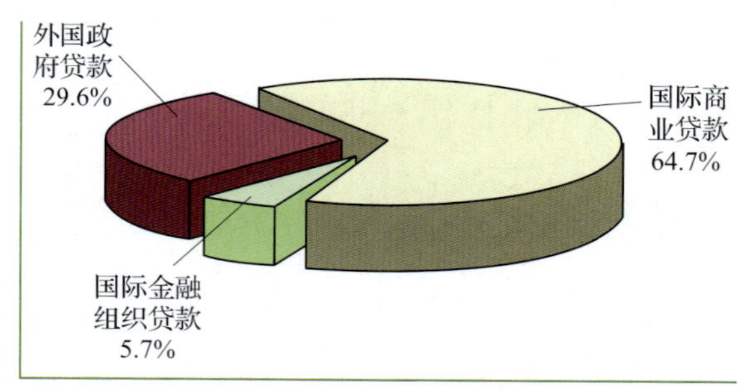

图4.36 轻工行业借用国外贷款的资金来源比例

（二）纺织行业借用国外贷款情况

截至2005年底，纺织行业借用国外贷款共计约26.5亿美元。从不同发展时期来看，“六五”时期该行业借用国外贷款的起步阶段，累计借款1.79亿美元；“七五”时期该行业借用国外贷款11.5亿美元。“八五”时期是该行业借用国外贷款最多的时期，累计借款12.7亿美元。“八五”后呈快速下降，“九五”、“十五”两个五年计划期间，分别借用国外贷款为1.7亿美元和0.11亿美元（见图4.37）。

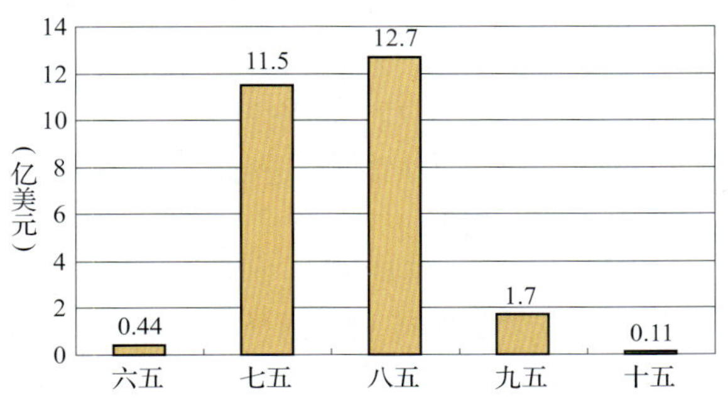

图4.37 不同时期纺织行业借用国外贷款金额

从贷款资金的来源来看，借用国际金融组织贷款1.18亿美元，占纺织行业借用国外贷款的4.5%；外国政府贷款6.58亿美元，占24.8%；国际商业贷款18.72亿美元，占70.7%（见图4.38）。

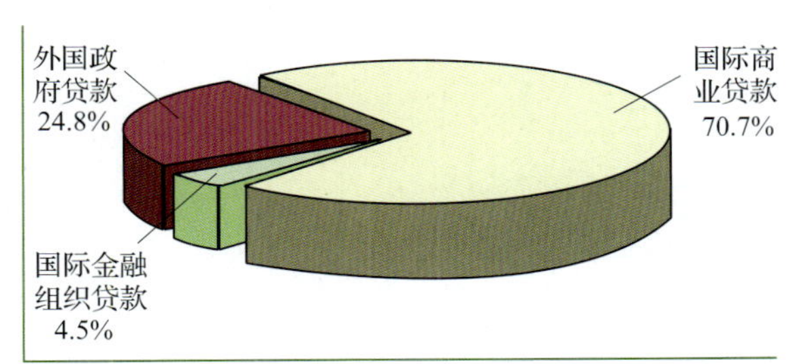

图4.38 纺织行业借用国外贷款的资金来源

世界银行从1983年开始对我国轻纺行业提供贷款，并且贷款资金主要在1983～1994年的十多年时间里。世界银行贷款资金总量约为13.0亿美元，占轻纺行业全部贷款总量的15.4%，并以“七五”时期最多，贷款金额为8.6亿美元。亚洲开发银行从1988年开始对轻纺行业提供贷款，贷款主要集中在1988～1995年期间，总计提供贷款约3.42亿美元，占总量的4.1%。

几乎主要政府贷款提供国，都曾对我国轻纺行业提供过贷款，其中，贷款规模较大的有日本政府贷款（4.9亿美元）、西班牙（2.3亿美元）、奥地利（2.2亿美元）和意大利（2.0亿美元），分别占轻纺行业借用国外贷款总量的5.8%、2.7%、2.6%和2.4%。

国际商业贷款构成了轻纺行业借用国外贷款的主体，其项目数总计约为900个，约占项目总量的53%；总金额约为46.3亿美元，约占借用国外贷款总量的55.1%。在不同时期的国外贷款中均占较大比重（见表4.4）。

表4.4 不同时期轻纺行业利用国际商业贷款情况

单位：亿美元，%

时期	六五时期	七五时期	八五时期	九五时期	十五时期
国际商业贷款金额	3	16.6	14.2	12.2	0.4
占同期所有国外贷款比重	37.8	45.3	60.2	89.7	16.9

从轻纺行业贷款资金的地域分布来看，除西藏自治区以外，其他省、直辖市、自治区和计划单列市轻纺行业或多或少都有国外贷款，总计利用国外贷款66.0亿美元，总项目1681个。按照东中西部[①]的省份划分来看，东部地区轻纺行业1979～2005年借用国外贷款总量为52.0亿美元，项目总数1360个；中部地区借用国外贷款总量为7.2亿美元，项目总数160个；西部地区借用国外贷款总量为6.7亿美元，项目总数161个。东部地区资金和项目比重较大，分别为78.9%和80.9%，中西部在利用国外贷款的金额和项目个数占比差别不大。

三、机电轻纺行业借用国外贷款的成效

（一）机电行业借用国外贷款的成效

——机械行业借用国外贷款引进大量关键设备及技术资料，如引进较为先进的计算机辅助设计和计算机辅助制造设备和技术，很多产品填补了国

① 按照全国人大审批的划分依据，东部地区包括江苏、广东、上海、山东、辽宁、北京、福建、河北、天津、海南、浙江11省市；中部包括山西、吉林、黑龙江、安徽、江西、河南、湖北、湖南8个省份；西部包括四川、重庆、贵州、云南、西藏、陕西、甘肃、青海、新疆、广西、宁夏、内蒙古12个省份。

内空白，为企业带来了可观的经济效益，增强了企业的核心竞争力。先进设备的引进，在短时期内显著提高了我国相关领域的生产能力，扩大了出口创汇，加快了工业化进程，提高了我国机械行业企业的国际竞争力。

——电子行业借用国外贷款引进了一批先进设备，提高了大量电子产品及元器件的技术含量，为建立先进的通讯系统、推动信息化建设发挥了积极作用。在相关资金的支持下，我国消费类电子产品生产规模迅速扩大，与国外同类产品的技术差距迅速缩小，升级换代速度大大加快，是整个90年代我国经济生活中最为活跃的领域之一。

（二）轻纺行业借用国外贷款的成效

增强了借款企业的国际融资能力。轻纺行业国外贷款项目单位主要是企业，方式主要是借用国际商业贷款。引入国外贷款为企业的发展壮大提供了必需的资金。通过借用国际商业贷款包括发行可转换债券等方式，打开了国内企业运用新型融资方式利用国际资本市场资金的渠道。通过发行可转股债券，可为发债企业提供具有较低发行风险和融资成本的融资，还促进了借款企业与提供贷款机构尤其是同行国际企业的交流与合作。

借用国外贷款不仅为企业提供了固定资产投资所需的建设资金，而且还引进了国际上先进的装备、技术，以及先进的管理经验和人才，有效地提升了我国轻纺行业的自身技术装备水平，促进了我国轻纺企业的快速发展，为我国轻纺企业特别是纺织企业具备国际竞争力打下了坚实的基础。

通过借用不同渠道的国外贷款，积极促进了企业发展，推动了经济体制的改革和企业经营机制的转换。比如山东日照的山东亚太森博浆纸有限公司，开始时作为民营企业分别利用优惠性较强的日本输银资金协力贷款1.75亿美元，建设了年产10.5万吨商品木浆和6.8万吨高档纸板项目。随着项目的成功投产，企业实力增强，进行股份制改造，随后进入合资发展阶段。

对各类企业间接利用外资具有示范作用。企业借用国外贷款是间接利用国外资金的一种通行方式，轻工纺织企业借用国外贷款产生的良好经济效果，对同行或其他行业企业产生了示范带动作用。

第五章　我国借用国外贷款展望

25年来，我国借用国外贷款取得了显著成效。目前，我国经济和社会进入了新的发展阶段，国内外经济形势不断发生变化，我国借用国外贷款面临着新的机遇与挑战。在今后相当长的一段时期内，借用国外贷款仍将是我国利用外资的重要形式。继续积极高效地借用国外贷款，在科学发展观的指导下，加强多边和双边国际合作，探索新的思路、新的举措，围绕我国经济社会发展的战略重点，推动区域经济协调发展，增强自主创新能力，促进体制创新和经济结构调整，不断为我国经济社会的和谐发展发挥积极作用。

第一节　借用国外贷款面临的新形势

一、国际经济及金融环境

（一）全球经济正在遭遇“百年一遇”的挑战，但我国经济持续发展外部环境仍存在有利因素

目前，受金融危机影响，全球经济形势空前严峻，美欧日三大经济体已经陷入衰退，新兴市场经济下行压力也普遍加大，全球增长大幅放缓。根据国际货币基金组织最新预测，2008年全球经济增长将从2007年的5%下降到3.75%，2009年将进一步降到2.2%，其中发达国家今明两年的增长率将分别只有1.4%和-0.3%，新兴市场今明两年也将分别下滑到6.6%和5.1%。经济如此低迷，是战后以来的第一次。全球经济形势恶化也使我国面临新的困难。但从总体上看，我国发展的外部环境仍存在有利因素。主要新兴市场仍在以较快速度发展；国际重要能矿资源价格显著回落，为在一定程度上缓解我国资源压力提供了有利时机；美欧化解金融危机也希望得到中国的支持，有利于提高我国在国际经济活动中的地位；此外，全球救市行动也将推动外部环境的好转。当然，外部环境还有很多不确定因素，地缘政治不稳定、生态恶化、气候变化等问题依然存在。比较而言，我国经济持续发展的外部机遇大于挑战，这为我国继续借用国外贷款创造了条件。

（二）全球金融市场低迷状态仍在延续，但中期国际金融市场资金供给仍将充裕

2007年次贷危机爆发以来，国际资本流动规模大幅下降。其中，2008年上半年美国资本净流入从2007年同期的4453亿美元下降到3351亿美元，同比下降24.74%，国际资本流入更从2007年上半年的14108亿美元猛降到4853亿美元，同比下降65.6%。另外根据国际货币基金预测，整个新兴市场资本净流入也将从2007年的6328亿美元降至5286亿美元，2009年将进一步降到2866亿美元。这说明，尽管主要经济体普遍降息，大幅注入流动性，但由于市场信心严重受挫，国际金融市场信贷紧缩短时间内不会缓解，短期内国际金融市场融资的难度加大。但在中期，随着经济危机最困难时期结束，近期所创造的庞大流动性将逐步解冻，国际金融市场融资的环境将随之改善。

当然，国际资本总是要寻找盈利的机会，对经济状况良好的国家而言，在经济整体低迷时期，增长较快的经济体对国际资本的吸引力会相对增强。据国际金融研究所（IIF）预测，东亚新兴市场在今后两年商业贷款仍将分别达到864亿美元和604亿美元。

（三）一些经济体官方外汇储备规模继续扩大，但增长势头有所减缓，对我国借用国外贷款的影响出现新的变化

近年来，中国、日本等东亚经济体，海湾国家、俄罗斯等石油出口国积累了高额外汇储备。根据IMF预测，今后两年整个新兴市场国家外汇储备仍将继续增加，将从2007年的43084亿美元增加到2008年的55527亿美元，2009年将进一步上升到64595亿美元。官方外汇储备的流向对国际资本流动格局造成重要的影响，进而也构成影响我国借用国外贷款的新因素。一是庞大的外汇储备使一些经

济体有条件调整资产头寸、实施新的投资策略，可能引起国际资本市场的波动；二是国际金融组织高度关注“主权财富基金”的投资活动①，有关国家的外汇储备使用状况与国际金融组织的贷款条件可能会有较强的相关性；三是对国际金融组织增资也是官方外汇储备使用的一种选择，我国已经增加了在国际货币基金组织等国际金融组织中的份额，也相应提升了在有关国际组织中的影响力；四是我国已逐步成为国际资本活动的重要舞台，其他经济体的外汇储备可能通过各种形式进入我国境内。

另外，近年来发达国家对发展中国家的援助波动较大，对一些经济发展较快的国家减少或取消了赠款，对非洲等地区贫困国家更为关注，双边援助活跃，比重不断加大，国际援助格局发生了很大变化。

（四）国际金融市场的过度创新将受到有效遏制，成熟、规范、健康的金融产品仍将为我所用

美国金融危机充分说明，金融创新过度泛滥就会成为金融癌症，因此，未来金融创新将受到甄别性制约，但金融创新不会被全盘否定。通过金融危机的洗礼，金融创新将以更健全的方式进行。国际金融市场在机制、体制、结构和产品方面将随之进行新的调整，混业经营也将更加完善。这为我国金融发展提供了宝贵的前车之鉴，也将进一步改善我国借用国外贷款的外部金融环境。随着国际金融市场成熟、规范、健康的金融产品越来越多地为我国所利用，将有利于我国融资主体进行风险管理，降低利率、汇率以及信用等风险，从而有利于拓展我国借用国外贷款特别是国际商业贷款的空间，有利于借贷双方更好地进行贷款成本控制。

（五）国际货币体系面临新挑战，对我国外债管理提出新要求

近年来，国际货币多元化趋势进一步发展。美元仍是最主要的国际货币，但地位渐趋下降。2006年以来，俄罗斯、伊朗等国采取了对外贸易用欧元结算、官方外汇资产组合中包含更多欧元资产等多项“非美元化”措施，客观上削弱了美元的影响力。今后可能逐步形成各主要区域的国际经济金融活动依赖于区域内某一种主要货币的局面。在国际货币体系重构的过程中，投机资本具有更多的可乘之机，加大了市场风险和不确定性。未来不排除主要经济体货币汇率短期内大幅波动的可能性。这就要求我国在实施外债管理的过程中，高度重视汇率风险问题，强化偿债主体的汇率风险意识，审慎选择贷款币种，并通过多种市场化的方法防范风险。

二、影响借用国外贷款的国内因素

（一）经济持续快速健康发展，借用国外贷款仍有发展空间

经过20多年的改革开放，我国经济社会发展取得了巨大成就。2007年，中国GDP已经超过24万亿人民币，人均GDP超过2483美元。目前我国经济与社会发展战略已经发生重大转变，提出了以科学发展观统领全局，建设社会主义和谐社会的战略目标。今后我国将坚持扩大内需的方针，内外需相互协调，共同推动经济持续健康快速发展。在相当长的时期内，我国仍将是中低收入的发展中国家，仍需通过借用国外贷款等多种方式引进国外资本，与国内生产要素相结合，形成和增强发展能力。

（二）经济社会发展尚不平衡，需要更好地统筹使用国外贷款

我国仍然是一个发展中国家，正在由城乡二元经济社会结构加速向现代经济社会结构转化。21世纪头5年，我国城镇化率提高了6.8个百分点，每年有1700多万农村人口转变为城镇人口。我国的人均GDP同发达国家相比仍然很低。如果按照世界银行“每天生活费一美元”的标准衡量，估计约有1.35亿人口处于贫困线以下。而且，还面临着人口、资源与环境压力不断加大，城乡区域发展严重不平衡等问题，影响发展的体制机制障碍亟待解决，转变增长方式的要求十分迫切。虽然，当前国内整体流动性过剩，出口多、引资能力强的地区和行业资金相对充裕，但出口少、缺乏资金吸引力的地区和行业资金相对短缺，局部流动性不足的问题依然存在。中西部地区特别是西部地区以及农业等基础性行业、社会发展和生态环境保护等诸多领域，对国外贷款尤其是优惠贷款的需求依然较大。

近年来，国际金融组织和外国政府更多转向

① “主权财富基金”指的是国际金融市场上由各经济体外汇储备或其他形式外汇资产组成的各类投资基金。此类基金规模庞大、有国家背景、并不完全按照市场经济规律行事，因此其活动备受关注。

城市基础设施、节能减排、生态环保、社会发展等领域，更加关注公益性和制度创新，这将对东中西部地区借用国外贷款产生不同的影响。

国际金融机构以参股、贷款和设立投资基金等形式，加大了对国内中小企业、民营企业的支持。国际金融组织更加注重知识共享，为推动借款国开展政策改革、加强制度建设、提高管理水平、实现可持续发展提供更广泛的技术咨询。

（三）“双顺差”持续扩大，使借用国外贷款面临复杂局面

近年来，我国国际收支的贸易顺差和资本项目顺差持续扩大，外汇储备急速膨胀。从全球经济的大背景看，“双顺差”持续扩大不仅是国内经济结构性矛盾的反映，而且也与国际产业分工、全球经济失衡密切相关。国际收支失衡既是双边问题，也是多边问题，它涉及相关国家财政政策、货币政策乃至居民储蓄及投资倾向之间的协调，仅靠一国承担调整责任，不仅不公平，而且无济于事[①]。除采取综合措施加以应对外，就国际收支的资本及金融项，应通过鼓励资本流出，而不是限制资本流入的措施减少顺差。具体而言，应在借用符合条件的国外贷款的同时，扩大和加强对外经济合作。

妥善处理好借用国外贷款与改善国际收支平衡、与用好国内资金之间的关系，应立足于统筹国内发展和对外开放，在提高借用国外贷款质量的同时，通过多种方式化解“双顺差”带来的压力，实施互利共赢的开放战略，在更大范围、更广领域和更高层次上积极参与国际经济科技合作与竞争。

（四）国内金融市场不断完善，境内融资进一步便利

目前，国内资金相对充裕，商业银行向企业提供间接融资的潜力较强。资本市场快速发展，企业通过发行上市融资更加便利。债券管理体制改革之后，企业获得债券融资的可能性进一步提高。境内资金替代境外资金的能力有所增强。

与此同时，我国有序推动直接投资、证券投资和个人资产转移等领域的对外开放，进一步便利了境内企业通过借用国外贷款之外的其他形式，与国际资本市场建立联系。由于人民币升值预期强烈，大量境外投机性资本流入境内，国家商业贷款的管理趋于严格。

我国加入世贸组织以来，金融对外开放步伐明显加快。在银行业方面，对外开放不断推进，经历了开放地域从沿海到内陆，客户对象从外商投资企业到中资企业，经营币种从外币到人民币的历程[②]。我国已经允许外资银行在境内开展人民币业务。外资银行的法人化之后，向当地市场提供服务的能力有所增强。

但也应该看到，在相当长的时期内，国内金融体系合理配置金融资源的能力仍有待提高，外资银行主要集中在东部沿海地区，对中西部地区以及农村金融、中小企业等融资支持还十分有限。

（五）借贷及偿还能力不断提高，借用国外贷款的自主能力明显增强

我国作为全球第四大经济体和第三大贸易国，国际社会普遍看好我国经济发展前景。我国社会政治稳定、市场潜力巨大、基础设施条件不断改善、产业配套能力较强、劳动力资源丰富、科技教育具有较好基础，对国际资本有巨大的吸引力。国际资本迫切希望通过贷款等多种合作形式，加强同我国的经济联系，分享中国经济发展的成果。与此同时，我国高额外汇储备从总体上为我国避免外债风险提供了强有力的安全保障，显著提高了我国政府、企业及其他借款主体在国际市场获得融资的能力，有利于降低融资成本。

随着我国经济实力的不断增强，中国对国际金融组织的影响力日益扩大，对国际金融资本的吸引力大大增强，为坚持贯彻“以我为主、为我所用”的借用国外贷款方针创造了更为有利的条件。二十多年来，我国借用国外贷款工作已经积累了丰富经验，作为借贷主体，企业的实力不断增强，管理水平不断提高，结合企业发展需要，自主运用国际资本的能力显著提升。

---

① 比如，在2007年5月的中美战略对话中，中美双方达成的主要共识，就是双方各自“采取重大措施降低中国国民的储蓄率，提高美国国民储蓄率”。

② 截至2006年6月末，71家外国银行设立了197家营业性机构，并可在25个城市开办除中国居民个人以外的人民币业务；资产总额972亿美元，占银行业总资产的1.9%，其中人民币资产总额2364亿元。

（六）重点领域和关键环节改革有待突破，借用国外贷款项目仍可发挥创新和示范作用

实践证明，通过借用国外贷款，有助于了解国外最新发展理念和经营管理经验，进一步熟悉有关的国际规则和国际通行做法，推动国内体制改革和机制创新。深化国有企业改革，鼓励、支持和引导个体私营等非公有制经济发展，推进财税体制改革，加快金融体制改革是今后我国体制改革的重点领域。

国际金融组织在社会保障体系建设、政府治理结构、国企改革、垄断性行业的市场化改革、金融财税体制改革等领域具有独特的视角和观点，对我国有很好的借鉴意义。另外，国际金融机构采取多种方式支持民营企业、中小企业发展，在境内开展有关业务，有利于改善国内民营经济融资环境，完善公司治理结构，增强企业实力，提高企业信用。

国际商业贷款机构在混业经营、金融创新、金融综合服务等方面的经验教训，对国内金融业发展具有较强的借鉴意义，境外金融机构在境内的商业存在，更是直接推动了国内金融市场的发展。

第二节 借用国外贷款的发展趋势

今后相当长时期内，借用国外贷款仍是我国利用外资的重要组成部分。随着国内外形势的变化，我国借用国外贷款政策将进行相应的调整，贷款规模、方式、投向、区域重点等都将呈现出新的特点。

一、国际金融组织贷款

（一）保持国际金融组织贷款的合理规模

目前，世行的政策规定只对中等收入及以下的成员国，提供利率相对优惠和还款期较长的贷款。亚行等其他国际金融组织也可能参照世界银行调整期贷款政策。这是影响我国继续借用国际金融组织贷款的重要因素。但考虑到我国未来经济社会发展的任务依然十分繁重，特别是农村地区还十分落后，预计在未来相当长的一段时间内人均GDP还难达到世界银行的“毕业”标准。

中西部地区特别是广大农村提供均等的基本公共服务方面，在减少贫困、环境保护和基础设施建设等方面仍然需要大量投入，尽管我国财政收入增长较快，但是财政资金显然难以满足需要。国际金融组织贷款具有期限长、利率比较低的特点，贷款条件比较优惠，适合我国特别是中西部地区发挥投资引致效应。作为补充，可以通过借用国际金融组织贷款，进一步促进经济欠发达地区的发展。

另一方面，随着我国综合国力的不断增强，国际金融组织对华贷款优惠程度会有一定程度的弱化。但同时，国际金融组织作为支持成员国发展的金融机构，自身政策也在不断调整，不断创新贷款产品和拓展贷款领域，以满足大多数发展中成员国的需要，与发展中成员国的合作也将是国际金融组织自身存在的需要。

未来一段时期，从我国发展的实际需要和可能性考虑，借用国际金融组织贷款应保持合理的的规模。

（二）结合国家经济社会发展重点，行业投向有所变化

目前，我国已经进入加快工业化、城市化、市场化和国际化进程的阶段，经济社会中新的结构性、深层次问题不断出现。提高自主创新能力和经济效率、缓解社会矛盾以及有效节约资源、保护环境，成为保持经济社会全面协调可持续发展的主要问题。

近年来，国际金融组织更加注重与其成员国发展战略的协调，支持成员国的发展重点。未来我们有条件充分发挥国际金融组织贷款由政府主导的优势，更加注重解决我国经济社会发展中面临的突出问题。结合我国各行业、各领域的发展需要，合理调整国外优惠贷款的投向，重点支持农村基础设施建设、推动农业产业化发展、健全农业支持服务体系、改善农村环境等新农村建设方面；加大对节能减排、清洁能源生产、能源综合利用和可再生能源开发以及城市污水（垃圾）处理、大气污染治理、水资源保护等领域项目的支持力度；继续保持在公路、铁路等交通基础设施领域的合作水平，探索教育、卫生等社会发展领域新的合作模式。

（三）注重地区平衡，继续向中西部地区和东北等老工业基地倾斜

为促进区域平衡发展，在借用国际金融组织贷款的规模、领域和运作方式等方面应针对不同地区的发展需要，采取差别政策。国际金融组织贷款

将继续向中西部地区和东北等老工业基地倾斜，中西部地区和东北等老工业基地将优先考虑用于完善基础设施条件，加强生态保护，改善投资环境等；东部地区经济较为发达、市场机制比较完善、经济基础和投融资环境相对较好，优先考虑节能减排、环境保护以及具有示范性和带动管理、机制创新型项目，提高与国际金融组织合作的水平。

鼓励我国沿边省区在与国际金融组织的合作中，发挥国际金融组织在次区域经济合作中的优势，推进与周边国家和地区的区域经济合作，使有限的国际金融组织贷款能够最大限度地发挥经济和社会效益。

（四）贷款方式趋于灵活，机制创新要求更加突出

今后相当一段时间内，国际金融组织贷款的重点不是单纯增加国内的基础设施、能源、教育等公共品的供给，而是提高内生的供给能力。投资贷款仍然是我国借用国际金融组织贷款的主要方式，在使用好投资贷款的同时，结合项目特点，积极采取更加灵活的形式，探索和尝试新的贷款方式，将更加注重贷款项目在提高管理水平、完善市场化运行机制、建立合理的制度安排等方面的试点和示范作用。

随着国内基础设施建设融资市场的不断完善，项目市场化运作的条件也不断成熟，交通、能源和城建等领域项目的融资渠道将会明显增加。而教育、卫生、环保等环境和社会发展领域的市场融资能力和贷款偿还能力仍然很弱，更加优惠的一些国际金融组织贷款将适当向后者倾斜，同时加大力度争取国际上不同渠道的赠款来软化贷款，积极动员财政资金给予必要的支持。今后，在借用国际金融组织贷款的同时，将会考虑与国外赠款、技术援助和国内财政资金更有效的结合途径，探寻利用国际金融组织担保、联合融资等相对灵活的融资方式。

（五）贷款主体多元化，转贷方式逐步转变

我国投资体制改革的不断深入，国际金融组织贷款项目的贷款主体范围也将扩大，不同所有制企业有可能成为国际金融组织贷款项目的承贷对象，债务人主体呈现多元化的趋势，贷款转贷机制将不断完善。除地方政府的转贷方式外，还可通过效率更高、竞争更充分的国内金融机构转贷或市场担保机制等落实转贷责任。

二、外国政府贷款

（一）积极争取外国政府贷款，实现从量向质的转变

未来几年，我国要继续积极争取借用外国政府贷款。但是，外国政府贷款由于带有一定的政府间援助性质，易受贷款国外交、财政政策的影响。有些国家不是采用先确定贷款规模，后确定贷款项目的方式，而是以项目定额度、批准项目就是确定贷款额度。随着我国经济发展水平的提高，发达国家将逐步调整对我国的政府贷款政策。目前少数国家已经或即将停止向我国提供政府贷款，日本政府日元贷款也将于2008年结束。但随着我国经济发展和对外经济合作的加大，也会出现一些新的贷款国别和贷款品种。未来要在保持其他外国政府贷款规模基本稳定的基础上，努力拓展新的渠道。

在贷款的使用上，继续注重贷款项目的经济和社会效益相结合。根据国家宏观经济政策、国家产业政策和区域经济政策，结合外国政府贷款的特点选择优势项目，实现借用外国政府贷款从量到质的转变。

（二）贷款领域和投向有所调整，区域向中西部和东北等老工业基地倾斜

根据经济合作和发展组织的有关规定，外国政府贷款主要用于支持城市基础设施、环境保护等非盈利项目。随着全球能源紧缺、环境污染程度不断加大，各国也非常注重节能、环保和可持续发展。目前，外国政府贷款除继续支持城市基础设施等传统领域外，也加大了对我国节能、降耗、减排等领域的支持力度。根据我国社会经济和区域经济发展政策，特别是西部大开发和振兴东北老工业基地发展战略，部分国别在对华贷款区域上也有所侧重，如韩国、丹麦政府贷款和法国开发署贷款等一般不支持东部沿海地区，重点支持我国中西部地区。随着我国国民经济的发展，这种趋势也将逐步加大。

（三）贷款条件发生变化，贷款利率优惠程度下降、限制性采购比例要求逐步放宽、采购方式趋于灵活

外国政府贷款一般有赠款、软贷款、混合贷款和特种贷款等方式，其中以混合贷款为主。随着

国际经济形势的变化和我国经济实力的不断增强，外国政府逐步减少赠款和软贷款比例，相应增加硬贷款比例，其综合贷款利率优惠程度有不同程度的下降。但同时，包括德国、丹麦、波兰、意大利、西班牙、以色列等国在内的部分国别扩大了贷款在第三国及我国国内采购比例。德国政府贷款中大部分领域，以及德国促进贷款、法国开发署贷款、沙特、科威特、挪威等国政府贷款项下设备采购为国际招标，没有限制性采购要求。从发展趋势看，随着我国经济的持续快速发展和对外沟通合作能力的加强，外国政府贷款的限制性采购要求将逐步放宽，第三国采购比例可能进一步提高。因此，我国在外国政府贷款优惠程度下降的同时，有可能争取到更为经济合理的采购方式。

（四）借款主体趋于多元化，风险防范能力进一步加强

我国已允许各种所有制企业借用外国政府贷款，今后包括外商投资企业和民营企业在内的企业借用外国政府贷款的比例将有所增加。随着债务主体的多元化，防范债务风险的难度也将加大，需要进一步规范担保方式，加强贷款的风险管理。外国政府贷款有关管理部门也将进一步完善和规范贷款的管理，建立和健全外国政府贷款的风险防范机制，地方政府、转贷机构和项目单位的责任将进一步明确，风险意识和风险防范能力将进一步增强。

三、国际商业贷款

（一）继续重点支持国家鼓励发展的领域引进先进技术设备和对外投资

从经济主体的微观角度而言，国际商业贷款属于市场行为，贷款人以盈利为目标自主决定贷款的投向。从整个国家的宏观角度而言，国际商业贷款是开放经济条件下各国之间资金融通的重要渠道，国家有必要合理、有效的引导其流向以促进经济健康发展。当前，我国经济处于高速增长阶段，国内资金总量较为充裕，为避免外部资金的不合理流入而增加经济运行风险，对国际商业贷款资金投向的引导显得尤为必要。

当前及今后一段时期内，国际商业贷款在投向上将继续以国家产业政策为指导，重点支持引进国外先进技术和设备的项目，如飞机、工业机械等大型设备的引进和核电站建设等，促进资金技术密集型产业的发展和国内的经济结构调整。同时，随着国际经济交流的增强，国际商业贷款将更多地用于具有良好经济效益和社会效益的项目，以引进先进的管理经验和技术，培养与国际接轨的高素质人才，提高我国企业的国际竞争能力，从而为国内企业“走出去”创造条件。

（二）贷款主体多元化，方式趋于灵活

与国际金融组织贷款和外国政府贷款相比，国际商业贷款的融资方式更为灵活、附加限制条件较少，可以弥补国内融资品种的不足，满足国内不同层次借款人的融资需求。在我国“双顺差”的国际收支不平衡状态得以改善和确保国家外债安全的条件下，国际商业贷款的这一特性将会得到进一步发挥，借用国际商业贷款的方式将更加多样：国际商业融资的主体资格条件将逐步放宽，借款人将扩展到多种所有制企业以及各类银行和非银行金融机构，贷款主体日趋多元化；在人民币不断升值的背景下，国际商业贷款的币种结构将进一步多元化，人民币外债将有所增加；除传统的银行贷款等方式外，境内机构在国际金融市场发行有价证券的品种将进一步多样化，融资方式更趋灵活。

（三）国际商业贷款的监管将更加符合市场经济要求

改革开放以来，我国对国际商业贷款总体上采取严格的指令性计划管理，对外商投资企业外债采用相对宽松的投注差管理，既避免了债务危机的发生，又有效保护了外商投资的积极性。随着经济的快速稳步发展、外汇资金状况的根本扭转，我国的偿债能力显著提高，市场化程度逐步增强，在我国国际收支“双顺差”的状况显著缓解和确保外债安全的条件下，国际商业贷款监管将进一步向与市场经济相适应的方向调整。主要体现在：

首先，在继续对中长期国际商业贷款实行总量控制的同时，对不同的融资实体和融资方式实行分类管理。区分银行和非银行机构，建立符合银行业特点的外债管理制度；加强对我国外商投资企业的国际商业融资活动和外资金融机构借用外汇资金的监管；在严格对境内机构举借中长期国际商业贷款监管的同时，完善对其海外分支机构的监管；规范各种金融衍生工具的使用，加强对金融衍生产品交易产生的或有外债的管理；将币种为人民币的外债纳入监管范围。

其次，内外资机构借用国际商业贷款政策将逐步向趋于一致的方向发展。当前，外商投资企业在投注差内可自主借用国际商业贷款并结汇，而内资企业则须逐笔申报国际商业贷款且不能结汇。随着市场经济体系的完善，将逐步取消国际商业贷款管理中内外资机构不一致的方面，促进平等的融资环境和有序的竞争体系的形成。

最后，加强对国际商业贷款的全面监测。针对当今资本流动频繁、迅速的特点，完善外债统计监测体系，在运用先进技术全面监控国际商业贷款的同时，兼顾外债管理的效率；加强短期外债的管理，严格监控各项外债指标的变化，针对可能出现的各种问题，及时做好预案，防范金融风险。

第三节 推动借用国外贷款工作再上新台阶

本世纪头20年是我国发展的重要战略机遇期，未来10年尤为关键。在我国经济发展的新阶段，借用国外贷款既有新的机遇，也面临新的挑战。总结过去，面向未来，我们要以科学发展观为统领，继续跟踪国内外形势的变化，及时把握国外贷款新趋势，紧密结合国家经济社会发展战略，着力提高借用国外贷款的质量和水平，加大利用国外贷款的创新力度，充分发挥贷款项目对国内的示范和带动作用，促进产业结构升级，推动城乡区域协调发展，推进和谐社会建设。在新的历史阶段，借用国外贷款要为转变发展观念、创新发展模式、提高发展质量、完善体制机制、落实“五个统筹”作出新的贡献。

一、积极、合理、高效地借用国外贷款，着力提高质量和效益

与其他类型资金相比，借用国外贷款仍有多方面的比较优势。从趋势上看，借用国际金融组织贷款和外国政府贷款在一段时期内既有一定程度的优惠性和独特的催化、示范、引导作用，也存在保持一定规模的可能性；借用国际商业贷款未来具有较大发展空间，对提高国内技术装备水平和企业参与国际竞争的能力起到积极作用。

（一）积极借用国际金融组织和外国政府贷款

积极开拓国际金融组织和外国政府贷款的新渠道，保持一定的贷款规模，努力争取赠款，软化贷款条件，重点支持资源节约、环境保护、基础设施、社会发展等领域的项目。在区域安排上，继续向中西部和东北等老工业基地倾斜，加大对西部地区的支持力度。注重推动沿边省区与周边国家开展次区域合作。

以贷款项目为载体，切实把机制创新、管理创新、合作创新和方式创新放在十分重要的位置，充分利用国际金融组织的软实力、软要素，支持解决国内体制改革、经济结构调整等发展中的难点问题，把借用国际金融组织和外国政府贷款与自身发展紧密地结合起来。继续高效使用国际金融组织和外国政府贷款，不断提高贷款项目质量和管理水平。对一些具有探索性、示范性的项目给予试点引导，加大推广力度，发挥项目的示范带动作用。

（二）合理、审慎借用国际商业贷款

合理引导国际商业贷款的投向，把支持提升产业的国际竞争力，作为借用国际商业贷款的核心目标。在充分发挥国际商业贷款优势的条件下，重点引进先进技术、设备、管理经验，改造传统产业，推动高新技术产业发展，提高企业的自主创新能力。继续支持国家政策鼓励的海外投资项目。

审慎使用国际商业贷款，规范融资主体的准入条件和融资行为，允许具备条件的企业不通过银行直接在境外进行债务性融资，在全球范围内配置资源，全面提高在国际金融市场融资的水平。

及时跟踪国际商业贷款的发展趋势，针对出现的新情况、新特点，探索借用国际商业贷款新的途径和方式。增强风险管理意识，合理运用各种金融工具规避、降低债务风险。

（三）加强外债的宏观管理和监测

继续加强全口径的外债管理，优化债务结构，保持适度的外债规模。将不同性质金融机构和企业全面纳入规范的监管范畴，使不同类别主体借用国际商业贷款的政策待遇的差别逐步缩小。加强对境内机构的海外分支机构借用国际商业贷款的监管，有针对性地解决隐性外债、或有外债等问题。改善对境内银行借用国际商业贷款的管理，建立更适应银行业特点的借用国际商业贷款管理办法。将币种为人民币的对外债务纳入监管范围。

适应金融开放的需要，进一步完善既符合我国国情、又兼顾国际通行标准的外债管理制度。努力探索、加快构建全方位开放条件下外债管理的新

机制、新方式，完善外债监管体系，改进监管方式，加强监管协调，提高监管水平。完善外债统计、监测体系，建立灵敏、高效、功能齐全的动态监测系统和风险预警机制。

二、深入开展对外合作，推动体制和机制创新

开展与国际金融组织和外国政府的合作，是我国全面融入国际金融体系、参与国际金融规则制定、发挥我国影响力的重要途径。借用国外贷款有利于加强我国与国际金融组织、外国政府合作，搭建同世界其他国家广泛沟通交流的平台。

（一）根据国外贷款的特点，多层次开展对外合作

目前，我国与国际金融组织和多边机构的合作进入了新阶段，与世行、亚行的合作已由单纯受援国变为战略合作伙伴关系。在双方今后的合作过程中，应争取国际金融组织进一步适应我国发展战略需要，调整贷款目标和贷款战略，开发更多适应我国国情的贷款产品，简化贷款程序，提高贷款效率；积极建立更广泛的对话渠道和沟通机制，形成良性互动；通过国际金融组织展示我国改革开放的成就，推广发展经验，扩大我国的国际影响力。

通过借用外国政府贷款，进一步密切双边经贸合作，加强双边协调，拓宽贷款的来源、投向和领域，争取更加优惠的贷款条件，放宽对第三方采购限制。继续引进国外先进技术和设备，促进国内技术进步、产业升级，推动节能减排，加快基础设施建设，改善教育卫生条件。

借用国际商业贷款有利于促进我国企业积极融入国际资本市场，参与国际竞争；推动我国金融机构学习借鉴国外金融机构先进的经验管理理念，开发出更多金融产品，提高我国金融机构的服务质量和竞争能力；加强对境内外资银行中长期外债的管理，积极引导外资银行贷款投向国家鼓励发展的领域。

（二）把“学习新理念、引进新机制、开拓新方式”放在更加重要的位置

利用国外贷款要从注重引进资金，向注重引进先进理念、机制、技术和引进资金并重转变，鼓励利用国外贷款开展机制创新、管理创新、合作创新和方式创新，不断提高自主创新能力。

借鉴国际金融组织先进的管理经验和方法，充分利用国际金融组织的智力资源，运用市场手段进行宏观调控，改善公司治理，完善金融体系，健全资本市场，缓解资源环境压力等，服务于我国经济社会发展和体制改革的需要。

加强对国际商业贷款发展趋势的研究，着力促进利用国际商业贷款方式、工具、机制的创新。顺应国际商业贷款创新的新趋势，积极探索新形势下借用商业贷款的管理模式和风险防范机制。完善外汇管理制度，改革担保管理方式，为境内机构进入国际金融市场融资创造制度、管理条件。

三、提高管理水平，推动借用国外贷款工作再上新台阶

（一）结合国家发展战略，做好借用国外贷款项目规划

根据国家经济和社会发展战略、国家产业政策和利用外资要求，结合国外贷款的特点，优化贷款投向，做好借用国外优惠贷款的规划。注重提高申报项目的质量，做好项目的前期准备工作，衔接好项目国内工作进度与国外贷款机构的项目准备程序，提高贷款工作效率。

（二）推动管理创新，完善工作机制

二十多年来，我国借用国外贷款已经形成了一整套有效的工作机制和项目管理办法。今后需继续加强国外贷款项目系统化、高效化的管理，进一步完善项目申报、审批制度，建立起科学规范的管理机制、监督机制和示范机制。

按照国家对政府投资“管住、管好”的要求，切实加强国际金融组织和外国政府贷款项目的全过程管理。加强政府各部门之间的协调，按照政府赋予的职能，分工协作，互相配合。规范转贷行为，改革转贷方式，充分利用市场机制，更好地发挥金融机构的作用。加强贷款使用的监督管理，建立有效的贷款偿还机制。加强对外沟通与协调，积极推进项目鉴别、设计、评估、谈判、检查、后评估等阶段双方程序的有效衔接，建立更为高效互动的合作机制。加强贷款项目建设过程中的监督管理，完善项目后评价制度。积极依托贷款项目，加强机构能力建设，注重人才培养，提高项目的建设管理和运营水平。

进一步加强国际商业贷款管理，对中长期国

际商业贷款继续实行总量控制、规模管理。积极引导贷款投向，优化结构；加强对外商投资企业和在华外资金融机构国际商业融资活动的监管；引导境内机构加强成本控制，提高抗风险能力；针对境内企业及其海外分支机构在境外融资、境外机构在国内融资不断扩大的趋势，研究探索新的监管方式，完善监管制度。

（三）加强外债风险管理，增强风险防范能力

健全风险控制长效机制，建立完备的风险识别预警机制，防范外债风险。健全监管指标体系、共享监管信息，建立统一领导、统一指挥、分级监管的系统。国家和地方要加强对借用国外贷款的使用、管理、偿还的动态分析，确保监管部门及时准确掌握负债结构、债务偿还时间、使用方向、还款来源、偿债能力等动态信息，为加强外债风险管理提供决策依据。

鼓励贷款企业和项目单位综合考虑贷款的币种、利率和汇率等因素，运用掉期、远期等金融工具，防范风险。结合国内信用制度建设，健全和完善借用国外贷款的信用保护和失信惩处制度，提高贷款项目的抗风险能力和债务偿还能力。

地方和部门篇

China's Experience with the Utilization of Foreign Funds

总结经验　展望未来开创农业借用国外贷款工作新局面

——中国农业借用国外贷款25年回顾与总结

自1982年华北平原农业发展项目借用世行贷款开始，我国农业利用国外贷款已历经25年。25年来，作为农业和农村经济主管部门，农业部按照“以我为主、为我服务”的方针，遵循引进资金和引进先进技术、管理经验与发展理念并重的原则，坚持以农业和农村经济发展中长期战略为指导，着力规划引领、行业指导、政策调控、投资支持、区域布局和协调服务，重点谋划和组织实施跨地区、跨流域以及对农业和农村经济发展全局具有重大影响的农业利用国外贷款项目。随着我国经济实力的增强和农业对外开放的深入，农业借用国外贷款规模逐年扩大，领域不断拓宽，主要涉及农牧渔业综合开发、农业教育科研、农业支持服务和农村能源等方面。国外贷款项目的成功实施，既弥补了国内农业建设资金的不足，又引进了国外先进农业生产技术、设备和管理理念，对于加快我国农业技术进步和产业发展，增强农业综合生产能力，促进农业管理体制改革和农业农村经济发展，发挥了积极作用。

农发基金桂西项目，借用农发基金。图为德保县妇女借用妇联小额信贷发展绣花项目

黑龙江农垦项目，借用世界银行贷款。图为新开荒的庆丰农场27队2区3号地

世界银行橡胶项目，借用世界银行贷款。图为海南南茂农场红旗队高产胶园

黑龙江农垦农用飞机发展项目，借用澳大利亚贷款。图为飞机喷洒农药

一、全国农业借用国外贷款概况

全国农业借用国外贷款主要来自世界银行（以下简称“世行”）、亚洲开发银行（以下简称“亚行”）、国际农业发展基金会（以下简称“农发基金”）和外国政府贷款4个渠道。1981至2005年，全国农业借用国外贷款项目总数216个，贷款总额达67.59亿美元。其中，世行贷款48.53亿美元，占国外贷款总额的71.8%；亚行贷款4.86亿美元，占7.2%；农发基金贷款4.75亿美元，占7.0%；外国政府贷款9.45亿美元，占14.0%。四种国外贷款的数额见图1。

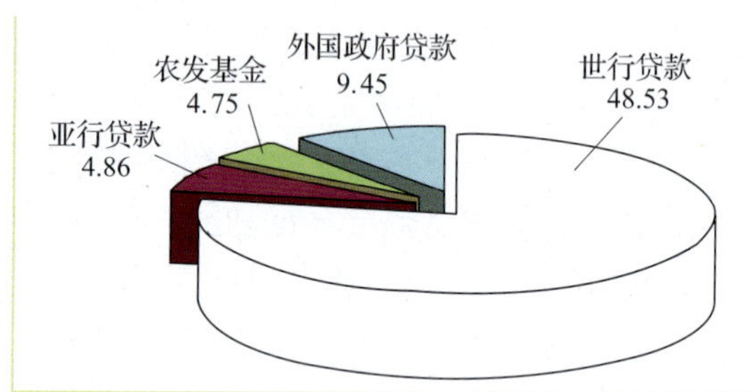

图1 截至2005年农业借用四种国外贷款额（单位：亿美元）

（一）贷款类别与资金规模

1. 世行贷款

世行农业贷款项目共41个。其中，农业基本建设和农业综合开发类项目37个，农业教育科研项目3个，农业支持服务项目1个（见表1），平均贷款规模1.18亿美元。25年来，世行农业贷款额约占世行对我国贷款总额的12%左右，占世行对农业、林业、水利和扶贫等领域贷款总额的47%。

表1 农业借用世行贷款项目一览表

单位：百万美元

序号	财年	项目名称	硬贷款	软贷款	贷款总额	项目执行期
1	2006	农业加强灌溉项目三期	200	0	200	2005.10～2010.12
2	2005	农业科技项目	100	0	100	2005.4～2010.12
3	2004	江西农业现代化项目	100	0	100	2003.11～2010.6
4	2004	甘肃新疆畜牧业发展项目	66.27	0	66.27	2003.9～2010.6
		“十五”时期小计	466.27	0	466.27	
5	2000	小规模肉牛发展项目	93.5	0	93.5	1999.12～2006.12
6	1998	加强农业灌溉项目二期	300	0	300	1998.6～2005.6
7	1998	沿海资源可持续发展项目	100	0	100	1998.5～2006.12
8	1998	国营农场项目	62.72	0	62.72	1998.3～2003.12
9	1997	黑龙江农业发展项目	120	0	120	1997.5～2004.6

续表1

序号	财年	项目名称	硬贷款	软贷款	贷款总额	项目执行期
10	1996	种子商业化项目	80	20	100	1996.6～2003.6
11	1996	饲料项目	22.43	0	22.43	1996.4～2001.12
		“九五”时期小计	778.65	20	798.65	
12	1994	松辽平原农业开发项目	0	205	205	1994.2～2002.6
13	1994	红壤地区开发项目二期	0	150	150	1994.2～2003.5
14	1993	农业支持服务项目	0	115	115	1993.2～2001.6
15	1993	四川农业项目	0	147	147	1992.7～2000.4
16	1992	广东农业开发项目	0	162	162	1991.11～1998.12
17	1991	加强农业灌溉项目	147.1	187.9	335	1991.6～1998.6
18	1991	河南农业开发项目	0	110	110	1991.5～1998.12
19	1991	第四农村信贷项目	75	200	275	1990.10～1996.12
20	1991	长江中上游农业开发项目	0	69	69	1990.8～1996.12
		“八五”时期小计	222.1	1345.9	1568	
21	1990	河北农业开发项目	0	150	150	1990.6～1998.6
22	1990	江西农业开发项目	0	60	60	1990.2～1995.12
23	1989	山东农业开发项目	0	109	109	1989.5～1994.12
24	1989	陕西农业发展项目	0	106	106	1989.3～1997.6
25	1988	农调贷款项目	200	100	300	1988.6～1990.7
26	1988	沿海地区发展项目	40	60	100	1988.3～1994.6
27	1988	第三农村信贷项目	0	170	170	1988.1～1994.6
28	1987	甘肃发展项目	20	150.5	170.5	1987.5～1996.6
29	1987	新疆农业开发项目	0	76.8	76.8	1987.3～1994.12
30	1987	红壤地区开发项目	0	44.9	44.9	1986.9～1992.6
31	1986	淡水养鱼项目	0	60	60	1986.5～1992.6
32	1986	第二农村信贷项目	0	90	90	1985.12～1991.12
		“七五”时期小计	260	1177.2	1437.2	
33	1985	淠史杭-巢湖地区发展项目	17	75	92	1985.6～1992.6
34	1985	种子项目	0	41.69	41.69	1985.4～1990.12
35	1985	农业科研二期项目	0	25	25	1984.9～1992.6
36	1984	农业教育二期项目	45.3	23.5	68.8	1984.6～1992.6
37	1984	第一农村信贷项目	0	50	50	1984.4～1989.6
38	1984	橡胶发展项目	0	100	100	1983.11～1990.12
39	1983	黑龙江农垦项目	25.3	45	70.3	1983.4～1989.3
40	1983	农业教育科研项目	0	75.4	75.4	1982.11～1989.3
41	1982	华北平原农业项目	0	60	60	1982.6～1987.12
		“六五”时期小计	87.6	495.59	583.19	
		合计	1814.62	3038.69	4853.31	

2．亚行贷款

亚行农业贷款项目8个（见表2），平均贷款规模6077万美元，主要用于农业综合开发。在亚行与中国合作的20年中，亚行农业贷款总额占亚行对中国总贷款规模的3%，占亚行对农业、林业、水利和扶贫等领域贷款总额的41.5%。

3．农发基金贷款

农发基金贷款项目19个（见表3），平均贷款规模2501万美元。主要贷款领域为农业综合开发类项目，支持的重点为我国中西部贫困地区。

表2 农业借用亚行贷款项目

单位：百万美元

序号	项目名称	贷款额	亚行批准日期	序号	项目名称	贷款额	亚行批准日期
1	中国农业银行	50	1988.12.20	6	福建水土保持和乡村发展	65	1995.9.28
	“七五”时期小计	50			“八五”时期小计	323	
2	广东热带作物发展	55	1992.8.13		“九五”时期小计	0	
3	中农信公司	50	1993.12.9	7	农村能源生态建设	33.12	2002.10.22
4	中国农业银行二期	100	1995.1.12	8	福建水土保持和乡村发展二期	80	2004.4.28
5	海南农业和自然资源发展	53	1995.9.7		“十五”时期小计	113.12	
					总计	486.12	

表3 农发基金贷款项目

单位：万美元

序号	项目名称	贷款金额	项 目 内 容	执行期限
1	北方草原与畜牧发展	3500	草场改良，造林，灌溉，牧业机械，品种改良，培训，畜产品加工	1981～1988年
2	河北农业开发	2500	水利工程，电力配套，农业机械，化肥，农药，植树，畜牧，推广，培训	1983～1988年
3	湖北农村信贷	2500	淡水养鱼，柑橘，畜禽，饲料加工	1985～1989年
	“六五”时期小计	8500		
4	广东综合淡水养鱼	1200	饲料加工，养鱼，养猪	1987～1991年
5	四川畜牧发展	1735	发展畜牧生产，畜产品加工，畜牧业支持服务	1989～1994年
6	山东烟台农业开发	2450	小型水利，防护林，果树，土壤改良，花生，畜牧，品种改良及加工	1990～1995年
	“七五”时期小计	5385		
7	山西综合农业发展	2535	灌溉，土壤改良，栽桑养蚕，干鲜果树，畜牧，种草，种子加工，农业支持	1991～1996年
8	吉林白城低洼地开发	2763	渔业，水稻，芦苇，畜牧，小农具，化肥，大棚蔬菜，妇女非农商业	1992～1997年
9	云南思茅农业开发	2579	道路，灌溉，土地改良，杂交种生产耐久作物，畜牧，培训，妇女活动	1994～1999年
10	青海海南州农业开发	2000	草地改良，畜牧发展，作物生产，推广，培训，加工	1995～2000年
	“八五”时期小计	9877		
11	江西赣州农业综合开发项目	2381	中低产田地改造，粮食生产，果树，畜牧，农产品加工，培训，妇女活动	1996～2001年
12	四川川东北和青海海东农业综合开发	2786	中低产田地改造，灌溉，粮食生产，果树，畜牧业，道路，农产品加工，培训，妇女特别信贷	1997～2002年
13	安徽皖西南农业综合开发	2653	中低产田地改造，灌溉，粮食生产，经济林果，畜牧业，机构支持培训，妇女特别信贷	1997～2003年
14	贵州/湖南武陵山区少数民族农业综合开发项目	2805	中低产田地改造，灌溉，粮食生产，经济林果，畜牧业，机构支持培训，妇女特别信贷	1999～2005年

续表3

序号	项目名称	贷款金额	项 目 内 容	执行期限
15	陕西/湖北秦岭山区农业综合开发项目	2800	农村基础设施建设、粮食和经济作物生产、畜牧业、渔业和林业生产	2000～2005年
	“九五”时期小计	13425		
16	桂西农村综合开发项目	3040	人力资源开发、土地开发和灌溉、基本建设等	2001～2006年
17	山西/宁夏农村综合开发项目	2896	农业基础设施建设服务和新技术示范推广、生态环境改善、农村金融服务、农村社会综合发展、能力建设和项目管理6类11个方面	2003～2008年
18	农村金融部门项目	1470	扶持农村金融发展	2004～2009年
19	甘肃南部农业发展	2930	农业综合开发，减少贫困	2005～2010年
	“十五”时期小计	10336		
	合计	47523	158个县以上，受益农户291万户	

4.外国政府贷款

外国政府农业贷款项目148个，平均贷款规模638万美元，农业贷款总额占同期外国政府对中国总贷款规模的1.67%。外国政府农业贷款多属卖方信贷，项目贷款集中在农业综合开发领域，资金主要用于农业机械、工程机械、灌溉设施、收获机械和农产品保鲜储藏加工等设备的采购，具有贷款额小、执行期短、手续简便的特点。

（二）农业利用国外贷款进程

25年来，农业利用国外贷款大体可划分为三个阶段（见图2）：“六五”时期（1981～1985年）为起步阶段，“七五”、“八五”时期（1986～1995年）为快速稳步发展阶段，“九五”、“十五”时期（1996～2005年）为调整回落阶段。

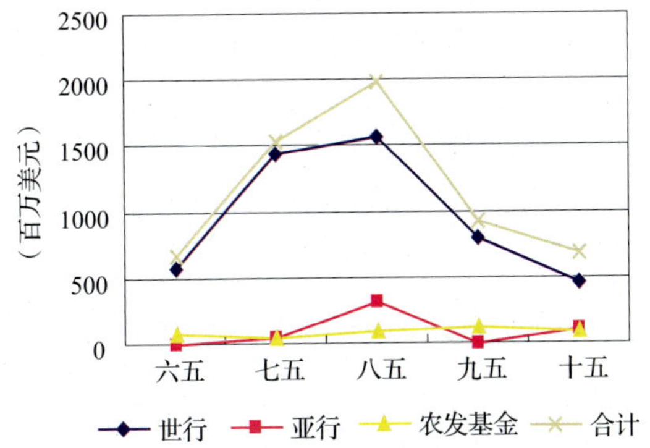

图2 农业利用国外贷款的三种类别在各时期贷款额变化趋势

1．起步阶段

我国农业较大规模地借用国外贷款始于1982年。继1980年恢复在联合国粮农组织合法席位后，我国相继参加了国际农业发展基金会、世界粮食理事会、世界粮食计划署等联合国系统的农业机构，恢复了在世界银行的合法席位，并与加拿大、澳大利亚等发达国家建立了合作关系，为农业借用国外贷款创造了条件。在此期间，农业利用国外贷款总额6.97亿美元，标志着中国农业真正意义上较大规模借用国外贷款的开始。

2．快速稳步发展阶段

这一时期，我国农业借用国外贷款额快速增长，“七五”、“八五”时期贷款总额分别达到16.37亿美元和20.49亿美元，分别比“六五”增长了135%和194%。这一时期正值我国主要农产品供给由长期短缺向总量基本平衡、丰年有余的过渡，受市场需求的拉动，农业和农村经济呈现快速发展态势，农业建设资金需求急剧增长。期间，我国成为亚洲开发银行的成员国，外国政府贷款国别增加，农业借用国外贷款的渠道增多、规模扩大、优惠性增强。据统计，此期间世行对中国农业项目提供的软贷款达25.23亿美元，约占同期世行农业贷款总额的84%。

3．调整回落阶段

“九五”、“十五”贷款额分别为12.86亿美元和10.92亿美元，呈调整回落态势（见表4、表5）。其原因，一是此期间我国农业进入了发展新阶段，随着国家区域发展战略和产业政策的调整，农业借用国外贷款更加注重先进技术和管理理念的引进、消化与更新，农业利用国外贷款工作重点开始从数量规模型向质量效益型和公共财政型转变，外商直接投资成为利用外资的重要渠道。二是随着我国人均国内生产总值的提高，世行提供的软贷款在“九五”期间逐年减少，并在1999年7月1日财年停止对我国提供软贷款。与此同时，我国将世行贷款总额由每年30亿美元调减到15亿美元左右，农业项目在国外贷款中的份额相应减少。三是此期间亚行贷款大多投向公路、铁路、运输、能源等基础设施建设项目，相应缩减了农业贷款规模。

表4 农业利用国外贷款四种类别各时期的贷款额统计

单位：百万美元

时期	世行	亚行	农发基金	外国政府贷款	合计
六五	583.19	0	85	28.85	697.04
七五	1437.2	50	53.85	95.45	1636.5
八五	1568	323	98.77	57.71	2047.48
九五	798.65	0	134.25	353.48	1286.38
十五	466.27	113.12	103.36	409.3	1092.05
总计	4853.31	486.12	475.23	944.79	6759.45

表5 农业利用国外贷款四种类别各时期的贷款额比例统计

单位：百分比

时期	世行	亚行	农发基金	外国政府贷款	合计
六五	12.02	0.00	17.89	3.05	10.31
七五	29.62	11.47	11.34	10.11	24.21
八五	32.31	62.6	20.79	6.11	30.29
九五	16.46	0	28.24	37.41	19.03
十五	9.59	25.93	21.74	43.32	16.16
总计	100.00	100	100	100.00	100.00

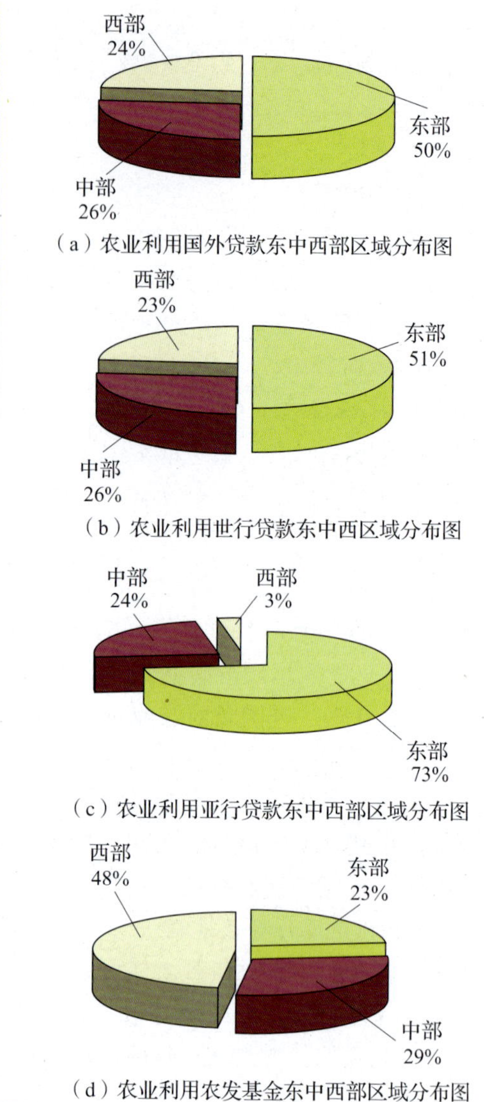

图3 农业利用国外贷款区域分布图

（三）农业借用国外贷款区域分布

从农业利用国外贷款地区投向看，25年来，东部、中部和西部地区利用世行、亚行和农发基金三种国外贷款总额的比例分别为50%、26%和24%。其中，世行贷款的资金比例分别为51%、26%和23%，亚行贷款的资金比例分别为73%、24%和3%，农发基金的资金比例分布为23%、29%和48%（详见图3（a）和3个国外贷款的区域分布图（b)、(c)、(d)）。

（四）农业借用国外贷款占同期农业基本建设投资比重

25年来，农业借用国外贷款总额67.59亿美元，约合399.57亿元人民币，占同期农业（不含林业和水利）基本建设投资总额2018.06亿元的19.80%。其中，“六五”期间农业利用国外贷款为同期农业基本建设投资的33.37%，“七五”为102.11%，“八五”为85.55%，“九五”为19.90%，“十五”为7.5%。应当说，农业借用国外贷款在一定程度上弥补了国内农业建设资金的不足，为推动我国农产品供给由长期短缺向供求总量基本平衡的历史性转变做出了积极贡献（见表6）。

表6 借用国外贷款占同期农业基本建设投资比重

单位：亿元人民币

时期	农业基本建设投资	国外贷款	国外贷款所占比重（%）
六五	62.65	20.91	33.37
七五	59.28	60.53	102.11
八五	136.41	116.71	85.55
九五	562.28	111.88	19.90
十五	1197.44	89.54	7.50
总计	2018.06	399.57	19.80

二、农业部组织借用国外贷款回顾

25年来，农业部组织借用国外贷款工作取得了显著成效。1981至2005年底，农业部已组织利用国外贷款总额达21.95亿美元，并通过项目实施，有效地促进了粮食增产、农业增效、农民增收。

（一）基本情况

1. 贷款类别和资金规模

25年中，农业部组织借用世行贷款项目20个，贷款额14.09亿美元，占农业部组织利用国外贷款总额的64%；亚行贷款项目2个，贷款额0.88亿美元，占贷款总额的4%；农发基金项目17个，贷款额4.31亿美元，占贷款总额的20%；外国政府贷款项目14个，贷款额2.67亿美元，占贷款总额的12%。

2. 贷款行业分布

种植业利用国外贷款9.47亿美元，占42%；农垦6.13亿美元，占28%；畜牧2.36亿美元，占11%；渔业1.72亿美元，占8%；科研教育1.69亿美元，占8%；农村能源3311.9万美元，占2%；农机2500万美元，占1%（见图4）。

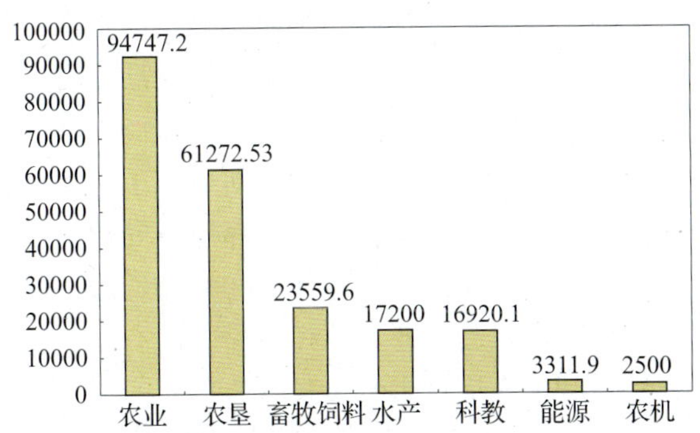

图4 农业部组织借用国外贷款各行业使用国外贷款额

3.贷款地区分布

东部地区贷款11.27亿美元，占51%，其中，贷款额排前五位的是黑龙江、福建、广东、山东、海南五省，分别是3.46亿美元、1.28亿美元、1.17亿美元、8761.7万美元、8697.5万美元；中部地区5.05亿美元，占23%，其中，贷款额排前六位的是江西、湖北、山西、安徽、河南和湖南省，其中江西省最高，达1.18亿美元，但各省的贷款额均在6700万美元以上；西部地区5.63亿美元，占26%。按中西部合计，贷款规模10.68亿美元，占49%，其中，贷款额排前三位的是新疆维吾尔自治区、四川省、广西壮族自治区，分别是1.36亿美元、9815万美元和8673万美元。按最低额排序后三位的是宁夏、贵州、青海，分别是2055.5万美元、2066.2万美元和2522万美元。可见，东部与中西部贷款总规模基本相同（见图5）。

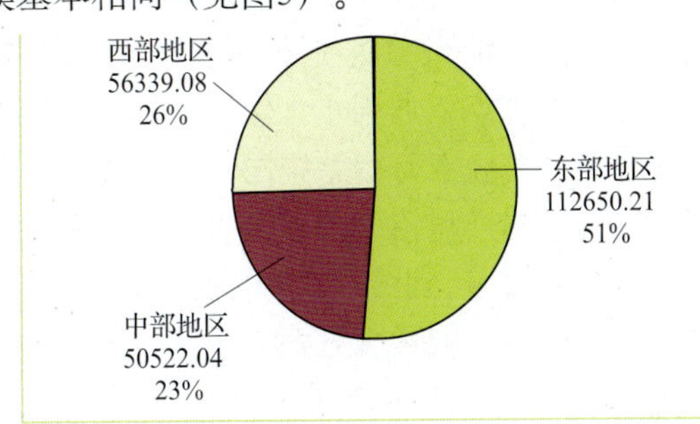

图5 农业部组织利用国外贷款按东中西部统计图（单位：万美元）

25年来，在农业部组织借用国外贷款中，2/3以上用于扶持地方省区的农业综合发展，其余重点支持中央农业直属高校、科研单位和四大垦区建设。其中，部属单位和直属直供垦区利用贷款7.08亿美元，占32.3%；地方农业系统利用贷款14.87亿美元，占67.7%。

（二）主要特点

1.建设内容以农牧渔业综合开发为重点

农业部组织借用国外贷款项目多数属农业生产性项目，主要建设内容为农牧渔业综合开发。据统计，种植业、农垦、畜牧、渔业、能源、农机借用国外贷款合计为20.26亿美元，占农业部利用国外贷款总额的92.3%，主要用于黑龙江、新疆、内蒙古、华北平原、华中华东红壤地区、长江中上游和大部分中西部地区农牧业的综合开发，以及北京、上海、哈尔滨、重庆等八大城市和沿海重点省区的渔业综合开发。这些项目十分注重引进国外先进农业技术，改善农业生产基础设施，提高农业综合生产能力，推动现代农业条件建设。

2.项目产品以扶持优势农产品、促进产业带发展为重点

在利用国外贷款中，农业部坚持把优势农产品生产作为建设重点，不断加大对优势农产品区域的扶持力度。25年来，主要支持了10个粮食主产省（黑龙江、辽宁、河北、河南、山东、江苏、安徽、湖北、湖南、四川等）、新疆棉花、长江中上游柑橘、中原肉牛、沿海水产渔业、南方糖业和华南橡胶等产区的优势农产品生产。通过一批国外贷款项目

的实施，促进了我国小麦带、大豆带、柑橘带、棉花带、肉牛带、橡胶带等优势农产品产业带的形成。

3.以组织打捆项目为依托，促进区域农业发展

25年来，农业部组织打捆项目24个，贷款额达14.63亿美元，占贷款项目总额的66.6%。如世行贷款中国红壤一期和二期项目以华中华东红壤地区小流域治理为重点，加强水土保持，促进该地区农业生态环境改善。亚行贷款中国农村能源生态建设以中部地区农村户用沼气建设为重点，兼顾生产发展与生活条件改善。世行贷款中国沿海资源可持续发展项目以转变渔业增长方式为重点，进一步加强了海岸带资源的利用和管理。上述项目通过组织不同地区共同开发具有相同自然资源条件的农产品，共享成功发展经验，共同推动农业制度创新，有效地促进了区域农业发展。

（三）主要成效

1.弥补了国内农业资金的投入不足

改革开放初期，我国国内建设资金严重不足，农业投入更为短缺。在这种情况下，多渠道争取和利用世行、亚行等国外金融组织的贷款援助，拓宽农业投入的资金渠道，改善政府支农资金的结构，带动中央、地方和农户自筹配套资金对农业的投入。25年来，农业部组织借用国外贷款总额21.95亿美元，先后争取了世界粮食计划署、欧盟（欧共体）、全球环境基金等国际机构无偿援助和赠款13亿美元，实际利用国外资金总额达34.95亿美元。按25年美元与人民币1：6的平均汇率估算，国外贷款和无偿援助资金总额相当于209.7亿元人民币，约占同期农业部掌握的农业基本建设投资的1/3左右，在一定程度上弥补了我国农业投入的不足。

2.增加了农产品有效供给

国外贷款项目的实施，改善了农业基础设施，提高了农牧渔业综合生产能力，为我国主要农产品实现由长期短缺向供求总量基本平衡的历史性转变，作出了积极贡献。20世纪80年代中后期，世行贷款中国淡水养鱼项目在北京、上海、重庆、沈阳等八大城市实施三年以来，累计产成鱼和鱼种17.6万吨，为市场提供食品鱼15万吨，按八大城市当时城区人口计算，人均可购买食品鱼3.5公斤，极大地缓解了市民吃鱼难的问题。黑龙江农垦总局利用国外贷款重点引进大马力高效农机具、大型烘干设备和农用飞机等现代农业装备，完成开荒330万亩和改造中低产田1000万亩，新增水稻种植面积1070万亩（占垦区总耕地面积的三分之一），为实现黑龙江垦区2005年粮豆总产200亿斤目标起到了重要的促进作用。世行贷款华北平原农业发展项目在山东、河南、安徽三省九县改造中低产盐碱地300万亩，到1989年底，项目区粮食和棉花总产量分别达17.2亿斤和8700万斤，比项目实施前增加1.2倍和85%。世行贷款种子项目竣工后每年增产粮食10亿斤，皮棉3000万斤，节省种子1.5亿斤，增加产值7.6亿元。

3.推进了农业体制改革和管理制度创新

25年来，通过农业利用国外贷款项目，在加强农业科技推广体系、推广农村小额信贷等多方面进行了有益的尝试。世行贷款中国农业支持服务体系建设项目，推动了原部属种子、植保、土肥、推广等四个总站合并成为全国农技推广中心，精简了机构，整合了力量，加强了农业技术推广体系和能力的建设。世行贷款种子商业化项目的实施，推动了我国国有种子企业的改革，加快了中国种子行业政企分开和种子行业的商业化进程，同时促进了《植物新品种保护条例》和《种子法》的颁布与实施，推动了我国正式加入《国际植物新品种保护公约》。世行贷款中国沿海资源可持续发展项目，通过引进海岸带管理的国际经验和通用惯例，建立了海岸带管理机构和监测系统，从而加强了对海洋环境、渔业资源、水产病害、水产品质量安全的监测和检测，有效地保护了海洋环境和渔业资源，促进了沿海地区渔业资源的可持续利用。

4.引进了先进技术和设备

25年来，通过农业利用国外贷款项目，引进了大量国外优良品种、技术和设备，提高了项目的投入产出效益，从整体上缩小了我国与世界先进农业的差距。黑龙江垦区利用世行贷款和外国政府贷款，引进大马力旱作农机具和水田机具，提高了全垦区的农业机械化水平。世行贷款淡水养鱼项目和世行贷款黑龙江农垦项目共同引进了低比压（0.34公斤/平方厘米）的反铲挖掘机和推土机，解决了长期困扰我国农业低洼地开发的技术性难题。同时也促进了佳木斯联合收割机厂、洛阳拖拉机厂和徐工集团等一批农业和工程机械制造企业分别引进美国约翰迪尔、意大利菲亚特和美国卡特彼勒公司的大型联合收割机、大马力拖拉机、推土机和反铲挖

掘机的技术，从而加快了我国农业和工程机械制造企业产品升级换代的步伐。世行贷款中国种子项目首次引进了棉种稀硫酸脱绒加工技术、种子拌药技术和种子清选、分级、包衣、包装技术以及马铃薯脱毒育种技术，增强了我国种子加工能力，为我国国内实施“种子工程”项目起到了积极的推动作用。世行贷款中国橡胶发展项目引进了橡胶木材防腐烘干技术和刨花板、中密度板加工设备，填补了国内空白，为我国推广橡胶木加工起到了示范作用。1983年至1992年实施的三个世行贷款教育科研项目，引进了大量的先进仪器设备，有效地改善了我国23所高等农业院校、6个培训中心的教学条件和7个重点农业科研单位的科研手段，使我国教育科研装备达到了20世纪80年代后期的国际先进水平，对提高我国农业教学、科研和推广水平产生了深远影响。

5.提升了农业产业化水平

农业利用国外贷款项目的实施，不断加强了现代化农业基地建设，有效地扶植和发展了一批农产品加工和流通企业，提高了农业产业化经营水平。湖南省种子公司通过世行贷款中国种子项目和世行贷款中国种子商业化项目，引进先进生产设备和企业管理方式，企业规模迅速扩大。公司于1996年7月在深圳交易所交易上市（亚华种业），成为全国种子行业最先上市的公司。江苏农垦通过世行贷款中国种子项目和世行贷款中国种子商业化项目的执行，努力培育江苏大华种业集团的发展。2004年江苏大华种业实现销售收入2.42亿元人民币，稻麦种子的供应量已占江苏全省的1/3。通过世行贷款中国种子项目和种子商业化项目的执行，推动了湖南亚华种业、江苏大华种业两家公司上市，培育了江苏大华种业公司、成都市种子总公司、新疆塔里木河种业公司、广西壮族自治区种子公司、河南黄泛区地神种业公司、山西天元种业公司和江西省种子公司等一批中国种子50强企业。

6.促进了农民增收

25年来，通过实施农业借用国外贷款项目，在一定程度上改善了项目区农民的生产生活条件，扩大农民就业机会，促进了项目农户的脱贫致富。青海省海南州农业开发、广西桂西农村综合开发等17个农发基金贷款项目覆盖了我国20个省（自治区、直辖市）的170个贫困县（市），1300万贫困农民直接受益。世行贷款中国小规模肉牛发展项目，通过扶持76个县13.41万户低收入家庭发展肉牛养殖，项目受益农户养牛年纯收入从1511.9元增加到4000.2元，增幅达164.6%，项目区共有36万人摆脱了贫困。世行贷款新疆农业发展项目的实施，改变了新疆哈密、昭苏两地项目区的少数民族的游牧生活方式，在生产方式上结束了只产春羊羔的历史，并提供了5100个就业机会，使牧民年均纯收入比项目实施前增加了一倍多。

7．促进了农业人才培养和外资项目管理队伍建设

世行贷款农业教育科研项目、世行贷款农业教育二期项目和世行贷款农业科研二期项目，先后选派了2000多名留学生和进修生赴发达国家深造，为我国农业管理、教学、科研和技术推广服务培养了一批优秀的顶尖人才，涌现出一批中高级管理干部、著名青年科学家和重要学科带头人，为提升我国农业教育、科研、推广和管理水平起到了促进作用。25年来，通过农业利用国外贷款项目，先后开展各类短期国外培训考察4000多人次，聘请来华讲学授课国外专家1000多人次，在国内培训项目管理和执行人员上万人次，培养了一大批懂技术、会管理、善经营的外向型农业专业人才和项目管理人才。经过多年与国外贷款机构的合作，农业部和20多个省（区、市）均成立了农业外资项目管理机构，建立了一支从事农业外资项目管理的专业队伍。

三、借用国外贷款的主要经验及问题

25年来，按照“以我为主、为我服务”的方针，坚持以农业发展战略为指导，以政府农业投资为引导，注重加强和国外贷款机构的交流与合作，注重发挥地方部门和项目单位的积极性与创造性，农业借用国外贷款工作创立了许多新模式、新机制，积累了丰富经验。世界银行把中国的农业项目列为最成功的农业项目之一。但是，农业借用国外贷款也存在一些不容忽视的问题，需要今后加以认真研究与改进。

（一）主要经验

1．项目选择必须注重与国家农业发展战略相结合

25年来，在组织贷款项目工作中，我们坚持以国家农业中长期发展战略为引领，围绕重点领域谋划大工程、设计大项目，积极为解决农业发展中的瓶颈问题提供经验和案例。上世纪80年代，针对我国农产品长期短缺的国情，优先安排国外贷款用

于发展商品粮、商品棉、商品胶等重要农产品基地建设，在一定程度上缓解了农产品供应紧张。90年代，重点安排了世行贷款发展水果、肉牛、饲料、农产品加工等一批重点项目，有利地配合了我国农业结构的战略性调整，为促进农业增效、农民增收起到了积极作用。进入21世纪，为适应新时期、新阶段农业和农村经济发展的需要，重点安排了世行贷款沿海资源可持续发展和农村能源沼气发展项目等项目，加强了农业生态环境建设，推动了农业增长方式转变。

2．项目建设必须注重与推广成功模式相结合

高度重视项目前期考察，充分论证从国外首次引进的技术、设备、工艺方案的可行性，推广应用已经试点示范的国内外成功模式，是做好农业外资贷款项目工作，确保项目效益正常发挥的有效途径。世行贷款黑龙江农垦项目全面总结和运用友谊农场五分场二队和洪河农场引进大马力配套农机具和烘干技术的试点经验和模式，从2.5万亩规模起步，发展到30万亩，再辐射到300万亩，致使黑龙江农垦开荒300万亩的商品粮基地项目获得大范围的成功。亚行贷款中国农村能源生态建设项目推广应用国内已经成功示范的“三位一体”（猪—沼—果、猪—沼—菜、猪—沼—林）模式，提高了项目经济效益，得到了项目区广大农民群众的普遍欢迎。

3．项目管理必须注重与制度创新相结合

利用国外贷款项目引进先进管理制度与管理经验，推动农业管理体制机制创新，是农业利用外资的主要目的，也是提升农业建设项目管理水平的重要举措。实行招标采购制度，减少了项目费用10%～20%；规范财务报账防止了贷款资金挪用等违规现象的发生；通过分期付款和履约保证金等制度，确保了买方的经济利益；采用农户联保，实行小额信贷制度，使农民直接受益，减少还款风险。上述管理制度实施和推广，对国内农业基本建设项目管理法规、制度的建立和完善也起到了积极的促进作用。

4．项目组织必须注重与提高农民组织化程度相结合

利用农业专业合作组织将分散农户组织起来，通过基地带农户的方式，切实加强高产、高效、优质农业基地建设，提高农作物的产量、质量和集约化水平，并将基地与农产品加工龙头企业有机结合，实现农业产业化经营，是农业借用国外贷款项目成功的重要模式之一。

5．项目实施必须注重与加强管理机构和能力建设相结合

农业外资项目是一项复杂的系统工程，内容多、周期长、涉及面广，加强国外贷款项目管理机构和能力建设，是项目顺利实施和提高管理水平的必要措施。中央、省、市、县均成立项目领导小组和项目办公室，项目乡镇和村成立项目执行小组，对项目工作实行统一领导，统一规划，统一实施，统一管理。这种上下联动、层层落实的管理机制，在农业借用国外贷款项目实施中发挥了有效的保障作用。通过贷款项目的实施，农业部及各级农业外经项目工作体系不断完善，国外贷款项目的管理水平不断提高。

（二）主要问题

1．国内配套资金落实不足

贷款项目立项时，一般省级财政配套资金均能落实。但地市级财政承诺的配套资金一般只能落实30%～50%。而县级财政因财力有限，承诺的配套资金很难落实。配套资金缺口，对农业借用国外贷款项目的按时顺利实施带来较大影响。

2．对国外贷款的风险估计不足

在我国经济体制由计划经济向市场经济的转变时期，人民币与美元的汇率几次调整，在此期间的国外贷款的利率和汇率也发生了很大变化。由于对国外贷款的风险估计不足，造成了一些项目还贷困难。同时，国内通过层层转贷，使项目贷款期限缩短，转贷利率提高，进一步增加了还贷负担。

3.贷款项目管理有待加强

一是贷款项目前期准备时间较长，手续较繁琐，增加了项目管理成本；二是部分项目执行期监督和监测力度不够，影响了项目资金效益的发挥；三是部分项目还款期间管理薄弱，削弱了项目的可持续性。

4.部分农业项目设计与国际金融组织的贷款目标不协调

国际金融组织贷款对公共部门的贷款目标主要是公共利益。农业部贷款项目大多用于公共利益型项目，但也有部分属于竞争性行业的农产品加工项目。在对公共部门贷款项目类别中，国外贷款机构不能对民营农产品加工企业提供流动资金和资本金贷款，项目资金只能用于项目设备购置和人员培训，致使国内部分中小型农产品加工项目未能达到预期目标。

我国林业借用国外贷款25年回顾与总结

一、我国林业借用国外贷款情况综述

（一）我国林业借用国外贷款的总体情况

1．我国林业借用国外贷款基本情况

林业是基础性产业，也是社会公益性事业，林业的快速发展，为我国全面建设小康社会奠定了良好的生态基础和丰富的物质基础。改革开放二十多年来，我国林业借用国外贷款经历了从无到有、从小到大、从局部到整体、从个别领域到全面利用的发展过程。我国林业借用国外贷款始于20世纪80年代，在有关部门的支持下，我国林业部门努力拓宽渠道，积极开展双边和多边经济合作。我国林业借用国外贷款不论从贷款来源、贷款规模，还是贷款使用成效上均取得了可喜成绩。截至2005年，已借用世界银行、亚洲开发银行、日本政府、德国政府等国际金融组织和外国政府贷款20.64亿美元（见表1）。

表1　中国林业借用国外贷款情况统计表（1980～2005年）

单位：亿美元

来源	总额	世界银行	日本政府	其他渠道
金额	20.64	9.34	5.52	5.78

数据来源：林业统计年鉴中国林业发展报告。

2.我国林业借用国外贷款的特点

（1）从国外贷款的渠道来看，我国林业借用国外贷款的主要资金渠道是官方资本，即一些非盈利性和优惠性的贷款，主要是双边和多边优惠性贷款。对于双边政府优惠性贷款，我国主要借用日本、德国、科威特、芬兰等国家政府提供的贷款。多边优惠性贷款主要是借用世界银行贷款。世行贷款是一种促进基础产业和公益性产业发展的优惠贷款，具有贷款期限长、规模大、来源稳定的特点，与林业经营周期长、投入大、资金回收慢等特点相适应，因此，一直成为我国林业借用外资的一个主要渠道。

（2）从国外贷款的投向看，我国林业借用国外贷款主要投向营造林，而在生态建设中占重要地位的野生动植物保护、森林经营、荒漠化防治等领域借用国外贷款比重较低。以世行贷款为例，我国6个世行贷款林业项目主要集中于营造林，共完成造林面积为315.04万公顷，其他涉及天然林资源保护、野生动植物自然保护区等领域投资基本以配套赠款为主。

（3）从国外贷款的规模来看，我国林业借用国外贷款的规模不断增加。“九五”期间，林业借用国外贷款总额仅为3.48亿美元。“十五”期间，林业借用国外贷款（含捆绑赠款）总额为9.05亿美元，是“九五”林业借用国外贷款总额的2.6倍，林业借用国外贷款规模的不断增加，极大地促进了林业的发展。

（4）从国外贷款的种类来看，我国林业借用国外贷款的种类趋于多样化。“十五”期间，林业在继续巩固借用传统国外贷款——世行贷款基础上，在借用外国政府贷款上取得了较大突破，其中日本政府日元贷款已发展成为我国林业生态建设的主要外资渠道。今后我国林业将逐步加大国外贷款的比重，充分利用国外优惠资金来发展我国的林业产业。

（二）国外贷款在促进我国林业建设中的地位和作用

借用国外贷款开展林业建设是林业利用外资的主要内容之一。截至2005年，我国林业利用外资总额38.57亿美元，其中我国林业借用国外优惠性贷款20.64亿美元，占全国林业利用外资总额的53.51%。由此可见，我国林业借用国外优惠性贷款是林业利用外资的主导方式，它在促进我国林业建设中发挥着非常重要的作用。借用国外贷款不仅可以能够弥补林业资金缺口，为林业开辟新的筹资渠道；而且能够引进先进的技术和管理经验，实现林业管理模式和生产方式的创新和突破；还可以扩大森林资源总量，促进林业生态建设与经济、社会可持续发展。因此，我们应该充分挖掘国外贷款的潜力，尽量使所借国外贷款对我国经济运行和发展产生最大的效果。

二、我国林业国外贷款项目构成及实施情况

（一）世界银行贷款林业项目

1.基本情况

我国林业部门借用世行贷款始于1985年。截至2005年，借用世行贷款签约额为9.34亿美元，先后实施了“林业发展项目（FDP）”，“大兴安岭森林火灾恢复项目（DFFRP）”，“国家造林项目（NAP）”，“森林资源发展和保护项目（FRDPP）”，“贫困地区林业发展项目（FDPA）”和“林业持续发展项目（SFDP）”等6个林业项目。其中除“林业持续发展项目”正在实施外，其他项目均已竣工（见表2）。

表2 世界银行贷款项目统计表（1984～2005年）

单位：万公顷、亿美元

项目名称	FDP	DFFRP	NAP	FRDPP	PDPA	SFDP
现状	竣工	竣工	竣工	竣工	竣工	在建
参加省（区市）个数	8	1	16	17	12	11
完成造林面积	11.84	72.2	138.5	103.1	66.45	10.41
规划造林面积	11.84	72.2	98.0	90	54.5	30
总投资	1.20	1.30	5.57	3.34	3.64	2
其中世行贷款	0.56	0.56	3.28	2.00	2.00	0.94

资料来源：国家林业局世行中心。

注：a.DFFRP为火烧迹地更新面积。

b.FRDPP不包括自然保护区管理项目的投资。

c.FDPA、SFDP的投资为计划投资。

d.世行软贷以特别提款权（SDR）记账，美元数为折算后的金额。

2.发展历程

（1）20世纪80至90年代。这一时期，借用世行贷款在我国8个省区实施了林业发展项目，项目的内容主要是建设商品林基地以及加强林业科技推广中心。这些项目已经顺利完成，并且取得了很好的成效。

（2）20世纪90年代至20世纪末。这一时期，进一步加强了与世界银行的合作，很多省市相继借用世行贷款，而且贷款的金额逐渐增大，项目建设又增加了新的内容，从建设商品林扩大到营造生态公益林。

（3）21世纪初期至今。这一时期，我国主要是完成上个世纪借用世行贷款的林业项目，这些项目均取得了良好的效果。此外，国家林业局正在积极组织申请世行贷款，进一步来发展我国的林业产业。

3.规模结构

（1）规模。从1985～2008年，林业借用世行贷款共实施了6个项目，贷款金额共计9.34亿美元（见图1）。

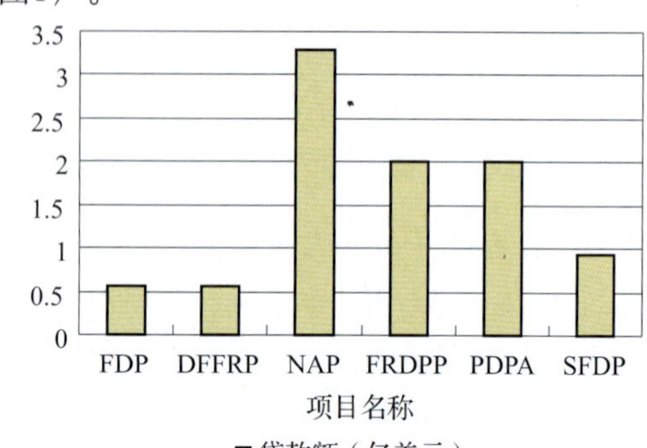

图1 世行贷款项目图（1985～2008年）

资料来源：国家林业局。

注：FDP—林业发展项目 DFFRP—大兴安岭森林火灾恢复项目 NAP—国家造林项目 FRDPP—森林资源发展和保护项目 PDPA—贫困地区林业发展项目 SFDP—林业持续发展项目

进入21世纪，随着我国经济的迅猛发展，世行贷款作为我国林业借用国外优惠贷款的主要形式之一，在优惠性贷款数量上呈现下降的趋势，优惠性贷款占贷款总额的比重从上世纪80年代的40%下降到1997年的12%。而且自1999年7月1日起世界银行将不再向中国提供软贷款，这对我国林业今后借用世界银行贷款数量会产生一定的影响。

（2）结构。借用世行贷款的林业项目主要投向是营造人工林和生态公益林，6个项目规划造林面积为338.54万公顷，共完成营造林面积为315.04万公顷（见图2）。世行贷款还投资与天然林资源保护、野生动植物自然保护区等领域。

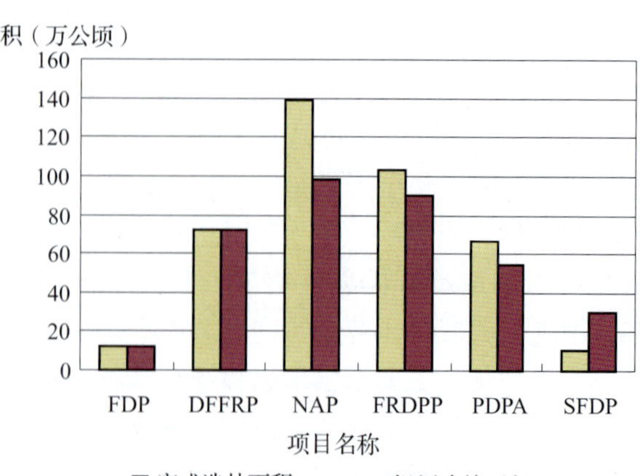

图2 世行贷款营造林面积图（1985～2005年）

资料来源：国家林业局统计资料。

4．执行回顾

（1）林业发展项目（1985～1991年）。它是世行支持中国的第一个林业项目，计划信贷额度为5000万美元，实际贷款金额为5568万美元，该项目于1985年6月得到通过，并于1991年12月结束。项目分为A、B两部分，A部分约为4000万美元，用于黑龙江、四川、广东三省的92个国营林场购置生产设备、修筑运材道路和营造人工林。B部分用于广东、四川、山西等14个省、区林业科技方面，主要是购置仪器设备和进行人员培训。该项目由原林业部统贷统还，1992年进入了还款期。根据世行业务评估局的审计结果可以看出，项目完成所有实质性目标，其中项目的经济回收率38%，财务回收率为20%。

（2）大兴安岭森林火灾恢复项目（1988～1994年）。计划信贷额度5000万美元，实际贷款金额为5620万美元，由财政部统借统还。主要用于大兴安岭森林火灾后的火烧木抢救、购置防火扑火设备和火烧迹地更新造林。

（3）国家造林项目（1990～1997年）。计划信贷3亿美元，实际借用世界银行信贷3.28亿美元，该项目由林业部统贷统还。目的是加速实现1980年到20世纪末建设1亿亩速生丰产林的奋斗目标。项目计划造林98.5万公顷，实际完成138.5万公顷，于1988年通过世行竣工验收，现已进入还贷期。项目分布河北、辽宁、浙江、安徽、福建、江西、山东、河南、湖北、湖南、广东、广西、海南、四川、贵州、云南等16个省、区的306个县，涉及县、市的13000个国有和集体林场。项目计划总投资5亿美元（1990年合27.14亿元人民币），实际完成总投资5.57亿美元（合37.63亿元人民币）。

（4）森林资源发展和保护项目（1995～2001年）。计划信贷额2亿美元，有17个省、市、区318个县参加。该项目贷款由财政部直接向下转贷，计划造林90万公顷，其中丰产林62万公顷，多功能防护林28万公顷，该项目2002年已经结束，通过了世行的竣工验收。与该项目捆在一起的还有一个利用全球环境基金资助的生物多样性保护项目，既“自然保护区管理项目”，赠款1790万美元，主要为加强西双版纳、神农架、秦岭、武夷山和鄱阳湖五个具有国际意义的自然保护区的建设，同时为了增强我国林业主管部门对整个自然保护区管理机构的能力。

世界银行林业项目，借用世界银行贷款。图为湖北省杨树速丰林

世界银行林业项目，借用世界银行贷款。图为重庆造林子项目

（5）贫困地区林业发展项目（1998～2005年）。计划总投资3.64亿美元，其中世行贷款资金2亿美元，主要目标是通过在中国中西部贫困地区十二个省区183个县发展林业，支持扶贫和改善环境。项目除营造用材林、经济林54.5万公顷外，还包括技术支持服务和乡镇企业开发的内容。世界银行已于1998年6月21日批准，项目于1998年12月16日开始实施。

（6）林业持续发展项目（1999至今）。该项目是中国政府在1998年南方巨大洪灾之后，决定禁伐天然林和林业分类经营、生态环境保护急需加强的背景下提出的。在2003年开始实施，预计到2008年项目结束。具体内容包括天然林保护和管理、人工林营造和保护区管理三个部分，分别由欧盟、世界银行和全球环境基金资助。造林部分由河北、山西、辽宁、安徽、山东、河南、湖北、湖南、海南、四川、甘肃11省107个县参加。

（二）日本政府日元贷款林业项目

1.基本情况

从2000年起，我国已实施了9个日本政府日元贷款林业项目，主要用于生态公益林和经济林、用材林建设，贷款总额约5.52亿美元（见表3）。

表3　已建和在建日本政府贷款项目统计表（2000～2008年）

项目名称	实施时间	贷款金额（万美元）	实施区域	建设内容	建设性质
山西植树造林项目	2001～2005年	3500	山西	营造以生态林为主的林地	完成
陕西植树造林项目	2001～2006年	3500	陕西	营造以生态林为主的林地	在建
内蒙古植树造林项目	2001～2005年	3000	内蒙古	营造以生态林为主的林地	完成
内蒙古重点风沙区综合治理项目	2003～2008年	12000	内蒙古	用于采取农业、林业、水利等综合措施改善生态环境	在建
甘肃重点风沙区综合治理项目	2003～2008年	10000	甘肃	用于采取农业、林业、水利等综合措施改善生态环境	在建
宁夏重点风沙区综合治理项目	2003～2008年	6000	宁夏	用于采取农业、林业、水利等综合措施改善生态环境	在建
江西长江中游造林工程	2003～2008年	6000	江西	营造生态公益林	在建
湖北植树造林工程	2003～2008年	6000	湖北	用于营造生态、用材、经济林相结合的多功能林	在建
四川长江上游地区生态环境综合治理项目	2004～2009年	5200	四川	开展营造水源涵养林和恢复林草复合型林业生态体系建设	在建
总计				5.52亿美元	

2.发展历程

20世纪90年代以来，日元贷款支持中国环境项目的数量和金额都有所提高。第四期（1996～2000年）日元贷款支持的项目中，环境项目的数量和金额分别占日元贷款对华支持项目和金额的46%和28%。山西、内蒙古和陕西三省区植树造林项目属第四期（1996～2000年）日元贷款环境项目，也是中国政府首次大规模借用日元贷款开展的植树造林项目。项目最初由陕西、山西和内蒙古三省区和国家林业局共同提出，后经中日双方专家评估，2001年3月由中国财政部和日本国际协力银行（JBIC）正式签署了贷款协议，项目于同年7月24日正式生效，建设期为5年（2001～2006年），贷款期限40年，宽限期10年，贷款年利率为0.75%，加上转贷费用，总利率为1.1%左右。2001年我国第一批日元贷款林业生态项目正式启动至今，日元贷款林业项目已在中国8个省份实施了9个项目，累计承诺贷款近6亿美元，计划造林面积123.7万公顷。目前，项目总体进展顺利，日元贷款项目的实施，很大程度上加快了中国林业发展，促进了中国林业建设，项目的实施模式、管理经验为中国其他造林项目提供了示范。日元贷款已成为中国林业大规模借用的最优惠国外贷款，极大地推动了两国林业合作。

3.规模结构

自2001年开始，我国借用日元贷款的造林项目正式实施。从资金规模上看，截至目前，共借用日元贷款5.52亿美元，每个项目的金额均达到3000万美元以上，其中内蒙古和甘肃的重点风沙区综合治理项目的投资额高达1.2亿美元（图3）。从项目的实施地区来看，主要集中为：黄河中下游流域黄土高原地区的水土保持，中西部地区沙漠化防治以及长江中上游流域的水土流失治理。

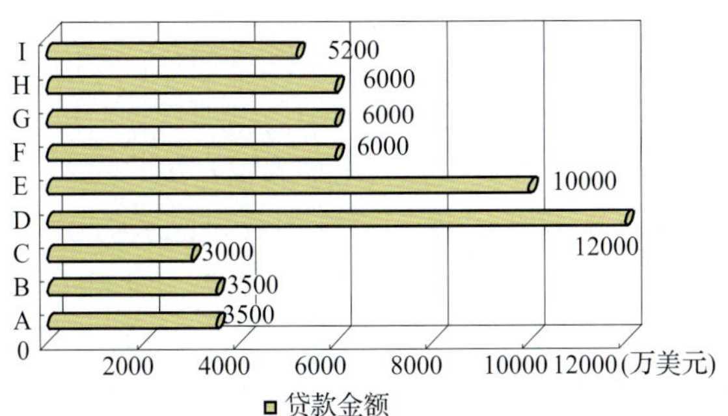

图3　已建和在建日本政府贷款项目金额示意图

资料来源：国家林业局。

图例说明

A　日元贷款山西植树造林项目
B　日元贷款陕西植树造林项目
C　日元贷款内蒙古植树造林项目
D　日元贷款内蒙古重点风沙区综合治理项目
E　日元贷款甘肃重点风沙区综合治理项目
F　日元贷款宁夏重点风沙区综合治理项目
G　日元贷款江西长江中游造林工程
H　日元贷款湖北植树造林项目
I　日元贷款四川长江上游地区生态环境综合治理项目

日元贷款项目的建设内容主要以营造生态林和速生丰产林为主。截至2005年底，完成和在建的日本政府贷款项目共有9个，其中有6个项目的建设内容是以营造生态林为主。这充分体现了我国林业发展重视生态环境保护，综合考虑林业发展的经济效益和生态效益。

4.执行回顾

（1）日元贷款山西省植树造林项目（2001～2005年）。

1）项目概况。山西省植树造林项目是山西省利用日元贷款建设造林项目，项目的实施时间为2002～2006年。项目的目标是通过在山西省黄土高原地区造林来增加森林覆盖率、防止水土流失、改善环境和增加农民收入。根据协议要求每半年向银行提交一次项目进度报告，直至项目竣工。

2）项目建设成效。

A．促进了山西林业建设的发展。日元贷款项目的实施对改善黄河中游特别是山西省境内七大一级黄河支流生态环境具有重大意义，减少水土流失和土壤沙化面积64307公顷，在改善生态环境方面做出了一定的贡献。

B．促进了林业管理水平的提高和科技兴林的进程。日元贷款项目利用参与式方法、菜单式营林的方式，充分尊重农户的意愿，提高了农户参与项目的积极性。日元贷款项目在技术方面，大大提高了造林成效。在营造林模式应用方面，根据立地条件应用不同的营造林模式，有效地提高了项目林地的增长速度。通过项目的实施，为农民提供了一个培训平台，平均每县每年举办林业项目培训班50余次，受培训人员达36000人次，有效的提高了当地农民的林业知识技能。

C.促进了林业的对外开放。山西省通过国外贷款项目的实施，在良种繁育、造林技术、管理措施、水土保持、木材加工等多方面与国外开展了广泛的交流与合作，全面引进了先进的林业管理理念、管理方式和科学技术，极大地带动提高了全省林业的经营管理水平。

D.促进了农村经济的发展和产业结构的调整。通过实施项目不仅给贫困地区林业和经济的发展注入了活力，而且实现了林业三大效益真正意义上的协调发展，农民靠经济林解决了近期的收入，靠用材林保证了长远利益，实现了当地经济结构的合理调整，加快了农村脱贫致富步伐。

3）贷款项目承贷和还贷情况。该项目截至2005年底，提取项目贷款27亿日元。项目于2011年开始偿还外债，还贷资金来源于各级政府财政收入、贷款农户的经济林收入等。偿还外债基本没有高峰时间，预计在2011～2041年之间，平均每年偿还1377.04万日元。

（2）日元贷款陕西植树造林项目（2001～2006年）。

1）项目概况。日元贷款陕西省黄土高原植树造林项目于2001年3月正式签订贷款协议。项目涉及陕西省黄河流域的6市34个县（市、区）。项目总投资额为4.3928亿元人民币（折合57.106亿日元），其中利用日元贷款42亿元（3.2308亿元人民币），国内配套1.162亿元人民币（折合15.106亿日元）。项目规划造林总面积10万公顷，其中人工造林7万公顷，封山育林2万公顷，飞播造林1万公顷。此外，改扩建苗圃34个，种苗基地建设10000平方米，林道建设90公里。项目建设时间从2002～2007年，项目宗旨是通过人工造林、封山育林、飞播造林等形式，扩大项目区森林资源总量、保护和发展现有林草植被、有效控制水土流失，改善生态环境，调整农村产业结构，提高项目区的综合生产能力，调动群众积极参与生态建设的积极性，改变以破坏环境为代价的传统农耕方式，增强对环境的保护意识。

2）项目建设成效。该项目确定人工造林45000公顷，设计任务45082.9公顷，2004年10月核实造林面积42532公顷，核实率为94.3%，其中，合格面积37858.7公顷，设计面积合格率84.0%（合格保存），核实保存面积合格率89.0%。根据陕西省林业厅日元项目管理中心的汇报，项目县于2005年和2006年春，对于未栽植面积和不合格小班，经过一年多造林和补植，现已全部完成造林任务，造林作业面积100%，还有近3万公顷的造林保存率达不到验收标准，正在进行补植，面积合格率达到了93.2%；改扩建苗圃34个，其中用日元贷款建设苗圃6个，用配套资金建设28个；修建林道90公里，建培训推广站、护林房12000平方米，并已投入使用。招标采购皮卡车34辆，其余物资的采购也已全部到位用于生产（保水剂102吨，生根粉11万克，防鼠药30吨，农膜654吨）。贷款资金报账到位31.5亿日元，占总贷款额的75%，向各实施单位报账支付29.9亿日元（约合人民币21740万元）。

（3）日元贷款内蒙古植树造林项目（2001～2005年）。自改革开放以来到2005年底，内蒙古自治区林业分二期利用日本政府提供的日元贷款，在自治区境内沿黄河两岸和两大沙漠地区搞生态建设项目，并取得一定成效。

1）项目概况。

A．第一期为黄土高原植树造林项目。2001年内蒙古自治区人民政府与日本国际协力银行签署的《关于内蒙古自治区黄土高原植树造林项目备忘录》，项目的实施目标旨在通过实施内蒙古自治区境内黄土高原造林工程来增加森林覆盖率，防止水土流失，改善环境同时增加当地农民的收入。

项目从2001年初开始实施，为了能有效的使用贷款确保项目的实施，中日双方就项目实施组织机构达成共识，成立了项目领导小组，在项目领导小组下，设立三级项目办。利用日元贷款一期项目，按照备忘录要求，于2005年12月底已全部完工，现已进入项目竣工验收阶段。

B．第二期工程项目为内蒙古风沙区生态环境整治工程。2003年内蒙古自治区人民政府与日本国际协力银行签署《关于内蒙古风沙区生态环境整治工程项目备忘录》。项目的实施目标是，在内蒙古自治区境内黄河中游的沙漠地区增加森林、植被覆盖率，防止土地沙漠化，增加当地农民的收入。

到2005年12月底，二期项目已完成封沙育林15170公顷，占计划总任务的14.29%、完成防风固沙林9132公顷，占计划总任务的14.21%、完成柠条采种基地566公顷，占计划总任务的25.18%、完成育苗基地503公顷，占计划总任务的7.46%、完成药材基地266公顷，占计划总任务的26.6%、完成苜蓿基地466公顷，占计划总任务的30.3%、完成喷灌490套，占计划总任务的16.48%、完成打井620个，占计划总任务的20.85%、完成输变电59.05公里，占计划总任务的13.06%，完成作业道路199公里，占计划总任务的21.43%、完成培训280人次，占计划总任务的35.9%。

C．项目的特点：日元贷款项目与国内项目最大的不同，是农户先垫资干活，后进行报账提款，即项目区每年根据自治区项目执行办下达的年度工程量，先完成项目任务，后通过自治区项目检查验收合格后，再提款报账。

报账时采取SOE表的报账方法，这是日方要求的报账方式。SOE表报账方式不需要报账方提供原始收据和发票，只用一张自制的表格即可，这样大大简化了报账手续和费用，同时也提高了项目的工作效率。

2）项目成效与作用。从2001年到2003年短短的3年时间，内蒙古自治区人民政府利用186亿日元贷款，在自治区沿黄河两岸和两大沙漠区搞生态建设，充分体现自治区人民政府对当地林业工作的高度重视，也说明政府对搞生态建设的决心，根据近几年项目的实施情况看，取得了很大成效。

一是项目本身产生了巨大的生态和经济效益。据2005年上半年的一次问卷调查，显示“项目所在地自然条件有所改善，黄土高原植树造林森林覆盖率从项目实施前的12%到项目实施后的16.05%，内蒙古风沙区生态环境整治工程项目森林覆盖率从13%到14.2%。土地得到有效的改良。黄河没有出现断流。在日元贷款黄土高原植树造林项目和内蒙古风区生态环境整治工程项目实施后，项目区人民的居住环境、生产状况得到改善，生活水平有了较大的提高。”

二是通过项目实施，林业工作者学到了许多先进的管理经验。日元贷款项目在执行过程中是开放的，在管理上科学细致。通过几年项目实施，林业工作者普遍觉得，做过日元贷款项目，再来做国内的林业项目感觉更容易。日元贷款项目要求自治区、盟市和旗县三级的林业、财政和审计部门都要参与进来，部门之间相互沟通学习、相互监督，项目得以有序顺利开展，使资金的使用、运行更安全有效。

（4）日元贷款宁夏重点风沙区综合治理项目（2003～2008年）。

1）项目概况。宁夏重点风沙区生态环境综合治理项目的贷款协议是2002年3月由日本国际协力银行与中国财政部正式签署的。项目总投资为7.09亿元人民币，其中：贷款为79.77亿日元，占总投资的75%，国内配套1.8亿人民币，占25%，其中，自治区配套2900万元，市县配套5600万元，农户自筹5300万元，投劳折资4200万元。项目计划期为5年（2002～2006年），治理沙化土地57600公顷，其中：围栏封育26090公顷（封育13710公顷，补植12380公顷），营造防风固沙林12550公顷，营造生态经济林10050公顷；人工种草7690公顷；种植固沙中药材1220公顷，以及相关水、电、路等基础设施建设。

该项目涉及宁夏中北部地区的13个市县和农垦系统的6个国有林场，共35个乡镇，大致分成四个治理区：一是位于自治区东部毛乌素沙地生态治理区，包括盐池、灵武、陶乐三市县；二是西部腾格里沙漠南缘生态治理项目区，主要集中在中卫县西风口一带；三是中部红寺堡生态治理区，包括红寺堡开发区、吴忠市；四是贺兰山东麓生态治理区，主要分布在沿贺兰山东麓110国道两侧，涉及青铜峡市、银川市、永宁县、贺兰县、平罗县、惠农县、石嘴山市等7个县市和5个国有林场。

项目目标：通过围栏封育、种树、种草等措施，使项目区范围内的森林覆盖率由现在的7.97%提高到10.57%，封育区内植被覆盖度由现在的30%提高到70%以上，以改善宁夏中北部重点风沙区的生态环境，减少风沙危害，增加农民收入。

2）取得的初步效果。经过围栏封育、种树种草，初步测算，天然草场植被覆盖度由建设前的30%以下增加到了50%以上，增长了20%以上。在盐池县、陶乐县项目区，过去的流动沙地，通过围栏补植灌木，部分流动沙地已成为固定或半固定沙地。在有灌溉条件的区域，通过水资源合理开发利用，实施灌溉造林、人工种草，不仅种植了树木，阻挡了风沙，同时，通过种植人工牧草、沙生中药材，使参与项目的农户能够在短期内有一定的经济收入，农户通过人工种植优质苜蓿，当年每亩可收获干草200千克，第二年亩产干草可过800千克以上，每亩可为农户增加收入300元左右。

（5）日元贷款甘肃重点风沙区综合治理项目（2003～2008年）。

1）项目概况。甘肃重点风沙区综合治理项目是甘肃省利用日元贷款实施的大型生态环境综合治理工程。项目总投资110666.7万元人民币。其中：日元贷款124亿日元，占总投资的75%；中方配套资金27666.7万元，占总投资的25%。由省市县财政配套8263.6万元，占配套资金的29.9%；由实施单位配套10140.9万元，占36.7%；投工投劳折资9262.2万元，占33.4%。该项目将在甘肃省河西5市14个县及农垦系统8个农场实施，建设总规模136.65万亩，实施时间为2003～2008年，建设期为5年，由省农业综合开发办公室和省日元贷款项目办公室共同组织实施。

项目以林草生态建设为主，配合农牧、水利等综合措施，在保护现有植被的前提下，植树造林，防风固沙。同时，对项目区现有耕地进行结构调整，种植节水型经济林草，不开荒、不打井、不新增用水量，将现有耕地节余出的水用于生态建设，逐步恢复自然植被和增加人工植被，因地制宜扩大林草面积，改善生态环境。今年春季安排造林面积9.59万亩，其中生态公益林4.25万亩、经济林和优质牧草5.34万亩，投入项目建设资金1.62亿元。

2）项目建设成效。甘肃省经过两年多的建

设，基本完成项目预期任务（专栏10）。

（6）日元贷款长江中上游江西造林工程（2003～2008年）。

1）项目概况。江西省植树造林项目于2003年由国家发展计划委员会批准立项，2004年完成项目前期评估并与日方签订协议，2004年冬季正式开始实施，至2009年结束。项目区位于江西五河流域和环鄱阳湖地区，包括7市的36县（市、区）371乡。项目总投资7亿元人民币，其中申请日本国际协力银行贷款72.27亿日元（折合人民币4.9亿元），占70%；国内配套资金2.1亿元人民币，占30%。项目规划造林219203公顷，其中，防护林148180公顷（52167公顷封山育林），用材林65673公顷，经济林5350公顷。此外，还包括苗圃设施、培训中心、种植材料开发及机构和人力资源建设。

项目建设宗旨是在公众参与的基础上，通过封育、改造、抚育、新造等多种营造林方式，大力发展防护林、用材林、经济林及多功能林，扩大森林资源总量、提高森林质量，改善生态环境，增加农民收入，以达到提高林业可持续发展能力、促进社会经济可持续发展的目的。项目计划共6年完成，项目区域森林覆盖率应提高1.2个百分点，水土流失面积减少10%，林区林网控制率提高到85%。

2）项目建设成效。江西省植树造林项目从2004年底正式启动。2004年共育苗4004亩，生产一级苗10010余万株，完成造林面积30236.31公顷，占总任务的13.8%。2005年全省共育苗3354亩，生产一级苗8385余万株，完成造林面积70214公顷，占总任务的32%。2006年已下达计划营造林面积51364公顷，其中防护林27881公顷、用材林22746公顷、经济林737公顷，已完成春季造林26161.4公顷。

（7）日元贷款湖北植树造林项目（2003～2008年）。

1）项目概况。日贷造林项目是湖北省林业继世行贷款项目、德援项目、日援项目等项目之后实施的又一大型外资项目，也是到目前为止湖北省投资额最大的一个外资造林项目。此项目从立项准备到启动实施，得到了日本国际协力银行和财政部、国家林业局、省政府以及省发改委、财政厅等部门的高度重视和大力支持，也得到了各项目市县政府和财政、林业部门的积极配合。

2）项目实施成效。此项目建成后，至少可为湖北省增加250万亩森林面积，项目区林木覆盖率将提高2.3%；此外，在改善树种、林种结构，提高森林防护效能，减少洪涝、干旱灾害，保障农业稳产高产以及保护物种资源等方面也将起到积极的作用。据测算，项目实施后，可为湖北省提供木材1797万立方米、竹材3.2亿根、林果产品117万吨、药材73万吨、松脂11万吨；经营总收入可达134亿，净收入37.8亿元，相当于本金的5倍。项目建立的商品林基地，可以为木材加工等林产工业提供重要的原材料，将有助于壮大湖北省的林业经济实力，并且能加速项目区340万贫困人口的致富进程。同时，对加快湖北省林业人才的培养，提高林业管理与技术水平以及壮大林业部门的自身实力也有着十分重要的意义。

（8）日元贷款四川长江上游地区生态环境综合治理项目（2004～2009年）。四川省生态环境治理项目是由日本政府提供65.03亿日元贷款，该项目还款期30年，宽限期10年，年利率0.75%。项目将在四川省的广元、巴中、达州等12个市实施。2004年，日本国际协力银行曾两次派出贷款项目调查评估工作组，对四川省长江上游地区的生态建设项目进行调查和评估。日本广岛县政府为实施该项目做了大量工作。2005年1月，日本国际协力银行和广岛县专家对项目实施地的有关人员进行了植树造林技术培训。项目在长江上游建设，项目植树面积约69千公顷，植草面积约23千公顷。通过项目的实施，增加了项目地区森林面积，减少了土壤侵蚀，改善了生态环境。

（三）其他贷款林业项目

1.基本情况

自改革开放以来，我国林业发展除了借用世界银行、日本政府贷款外，还得到了来自德国、加拿大、科威特、芬兰、荷兰、西班牙、北欧、亚行等国家和国际组织提供的贷款。截止到2005年，我国林业共借用其他贷款5.78亿美元。其中主要有借用德国、科威特、瑞典、芬兰、西班牙等国的政府贷款等，兴建了一系列的造纸厂、纸浆厂和木材加工厂；借用亚洲开发银行贷款开展林业综合项目建设，主要是河南林业厅实施的《豫西农业综合开发林果有项目》使用亚行贷款700万美元，用于经济林建设；黑龙江林业厅实施的《三江平原湿地保护项目》使用亚行贷款1500万美元，用于速生丰产林、经济林、草地恢复建设和加强湿地保护区管理。

2.执行回顾

（1）豫西农业综合开发林果业项目。豫西农业综合开发项目是河南借用亚行贷款实施的大型农业产业化发展项目，项目总投资1.283亿元，主要建设内容包括：新建标准大棚150座、简易大棚150座，发展蔬菜基地930公顷，农户养猪2000户，扩建年存栏3000头母猪祖代猪场一座。

截至2002年底，亚行贷款豫西农业综合开发项目累计完成总投资1.7亿元，占项目的58%，其中累计完成亚行贷款3786万元，占总贷款额的32%。培训26644人次；增加计划3000万元新增1个奶牛胚胎移植中心、1个畜牧兽医技术服务中心子项目；发展养羊户5540个，养牛户8714个；扩建了省新大种猪场。完成了部分农户项目报账提款的审核、上报工作，重点完成了新大牧业原种猪场、济源大众祖代猪场的有关土建、设备和种猪的招标采购和报账提款工作。

（2）黑龙江三江平原湿地保护项目。黑龙江三江平原湿地保护项目是黑龙江省首次借用亚洲开发银行资金建设的林业生态项目。三江平原湿地保护项目总投资3.3亿元人民币，其中亚洲开发银行贷款1500万美元，全球环境基金赠款1214万美元，主要在黑龙江省东部13个市、县营造速生丰产林84万亩，6个国家级、省级保护区利用全球环境基金赠款，开展水源管理、自然保护区管理、替代生计示范和能力建设等。

三、国外贷款在促进我国林业发展中的作用及成效

（一）林业生态建设

1.弥补了长期以来我国林业资金投入的不足

众所周知，资金短缺是制约林业发展的瓶颈因素，为了保护和发展森林，需要较多的资金投入，获得更多的产出。借用国外贷款最直接作用是有大量资本的流入，进而影响林业资本形成的数量和质量。据国家林业局统计，截至2005年，我国林业借用国外贷款的总金额为20.64亿美元，约占我国林业借用外资规模的53.51%，极大缓解了我国林业资金投入的不足。

2.项目地区森林资源增加，生态环境明显改善

我国借用国外贷款发展林业项目，不但带来了项目区森林资源的大大增加，而且明显改善了项目区的生态环境。

首先，增加了项目区森林资源。日元贷款林业项目都是以植树造林为主体，项目建成后，将新增森林面积近60万公顷，新增灌草植被8.5万公顷，将使各项目区的森林覆盖率增长1～3个百分点，对于黄土高原、南方岗地平原区森林资源增加幅度更为明显。世界银行贷款项目共营造的人工林315.04万公顷，占我国林区总面积的1/6，占防护林和人工林增长面积的1/4以上，借用国外贷款对提高中国森林覆盖率发挥了积极的作用。

其次，明显改善了项目区的生态环境。国外贷款项目的实施改良了项目区的土壤结构，防止水土流失。如日元贷款山西省植树造林项目可减少水土流失和土壤沙化面积64307公顷，项目具有明显的生态效益，生态效益货币值为71710.4万元。再如江西省日元贷款项目减少水土流失面积21.9万公顷，日元贷款造林项目完成后，新增森林蓄水量达到1.74亿吨/年，每年新增保土量1687万吨/年，保肥量达到71.63万吨。水土保持的经济价值达到了2.9亿元。国外贷款项目的实施对改善项目区土壤结构，防止水土流失、涵养水源、防风固沙起到了积极的作用，大大改善了我国的生态环境。

3.提高我国生物多样性保护水平，为生态建设探索经验

中国蕴含着世界上10%的植物、哺乳动物、鸟类、爬行类和两栖类物种。然而，在过去几十年中，不断增加的人口压力和发展活动破坏了中国的生物多样性资源。通过国外贷款项目的实施，增加了森林资源，使项目区现有的动植物得到了有效保护，改善了生态环境，促进了生物多样化发展，保护了生物基因库的同时，使森林资源得以可持续发展。借用世界银行贷款加强了天然林的经营和管理，对实现“中国生物多样性保护计划”的目标具有极其重要的作用。天然林是野生动植物的生息繁衍地和野生遗传资源的保护繁衍地，通过天然林的管理，提高天然林的质量，保护了物种的多样性和遗传资源的多样性。如：江西省德兴县从1984年到1994年通过世行贷款项目，累计改造天然次生林1000公顷，实行封山育林3000公顷，把一批荒废的林分改造恢复成以丝栗栲等优势树种为主的常绿阔

叶林，解决了常绿阔叶林日益减少的矛盾；同时，使国家保护的香果树、花榈木、红豆杉、青钱柳、闽楠、猴欢喜等珍贵树种在天然林分中得到了有效的保护和发展。

此外，和许多其他国家一样，中国生物多样性保护的重点是建立自然保护区。1995年通过的世界银行自然保护区管理项目，旨在加强西双版纳、神农架、秦岭、武夷山和鄱阳湖五个具有国际意义的自然保护区的建设，同时提高我国林业主管部门对整个自然保护区管理的能力。项目实施内容包括管理计划的制订、加强基层保护，制定与保护区内及其周围社区进行合作的方案，项目还帮助保护区周围的一些国有林场进行企业改革。自然保护区管理项目引进了参与式的规划方式，同时，也帮助建立了一种不耗费太多人力、财力的决策方法；通过建立人员激励机制，提高人员积极性，提高人员工作及知识水平，改善了保护区的管理；项目的社区管理活动提高了公共意识，加强了保护人员、当地社区及当地政府之间的合作。这些先进的管理方式方法的引入为我国生态环境建设探索出了许多宝贵的管理经验。

4.加快我国科技兴林步伐，促进林业的科技进步

科研与生产结合不紧密，科技成果不能迅速转化成生产力，这一问题长期困扰着我国林业行业。世行贷款林业项目为解决这一难题，进行了积极的实践与探索，收到了很好的成效。从“国家造林项目”开始，每个世行项目都把科研和技术推广作为一个独立的项目组成部分看待，建立专家和管理人员组成的“技术领导小组”，投入相应的资金和人力、物力，这是国内的林业工程项目中所没有的。由于狠抓了科技投入，实行了科学管理，“科技是第一生产力”在世行项目中得到了充分的体现，对提高造林质量和幼林生长量起到了中坚的作用。据初步估测，其对增加项目幼林生产量的贡献率达到了50%左右。而且，世行项目造林全部使用的优良种源和优良无性系，其试验增益（理论增益）可达15%～30%，在项目中表现的实际增益为5%～10%。同时，世行项目形成的科研与生产紧密结合的做法，科研成果转化为现实生产力的有效形式，以及计划为导向、资金作保证、科研面向生产、生产依靠科研的“四位一体”的科技兴林的运行机制，必将对我国林业生产逐步走向现代化产生积极的影响。

技术进步是世行贷款造林项目的一个显著的特点，也是项目所取得成效的重要方面。项目技术进步是全方的，按照世界银行的要求，每个项目应结合自身特点推动技术拓展创新，不能作简单的规模和方式的重复。这使每个项目都包括了就整个技术层面来讲、就世行项目的发展来讲技术进步的方面。技术进步直接导致造林质量和林木生长量明显提高。以“国家造林项目”为例，原林业部1991～1994连续四年对全国人工造林的核查结果显示，该项目的造林质量每年均居各类工程造林之首。国外贷款项目极大地促进了我国林业的科技创新和科技进步。

（二）林业经济发展

1.缓解国内木材需求压力

我国森林资源不仅总量不足，而且生产力水平低，导致木材产量低下、供需矛盾突出。实施“天然林保护工程”后，长江上游、黄河中上游已全面停止天然林商品性采伐，东北、内蒙古等重点国有林区大幅度调减木材产量，木材的供需矛盾进一步加剧。早在20世纪80年代初，国家就设想集中选择交通条件方便，立地条件好，分布相对集中连片的地域，改进技术、集中人力、财力发展速生丰产林，但投入和管理局限使该战略措施进展不快。世行贷款造林项目有力地推进了这一进程。世行贷款林业项目实施至今，已经为我国生产出了大量不同材种的优质木材，初步缓解了我国木材供需之间的矛盾。

2.促进贫困地区经济发展，帮助农民脱贫增收，提高农民素质

扶贫是中国政府也是世界银行的重要发展战略，而绝大多数的中国贫困人口居住在耕地少、农业生产条件差，但林业发展条件较好的山区。“国家造林项目”和“森林资源发展和保护项目”项目县中包括了100多个贫困县，项目实施对农民脱贫致富起到了促进作用。

项目区特别是贫困山区的老百姓，他们靠经济林解决了近期的收入，而用材林的健康成长，则成为其长远利益的保证。祖祖辈辈以农为主的格局正在逐步打破。“贫困地区林业发展项目”贫困户占总户数的68%，总受益人口达345万人。对项目农户跟踪调查结果表明，与项目实施前相比，由于项目的实施获得的人均收入增加85%。世界银行

贷款国家造林项目，主要分布在适于发展林业的山区，而且这些地方多是经济欠发达，人民生活水平不高的贫困地区。实施项目的306个县中，近1/3为贫困县，贫困人口达1200万人。在项目实施期间，为当地农民提供了19525万个工日的就业机会，林农劳务所得总计达227898万元，平均每县提供64万个工日就业机会，带来直接劳务收入745万元。同时，项目人工林采伐后，每个项目县还能够平均增加经济收入2.3亿元。这对增加项目地区的贫困人口收入，减轻贫困，提高生活水平将发挥重要的作用。

项目的实施不仅直接帮助贫困地区增强了自身发展能力，加快了当地农户脱贫致富的步伐，还把先进的市场经济意识、市场运作方式带入了贫困地区，为林业和经济的发展注入了活力，对促进当地经济长期持续发展奠定基础。

（三）综合效应

1.促进项目区相关政策制定和实施的进程

林业借用国外贷款实施造林项目有效地提高了省、区各级政府对植树造林、生态环境建设的重视程度，也促进了相关改革和相关政策的实施进程。在项目的执行过程中，为了保障项目的顺利实施，项目区各级政府制定了相关的政策，包括土地承包、资金使用政策和项目实施指南等。同时，通过实施造林项目，也进一步推进了政府实施相关政策的进程，如陕西省现在实行的全省禁牧措施，日元贷款植树造林项目对该政策出台起到了催化作用。另外，日元贷款造林项目要求项目执行办公室在和农户签订造林合同时，必须以落实林权为前提，从而有效地加快了地方林权改革和落实进程。

2.引进先进管理理念，提高林业整体管理水平

国外贷款的引入不仅带来了资金，也引进了国外先进的林业经营管理的新方式、新思路，以及科学管理项目的新方法，对我国制定林业的有关方针政策都起到积极的借鉴作用。例如当今国际上所强调的可持续发展、林业集约化经营等思想，以及社区参与式造林、竞争性招标、开放式管理、提款报账制等项目运营方式，都是随着外资引进我国，这些思想观念和管理技术的实施，推动和加快了我国林业摆脱传统经营管理方式，进入国际化先进行列的步伐。

世行贷款造林项目通过多年的实践逐步建立了组织、计划、财务、质量检测、种苗供应、科研推广、环保检测、信息系统等八大支持管理体系，和与之相配套的严谨的管理办法，把项目实施和管理导入了正规化和科学化的正轨。完善的管理体系不仅为项目的顺利实施提供了可靠的保障，而且对以后林业的发展产生了很大的示范和辐射作用，正被越来越多的地方和大型林业工程项目所效仿。这些先进的管理经验的引入，极大地提高了我国林业整体经营管理水平。

3.促进我国林业行业的对外开放

借用外国政府、国际金融组织贷款是我国林业引进外资的重要形式，也是我国林业对外开放的重要体现。改革开放以来，我国与外国政府、国际金融组织进行了卓有成效的合作，通过国外贷款的引入，不仅拓宽了资金渠道，而且进一步提高了我国林业对外开放水平。

国外贷款林业项目的实施，一方面，拓宽了林业交流领域，在良种繁育、造林技术、管理措施、水土保持、木材加工、制度建设等方面取得了可喜的成效。另一方面锻炼和培养的一大批既懂林业又熟悉外资管理工作的新型林业人才，他们将在今后林业改革开放中发挥重要的作用。

更重要的是，通过林业贷款项目实施及效果检验，密切了我国林业部门与外国政府、国际金融组织的关系，促进了相互了解，提升了交流水平，拓宽了合作领域，树立了中国林业良好的国际形象。已完全竣工验收的4个世行项目中（“贫困地区林业发展项目”正在验收中），“大兴安岭森林火灾恢复项目”、“国家造林项目”被世界银行认定为“非常满意（HS）”的项目，“林业发展项目”、“森林资源发展和保护项目”被认定为“满意（S）”项目，良好的项目实施效果为中国赢得了良好的国家声誉。20世纪90年代后连续成功申请并实施林业项目，各项目间隙大约2～3年，这样的合作效率和频率，在世界其他各国是罕见的。世行贷款林业项目既是我国林业扩大开放的结果，又是林业改革开放的重要载体和窗口，向全世界展示了中国林业面貌和建设的新成就。世行贷款林业项目对中国林业走向世界，实现现代化产生的作用和意义巨大，已成为中国林业借用国外贷款的标杆，极大地提升了中国林业对外开放水平和层次。

四、借用国外贷款发展我国林业的经验启示与存在的问题

（一）项目成功实施的经验

1.建立健全组织管理体系

国外贷款项目大都是一个涉及面广、社会性强、标准高、要求严的工程，如果没有各级政府领导的高度重视，要取得成功是难以实现。如世行贷款项目在组织管理体系上，从上到下有一套完整的领导和管理机构。国家林业局成立了以局长为组长，各司、局负责人为成员的世行项目领导小组，对项目重大问题进行研究和决策，同时成立了专职的“国家林业局世行贷款项目管理中心”。各个贷款植树造林项目由各省具体负责实施，一般在省（区）政府成立项目领导小组，由主管省长担任组长。各项目市、县（市、区）均相应成立了项目建设领导小组，具体负责项目的实施、管理、检查与监督工作（见图4）。

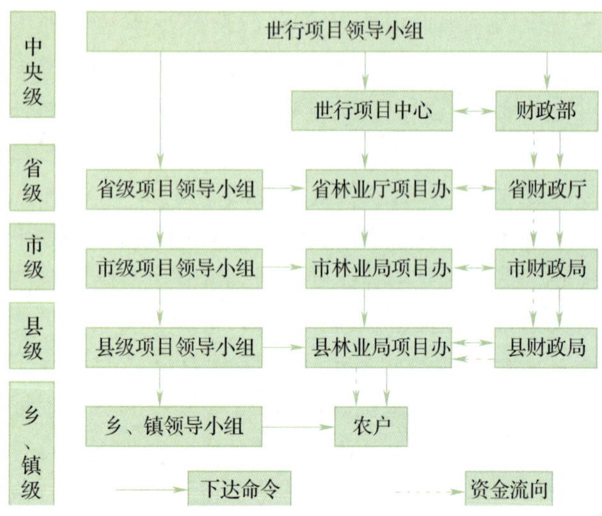

图4 林业贷款项目实施组织机构图

由于各级领导亲自抓，及时解决项目建设中的重大政策问题，为贷款项目顺利实施创造了良好的外部环境和发展空间。部、省、县三级项目管理机构的设立，为保证贷款项目造林达到高标准、高质量的要求提供了可靠的组织保证。这一组织管理方式在项目实施中运作十分有效，发挥了良好的作用。

2.健全造林质量管理体系

国外贷款项目实施以来，在建立和完善项目管理组织体系的基础上，不断建立和健全管理制度，形成了以项目质量为核心的管理制度体系。主要包括：

（1）建立了一套较为完善有效的种苗管理方法和运作机制。林木种苗是绿化造林的物质基础。实践证明，应用良种壮苗造林，是确保林木速生、丰产、优质的内因，是提高林分单位面积产量和质量的根本性措施。国外林业贷款造林项目强化种植材料开发和培育，采用遗传品质优良的种苗造林，其中最重要的做法就是坚持种苗“三证”制度，要求项目造林必须持有“林木良种认可证”、“林木种子质量检验合格证”和“苗木出圃合格证”，并把种苗“三证”作为报账验收的必备附件之一，保证了项目的建设质量。这使得20世纪90年代以后的世行造林项目，良种使用率接近100%，一级苗使用率达到90%以上，大幅度地提高林分质量。

（2）坚持适地适树原则。土地是林木生长的物质基础，其质量的高低及其与造林树种的生物学特性是否匹配，直接决定着林分的质量和项目的最终效益。贷款项目建设主要通过总体设计和年度作业设计两个环节来把好造林地块的选择关，并在两个环节之后严格抽查验收，对土地质量不合格和非适地适树的造林支出不予报账。

（3）建立严格的检查验收制度，是确保林业贷款项目建设质量和数量的关键环节。为了使项目的实施能达到项目的要求与标准，国外贷款造林项目加强检查验收力度。国外林业贷款项目要求施工农户按施工工序完成任务后，以项目乡（镇）写出施工报告，并报县项目办，县项目办依据施工报告和施工文件进行检查验收。县项目办检查验收后，写出自查报告，报省项目办，省项目办再委托设计院检查验收，按检查验收结果报账，拨付资金。在检查验收中，如发现面积不实，质量不合格，弄虚作假，不准报账，并核减下年度任务。以上这些管理方法和运作机制值得国内大型造林项目学习和借鉴。

3.强化资金管理，提高资金使用效率

资金是项目实施的物质基础。项目管理的核心是对资金的有效管理。国外林业贷款项目资金管理主要围绕资金的拨付、使用和偿还三个关键环节，制定了标准化的程序，采取了严格的管理措施和管理规范，特别是“报账制”的引入和采用，极大地促进了资金的有效使用。

“报账制”是项目引进的最有效的财务管理制度，它要求项目建设单位必须运用自有资金开展项目建设，并依赖于严格的管理来保证项目的建设质量达到标准的要求，才能通过验收报账取得信贷

资金，从而避免了资金的无效投放，从根本上提高了项目的造林质量和项目的投资效益。“报账制”的实行，从源头上杜绝了不合理的开支，确保专款专用，有利于对项目的全局掌控。比如，世行贷款项目在信贷报账时，严格执行世行“报账制”的基本规定，即只有经检查验收达到项目质量要求的活动才能获得项目资金，报账手续必须具备“三表一合同”——施工合同、施工验收表、费用结算表和报账申请表，而且还根据需要，补充完善提出了“九不报”，以及实行报账审查的计划、质量、财务三家会审制度，从而更好地发挥了报账这一经济手段对项目实施的调控作用。“报账制”的引入和采用，强化了资金的管理，提高资金的使用效率。

4.积极开展科研攻关，大力推广先进适用的科研成果

科技是保证林业贷款项目高质量完成的重要支撑力量，是项目取得预期成效的技术保障。科研创新能力不强、科技转化率偏低，这是长期以来一直困扰我国林业发展的主要难题之一。世行造林项目在这方面为我们提供了很好的可借鉴的经验。如在确定每一个造林项目时都相应的提出了配套的科研攻关项目，并为这些项目研究提供必要的资金支撑和人才支持，在这些对应的科研项目研究成功之后，又能够及时地将其应用于具体的项目造林之中，从而使科学技术及时地转化为现实生产力。这种项目建设与科研攻关相配套、科技创新与成果转化相结合的作法，对于急需科技支撑的中国林业而言，是切实可行的。

我国在实施世行贷款造林项目的过程中，各个项目省份及其所属的项目实施单位不仅十分注重相关科技成果的创新研究，而且致力于现有科学研究成果的推广应用。如福建省在实施世界银行贷款一、二期造林项目的过程中，通过组织教学、科研、生产和经营管理等相关领域的众多专家、学者和技术人员，积极投入科研项目的研究活动，总共开展了12个（一、二期项目各6项）省级课题的研究，其中部分科研项目还获得了省部级的科技进步奖，受到了有关专家的好评，并在工程项目的实际运营中得到了实际应用，产生了较好的经济、生态和社会效益。

（二）项目实施带来的启示

1.注重技术培训和推广

国外林业贷款项目非常注重技术培训和推广，并把人员培训和能力建设作为项目的重要组成部分，合理设计在项目之中。如：日本造林项目管理机构委托专家编制了农户手册，把项目造林的关键技术列在手册之中，便于农户掌握。同时，项目实施过程中通过室内室外多种形式，举办各种技术培训，对于保障项目实施效果产生了重要作用。而国内项目往往忽视了这方面的前期工作，认为造林并没有太高的科技含量，实际上，如果农户或参与项目管理的技术人员没有真正掌握相关技术，是很难高质量地实现项目目标的。世行造林项目也非常注重传播实用技术信息、营建示范林以及技术人员的现场指导和咨询，也让参加项目的林业工人和农民获得了更多学习知识和技能的机会，使他们掌握了新品种、新技术以及经营管理用材林、经济林和竹林的知识和技能，使他们从不知到知、从不信到信、从不会到会、从低能到全能，培养了一大批懂得速生丰产林营造和经营管理技术的工人和农民，进而带动当地的其他农户也纷纷参加到种树致富的行列中来。

实践证明，不同层次的培训和人才培养工作，对于增强项目实施能力和可持续性乃至整个林业发展都具有不可替代的重要作用。国外林业贷款项目实施过程重视培训工作和人才培养的做法，值得被国内造林项目以及其他林业项目学习、借鉴。

2.积极促进造林项目和农民受益有机结合

国外林业贷款项目实施的过程和结果，涉及众多群体、单位和个人，其中最主要的就是农户。国外林业贷款项目明确把项目区农户作为主要受益群体，在项目实施过程中，始终坚持把农民受益和造林项目有机地结合在一起，切实调动农民造林的积极性，取得了很好的成效。日元造林项目确立了以农户受益为前提的项目理念，把造林和农户生计有机结合起来，农户在获得对林地合法使用权的基础上，通过合同形式参加造林并直接获得贷款，通过种植经济林或用材林获得林果或木材收益，参加项目造林获得劳务补偿等，并获得项目培训和技术服务。通过项目的实施，农民不仅提高了收入，而且提高了素质。造林项目与农民受益有机结合，使得农户成为真正的受益者，有力地支持了项目的成功实施。这也是今后国内开展林业项目需进一步关注和研究的重要方面。

3.根据实际需要灵活调整项目建设计划

在贷款机构的支持下，每个国外林业贷款项

目在实施期间都可通过修改信贷协定修改投资和规模，并且依据以下3个原则进行调整：①项目的宗旨目标、宏观区域、目标受益人不变；②反映市场、宏观形势的变化，解决实施遇到的新问题；③反映项目地区的实际需求和项目受益人的意愿，确保项目内容调整机制准确发挥作用。这种调整反映了项目实施的客观要求和市场变化趋势，能优化项目资金的组合和使用效率。如世行贷款项目“森林资源发展和保护项目”设计了“福建促进私人林业投资中心”的内容，意在通过尝试，完善林业投资服务体系，吸引各个方面的资金，加速林业发展。但实施中发现“私人投资促进中心”作为一种非政府的中介组织，其法人不愿意借贷来从事该项业务，因为要自负盈亏，风险较大；另外国内外私人投资者都愿意与合作对象直接商谈投资项目，无需从“私人投资促进中心”得到信息和其他帮助。因此，经世行批准，取消了促进林业投资的试点项目，将这部分信贷资金用于营造集约经营人工林1200公顷。又如“贫困地区林业发展项目”在项目初期，由于天保工程的实施，部分项目县作了调整，实施中考虑到贫困地区配套资金困难的实际，世行同意并支持将造林部分的支付比例由50%提高到60%。这类调整对于改进项目设计，提高项目的运作效率，实现项目预期目标起到了重要作用，值得国内项目借鉴。

（三）*存在的问题*

1.林业借用国外贷款规模与林业建设对外资的需求相比仍有较大差距

当前森林问题已经成为全球生态环境的核心问题。但相对于世界上的许多国家来说，我国保护森林资源、发展林业的任务仍十分繁重，而国内林业资金供给总量的增加远远不能满足林业对资金需求的增长，林业发展中的资金供求矛盾依然突出，我国林业借用国外贷款规模与林业建设对外资需求相比仍有较大的差距。

2.我国林业贷款渠道不宽，贷款投向结构不合理

目前我国林业可借用国外贷款的渠道主要有两个，一是国际金融组织，主要是世界银行和亚洲开发银行；二是外国政府，主要是日本政府优惠性贷款。贷款来源渠道明显偏窄。此外，林业国外贷款主要投向于营造林，而在生态建设中占重要地位的野生动植物保护、森林经营、荒漠化防治等领域借用国外贷款比重较低。

3.国外贷款项目与国内项目有机结合不够

国外贷款项目与国内项目有机结合不够，特别是在资金使用上，外资和内资还没有形成相互补充相互促进共同发展的有利局面，这也导致了一些项目国内配套资金到位率差、还款履约性不高等问题。使用外资的条件之一就是要有一定比例的配套资金，项目实施过程中，省级配套资金落实较好，而大部分市县配套资金均难以及时足额到位。配套资金不到位，在部分地区影响到项目实施质量。

4.应对汇率、自然风险的能力不强

国外贷款林业项目最大风险之一的外汇风险，由各级政府财政承担，如“国家造林项目”的绝大部分外汇风险由中央财政承担。目前实施的国外林业贷款项目外汇汇率的风险依然存在，对一个创汇能力较弱的产业，汇率风险是一个不容忽视的问题。

另一方面，森林是一个“露天仓库”，极易受自然灾害的破坏。例如，自1991年以来，广东项目丰产林多次遭受自然灾害的袭击，累计损失项目丰产林2.1万公顷，直接经济损失2亿元人民币，其中特别严重的是1996年百年不遇的第15号强台风袭击湛江、茂名一带，损毁项目丰产林面积1.6万公顷，直接经济损失达1.4亿元人民币，严重地影响了项目单位的还贷能力。在今后几十年的还贷期内，项目区仍有受到自然灾害破坏的危险。但是，目前项目管理者对于自然灾害破坏的危险性防范意识不强，应变措施不多。

5.项目提款报账进度总体都需要加快

国外贷款植树造林项目在资金管理上采用报账制，即在项目开始实施后，先向实施机构支付一部分资金，然后根据双方签订的协议，在项目实施后，对经过检查合格的部分，分次拨付贷款，这种制度可通过资金拨付来控制项目质量，防止资金挪用。但由于国外贷款项目管理实际是由任务执行办公室和资金管理办公室组成，项目执行办和资金管理办之间的高效协同是保证资金进度的关键。但是，有些项目地区执行办公室和资金管理办公室之间协调性差，致使项目提款报账进度非常慢，影响了资金的使用进度。

水利借用国外贷款工作25年回顾与总结

一、水利借用国外贷款的总体情况回顾

水利借用国外贷款始于20世纪80年代初华北平原的水利灌溉项目，20多年来水利借用国外贷款有了较大的发展，经历了从无到有，从小到大，从改革初期单一接受国外无偿援助，到利用世界银行、亚洲开发银行、北欧投资银行等国际金融组织的贷款，进而使用多个国家的外国政府贷款、混合贷款和出口信贷。借用国外贷款范围从开始的水利灌溉项目，迅速扩展到防洪骨干工程、农田排涝、水力发电、城市供水、水环境治理、扶贫开发等各个方面。项目性质除水利工程建设等“硬件”项目以外，还包含了技术援助、人才培训、模型研究、合作开发等“软件”项目，几乎涉及了水利行业的所有业务领域。借用国外贷款地域几乎覆盖了我国所有的省、市、自治区，已初步形成了从中央到地方，从沿海到内地，从腹地到边疆的全方位借用国外贷款格局。

据对全国水利行业借用国外贷款情况初步统计，截至2004年底，世行贷款金额34.36亿美元，亚行贷款金额6.39亿美元，日本政府日元贷款金额5.25亿美元，国际组织及外国政府赠款1.57亿美元。水利借用国外贷款的主要来源是国外贷款，而国外贷款又主要来自于世行贷款，其中世行贷款约占全行业借用国外贷款总额的66%以上。

水利借用国外贷款不仅增加了水利投入，弥补了国内建设资金的不足，从整体上加快了水利建设的进度，取得良好的经济效益，而且促进了水利行业的体制创新，引进了先进的技术和管理经验，提高了管理水平，培养了一大批人才。

太湖防洪项目，借用世界银行贷款。图为治理后的黄浦江

黄河洪水管理项目，借用亚洲银行贷款。图为治理后的黄河

同时，水利借用国外贷款项目的社会公益特性已显示出全面的社会和生态效益。例如，利用世界银行贷款10亿美元建设的黄河小浪底水利枢纽工程，大大提高了黄河下游的防洪标准，使几千万人民免受洪水灾害，小浪底水利枢纽的建设第一次为我国大型水利基本建设成功地引进了国外先进的管理经验；利用日元贷款建成的辽宁观音阁水库，仅1995年一次洪水就减少受淹农田50万亩以上，避免直接经济损失达20亿元，相当于修建观音阁水库的总投资，观音阁水库建设中还为我国水利水电建设引进了成套的碾压混凝土施工的先进技术；利用世行贷款3亿美元的黄土高原水土保持项目，在治理黄河中游水土流失地区的同时，使成千上万的山区贫困农民脱贫致富，创造了水土保持建设的先进经验；在安徽、甘肃、内蒙古、湖北等十几个省区借用国外贷款进行的农田水利、灌溉排水工程，不仅保证了农业稳定、高产，解决了当地的粮食问题，也大大改善了农民的生活。水利借用国外贷款的项目不仅直接给水利、农业创造了效益，同时还促进了工业、交通运输事业、建筑业、第三产业的发展，进一步改善了我国的投资环境。

二、水利借用国外贷款的成效与经验

（一）成效、作用和意义

1.国外贷款水利项目发挥了巨大的社会和经济效益，加快和促进了水利的建设与发展，为经济社会的可持续发展提供了基础保障

小浪底水利枢纽建成后，通过科学调度和合理利用，保障了黄河下游段多年不断流，有力地促进下游地区的工农业生产和社会发展，并为向北方地区调水提供了条件；通过调水冲沙，显著地改善了黄河下游河道的泥沙淤积情况。

在防御1999年长江下游三角洲地区特大洪水时，太湖防洪工程为长江下游三角洲经济发达地区提供了安全保障，避免经济损失300多亿元人民币。

2.国外贷款成为水利基础设施建设的重要资金渠道

水利项目具有经济社会效益为主、工程大、投资多和周期长的特点，项目的自筹资金能力相对较小，借用国外贷款在很大程度上弥补了国内建设资金的不足，缓解了资金短缺的矛盾。据统计，“十五”期间，水利部门年借用国外贷款额约为水利基建投资的15%。水利建设涉及洪水管理、水资源开发、农村水利、水土保持、水污染防治等诸多领域，所需的建设投资巨大，借用国外贷款使一些因资金原因不能开工建设的工程能够提前实施，如小浪底工程、黄土高原水土保持项目等，在整体上加快了水利建设的速度和水利事业的发展。

3.借用国外贷款促进了水利行业改革和创新

从水利20多年借用国外贷款工作的经验来看，借用国外贷款不仅弥补了水利建设资金的不足，加快了水利建设的步伐，同时还推动和促进了水利行业的管理体制改革。在国外贷款项目中，吸收了国外先进的管理经验，实行了严格的项目管理制度，从项目选定、准备、评估到项目实施和后评价，都建立了一套严格的科学管理程序和制度；引进和推广了项目业主责任制、工程监理制和建设招、投标制，不仅保证了工程的进度、质量，而且还降低了工程造价，促进了我国水利建设管理的体制改革和创新。如江垭水利枢纽大坝的建设、小浪底工程6台30万千瓦水轮机的设备采购，通过国际竞争性招标，合同价分别比原概算价节省了1亿元人民币和3000多万美元。现在，不仅是借用国外贷款项目，而且在国内大中型土建工程和设备材料采购中，逐步推广应用了这些管理制度，并取得了很好的效果，显著提高了水利行业的建设管理水平。

1992年，我国运用世行贷款发展灌溉事业，引进农户参与灌溉管理。从1995年起，我国在运用世行贷款的项目区——湖南铁山和湖北漳河等灌区——进行用水户参与灌溉管理工作试点，同年在试点灌区成立了两个用水户协会。此后，水利部认真总结这两个协会组建的经验，循序渐进地在

全国逐步推广。通过10年努力，目前我国已有30个省（自治区、直辖市）实施了用水户参与管理，组建了群众参与式组织6000多个，涉及灌区200多个，管理灌溉面积6000多万亩，参与农户有300多万。在世行贷款节水灌溉项目中，通过自主管理灌排区（SIDD）和农民用水者协会（WUA）的建立推广，充分调动了广大农民群众的积极性和内在动力，促进了农业高效节水新技术的引进和推广，切实达到了农业节水的目标。在英国政府赠款的“面向贫困人口的农村水利改革项目”区推广建立了51个农民用水者协会，带动了当地农村用水管理新模式的发展，使广大农民，特别是妇女和弱势群体能公平公正地享有用水权利。2006年8月国家发改委、水利部、民政部共同组织召开了“全国农民用水户协会工作经验交流会”，进一步总结和交流了10多年来全国开展农民用水户参与灌溉管理改革工作的经验，对下一步大力推进农民用水户协会发展做了动员和部署。

4.引进了先进技术和设备

借用国外贷款，在引进国借用国外贷款金的同时，水利行业重视国外先进技术和设备引进，有力地推进了水利科技的进步。例如，在日元贷款的观音阁水库项目中，引进的碾压混凝土快速筑坝技术成功地应用到江垭水利枢纽中的高坝建设中；世行贷款小浪底水利枢纽工程在复杂的岩层条件下，修建了大直径隧洞和大跨度地下厂房，解决了深达80多米的坝基混凝土防渗墙的施工技术难题；世行贷款引大入秦工程引进了长距离大直径全断面掘进机开挖隧洞的新技术，创造了月进尺的全国纪录。

5.推进了人才培养和咨询能力发展

在利用国外贷款项目中，采取“派出去，请进来”的办法，培养了一大批设计、施工和管理人员。在小浪底项目中，水利部黄委会设计院派出几十人去美国柏克德公司共同参加小浪底工程的轮廓设计，不仅学习了国外先进设计技术，而且提高了外语能力。目前这批人员已成为工程设计、施工、监理、管理、科研等方面的骨干力量。在贷款项目中，通过邀请国际上有经验的咨询专家进行技术指导，显著地提高了国内咨询机构的技术咨询能力。同时，通过贷款项目的实践，培养和锻炼了大批政治素质好、业务水平高、懂外语、会管理的涉外工作人才。

6.锻炼了国内施工队伍，增加了参与国际市场竞争的能力

我国许多水利水电施工队伍在国外贷款项目建设中得到了锻炼。通过实践，熟悉了国际工程项目建设管理的程序和相关规则，掌握了国际工程建设施工的管理方法，增强了参与国际工程市场竞争的能力。

7.为世界了解中国水利的建设成就与经验提供了平台，加强了水利国际交流与合作

利用世界银行贷款的黄河小浪底水利枢纽工程和库区的移民安置工程创造的“开发式移民”分别被世行誉为“与发展中国家合作的典范”和“国际移民工程的典范”。

被世行誉为“旗帜工程”的黄土高原水土保持项目获得2004年度世界银行行长奖，并在2005年上海举办的“全球扶贫大会”上，与世界各国的代表，特别是发展中国家的代表，分享了本项目的成功经验。

近几年，越南、巴基斯坦、孟加拉、印度等发展中国家分别派团考察我国利用世界银行贷款的大型灌区改造项目、节水灌溉项目等，借鉴中国实施世行项目取得的经验和成就。

（二）经验、教训与分析、评价

1.贷款的选项与立项工作

世界银行贷款、亚洲开发银行贷款、国外政府贷款在项目的选项与立项方面都有十分苛刻的要求，如何在满足这些严格程序的基础上，积极争取引进更多的借用国外贷款，是目前我国水利借用国外贷款的难题之一。以我国水利借用国外贷款的最重要来源世界银行贷款立项过程为例，世界银行贷款不同于一般的商业银行贷款，在选项和立项阶段除了遵循一般的成本效益原则外，还有以下要求：项目的选择必须充分反映双方的政策要求；世界银行贷款项目既要按照国内基建程序进行报批和可行性论证，又要按照世界银行贷款程序进行准备和评估。

2．认真做好项目规划和前期工作是水利借用国外贷款工作的基础

水利项目通常具有投资规模大、涉及面广和管理复杂的特点，项目的规划要符合行业发展和区域发展的要求，而前期工作是要对项目的建设任

务、经济社会效益、资金筹措、实施计划等方面进行充分的论证。实践经验表明，做好国外贷款项目前期工作是水利借用国外贷款和项目能否顺利实施的关键环节。借用国外贷款不仅要引进资金，也要充分考虑引进先进的设备技术，同时将借用国外贷款项目作为引进先进理念和知识的载体。

在项目规划和论证需要注意的另一个问题是，要合理确定项目借用国外贷款利用额度，认真编制项目的借用国外贷款利用方案，这是确保借用国外贷款项目经济合理性的基础。对一个项目而言，借用国外贷款额度过小将造成资金上的缺口，借用国外贷款额度过大会造成资金积压，使借用国外贷款效益不能充分发挥。

3.健全管理制度加强项目管理是保障国外贷款项目顺利实施的核心

实践证明，建立一套系统、全面、完整的管理制度，是提高借用国外贷款效率和保障项目顺利实施的基础，而依据管理办法强化对项目实施的全方位管理，则是项目实施的基础和核心工作。对财务管理工作也要予以同样的重视，充分提高资金的使用效益。在许多借用国外贷款项目的实施过程中，健全的项目管理制度和强化管理为项目成功实施提供了坚实的保障作用，促进了项目各项社会和经济效益的充分发挥。

4.切实落实配套资金是国外贷款项目顺利实施的重要保障

借用国外贷款必须有足够的配套资金，这是项目顺利实施的重要条件。水利项目具有投资大的特点，尽管利用了借用国外贷款，但所需的配套资金仍然很大；在过去的国外贷款项目中，项目单位在配套资金的筹集方面存在很多困难。要充分重视配套资金的落实工作，不能为上项目而不重视配套资金的筹集工作，否则将对未来的项目实施造成很大的影响。

5.切实注重加强借用国外贷款项目管理队伍的建设与培养工作

人才是我们开展如何工作的基础，借用国外贷款工作一般对项目人员的综合素质要求较高，许多项目在实施过程中采取培养和引进并举的原则，极大地促进了项目的实施工作进度。我们应把借用国外贷款项目的实施，作为进行人才培养的一个重要机遇；不仅要重视人才的使用，更要重视人才的培养，通过各种方式和手段加强借用国外贷款工作人才的培养，为水利借用国外贷款工作的发展奠定人才资源基础。

6．借用国外贷款的招标采购工作

对水利项目所需货物的采购，包括建筑工程、设备材料、技术转让和咨询服务的采购，是项目执行过程中一个至关重要的组成部分，几乎所有国际金融组织都要求采用国际竞争性招标方式进行采购。我国竞争性招标采购的程序和操作方法是随着世界银行贷款的利用而引进的。招标采购工作既关系到业主、承包代理机构、投标厂商及项目主管部门等各方面的利益，又涉及一系列复杂的专业技术问题，因此它往往是借用国外贷款管理中难度较大，出现问题较多的一个环节。

7．利用国外贷款项目的贷款偿还问题

水利项目以社会经济效益为主的特点，使项目贷款偿还问题成为水利扩大借用国外贷款利用规模、实现良性循环的制约，也使各地区借用国外贷款积极性的受到影响。对于水利项目，完全利用项目的效益偿还债务，可能是不现实的；但是，完全依靠财政资金和基建投资偿还债务，也是不现实的。如何改革，需要解决若干制约因素，如落实农灌水价（按有偿服务）、水价电价（按有偿服务）等，增大项目的效益发挥，提高项目自身的还贷能力，为水利行业创造出一个借用国外贷款的良好环境，提高借用国外贷款的使用效率，促进水利借用国外贷款工作的拓展，是需要我们认真研究的重要课题。

8．水利借用国外贷款的汇率风险管理

在浮动汇率制下，国际外汇市场汇率频繁地、大幅度地波动，给国际投资活动带来巨大的风险。如果不注意采取积极的防范措施，汇率变动的结果必将给国际资本流动中的流出或流入一方带来巨大的经济损失。水利借用国外贷款的过程中，汇率风险大，其中外汇调节汇率的还贷风险则更难预测。

公路水路交通行业借用国外贷款25年回顾与总结

一、我国公路水路交通行业利用国外贷款的现状

（一）利用国外贷款背景

20世纪80年代初，我国交通基础设施匮乏，铁路、港口吞吐能力严重不足，制约了煤炭等重要物资的运输，极大地影响了国民经济的发展。面对此种严峻的情况，我国交通行业在中央积极利用外资的决策指引下，开始与国际金融组织及外国政府贷款机构进行合作，分别于1979年、1983年和1991年利用日本政府、世界银行及亚洲开发银行贷款建设公路、内河、港口等交通基础设施。秦皇岛煤码头、石臼港煤码头是交通行业最早引入国外贷款项目。

（二）利用国外贷款管理现状

1．国家对国外贷款的管理

我国分别于2000年、2005年和2006年由国家计委、国家发展和改革委员会及财政部出台了《加

海沧公路大桥项目，借用日本政府日元贷款。图为大桥全景

秦皇岛戊己码头，借用日元贷款50亿日元

强利用国际金融组织和外国政府贷款规划及项目管理暂行规定》、《国际金融组织和外国政府贷款投资项目管理暂行办法》和《国际金融组织和外国政府贷款赠款管理办法》，明确了利用国际金融组织和外国政府贷款的指导思想和基本原则；对加强贷款项目的前期准备管理、实施管理及债务管理做出了具体要求；明确了国外贷款的主要使用方向、程序及条件。

2．行业对国外贷款的管理

为加强公路、水运基本建设利用国外贷款项目的管理，更有效地使用外资，交通部于1991年颁布了《公路、水运基本建设利用国外贷款项目管理暂行办法》，对公路、港口、内河等大中型基本建设利用国外贷款项目的前期工作、实施、后评价和还本付息等方面制定了明确的指导方针。

交通部对国外贷款项目实行行业归口、分级管理的原则。交通部负责对贷款项目的行业归口管理，要求各省、自治区、直辖市、计划单列市交通厅（局、委、办）、港务局、航务局等成立专门机构，在交通部的指导、组织下负责贷款项目的实施和管理。

公路水路交通行业项目利用国外贷款的传统模式一般为：国外贷款机构向各省交通厅提供项目建设贷款，各省厅承担还款责任。国外贷款机构将以项目为基础，对各项目单位进行项目准备、评估。交通部仅从行业主管部门的角度，提出贷款的备选项目，并对项目进行中的有关问题进行协调。

（三）利用国外贷款规模与构成

1．贷款规模

截至2005年底，公路水路交通行业利用国外贷款签约额达170.14亿美元，其中，利用世界银行贷款75.52亿美元，利用亚洲开发银行贷款63.62亿美元，利用日元贷款29.47亿美元，利用其他政府贷款1.53亿美元。具体情况如图1所示。

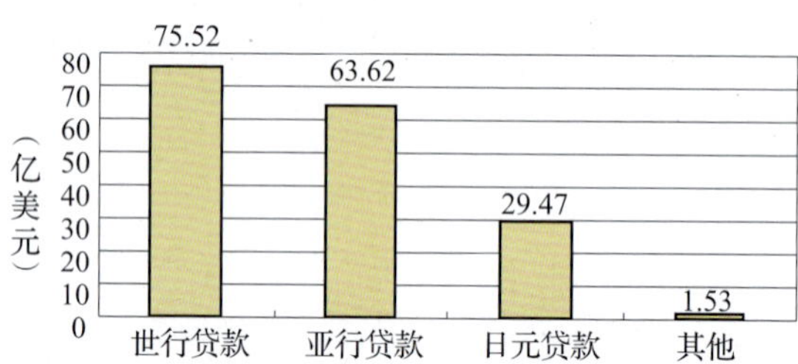

图1　公路水路交通行业利用国外贷款规模

2．贷款项目

截至2005年底，公路水路交通行业利用国外贷款建设高速公路8460公里，其他高等级公路5952公里，路网改造10069公里；新建改建港口深水泊位近100个，新增吞吐能力18581万吨，建设内河水电枢纽3座。其中，利用世界银行贷款安排公路项目38个，港口项目8个，内河项目5个；利用亚洲开发银行贷款安排公路项目30个，港口项目4批（个）；利用日元贷款安排公路项目15个，港口项目13个。按照公路水路两大行业划分项目情况，如图2所示。

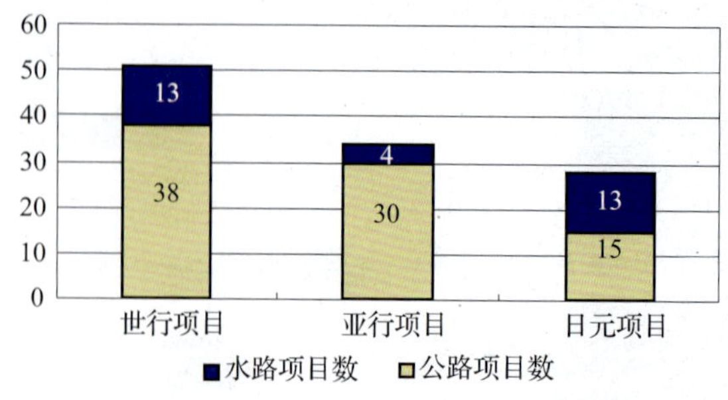

图2　公路水路交通行业利用国外贷款项目数量

3. 地区分布

从总量上看，公路、水路交通行业吸引的国外贷款在东、中、西三大地区的规模相当，贷款数额分别为50.70亿美元、55.83亿美元和62.08亿美元，分别占全国利用国外贷款总量的30.07%、33.1%和36.8%。世行、亚行和日元贷款却各有其侧重点，世行贷款稍偏重于东部地区，不过从1998年以来，随着中国西部大开发战略的提出，世行贷款的重点已经从东部向中西部转移。亚行贷款相对集中于西部，而日元贷款相对更侧重于东部。分省份来看，四川、湖南、湖北是利用国外贷款金额最多的三个省。公路水路交通行业利用国外贷款地区分布情况见图3和图4。

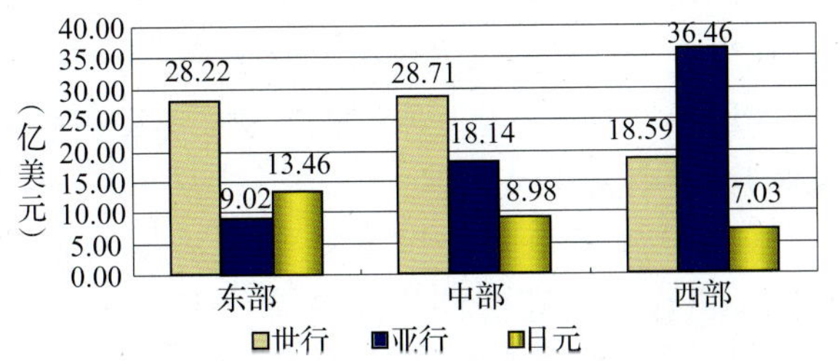

图3 公路水路交通行业利用国外贷款地区分布

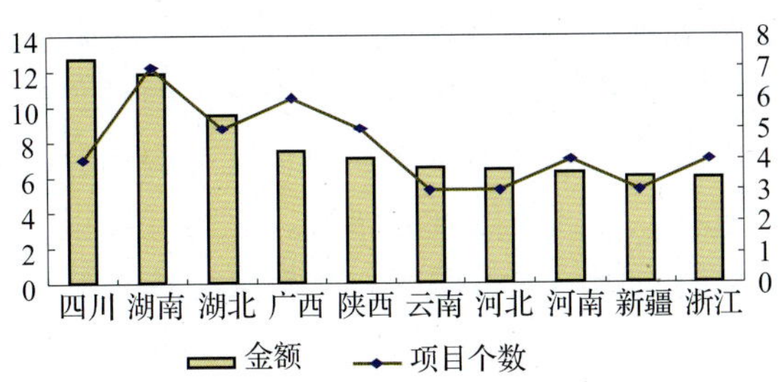

图4 主要省份交通行业国外贷款分布

4. 领域分布

世行、亚行和日元贷款对我国公路、水路交通系统的投资侧重于公路。公路系统利用世行、亚行和日元贷款金额的平均比例达到了83%，具体情况见图5、图6和图7。

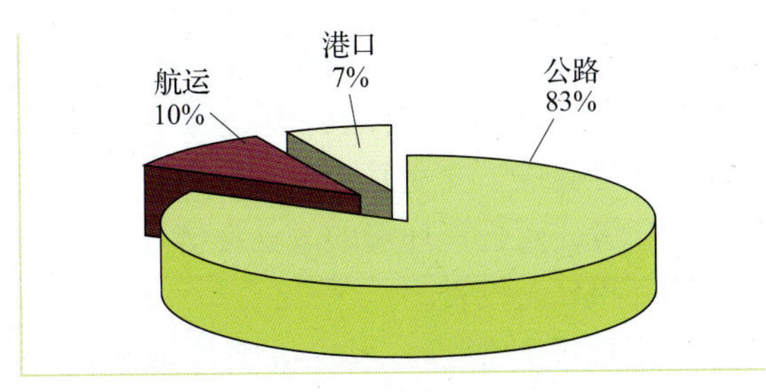

图5 世行对不同领域贷款金额比例

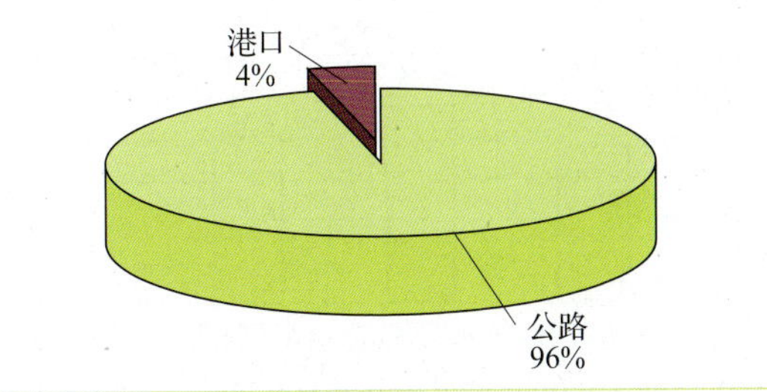

图6 亚行对不同领域贷款金额比例

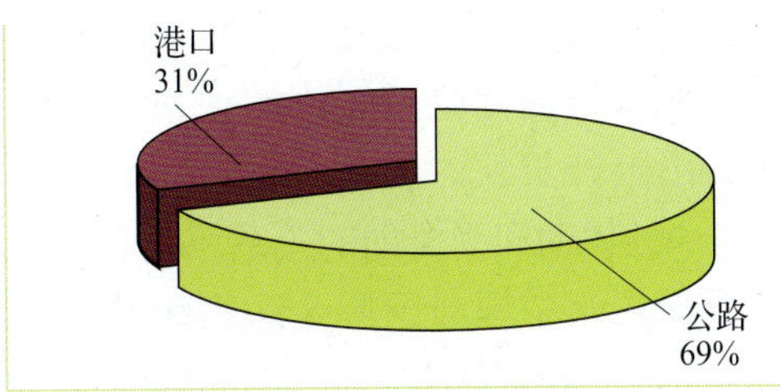

图7 日元对不同领域贷款金额比例

（四）利用国外贷款阶段性特征

1. 规模特征

我国从“六五”时期开始利用国外贷款，一直到“九五”时期，投资于公路水路交通行业的国外贷款金额和项目都在不断上升，至“九五”时期已经达到了一个顶峰，利用国外贷款金额达70.11亿美元，实施项目45个。从公路水路交通行业国外贷款占基本建设投资的比例来看，从“七五”到“十五”四个五年计划时期，该比例分别为7.53%、9.58%、8.14%和2.80%，“九五“和“十五”时期有所下降。分析国外贷款规模（包括绝对规模与相对规模）的阶段性特征，主要是跨越“九五”和“十五”期间我国实施了积极财政政策，国债大量投资于基础设施建设对利用国外贷款产生了一定的影响。此外，国外贷款也越来越从过去的资金支持向知识银行的角色转变，也在一定程度上解释了贷款规模下降的原因。国外贷款的阶段性特征如图8和图9所示。

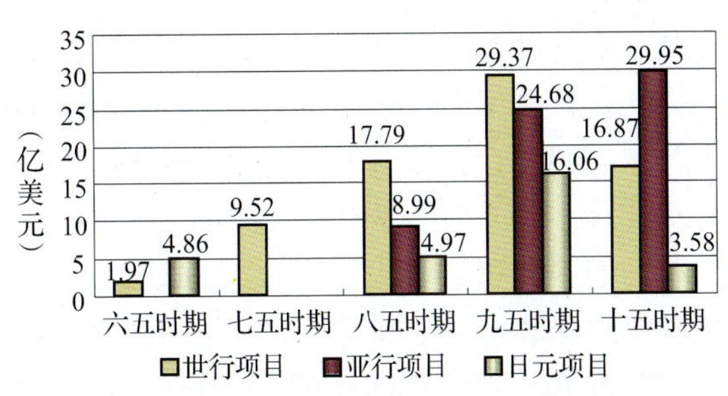

图8 不同时期公路水路交通行业利用国外贷款情况

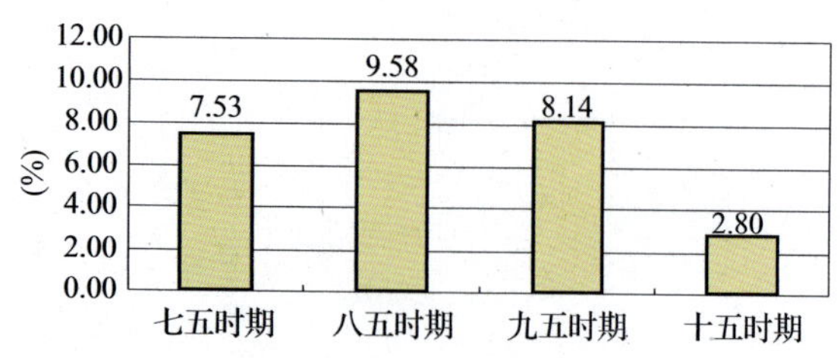

图9 公路水路交通行业国外贷款占基本建设投资比例

2．合作特征

随着我国社会经济的发展，在交通行业，我们与世行、亚行等国际金融组织的关系也发生着变化。在利用国外贷款的初期，世行、亚行与我们更多的是一种援助和受援助的关系。随着合作和发展的不断深化，中国与国际金融组织的关系已经不仅仅是借款人和贷款人之间纯粹的债务关系，而是逐渐转变成为一种合作关系。如中国在世界银行的角色由最大借款国向重要股东国转变；世行2006～2010对华援助战略制定过程中将双方的合作关系提升到战略合作伙伴层次。中国需要国际金融组织，但国际金融组织更需要中国，同时国际金融组织在中国这个最大的发展中国家所积累的经验也正在不断地向外输出。

二、取得的成绩与经验

（一）取得的成绩

我国公路水路交通行业利用国外贷款20多年来，取得了辉煌的成绩。在评价世界银行的作用时，邓小平曾说过，“有没有世界银行中国都能办到，但有了你们，我们可以更快地办到”。在世界银行评价其对华援助绩效时指出：中国的发展成就是由多种因素决定的，世行援助规模相对较小，但世行在许多领域产生了累积性影响，发挥了超量级的作用。总体来看，中国与国际金融组织合作的着眼点并非仅仅是指资金本身，而是以贷款为载体所形成的技术和经验交流平台，以及对外宣传的窗口作用。首先，交通行业利用国外贷款进行交通基础设施建设，使行业发展融入了国际化的舞台，是体现改革开放的成功战略决策。其次，国外贷款为行业传播了先进的知识和技术，培养和引进了大量人才，推动行业管理制度更加规范和健全，带来了协调发展、可持续发展、以人为本等一系列新理念、新思想，为行业发展指明了方向，明确了如何按照国际规则建设、管理及制定交通行业的发展蓝图。

1．成功的战略决策

国外贷款是社会经济中的一个重要因素，有人曾把它比喻成经济发展和社会进步的助推器。西方早期外债历史提供了通过借用外债发展社会经济，赶超原来领先的债权国的生动例证；第二次世界大战后，世界上大多数国家都把举借外债作为发展社会经济的重要手段，利用外资以弥补建设资金缺口和外汇缺口；在今天全球化和一体化的时代，任何想谋求发展，不落于后的国家，都在尽一切可能利用全球化中强大的外部资金、技术等外部经济力量发展本国的经济建设，在竞争日益激烈的世界中找到自己的立足点和一席之地。不利用或者不能很好地利用外部世界的力量，闭关自守，孤立于世界，在当今全球经济一体化的大形势下，无疑是不明智的选择，最终也会受限于孤身发展的慢速而在激烈的竞争中失利。

基础设施是每一个国家社会经济发展的基础和前提条件，被经济学家称为“社会先行资本”。基础设施建设需要巨额的资本投入，绝大多数发展中国家受国内社会经济条件的限制，无法筹集到所需的“先行资本”，就应该眼光向外，对外筹资。而实际情况也表明，国外贷款一般也优先投向于基础设施建设，这是国际经济界和金融界，特别是像世界银行、亚洲开发银行等国际金融组织的通行做法。积极吸引和利用国外贷款，对于交通行业来说是一项大胆的战略决策，也是当今全球一体化时代发展交通事业的一条明智之路。

2．必要的资金支持

我国交通基础设施建设面临很大的资金缺口。首先，国外贷款直接投向我国的交通基础设施建设，且提供了一系列的贷款优惠条件，拓展了国内的融资渠道，弥补了资金缺口。

其次，这些国外贷款带动了国内配套资金的落实，对项目的开展起到了助推器的作用。

最后，国外贷款投资能够引起诱导性投资。因为贷款项目促进了交通基础设施的建设，有助于改善投资环境，而投资环境的改善将诱导更多的国外直接投资和私人投资。

综合上面三种影响，可以说国外贷款项目起到了资金催化剂的作用，它促进了初始投资、配套投资和诱导投资三个层次投资的深化。

3．知识的传播者

国外贷款在给予资金支持的同时，也为公路水路交通行业带来了先进的知识和丰富的经验，提升了行业的整体发展水平，加快了与国际接轨的步伐。

（1）管理。管理制度科学化、规范化是引导行业健康快速发展的重要保障。国外贷款在我国交通行业管理制度改革和体制创新方面起到了催化剂的作用。世行、亚行等国际金融组织对贷款项目实行全过程管理，在项目前期工作、项目实施及后评价等方面推行一整套规范的制度和做法，这不仅为项目的顺利实施提供了保障，同时也为中国交通工程项目引进了国际上先进的管理理念和管理经验。

FIDIC合同条款是我国交通行业利用国外贷款过程中引入的最重要的建设管理经验，也是交通行业规范和完善管理制度的重要起点，我国正是在学习、引进FIDIC先进的工程管理模式的基础上，逐步探索出了交通工程项目管理体制的新路子。我国目前普遍采用的“合同管理制”、“项目法人责任制”、“招标投标制”、“建设监理制”实际上均来源于FIDIC这种传统模式。FIDIC合同管理建立了业主、承包商、监理工程师各就其位、各司其职、各自负责、权责制约、公平、公开、公正的共同管理模式。FIDIC理念的深入使得参与中国交通建设的各方当事人开始认识到合同管理的重要性，合同管理逐步发展成为工程项目管理的一个重要内容。FIDIC合同条款的引进、应用与发展，使得中国目前的公路建设，已经从适应单一计划经济的管理模式逐步过渡到市场化运作的管理模式；从行政命令式管理逐步转变到行业自律性管理；从业主自身进行管理逐步转向委托专业化公司进行管理。可以说，FIDIC合同条款对于规范中国交通建设管理制度，从根本上保证对项目工程质量、工程进度、工程造价的控制，引入制约均衡机制和协调各方职责都发挥了至关重要的作用。

（2）技术。要实现行业的快速发展，科技是引领。国外贷款项目提供的技术援助贷款赠款为我国引进了一批现代化的交通设计、施工、养护、科研、试验检测技术和装备，促进了我国公路水路交通整体技术水平的提升，实现了与国际的接轨。利用日元贷款建设的厦门海仓大桥，就是成功的范例。

（3）人才。交通行业在利用贷款的同时，通过外派人员出国培训，聘请国外专家管理、咨询等多种形式，培养了一批熟悉国际金融、法律、财务分析、项目评估、项目管理及工程技术的人才，推动了我国公路水路交通行业人才队伍的发展和壮大，为今后的持续发展奠定了坚实的人力资本基础。

4．新理念的载体

随着中国经济社会的发展和交通行业的进步，国外贷款对交通行业的促进作用逐渐由过去的资金支持转向技术引进、制度建设，又逐渐转向在交通发展理念方面的引领。多年来，世行、亚行坚持基础设施“硬件”建设与技术援助“软课题”研究相结合，经过与各级交通部门多年的合作，在交通行业推广了协调发展、可持续发展、以人为本等先进理念。在项目层面，通过工程技术、环境保护、社会评价等专家的联合指导，协助交通项目前期工作由粗放型向精细型转变，实现了选线优化、利民不扰民、保护河流、耕地等要求。在发展战略和政策层面，通过技术援助、合作研究，向交通行业介绍国际先进的发展经验和理念，使交通扶贫、可持续发展等观念逐渐深入人心。国外贷款在公路水路交通深入践行科学发展观方面起到了积极的推动作用。

（1）扶贫与协调发展理念。国外贷款项目具有高度规划性，致力于社会经济的全面协调发展，减少贫困，消除地区间、城乡间发展的不平衡现象。国外贷款对交通行业的援助项目尤其促进了这方面的进步。有资料显示，投入道路建设的每1万元平均可以让3.2人脱贫。世行、亚行等国际金融组织在中国的落后地区合作开展了大量的跨部门诊断性研究，参与了大量的扶贫分析和以扶贫为主的项目及其他项目，加强通往落后地区之间和落后地区内部的交通联系，如公路贷款项目中要求将相关连接线和地方公路（包括农村公路）纳入贷款项目范围，将基础设施向贫困地区延伸，并在此基础上，形成了一个清晰的战略框架，目的是继续支持中国政府开发落后地区的计划，尤其是中西部地区和东北高度城市化的“衰退地区”。已经开展的扶贫项目极大地改善了当地的基础设施条件，优化了投资环境，促进了地区经济发展。在国家大力倡导建设社会主义和谐社会的新形势下，交通行业国外贷款项目对于扶贫方面的贡献充当了先行官的作用，为和谐社会的发展奠定了基础。

（2）可持续发展理念。世行、亚行等国际金融组织都将生态环境问题视为贷款援助战略的重点，致力于积极推动贷款国从资源掠夺型发展向资源保护型发展转变。因此，国外贷款项目十分重视环境保护和环境评价。这极大地促进了交通行业环境保护意识的加强和项目环境评价机制的建立及发展完善，使项目设计和选线更趋于科学合理，旧的理念被项目与环境“双赢”的新理念所取代，为行业的可持续发展奠定了基础。

（3）以人为本理念。世行、亚行等国际金融组织在项目实施过程中大力发扬“以人为本”的思想理念，对征迁和移民安置等问题极为重视，促进我国交通项目从传统的简单的费用包干型向关注民生协调发展的转变。此外，世行等国际金融组织还在其所开展的项目中加强对艾滋病的宣传，并在经济合作研究领域加强对道路安全的研究与实践应用，其“以人为本”的思想体现在工作的每一处细节中，促进了我国交通行业的项目建设与社会影响向统筹协调方向发展。

5．对财政改革的贡献

公共财政是与社会主义市场经济相适应的财政体制和运行机制，是政府履行职能的物质基础、体制保障和政策手段。在“十一五”时期，我国将进一步完善公共财政体制，发挥公共财政的作用。国外贷款是中央财政负责担保的主权外债，具有准公共资金的性质，能够有效弥补财政资金结构性投入不足和市场失灵的问题。交通行业是国民经济和社会发展的基础性、先导性行业，交通基础设施建设是公共财政的重要内容。目前，我国交通基础设施任务繁重，资金缺口大。国外贷款对交通行业的支持，对我国的公共财政改革起到了积极的推动作用。首先，由于分权化的实施，财政汲取能力大幅下降，国外贷款以政府信誉担保，它以财政支出的形式对交通行业的投入可以及时弥补该领域公共投资的某些缺位，开拓了公共支出的财源。其次，自20世纪80年代末开始，我国一直实行的是财政赤字，这对于公共投资的长期增长构成很大的压力。而国外贷款作为国际赤字融资的手段之一，其优势在于还贷时间较长，可以减轻国内赤字融资的短期和中期压力。

（二）经验与体会

1．充分认识国外贷款的作用

我国在利用国外贷款过程中仍然存在的一个问题是，对外资的认识还不到位，更多地还是把利用国外贷款作为一种补充资金的手段，而对它的附加价值，示范效益的认识还不够充分。这在我们的发展历程中有着鲜明的体现。如1998年至2002年期间，我国实施了积极的财政政策，地方交通建设融资就转而放弃国外贷款，纷纷投向于国债，国外贷款在“九五”和“十五”期间占基本建设投资的比例有所下降。

2．统筹安排服务于行业发展

我国交通主管部门每年定期与世行、亚行等国际金融组织开展政策对话，向其官员介绍中国公路水路交通发展战略、目标及各项交通发展规划，使贷款机构了解中国交通行业的整体需求。在充分考虑贷款机构在华援助战略和重点安排的基础上，通过统筹规划、充分沟通，使国外贷款资源能够集中应用到交通发展最急需的领域。

3．利用国外贷款推动行业创新

国外贷款的程序、政策和发展理念是在长期的实践中建立起来的，有其先进性、合理性和科学性，对这些程序和规则认真学习并尽可能遵守，是自我提升，不断规范，不断与国际接轨的过程。但另一方面，中国正处于改革开放和市场经济建设的过程中，中国交通行业正处于大规模建设和发展时期，必须根据自己的国情和现实条件，创新性地与国际金融组织和外国政府开展合作，共同探索适合我国交通行业实际情况的发展之路。

4．利用国外贷款加强机构能力建设

世行、亚行等国际金融组织的贷款计划具有高度的整体规划性，致力于辅助和促进援助国家宏观战略规划的实施。国际金融组织非常重视建立行之有效的项目资金管理机制和系统，帮助项目有效运转；建立一套评价项目的绩效指标以加强监督和评价，建立项目数据库作为项目知识传播的基础。另外，国外贷款有一套规范严格的程序，专业性强。所有这些都对各级交通行业主管部门的机构能力提出了更高的要求，国外贷款项目的实施是加强机构能力建设的重要途径之一。

5．提高风险防范意识加强防范措施

交通行业外债对汇率、价格及国际国内经济政治变化的风险防范意识还需强化，防范措施也有待改进。由于交通行业外资贷款币种比较单一，早期集中于美元和日元，目前集中于美元，所以难以有效分散和降低外债所承受的汇率风险，从而使外债的抗风险能力比较脆弱。如我们在利用日本海外协力基金的过程中曾经有过教训，日元的升值造成交通行业，主要是港口方面还贷压力翻倍，给行业和国家都带来了不小的损失。人民币汇率逐步放开之后，汇率形成更趋于市场化，而且我国经济与外债、外资和外贸出口等外部经济有高达40%左右的相关度，因此，加强外债的风险防范意识，完善防范措施也是今后工作的重点内容。

6．进一步发挥行业主管部门的作用

执行国外贷款项目是一个系统工程，必须严格遵守贷款机构各项规定、国内的基本建设程序和国家利用外资有关规定。国外贷款工作广泛涉及贷款机构、国家发展改革委、财政部、地方交通主管部门以及项目单位。交通行业主管部门要发挥好桥梁纽带作用，做好与上述部门和单位积极协作，根据公路、水路基本建设项目的特点，在项目准备和执行阶段加强指导，注意国内程序与国外贷款程序的配合衔接。

7．专业人才队伍保障

组建一支专业搭配适当、业务能力强、事业心强、工作扎实高效、掌握谈判技巧的专业队伍，是成功争取国外贷款和确保项目成功实施的经验；既懂技术又掌握外语，并且熟悉国际融资程序和惯例做法的专家人才是利用国外贷款工作的宝贵资源；能够积极主动、坦诚合作、谦虚好学且真正善于学习、守信守约、负责任地工作，是成功争取和实施国外贷款项目的重要原则。

8．严格遵守国际惯例

FIDIC条款是国际工程上普遍采用的惯例，严格按照FIDIC条款建立监理制度，实施规范的招投标程序，以项目合同为核心，对项目质量、进度、费用进行控制，是保障项目高质量、高效率完成的关键。

积极有效利用外资　促进中国铁路的建设和发展

——铁路借用国外贷款25年回顾与总结

铁路是我国综合交通运输体系的骨干之一，是国家的重要基础设施，是国民经济运行的大动脉和大众化交通工具。25年来，铁路利用外资工作从无到有、从小到大、从单一到多元的实践启示我们，只要始终不渝坚持对外开放政策和利用外资方针，从国情路情出发，借鉴国际经验，充分发挥中国铁路资源、劳动力和市场的比较优势，不断拓宽利用外资渠道，稳步扩大国外贷款规模，注重提高利用外资质量，就一定能够使利用外资工作在中国铁路的建设发展中发挥更加积极有效的作用。

一、铁路利用外资基本情况

（一）铁路利用外资的发展历程

铁路利用外资工作，是伴随着我国改革开放进程和社会主义市场经济发展不断拓展和深化的。1978年，党的十一届三中全会以后，我国确立了“积极、合理、有效地利用外资”的基本方针，提出要充分利用国内国外“两种资源，两个市场”，加快发展。铁道部从1979年12月开始借用外资贷款建设兖石线、京秦线，这是我国实行改革开放后第一批利用外资的项目，标志着铁路成为我国利用外资最早、规模较大的产业部门之一。在不同的建设时期和发展阶段，铁道部始终如一地根据国家总体规划和铁路发展实际需要，按照国外贷款政策取向，精心安排贷款项目，使外资利用积极合理富有成效，为铁路的现代化建设发挥了不可或缺的重要作用。

“六五”期间，按照“疏通沿海港口后方通道，确保晋煤和西北煤炭外运；提高西南煤、磷外运能力，适应福建、广东两个特区经济发展”的战略部署，安排了兖石线、京秦线、北同蒲电气化、鹰夏线电气化、川黔线电气化等一批外资贷款项目。其间，借用日本协力基金贷款约7.88亿美元，世界银行贷款约4.55亿美元，合计约12.43亿美元。

“七五”期间，为打通晋煤外运、进入广州、通向华东的3条通道，确定了“北战大秦，南攻衡广，中取华东”的战略部署，安排了大秦线、衡广复线、郑宝线电气化、郑武线电气化、焦枝复线等一批外资贷款项目。其间，借用日本协力基金贷款约4.93亿美元，世界银行贷款约4.3亿美元，合计约9.23亿美元。

“八五”期间，为尽快改变铁路运输不适应状况，提出了“强攻京九、兰新，速战侯月、宝中，再取华东、西南，配套完善大秦”的战略部署，安排了京九、宝中线、浙赣复线、南昆、京郑线电气化、成昆线电气化等一批外资贷款项目。其间，借用日本协力基金贷款约7.87亿美元，世界银行贷款约11.5亿美元，亚洲开发银行贷款约2亿美元，其他国家贷款约1.27亿美元，合计约22.64亿美元。

“九五”期间，铁道部确定了抓住机遇、加快发展的指导思想，制定了“大战西南，强攻煤运，打通限制口，配套大干线”的战略部署，安排了西康线、贵娄线、武广线电气化、宁西线等一批外资贷款项目。其间，利用日本协力基金贷款约6.5亿美元，亚洲开发银行贷款约3亿美元，其他国家贷款约3.61亿美元，合计约13.11亿美元。

青藏铁路项目。图为借用世界银行贷款采购的大型轨道救援吊车救援演练

西康铁路项目，总投资98.8亿元，借用日本政府日元贷款折合6.5亿美元，建设期1997～2000年。图为引进的先进隧道掘进机

“十五”期间，为贯彻落实科学发展观和实现铁路跨越式发展的新要求，提出了“运输能力快速扩充、技术装备水平快速提升”的战略部署，安排了宜万线、浙赣电气化、渝怀线电气化、郑西、武合、石太线客运专线等一批外资贷款项目。其间，借用世界银行贷款3.6亿美元，亚洲开发银行贷款15.8亿美元，外国政府贷款约10.58亿美元，国外赠款用于技术援助210万美元，合计约29.98亿美元。

到2005年底，铁道部累计借用国外贷款（协议额）约87.39亿美元，其中，日元贷款约27.18亿美元，世界银行贷款约23.95亿美元，亚洲开发银行贷款约20.8亿美元，其他外国政府贷款约15.46亿美元。

（二）铁路利用外资的主要特点

1.贷款规模不断扩大

“六五”至“九五”期间，在国家对铁路建设利用外资实施倾斜政策的支持下，在有关部门的协助下，到2000年底，铁路建设（合资、地方铁路等除外）按照贷款协定金额累计已合计借用外资57.41亿美元。“十五”是铁路历史上利用外资最多的时期，5年新增外资29.98亿美元（协议额）。

2.融资渠道不断创新

外资贷款款源结构逐步呈现多元化趋势，在贷款渠道、种类及赠款三个方面不断尝试融资创新。一是开辟了美国进出口银行贷款、法国开发署贷款、西班牙政府贷款、欧洲投资银行贷款等新渠道；二是开拓了联合融资新品种，如亚洲开发银行和法国开发署联合贷款用于大丽铁路建设、德国和奥地利政府联合贷款用于武合客运专线建设；三是扩大了赠款使用规模，用于开展电气化、集装箱运输和铁路应对WTO等领域的研究。

3.融资成本不断降低

铁路跨越式发展需要大量资金，同时更需要降低融资成本。基于这一要求，结合国外优惠贷款的特点，在融资过程中努力从争取优惠贷款条件、争取优惠采购条件和争取进口设备免税三方面入手，不断降低资金成本。如亚洲开发银行贷款先征费已由贷款总额的1%降为0。此外，利用外资进口机电设备免税的政策优惠，充分争取免税金额。“十五”期间，铁路累计利用外资进口机电设备约4.5亿美元（约合人民币37亿元），免税金额达9.2亿元人民币，节约了建设资金，降低了建设成本。

4.外资投向不断优化

围绕路网建设和技术装备现代化，外资利用逐步转向用于客运专线、西部开发重点项目和提速干线建设，以及大型养路机械、救援及安全装备的引进，使外资在引进关键设备、引进国外先进技术和管理理念等方面发挥了积极作用。如在工务养护设备方面，先后利用美国和法国贷款1.25亿美元专项采购大型养路机械设备，有力地配合了铁道部“十五”大型养路机械总体规划目标的实现。

二、铁路利用外资的成效与作用

1.弥补国内资金不足，支持铁路加快建设

到2005年底，铁路利用外资参与铁路建设项目32个，其中新线建设项目16个，复线改造项目4个，电气化改造项目12个。从20世纪80年代中期到90年代中期，先后投入外资约16亿美元采购铁路建设所需的钢材、木材、水泥等，保证了原材料供应，有效地缓解了国内建设资金的不足。这些项目的建设，对于完善路网布局、增强干线通过能力，促进西部大开发，带动老区和贫困地区发展起到了重要作用。

2.引进先进技术装备，提高技术装备水平

到2005年底，在铁道部利用国外贷款中，约有8.3亿多美元用于采购电气化设备，4.1亿多美元用于采购机车车辆，5.93亿多美元用于采购大型养路机械，8亿多美元用于铁路通信信号项目，5亿多美元用于采购施工机械，2亿多美元用于采购勘察设计装备及加工设备，1400多万美元用于采购安全设备，7000多万美元用于采购TMIS系统建设所需的大型计算机、工作站及网管系统等，这些项目绝大多数是引进国外先进技术装备，对提高铁路技术装备现代化水平、促进产业技术升级发挥了重要示范作用。可以说，外资的利用增强了铁路引进先进技术装备的水平，同时进一步提高了铁路自主创新的起点和能力。

3.实施企业技术改造，促进结构优化调整

通过“技贸结合”引进国外先进技术，提高了产品质量，带动了工业结构的调整。如先后借用世界银行贷款对长春客车厂、昆明机械厂等7家企业实施技术改造，优化调整产品结构，使企业在较短时间内实现了产品的更新换代，大大提升了企业参与国际市场竞争力。长春客车厂在借用日元贷款采购168辆铁路客车的国际招标中中标，成功地实现了进口替代，其后又获得了向伊朗提供48辆双层客车的合同。昆明机械厂也在大型养路机械设备采购的国际招标中连连中标。

4.借鉴先进管理经验，不断推进管理创新

在哈大铁路电气化改造项目中，除了引进先进的电气化设备外，还在电气化设计、施工和运营期间聘请德国专家进行指导，收到了很好的效果。宝兰复线建设中引入了与国际接轨的环境评价制度，在青藏铁路等国家重大建设项目中进行了推广使用。在铁道部利用国际金融组织的贷款和赠款中，还安排了近2000多万美元30多个课题的软件研究项目，内容涉及运输运营、财务管理、体制改革、集装箱运输、环境保护等诸多方面，通过这些研究，为我们引入了世界先进的经营管理理念、方式及手段，使中国铁路能够广泛学习借鉴国外铁路改革发展经验，博采众长，创新发展。

5.增进中外交流合作，培养造就大批人才

随着利用外资规模的扩大和渠道的拓宽，铁路对外交流的深度和广度逐步扩展，形成了全方位的对外交流格局。从事或参与外资工作的铁路系统广大干部职工，在与国外同行的交流合作中开阔了视野，更新了观念，增长了才干，进而培养和锻炼了新技术开发和经营管理人才队伍，造就了一批外向型的经营管理业务人才，成为推动中国铁路改革发展的宝贵资源。

三、铁路利用外资的问题简析

回顾25年来铁路利用外资工作，应该说取得了一定成绩，但也存在一些不足和需要进一步研究解决的问题。一是铁路利用外资的总体规模还比较小，与“十一五”持续大规模铁路建设对巨额资金的需求还有很大差距。历史地看，即便是铁路利用外资最多的“十五”时期，国外贷款年均也不足6亿美元，因而不足以形成规模优势促进铁路建设发展。二是利用外资的形式还比较单一，主要依靠间接融资，直接融资比重过低，利用外资的渠道还非常有限。三是利用外资的质量和水平有待提高。在引进国外先进技术、管理与人才，促进铁路体制和管理创新方面还需要进一步努力。四是软件研究质量有待提高。由于国内项目单位与国外贷款机构在软件研究的目标上存在偏差，使投入的资金未能充分发挥出预期的效益。

中国卫生借用国外贷款25年回顾与总结

自1982年开始，中国卫生部利用世界银行贷款/赠款已执行了15个卫生项目，覆盖了全国30个省、自治区、直辖市（除西藏、香港、澳门和台湾以外），使用世界银行贷款约12.6亿美元，相关赠款约1.12亿美元。这些卫生贷款项目，适时地弥补了我国卫生领域经费投入的不足，在全国各地援建了许多医院、卫生院、研究所、医学院校，使项目地区医疗机构、教学单位、科研机构、疾病控制系统、生物制品机构等在硬件设施方面上了一个新台阶，加强了卫生队伍的建设，引进了国外先进的技术设备，更重要的是引进了国际卫生领域的先进理念、管理方法，有力促进了全国卫生事业的发展，推动了卫生领域的改革和开放。

一、概况和特点

（一）设计理念

20世纪80年代，随着国内需求的不断扩大，我国卫生资源不足、人才匮乏、设备陈旧、管理薄弱等问题愈益凸显。为走出困境，在国家的大力支持下，卫生系统按照国家“以农村为重点，预防为主，中西医并举，依靠科技与教育，动员全社会参与，为人民健康服务，为社会主义现代化服务”的工作方针，以国家的改革开放和服务于人民健康政策为主导，针对当时急需解决的问题，确立和设计了一系列利用世界银行贷款卫生事业建设项目。

90年代初，根据我国疾病谱的变化和双重疾病负担，我们将利用世行贷款卫生项目的设计重点转向针对传染性强、危害严重的疾病干预和控制、综合性卫生服务等方面，重点防治结核病、血吸虫病、乙型肝炎、新生儿破伤风等急性传染病以及慢性非传染性疾病（如卫生五、卫生六、卫生七项目）。

90年代末，项目设计则结合我国农村卫生改革与发展的主要政策，着重于推进贫困地区农村卫

中国基本卫生服务项目，借用世界银行贷款。图为山西省沁县牛寺乡新建的太阳能卫生院

生改革、卫生扶贫和健康保障等，实施了一些综合性农村基本卫生服务项目，如卫生八项目被世界银行评为1998年度全球10个最佳设计项目之一。

（二）主要特点

分析已经结束和正在实施的11个卫生项目，重点支持涉及农村卫生方面基本卫生服务、合作医疗与特困救助的改革和创新项目，重大疾病防控、妇幼卫生保健、卫生政策研究、医学教育和农村卫生人力资源开发项目等。所有实施的贷款项目最大特点在于，其设立一贯围绕国家的卫生政策，针对该时期内全国卫生领域工作的重点和难点，以解决广大农民群众和特困人群的基本卫生保健等问题为目标，探索卫生事业改革道路，较为成功地引导了国家有限的卫生事业建设资金投向最需要的地方。

（三）重点项目

1．农村卫生与医学教育项目（简称卫生一项目）

是我国利用世界银行贷款建设的第一个卫生项目，具有重大意义。项目总投资额29500万美元，国内配套资金39800万元人民币。其建设内容主要包括：重点加强农村县级卫生机构及乡镇中心卫生院建设；重点支持卫生部直属13所高等医学院校的人才培养及设施建设；加强国家级卫生管理、评价与研究等。

2.农村卫生与预防医学项目（卫生二）

该项目贷款9380万美元和1500万美元赠款。主要项目内容为：加强贫困县的县级卫生机构及乡镇卫生院的建设，重点加强疾病预防工作；引进国外先进的符合GMP要求的疫苗生产技术和设备，促进昆明、上海和兰州3个生物制品疫苗生产基地生产符合国际标准的多种疫苗；加强京津沪3市药品检定、临床药理、药政与药检人员能力建设，以提高药政管理的综合执法水平；首例在农村贫困地区进行农村健康保险制度的试点。

3.综合性区域卫生发展项目（卫生三）

项目利用世界银行信贷资金5200万美元，旨在引进国际上比较成熟的区域卫生发展理念，实践与探索符合我国国情的区域卫生规划模式。项目通过各部门的协调和全社会的参与，在卫生管理与改革、疾病监测与预防、健康教育、妇幼保健、急诊医疗服务、医院服务、康复医疗服务、医学教育及人才培养、设备管理与维护等9个领域内统筹规划卫生资源，改善区域卫生投资结构和效益，提高卫生服务质量，以期为全国探索和提供一个崭新的区域卫生发展模式，成为现阶段国家指导卫生事业发展的一项重要政策。

4.农村卫生人力开发项目（卫生四）

项目总投资18600万美元。其总体建设目标要为农村规划一支数量适宜、结构合理，适应农村卫生工作的卫生技术队伍，通过培训和政策开发，数十万名乡级各类卫生技术人员接受了专业培训，提高农村卫生人力的素质，提高卫生服务质量，改善项目地区农村人群的健康状况。

5.传染病与地方病控制项目（卫生五）

结核病控制子项目利用世行贷款5820万美元，配套资金约7078万美元。项目覆盖东北和中西部13个省、自治区、直辖市的1156个县，受益人口5.6亿。项目目标为加强项目省结核病防治机构建设，贯彻以发现和彻底治疗传染源——涂片阳性肺结核病人为主的综合性现代结核病防治措施，以减少结核病的患病率和发病率。项目内容包括，对涂片阳性的传染性肺结核病人提供免费抗结核药物，实施免费诊断和治疗，控制了结核病的传播，免费检查了907.73万例可疑肺结核症状者，发现、登记肺结核病患者204.76万例。治疗转归队列分析结果显示，已完成疗程的91万例初治涂阳病人的治愈率达到了95.6%；373990例复治涂阳病人的治愈率达90.4%。推行和发展了世界卫生组织推荐的DOTS策略；创造适合我国国情的组合包装药品供应系统，使我国控制结核病的局面发生了根本性的变化，取得了举世瞩目的成效和经验。

血吸虫病控制子项目是党中央、国务院一贯高度重视的血吸虫病防治工作之一，本项目旨在减少和控制项目地区血吸虫病，在某些地区阻断其传播。项目贷款7000余万美元，配套5.97亿人民币，受益人口覆盖8个省219个县约7500万人。

项目实施期间，较好地完成项目目标和内容，2001年项目结束时通过世界银行专家评估，各项技术指标均达到和超过项目预定目标。其中检查血吸虫感染病人总数下降了48.74%；居民粪检阳性率下降了55.28%；检查血吸虫病感染的耕牛，治疗耕牛223.4万头，病牛数下降率为47.08%；在查治病人、病牛和查灭钉螺的同时，加强了健康教育、疾病监测、技术培训和应用科研管理等。

6.综合性妇幼卫生保健项目（卫生六）

项目总目标为降低我国最贫困地区孕产妇和5岁以下儿童的死亡率和发病率。项目经费投入约13867万美元。项目内容：通过提供基本妇幼卫生保健服务、开展健康教育、卫生人员短期培训与临床进修和医疗扶贫救助等活动，改善了县、乡级妇幼保健机构的产科、儿科医疗条件，加强了三级妇幼保健网的建设，提高了基层卫生人员提供医疗保健服务能力与交流技巧；高危孕产妇和儿童能够得到及时诊断与转诊，对儿童常见疾病的管理得到进一步的规范；项目地区的妇幼卫生信息管理系统和监督管理机制也在一定程度上得到完善。项目终期评估确认实现了预期目标，荣获了世界银行1997年优秀项目奖。

7.疾病预防项目（卫生七）

该项目总投资约16800万美元，其中世界银行贷款10000万美元，各省配套6600万美元，澳大利亚政府提供200万澳元赠款。

计划免疫子项目覆盖中西部10个省和自治区的1137个县，42951.31万人口。项目县被列入国家级"'八七'扶贫计划"贫困县有392个，占全国贫困县总数的66%。项目建设主要内容①支持儿童计划免疫冷链装备，建立中长期冷链更新机制和可持续发展的计划免疫管理规划；②加强对各级防疫人员专业培训，开发培训教材，并对培训效果进行评估；③对项目贫困地区新生儿疫苗费用实行补贴，扩大乙型肝炎疫苗接种；④加强管理与监督，改善计划免疫疾病和接种率的常规报告体系。国内外终期评估团认为该项目达到了预期目标，改善了计划免疫服务质量；扩大了免疫服务范围；增加了提供疫苗的种类，推动了破伤风类毒素及乙肝疫苗接种，使乙肝疫苗接种推广和正式纳入国家免疫规划，是对中国和世界疾病控制的重大贡献。

健康促进子项目建设目标和内容为：①降低8个市（省）由于慢性非传染病、性病/艾滋病和意外伤害引起的死亡、疾病和残疾造成的负担；②通过开展培训以加强队伍建设，发展和加强机构能力；③建立人群行为危险因素监测系统和常规死因报告系统；④为改进、设计和评价社区干预慢性非传染病、性病/艾滋病和意外伤害提供经验，向全国其他地区推广项目城市的经验。

8.中国农村基本卫生服务项目（简称卫生八）

该项目覆盖我国中西部10个省、市、自治区的97个国家级和省级贫困县的3486万人口，是我国涉及贫困地区范围较大，受益人口较多的卫生扶贫项目。

项目建设总体目标是：改善农村贫困地区卫生服务提供能力和提高卫生服务利用水平，保证当地居民获得基本医疗卫生保健服务，在农村贫困县人口中实现可持续发展的健康改善。其实施策略有：①提高乡、村两级卫生机构提供基本卫生服务的能力，提高乡镇卫生院院长的管理能力，卫生院设施得到改善，完成了945所卫生院的新建、扩建、改建工程项目。②通过重点疾病干预，使农民享受到了较好的卫生服务，住院分娩率从1998年的33.6%提高到了2005年的69.23%。③制定了重点疾病干预和特困医疗家庭救助范围。④更为重要的是加强了项目地区的能力建设，提高了县级政府对卫生事业的重视，对公共卫生投入增加，对卫生发展理念和思路的变化，提高了政府规划协调能力，提高了各级项目办公室管理人员的管理能力。

9.妇幼卫生保健及性病艾滋病控制项目（卫生九）

妇幼卫生保健子项目世界银行贷款总投资5473万美元。项目目标旨在提高贫困地区基层妇幼卫生服务和管理能力，改善妇女健康状况，降低项目地区孕产妇死亡率、婴儿死亡率、5岁以下儿童死亡率和5岁以下儿童营养不良患病率。项目受益人口在5个省达5046万人。项目建设内容：①使县级妇幼保健院和乡卫生院办公用房、业务用房和仪器设备得到改善，技术人员的业务素质得到了提高；②项目地区孕产妇系统管理率、产后访视率、住院分娩率、新法接生率分别由2000年的64.5%、79.4%、53.2%、90.9%提高到2005年的72.8%、79.1%、76.7%和95.5%，妇幼卫生服务提供和利用能力得到改善；③健康指标有所改善：孕产妇死亡率从2000年的105.9/10万降到2005年的59.1/10万；新生儿死亡率从2000年的23.2‰降至2005年的11.6‰；婴儿死亡率从2000年的35.1‰降至2005年的16.2‰；5岁以下儿童死亡率从2000年的57.7‰降至2005年的20.4‰；5岁以下儿童重度营养不良患病率从2001年的6.2%下降到2005年的1.5%。

性病艾滋病预防控制子项目总投入3843万美元，受益人口约为9432万人。项目通过以下策略，提高艾滋病性病防控能力：①开发了在高危人群的防治政策、制定美沙酮维持治疗方案和全国推广安全套使用；②制定并推行一系列性病艾滋病干预措施；③开展性病艾滋病的血清学监测、哨点监测、病例报告和行为监测；④通过开发和推广有关血液管理的政策、法规和指导原则，强化血液质量监测，阻断艾滋病的经血传播途径，并加强督导；该项目正在准备进行终末评估。

10.世界银行贷款/英国赠款中国结核病控制项目

新一轮中国结核病控制项目开创了新型融资项目尝试，即由世界银行提供硬贷款和英国国际发展部赠款共计10400万美元，日本赠款1397万美元，我国政府投入2451万美元，地方政府配套9984万美元，项目总经费预算24200万美元，降低了贷款利率仅为2%，这是第一个卫生融资项目，2004年获得世行最高奖项——行长奖。

项目目标是提高全人口特别是贫困地区人口的健康水平；通过有效的和可持续发展的结核病控制规划，降低结核病的发病与死亡。按项目规划，项目执行7年间将免费治疗200万传染性肺结核病人，该项目受益16个省（自治区、直辖市）1649个县区的6.8亿人口。至2005年底，项目地区DOTS覆盖率、涂阳病人发现率和治愈率达到了国家规划要求的中期目标和世界卫生组织要求的阶段性目标。项目中期评估正在进行中。

11.中国传染性非典型肺炎及其他传染病应对项目

项目总金额为2252万美元，其主要项目内容为：提高项目地区非典及其他传染病的诊断、治疗、急救和防护能力；提高公共卫生系统的传染病预防控制能力和公众防范意识。该项目的实施表明我国政府与国际组织共同应对非典流行的积极态度和合作精神；项目充分利用世界卫生组织及国际机构的优势和技术力量，帮助我们分析评价非典防治的措施和效果，合作开展应用性研究，探索非典病原学、流行病学、临床等方面的许多未知领域，不断提高非典及其他传染性疾病的诊断、治疗、防护技术和水平；为我国公共卫生系统改革和建设提供依据。

二、项目作用与贡献

（一）推动了国家卫生政策的研究与制定

重点体现在三个项目中：

（1）世行贷款卫生三项目。该项目是在我国经济体制转型的重要时刻立项，1990～1996年实施的。其目的是探索建立适合我国卫生服务需求变化的区域卫生发展新模式。项目通过采取符合成本效益原则的干预措施和制定均衡发展的卫生发展战略，改善了区域内卫生服务能力和质量，加强了卫生发展的宏观调控，提高了卫生资源的配置效率和公平性。该项目关于区域卫生发展的理念和成果被运用到我国卫生事业改革和制定卫生政策中——1996年，国家发改委（原计委）、财政部和卫生部联合召开了全国区域卫生规划研讨会，同年，全国卫生工作会议确定区域卫生规划为我国卫生改革的重要政策，并写入《中共中央、国务院关于卫生改革与发展的决定》（中发[1997]3号）中。

（2）世行贷款卫生八项目。项目各领域的设计和实施为我国农村卫生发展进行了试点。项目中开展的新型合作医疗试点和特困医疗救助的经验受到关注和应用推广，设立农村合作医疗项目领域，选择国内经验丰富的专家与项目省共同工作，在尊重农民意愿的基础上，鼓励农民参加合作医疗，由县级和乡级行政管理部门，卫生机构实施，提供优质的卫生服务，改善卫生设施，制定项目基本药物目录和诊疗目录，严格制定乡镇、县级医疗机构门诊就诊、住院、转诊医疗费用的报销比例，同时，进一步加强对合作医疗基金的监管，加强对乡镇卫生院的监管，维护公立卫生院的公益性质。加强基层卫生人员培训，提高合作医疗的管理能力和管理水平，鼓励并重视中医药和民族医药的应用，积极探索合理、简便、有效的农民缴费机制。倡导农民参与监督和民主管理的，规范运作，确保基金安全。总结好的经验做法在试点县和项目之间进行交流，调整和完善试点方案，规范运作机制，简化报销手续，保证便民利民，这些试点工作对目前在项目地区开展新型农村合作医疗打下了基础。《中共中央国务院关于进一步加强农村卫生工作的决定》（中发[2002]13号）提出加强农村公共卫生工作、推进农村卫生服务体系建设、建立和完善农村合作医疗制度和医疗救助制度等新形势下农村工作的重点，随后由民政部、卫生部、财政部发布文件启动了全国农村贫困人口医疗救助工作。此前卫生八项目进行的农村基本卫生服务的尝试，特别是MFA的探索，实际上为国家制定特困医疗救助政策提供了借鉴和经验。中国社会科学院经济研究所2004年的调查报告指出，“我们补充案例调查表明，民政部门在推行医疗救助项目的过程中，大量吸收了MFA的制度设计，并借鉴了MFA的实施经验，这一项目的示范作用，是对中国政府在全国范围内建立医疗救助制度的一个巨大贡献”。

（3）世行与我国政府先后在80年代、90年代合作完成的卫生状况分析及近年开展的四次“卫生部门研究”，以实现人人享有基本卫生保健服务为目标，从我国卫生体制的现状入手，深刻剖析群众看病难看病贵的问题，研究卫生改革的成效和不足，探索建立人民群众方便就医、安全用药、合理负担的医疗卫生制度。这些研究对我国各个时期宏观卫生政策的形成、对疾病模式等理念的发展都产生了较大的影响。

（二）引导了政府的资金投入

世行贷款11个卫生项目立项和投入得到各级政府的重视，建立了以贷款带动配套和增加经费投入的筹资机制，并制定了可持续发展的计划，强化了政府的筹资和协调能力。如卫生七项目建立了以政府投入为主的计划免疫冷链系统中长期更新规划。按照项目目标，各级政府建立了卫生、财政、发展和改革（原计委）、审计、教育、公安、民政等各部门的协调机制，明确了各部门在项目实施过程中的职责范围和管理作用。卫生七项目健康促进子项目可持续发展计划在京、津、沪、蓉各市得到政府的支持，北京市自项目结束后每年投入1800万元持续开展慢性病健康促进，上海市在增加投入的基础上，于2005年成功地举办了健康城市国际论坛等，世界银行项目的实施，为多部门参与的大卫生发展提供了平台，促进和推动了各部门间协调机制的形成，增强了协调能力。

（三）促进了卫生服务的公平性

在卫生服务的公平性方面，我国在世界192个国家的统计中排序落后，这是中国卫生改革的重点和难点。世界银行项目更多地把重点放在支持中国中西部贫困地区的发展，项目对最贫困的人口提供医疗救助，是卫生六、卫生八项目的重要内容之一，为项目地区孕产妇提供免费或部分减免费用的住院分娩服务，为7岁以下儿童免费提供计划免疫服务，为结核病和艾滋病等患者提供免费诊疗，为特困人员提供减免费用的重点疾病干预服务和常见病住院医疗服务及费用补偿，补偿比为40%～80%，视情况提高补偿比例，直至给予全额的救助补偿，项目全额资助特困家庭成员加入合作医疗。在1999～2005年间，卫生八项目7个省71个县为11.22万人次常见病住院和住院分娩补助，补助资金总额为7634.89万元人民币，资助贫困家庭参加合作医疗，等等。这些措施在一定程度上缓解了项目地区因病致贫的问题，促进了卫生服务的公平性。

（四）推广了结核病控制DOTS策略

比如卫生五项目（1992～2001年）的实施，在中国推行和发展了世界卫生组织推荐的全程督导化疗（简称DOTS）策略，即“送药到手，看药进口，不吃不走”的方法，保证结核病人的有效治疗，使我国的结核病控制工作取得了举世瞩目的成绩。前世界卫生组织总干事中岛宏博士专门致信我国前总理李鹏，高度赞誉中国结核病控制项目的成就，称其为发展中国家乃至全球学习的楷模。继卫生五项目成功实施之后，又在世行和英国政府支持下开展卫生十项目（2002～2009年），大范围推广DOTS策略。DOTS策略已经成为我国结核病控制的首要策略，已经在全国各地普遍推广应用。

（五）推行与普及了乙肝疫苗接种

卫生七项目（1996～2004年）在贫困地区，以农村地区新生儿为目标人群，大力推行乙肝疫苗接种，率先推行贫困家庭新生儿乙型肝炎疫苗预防接种费用补贴，以保证项目省2000年农村新生儿乙肝疫苗接种率达≥50%。项目对乙肝免疫的支持和对贫困家庭儿童乙肝免疫的补助方式，为在全国正式将乙肝免疫接种纳入计划免疫奠定了良好的基础。在项目实施基础上，乙肝防治工作取得了显著进步，加速了乙肝免疫在全国的普及工作，特别是在贫困地区实行乙肝疫苗接种费用补助的经验，具有示范作用。经过项目省的探索和努力，这些成功的经验被推广应用于全国。2002年，项目即将结束前，国务院批准将乙肝疫苗接种正式纳入国家免疫规划。

2005年全球疫苗和免疫联盟（GAVI）在印度召开的理事会对我国乙肝疫苗接种工作予以高度评价，认为中国政府已成功将乙肝疫苗接种纳入国家免疫规划并取得巨大成功。卫生七项目期间乙肝疫苗接种基线调查、对贫困地区贫困人口的补助、乙肝疫苗集中招标采购、加强管理和督导、提高免疫接种覆盖率和安全接种率，都为国家制定相关的公共卫生政策和策略、改进免疫规划管理提供了有益的经验。

（六）推动了全国慢性病防治工作进展

世界银行在中国开展了第二次“卫生部门研究”，提出了第一次卫生革命（以防治传染病为主）向第二次卫生革命（防治慢性病为主）转变的观念。引起了中方的共鸣，随后各级慢性病防治机构相继成立。卫生七项目健康促进子项目从中央到各项目市针对慢性病防治开展了机构发展与功能重组的活动，为慢性病防治提供了重要的组织保证。先后出台了与慢性病预防有关的政策和地方法规，尤其是公共场所禁烟、35岁以上成人首诊测量血压等规定载项目地区已广为接受。项目在合理膳食、高血压防治和建立死亡登记报告系统中发挥了技术指导和政策开发的作用，有力地推动了慢性病的预防与控制，使得我国的慢性病防治工作逐渐走上了科学管理的轨道。

（七）改善了项目地区的卫生服务质量和效率

由于项目支持，项目地区乡镇卫生院的业务用房普遍得到改善，设备装备得到补充；提高了乡镇卫生院院长的管理能力和卫生院卫生技术人员的服务技能，从而提高了公共卫生服务提供水平；提高了临床诊疗质量和预防保健的质量；通过管理培训和绩效评估，提高了乡镇卫生院的管理能力；在部分项目地区新型农村合作医疗试点县，开展了对定点医疗机构的服务监管和费用控制试点活动；加强了对县级卫生机构的功能联系，实施了乡村卫生服务机构一体化、卫生机构之间的双向转诊，项目创建的对医疗机构动态监管的方法对提高卫生服务质量和控制费用发挥了作用，提高了服务效率。

（八）加强了全国卫生队伍建设

项目在实施过程中，通过长期与短期相结合的培训、年度督导活动、邀请国内外专家讲课、组织国内交流和国外考察、举办多种培训班，有县长研讨班、卫生局长培训班、卫生院长培训班、项目官员和专家培训班、各种专题培训班等等，以项目为基础建立了规范化的培训体系，提高了各级医疗卫生人员的素质、技能和服务质量，为各级卫生部门培养大批人才，特别为贫困地区培养了人才，尽管项目结束，项目中锻炼的素质高业务精的专业卫生队伍是可持续发展重要因素之一。

三、经验与收获

（一）领导重视

各级领导对贷款项目高度重视是卫生贷款项目能够成功实施的基本保证。从80年代起，历届国家领导人均参加全国“计划免疫宣传日”的活动，带领实施国家计划免疫策略，为适龄儿童喂预防小儿麻痹症的疫苗糖丸。卫生七项目实施期间，时任总书记、国家主席江泽民同志，总理朱镕基同志，在“计划免疫宣传日”，亲自为儿童喂疫苗糖丸。江总书记还就北京市卫生七项目活动之一——中小学生营养午餐的报告批示，要求北京市原市长刘淇同志将此列为2000年市政府为群众必办的六十件大事之一。

90年代初，卫生五项目血吸虫病子项目立项前，江总书记等四位国家领导人批示，要加强血吸虫病防治和管理。成立了中共中央血吸虫病防治领导小组，国务院副总理担任领导小组组长，血吸虫病流行的各省，均成立了省级血吸虫病防治领导小组，副省长任组长。

近年来，国务委员吴仪同志担任国务院防治艾滋病工作委员会主任（《关于成立国务院防治艾滋病工作委员会的通知》国办发[2004]15号），统一管理全国艾滋病控制工作，包括卫生九项目。

卫生部领导高强部长、王陇德副部长等多次会见到访的世界银行行长、副行长，探讨贷款项目在卫生改革中的角色和作用。王副部长率先倡导健康促进，带头宣传卫生知识，亲自参加科普知识节目制作，并在中央电视台科普节目中宣传乙肝疫苗预防接种的重要意义。

（二）组织有效

组织机构健全，管理协调得力是贷款项目成功实施的组织保证。每个世行项目在筹备初期都成立了从中央到县级的项目领导小组、项目协调管理小组、专家技术支持小组及项目办公室。领导小组视公共卫生为政府职能，加强了对项目管理的支持和管理力度；协调管理小组由同级的相关部门的负责人组成，定期不定期召开会议，研究解决项目中出现的问题，如卫生九项目实施中的重大政策和方法，都按照国务院防治艾滋病工作委员会的统一部署运作。选择造诣深，专业强，甘于奉献的学术专家组成专家技术支持小组，参与项目的执行和督导过程。项目办公室抽专人负责日常工作，组织项目活动，协调联系各方，定期报告项目进展，起草报告处理文件，高效有序的组织机构是执行项目的可靠保证。

（三）管理严谨

数十年前，人们对管理科学的认识并不太清楚。执行世行贷款项目以来，引进项目的同时也引进了管理学方法和理念，从项目准备、评估、计划、启动、实施、督导和阶段性评估（中期评估和终末评估）的全过程有序又有效，对项目实施全过程跟踪、指导和监督，使先进的项目管理方法不仅提高了项目单位的管理水平，而且促进了卫生部门管理与人力资源的能力建设。随着我国国力增强，国内卫生事业资金投入增多，科学、规范的项目管理模式不仅对保证世界银行项目规范化管理，而且还对内资的管理产生影响，将促进内资更有效率、更有效益地得以利用。

（四）制度规范

世界银行贷款项目实施中有两个重要的制度管理既规范又透明，是项目实施的有效保证。

国际国内招标采购方式的运用与推广使世界银行项目早期为我国引入了招标采购机制，从项目土建、设备到咨询服务进行招标采购，公平、公正、高效的原则，经济实惠、物美价廉的成本，使卫生贷款项目设备采购降低了预算成本40%～50%，在保证货物质量的前提下，不再增加资金，却增加了设备量，体现了项目的经济效益和社会效益。1999年，人大正式颁布的《中华人民共和国招标投标法》（1999年8月30日中华人民共和国主席令第21号），全国范围内推行政府招标采购，当论世行项目前期的作用与效率。

在财务管理上，执行世界银行项目费用支出与项目活动内容一次结算的制度，即每一项费用支出须与项目活动相联系，紧密围绕项目目标。透明的支付方式，严格的审核程序，使这套严谨的财务管理制度和审计制度，保证了资金的有效利用，促进了项目实施进度，从制度上预防腐败，可以为内资管理提供有益的借鉴。

（五）人员敬业

参与项目管理人员、操作和专业技术人员均视项目工作为己任，勤勤恳恳、吃苦耐劳、爱岗敬业、精诚合作，从中央到地方，从卫生部门到发改委、财政部门，不论项目贷款管理机构，还是卫生部业务司局，省卫生厅业务处室，通力合作，互相配合，努力学习专业知识，提高综合服务能力，勇于克服困难，探索前所未有的项目经验，不计个人得失，加班加点，带病工作，为项目工作不惜奉献自己的血汗甚至生命。

四、存在问题

（一）转贷责任不清

实施的卫生项目按照有关文件规定，贷款由财政部门负责偿还。但在一些地区，还款责任被层层转嫁给同级卫生行政管理部门，转嫁给承担项目活动的实施单位，对项目实施单位的工作积极性造成了不利影响。

（二）配套资金困难

据财政部门的统计，政府卫生支出的90%由乡镇、县、地区和省级财政承担。公共卫生项目筹资的分权化可能比统计的数字还大些。项目多在西部贫困地区执行，贫困地区项目县大多财政赤字，工资长期拖欠，特别是地基和县级签订的贷款信贷协议的配套资金大都不能足额落实到位，越到基层配套到位率越低，导致大量项目活动难以开展，影响项目进度。

（三）世行招标采购周期长

世行招标采购原则性强，要求高，评标过程严谨，尽管招标采购的社会效益和经济效益都很明显，但采购周期长，采购过程相对复杂，项目省在项目前期缺乏设备招标采购和咨询专家招标采购经验，用户最盼望的设备到货经常比预期延迟，因此项目单位有意见，同时也影响了项目执行进度。

国务院扶贫办借用国外贷款回顾与总结

国务院扶贫办利用国外贷款开展扶贫项目的资金渠道全部来自于世界银行，自1993年至今共开展了四期综合性扶贫开发项目。截至2006年7月，前三期项目——西南、秦巴、西部世行贷款扶贫项目已全面完成了建设任务，第四期项目于2005年10月刚刚启动。本报告主要对前三期项目的执行情况进行回顾与总结。

一、项目背景

（一）项目由来

长期以来，在中国政府的高度重视下，扶贫开发工作取得了举世瞩目的成就。特别是改革开放20多年来，中国通过农村经营体制的改革和有组织、有计划、大规模的扶贫开发，农村没有解决温饱的绝对贫困人口从1978年的2.5亿减少到2005年的2365万，绝对贫困发生率从30%下降到2.8%。中国政府在消除贫困方面的努力得到国际社会的广泛认可和支持。但同时，由于自然、历史、经济、文化、社会等多方面的原因，进入90年代以后，以往扶贫工作中所采取的政策措施难以继续保持较高的效率，迫切需要针对剩余的贫困人口采取新的扶贫措施，探索新的扶贫模式。

为此，中国政府和世界银行从90年代初开始，联合对中国农村贫困问题从不同方面进行专题调查，并召开了中国贫困问题国际研讨会，在为《国家“八七”扶贫攻坚计划》的制定在思路、策略上做出贡献的同时，也表达出在扶贫领域开展合作的共同愿望。在国家发改委、财政部等部门的大力支持下，经过国务院扶贫办与世界银行多次磋商和共同努力，“中国西南扶贫世界银行贷款项目”（第一期）于1992年9月得到国务院批准，1993年正式开始前期设计准备工作，拉开了中国政府有组织、有计划、大规模利用国外贷款开展扶贫开发工作的序幕。之后，又相继实施了“秦巴扶贫世行贷款项目”（第二期）、“西部扶贫世行贷款项目”（第三期）和“中国贫困农村社区发展项目”（第四期），涉及我国西部最贫困的8个省区，119个县，覆盖了1万多个贫困村，196万户贫困户，受益人口达到940万人。

（二）项目立项过程和程序

1992年9月，经国务院批准，西南项目列为世界银行贷款规划项目。1993年7月至1995年2月期间，世界银行5次派团访问我国，并深入到广西、云南、贵州三省（区）最贫困的山区进行实地考察，与此同时，中方在中央和省、县各级成立了项目领导小组和项目实施机构，以及项目专家技术顾问组，与世行方面共同进行项目准备工作。

1994年12月世行评估团正式通过了项目总评估，1995年1月，项目先导工程启动实施，7月项目全面启动实施。

与西南项目相同，秦巴、西部和四期项目也经历了项目准备、识别、评估、谈判、批准、执行的全过程。值得一提的是，项目前期准备过程，是两种理念、两种制度、两种方法碰撞、交流、交融的过程，也是国内扶贫工作者对贫困与反贫困问题重新认识的过程。

（三）项目设计理念和指导思想

世行贷款扶贫项目在总体设计上体现了6个方面创新：

（1）项目目标体现创新的内涵。通过项目的实施，在力争实现大幅度降低项目区贫困程度的同时，体现研究、探索和验证跨地区、跨行业、综合性扶贫项目的有效性。

（2）项目内容的选择体现群众的广泛参与性。项目内容的确定、调整及实施过程中，充分引入参与式管理理念，充分尊重项目农户的意愿，受益农户参与项目实施全过程。项目管理机构及相应专业部门发挥服务和技术支持作用。

（3）项目投资确保一定的强度。按照项目覆盖区域的贫困程度、贫困户规模、不同产业的投资程序和子项目的成熟度等因素综合考察，本着资金相对集中使用，群众从中受益原则，确定项目投资强度。如西部项目区项目农户人均投资强度为1250元。

（4）项目区的选择相对集中连片，项目户的确立充分体现贫困瞄准的原则。项目的确定与区域经济发展及地理区位相衔接，做到相对集中连片。

（5）项目的总体规划体现项目的综合性和整体性。围绕项目建设目标，因地制宜，合理布局子项目，适当安排与经济项目相互配套、相互促进的基础设施项目和社会服务项目，整体实施，综合治理。

（6）项目技术的选择充分考虑项目的先进性与实用性。项目技术选择充分考虑项目区农民文化水平较低、技能较差等方面的特点，同时结合地方自然资源条件，在技术的选择上兼顾技术的先进性与实用性。

二、项目概况与特点

（一）项目概况

国务院扶贫办利用世界银行贷款共开展的四期综合性扶贫开发项目贷款总规模合计6.875亿美元，覆盖8个省（区）、119个贫困县，约940多万贫困人口受益。

秦巴项目，借用世界银行贷款。图为盖起的新房

西南扶贫世界银行贷款项目：利用世行贷款2.475亿美元，国内配套约2亿美元，项目总投资42.3亿元人民币。在中国西南的广西、云南、贵州三省（区）的35个国定贫困县实施，覆盖1798个行政村350万贫困人口，建设内容包括教育、卫生、劳务输出、农村基础设施、土地与农户开发、乡镇企业、机构建设、项目管理与贫困监测、广西城市就业开发等九个分项目。这是中国第一个跨省区、跨行业、综合性的扶贫开发项目，也是迄今为止利用外资规模最大的扶贫项目。项目于1995年7月开始，2002年7月结束。

秦巴山区扶贫世界银行贷款项目：利用世行贷款1.8亿美元，国内配套约1.8亿美元，项目投资总规模为29.88亿元人民币。在秦岭、大巴山区和黄土高原的四川、陕西、宁夏三省（区）的26个国定贫困县实施，覆盖了2941个行政村、230万贫困人口。建设内容共包括劳务输出、农村基础设施、土地与农户开发、农村企业发展、小额信贷、机构建设和贫困监测等七个分项目。项目于1997年7月开始，2004年7月结束。

西部扶贫世界银行贷款项目：利用世行贷款1.6亿美元，国内配套约1.6亿美元，项目投资总规模约26亿人民币。在贫困情况较为严重的内蒙古、甘肃的40个国家扶贫开发工作重点县实施综合扶贫项目。项目覆盖39万农户，受益人口170多万。建设内容包括：农户开发、灌溉和土地改良、农村基础设施、乡村企业、贫困监测、机构建设与项目管理。项目于1999年7月开始，2006年7月结束。

（二）项目目标

（1）研究、探索和验证跨地区、跨行业、综合性扶贫开发项目的有效性。

（2）通过改善基本条件和增加项目农户的收入，大幅度降低项目区的贫困程度和贫困发生率。

（3）通过项目农户在项目设计和执行过程中的广泛参与，培养其自主决策、自我发展的能力。

（4）通过对国际先进管理理念的引进、消化吸收和改进提高，提高国内扶贫项目的管理水平。

（三）项目的主要特点

（1）目标多元。解决一批贫困人口的温饱、培养一支项目管理队伍、探索新的扶贫机制。

西部扶贫项目，借用世界银行贷款。图为支持的种棉农户取得丰收

（2）采取内容综合、跨地区、跨行业的开发模式。在一个社区里，通过不同扶贫干预活动的组合，从多个角度研究不同的贫困成因，同时利用多种干预活动内部的有机联系和相互促进，扩大单一扶贫活动的效果，建立社区长期可持续发展的基础。

（3）投资多元。资金来源包括国际组织的软贷和硬贷款、国内配套资金和自筹等。

（4）多方参与。采取措施确保贫困农户、各级领导干部、相关专业部门的全程充分参与。

（5）一次规划、分年实施、整体推进。以行政村为基本单元，以村级规划为载体，以综合治理贫困、整体改善贫困状况为目标，集中投入，产生综合效益。

（6）坚持可持续发展原则。在项目内容设计、机构设置、资金滚动使用机制、项目建设和项目后续管理等过程中体现持续性。

（7）建立和完善项目农户参与系统。项目选择与确定采取“自下而上”的工作程序；确保贫困农户参与项目实施；调动目标农户参与项目的主动性和积极性；增强项目实施的透明度；提高农户参与项目实施与决策的程度；提高农户参与和从项目中受益的能力；将农户参与项目作为监测检查内容。

（8）关注性别和弱势群体。在项目设计和实施过程中，优先解决妇女和特别贫困群体生活及生产中的实际困难，确保增加妇女和弱势群体获得教育和卫生服务的机会。

（9）注重环境保护。有针对性地设计了恢复生态、减轻环境压力的活动。

（四）项目管理模式和实施方法

（1）形成了分级负责、统分结合的项目管理体制。国家项目办作为项目的综合管理部门，实施协调、管理、监督、指导、支持、培训等职能，包括代表省区统一与世界银行联系协商重大事项；省、县项目办根据具体工作要求制定管理细则，开展实施管理工作。

（2）形成了适合各分项目实施特点和需求的分项目管理模式。一种是以业务部门、乡镇工作站为主组织实施，项目办进行监督管理，一种是由业务部门和乡镇工作站实施和管理，项目办负责汇总协调。劳务输出则是由从上到下的专门机构组织实施，上级对下级进行监督管理。

（3）建立了完善的管理制度体系。由于世行贷款项目的综合性和复杂性，各级项目管理机构都把制度建设作为项目管理的基本工作，并在实践中不断完善和改进。制度建设是分三个层次。在国家一级，国家项目办先后制定了项目计划管理、财务管理和提款报账管理、采购管理、教育助学基金管理办法、乡镇企业分项目管理等一系列工作制度和程序。在省级，以省政府名义印发了项目实施管理办法，各省项目办根据这些文件规定的原则编制了项目实施手册。在县一级，项目办则按照当地情况对手册的规定进行细化，使之更加符合各地的具体情况。

（4）建立了完善的项目检查、验收与监测制度。项目检查除世行每年2次派督导团检查外，国家项目办和省项目办每年对项目区的全面检查和重点抽查，检查采用了省区间、县之间交叉检查，专题检查、抽样检查等方式，并结合现场会、专题会、培训会等方法进行；根据世行项目要求和国内实际情况，各项目省和项目县都建立了验收制度。规定了对不同类型项目活动的验收程序、标准，对验收结果的处理等。

西部扶贫项目，借用世界银行贷款。图为苹果丰收

三、项目成效、作用及贡献

（一）增加了扶贫开发投入总量，补充了项目区扶贫资金的不足，加快了项目区扶贫开发的进程

与世界银行合作开展的西南、秦巴、西部三期扶贫贷款项目，援助总规模达6.1亿美元，覆盖8个省区的91个贫困县，县年均投资额近1千万元人民币，在项目区形成一定的投资强度，发挥了巨大的扶贫效益。仅西南和秦巴项目的成功实施就稳定地解决了项目区580万贫困人口的温饱问题，占到“八七”攻坚计划解决贫困人口温饱问题总数的7%，成为中国以政府为主导的扶贫开发的重要组成部分，为《国家‘八七’扶贫攻坚计划》目标的如期实现作出了重要贡献。

（二）极大地缓解了项目区贫困人口和目标社区的贫困程度

由于外资扶贫贷款项目采用的是综合性扶贫方式，因此，项目区的变化也是综合性的，贫困人口会大幅度减少，贫困社区的贫困程度也会得到较大幅度的缓解。中国西南扶贫世界银行贷款项目是其中的典范。从专栏1可见，项目村的减贫效果明显好于非项目村。专栏2也印证了同样的结果。

专栏1：1995~2000年西南扶贫项目的项目村与对照村部分指标

项目	项目村		对照村	
	1995年	2000年	1995年	2000年
1. 贫困程度				
贫困发生率	31.5	17.7	21.0	13.0
贫困深度指数	5.8	3.6	3.3	2.5
贫困强度指数	1.23	1.11	0.50	0.73
2. 食物安全				
人均粮食消费量（公斤）	189.2	209.4	199.6	216.5
食物安全人口比率	82.3	95.6	82.8	95.1
3. 物质财产的可及性				
通电村比率	75.2	98.2	94.3	100.0
通公路村比率	82.3	96.4	87.4	97.7
安全饮水人口比重		65.1		71.4
4. 社会服务的可及性				
有小学的村的比重	92.0	94.7	93.1	96.6
7~12岁小学生入学率	89.0	90.6	93.6	97.0
7~12岁儿童入学率性别差异指数	91.1	96.6	96.7	98.2
15岁儿童小学完成率	49.5	70.5	60.2	79.4
有卫生所的村的比重	26.5	84.1	20.7	69.0
有乡村医生的村的比重	45.1	89.4	50.6	79.3
有合格接生员村的比重	25.7	80.5	39.1	78.2
产妇在医院/卫生院生育的比重	4.1	14.9	9.8	19.1
5. 自发展能力				
外出务工劳力比重	7.9	12.0	6.6	11.7
人均手持现金和存款（元）	93.2	351.8	135.2	496.0

数据来源：国家统计局。

专栏2：秦巴山区扶贫项目大幅度降低项目区26个特困县的绝对贫困程度

通过7年的实施，秦巴山区扶贫项目的扶贫成效十分显著。国家统计局贫困监测调查结果表明，项目区在1997～2003年间，虽然遭遇了特大干旱、洪涝灾害的打击，历经了全国性农产品价格下滑的不利影响以及2003年"非典"造成的损失，项目村的贫困状况明显减轻，社会经济得到全面发展，农户特别是贫困农户的生活水平迅速提高，发展机会明显增加。

（1）贫困缓解速度快于全国平均水平。1997年项目村贫困发生率为26.7%，到2003年降至4.6%，接近全国农村贫困发生率3.1%的平均水平，贫困深度从1997年的3.5%降低到2003年的0.6%，贫困强度由1997年的1.2%下降到2003年的0.2%；

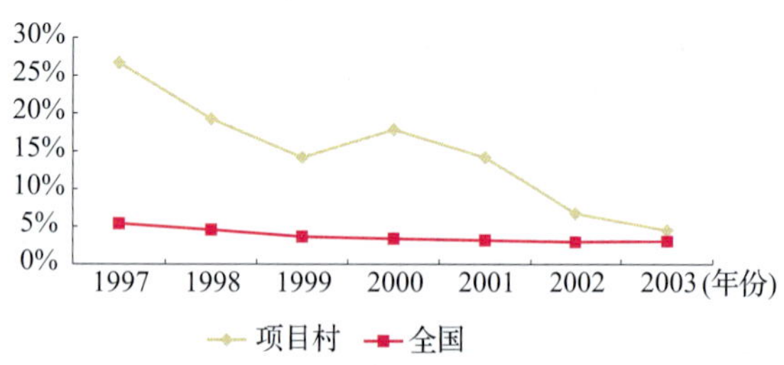

项目村与全国贫困发生率变化趋势比较图

（2）项目村人均纯收入大幅度提高。2003年，项目村人均纯收入达到1398元，比1997年实际增长60%，年均增长率为8.1%，高于我国农村居民人均纯收入年均增长率约4个百分点；

（3）基础设施建设项目成效显著。通过项目实施，解决了68万人和64万头/只牲畜的饮水困难，项目村中通公路的村由1997年的76%提高到82.4%，通电村由1997年的40%提高到81.5%；

（4）贫困农户的自我发展能力明显提高。农户通过参与项目活动、接受各种实用技术培训，生产技能和自我发展意识有了长足进步。

（三）为项目区的可持续发展奠定了基础

据统计，整个世行扶贫项目区的项目管理队伍多达3万人，这些人员在项目准备、实施管理和验收评价工作中得到了许多专门的培训，并在实际工作中得到实践和锻炼，业务能力和综合素质显著提高。这支高素质、能战斗的外向型扶贫工作队伍，不仅在世行扶贫项目中发挥了重要作用，而且已成为中国农村和扶贫开发工作的骨干力量，有些长期从事世行工作的基层同志还走上了重要的领导岗位，这是世行扶贫项目留下的最宝贵的一笔财富。

就贫困农户而言，有600多万贫困人口在已经完成的前三期土地与农户开发、劳务输出等项目中直接受益，他们通过参与项目培训、项目规划、项目选择、项目实施、项目管理等一系列活动，思想观念发生了根本转变，科技文化素质和生产经营水平得到了明显提高，尤其是自我发展能力得到了前所未有的锻炼和增强，为项目区社会经济的持续发展打下了坚实基础，这是世行贷款扶贫项目影响中最为重要和最为长远的。

（四）推动了中国扶贫开发工作的制度创新

西南、秦巴山区和西部扶贫世行贷款项目的成功实施，不仅充分验证了综合性扶贫开发模式的有效性，而且通过项目活动的开展，引进了新的发展理念和管理模式，对中国扶贫开发的理论、政策、方法、制度建设等产生了积极的影响，有力推动了中国扶贫的制度创新和管理改善，对中国政府制定21世纪初的扶贫战略发挥了积极作用。

专栏3：外资扶贫对中国扶贫开发政策、方式的影响

第一，多部门综合扶贫。世界银行与中国政府合作的西南扶贫项目和其他一些国际合作扶贫项目，采用了多部门综合扶贫规划和协同实施的做法，较好地解决了中国过去扶贫计划中存在的部门之间不协调的问题。这一有效的扶贫理念和方法，在后来中国政府的扶贫战略和政策中被充分采纳。如在《中国农村扶贫开发纲要（2001～2010年）》中，"综合开发、全面发展"被作为新时期农村扶贫开发的一项基本方针。

第二，参与式村级规划。世界银行、亚洲开发银行、联合国开发计划署以及其他一些国际援助机构，在其参与的中国扶贫项目中，采用的参与式规划的思路和方法，在2001年开始实施的新时期扶贫开发中被作为一项有效措施，在全国所有扶贫开发重点村中普遍应用。

第三，一次规划，分期实施。自1986年有组织、有计划、大规模开展扶贫开发工作以来，主要采取的是按年度、按项目计划实施的方式，致使一些较大投入的扶贫项目很难列入计划和实施，同时也造成项目之间的不衔接和匹配，降低了扶贫资金的使用的效率。世界银行与中国政府合作的西南扶贫项目中采用的“一次规划，分阶段实施”的扶贫项目计划和实施方式，比较有效地解决了过去政府扶贫项目中存在的问题。这一做法在《中国农村扶贫开发纲要（2001～2010年）》中被采纳并向全国推广。

第四，建立科学的贫困统计和监测系统。1997年前中国没有建立独立的贫困监测系统，世界银行、联合国开发计划署和亚洲开发银行等国际机构，帮助中国引进了贫困监测概念和贫困分析技术，并培养了一支贫困监测调查和分析队伍。

（五）为世界反贫困事业提供了经验，促进和加强了扶贫领域的国际交流与合作

经过多年的艰苦努力，西南、秦巴山区及西部扶贫项目的成功实施，不仅为中国的扶贫开发验证了大规模、综合性扶贫模式的有效性，而且也为其他发展中国家的扶贫事业提供了宝贵经验。2004年3月中旬，由世界银行组织的上海全球扶贫大会西南线路考察团对西南扶贫项目进行了实地考察，来自发展中国家和发达国家的40多位代表在实地考察了项目区和项目建设、管理情况后，对西南扶贫项目取得的成绩和积累的经验一致给予了高度评价。特别是2004年5月上海全球扶贫大会期间，西南扶贫项目作为世界扶贫成功的典型案例在大会上进行了广泛交流和展示，与会的130多个国家的代表中产生了强烈的反响。会后，秦巴山区扶贫项目作为西南扶贫项目的延续，又被世界银行认为是可复制的样板项目，其主要经验和做法被认为可以在世界其他地方运用和推广。目前，越南通过对中国项目区的实地考察，已开始实施《越南北部山区扶贫世界银行贷款项目》，这个项目从设计理念、管理模式等方面，都充分借鉴了西南、秦巴山区扶贫项目的成功经验和有效做法。

四、主要经验

国务院扶贫办利用世行贷款开展的扶贫项目之所以能够如此成功，主要得益于中央领导的高度关心和爱护，做到了起点高、目标远、力度大。

（一）各级领导的高度重视是项目成功的根本保证

世行贷款扶贫项目从设计到建设实施，党中央、国务院一直给予了高度重视。1995和1997年，国务院两次为西南、秦巴世行扶贫项目召开专门会议。1995年10月25日，时任总书记、国家主席的江泽民同志专门致信西南世行扶贫项目工作会议，深刻阐述了西南扶贫项目的重要意义，同时要求全力以赴做好秦巴山区扶贫项目的准备工作。1995年10月21日，时任中央政治局候补委员、书记处书记的温家宝同志，对西南项目做出重要批示，明确指出“这个项目非常重要，很有意义。希望认真组织实施，取得显著成效，并创造新的经验”。时任国务委员的陈俊生同志就项目准备和实施，先后三次专门给世界银行行长写信，并亲自参加了1997年在银川召开的项目工作会议。2004年12月16日，中央政治局委员、国务院副总理回良玉同志专门为西南和秦巴山区项目总结表彰大会致贺信，对西南和秦巴山区项目取得的成绩给予了充分肯定和高度评价，明确指出“将进一步加强与世界银行及国际组织的合作，进一步扩大国际扶贫领域的交流”。

前三期世行贷款扶贫项目创造了中国利用国外贷款开展扶贫开发的多个第一，体现了我国政府对扩大扶贫领域国际合作的关心和重视，也体现了中国政府消除贫困的决心和信心。各项目省（区）主要领导关注项目，协调解决项目中的重大问题。各项目地（市）、县更是把实施世行项目纳入了政府的中心工作来抓，主要领导亲自挂帅，在财力紧张、人手短缺的情况下，千方百计筹措资金，为项目准备和实施创造条件。

（二）有关部门的密切配合是项目顺利进行的重要基础

世界银行总结其在发展中国家开展农村扶贫项目的经验时曾指出：项目设计的复杂性和机构之间的协调是造成项目有不同结果的主要原因。世行贷款扶贫项目涉及财政、发改委、金融、教育、卫生、统计等多个部门和领域，这些部门和单位以不同的方式参与了项目的设计、实施和管理。各级项目管理机构以及国家、省、地、县各有关部门能够以扶贫事业的大局为重，同心同德，相互信任、相互理解、分工合作、各负其责，财政、发改委、农发行、农行等部门，从项目准备、审批、实施、落实配套资金等诸多方面，都做了大量的工作，为项目的顺利实施提供了许多有利条件。特别是各级财政、发改委对项目的准备与实施进行了多方面的指

导与支持。如果没有各部门的密切配合和共同努力，世行贷款扶贫项目要取得这样的成功是不可想象的。

（三）科学的制度安排是有效实施项目的基本前提

根据世行贷款扶贫项目跨地区、跨行业、综合性的特点和需要，我们建立了三个层次的项目管理体系，采取了分级负责、统分结合的项目管理模式。第一个层次是中央、省、市、县项目领导小组，具体负责重大问题的决策，协调各有关部门的工作；第二个层次是中央、省（区）、县项目办、乡镇项目工作站、村项目实施小组，具体负责项目的组织实施与管理工作；第三个层次是国家专家顾问组、省（区）技术顾问组、县专业业务局，具体对项目实施提供技术指导和培训。实践证明，这种上下相通、左右相连、运转自如的组织管理体系，是有效实施综合扶贫项目的基本前提。

（四）规范的项目管理是项目取得成效的关键环节

规范化、程序化、标准化的项目管理，经常化、制度化的项目检查和监测，是世行贷款扶贫项目管理的精髓之所在。根据项目实施与管理的需要，世行和各级项目办制定了一整套项目管理办法，如计划管理、采购管理、进度管理、财务管理、档案管理等，使量大面广、非常复杂的项目管理工作变得有条不紊、有章可循。在此基础上，定期与不定期地开展了不同层面上的各种检查活动，如各级项目管理机构内部经常性的检查监督，各级人大、政协的检查监督和审计部门的年度审计监督，世行每年1～2次的实地检查监督，以及国家统计局的独立监测等。通过这些检查、督促和监测活动，及时发现问题、及时反馈问题、及时整改问题，不断地提高项目的实施质量和效益。

（五）项目管理人员的奉献精神和项目农户的广泛参与是项目成功的根本原因

无论是西南项目还是秦巴项目、西部项目，在项目区都是首次实施综合性扶贫项目，没有现成的经验可以借鉴。各级项目管理人员在缺乏经验的情况下，怀着对贫困地区群众和扶贫工作的深厚感情，凭着无私的奉献精神，边学习、边实践、边总结，勇于开拓创新，大家为项目的准备、设计和实施付出了大量的艰辛劳动，有的甚至还付出了生命的代价。特别是秦巴山区扶贫项目，在不到一年的时间内就高质量地完成了项目准备工作，这种进度和质量在世界银行的项目准备历史中是前所未有的。与此同时，无论是在整个项目的论证设计阶段，还是在具体项目的选择、实施与管理中，都始终强调了扶持对象即贫困户的广泛参与性，维护他们对项目的参与权、知情权、监督权和管理权，切实将项目受益贫困户放在了实施项目的主体地位。正是项目管理人员的忘我工作和项目农户的广泛参与，保证了项目取得成功。

（六）中方与世行的真诚合作是项目成功的重要因素

世行贷款扶贫项目既是世界银行支持的扶贫项目，更是中国政府和贫困群众的扶贫项目。对这样一个具有创新性的综合性项目，中方项目机构与世行项目经理和专家组的团结、沟通、合作十分重要。在合作中，双方都能够在共同的奋斗目标和相互信任的基础上，从项目的设计、准备到执行各个阶段，坚持真诚合作、充分交流，逐步达成共识。由于我们与世行建立了相互尊重、相互信任、真诚合作的友好关系，能够把国际经验与中方实际很好地结合起来，实现国际经验本土化，使项目建设既满足了世行的要求，又符合了项目区的实际，保证项目的有效实施。可以讲，世行贷款扶贫项目已经成为中方与世界银行开展合作、实现双赢的一个成功典范。

（七）在工程建设的同时，注重软件投入，尤其是培训的投入，是项目可持续性的前提

世行扶贫贷款项目的一个主要特点就是重视培训。培训贯穿与每个分项目中，贯穿在项目实施的全过程。不断强化培训对建立一支高素质的队伍，对理解世行项目的特殊程序要求，对改进和创新管理机制都起到了重要作用。同时在各分项目中设计的培训，提高了项目建设和提供的设施的使用效率。调查中农户反映，学校老师经过培训后，教学质量提高，让家长满意；而卫生项目中培训的村接生员和村医，为村民就医提供了方便。项目的培训方法和内容也同时考虑到了妇女、少数民族的特殊需求。

五、外资扶贫贷款存在的主要问题及教训

尽管外资贷款扶贫项目取得了巨大成效，社会

效益和经济效益都十分显著，但由于贷款政策、汇率变化、市场风险、机构改革等多种因素影响，项目执行过程中也不可避免地存在一些问题和不足。

（一）配套资金落实困难

国务院扶贫办执行的前三期世行扶贫项目，配套资金由省、地（市）、县三级政府按照一定比例分别承担。但由于项目区都选择在西部最贫困地区，所有的项目县都是财政赤字县，地（市）财政也都十分紧张，根本无资金配套能力，为争取项目而承诺的配套资金在实际实施过程中很少能够兑现，配套资金难以及时足额到位，对项目的实施质量和进度都产生了一定影响。为完成项目建设任务，一般都采用加大农户自筹资金比例的方式解决，变相增加了农民负担。

（二）贷款的持续扶贫效益没有充分发挥

扶贫工作尤其是外资扶贫项目的扶持对象是边远贫困地区最贫困农民，要帮助他们脱贫致富是一个长期过程，需要持续的帮助和扶持。世行贷款近20年的还款期限非常适合扶贫工作的需求，但由于国内金融政策等很多限制因素的影响，贫困农民一般只能得到一次性的贷款支持，世行贷款很难在项目区滚动使用，难以发挥持续效益，失去了项目目的和初衷。

（三）债务落实和资金回收存在一些操作难题

由于世行贷款扶贫项目采用参与式工作方法，活动内容根据农民需求确定，所以整个项目投入公共产品的资金比例很高，对于分户实施的项目产权都十分明晰，但对于一些集体受益的公益性项目，债务难以落实到农户；同时由于项目区的自然条件恶劣，自然灾害频繁，对项目的破坏和影响很大，如2001年陕西特大水灾导致项目区大部分基础设施被毁，导致债务难以落实到农户，落实到农户的债务也无法回收。同时，财政体制等很多政策限制因素也贷款回收的力度和积极性产生一定的消极影响。

利用世界银行贷款促进我国劳动保障事业的发展

——劳动保障部借用世界银行贷款25年回顾与总结

20世纪90年代以来，我国进入经济体制改革和建立社会主义市场经济的重要历史时期。转变和强化各级政府劳动保障职能，加强劳动保障机构能力建设；推进职业培训工作，培育劳动力市场，提高劳动者职业技能素质，促进职业能力建设和劳动力资源的开发和利用，积极扩大就业；适应经济体制改革的要求，加快建立符合我国国情的社会保障制度等，成为新时期、新形势赋予劳动保障部门神圣而艰巨的任务。而国内资金的严重短缺成为改革和完善劳动保障制度建设的瓶颈。为多渠道解决我国劳动保障事业改革与发展过程中的资金问题，同时通过与国际组织合作引进国外先进的管理理念，我国政府十分重视利用外资支持劳动保障事业的发展。从1993年起，劳动保障部门与世界银行就劳动力市场建设、社会保障制度改革等领域开展了长达13年、涉及金额5262万美元的项目合作，在劳动保障制度建设和机构能力建设等方面，取得了重大成就。在项目执行过程中，形成了一套相对规范完善的项目管理制度、管理方式和管理技术，项目资金使用高效，发挥了显著的杠杆效应，弥补了中央和地方公共财政对劳动保障投入的不足，推动了我国劳动保障事业的发展。

为了更好地利用外资，进一步支持我国劳动保障事业的可持续发展，现就劳动保障部借用世界银行贷款情况总结如下。

一、利用世界银行贷款的总体情况

劳动保障部及有关省市劳动保障部门先后在职业培训和劳动力市场建设、养老保险、医疗保险等领域，与世界银行开展了5个合作项目（见附表1），援贷款累计总金额5262万美元，其中无息贷款（软贷）2550万美元，有息贷款（硬贷）1000万美元，混合贷款1664万美元，无偿赠款48万美元。5个合作项目共涉及全国17个省（自治区、直辖市）的20多个城市。

（一）世行贷款“企业住房和社会保障制度改革项目”

该项目1996年正式启动，贷款总额度为3.5亿美元，由财政部牵头，原国家计委、原劳动部、原国家体改委、国务院房改办等单位组成项目协调小组，负责协调项目执行中的有关事宜。其中，用于社会保障部分的贷款资金为1664万美元，由原劳动部牵头组织实施，项目主要目标是：建立覆盖所有企业的养老保险、失业保险、医疗保险的统筹基金；实现个人缴费，把养老金与收入和物价更好地联系起来；执行改革后的医疗费的支付和费用控制措施；建立市级机构管理上述保险基金。社会保障部分的5个项目单位中，劳动保障部使用贷款资金70万美元，由财政部统还，北京市、成都市、宁波市、烟台市4个项目单位使用的贷款由地方财政偿还。该项目社会保障部分已于2004年12月结束。

“职业培训和劳动力市场建设”项目，借用世界银行贷款3000万美元。图为潍坊市就业培训学校农村劳动力技能提升培训班

（二）世行贷款“职业培训和劳动力市场建设项目”

该项目贷款总额3000万美元，其中软贷款2000万美元、硬贷款1000万美元。该项目于1996年7月1日正式启动，2005年12月31日顺利关账。该项目是目前劳动保障系统与世界银行最大的合作项目，分二期完成。

一期项目涉及原劳动部和浙江省、广州、武汉、绍兴、潍坊、德阳市共7个项目单位，共使用世界银行贷款约2300万美元。项目目标是通过支持政策和立法改革，促进劳动力市场建设，提高劳动力市场服务能力，为企业富余人员、失业人员和农村进城劳动力提供就业帮助，提高劳动生产率和促进劳动力流动；强化项目实施机构的市场服务意识。项目内容包括“政策和立法改革”、“劳动力市场服务”、“职业培训”和“机构开发”四部分。

二期项目是在一期项目成功实施的基础上，选择了甘肃、河南、湖南、内蒙古、青海和山西等6个中西部省（自治区）作为项目单位，共使用世界银行贷款约700万美元。项目旨在借鉴一期项目试点经验，推广项目已开发的“劳动99”软件，在项目省市建立劳动力市场管理信息系统，以加快其劳动力市场的信息化建设，改善其就业环境，提高其劳动保障工作的服务水平。项目的内容包括“劳动力市场信息系统建设”和“咨询服务与培训”两部分。

（三）世行贷款“中国养老保险制度改革项目”

该项目贷款总额为500万美元，属无息贷款。另外世界银行提供了25万美元的赠款，用于项目的前期准备工作。共 3 个项目单位，我部贷款额度为50万美元，由财政部统还；黑龙江省（含佳木斯市）贷款额度为250万美元，青岛市贷款额度为200万美元，均由地方财政还款。

项目于2000年10月正式启动，项目执行期3年。项目目标是：通过借用世行贷款，进一步促进我国养老保险制度改革，并为建立全国统一的养老保险管理体系提供帮助和支持；进一步扩大养老保险的覆盖范围；加快省级统筹步伐，提高基本养老保险基金统筹层次；加强宏观调控，为建立统一的基本养老保险制度和建立多层次的养老保险体系提供经验；提高社会保险管理服务社会化水平。2004年8月，经与世界银行协商，项目延期至2005年12月结束。

（四）世行赠款“城镇医疗保险改革能力建设项目”

该项目赠款额为23万美元，用于支持中国城镇医疗保险制度改革和能力建设。项目于2000年9月5日正式启动，已于2002年5月31日完成。

（五）世行第三期技援“国家就业和社会保障管理信息系统关键技术攻关分项目”

该项目贷款额度为50万美元，由财政部统借统还，主要用于开展国家就业和社会保障管理信息系统关键技术的研究，以及利用PROST模型进行养老保险基金的预测分析研究。项目于2001年6月正式启动，已于2003年12月31日完成。

企业住房和社会保障改革项目，借用世界银行贷款3.5亿美元。图为宁波市劳动和社会保障局服务大厅

二、世行项目的主要成果

世行项目在劳动保障部领导的高度重视和有关部门的大力支持下，通过中央项目办和地方项目单位的共同努力，取得了丰硕的成果。主要体现在以下三个方面：

（一）项目支持完成了劳动保障一系列政策法规和行政规章的制定工作，推动了我国职业培训和劳动力市场建设进程，促进了我国社会保障体系建设

（1）注重借用外部资源，推动了我国社会保障制度的改革和发展。企业住房和社会保障制度改革项目，聘请澳大利亚专家，开展了社会保险制度改革技术研究，提交了《社会保险计算机化管理》、《养老金的收入、支出和融资》、《医疗保险政策》、《工伤保险》、《中国社会保险的社会

化筹资和管理》等研究成果报告，为我国社会保障制度的改革提出了许多有价值的意见和建议。城镇医疗保险能力建设项目，先后邀请了国际知名专家学者和国内大学、研究机构人员，对建立多层次医疗保障体系、异地安置人员医疗费用管理、补充医疗保险、医疗费用结算办法、医疗费用控制措施等城镇医疗保险制度改革中一些亟待解决的问题开展了卓有成效的研究，为积极稳妥地推进我国医疗保险制度改革提供了理论支持。

（2）构建了职业培训和劳动力市场的政策法规体系，为依法行政，科学规范建立和管理劳动力市场，促进今后就业工作稳步发展打下坚实的基础。劳动保障部利用职业培训和劳动力市场建设项目资金，支持了《失业保险条例》、《劳动力市场三化建设纲要》、《劳动力市场管理规定》等12项全国性法律法规的起草制定工作；开展了全国职业培训标准的制定和题库的开发，完成了我国第一部《中华人民共和国职业分类大典》，以及104个职业的国家标准的制定和49个工种的国家题库试题资源的配置。地方项目单位利用贷款资金支持完成了本地区劳动力市场管理、职业介绍机构管理、农村劳动力跨地区就业管理等76项地方性政策法规的起草制定工作。

（3）推动了养老保险制度改革和制度创新，为养老保险制度的可持续发展创造了条件。围绕养老保险制度改革项目的总体目标，在中央、省和市三个层级，劳动保障部门同步进行相应的政策改革。中央层面出台了《企业年金试行办法》（劳动和社会保障部令第20号），《企业年金基金管理试行办法》（劳动和社会保障部令第23号），两个部令建立起了我国补充养老保险的制度框架体系；出台了《国务院关于完善企业职工基本养老保险制度的决定》（国发[2005]38号），这是我国养老保险制度改革的重要指导性文件。黑龙江省出台了关于有关养老保险制度改革的14份文件，其中包括《黑龙江省城镇企业职工基本养老保险规定》（2000年省政府令第12号）、《关于进一步做好企业职工基本养老保险工作的通知》（黑劳发[2000]79号）等重要文件，这些文件对探索养老保险制度改革、做实个人账户提供了政策依据，为在全国推广试点经验提供了借鉴。青岛市出台了关于有关养老保险制度改革的20份文件，其中包括《关于农村外商投资企业参加社会养老保险有关问题的通知》（青政发[1999]217号）、《青岛市事业单位职工社会基本养老保险暂行办法》（青政[2002]152号）等重要文件，这些文件构建了青岛市事业、企业单位以及自由职业者相统一的基本养老保险制度。青岛市参加养老保险的人数由1999年的92万人增加到2005年的154万人，其中包括企业职工、机关事业单位职工以及各类自由职业者。以上政策文件在国家级、省级以及市级的养老保险制度建设中发挥了重要的作用。

（二）项目为有关省市的劳动保障信息系统基础设施建设提供了有力的支持，并为推进全国建立规范、统一的劳动保障信息系统起到了示范作用

（1）劳动保障信息系统基础设施建设进一步完善。随着职业培训和劳动力市场建设项目的实施，各项目单位建立了劳动力市场监测中心和劳动力市场信息网络，实现了省、市、县 三级联网，网络覆盖面逐步向街道、社区延伸。目前，劳动力市场信息网络在就业服务管理、失业人员管理等方面发挥了重要的作用，也成为向用人单位、劳动者提供就业信息服务的一个重要桥梁。为金保工程的系统网络建设工作打下了基础，提供了建设经验。如青海省建成了覆盖全省54个县区以上行政区域，互连互通、资源共享、标准统一的省、州、县三级劳动力市场信息网络，同时按照金保工程一个工程、两大系统的要求和数据大集中模式的原则，搭建了与金保工程统一的信息网络运行平台。

（2）开发了劳动力市场信息系统核心业务软件。利用职业培训和劳动力市场建设项目世行贷款，开发完成了劳动力市场信息系统核心业务软件，并在各项目省市投入使用。1999年，劳动保障部正式将该软件命名为“劳动99”，并作为全国统一软件在全国进行推广应用，已成为金保工程的两大核心应用软件之一。通过该软件的应用，规范了业务流程、统一了数据标准，加速了系统的进一步整合。

（3）开发完善了养老保险基金预测模型，推动了我国养老保险精算工作。借用世行资金，在社会保险研究所开发的中国养老保险基金精算模型基础上，开发完善了能够反映中国实际情况和准确预测财务状况的中国养老保险基金预测模

型。该模型能够对中国养老保险基金收支状况进行精算分析和中短期预测，完善了养老保险基金收支会计项目、统计指标和预测结果表，增加"混账"模式下的收支预测与统计功能、养老保险隐性债务计算功能；完善了中国总人口和人口组成结构、就业、职工与参保人员预测方法；对中国现行养老保险体系中做实个人账户所需资金、费率进行了精算分析；增加了参保农民工参加养老保险情况的预测功能，农村与城镇间人口转移和迁移功能。中国养老保险基金预测模型，较好地结合了我国养老保险政策具体情况，提高了劳动保障部门中短期养老保险财务分析能力，以及分析各种养老保险政策和改革措施对养老保险事业中短期影响的分析能力。

（4）积极探索五项保险统一征缴和管理的社会保险信息系统建设，积累了丰富的经验。利用养老保险制度改革项目的资金，黑龙江省经过几年的建设和发展，建立了全省统一的养老保险资源数据库，对全省养老保险业务数据实行集中统一管理。随着全省统一软件的推广使用，促进了省内养老保险业务处理流程和管理的统一，也为提升养老保险统筹层次打下了良好的基础。青岛市以世行项目养老保险信息系统建设为契机，加大了统一建设的实施力度，建立了全市统一的劳动保障数据中心，并对现有技术资源、设备资源和数据资源进行了整合，建立了全市集中的业务资源数据库，对社会保险各项业务数据实行集中统一管理，按照五项保险统一征缴业务管理模式，对业务流程进行了优化，对经办机构业务分工进行重组，开发完成了"五险合一"的统一软件，实现了五险统一征缴，为参保单位和参保人员提供了"一站式服务"，不但提高了工作效率和管理水平，也提高了服务的水平和质量。

三、世行项目的经验

（一）通过世行项目的实施，形成了组织有力、灵活高效、分工明确的项目管理机制

世行项目实施周期长、程序较为复杂、涉及的项目单位较多，项目的管理工作难度较大，并且劳动保障领域的项目政策制度的创新和试点是其主要内容，中央部门的牵头和组织尤为重要。为此，在实施每个项目的过程中，劳动保障部成立了专门的项目领导小组。在项目的实施中，项目领导小组为项目提供政策指导、协调项目实施，并帮助解决项目实施中出现的问题，为项目的顺利完工发挥了重要的作用。各项目省市也成立了相应的项目领导小组，与劳动保障部项目领导小组保持密切联络，为各自项目的实施提供了很好的指导和协调作用。劳动保障部世行办作为部项目领导小组的执行机构和整个项目的监督、协调机构。各项目省市也成立了项目实施办公室。劳动保障部世行办作为劳动保障部规划财务司的一个机关处室，保持了人员编制的稳定，各项目省市项目办在项目的实施过程中配备了相应的项目管理队伍，认真履行项目管理的职责，确保了项目的顺利实施。

（二）通过项目的实施，形成了科学合理的招标采购规范

1.世行项目招标采购情况

5个世行项目招标采购的总金额为26340万元人民币。其中，货物采购总金额为22782万元人民币，服务采购总金额为3558万元人民币。由劳动保障部统一组织实施的货物和服务招标采购总金额为23276万元人民币，其中组织货物国际竞争性招标采购（ICB）共15次，基于质量和成本的服务招标采购（QCBS）共3次；指导地方项目单位自行组织实施的国内竞争性招标采购（NCB）20次，招标采购总金额为3064万元人民币（详见附表2）。

2.世行项目采购的特点

（1）规范的采购范本。世界银行编制的《国际复兴开发银行贷款和国际开发协会信贷采购指南》、《货物采购国际竞争性招标文件》、《货物采购国内竞争性招标文件》等采购范本，对招标文件编写、评标、授予合同等做出了具体的规定。

（2）有效性。体现在采购标的的既定性，采购结果的经济性，采购过程的效率性。

（3）竞争性。要求所有合格的投标人都有竞争机会，不资助保留采购，不允许采购文件中规定有歧视性的技术和商务条件，不允许以强制性分包或联营作为投标条件。

（4）开发性。不涉及政治上的或其他非经济因素的影响或考虑，鼓励发展中国家参与竞争，促

进借款国的承包业和制造业的发展，制定有适用于符合条件的借款国制造商和承包商的国内优惠规定。

（5）公正性。公正性是世行采购的灵魂，其本质要求是公开和公平，确保采购行为的透明度。为此，世行提出了一系列要求，包括充分及时地披露采购信息、采用统一的评标标准、反对腐败和欺诈行为、事前和事后审查等。

3.世行采购对政府采购工作的借鉴

通过世行项目的实施，结合世行项目采购的特点，我们学习到了科学、严谨的采购方式和采购程序，特别是与世行的合作初期，我国关于招标采购方面的法律法规还不健全，对我们从事国内项目的招标采购工作有很好的借鉴意义。劳动保障部世行办在负责世行项目管理的同时，借助世行采购的经验，承担了部政府采购的管理工作，规范了政府采购流程，建立了科学合理的政府采购机制。

（三）通过项目的实施，建立了“统一领导、分级管理、单独核算”的财务管理办法

世界银行除对项目进行一系列严格的评估和分析论证之外，在贷款资金的使用和支付方面也有着与商业银行不同的管理方法。世行资金使用上实行报账制或先发生后支付制。为了使各个项目能够顺利执行，及时提款报账和回补垫付资金，根据世行有关贷款的使用和支付原则，参照《世界银行贷款项目会计核算办法》，针对每个项目的资金使用特点，我们建立了“统一领导、分级管理、单独核算”的财务管理办法，对项目执行单位的财务管理能力、完整的会计和内部控制系统均提出了要求，并对项目提款报账程序、提款报账材料、会计科目、如何填制会计凭证以及账务处理办法，包括如何填写提款申请书和费用报表都做了详细的规定。

（四）学习交流了先进的管理方法和工作机制

1.世行项目国外考察培训情况

根据5个世行项目的工作计划，共组织了45批国外培训和国外考察团，共计545人（次），学习和了解了不同类型国家在职业培训和劳动力市场建设、社会保障制度改革以及劳动保障信息系统建设等方面的先进经验和教训，详见附表3。

在考察培训内容上，主要涵盖了三大类：一是职业培训类，包括职业培训机构和管理体制、培训课程的设置、职业技能开发和鉴定、资格证书制度及管理等；二是劳动力市场类，包括劳动力市场建设、职业介绍、信息系统建设、就业服务等方面；三是社会保险类，包括养老、失业、医疗、工伤等社会保险制度的设计、机构职能、信息系统设计及应用、保险基金的运作和管理、保险的精算预测等方面。

在出访的国家中，既包括发达的欧美国家，也包括发展中的东南亚地区，这种安排既可以了解发达国家在相关领域先进的经验、做法和政策措施，也可以了解发展中国家或转型国家在这些领域中遇到的问题和解决方法。

2.国外考察培训的效果

（1）了解了欧美发达国家和亚洲邻国的职业培训和劳动力市场状况，学习了他们在职业培训、职业介绍和技能培训与鉴定等方面的先进做法。我们组织的赴日本、韩国职业培训和劳动力市场建设考察团，通过对两国劳动部门、职业介绍机构、技能培训机构的考察与座谈，了解到这两个国家劳动力市场建设运作是通过完善的政策立法体系、职业介绍机构、失业保险制度、职业培训及其计算机网络系统来实现的。通过对英国和意大利的职业培训和高级技能培训中心模式的考察，了解到两国在职业培训方面的5个主要特点：①培训费用投入大，政府的职业培训战略得到全面推行；②职业培训做到了社会化、市场化；③严格对培训机构的认证管理，规范培训机构；④利用先进的培训手段；⑤培训与就业相辅相成、互相促进。这些特点也正是我国发展职业培训时应该借鉴的经验。

（2）了解了各国社会保障制度的发展和现状，吸取其在发展过程中的经验和教训。赴澳大利亚社会保障制度考察团，通过拜访澳大利亚家庭和社区服务部、国立大学、工伤管理机构和医疗保险委员会等部门，听取了各机构工作人员及专家有关澳大利亚社会、经济、人口状况，养老保险体制，工伤、医疗保险政策法规和具体实施情况等专题介绍，全面了解了澳大利亚的社会保险制度。通过对美国和加拿大社会保险基金的考察，了解到两国社会保险项目齐全，标准较高，但这些都是以较雄厚的经济基础作为支撑条件的。随着人口老龄化进

程的加快，基金入不敷出、政府负担过重的问题也促使两国谋求改革。我们应从4个方面进行借鉴：①应尽快建立健全社会保险立法；②社会保障机构的设置应遵循垂直领导、统一管理的原则；③社会保险基金的保值增值必须予以足够重视，并付诸实施；④加大企业补充养老保险和职工个人储蓄性养老保险的力度。赴英国、波兰养老保险政策与规划考察，波兰是东欧计划经济向市场经济转型国家中养老保险制度改革比较充分、改革比较成功的国家之一。由于我国也处在经济转型过程中，波兰在养老保险基金的征缴、运作和监管方面的很多做法都值得我们借鉴，而该国在改革过程中遇到的问题也非常值得我们去思考研究如何避免发生类似的情况。

（3）学习国外先进的信息系统开发和应用经验，为我国劳动力市场和社会保障信息系统的建设提供借鉴。赴美国养老保险信息系统设计及软件开发培训，较为详尽地了解了美国的养老保险制度和养老保险信息系统建设的情况，重点学习了美国信息系统建设的先进思想和技术，以及各种比较流行的软件开发工具的使用。特别是通过对分布式系统、三层结构、数据仓库、数据挖掘等现代信息技术的学习，对现代系统设计开发思想有了更进一步的理解和认识。这些知识和技术在金保工程建设的构想、设计和实施中都起到非常重要的作用。

（五）通过项目的实施，形成了科学的项目评估与监督机制

世行项目通过招标采购的方式选择了第三方机构或咨询专家，作为项目监测评估咨询机构或专家，通过建立项目投入、产出及效益的指标体系，对项目的执行情况和结果进行了有效的监督和评估，提高了项目的监督管理水平，从而保证了项目目标的实现和项目内容的顺利完成。如职业培训和劳动力市场建设项目中，通过国内有限招标的方式选择了项目监测评估咨询公司，制定了《项目监测评估与经验传播方案》以及《监测评估与经验传播工作实施方案》。该实施方案中浓缩了指标体系、数据采集、报告系统等在实际操作中与项目实施密切相关的内容。通过多种形式的现场数据采集工作，用数据检验和评价了项目职业培训机构的培训效果和项目对就业服务工作的影响，对项目的实施进行了有效的评估与监督。

北京市借用国外贷款25年回顾与总结

一、北京市借用国外贷款概况

改革开放以来，在国家有关部门和北京市委、市政府领导下，在北京市相关部门和单位共同努力下，北京市借用国外贷款工作经历了从无到有、从小到大的发展过程，逐步形成了贷款来源广泛、贷款领域多样、贷款项目示范性强的发展格局。对促进北京经济发展、扩大对外开放、提高人民生活水平发挥了积极作用。

（一）北京市借用国外贷款发展历程

北京市借用国外贷款经历了以下三个阶段：

1．初始发展阶段（1980～1989年）

改革开放后，为弥补建设资金不足，北京市开始尝试借用国外贷款。1981年，北京市第一个国外贷款项目——北京化工六厂借用国际商业贷款1516万美元建设年产5000吨聚乙烯膜项目签约生效。十年间签订贷款项目45个,协议贷款金额6.23亿美元。

2．快速发展阶段（1990～1999年）

进入20世纪90年代，随着北京经济加快发展，借用国外贷款也步入快速发展时期。借用国外贷款项目从规模、方式、来源等多方面都有进一步拓展和提高。十年间签订贷款项目85个，协议贷款金额20.1亿美元。

3．平稳发展阶段（2000至今）

2000年以来，北京市国民经济保持持续快速增长的良好态势，财政收入不断增加，企业实力不断增强，金融市场逐步开放，企业融资方式日益多元化，北京市借用国外贷款步入平稳发展阶段。签订贷款项目15个，协议贷款金额7.5亿美元。

（二）北京市借用国外贷款发展特点

从1980年至今,北京市累计执行的国外贷款项目145个，协议贷款总额近33.83亿美元，贷款主要来自世界银行、亚洲开发银行、日本、意大利、瑞典、法国、奥地利、西班牙、德国、荷兰等国际金融组织和外国政府。重点投向基础设施、能源、交通、农村发展、医疗卫生教育等领域。贷款项目具有来源相对集中、投向领域重点突出的特点。其中：国际金融组织贷款项目20个，协议贷款金额10.18亿美元。主要来自世界银行、亚洲开发银行，重点投向环保、住房和社保、农村发展（包括供水、卫生、养鱼、灌溉、农业支持等）、教育（包括职业教育、教师培训等）、卫生等领域。外国政府贷款项目75个，协议贷款金额约11.45亿美元。主要来自日本、意大利、瑞典、法国、奥地利、西班牙、德国、荷兰等外国政府，重点投向基础设施、交通、能源、纺织、食品加工、化工、卫生等领域。

国际商业贷款项目50个，协议贷款金额12.2亿美元，主要来自美国、德国、法国、日本、西班牙等，重点投向通信、化工、纺织、房地产等领域。

二、北京市借用国外贷款的主要成效

北京市以贷款项目为载体，通过借用国外贷款，有效缓解了建设资金不足，引进了国外先进技术、设备和管理经验，对促进地方经济和社会发展起到了积极作用。

（一）有力地促进了北京基础设施建设

改革开放以来，北京经济迅速发展，城市规模不断扩大，人口、资源、环境矛盾日益显现，城市基础设施建设发展相对滞后。城市供水、燃气、集中供热、道路交通建设、城市垃圾无害化处理、污水处理等方面都需要进一步提高。为适应城市发展的需要，北京市加大了基础设施建设力度。“八五”期间，北京基础设施建设完成投资484亿元，为“七五”期间的4.2倍。相继建成了一大批道路交通、能源、市政、水利等大型工程。“九五”期间，北京不断加大投资力度，基础设施瓶颈制约大大缓解，五年累计完成投资1382亿元。全面开展了以治理大气污染为主的环境治理工程，进一步加快了以建设城市道路和轨道交通为主的交通拥堵治理工程，使首都的基础设施服务功能有了显著提高。“十五”期间，紧紧围绕“新北京、新奥运”战略构想，北京基础设施建设突飞猛进，累计完成城市基础设施投资2260亿元，建成了五环路、地铁13号线等一批重大项目。大气污染治理进展明显。天然气、热力等供应能力和污水、垃圾等处理能力进一步提高。

在此期间，国外贷款在改造北京城市基础设施、提高城市功能、改善城市环境方面发挥了重要作用。贷款重点投向城市集中供热和供水、城市污水处理、城市公共交通等领域。重大项目有：北京基础设施投资有限公司借用日本政府日元贷款建设地铁复八线项目及城铁项目，项目总投资142亿元人民币，其中借用贷款协议金额333亿日元；北京自来水集团借用日本政府日元贷款建设第九水厂二期、三期工程，项目总投资45亿元人民币，其中借用贷款协议金额301.6亿日元；北京排水集团借用世行贷款北京环境二期项目污水子项目，总投资47.8亿元人民币，其中借用世行贷款协议金额1.79亿美元；北京热力集团借用世行贷款北京环境一期项目区域供热子项目，项目总投资21.5亿元人民币，其中借用世行贷款协议金额5000万美元；北京热力集团借用亚行贷款北京环境改善项目区域供热子项目，项目总投资11亿元人民币，其中借用亚行贷款协议金额5500万美元；北京燃气集团借用亚行贷款北京环境改善项目陕甘宁天然气进京市内工程子项目，项目总投资29.2亿元人民币，其中借用亚行贷款7044万美元。上述项目借用国外贷款总额9.84亿美元，占项目总投资近30%，占全部国外贷款金额近30%，对促进北京基础设施建设起到了积极作用。

北京地铁项目，借用日本政府日元贷款折合1.5亿美元。图为装饰一新的地铁站

北京排水集团，通过实施国外贷款项目，获得了快速发展。从20世纪80年代末，北京市全面展开城市中心区污水处理设施的建设，至2005年，共建成8座污水处理厂及配套400余公里污水截流管线，处理能力达到248万m^3/日。其中6个污水处理厂和大量污水管线建设借用了包括世界银行、日本海外协力基金、北欧投资银行、法国政府、瑞典政府的贷款，协议金额达2.8亿美元。借用国外贷款不仅解决了资金不足，还有效带动了行业发展，促进了排水行业的改革。一是2002年成立了排水集团，建立了完善的法人治理结构。管网移交排水集团管理。有权保留和使用水费收入。二是通过购置先进的污水处理设备、到国际一流水务企业考察、与国外污水处理专家交流研讨等，北京排水集团引进吸收了国际领先的污水处理技术，推动了一系列新技术和新概念在北京排水项目工程中的应用。三是在项目实施过程中培养了一批高素质、复合型、具有良好外语能力的技术管理人才。

为北京地面交通压力，北京基础设施投资有限公司地铁复兴门-八王坟线项目在国家有关部门支持下，列入第三批日本政府日元贷款备选项目借用工程，借用贷款196.78亿日元。2000年6月28日地铁复八线全线贯通试运行，在很大程度上缓解了长安街沿线地面交通拥挤的状况。1999年底开工建设的城市铁路13号线，全长40.85公里，借用141亿日元贷款。自2003年1月28日投入试运营至今，客流量大幅上升，票款收入显著增加，取得了良好的经济和社会效益。

（二）有力地促进了能源的发展和节约利用

随着我国经济发展速度加快，人民生活水平逐步提高，对能源的需求日益增加，能源发展和节约利用成为实现可持续发展的重要因素之一。国外贷款在北京市能源发展和节约利用方面发挥了积极作用。为缓解国内电力短缺局面，1981～2005年，华北电网公司在北京实施3个大中型电力项目，项目总投资约84.39亿元，借用国外贷款约2亿美元，主要用于火力发电、抽水蓄能、城网建设、脱硫环保等方面，在一定时期内，缓解了电网用电紧张局面，保持了电网和供电的安全、稳定运行，创造了良好的经济效益。为有效节约能源，北京源深节能公司实施了世行贷款节能促进项目。该项目总投资约5亿元人民币，其中借用世行贷款2100万美元，主要是通过锅炉改造、节电等措施，促进能源节约利用和减少大气污染。

（三）有力地促进了医疗教育卫生等社会事业发展

借用国外贷款改善北京市医疗教育卫生条件，促进了北京市医疗教育卫生事业发展。由市教委执行的借用世行贷款教育项目，项目总投资约2.5亿元人民币，贷款协议总额约2000万美元，项目主要内容是为北京工业大学、广播电视大学和短期职业大学等进行教师培训和引进教学实验设备。这些项目的实施，改善了学校的办学条件，提高了教师教学水平，促进了北京电教化教育、职业教育、高等教育事业发展。北京复兴医院、安贞医院、首钢总医院、协和医院、口腔医院，借用国外贷款近1000万美元，引进了国外先进医疗设备。既提高了医疗服务条件和技术水平，还缓解了北京医疗卫生行业资金紧张矛盾。

（四）有力地促进了国内管理理念和技术水平提升

国外贷款在弥补发展资金不足的同时，还以项目实施为载体带来了国际先进的管理经验和技术，促进了管理和技术水平的提高。首先，提高了项目管理经验。国外贷款项目从项目筛选、评估、谈判到执行和后期管理，有一套完备流程和规章制度，这些管理规程和程序对项目建设，学习国际先进管理经验和理念有很大帮助；提高了技术水平。按照贷款条件，国外贷款引进了一批先进的设备和采用了实用技术，这些设备和技术的运用，提高了国内企业的技术水平；提高了企业管理能力。例如，北京燃气集团、热力集团在国外贷款项目实施过程中，国际专家帮助企业在企业管理等方面进行设计，提升了企业管理能力和制度建设；培养了高素质人才。通过实施贷款项目，项目单位培养锻炼了一批人才，形成了由技术、管理、外语等方面一系列人才组成的专业团队；促进了行业改革和发展。例如，北京排水集团国外贷款项目的实施，促进了项目所在行业的系统集成化管理，促进了行业资源有效整合，促进了行业结构调整和政策研究制定，为所在行业下一步发展打下了良好基础。

北京环境改善项目，始建于1994年，借用亚洲开发银行贷款1.12亿美元。图为密云水库上游水土流失监测场

北京高碑店污水厂二期项目，借用瑞典政府贷款和国外金融机构贷款共2300万美元，建成后日处理城市污水50万吨。图为高碑店污水处理厂全景

三、北京市借用国外贷款的基本经验

长期以来，北京市借用国外贷款工作得到了各级领导和部门大力支持，取得了一些成绩。既有成功的经验，也有值得反思的问题。

（一）始终坚持借用国外贷款基本原则

北京市在借用国外贷款组织实施项目过程中，坚持了以下基本原则。

1．因地制宜的原则

积极、合理、高效借用国外贷款，合理控制外债规模，使之与国民经济发展、投资需求、偿还能力等相适应。针对北京市不同经济发展阶段、企业不同发展需求，我们按照国家的有关政策方针，积极合理地使用国外贷款，适时调整国外贷款的来源、结构、投向，使之更好地发挥应有作用。

2．成本效益的原则

积极争取条件相对更为优惠的国际金融组织和外国政府贷款。由于国际金融组织和外国政府贷款期限长、利率相对较低，我们尽可能争取使用优惠的国外贷款，降低融资成本，促进国内经济发展。

3．重点优先的原则

坚持国外贷款优先安排国家重点发展的产业。根据不同时期北京经济社会发展特点，国外贷款重点投向符合国民经济社会发展规划重点领域和产业，特别是基础设施、能源、交通和社会发展等领域。

4．权责分明的原则

落实担保、分清偿还责任。对国家重点鼓励国外贷款项目，及时予以国内资金支持，在市政府统一安排协调下，积极做好担保工作落实和国内配套资金安排。

（二）认真做好项目筛选和前期准备

1．重视开展项目前期工作

从项目的建设目的和必要性、项目的经济、财务、技术等可行性分析、国内配套资金的落实、贷款偿还资金的落实，项目执行单位的组织和管理能力等方面加强对项目的评审。力求优化项目设计，保障项目目标实现，提高项目成功率，争取项目效益最大化。

通过对项目的实际执行情况总结，前期工作深入、扎实的项目，后期执行中进展就比较顺利。国际金融组织对贷款项目前期评估论证要求比较严格，并有一套比较科学、全面的项目评价体系，项目的成功率相对较高。

例如，借用世行贷款的中国农业支持服务项目北京市畜牧子项目，在 年多项目筹备过程中，北京市农业局按照贷款要求，组织专业技术人员进行调研，在“摸清家底”的基础上，先后编制了《北京市畜牧项目投资方案》、《世行贷款北京市畜牧支持服务项目建议书》和《北京市畜牧兽医技术服务中心可行性研究报告》，使项目设计更有针对性。同时，完成了项目资金配置、任务落实、签署任务书等工作，为项目顺利开展打下了良好基础。

北京圣洁明公司，1999年申请使用加拿大政府贷款，2000年由原国家计委批准列入外国政府贷款备选项目规划。然而，LPG车用市场却发生了较大变化，一方面北京市汽车改装数量没有达到预期目标，改装后车辆维护、维修及保养配套服务不能满足实际要求，致使LPG加气站单站加气量远不能达到盈亏平衡点数量；另一方面，LPG气源供应价格极不稳定，甚至一度出现价格倒挂现象，加气站经营一直处于严重亏损状态。另外，根据市场调研，同期50%以上加气站处于亏损和非正常营业状态。该公司综合考虑各方面因素和企业的偿还能力后，最终放弃了使用国外贷款。

2．注意贷款来源与项目的匹配

由于国际金融组织贷款为开发性贷款，具有相对优惠的资金、技术和管理优势，可以优先考虑安排需要政府投资的建设项目。主要原因是：一是担保能够更好地落实；二是项目执行可以更好地与当地的经济、社会发展目标保持一致，体现政府投资的示范、带动作用；三是项目执行单位对贷款项目的国内管理程序、政策熟悉。

国际金融组织贷款不宜选择受市场变化影响大的项目。主要原因是：一方面与国际金融组织的整体援助、发展战略不一致；另一方面国际金融组织项目前期准备和评估周期较长，往往难以反映市场最新需求，项目调整程序比较复杂。

北京市大部分国际金融组织贷款项目都实现了良好的经济和社会效益，但也有个别项目由于前期准备时间长，错过了最佳市场机会，被迫下马，或虽然执行却没有达到预期的经济目标。因此，要谨慎选择项目和资金来源，注意二者之间的匹配，以免造成不必要的损失。

与国际金融组织允许采用国际竞争性招标不同，一些外国政府贷款有采购设备的国别限制，只能选择贷款国厂商的设备，选择空间相对缩小。因此在做项目前期工作时需要认真考察贷款国的设备是否满足项目设计和技术要求，并进行技术指标、性能和价格等方面的比选，保证在使用贷款条件较好的优惠资金时不牺牲项目质量。例如：十三陵抽水蓄能电厂项目借用日元贷款129亿日元，最初采购条件要求只能在贷款国的生产厂商中招标，经过国内有关部门与外方协商，日方最终同意放宽采购范围，改为全球范围内的国际招标，使中方可以采购到质量更优、价格更好的设备，最终设备购置费实际降低了10%，节约了项目开支。

源深公司节能促进项目，借用世界银行贷款和GEF赠款。图为东方化工厂外景

3. 合理确定贷款额度

借用国外贷款项目大多需要在批准贷款前就要求中方提供达到项目可行性研究报告深度的文件。因此中方应根据项目内容，尽可能将工程、设备采购和咨询等工作计划安排细化，合理确定贷款额度。否则，如果贷款额不足，将影响项目按计划顺利执行；如果贷款超出实际需求，产生余款，由于没有足够时间完成相对复杂追加新项目内容的审查程序，就会增加利息、承诺费等支出，增加中方贷款成本。

例如，世行贷款北京环境二期项目，项目总投资129.01亿元，协议贷款金额3.49亿美元，全球环境基金赠款2500万美元。项目于2001年5月11日起正式生效。项目执行以来，得到了各有关部门的大力支持，项目进展总体比较顺利。由于项目在执行过程中广泛采用了国际招标方式和受市场变化影响等原因，该项目产生了2.2亿美元的贷款结余。为提高贷款使用效率，降低贷款成本，自2003年开始，北京市与世行多次协商、积极合作，新提出了5个打捆项目，并获得世行批准，有效发挥了余款作用。

（三）争取对外谈判中的主动

通过总结已执行项目的经验，我们发现在对外谈判中，需要根据国内实际情况，积极主动与外方沟通，以便赢得有利于中方的贷款条件。如，对一些外方严格限制采购指定设备和技术的贷款条件仍存在谈判余地，中方可以根据项目特点，客观提出适当放宽采购限制的要求；其次，一些国外贷款机构，除提供贷款资金外，还致力于推动借款人的管理体制改革，在贷款中附加一些条件，如要求中方执行机构、行业主管部门、政府部门改革管理体制，提出具体改进要求。中方在接受这些条件前应根据实际情况考虑实现的可行性和时间，避免由于执行后难以兑现承诺而影响到中方信誉；另外，一些规模较大建设项目大型设备供货合同中的质量保证期较长，可能达到一年，最后一笔设备款通常要到保证期到期后的3个月或6个月后才支付。假若设备有缺陷，则质量保证期还需顺延，尾款的支付日期就会再次推后。如果没有考虑到这些因素，就不能在关账日期前完成支付。通常申请延长关账日期的程序较为繁琐，还可能影响到项目顺利执行。所以需要事先在谈判中争取关账日期的合理设置。

（四）建立有效的管理机制

国外贷款项目涉及面广、复杂性强，项目若要顺利进行，必须建立有决策和协调能力的领导班子，加强管理，有效协作，指导处理项目的重大事项。2000年，为有效推动北京环境二期项目进展，北京市成立了世行亚行贷款项目领导小组，由市领导担任组长，相关委办局负责人为小组成员。重大事项需报请领导小组协调解决。领导小组下设项目办，负责项目实施的日常管理。2003年，领导小组撤销，职能移交市发展改革委。

为使北京市国外贷款管理更加规范，原市计委还充分借助国家“国外贷款项目管理信息系统”，对每一个项目进行科学管理，对项目的借、用、还数据进行采集、统计分析，为政府部门提供决策依据。

（五）重视项目执行中的保障和监管

1.保证配套资金按时到位

为维护国家和北京市对外形象，北京市优先考虑安排借用国外贷款项目的配套资金，保证项目按计划执行。

2.提高中方人员技术力量

中方的技术力量对项目顺利执行具有重要作用。如果设计、勘察等工作人员的技术力量不足，可能给项目的执行带来变更等不必要的麻烦，影响项目的执行。

3.组织审计保障项目规范执行

为保证项目科学运行，北京市审计部门按照国家要求，还对国外贷款项目进行认真审计。通过审计，对项目运作过程中出现的问题，进行有效沟通交流，积极解决，促进项目高质量实施。

4.对重点贷款项目高度重视

国外贷款项目，特别是大多数国际金融组织项目同时还是全市重点项目。因此，需要对这些重点贷款项目进行高度重视，从各方面进行有力保障，保证项目顺利进行。

5.保持与外方良好的沟通交流

要向外方及时通报项目计划和安排方面的变化。认真对待外方专家技术人员提出的意见。不隐瞒不回避问题，争取外方的理解和支持。要及时邀请项目官员、采购及技术专家现场参观考察。并对外方意见做出快速响应。

天津市借用国外贷款25年回顾与总结

改革开放以来，在党中央和国务院的领导下，天津市作为全国最早实行对外开放政策的沿海直辖市之一，依托传统工商业城市的基础，充分发挥环渤海港口城市的区位优势，扩大使用国外资金的规模和领域，促进国民经济持续快速健康发展。20多年来，天津市借用国外贷款从无到有，从小到大，取得了突出成绩，为推动全市经济发展做出了重要贡献。当前党中央、国务院做出了重大战略决策，把加快推进滨海新区开发开放纳入了国家总体发展战略，天津市正面临着难得的历史发展机遇。为做好新形势下借用国外贷款工作，根据国家发展改革委有关工作要求，我市组织专门力量开展了专题课题研究，本报告主要是回顾总结了改革开放以来天津市借用国外贷款的基本情况，总结了国外贷款在全市经济建设中发挥的重要作用。

一、借用国外贷款的基本情况

（一）实际使用国外贷款情况

天津借用外资始于1983年。通过借用国际金融组织和外国政府贷款，引进了一大批国外先进技术和设备，对市政和交通基础设施、轻纺、机械、化工和汽车等行业进行了更新改造，提高了产品质量，增加了企业产能，扩大了出口创汇。通过使用国际商业贷款以及在日本发行的日元武士债券，筹措资金用于建设汽车、石油钢管、乙烯等工业骨干项目，发展了港口、电力、城市基础设施等领域，对促进我市国民经济发展，改善人民生活质量和环境，发挥了重要作用。

截止到2005年底，天津市实际使用国外贷款77.55亿美元，其中短期贷款36.61亿美元，使用世界银行和亚洲开发银行等国际金融组织贷款10.7亿美元；使用来自16个国家的外国政府贷款9.37亿美元；使用包括外国银行贷款、出口信贷和境外发行债券等在内的国际商业贷款20.87亿美元。

（二）主要发展历程

按照统计局公布的全市实际利用国外贷款的数据(见表1)，天津市借用国外贷款工作的发展历程，大致可分为五个阶段：

1．起步阶段

从1980年至1983年，为贯彻落实党的十一届三中全会确立的改革开放的治国方针，天津全市上下，千方百计扩大对外开放，四年累计实际利用外资1180万美元，其中使用国外贷款251万美元，所占比重为21.3%。

表1 改革开放以来天津市实际利用外资总体情况

年份	绝对值			增长速度		
	实际利用外资	FDI	借用	实际利用外资	FDI	借用
总计	3809645	3034131	775514			
1978						
1979						
1980	271	271				
1981	40	40		−85.2	−85.2	
1982	578	578		1345	1345	
1983	291	40	251	−49.7	−93.1	
1984	2123	1190	933	629.6	2875	271.7
1985	6507	4409	2098	206.5	270.5	124.9
1986	15516	4287	11229	138.5	−2.8	435.2
1987	24038	5491	18547	54.9	28.1	65.2

续表1

年份	绝对值			增长速度		
	实际利用外资	FDI	借用	实际利用外资	FDI	借用
1988	45273	2395	42878	88.3	-56.4	131.2
1989	43312	8134	35178	-4.3	239.6	-18
1990	33437	8315	25122	-22.8	2.7	-28.6
1991	48099	9388	38711	43.8	12.9	54.1
1992	83060	23138	59922	72.7	146.5	54.8
1993	93232	54120	39112	12.2	133.9	-34.7
1994	177484	101499	75985	90.4	87.5	94.3
1995	210988	152064	58924	18.9	49.8	-22.5
1996	298358	200587	97771	41.4	31.9	65.9
1997	342301	251135	91166	14.7	25.2	-6.8
1998	305787	251803	53984	-10.7	0.3	-40.8
1999	274535	253203	21332	-10.2	0.6	-60.5
2000	282467	256000	26467	2.9	1.1	24.1
2001	329688	322000	7688	16.7	25.8	-71
2002	386901	380591	6310	17.4	18.2	-17.9
2003	170550	163325	7225	-55.9	62.9	14.5
2004	270236	247243	22993	58.4	51.4	218.2
2005	364573	332885	31688	34.9	34.6	37.8

2．加速增长阶段

1984年国家批准天津作为最早开放的十四个沿海开放城市之一，成立了经济技术开发区，给予了各项优惠政策。天津抓住这次历史机遇，加速扩大对外开放，实际利用外资上了新台阶。从1984年至1992年，九年间全市累计实际利用外资30.14亿美元，其中借用国外贷款23.46亿美元，所占比重达到77.9%，借用国外贷款项目主要用于引进国外先进设备和技术改造传统老工业企业，如“七五”工业技术改造项目、天津港四港池集装箱码头工程等。这一时期借用国外贷款占天津市历年累计借用国外贷款总量的30.3%，是同期全市吸引外商直接投资总量的3.5倍，在利用外资中发挥了主导作用。

3．平稳增长阶段

1993年邓小平同志发表南方讲话以后，改革开放进一步扩大，天津市借用国外贷款的规模也达到了历史的顶峰。从1993年至1997年，五年间累计借用国外贷款36.3亿美元，占全部借用国外贷款总量的46.8%，这一阶段借用国外贷款除继续支持工业企业技术改造外，贷款的使用方向已开始向提高城市载体功能和改善投资环境质量转移。与此同时，经济技术开发区成立十年来，出台了一系列招商引资优惠政策，吸引了大批外商来津直接投资，年度吸引外资规模逐年扩大，1993至1997年五年间累计实际直接利用外资75.94亿美元，占同期全部实际利用外资的比重达到67.7%，借用国外贷款所占比重下降到32.3%。从1993年起，直接利用外资成为天津市实际利用外资的主要方式。

4．调整阶段

从1997年到2002年，受亚洲金融危机影响，全市实际直接利用外资增长速度大幅降低，借用国外贷款规模持续下滑。五年间全市累计实际利用外资157.94亿美元，其中吸收外商直接投资

天津地铁1号线项目，总投资78.68亿元，其中借用西班牙政府贷款3500万欧元，建设期2002～2006年。图为购置的自动售票机

引滦入津水源保护工程，总投资23.994亿元，其中借用亚洲开发银行贷款1.04亿美元，建设期2001～2006年。图为建成的于桥水库大坝

146.36亿美元，所占比重为92.7%，年均增长速度仅为1%左右；累计使用国外贷款11.58亿美元，所占比重下降到7.3%。这一时期借用国外贷款主要用于环保和医疗卫生领域，如海河流域污水处理项目、卫生系统引进医疗设备项目等。

5. 新一轮增长阶段

2003年以来，随着全市经济迅速发展，各项改革不断深入，对外开放进入了新的历史阶段，借用国外贷款规模逐年增加。2003年至2005年底，累计使用国外贷款6.19亿美元，占三年全市累计实际利用外资80.54亿美元的7.7%，年增长率均高于实际利用外资平均水平。三年中，围绕国家对天津城市定位的要求，为适应新一轮经济发展的需要，进一步改善投资环境，提升城市载体功能，通过借用国外贷款兴建了一批基础设施项目，如2003年利用西班牙政府贷款建设的地铁一号线工程，2004年利用世行贷款建设的城市发展和环境项目等。

二、借用国外贷款的积极作用

（一）加强了基础设施，改善了投资环境

通过借用国外贷款，在能源、港口、信息通讯等领域兴建了一批基础设施项目，有力地支持了全市经济建设需要。

在能源方面，借用意大利政府贷款兴建的大港电厂二期扩建工程，引进两台32万千瓦燃煤机组，1993年发电量达263.3万度/时，比1992年增长5.19倍，每年可为工农业生产提供35亿度电，缓解京津唐电网的供需矛盾，解决了天津地区的集中供热问题。1996年国家批准借用德国政府贷款扩建华能杨柳青电厂，扩建两台300MW燃煤供热机组，引进了德国液态排渣锅炉，设有飞灰复燃、静电除尘和分级旋流燃烧等装置，除尘效率达100%，废气排放量降低40%，各项环保指标均在电力企业中位居前列，并且由于采用了先进的计算机集中控制系统，机组技术水平、自动化程度和设备可靠性均达到了国际较先进水平，被华能集团定为国际A类机组。现作为华北电网的主力发电机组，年设计发电量为39亿千瓦时，还承担着天津市和平区、南开区、红桥区和西青区约600万平方米的供热任务。该项目建成后取得了可观的经济效益，自2000年以来累计上缴税费8.2亿元，成为天津市重点税源大户。

在港口方面，从1982年到2005年的23年间，天津港共借用国外贷款2.54亿美元用于六大项目建设，其中利用世行贷款建设的四港池集装箱码头工程为我国“六五”期间港口重点建设项目，是我国第一座现代化集装箱货运码头，于1986年正式投产使用，年通过能力达到70万标准箱，缓解了天津港长期压船、压货的局面，促进了广大腹地对外贸易发展，为天津港成为我国集装箱运输中转枢纽港奠定了基础；1985年开始建设的东突堤码头工程是我国利用世行贷款进行大规模土建、国际招标采购设备、实行工程监理制的第一个港口项目，1993年正式投入使用，建成泊位12个，日吞吐量达到2957万吨，天津港跻身国际大港口行列。1989年利用韩国政府贷款建设的天津港南疆大桥工程，成为连接南疆港区与散货物流中心的集疏运主干道。1993年利用世行贷款建设的天

津港船舶废弃物处理项目，新建污水处理厂一座，完善了天津港的环保处理设施，有效地防治了海水污染。1994年利用英国商业贷款建设的天津港煤码头工程，建设了5万吨和3.5万吨泊位各一座，设计吞吐能力达1000万吨，提高了港口煤炭运输能力。2000年利用世行贷款进行的天津港集装箱公司技术改造项目，是我国“国际集装箱多式联运系统改造”的子项之一，是北方集装箱集疏运示范通道（天津－河北－内蒙古）的龙头。通过引进集装箱装卸桥等国际先进设备，解决了设备不足和老化问题，提高了集装箱码头的生产效率。

在信息通信方面，通过使用国外贷款，改善了天津市基础设施条件，为外商直接投资创造了良好的投资环境。如利用日元贷款和加拿大政府贴息贷款，大规模引进程控交换机，1995年天津市市话交换机总量超过100万门，市话用户达50万门以上，开通了数条国际线路，大大改善了当时天津的通信条件。1995年利用第三批日本政府日元贷款建设了天津经济信息系统项目，总投资1.86亿元，其中使用日元贷款9.84亿日元，是“九五”期间运用计算机技术和网络工程技术建成的大型管理信息系统之一，也是天津信息港“2119”工程中的第一系统，在推动政府信息化建设、信息资源共享、提高决策科学化和准确性等方面发挥了积极作用，产生了巨大的社会效益和一定的经济效益。

（二）保证了重点项目建设，填补了国内生产空白

天津利用国外贷款先后建设了汽车、大无缝、乙烯等一批对经济发展具有举足轻重作用的重点工业项目。天津大无缝项目是“七五”期间国家重点建设项目，累计举借外债10.5亿美元，该项目试生产第一年就取得了较好的经济效益。到1994年底生产石油套管4.4万吨，各种产品完成达产，产品质量得到国际权威机构的质量认可。产品填补了我国不能生产石油套管的空白。公司现已由生产单一无缝钢管产品的专业厂发展成为集无缝钢管、不锈钢管、彩板、海绵铁、铁合金、铜线杆、铝线等多种冶金产品为一体的集团公司。2005年生产管坯157万吨，钢管141万吨，销售收入完成210.65亿元。2005年形成160万吨的无缝钢管生产能力，无缝钢管生产能力居世界单厂产量之首，而且产品质量处于世界领先地位。市汽车公司通过使用科威特政府贷款及部分商业性贷款，引进了日本大发公司全套技术和设备，生产出了适合我国国情的“夏利”牌轿车，目前在众多汽车品牌中，天津“夏利”牌轿车已成为全国单一品牌销量最多的汽车品牌，市汽车公司也成为天津的利税大户，为全市经济发展贡献了力量。

与此同时，为提高部分行业优势产品质量档次，增加出口创汇能力，利用国外贷款对重点行业部分中小企业进行了技术改造，如轻工、纺织、印刷三行业部分老企业利用世界银行贷款1.54亿美元引进设备项目，利用自借自还国际商业贷款建设的“实益”项目等。

（三）改善了城乡人民生活，提升了城市载体功能

在城市建设、文化教育、商贸服务等领域建设方面，国外中长期优惠贷款发挥了重要的资金补充作用，建成了一批有利于增强城市载体功能，改善生态环境，提高人民生活水平的项目，为今后的城市发展奠定了一定基础。如，1992年和2004年分两批利用世行贷款建设城市发展和环境项目。第一批项目利用世行贷款1亿美元，已于2001年完成，第二批项目于2005年正式提款实施。项目建成后将对缓解道路交通严重堵塞问题，改善排水设施状况，提高工业固体废物的运输和处理能力具有重要意义。2002年利用西班牙政府贷款3200万美元兴建了全长45公里的津滨轻轨项目，2003年利用西班牙政府贷款4300万美元扩建了地铁一号线工程等，进一步提高了城市交通运营能力。

在环境保护方面，先后利用国外贷款兴建了东郊污水处理厂、咸阳路污水处理厂、北仓污水处理厂，扩建了纪庄子污水处理厂，在开发区建设了电镀废水处理中心和污水处理厂，对减轻工业区对水体的污染，保护地下水水质，改善城市河道和农业灌溉用水水质，减少对渤海湾污染物排放量，保障人民身体健康起到了促进作用。

在社会事业方面，利用北欧投资银行贷款建成的天津国际心血管病医院，是国内唯一按现代企业制度运行和管理的公有制医院。卫生系统通过利用部分外国政府贷款，引进了先进医疗设备，改善了医疗条件，提高了医疗服务水平。

（四）推动了制度创新与观念更新，加快了与国际接轨

通过利用世行贷款，项目单位学习掌握了世

行颁布的土建和设备招标采购程序，提高了工程质量。特别是通过完成世行技术援助项目，对所属行业的发展重点有了更深入地了解，明确了企业在经营管理方面与国外发达国家的差距，对改善企业经营思想理念，转换企业经营机制，产生了巨大的推动作用。如天津港的东突堤工程首次采用了工程监理制，使用国际通行的FIDIC条款为建设依据，不仅使建设程序更加市场化、规范化，而且实现了项目建设过程中的有效控制管理。引滦水源保护工程采用亚行《国内工程招标采购小型合同范本》（SAMPLE BIDDING DOCUMENTS PROCUREMENT OF CIVIL WORKS－Small Contracts）进行合同管理，通过招标确定了英国（合乐）国际工程咨询公司对工程实施全程咨询服务，采用最低评审价法中标，实行国际通行的工程量清单计价，规范了招标人的计价行为，避免了招标中的弄虚作假和暗箱操作，对保证工程款的支付结算起到了规范保证作用；激励了中标承包商充分利用新技术、新工艺和新方法，向管理要效益，争创优质工程，从而在源头把住了质量关，取得了项目法人与承包商双赢的结果。

三、借用国外资金面临的形势和存在的主要问题

20多年来，通过借用国外贷款工作，与世界银行、亚洲开发银行等国际金融组织建立了稳定的合作关系，对外国政府贷款的使用方向有了较为深入地了解，与国际资本市场保持着一定的联系，积累了一定的经验，为今后发展奠定了良好的工作基础。由于国内改革开放不断深入，国外资本市场环境不断变化，对天津今后借用国外贷款工作提出了更高的要求，主要体现在两个方面：

（一）继续扩大借用国外资金的规模

改革开放以来，特别是“十五”时期，天津经济实力显著增强，地区生产总值年均增长13.9%，财政收入年均增长24.1%，人均生产总值2005年达到4300美元，实现了 “三五八十”四大奋斗目标和“三步走”战略第一步目标，为天津加快发展奠定了基础。未来五年乃至更长一个时期，天津经济发展将继续保持较高的增长速度。2006年中央把加快推进滨海新区开发开放纳入国家总体发展战略，为天津“十一五”发展提供了强大动力和极为有利的条件。预计从2006年到2010年，天津市全社会固定资产投资总额累计达到11700亿元，年均增长15%。滨海新区全社会固定资产投资规模约为5000亿～6000亿元，其中资本金约占30%～40%。要完成这项艰巨的任务，仅仅依靠天津自身的力量是无法实现的，必须通过国内外资本市场筹措建设资金。但是随着我国经济实力的不断增强，国际金融组织和外国政府向我国提供的中长期优惠贷款规模将逐步减少，目前每年世行和亚行向我国提供的贷款规模约为20亿～30亿美元，在区域安排上仍以中西部和东北地区为主。天津作为东部沿海地区省市之一，今后能够争取到的中长期优惠贷款规模十分有限，因此，工作的重点要转向利用项目融资、国际商业贷款以及国家允许的其他融资方式，寻找资金来源，扩大资金使用规模。

（二）切实提高借用国外资金项目的质量和水平

在国内资金供应充裕、外汇储备居高不下的条件下，中长期国外优惠贷款弥补项目建设资金不足的作用逐渐弱化，而融资带动作用和技术援助的优势逐渐呈现。随着国外资金来源范围不断扩大，资金形式也呈现多样化的趋势，项目的质量与效益水平对利用外资规模起着决定性的作用。同时，由于借用国外贷款管理体系不断完善规范，对项目的筹划、效益分析等前期工作有了更高的要求。

（三）存在的主要问题

当前工作中主要存在两个问题：

1．项目储备不足的问题

“九五”和“十五”期间，天津列入国家国外贷款备选项目规划的项目仅有21项，其中4项由于主客观原因未能实施而被取消。借用国外贷款项目储备不足，一方面是受国家财政金融政策变化的影响，在国内资金供应增多、利率稳定等条件下，一部分原计划借用国外贷款的项目通过其他融资渠道解决了建设资金不足的问题，不再使用国外贷款，造成项目数量减少；另一方面，由于“七五”和“八五”时期天津借用国外贷款的部分工业项目效益不够好，金融机构放款的回收率偏低，对外还本付息出现困难，使项目单位缺乏借用国外贷款的积极性，主动筹划组织的项目减少。

2．风险管理不善的问题

采用金融产品管理贷款利率和汇率风险，缺乏机制保障措施，项目单位不愿冒风险，积极性不高。

河北省借用国外贷款25年回顾与总结

改革开放以来，河北省借用国外贷款有效弥补了经济社会发展和建设资金的不足，对于促进国民经济各行业快速发展，推进体制改革和对外开放，具有非常重要的历史意义。适时系统地总结改革开放以来借用国外贷款的经验和教训，有利于进一步提高新时期利用国外贷款的总体水平，继续发挥国外贷款的重要作用。

一、河北省借用国外贷款概况及特点

河北省借用国外贷款始于1981年。25年来，借用国外贷款的规模不断扩大，截至2005年，借用国外贷款项目近260个，签约金额40多亿美元，其中世界银行贷款项目40个，签约金额9.74亿美元，占借用国外贷款项目总额的24.21%；亚洲开发银行贷款项目12个，签约金额7.69亿美元，占借用国外贷款项目总额的19.12%；国际农业发展基金贷款项目2个，签约金额0.32亿美元，占借用国外贷款项目总额的0.8%；外国政府贷款项目137个，签约金额11.5亿美元，占借用国外贷款项目总额的28.64%；国际商业贷款项目66个，签约金额11.0亿美元，占借用国外贷款项目总额的27.23%（见表1）。

表1 河北省改革开放以来借用国外贷款情况

单位：个、亿万美元

类别	1981～2005年		其中：1991～2005年	
	项目	签约金额	项目	签约金额
总数	257	40.25	149	28.95
世行	40	9.74	24	7.69
亚行	12	7.69	10	7.65
外国政府贷款	137	11.5	98	9.65
农发基金	2	0.32	0	0.00
国际商业贷款	66	11.0	17	4.0

（一）河北省借用国外贷款的发展历程

从借用国外贷款的规模看，改革开放以来，河北省借用国外贷款经历了起步发展、快速发展和平稳发展三个阶段。

起步发展阶段（1981～1990年）。20世纪90年代以前，河北省借用国外贷款的规模较小，10年间借用国外贷款总额23788万美元，平均每年借用国外资金2378.9万美元。

快速发展阶段（1991～2000年）。20世纪90年代是河北省借用国外贷款的“黄金”时期，这一时期借用国外贷款总额299273万美元，年均利用国外贷款29927万美元，是前十年的12.6倍。

平稳发展阶段（2001～2005年）。“十五”以来，随着我国综合国力的显著增强，国际金融组织调整了对华贷款的政策和方向。同时，为了规避金融风险，我国加强了对外债的宏观管理和调控，加之中央积极财政政策的实施，国内资金相对充裕，“十五”以来，河北省借用国外贷款的规模有所下降，进入平稳发展阶段。2001～2005年，借用国外贷款总额74486万美元，年均利用国外借款14897万美元。

（二）河北省借用国外贷款的来源及结构

国际金融组织贷款和外国政府贷款始终是河北省对外借款的主要来源。1992～2005年，上述两类贷款占全省借用国外贷款的比重始终很高，绝大多数年份都保持在50%以上。特别是1997年亚洲金融危机爆发之后，两类贷款所占比重进一步上升。1992～1997年，两类贷款占全部借用国外贷款的比重平均为48.77%，1998～2002年这一比重上升为85.89%。近年来，随着国际融资环境的改善和我国对商业贷款管理的逐步调整，河北省国际商业贷款又呈稳定增长态势，国际金融组织和外国政府贷款比重趋于降低，2003年两类贷款所占比重为72.67%，到2005年下降为65.83%（见表2）。

国际商业贷款曾一度占有较高的比重，特别是1994年和1995年分别达到了67.24%和56.78%。随着1997年亚洲金融危机的爆发，国家加强了对外债的宏观管理，国际商业贷款的比重急剧下降，到2002年降到了最低点。之后，国际商业贷款缓慢发展，所占比重又逐步回升，2005年，达到34.17%（见表2）。

表2 河北省借用国外贷款的来源结构

单位：%

年份	借用国外贷款	国际金融组织贷款	外国政府贷款	国际商业贷款			
				合计	外国商业银行贷款	对外发行债券	出口信贷
1992	100	27.33	34.47	38.2	26.52	0.00	11.68
1993	100	18.50	37.92	43.58	23.53	0.00	20.05
1994	100	21.63	11.14	67.24	26.09	14.02	27.13
1995	100	28.43	14.80	56.78	9.31	31.75	15.72
1996	100	38.92	8.87	52.2	16.26	0.00	35.94
1997	100	25.82	24.78	49.41	12.53	7.15	29.73
1998	100	38.43	35.45	26.54	20.51	1.65	4.38
1999	100	28.90	44.11	26.98	17.60	0.00	9.38
2000	100	37.20	41.82	20.98	0.00	0.00	20.98
2001	100	49.39	44.99	4.71	0.00	0.00	4.71
2002	100	51.65	48.35	0.00	0.00	0.00	0.00
2003	100	57.98	14.69	21.27	18.69	0.00	2.58%
2004	100	52.65	35.67	4.21	0	0.00	4.21%
2005	100	54.05	11.78	34.17	0	34.17	0.00%

注：1．近几年河北省还探索尝试了项目融资等新的融资渠道，但这部分贷款统计上没有单独列出来，所以在此无法反映。

2．2003、2004两年我省借用国外资金渠道新增了企业协议内贷款，其中2003年为1040万美元（6.07%），2004年为543万美元（6.16%），为了方便与历史年份的数据比较，在此没有列出。

河北省利用国际商业贷款的主要形式有外国商业银行贷款、对外发行债券和出口信贷。从1992年开始借用外国商业银行贷款，当年此类贷款占全省借用国外贷款的26.52%，此后几年，外国商业银行贷款在全省商业借款中一直占较高的比重。1998年以来，由于亚洲金融危机的爆发，河北利用外国商业银行贷款基本上停了下来。2000年以后，除2003年外，其他年份没有借用过一笔外国商业银行贷款。对外发行债券作为一种新的对外融资方式，在我们借用国外贷款中所占比重一直很低，发行量比较少，但2005年有加速发展的趋势。出口信贷在亚洲金融危机爆发之前，所占比重较高，但1998年以后，除个别年份外，所占比重也比较低（见表2）。

（三）河北省借用国外贷款的行业结构

从河北省借用国外贷款的项目情况看，借用国外贷款广泛分布于农林水利、城市建设、环境保护、交通运输、邮电通讯、医疗卫生、文化教育、工业等国民经济发展的各个行业和领域。按各行业项目签约金额所占比重由高到低的顺序依次为：交通（港口）110504万美元（27.46%）、工业92671.4万美元（23.03%）、能源71832.6万美元（17.85%）、环保43510.2万美元（10.87%）、农林水利32756.2万美元（8.14%）、通信21023万美元（5.22%）、卫生13718万美元（3.64%）、城建7002万美元（1.74%）、教育3992.4万美元（0.99%）、抗震救灾3440万美元（0.85%）、其他834.9万美元（0.21%）（见图1）。

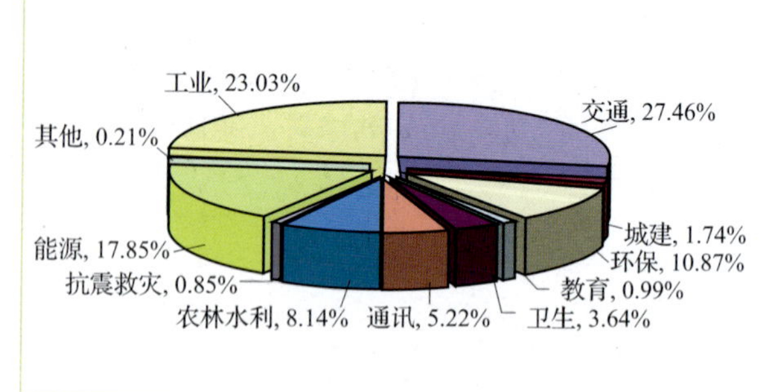

图1 河北省利用国外贷款项目的行业结构

工业利用外资主要集中于“七五”、“八五”时期，当时化工、纺织、食品、建材、冶金等出口创汇型工业和原材料工业通过利用外国政府贷款和国际商业贷款，引进了一大批国外先进技术和设备，促进了工业技术和装备水平的提高。25年来，河北省工业各行业按签约金额所占比重从高到低的顺序依次为：化工33874美元（36.55%）、冶金18811万美元（20.3%）、电子13615万美元（14.69%）、纺织11308万美元（12.2%）、食品5347万美元（5.77%）、建材4725万美元（5.1%）、机械3100万美元（3.34%）、轻工1891万美元（2.04%）（见图2）。

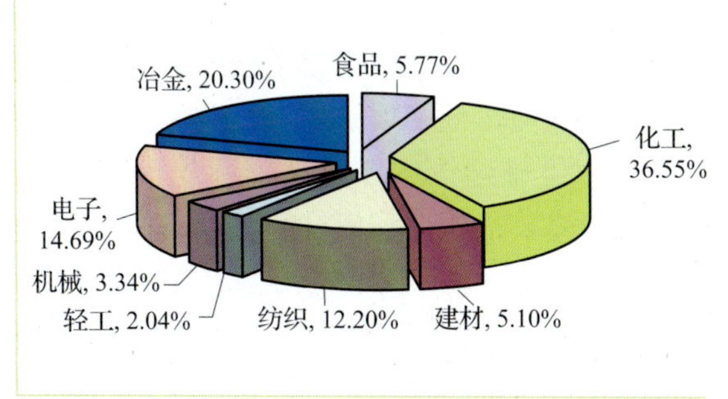

图2 河北省利用国外贷款项目的工业行业结构

20多年来，随着外国政府、金融机构和组织对华贷款政策的变化，以及我国对外借款政策的调整，河北省借用国外资金的行业分布也在不断发生变化。90年代以前，河北省外贷项目集中分布于工业领域，占同期外贷项目总数的90%以上。上世纪90年代以后，工业利用国外贷款的项目数逐渐减少，如1990～1995年，工业借用国外贷款的项目为60%左右，“九五”时期进一步下降到30%左右，与此同时，卫生、城建、交通、环保等领域国外贷款的规模不断增加。

二、河北省借用国外贷款的作用和意义

20多年来，借用国外贷款有效弥补了河北省经济建设和社会发展资金不足，为我国社会主义现代化建设起到了有益的补充。对于缓解河北省基础设施“瓶颈”制约，提高工业整体技术装备水平，改善城乡生活和生态环境，促进各项社会事业的健康发展，加快体制改革步伐和市场化进程，起到了至关重要的作用。

（一）促进了基础设施和公共服务设施建设，提高了对国民经济和社会发展的承载能力和服务能力

河北省借用国外贷款相当一部分资金用于交通、能源、城建、通信等基础设施和公用服务设施的建设和发展，对于解决基础设施“瓶颈”制约、提高公用设施服务水平发挥了积极的作用。如京深高速公路(石-安段)、京沈高速公路(宝坻至山海关)、京沪高速公路（青县至吴桥）等项目利用世行、亚行贷款5.5亿美元，目前已全部建成通车，通车里程586公里，占全省高速公路通车总里程的27%，这些项目的建成，大大缓解了交通大动脉压力，提高了工农业产品运力。唐山环境项目利用亚行贷款7000万美元，其子项目煤气输配工程、陶瓷煤气工程、污水处理工程等执行和资金使用情况良好，1996年被亚行评为“AAA”项目，该项目的建成，大大改善了唐山市的大气和水的质量。张家口两个地震重建项目利用世界银行贷款3500万美元，项目均在不到两年时间就全面恢复和重建了震毁的居民住房、医院、学校、工厂和水利设施，取得了非常好的社会效益。省邮电局先后利用加拿大、西班牙、美国、日本、瑞典等外国政府贷款2.1亿美元，引进了程控交换机及相应配套设备，促进了全省各地区程控电话快速发展，使全省彻底改变了邮电通信落后的状况。

（二）提高了工业技术装备水平，促进了产业、产品结构的优化升级

20世纪80、90年代，河北省通过借用外国政府贷款和国际商业贷款，集中引进了一大批先进的生产技术、工艺、设备和管理方式，对纺织、冶金、化工、食品、机械、建材、轻工等传统支柱行业进行了技术改造，有力地推动了行业整体技术和装备水平的提高，促进了产业和产品结构的优化升级，提高了地区整体经济效益和竞争力。如石家庄第二制药厂利用日本黑字还流贷款，创办了自己的原料基地——河北联合制药有限公司，由于项目选得准、工期快，引进设备先进，工艺技术水平高，产品市场广阔，投产后年产值达1.4亿元，利税1000多万元，仅用五年时间就还清了贷款，而且又赚回了一个厂；邯钢集团利用出口信贷和商业贷款1.4亿美元，引进德国西马克公司和西门子公司的热轧板卷生产线等关键设备，形成了100万吨热轧板卷能力，为邯钢从线材向板材过渡奠定了基础。

（三）改善了农业生产条件，促进了农村经济的发展

改革开放以来，河北省通过利用国外贷款，增强了农业综合生产能力，促进了项目区农村经

济的快速发展和农民生活水平的提高。如通过实施农业发展项目，改善了南皮和曲周两个项目区的农业生产条件，盐碱地由项目执行前的20892公顷减少到5723公顷，下降了73%；耕地面积由项目执行前的32342公顷增加到34899公顷，约增长8%；项目区的生态环境明显得到改善，如南皮县的林木覆盖率由3%发展到8%，曲周县从4.7%发展到18%。通过实施世行贷款项目“小规模肉牛发展项目”，五个项目区肉牛产业得到了极大的发展，项目区农户养殖业纯收入平均由项目前1600元增加到2100元，提高了31%，其中养牛纯收入由800元增加到1250元，提高了56%，加快了农民致富步伐。林业通过实施世行贷款五个项目（其中第五个项目“林业可持续发展项目”正在建设当中），累计完成16.6万公顷造林，其中速生丰产用材林14.4万公顷，项目区森林覆盖率提高了2～3个百分点，同时对河北平原防沙治沙、改善生态环境也起到了极大的促进作用。

（四）提高了教育和卫生服务质量，促进了卫生、教育等社会事业的发展

借用国外贷款，对河北省卫生和教育事业的发展，起到了极大的促进作用，产生了明显的经济和社会效益。例如卫生行业通过实施世行第三期农村供水与环境卫生项目，项目区农民不仅吃上了安全卫生的自来水，而且环境卫生也有了显著改变，农村卫生户厕的质量及卫生厕所使用率明显提高，项目区与水有关的传染病明显减少。再如，教育行业利用世界银行贷款“贫三”项目的实施，解决了贫困地区办学经费不足问题，项目县校舍危房比例和校舍中的坏损比例大幅度下降，仪器设备达标率明显提高，小学和初中拥有的图书册数由原来生均4.2册和8.4册分别提高到9.2册和15册，办学条件不断得到改善，教学质量明显提高。

（五）引进先进的项目管理模式和经验，推动了基础设施领域的投融资改革

国际金融组织贷款项目实行的采购公开招标制，降低了项目的采购成本和工程造价。据有关资料，通过贷款项目政府采购，一般可节省开支10%以上。如河北省教育行业的世行贷款“贫三”项目，按照世行规定的原则进行面向全国进行公开招标，所购货物(图书、设备、课桌椅)节省的资金大约为26%。同时，由于招标采购增加了整个工作各个环节的“透明度”，有效地扼制了违规操作和不正之风的发生，从而降低了项目的工程造价。

河北黄骅港一期工程，总投资50亿元，其中借用日本政府日元贷款折合1.5亿美元。图为港口远景

在基础设施建设领域采用国际先进的投资、运营和管理模式，保证了项目的质量和工期。如石安高速公路的建设，根据世行要求，采用国际通行的工程管理模式即FIDIC模式，从而有效保证了高速公路的建设质量。1996年，河北省石安高速公路在全国高速公路质量大检查中被评为第二名。

推动了基础设施和公用事业领域的投融资改革。国际金融组织贷款项目，除了支持工程投资外，还带有政策创新、体制改革等要求，对河北省发展市场经济、进行投融资体制改革起到了一定的促进作用。如世行贷款河北省城市环境项目引进的供水、污水收费制度，为河北省供水价格体制的改革积累了宝贵的经验。

（六）提高了项 目人员管理水平和技术水平，改善了人力资源结构

国际金融组织为了保证投资效益，每个项目都为中方提供了大量的培训机会，使河北省各行业的人力资源结构有了明显改善。例如从1994年至今，交通系统的3个国际贷款项目为交通系统提供了多次培训机会，内容涉及公路融资、路网规划、道路施工、环保与监测、人力资源开发等20多项内容。利用世行贷款发展肉牛项目，曾先后组织20人次赴美国、澳大利亚、欧洲参观考察，同时以正式培训或以会议代培形式先后组织培训10余期600人次。

三、河北省借用国外贷款的经验和教训

（一）经验

1. 认真谋划、合理筛选，是成功利用国外贷款的重要前提

25年来，河北省借用国外贷款总体情况是好

的，关键在于选准了一批经济效益好或社会效益明显，或者两者兼具的项目，如“小规模肉牛项目”、“河北高速公路和公路开发项目”、“邮电通讯项目”和个别工业项目如沧州市TDI有限公司利用出口信贷建设2万吨/年甲苯二异氰酸酯项目等，因此项目进展顺利，还款及时、足额。

2.熟练掌握借用国外贷款的程序和方法，是做好借用国外贷款工作的必要条件

借用国外贷款项目从申报到实施，有着一套严格的程序，这些程序是经过国内外多年的实践总结而成，有着较强的科学性和实用性，只有掌握好用好这些方法，才能取得借贷机构的认可和协调配合，整个项目进展才能顺利、有序。由省农业开发办和财政局共同承担的农业灌溉一、二、三期项目就是很好的例证。1990年开始的为改善八个项目市基础农业设施而引进的农业开发灌溉项目，一期时由于各级工作人员都是初次涉猎外资工作，经验不足，总是用管理内资的方法去操作，难免出现工作衔接不上、程序混乱、工程进度慢等现象。经过各级工作人员的认真学习、培训和工作实践，到1998年开展二期和2005年开展三期农业灌溉项目时，各级农业开发系统和财政主管人员对世行贷款项目的工作程序、内容和特点等都比较熟悉，工作起来就得心应手，不仅大大提高了工作效率，也为今后利用世行贷款搞好农业开发项目积累了丰富的经验。

3.领导重视，部门配合，是做好借用国外贷款工作的重要保证

领导重视与部门之间的密切配合是项目顺利实施的关键。如河北省世行节水灌溉项目由省水利厅副厅长主抓，并任省世行节水灌溉项目办办公室主任，农水处处长任副主任，省财政厅、农业厅的相关领导参加，还聘请了农业、水文、水资源、水利经济、ET监测、货物采购、财务管理等方面的专家组成流动专家组，服务于各项目县区。同时，邯郸和石家庄两个项目市水利局也成立了项目办，主管局长亲自抓，与项目办的同志一起认真协调各项目县的工作，做到了上通下达。各项目县都成立了7～10人组成的世行节水灌溉项目办公室，办公室成员大部分都是不同专业的大中专毕业生，既有明确分工、责任到人，又有密切合作、统一安排。各市、县项目办也都聘请了农业、水利、气象、财政方面的专家为本项目服务。所有这些都为本项目的顺利进行提供了协调、管理、组织和技术等方面的保障。

4.加强监督和指导，是项目顺利完工、按时还款的重要保障

河北省借用国外贷款的绝大多数项目，都根据贷款方要求，制定了切实可行的实施方案，项目办全过程负责项目实施的监督和指导，保证了项目的进度和质量。如利用世行贷款肉牛发展项目，在项目实施之初，省项目办根据世行设计要求和本省实际，制定了《河北省利用世行贷款发展小规模肉牛项目实施方案》，《世界银行贷款中国小规模肉牛发展项目河北省财务及报账实施细则等》，为项目的实施提供了指导性框架。五年来，省、市两级项目办先后深入项目区，采取定期或不定期检查的方式，对项目县的项目建设进度、标准、质量进行

石家庄市引岗黄水库供水工程，总投资5亿元，借用澳大利亚政府贷款850万美元，建成后日供水30万吨。图为工厂厂区

京沪高速河北段，借用亚洲开发银行贷款。图为子牙新河特大桥

检查、督导，及时纠正项目实施过程中的偏差，特别是督促项目区政府在财政非常紧张情况下尽力为项目配套，保证了项目按项目设计要求执行。

5.优化贷款来源结构，是提高还款能力、降低偿债风险的关键

合理选择国外贷款的种类，建立多元化的外债来源结构，尽可能降低筹资成本和减少外债风险，避免偿债期集中于某一时段，是河北省降低偿债风险，提高还款能力的关键。一是积极开拓市场，努力使外资来源多边化，最大限度地减少利率、汇率波动带来的风险和损失。二是根据项目的建设性质和收益预测，结合国外贷款的用款条件，合理选择借用国外贷款的种类。如对于交通、农业等项目，我们选择使用世行、亚行、国际金融组织的优惠贷款，以最大限度地延长其债务周期；对邮电、污水处理等公益性项目，尽可能选择双边政府贷款，争取较大的赠与成分，以保证项目的建设和按期还款；对内部收益率较高的工业项目，大胆使用商业贷款，而对那些内部收益率一般的工业项目，则使用出口信贷或混合贷款。

（二）教训

1.部分项目论证不充分，间接阻碍了项目的正常运行

一些项目因前期论证不充分，实施中建设内容变更较多，项目资金规模一增再增，加大了项目成本。如河北农业发展项目原概算14.6亿元，项目竣工时实际投资达28.4亿元；107国道项目，原概算40亿元，项目实际投资56亿元。

2.部分项目配套资金不能及时足额到位，在一定程度上影响了项目建设的进度

项目的国内配套资金不落实是造成部分项目失败的主要原因之一。一些项目因配套资金短缺等问题，尽管得到批准，但项目启动和实施困难，工程拖延现象十分突出，项目延期现象时有发生。国际金融组织贷款项目采取报账制度，配套资金不能及时到位，制约着贷款资金的顺利提回。就目前执行中的项目看，因配套资金不能落实、国外贷款程序不熟悉、工程计量跟不上等原因，使不少项目支付速度缓慢。不仅白白缴纳承诺费，也增加了项目的成本，而且使本来很好的项目效益受到制约，甚至有损于本地区利用外资的信誉和对外形象。

3.企业缺乏外债风险管理和防范经验，汇率变动造成企业还贷负担加重

借用国外贷款项目基本上由项目单位承担全部的汇率风险，由于受国际外汇市场的影响，特别是1994年1月1日实行人民币汇率并轨后，企业偿债负担更为沉重。借款单位不但要承担国际金融市场汇率变化所带来的风险，同时也要承受因人民币贬值所形成的汇率风险，加重了债务负担。在双重汇率风险的挤压下，出现了外债越还越多的现象。许多利用外资的企业生产经营步履维艰，不少企业已失去了偿债能力，这无疑成了各级政府的负担。

此外，项目设计从识别、准备、评估到实施的周期过长，项目实施环境与识别、评估时变化较大，造成初期项目进度慢和中期的被迫调整；部分项目单位人员变动比较大，缺乏工作的连续性；还有一些项目人员培训之后就离开了岗位或项目单位，造成人才流失；有些项目单位缺少科学化、规范化的管理，出现人、财、物力的不合理使用，等等，都在一定程度上直接或间接影响了贷款项目的建设进度和质量。

山西省借用国外贷款25年回顾与总结

遵循国家积极、合理、有效地利用外资方针，山西借用国外贷款工作根据本省发展的实际需要，按照“适度规模”和“稳步推进”的原则，经历了起步、增长和平稳持续发展三个阶段，25年来取得了显著成效，借用国外贷款已成为山西利用外资的重要组成部分，为山西经济和社会发展发挥了积极作用。

一、山西省借用国外贷款25年的基本情况

从1981年到2005年底，全省累计借用国外贷款项目150个[①]，累计贷款签约额53.05亿美元，实际使用额39.92亿美元。其中：国际金融组织贷款签约额16.59亿美元，实际使用额12.51亿美元；外国政府贷款签约额（不包括日元贷款） 2.99亿美元，实际使用额2.62亿美元；日元贷款签约额20.88亿美元，实际使用额14.03亿美元；国际商业贷款及其他贷款额12.58亿美元，实际使用额10.76亿美元（见表1）。

表1 山西借用国外贷款25年情况

单位：个、万美元

年份	合计		国际金融组织贷款		外国政府贷款[②]		其他	
	项目数	签约额	项目数	签约额	项目数	签约额	项目数	签约额
1983[③]	3	33230	1	56	3	33174	—	—
1984	—	—	—	—	—	—	—	—
1985	4	32898	2	12650	2	20248	—	—
1986	2	614	1	410	1	204	—	—
1987	3	1621	2	1589	—	—	1	32
1988	3	705	1	155	2	550	—	—
1989	5	4886	2	4074	3	812	—	—
1990	2	4170	—	—	2	4170	—	—
1983～1990计	23	78124	9	18934	13	59214	1	32
1991	8	11813	3	9085	5	2728	—	—
1992	5	4644	3	4205	1	230	1	209
1993	2	479	2	479	—	—	—	—
1994	21	11705	4	6289	17	5416	—	—
1995	9	4389	2	219	6	3370	1	800
1996	5	12102	3	11551	2	551	—	—
1997	14	188946	3	42026	7	61980	4	84940
1998	12	9343	2	2286	5	943	5	6114
1999	7	5257	3	4564	3	594	1	99
1991～1999计	85	248678	25	80704	46	75812	12	92162
2000	8	40422	3	37400	4	2091	1	931
2001	3	4265	—	—	3	4265	—	—
2002	8	101467	3	795	4	79358	1	21314
2003	8	7374	2	2262	6	5112	—	—
2004	11	34308	1	12400	6	11097	4	10811
2005	6	15834	1	13740	5	2094	—	—
2000～2005计	44	203670	10	66597	28	104017	6	33056
1983～2005计	150	530472	44	166235	87	238987	19	125250

① 150个项目包括原通过煤炭部申请的山西镇城底煤矿、山西马兰煤矿、山西四台沟煤矿、屯兰煤矿及配套选煤厂建设、山西东曲煤矿五个项目和山西怡园葡萄酒生产等14个股东贷款项目，但不包括国外赠款项目。详见所附项目清单。

② 世行贷款1996财年的疾病预防项目计划免疫子项目（简称卫Ⅶ）覆盖了山西全省11个市地的所有119个县（市区）。

③ 包括日本政府贷款。

项目包括能源、交通通信、工业、城建环保、农业、教育、卫生等领域，覆盖8个厅局、11个省辖市和119个县[①]。截至2005年底，完工项目133个，在建项目18个。

（一）借用国外贷款的发展历程

山西省25年借用国外贷款的发展历程，大致呈现出起步、增长、平稳持续发展三个阶段。

1．起步阶段

1981年至1990年为山西借用国外贷款的起步阶段。该阶段有23个项目开发和建设，借用国外贷款签约额7.81亿美元，占25年总量的14.7%。项目涉及工业生产、交通通信和教育等领域。其中，煤炭项目比例最大，其签约额占阶段总量的84.51%，主要为原国家煤炭部所属的六个煤矿建设，建设总规模达2250万吨。其次为建材、铁路、化工、机械、轻工项目。四个教育项目虽然贷款签约额仅725万美元，但其数量却占25年教育领域总量的57.14%。

2．增长阶段

1991年至1999年为山西借用国外贷款的增长阶段。该阶段有83个项目开发和建设，借用国外贷款签约额24.87亿美元，占25年总量的46.88%。项目涉及电力、交通通信、环保、医疗卫生等基础设施和公共体系建设。其中：邮电项目虽然签约额1.2亿美元，仅占阶段总量的4.8%，但数量最多，21个，占本阶段全部项目的25.3%；其次是农林水项目；利用国际金融组织贷款的全部五个卫生项目中，卫Ⅳ、卫Ⅶ、卫Ⅷ、卫Ⅸ四个项目均在本阶段签约。

3．平稳持续发展阶段

2000年至2005年为山西借用国外贷款的持续发展阶段。该阶段有44个项目开发和建设，借用国外贷款签约额20.36亿美元，占25年总量的38.38%。项目涉及农业、电力、环保、文教卫生等领域。

这一阶段，利用亚行贷款项目明显增多，六年五个重大项目，分别是2000年贷款额2.5亿美元的山西道路发展Ⅰ期祁临高速公路项目；贷款规模1.02亿美元的山西环境改善项目；2003年贷款规模822万美元的农村能源生态建设项目；2004年贷款规模1.24亿美元的山西道路发展Ⅱ期侯禹高速公路和2005年贷款规模 1.37亿美元的山西煤层气综合开发项目。此外，国际商业贷款买方信贷2.13亿美元建设神头二电厂二期项目、国际金融公司IFC和银团贷款0.7亿美元山西安泰集团项目等。

山西借用国外贷款已经历了五个五年计划期，规模分别是："六五"期间6.61亿美元；"七五"时期1.2亿美元；随着改革开放的扩大，到"八五"时期，达到3.30亿美元，比"七五"期间增长了175%；之后，在山西国民经济快速发展的背景下，规模随之逐步扩大，"九五"期间达25.61亿美元，"十五"期间是16.32亿美元（见图1）。

山西道路发展项目，总投资65.8亿元，其中借用亚洲开发银行贷款2.5亿美元。图为祁县至临汾高速公路路段

① 包括1980年签约、1982～1984年陆续建设的山西镇城底煤矿、山西马兰煤矿、山西四台沟煤矿。

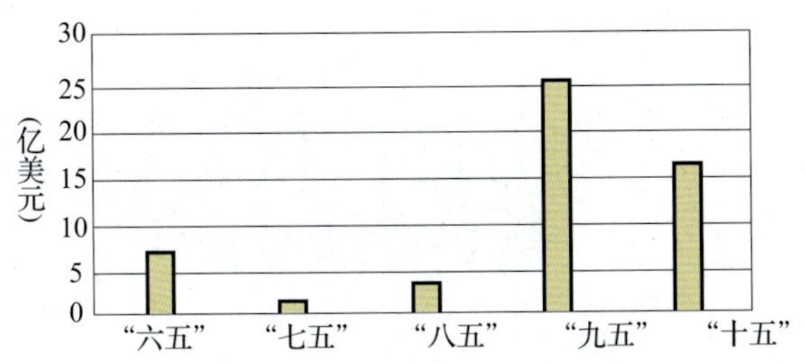

图1 山西“六五”～“十五”借用国外贷款规模柱状图

(二) 借用国外贷款的结构及特点

1. 借用国外贷款在三次产业中的分布

山西省借用国外贷款项目的产业构成经过“八五”、“九五”时期，在“十五”是二、三、一的排序，第二产业的项目最多，有91个项目，贷款额占全部借用国外贷款的77.9%。第三产业借用国外贷款项目签约额比重稳步提高，从“八五”的1.4%、“九五”的2.7%到“十五”的4.2%，并在“十五”超过了第一产业3.1个百分点(见表2)。

表2 山西借用国外贷款在三次产业中的分布情况

单位：个、万美元、%

产业名称		项目数	签约额	占总额比重%
合计（“八五”～“十五”）		127	452348	85.3
第一产业	八五时期	4	7104	1.3
	九五时期	9	59726	11.2
	十五时期	4	5660	1.1
	小计	17	72490	13.7
第二产业	八五时期	30	18617	3.5
	九五时期	27	182088	34.3
	十五时期	15	135210	25.6
	小计	72	335915	63.4
第三产业	八五时期	11	7309	1.4
	九五时期	10	14256	2.7
	十五时期	17	22378	4.2
	小计	38	43943	8.3

2. 借用国外贷款在行业中的分布

从行业看，山西25年借用国外贷款涉及国民经济的各个重要领域。截至2005年底，按照在借用国外贷款总额中的占比从大到小排序：投向能源行业占比最大，32.4亿美元，占借用国外贷款总额的61%；农业次之，7.25亿美元，占13.7%；交通通信行业排第三，6.67亿美元，占12.6%；环保行业第四，2.54亿美元，占4.8%。占比重较小的分别是工业、教育和卫生，分别只有4.4%、1.7%和1.4%（见表3和图2）。

表3 山西借用国外贷款的行业分布

(1981～2005年) 单位：个、万美元、%

行业	项目数	个数占比	签约额	金额占比
合计	150	100	530472	100
能源	20	13.3	323970	61.0
农业	17	11.3	72490	13.7
交通电信	37	24.7	66726	12.6
环保	12	8.0	25428	4.8
工业	34	22.7	22618	4.4
教育	7	4.7	8850	1.7
卫生	15	10.0	7279	1.4
其他	8	5.3	3111	0.6

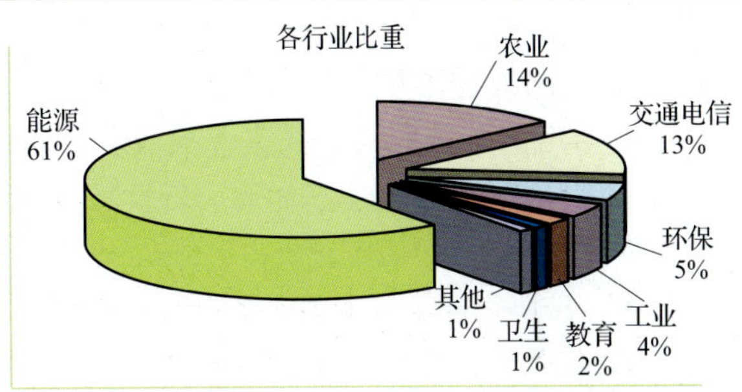

图2 山西借用国外贷款的行业分布签约额饼状图

从以上情况看，25年来，山西借用国外贷款，一是重点投向了山西能源、交通通信等重要基础产业，二是把环保、农业等作为一个主要方面积极推进。

从横向上看，与全国使用世行、亚行贷款行业分布相比，山西省世行、亚行贷款项目行业分布与全国基本一致。只是山西没有借用世行贷款进行交通项目的建设，而全国借用世行贷款交通项目却占世行全部贷款额的28.1%（见表4和表5）。

表4 中国使用世行、亚行贷款行业分布

单位：%

类别	农业	工业	能源	交通	社会发展	其他	合计
世行（1981～2005年）	26.8	7.7	17.4	28.1	18.8	1.2	100
亚行（1986～2004年）	5.8	7.0	16.7	55.5	6.6	8.4	100

资料来源：世行（1981～2005年）—世界银行集团《业务概览》(1980～2005年) 按照贷款额计算得出。
亚行（1986～2004年）—www.adb.org/PRCM,事实与数据。

表5 山西使用世行、亚行贷款行业分布

(1981～2005年) 单位：%

类别	农业	工业	能源	交通	社会发展①	其他	合计
世行	72.4	1.9	14.3	0	9.1	2.4	100
亚行	0.7	0.6	27.5	56.3	13.9	0	100

① 含城建、环保、文教卫生项目。

山西环境改善项目，借用亚洲开发银行贷款。图为第二焦化厂厂区

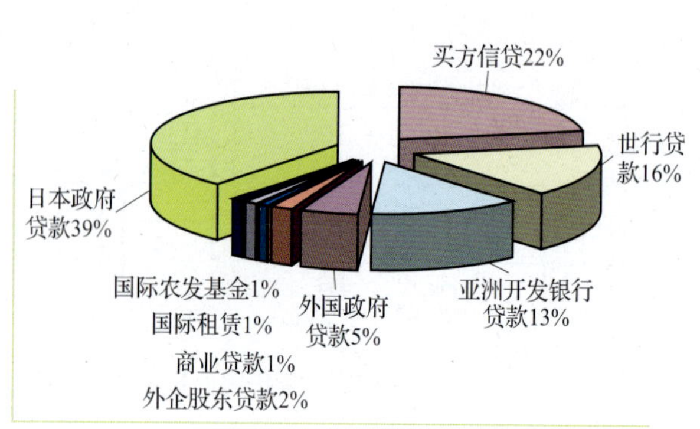

图3　山西借用国外贷款的方式结构（签约额）

3．借用国外贷款方式来源构成

山西借用国外贷款从方式来源构成看，外国政府贷款项目最多（不包括日本政府贷款）共有66个，但贷款额仅 2.99亿美元，占5.6%，分别来自17个国家，按照贷款额多少前三位的国家依次是：西班牙0.8亿美元；德国0.7亿美元；加拿大0.5亿美元；世界银行贷款项目30个，贷款金额 8.8亿美元，占16.7%；日本政府贷款项目21个，贷款额20.9亿美元，占39.4%；亚洲开发银行贷款项目11个，贷款额7.4亿美元，占13.9%；国际租赁项目4个，贷款额0.4亿美元，占0.7%；国际农发基金贷款项目2个，贷款额0.4亿美元，占0.8 %；买方信贷项目虽只有2个，但都是大项目，贷款额10.3亿美元，占19.4%；国际商业贷款项目1个，贷款额0.7亿美元，占1.3%；此外，外资企业股东贷款项目（固定资产投资）13个，贷款额1.2亿美元，占2.3%（如图3和表6）。

表6　山西借用国外贷款方式的总体情况

（截至2005年底）　　单位：个、亿美元、%

借用国外贷款方式	项目数	签约额	金额占比
世行贷款	30	8.8	16.7
亚洲开发银行贷款	11	7.4	13.9
国际农业发展基金	2	0.4	0.8
外国政府贷款	66	3.0	5.6
日本政府贷款	21	20.9	39.4
买方信贷	2	10.3	19.4
国际商业贷款	1	0.7	1.3
国际租赁	4	0.4	0.7
其他	13	1.15	2.3
合计	150	53.05	100

从期限结构看，长期贷款项目134个，签约额52.45亿美元，占98.87%，中期贷款项目16个，签约额5978万美元，占1.13%。

4．借用国外贷款地区构成[①]情况

截至2005年底，全省十一个地级市借用国外贷款分布情况见图4。

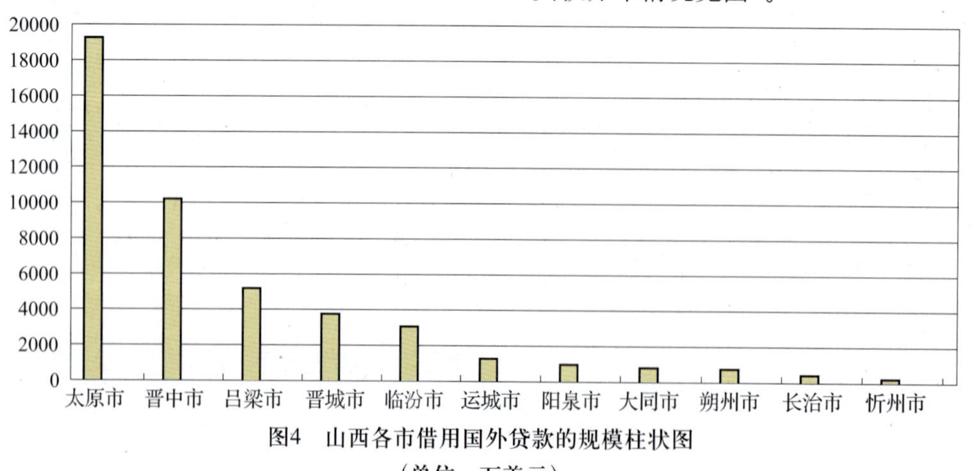

图4　山西各市借用国外贷款的规模柱状图

（单位：万美元）

① 不包括所有山西省直厅局所属项目和跨市地项目。

从图4可以看出，山西十一个地级市借用国外贷款的地区分布情况是：借用国外贷款最多的前三个市依次是太原市、晋中市和吕梁市，其中太原市累计使用国外贷款1.9亿美元，占11个市借用国外贷款总额4.6亿美元的41.3%；后三个市分别是朔州市、长治市和忻州市，占11个市总贷款规模的3.2%。

（三）外债情况

1．山西省主权外债的基本情况

山西省主权外债的基本情况（包括外债规模、期限结构、三大风险指标、外债币种结构等）如表7、表8、图5和图6所示。

可以看出，2005年底，山西转贷款外债余额达到16.54亿美元，偿债率、负债率和债务率三项指标分别为7.25%、3.34%和47.68%。其中，国际金融组织贷款外债为主，占到50.60%，外国政府、国际商业贷款分别占到21.68%、27.73%。全部外债中，最高年份外债余额为2002年，21.55亿美元，占当年财政收入的96.14%；除偿债率在1990年为26.43%，大于25%、债务率除在1993年、2001年和2002年大于100%的警戒线外，三项衡量指标其余年份一直处于国际公认的安全线以内。

太原环境改善项目，借用日本政府日元贷款。图为太钢钢渣处理工程

从外债币种结构看，目前山西省的外债主要为美元和日元，美元债务占国外债务的比重为69.24%，日元债务占28.2%，欧元债务占0.76%，港币占0.79%，特别提款权占1.12%，其他币种债务占0.53%。从25年情况看，美元和日元长期居于主导地位，90年代中期以来，两者合计占到全部外债的90%以上。而欧元诞生后，即使加上原来一些欧洲币种的债务，所占份额也不到1%。

表7　山西外债规模、期限结构和风险指标情况

（1991～2005年）　　单位：万美元、%

年份	外债余额	长期债务	比重	偿债率	负债率	债务率
1985	946	454	47.99	–	0.13	7.74
1986	1471	697	47.38	12.65	0.22	9.28
1987	1797	1626	90.48	4.67	0.26	11.08
1988	5718	4876	85.27	2.06	0.67	39.13
1989	9942	7676	77.21	8.01	1.00	58.45
1990	7497	6786	90.52	26.43	0.83	38.93
1991	13184	12116	91.90	12.60	1.50	52.93
1992	21553	19357	89.81	11.92	2.16	72.86
1993	32135	25024	77.87	17.31	2.76	121.65
1994	39509	30946	78.33	2.90	4.22	5.70
1995	52992	42358	79.93	1.31	4.27	2.51
1996	33122	32353	97.68	1.75	2.24	2.12
1997	53146	51605	97.10	0.62	3.17	3.97
1998	87769	86005	97.99	2.15	4.82	12.83
1999	153901	151964	98.74	3.70	8.45	15.10
2000	184565	183817	99.59	1.90	9.31	10.90
2001	182155	181564	99.68	3.43	8.61	112.66
2002	202293	201674	99.69	2.47	8.37	107.03
2003	192374	192276	99.95	9.34	6.50	76.69
2004	178551	178453	99.95	5.64	4.88	42.17
2005	165396	165299	99.94	7.25	3.34	47.68

资料来源：根据历年相关统计数据计算得出。

表8 山西省借用国外贷款方式债务情况表

（1997～2005年） 单位：万美元、%

年份	类别	外债余额	占比
2005	合计	165396.40	
	外国政府贷款	35851.13	21.68
	国际金融组织贷款	83679.31	50.60
	国际商业贷款和其他	45866.00	27.73
2004	合计	178550.65	
	外国政府贷款	47600.86	26.66
	国际金融组织贷款	78477.99	43.95
	国际商业贷款和其他	52472.00	29.39
2003	合计	192373.98	
	外国政府贷款	66240.51	34.43
	国际金融组织贷款	79808.58	41.49
	国际商业贷款和其他	46325.00	24.08
2002	合计	202293.00	
	外国政府贷款	67908.00	33.57
	国际金融组织贷款	61998.00	30.65
	国际商业贷款和其他	72387.00	35.78
2001	合计	182155.00	
	外国政府贷款	71035.00	38.99
	国际金融组织贷款	46783.00	25.68
	国际商业贷款和其他	64337.00	35.32
2000	合计	184565.00	
	外国政府贷款	71366.00	38.67
	国际金融组织贷款	46783.00	25.35
	国际商业贷款和其他	66416.00	35.99
1999	合计	150816.00	
	外国政府贷款	68503.00	45.42
	国际金融组织贷款	37204.00	24.67
	国际商业贷款和其他	45109.00	29.91
1998	合计	87034.00	
	外国政府贷款	24388.00	28.02
	国际金融组织贷款	32626.00	37.48
	国际商业贷款和其他	30020.00	34.49
1997	合计	52426.00	
	外国政府贷款	9316.00	17.77
	国际金融组织贷款	20762.00	39.60
	国际商业贷款和其他	22348.00	42.63

资料来源：根据相关数据计算得出。

2．山西省外债偿还情况

截至2005年底，全省实施的国际金融组织贷款项目累计已归还本息35亿元人民币，其中省政府用其他资金垫付偿还4.5亿元人民币，省财政用还贷准备金垫付偿还1.09亿元人民币，省财政通过预算扣缴市县欠款4.67亿元人民币，由政府垫付偿还的债务占累计偿还债务总额的29%。由中行山西省分行转贷的24个外国政府贷款项目中，只有2个项目，共计420万美元，经中行总行报财政部还贷，其余22个项目还贷情况良好。

二、山西省借用国外贷款25年的主要作用

借用国外贷款是改革开放以来山西利用外资的重要形式。25年来通过不断扩大借用国外的数量、方式和渠道，也扩大了山西省同国际的交往，加深了彼此的沟通与了解；各级管理部门通过借用国外

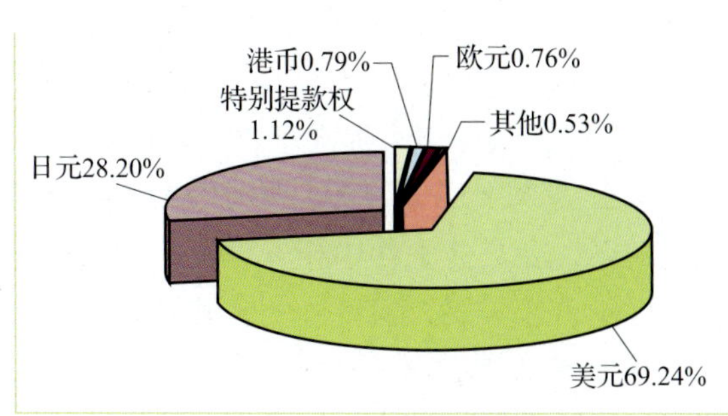

图5　山西省外债币种结构图

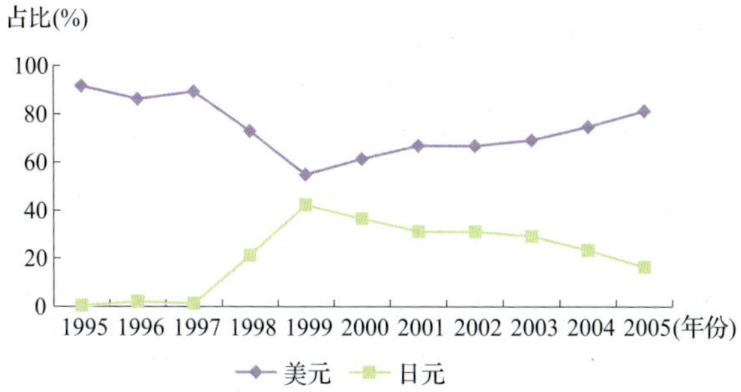

图6　美元日元债务变化折线图

贷款项目的实施，学习和借鉴各国在经济发展方面的理念、丰富的实践管理经验，提高了项目管理水平；通过借用国外贷款，完成了一批重大建设项目，在引进先进技术、推进经济管理体制改革、适应市场经济的要求、缩小与沿海经济发达省区间的地区差距等方面发挥了积极作用。具体表现在：

（一）弥补了建设资金的不足，促进了投资的增长

资金短缺是制约山西经济发展的重要因素，而国外贷款利息相对较低、还款期长、融资规模较大的优势在一定程度上填补了山西经济建设资金的缺口。特别是借用国外贷款的重大基础设施投资项目，贷款额一般要占到总投资的35%～50%，因此借用国外贷款弥补了山西建设资金的不足。

（二）促进了结构调整、技术进步和产业升级

借用国外贷款引进了一批先进设备和技术，缩短了山西在一些领域和关键技术上与国际先进水平的差距，加快了企业的技术改造和产品的升级换代。例如，20世纪80年代中期，太原利用外国政府贷款和商业贷款新建或改扩建了一批技术先进企业，包括太原的重型机器厂的火车轴精锻机；太钢的高速线轧机；太原矿山机器厂的综合采煤组，产品达到英国产品质量，完全替代了进口产品；太原油墨厂引进的瑞士新闻油墨生产线生产的油墨，其规模当时位居亚洲第一；榆次液压集团公司的柱塞泵技术改造项目产品达到世界先进行列。再如，20世纪90年代末以来，国外贷款对山西电力工业的技术改造，包括漳泽电厂利用德国政府贷款进行的汽轮机改造、河津电厂利用日元贷款进行的烟气脱硫技术改造等，提高了机组调峰能力和自动化程度，节能降耗效果显著，有效减少污染物排放，对推进电力工业结构调整和产业升级起到了积极作用。

（三）推动了城市基础设施建设

交通、电力、供水和环保等方面的项目改善了城市基础设施状况。例如，亚行贷款建设的山西道路发展Ⅰ期祁临高速公路和Ⅱ期侯禹高速公路，建设总里程分别为176公里和66.84公里。世行贷款建设的万家寨引黄项目有效缓解了太原市水资源紧张状况。世行贷款建设的霍州二电厂、亚行贷款建设的柳林电厂、日元政府贷款建设的河津电厂、王曲电厂、西龙池抽水蓄能电站、德国KFW银行买方信贷建设的阳城电厂等，提高了山西的电力装机容量，有力支持了山西及周边省份经济的发展。亚行贷款支持的山西环境改善项目、日本政府贷款建设的太钢清洁生产项目以及其他利用外国政府贷款建设的城市污水处理项目等促进了山西整体环保状况的改善。

（四）提高了管理水平

多年来，通过实施一批借用国外贷款项目，把国际上项目融资的先进理念、经验和科学、严谨的管理办法，如项目评估、竞争性招标、采购管理、合同管理、工程管理、项目执行情况监测管理和经济评价等，都运用到实践工作中，促进了项目管理水平的提高。如中德技术合作山西杨树育种项目自1984年开始执行，十多年来共收集国内外杨树品系近1000个，在山西省内建立了3 个杨树基因库，选育了35个优良品种、品系在全国12个省区试验推广，先后聘请了数个国家的外国专家进行学术交流和合作研究，参与项目的一大批技术人员已经成为科研和生产的技术骨干，提高了山西林业人才素质和项目管理水平。这在利用国外贷款较多的农业、医疗卫生、交通、环保等领域同样表现突出。

（五）推动了扶 贫、环保和文教卫生等各项社会事业的发展

在山西利用世行贷款建设的项目中，与扶贫、减困和文教卫生有关的项目贷款额就占了1/4 以上，主要包括山西扶贫项目、贫困地区林业发展项

目、贫困省教育发展项目、贫困基础教育项目、卫生Ⅶ、Ⅷ、Ⅸ等。其中山西扶贫项目是省内第一个对集中连片贫困地区实施的扶贫开发工程，使吕梁和运城两市300多万贫困人口经济状况明显改善；山西亚行贷款项目中，环保项目贷款占全部山西亚行贷款总额的 33.67%。这些项目的实施促进了项目区社会事业的发展，给县域经济注入新的活力，而且引入了有效的开发式扶贫等创新机制，促进了山西项目区的可持续发展。

6．培养造就了一批与市场经济接轨的人力资源

借用国外贷款成立了各级项目管理机构，通过各种层次、不同方面的培训、讲座、学习和经验交流，培养了一批懂业务、富有国际项目经验的管理队伍，从一个侧面推进了山西的对外开放和市场化进程。

三、山西省借用国外贷款25年的经验和问题

（一）主要经验

回顾25年借用国外贷款的历程，我们的主要经验有：

（1）各级政府高度重视、相关部门密切协调与合作，始终坚持对外开放的方针，结合山西省的省情和财力，积极、稳妥地推进借用国外贷款工作。

（2）编制具体、可行的借用国外贷款规划，项目的选择能够与山西国民经济发展的各个时期紧密配合。从早期解决经济建设瓶颈的邮电通讯、电力、交通项目，到中期的城市集中供热、污水处理项目，再到目前的环境改善、能源综合利用项目，都和本省国民经济发展的不同时期相配合。

（3）坚持“以我为主，为我服务”的指导思想，使项目符合山西的省情。对借用国外贷款项目的设计以“我”为主，项目的实施以“我”为主，使项目符合山西的实际情况。例如世行贷款山西扶贫项目，从项目设计开始，就听取受益人的意见和看法，并保证受益人在项目实施中能够自始至终地参与。确保了项目目标切合当地实际，能够有效实现。再如，山西道路发展Ⅰ期祁临高速公路项目在实施过程中，项目单位根据工程建设的实际情况，多次认真分析了原融资计划可能出现的贷款资金沉淀问题，及时向亚行提出了调整原融资计划的请求，亚行认可了项目单位的合理分析，同意将未分配的不可预见费再分配到土建工程费项下，将设备费项下的结余资金调整分配到土建工程费项下，并将土建工程高速公路部分融资比例由原来的38%调整至51.7%，从而极大提高了资金的使用效率。

（4）与国外贷款机构、组织或政府建立密切互动关系，在具体工作中相互理解、相互认同，保持良好的合作关系，实现互利和共赢。

（5）充分重视发挥项目“以点带面”的示范作用，为同类项目在立项、管理、执行等方面提供范例。例如，山西第一个世行贷款卫生项目——1994年卫生Ⅳ项目覆盖省内大同、长治等五个市，通过开发农村卫生人力、改善项目区卫生状况、对农村合作医疗试点进行了研究，为农村卫生事业的发展提供了经验。在该项目的示范作用影响下，1998年实施的卫生Ⅷ项目在大同和长治等其他县实施取得了显著的成效。大同的天镇县在妇幼保健干预方面取得丰富经验，产妇住院分娩率由过去的不到40%上升到65%；晋中的榆社县政府积极引导，大胆进行了合作医疗实践，参保农民占全县农村人口的95%以上。

（6）各级管理部门有一支熟悉借用国外贷款业务的公务员队伍，同时，项目机构健全、人员合理、制度完善是项目成功的关键。例如，已经成功管理了五个世行卫生项目和八个外国政府赠款项目的山西省卫生厅外资项目办是山西省编委核定的常设事业单位，有两名硕士生、五名本科生从事项目管理和财务管理，从项目启动伊始，就制定了一整套规范的管理制度和办法，包括《土建管理办法》、《财务管理办法》、《培训管理办法》等，使借用国外贷款卫生项目普遍具有良好的可持续性，即使是早期建立的医疗体系和制度也仍然在基础卫生领域发挥着作用。

（二）存在的主要问题及分析评价

1．借用国外贷款的规模仍然偏小

纵向看，山西借用国外贷款的规模与山西GDP在全国的位置基本相适应。但从横向看，山西借用国外贷款的规模占全国总规模比重偏小，占全国世行贷款378亿美元的2.17%（截至2004年底），占全国亚行贷款149亿美元的4%（截至2004年底），占全国外国政府贷款（不包括日本政府贷款）183.72亿美元的1.20%（截至2000年底），占全国商业贷款829亿美元的1.53%（截至2000年底）。与沿海发达省份比差距也较大，仍以世行贷

款为例，山西的贷款额在全国列18位，比第一位的浙江省少2／3（见表9）。

今后扩大借用国外贷款的规模，山西有经济支撑力：2005年全省财政总收入达到757.9亿元，是2000年的3.9倍，五年翻了近两番，年均增长31.3%。一般预算收入在全国的排位，由第20位上升到第14位；人均一般预算收入由第20位上升到第11位；从偿还能力分析，2005年山西外债偿债率7.25%，负债率3.34%，债务率47.68%，均在安全线以内。所以总体来说，山西省外债规模还有继续扩大的空间。

2．借用国外贷款的结构问题比较突出

（1）25年来，贷款主要投向能源、环保、农业、和交通通信等行业，今后按照我国走新型工业化道路和可持续发展的要求，围绕山西“两个基地建设”的发展战略，山西要逐步调整国外贷款的行业结构，在仍然集中于公益性和部分基础性投资项目的大框架下，应注意引导国外贷款投向省内重点发展的产业上，投向有利于推动市场化体制改革和提高公共管理水平的项目上。

（2）借用国外贷款的方式结构仍需进一步调

表9　按省（市、区）划分的使用世界银行贷款情况一览表

（1980～2004年）　　单位：百万美元、%

省份	排序	贷款额	其中			占贷款总额比*
			硬贷款	软贷款	混合贷款	
合计		31595.58	22891.99	7677.98	1025.61	83.53
浙江	1	2459.24	2166.27	276.46	16.51	6.50
河南	2	2326.55	1927.89	375.57	23.09	6.15
四川	3	2270.50	1747.40	503.30	19.80	6.00
江苏	4	2094.48	1646.41	278.18	169.89	5.54
上海	5	2084.11	1825.21	204.34	54.56	5.51
湖北	6	1748.07	1406.98	300.66	40.43	4.62
广东	7	1495.57	1091.04	364.20	40.33	3.95
湖南	8	1331.26	1003.95	271.45	55.86	3.52
新疆	9	1308.51	1009.51	299.00	–	3.46
辽宁	10	1263.09	862.29	331.67	69.13	3.34
山东	11	1168.40	835.26	312.20	20.94	3.09
安徽	12	1036.53	733.67	267.08	35.78	2.74
内蒙古	13	1028.11	712.10	287.37	28.64	2.72
河北	14	971.14	633.59	290.13	47.42	2.57
福建	15	916.99	694.58	1969.98	25.43	2.42
天津	16	907.40	667.53	184.74	55.13	2.40
北京	17	887.89	590.41	263.98	33.50	2.35
山西	18	819.93	545.93	245.99	28.01	2.17
广西	19	851.15	528.13	281.60	40.92	2.25
陕西	20	737.12	380.00	326.61	30.51	1.95
江西	21	666.51	310.65	275.42	80.44	1.76
甘肃	22	664.03	273.67	389.96	0.40	1.76
云南	23	621.39	318.89	279.66	22.84	1.64
黑龙江	24	586.54	405.83	179.17	1.54	1.55
重庆	25	482.30	400.00	82.30	0.00	1.27
吉林	26	355.34	21.42	268.72	65.20	0.94
贵州	27	237.73	62.40	156.33	19.00	0.63
海南	28	147.89	37.48	110.41	0.00	0.93
宁夏	29	112.98	53.00	59.90	0.08	0.30
青海	30	14.83	0.00	14.60	0.23	0.04

注：*占贷款总额比重中贷款总额按378.29亿美元计算。另外16.47%的贷款数指跨省市项目及由国家统一使用的贷款数，未做统计。

资料来源：世界银行集团《业务概览》（1980～2004年）。

整。从贷款额的比例看，山西借用国外贷款的方式比例与国家大体相当，都是国际商业贷款额占比最大，国际金融组织贷款额次之，外国政府贷款额占比位于第三。结合本省财力和经济发展状况，山西仍要积极争取条件较为优惠的国际金融组织贷款和外国政府贷款，并控制国际商业贷款的借用规模，特别是短期资金，严格控制投向，主要用于有出口创汇能力的建设项目。

（3）外债结构也不尽合理。绝对数量上和衡量指标上，山西的外债规模是合理的，各项指标一直处于国际公认的安全线以内。但从期限结构看，长期外债比重明显偏大，导致债务期限分布不尽合理，偿还期过于集中，从而形成偿债高峰，加大了还贷负担和风险；从币种结构看，单一币种债务额基数过大，轻微的汇率变动就会导致实际债务余额和还贷负担发生很大变化，今后应适当考虑加大欧元贷款的比重。

3．借用国外贷款存在一定的外债潜在风险

2005年末，山西省外债余额为16.54亿美元，约占当年财政一般预算收入的37.4%；2004年末外债还本付息额约占同期财政支援农业支出的43%，随着外债规模的扩大，将会对山西地方经济和财政构成一定的间接影响。

由于国外贷款还款期限较长，客观上导致了个别地方领导只想借款而不考虑还款问题。为了多借国外贷款，对项目不做科学论证，给当地财政造成较重的债务负担；在借用国外贷款初期，缺乏对外债币种、汇率、利率波动等方面的预测和研究，缺乏相应的汇率风险管理工具，增加了外债风险，这在早期借用日本“黑字还流”贷款项目中表现最为突出。因此，虽然山西外债规模目前总体上是合理的，但对风险问题应予以足够的重视。

4．有些借用国外贷款项目的管理不尽完善

一是项目国内配套资金不能及时足额到位，影响了项目的顺利实施。有些市地或项目单位在上项目时，存在不顾本地区财力的实际情况，草率承诺配套资金现象。真正到项目实施时，则出现资金来源不落实或配套资金不足。例如，1994年开始启动的世行贷款黄土高原水土保持项目，截至2002年底应到位配套资金19550万元，实际2002年底到位15285万元，占78%。由于配套资金不落实，影响了项目向世行提取贷款资金的进度。同时，项目市县无资金支付项目贷款利费，财政部门只好扣压回补贷款资金，形成了诸如滞留回补资金、挪用项目回补资金归还利费等问题，使项目建设期延长，项目进展缓慢，增加了建设成本，项目评估效益无法落实。在借用国外贷款初期，缺乏对贷款项目的成本、收益的认识，还贷意识不强。

二是个别项目贷款资金周转环节多，增加了贷款成本。有些项目根据规定可以直接转贷，但实际执行中却额外增加转贷行和中介招标公司，从而增加了项目的贷款成本。给项目的顺利实施造成一定的影响。

三是在借用国外贷款初期，个别地方存在盲目争取贷款，缺乏科学论证，没有考虑项目综合贷款的成本，而项目有些具有很强的公共产品属性和外部型，本身抵御风险的能力脆弱，单靠项目自身的收益来延续项目的运行和还贷根本无法做到，最后只能由省市地财政来承担债务。

四是有些项目重签约、轻管理，后续评价工作不足。例如世行贷款原平化肥项目、亚行贷款建设的孝柳铁路项目，由于运行和管理问题没有得到很好的重视和解决，项目难以发挥应有的效益，出现了还款困难，一直由山西省能源基金垫付还款。

5．项目整体的社会效益较好、但部分农产品加工项目经济效益较差

例如，世行贷款山西扶贫项目19个农产品加工子项目，仅有7个建成后运转正常，其余均由于种种原因建成后即处于停产、半停工停产或维持小规模生产造成亏损后再行停产状态。分析主要原因，一是由于农产品加工项目前期准备时间长，难以很好地适应市场变化；二是经营管理水平较低，三是农产品加工企业自有资金不足，生产经营困难大。

综上所述，对山西借用国外贷款项目的分析评价是：规模还有继续扩大的空间，国外贷款结构还需进一步调整，除个别行业外，项目普遍具有较好的社会效益和经济效益。

内蒙古自治区借用国外贷款25年回顾与总结

一、内蒙古自治区利用国外贷款的基本情况

内蒙古自治区自上世纪80年代初开展利用国外贷款工作以来，到2005年已经走过了25个春秋。通过学习和实践，全区利用国外贷款工作的认识和管理水平明显提高，利用国外贷款规模从无到有、从小到大，国外贷款项目所涉及的区域和行业不断扩大。截止到2005年底，全区已签约国外贷款项目143个，项目计划总投资499亿元人民币，其中利用国外贷款协议额28.87亿美元。实际使用国外贷款20.92亿美元，占国外贷款签约额的72.5%。从全区利用国外贷款项目实施情况看，绝大部分利用国外贷款项目在建设期能够按项目计划要求完成建设进度，并且达到了预期目标。

（一）世界银行贷款项目

截至2005年底，全区利用世界银行贷款项目38个，贷款签约额11.01亿美元，实际使用8.28亿美元，占签约额的75.2%。除内蒙古交通和贸易走廊项目、结核病控制项目和第四期技术合作3个世界银行贷款项目尚处于建设阶段外，其余35个世界银行贷款项目已如期建成。其中，涉及交通项目6个，教育项目7个，卫生项目5个，农牧业及扶贫项目5个，水利项目3个，其他类项目9个。经世界银行的评估，全区实施的世界银行项目总体情况良好，其中内蒙古世界银行贷款农村供水与环境卫生项目曾代表国家接受世界银行项目官员的评估并得到好评；内蒙古黄土高原水土保持二期项目和结核病控制项目荣获世界银行行长奖。

（二）亚洲开发银行贷款项目

截至2005年底，全区利用亚洲开发银行贷款项目4个，贷款签约额1.4亿美元，实际使用1.14亿美元，占签约额的79.9%。在全区利用亚洲开发银行贷款项目中，已进入运营期的3个，分别是赤峰二毛技术改造项目、内蒙古东北水毁紧急恢复重建项目、包头骑士集团奶牛基地建设项目。内蒙古松花江防洪管理项目仍处于建设期。

（三）日元贷款项目

截至2005年底，全区利用日元贷款项目14个，贷款签约额852.93亿日元，实际使用513.46亿日元，占签约额的60.2%。在全区日元贷款项目中，

集中供热项目，借用日本政府日元贷款。图为南热源厂办公区

呼和浩特市引黄供水项目，总投资为17.8亿元，其中借用日本政府日元贷款折合5500万美元。图为托县黄河段岸边取水泵房

已完成的项目8个，分别是内蒙古化肥厂项目、植树造林项目、呼和浩特市和包头市的大气污染和环境治理项目；正在执行的项目5个，分别是内蒙古风沙治理项目、内蒙古人才教育项目、呼和浩特市水环境治理项目、包头市大气环境治理项目、通辽市基础设施项目。

（四）国际农发基金贷款项目

截至2005年底，全区利用国际农发基金贷款项目1个，贷款签约额1244万美元，实际使用1164万美元，占签约额的93.56%。该项目是中国北方草原与畜牧发展项目，项目区分布在赤峰市北部的阿鲁科尔沁旗、巴林右旗、克什克腾旗、翁牛特旗4个旗中的15个苏木(场)。 项目建设期从1981年开始至1988年12月末结束。累计完成投资6918.03万元，完成投资计划的96.71%。

（五）外国政府贷款项目

截至2005年底，全区已签约的利用外国政府贷款项目63个，贷款签约额4.32亿美元，实际使用3.21亿美元，占签约额的85.8%。大部分项目实施后经济效益和社会效益较好，能按期还本付息，设备使用状况良好；但也有一部分项目因多方面原因投产后并没有达到预期收益，有的项目单位已停产甚至破产，无力偿还贷款，给担保单位增加了负担。

（六）国际商业贷款项目

截至2005年底，全区已签约的利用国际商业贷款项目23个，签约额3.24亿美元，主要投向冶金、能源、化工、纺织、建材、机械、食品加工等领域。其中，包头钢铁集团薄板坯连铸连扎生产线、丰镇电厂2×20万千瓦项目、达拉特电厂（二期）2×33万千瓦项目、查干诺尔碱矿项目、吉兰泰碱矿项目、鹿苑羊绒集团改建混绒羊毛衫生产线等利用国际商业贷款重点项目成功实施后，在促进自治区企业技术改造、提高产品档次和附加值、加快优势资源转化等方面发挥了积极的带动作用。

二、内蒙古自治区利用国外贷款发展历程及特点

（一）内蒙古自治区利用国外贷款的发展历程

20世纪80年代初期，我国使用国际农发基金贷款建设《中国北方草原与畜牧发展项目》，内蒙古自治区被列为其中的项目区之一。作为内蒙古自治区第一个利用国外贷款项目，该项目的成功实施不仅使赤峰市阿鲁科尔沁旗、巴林右旗、克什克腾旗、翁牛特旗四个旗中15个苏木（场）提高了草原生产力和牲畜商品率，而且为自治区借用国外贷款工作积累了一定的经验。

20世纪80年代中期，教育部统借自还项目世界银行贷款广播电视大学、短期职业大学和农牧渔业部的第二农业教育等项目在内蒙古自治区相继开始实施，各级政府对借用国外贷款的认识程度进一步提高，全区借用国外贷款工作逐步呈现上升势头。随着世界银行对华投资战略的发展变化，从20世纪90年代初期开始，世界银行贷款重点转向农业和农村发展、扶贫、灾后重建、基础设施等领域。90年代内蒙古自治区共引进了14个世界银行贷款项目，贷款项目涉及农村供水与环境卫生、粮食流通、水土保持、妇幼卫生、灾后重建、公路和地方铁路建设等领域，贷款签约额达7.3亿美元。 2000年以后，自治区利用世界银行贷款项目主要在灾后重建、公路交通建设、技术援助和合作等方面，贷款签约额2.86亿美元。

80年代中后期，为推动自治区工业发展，提高企业装备和技术水平，内蒙古自治区开始使用外国政府贷款。从1987年我区第一个外国政府贷款项目——通辽市乳品厂利用芬兰政府贷款引进婴儿断奶食品生产线投入运营以来，全区利用外国政府贷款的国别、规模迅速发展，贷款领域不断拓宽，并成为我区引进国外先进设备的主要渠道。到2005年底全区借用外国政府贷款已涉及18个国家，涉及医疗、通信、电力、教育等领域。

内蒙古自治区利用国际商业贷款也始于20世纪80年代中期，使用高峰期集中在90年代。国际商

业贷款资金主要来源于外国银行和金融机构贷款、买方信贷、补偿贸易以现汇偿还部分、中国银行外汇贷款等方面，重点用于工业企业的技术改造和优势资源的开发等领域。2000年以后，由于国家暂停给地方下达国际商业贷款计划，同时对国际商业贷款项目申请在规模等方面的要求进一步严格化，我区申请国际商业贷款的项目明显减少。

80年代末期，内蒙古外贸工艺品厂首次利用日本海外协力基金进行改造扩建银制品生产线项目，之后利用日本政府日元贷款逐步成为我区借用国外贷款的重要渠道。2000年以前内蒙古自治区在国家利用第二、第三、第四批日元贷款中都有项目，项目主要涉及化肥生产，呼和浩特市、包头市工业污染治理等方面。包头市在1991年还利用“黑字还流”贷款2.62亿日元在纺织行业进行了设备引进和技术改造。2000年后我区利用日元贷款建设了一批大的项目，其中呼和浩特市、包头市等重点城市引进近440亿日元投向生态建设、城建环保、人才培养等领域，占同期利用国外贷款签约额的51%。

内蒙古自治区利用亚洲开发银行贷款是从90年代中期开始的，虽然自治区亚行贷款项目仅有4个，但是贷款签约额已达到1.42亿美元。

（二）内蒙古自治区利用国外贷款的特点

内蒙古自治区利用国外贷款主要呈现如下几个特点：

1.国外贷款规模呈阶段性发展

1981至1993年的13年间，自治区借用国外贷款处于起步阶段，借用国外贷款签约总额仅为5.44亿美元，平均每年国外贷款签约额约为4000万美元；1994至1999年，国外贷款规模进入快速增长时期，6年间借用国外贷款签约总额为14.65亿美元，约是前13年借用国外贷款签约总额的3倍，平均每年国外贷款签约额为24000万美元；2000年至2005年，国外贷款规模较前6年有所下降，呈现出平稳发展的趋势，期间借用国外贷款签约总额为8.72亿美元，平均每年国外贷款签约额为14500万美元。

2.国外贷款项目覆盖区域广泛

截至2005年底，借用国外贷款的项目已遍及我区12个盟市的101个旗县，覆盖率达100%。

（三）大中型项目重点分布在经济发展较快地区

全区5000万美元以上的大型国外贷款项目主要集中在经济发展速度较快、开放度较高的“呼、包、鄂”地区。截至2005年底，“呼、包、鄂”地区签约额在5000万美元以上的项目占全区签约额5000万美元以上项目数的73%（见图1）。

（四）国外贷款项目投资领域相对集中

从国外贷款投资领域签约额看，重点集中在基础设施（包括交通、水利、城建等，下同）、工业（包括电力，下同）、生态和环保等行业，其中基础设施占37%，工业占39%，生态和环保占14%。从国外贷款项目数量看，项目主要集中在工业、文教卫生、基础设施等行业，以上行业涉及国外贷款项目分别占全区国外贷款项目总数的35%；21%和26.8%（见图2、图3）。

（五）项目 贷款平均规模较小

在我区借用国外贷款项目中，超过1亿美元的项目8个，1亿美元到5000万美元的项目8个， 5000万美元到1000万美元的项目29个，1000万美元到500万美元的6个，500万美元以下的92个，分别占全区国外贷款项目总数的5.6%、5.6%、20.3%、4.2%、64.3%。全区平均每个国外贷款项目贷款额仅为2000万美元。

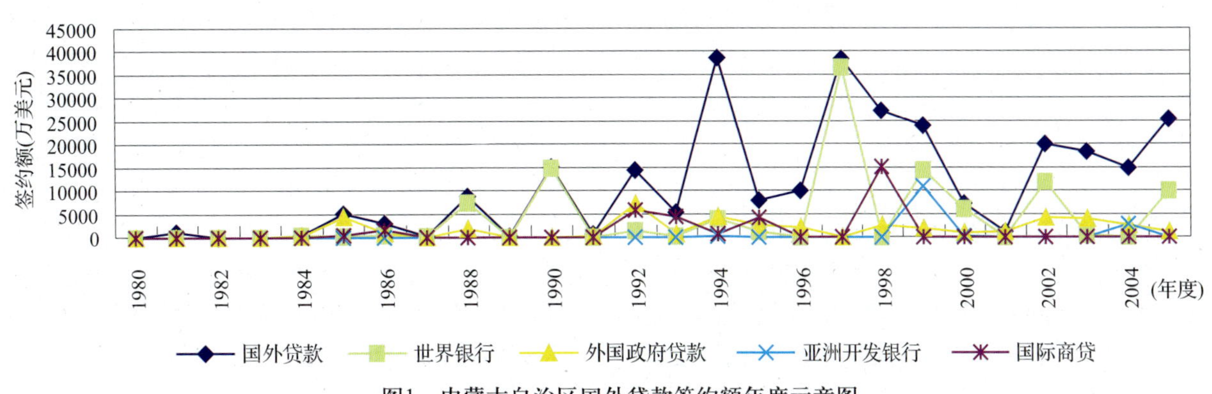

图1 内蒙古自治区国外贷款签约额年度示意图

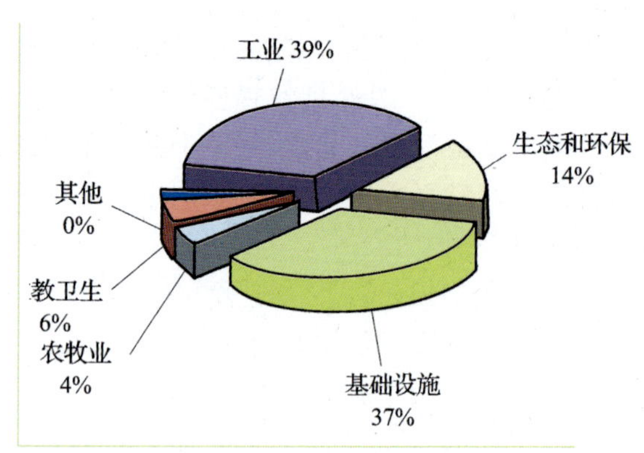

图2　内蒙古自治区国外贷款投资领域示意图
(按贷款签约额计)

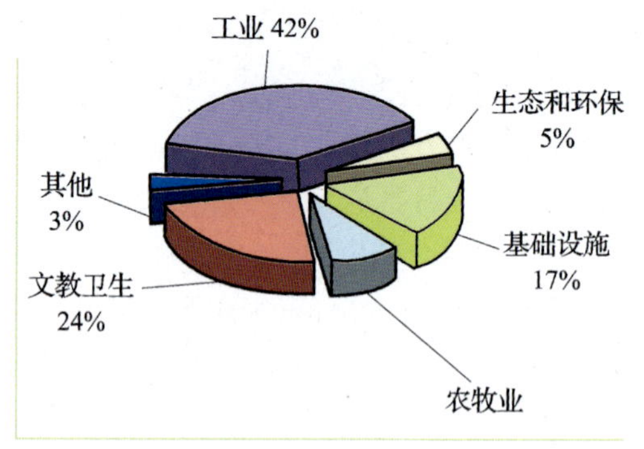

图3　内蒙古自治区国外贷款投资领域分布示意图
(按项目数量计)

三、内蒙古自治区国外贷款项目的管理

为提高国外贷款规模和效益，自治区积极落实国家有关加强利用国外贷款工作的政策和规定，从制度创新和提高人员素质上下功夫，全区利用国外贷款管理工作水平不断提高。

（一）进一步加强利用国外贷款工作的组织领导

为加强对利用国际金融组织项目的领导，按照“统一规划，归口对外，分工协作，明确责任，高效管理”的原则，在国际金融组织贷款项目实施过程中，成立了以政府分管领导为组长、发展改革委、财政等相关职能部门领导为成员的国外贷款项目领导小组，并下设办公室以及项目执行办公室，具体行使项目执行管理的职责。

（二）努力提高对国外贷款项目的管理水平

根据国家法规和利用国外贷款方面的政策，结合国外贷款的相关要求，自治区严格按照利用国外贷款有关程序实施项目。除每年世行、亚行、日本国际协力银行等的例行检查外，发展改革委、财政等部门重点对国际金融组织贷款项目的建设进度、资金管理、招标采购等方面的问题进行自检。近年来，发展改革委进一步加强对项目的前期准备工作的管理，重点放在对项目选择、立项和项目备选库建设等方面。财政部门重点在配套资金的落实、资金使用、提款报账等方面开展工作。审计部门进一步加强了对政府外债项目的监督检查，保证了及时发现问题，及时处理。通过规范化的管理，堵塞了项目执行中的漏洞，保证了国内外资金的合理使用并发挥出应有的效益。

(三)逐步完善国外贷款项目的债务偿还机制

经过不断努力，目前全区国外贷款项目规模不断扩大，为促进自治区经济持续、稳定、快速增长发挥了重要作用。同时，随着贷款项目逐渐进入还贷高峰期，还债的压力越来越大。为此，内蒙古自治区加大了贷款回收的力度，一是提高催收的频率，督促债务人按时还款；二是按照财政部《国际金融组织贷款债务清偿办法》和《内蒙古国际金融组织贷款债务清偿办法》规定，采取财政扣款措施，加大了对一些拖欠贷款的地区和单位的清欠力度；三是逐步建立和完善偿债准备金制度，目前全区国际金融组织贷款偿债准备金总额增加到5300多万元， 较好地起到缓冲器和蓄水池的作用。

四、利用国外贷款在自治区经济和社会发展中的重要作用

25年来，全区利用国外贷款规模不断扩大，在有效缓解地方建设资金紧张状况、促进地方经济建设和社会发展、改善农牧民生产生活条件等方面发挥了重要的引导和示范作用。

（一）拓展了融资渠道，弥补了地方建设资金的不足

内蒙古自治区作为经济欠发达的边疆少数民族地区，由于经济基础薄弱、地方建设资金不足的状况比较严重，利用国外贷款为全区拓展了一个新的融资渠道。国际金融组织和外国政府贷款优惠的贷款条件调动了全区各盟市、各相关企业引进项目的积极性和主动性。1980～2005年全区利用国外贷款项目累计完成投资达20.92亿美元，相应配套资金投入近499亿元人民币，外国贷款项目在推动全区投资需求过程中发挥出显著的效果。大部分利用国外政府贷款项目，除设备引进外，土建、安装、国内设备配套以及材料采购等基本由区内外企业中标投资建设，从而拉动了地方投资需求，促进了地方经济的发展。

内蒙古集中供热项目，借用日本政府日元贷款。图为除尘器

（二）通过引进先进设备和技术，促进了全区工业企业的技术改造

截至2005年底，在全区利用外国贷款建设的143个项目中，涉及工业的项目59个，协议金额11.11亿美元，其中大部分项目能够成功实施，为全区工业企业结构调整和技术进步发挥了明显的示范作用。如：内蒙古化肥厂在建设过程中利用日元贷款214亿日元，由于建设资金充足，保证了项目如期竣工，成为全区化工行业的龙头企业之一；北方奔驰利用德国政府贷款4000万美元引进重型汽车生产线，使军工企业在实现军转民方面迈出重要的一步，而且形成了内蒙古自治区的一个特色产业，也促进和带动了全区机械工业的发展；包头市金兴药用胶囊公司为提高产品附加值，先后利用加拿大政府贷款714万美元引进药用机制胶囊设备和技术，使产品打开了市场。

（三）改善了农牧民生产生活条件，为新农村建设提供了宝贵经验

到2005年底，全区利用国外贷款已建成的农牧业基础设施建设、农村牧区改水、扶贫等项目达22个，实际使用国外贷款4亿美元，这些项目的成功实施，极大地改善了项目区农牧民的生产生活条件。如河套地区引黄排灌系统工程项目，自投入运营以来效益十分显著，为河套地区成为重要的商品粮基地打下了坚实基础；赤峰北方草原与畜牧发展项目，共完成人工草场36.45万亩，半人工草场145.1万亩，玉米青贮7.49万亩，豆科牧草10.57万亩，块根50亩，造林18.6万亩，肥料307.5吨，围栏283.45万亩，灌溉50.9万亩，牲畜棚舍11.52万平方米，青贮窖1.39万立方米，给项目区农牧民带来了实惠；在世界银行贷款西部扶贫项目区内，锡林郭勒盟多伦县在5个乡镇，新打小管井540眼，新增水浇地5200亩，而且引导农民种植收益较高的蔬菜等经济作物，年产蔬菜2600万公斤，全部销往京津等蔬菜批发市场，特别是十五号乡1个村35个农户全部种植蔬菜，仅销售蔬菜一项就户均超万元，由一个贫困村变成了远近闻名的富裕村，该项目区的成功经验还被中央电视台制成专题宣传片播出。

（四）为应对突发事件和自然灾害发挥了积极作用

90年代中期以来，自治区先后发生了包头以西地震、东部盟市水灾、中东部五个盟市雪灾、全区范围的 “非典”等灾害，国外贷款在灾后重建中发挥了积极作用。如，1996年包头市遭受强烈地震后，生产、公用设施、学校、医院住房和生命财产受到了严重破坏，造成直接经济损失40多亿元。在国家和自治区的大力支持下，积极申请利用世行贷款进行震后恢复重建，由于贷款及时落实，在灾后重建工作中发挥了较好的作用。截至2005年，全区利用世界银行、亚洲开发银行提供的优惠性贷款共计1.488亿美元用于灾后重建及应急机制的建立。

（五）引进了先进的管理模式，提高了建设项目管理水平

国外贷款项目所采取的较为规范的管理程序和管理制度，对国内建设项目管理起到了有效的示范和引导作用。通过国外贷款项目的实施，对转变我区各级管理人员的思想观念，加快项目投资、建设、管理、运营与国际接轨的步伐，促进项目管理体制和机制改革，发挥了重要作用。同时，在国外贷款项目的组织和实施过程中，自治区一大批管理人员得到了锻炼，进一步提高了他们实施管理项目的水平和能力。如：借用国际金融组织贷款和日元贷款项目必须严格按照贷款的采购原则，以“公开、公平、公正”为原则，进行国际、国内公开招标，使得设备采购和工程建设在符合招标文件规定的质量、工期等条件下，有效地降低了采购成本和工程造价。包头市地震重建贷款项目严格按照世行的国际招标程序，以价格最低作为优选对象，共节约资金1000多万元。

五、利用国外贷款项目所产生的经济和社会效益

利用国外贷款项目的成功实施，在内蒙古自

治区经济建设中发挥了积极的引导和示范作用，在改善基础设施条件、改善地方医疗、教育设施、改善生态环境和提高农牧民收入水平等方面产生了明显的效益。

（一）缓解了基础设施“瓶颈”制约

25年来，内蒙古自治区利用国外贷款建设了一批铁路、公路、能源、通讯等基础设施大项目，使城乡基础设施进一步完善，对于有效改善投资硬环境发挥了良好的效益。

全区借用世界银行贷款建设的三省公路项目、集宁一老爷庙高速公路项目、内蒙古交通贸易走廊项目等国道干线公路和完善路网项目，畅通了本区与周边省区的运输通道，产生了良好的经济效益。目前，利用世行贷款已建成高速公路190公里，占全区高速公路通车里程的19%，国道主干线一级公路189公里，二级公路222公里，路网973公里；利用世界银行贷款建设的集通铁路达到货运量1500万吨/年，客运量100万人（次）/年以上，到2005年底，实现利润3.9亿元人民币，已还贷款本息1.458亿美元；利用科威特政府贷款建设的准东铁路投入运营后，极大地改善了沿线的运输条件，为本区西煤东送提供了稳定的运输通道；利用世界银行贷款和外国政府贷款建设的托克托电厂、达拉特旗电厂等能源项目，为加快内蒙古煤电转换战略的实施发挥了积极的作用；利用外国政府贷款引进的大型程控交换机、传输系统以及一点多址数字微波系统，极大改善了内蒙古自治区的通讯条件。

（二）贫困地区群众生活水平和生活质量明显改善

1992～2003年实施的两期农村改水与环境卫生项目，借用世界银行贷款2000万美元，使自治区15个旗县的184万农牧民的饮用水水质和饮用水条件得到不同程度改善。根据对武川县、和林县改水项目实施地区的调查，农村安装自来水后，两县项目村每年可节省挑水工日近100万个，按每个工日20元计，每年可节约2000万元。用水条件的改善，促进了农村庭院种养殖业的发展。土左旗西柜村实施改水项目后，全村280户村民中，90%以上的农户种植蔬菜、葡萄和果树，全村每年增加收入9.4万元。水质的改善和健康教育活动的开展，使一些与水相关的疾病发病率明显下降，群众由此引发的医药支出也相应下降。

根据和林县农调队2005年对世行贷款西部扶贫和林县项目区的6个扶贫重点贫困监测村60户农牧户的调查表明：项目实施以来，项目区农民物质文化生活都有大幅度提高。项目村农民人均纯收入由1998～2000年三年平均923元增加到2005年的1936元；项目村农民人均生活消费支出由1065.05元增加到目前的1605.89元。在消费支出结构上，文化、教育、卫生、交通、通信等的支出由1998～2000年三年平均的14.6%上升到21%，提高了6.4个百分点。

（三）贫困地区的教育和医疗卫生条件得到极大改善

世界银行贷款内蒙古贫困及少数民族地区基础教育项目始于1994年，到项目完成的1999年，五年间共实施7个项目，贷款总额2833.06万美元，使贫困及少数民族地区近3000所中小学校的办学条件和办学水平有了明显提高。经调查，项目区小学、中学校舍的危房比例，由项目实施前的8.0%和7.5%下降到2.2%和1.75%；教学仪器设备达标比例由项目实施前的9.4%（小学）和12.7%（初中）分别提高到90.97%和83.4%；教师合格率由项目实施前的80%（小学）和45%（初中）提高到95.2%和81.45%。

世界银行贷款综合性妇幼卫生保健项目分布于内蒙古12个盟市的42个旗市县，项目涉及733个乡（苏木），6089个村（嘎查），886.97万人，分别占全区旗市县、乡（苏木）、村（嘎查）、人口总数的42%、56.5%、43.8%和40.20%。项目实施后，项目区农村牧区孕产妇初级保健全部由妇幼卫生人员提供服务。儿童保健由村乡保健员定期访视，并建立儿童保健监测制度。为解决孕产妇因得不到及时救治而死于家中或途中比例较高的问题，项目旗县确定了县级孕产妇高危儿急救中心，设置急救电话、救护车、紧急抢救药品和设备，实行24小时值班室制，制定应急方案，并明确了乡、村卫生机构的职能和作用。对医院妇产科、儿科业务骨干进行培训，规范和加强了儿童常见病、多发病治疗和管理。通过促进母乳喂养、儿童计划免疫、健康教育等综合性措施，使内蒙古项目旗县孕产妇死亡率从基调时的161.9/10万下降到2001年的55.2/10万，实现了孕产妇死亡率下降1/2的项目目标；项目区新生儿死亡率由基调时的49.1‰下降到2001年的25.6‰；五岁以下儿童死亡率由基调时的65.9‰下降到2001年的35.0‰。

（四）生态环境得到明显改善

通过利用国外贷款实施的生态环保项目，对全区生态环境改善起到了至关重要的作用，取得了明显的生态效应，主要表现在以下两点：

1.重点城市的工业污染源得到有效控制，城市环境质量明显提高

呼和浩特市日元贷款环保项目的实施，通过搬迁污染企业、增加除尘设施、扩大集中供热区域等措施从根本上控制了工业污染源，减少了工业“三废”的污染。据环保部门的监测数据，该项目的烟尘目标消减量可达到12471吨/年，二氧化硫目标消减量可达到7222吨/年，COD目标消减量可达到380吨/年，粉尘消减量可达到44065吨/年，粉煤灰目标消减量可达到23500吨/年。2005年呼和浩特市市区空气质量二级以上天数达311天，饮用水水质达标率连续5年保持100%。

已经开工建设的日元贷款呼和浩特市水环境治理项目，将通过新建扩建污水处理厂和管网工程等措施使呼和浩特市二级污水处理能力由目前的10万立方米/日提高到30万立方米/日；新增三级污水处理能力6万立方米/日，中水回用量达15万立方米/日；雨水管网普及率由现在的25%提高到90%。

包头市利用第四批日元贷款1344万美元建设的东河区东、西两个污水处理厂和扩建的南郊污水处理厂项目，2004年建成运营后，使包头市污水处理率由过去的20%提高到60%以上，处理后的中水回用率达到6%~8%，使包头市每年减少向黄河排放生活污水4000多万吨。加上使用日元贷款建设的包钢总排污水处理项目，每年处理工业污水5200万吨，包头市每年直接减少向黄河排放污水近10000万吨。2005年黄河包头段水质达到 三类以上的占61.1%。

2.控制了水土流失，恢复了生态平衡，使动植物种类的分布和丰度有所增加

内蒙古鄂尔多斯市水土保持世行贷款项目是中国黄土高原水土保持世界银行贷款项目的一个子项目。该项目区为鄂尔多斯市罕台川、哈什拉川、呼斯太河3条流域。共完成开发治理面积113387.09公顷。其中建设基本农田13464.33公顷，营造乔木林面积8492.68公顷，营造灌木林47982.85公顷，经济林3483.90公顷，果园1079.73公顷，人工种草38883.66公顷。完成骨干坝55座，淤地坝283座，谷坊1956座，水库塘坝23座，沟头防护532.38公里，引洪淤地13处，治河造地133处，扬水站51座。通过治理水土流失，改善了生态环境，提高了抵御干旱和洪涝等自然灾害的能力，减少和控制了入黄泥沙，为扶持当地群众尽快脱贫致富，促进区域经济发展做出了重要贡献。

世行贷款黄土高原水土保持二期项目经过六年的建设，呼和浩特市项目区的治理度由治理前的13.5%提高到现在的66.73%，林草覆盖率由治理前的11.67%提高到现在的58.12%。减沙量由16.74万吨提高到90.18万吨，生态环境明显改善。农业、林业、牧业用地比例由原来的1：0.8：0.13调整为1：2.78：1.26，土地利用率提高到80%。

六、利用国外贷款工作中汲取的经验及存在的问题

在内蒙古自治区25年利用国外贷款工作中，我们不仅从成功运作的项目中汲取了一些经验，也在失败的案例中挖掘出自身存在的不少问题。

（一）在利用国外贷款工作中所汲取的经验

1.强化项目管理是项目顺利实施的重要保证

加强对项目的宏观管理，做好项目筛选、可行性研究等前期准备工作，使之符合本地区的社会经济发展战略和实际需要，是项目顺利实施的前提；客观、科学的项目实施计划和先进的项目化管理措施以及完善的评价监督机制是项目顺利实施的重要保证；领导重视和部门支持是实施好项目的关键，国外贷款对每个项目单位来说都是一项全新工作，特别是国际金融组织贷款，其程序严格，工作难度大，涉及部门多，只有领导重视，各部门积极配合，项目才能顺利实施；健全的机构和高素质的人员是实施好项目的基础，国外贷款特别是国际金融组织贷款项目工作是一个涉及面广、内容复杂、全新的综合性工作，必须有稳定的机构和高素质的工作人员，才能确保高标准、高质量地实施管理。从项目实施情况看，凡是实施较好的项目不但有健全、规范的管理机构，而且有一支精干、高素质的人员队伍。

2.在引进设备技术的基础上推动自主技术创新

我区利用国外贷款不仅缓解了经济落后地区建设资金紧张的问题，更重要的是通过引进、消化和吸收先进设备和技术，为地方企业自主创新奠定了基础。包头市作为国家老工业基地，多年来由于

投入不足，工业基础弱化，生产技术落后。改革开放以来，为进一步提高包头市的工业竞争力，在“七五”、“八五”时期该市利用外国政府贷款7000万美元，国内配套资金3亿多元人民币引进了国外先进的技术和设备，提高了工业产业层次，产生了较大效益。特别是内蒙古一机集团利用德国政府贷款引进的奔驰重型汽车生产技术，经过多年的发展，自主研发出奔驰重型汽车B型、C型以及多种特种车辆，在自主知识产权和技术创新等方面迈出了重要的一步，推动我国重型汽车的发展，也推动了内蒙古和包头市的技术创新和发展。

3.积极发挥国外贷款的示范作用

国际金融组织项目的示范作用和可推广性很强，如果发挥得好，可起到事半功倍的效果。如：世界银行西部扶贫项目通过改造农业基础设施（改良土壤、修建溉排设施等），直接提高土地产出水平，同时向农民提供小额贷款，并提供相关市场信息和流通服务，帮助农牧民走向市场，转变生产方式，提高收入，通过综合性的措施使农牧民摆脱贫困。扶贫项目实施的成功经验给非项目区贫困地区农牧民提供借鉴了和思路，同时也给各级地方政府解决贫困问题提供了有效模式。全区实施的“国家地区义务教育工程”“农村牧区饮水安全工程”等项目采用和借鉴了世界银行贷款贫困及少数民族地区基础教育和农村供水与环境卫生项目综合性措施和成功的执行经验，取得了良好的效果。

（二）在利用国外贷款工作中存在的主要问题

1.部分项目前期工作不充分

一些地方为争上新项目，较少考虑客观条件；部分投资咨询、设计单位为满足地方政府和单位引进项目和资金的迫切要求和自身经济利益，在项目前期准备工作阶段，不能完全客观、科学和公正地进行项目可行性研究和论证，造成项目前期运作时间长、执行效果差。

2．国外贷款项目管理体制不完善

主要表现在：国外贷款宏观管理部门对借用国外贷款项目实施缺乏全过程的监控及后评估；债务偿还机制不完善；项目单位用款积极，还贷不主动；对国外贷款的统计不健全，地方国外贷款项目缺乏全口径的统计等。

3．公共服务和准公共服务项目缺乏后续资金的支持

由于相关地区和部门对国外贷款项目的典型示范性和可持续性缺乏长远认识，对一些成功的国外贷款项目没有给予巩固和发展方面的资金支持，使项目的执行效果和示范性没有很好的发挥出来。例如内蒙古世界银行农村供水与环境卫生项目结束后，部分项目水厂移交受益村民自行经营管理，面对投入较大的维修、更新（水源、水泵等）支出，村民自身难以解决，而政府又缺乏必要的资金支持，使部分工程损坏、甚至报废，影响了项目效益的充分发挥和持续发展。

4．公益性项目债务偿还压力较大

目前，内蒙古自治区利用外国贷款项目的还贷高峰期已到，但由于全区所使用的国际金融组织贷款主要用于公益性项目，项目本身经济效益不高，加之许多基础性项目最终直接对农户，各级财政回收资金的难度较大。

5．项目资金配套能力较差

国际金融组织贷款项目要求一定的配套资金，配套投资主要渠道之一的国内银行贷款，其贷款指标不易全部落实；配套资金中地方承诺的部分因财力有限，资金不能及时到位。但各地为了争取项目，借款时先承诺配套，到项目执行时却难以及时足额到位，从而影响了项目进度和效益的发挥。如：兴安盟玉米淀粉厂利用丹麦政府混合贷款引进的玉米淀粉生产线项目，由于项目建设过程中资金到位率低，从而使项目建设受到影响，工期推后三年，不仅增加了工程成本，也错过了开拓玉米淀粉销售市场的机会，造成项目以失败而告终。

6．临时性项目管理机构不利于项目管理整体水平的提高，加大了项目管理的成本，国外贷款项目管理人才流失比较严重

由于每个国际金融组织项目都要建立一个临时性的国外贷款项目管理机构，抽调各方面的人员、设备等资源开展工作。部分机构、设备等重复性的设置和没有相关工作经验人员的培训等造成项目管理成本加大，项目建设期结束后，经过严格培训和丰富实践经验的管理人员却面临无事可干的尴尬局面，造成人力资源的浪费和流失。

7．中央项目管理与地方项目建设实际存在不一致，影响项目效益效果，部分项目的大量设备物资由中央项目办统一采购，但是不符合地方项目建设的实际需求，造成损失浪费。

辽宁省借用国外贷款25年回顾与总结

借用国外贷款是辽宁对外开放重要举措之一，是辽宁省利用外资不可或缺的方式，具有其他资金不具备的独特优势。上世纪80年代初以来，国外贷款对辽宁地区的经济增长、环境改善、制度创新等方面产生了重要影响，对辽宁改革开放发挥了积极的推动作用。“十一五”正值辽宁老工业基地全面振兴的关键时期，认真回顾和总结25年来借用国外贷款的经验教训，对进一步做好国外贷款工作，继续发挥国外贷款重要作用，促进辽宁经济社会协调发展和老工业基地全面振兴，具有十分重要的意义。

一、辽宁借用国外贷款的基本情况

（一）借用国外贷款的总体状况及地区构成

截至2005年12月31日，辽宁省（不含中直、大连计划单列市和一年期以下短期贷款）共借用国外贷款项目306个，累计签约额42.52亿美元，使用额36.36亿美元，累计还本付息额17.15亿美元，外债余额27.0亿美元，累计逾期未还本息8.94亿美元（见表1）。

2005年辽宁省外债的负债率为2.85%，债务率为11.52%，偿债率为9.0%。三项指标均低于国际警戒线和国家内控警戒线，说明全省的外债规模完全处于合理范围之内，对外负债水平处于相对安全区域，不存在总体的偿债风险。

（二）借用国外贷款的结构情况

1．外债来源结构

从辽宁省外债来源看，世界银行贷款占27%，亚洲开发银行贷款占11%，日本政府日元贷款占16%，其他外国政府贷款占22%，商业贷款占18%，其他占6%（见图1）。

表1　至2005年末辽宁各地区外债基本情况

地区	项目数	签约额	使用额	还本付息额	余额	累计预期未还本	累计逾期未还本息
省本级	55	225462.95	191526.5	76981.2	162654.85	22103.7	33008.7
沈阳	65	76682.2	59067.0	27666.2	36864.2	11651.9	14905.9
鞍山	24	11187.8	11456.4	3812.7	8967.1	1392.7	3389.4
抚顺	26	22313.4	18197.4	9173.9	11191.4	7547.6	13103.8
本溪	29	34691.7	32617.0	28019.9	15136.7	620	1699.8
丹东	17	7577.8	7498	4043.4	5009.8	2026.6	4356.4
锦州	13	9960.8	8766.1	5538.3	5624.8	1357.5	4700.1
营口	11	6590.3	6249.9	1376.8	5713	1324.4	3610.4
阜新	8	1899.1	1438.7	1254.3	365.7		50
辽阳	12	4728.7	4381.8	2523	2668.4	1616.2	2392.1
盘锦	10	12486.9	10255.2	5727.4	7482.8	1435	2354.7
铁岭	10	4039.5	4210.2	1259.1	3441.7	1523.4	4255.7
朝阳	15	2581.2	2628.4	2128.9	993.7	485.1	1048.9
葫芦岛	11	5035.4	5342.6	1935.6	3928.5	372.4	521.4
合计	306	425237.75	363635.2	171462	270042.65	53456.5	89397.3

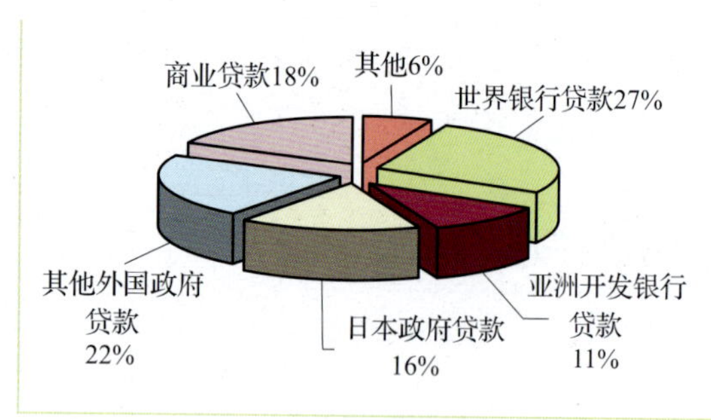

图1 来源结构图

2. 外债期限结构

从期限结构上看，长期贷款（贷款期10年以上）占整个贷款的62.55%，中期贷款（贷款期5～10年）占27.15%，短期贷款（贷款期5年以下）占10.30%，中长期贷款总额占整个贷款的89.70%（见图2）。

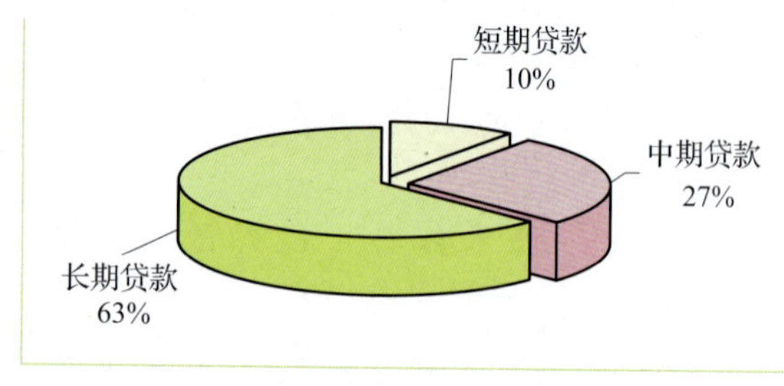

图2 期限结构图

3. 外债币种结构

从币种构成看，美元占43.98%，特别提款权占27.45%，日元占14.10%，德国马克、英镑和法国法郎等占14.47%（见图3）。

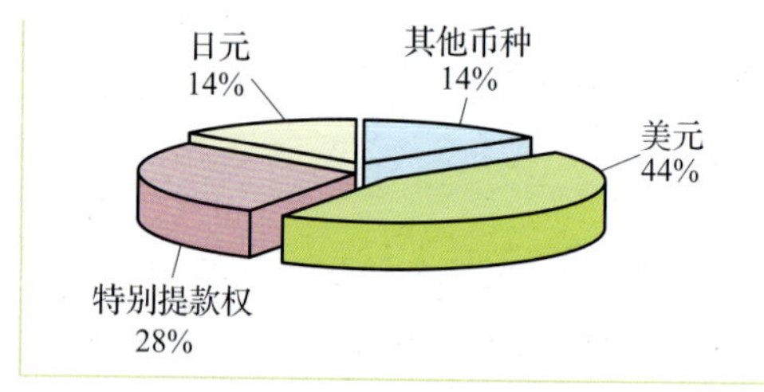

图3 币种结构图

4. 外债投向结构

从行业投向上看，能源占2.18%，交通占15.96%，原材料占41.26%，机电、轻纺占15.62%，农林水占9.12%，科教文卫占3.25%，市政建设占9.24%，其他行业占3.37%（见图4）。

（三）借用国际金融组织与外国政府贷款的基本情况

国际金融组织与外国政府贷款是辽宁使用国外贷款的主要来源，在全省占有重要地位。

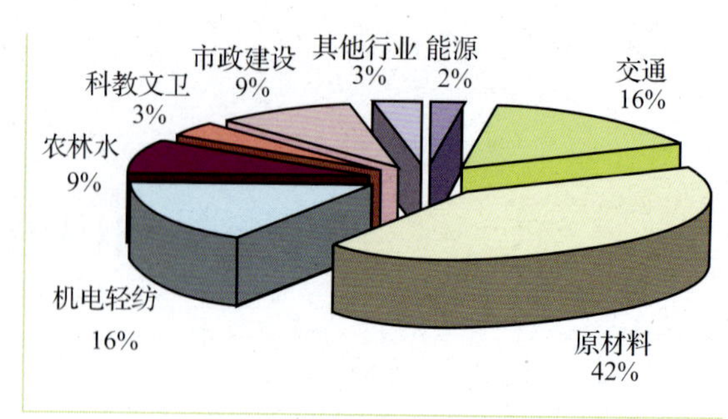

图4 投向结构图

1. 借用世界银行贷款

世界银行是向辽宁提供贷款最多的国际金融机构之一。截至2005年，辽宁累计使用世界银行贷款约116709万美元，47个项目，其中，43个已经完成，4个项目仍在实施。世界银行贷款项目涉及国民经济的各个部门，遍及辽宁的许多城市，其中基础设施项目（交通、能源、城建等）占贷款总额的30.2%，农业项目占29.58%，工业项目占21.73%，环保项目占9.43%，其他资金投向了教育、卫生、社保以及供水等项目。

2. 借用亚洲开发银行贷款

至2005年底，辽宁累计获得亚洲开发银行贷款46200万美元，贷款项目6个，用于沈阳至四平高速公路、沈阳至本溪高速公路、沈阳至山海关高速公路、营口港建设、丹东港建设、环境改善等重要项目。

3. 借用日本政府贷款

日本政府贷款在辽宁可利用的外国政府贷款中属最优惠的贷款之一，与其他外国政府贷款相比，具有数额大、还款期限长、贷款利率低、采购条件宽松等优点。辽宁省利用日本政府贷款主要有两大类：日本国际协力银行（由原海外协力基金会OECF与输出入银行合并后组成）贷款和日本黑字还流贷款。截至2005年底，辽宁省利用日本政府贷款66485万美元。

4. 借用其他外国政府贷款

至2005年底，辽宁所使用的其他外国政府贷款91844.5万美元，贷款国主要有：美国、瑞典、意大利、韩国、西班牙、卢森堡、澳大利亚、加拿大、荷兰、以色列、法国、德国等。这些政府贷款具有一定的优惠性，一般分为软贷款、政府混合贷款、一定的赠款和出口信贷混合组成，贷款投向包括交通、能源、原材料、工业项目等。

二、辽宁借用国外贷款的发展历程

辽宁借用国外贷款已有20多年的历史（见图5），初步形成一定规模，不少项目已经建成并发挥了效益。

（一）起步探索时期（1982～1987年）

1982年，辽宁省开始借用国外贷款，各项工作都处于摸索和学习之中，借用国外贷款数额不大，1982年借用国外贷款仅为331.7万美元，由于基数小，增长速度很快，年平均增长420.27%，但从总量看，规模仍然偏小，到1987年为7301.8万美元（见图6）。

（二）快速增长时期（1987～1991年）

从1987年开始，辽宁省借用国外贷款进入快速增长阶段，贷款数量增长迅速，1988年达到80622.2万美元，1990年达到峰值117554万美元。这一阶段的年平均增长速度达到11.45%（见图7）。

（三）平稳发展时期（1991～2005年）

1991年全省借用国外贷款的数量开始回落，此后的年份虽然借款数额有增有减，有所波动，但基本保持平稳，年平均国外贷款9741.69万美元（见图8）。

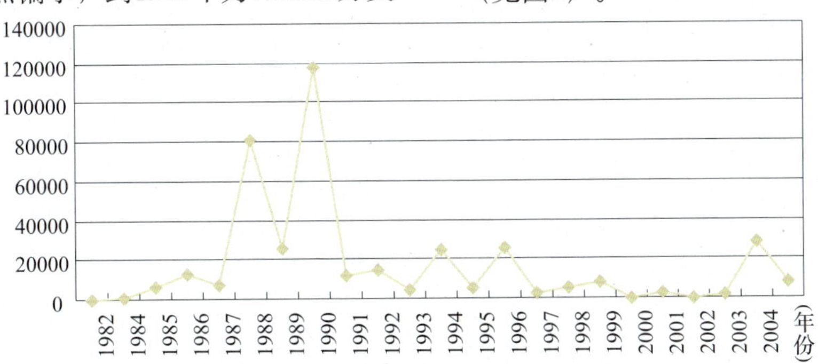

图5　1982～2005年辽宁借用国外贷款额
（单位：万美元）

注：此表中的金额是根据项目的建设起始时期计算的。

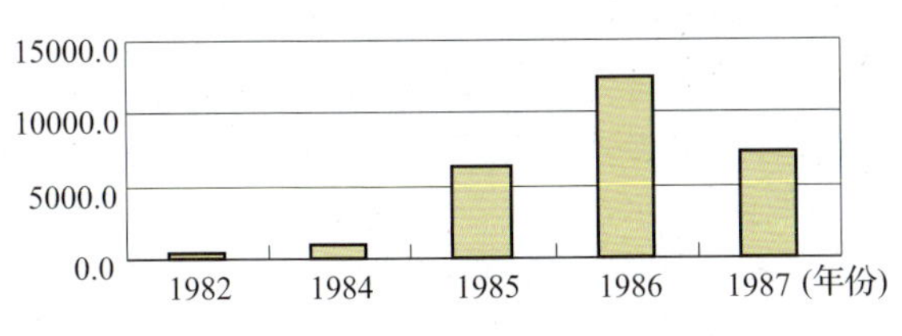

图6　1982～1987年借用国外贷款图

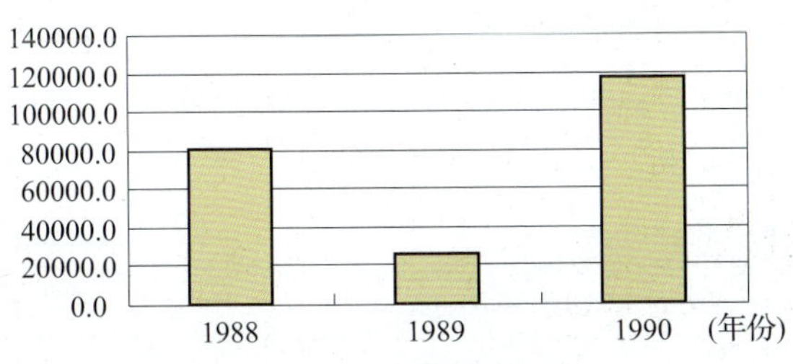

图7　1988～1990年借用国外贷款图

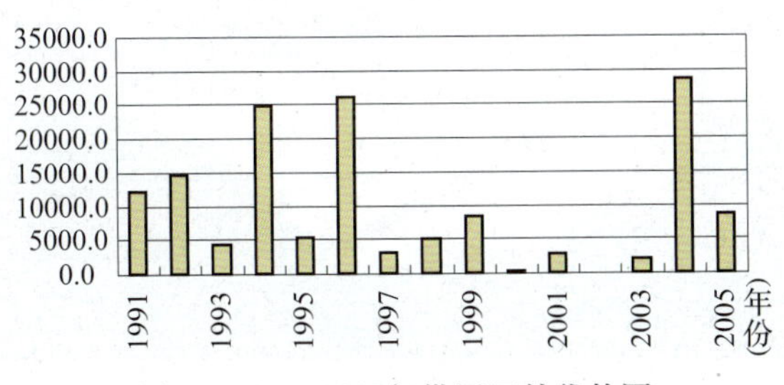

图8　1991～2005年借用国外贷款图

三、利用国外贷款促进辽宁经济社会发展的成效与经验

（一）借用国外贷款取得显著成效

改革开放以来，辽宁省全方位、多层次、宽领域的对外开放格局已经形成，对外开放水平不断提高，全省使用国外贷款工作也取得了明显的成绩。

1．缓解基础设施瓶颈的制约，改善了投资环境

20世纪80至90年代，通信、交通、水利、能源等行业是制约全省经济发展的瓶颈，这些行业往往又具有投资数额大、投资回收期长、投资收益较低等特点。在国家和地方政府资金有限情况下，利用国外贷款进行基础设施建设成为重要途径。在全省通信建设方面，利用外国政府贷款近4亿美元，引进数字程控交换机350万门、移动通信设备80万线，初步形成了数字微波、光缆干线、综合数字网；在交通设施建设方面，利用世界银行、亚洲开发银行、外国政府贷款近4亿美元，建设了丹东大东港、营口鲅鱼圈港、锦州港和沈阳桃仙机场，新建沈阳至本溪、铁岭至四平和沈阳至锦州高速公

路；在城市建设方面，利用世界银行贷款近6.35亿美元，建成沈阳、鞍山、营口及阜新城市供水项目，新增日供水能力120万吨，还实施了沈阳、抚顺、鞍山三市交通项目；在环保建设方面，利用世界银行、日本政府贷款4.15亿美元，建成沈阳、抚顺、鞍山及本溪日处理60万吨城市污水项目和沈阳、本溪城市大气环保治理项目，实施了盘锦、锦州、营口污水处理项目；在水利建设方面，利用日本政府贷款2.1亿美元，先后建成观音阁水库及白石水库，总库容28亿立方米，为城市防洪和工农业用水提供了保障。

2．拉动产业升级，促进了产业结构调整

辽宁省利用国外贷款是沿着产业结构的合理化与高级化两个方向进行的。一方面，根据国家的产业政策和全省经济社会发展的长远规划，积极利用外国政府贷款，支持一系列重大项目的建设，促进产业结构的合理化。比如石化工业，盘锦、抚顺两套乙烯工程利用外国政府贷款4.3亿美元，新增乙烯年生产能力30万吨；辽阳化纤公司利用国外贷款4.6亿美元，形成年产22万吨聚酯，10万吨尼龙生产能力，成为国家的化纤原料基地；抚顺洗涤剂化学公司利用1.5亿美元西班牙政府贷款新建年产5万吨脂肪醇生产线，成为国家的化纤原料基地。另一方面，利用国外资金进行企业技术改造，提升产品或服务的层次，促进产业升级。比如冶金工业，鞍钢利用卢森堡政府贷款改造了11号高炉，利用商业贷款引进了年产50万吨中厚板生产线；本钢利用商业贷款引进1700毫米冷轧生产线，利用科威特贷款引进年产10万吨球墨铸铁管生产线；凌钢利用国际商业贷款引进了年产50万吨热卷板，利用德国政府贷款引进年产5万吨直缝焊钢管生产线。辽宁还利用瑞典、西班牙、比利时等国政府贷款2.2亿美元引进爱立信、贝尔等国外大公司的先进技术与设备对通信设施进行改造，在短短的几年里使全省通信设施水平和通讯能力有了质的飞跃。

3．促进体制创新，加快了地方行业改革步伐

体制性、机制性矛盾是制约辽宁老工业基地经济发展的症结所在，国外贷款特别是国际金融组织贷款发挥了重要的改革促进作用。比如，利用国际金融组织贷款建设的污水处理项目，基本实现了企业化管理、市场化运作的模式，目前全省污水处理率已达到79.2%。亚洲开发银行专门提供了125万美元赠款，分别用于辽宁小城镇建设战略研究和供热改革研究并完成了课题报告。世界银行贷款6亿美元辽宁城市基础设施建设项目交通子项目引入了市民参与程序，要求项目所在城市将项目内容在当地媒体公示，征求市民意见，得到广泛响应和支持；供热子项目将推进以热流量为计量方式的供热改革；水价、热价等收费体系和标准将进一步完善，项目还要求道路维修养护公司，供水公司，供热、供气公司等市政部门将引入竞争机制，实行企业化管理，独立核算，自负盈亏。世行还提供了550万美元的赠款并聘请国内外高水平的专家参与辽宁相关体制、机制改革的研究和推进。

本溪市观音阁水库项目，总投资15.6亿元，其中借用日本政府日元贷款折合1.3亿美元，建设期1989～1995年。图为水库大坝

京沈高速公路项目，借用亚洲开发银行贷款。图为兴城段

4．引进国外的资金、技术及管理经验，做大做强了一批国有企业

利用国外贷款用于国有企业技术改造，不仅缓解了企业技改资金紧张的压力，加快了企业技术改造步伐，而且随着国外先进技术与设备的引进，更新了企业技术装备，提高了产品质量与档次，增加了产品在国际、国内市场的竞争力。锦西化肥项目利用法国政府贷款1亿美元，引进国内万吨合成氨耗能最低的设备，使辽通化工一举成为全国最大的化肥生产企业，形成年产60万吨合成氨、110万吨尿素的生产规模；鞍山市纺织厂利用瑞士政府贷款引进片梭机项目，全面改变企业技术装备，生产出的牛仔布质量达到国际先进水平，创造了可观的经济效益；北台钢铁总厂利用科威特政府贷款2000万美元，引进世界先进的球墨铸铁管生产设备，产品填补国内空白，并出口南亚地区，彻底改变了北台钢铁总厂单一的产品结构；葫芦岛市钢管厂利用德国政府贷款2170万德国马克，引进关键设备及技术资料，新建∮508直缝焊管机生产线，解决了我国石油工业用管依赖进口的难题，实现了进口替代。

5．统筹协调，促进了扶贫、环保和文教卫生等各项社会事业的发展

一是减少贫困。20世纪90年代后期以来，辽宁老工业基地面临失业率上升、城市居民收入下降、贫困人口增多等问题，城市扶贫压力增大。为了开辟下岗职工再就业的新途径，2002年4月，在世界银行支持下，辽宁实施了日本社会发展基金赠款（赠款资金为120.70万美元）城市扶贫项目。项目使社区贫困人口2474人受益，平均月收入增加了219元。二是保护地区生态环境。辽宁省利用世行和日本政府贷款共4.15亿美元，建成沈阳、抚顺、鞍山及本溪日处理60万吨城市污水处理项目和沈阳、本溪城市大气环保治理等项目。沈阳市环保局利用世行贷款分别建成了总处理能力24万吨的废物填埋场，很大程度解决了沈阳工业污染物的处理问题，为沈阳市的环境改善做出了贡献。利用亚行贷款7000万美元，用于鞍山、本溪、抚顺、辽阳、营口、阜新等6个城市发展高效的城市集中供热、供气系统，支持辽宁省改善环境。三是推动知识和技术传播，促进教育优先发展。辽宁省教育是全国利用世界银行贷款发展教育事业的最早省份之一，至今已完成世行贷款项目6个，外国政府贷款项目1个，累计使用国外贷款3500多万美元，省、市财政部门和项目学校投入配套资金超过1亿多元人民币，不但弥补了教育事业快速发展与经费投入不足的矛盾，改善了学校的办学条件，而且各级政府的教育管理部门通过学习世界银行项目管理经验，优化了教育资源配置，提高了教育资金的使用收益。四是改善居民健康状况，提高了居民生活质量。从1992年起，辽宁省卫生系统引进外国政府贷款共计三大类，七个项目，涉及5个国家和世界银行，贷款签约额3717万美元，利用外国政府贷款的医疗卫生单位达130多家。其中，结核控制项目贷款，使用期限分别为1992～2001年和2002～2008年，贷赠款额度分别为343万美元和307万美元，主要用于全省44个县和56个区的结核病人的发现、治理和管理工作，以及在结核病防治过程中所需的技术支持和实施性研究。贷款的使用，不但减少结核病的发病率，更主要是防止了对健康人群的传染。

（二）合理利用国外贷款的主要经验

从1982年辽宁省引入第一笔国外借款开始，利用国外贷款已经走过20多个春秋。经过20多年的实践，辽宁在利用国外贷款方面积累了一些经验：

1．争取各方面的大力支持，密切与有关部门的协调与合作是借用国外贷款顺利开展的前提

利用国外贷款项目程序复杂，涉及许多部门和环节，任何细节出现问题都会阻碍项目推进甚至导致项目失败。为推进借用国外贷款，要注重围绕项目的规划做好大量准备工作，积极争取省委、省政府领导的大力支持以及有关部门的理解和认同。包括利用各种机会、通过各种渠道向主要领导介绍使用国外贷款的重大作用、优点及全省相关需求；

精心组织项目规划材料上报省政府，引起领导重视；与有关部门密切联系，顺利推进贷款落实。

2．科学项目规划、选择和储备，精心构思策划，是借用国外贷款顺利开展的关键

认真把好贷款项目选择关，使其符合国家产业政策、行业发展规划及相应种类国外贷款的特点和要求；对贷款项目进行充分的论证，严格执行国外贷款项目管理程序，项目建议书、可行性研究报告达到规定的标准，充分考虑项目的效益、项目的偿还能力，同时考虑安全因素、经济风险等，努力提高决策的科学性；引进的技术要比较先进，产品要有市场，有一定的经济效益和贷款偿还能力。例如，世界银行6亿美元辽宁城市基础设施建设项目能够取得成功，就是首先综合考虑了以往贷款情况和辽宁经济社会发展的现实需要，对全省城市基础设施、交通、能源、农业、教育、卫生等领域具有国外贷款意向和条件的重大项目进行收集，分包整理形成了贷款总额28亿美元14个项目捆，作为全省利用国外贷款的项目储备；在向国家申报时，结合国家使用贷款的导向，从中重点选择了一批城市基础设施建设项目，打捆设计成辽宁城市基础设施建设项目。在项目前期准备过程中，引入了竞争淘汰机制，将有意使用世界银行贷款的项目都纳入到备选范围，既保证了各子项目按计划完成进度，又防止因个别项目掉队导致整体工作受阻的情况发生。

3．建立健全组织管理机构是借用国外贷款顺利开展的重要条件

国际金融组织和外国政府贷款，在立项申请和使用过程都有严格的程序。实践证明，成功项目的背后都要求加强组织协调、密切配合。在利用世行贷款造林项目时，辽宁省成立了省级项目领导小组，由省财政厅、发展改革委、审计厅、林业厅等有关单位组成领导小组；在省林业厅设立世界银行贷款造林项目管理办公室，并在厅内成立项目实施领导小组，厅长担任组长；项目市、县也相应成立领导小组，在市、县林业局内设项目管理办公室。在组织上形成了从上到下一贯到底的领导和管理体系，确保项目的实施，取得了辉煌的业绩。世行6亿美元贷款辽宁城市基础设施建设项目列入国家贷款规划后，省发改委即着手组织协调省直各有关部门、项目办、各市进行项目的前期准备。项目的组织、筛选以发改委为核心，以省财政、建设、环保部门为辅助，以项目办为具体执行部门开展，重大决策由相关省直单位联合下发文件执行。为保证质量，提高工作效率，便于和世行工作程序衔接，加快准备工作进程，发改委与各有关部门研究决定各

辽河流域治理项目，借用世界银行贷款。图为锦州污水处理厂航拍景观

子项目的项目建议书、可研报告统一由富有经验的省城乡规划设计院负责，环保报告由省环科院负责完成。

4．强化项目管理，提高项目质量和效益是做好借用国外贷款工作的有效手段

在项目实施过程中，要加强对贷款项目建设、验收等方面的管理，监督使用单位资金利用情况，帮助解决使用过程中出现的问题，并对出现问题的国外贷款项目分类排序，予以解决。在项目实施后期，要严格按照合同约定，及时归还国外贷款的本金和利息，对偿债确实有困难的地区和企业，采取必要的措施予以解决，避免造成负面影响。此外还要对借用国外贷款的项目进行经济效益核算和社会效益评估。在利用世行贷款造林项目时，在省林业厅的统一协调下，结合辽宁省项目实际情况建立“八大管理体系”，即组织管理体系、营林技术体系、种苗供应体系、科研推广体系、财务审计体系、环境保护体系、质量监控体系、信息反馈体系。这“八大管理体系”在长达16年的时间里，保证了造林项目最终获得成功。还有松辽平原农业开发项目（辽宁部分），这个项目涵盖了水利、农业、水果、畜牧、水产和农副产品加工6个行业，覆盖了沈阳、鞍山、锦州、阜新、辽阳、铁岭、朝阳、盘锦和葫芦岛9个省辖市的26个县（市、区），涉及355个乡（镇）和3593个行政村，133万个农户。项目伊始就成立了省、市、县三级的项目领导小组和项目管理小组，从辽宁实际出发，围绕《项目协议》和《转贷协议》的落实，制订了工程管理、采购管理、监测管理、财务管理等一系列行之有效的规章制度。省、市、县（市、区）三级都建立了由项目、资金管理部门和审计监察部门联合组成的“三位一体”的监督管理体系，并且定期对项目执行情况进行监督检查。这为其他项目的实施提供了可资借鉴的样板。

5．将国外贷款的使用与地区经济发展战略和老工业基地振兴紧密结合是借用国外贷款顺利开展的客观需要

振兴辽宁老工业基地，加快地区经济发展，急需引进国外的先进技术和管理方式以推动产业结构升级，急需对生态环境进行综合治理以改善生存空间，急需完善基础设施体系以创造良好的投资环境。国外贷款，特别是具有优惠性、长期性、公益性和基础性的国际金融组织和外国政府贷款，为辽宁提供了新的融资渠道和资金来源。在国外贷款的投向上，围绕全省经济社会发展和老工业基地振兴的轴心，注重将资金投入到地区的企业技术改造、污水处理、供水工程、高速公路和港口建设、人工造林、疾病预防、教育设施等项目中，在实施国外贷款项目时注重加快市场取向的改革和产业结构升级，取得了良好的效果。

四、辽宁借用国外贷款存在的主要问题与原因分析

（一）存在的主要问题

实践中，辽宁省借用国外贷款项目也暴露出来一些深层次的矛盾和问题，集中表现在：

1．商业贷款债务逾期严重，影响了全省的信誉水平及对外形象

一些企业拖欠国外商业银行贷款，其中有些贷款曾由政府为贷款人出具了承诺函，或由政府指定的金融机构为其提供了担保。大量贷款逾期不能偿还，不仅严重影响了辽宁的地区声誉，破坏了对外形象，而且也会成为全省下一步利用国外贷款的主要障碍。

2．地方非银行金融机构发生对外支付困难

辽宁省地方主要国际商业贷款融资窗口——辽宁省国际信托投资公司（简称辽国投）和辽宁省信托投资公司（简称辽信），由于受东南亚金融危机的影响及自身经营不善等原因，不能按期回收资金，已无法按期偿还其转贷的国际商业贷款。到2000年底，辽国投借用国外贷款合同金额10830万美元，余额8792万美元，逾期金额8792万美元，拖欠利息及罚金合计1143.7万美元；辽信借用国外贷款合同金额4400万美元，余额3495万美元，逾期金额3495万美元，拖欠利息及罚金合计80.64万美元。

3．使用国外贷款地区结构不尽合理

从国外贷款实际使用额看，沈阳、本溪、抚顺、盘锦、鞍山五个市及省直利用国外贷款达到32.31亿美元，集中了十三市利用国外贷款总额的近89%，而阜新、朝阳、铁岭、丹东、辽阳、营口六市利用之和只有4.05亿美元，占总额11%。

（二）深层原因分析

辽宁省在借用国外贷款中存在的问题，尤其

是产生外债拖欠的原因是多方面的。

1．国家层面的原因

一是汇率的变化。目前，人民币汇率升值，在一定条件下减轻了企业长期外债的还债压力。但是，过去十几年外汇汇率急剧变化，特别是美元和日元的汇率变化更大，使辽宁省成为受汇率变化影响最大的省份之一。辽宁省大多数企业都是从1985年左右开始借入外债，1995年左右进入还款高峰期。1985年人民币与美元的汇率为3.7：1，到1998年已调整到8.3：1，是1985年汇率的224%，这无形中加重了企业的偿债负担。而借用日元或原西德马克等坚挺货币的项目则要蒙受双重的汇兑损失。1986年前后日元对美元的汇率约为230：1，恰恰是当时辽宁省借入了一批日本“黑字还流”贷款，到了1995年需偿还贷款时，日元对美元的汇率最高时已升至80：1。这笔贷款由于汇率的影响而“升值”了近6倍。二是以税还贷政策的调整。财政部（86）财税273号文规定，利用国外贷款项目在新增利润和折旧不足以还贷时，可用产品税和增值税偿还外债。1993年底以前，辽宁省一直执行以税还贷政策。除个别项目外，大多数项目基本可以保证国外贷款借、用、还的良性循环。1994年国家实行分税制后，取消了以税还贷政策，在很大程度上降低了企业综合还贷能力。据初步测算，1994、1995和1996三年全省国外贷款项目可享受以税还贷额约为20亿元人民币。

2．地方层面的原因

一是指导思想不端正，项目论证不充分。在借用国外贷款起步阶段建设的一些项目，缺乏统筹规划和有效的产业政策指导。以拖欠较为严重的“黑字还流”贷款项目为例，申请使用贷款时正值改革开放之初，处于利用外资的初期阶段，企业盲目上阵，政府多头审批。在申请贷款时，考虑的主要是借和用，并未认真考虑还款问题，把国外贷款视同拨款。对项目缺乏科学的论证，缺少市场调研，选项不准，造成后期效益欠佳，无力偿还贷款。二是项目执行过程中，缺乏有效的管理和监督。贷款管理机构的责任不明确，花钱有人问，还款无人管，使有些项目处于放任自流的状态。

3．企业层面的原因

一是企业内配资金不落实，管理不善，企业经营效益差。一些国外贷款项目，由于配套条件不具备，配套资金无法及时到位，甚至根本无法兑现，仓促上马后资金缺口无法弥补，影响了工程的顺利进行，导致工期拉长，出现了项目未投产，还款期已到的局面。还有些项目，由于企业内部管理不善等原因而使企业效益差，无法以项目本身的收益还贷，特别是举债规模较大的一些大中型企业，由于配套资金、管理等问题，拖欠外债数额巨大。二是企业法人缺乏偿债意识。有些拖欠外债企业并非没有偿还能力，关键是企业法人偿债意识差，有钱不愿还，加上很多企业领导变动频繁，新上任法人，不管前任借债，能拖则拖，能赖则赖。而政府部门和转贷机构又对企业缺乏有效的制约手段，形成了有能力偿还外债的企业也拖欠外债的不正常局面。三是老企业吃新项目效益的大锅饭。企业利用国外贷款引进的新项目投产后具有一定效益，但老企业因体制的原因对职工欠账太多，出现了老企业吃新项目效益“大锅饭”的现象，导致这些企业不能按期偿还外债。

大连市借用国外贷款25年回顾与总结

大连市借用国外贷款始于1985年，从大连市水产公司利用丹麦政府贷款1710万丹克麦朗引进制冷设备第一个项目开始，到2002年大连市中心医院使用美国进出口银行贴息贷款200万美元，引进多层螺旋CT等医疗设备项目止，累计借用国外贷款35.3亿美元。国外贷款对大连国民经济和社会的全面发展发挥了重要作用，不仅缓解了地区建设资金缺口，同时推动了外向型产业的发展、加工业产品的优化升级和质量的提高，促进了环境的改善。

一、大连市借用国外贷款基本情况

25年来，在大连市利用35.5亿美元国外贷款中，借用政府贷款7.16亿美元，占总额的20.29%；国际金融组织贷款4.25亿美元，占总额的12%；国际商业贷款23.89亿美元，占总额的67.71%。

按贷款项目统计，1991至2005年共有142个项目累计借用国外贷款签约额折合151444万美元，提款额143703万美元（不含外资企业和外资银行对外贷款）。贷款主要投向电子信息、能源交通、城市基础设施、机电轻工纺织、石油化工、环境保护和科教文卫等七个行业（见图1）。

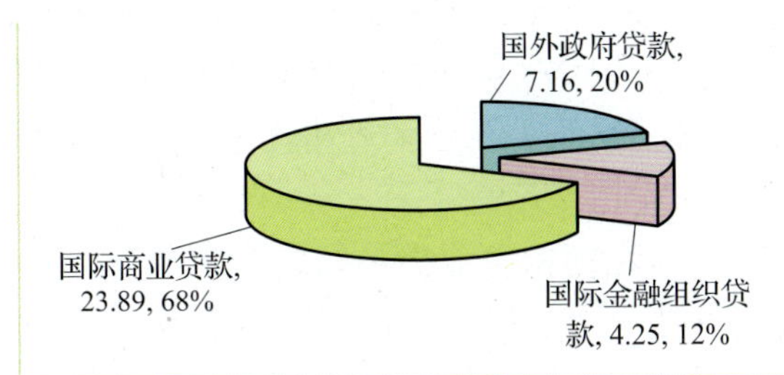

图1　大连市国外贷款构成（单位：亿美元）

（一）大连市借用国外贷款规模和投向

1.借用外国政府贷款规模和投向

经国家发展和改革委批准，大连市先后借用了丹麦、瑞典、比利时、法国、挪威、日本、英国、澳大利亚、加拿大、芬兰、德国和荷兰12个国家的政府优惠贷款，共有49个项目签订贷款协议，累计签约额69041万美元，提款额64118万美元。其中1991年以后46个项目签约65113万美元。提款额60190万美元。外国政府贷款投向按项目签约金额分：电子信息产业8个项目，贷款额7241万美元，占政府贷款总额的11.1%；能源交通运输产业11个项目，贷款额23035万美元，占35.4%；城市基础设施7个项目，贷款额8599万美元，占13.2%；机电、轻工和纺织产业12个项目，贷款额1802万美元，占2.8%；化工原料制造业1个项目，贷款额15238万美元，占23.4%；环境保护3个项目，贷款额3028万美元，占4.6%；土地和房地产开发1个项目5000万美元，占7.7%；其他行业3个项目，贷款额1170万美元，占1.8%（见图2）。

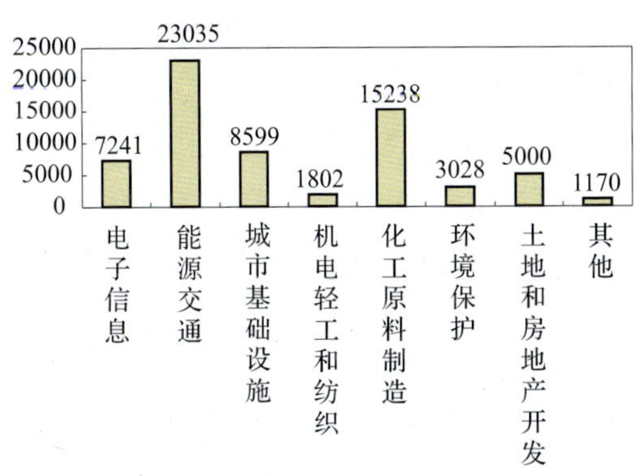

图2　1991～2005年外国政府贷款构成和投向（单位：万美元）

2.借用国际金融组织贷款规模和投向

大连市借用国际金融组织贷款包括借用世界银行贷款和亚洲开发银行贷款。贷款签约总额42369万美元，其中1991年以后项目世界银行签约额24567万美元，亚洲开发银行17584万美元，提款额39333万美元。共安排30个建设项目，其中能源交通运输项目2个，贷款额9693万美元，占贷款总额的22.9%；城市基础设施建设项目5个，贷款额16109万美元；占38%；机电轻工纺织6个项目，贷款额1115万美元，占2.6%；粮食仓储流通项目1个，贷款11225万美元，占26.5%，环境保护项目5个，贷款额2165万美元，占5.1%；科教文卫等其他项目11个，贷款2062万美元，占4.9%（见图3）。

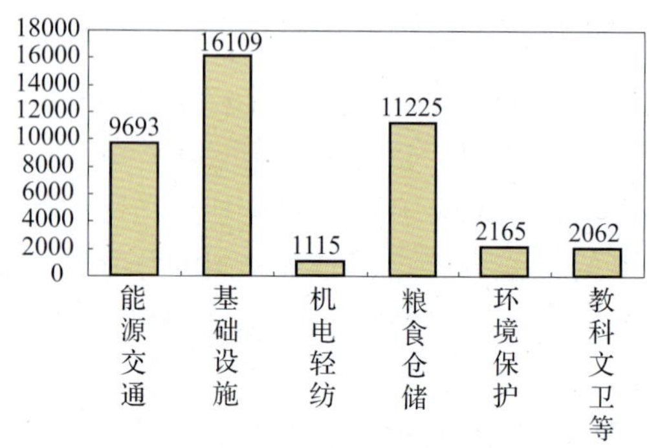

图3　国际金融组织贷款规模和投向
（单位：万美元）

3.借用国际商业贷款规模和投向

大连市借用国际商业贷款签约总额为238879万美元（其中外商投资企业境外借款、外资银行境外借款189820万美元）。大连国际信托投资公司对外中长期借款（包括发行日本武士债券）签约额合计31114万美元，短期贷款额度5000万美元，国家储备外汇顶替国际商业贷款使用额7713万美元；境外银行贷款3553万美元，国际租赁1679万美元。按贷款项目统计，1991年以后共发生提款额44180万美元，安排66个贷款项目。贷款投向按行业分，其中电子信息产业7个项目，1827万美元，占国际商业贷款总额的4.1%；能源交通运输业12个项目，14478万美元，占32.8%；石油化工加工业6个项目，11028万美元，占24.4%；建筑材料和商业地产业7个项目，贷款3997万美元，占9.1%；机电、轻工和纺织业24个项目，贷款9943万美元，占22.5%；其他行业项目10个，贷款2907万美元，占6.6%（见图4）。

在国际商业贷款66个项目中，大连国际信托投资公司安排国际商业贷款项目42个，发放贷款总金额31235万美元；其他国内金融机构安排国际商业贷款项目13个，发放贷款7713万美元；国内企业借用境外银行贷款项目3个，贷款3553万美元；国际金融租赁项目8个，贷款1679万美元。

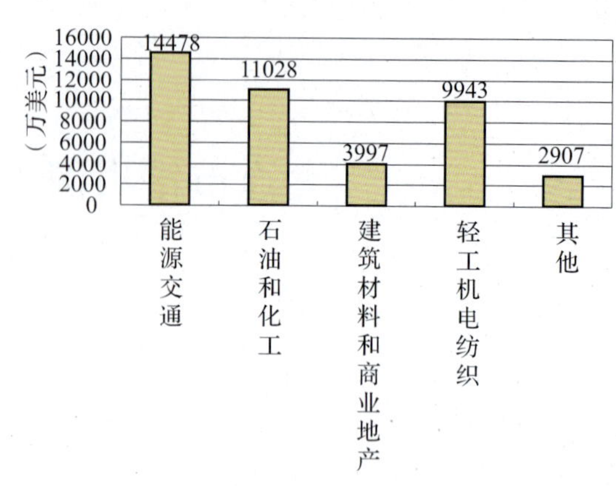

图4　1991～2005年国际商业贷款规模及构成

4.外债余额和结构

截至2005年12月31日，大连市外债余额全口径为238315万美元。其中市政府和国内企业等48495万美元，占外债总额的20.4%；外资银行82523万美元，占34.6%；外资企业107297万美元，占45%（见图5）。

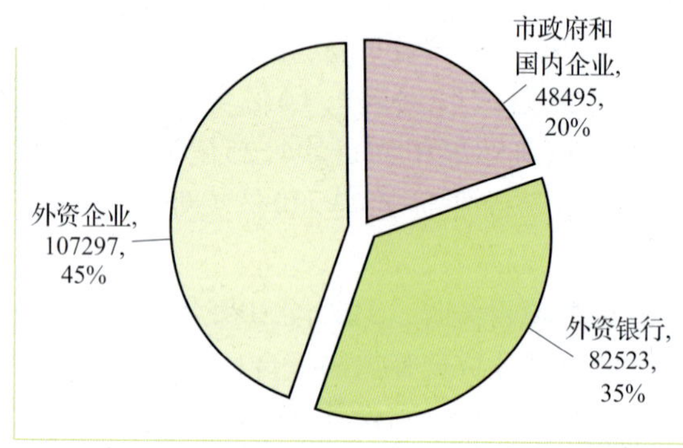

图5　大连市外债余额和结构（单位：万美元）

市政府和国内企业债务按债务类型分，市政府转贷的债务余额5385万美元，按国家项目贷款程序要求，由市财政给企业担保的或有债务余额38156万美元，中外合资企业和合作企业债务3961万美元，其他993万美元。

市政府和国内企业债务按资金来源分，外国政府贷款债务余额24355万美元，国际金融组织贷款债务余额14091万美元；国外银行贷款债务余额8424万美元，买方信贷债务余额204万美元，对外发债债务余额452万美元，国际租赁债务余额969万美元。

（二）大连市借用国外贷款的发展过程

为了尽快开发和建设大连市，充分发挥其口岸城市的作用，1984年国务院决定赋予大连市省级经济管理权限（国办发[1984]52号文），在国家计划中单列。大连市从此开始实行计划单列和执行省级经济管理权。

改革开放初期，大连市国民经济和社会发展各项经济指标完成情况虽然位列全国城市前10位以内，但经济规模总量不大。1985年，全市国内生产总值完成75.18亿元，港口吞吐量4381万吨，外贸进出口总额0.9亿美元，（其中出口额0.78亿美元），市本级贸易外汇和非贸易外汇留成额度，平均每年不足1200万美元，加上省辽地外汇和省外贸公司分成总计每年约1500万美元，城镇居民储蓄余额不足百亿元，由于经济的快速发展对本外币的需求旺盛，造成资金十分紧张。在国家对人民币贷款规模的控制和外汇极度短缺的国内金融环境下，制约了企业的技术进步，影响了全市国民经济和社会的发展。

随着我国对内实行经济改革，对外实行扩大开放政策的深化和步伐的加快，国际关系大为改善，一些经济发达的友好国家政府，为了寻求自身的经济发展和进一步改善与中国的关系，积极主动地开展双边政府间金融合作，给予中国较为优惠的中长期混合贷款。与此同时国务院也制定了国外贷款项目国内银行配套贷款、减免设备进口关税和税前还贷等优惠政策，鼓励推动企业利用国外优惠贷款。

大连市借用国外贷款，主要涉及双边政府贷款，国际金融组织贷款（世界银行和亚洲开发银行贷款）、日本“黑字”还流贷款、外国银行贷款、北欧投资银行贷款、美国进出口银行贷款、国际金融租赁、发行日本武士债券、国家储备外汇顶替国际商业贷款和出口信贷等。

在国家有关部门的大力支持、指导和帮助下，大连市及时有效地利用了瑞典、加拿大、比利时、挪威、法国等政府优惠低息贷款，先后引进52万门程控电话；利用澳大利亚、英国、丹麦、德国、荷兰和芬兰等国贷款，引进了先进锅炉设计、工艺技术和制造装备，城市集中供热汽轮机发电装备、30万吨合成氨自动控制生产装置；利用日本“黑字”还流贷款，对机电、轻工、纺织装备进行了更新换代，建成了20万吨级船坞；利用世界银行和亚洲开发银行中长期贷款，对港口、城市环境治理、城市供水工程等项目进行了建设；利用日元贷款对城市大气治理、供水管网和净水厂项目进行了改扩建；利用国际商业贷款对国有企业生产技术、工艺生产装备进行了改造，为国有企业改组、改制提供了大量优良资产，对企业产品升级换代、提升自主创新能力发挥了重要作用。

大连市借用国外贷款的发展过程，从强化邮电通信产业开始，逐步扩展到机电、轻工、纺织、城市供水、港口建设、城市集中供热、污水和垃圾处理、农村改水和文教卫生等城乡大部分领域。单项借款签约额从几十万美元扩展到1.6亿美元。贷款工作从编制规划、筛选贷款项目、技术交流、商务洽谈、签订合同等前期工作，到协调偿还债务，贷款工作管理等贯穿贷款项目的全过程。

（三）国外贷款对大连市经济和社会发展的作用

改革开放以来，大连市的国民经济和社会发展与积极借用国外贷款密切相关。借用国外贷款不仅拉动了地区投资和财政收入的增长，对社会发展也起到了强有力的助推作用，主要表现以下几个方面：

1.国外贷款加速了港航业发展，为建设大连国际航运中心奠定了基础

利用国外贷款，不但强化了大连新港的建设，也促进了老港的改造，进一步提高了港口吞吐能力和服务质量，培养了一批建港科技人才，锻炼了队伍，提升了职工技术和业务素质，为大连国际航运中心的建设奠定了坚实的基础。

粮食流通项目，借用世界银行贷款。图为北良港40万吨粮食中转库

大连港口的建设和发展史只有几十年。1985年大连港口泊位只有几十个，年货物吞吐量仅有0.44亿吨，1990年达到0.5亿吨。“七五”期间，大连港口五年的累计吞吐量完成2.38亿吨，平均每年货物吞吐量只有0.48亿吨，港口发展速度缓慢，吞吐量增长幅度不大。

大连市委、市政府提出“以港兴市”的战略，全力支持大连港口的建设和发展，由市财政担保，先后借用了世界银行贷款9600万美元（原币值：USD7024万，SDR1820万）、第四批日元贷款5541万美元（原币值66.5亿日元，其中含商检7亿日元），开发建设了大窑湾港一期工程。建成10个深水泊位，新增吞吐能力570万吨/年，完善了商品检疫检验装备仪器，提高了服务质量和效率。大连港集团用这些优良资产与新加坡港务局合资，又加快了集装箱码头的建设。大连港集团又先后建设了30万吨级进口原油码头、30万吨级矿石码头和汽车码头等项目。目前，大连沿海港口码头泊位累计共有225个。其中生产性泊位194个，非生产性泊位31个。按靠泊能力分，万吨级以上泊位59个，最大靠泊能力30万吨。按使用功能分，主要有原油码头泊位6个，成品油泊位22个，粮食泊位5个，集装箱泊位9个，矿石泊位1个，客滚泊位39个。年货物运输设计吞吐能力15419万吨/年。

由于大连市注重抢抓利用国外贷款的机遇，集中力量加强了港口建设，使全市港航业有较快发展。“九五”期间，全市港口完成货物吞吐量4.14亿吨，比“八五”期间增长37.16%，“十五”期完成货物吞吐量6.59亿吨，比“九五”期间增长59.31%。其中，2005年全市港口完成货物吞吐量1.71亿吨，集装箱运输量269万标箱。

2.国外贷款促进了通信产业的快速发展并跃上了新台阶

全市共有22个邮电通信产业项目使用了国外贷款。其中利用瑞典、加拿大、意大利、挪威等国家的政府优惠贷款（含赠款）11041.3万美元，引进了52.1万门AXE10型等程控交换机、传输设备和微波通讯装备等。交换机的总容量由原来的6万

大连西太平洋炼油公司引进聚丙烯生产线项目，借用境外银行贷款。图为公司厂区

门猛增到120万门，全市邮电通信水平达到了新高度。到2005年底，全市城乡固定电话用户达到326万户，移动电话达到91.8万户，城市电话普及率达到98%以上。通信产业取得了较快发展，企业的总资产由原来的不足2亿元，通过借用国外贷款和自身投入发展，现已达到37亿元。邮电通信产业的发展，最重要的就是企业利用了国家对外开放的政策和良好的国际环境，把握了借用国外政府优惠贷款的良机，及时的引进了具有国际先进水平的现代化的通讯成套装备，使企业的技术和装备一并跃上了新台阶，满足了全市改革开放和经济建设对现代通信的需求，城乡居民感受到国家改革开放以后，通讯便捷、信息畅通和生活质量的提高。

3.国外贷款带动了企业科技进步，增强了创新和研发能力

大连市政府主要领导非常重视工业的发展，积极推动企业大胆地、大批量地引进先进技术、先进管理、科技人才、先进装备。

大连市机电、轻工和纺织业，利用国外贷款先后引进了水产品平板速冻装备、通用铸件无箱造型生产线、高效节煤锅炉设计制造技术和生产装备、蛋粉加工生产线和蛋粉深加工溶菌酶生产线、钢板自动剪裁切割平面分段流水加工线、布料后整理设备、服装热定型设备、工厂化蘑菇生产线、涤纶长丝加工设备、浮法玻璃生产技术、仿真丝生产线、人造毛皮生产设备、气流纺纱机、无纺布生产线、彩色印刷设备、电脑刺绣设备、高精度工业轴承磨床、墙地砖生产线等。

石油加工和化学原材料制造业，利用国外贷款引进了500万吨原油脱硫生产装置，6万吨和4万吨聚丙烯生产线、30万吨合成氨全自动控制生产成套装置、工业树脂和500吨树脂涂料生产工艺和设备。

能源交通运输业，利用国外贷款引进了4台35万千瓦发电汽轮机组、大型集装箱和二手散货运输船舶、30万吨级船坞装备和关键材料、海底输电电缆、大窑湾港一期工程10个深水泊位的建设和装备、海关商检仪器和设备，风力发电设备、城市集中供热管网系统、热电厂汽轮机发电机组和自动控制系统等。

电子和信息产业利用国外贷款主要引进了52万门程控电话、程控交换机和微波通信系统，粮食期货计算机管理系统、船舶导航雷达和车用音响模具、城市交通信号灯管理系统、计算机软件开发等。

国外贷款有力地支持了大连市大中型国有企业的改造、改组和改制，优化了产品结构，提升了产品质量，加强了国有企业技术进步、新产品研发能力和竞争能力，调整了出口产品结构，增加了产品附加值，拉动了外向型经济的快速发展。

4.国外贷款加快了城市环境治理和建设的步伐

20世纪80年代末期，大连市只有春柳河一座污水处理厂，能力为6万吨/日，90年代初期有部分企业建设了小型工业废水处理厂，处理能力极为有限，全市80%以上工业废水和居民生活污水通过管道或自然河道排海，造成大连的马栏河、春柳河、自由河的部分海滨浴场严重污染。

为彻底整治城市污水对环境的影响，大连12万吨马栏河污水处理厂、春柳河污水厂二期扩建工程、2000吨/日城市垃圾处理厂、企业、院校节水工程等项目纳入辽宁省城建环保世界银行贷款打捆项目中。贷款总额2274万美元。工程总投资5亿多元人民币，竣工投入使用后，改善了马栏河两岸及周边的环境。使污水处理能力增加14万吨/日，星海湾滩涂和海域污染得到了有效治理，往日的垃圾场建成了环境优美的星海湾广场，成为大连市国际会展中心和城市著名旅游景区。

为解决二氧化硫排放生成酸雨和大量燃煤粉尘排放对市区环境的污染，大连利用英国政府优惠贷款，瑞典政府贷款、日本政府日元贷款、投资建设了春海热电厂、瓦房店热电厂、大染热电厂、城市供热管网工程、大钢、大水泥粉尘治理工程等，投资17.42亿元（其中国外贷款7265万美元），每年约减少排放$SO_2$1.3万吨、粉尘5.8万吨、NO_X600吨，减轻了粉尘和酸雨对环境的影响，提高了城市大气质量。

利用挪威政府贷款建设了开发区郑家屯8万吨/日污水处理厂，四期日元贷款建设了旅顺6万吨/日污水处理厂、瓦房店6万吨污水处理厂，大药厂的工业废气回收装置、世界银行贷款的船舶废弃物处理等。全市利用国外贷款建设污水处理厂5座，污水处理能力达到40万吨/日，改善了污水对环境

的污染。全市累计用于环境治理和建设的国外贷款项目17个，总投资29.78亿元人民币，其中国外贷款12169万美元。

国外贷款加快了城市环境治理和建设步伐，对促进大连市整体环境的改善和提高居民生活环境质量做出了突出贡献。

5.国外贷款保障了城市供水能力和安全

大连市是我国严重缺水百万人口以上大城市之一。平均降雨量约为730毫米左右，年总降水量约在92亿吨左右。北部农村占降水量的65%以上。而南部城市地区水资源很少，但人口数量却占50%以上。同时城市的工业、商业、旅游业、航运业发展对水的需求量很大，供需矛盾突出，水资源的短缺，城市供水能力的不足，严重影响大连市城镇居民基本生活，极大的制约和束缚了地区经济和社会发展。因此，解决城市供水难的问题，多年以来始终是各届政府工作中的头等大事。

1990年11月，亚洲开发银行与国家有关部门，就距大连市180公里的碧流河水库的蓄水，通过暗渠、涵洞、加压管道等工程措施，输送到市内的项目贷款和技术援助问题达成谅解。1995年经国务院批准，同意大连借用亚行贷款1.6亿美元，并开展工程建设。工程于1998年竣工投入使用，使大连市碧流河水库的供水能力净增加67万吨/日，极大地缓解了全市供水紧张局面。

供水能力的增加凸显了城区的净水能力、配水管网能力严重不足，且设备老化、管道锈蚀漏水等问题亟待解决。为此，大连市于1994年开始运作利用日本协力银行（原OECF）贷款，改造城市供水系统。1997年国家发改委（原国家计委）先后批准了项目建议书和可研报告。并批准使用第四批日元贷款55亿日元（当时汇率折合5000万美元）。项目于1999年开工，2001年投产。项目主要建设内容，在洼子店新建30万吨/日供入能力的5号泵站，改造二条$D_{外}$914输水管道，新建一条103公里长（DN1800、DN1400、DN1200、DN900、DN800钢管）的输水管道，新建2×20万吨/日净水池、泵站和配套厂房以及市内供水管网改造等。使净水能力净增加22万吨/日，供水管网终端水压、水量恢复正常，基本解决了居民使用“夜来水”的老大难问题。

大连市先后两次利用国外贷款建设城市供水系统，签约金额2.1亿美元，实际提款额约17090万美元。项目投资总额约35亿元人民币。其中地方财政和银行贷款等投入约21亿元。近几年政府又加大了源水的供给能力和输水管道、城市供水管网的改造和建设。国外贷款提高了大连市区供水能力和供水安全。

6.国外贷款推动地方投资增长，拉动了经济发展

大连市改革开放实行计划单列以来，投资的逐年快速增长与借用国外贷款是密不可分的。大连市“七五”期间，全社会固定资产投资完成199.47亿元，其中对外借款直接转化固定资产投资为17.52亿元，占固定资产投资的8.79%；“八五”期间，全市完成固定资产投资582亿元，其中对外借款直接转化固定资产投资78.96亿元，占全市“八五”期间固定资产投资总量的13.57%；“九五”期间，全市固定资产投资完成1254亿元，其中对外借款直接转化固定资产投资33.18亿元，占“九五”期间固定资产投资总量的2.65%，“十五”期间占0.3%。从1985～2005年，大连市全社会固定资产投资累计完成5065亿元人民币，其中，对外借款转化固定资产投资138亿元（按当年美元对人民币汇率折算），直接拉动全社会固定资产投资2.72个百分点（不包括外资银行和外资企业的对外借款）。

1986～1995年，大连市国民经济地区生产总值完成2779亿元；地方财政一般预算收入294.6亿元；外贸进出口总值168亿美元；外商直接投资31.84亿美元；对外借款18.24亿美元（不包括外资银行和外资企业对外借款）；全市固定资产投资完成781.4亿元；其中对外借款转化固定资产投资96.47亿元，平均拉动全市固定资产投资12.3个百分点。1986～2005年，大连市完成地区生产总值15759亿元，国外借款转化投资拉动约一个百分点。

大连市实际利用外资，“七五”期间为10.69亿美元，其中对外借款占60.75%。“八五”期间为39.4亿美元，其中对外借款占29.83%。“九五”期间为64.2亿美元，其中对外借款占5.89%。“十五”期间为105.76亿美元，其中对外借款占1%。1985～2005年全市实际利用外资220.2亿美元，其中对外借款占10.46%。

二、大连市借用国外贷款存在的问题及体会

（一）国外贷款存在的问题

大连市利用外资工作特别是在改革开放初期，由于经验不足，也出现了一些问题。比如盲目引进造成损失；贷款项目前期工作不够深入，市场调研片面、经济分析和财务评价不充分、项目建设管理不善。尤其企业拖欠债务是国外贷款工作中存在的主要问题。企业拖欠债务是多方面原因形成的，主要原因是：一是原材料价格上涨。90年代初期，我国经济发展较快，带动经济增长的两大因素主要是投资和对外贸易。出口和投资的过快增长，拉动了国内和国际市场化工、纺织和建筑原材料等价格的大幅度上升。如聚酯切片价格由8000元/吨上涨到21000元/吨，涨幅262.5%，造成生产企业经营亏损严重。外贸出口的增长特别是纺织产品出口量的大幅度增加，造成国内棉花供需严重失衡，国际市场的棉花大量采购，又加剧国际市场棉花的价格上涨。进口的棉花价格曾一度接近以棉花为原料的出口产品成本，劳动力低成本的优势无法显现，造成纺织企业全行业亏损，纺织企业应偿还日本“黑字”环流贷款的本金和利息全面拖欠。二是政策调整因素。我国改革开放初期，为支持和鼓励企业借用国外贷款发展经济，中央制定并下发了“税前还贷”的配套优惠政策。由于国家税制体制改革，实行“利税包干”政策，1994年以后国家取消了出口产品收汇实行外汇额度分成政策，同时又执行增值税中央和地方分成政策，使企业还债困难进一步加剧。如大连化学工业公司的30万吨合成氨2.24亿马克德国政府贷款项目，外汇留成政策取消后企业每年增加还款负担4212万元，税前还贷政策取消和调整后，企业还款负担增加14.85亿元，化肥出厂价格受国家支农产品政策影响，每年减少销售收入5600万元，合成氨生产受基本原料重油价格影响（规划项目时重油价格为600元/吨，编制可研报告按900元/吨测算，投产后重油价格上涨到1800元/吨，现价3905元/吨），每年仅25万吨重油原料使企业增加生产成本7.5亿元。再加上长期以来国有企业办社会的沉重负担，贷款企业生产经营相当困难，最终造成偿债能力急速下滑，拖欠外债范围逐步扩大。三是汇率变化因素。1985年以来，国际金融市场汇率变化较大，各国货币对美元升值较快。而人民币对美元又贬值95.6%。在贷款国货币对美元的较大幅度升值、人民币大幅度贬值的双重作用下，造成有的贷款币种，企业偿还的本金没有汇率变化影响增加的债务多，使部分债务企业陷入偿债越还越多的极度困难的境地。由此可见，国际金融市场汇率变化的风险，若不能利用金融手段得到及时有效控制，将给偿债期的企业带来沉重负担。因此，汇率变化风险也是企业拖欠债务的原因之一。

（二）借用国外贷款的体会

改革开放以来，大连国民经济保持了持续快速的发展；城乡居民收入逐步增加；企业生产和自主创新能力大幅度提高，产业结构调整、产品优化升级有了很大进展，在参与市场竞争和适应经济全球化的过程中，企业得到了发展，人才得到了锻炼；市场物资丰富，科学技术水平提高，城市综合实力增强，这些成就的取得是与充分利用外资分不开的。

对外借款是实际利用外资的重要组成部分。大连市“七五”期间对外借款6.5亿美元，占实际利用外资的60.75%，为大连改革开放初期利用外资工作开了个好头，缓解了大连市建设资金严重短缺的局面，促进了城市基础的建设和发展，使邮电通信业达到了国际先进水平。城市基础设施建设又进一步促进了对外开放和利用外资的快速增长，使外国贷款项目和外向型经济有了很大的变化，贷款项目由初期引进一般通用设备，向注重引进专用数控装备和技术方向发展，外向型经济由注重出口创汇，向注重效益和技术附加值高的产品发展，由资源型产品出口向鼓励支持机电成套产品出口发展，审批借款项目，从注重数量向重大基础设施建设项目发展。这一系列的变化，说明大连市利用国外贷款走向成熟并跃升到了新的发展阶段。

1.贷款项目的规划和储备必须先行

国外贷款项目的规划和储备先行，是项目成功的先决条件。地区经济和社会的全面发展和进步，是需要国外贷款支持的。大连市的财力是有限的，而且还要要保证吃饭和建设，市财力投资满足不了国民经济和社会发展建设的需要。企业的发展基金也不充沛，目前企业生产发展的资金来源，主要还是依靠银行的贷款解决。因此今后若干年内，不论是政府还是企业的发展建设项目，资金来源渠

道除外商直接投资和银行贷款以外，仍然需要国外贷款的支持。这就要求我市在规划地区经济社会发展时，根据建设项目对资金的要求，科学合理安排资金来源，特别是利用国外贷款引进技术和设备的项目，应及早做好贷款项目的前期工作。根据项目引进技术和设备的需要，提出利用贷款国家的意向、贷款额度、偿还外债的措施，编报国外贷款项目规划，有针对性地做好贷款项目的各项前期准备工作。防止无准备的“赶班车”现象发生。

2.贷款项目要科学论证合理安排

借用国外贷款不仅是解决建设资金短缺问题，更重要的是引进先进技术、先进管理和先进装备，以提升我国的产品质量、新产品的研发能力、国际市场的竞争力。这些具体问题都需要在贷款项目的前期工作中加以全面考虑。首先是对贷款项目加以认真筛选、科学论证，在有市场、有效益、有发展前景的前提下确立贷款项目，对项目的经济分析和财务评价必须客观、科学、准确、公正，要确保贷款项目建成后的盈利性，满足贷款项目偿还债权人本息能力的可靠性。在借用国外贷款工作中，要发挥积极正确的主观能动性，科学稳妥地规划确立项目，在确保经济合理收益的前提下，有针对性、有选择地利用国外贷款。只有积极稳妥有效地组织项目、筛选项目、实施项目，才能保证贷款项目的质量和效益，做到按期偿还债权人的本息，维护国家、地方政府的对外金融信誉和国际形象。

吉林省借用国外贷款25年回顾与总结

自1984年吉林省借用第一笔国外贷款以来，相继与世界银行、亚洲开发银行等国际金融机构，以及日本、奥地利等外国政府建立了贷款关系，在资金融入、技术引进、管理升级等方面进行了广泛的国际合作，借用国外贷款工作取得了显著成效。通过借用国外贷款扩大了项目资金来源，弥补了建设资金的不足，保证了重点项目建设的资金需要。同时，也引进了国际先进技术和管理经验，推动了吉林省的技术创新、制度创新和体制创新。

一、吉林省借用国外贷款的发展过程与现状

伴随我国经济体制改革的不断深入及全方位对外开放格局的逐渐形成，吉林省借用国外贷款的规模不断扩大，质量逐渐提高，对国外贷款的运作方式已经熟悉和掌握，贷款操作与管理的工作制度日渐完善，经验逐步丰富。总体来看，全省借用国外贷款主要呈现贷款规模扩大化、贷款来源广域化、投资方式多样化、贷款主体多元化和投资方向合理化等特点。

（一）借用国外贷款发展过程

从吉林省9个市地州以及发生国外贷款的省直9个部门的情况来看，20多年来全省借用国外贷款项目共计94个，累计贷款签约额为217055.68万美元，占同期全国借用国外贷款总额的1.02%。吉林省借用国外贷款工作走过了探索期、发展期以及平稳期三个阶段（如图1所示），对全省经济和社会发展起到了很大的促进作用。

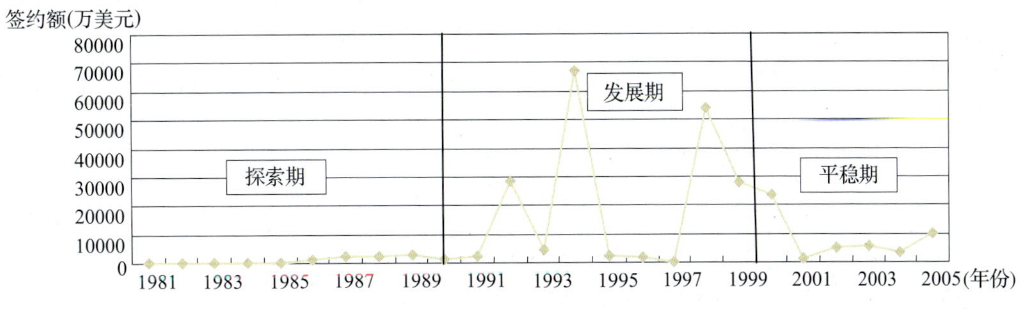

图1　1981～2005各年吉林省借用国外贷款金额趋势

1981年到1990年，为吉林省借用国外贷款的探索期。此阶段由于贷款方式及渠道单一，管理经验不足，贷款数额较少，年平均贷款签约额不超过300万美元，发展较慢。资金主要来自日本“黑字还流”贷款，贷款项目主要集中在长春、四平两市，多用于工业项目以及中小型企业的改造。在发展中，这些项目由于受工业体制改革和企业制度变迁的影响，加之企业自身的研发能力较低，自主创新意识较差，难以应对剧烈变化的市场环境，多数项目未能达到预期效果。但是，这一阶段的工作为吉林借用国外贷款积累了经验，逐步了解了国外贷款的运作方式，提高了政府和企业对国外贷款项目的管理水平，增强了引入和借用国外贷款的能力。

1991年到2000年，为吉林省借用国外贷款的发展期。在总结以往经验的基础上，完善贷款的借、用、还机制，拓展贷款领域，积极创新，选择重大项目，注重发挥地方政府和项目单位的积极性，取得了显著的成绩，促进了全省产业结构的调整和升级。1994年受吉化公司30万吨乙烯工程项目借用国外贷款的拉动，吉林省借用国外贷款签约总额一跃达到70089.86万美元，为25年间签约额最多的一年，使全省借用国外贷款工作进入了最活跃的高峰期。这一阶段资金来源广泛，主要

有世界银行贷款、亚洲开发银行贷款、国际农发基金组织贷款以及外国政府贷款；贷款投向逐渐由省会长春市向全省各市地州发展；贷款项目领域也从以工业项目为主逐步拓展到包括能源、农业、交通等关系吉林经济格局和发展的基础设施建设领域。如：吉化30万吨乙烯工程、吉林省低洼地开发项目、长春至四平高速公路项目等代表性项目。这些项目有力地促进了吉林省产业结构的升级，产生了良好的经济和社会效益。

2001年到2005年，吉林省借用国外贷款工作进入了平稳期。此阶段还贷压力较大，还贷风险凸现。针对这一情况，吉林省利用国外贷款工作进行了相应的调整，从工业领域项目贷款转向多领域项目贷款，贷款由企业竞争性项目转向政府公益性项目；从重资金转向重技术、重机制，强调经济效益与社会效益并重，使还贷压力得到了有效缓解。与此同时，我省加大了贷款的政策支持力度，贷款项目的地域进一步扩大到我省白城、白山等边远贫困地区。农业、环保、城市基础设施、文教卫生等社会发展领域的贷款项目显著增加。资金来源主要是世界银行贷款、亚洲开发银行贷款、日本政府贷款等。这一时期，虽然贷款的总体规模有所下降，但贷款项目对吉林省的经济社会协调发展特别是社会公共事业的发展仍发挥了重要的带动与示范作用。

（二）各行业借用国外贷款特点及作用

吉林省经济发展在国内处于中等偏下水平，自身财政投资能力相对不强，社会储蓄能力有限，固定资产投资每年虽有一定速度增长，但总体投资规模与沿海及发达地区差距甚大。招商引资、加大投资力度，以投资拉动经济增长是吉林省经济社会发展必须破解的难题。借用国外贷款对吉林省一些亟待发展的领域，特别是投资规模较大的基础设施建设，以及具有相当社会效益而经济效益不显著的领域，无疑是较佳的选择。吉林省借用国外贷款项目主要集中在国民经济社会发展急需的基础设施和基础产业，包括农业、交通、能源、工业、文教卫生、环保等多个领域。其中，工业占40%，交通占12%，城市建设9%，能源占7%，农业占9%，环保占11%，文教卫生占6%（见图2）。工业占贷款比例较大主要归因于1994年吉林石化公司的30万吨乙烯项目99570万美元的国外贷款。1998年，吉化集团公司由吉林省划归中国石油天然气集团公司管理，属于中直企业，借贷与吉林省脱离关系。

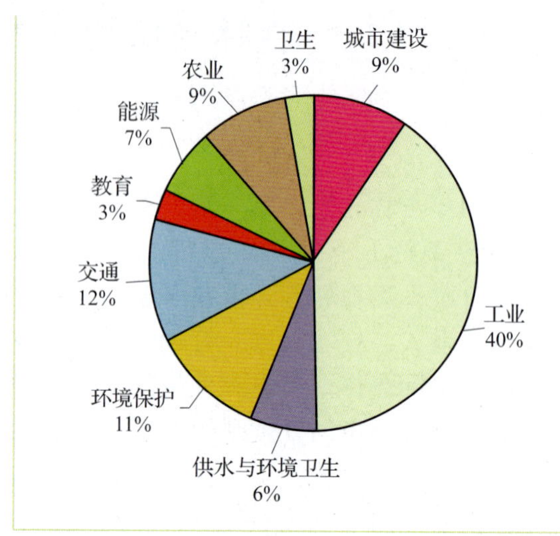

图2 1981～2005年吉林省各行业借用国外贷款比例

1．文教卫生项目借用国外贷款特点及效应

吉林省借用国外贷款文教卫生项目共计22个，贷款总额为11920.3万美元。其中教育项目有7个，卫生项目15个。资金主要来自日本政府贷款和世界银行贷款，部分来自法国，奥地利等外国政府贷款。贷款主要用于购置教学、医疗设备，引进先进的医疗技术，以及人员培训，提高教师素质和医疗服务水平。这些项目的实施对发展吉林省文教卫生事业起到了积极的促进作用。

1996年吉林省教育系统实施了世界银行贷款第三个基础教育发展项目（简称“贫三”项目）。项目覆盖了汪清县、白城市、通榆县和镇赉县等多个相对欠发达地区。如，汪清县借用世行贷款新建、扩建、翻建、大修校舍15所，采购图书225100册，仪器设备464种67760件，课桌椅3770套，培训管理人员24人，教师771人，资助贫困中小学生7300名，受助学生占在校生总数的8%，很大程度上缓解了该地区基础教育薄弱、办学条件简陋、教学仪器设备及学生桌椅紧缺、师资水平较低等问题，为普及九年制义务教育夯实了基础。

白城市借用世行贷款693万元卫生项目，是以提高妇女幼儿保健水平、降低产妇死亡率和新生儿死亡率、改善不发达地区妇幼卫生服务条件为目标。项目实施后显著提高了该地区妇幼健康水平，妇女、儿童的自我保健意识明显增强，孕产妇死亡率、婴儿死亡率、5岁以下儿童死亡率大幅度下降，推动了妇幼保健工作的发展。

2．城市建设、环保、供水与环境卫生项目借用国外贷款特点及效应

吉林省城市建设、环保、供水与环境卫生借用国外贷款项目共计15个，贷款总额57862.77万美元，占全省贷款总额的27%。其中城市建设项目占9%，环保项目占11%，供水与环境卫生项目占7%。资金来自亚洲开发银行、日本政府贷款以及奥地利、法国、韩国等外国政府贷款。

长春市引松入长项目是吉林省“八五”期间利用世界银行贷款重点项目，是实施现代化城市建设、保证长春市经济发展的战略性投资。国家规定省会城市供水覆盖率必须在97%以上，而长春的缺水程度在全国排名靠前，严重地影响了长春市工农业发展和人民生活水平的提高。吉林省及长春市政府在上个世纪80年代规划了引松花江水入长春工程，在进行了长达10年的准备后，1993年落实了世行贷款资金，工程正式启动。该项目借用世界银行贷款12000万美元，项目建成后全市总供水能力达到110万立方米，满足了城市发展的供水和环境规划的需要。

松花江辽河流域环境治理是吉林省借用日本政府第四批日元贷款项目，项目总投资17.4亿元人民币，其中借用日元贷款128亿日元（约合人民币8亿元）。项目的实施改善了松辽流域的水环境质量，大大提高了松花江水质，降低了沿岸自来水厂引用水处理成本，增加了相关工业企业的收益，减少了一定数量的农业赔款，同时也给渔业生产带来了极大的经济效益。

3．能源、交通项目借用国外贷款特点及效应

吉林省相当大一部分能源、交通设施项目是通过借用国外贷款建设的。这些项目的实施，进一步优化了吉林省的投资环境，为社会发展和经济腾飞打下了良好的基础。

吉林省借用国外贷款的能源、交通项目共计7个，贷款总额为40715.08万美元。占全省贷款总额的19%，其中能源占7%，交通占12%。主要来自亚洲开发银行贷款、日本、韩国、丹麦和芬兰等政府贷款。

延吉市集中供热工程是延吉市城市现代化建设和能源建设的重要组成部分。该项目借用芬兰政府贷款900万欧元，工程建成后，年销售收入21638.59万元，利润4182.16万元。该项目的建设对提高人民生活质量、解决环境问题起到了积极的作用。

1994年以来吉林省公路建设进入快速发展阶段，高等级公路建设投资连续递增，特别是“九五”期间完成投资289亿元。这期间利用亚行贷款建设了长春至四平高速公路和长春至拉林河高速公路。长春至四平高速公路全长133公里，是同江至三亚国道主干线的重要路段。项目1992年开工建设，1996年10月建成通车。项目实际投资为23.5亿元，其中利用亚行贷款1.26亿美元（折合人民币10.48亿元）。项目运营效益良好，成为吉黑两省物流的主要通道，有力地促进了两省的经济发展。

4．农业项目借用国外贷款特点及效应

借用国外贷款农业项目有4个，贷款总额为18719.06万美元，占全省贷款总额的9%，资金主要来自世界银行和国际农发基金组织，主要用于吉林省白城地区低洼易涝地开发项目以及松辽平原农业发展项目。

松辽平原农业发展项目是吉林省大规模使用国外贷款进行农业综合开发的项目，项目覆盖面广，资金额度大。项目评估投资总额为2.12亿美元，其中借用世界银行贷款1.2亿美元，国内配套资金为8.05亿元人民币。项目于1994年6月启动，经过8年的建设实施，于2002年6月全部结束。项目实际完成投资20.1449亿元人民币，其中世界银行贷款10.1513亿人民币。项目涉及农田水利、畜牧开发、农产品加工、农技推广、项目管理五大类8个子项目。该项目以产业化为纽带，把农产品的生产、加

吉林省供排水和水源建设项目，借用亚洲开发银行贷款1亿美元，建设期2006～2007年。图为长春北郊污水处理厂建设

工、销售等环节连成一体，优化配置了各种生产要素，使项目达到最佳经济效益，使农村经济向产业化、规模化、效益化方向发展。

白城地区低洼地开发项目建设时间为1992～1997年，借用国际农发基金贷款为2882.1万美元。项目采取贷款直接下放到农户的方式，较高地调动了农民的积极性，有效地解决了白城市缺资金，少技术的难题，促进了白城地区农业资源的开发和利用，加快了农业生产要素的优化组合，改善了项目区农业生产条件，增强了抵御自然灾害的能力，缓解了白城地区干旱、洪涝、盐碱和风沙等自然灾害频繁发生的问题，普及了科技文化知识，提高了农民的科技文化素质。

5. 工业项目借用国外贷款特点及效应

借用国外贷款工业项目共有46个项目，贷款总额为88051.48万美元，占全省贷款总额的40%。资金主要来自日本“黑字还流”贷款、亚洲开发银行贷款、世界银行贷款、美国大通银行贷款以及丹麦政府贷款等。

工业项目主要集中在我省借用国外贷款的探索期和发展期，平缓期相对较少。探索期的贷款工业项目主要集中在长春市和四平市。例如长春市洗衣机厂项目、长春市豆粉厂项目、四平市半导体陶瓷机片生产线项目等中小企业。一些项目在运作前期也曾产生了较好的经济效益，但是由于当时我国正处于计划经济向市场经济体制的转轨变形期，市场经济刚刚引入，体制变化较大，另外由于技术和管理人才短缺，企业后续研发能力不足，自主创新不够，最终导致大部分项目夭折。这些项目主要为日本“黑字还流”贷款。发展期的贷款工业项目主要集中在吉林市、辽源市，项目多数为规模较大的项目，例如，吉林石化公司的30万吨乙烯工程项目，项目的实施有力地促进了省石化工业主导产业地位的形成和巩固，带动了相关产业的发展，产生了显著的经济效益。1998年7月，原吉化公司整体上划中国石油天然气总公司，三十万吨乙烯贷款项目随之上划。

污水处理项目，总投资为1.65亿元，其中借用波兰政府贷款4150万元，一期日处理能力为9万吨。图为四平市三达污水处理厂

二、吉林省借用国外贷款的经验

在二十多年借用国外贷款的实践中，吉林省政府有关部门进行了系统的规划、协调与组织工作，省内各级政府主管部门和贷款企业也通过项目的运作总结出一些可贵的经验。

1.着眼整体环境配套，重点建设城市基础设施及环保设施

在借用国外贷款项目中，有一大批基础设施项目。项目充分利用国外贷款周期长、利息低的优势，低成本兴建城市基础设施，进一步改善了城市面貌和投资环境，取得了很好的经济效益、社会效益和生态效益。

如长春市实施的“引松入长”工程，实现日供水能力30万吨，日处理污水能力39万吨，有效解决了水资源短缺问题，对拉动经济的可持续发展起到了积极作用。吉林省对松花江污染控制和管理的项目，不仅有益于吉林省的社会经济发展和生态环境改善，也有益于松花江下游的黑龙江省的环境安全和生态安全，保障了松花江的饮用水安全，为吉黑两省社会经济与环境的协调、持续发展提供了不可替代（水）资源的有效安全供给支持。

2.不断提高人民生活质量，努力发展社会公益型项目

社会公益型项目往往出现高社会效益与低经济效益的矛盾，国外低息贷款，对减少这一矛盾，促进此类项目的实施具有积极作用。我省在利用国外贷款的发展期和平稳期重点实施了主要包括农村贫困地区义务教育的扶持、公共卫生设施建设、医疗救治体系及疾病预防控制体系的建设、灾区基础设施的重建和修复、广播电视系统及电化教育设备改造等国外贷款项目。这些项目既解决了一些公益性建设项目财政暂无财力投入的困难，又改善了吉林省招商引资环境，提高了人民生活水平。

比如，省广电项目的建设大大提高广播电视

节目制作、播出能力和节目质量，通过整个系统数字化改造和建设极大提高了吉林省的广播电视总体水平，不仅为广大城乡居民提供了更加丰富多彩的文化节目，满足人民不断增长的物质、文化需要，还可以完善吉林省广播电视大学的教学设备，提高学校的教学水平和扩大学校的招生能力。

亚行救灾贷款项目主要用于1998年洪水损毁区域的恢复建设，水毁区域大多数是吉林省西部不发达地区，通过恢复水毁公路、桥梁和城市基础设施，带来的经济与社会效益十分显著。

3．围绕主导优势产业，积极谋划项目群

吉林省以大企业为核心的主导产业和优势产业特色鲜明，汽车、石化和粮食深加工等几大产业左右了全省的经济发展。围绕这些主导与优势产业利用国外贷款，对巩固和壮大主导产业、发展集聚经济起到了事半功倍的效果。以化工产业为例，吉化公司自1990年以来共使用国外贷款99570万美元，合人民币82.6亿元，用于30万吨乙烯等17个项目，占吉林市全部国外贷款的85.5%。现在，吉化公司税收占全市财政收入的一半以上，其发展壮大得益于国外贷款的支持。为了加强农业基础地位，转变传统农业生产格局，变粗放经营为集约经营，吉林省利用国外贷款实施了两个农业开发项目群：松辽平原农业发展项目，通过大规模引进外资，推进了农村经济的全面快速发展；白城市低洼地开发项目，缩小了白城与省内其他地区之间的发展差距，提高了当地农民收入，发展了当地农业市场。

4．更新引资理念，引进国际项目管理机制

吉林省借用国外贷款工作进行了自上而下的系统组织，相关的各级政府部门都成立了专门的领导和协调机构并逐步完善了政策体系。依据不同贷款的特点，制定了计划、财务、工程、采购、监测、培训等一系列管理办法，不但为项目的成功实施提供了措施上的保证，而且为今后实施新项目提供了可以借鉴的管理经验。此外，针对不同项目成立的项目办，负责项目的建设及管理，在组织上保

农业加工项目，借用世界银行贷款。图为大安明胶生产厂区

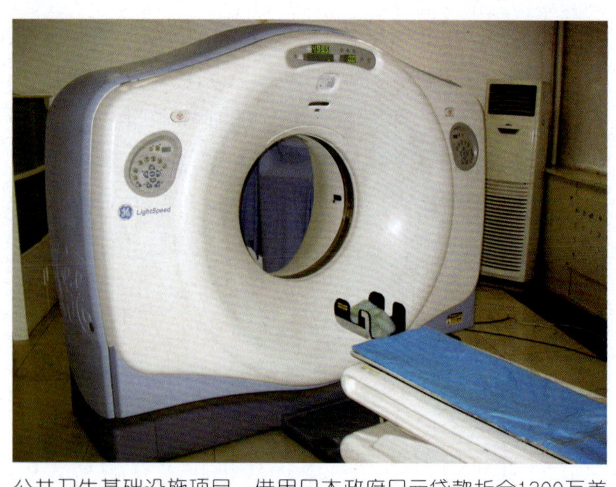
公共卫生基础设施项目，借用日本政府日元贷款折合1300万美元。图为长春市医院引进的四层螺旋CT

证了项目的成功进行。比如农业项目，建立了省、市、县三级项目办作为项目的执行机构和管理机构，各级相关行业局、大学和科研院所作为项目技术指导和服务机构。实践证明，行之有效的组织机构是松辽平原项目成功的关键，也是政府促进农村经济发展目标实现的强有力的组织保证。大量项目成功和失败的案例说明：项目管理是项目执行过程中的一个重要环节。要进一步加强国外贷款项目规范化、系统化和高效化的管理，在借用国外贷款的同时，注重引进国外先进管理经验。

三、吉林省借用国外贷款工作存在的问题

1．配套设施不到位，影响项目运行

借用国外贷款项目的实施多要求地方一定比例的资金和设施配套，这是达到预期设计能力、实现预期效益的必要条件。长春市西郊、北郊、双阳区污水处理厂由于排水管网不配套，污水收集不足，未能按设计能力运行。长春市建设的几个污水处理厂设计处理能力56.5万吨/日，实际日处理污水量为40.5万吨/日。其他几个城市污水处理厂建成后，也都出现了配套管网建设都相对滞后，导致实际污水处理量远远低于设计能力，大马拉小车的现象，无法达到满负荷运行，实现不了预期的经济效益。

松原市世行粮食流通项目建设的主要目标是实现现代化粮仓的“四散”作业，降低粮食储藏和运输成本。由于相应配套资金的不足，在很大程度上降低了散装运输系统的“四散”功能。由于翻斗车等必要的运输车辆不足，经常出现烘干机入料中断，在很大程度上降低了该项目的优势作用。

2．内外部环境变化过大，导致个别工业项目失败

由于市场形势变化快，后续改造跟不上，国家投资重点转向等原因，致使一些工业项目中途夭折。比如，吉林市新中国糖厂改造、新源玉米引进VC设备、铸态奥贝球铁汽车配件生产线改造以及舒兰万达市话通信生产线等。一些缺乏创新能力的企业也被竞争激烈的市场淘汰，比如，长春洗衣机厂的倒闭就是因为其缺乏研发和连续引进设备的能力，产品功能过于单一，满足不了市场需求。同时，企业本身落后的管理体制制约了企业的发展，使得许多项目效益不佳，甚至企业破产，无法偿还外债，债务转移到地方财政，变成政府财政风险。

3.重项目前期建设，轻后期跟踪管理

吉林省消防局购置消防设备项目总体发展是好的，整体上提高了消防部队的设备质量和消防能力，但在后期管理中一些问题凸显出来。比如，对车辆装备技术培训没有连续性，设备引进合同中缺少国外生产厂商的售后服务的具体条款，设备维护没有保障。加之消防部门又是现役部队，人员流动性大的实际情况，致使技术人才匮乏，车辆装备使用管理脱节。

此外，项目单位人员变动导致的组织机构不连续以及项目单位的体制调整等因素也影响项目实施的成效。吉林纸业股份有限公司环境综合治理项目的上马正值该公司的转型时期，公司在重组转型过程中属权未定，项目的实施遇到不少困难，导致项目配套资金不足，拖延了工程的整体进度。

黑龙江省借用国外贷款25年回顾与总结

一、借用国外贷款25年的基本情况

（一）概况

和全国一样，黑龙江省改革开放引进外资首先是从借用国外贷款开始的，从1981年获得第一笔国外贷款开始到2005年止，全省共接受国外贷款项目249项，实际贷款总金额284323.60万美元。其中贷款金额较大的有交通贷款76090.00万美元，占总金额的26.76%；环保及综合类贷款60932.05万美元，占总金额的21.43%；工业贷款54806.46万美元，占总金额的19.28%；农牧林业贷款52494.31万美元，占总金额的18.46%；其他贷款40000.78万美元，占总金额的14.07%。这些贷款分别来源于世界银行贷款（44704.71万美元，占15.72%）、亚洲开发银行贷款（90818.00万美元，占31.94%）及19个国家和地区的政府贷款（132206.62万美元，占46.50%）和其他国际商业贷款（16594.27万美元，占5.84%）。这些贷款有力地支持了农牧林业、工业、医疗卫生、教育、交通、通信、环保等各行业的建设，为黑龙江经济、社会的发展，老工业基地的改造，基础设施的建设，产业结构的调整，城镇就业的增加和农村剩余劳动力的转移做出了积极贡献，产生了良好的经济效益和社会效益。

（二）黑龙江省借用国外贷款的特点

1．贷款涉及行业和领域广泛

25年来，黑龙江省借用国外贷款涉及行业较广，农业、工业、医疗卫生、教育、交通、通信、环境治理等许多行业及领域都使用过国外贷款（见图1和表1）。

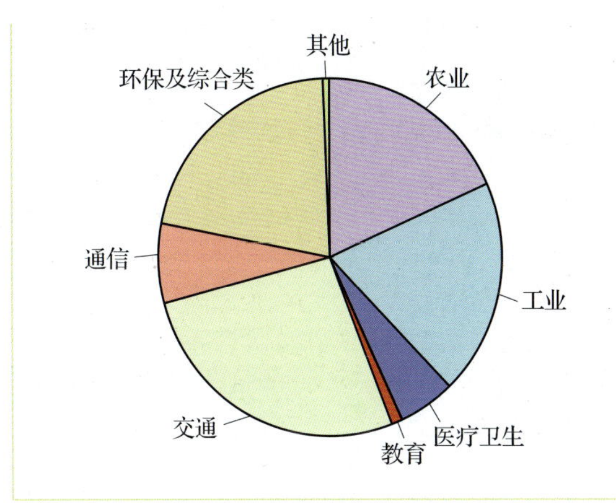

图1　黑龙江省借用国外贷款行业分布

资料来源：黑龙江省发改委。

表1　黑龙江省借用国外贷款行业分布

行业分类	项目个数		批准金额		实际金额	
	项目数（个）	占比（%）	数额（万美元）	占比（%）	数额（万美元）	占比（%）
农牧林业	65	26.10	80105.58	27.05	52494.31	18.46
工业	57	22.89	49814.37	16.82	54806.46	19.28
医疗卫生	55	22.09	15132.04	5.11	14600.17	5.14
教育	13	5.22	2617.29	0.88	3173.87	1.12
交通	12	4.82	61089.00	20.63	76090.00	26.76
通信	13	5.22	21696.00	7.33	20772.00	7.31
环保及综合类	31	12.45	64239.70	21.69	60932.05	21.43
其他	3	1.20	1454.74	0.49	1454.74	0.51
合计	249	100.00	296148.72	100.00	284323.60	100.00

2．国外贷款来源广泛

黑龙江省国外贷款主要包括世界银行、亚洲开发银行等国际金融组织贷款及美国、日本等政府贷款，贷款来源分布较广，其中，世行、亚行及日本政府是对黑龙江省贷款的主要对象，这三处来源的贷款额占贷款总额的68.24%，其中亚行的贷款额最大，占贷款总额的31.94%，日本政府占20.58%，世行占15.74%，其他国家和地区的政府贷款和商业贷款额总和占31.75%。从项目数量来看，最多的是世行贷款项目，共有93个项目，占项目总数的37.35%，其次是日本贷款，共22个项目，占项目总数的8.84%，其他国际金融组织和政府贷款的项目数比较少，亚行贷款项目15个，占项目总数的6.02%。项目平均贷款额最大的是亚行贷款项目，为6054.53万美元，其次是日本政府贷款项目，为2660.05万美元，世行贷款项目平均规模为480.70万美元（见表2）。

表2　黑龙江省借用国外贷款来源

贷款来源	项目个数		批准金额		实际金额		项目平均贷款额（万美元）
	个数（个）	占比（%）	数额（万美元）	占比（%）	数额（万美元）	占比（%）	
世行	93	37.35	54088.16	18.26	44704.71	15.72	480.70
亚行	15	6.02	91197.00	30.79	90818.00	31.94	6054.53
日本	22	8.84	61071.05	20.62	58521.05	20.58	2660.05
韩国	4	1.61	9756.00	3.29	9756.00	3.43	2439.00
美国	11	4.42	10308.67	3.48	10245.17	3.60	931.38
加拿大	4	1.61	1710.00	0.58	1260.00	0.44	315.00
芬兰	13	5.22	2315.54	0.78	3187.20	1.12	245.17
丹麦	9	3.61	4729.00	1.60	7298.45	2.57	810.94
瑞典	4	1.61	2285.40	0.77	2377.40	0.84	594.35
法国	5	2.01	8407.30	2.84	8396.60	2.95	1679.32
西班牙	6	2.41	6128.00	2.07	5140.00	1.81	856.67
德国	7	2.81	11942.80	4.03	10701.34	3.76	1528.76
意大利	3	1.20	710.00	0.24	420.00	0.15	140.00
比利时	2	0.80	2600.00	0.88	2600.00	0.91	1300.00
奥地利	4	1.61	2513.00	0.85	2274.35	0.80	568.59
荷兰	2	0.80	1434.40	0.48	1434.40	0.50	717.20
挪威	3	1.20	661.81	0.22	647.59	0.23	215.86
瑞士	1	0.40	311.70	0.11	329.00	0.12	329.00
澳大利亚	1	0.40	200.00	0.07	197.00	0.07	197.00
以色列	9	3.61	2083.29	0.70	2027.09	0.71	225.23
其他	31	12.45	21695.60	7.33	21988.25	7.73	1223.73
合计	249	100.00	296148.72	100.00	284323.60	100.00	1141.86

资料来源：黑龙江省发改委。

3．国外贷款规模呈现阶段性增长

黑龙江省在1981年到1992年之间，贷款金额保持在10000万美元以下，1993年是个转折点，此后，借用国外贷款进入了全面发展阶段，贷款规模增大，其中贷款金额最高的年份是1994年，达到47932.88万美元（见表3及图3）。

表3　黑龙江省借用国外贷款和外商直接投资在引进外资中所占比例

年份	借用国外贷款		外商直接投资		引进外资（万美元）
	数额（万美元）	占引进外资比例（%）	数额（万美元）	占引进外资比例（%）	
1981	1648.90	100.00	0	0	1648.90
1982	909.50	100.00	0	0	909.50
1983	138.00	100.00	0	0	138.00
1984	8470.73	100.00	0	0	8470.73
1985	2290.00	91.02	226.00	8.98	2516.00
1986	2809.07	61.89	1730.00	38.11	4539.07
1987	1856.26	60.90	1192.00	39.10	3048.26
1988	12303.76	75.87	3913.00	24.13	16216.76
1989	6659.55	74.23	2312.00	25.77	8971.55
1990	1338.00	34.56	2534.00	65.44	3872.00
1991	2018.59	51.45	1905.00	48.55	3923.59
1992	2763.47	21.24	10250.00	78.76	13013.47
1993	18307.85	44.73	22626.00	55.27	40933.85
1994	47932.88	58.34	34230.00	41.66	82162.88
1995	23566.00	34.44	44868.00	65.56	68434.00
1996	12343.59	18.38	54814.00	81.62	67157.59
1997	27019.42	26.88	73485.00	73.12	100504.42
1998	7568.78	12.57	52639.00	87.43	60207.78
1999	38463.65	31.96	81895.00	68.04	120358.65
2000	8269.21	9.05	83085.00	90.95	91354.21
2001	10018.98	10.42	86114.00	89.58	96132.98
2002	2652.91	2.73	94556.00	97.27	97208.91
2003	25800	15.61	139483.00	84.39	165283.00
2004	20907	15.00	118418	85.00	139325
2005	20002	13.24	131073	86.76	151075

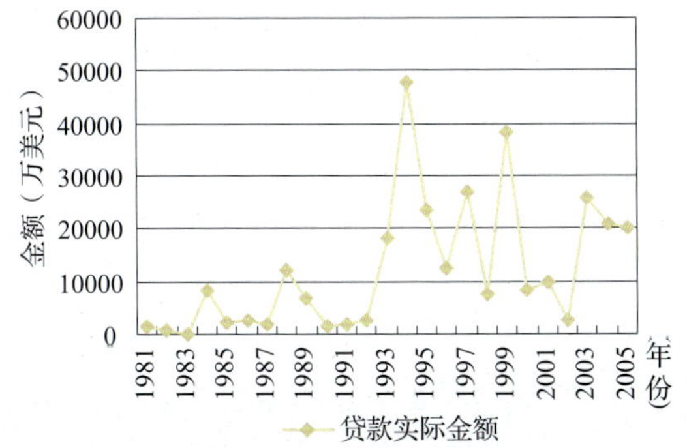

图3　黑龙江省各年借用国外贷款金额

资料来源：黑龙江省发改委。

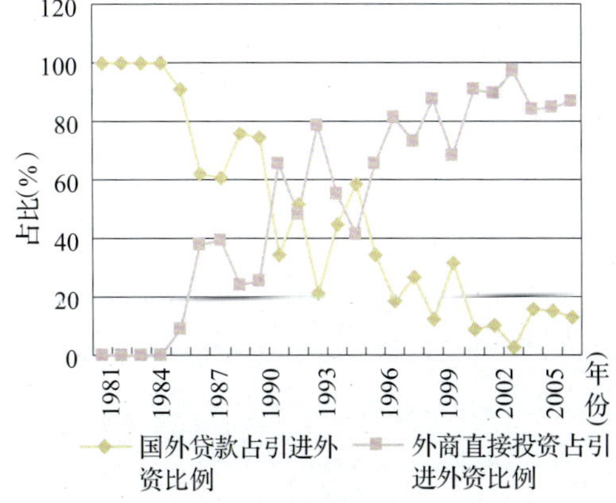

图4　黑龙江省借用国外贷款在引进外资中所占比

资料来源：黑龙江省发改委。

4．国外贷款在全部外资中所占比重呈逐年下降趋势

随着综合国力的逐渐增强，我国获得国外优惠贷款的机会越来越小，另一方面，中国较高的经济增长速度和良好的经济发展前景有利于吸引外商直接投资，加之近年来国家对引进外商直接投资的政策倾斜，黑龙江借用国外贷款在全部外资中所占比重总体上呈现逐年下降的趋势，比重从1981～1984年的100%降至2005年的不足13.24%（见图4）。

（三）黑龙江省借用国外贷款25年发展过程

黑龙江省利用国外贷款的进程可以概括为“从无到有、从小到大、调整整合、逐渐规范”，并可大体上划分为两个阶段，不同阶段又分别呈现出不同特点。1981～1992年为第一阶段，利用国外贷款处于起步和探索阶段，该阶段贷款规模较小。1993～2005年为第二阶段，随着经济发展进程加快，贷款规模加大，黑龙江省利用国外贷款也进入了全面发展阶段。

1．起步探索阶段

从1981年到1992年，黑龙江省借用国外贷款处于起步探索阶段。贷款项目以公益类和服务类项目为主，主要包括农村卫生项目、预防医学项目、结核病控制项目、地方大学发展项目、中学在职教师培训项目、广播电视大学短期职业大学项目、师范教育发展项目和第四个贫困地区基础教育发展项目、北方草原项目和林业发展项目等等。这些项目都是国家统一借入并对黑龙江省转贷的项目，每个项目的转贷额度相对较小。在当时地方财力窘困、文教卫生事业滞后、产业服务体系松散的条件下，这些项目的实施及投入运营起到了带动经济发展的作用。

2．全面发展阶段

从1993年以后，黑龙江省基础设施成为制约经济发展的瓶颈，针对这种情况，我们在基础设施的建设方面，实施了一批借用国外贷款的大型重点建设工程，利用国外贷款进入了全面发展阶段。这个阶段项目的特点为：

（1）贷款领域与规模日益扩大，与其他行业均衡发展。利用国外贷款项目由初始阶段仅限于公益事业和服务领域，逐步扩展到农牧林业、工业、交通、教育、医疗卫生、环保等多领域、多行业。

（2）国外贷款的投资引导作用显著。项目配套资金由过去单一的财政匹配扩展到国内银行贷款、引进国内其他资金、股份集资、以工抵资等多种形式，既拓宽了项目投资渠道，也提高了项目自身抗风险能力。

（3）项目运作形式也由单一的国家打捆项目转变为以地方项目为主。

（4）项目的管理与监测能力日益加强。随着借用国外贷款项目的逐年增多，省、市（地）、县（市、区）各级发改委和财政部门都相继成立了管理国外贷款的专门机构或确定了专人，从而使该项工作的开展有了组织保证。这一阶段实施了一系列借用国外贷款比较典型的项目，其中，三江平原湿地保护项目，除1500万美元亚行贷款融资外，还首次获得全球环境基金（GEF）1246万美元的赠款，是一个亚行贷款和GEF赠款融合在一起的综合型生态环境建设项目。在该项目中，借用亚行贷款建设的速生丰产林、经济林等项目，有很大的市场潜力，较高的经济效益和社会、生态效益；利用GEF赠款的湿地保护项目，对项目区湿地保护和生物多样性保护提供了有力的技术支持和资金支持，显著提高了保护区的管理水平和公众保护生态环境的意识。这个项目的实施对改善项目区贫困人群的生活，提供劳动和就业机会，发展项目区经济，提高生态、社会效益都将产生积极地影响。1997年，东方集团从国际金融公司转贷3000万美元，用于东方家园建材连锁超市项目和锦州港4#杂货泊位改造项目，是国际金融公司第一次为中国民营企业提供贷款的项目，促进了东方集团国际业务的发展、人力资源水平的提高以及制度的建设与创新等。目前，东方集团已于2006年5月提前一年偿还了国际

三江平原湿地保护项目，借用亚洲开发银行贷款 1500 万美元，借用全球环境基金（GEF）赠款 1214 万美元。图为兴凯湖湿地

金融公司全部贷款本息。此次贷款合作，为国内民营企业到国际市场融资提供了成功的参考范例。

二、借用国外贷款对本省经济和社会发展的作用

25年来，黑龙江省借用国外贷款发展地方经济和各项社会事业的实践证明，经济欠发达地区走举债发展之路，是一项明智的战略选择，不仅极大地缓解了加快发展与地方资金短缺的矛盾、短期财力不足与长期发展的矛盾，改善了投资环境，而且还在经济、社会和生态环境等方面收到了多重显著成效。这些项目的建设及投产，对改善全省经济和促进社会发展起到了积极作用，主要表现在以下几方面：

（一）缓解建设资金短缺，促进经济发展

建设资金不足一直制约着黑龙江省的经济发展，利用国外贷款的项目中，相当一部分地处省内的经济欠发达地区，资金筹措能力差，吸引国内贷款和外商直接投资困难，国外贷款的引进缓解了这些地区建设资金不足的局面。此外，作为一种增量资本，国外贷款也起到了良好的投资引导及杠杆作用，按照国外贷款配套资金比例的相关规定，国外贷款所带动的配套投资，有效激活了省内投融资存量资本，为省内相对低迷的投融资市场注入了活力。随着一批批国外贷款项目的陆续投产达效，全省，尤其是一些偏远贫困地区的经济建设出现了加速发展的新局面。一是加快了基础设施建设的步伐，极大地改善了投资环境。例如借用亚行贷款1.42亿美元于1997年建成的哈同公路以及利用亚行贷款1.7亿美元建成的哈双公路，被列为国家“九五”期间的重点建设项目，这两条公路的投入使用，标志着同江至三亚国道主干线公路由黑龙江省承担的工程建设全部完成，也是黑龙江省分期借用亚行贷款建设的通车里程最长、总投资额最大的高等级公路。这两条高等级公路，作为一种现代化交通基础设施，不仅赋予沿线乡村的交通高速便捷的优势，还改变了人们的传统观念，启发了人们的思维，改善了投资环境，相对缩短了城市之间、城乡之间的距离，带动了沿线经济的快速发展。二是加快了区域经济结构调整和农村经济产业化的步伐。例如，通过实施借用世行贷款1021万美元的农业支持服务项目，在农业、畜牧及种子三个方面，帮助黑龙江省一些农业大市配备了农业基础服务机构和设施，在黑龙江省首次引入现代农业服务理念，通过农业、畜牧、种子技术推广手段的完善，建立健全了农业综合技术服务体系，有效地加快了农村产业化的步伐，增加了当地群众的收入。

（二）推动社会事业发展，产生良好的社会效益

国外贷款项目的实施，不仅促进了地方经济的发展，而且也带来了良好的社会效益，促进了黑龙江省的教育、医疗卫生、广播电视等社会事业的发展。例如，借用日元贷款的人才培养项目涉及省内9所高等院校，购进设备5509台（套），培训人员331人，该项目的建成将改善这些院校的教学和科研水平，并最终为全省扩大高等教育规模和提高教育质量创造有利条件。又如，借用日元贷款建设的公共卫生基础设施项目，包括省直和13个市（地）的疾病预防控制中心、传染病医院及急救中心等，可购进各种医疗设备3283台（件），培训医疗管理和专业技术人员1255人，提高了黑龙江省对传染病的发生、流行以及中毒、污染事件的调查和应急处理能力，使省、市传染病院（科）和急救中心（站）在应对突发性公共卫生事件时，能迅速隔离病人并展开救治，从整体上提升了黑龙江省公共卫生基础设施的建设水平。此外，建设中的借用亚行贷款1亿美元哈尔滨供水项目一期工程，将于2007年建成完工，届时，哈尔滨城市日供水能力将提高45万立方米，通过水质的改善，提高了人民生活和健康水平。

（三）提供就业机会，维护社会稳定

国外贷款项目的实施，在一定程度上缓解了城镇待业人口的就业压力，使一部分农村剩余劳动力有了新的从业出路。就业是民生之本，从业人员工作的解决，收入的增加，提高了群众的生活

人才培养项目，借用日本政府日元贷款。图为哈尔滨商业大学企业管理厅

水平、健康水平和文化素质，促进了社会稳定。例如，我省仅借用世行贷款农业发展项目就安排城镇待业人员3800多人，农村养殖业人员45600多人（其中90%以上是妇女）。项目实施的宗旨是提高人民的生活质量，这些社会效益型项目的先后实施，有效巩固了经济效益型项目取得的成果，促进了项目区人民的就业水平和生活水平的稳步提高，维护了社会的稳定。

（四）通过贷款项目的实施，学习到先进的项目管理理念和方法

国外贷款项目从最初准备到工程建设、工程验收、直至偿还贷款本息，每个项目的项目管理、采购管理、培训管理、债务管理、资金管理、财务管理等等，都必须严格按照国际金融组织和国外政府的规则和程序办事，这样就促使项目单位普遍更新了经营理念，摒弃了旧的管理方式、方法，从思想和实践上与国际先进的管理机制接轨。七台河电厂在项目建设过程中，以“机组达标投产，创建与国际管理接轨的一流电力企业”为目标，建立并落实了项目法人责任制、工程监理制、招投标制、合同制、资本金制等规范科学的管理体制。通过强化工程管理，使工程建设质量达到了国内一流水平，实现了锅炉点火一次成功、机组并网一次成功。哈同公路在建设期，由于在本省首次采用了国际通用的菲迪克条款（FIDIC）进行工程管理，从而保证了工程质量，缩短了建设工期，降低了工程造价，受到了亚行的好评。

建设国外贷款项目也引进了国外的先进技术和设备。国外贷款项目的土建工程及设备采购，都必须按照公开、公正、公平的原则，通过竞争招标、择优中标的方式进行。这就迫使投标商在施工工艺技术、采用建筑材料，提供机器设备方面，都

哈尔滨供水工程项目，借用亚洲开发银行贷款。图为磨盘山水库

必须是国际或国内一流的。因此，在科技创新上，绝大多数国外贷款项目都是同行业或同类企业中的领先者。黑龙江科技学院利用奥地利政府贷款建设的矿山机械制造技术培训中心，使学校在装备制造技术的研发和实践上处于省内高校的领先地位，不仅大大提升了学校科研和技术开发水平，而且有力地促进了黑龙江省在装备制造产业方面的发展，为黑龙江省装备制造业提供人才培养和技术开发的支持，在黑龙江省振兴老工业基地的过程中发挥着积极作用。

（五）改善生态环境，促进经济和社会的和谐与可持续发展

近年来，随着环境保护政策的实施，黑龙江省大部分国外贷款项目充分贯彻了环保理念。在经济高速发展的进程中，黑龙江省对环境保护、生态建设愈加重视、投入逐渐增加，环境的总体质量在得到控制的基础上有明显改善，可以同时从两个方面得到充分体现：一是所有新上项目的建设都必须在符合国家标准的基础上按照国际标准设计环保目标，包含环保建设内容并通过环境评价，提供环境评估报告；二是为从根本上改善黑龙江省生态环境质量。我们先后实施了几个规模较大的与环境保护、生态改善密切相关的世行贷款项目：如在林业发展项目和森林资源发展保护项目的实施中，我们致力于天然林业资源保护、环境管理机构建设和管理体系的改进，调整黑龙江省林业资源结构和布局，提高黑龙江省森林覆盖率和林木蓄积总量，减轻天然林木材生产压力，进而保护生态环境和物种的多样性。又如，在国家环保局的统一安排下，黑龙江省在省级及有关市实施了借用日本政府贷款环境支援项目，引入国际先进环境管理和监测手段，实现了信息化、网络化管理，实现了黑龙江省环境管理水平的全面升级，对黑龙江省宏观环保策略进行了有益的探索和尝试。此外，道里区集中供热工程利用丹麦政府贷款项目的实施，一方面由于能源利用效率的提高节省了大量能源，另一方面，燃煤量的减少可相应减少灰渣量，减少烟尘和SO_2的排放。由于取消分散燃煤锅炉房而减少了噪声源和污染源，由于节煤减少了煤和灰渣的汽车运输量，同时该项目也改善了城市的交通状况。项目实施后，节约煤23.2万吨/年，减少灰渣量6.7万吨/年，减少烟尘排放量7495吨/年，减少SO_2排放1545吨/年，减少噪声源678个。

（六）提升项目人员素质，提高项目执行质量

国外贷款项目建设都包括培训内容，各贷款项目中都安排了规模不等的培训，通过对经营者和生产者进行必要的岗位培训、业务知识和技能培训，开拓了他们的思路和眼界，提高了他们的业务素质，使之更好地适应了工作的需要。

三、黑龙江省借用国外贷款25年来的问题与原因分析

（一）存在问题

国外贷款是黑龙江省经济社会发展的重要资金来源，也是黑龙江省利用外资的重要渠道。虽然我们在借用国外贷款方面取得了一定的成绩，但也显现出诸多困难和问题，主要表现为：

1．项目前期出现的问题

（1）少数竞争性项目前期论证工作不够充分，市场敏感性分析做得不够，直接导致了项目完工后出现还款困难。例如黑龙江化工厂亚行贷款项目在立项时对未来化肥市场前景及市场价格政策性因素预测不够，盲目投资上马，导致项目投产就亏损。

（2）对部分贷款项目效益的评估偏高，尤其是项目经济效益评价过于乐观。例如有些项目在前期准备阶段，担心达不到有关国际金融组织要求的项目经济回报率，片面夸大项目正面效益和影响，对项目建成后可能会对效益实现带来负面影响的因素考虑不足或避而不谈，导致项目投产后的实际经济回报大打折扣，为项目到期还贷增加了潜在危机。

（3）个别项目因配套资金不到位，难以按计划进行建设。一是项目评估时确立的资金来源因各种原因不能得到落实，尤其体现于有偿配套的落实上，例如黑龙江省伊春热电厂粉煤灰利用项目，项目借用外国政府贷款资金已经通过审批，但由于地方财力有限，配套资金迟迟没能落实，最终导致项目下马，失去了一个利用国外贷款建设环保工程项目的机会。

二是受地方财力所限，一些省内贫困市县为较大项目提供配套有难度，不能及时足额解决项目配套资金，影响了项目建设的速度与质量，导致项目的经济效益与如期还债等出现一系列问题。

2．项目中后期出现问题

（1）少数项目机构项目管理能力较弱，对项目实施造成不利影响。国际金融组织贷款执行期限较长，为连贯、可持续地执行好一个项目，不仅需要有完善的组织结构和高素质的项目管理人员，也需要比较稳定的机构和人员配置。我们在总结项目管理工作中发现，一些项目管理人员的素质与实际要求还有一定差距，且项目管理人员更迭频繁，对项目实施造成一定的影响。

（2）早期对外汇风险研究不够，个别项目还款成本增大。汇率的起伏不定为负有债务的企业带来很大的不确定性。负有浮动利率的债务，在偿债期间利率不断上涨，则偿债成本一加再加，很可能超过企业承受的能力；固定利率债务的借款人，同样也存在着风险，即如果企业偿债期间，浮动利率不断下降，则原先确定的固定利率很可能会变的过高，而使企业多负担利息。由此可见，由于利率变动因素而造成企业利息负担增加的风险很大。

（二）原因分析

从上文中借用国外贷款的问题分析可以看出，黑龙江省借用国外贷款在产生积极作用的同时，也存在一些不可忽视的问题。存在问题的主要原因包括：

1．少数项目单位偿债意识不强，还款机制还没有形成

少数项目单位认为外债是以政府名义借贷的，还债主体是政府，因而“借债必还”意识不强，还款机制还未最终形成。有的项目单位把国外贷款视为国家无偿投资，在配套资金不足、配套条件不具备或项目效益不能充分保证的情况下，也盲目借用国外贷款，甚至出现一些“钓鱼”项目。

2．缺乏规避债务风险的有效工具

从黑龙江省使用国外贷款的执行情况看，由于利用国外贷款过程中缺乏外汇风险管理意识，更缺乏防范外汇风险的有效措施，给许多项目形成了额外的债务负担。问题主要出在两方面：第一，项目单位缺乏汇率风险的防范意识，在使用国外贷款时管理不严，导致项目发挥经济效益和社会效益不及时，项目用款单位在项目前期不能充分认识到可能承担的汇率风险。第二，项目单位与贷款管理部门之间缺乏必要的合作。部分项目单位没能和贷款管理部门深入联系，共同选择有丰富的外汇买卖操作技巧的外汇指定银行作为自己的合作伙伴，不能利用银行的管理优势和经营技巧进行国外贷款汇率风险的经营管理。

上海市借用国外贷款25年回顾与总结

借用国外贷款是上海引进外资的一种重要方式，对促进上海国民经济和社会发展起到了积极的推动作用。尤其是从改革开放开始到20世纪90年代中期这一段时间，在当时政府基础设施建设资金不足、企业技术改造资金缺乏的情况下，借用国外贷款成为上海城市基础设施建设和引进国外先进技术装备的主要融资渠道之一，对改善上海城市面貌和推进企业改造升级起到了积极的推动作用。

一、25年来上海借用国外贷款的基本情况

迄今，上海共借用国外贷款约114亿美元。从结构上看，上海借用国际金融组织贷款和外国政府贷款约54亿美元，其中，世行贷款约23亿美元，亚行贷款约10亿美元，外国政府贷款约11亿美元；由企业直接借用国际商业贷款近60亿美元，采用了国际中长期商业贷款、融资租赁、境外发行债券等多种境外融资方式。从领域看，上海借用国外贷款主要用于城市交通、环境保护、能源电力建设（此三项是使用国际金融组织贷款的重点领域）和企业技术改造（此项是使用外国政府贷款和国际商业贷款的重点领域），此外，还有少量贷款用于农业发展、医疗卫生和教育培训等领域。从时间上看，上海借用国际金融组织贷款和外国政府贷款贯穿了上海改革开放以后国民经济和社会发展的各个阶段，而借用国际商业贷款主要发生在1987年至1995年这一段时间，在1995年国务院发布《关于进一步加强借用国际商业贷款宏观管理的通知》以后，除部分历史遗留的国际融资租赁项目以外，上海借用国际商业贷款基本停止。

（一）国际金融组织贷款

1．世界银行贷款

上海与世界银行之间卓有成效的合作始于80年代初期，迄今已有二十多年。1983年，上海第一个世行贷款项目——上海港张华滨集装箱码头项目签订，贷款金额1860万美元，列入世行1983财年计划。至目前，上海共利用世行贷款约23亿美元，涉及交通、环保、电力、农业、技术改造、医疗、教育等多个领域，对上海国民经济和社会发展产生了积极影响。这一合作过程可分为两个阶段，与当时上海的发展思路和建设重点密切相关。

（1）第一阶段是20世纪80年代初至90年代初，利用世行贷款主要用于企业技术改造、农业发展、教育培训等领域。在这一阶段，上海国有企业开始探索建立现代企业制度，在改革和发展过程中迫切需要对原有陈旧生产设施进行技术革新和设备改造，需要引进一批国外新技术、新工艺、新材料和新设备，而这一过程需要在国内资金并不充裕的条件下完成。同时，随着改革开放不断深入，教育培训越来越受到重视，国内教育事业蓬勃发展。作为国际开发援助机构，世界银行在这一时期对上海国有企业的体制改革和技术改造、教育事业的发展给予了重点关注。此外，在这一时期，随着大都市居民生活水平的不断提高，世界银行对上海农业技术发展和居民生活也给予了适当关注，实施了几个与农业技术推广和菜篮子工程相关的项目。这一阶段利用世行贷款比较重要的项目有：

——技术改造领域。从世行1983财年起，先后有世行1983、1984、1986、1987、1989连续五期工业信贷项目，用于上海企业引进国外先进设备，实施技术改造。这一时期世行1985财年化肥节能改造、1987财年上海机床项目、1988财年中原制药项目、1991财年上海工业发展项目等也都体现了这一特点。

——教育培训领域。从1984财年397万美元软贷款的电大、职大建设项目起，先后实施了：世行1986财年地方大学项目（用于上海工业大学、上海第二医科大学和上海师范大学的建设）、1988财年中学在职教师培训项目、1990财年职业教育发展项目、1993财年针对上海高校重点课程教材及教学方法开发项目等。值得注意的是，这些项目均为世行

软贷款项目，总金额达到1400万美元，贷款期限在1987年前为50年，1987年后为35年，资金成本除了0.75%的手续费外没有贷款利息。

——农业领域。除世行1986财年淡水养鱼项目（市政菜篮子工程之一、1040万美元软贷款）以外，在上世纪90年代初还实施了上海农村工业星火计划项目（2093万美元混合贷款）和上海农业支持服务项目（463万美元软贷款）。

（2）第二阶段是上世纪80年代后期至目前，利用世行贷款逐步转向交通、环保、电力、港口等基础设施建设领域。在这一阶段，上海开始实施大规模城市基础设施建设，累计投入资金超过3000亿元，城市面貌也发生了历史性的变化，实现了三轮“三年大变样”，城市建设逐步从偿还历史欠账向建设枢纽功能性设施转变。世行贷款参与了这一历史转变过程。同期，上海为促进基础设施投资多元化和社会化，缓解历史欠账过多、资金严重短缺问题，着力推进了投融资体制改革。世行贷款不仅成为一个重要的资金来源，其对政策和机构改革方面的要求以及随之而来的国际咨询专家的建议，对上海借鉴国际成功经验、推进国内改革发挥了积极影响。这一阶段比较重要的项目有：

——环保领域。这是上海利用世行贷款的最主要领域。从世行1987财年起，上海先后实施了污水治理一期工程（贷款规模1.55亿美元，其中软贷款1.1亿美元）、上海环境项目（贷款规模1.6亿美元，1994财年）、污水治理二期工程（贷款规模2.5亿美元，1996财年）以及目前正在实施的污水治理三期工程（贷款规模1.37亿美元，2004财年）。这一系列大规模城市污水治理项目的实施，构建完成了上海中心城区污水收集管网和处理设施基本框架。从2004年起，上海开始与世行合作，关注垃圾处置和郊区环保问题，兴建我国最大的垃圾填埋场（老港四期工程），并借助郊区融资平台（DFV，世行建议设立）支持郊区小型污水和垃圾处理设施。

在这一领域，2004年2月正式签约生效的上海APL（可调整规划贷款）项目是上海利用国外贷款的一个新的里程碑。APL是世界银行在上世纪末新推出的一种创新贷款方式，目的是支持某一领域长期、复杂、不能单纯由一个大型项目就可以完成的发展任务。上海APL项目是这一贷款方式在

苏州河综合整治一期项目，借用亚洲开发银行贷款1.65亿美元。图为苏州河畔上海最大的城市亲水公园——梦清园

上海城市交通建设项目，借用世界银行1.8亿美元和亚洲开发银行贷款2.82亿美元。图为建成的杨浦大桥

中国的第一次尝试，带有示范性质，它不仅体现了世行管理方式的创新，也体现了上海在投融资体制改革方面的新探索。

——城市交通领域。最主要项目是上海中心城区骨架道路——内环线建设。这一工程由1992财年上海城市交通项目一期（贷款规模0.62亿美元，全部为软贷款）、1994财年上海城市交通项目二期（贷款规模1.5亿美元）、和利用亚洲开发银行贷款的杨浦、南浦两座大桥等共同构成，从此成为上海中心城区最主要的骨干道路。此外，为加强上海与周边省市的联系，上海与江苏合作完成了沪杭高速公路项目，这一项目列入世行1996财年，贷款规模0.6亿美元，开创了上海大规模高速公路网建设的历史。

——能源电力领域。电力需求一直是制约上海经济发展的瓶颈之一。为解决这一问题，上海电力部门近20年来一直致力于电力设施建设，其中，世行贷款在解决资金缺口、引进国际先进技术方面发挥了积极作用。主要项目包括：1987财年吴泾火电六期（贷款规模1.9亿美元），1997财年外高桥电厂二期（贷款规模8亿美元，其中包含4亿美元的联合融资）。

——港口领域。近20年来，随着上海经济迅猛发展和对外开放不断深入，上海港口建设和发展进入了一个高速增长期，其中，世行贷款在早期也发挥了一定影响，主要项目有：1989财年宁波—上海港项目（贷款规模4640万美元），1992财年港口船舶废弃物处理项目（贷款规模710万美元），1993财年上海港结构调整与改造项目（贷款规模1.5亿美元）。

在第二阶段，除了基础设施领域之外，上海与世界银行在医疗卫生领域也尝试进行了一定合作，如1995财年上海碘缺乏病控制项目。

2. 亚洲开发银行贷款

上海与亚行的合作亦始于80年代末期。迄今为止，上海共利用亚行贷款约10亿美元。与世行贷款类似，亚行贷款在合作初期也主要应用于中小企业改造，后期则重点放在交通、环保、能源等基础设施领域。其发展历程可用四个系列项目来描述：

从1988年至1991年，上海与亚洲开发银行合作实施了包括15个子项的中小企业改革项目，亚行贷款总额约1亿美元，成为双方友好合作与交流的起点。借助这一项目，上海引进了特调染整生产线、PVC压延薄膜出口生产线、集成电路后边封装生产线、成套电源延续生产线，以及国际程控电话交换设备、子午线轮胎生产设备、膜片开关生产技术及设备等一大批生产线和专用设备。此后，上海部分企业借力完成了一批技术改造和开发项目，如开发仿真丝绸引时喷水织机、引进印花专用设备开发高档真丝印花绸、彭浦机器厂扩大出口技改等等。这一系列亚行贷款项目，不仅帮助一大批上海中小企业获得了宝贵的外汇资金，引进了当时国际先进的技术和设备，及时完成了技术改造，增强了企业竞争力和发展后劲，而且也对当时上海中小企业改革产生了积极影响。

1988年，上海与亚洲开发银行签订了总额为1.18亿美元（包含0.48亿美元联合融资）的南浦大桥贷款项目，开始了双方在城市基础设施领域的合作。在1992年，双方又签订了总额为1.64亿美元（包含0.79亿美元联合融资）的杨浦大桥贷款项目。这两个项目与世行贷款支持的城市交通一期、二期项目一起，共同构成了上海中心城区交通骨干线——内环线，并对此后建设的南北高架线和延安高架线产生了直接影响。

1992年，上海与亚洲开发银行开始协商总额为3.19亿美元（包含1.89亿美元联合融资）的东海平湖油气田早期开采供应上海城市燃气工程贷款项目，开始了双方在能源领域的合作。1995年，国家计委正式批准建设该项目，至2001年底全部完工。

这是我国在东海海域开采的第一个油气田，为上海市“九五”期间十大重点工程之一。项目建成后，日产原油3100立方米，供应上海石化等大型石化企业，日供天然气120万立方米，大部分直接供应上海民用、工业以及商业燃料，为改善上海投资和居住环境、促进经济发展和浦东开发开放作出了积极贡献。

1998年，上海与亚洲开发银行签定了总额为3亿美元的苏州河综合整治一期项目（实际使用1.65亿美元），开始在环保领域进行合作。项目基本目标是改善苏州河水质，加强水资源管理以及防洪，提高公众健康标准和居民生活质量，改善都市水域景观。随着一期项目的建成以及后续二期项目的实施，目前苏州河已消除了“黑臭”现象，水生态系统正在恢复之中，向“天蓝、地绿、水清”的环保目标又迈进了一步。

（二）外国政府贷款

上海借用外国政府贷款项目始于1983年，第一个项目为上海油脂公司利用意大利政府贷款92.5万美元引进日产100吨的意大利精炼油设备。这一模式为后来的借用外国政府贷款项目所借鉴，成为上海企事业单位引进国外先进设备的一条重要融资渠道。截至目前，上海借用外国政府贷款约21亿美元，其中绝大部分为设备和技术引进项目，涉及领域涵盖工业、农业、交通、环保、医疗卫生等众多领域。比较重要的项目有：

1．轨道交通领域

外国政府贷款在上海城市轨道交通发展史上曾扮演过重要角色，它不仅带来了急需的长期限、低利率资金，还借此引进了来自法国、德国、西班牙等欧盟国家较为成熟的轨道交通车辆及系统设备。

首先建成并正在运营之中的上海地铁一、二、三号线都使用了外国政府贷款。1990年，为满足经济发展需要，缓解城市客运交通紧张状况，上海开始实施全长14.57公里的地铁一号线工程，利用法国和德国政府混合贷款约6.4亿美元，并借此引进了一批关键设备和技术。1997年，上海开始建设地铁二号线一期工程，项目总投资105亿元人民币，其中，利用法国和德国政府混合贷款约4.7亿美元，全部用于引进设备。1999年，上海开始建设全长24.975公里的轨道交通明珠线一期工程（即地铁三号线），项目总投资86.4亿元人民币，其中，利用法国政府混合贷款12.03亿法郎，用于进口地铁车辆、关键零部件和信号系统；并利用西班牙政府混合贷款1000万美元，用于引进自动售检票系统。通过上述项目，上海加强了与欧盟国家的经济交流与合作，筹集到大量低成本资金，引进了一批关键设备和技术，积累了地铁建设和运营经验，为此后大规模轨道交通建设奠定了坚实的基础。上海地铁一、二、三号线的建成，完全改变了上海城市客运交通的格局，提升了上海的国际形象，改善了上海的投资环境，带动了区域经济及相关产业的发展。

2．医疗卫生领域

医疗卫生也是外国政府贷款发挥影响的重点领域，其吸引力仍在于不仅可以使用大量长期限、低利率的外汇资金，还可以借此引进国际先进医疗设备并获得相关培训机会。

1986年以来，上海市卫生局累计利用国外贷款近3000万美元，实施完成了6个项目，其中，除利用世行贷款实施的中国卫七项目外，其余5个均为外国政府贷款项目，涉及上海市第一人民医院、黄浦区中心医院、瑞金医院卢湾医院、上海市血液中心和宝山区仁和医院等5家医疗机构。这些项目的实施，有效缓解了上海医疗卫生系统在上世纪90年代遇到的发展瓶颈问题，在融资渠道、资金成本、设备引进和技能培训等方面获益匪浅。

（三）国际商业贷款

改革开放之初，上海国有企业就开始尝试利用国际商业贷款，以获得外汇资金进口急需的设备

上海市地铁工程，借用法国和德国政府混合贷款共11.1亿美元。图为地铁2号线通车

和材料，这一进程一直持续到1995年国务院发布《关于进一步加强借用国际商业贷款宏观管理的通知》，严格控制借用国际商业贷款为止。从1981年上海企业借入第一笔总额为4600万美元的外国银行贷款起，至目前，由上海企业直接借用的国际商业贷款近60亿美元（不包括由外商投资企业或外资银行从境外借入或拆入的资金），主要发生在1987年至1995年的这一段时间，其中，近70%为外国银行和金融机构贷款，其余为境外发行债券、国际融资租赁、买方信贷等。

在这批项目中，上海航空公司通过融资租赁方式加快企业发展成为一个醒目范例。1989年8月，上海航空公司与日本租赁公司签订了一笔价值4650万美元的租赁合同，融资租赁一架波音757-200型飞机，开创了上海大型设备融资租赁的新纪元。之后，上海航空公司通过这一方式共引入了8架波音757-200和300型、5架波音767-200型、2架波音737-700型飞机和3台惠普发动机及航空材料，至2001年，融资金额已超过5亿美元。上海航空公司融资租赁项目的成功，为上海企业集团的发展壮大提供了一个借鉴。

此外，上海在境外发行债券方面也曾获得过巨大的成功。从1986年到1998年，上海国际信托投资公司成功发行了5期外币债券，总金额高达6亿美元，成为上海“94专项”的重要组成部分，其中，日元武士债券3期、欧洲日元债券1期、亚洲美元债券1期。这部分筹集来的外币资金全部用于上海国有企业技术改造项目，总投资超过27.3亿美元，涉及冶金、轻工、机电、纺织、化工、宾馆、基础设施等众多行业，在当时外币资金较为紧缺的时候促进了包括上海振华港口机械有限公司、上海钢铁一厂五厂、上海轮胎橡胶公司、上海建国宾馆等25家国有企业的发展。

二、对25年来上海借用国外贷款的基本评价

近25年是上海国民经济、城市面貌、社会事业和改革开放迅猛发展的时期，同时也是上海借用国外贷款的黄金时期。25年来，在发展、改革、开放的大背景下，上海迫切改变城市面貌和投资环境的愿望、迫切加快国企改革和提升竞争力的要求以及迫切发展各项社会事业以满足人们不断增长的生活质量的需求，与国际上以世界银行、亚洲开发银行以及双边政府援助为代表的开发援助机构开始关注并重视中国的意愿相结合，奠定了我国乃至上海借用国外贷款稳步发展的坚实基础。总体而言，这25年是上海借用国外贷款的黄金时期，由于经济发展水平的快速提升，上海今后已再难以获得大规模的国外优惠贷款。在这25年中，借用国外贷款在上海经济和社会发展的各个时期，尤其是在相关事业的起步阶段，在国外投资者还不十分了解上海以及上海缺乏建设和企业技术改造资金的情况下，曾发挥过积极的促进和带动作用。具体而言，借用国外贷款在上海经济和社会发展过程中发挥了以下几方面的作用：

（一）弥补了国内建设资金的不足

上世纪90年代以来，为改变上海城市面貌，逐步实现城市建设从偿还历史欠账向建设枢纽功能性设施的转变，上海在城市基础设施建设上的投入巨大。尤其是在1990～2002年这13年间，上海累计完成基础设施投资达4240亿元人民币。这笔巨额资金的筹集伴随着上海投融资体制改革的逐步深入，经历了一个循序渐进、持续深入的过程。这一过程大致可以分为三个阶段：举债阶段（20世纪80年代中期到90年代初）、土地批租阶段（90年代中期）和资产运作阶段（90年代后期）。其中，在第一阶段，当时政府资金严重不足，每年用于城市建设的财政资金还不到20亿元，其他的融资渠道和方式也较为狭窄。在此国内资金面紧张和自身积累不足的条件下，借用国外贷款就成为一条重要的融资渠道。据估计，当初仅向世界银行、亚洲开发银行等国际金融组织贷款就融入了大约32亿美元的建设资金，建成了环保（如污水治理一期等）、交通（如内环线、南浦大桥、杨浦大桥等）、能源（如吴泾火电六期、东海油气田等）、港口（如上海港结构调整）等领域一批关键项目。

初步估计，在借用国外贷款实施的重大基础设施投资项目中，国外贷款占总投资比例约在35%～50%。另据不完全统计，近10年国际金融组织贷款已占全市环保投入的10%以上，若加上项目带动的国内配套资金投资，利用国际金融组织贷款实施的项目总投资已占全市环保投入的40%左右。

（二）促进了上海城市基础设施服务功能的提高

高速公路、桥梁隧道、污水治理、电力能

源、机场码头等基础设施领域是上海借用国外贷款的重点领域，在国外贷款的融资支持，以及国际专家的方案审查和技术援助下，这些项目得以按时保质地建成并发挥作用，有效地提高上海基础设施的服务功能。如，世行贷款支持的上海城市交通一期、二期项目以及亚行贷款支持的杨浦、黄浦两座大桥，共同构成了上海城市交通骨干道路框架中的内环线。世行贷款支持的上海城市污水综合治理一期、二期、三期项目，以及上海环境项目等最终构建完成了上海中心城区污水收集和处置网络的基本框架。亚行贷款支持的苏州河综合整治一期项目，开始了上海进行大规模河道综合整治的序幕，对于消除“黑臭”、改善苏州河水质、改善中心城区城市景观起到了关键作用。利用外国政府贷款支持的上海浦东国际机场一期工程的建成，使得上海在建设国际经济、金融、贸易、航运中心之一的道路上又前进了一大步伐。利用世行贷款支持的上海外高桥电厂二期工程，有效地满足了上海经济高速发展对用电的需求，缓解华东电网的缺电压力，对上海电网及华东电网安全稳定运行起到了不可替代的系统支撑作用。利用外国政府贷款支持的上海地铁一、二、三号线工程，掀开了上海大规模发展城市轨道交通网络的序幕，有效地缓解了地面交通的压力，改变了人们的居住布局和生活方式，并有效地带动了上海房地产等相关产业的发展。

(三) 推动了上海投融资体制及相关行业管理机制改革的进程

在借用国外贷款项目中，国际金融组织贷款项目，尤其是世界银行贷款项目，除了工程方面的支持外，更加关注和注重政策创新、机制创新等内容，在一定程度上也促进了上海投融资体制改革及部分行业改革的进程。通过技术援助项目（IST项目），以及在项目准备期间中外双方在中长期规划、行业发展战略方面的广泛而密切的交流，上海有关政府部门和项目单位接触到一些新的理念和新的做法，由此加深了人们对于体制机制创新和管理方式创新的认识，促进了相关行业的改革。例如：通过世行贷款上海城市污水治理工程和高速公路项目，上海水务和公路管理部门在世界银行专家的帮助下，探讨了在基础设施领域建立偿还机制和良性循环机制的可行性课题，首先在国内引入和建立了排污收费、高速公路收费等成本回收机制，改变了以往完全由政府包办一切的做法。又如，通过上海城市交通一期项目中的第六子项目，即上海公交公司改革研究的实施，上海公交公司逐步吸取了外国专家有关国际先进公交企业经营理念和运作模式，为上海在1996年开始公交行业全面改革提供了有益的借鉴，从此，上海公交企业走上了良性发展的市场化道路，扭转了过去巨额亏损靠政府补贴的局面。

(四) 规范和提高了项目管理水平

借用国外贷款，尤其是借用国际金融组织（如世界银行）贷款，对提高项目单位项目管理水平也具有一定效果。尤其是在基础设施行业改革开放初期，国际金融组织贷款较为严格和系统的项目管理规则加上外方专家的建议，对于开拓和转变人们的思想和观念，加快项目投资、建设、管理、运营与国际惯例接轨的步伐、促进项目管理体制和运行机制建设具有积极地促进作用。与此同时，较为严格的项目管理规则和程序也减少了违规、违法及腐败行为发生的可能性，对项目单位的廉洁制度建设也产生了积极影响。

例如，在利用世行贷款建设上海城市交通一期、二期项目期间，项目单位根据世行规则，成立了监理工程师机构，形成了业主—工程师机构—承包商三个不同层次的现场建设管理体系，对工程现场进行进度控制、质量控制、投资控制和组织协调，实现了全方位、全过程的监督管理。在工程师机构的统一管理下，项目采用了三级工程质量管理网络，即承包商自控体系、经招标确定的10个社会监理公司和市政府质量监督站，使得整个工程质量始终处于受控状态，规范和提高了质量管理的水平，也减少了违规、违法及腐败行为的发生。

借用国外贷款为基础设施投资公司有效动员社会资金加快基础设施建设提供了便利。例如，借用国际金融组织贷款比较容易受到市政府各有关部门的重视，在配套资金组织、政策支持、保障措施等方面具有一定的优势，比较容易吸引社会资金参与。以上海借用国际金融组织贷款33亿美元为例，按支付比例50%计算，可直接带动国内配套投资约132亿元。

(五) 降低了项目筹资成本和工程造价

国外贷款中的国际金融组织和外国政府贷款具有开发援助性质，一般情况下，贷款条件比较优惠（尤其是早期的贷款），与一般商业贷款相比具有贷款利率低、期限长的特点，有利于降低项目的整体筹资成本。除此之外，借用国外贷款还具有其他方面的由于成本降低而获得的收益，如税收优惠、竞争性招标低价等。

1．在资金资本方面

例如，世行1992财年的上海城市交通项目一期工程6000万美元的世行贷款，年利率固定且只有1.92%，而贷款期限有20年（含5年宽限期）。浦东国际机场日本海外协力基金OECF贷款，贷款期限长达30年（含10年宽限期），贷款年利率也只有2.3%。这样的贷款条件对于交通、环保、机场等投资回收期长、投资规模大的基础设施项目非常有利。

2．税收优惠

主要体现在利用国际金融组织和外国政府贷款项目可享受进口设备免征进口环节关税和增值税政策方面，由此可大大降低购置国外设备的费用，减轻项目单位的资金压力。尤其是对于那些主要项目内容就是进口设备的技术改造项目，此项优惠非常具有吸引力（如，医疗卫生领域利用外国政府贷款的大多项目）。

3．借用国际金融组织贷款和外国政府贷款项目必须严格遵守贷款机构的采购导则

以“公开、公平、公证”为原则进行国际竞争性招标或经贷款机构同意采用国内竞争性招标（极少部分可采用其他方式），使得设备采购和工程建设在符合招标文件规定的质量、工期等条件下能尽可能降低采购成本和工程造价。例如，东海平湖油气田项目，因为严格按照亚行的国际招标程序，仅海底管线的管材、施工、安装一项就节约了近8亿元，占总投资的16%。

（六）促进了先进技术设备的引进和人才培养

借用国外贷款项目大多涉及引进国外先进设备，同时，通过技术培训和交流，也相应的引进了一些国际先进技术和设备维护经验，培养了大量技术和管理人才。上海污水处理领域的发展就是一个典型的例子。从1986年起十几年间，上海水务管理部门和有关项目单位通过一系列借用世行贷款项目的实施，迅速引进了一大批国际先进污水处理技术和设备，培养出了一大批外向型技术和管理人才；同时，持续不间断地与外方专家的交流与合作以及一系列技术援助、机构加强与培训项目的实施，上海水务部门不断接触和学习国外水务领域的先进理念和项目管理经验，促进了水务行业体制和机制的改革和创新，取得了明显效果。在实施借用世行贷款上海污水治理二期工程过程中，项目单位引进了许多当时国际上先进的污水处理及配套设备，使得上海污水处理技术水准一下子就达到了国际先进水平；与此同时，通过相关技术培训和交流，上海污水处理行业的工程技术和施工管理人员的业务水平有了很大提高，最终促成该项目获得了中国人居环境范例奖、中国市政工程金杯奖、上海市市政工程金奖等三项大奖。又如，上海医疗卫生领域通过一批借用外国政府贷款项目，引进了一大批国外先进医疗设备和仪器，不仅提升了本市医院的技术水平，还借此引进了国外先进医疗设备和仪器的管理、维护和维修技术，明显提高了本市医疗设备的完好率和使用率。同时，这些贷款项目的实施，给本市许多医疗机构提供了一个很好的国际交流渠道，随之，多层次、多形式的国际交流活动和人力资源培训活动逐步展开，培养出了一批具有先进理念和技能的项目管理人员和技术人员，许多专业人员经过国外培训后都成为各部门的技术骨干力量，促进了上海医疗、教学和科研事业的发展。

（七）给国内相关企业的发展带来了契机

上海借用国外贷款项目的主体是一些重大交通、环保、能源项目，通过这些项目的实施，项目单位和配套企业逐步积累了许多大型工程项目的实施经验，提高了规划、设计、施工、管理水平和技术层次，促进了国内相关企业的发展。例如，通过污水治理一期、二期和上海环境项目的实施，上海已积累了足够的大型污水治理项目的成功经验，已开始与世界银行的专家一起参与河北、广西南宁、桂林的城市环境项目的工程咨询。又如，在实施上海外高桥电厂二期项目过程中，上海电力设备制造企业通过对有关技术的消化吸收，首次获得了90万千瓦超临界发电设备的实际制造机会，由上海锅炉厂承担了80%的锅炉设备制造，此外中方还承担了30%的2号发电机组制造。通过该项目，上海电力设备制造企业逐步掌握了90万千瓦超临界机组的制造和施工技术，促进了上海电力设备行业和相关企业的发展。

三、上海实施国外贷款项目过程中遇到的主要问题

1．贷款程序比较复杂，项目前期准备时间较长

与国内贷款相比，借用国外贷款项目的要求较高，程序较为复杂，需提交的文件较多，耗费的时间较长，在一定程度上影响了项目单位的积极性。以世界银行贷款项目为例，项目单位需要同时完成两套项目申请程序：一是国外程序，需要配合世界银行官员和咨询专家完成项目鉴别、预评估、正式评估，谈判，提交执董会批准等多项程序，需要准备有关规划、技术资料、环境影响评估、社会影响评估、移民动迁计划、采购计划等大量文件，前后至少需要一年半左右的时间；二是国内程序，需要经历立项、评估、批复可研、批复资金方案、批复初设等多个步骤，以及完成环评、规划、土地等必备手续，也需要花费大量时间和精力。一般情况下，世行贷款项目从项目概念设计到开工建设需要约2～3年时间，比国内贷款项目要花费更多人力、物力和时间。

其次，由于借用国外贷款项目的复杂性以及准备周期的不确定性，项目单位难以预计开工和完工时间，一些时间要求紧、进度安排严的市政项目容易引发争议，甚至导致在项目准备期间突然放弃申请。最后，在项目单位看来，借用国外贷款项目在调整投资计划、尤其是涉及部分技术方案调整时，不如国内贷款方便。

2．存在一定利率和汇率风险

与国内贷款相比，借用国外贷款不可避免有汇率和利率风险，并且贷款时间越长，利率和汇率风险越高。项目单位即使采取风险规避措施，在短期内也可能由于暂时的风险规避效果为负而承受一定损失，项目负责人在此期间也要承受一定压力。

3．体制机制改革等政策要求影响项目单位参与的积极性

借用国外贷款，尤其是借用国际金融组织贷款往往有政策和机构改革上的特定要求，需要项目单位进行机构和制度上的调整以满足协议要求。通常情况下，这些改革措施不仅包含项目单位的考虑，也反映市政府有关部门和项目单位主管部门的意见。虽然从长期看，这些改革措施具有整体上的长期利益，但在短期内也会对项目单位已经习惯的运作模式造成不适应，因此，在决定项目是否申请国外贷款期间和项目准备期间，项目单位的积极性和配合程度也都会受到一定影响。其次，体制改革和机制创新、机构加强与培训等政策要求或咨询项目不可避免地会增加项目成本，对项目单位造成一定负担。

4．贷款资金使用存在一定限制

借用国外贷款项目，或多或少都有采购和支付上的特殊规定。例如，借用外国政府贷款有国内银行转贷要求，其间涉及一定转贷费用，有时甚至很高；其次，借用外国政府贷款大多涉及采购贷款国设备的比例要求，有时也会碰到设备供应商抬高设备价格或销售旧型号设备的情况。又如，借用国际金融组织贷款有支付比例的要求，对土建的提款比例一般为30%～40%，且不能用于土地费用，而大型市政工程的土地和土建费用所占比例较大，对国内配套资金构成压力。

5．招标采购周期较长

借用国外贷款项目有采购方式和采购程序上的规定，在每一阶段都要得到贷款方的认可后方能实施。一般情况下，采购合同达到一定金额就要进行国际竞争性招标，整个过程分为标段划分、标书编制、公告、投标人资格预审、标书出售、评标、授标等多个步骤，每个步骤都有一定的时间要求。这套程序有其科学性，但周期过长，一般情况下需要耗时6～7个月，给工期较紧的重大项目实施带来困难。

四、上海实施国外贷款项目的主要经验

1．坚持利用国际金融组织贷款促进上海投融资体制改革

坚持借用世界银行等国际金融组织贷款，在发展、改革和创新领域加强与世行等国际援助开发机构的合作，分享世行数十年来积累的国际发展经验，以此促进和推动上海相关领域的改革和发展，这是上海城市发展和投融资体制改革的一大经验。在上海与世行20多年的合作过程中，某些领域，如水务领域和公共交通领域，世行专家提出的建议和相关咨询项目的实施，对这些领域的改革和发展起到了积极的促进作用。

2．加强全口径外债管理和外债风险管理

要正确处理好借用国外贷款与加强全口径债务管理的关系，保持适度债务规模。要注意提高国外贷款的资金使用效率，加强项目单位的财务管理能力，确保按既定计划提款。要严格控制项目风险，督促项目单位保持合适债务水平，一旦出现拖欠本息情况，要立即开展协调工作，争取尽早解决问题，确保正常还本付息。要加强与贷款方、国家有关部门和商业银行的合作，发挥专业机构在财务管理方面的优势，帮助规范项目财务管理，减少后遗症的发生几率。要督促项目单位树立风险意识，加强有关培训，积极采取有效措施，防范利率和汇率风险。

3．加强对借用国外贷款项目的综合协调和指导

借用国外贷款项目的前期准备、实施和后评估是一个长期过程，涉及部门多，程序复杂，组织协调任务比较重。对此，项目组织者应注意加强综合协调工作，及时发现和解决问题。一是积极与国家有关部门和贷款方沟通，明确每一阶段的工作重点和要求。二是建立各有关政府部门和项目单位参加的定期和不定期磋商机制，及时召开项目协调会和经验交流会。会上，及时发布国家有关部门和贷款方的最新意见和要求，及时协调解决各种突出问题。三是加强对项目单位的业务指导，加强财务管理和招投标管理，严格按照贷款方采购指南和国家有关规定，对招投标和采购过程进行监督。四是认真总结项目实施经验，跟踪评估项目实施效果及社会、环境影响。五是注意保持与贷款方官员和咨询专家的联系，建立长期合作关系，进一步拓宽国际交流渠道。

4．加强对项目单位有关人员的培训

借用国外贷款项目涉及的规则和程序较为复杂，与项目单位的日常做法也不一致，因此必须加强对项目单位有关人员（如项目建设管理人员、财务管理人员、采购管理人员）的业务培训，确保项目参与者全面掌握有关规则和程序，避免在项目实施过程中出现不必要的问题。其次，通过业务培训及其他咨询项目的实施，还可以帮助项目单位完善有关制度和程序，培养管理和技术人才，提高企业管理水平。

5．注意加强与贷款方的沟通和协调

在准备和实施借用国外贷款项目期间，要坚持以我为主、互利双赢的谈判和协调方针，加强与贷款方的沟通和协调工作，力争形成和谐、融洽的合作氛围，以利于工作顺利开展。

江苏省借用国外贷款25年回顾与总结

借用国外贷款是江苏省利用外资的重要形式之一，25年来，大量借用国外贷款，有力地促进了江苏省国民经济和社会事业的发展，极大地提高了江苏省对外开放水平。为进一步提高江苏省借用国外贷款工作水平，继续发挥国外贷款的重要作用，现对江苏省25年来借用国外贷款工作进行回顾和总结：

一、江苏省借用国外贷款的基本情况

截至2005年底，累计协议借用国外贷款51亿美元，实际利用资金49.97亿美元。借用国外贷款建设项目263个（打捆项目的各子项目均按1个项目计），其中建成250个项目，在建12个项目，1个新签约项目。借用国外贷款主要涉及国际金融组织、外国政府和国际商业贷款，其中国际商业贷款是江苏省借用国外贷款的主要来源，累计借用国际商业贷款32.82亿美元，占全部协议贷款的64.4%。

（一）借用国外贷款的发展历程

江苏借用国外贷款阶段性特征较为明显，大致可分为三个阶段。

1．1978～1991年

全省累计实际借用国外贷款约9.4亿美元，借用国外贷款成为利用外资的重要途径，除个别年度外，借用国外贷款均占年度实际利用外资的30%左右。贷款主要来自世界银行、日本政府、瑞典政府、法国政府等。由于处于改革开放初期，生产能力不足和物资匮乏，贷款主要投向工业领域，用于企业的技术改造、引进设备等方面。

2．1992～2000年

全省累计实际借用国外贷款15.08亿美元。这一时期，江苏经济社会快速发展，经济开放程度和国际化水平迅速提升，直接利用外资获得长足发展，尽管借用国外贷款占利用外资比重下降，但贷款规模仍不断扩大。借用国外贷款投向开始由工业转向环境建设、城市基础设施、社会事业等领域。借用国外贷款的来源更趋多元化，期间有近20个国家和国际金融组织为江苏省提供了国外贷款。与此同时，部分外商投资企业也开始从国际商业银行获得其发展资金，借用国际商业贷款大幅增长。

3．2001～2005年

全省累计实际借用国外贷款25.52亿美元。这一时期，国家借用国外贷款的政策进行了调整，借用国外贷款向中西部地区倾斜，同时各国政府和国际金融组织对贷款的要求和审查更趋严格，江苏省借用外国政府和金融组织贷款增长缓慢。但随着江苏省经济的快速发展和对外开放程度的不断提高，借用国际商业贷款增长较快，成为这一时期江苏省借用国外贷款的主要来源。

（二）借用国外贷款的主要来源

江苏省借用国外贷款的主要渠道有三种，即借用国际金融组织贷款、借用外国政府贷款和借用国际商业贷款。

1．国际金融组织贷款

截至2005年底，江苏省累计协议借用国际金融组织贷款约10亿美元，占全部借用国外贷款协议金额的19.6%。国际金融组织贷款具有贷款年限长、利率低的特点，贷款期限一般为10～20年不等，有5～10年的宽限期，贷款利率低于同期国际资金市场的使用利率。向江苏省提供多边信贷的主要国际金融组织有世界银行、亚洲开发银行。其中世界银行贷款项目100个，协议借用贷款9.9亿美元，实际借用贷款9.6亿美元；亚洲开发银行贷款项目7个，协议借用贷款0.06亿美元，实际借用贷款0.05亿美元。

2．外国政府贷款

截至2005年底，江苏省借用外国政府贷款累计协议额约8亿美元，占全部借用国外贷款协议额的15.7%，是江苏省最初借用国外贷款的主要来源。向江苏省提供政府贷款的有日本、瑞典、西班牙、意大利、加拿大、奥地利、韩国等15个国家，其中以日本政府贷款最多，累计协议额为5.05亿美元。

日本政府贷款是江苏省借用时间最早、借用金额最多、条件最为优惠的外国政府贷款。日本政府向江苏省提供的贷款有日元贷款和黑字还流贷款（重点支持江苏省出口产品基地建设）两类，其中以日元贷款居多（黑字还流贷款仅有两笔）。

3. 国际商业贷款

截至2005年底，江苏省累计协议借用国际商业贷款32.82亿美元，占全部借用国外贷款协议金额的64.4%，实际利用资金32.22亿美元，是江苏省后期借用国外贷款的主要来源。此外，随着江苏省开放型经济的快速发展，根据国家相关规定，部分外商投资企业也以直接融资的形式从境外金融机构获得了一部分贷款。

（三）借用国外贷款的投向

1. 交通运输行业

截至2005年底，交通运输行业累计实际借用国外贷款3.9亿美元，贷款主要来自国际金融组织和外国政府，贷款主要投向公路、水路建设。在公路建设方面，累计借用世界银行贷款1.56亿美元，主要投向了苏南路网改造工程。水路建设涉及内河水路和港口建设。在内河航道建设方面，借用世界银行贷款0.36亿美元，在京杭运河上建造了五座船闸，包括：谏壁二线船闸、解台二线船闸、淮阴三线船闸、淮安三线船闸和宿迁三线船闸，有效解决了京杭运河船闸瓶颈问题。在港口建设中连云港港口建设累计借用日本政府贷款1.99亿美元，包括连云港二期工程、连云港庙岭港区二期工程、连云港墟沟港区一期工程等几个项目。

2. 电力行业

截至2005年底，电力行业累计借用国外贷款24.48亿美元，是借用国外贷款最多的行业。贷款主要来自国际商业银行和世界银行，借用贷款主要投向电源项目和电网建设。在所有项目中，以连云港田湾核电站项目和扬州第二火电厂建设项目借用贷款规模最大，分别借用国际商业贷款18.32亿美元和世界银行贷款4.7亿美元，贷款主要用于进口电站主要设备、电站配套输变线路以及人员培训等。此外，借用国外贷款还支持了部分发电企业的技术改造，如苏州市调峰柴油机发电厂技术改造项目、南京市金属化薄膜电力电容器制造厂技术引进与关键设备技改项目等。

3. 轻纺行业

截至2005年底，轻工和纺织行业累计借用国外贷款8.68亿美元。其中：轻工行业累计借用国外贷款7.94亿美元，贷款主要来自国际商业银行。其中苏州市借用国际商业贷款2.94亿美元建设的10万吨铜版纸项目和镇江金东纸业集团借用国际商业贷款4.6亿美元建设的年产120万吨高档铜版纸项目，为该行业利用国际商贷的大型项目。纺织行业累计借用国外贷款0.74亿美元，贷款主要来自日本政府和世界银行，借用国外贷款主要投向纺织企业技术改造项目。

4. 环境保护行业

1992年世界环境与发展大会后，国际金融组织越来越重视环保问题，纷纷调整了贷款方针，使贷款项目更符合保护环境的要求。与此同时，江苏省环境保护行业借用国外贷款开始增多，截至2005年底，累计借用国外贷款2.1亿美元，贷款主要来自世界银行。从全省环保项目借用国外贷款来看，表现出了项目建设规模较小、单个项目借用国外贷款较少的特征，其中借用国外贷款1000万美元以下的项目占到90%以上。

5. 其他行业

截至2005年底，电子行业借用国外贷款1.89亿美元，贷款主要来自国际商业银行。化工行业累计借用国外贷款1.09亿美元，贷款主要用于化工企业引进技术和设备改造。机械行业累计借用国外贷款0.93亿美元，大多为中小项目贷款。建材和建筑行业累计借用国外贷款2.22亿美元，最大项目是苏州市的高岭土生产线技术改造项目（借用日本黑字

内河航运项目，借用世界银行贷款。图为京杭大运河淮安三线船闸

还流贷款1.73亿美元）。邮电通信行业累计借用国外贷款1.18亿美元，贷款主要来自瑞典政府。农林水、教育、医疗、卫生等其他行业累计借用国外贷款4.98亿美元。

（四）借用国外贷款的地区分布

从江苏省借用国外贷款的地区分布看，苏北地区借用国外贷款最多，苏南地区次之，苏中地区最少，除省级项目借用国外贷款6.19亿美元外，截至2005年底，苏南、苏中、苏北累计实际借用国外贷款分别为19.96亿美元、1.73亿美元和22.09亿美元。

1．苏北地区

苏北地区借用国外贷款项目主要集中在交通、能源和城市基础设施建设方面。连云港市在苏北五市中借用国外贷款最多，累计协议借用国外贷款21.1亿美元，实际利用资金21.08亿美元；该市借用国外贷款主要集中于核电站和港口建设，占全部借用国外贷款的90%以上。其中连云港田湾核电站借用国际商业贷款18.32亿美元；墟沟港区码头一期工程和连云港庙岭港区二期码头主体工程建设分别借用日本政府贷款0.43亿美元和1.56亿美元。盐城市累计协议借用国外贷款0.68亿美元，实际利用资金0.57亿美元，资金主要来源是外国政府贷款；贷款主要投向邮电、轻工和农业方面，其中最大一笔是江苏省沿海滩涂开发（盐城）项目，借用世界银行贷款0.27亿美元。徐州、淮安、宿迁三市借用国外贷款总量较小，实际利用资金分别为0.28亿美元、0.09亿美元和0.07亿美元，贷款主要投向基础设施和公共卫生事业项目建设。

2．苏南地区

苏南地区是江苏经济发达地区，其工业基础较好，大部分工业贷款项目投向苏南，同时外商投资企业借用国际商业贷款项目也基本集中在苏南地区。苏南各市中，苏州市借用国外贷款最多，累计

大亚科技集团引进铝箔生产线项目，借用英国政府贷款。图为引进的生产线

华东泰克西汽车铸造公司新型汽车缸体铸件项目，借用国际商业贷款2774万美元。图为生产线

建设项目87个，实际利用资金9.98亿美元。其中借用国际商业贷款是苏州借用国外贷款的主体，累计借用国际商业贷款6.55亿美元，占全部借用国外贷款的65.6%。镇江市和南京市借用国外贷款分别为5.53亿美元和3.08亿美元，基本上全部国外贷款来自于国际金融组织和外国政府。无锡和常州两市借用国外贷款相对较少，分别实际借用国外贷款0.7亿美元和0.67亿美元。

3，苏中地区

苏中三市中，扬州市借用国外贷款最多，累计借用国外贷款建设项目50个，累计协议借用国外贷款1亿美元，实际利用资金0.99亿美元；资金使用主要集中在邮电、交通、城市基础设施、环保等领域。南通市借用国外贷款建设项目87个，累计协议借用国外贷款0.55亿美元，实际利用资金0.31亿美元，贷款主要来自世界银行、法国、日本等国际金融组织和政府；资金投向主要集中在城市基础设施和公用事业等领域。泰州市累计协议借用国外贷款0.43亿美元，实际利用资金0.42亿美元；借用国外贷款主要投向机械、化工、纺织等行业，项目建设规模总体较小。

二、江苏省借用国外贷款的成效与经验

（一）借用国外贷款的成效

1．从总量增长到质量并举，提高了江苏利用外资的水平

25年来，江苏借用国外贷款经历了从总量增长到质量并举的过程，为江苏的现代化打下了坚实基础。特别是1992年以来，江苏省借用国外贷款和直接利用外资相得益彰，齐头并举，其特点表现为项目众多、形式多样、领域宽广，积极推动了江苏省统筹兼顾、全面协调地实施可持续发展战略。借用国外贷款项目建设由早期的以工业领域为主逐步向可持续发展领域转变，贷款投向基础设施建设、环境保护等周期长、社会效益明显的领域，极大地提高了江苏可持续发展的能力。

2．从合作参与到主动融合，促进了江苏国际竞争力的提升

从企业贷款的角度来说，国际贷款合作有效提升了江苏企业在国内外同行中的竞争力和地位。

国际性金融机构核贷或投资私人企业的标准颇为严格，受贷成功往往成为企业身份和实力的象征。成功申请国际性金融机构的贷款，可以成为国内企业进入国际舞台的通行证，为其将来在国际金融市场融资打下良好的基础。从地方政府的角度来说，强化外国政府贷款和国际金融组织贷款，一方面加快了江苏的国际交流合作步伐，让世界更加了解江苏，深化了合作伙伴关系；另一方面通过项目合作，使得江苏的基础配套设施、投资配套政策、管理制度等硬软件环境都有了较大改善，优化了江苏的投资环境，加快了江苏经济国际化的进程。

3．从经济增长到统筹兼顾，推进了项目、社会、经济、环境、效益的有机统一

江苏省借用国外贷款的历程表明，外国政府贷款和国际金融组织贷款并不片面追逐商业利益。上世纪90年代以来，国际金融组织将消除贫困与不平等和保护环境等可持续发展作为其贷款重点。特别是“十五”以来，江苏借用的国外贷款逐步退出竞争性行业，转而承接农业、能源、卫生、基础设施等项目贷款，更加注重经济发展与人口、资源、环境相协调。如太湖流域水污染治理世行贷款项目的实施给当地的水环境、社会环境、防洪、引水排涝、集污及航运等诸多方面产生了效益，促进了当地经济社会的协调发展。

4．从资金引进到经验借鉴，吸纳了国际先进的技术、管理和机制

25年来，江苏借用国外贷款，不仅弥补了建设资金的不足，更重要的是引进、借鉴和利用了国际先进技术和管理经验，提高了项目管理水平、人员素质和管理理念。借用国外贷款，在一定程度上提高了江苏企业的技术装备能力，通过引进、消化、吸收，使江苏部分工业企业在技术水平和产品质量上都跨上了一个新台阶。在借用国外贷款的同时，也引进了先进的项目管理方法，学到了世界银行等国际金融组织的先进管理经验，对财务管理的要求、对项目进度的控制和项目执行结果的评价等，都为我们建设其他项目提供了很好的借鉴。此外，通过国外贷款项目建设，推进了管理机制的转变。如通过太湖流域水污染治理项目建设，极大地提高了全社会的环保意识，同时也有力地推动了污水处理价格形成机制的改革；扬州二电厂和宜兴抽水蓄能电站项目建设，在推进发电和输电分离、加强电网保障机制等方面进行了有益的探索。

（二）借用国外贷款的经验

1．坚持导向，拓展领域

从贷款方的角度来看，江苏借用国外贷款呈多元化趋势。实践证明，在江苏借用国外贷款的项目中，往往市政建设项目及公益性建设项目普遍运转良好，社会效益显著，还款资金有保证，均能按期还贷；而竞争类的工业项目，有一部分还贷责任没有很好落实，外债偿还发生拖欠。鉴于国外贷款的拖欠问题主要出现在竞争性项目中，因此近年来江苏各级政府担保的贷款项目积极退出竞争性领域，转向基础设施类和公益性项目，做到进退有度，权责分明，规避风险。

从借贷方的角度来看，无论是国际金融组织贷款还是外国政府贷款，其贷款方面均向农业、能源、医疗卫生、环保等领域倾斜。如世行在其贷款申明中提出：世行帮助借款国发展农业、改进教育和医疗保健、保护环境、增加能源产出、发展工业、创造良好的城市设施、扩大电讯网络、加速运输系统现代化、改善供水和污水处理设施、支持结构调整。为了适应国际金融组织的贷款要求，江苏省适时调整借用外国贷款项目结构，着力推进诸如教育、农业、环境、能源、卫生等公共领域借用国外贷款，促进全省借用国外贷款领域的多元化方向发展。

2．加强合作，科学管理

通过与外国政府、国际金融组织及外国商业银行合作，江苏省相关部门和企业学到了先进的项目管理经验，提高了项目单位和管理部门的项目管理能力。国外贷款项目一般都有一套完备的项目分析方法和管理程序，从项目的选定、准备、评估、谈判、批准、执行与监督，到项目的后评价，环环相扣，充分体现了确定项目的科学性和实施项目的严密性。尤其是项目实施过程中实行的公正、公开、公平的国际招标制度，足额定时的合同拨付制度等，更加有利于项目的建设。

（1）充分准备是项目成功的基础。借用国外贷款项目程序复杂，从开始准备到生效运行往往历时多年，因此项目准备是否充分至关重要。以江苏省的苏南环保借用世行贷款项目的准备为例，该项目先经过世行专家、国际咨询专家、相关设计院、省市项目办、业主单位几方的反复研究论证和方案

比选，后经过项目鉴定、预评估、评估，最终形成评估报告报世行管理层审批。在项目生效前，实施项目的各项准备工作已基本就绪，项目配套资金基本落实，项目涉及的财务管理、水价政策、还贷保证等政策性层面的问题都得到了各级政府的承诺，正是因为在项目的前期做了大量细致的工作，才保证了整个项目的顺利实施。

（2）强化项目组织与协调。国外贷款项目往往涉及方方面面，需要各部门和企业之间积极配合，按照项目执行计划，各司其职、分工协作。江苏相关政府机构在国外贷款工作中，高度重视项目的组织与协调工作，在一些世行、亚行的重大项目中，项目所在市政府领导亲自挂帅，组成专门的协调机构，并由市政府协调各方面工作。如苏南环保项目中，无锡市政府根据项目管理要求及世界银行对项目实施的意见，成立了由市政府分管领导任组长、相关部门负责同志参加的“无锡市世界银行贷款项目领导小组”；常州市排水治理一期工程项目也设立了由主管副市长牵头的项目领导小组，市世行办、发改委、建委、环保、物价、财政等有关部门为领导小组办公室成员单位。

（3）熟悉贷款政策和程序。外国贷款项目既要遵循国内的相关政策，包括《中华人民共和国外资金融机构管理条例》、《中华人民共和国外汇管理条例》、《国际金融组织和外国政府贷款、赠款管理办法》以及地方法律法规等；也要遵循诸如世行、亚行等贷款机构的政策和程序。江苏国外贷款的经验表明，国外贷款项目实际上有两条并行的管理审查批准渠道，如何保证两条管理渠道进度齐头并进、内容相互统一将是顺利实施项目的重要环节。如世行贷款常州市排水治理一期工程项目中，中方在熟悉贷款政策和程序的基础上设立了几个重要的时间节点，并据此统筹调度安排，保证了贷款和借贷双方工作进度一致。另外，将两条并行的审批渠道有机结合起来，建立密切的联络、沟通、协商机制，实现资料共享，避免重复劳动。

3．完善制度，推进项目建设

（1）完善管理制度建设。江苏在国外贷款项目的合作历程中，逐步了解并借鉴了外方经济性、效率性和透明性的项目管理制度，包括“财务管理办法”、“项目运行阶段管理规程”、“招标采购管理办法”等，明确了工作程序，规范了项目运行阶段的管理，大大提高了工作效率，为做好项目管理工作打下了坚实基础。如世行贷款常州市排水治理一期工程项目中，专门建立了“报账提款追踪分析系统”，对项目进程中各个用款环节实行即时监控。

（2）强化约束机制。25年来，江苏国外贷款项目的经验教训证明，建立约束机制、与项目单位签订还贷责任状是预防风险、提高效率的良好手段。如常州市将企业偿还世行贷款、建立还贷准备金和提取风险基金等指标列入年度企业经营者业绩考核内容，并与项目单位法人代表签订了还贷责任状，为及时归还贷款提供了有力保障。

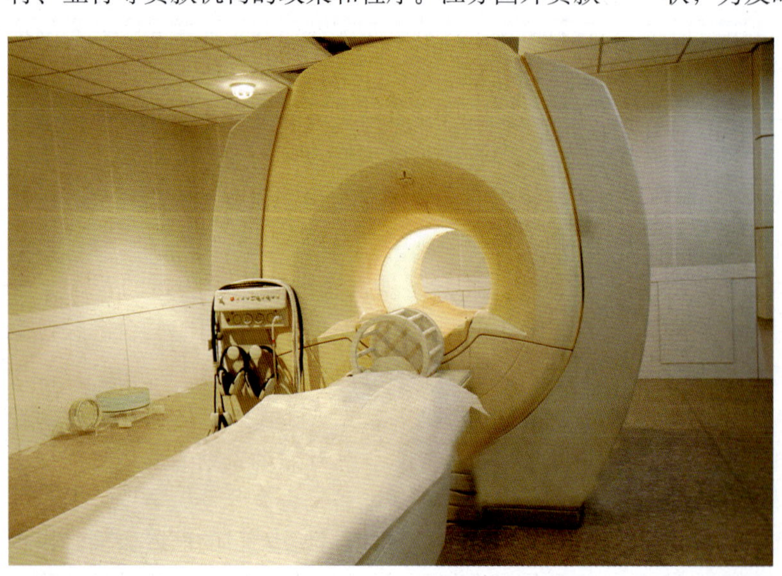
连云港市第一人民医院引进医疗设备项目，借用奥地利政府贷款495万美元。图为数字化血管造影机

4．采取有效措施，督促归还贷款

江苏的国外贷款项目中，竞争类工业项目的还贷高峰期主要集中于“九五”、“十五”，期间由于相当数量的工业企业改制、停产歇业、破产、或是项目先天不足或效益不好，国外贷款的还贷责任得不到落实，还贷十分困难，外债偿还发生拖欠。为了保证项目的顺利实施和贷款的如期回收，江苏各级政府和机构做了大量工作，采取了积极有效的措施，并专门出台了相关政策规定，如财政部门出台了“关于加强外国政府贷款项目管理解决外债拖欠问题的意见”，地方出台了“关于加强世界银行贷款回收管

理的通知”等。

（1）采取资产保全措施，减少财政损失。项目实施过程中，由于市场变化、国内配套资金落实困难、企业经营管理不善，导致有些企业归还贷款困难。因此，江苏省各级政府积极应对，对企业的欠款行为采取了资产梳理、保全、处置等措施，通过受让、拍卖、抵押、企业改制等方法，把损失降到最低程度。如无锡市锡钢集团公司以不动产抵押的方式解决了企业世行贷款债务，确保世行贷款的全额回收，又为企业以后改制发展创造了宽松的外部环境。

（2）运用法律手段，维护债权利益。在贷款项目实施期间，各级地方政府专门聘请了法律顾问，通过法律途径，解决好世行贷款归还过程中的法律诉讼，确保贷款的及时归还。如无锡市通过法律诉讼，将染料厂持有的德司达股权由德司达优先收购，成功地回收了染料厂拖欠的世行贷款本息及逾期利息。

（3）建立还贷准备金。为了缓解世行债务风险、化解还贷压力，保证对外信誉、维护国际形象，根据财政部《世界银行贷款还贷准备金管理暂行规定》（财世字［1995］135号）的有关规定，江苏部分城市建立了还贷准备金制度，有力地缓解了还贷压力，化被动为主动，为防范财政风险开辟了新的渠道。至2005年底，无锡市累计还贷准备金达到23632.08万元，其来源包括预算内安排、场地使用费转入、省财政利差返还、抵债场地租赁费等多种渠道。

三．存在的问题

25年来，江苏借用国外贷款成效可观，但是由于体制和机制的原因，江苏在贷款使用、管理、偿付等环节上还存在一些不完善的地方，有些项目贷款存在着资金使用效益不高、贷款逾期难以归还等一系列问题，对江苏借用国外贷款工作的正常开展产生了一定影响。总体来看，江苏借用国外贷款存在的问题主要集中在以下几方面：

（一）企业偿债意识不强，还贷机制尚未完善

由于体制原因，国外贷款在早期均由当地政府进行财政性担保，而工业项目的债务主体大多为国有企业，因此贷款项目经营失败后还款责任全部由财政负担。企业普遍把外债当成政府对外借款，认为政府是债务主体，个别企业即使有还款能力，也不愿偿付债务，而是把还款责任推给政府。另外，国外贷款项目的还贷机制尚不完善，还贷准备金制度大都没有建立，从而导致企业对未来的还款缺乏实质性的应对措施，企业的偿债义务无法得到有效的制约和监督，由于江苏省一部分企业因项目先天不足或效益不好，面临着国外贷款还贷责任无法落实的局面，从而增加了各地财政垫付的负担。

（二）企业经营管理不善，导致还贷难以落实

一方面表现为有些项目选择失误，部分企业在贷款前期的市场调研不够深入，可行性分析不够全面，对市场需求判断不够真实或产生偏离，从而导致项目建设与市场需求产生了矛盾。另一方面表现在对国外贷款项目管理上的问题。有的企业借用国外贷款的项目政策和程序不熟悉，工作进度安排不合理，建成投产时，产品已经落后或过剩，从而导致了一些项目在企业无法获得收益，导致贷款无法按期偿还，甚至还有部分企业贷款引进的设备长期闲置不用。

（三）汇率变动，风险规避措施不健全，增加偿债负担

随着贷款来源的拓宽和贷款规模的扩大，江苏的国外贷款债权主体越来越分散，包括世行、亚行等国际金融组织、外国政府、国际商业银行等，但所有贷款基本都以美元、日元等少数币种进行结算，这些币种汇率波动较大，风险较高。另外，多数企业缺乏熟悉国际金融及国际资本市场运作的人才，企业财务人员相关专业知识不足，致使大部分借用国外贷款企业缺乏对汇率变动的研究，加上国家对规避汇率风险的应对措施不健全，无形中加重了企业偿债负担。

（四）政府部门对国外贷款项目缺乏全面、有效的监督和管理

政府对国外贷款的管理仍主要集中在贷款资金的拨付和还本付息的管理上，对贷款使用过程缺乏全面、有效的监督和管理，一旦资金使用不当或项目无法产生预期效益，只能做事后补救工作。既影响了贷款偿付进程、增加了财政偿付负担，也对今后开展国外贷款工作造成了一定的负面影响。

浙江省借用国外贷款25年回顾与总结

一、浙江省借用国外贷款的基本情况

浙江省借用国外贷款始于1984年，是全省利用外资的重要组成部分。截至2005年底的22年中，浙江省共有国外贷款项目122个，累计借用贷款总额62.43亿美元，占全省利用外资总额的14.53%。

从国外贷款来源结构看，主要有国际金融组织贷款（世界银行、亚洲开发银行）、外国政府贷款、中长期国际商业贷款。其中，国际金融组织贷款26.10亿美元，项目34个（根据世界银行公布的数据，浙江省利用世界银行贷款额位居全国第二位）；外国政府贷款7.45亿美元，项目68个；中长期国际商业贷款28.88亿美元，项目20个（见表1）。

表1 浙江省借用国外贷款分资金类别情况

金额单位：万美元

贷款类别	合计	1981～1985年	1986～1990年	1991～1995年	1996～2000年	2001～2005年
合计	624287	2705	66701	155035	350273	49573
国际金融组织贷款	261038	2314	47370	129019	35081	47254
外国政府贷款	74456		10995	16101	45041	2319
中长期国际商业贷款	288793	391	8336	9915	270151	

从国外贷款期限看。浙江省借用的国外贷款大部分属于中长期贷款，期限较长，借款期限在5年以内的有1.09亿美元，占1.75%；5～10年的有3.10亿美元，占4.97%；10～15年的有5.64亿美元，占9.03%；15～20年的22.99亿美元，占36.83%；20～25年的有25.42亿美元，占40.72%；25年以上的4.189亿美元，占6.70%。10年期以上的借款占总借款额的93.28%。

从国外贷款币种结构看。主要有：美元51.42亿美元，占82.36%，其次是日元、加拿大元、特别提款权等。从整体上看，浙江省政府外债的币种结构能大致相互冲抵汇率风险，但日元等单一币种的外债风险还是比较明显（见表2）。

表2 浙江省借用国外贷款分币种情况

币种	折美元（万元）	比例（%）
美元	514227	82.36
日元	76105	12.19
加拿大元	22573	3.62
特别提款权	5455	0.88
奥地利先令	2845	0.46
比利时法郎	1118	0.18
德国马克	720	0.12
瑞典克朗	527	0.08
荷兰盾	411	0.07
法国法郎	222	0.03
瑞士法郎	82	0.01
总计	624287	100

从国外贷款资金投向看。浙江省借用的国外贷款投向了众多领域，在交通、电力、城市建设、环保等领域建成的一批重点工程、骨干工程，大大缓解全省基础设施的瓶颈制约，对推动经济发展起到了巨大的作用。其中:能源、交通领域是浙江省借用国外贷款最多、最成功的领域之一，协议利用各类国外贷款共计52.70亿美元，占借款总额的84.412%（见表3）。

从国外贷款项目运行情况看。目前浙江省利用国外贷款建设的大部分项目均已建成并投入使用，运行状况良好，发挥了较好的经济效益和社会效益。全省的外债负债率、债务率、偿债率等指标均控制在警戒线以内。

表3 浙江省借用国外贷款分行业情况

行 业	贷款额（万美元）	比例（%）
能源	434016	69.52
交通通信	92959	14.89
市政建设	38158	6.11
农林水利	24306	3.89
机电轻纺	10954	1.75
科教文卫	5959	0.95
原材料	3678	0.59
其他	14255	2.28
合计	624287	100

从国外贷款还贷情况看。整体债务还本付息正常，特别是能源和交通领域，由于项目本身的现金流量充足，保证了借款的按时还本付息，维护了政府信誉。存在债务拖欠的主要是日本“黑字还流”贷款、部分农林项目、早期的个别工业经营项目。由于浙江省国外贷款项目建设时间主要集中在“八五”和“九五”期间，随着这些项目逐步进入还贷期，未来4到10年将进入还贷高峰。

二、借用国外贷款的主要成效

1．拓宽了融资渠道，加快了基础设施建设

在浙江省进行大规模基础设施建设和资金十分短缺的20世纪80至90年代，引进的国外贷款成为全省经济发展尤其是基础设施建设重要的资金来源之一，在很大程度上弥补了政府在公共投资方面的缺口。利用这些贷款在交通、电力、城市建设、环保等领域建成的一批重点工程、骨干工程，大大缓解了基础设施的瓶颈制约，对推动浙江省经济社会发展起到了巨大的作用。

交通方面。为实现“九五”计划提出的实现省会城市与各市之间“四小时公路交通圈”的目标，利用世界银行贷款4.2亿美元，建成了浙江省第一条高速公路——沪杭甬高速公路，构建了连接杭州湾两岸三个主要城市上海、杭州、宁波的交通主框架，并成为长三角南翼的黄金通道，发挥出巨大的经济社会效益。该项目还于1997年在香港成功上市，首次募集资金36.8亿港元，募集资金主要投资于省内其他高速公路建设(如上三高速公路)，推动了高速公路建设资金的滚动使用，使浙江省高速公路项目建设步入了良性循环。利用日本政府不附带条件贷款300亿日元，又建设了杭金衢高速公路，为最终实现浙江“四小时经济圈”提供了可能。此外，利用8000万美元日本政府不附带条件贷款建设的杭州萧山国际机场成为浙江省第一国际空港；利用4000万美元世界银行贷款建设的内河航运项目改变了杭嘉湖地区航运条件的落后面貌；利用5600万美元世界银行贷款的农村道路项目在浙西南山区建设了39条农村公路和多座桥梁，并对320国道进行了改造建设，总里程达1000公里，改善了山区人民的出行条件，推动了欠发达地区的经济发展。几大交通项目构筑了浙江省水陆空、农村城市、东西部

杭州萧山国际机场项目，借用日本政府不附带条件贷款。图为候机楼夜景

交通网络，为实现浙江省“接轨大上海、融入长三角”的战略打下了良好的基础。

能源方面。北仑电厂一期和二期项目累计借用世界银行贷款9.4亿美元（包括联合融资），建成了总装机容量达300万千瓦的燃煤发电机组，并对大量输变电站和输电线路、配电线路网络进行改造，为浙江省经济社会发展提供了有力保障，也为缓解华东地区用电持续紧张局面做出了突出的贡献。北仑电厂还是我国第一个利用世界银行贷款、引进国际先进设备和技术建设的现代化大型火力发电厂，它的建成是浙江省电力工业快速发展的重要标志，在我国第一座核电站——秦山核电站的建设中，积极引进国外出口信贷资金。此外，利用世界银行贷款建设的安吉天荒坪抽水蓄能电站和天台桐柏抽水蓄能电站、利用亚洲开发银行贷款建设的温州珊溪水利枢纽工程，有力地缓解了华东地区电力调峰的压力，也给项目所在地带来可观的综合经济效益。

通信方面。为缓解浙江省通信基础设施的瓶颈制约，在“八五”和“九五”期间，利用日本、法国、瑞典、比利时、西班牙等国政府优惠贷款，对省内程控交换系统进行大规模改建和扩建，项目对全省大部分市、县的程控电话交换机进行了扩容，还引进了微波光缆、卫星接收设备等高科技产品，提高了浙江省邮电通信事业的自我发展和可持续发展的能力，大大加快了浙江省电信事业的现代化进程。

城建方面。浙江省积极引进国外优惠贷款进行城市建设，如利用世界银行贷款1.1亿美元的浙江多城市开发项目，在杭州、宁波和温州三市建设了国际一流水准的自来水厂，解决了城市供水矛盾，改善了供水水质；此外，还在宁波、绍兴等地进行城市道路、排污系统等基础设施建设，为加快浙江省城市化进程创造了基础条件。

2．提高了人民生活质量

在借用国外贷款中，浙江省根据国际金融组织和外国政府贷款的政策目标，有选择地申报了一批有利于改善人民生活质量的项目，项目的实施在当地产生了良好的社会效益。

利用世界银行贷款1900万美元进行的农村改水项目，在全省38个县修建了390个农村水厂及水渠，改善了260万农村人口的饮水条件和卫生状况，提高了农村人口的生活质量。为提高医疗卫生水平，借用世界银行和外国政府贷款3600多万美元，不仅为9个省级医院引进了国际先进医疗设备，还通过改善健康教育、医院服务、急救服务、医学教育和培训等方式，成功地在金华市进行了综合性区域卫生网络建设，改善了该地区的卫生服务质量和效益；利用170万美元世界银行贷款的血吸虫病防治项目，达到了消灭血吸虫病的目标。利用世界银行700万美元贷款在绍兴市和省级建设的劳动力就业市场，不仅完善了劳动力市场，引进的培训设备，还为下岗职工的再就业提供了大量的再学习机会。此外，建设项目的实施还为当地提供了大量的就业机会，增加了当地人民的收入。

3．降低了项目建设成本

由于国外贷款具有贷款利率低、期限长、项目建设和设备采购采用竞争性招投标制等特点，利用国外贷款在很大程度上降低项目建设成本。

4．引进了项目管理的国际先进理念

在实施国外贷款项目的过程中，国际先进的管理经验、方式和发展理念也随之进入我省，对转变观念、提升管理水平起到积极作用。

（1）提高了项目管理规范性。世界银行、外国政府对贷款项目从选择、评估、审批到组织实施，都有一套完善规范的管理办法，特别是对项目建设和设备物资采购强制要求进行竞争性招标，在招标过程中，坚持“公开、公平、公正”原则，明显减少了违规、违法和腐败行为。目前，招投标制这一国际惯例已被广泛认可并引进应用到我国的各行各业。

（2）推动了公用事业管理体制改革。世界银行对公用事业项目的贷款条件中，要求对公用事业的收费标准和收费制度进行调整和改革。在浙江城市开发项目和城建环保项目的申报和实施过程中，世界银行要求相应的公用事业单位由事业体制转变为公司制，要求宁波污水处理子项目和杭州垃圾填埋子项目分别成立财务独立、自负盈亏的污水公司和固废公司，并对自来水、污水处理和固废处理等进行收费改革，对浙江省公用事业机构改革和体制改革产生积极的推动作用。

（3）学习了先进的理念。国外贷款项目的建设不仅提高了浙江省的硬件设施水平，项目建设中包含的国际先进理念也值得我们学习。如利用世界银行贷款建设的绍兴土地开发项目，首次采用新区开发的方式来保护旧城，项目实施中对城市新区的规划至今仍体现出前瞻性。宁波利用世界银行贷款进行城市道路改造过程中，采取的文物保护措施已使宁波成为城市发展和文物保护的成功典范，其成功经验多次在有关国际会议上介绍，对其他城市在旧城改造过程中注重文化遗产的保护有很大的影响。浙江城市开发项目中的杭州和温州城市供水子项，根据世行的要求，采用交钥匙工程的国际竞争性招标合同文本，开了我国在给排水行业中交钥匙工程的先河。

5．引进了先进技术和设备，锻炼培养了人才

从国外引进先进的技术和设备，是借用国外贷款的重要目的之一。浙江省在引进国外贷款的同时，也大量地引进了国外的先进技术和设备，对我们学习国外先进技术，提升相关行业的现代化水平具有积极意义。

6．支持了国内相关产业的发展

利用国外贷款建设的项目，一部分工程特别是土建工程几乎都是国内企业中标，承包商来自全国各地，不仅使这些企业熟悉了国际化的施工管理，而且通过大量的国内采购，支持了国内高速公路、机场、城建、环保等相关产业的发展。例如，以土建为主的杭金衢高速公路，国内企业中标比例高达94%，据测算该项目拉动国内需求达19.5亿元。

三、借用国外贷款存在的主要问题

1．对借用国外贷款意义的认识存在局限性

浙江省借用国外贷款已逾20多年，对浙江省经济社会发展的成效明显，但各方面对借用国外贷款意义的认识还存在着不少局限性。

（1）认为国外贷款的作用仅仅是弥补建设资金的不足。不少地方政府和部门申请利用国外贷款的主要目的是为解决建设资金的不足，而对贷款项目带来的“软效益”，如项目质量、管理水平的提高、管理体制的创新等认识不足。随着近年浙江省自有资金日渐充裕，许多建设项目可以依靠私人投资或国内银行获得资金，因此，一些地方政府和部门对借用国外贷款的积极性不如从前资金短缺时期高。加上早期一些项目出现还款难等不成功例子，需要由地方财政部门承担还款认为，导致一些地方对国外贷款的态度由原来的“争贷”转变为“慎贷”，甚至“畏贷”，凡是需要地方财政承担还款责任的项目一概不予申报，这在一定程度上影响了浙江省对国外贷款的进一步利用。

（2）对国外贷款项目操作程序的复杂性不适应。国外贷款项目从申报、评估、审批，到设备采购、工程发包均有严格的规定程序，国内的项目单位往往认为同样用钱，国外贷款程序复杂、过程较长、工作量大、操作费用较高，不如国内商业银行贷款方便，因而采取消极、回避的态度。

浙江北仑电厂项目，借用世界银行贷款。图为配套500千伏兰亭变电所全景

浙江省造林项目，总投资4.5亿元，其中借用世界银行贷款折合人民币2.1亿元，是浙江省林业史上借用外资发展林业规模最大的项目。图为临安市杉木大田育苗基地

（3）贷款项目审批周期较长也限制了对国外贷款的使用。国外贷款项目要经过国内和国外二道审批，中间还涉及预审、评估、移民、生态保护、招标、谈判等多个环节，因此项目从提出到实施往往周期较长，有的项目甚至需要几年时间才能完成前期工作，而一些地方政府受体制影响，项目建设一般都以当届任期为时限，项目一经提出，就要求短时间内资金到位、开工建设、任期内完工，因此与国外贷款的要求往往无法一致，造成项目申报困难。

2．储备项目没有及时跟上贷款机构政策目标的变化

国际金融组织和外国政府在不同时期对贷款政策不尽相同，近年来，随着国家西部大开发、振兴东北老工业基地等战略的实施，今后带有扶贫目标的国际优惠贷款将主要投向上述地区，对东部地区的贷款将主要侧重于提升人民生活质量、促进体制改革等方面。针对国际贷款机构政策目标上的变化，浙江省却缺乏与之相适应的项目储备，导致近年来新上的国外贷款项目急剧减少。2002年以来，浙江省新签约的外国政府贷款和国际金融组织贷款项目只有4个，规模较大的只有浙江城建环保项目1个，其余项目规模都较小。

3．部分早期项目出现还贷难问题

浙江省有部分早期项目由于体制、政策、市场等各种原因出现还款难问题。

（1）政策变化导致还贷资金无法落实。如林业项目，由于树木从生长到砍伐产生效益要20年，前20年不能通过项目林本身的收益来还贷，有的项目县还贷资金来源出现困难。又如内河航道项目，项目原定通过航道建设费、护岸费、水路货运附加等地方收费项目来还贷，但由于国家对地方收费项目进行了清理，这些收费项目全部取消，在新的收费项目出台前还贷资金无法落实。还有部分社会公益性项目，收费定价因受广大消费者承受能力的限制，无法一步达到预期的目标，以致出现亏损，偿债压力加大。

（2）汇率变动造成债务大幅增加。1994年国家外汇体制改革后，美元与人民币的比价由1：2.8～3.4一下子上升到8.3左右，加上客观上又缺乏有效防范汇率风险的金融工具，多数20世纪80年代的工业项目单位损失较大。

（3）项目选择不合理造成项目失败。在建设资金十分紧缺的20世纪80、90年代，各地都急于上项目争资金，对利用国外贷款缺乏全面认识，项目选择上存在盲目性，且项目前期准备不足、论证不够，留下隐患。此外，计划经济体制时期选择的贷款项目，有的并不适应社会主义市场经济体制下的市场竞争，如一些竞争性工业项目由于自然风险大、市场变化风云莫测，本身并不适合期限长的利用国外贷款，一旦市场发生波动或遭遇自然灾害，原有产生效益的条件不复存在，马上出现还款难问题。

4．软研究项目利用仍是空白

软研究是国际金融组织和外国政府贷款的重要投向之一，同时也是国际金融机构具有优势的领域，此类贷款不但条件优惠，还有可能获得赠款。软研究具有社会效益好而经济效益差的特性，在现有“统借自还”的还款体制下，由于无法落实还款责任，从而限制了浙江省在软研究项目上的利用，同时缺乏相关项目的储备，这不利于浙江省优化贷款结构，开拓新的贷款项目。

宁波市借用国外贷款25年回顾与总结

我国借用国外贷款始于1979年，发展速度很快。国外贷款在基础设施、原材料工业、社会发展等领域发挥了很大的作用，为改善投资环境奠定了良好的基础。

改革开放以来，宁波市借用国外贷款工作也在国家宏观调控下，得到了协调有序、积极稳妥的发展。从1985年签约第一个国外贷款项目开始，宁波市借用国外贷款经过20多年的发展，规模不断扩大，渠道不断拓展，水平逐步提高，促进了国民经济持续、快速、健康发展。至2005年末，宁波市借用国外中长期贷款累计签约额19.73亿美元，累计使用额15.39亿美元。利用国外贷款弥补了建设资金的不足，引进了大量先进、适用技术和管理经验，培养了大批人才。

随着我国经济的稳定发展和改革开放的进一步深化，国外贷款仍将是我国利用外资的重要方式之一。为进一步提高借用国外贷款工作的水平，拓宽国外贷款的领域和优化贷款投向，回顾宁波市借用国外贷款的历程，了解宁波市借用国外贷款的现状，认真总结使用国外贷款的经验，分析存在的问题及困难，以便为下一步继续更好的利用国外贷款打下基础。

一、宁波市借用国外贷款发展概况

（一）宁波市借用国外贷款发展历程

宁波市借用国外贷款起步较晚，1985年5月签约宁波市第一个借用国外贷款项目——慈溪市农村供水工程。该项目为世界银行软贷款，期限10年，贷款金额为389.5万个特别提款权，折合556万美元。以此为标志，开启了宁波市借用国外贷款工作的新篇章。宁波市借用国外贷款经历了“七五”发展起步，“八五”快速发展、“九五”稳步发展和“十五”取得新进展等四个发展阶段。宁波市分时期借用国外中长期贷款签约额、使用额汇总见表1和图1。

表1　宁波市分时期借用国外中长期贷款汇总表

时期	贷款签约额（亿美元）	实际使用额（亿美元）	备注
七五	5.50	3.08	
八五	8.62	3.61	
九五	2.02	7.58	
十五	3.59	1.12	
合计	19.73	15.39	

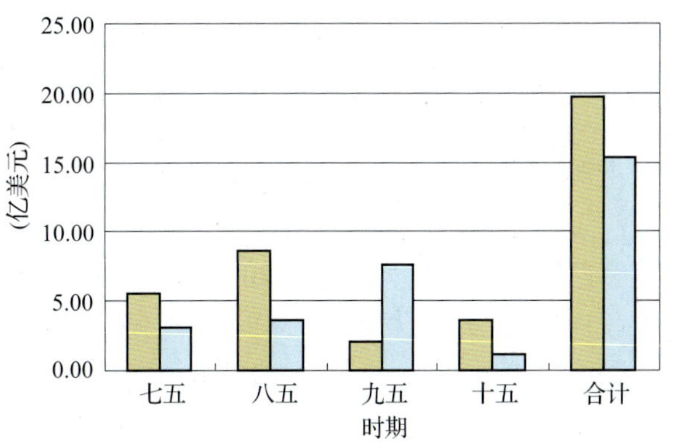

图1　宁波市分时期借用国外中长期贷款汇总

1．“七五”发展起步时期

“七五”时期宁波市借用国外中长期贷款签约额5.50亿美元，实际使用额3.08亿美元，相当于同期固定资产投资的12%。这一时期，宁波市利用外资的主要形式是借用国外贷款，直接投资的比重相对较小。“七五”期间，宁波市利用国外贷款建设的主要项目有“北仑电厂一期”、“北仑港二期工程”、“宁波市程控电话一期工程”、“宁波市象山大目涂围垦开发项目”和“宁波市城市管道煤气工程”。

由于当时国内资金紧缺，“七五”期间宁波市借用国外贷款主要是为了弥补建设资金的不足。由于借用国外贷款工作刚刚起步，受计划经济模式的影响及缺乏经验，这一时期宁波市利用国外贷款工作处在一个不成熟阶段。具体表现在以下几个方面：

（1）在项目的选择上存在一定的盲目性；

（2）资金的投向和用向不尽合理；

（3）企业的风险意识、还贷意识较差。但这一时期，宁波市利用国外贷款不仅建设了一批重点项目，也培养了一批熟悉业务的专业管理和专业技术干部，同时也积累了很多经验教训，这为“八五”期间的快速发展打下了坚实的基础。

2．“八五”快速发展时期

“八五”期间，宁波市经济发展的一个显著特征就是固定资产投资增长迅速，高投入带来了高产出。“八五”年均46%的投资高增长带来了年均21%的经济高增长。“八五”期间宁波市借用国外中长期贷款签约额8.62亿美元，实际使用额3.61亿美元。

“八五”期间，宁波市借用国外贷款工作发展迅速。这一时期宁波市利用国外贷款建设了27个项目，其中绝大多数是宁波市“八五”期间的重点工程。如“宁波市城市供水项目”、“污水截流及其他基础设施改造项目”、“宁波市住房和社会保障制度改革项目”。另外还有一些国家和浙江省在宁波投资的大项目，如“北仑电厂二期”、“杭甬高速公路”等项目。“八五”期间，借用国外贷款主要投向为城建、原材料、交通、能源和机电轻纺行业的出口项目。这一时期宁波市利用国外贷款主要有以下几个特点：

（1）企业在选择项目上注重了资金的使用效益，开始考虑利率和汇率风险；

（2）世界银行仍然是宁波市借用国外贷款的主要资金来源；

（3）国际商业贷款有了较快的发展。

3．“九五”稳步发展时期

“九五”期间，宁波市借用国外中长期贷款签约额2.02亿美元，实际使用额7.58亿美元。国外中长期贷款使用额中商业贷款占了一定的比例，总金额为1.91亿美元，其中国外银行贷款0.34亿美元，项目融资1.57亿美元。

“九五”期间，宁波市借用国外贷款新签项目主要是国际商业贷款项目，外国政府贷款项目很少，没有国际金融组织贷款项目。这一时期，宁波市利用国际商业贷款建设的出口创汇型项目对于企业更新技术，提高在国际市场上的竞争力起到了重要作用。项目融资弥补了宁波市建设资金的缺口。但是由于使用国际商业贷款进行基础设施建设，融资成本过高，也加大了还贷风险。

“九五”期间，宁波市利用国外优惠贷款相继建成了一批重点工程，如“宁波市城市供水工程”、“污水截流和其他基础设施改造工程”等，这些项目对于宁波市经济的发展和城市面貌的改善起到了重要的作用。

“九五”期间，宁波市借用国外贷款主要特点表现在以下几个方面：

（1）优惠贷款随着世界银行贷款的硬化大幅减少；

（2）通过项目融资充分利用了国际商业贷款；

（3）使用贷款的水平进一步提高，风险意识大大加强。

4．“十五”取得新进展时期

“十五”期间，宁波市新签世界银行贷款项目6个，均为环境保护项目，新签外国政府贷款项目1个，国外中长期贷款签约额3.59亿美元，实际使用额1.12亿美元。这一时期国际商业贷款签约额、使用额分别为1.32亿美元和0.75亿美元，分别占总额的36.77%和66.96%，增长较快，主要原因是“十五”时期后两年房地产企业新签约并结汇大额国际商业贷款。

“十五”时期，宁波市借用国外贷款主要特点如下：从币种结构看，继续以美元为主；从债务结构看，短期贷款增长迅速；从资金来源看，以世界银行为主；从贷款投向看，主要为环保项目。

这一时期的重点项目——宁波市水环境项目，是宁波市独立执行的第一个世行贷款项目，由宁波市水环境领导小组负责，旨在以经济上高效和环境上可持续的方式扩大宁波市和慈溪市供水和污水服务范围和提高质量，从而保护公众健康、改善环境以及保持地区经济快速持续增长。

（二）宁波市借用国外贷款现状

据统计，至2005年底宁波市借用国外中长期贷款累计签约额19.73亿美元，累计使用额15.39亿美元。按全口径统计，2005年底国外贷款余额为17.21亿美元，其中中长期贷款余额为7.91亿美元，短期贷款余额为9.30亿美元。

以下对宁波市借用国外贷款结构及风险进行简要分析。

1．结构分析

（1）资金来源。来源分为：a国际金融组织贷款；b外国政府贷款（包括外国政府贴息贷款）；c国际商业贷款（不包括短期贷款）。至2005年底，宁波市国外贷款累计签约额中国际金融组织贷款占77.33%，外国政府贷款占5.82%，国际商业贷款占16.85%。累计使用额中国际金融组织贷款占75.08%，外国政府贷款占6.33%，国际商业贷款占18.59%（详见表2）。

表2　宁波市累计借用国外中长期贷款构成表

名称	累计签约额（万美元）	比例（%）	累计使用额（万美元）	比例（%）	备注
国际金融组织贷款	152563	77.33	115519	75.08	
外国政府贷款	11481	5.82	9739	6.33	
国际商业贷款	33254	16.85	28603	18.59	不包括短期贷款
合计	197298	100.00	153861	100.00	

（2）币种结构。从币种结构看，继续以美元贷款为主，2005年底余额达到14.61亿美元，占总贷款规模的84.89%，其次为欧元国外贷款，余额为1.28亿美元，占总贷款规模的7.43%；其他币种国外贷款余额为1.32亿美元，占总贷款规模的7.66%。

（3）贷款国别和地区。外国政府贷款主要为日本、澳大利亚、西班牙、意大利、德国、韩国、以色列等；国际商业贷款主要来自香港、美国和法国等国家和地区。

（4）产业投向。宁波市借用国外贷款主要用于能源、交通通信、环保等行业，以及企业技术改造和效益好、产品出口创汇、还贷能力强的项目。在宁波市借用国外贷款签约额中，能源项目占49.56%，交通通信项目占14.33%，环保项目占11.27%，其他占24.84%。

2．风险分析

加强国外贷款管理，防范国外贷款风险十分重要。以下从国外贷款清偿能力指标、国外贷款增长指标对宁波市国外贷款风险进行分析，以便进一步提出防范和化解国外贷款风险的对策和建议。

（1）国外贷款清偿能力指标分析。国外贷款规模取决于偿债能力，因此，国外贷款规模是否适度、国外贷款结构是否合理、国外贷款是否有风险，与一个地区偿债能力有很大的关系。①偿债率分析。偿债率反映还本付息负担程度。国际上通常认为该指标在20%左右为宜，最高不得超过25%。21世纪初，宁波市偿债率处于有升有降的波动状态，基本在10%左右徘徊，均远低于国际警戒线。②债务率分析。债务率反映对外举债能力的大小。国际上通常认为该指标不应超过100%。根据对宁波市2001～2005年债务率的计算，宁波市债务率均低于15%，且呈下降趋势（见表3）。由于国外贷款用于出口行业的投资高或效益好，外汇收入的增长速度快于国外贷款余额的增长速度，从而增强了宁波市的国外贷款偿还能力。

表3　宁波市国外贷款清偿能力指标

年份	还本付息额（万美元）	国外贷款余额（万美元）	出口创汇收入（万美元）	偿债率（%）	债务率（%）
2001	48295	96711	648500	7.45	14.91
2002	85496	104252	846200	10.10	12.32
2003	106442	129383	1244100	8.56	10.40
2004	183934	152558	1717400	10.71	8.88
2005	274961	172110	2288000	12.02	7.52

（2）国外贷款增长指标分析。①负债率分析。负债率反映地区生产总值对国外贷款负担的能力。国际上通常认为该指标的安全线为20%，从表4中可以看出，尽管宁波市国外贷款规模增长很快，但由于宁波市经济总量一直保持较高的规模，负债率从总体上一直处于稳定发展状态，并且一直没有超过20%这一安全线。说明宁波市国外贷款规模控制在限度之内，对国外资本的依赖性不大，能够承受国际金融市场变化的影响，也说明宁波市利用国外贷款的效果比较好。②国外贷款利用系数分析。国外贷款利用系数反映了举借国外贷款对国民经济发展的促进作用。一般认为，国外贷款利用系数应小于1，从表中看，除2001年和2003年外（由于国外贷款统计口径调整，指标可比性不强），其余年份国外贷款利用系数均在1左右徘徊，说明宁波市国外贷款利用效率较高，对宁波市国民经济有积极的促进作用。③出口创汇系数分析。出口创汇系数反映了举借国外贷款对商品和劳务的促进程度。一般认为该指标应小于1。总体上看，宁波市近五年出口创汇系数平均值为0.4，说明国外贷款多用于国内生产性建设项目的投资或出口行业的投资，出口创汇较高，推动了宁波市对外贸易的发展。

表4　宁波市国外贷款增长指标（2001～2005年）

年份	国外贷款余额（万美元）	GDP（万美元）	国外贷款增长率（%）	GDP增长率（%）	出口创汇增长率（%）	负债率（%）	国外贷款利用系数	出口创汇系数
2001	96711	1585937	29.28	12.00	77.72	6.10	2.44	0.38
2002	104252	1812662	7.80	13.20	30.49	5.75	0.59	0.26
2003	129383	2158814	24.11	15.30	47.02	5.99	1.58	0.51
2004	152558	2607273	17.91	15.50	38.04	5.85	1.16	0.47
2005	172110	3035612	12.82	12.50	33.22	5.67	1.03	0.39

综上所述，与国际参考指标相比，相对于宁波市目前的GDP而言，宁波市的国外贷款规模略小，国外贷款质量总体健康，有较大的借用国外贷款的余地，但需要注意以下几个方面：第一，宁波市短期国外贷款余额很高，占总国外贷款余额的54%，下一步需要对债务结构进行优化，避免清偿时间过于集中；第二，宁波市国外贷款币种结构较单一，主要以美元为主，至2005年底，美元余额占总贷款规模的84.89%，这种币种结构易使宁波市国外贷款承受较大的汇率风险。下一步应积极调整币种结构，从而降低借债成本，减少或避免不同币种汇率变化所造成的损失。

二、宁波市借用国外贷款的主要成效

宁波市借用国外贷款二十多年来，为更好的取得和利用国外贷款，提高资金使用效率，发挥促进国民经济发展的作用，国外贷款主管部门做了很多有益的尝试和探索，并积累了一些经验，取得了一定的成绩。

（一）主要经验

1．政府重视，部门协调，各方配合

借用国外贷款项目内容复杂，渠道众多，申报严格规范，需要建立高效的部门间协调机制。宁波市政府高度重视国外贷款工作，贷款主管部门定期组织会议，加强横向联系沟通，共享相关信息，确保了数据的统一，提高了管理效率。同时，抽调

宁波市城建环保项目，借用世界银行贷款。图为江东南区污水处理厂

宁波市城市交通改造项目，借用世界银行贷款。图为改造后的开明街景观

相关人员组成专门的项目办公室，负责项目实施过程中的问题协调，以及上下级的沟通。宁波市水环境项目是宁波市政府直接与世行合作的项目，项目由宁波市水环境整治领导小组协调相关方面工作，效率比较高，同时宁波市发展和改革委员会指定资深的世行业务人员负责项目的对外联络和沟通工作。通过各部门的积极配合，本项目在世界银行鉴别到评估的准备工作不到一年，创造了世界银行贷款的前期准备工作记录。

2. 认真选择，充分论证，及早规划

国外贷款来源、利率、期限、币种等结构复杂，申报程序严格，做好项目规划是争取国外贷款资金的关键。宁波市在申请借用国外贷款中，充分做好备选项目规划，注重根据不同资金来源的贷款性质，选择相应的项目予与申请。国际金融组织贷款重点用于能源、交通、原材料、农业等基础设施和基础产业的建设，“北仑电厂一期”、“北仑电厂二期”、“北仑港二期”及“杭甬高速公路”等项目均为世界银行贷款项目；借用双边政府贷款主要用于基础设施、企业技术改造、引进先进设备和技术，如利用西班牙政府贷款引进针织染整设备，利用日本“黑字还流”引进喷气织机；借用国际商业贷款以产品出口创汇、效益好及还贷能力强的建设项目为主，宁波韵声集团股份有限公司利用国际商业贷款引进音乐机芯生产设备，促进了产品的出口能力，提高了企业经济效益。

3. 加强应用，监管跟踪，及时处理贷款执行中的问题

借用国外贷款在实施过程中，需要实时跟踪，以便及时发现问题，解决问题。在以往的实践中，出现过贷款富余的情况，对此，宁波市国外贷款管理部门积极争取转贷，用于其他项目的建设。例如，宁波市城市供水工程，协议利用世界银行贷款2284万美元，项目实施后由于美元升值，因此本工程实际使用世界银行贷款1438万美元，贷款额富余846万美元。为了用好来之不易的世行贷款，经按规定程序报批并经世行同意，将富余贷款专用于“宁波江东水厂原长工程”和“宁波开明街和环城北路道路改造工程”（即在世行贷款项目中增加这两个子项）。

（二）主要成效

1. 支持城市基础设施建设，促进临港工业的发展

至2005年底，“北仑港二期工程”、“北仑电厂一期”、“北仑电厂二期”共借用国外贷款签约额97000万美元，宁波市城市基础设施利用国外贷款签约额29605万美元。项目的顺利实施，为宁波市发挥港口优势，实现发展战略，发挥了基础性作用。

2. 加大企业技术改造力度，提高企业技术装备水平

25年来，宁波市借用国外贷款用于引进技术设备项目数25个，累计签约额8362万美元，主要用于纺织、轻工、机械、有色金属等行业。这些项目的顺利开展，有力地促进了宁波市上述领域在全国同行业中的地位和市场竞争力。

3. 调节产业和地区结构，促进国民经济均衡发展

国际金融组织贷款一般都指定了投资项目，“宁波住房和社会保障制度改革项目”借用世界银行贷款5000万美元，该项目通过出租、出售住房回收资金，项目的顺利实施加快了宁波市住房制度的改革。利用国外贷款对调节宁波市的产业结构，促进国民经济各产业之间互相配套，实现良性发展是十分有利的。

4. 引进先进的管理制度，加快国际合作的进程

国外优惠贷款项目在提供有偿资金的同时，引入了业主负责、招标采购、施工监理和项目评估等先进制度，培养和造就了一批外向型的经济、技术、管理人才，为宁波市开展对外经贸合作、加快

与国际接轨的进程创造了良好条件。

5．增加出口创汇，提高国际支付的清偿能力

利用外国政府贷款和国际商业贷款，用于生产性投资，发展宁波市“瓶颈”部门和出口创汇产业，增加了短缺产品生产，减少了这些物资的进口，节约了外汇，进而推动了宁波市外向型经济的发展，通过扩大出口获得外汇收入。最终，提高了宁波市的国际支付能力。

三、宁波市借用国外贷款的教训与问题

宁波市借用国外贷款工作在以往的实施过程中，在取得一定成绩的同时，也存在着一些教训和问题，需要我们进一步改进。

（一）项目前期工作不充分，方案缺乏科学论证

国外贷款项目申报严格，操作规范，需要对项目进行充分科学的论证。宁波市借用国外贷款实践中，因项目前期工作不充分，建设方案不完善，出现过一些失误。较为典型的例子就是“宁波市管道煤气项目”。因建设方案缺乏科学论证，该项目经国际招标、采购，在材料、设备到货，国家已批准开工建设的情况下，项目建设方案又出现重大变更，由此不得不中止贷款协议的执行，提前一次性偿还贷款。由于项目中止，原先引进的材料和设备闲置不能发挥作用给国家带来损失。

（二）企业欠缺还贷意识，贷款偿还不及时

国外贷款中的国际金融组织贷款和外国政府贷款一般需要由财政作为债务人或担保人，如果由于企业还贷意识差，出现一定程度的拖欠还款现象，偿还时就会形成财政负担。宁波市借用国外贷款早期，出现过拖欠还款的情况，例如宁波市借用的一批“黑字还流”贷款项目有部分项目存在不同程度的拖欠还款的情况，另外“大目涂围垦项目”世行贷款也存在拖欠。财政垫付贷款给财政带来巨大压力，同时在一定程度上也影响了宁波市的对外形象。

（三）认知度不足，信息不畅通

近年来，由于国内资金较为充裕且用款手续相对简便，有关部门和单位在科学合理地引进国外贷款资金方面存在着认识上的差距，认为其申贷手续繁琐且风险较大，不愿费时费力申报国外贷款项目。此外，由于国外贷款信息不充分，渠道不畅通，特别是外国政府贷款项目的企业对贷款行业、设备采购等国际市场信息缺乏足够了解，导致所申请贷款国家与其需要引进设备的国家不符，造成工作延时、进口设备质量得不到保障及资金的浪费。

宁波市城市交通改造项目，借用世界银行贷款。图为改造后的中山东路景观

（四）项目储备不足，前期工作不够充分

国外贷款项目储备工作尚缺乏整体前瞻性，未能十分有效根据国家产业政策走向及宁波市的总体规划与发展战略来制定利用国外贷款计划，尤其对于一些大项目是否需要利用国外贷款，怎样利用，有关方面重视力度不够，只是到项目资金来源发生问题时才考虑申请国外资金，此流程与世行、亚行和外国政府贷款的审批程序不甚相符，无形中加大了资金争取难度。此外，对市场和企业缺少深入的调研，项目申报随意性较大，也导致部分项目无法顺利实施或难以实现预期的经济效益。

（五）转贷机制不完善，风险管理薄弱

转贷机制尚不健全，政府在转贷国外贷款或为有关项目单位提供贷款担保时，缺少必要的债务保全措施，没有要求项目单位提供财产抵押或信用担保，容易淡化项目单位还贷意识，加大国外贷款拖欠隐患。而一些企业还贷意识较差，仍存在重使用、轻管理的倾向，国外贷款风险管理的手段单一，随意性较强，缺少总体考虑和统筹安排。对汇率和利率波动不敏感，偿付主动性不强。

安徽省借用国外贷款25年回顾与总结

一、安徽省借用国外贷款25年回顾

(一)安徽省借用国外贷款的基本现状

安徽省利用国外贷款始于1982年，1982～2005年间，安徽省共有利用国外贷款项目209项（不含打捆项目的子项目），包括子项目在内，已经完成项目153项，正在实施项目86项。其中1991年前的项目有11个，包括利用世行1500万美元贷款的华北平原农业项目；利用世行7900万美元的淠史杭—巢湖农业开发项目；利用日本黑字还流贷款的安庆拉舍尔毛毯项目（446.53万美元）、安庆印染色织总厂粗厚织物项目（76.85万美元）以及安庆水禽出口基地项目（16.61万美元）；亳州市热电厂利用奥地利政府425万美元贷款引进生产设备项目；利用澳大利亚政府贷款499万美元的农业部肉鸡综合加工项目；利用世行贷款的种子项目（100万美元）；以及利用世行贷款的电大短大项目（222.5万美元）、地方大学项目（380万美元）、师资培训项目（181万美元）等。下图为利用外国政府贷款的安庆纺织厂和固镇良种肉鸡项目。

截止到2005年，安徽批准利用国外贷款额达到30.38亿美元，其中利用世行、亚行和日本协力银行等国际金融组织贷款23.12亿美元，占全部国

安庆纺织厂项目，借用意大利政府贷款。图为华茂集团的紧密纺生产线

良种肉鸡示范项目，借用英国政府贷款。图为固镇良种肉鸡示范基地

外贷款总额的76.1%；利用国外政府贷款（不含日本政府贷款）5.78亿美元，占国外贷款总额的19%；利用其他国外贷款0.39亿美元，占全部国外贷款总额的1.3%。

1．1982～2005年安徽省国外贷款利用现状分析

从贷款的资金来源看，安徽省的国外贷款大部分来自世界银行、亚洲开发银行和日本协力银行等国际金融组织，其中世界银行贷款12.1亿美元，占借用国外贷款总额的39.9%；亚洲开发银行贷款5.85亿美元，占19.3%；日本协力银行贷款5.92亿美元，占19.5%。外国政府贷款主要来自奥地利、荷兰和北欧投资银行等二十个国家，贷款金额达到5.78亿美元，占19%。在外国政府贷款中，奥地利政府贷款1.37亿美元，占23.8%；北欧投资银行贷款0.64亿美元，占11.1%；荷兰贷款0.63亿美元，占10.8%（见图1）。

在所有贷款项目中，除8个项目拖欠贷款外，其余项目都正常还款。这8个项目分别是蚌埠酒精厂的DGC酒精糟污染治理工程，亳州谯隆塑胶公司引进生产设备项目，蒙城安驰集团微型汽车冲压线改造项目，亳州酒精厂建设饲料加工生产线项目，原巢湖市皮塑公司引进PU人造革生产线项目，原巢湖市外贸局分别利用芬兰政府和北欧投资银行贷款的引进渔网生产设备项目。其中，蚌埠酒精厂已经倒闭，项目贷款已由财政完成还款。

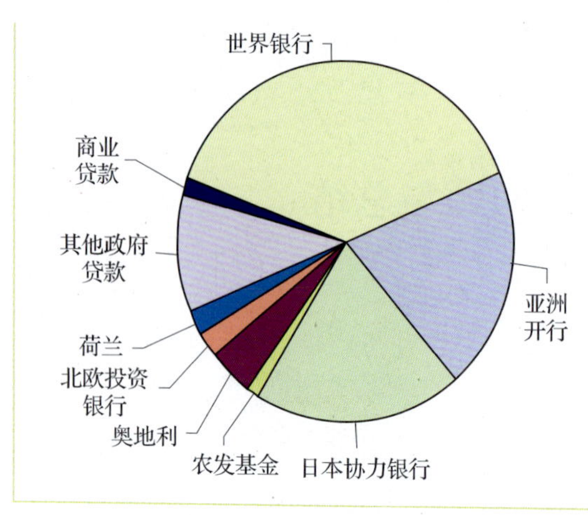

图1 1982～2005年安徽利用国外贷款来源分布

从贷款的行业投向看，安徽省利用的国外贷款主要投向工业、交通、农业、环保、城市公共事业、医疗卫生和教育等部门。工业和道路交通是国外贷款的最主要投向，其中工业项目利用国外贷款达到8.76亿美元，占全部国外贷款总额的28.8%；交通基础设施项目贷款8.49亿美元，占28%。其他的农业项目利用国外贷款4.25亿美元，环保项目贷款2.34亿美元，城市公用事业投资3亿美元，医疗卫生事业投资1.88亿美元，教育投资1.64亿美元（见图2）。

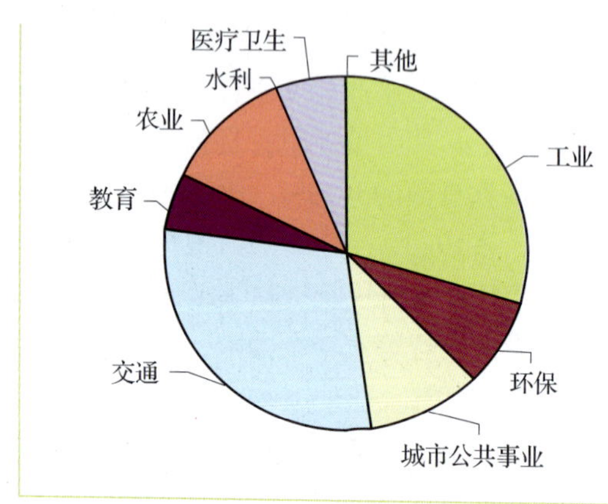

图2 1982～2005年安徽利用国外贷款行业投向

从贷款的区域投向看，除省直项目外，淮南、合肥、安庆、滁州、铜陵和阜阳是安徽省利用国外贷款较多的市，利用国外贷款额都超过了一亿美元。其中，合肥利用国外贷款2.67亿美元，占全部国外贷款的8.8%；安庆利用国外贷款2.55亿美元，占8.4%；淮南利用国外贷款2.45亿美元，占8.07%；滁州利用国外贷款2.15亿美元，占7.09%；铜陵利用国外贷款1.8亿美元，占5.92%；阜阳利用国外贷款1.21亿美元，占3.99%。其余11个市的利用国外贷款总额都在1亿美元以下（见图3）。

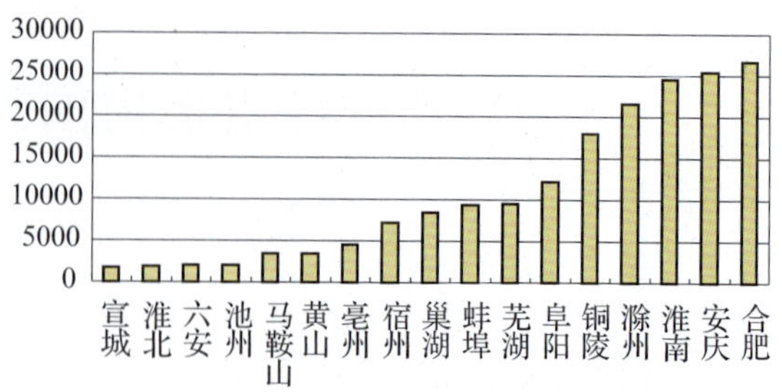

图3 1982～2005安徽各市利用国外贷款情况

（单位：万美元）

2．安徽省国外贷款管理现状

安徽省借用国外贷款的主要管理部门是发改委、财政厅和国家外汇管理局安徽分局。由省发改委研究提出安徽省借用国外贷款的政策、规模和投向，编制利用国际金融组织、国外政府贷款和商业贷款计划，分析全省利用外债资金的状况，提出地方投融资战略和政策的建议。财政厅参与贷款项目的申报、评估、执行、监督和检查，并负责落实还贷和国内配套资金管理，拟定和执行利用国外贷款管理办法和有关规章制度，负责利用国外贷款项目的资金、财务和债务管理。省外汇管理局主要负责办理借款人在转贷协议签订后的外债登记手续和担保人履行对外代偿义务时的核准手续，并负责政府借用国外贷款的统计监测和分析工作以及向借款人提供外汇风险管理服务等。

（二）安徽省借用国外贷款的发展特点

1．安徽省利用国外贷款起步较晚，但发展很快

在1991年以前，安徽省的国外贷款项目数量少，单个项目金额小，总体规模也不大。1982～1991年共有11个项目，平均每年也就1个项目。安徽省利用国外贷款的项目数量和规模从1991年开始上升。1991年，安徽省利用国外贷款项目14个，其中包括合九铁路这样贷款额超过1.6亿美元的大项目（见图4）。尽管项目数量和贷款额总体上有起伏，但从图中可以看出在总体上处于上升趋势。“八五”时期年均项目7.8个，年均贷款额1.17亿美元；“九五”期间年均项目10.4个，年均贷款额1.81亿美元；“十五”期间年均项目达到20.2个，年均贷款额2.84亿美元。无论从项目数量上看，还是从利用国外贷款总额上看，“十五”期

间是安徽省利用国外贷款的一个高速增长期。

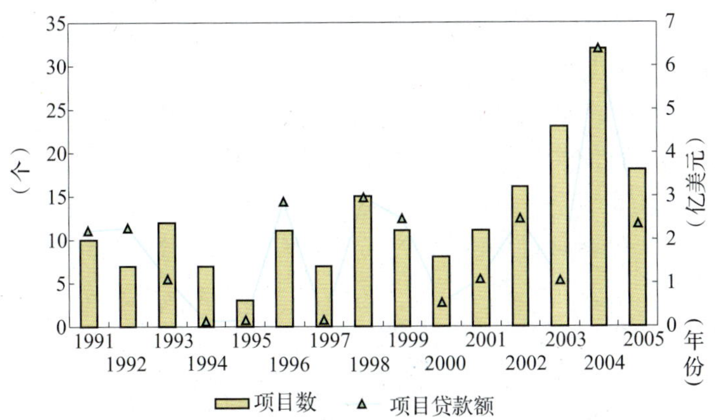

图4　1991～2005年安徽利用国外贷款项目数量和金额

注：时间序列以贷款项目建设期初时间为序。

2．国外贷款来源渠道趋于多元化

1991年以前，安徽省利用的国外贷款主要来自世行和亚行，以及瑞士、加拿大等少数几个国家提供的政府贷款。其中亚行和世行这两大国际金融组织占较大比重，如1991年的10个项目中有8个来自这两大银行，贷款比重超过90%。经过15年的快速发展，安徽省的国外贷款利用范围扩大到世界银行、亚洲开发银行、日本协力银行和农发基金的国际金融组织贷款，以及包括奥地利、北欧投资银行、德国、西班牙等20个国家政府贷款和其他一些国外商业贷款。

3．贷款投向覆盖国民经济发展的多个领域

在1991年以前，安徽省利用国外贷款主要投向基本上是直接或间接扶贫项目，如1991年的10个项目中有7个项目是农业项目，贷款额占总贷款额的42.2%。1991年以后，随着经济发展的逐步深入，贷款投向逐步趋于多元化。安徽省不仅改变了单纯通过农业投资来直接扶贫的模式，通过投资道路交通、基础设施，旅游开发、发展县乡工业和改善农村居住环境等多渠道进行间接扶贫；而且还进一步加大了在工业、城市基础设施、教育和卫生医疗等方面的国外贷款利用力度，以全面支持安徽经济的协调发展。

（三）安徽省借用国外贷款的主要成效

1．拓宽了融资渠道，有效地支持了大项目建设

改革开放以来，安徽经济获得了长足的发展，但与周边发达地区相比，安徽省经济仍然比较落后，投资不足仍然是制约安徽经济发展的主要因素。利用国外贷款在缓解安徽省经济发展的资金瓶颈，特别是在安徽省经济发展的早期，缓解经济发展与外汇短缺之间的矛盾，加速安徽省基础产业和经济薄弱环节的发展方面起到积极的作用。

国外贷款是项目建设除股权融资和商业贷款外的又一融资渠道。由于多数国外贷款带有援助性质，具有利率低、还贷期限长，手续费低廉、条件比较优惠等特点，是一种条件明显优于商业贷款的债权资金。这种优惠资金对安徽省经济发展和债务结构产生了积极的影响，降低了项目投资的资金成本，提高了项目的盈利前景。对于建设周期较长的交通、环保和城市基础设施等公益性基础设施项目，国外贷款的优势特点更显突出。

国外贷款的利用有效地支持了安徽省大项目的建设。世行公路项目、宁西和合九铁路等重大交通项目的建设，明显地改善了安徽的交通状况，促进了以合肥为中心的综合交通体系的形成。围绕淮河生态系统的一系列水利、环保项目，明显地改善了淮河流域的生态系统，提高了淮河的抗灾能力，取得了良好的社会和经济效益。

2．国外贷款项目促进了区域之间、经济与自然环境和人居环境之间的协调发展。

国外贷款项目，特别是世行、亚行和日本协力银行等国际金融组织的贷款在项目选择上，更多地考虑到缩小地区发展差异、促进经济与环境的协调发展。截至目前，安徽省来自世行、亚行等国际金融组织的贷款比重近80%，这些贷款都直接或间接的起到了促进经济协调发展的作用。

一是通过一大批农业、农村工业和农村基础设施项目的建设，一定程度地改善了落后地区的发展环境，完善了落后地区的基础设施条件，提高了当地的劳动生产力水平和效率，在缩小农村与城市发展差距方面起到积极的作用。

二是通过工业污染治理、酸雨控制和生态资源保护等项目的实施，安徽省生态环境有了一定的改善，提高了安徽省环境资源的承载能力和经济的可持续发展能力。

三是通过城市污水处理、垃圾处理、卫生医疗条件改善和供水供气等一系列城市基础设施项目的实施，安徽省的城市居住环境得到了改善。

3．引进先进技术和设备，提高安徽生产技术

水平

技术水平的高低是衡量一个地区综合实力的重要标志，也是推动一个地区经济加速发展的重要动力。与国内发达省份相比，安徽的整体生产技术水平相对比较落后，综合竞争力比较弱。因此，在较短时间内提高生产技术水平是安徽省经济快速发展的关键之一。实践证明，技术引进可以在短时间内提高一个地区的技术水平。如日本通过技术引进，用15年的时间吸收了世界各国花费半个世纪开发出来的先进技术，到70年代就基本赶上了美国的技术水平。

国外贷款项目已经成为安徽省引进国外先进技术和设备的一个重要平台。在利用国外贷款项目中，世行等国际金融组织一般要求贷款项目使用国际先进的技术装备，以满足项目建设要求，发达国家贷款也都基本上有当地设备采购要求。1982～2005年，安徽省工业项目利用国外贷款超过8.76亿美元，占利用国外贷款总量的28.8%，涉及的行业包括化工、原材料、纺织、机械、医药和能源等。在淮南污水处理项目中，利用国外贷款的直接效果是节省了项目建设资金，引进了鼓风机等关键性的先进设备，确保了项目设备的先进性；同时还通过与国外专家一起安装、调试设备，现场实地培训了一批技术骨干，间接造就了一批技术人才。从总体上看，利用国外贷款项目对于提高安徽省基础技术开发能力，培养和带动一大批技术人员，在较短的时期内提高安徽省的生产技术水平，缩短与其他发达地区的技术差距起到了显著的促进作用。

4．吸收国际先进管理经验，提高项目管理水平

获得先进管理经验是利用国外贷款的另一突出优势。世行自称：它不但能够提供资金，而且是“知识银行”，可以与借款人知识共享。世行善管理，亚行善理财，这些先进的管理理念和资金运用技术是安徽省现在和今后经济发展所不可缺少的。

利用国外贷款项目基本上都是采用国际通用的管理模式，具备一整套完备的项目研究、分析和管理方法，从项目选定、准备、评估、谈判和报董事会批准、项目的执行和监督，到项目的后评价，整个项目周期都要进行周密细致的工作，如项目前期严格的可行性研究、环境影响评价制度、项目实施和设备采购的国际招标制度、足额定时的合同拨付制度等。安徽省通过国外贷款项目的实施，能够接触到国际先进的管理经验，从而提高自身的项目管理水平。

FIDIC条款是国际通用的工程管理模式，在20世纪90年代，对安徽省高速公路建设者来说，它还是一个十分陌生的概念。经过在98年合安高速公路世行项目中的运用， FIDIC已在安徽省公路行业中普遍使用，现在业主、监理、承包商完全分开的科学管理模式已运用到几乎所有高速公路建设之中。再如池州利用世行贷款的四期林业项目，通过项目实施，不仅掌握了项目设计、施工设计、检查验收和环保等各项规程，而且掌握了工程管理、财务分析、财务核算等先进管理技术。还有一部分企业，为满足项目建设要求，在国外专家的帮助下，建立和完善了现代企业制度，对企业管理人员进行了系统性培训，大大提高了企业的项目管理水平，为企业的持续发展打下基础。

二、安徽省借用国外贷款的主要经验

（一）对规模较小、行业特征明显的项目进行跨市打捆有助于项目运作

实践证明，对于小规模的城市公用设施建设项目和部分行业特征明显的项目由省级有关部门打捆申报国际金融组织贷款，并设立省级项目管理机构加强实施监管，有利于项目的运作和贷款的利用，主要体现在：一是由省级部门打捆申报，按市实施的运作模式可以做到目标明确、责任清晰。二是增强了融资力度，使规模较小的项目利用国际金融组织贷款成为可能，保证了贷款的落实；三是发挥了省级机关的人才优势，保证了与贷款组织及外国咨询专家之间沟通的有效性；四是发挥了政府部门管理和服务职能，帮助解决问题，督促项目实施，保证项目顺利进行；五是强化了对项目实施的监管作用，保证了项目实施的规范性；六是可以通过项目管理及时掌握情况，利用政策帮助解决配套资金困难；六是能有效地根据实际情况对贷款额进行统筹安排，合理安排节余资金的利用，保证贷款的充分使用。但也要注意打捆项目过多，组织实施难度加大。

（二）趋利避害使用技术援助有益于项目的实施

技术援助活动是世界银行业务活动的一个重

要部分，技术援助的使用可以引进先进的管理方法，各项目单位的管理人员在项目管理、施工管理等方面学习到有益的经验，得到培养。但技术援助的使用也存在着一些问题：一是费用高；二是有些内容设计上需要和实际进一步结合；三是有些专家对中国和项目情况需要进一步了解，为此，在使用技术援助上应注意做好以下方面：一是项目单位要充分研究分析自身的工作需求，认真对待技术援助任务大纲的编制，做到任务具有实用性、时间具备合理性；二是咨询公司的选聘要重在选专家，选择专业对口、有丰富的在中国咨询同类项目经验的专家；三是项目单位加强对技术援助合同执行的管理，要设法量化考核指标，充分发挥咨询的作用。

（三）讲究科学、注重细节，保证贷款效益最大化

科学计划、精心组织、注重细节，做好每一步工作，对项目的组织实施既要满足贷款组织的要求和项目单位的实际需要，只有这样才能保证贷款效益最大化。

首先，在项目准备期间，一要高度重视组织机构建设和人员配备，国外贷款项目的管理是一项政策性和专业性高，涉及面广、要求严、协调量大的工作，组建一支业务精、作风硬、政策强的领导班子和管理队伍，是高效推进项目至关重要的基础。各部门和各地市要注意人才的培养和利用，尽量使用有经验者，避免新项目新人马。二要事先熟悉所利用贷款机构的有关规定，重视项目的前期准备工作，做到技术方案切实可行，预算投资贴近实际，实施方案符合规律，准备工作尽量提前。三是要认识项目周期和程序的时间要求，搞好国内程序和贷款要求程序的衔接，注意在国内基建程序和贷款要求程序间寻找结合点，满足双方需要，避免重复劳动和延误进程。

其次，在开展招标采购工作中，一要重视招标采购的工作准备，制定详细可行的采购计划，全面合理的设定技术标准编制好招标文件，尽可能避免和减少变更；二要发挥招标采购程序的作用，坚持公平竞争，防止行政干预，坚持按程序、依标准，选择信誉好、实力强的投标人进行项目建设。

再次，在项目施工方面，项目单位着重要做好以下几方面工作，一是要预先成立项目专家组，聘请有关专家参与合同谈判和签订过程，熟悉合同条款和建设内容；二是提前做好包括征地、环保等项目前期工作；三是要加强合同管理，控制变更；四是要加强政府各部门之间的协调，及时解决问题。

三、安徽省借用国外贷款的主要问题

（一）项目前期准备问题

项目的前期准备工作一般与项目的成功与否有着直接的关系，从安徽省利用国外贷款的实际工作情况看，在前期工作准备上主要存在以下两个方面的问题：

一方面，部分项目前期的可行性分析缺乏充分的论证。从实际调查情况看，项目的可行性研究报告，与实际情况相比，存在一些差距。一是由于某种原因未能按期实施。二是部分项目缺乏充分的科学论证，效益指标和债务风险评估不足。如宿州市合成洗涤剂原料项目，项目建设期间由于粮食销售放开，导致项目原料价格上涨，项目在经济上已不可行。三是招标采购有关设备脱离实际，未能发挥效益。还有相当一部分项目的实际效益与可行性研究报告中的评估结果有差距，部分项目存在重引进、轻质量的现象。

另一方面，项目单位的项目前期准备工作不够充分。一是对项目申报程序和相关政策法规缺乏足够的了解，对项目的前期谋划、报批、担保等整个运作过程缺乏系统的掌握，增加了项目从申报到实施整个过程的时间成本，在一定程度上降低了项目的效益。二是对保证项目顺利实施所必需的相关知识的缺乏。如巢湖利用芬兰贷款引进渔网织机和利用北欧投资银行贷款引进的织绳机项目，均由于对项目的相关知识缺乏了解，导致引进的设备不配套，设备及生产线无法充分发挥作用。

（二）项目中期管理问题

项目的中期管理工作是利用国外贷款项目最为重要的一个环节。由于历史、体制等方面原因，安徽省在项目管理上还存在一些问题，主要反映在以下两个方面：

（1）管理职责不到位。地方政府部门为争取外债项目做了大量的工作，但工作的重点更多的是放在项目的争取和资金的引入上，对于项目的建设管理还不够重视。大部分项目资金或物资设备是直接到项目建设单位，只要项目已经批准，外债资

金、物资已按期分别到位，各部门的职责也就基本完成，但项目的实施、工程进度和质量、资金使用、项目效益、债务偿还等没有切实做到全过程跟踪管理监督。政府部门难以对项目建设进程进行有效管理和监督，不能及时跟踪掌握项目建设的第一手资料。

（2）缺乏一个统一专业的管理机构。利用国外贷款的管理相互脱节，缺乏“借、用、还”的一体化管理体系。没有一个统一权威的国外贷款管理协调机构，仍然是归口分散管理，“借”由发改委、财政部门负责、“用”由项目单位负责、“还”则由财政部门负责，没有充分发挥发改委、财政、银行和审计等部门对在建项目的监督、管理作用。造成对国外贷款项目的管理往往在签订转贷协议之前投入较多，而对项目本身后期的管理严重“缺位”的现象。同时，由于缺乏专业的工作人员，对借用国外贷款项目的申报程序和相关政策、法规不熟悉，导致项目申报困难和后续的实施管理工作不规范、不到位。

（三）配套资金问题

一般说来，国外贷款并不提供项目的全部资金。例如，世行贷款之提供项目总投资的35%～50%，其余部分必须在国内配套解决。从项目的实际执行情况看，配套资金不足已经成为阻碍项目顺利运行的主要因素。

项目配套资金的国内筹措途径主要有中央财政预算内投资、银行提供信贷、地方政府安排和项目单位自筹等。在安徽省不少地方，只有中央财政预算内的配套投资能如期到位，而其他资金来源则难以保障。由于以下三个方面原因，造成部分地方配套资金很难落实到位或者操作不规范，国内资金配套压力大。一是地方财政拮据；二是国外贷款项目大部分为社会公益项目，配套资金来源有限；三是省级以上配套资金并非全额无偿，有偿配套资金还本付息压力大。部分项目国内配套资金不能按照计划足额到位，影响了工程进度和外债利用的预期投资效益，妨碍了项目预期的环境效益和经济效益的实现。如亳州市污水处理厂的配套工程亳州城区污水管网项目，总投资1.3亿元，需要地方配套50%的建设资金，由于该市地方配套资金困难，国外贷款实行提款报账制，现有贷款资金目前仅到位262万美元，工程进展缓慢。

（四）债务管理问题

国外贷款的债务管理工作直接关系到安徽省的对外整体信用形象，并进一步影响到以后的项目申请和外资利用。从实际工作反映的情况看，影响债务偿还主要有以下三个原因：

（1）项目单位还款缺乏主动性。由于利用国外贷款是以财政部门为借款人或担保人，项目单位在借款时表现出较高的积极性，而在还款时则往往缺乏主动性，破产倒闭企业的项目资金最后只能由财政来归还（如安徽省20世纪80年代的“黑字还流”项目），甚至个别项目单位就依赖于财政，往往给地方财政造成沉重负担。

（2）部分项目贷款主体不明确，偿还债务是难以落实到位。如阜阳市利用世行黄淮海开发项目，由于用款都是农户，没有明确的项目偿贷单位，最后还贷都落在县市财政上，加重了财政的负担，也影响了县市区争取新贷款项目的积极性。

（3）债务偿还管理制度不健全。没有根据地区差别确立合理的偿债政策。部分外债项目没有建立偿债准备金，政府外债收支未纳入本级预算管理；借用国外贷款以市财政向转贷金融机构或省财政厅作还贷担保，给予项目单位资金使用权，却忽视了偿债责任的具体落实等。

（五）汇率和利率风险问题

国外贷款借入资金一般使用贷款国或第三国货币，因此从一般意义上说，国外贷款项目都存在汇率风险。从安徽省早期实践看，不少项目都经历了汇率风险。如安徽省最早的世行项目，这是贷款期50年的世行软贷款项目，由于美元兑人民币汇率上升了近50%，以人民币偿还的复利利率高达19.6%，“软贷”不“软”。安庆三水厂项目开始使用是德国马克贷款，后来转用欧元计算，最初欧元对人民币的汇率只有1：7，到进入还款期时，欧元对人民币汇率已经上升至1：10。但从目前形势看，人民币汇率在未来一段时间内将处于升势，汇率风险并不是主要问题。

从2000年开始，世行和亚行已经不再向我国提供软贷款，贷款利率由固定的低利率转为以六个月伦敦同业拆借利率（LIBOR）为基准的浮动利率，伦敦同业拆借利率是高度市场化的，波动幅度较大。因此，国外贷款的余额部分将面临较大的利率风险。

福建省借用国外贷款25年回顾与总结

改革开放以来，福建省外向型经济获得了长足进展。在充分发挥本省优势、直接利用外资以外，在间接利用外资（利用国际金融组织贷款、外国政府贷款和国际商业贷款）方面也做了许多卓有成效的工作。25年来，福建借用国外贷款工作在各级政府和各有关部门的共同努力下，起步早、项目多、分布广、效益较好，引进了经济社会发展中的许多先进理念和模式、先进技术和设备，弥补了本省基本建设投资的部分不足，改善了投资环境。据国家有关部门考评，借用国外贷款总体情况处于全国先进行列。因此，认真回顾和汲取利用外国贷款的经验与教训，对进一步提高福建利用国外贷款的水平和质量，在“十一五”及今后一个时期，全面推进海峡西岸经济区建设，将发挥更加积极有效的作用和综合效益。

一、借用国外贷款的总体情况回顾

（一）基本情况

自1979至2005年的25年间，福建省借用国外贷款各类项目共128项，总额共19.37亿美元（按照国家发展改革委统计口径，未含厦门计划单列市的实际借用国外贷款12.58亿美元及其项目。但本文第二、三部分中关于借用国外贷款的规模与结构分析内容含厦门市），涉及农业、能源、交通、通信、教育、卫生、环保、原材料、林业、轻工、电子、机械、纺织、化工、旅游、市政基础设施等十几个领域。从产业分布情况来看，电力项目6项，总投资人民币139.65亿元，签约借用国外贷款47054万美元；交通项目7项，总投资人民币122.97亿元，签约借用国外贷款48857万美元；制造业类（包括钢铁、电子、化工、机械以及轻工纺织等等）共47项，总投资人民币35.12亿元，签约借用国外贷款44354万美元；此外，教科文卫项目26项，总投资人民币10.40亿元，签约借用国外贷款7772万美元；以及农林牧副渔等项目。在128个项目中，已建设完成122个，在建项目6个。从签约资金来源看，与世行共签约43项，金额为75511万美元；与亚行共签约6项，金额为47280万美元；外国政府贷款48项，金额达49530万美元；借用国际商业贷款31项，金额为21370万美元。

福建省借用国外贷款工作分为两个时期：第一是从1979年到1990年的11年间，共计51个项目，约2.03亿美元；第二时期从1991年至2005年的14年间，共计77个项目，金额为17.34亿美元。情况表明，后一时期福建借用国外贷款在总量上大大超过前一时期，后者相当于前者的8.5倍；同时，后一个时期的单个项目利用国外贷款的规模有了很大的变化，从前一时期的398万美元/项目的规模上升到2250万美元/项目以上，是前者的5.6倍。1991年前，福建省借用国外贷款主要体现在企业行为及中央政府的贷款捆绑下达的小项目上，1991年以后，则更多是体现在由省里直接与世行、亚行进行签约的以公路等基础设施为代表的大项目上。

从资金投向看，福建25年来借用国外贷款主要用于建设包括机场、大型港口及其泊位、高速公路、大型水火电站以及城市污水处理等基础设施和引进技术、设备上。借用国外贷款中投入到基础设施项目和社会公用设施的占66.57%，投入各类制造业及农林牧副渔业等项目也占有一定的比重（见表1）。

表1 1979～2005年福建省借用国外贷款产业分布总情况

类别	项目数（个）	各产业利用额所占比重(%)
合计	128	100
基础设施	15	53.18
各类制造业	47	14.37
农林牧渔业	14	14.70
社会公用设施	18	13.39
科教文卫	29	4.09
其他	5	0.27

从资金来源看，福建省借用国外贷款的资金来源中，向国际金融机构的借款占主要地位，约63.4%（见表2），这与福建省在改革开放中的先行与试点省份的地位是相吻合的，说明了我省在建设完善社会主义市场经济体系中，经济建设和公益性事业已经成为借用国外贷款的主体；此外，福建省借用国外政府贷款占有25.6%的比重。

表2 1979~2005年福建省借用国外贷款资金来源情况

类别	项目数（个）	签约总金额（万美元）	金额所占比重(%)
国际金融组织贷款	49	122791	63.40
外国政府贷款	48	49530	25.60
国际商业贷款	31	21370	11.00
合计	128	193692	100

注：贷款总额中，凡非美元签约部分，均以当年汇率折算成美元。若未作特别说明，本报告所称借用国外贷款额均指签约总额。

从币种结构看，福建省在25年来借用国外贷款中，以美元债务为主，占借用国外贷款的73%；其次是特别提款权、欧元等。借用国外贷款均为中长期外债。

借用国外贷款为福建经济社会发展起到了较好的推动作用。特别是以下几个方面的成效尤为突出，一是促进了福建基础设施建设的快速发展，二是推进了我省水土保持和农村经济发展，三是提高了教育水平和卫生医疗条件，四是培训了福建省经济和社会的专门管理人才。

综上所述，国外贷款项目覆盖了全省大部分的县、市、区，在促进产业结构调整，加快能源、交通、通信、城市污水及垃圾处理等基础设施建设，推进社会事业发展等方面，起到了积极的推动作用，取得了较好的经济和社会效益。但是，25年来，福建省借用外国借款的工作也存在一些问题，如利用外贷总量偏少、对外汇利率风险认识与应对准备不足、外贷财务管理分散等。

（二）发展过程

25年来，福建省借用国外贷款工作经历了从零的起步到形成一定的利用规模，从基本没有经验到形成若干具有福建特色的经验与特点。

1. 从借用国外政府贷款起步到借用国外贷款多种方式

福建省借用国外贷款工作，从利用国外政府贷款单一形式起步，发展到国际商业贷款、国际金融组织贷款等多元化利用的过程。根据国外贷款的不同性质和特点，有效地支持了经济、社会多领域的发展，取得了较好的成效。

在借用国外政府贷款方面，福建省第一个项目是厦门国际机场建设。由省政府组织相关部门与科威特政府于1982年3月签订，借用科威特政府贷款942万美元，贷款期限17年，并且有3年的还款宽限期，经过一年半建设，厦门国际机场一期工程在1983年10月建成通航。该项目是全国第一个由地方自筹资金、借外债修建的国际机场，它的建成对加快厦门经济特区建设和发展起到了重要作用。而后，全省借用国外政府贷款形式主要分为三类。一是财政直接借款，由政府直接与对方签订借款合同；二是财政为项目单位提供借款担保；三是政府只对项目单位的借款协议进行管理与监控，政府不直接干预。到2005年底，全省共签约借用国外政府贷款48项，涉及15个国家，共4.95亿美元，这些贷款有力支持了福建省同期的教育、卫生、基础设施、城市共用交通、环保等公共事业建设。

在借用国际金融组织贷款方面，福建省于1985年以建瓯林业项目申请贷款，获得了以美元计价的特别提款权22万，该笔贷款期限为20年，宽限期5年，年利率2%，经过近6年的项目实施，于1991年3月建成投产。由于借用国际金融组织贷款具有期限长，利率优惠等特点，在福建省基础设施、农业、教育及卫生等项目上得到大量利用，成为福建省借用国外贷款的主要形式。截至2005年，福建省利用国际金融机构贷款主要包括国际金融组织贷款、世界银行贷款、亚洲开发银行贷款等三个部分，全省共利用国际金融机构贷款49项，总金额达12亿美元以上。

在借用国外商业贷款方面，福建省从开始利用外国银行和金融机构贷款，在福州进行旅游业的饭店宾馆建设项目，而后扩展到利用国际租赁、外国企业贷款及其他商业贷款，主要进行各地区一些生产性项目的设备引进、零部件引进采购等。从1984年到2005年，福建省在借用外国商业性贷款方面共利用31项，总金额为2.13亿美元。这些资金主要用于福建省购买大型基础设备、引进先进技术设备、创办合资合作项目等方面。如，1979年5月开始，经原国家计委同意，华福公司相继取得美国芝加哥第一国民银行、美国休斯顿第一国民银行3笔贷款总计3800万美元，利率为LIBOR+0.5%，期限5年，宽限期18个月。这是新中国成立后的第一笔美国商业银行贷款，也是地方金融机构第一次直接得到外国商业银行的贷款。省交通部门利用这笔资金购买船只，发展壮大远洋运输船队，建立起了一支拥有4.28万吨位的客货运输船队，恢复了停航30年的福建至香港的客货运航线，推进了福建与国内外海上运输业的发展。

2．从小项目启动到大项目为主

福建省借用国外贷款工作的另一个发展特点是，由一批小项目启动、发展成大项目为主。

在借用国外政府贷款方面，1990年以前的11年，签订4个项目，签约总额为3143万美元，平均每个项目为785万美元左右；1991年以后，共签订44个项目，签约总额为46387万美元，平均每个项目为1054万美元左右，借用国外借款的总规模与单个项目的平均规模都有了较大提高。

在国际金融机构贷款方面，1990年以前，共签约26个项目，签约总额为10739万美元，平均每个项目利用贷款量为413万美元；1991年以后，签约项目为23个，签约总额为112052万美元，平均每个项目利用贷款量达4871万美元，是前一时期的10倍以上。近15年来，国际金融机构对福建省贷款数额大幅提高，表明对福建投资环境与发展前景的充满信心，也充分说明福建省在借用国外贷款方面有巨大的市场和潜力。

在利用国际商业贷款方面，1990年以前，福建省共签约项目为26个，共签约14845万美元，平均每个项目仅使用外国贷款570万美元；1991年以后，共签约5个项目，签约总金额为6525万美元，平均每个项目利用贷款量为1305万美元，是前一时期的2.2倍以上。这表明了福建省在借用国外商业贷款方面也经历了从小项目起步发展到大项目的过程。

3．从一般性引进设备与技术到大规模进行基础设施建设

福建省借用国外贷款的早期以企业引进设备与技术为主，同时，在城市公用事业、农村改造与建设教育与卫生等领域及行业的发展，起到了较好的促进作用。在1990年以前，引进设备与技术的借用国外贷款共37项，平均每个项目为248万美元，主要为化工、机械、轻工、电子、纺织等制造业部门的企业引进生产线、购买原材料以及购置一些设备等，总签约额为0.92亿美元。1991年以后，福建省在前期借用国外贷款的基础上，根据经济社会发展的需要，开始与世行、亚行等国际金融机构进行基础设施项目方面的签约。这一时期，共签约11项，总签约额为7.53亿美元，贷款主要用于福建省公路、铁路、机场、电力、邮电通信等项目。

4．从“借、用、还”不够衔接到逐步规范管理

福建省借用外国贷款的工作，从项目资金管理角度看，也是一个由起步摸索到发展完善的过程。一是1997年前的起步阶段。这个阶段的借用国外贷款主要集中用在交通、教育、工业、农业领域，各项规章管理制度不够规范，项目在实施过程中资金的“借、用、还”出现过相互脱节的问题。二是1998年后的逐步规范管理阶段。国家加强了对国外贷款的管理，福建省认真贯彻国家精神，结合实际，1997年10月省政府办公厅颁发了《福建省利用世界银行贷款项目管理暂行办法》（闽政办[1997]171号），明确提出福建省贷款项目管理工作实行“统一领导、归口管理、分工合作、各司其职”的指导原则。

二、借用国外贷款的规模与结构分析

（一）国外贷款总规模

从1979年到2005年，福建省借用国外贷款总规模随着经济社会发展而呈现增长趋势。25年间，全省借用国外贷款各类项目共128项，总额19.37亿美元。从1991年到2005年，福建省借用国外贷款年末余额占当年全省GDP的比重显示，随着福建省经济建设的快速发展，总量不断增大，国外贷款的数额虽然不断增加，但比重在不断下降。比如1996年GDP比1991年实现了翻番，国外借用贷款总额也成倍增长，但比重却从1991年的12.50下降到1996年的8.46。表明随着福建省经济快速发展和改革开放的不断深化，在这个阶段上，国内投资和直接利用外资已成为主要投入来源，但仍不排斥国外贷款对福建省经济发展的作用，借用国外贷款的规模数量随着经济社会的发展仍在不断增加（见表3）。

表3 1991～2005年福建省借用国外贷款年末余额占当年全省GDP的比重（%）

年份	借用国外贷款占当年全省GDP的比重	福建地区生产总值GDP（亿元）	借用国外贷款年末余额（万美元）
1991	12.50	619.87	94133.71
1992	11.52	784.68	109853.93
1993	9.86	1128.29	135193.93
1994	8.51	1675.66	173373.49
1995	7.62	2145.92	198699.26
1996	8.46	2560.05	263243.65
1997	8.71	2974.50	314792.17
1998	8.10	3286.56	323631.69
1999	8.19	3550.24	353261.15
2000	7.52	3764.54	343987.66
2001	7.88	4072.85	389884.68
2002	6.72	4467.55	364820.51
2003	5.75	4983.67	348359.67
2004	4.80	5763.35	336204.44
2005	4.99	6560.07	397925.45

（二）国外贷款地区分布

福建省各设区市借用国外贷款的结构比重中，最高的是福州市，从1991～2005年，15年平均利用外贷占全省总额的59%。最低的是宁德市，15年平均为0.09%，主要是由于前7年没有利用外债发生；同时，三明市与南平市，15年平均分别占14.8%和8.9%，都高于沿海地区的泉州、漳州、莆田等设区市，主要是两市利用国际金融组织贷款的项目较多，分布较广。同时，数据分析表明，15年来福建省75%以上的国外借款发生在福建省的沿海地带的设区市，这与沿海地区对外开放区域优势明显，市场经济活跃，投资需求量大，以及偿还能力较强有很大的关系。但随着改革开放的进程，福建省开展借用国外贷款，由点到面拓展，由沿海向内陆延伸，加上国外贷款投向的变化，部分处于山区设区市对国外贷款使用额已经超过了部分沿海地区（见表4）。

（三）国外贷款来源构成

福建省借用国外贷款来源中，1991年至2002年末外国政府贷款所占比重较大，在46%以上；2003年末外国政府贷款占比下降，国际金融组织贷款占比上升（详见表5）。从总体上看，在福建省借用国外贷款中，主要的部分是利用国际金融组织贷款，其外贷提款总额达到11亿美元左右，占福建省借用国外贷款总额的60%。

表4 1991～2005年全省设区市借用国外贷款的地区结构分布表

单位：%

项目地区	福州	厦门	泉州	漳州	莆田	龙岩	三明	南平	宁德	合计
1991年	71.23	0	0	1.08	0	0	15.26	12.43	0	100
1992年	60.98	0	0	0.84	0	0	26.48	11.70	0	100
1993年	63.36	0	0	2.21	0.95	0.77	22.84	9.85	0	100
1994年	56.85	0	0	2.51	0.65	2.35	29.11	8.53	0	100
1995年	50.37	12.08	0	1.78	0.42	2.51	22.46	10.38	0	100
1996年	49.51	9.88	7.67	2.31	0.20	3.33	16.05	11.05	0	100
1997年	56.13	9.18	6.23	2.54	0.17	2.98	13.48	9.29	0	100
1998年	50.92	18.97	5.58	3.09	0.14	2.57	11.76	6.83	0.15	100
1999年	51.03	20.50	6.09	2.74	0.13	2.81	10.57	5.94	0.15	100
2000年	53.92	20.57	5.76	2.40	0.13	2.70	8.90	5.45	0.15	100
2001年	55.91	20.89	4.91	2.30	0.12	2.42	8.14	5.13	0.14	100
2002年	54.70	20.86	5.18	2.27	0.13	2.40	8.75	5.53	0.15	100
2003年	71.09	7.32	0.09	2.89	0.16	2.58	9.11	6.54	0.18	100
2004年	69.80	7.53	0.07	2.88	0.17	2.66	9.44	7.21	0.19	100
2005年	70.32	7.11	0.05	2.51	0.17	2.61	9.62	7.37	0.20	100

表5　1991～2005年外贷来源结构表

单位：亿美元

外贷来源	外国政府贷款	国际金融组织贷款	国外银行及其他金融机构贷款	买方信贷	发行债券	合计
1991年末	1.06	0.37	0.46	0.24	0	2.13
1992年末	1.67	0.51	0.55	0.21	0	2.94
1993年末	1.87	0.7	0.5	0.18	0.15	3.4
1994年末	1.91	0.9	0.57	0.15	0.12	3.65
1995年末	2.3	1.03	1.08	0.5	0.09	5
1996年末	2.66	1.2	0.96	0.67	0.05	5.54
1997年末	2.38	1.76	0.93	0.61	0.05	5.73
1998年末	4.21	1.77	0.92	0.46	0.05	7.41
1999年末	5.29	3.78	0.97	0.7	0.05	10.8
2000年末	5.1	4.3	0.86	0.65	0.05	11
2001年末	5.03	4.94	0.89	0.51	0.05	11.4
2002年末	4.9	4.35	0.88	0.45	0.05	10.6
2003年末	2.81	4.56	0.72	0.46	0.05	8.6
2004年末	2.54	4.53	0.57	0.48	0.05	8.17
2005年末	2.45	4.61	0.54	0.47	0.05	8.12

（四）国外贷款使用单位构成

从借用国外贷款债务人结构看，国有企业始终是借用国外贷款的主体，2001年余额占当年总余额比例最高，达75%以上；2005年余额占比最低，为41%。尤其是1998年以后，政府部门和国有企业作为借用国外贷款主体的趋势更加突出，2003年以来，政府部门的借用额超过了国有企业（详见表6）。

（五）国外贷款投向结构

25年来，福建省借用国外贷款主要投向基础设施、各类制造业、农业开发、社会公用设施等领域(见表1)，分别为53.18%、14.37%、14.70%和13.39%，特别是在福建省借用国际金融机构的贷款中体现得更为突出。从1979～2005年，福建省利用国际金融组织贷款投向基础设施建设（交通、能源）占总额的65.8%；投向农业领域的占22.1%。同样，在国际金融组织贷款中，按地区划分，近70%的贷款被使用在沿海地区设区市的基础设施项目中（见表7)。

表6　1991～2005年外贷使用人结构表

单位：亿美元

债务人	政府部门	中资金融机构	国有企业	三资企业	合计
1991年末	0.19	0.19	1.43	0.32	2.13
1992年末	0.2	0.26	2.16	0.32	2.94
1993年末	0.18	0.32	2.63	0.27	3.4
1994年末	0.35	0.35	2.73	0.22	3.65
1995年末	0.36	0.33	3.81	0.5	5
1996年末	0.55	0.24	4.35	0.39	5.54
1997年末	1.07	0.24	4.03	0.39	5.73
1998年末	1.1	0.24	5.69	0.38	7.41
1999年末	2.02	0.24	8.13	0.39	10.8
2000年末	2.42	0.24	7.9	0.39	11
2001年末	2.74	0.24	8.01	0.39	11.4
2002年末	3.19	0.24	6.74	0.4	10.6
2003年末	4.16	0.24	3.72	0.41	8.6
2004年末	4.09	0.23	3.44	0.36	8.17
2005年末	4.13	0.24	3.33	0.42	8.12

表7 1979～2005年福建省利用国际金融组织贷款按隶属（分地区）分行业一览表（%）

区域	小计	交通	能源	环境	农业	教育	卫生
合计	100	100	100	100	100	100	100
一、省级	33.60	77.10	—	—	37.00	26.31	12.19
二、设区市	32.50	22.90	—	100	63.00	68.42	87.80
福州	9.33	—	—	99.71	7.00	5.26	4.87
厦门	6.82	20.60	—	—	0.33	5.26	0.48
宁德	2.58	—	—	—	8.66	15.78	12.19
莆田	1.69	—	—	—	6.33	—	7.31
泉州	1.62	—	—	—	6.00	4.21	4.87
漳州	3.76	2.31	—	—	11.66	3.15	9.75
龙岩	2.43	—	—	—	6.00	21.05	26.82
三明	1.54	—	—	—	5.33	3.15	9.75
南平	2.80	—	—	0.29	11.00	3.68	9.75
三、中央驻闽	33.94	—	100	—	—	—	—
所占比重合计	100.00	31.90	33.90	7.50	22.10	1.40	3.00

三、借用国外贷款对福建经济社会发展的作用和意义

（一）有力地促进了福建省投融资体制改革与利用外资工作

福建作为我国改革开放的试点省份，充分发挥中央赋予的在对外开放中实行“特殊政策、灵活措施”，借用国外贷款工作在一些方面走在了全国前列，特别是在投融资体制改革和利用外资工作中取得了突破性进展。首先，借用国外贷款突破了以往仅靠国内资金搞基本建设的单一模式，有利于提高项目的投入产出效益。福建省沙溪口水电站、厦门机场一期工程都是国内较早利用国外政府贷款的基础设施项目，经过严格的项目评估预算，实施了先进的工程管理建设，取得了良好的综合效益。其次，借用国外贷款改变了计划经济体制下基础设施等项目投资由政府出资的一统做法，通过到国际资本市场上融资的方式，有利于多元化解决基础设施、农业、社会事业投资的资金紧缺问题。如福建省从1996年开始实施亚行贷款“福建水土保持与乡村发展”项目，一期工程经历了“九五”、“十五”两个五年计划，利用亚行贷款6500万美元，国内各方面配套资金总计达13.6亿元人民币，极大改善了项目区农村的基础设施条件和整体农业生产生态环境。第三，以中外合资形式组建股份制银行，加快了福建省投融资体制改革和利用外资步伐。1983年设立的厦门国际银行是福建省第一个合资银行，也是福建国第一家中外合资银行。亚洲银行、美国夏若公司等外资金融机构、企业成为合资银行的股东，使福建在国际金融市场上产生了良好的投资信用，利用外资从上20世纪80年代较大规模借用国外贷款开始，发展到利用外资总量位居全国前列，取得了良好的成效。可以说，通过成功借用国外贷款促进投融资体制改革来带动利用外资和经济社会发展，不断提升了福建省对外开放水平，同时也大大改善了福建利用外资的环境与形象。

（二）有效地推动了福建基础设施建设和经济结构调整

1979～2005年，正是福建省经济发展进入大规模投资建设的阶段。25年来，福建省借用国外贷款中，以水电、高速公路、机场、污水处理等各类基础设施为核心的项目共签约12.5亿美元，弥补了福建省基础设施投入的资金不足，在一定程度上补充了福建省在这一时期的基础设施投入。如利用部分国外贷建设福建超高压电网，对福建省的电力供应与电力发展起到了重要作用，优化了福建省的电力供应结构，对福建省的电力供应与电力发展起了极其重要的补充与改善作用。特别是水口水电站，从主体工程开工到第一台机组发电只用了六年零五个月的时间，比国家合理工期提前了18个月，比部批准的考核工期提前了11个月，不仅大大降低了工程建设的财务成本，而且实现了提前发电28.8亿千瓦时，提前发电效益8.69亿元（仅按部批准的考核工期和国家计委批准的电价计算）。从1993年至2005年底，水口水电站实际上网电量约611亿千瓦时，按照福建电力在国民经济的贡献率计算，为福建省国民经济创造了1843亿元的产值。在利用世行贷款建设高速公路及农村路网方面，取得的经济效益和综合效益也是十分显著的。其中世行贷款支持福建省农村路网（包括福建公路项目I和II），共包括十个子项目，总长303.09公里，使用1720万美元。通过世行贷款建设我省农村路网，解决了闽赣两省通车问题，并为316国道全线通车奠定良好基础，为沿海利用内地山区资源提供的交通条件，该段公路的通车发挥显著的社会经济效益。不仅为本省带来了可观的通行费收入（截至2005年底，全省高速公路累计通行费收入约113亿元），更重要的是推动了海峡西岸经济区交通事业的发展，加速了

闽东南沿海的城市化，对商贸流通业、土地和房地产等相关产业起着积极的带动作用。不仅如此，世行贷款的高速公路建设对降低车辆运输成本，节省客货运时间，减轻324国道交通量负担、减少周边地区公路交通事故、促进沿线公路运输的发展也起着重要而积极的影响。在各类投向制造业的国外贷款中，通过先进设备和技术的引进，改善了项目企业的产品更新换代与出口产品竞争力，促进了福建省外向型经济的健康发展，对福建省经济结构的调整与优化也具有重要的意义。

（三）进一步解决了农村及社会发展薄弱环节的投资问题

福建省地处我国东南丘陵地带，改革开放以来，虽然经济发展较快，但由于种种原因，全省的农村和社会事业发展相对滞后，主要表现在农村发展所必需的水利、交通、教育卫生等基础设施建设严重滞后，外商直接投资很少涉足这些领域。借用国外贷款成为我省解决这一问题的重要投资来源。据统计，地处福建省内地山区的三明、南平、龙岩三个设区市，从1991年到2005年，用于基础设施、城市公用事业、科教文卫等事业的项目有7项（不包括省属项目中在当地开工部分），共约投入2495万美元。这些项目的投产对上述区市的生产和生活起到了重要作用。又如，通过福建省世行贷款和英国赠款中国结核病控制项目的启动实施，至2005年底，共免费治疗涂阳（传染性）肺结核病人45859例，重症涂阴肺结核病人1687例。根据国际标准，实施项目以来，为福建省挽救137577个劳动力，而这些劳动力大多分布在福建省农村和山区，按福建省2005年人均GDP数额，这些劳动力可为社会创造地区生产总值约25.6亿元。再如，福建省从“九五”开始制定“生态省”规划，在规划实施过程中，启动了利用亚行农业贷款一期项目，该项目的成功实施，为项目所在地农村治理水土流失、改善生态环境、发展乡村经济作出了积极的贡献。

华东地区最大的常规水电站–福建水口水电站，项目借用世界银行贷款。图为水电站全景

（四）引进了项目管理的先进模式，起到了示范作用

福建省借用国外贷款项目，严格按照国际惯例及投资合同条款要求来办，规范项目工程管理制度对项目建设产生了很好的效应。如利用世界银行贷款进行我省公路项目建设，通过项目的设备采购，世行项目为国内高速公路机电项目招投标和建设管理工作提供了系统的合同范本、条款和格式，以及评估程序等，这些对于提高工程质量起到了重要的作用。在高速公路同三线福建境内的罗长、罗宁、福宁段等项目，充分利用世行贷款合同范本和程序，为项目成功实施提供了有效的保证。此外，世行项目一般还要在项目实施中进行施工监理，项目实施末期进行项目的经济效益评估等，程序十分规范，这些先进模式都对福建省的其他项目建设与管理产生了良好的示范作用。在利用世行贷款从事水产项目开发方面，依据项目的特点，建立了项目先审查后报账制度，不但详细规定了项目的土建、货物采购、单价报账项目检查的内容及要求；而且形成了一套适合我省世行水产项目特点的检查监督、报账提款和招标采购程序，产生了很好的效果。在面向市场、确立以业主责任制为主的工程建设体制改革中，福建省通过实施世行项目摸索总结了经验。如在水口水电站项目实施过程中，按照世行提供的模式，全面推行招投标竞争制度和监理工程师制度，工程的质量、进度、投资得以有效控制。这一制度此后被广泛运用到国内同行业（如二滩、三峡水电工程）和国内各行业的基本建设项目中去，受到各方面的好评。

（五）培训锻炼了项目建设的各类管理人才队伍

福建省在实施高速公路建设项目中，采取结合工程施工和运营管理需求，选派专业对口的工程技术人员参加培训，通过国外学习和考察，培养造就出了建设管理高速公路的技术骨干队伍。在林业、农业、渔业及其他行业借用国外贷款项目中，福建省也采取措施对基层项目办人员、业务技术人员、现场施工员进行了大范围的培训，组织参加由国家部委世行管理中心统一安排的项目国外考察、培训活动，并接受国际咨询专家组到福建省提供项目

福建公路建设项目，借用世界银行贷款。图为国道319线龙岩过境线改建工程建设前后对比

咨询、开展项目准备论证、进行中期评估等技术服务。做好项目建设管理和人才培训相结合，使项目实施取得了明显的经济、生态、社会效益相统一。

四、借用国外贷款的经验与教训分析

25年来，福建省在借用国外各类贷款工作上取得了良好的经济社会效益，同时，也获得了许多宝贵的经验。主要有以下五个方面：

（一）政府加强宏观指导是做好借用国外贷款工作的关键

利用外国贷款主导是地方政府，特别是外国政府和国际金融组织贷款，是地方政府的信用为担保的贷款。因此，要在宏观上把政府对该项工作的管理贯穿于外国贷款利用的全过程中。在项目规划阶段，必须对项目的筛选进行精心指导，一方面，要确保项目及时纳入国家利用外国贷款的项目备选规划；另一方面，要确保贷款主要投向于事关经济社会发展全局的、覆盖面广的项目，特别是基础设施、资源开发、贫困地区发展、社会公益项目等。在项目筹建与实施过程中，则要安排省级预算资金、国家国债资金支持该项目的建设。同时，要对适合项目融资与贷款偿还机制的建立进行监督与指导，特别是要按照国外贷款项目有关要求，组织好项目前期准备工作，落实项目建设条件，按照国务院关于投资体制改革的决定的要求，以及相关的法律法规办理项目审批手续并做好跟踪服务工作，促进项目顺利实施。

（二）注重效益、进度和质量是取得借用外国贷款成功的基础

一是注重提高项目的综合效益和还贷能力。对于国外贷款中实行“统贷统还，综合还贷”的项目，采取部门与地方密切配合，专款专用，贷还挂钩，要注意提高项目的综合效益和还贷能力。福建省“国家造林项目”是世行贷款部门“统贷统还，综合还贷”的典型模式。但自1998年进入还贷期后，林业形势发生了变化，加上林业其他贷款也进入了还贷高峰等，造成还贷工作遇到了很大的压力，从1999年起陆续出现拖欠到期债务问题，最高时累计拖欠债务达4700万元，成为福建省利用世行贷款项目的欠款大户。后经政府采取多种措施，才基本解决了项目的还贷问题。因此，我们得到借用国外贷款的如下启示：从申请项目开始，就要树立还贷意识；项目正式实施后，就要考虑早期的还贷资金来源。尤其是进入还贷期后，项目还没有收益，这时从别的渠道筹措还贷资金就显得十分重要，否则会陷入极度被动局面。

二是针对所产生的问题和困难进行专项解决。对于亚行贷款采取报账提款、资金由财政统借统还的项目，要针对亚行贷款分项目多、分布范围广、规模大、涉及部门多等特点，注意及时解决实施过程中存在的问题和困难。如福建坡地开发及水产养殖项目中许多农户、渔户因在办理资产评估、房产抵押、公证手续上难度较大，致使部分资金到位较慢以及有的项目款未提完就已开始还贷，为此，政府提供了广泛的支持，从而保证了对亚行贷款的顺利使用与按时还债。

三是提高项目建设质量，推广项目全面质量管理。要确保项目建设的投入，提高项目建设质量，这是增强项目还贷能力和取得预期收益的关键。我省在世行贷款“国家造林项目”实施中，采取了推广移植全面质量管理，建立了组织机构、科研推广、良种壮苗、质量监测、财务管理、环境保护、计划管理、信息系统等8个质量保证体系，

制定了《福建省世行贷款造林项目小班质量检查验收卡》、《质量反馈单》制度，进行封闭管理，责任到人，并将质量水平与施工员的工资奖金挂钩。世行官员在竣工验收时指出："福建省项目林是我们所见的最好的项目林"，在对福建省等3个省区的竣工检查验收后，世界银行对中国"国家造林项目"的综合评价为"十分满意"。

（三）严格按照国际规则办事是实施国外贷款的有效途径

在世行贷款项目中，世行专家高度关注借款人财务状况、偿债能力和企业自身的造血功能，同时，要求编制借款人长期滚动财务计划（15年）。在贷款项目执行期间，世界银行对借款人履约的严格要求均写入贷款的《项目协定》，从而有助于推动借款人财务管理的创新，有助于形成按国际规则办事的理念。如世行能源电力贷款项目，福建省电力部门在财务管理方面进行了改革创新，全系统率先构建财务"三大体系"（资金管理体系、成本费用控制体系、财务制度体系）；借款人实行了全面预算管理制度；经营业务的组织上推行了全面计划管理制度；较其他行业较早地实现了基建与企业财务制度并轨；规范了会计信息披露标准；提高了财务报告和保证报告真实性的审计工作水准。在与使用国外贷款的国际规则和评估程序接轨中，严格执行国家有关资本金、招投标、工程监理、合同管理等制度，使项目走上管理制度化与规范化的轨道。如福州市洋里污水处理厂工程58份土建工程，全部是通过国内招标选择了优秀的施工队伍，41份设备与原料购买合同是通过国际招标和国际采购来实现的。由于采取了有效而富有竞争的招标采购政策，该项目建成后共减少投资7000多万元，节约投资约占总投资的8.5%。

（四）建立完善的项目管理体制是用好国外贷款的根本保障

借用国外贷款，要确保专款专用，始终坚持按市场规律办事，严格资金使用管理，落实债权债务。如福州城市污水排放和处理项目，政府十分重视专家与亚行的意见，采用适应市场经济运行特点的新运行模式：首先从城市污水排放和处理收费机制入手进行改革，并向亚行承诺实施提高污水处理费，进行了多次的听证会议，先后经过三次调整，从项目建设前的0.15元/吨先后提高到0.25元/吨、0.45元/吨，直至现在的0.85元/吨。从项目投产运行来看，推行污水处理收费的政策是成功的，使市财政建立了污水处理厂建设偿还基金，不仅保障了第一期项目顺利开展，也对二期利用亚行贷款进行水环境综合整治项目起到重要的作用。

25年来，福建省借用外国借款的工作取得了较好的成效和经验，但也存在一些问题和教训。主要表现在以下三个方面：

（1）利用外贷总量偏少。从1991年到2005年福建省借用国外贷款年末余额占当年地区生产总值的比重平均都在10%以下(虽然从2000年开始，在数量上已经比90年代有了较大增长)。对于福建所处东南沿海、改革开放的省份来说，通过多种形式的借用外国贷款，在急需发展、具有综合效益的基础设施项目和行业与领域，可以得到更多的资金支持。

（2）风险防范意识不足。有的项目单位往往在防范风险意识方面较薄弱，缺乏规避风险措施，主要是缺乏分析汇率变化趋势的能力、规避汇率风险的经验以及能运用避险工具的人才，因此，很难准确选择金融衍生产品，面对风险通常只能是被动接受。如福建省某国营企业，在使用外国政府贷款过程中未采取有效的汇率风险防范措施，从1985年项目立项到1994年项目投产，人民币兑美元汇率从1：2.8到1：8.7，因汇率变动造成汇兑损失达3.9亿元人民币。

（3）借用外贷权责不清。一些项目单位用款积极性高，却忽视"借、用、还"的统一性，造成项目失误、借方与还方脱节。主要原因在于一些项目单位认为还款是政府的事，有政府担保自己只管使用，而不太关心如何还贷。加上改革开放初期，福建省对借用国外贷款还较为生疏，同时，由于一些项目单位缺少市场条件下使用该款项的经验，客观上也造成过一些不必要的经济损失。

厦门市借用国外贷款25年回顾与总结

25年来，厦门市认真贯彻执行“积极、合理、有效”利用国外贷款的方针，借用国外贷款工作取得了很大的成绩，为促进厦门市经济发展，扩大对外开放，推动招商引资，改善厦门市投资环境等做出了重要的贡献。

一、厦门市25年来借用国外贷款的总体情况

厦门特区创办以来，借用国外贷款工作经过25年的大胆探索和锐意创新，经历了从无到有，从少到多的发展过程，取得了可喜的成绩。25年借用国外贷款签约额为130806万美元，实际用款125811万美元，至2005年底，外债余额为6749万美元；实际借用国外贷款的类型和金额为：借用外国政府间贷款26674万美元，占比21.2%；国际金融组织贷款7918万美元，占比6.3%；国际商业贷款41375万美元，占比32.9%；融资租赁49844万美元，占比39.6%等；借用国外贷款的国别涉及科威特、日本、奥地利、西班牙、瑞典、芬兰、丹麦、法国、加拿大、瑞士、以色列等11个国家及世界银行、亚洲开发银行；贷款用途涉及基础设施13985万美元（包括供水、污水处理、垃圾处理、环保、电力、电讯、电子信息等）、交通74586万美元（包括港口码头、机场、大桥等）、工业14509万美元、服务业18555万美元（包括金融服务业）、旅游业1062万美元、房地产业1733万美元、社会事业850万美元（包括医疗卫生、教育等）、农业532万美元等。

厦门港东渡港区二期和三期工程，借用世界银行和亚洲开发银行贷款共8600万美元。图为港区局部景观

二、厦门市25年来借用国外贷款的作用和意义

25年来，厦门市借用的国外贷款重点支持基础设施和医疗教育等社会事业建设，支持厦门市重点支柱产业，积极发展出口创汇产业，对改善投资环境、提高厦门市国民经济综合实力，增强经济发展后劲，发挥了重要作用。

1. 拓宽融资渠道，弥补厦门市建设资金的不足

改革开放初期，国内金融市场和资本市场尚不发达，融资渠道单一，仅靠国内银行贷款。厦门市财力单薄，建设资金极为短缺；同时厦门市基础设施建设非常薄弱，没有机场，港口设施也非常落后，水电保障能力较差，电子通讯设备较为简陋，社会事业正处于建设发展阶段。要加快厦门市基础设施建设，推进社会事业全面发展，需要大量资金。因此，借用国外贷款，在一定程度上弥补了厦门市建设资金的不足，改变了厦门市融资渠道单一的局面，拓宽了厦门市融资渠道。

2. 引进先进设备、先进技术和先进管理经验，提高厦门市综合实力

通过借用国外贷款，厦门市引进了先进的航空航务配套设备，建设了厦

厦门高崎国际机场项目，借用科威特政府贷款1800万美元。图为厦门航空港

门机场一期、二期工程，使厦门机场二期扩建工程规模达到可起降B747-400机型，满足高峰小时旅客吞吐量4000人次，年旅客吞吐量1000万人次的需要和高峰小时飞行架次28架次，年飞行量6.36万架次的需求和飞行区达到4E级标准。二期工程完工投产后，在生产能力尚未达产的情况下，厦门机场经营收入已经达产：从2001年底开始进入盈利期，盈利能力逐年增强。2005年厦门国际航空港集团有限公司营业总收入10.1亿元，实现利润1.25亿元，资产总额48.05亿元，净资产26.45亿元，企业持续经营能力强。

通过借用国外贷款，厦门市引进了先进港口装卸设备、港作船、先进通讯导航设备、MIS系统、船舶废弃物处理设备及配套设备仪器等，建设了厦门东渡港区二期、东渡港区三期及厦门港环保项目。通过厦门东渡港区二期、三期项目的实施，我们建设了厦门现代化集装箱专用码头、件杂货码头水工工程、港池及航道工程，学习了国外先进、科学的港口建设、生产和经营管理方法。通过厦门港环保项目的实施，我们新建了污水处理场、环保船、围油栏、垃圾船、环保监测站及配套设备仪器等，为厦门港码头建设、运营期间码头和船舶产生的固体废弃物、船舶油污水的收集及污水处理提供了硬件保证。尤为重要的是成立了环境监测站，并配备了所需人员及完善的监测设施与设备，从而整体提高了厦门港海域污染监测、预防与保护水平。通过“厦门港利用全球环保资金赠款和世界银行软贷款建设港口环保设施项目”的实施，厦门港引进了先进的环保技术与设施、促进了港口环保政策的制定与环保管理，提高了港口环境监测水平，有效地预防和控制了含油污水、生活污水和船舶废弃物对海域的污染，净化了厦门港海域。通过这三个项目的实施，完善了厦门港总体规划与施工监理，改善了港口运营及环境保护，极大改善港口集装箱业务的基础设施，提高了港口的运营能力，增强了厦门港实力，吸引更多的大型船舶，为厦门港集装箱吞吐量快速增长提供了硬件保证；同时在集装箱运输业务得到发展的同时，带动了社会其他运输方式的发展，促进了本地区的经济发展，为社会提供了更多的就业机会。通过借用国外贷款，加快厦门港企业改革、政企分开的工作，港口管理体制得到合理的改革，港口管理水平和管理效率得到了提高，厦门港管理信息系统得到了改进。同时通过借用国外贷款，引进了施工、监理招标机制，引入竞争机制，降低工程造价，节省施工监理费用，缩短建设周期，健全项目管理机构，取得了良好的经济和社会效益。通过厦门港环保项目，获得了全球环保基金赠款289万美元，以及全球环保基金技术援助赠款3万美元，用来提高厦门港海域污染监测、预防与保护水平，有效地预防和控制了含油污水、生活污水和船舶废弃物对海域的污染，净化了厦门港海域。

通过借用国外贷款，厦门市引进了先进的桥梁技术和设备，建设了亚洲第一座、世界第三座三跨连续全漂浮钢箱梁悬索桥——海沧大桥，实现了创“精品工程”和“世界一流景观”的目标。通过先进建设与管理技术以及先进设备的引进，最大限度降低了对项目施工地的海洋生态环境的破坏。通过引进丹麦先进的桥梁养护管理技术，建立了科学的特大型桥梁养护管理系统及IT软件，采用预防为主的全过程控制性养护，实现养护管理规范化、标准化、制度化、信息化，为养护管理科学决策提供了技术支撑，确保大桥长治久安，并使维护费用最小化。通过借用国外贷款，不仅弥补了建设资金的不足，而且节约资金使用费用，降低了工程建设成本，在整个建设期内节约利息总额约8000万元人民币，创造了良好的经济效益。海沧大桥的建设，一方面，极大缓解了厦门进出岛交通压力，满足厦门市日益增长的交通需求，为疏解厦门进出岛的交通压力发挥了极大的作用，也为厦门市能承接国内外大型桥梁的建设与管理打下了坚实的物质基础；另一方面，加快了海沧开发建设，推进海沧台商投资区的完善，促进对台经济、技术和文化交流，促进海沧经济的快速发展。

通过借用国外贷款，厦门市引进了先进供水引水处理设备，建设了厦门市供水一期、二期工程。供水工程一期工程主要是建设厦门的取水水源——江东取水泵站及自江东至厦门的长达三十九公里，直径为二米的源水供水管。工程至1996年完工，为厦门增加了一个既卫生又稳定的新水源，每天可向厦门提供52万立方米源水，每年可提供约2亿立方米源水，彻底改变了厦门原来喝水靠天的无奈境况，提高了厦门市的供水数量和供水质量；39公里长、直径2米的钢管，在全国还是首次使用，为其他城市供水行业的供水建设提供了不少经验。特区供水工程二期项目主要是扩建高殿水厂（42万吨/日）及配套输水管道建设，利用国外贷款引进的定尺钢板，不仅减少材料的浪费，还加速施工安装过程，缩短了工期。引进先进的化验设备，使原自来水公司水质检测室由原来地方防疫站管理的化验室一跃成为国家级水质监测站。引进V型滤池工艺设备，使自来水出厂水纯度接近零度，达到发达国家水平。通过借用国外贷款，引入招投标机制和联合设计机制，提高了工程项目的管理水平，使企业的生产管理水平上了一个新台阶，对日后自来水公司其他工程项目的建设建立了良好的操作范本。

通过借用国外贷款，厦门市引进了先进污水处理设备，建设了厦门污水厂、厦门东部污水厂、厦门员当湖排洪涝泵站等污水治理工程，把员当湖由原先“臭水湖”整治成现在花园一般的城市中心景观湖，把白鹭洲公园建设成为环境优美的、深受厦门市民喜爱的一个休闲娱乐场所，同时还带动了白鹭洲公园周边房地产的开发。通过借用国外贷款，我们引进了招投标机制，引进了先进技术设备，引进了先进的处理污水管理理念，提高了生产管理水平。由于有了这些先进技术设备，大大提高了厦门污水处理能力，使厦门市污水处理率提高到76.76%，处于全国的较高水平，在文明城市评比中这项指标遥遥领先于其他参选城市，为厦门获得“文明城市”这张城市名片创造必要条件。

通过借用国外贷款，厦门市引进瑞士冯诺环境技术公司先进的垃圾焚烧技术，建设城市生活垃圾焚烧发电的环保建设项目。该项目的实施，提升了厦门市对城市生活垃圾进行无害化处理的水平，具有显著的环保、社会效益和一定的经济效益。

通过借用国外贷款，厦门市引进了先进的程控电话交换机，及时改造、扩容本地电话网，有效缓解交换机容量不足导致用户装机困难的紧张状态，进一步扩大开放用户长途直拨业务；由于大量采用光缆中继和双路由传输结构，使局间传输网络具有更大的可靠性和灵活性，进一步扩大了交换区范围，方便人民日常生活，推动国民经济发展，不仅产生了社会效益，而且也产生了较大的经济效益，使厦门电信事业走在全国前列。

通过借用国外贷款，厦门市引进了先进医疗急救设备和救护车30辆及特种救护车两辆，建设了一个与国际接轨的急救指挥中心，填充了厦门市急救应急系统的空白。通过借用国外贷款，厦门市先后在同安、同民、新店、集美、杏林、同安中医院建立了六个急救分站，每个分站配有1～2辆固定的救护车辆、器材、医、护驾人员，每周轮换；在岛内三级医院建立四个急救分站(包括中山医院之内)，在各医院相继建立急诊ICU，急救半径进一步缩小，形成了一个新的急救医疗网络，真正在全国实现急救—医院急诊—急诊ICU急救医疗模式，使人们的健康得到有力的保障。为了充分利用现有急救医疗资源，厦门市先后在市中山医院、第一医院建立心脏病急救绿色通道、脑血管意外急救绿色通道、新生儿救护中心等，进一步完善了急救医疗体系。同时，厦门市成立了“医疗急救动员中心”，所有急救车辆配置卫生定位系统（GRS），建立了平战结合的急救医疗队伍，完善了厦门市医疗急救及突发性灾害救助保障体系，在很短的时间内，从全国院前急救队伍中脱颖而出。五年来，接转送病人 12.6万人次，远从海南、南京、上海、香港、湖南、江西等地，近至龙岩、三明、福州、泉州，无一例途中发生意外,逐步形成了闽西南医疗救护网络。中心成立至今，共接警13.8万人次，抢救急危重病人1.3万人次，出车12.7万次,共行程296万公里。

通过借用国外贷款，引进多排螺旋CT、1.5特斯拉双梯度场核磁共振成像系统（MRT）等心血管医疗诊断救治设施。这些心血管医疗诊断救治设施是当今世界最先进的医学影像设备，其扫描速度快，定位准确，图像质量高，图像可由平面向立体、三维图像转变，提高病变检出率，完善了心脏中心的设备。项目实施后将大大提高厦门中山医院的医疗诊断水平和科研教学能力，对改善医院医疗条件，提高医疗服务水平和科研教学能力，满足不断增长的医疗保障要求，提高中山医院的综合实力，促进厦门医疗卫生事业的发展具有十分重要的意义。

通过借用国外贷款，厦门市引进了先进的教学设备，装配了电子、电工、电脑等10几个实验室，建设了钳工、模具、电子装配等多个实验室。培养了一批职教管理、设备管理方面的骨干教师，提高了专业技术水平和教学水平，培养了一批专业教学的骨干力量。

通过借用国外贷款，厦门市引进了先进的计算机软硬件、网络设备和主要设备，建立厦门市党政机关计算机城域网络，建成厦门市党政机关互联网络交换中心，上联国家、福建省，下联各区，横向联接市属各部门和公众网络，实现Internet/Intranet网络的各种功能和服务，成为厦门市电子政务信息化建设的网络平台和信息交换平台。完成国家规定的六大业务信息系统开发和上网运行，建立厦门市党政机关办公网和厦门市党政机关公众信息网；推动党政机关的信息化建设，初步建立起OA系统及网上业务应用系统，促进政府各部门办公的计算化、网络化和规范化，为全面推进厦门市电子政务建设起到示范和先导作用。通过该项目建成的网络平台和信息交换平台，政府各部门进行信息资源上网，初步形成了各部门之间的信息交换和共享机制，同时也成为全市党政机关信息资源聚合、交换、共享的枢纽和政府业务应用系统服务窗口；开展网上办公服务，为各级领导部门决策提供服务，为企事业单位和社会公众服务。构建网络平台和信息交换平台，建设了政府网站、闽粤赣十三市区域合作信息网及各类网站；开展各类计算机和网络技术培训，组织国内外的技术培训60多人次，培养了一批有丰富实践经验的高中层次专业技术人才。通过引进先进设备，为厦门市党政机关业务数字化网络化管理提供了先进装备和网络环境，使厦门市党政机关信息化水平迈上新台阶；有力地推动了厦门市“电子政务”建设，提高了政府机关的工作效率和决策能力；促进了全市机关信息资源的开发和利用，提高了信息共享程度。

通过借用国外贷款及融资租赁17架波音飞机，使厦航拥有厦门、福州、晋江、武夷山、南昌和杭州六个基地，经营国内、港澳和东南亚东北亚航线100多条，推动了厦航机队的扩张和更新，增强了厦航的发展后劲。1985年，厦航首次利用国外资金以融资租赁的方式引进了2架B737-200飞机，开始了正式运营。1992年，厦航采用美元融资租赁方式引进第1架B757-200飞机，开始了机队扩张步伐。1998年，厦航采用美国出口信贷担保的融资租赁方式引进4架B737-700飞机，成为波音新一代B737飞机中国首家用户，开始了机队更新步伐。2005年，厦航通过中银香港贷款引进5架B737-700飞机，进一步扩张机队，增强了发展后劲。厦航在发展初期，自有资金特别不足的情况下，利用国外贷款有力地支持了厦航的发展。由于厦航历次利用国外贷款，利率均比同期人民币贷款利率低，降低了厦航的融资成本，使企业获得比较可观的经济效益。截至2005年末，累计利用国外贷款金额5.52亿美元，国外贷款余额1.99亿美元。厦航总资产66.25亿元，净资产15.44亿元，当年利润总额1.05亿元，实现连续19年盈利，累计实现利润总额24.32亿元，向股东分红11.27亿元上缴税金18.49亿元，上缴民建基金18亿元。同时通过对外融资，厦航锻炼和培养了一批熟悉国际市场融资操作的人才；通过对外融资，增强了厦门与国际的联系，提升了厦门的国际知名度，实现了经济利益和社会利益双赢。

通过借用国外贷款，厦门市先后引进了先进生产设备和先进的生产线，支持了厦门市一批出口创汇型企业，增强企业的发展后劲，扩大对外开放。

3．降低融资成本，缓解还贷压力

国外政府贷款有很多优惠条件：一是贷款利率较低，有些政府贷款是零利率，如厦门市借用的丹麦政府贷款和瑞典政府贷款都是零利率；二是还款期限较长，大部分政府贷款的贷款期限都在20年以上，厦门市借用加拿大政府贷款的贷款期限长达

40年，宽限期长达10年；三是借用国外贷款购买国外设备可以免关税，而厦门市借用的国外贷款大部分是引进国外先进设备、先进的生产线，降低了企业的生产成本；四是借用国外贷款，可以争取一些赠款，如厦门市借用的瑞士政府贷款，其中有40%的贷款是赠款，还有厦门港环保项目，获得了全球环保基金赠款289万美元，以及全球环保基金技术援助赠款3万美元。因此，借用国外贷款，不仅可以大大降低了融资成本，还可以节约建设资金，缓解还贷压力，解决一些资金难题。

4．培养了一批业务骨干，学习了先进管理经验

通过借用国外贷款引进国外先进设备，厦门市输送了大量业务骨干到国外学习和培训，掌握先进设备的操作、使用和维护方法，学习了不少先进技术和管理知识，提高了职工自身的技术素质，大大提升了厦门市技术含量，提升了城市建设的品牌，加速了厦门市与国际接轨的进程。

5．培养一批熟悉国际市场融资操作的人才

通过借用国外贷款参与国际融资，厦门市培养了一批熟悉国际市场融资操作的人才，为建设区域性金融中心奠定了基础。

6．增强了厦门市国际间的交流与合作，促进了招商引资

通过借用国外贷款，增强了厦门市与国际间的交流和合作，促进了厦门市招商引资工作的进展。

7．提升厦门的国际知名度

通过借用国外贷款，引进先进技术，创造了品牌，产品走进了世界；通过借用国外贷款，增强了厦门市与国际间的交流和沟通，世界了解了厦门；通过借用国外贷款，保护自然生态环境，促进社会事业各方面的发展，提升了厦门的国际知名度。

三、厦门市25年来借用国外贷款的经验总结

借用国外贷款涉及领域宽，时间跨度长，专业技术性要求强，是一项复杂的系统工程。厦门市借用国外贷款工作经过多年的摸索，有以下体会。

1．加强领导，加大利用国外贷款的工作力度

市委、市政府对全市借用国外贷款的工作非常重视，专门成立了“厦门市借用国外贷款领导小组”，下设办公室（简称市外贷办）。市外贷办负责全市借用国外贷款的日常工作，对全市借用国外贷款的工作进行全面部署，规范利用国外贷款的申报工作和程序。

2．做好宣传和推广工作，加强信息交流和培训工作

市外贷办不定期编辑简报，及时发布信息，加强市外贷办各成员单位的信息交流，并把有关信息在厦门市政府网站公布，不仅提高了信息的时效性，而且起到宣传和推广借用国外贷款的作用；通过举办“利用国外贷款国际金融业务培训班”，提高相关人员的业务能力，进一步调动项目单位、市各有关部门、特别是各区县利用国外贷款的积极性。

3．重视调查摸底和建库工作，编制借用国外贷款规划

市外贷办通过调研，对全市企业进行调查摸底，认真抓好前期工作，建立了借用国外贷款项目储备库，并对储备库的项目进行分类指导，对符合国家产业政策和行业发展规划的、又有国内配套资金、偿还能力较强项目，纳入厦门市借用国外贷款年度规划和滚动发展规划；加强对项目的评审，优化用款方案，注重效益和偿还能力，实行项目法人责任制和资本金制度，确保项目的成功率和项目建成后的经济效益；努力提高决策水平，提高办事效率，搞好服务。

4．加强风险管理，避免债务风险

自实行浮动汇率制以来，国际金融市场变化日趋复杂，汇率及利率的急剧变化往往给中长期债务的还本付息带来很大的风险。因此，为避免用款企业因汇率变动引发债务收益损失，市外贷办认真指导协助借用国外贷款项目制定防范措施，将利率和汇率风险降到最低程度。

5．强化监督管理，控制和防范外债风险

借用国外贷款事关我国和厦门市的国际声誉，如果出现某个借用国外贷款项目不能按贷款协议规定要求还款的情况，势必会对我国和厦门市的信誉造成不利的影响。因此，市外贷办对全市借用国外贷款的项目使用情况进行定期或不定期检查，对厦门市借用国外贷款的规模、结构和投向等多个方面进行常年动态监测、实证研究和风险管理；对市级财政承担的债务进行摸底调查，编制年度偿债计划；建立项目的后期评估和进度报告制度，及早发现问题，解决问题，确保项目单位按时还款，防止发生债务风险。

四、厦门市借用国外贷款的主要特点

1．借用国外贷款的信誉良好

厦门市借用国外贷款借、用、还各环节运作良性，不仅未出现逾期或拖欠款的不良记录，而且还受到贷款方的表扬和奖励，东渡二期受到世行的奖励，厦门机场受到科威特的表扬和追加贷款，对外信誉良好。

2．国外贷款规模大幅缩减

主要原因是我国经济增长正出现强劲势头，国外优惠贷款正逐步取消或减少对我国的支持，而且国家利用外资政策已确定向中西部地区倾斜，厦门作为经济特区、沿海开放城市，政策优势逐步淡化。同时，国内融资环境得到改善，国内资金比较充足，国外融资相对于国内融资来说，由于其汇率风险及手续繁琐，一定程度上失去其优势。

五、借用国外贷款存在的问题、教训和探讨

（1）借用国外贷款一般限制性条款较多，贷款手续繁琐，办理环节较多时间较长。一个项目从提出到实施，一般需要2年左右时间，往往错过借用国外贷款的最好时机。

（2）借用国外贷款引进的先进设备，其配套的零部件昂贵，随着使用年限延长，维修费用逐年增加，因此在借用国外贷款时要考虑这个因素。

（3）利用国外政府贷款存在着项目运作过程中途变更国别等风险。

（4）缺乏专业的国际金融管理人才，对项目可行性缺乏深入的研究，对项目的经济效益估计过高，投入产出分析不够，汇率风险考虑不足。

（5）对项目选择缺乏前瞻性，有些项目由于规划调整与变更，导致项目难以实施，因此影响了项目整体实施进度。

（6）对借用国外贷款的游戏规则不熟悉，没有充分的思想准备，一般项目单位都是首次使用国外贷款，对其具体做法与要求认识不足，在项目实施过程中普遍感到借用国外贷款规定多、手续繁杂、要求严格，因此使用的积极性不高。

（7）借用国外贷款的储备项目不多。由于厦门借用国外贷款较早，码头、大桥、自来水、污水等一些大型基础设施建设已基本使用国外贷款，目前可使用的外债项目较有限。

江西省借用国外贷款25年回顾与总结

1983年，江西广播电视大学与世界银行签署协议，利用世界银行贷款约56万美元兴建教学楼用于职业教育培训，揭开了全省借用国外贷款的序幕，从此，借用国外贷款工作在全省国民经济和社会发展中扮演着重要的角色。截至2005年底，全省共实施国外贷款项目57个，累计使用国外贷款14.37亿美元，这些国外贷款主要用于农业、交通通信、能源、原材料、教育、卫生等领域，有力地促进了全省国民经济和社会事业的发展，促进了全省的经济体制改革和对外开放。

一、江西省借用国外贷款历程及特点

（一）江西省借用国外贷款历程

20多年来，江西省借用国外贷款大致经历了以下几个阶段：

1．第一阶段

20世纪80年代初期至中后期是江西省借用国外贷款的起步阶段。这一时期贷款规模较小，贷款领域主要集中在通信、农业及社会事业等，主要项目有利用加拿大、法国、瑞士、比利时等国政府贷款进行通信设施建设，利用世界银行贷款进行改造和完善农业生产及生活条件，如农村公路、省良种中心、红壤开发、吉湖农业综合开发等项目，此外，江西省还利用世界银行贷款进行基础设施和社会领域方面的建设，如南昌至九江汽车专用公路、南昌大桥、江西职业教育、南昌及九江两市综合性区域发展等项目。

2．第二阶段

90年代初期至中后期是江西省借用国外贷款的成长阶段。这一时期江西省利用了较大量的外国政府贷款，投向重点是工业领域的设备引进和产品的升级换代，如华意电器总公司利用澳大利亚政府贷款引进冰箱压缩机技术及生产线项目、江西九江化工厂利用加拿大政府贷款引进环氧丙烷生产技术设备项目、江西棉纺织印染厂利用日本“黑字还流”进行印染车间技术改造项目等。利用国际金融组织贷款的重点仍集中在农业和基础设施领域，如江西省森林资源发展和保护项目、红壤开发项目（二期）、赣州农业综合开发项目、九景公路项目等等。

3．第三阶段

90年代中后期以后是江西省借用国外贷款的稳定发展阶段。这一时期江西省主要是利用了一些期限比较长、金额比较大的贷款，贷款来源主要是国际金融组织和日本政府贷款。如利用世界银行贷款进行泰赣、瑞赣高速公路项目建设，利用世界银行贷款在赣南和赣东北进行综合农业现代化建设，利用亚洲开发银行贷款进行农村生态能源建设，利用日本政府贷款加强江西公共卫生、高校建设及林业发展等。

（二）江西省借用国外贷款主要特点

1．贷款项目符合国民经济和社会发展需要

80年代初期，为解决江西省通讯制约经济发展“瓶颈”，江西省积极利用加拿大、法国、瑞士等国家政府贷款，引进程控电话交换系统，加强了全省市、县、区的交流与联络。90年代，为推进全省工业发展，我们又通过利用外国政府贷款促进了江西省主要工业企业技术升级和产品换代。农业是江西省重要产业，为进一步加强农业基础产业地位，江西省利用国际金融组织贷款的项目农业占有较大比重。进入新世纪，根据全省国民经济和社会发展需要，江西省利用国外贷款的重点又集中在交通等基础设施和社会协调发展方面。

2．注重资金和水平的“双重”引进

资金和技术的同时引进是江西省利用国外贷款的重要原则，通过借用国外贷款，一方面可以弥补江西省建设资金的不足，更重要的是引进国外先进的技术和管理经验，推动全省经济又好又快发展。国外贷款机构特别是世界银行和亚洲开发银行在项目管理上有一套先进的管理经验和经营理念，因此，江西省在利用其贷款的同时，还积极引进其先进的管理经验，充分发挥其“知识库”的作用，并把在项目组织实施中取得的成果推广到国内项目建设中去。南昌至九江汽车专用公路首次将菲迪克（FIDIC）管理模式成功运用，此后，江西省公路项目建设都采用这一管理模式。

3．贷款结构合理

从贷款来源看，江西省借用国外贷款以使用国际金融组织和日本政府等优惠性贷款为主，保障了贷款的偿还。从贷款投向看，贷款主要投向于全省国民经济和社会发展的基础产业和社会发展领域，对促进全省国民经济健康、协调发展发挥了重要作用。从贷款期限看，江西省借用国外贷款以中长期借款为主，特别是国际金融组织和日本政府贷款，期限长，有的贷款期限长达40～50年，缓解了项目还款压力。

二、江西省借用国外贷款的作用和评价

（一）通过借用国外贷款，加快了全省经济发展

1．弥补了项目建设资金

江西省农业、卫生、教育、交通等领域借用国外贷款多为国际金融组织、日本政府等优惠性贷款，贷款比重较大，弥补了项目建设资金。日元贷款江西公共卫生项目总预算2.74亿人民币，其中借用日本协力银行贷款28.21亿日元，占项目总投资的72%，目前，项目设备陆续投入使用，正在逐步提高江西省项目单位流行病学调查、医学检验、疾病诊断、疾病预防控制和医疗救治的能力，提升了江西省应对突发公共卫生事件的快速反应能力，加强了江西省疾病预防控制体系和医疗救治体系建设。各项目单位的相关人员都对日元贷款项目的评价非常高，认为项目采购的设备品牌知名度高、技术先进、质量好、价格低、设备完全符合项目单位的工作需要，在最适当的时候为项目单位提供了一大批急需的高档设备，解决了项目单位因资金紧张无力添置大批高档、大型设备的问题，为项目单位今后5～10年的发展奠定了坚实的基础。

2．加快了产业发展

20多年来，江西省通过积极、合理、有效地利用国外贷款，加快了通讯、交通、农业、卫生、教育、城建、商贸、工业等产业发展，特别是农业、交通、原材料等基础产业的建设，为江西省经济发展奠定了坚实的基础。江西第二化肥厂8万吨合成氨工程是国家“八五”重点建设项目，1990年该项目利用国际商业贷款2500万美元，1993年项目顺利竣工投产，为增强企业后劲，支援江西农业发展，振兴江西经济发挥了积极作用。世行贷款江西综合农业现代化项目利用世界银行贷款1亿美元，通过对农田水利灌溉、改善农田生产、市场体系建设及项目管理、监测和评价四个子项目的建设，加强了江西省赣南和赣东北21个县项目区的农业基础设施，改善了当地农业生产条件，增加了农民收入，推进了农业产业化发展。赣州至瑞金高速公路利用世界银行贷款2亿美元是国家高速公路骨干网夏成线的重要组成部分，该项目的建成不仅改善了赣南山区群众的出行条件，而且必将对沿线经济发展起到重要的推动作用。

3．促进了行业技术升级

江西省广播电视局投资6000万元，其中利用西班牙政府贷款495万美元购置大型拖挂式10讯道数字电视转播车、新闻采访卫星上行转播车、全数字播控中心系统，以及省电台数字化制作、播控系统和全数字广播转播车等设备，大大提高了省电台、电视台的节目制作能力和技术服务保障能力，标志着江西广播电视事业进入了一个新的发展阶段，在全国省级电台中一跃达到中上水平，为江西省广播节目由模拟技术走向数字化奠定了坚实的基础。

宜春罗宾有限公司借用德国出口信贷1452万美元，形成年产5万立方米中密度纤维板生产能力。图为工厂主要设备—连续热压机

综合农业现代化项目，借用世界银行贷款。图为德兴市龙过渠灌区

（二）通过借用国外贷款，推进了体制机制创新

1．引进了新的项目管理方式

江西省1989年开工建设的南九公路，也是江西省建设的第一条高等级公路。本项目第一次按照菲迪克（FIDIC）合同条件，以第三方监理的方式，实行质量、费用、进度及合同商务、法律等方面的全面合同管理，条款脉络清楚，逻辑严密，保证业主与承包商的要求与利益平衡，风险与责任分担。本项目在执行过程中，还专门聘请了外国专家进行监理，培训了一大批专业人才。也就是在本项目施工监理工作人员的基础上，省内成立了第一家交通工程监理公司。在随后建设的昌樟、梨温、九景、昌泰、昌金、京福、泰赣等高速公路以及省道中，菲迪克（FIDIC）合同条件都得到了广泛应用。

2．在项目管理中进行了有益的尝试和创新

江西省世行贷款综合农业现代化项目在促进行业政策制定与完善、制度建设与管理创新上，尤其在改变传统观念和习俗方面，都进行了有益的尝试和创新，在一定程度上也是社会主义新农村建设活动的一种新的试点和示范。在项目设计上，首先是以改善农业基础设施为切入点和重点，注重可持续发展和推进管水、用水体制改革，符合国家和江西的政策；其次，把市场体系建设作为农业项目的一个有机组成部分，反映出适应市场经济和以经济效益为中心的设计理念；再次，以培训和提高项目执行机构能力建设为手段，体现以人为本的要求。在项目实施中，强调综合性、受益人的全过程参与，发挥受益人特别是广大农民的积极作用，不仅促进农民发展市场适销对路、有经济效益的农产品，而且组织农民发展营销组织，发挥农民协会的作用等等，给项目区带来一系列观念的转变。

3．实行不同的经营管理机制

如在红壤Ⅱ期开发项目中主要采取家庭农场适度规模经营机制，该项目在25万亩的红壤荒山上建起了9800个家庭农场。它的特点是：每户开发承包经营土地1.5～2公顷，政府发给有法律效力的土地使用证，使用期30～50年。“权、责、利”直接和农民挂钩，农户有充分的生产经营自主权。这种模式不仅适应我国当前农村生产力水平，而且符合群众意愿，有利于发挥生产经营者的主观能动性，调动他们开发经营的积极性，有利于生产诸要素在一定范围内的合理组合，形成新的生产力。家庭农场以发展商品生产为目的，采取一业为主、农林牧综合经营的方针。他们的劳动产品除了自给，主要是作为商品满足社会需要。商品生产迫使他们钻研技术，关心市场，加强管理，讲究成本，追求效益，一般家庭农场每个劳力创造的产值高于当地农民2～3倍，产品的商品率都在90%以上。家庭农场十分注重农民的素质，上山开发的农民必须具备劳力较强，有一定的文化知识，善于经营管理，且有一定的自有资金和生产设备。上山后还要经常对他们进行培训，提高其科技文化素质，使他们在市场经济条件下搞好开发和经营。实践证明这种经营模式是可行的，使项目产生了永久的活力。

4．加强了项目管理科学化

按照世行的要求，江西二号公路项目于2002年10月分别在南昌、宜春两市成立的温圳、源仙台二个独立养护中心，为江西省高速公路养护提供了一套完善的养护管理制度、养护绩效考核办法、高速公路养护工作方法和养护安全管理制度，也促使江西省高速公路养护全部建立养护中心机构。

此外，通过借用国外贷款，促进了全省投资项目工作方式和工作机制转变，如加强了对国内投资项目的后评价机制、在项目实施中的更加注重环评和移民安置问题等。

(三)通过借用国外贷款，扩大了对外开放

20多年来，江西省通过借用国外贷款，加强了交通、通信、水电、城建、原材料等产业发展，加快了基础设施的完善，提高了工业配套能力，投资环境的改善为全省吸收外商直接投资创造了条件。同时，通过借用国外贷款促进了全省广大干部群众思想观念的改变，扩大了对外交流与宣传。借用国外贷款还加速培养了大批懂外语、善谈判、能管理的人才队伍。

（四）通过借用国外贷款，促进了全省经济社会的协调发展

从江西省借用国外贷款项目组织和实施情况看，特别是农业、卫生和公路等贷款项目，一般均使用国际金融组织或日本政府等优惠性贷款，这类贷款利率低、使用期限长，江西省在使用和组织实施的过程中也注重使全省大多数地方受益，因此，贷款的使用对改善人民群众生产和生活条件，提高人民收入水平起到了重要的作用。日元贷款江西公共卫生项目在全省10个设区市24个医疗机构实施，提高了全省疾病诊断和治疗能力，项目医疗的全自动生化分析仪投入使用后，原来要花1～2天时间看病，现在一天甚至半天就能完成，不仅大大方便了门诊病人，特别是农村进城就诊的病人，而且还减轻了病人的总体经济负担。世行贷款江西省综合农业现代化项目的建设区域，分布在江西省赣南和赣东北5个设区市21个县，10多亿人民币的投入极大地改善项目区的农业基础设施，提高项目区的农业综合生产能力，促进农业的可持续发展，增加农民收入。2004年冬季施工的赣州市石城县琴江东灌区坝口村230亩稻田长年无法自流灌溉，灌区实施改造后，该片稻田种上了效益好但对灌溉水要求较高的白莲，不仅生产安全了，水费节省了，而且收入明显增加，每亩达1000元左右，坝口村的农民喜笑颜开。亚行贷款江西农村生态能源建设（一期），通过建设猪－沼－果三位一体模式及相应的道路配套工程建设，直接使6100户农户收益。

三、江西省借用国外贷款的经验和体会

20多年来，江西省借用国外贷款取得如此成果得益于各级领导的重视，得益于发展改革、财政、审计及项目主管等部门的协调合作，得益于项目单位精心组织动作以及各相关部门的大力支持和配合。主要经验和体会是：

扶助贫困农户发展粮食、果茶畜禽生产、农产品加工及技术培训项目，借用国际农发基金贷款。图为项目区生猪养殖基地之一

（一）加强领导是项目顺利实施的根本保证

从项目选择到准备和实施，得到了各级领导的高度重视和大力支持，特别是一些涉及面广、影响大的项目，省主要领导亲自担任项目领导小组组长，加强项目的组织协调，推进项目开展相关工作，为项目顺利实施奠定了坚实的基础。落实项目配套资金是各级领导重视国外贷款工作的又一具体体现，对于一些社会效益明显，而项目本身配套能力软弱的国外贷款项目，各级政府还在项目配套资金落实上给予了大力支持。如世行贷款贫困地区林业发展项目，省政府决定，项目实施期间每年省林业厅解决300万元，省财政、发改委、老建办、农发办等部门各解决75万元作为省级配套资金，并同意“十五”期间，每年拿出20万立方米的商品材采伐限额作为造林绿化专项资金，用于解决项目的市、县林业部门的配套资金。同时，江西省农业厅、交通厅、卫生厅、教育厅、林业厅等部门还专门成立了利用外资办公室，建立专门机构和落实专业人员负责部门借用国外贷款工作。各级领导对国外贷款项目的高度重视和大力支持，确保了项目的顺利实施。

（二）精心选择项目是确保项目实施和成功的前提

项目的选择是项目组织和实施成功与否的关键，因此在项目的选择上我们始终注重把握省委、省政府关心的重点、热点问题开展工作。20世纪80年代，江西丰富的森林资源受到了严重的破坏，恶化了原有的优越生态环境，也极大地制约了全省经济的发展，在这个关键时刻，省委、省政府及时做出决定，提出“规划从1989年起用七年时间，基本消灭全省宜林荒山”的林业发展目标，按照省委、省政府的决策，我们抓住中国林业正与世界银行开展合作的难得机遇，选择推出了“国家造林项目(江西)”利用世行贷款着力培育森林资源，改善江西林业发展现状。项目的成功实施对今后江西林业发展起到了积极的意义，同时也为江西林业利用国外贷款发挥了示范和表率作用，此后，江西省林业部门相继实施了世行贷款“森林资源发展和保护项目”、“贫困地区林业发展项目”和日元贷款“江西造林项目”，为顺利完成省委、省政府不同时期提出的林业发展战略目标奠定了坚实的基础。1998年，江西省遭遇百年难遇的特大洪涝灾害，九江大堤惨痛的教训加快了城市防洪体系建设，先后启动了“六城市防洪”和“长江恢复紧急救灾”两个国外贷款项目，加强了南昌、九江、景德镇、鹰潭、上饶、抚州等重要城市防洪等级建设，提高了江西省对五十年或百年难遇洪水紧急应急机制的应对措施，为生产和生命安全提供了重要的保障。20多年来，江西省借用国外贷款先后加强了农业、教育、能源、交通、卫生、工业、城建、社会发展等领域建设，这些项目的实施适应了江西省不同时期国民经济和社会发展需要，对全省经济和社会发展发挥了重要作用。

（三）认真开展前期准备工作是保证项目实施和成功的重要措施

在开展项目前期准备工作中我们主要抓住了以下几个环节：一是认真准备项目。省发改委、省财政厅、省项目主管部门，根据全省国民经济和社会发展需要和国家国外贷款政策，发挥部门职能，认真准备全省借用国外贷款项目。同时为保证项目科学合理，增强实施的可操作性，在项目准备的过程中还加强了地方和群众参与的主动性，如世行贷款江西省综合农业现代化项目把农户组织起来，成立农民用水者协会，选举用水户代表和协会主席，项目的实施深受广大农户的欢迎，解决了农户原来无法保证农田用水之苦。二是加强与国外贷款机构的联系与沟通。借用国外贷款项目进入国家借用国外贷款规划后，我们主动加强与国外贷款机构的联系，通过不断沟通，密切了与国外贷款机构的关系往来，对项目有可能出现的情况达成共识，加快了项目前期准备工作进程。三是加强项目国内程序与国外程序的衔接。借用国外贷款项目涉及国内国外两套工作程序，两套工作程序相互配合，相互促进。为做好这两套程序的相互衔接，我们一方面督促项目单位认真按照贷款机构要求和国家贷款政策规定，抓紧落实和做好外方工作程序，另一方面，按照项目进展情况，我们又积极做好国内方面的项目报批工作，切实做到两套程序衔接。

（四）部门协调配合是保证项目顺利实施和成功的有效手段

相对于国内项目，国外贷款项目程序较为复杂、准备时间较长、涉及范围较广，牵涉部门较多，从项目的筹划到项目的批准再到项目的实施牵涉到方方面面。纵向看，一个贷款项目一般涉及省、地、县三级政府，有些项目还涉及乡和村等基层政府；横向看，又涉及发展改革、财政、外汇管理、转贷银行、项目主管部门、项目实施单位等多个部门。因此，加强各有关部门互相配合和协调对保证项目顺利开展各项工作至关重要。一是在项目选择阶段，我们注重加强发改委、财政、主管部门和项目实施单位之间的协调配合，确保项目体现全省国民经济和社会发展的需要。二是在项目准备阶段加强了项目实施单位与国外贷款机构、转贷部门、招标代理商等机构的协调配合。三是在项目实施阶段加强了项目实施单位与项目所在地政府及相关部门的协调配合。此外，在项目的准备过程中，我们还积极主动加强与国家有关部委和中介机构的联系和沟通。

（五）积极组织实施是保证项目成功的关键

建立项目管理的各项规章制度，加强项目区管理人员及实施单位的业务培训，强化项目资金管理，做好项目设备招标采购等工作是借用国外贷款项目组织实施的重要内容。一是加强培训，制定各项操作手册。为做好江西省林业利用国外贷款项目实施工作，江西省林业厅贷款办十多年来共举办乡级以上各类培训班5014期，培训人员323329人次，涉及社区林业评估、苗木培育、用材林及经济林丰产栽培、计算机与信息系统、资金与财务管理、物资采购等多方面内容。同时省林业厅贷款办还制定和编印了各种技术规程、细则、标准、方案等11种85000余册，下发至项目市、县、乡、村及实施农户手中，还先后录制了《速生丰产林经营技术》、《毛竹丰产经营技术》和《绿海新潮》三部科教片VCD分发至各项目县，作为参考读物和操作指南，收到了很好的效果。二是做好项目的招标采购工作。日元贷款江西公共卫生项目95%以上的资金用于设备采购，设备品目复杂，涉及的专业领域多，资金量大，江西省卫生厅贷款办紧紧依靠23家项目单位，发挥项目单位技术人员优势，认真做好标书的编写和修改工作，在招投标过程中，始终遵守国家有关招投标法律和日本协力银行《采购导则》，坚持公开、公平、公正的原则。由于政策运用得当，招标采购规范行为，项目不仅采购到了PIIILIPS、IBM、OLYMPUS、ABI、生物梅里埃公司、贝克曼等国际著名公司的产品，还节省了采购资金1亿人民币，又在汇率变化中赢利1400万元人民币，得到了日本协力银行、国家有关部委和项目单位的好评。三是严格财务管理，强化资金使用和监督，确保项目成功实施。项目实施前，项目单位均按照贷款机构要求和国家财务资金管理规定建立了财务管理办法、资金管理办法、会计核算办法、报账提款办法等一系列资金财务管理办法，保证资金动作按章行事，财务管理规范有序，债权债务落到实处。

山东省借用国外贷款25年回顾与总结

改革开放以来，我国宏观经济运行平稳，国际收支平衡，外汇储备持续增加，借用国外贷款的规模不断扩大，促进了经济社会全面协调发展，也保持着良好的外债偿还信誉。山东省紧紧抓住机遇，广泛参与国际合作与交流，充分利用外资为经济社会发展服务，取得重要成效。借用国外贷款作为山东省利用外资的重要途径之一，备受省内各级各部门的重视。山东省借用国外贷款主要包括国际金融组织贷款、外国政府贷款和国际商业贷款三种形式，主要投向农业、林业、能源、交通、教育卫生、工业、环境卫生等领域，为全省经济社会发展提供了优惠资金，注入了强劲动力，为产业结构调整、行业技术进步和社会公益事业建设发挥了重要作用。20多年来，山东省通过不断创新贷款方式，开拓贷款新领域，扩大贷款规模，争取资金来源多元化，逐渐摸索出一套行之有效的管理办法，为进一步用好国外贷款、提高国外贷款的成功率和成效、促进全省经济社会又好又快发展提供了有力保障。

一、山东省借用国外贷款的基本情况

山东省借用国外贷款始于1985年，截至2005年底，共借用国外贷款签约额约94.55亿美元(不含青岛市)，其中国际金融组织贷款15.34亿美元，外国政府贷款29.55亿美元，国际商业贷款49.66亿美元(包括“三资”企业差额贷款)。国外贷款项目共计约691个，其中500万美元以上的大中型项目117项，约占16.9%。项目遍布全省除青岛外的16个市地，涉及农业、林业、能源、交通、教育、卫生、邮电通信、城建环保、供水及环境卫生、工业、环境保护等领域。总体上看，目前多数项目均运行良好，效益显著，为扩大对外交流与合作、促进经济社会的发展做出了积极贡献，得到世界银行、亚洲开发银行以及相关国外金融机构的肯定和赞誉。

山东省借用国际金融组织贷款规模15.34亿美元，主要来源于世界银行、亚洲开发银行和国际农发基金组织，其中利用世界银行贷款10.83亿美元，亚洲开发银行贷款4.24亿美元，农发基金组织贷款0.27亿美元，共实施70个项目，主要投向基础产业和基础设施领域，其中农业占27.91%，能源行业占21.84%，交通行业占14.76%，冶金行业占14.41%，其他用于教育卫生等领域。

山东省借用外国政府贷款规模29.55亿美元，主要来源于日本(日元贷款、能源贷款、黑字环流贷款)、法国、德国、西班牙、意大利、奥地利等21个国家，其中日本政府日元贷款、能源贷款、日本黑字还流贷款18.56亿美元，德国政府贷款2.84亿美元，西班牙政府贷款2.29亿美元。贷款主要投向基础设施项目和出口创汇项目，其中能源行业占43.88%，轻工行业占11.11%，纺织行业占7.85%，邮电通信行业占5.53%，其他部分用于农业、教育和卫生等领域。

山东省借用国际商业贷款49.66亿美元，包括境外银行贷款、出口信贷、境外发债及“三资”企业差额贷款等。主要投向能源及工业出口创汇项目，其中能源行业占34.23%，轻工行业占7.05%，纺织行业占12.35%，旅游等其他行业占19.84%，另外部分贷款应用于机械、电子、冶金、化工和建材行业等领域。

多年来，山东省始终坚持“积极、合理、高效”的原则，借用国际金融组织贷款的规模和使用领域不断扩大，借用外国政府贷款和商业贷款从集中在日本等少数几个亚洲国家和香港地区，逐步发展到遍及亚洲、欧美等多数发达国家和地区，借用的资金从只有美元、日元、德国马克和港币少数几种货币发展到目前的20多种，资金来源结构不断优化，过分集中的状况得到改变。在国外贷款使用上，主要投向基础设施、基础产业的重点项目和出口创汇项目，弥补国内固定资产投资建设资金的不足，有效地改善了山东省的交通、能源、通信等基础设施的落后状况，提升了农业、林业等行业的发展后劲，提高了骨干企业的出口创汇能力和国际竞争力，有力地支持了山东省经济的持续、快速、健康发展，促进了山东省经济社会的全面进步。

二、山东省借用国外贷款的发展历程和历史沿革

20多年来，山东省借用国外贷款从无到有、从小到大，走出了一条良性循环的路子。根据利用国外贷款的规模、政策和管理制度等情况，可分为探索起步、快速发展、稳步发展三个阶段。

（一）探索起步阶段(1985～1990年)

1979年党的十一届三中全会确定了对外开放的基本国策，为我国广泛参与国际交流与合作奠定了基础。山东省作为沿海开放省份，充分把握这一机会，制定了一系列政策，以促进省内经济的复苏与发展。为充分利用外资，弥补国内建设资金的不足，山东省确定了积极利用国外贷款、促进经济发展的方针政策。自1985年至1990年6年时间内，山东省累计借用国外贷款6.89亿美元，涉及127个项目，其中国际金融组织贷款0.21亿美元，外国政府贷款3.71亿美元，国际商业贷款2.97亿美元，涉及农业、教育、能源、交通、工业、供水与环境卫生等多个领域，为山东经济的恢复和发展做出了重大贡献。

在这一阶段，借用国外贷款工作呈现以下特点：

（1）借用国外贷款占山东省利用外资的比重较大，6年平均为30.65%，其中1987年高达70.74%。其主要原因是山东省尚处于改革开放的初级阶段，全省利用外资整体规模相对较小，利用外资的方式比较单一，而经济发展所需要的建设资金缺口巨大，借用国外贷款成为部分行业筹措建设资金的重要渠道。特别是在邮电通讯领域，设备、技术严重落后于经济社会发展水平，实现产业升级所需投资巨大，枣庄、潍坊、泰安、济宁、临沂、威海等地市，先后利用德国政府贷款引进程控电话交换机、数字传输设备，弥补了电信领域建设资金不足的状况，成功实现产业升级。

（2）借用国外贷款中优惠贷款比重较大，部分年度高达100%，6年平均为56.85%。主要有利用世界银行贷款济青高速公路项目、山东省农业开发项目、山东省加强农业灌溉项目，利用国际农发基金组织贷款山东烟台农业综合开发项目，这项项目充分利用优惠贷款资金，促进了全省基础设施和基础产业的发展。

（3）国内各项政策和规定不尽完善，在利用国外贷款项目的选择、运作管理、贷款偿还、汇率风险管理等方面经验不足，部分贷款项目效益欠佳。如利用日本黑字还流贷款项目，由于国家汇率调整及企业自身等多方面原因，出现应偿金额越还越大的现象，造成部分项目效益下降，甚至拖欠还款。

总体上看，利用国外贷款改造虽然处于起步阶段，但对于全省利用外资、扩大对外开放起了重要的先导作用。

（二）快速发展阶段(1991～2000年)

1991～2000年是我国经济的高速发展阶段，也是山东省经济的崛起阶段。经过“六五”、“七五”的积累，“八五”、“九五”时期，山东省确定了对方开放实现新突破的目标，形成了“全面开放、重点突破、梯次推进、东西结合、加快发展”的整体开放格局，对外交流与合作日渐广泛，经济开始腾飞。十年间，山东省累计利用国外贷款52.36亿美元，涉及409个项目，其中借用国际金融组织贷款13.18亿美元，外国政府贷款21.74亿美元，国际商业贷款17.49亿美元，项目覆盖农业、能源、交通、供水与环境卫生、城市建设、工业等领域。这一时期借用国外贷款主要有以下特点：

1. 借用国外贷款工作日趋规范化

国家先后发布了《国家计委关于加强利用国际金融组织和外国政府贷款规划及项目管理暂行规定》、《关于借用国外贷款实行全口径计划管理的通知》等一系列政策规定，进一步明确了利用国外贷款的指导思想、基本原则、项目运作、设备采购、贷款偿还等管理程序。山东省在充分贯彻执行国家方针政策的基础上，结合实际情况，总结“六五”、“七五”阶段的经验，进一步规范完善了省内利用国外贷款的原则和各项运作管理措施，确定了利用国外贷款的重点：积极争取国外优惠贷款，加快基础设施建设；顺应国际金融市场一体化、证券化及国际资本市场筹资债券化趋势，在境外发行债券，开辟利用外资新渠道，支持重点企

业；积极争取贴息贷款，解决大项目资金需求。

2. 借用国外贷款的结构、所占利用外资的比重发生变化

一方面，在借用国外贷款整体规模不断扩大的同时，山东省利用外商直接投资迅猛发展，国外贷款在利用外资中的比例降低，约占15%～20%左右，比1985～1990年下降10～15个百分点。另一方面，国外贷款中优惠贷款的比例呈下降趋势，但随着融资渠道、融资方式的日益拓宽，出现国外贴息贷款、输银贷款等准政府贷款形式，成为有益的补充。如济宁鲁抗集团千吨青霉素工业钾盐项目、山东亚太森博浆纸有限公司年产10.5万吨商品木浆和6.8万吨高档纸板项目分别利用日本输银贷款4000万美元和17500万美元。

3. 借用国外贷款受到亚洲金融危机影响

由于国际资本对亚洲地区的融资趋于谨慎，山东省在国际资本市场融资也变得极为困难。特别是中创公司、海发银行、广东国际信托关闭，使山东省一些金融机构的资信被国际评级机构降级，筹资成本提高，难度加大，在一定程度上影响了商业融资活动。但经过各级各部门的努力，山东省内企业境外发债取得重要进展，利用国际商业贷款规模仍然保持增长趋势。

总之，在这一阶段，通过借用国外贷款，积极引进国外先进的技术和管理理念，大大提高了设备装备水平和项目管理水平；通过国外贷款项目合作与交流，培养了一大批高级专业人才，为进一步用好国外贷款，更好地为经济发展服务奠定了良好的基础。

(三) 稳步发展阶段(2001～2005年)

“十五”时期是中国加入WTO、深化对外开放、全面融入经济全球化的重要时期，也是山东省现代化建设的关键时期。山东省确定了加快体制创新、科技创新和管理创新，实施科教兴鲁、经济国际化、城市化和可持续发展等几大战略，全面推进经济结构的战略性调整。在此期间，国家先后颁布了《国际金融组织和外国政府贷款投资项目管理暂行办法》、《国有和国有控股企业外债风险管理及结构调整指导意见》等文件，对借用国外贷款项目管理和风险控制进行了规范，这也为山东省借用国外贷款工作提出了新的要求。根据全省经济发展情况，山东省充分研究加入WTO对经济社会发展带来的影响，确定了省内利用国外贷款的思路和重点，即继续积极利用国外优惠贷款，拓宽商业贷款融资渠道，稳步扩大利用国外贷款总规模。五年间，山东省累计利用国外贷款35.3亿美元(不含“三资”企业差额贷款)，共41个项目，其中国际金融组织贷款1.95亿美元，外国政府贷款4.1亿美元，国际商业贷款29.2亿美元，覆盖农业、林业、教育、卫生、供水及环境卫生、工业等领域。

由于国内经济快速发展，经济总量显著提高，国际金融组织对华贷款政策发生变化，以及日本经济复苏乏力减少对外贷款等诸多因素，山东省获得优惠贷款规模大大缩小，但利用国外贷款水平有了新的提高，主要有以下几方面特点：

（1）在开辟新的投资方式上取得实质性进展，如美国进出口银行贴息贷款医疗项目贷款近2亿美元，引进了核磁共振、CT等一批先进设备，提升了千佛山医院等一批省市级医院的医疗水平。

（2）在利用国际商业贷款上，资本运营(债务调整)方面成效显著，如山东中华发电有限公司通过借新还旧方式调换贷款5.6亿美元，降低了贷款利率，延长了还款期限，每年可节约各项费用6000余万元，降低了企业运营成本。

（3）对项目的选择上，更加注重对国外贷款的引导，更加注重发挥示范作用。利用国外贷款项目不再以单纯的引进设备为目的，更加注重管理经验和技术等方面的引进和消化吸收，充分发挥国外贷款机构的“知识银行”作用，加快国内企业的体制创新和管理创新。

三、山东省借用国外贷款的规模、结构和特点

(一) 贷款的规模和结构

25年来，山东省累计借用国外贷款签约额94.55亿美元，其中国际金融组织贷款15.34亿美元，占16.22%；外国政府贷款29.55亿美元，占31.25%，国际商业银行贷款49.66亿美元，占52.52%。总的看，借用国外贷款总体规模随着经济发展和改革开放的深化而日益扩大，其中国际商业贷款规模扩大尤为明显。1985年山东省共借用国外贷款2811万美元，其中国际商业贷款2637万美元，而2005年度全省累计借用国外贷款已达94.55亿美元，增长336倍，其中国际商业贷款49.66亿美元，增长188倍（见图1）。

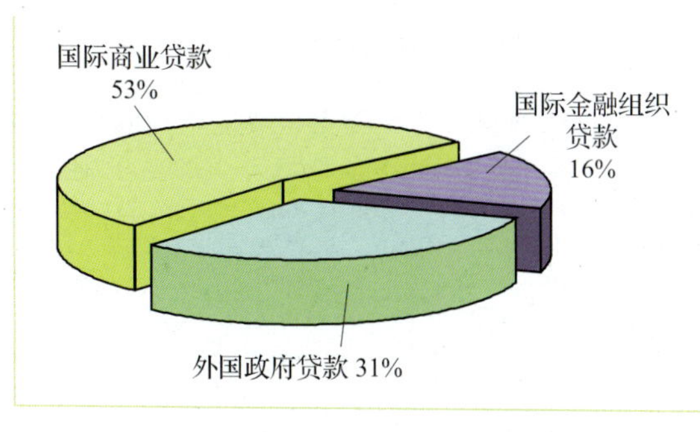

图1　山东省借用国外贷款来源示意图

从国外贷款的投向看，山东省借用国外贷款主要投资于农业等基础产业、交通等基础设施以及出口创汇类工业项目（见表1）。

表1　山东省借用国外贷款主要投资领域

序号	行业名称	贷款额(万美元)	所占比例(%)
1	农　业	56405.7	8.13
2	林　业	3353.9	0.48
3	教　育	3000.55	0.43
4	卫　生	11791.5	1.70
5	能　源	246926.0	35.60
6	交　通	48257.54	6.96
7	供水与环境卫生	35405.27	5.11
8	城市建设	15917.0	2.30
9	机　械	29764.91	4.29
10	电　子	5318.8	0.77
11	轻　工	50297.01	7.25
12	纺　织	54008.69	7.79
13	化　工	14414.6	2.08
14	建　材	8168.3	1.18
15	冶　金	33580	4.84
16	医　药	6526	0.94
17	邮电通信	16946	2.44
18	环境保护	1208	0.17
19	其　他	52235.7	7.53
	合　计	693525.47	100

注：表中数据不含“三资”企业差额贷款。

从国外贷款的省内区域分布看，山东省借用国外贷款存在地区间分布不平衡的现象，在16个地市(不含省直和青岛市，不含“三资”企业差额贷款)中，日照市利用国外贷款5.49亿美元，占全省的7.92%；烟台市3.11亿美元，占4.48%；淄博市2.74亿美元，占3.95%；而莱芜市仅为670万美元，占0.1%。

从国外贷款项目的规模看，山东省共利用国外贷款实施691个项目，项目平均贷款额1003.65万美元，单项最大的为山东省重点煤矿改造工程，利用日本海外协力基金贷款5.5亿美元。利用国外贷款项目中大于5000万美元的项目22项，占3.18%；小于5000万美元、大于1000万美元的项目57项，占8.25%；大于500万美元、小于1000万美元的项目38项，占5.5%。总的看，大中型项目较少，仅占16.93%，主要为能源、交通、城市建设类项目（见图2）。

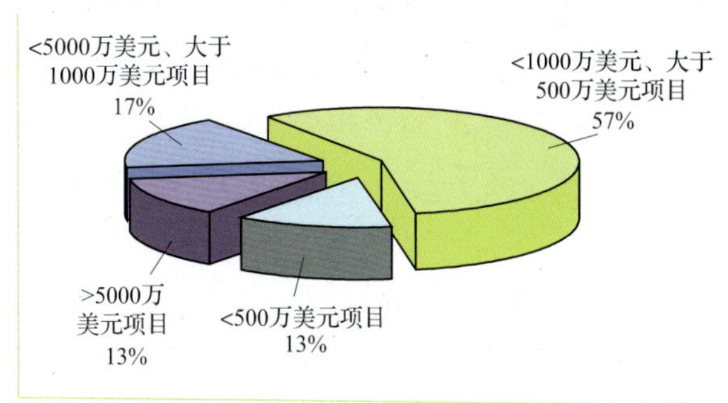

图2　山东省借用国外贷款项目大小示意图

1．国际金融组织贷款

山东省借用的国际金融组织贷款15.34亿美元中，世界银行贷款10.83亿美元，占70.6%；亚洲银行贷款4.24亿美元，占27.64%；国际农发基金组织贷款0.27亿美元，占1.76%。国际金融组织贷款共实施70个项目，其中500万美元以上大中型项目34项，占48.57%，主要为能源、交通、城市建设类项目。项目平均贷款额2191.55万美元，最大的为邹县电厂三期工程2×60万千瓦机组项目，利用世界银行贷款3.1亿美元（见图3）。

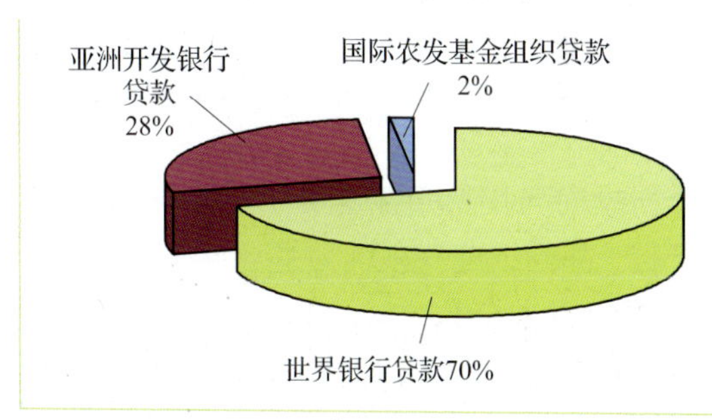

图3　山东省借用国际金融组织贷款来源示意图

贷款主要投向基础产业、基础设施等领域，兼顾部分工业项目（见表2）。

2．外国政府贷款

山东省借用的外国政府贷款29.55亿美元中，日本政府贷款比例最高，为18.56亿美元，约占62.81%；德国政府贷款2.84亿美元，占9.61%；西班牙政府贷款2.29亿美元，占7.75%。外国政府贷款项目共288个，其中500万美元以上的大中型项目52项，占18.06%，以日本政府日元、能源贷款为主，主要为能源、交通、供水与环境卫生类项目。项目平均贷款额1026.07万美元，单笔最大贷款额5.5亿美元，为山东重点煤矿改造工程利用日本海外协力基金项目（见图4）。

表2 山东省借用国际金融组织贷款主要投资领域

序号	行业名称	贷款额(万美元)	所占比例(%)
1	农 业	42823.6	27.91
2	林 业	3353.9	2.19
3	教 育	2238.55	1.46
4	卫 生	2112.18	1.38
5	能 源	33507	21.84
6	交 通	22643	14.76
7	供水与环境卫生	8761.3	5.71
8	城市建设	13401	8.74
9	轻 工	211	0.14
10	纺 织	610	0.4
11	建 材	98	0.06
12	冶 金	22100	14.41
13	医 药	500	0.33
14	邮电通信	45	0.03
15	环境保护	1004	0.65
	合 计	153408.53	100

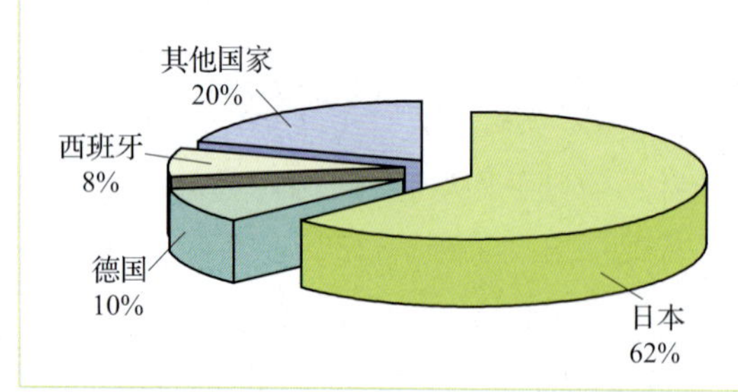

图4 山东省借用外国政府贷款来源示意图

贷款投向与国际金融组织贷款基本相同，以基础产业、基础设施等领域为主（见表3）。

3. 国际商业贷款

山东省借用的国际商业贷款49.66亿美元中，境外银行贷款16.02亿美元，占32.26%；出口信贷3.38亿美元，占6.81%；境外发债1.35亿美元，占2.72%；其他国际商业贷款3.71亿美元，占7.47%，“三资”企业差额贷款25.2亿美元，占50.75%。共有333个项目(不含“三资”企业差额贷款)。其中500万美元以上大中型项目31项，占9.31%，主要为能源、交通、工业类项目。项目平均贷款额734.56万美元(不含“三资”企业差额贷款)，单笔最大贷款额33733万美元，为日照电厂一期工程利用境外银行贷款建设2×35万千瓦机组项目（见图5）。

表3 山东省借用外国政府贷款主要投资领域

序号	行业名称	贷款额(万美元)	所占比例(%)
1	农 业	12872.1	4.36
2	教 育	762	0.26
3	卫 生	9139.32	3.09
4	能 源	129680	43.88
5	交 通	12734.54	4.31
6	供水与环境卫生	26643.97	9.02
7	城市建设	2036	0.69
8	机 械	16177.11	5.47
9	电 子	503	0.17
10	轻 工	32832	11.11
11	纺 织	23190	7.85
12	化 工	2502	0.85
13	建 材	1624	0.55
14	冶 金	280	0.09
15	医 药	4268	1.44
16	邮电通信	16356	5.53
17	环境保护	204	0.07
18	其 他	3704	1.25
	合 计	295508.04	100

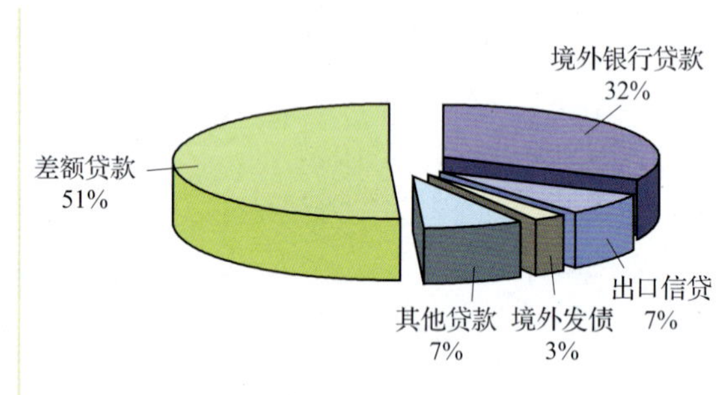

图5 山东省借用国际商业贷款来源示意图

贷款投向(不含“三资”企业差额贷款)以工业项目为主（见表4）。

表4 山东省借用国际商业贷款主要投资领域

序号	行业名称	贷款额(万美元)	所占比例(%)
1	农 业	710	0.29
2	卫 生	540	0.22
3	能 源	83739	34.23
4	交 通	12880	5.27
5	城市建设	480	0.2
6	机 械	13587.8	5.55
7	电 子	4815.8	1.97
8	轻 工	17254.01	7.05
9	纺 织	30208.69	12.35
10	化 工	11912.6	4.87
11	建 材	6446.3	2.64
12	冶 金	11200	4.58
13	医 药	1758	0.72
14	邮电通信	545	0.22
15	其 他	48531.7	19.84
	合 计	244608.9	100

（二）贷款的特点

山东省借用国外贷款的主要特点概括起来有以下几方面：

（1）借用国外贷款规模不断扩大。“十五”时期共借用国外贷款35.3亿美元，比“七五”6.61亿美元增长了4.3倍，与全省经济社会发展的阶段性特征相适应，满足了各阶段经济社会建设的需要。

（2）借用国外贷款的渠道不断拓展。20年多来，国外贷款来源和币种构成逐渐趋于合理，在积极争取借用国际金融组织贷款和外国政府贷款的同时，开展了联合融资业务，实现资金来源多元化，如日本输出入银行资金协力贷款、外国贴息贷款、美国进出口银行和北欧投资银行贷款等。同时，积极利用国际金融市场筹资，通过境外银行贷款、发行境外债券、可转换债券、出口信贷以及国际融资租赁等多种形式，拓宽利用外资渠道，扩大对外合作。

（3）国外贷款充分应用于重点行业和重点领域，投向结构趋于合理。国外贷款投向农业、能源、交通和供水与环境卫生行业占到55%以上。在贷款安排上，借用的中长期优惠贷款主要用于交通运输、能源等国民经济发展的“瓶颈”产业；借用的商业性贷款则主要投向机械、电子、轻工、纺织等能创汇、见效快的行业。

（4）外债指标始终控制在安全线内，切实与全省的经济实力和经济规模相适应，避免发生债务风险。

莱芜钢厂改扩建项目，借用亚洲开发银行贷款及联合融资。图为建成后达到世界先进水平的中型H型钢生产线

四、借用国外贷款的作用、意义及经验

（一）贷款的作用和意义

1．实施政策引导，促进产业发展和产业结构调整

多年来，山东省根据国家不同时期的产业政策，并结合山东省经济建设的实际需要，合理引导省内借用国外贷款投向，把国外贷款资金和先进的技术管理理念，重点向农业、高新技术产业、基础工业、基础设施、环保产业和出口创汇型产业及一些强势骨干企业倾斜，既催生了一批高新技术企业，提高了整体技术水平，又加快了农业和基础设施建设进度，促进全省产业的协调发展，推进产业结构调整。如烟台正海电子网板股份有限公司利用国际商业贷款3050万美元建设电子网板项目，符合我国电子信息产业的发展趋势，属于国家“八五”重点投资建设和“九五”重点鼓励发展的行业领域，填补了国内技术与产品市场的空白，结束了荫罩生产线完全依赖国外进口的历史，对我国高清晰度电视产业和信息产业的发展具有重要意义。目前该公司已发展成为世界彩管荫罩主要生产基地之一，公司实力跃居世界荫罩行业前三强。山东省华北平原农业项目、农业综合开发项目、种子项目和加强灌溉农业一期和二期等项目共利用世界银行贷款32647万美元，改善了区域内土地的灌溉条件，建设了良种生产基地，大大提高了山东省农业基础设施水平，促进了农业的发展。

2．借鉴吸收国外先进的项目建设、运营和管理经验，加快国内项目运作、企业的体制创新和管理创新进程

山东省在利用国外贷款项目的同时，通过邀请国际金融组织等国外贷款机构专家就项目运作管理对企业相关人员进行业务培训，加大人才培养力度，引进项目运作机制、企业运行管理等方面的国外先进技术、经营和管理理念，加快了国内项目运作及企业的体制创新和管理创新进程，在提高贷款项目的管理和运作水平的同时，提高项目企业的原始创新能力、集成创新能力和引进消化吸收再创新能力。如莱钢集团利用亚行和国际商业贷款等2.53亿美元改扩建项目，按照双方签订的《技术援助协议》，经过莱钢与亚行聘请的国内外咨询专家共同

山东日照木浆项目，利用日本政府不附带条件贷款，图为建成的制浆车间

努力，形成了一套较完整的股份制改组方案，为莱钢转换企业机制奠定了良好的基础。莱钢通过建立股份公司和股票上市，拓展融资渠道，募集5亿多元的建设配套资金，顺利建成中型钢工程；通过创立公司和股票上市，完善法人治理结构，转换企业经营机制，拓宽融资渠道。1990年，山东省利用世行贷款1.1亿美元建设济青高速公路项目，按照技术援助协议，经过中方与世界银行咨询专家的努力，借鉴国外项目招投标的经验，形成了完整的项目招标方案，并顺利实施了招投标，在省内首开项目招投标先河，为山东省建设项目招投标积累了宝贵经验。

（1）通过借用国外贷款引进了国外大量先进技术和设备，促进了相关行业的技术进步和装备改造，实现了产业的升级换代。通过引进技术和设备，使项目建设实现高起点、高标准，引导和推动企业的科技创新，激发了企业的活力，对提升工业企业的技术、设备水平，加快农业产业化建设，实现农副产品的深加工，提高产品质量和市场竞争能力起到了关键作用。山东省邮电通讯行业基础较差，改革开放以来，其日益陈旧的设备和技术已严重落后于山东省经济社会的发展，但实现产业升级所需投资巨大。近十几年来，省及枣庄、潍坊、泰安、济宁、临沂、威海等地市通过利用比利时、德国、芬兰等国家的政府优惠贷款引进了程控电话交换机、数字传输设备等大量先进技术和装备，一定程度上弥补了电信领域建设资金不足的状况，使行业实现升级换代，满足市场的需求，实现良性循环，为山东省经济社会的发展提供有力保障。烟台、文登利用世界农发基金组织贷款进行农业综合开发项目，通过植树护林、土地改良、果树栽培、奶山羊、长毛兔养殖等一系列措施，加快区域内农业产业化的进程，促进当地农业的发展。

（2）弥补国内建设资金不足，缓解企业资金紧张和基础设施建设长期滞后的矛盾。改革开放以来，随着山东省经济的不断发展，整个社会的资金需求量越来越大，单靠国内资金已无法满足日益增长的经济发展需要，借用国外贷款成为筹措建设资金的重要渠道之一。借用的国外优惠贷款，扭转能源、交通、城市建设、供水及环境卫生等基础设施和教育、卫生等公益性设施长期投入不足的局面，改变山东省传统交通格局，加快临海工业群的建设和发展，促进产品开发能力、制造水平和农业综合经济开发，部分缓解了水资源紧缺状况，有效改善了省内各城市的硬件基础，取得良好的经济、社会效益和环境效益。如邹县电厂三期工程利用世界银行贷款3.1亿美元建设2×60万千瓦机组项目，部分改善了当时山东省电力严重短缺的局面；山东省重点煤矿利用日本海外协力基金5.5亿美元改造项目，对兖州、枣滕、济北矿区进行大规模改扩建，提高煤炭产量和企业效益。上述项目弥补省内建设资金的不足，为山东省国民经济的健康发展做出了重要贡献。

（3）通过国外贷款项目的建设，明显改善外商投资环境。通过多年来大量利用国外贷款项目的建设，一方面有效改善了城市基础设施，为招商引资创造了良好的物质条件，如先后利用日本协力基金5563万美元建设的烟台市供水工程、利用奥地利政府贷款1200万美元建设的济南盖家沟污水处理工程、利用德国政府贷款建设的济南、潍坊等地区的程控电话项目、利用英国政府贷款建设的潍坊煤气工程等一大批供水、环境卫生和城市建设项目的实施完成，极大的改善和美化城区的环境，提高城区供水、供气等配套设施的服务能力。另一方面，通过理念更新和人才培养，充分消化吸收国外先进的技术、经营和管理理念，提升人才素质，为外商投资提供优质的软环境。

（4）通过利用国外贷款，对骨干企业培植发挥促进作用。利用国外贷款重点支持省内重点项目和大中型骨干企业，先后建成一批具有国内外领先水平的重大项目，增强山东省经济发展的后劲，促使骨干企业做大做强，成长为行业龙头企业。同时，提高产品质量，降低生产成本，增强国际竞争力，增强企业出口创汇能力。如山东鲁抗医药股份有限公司利用日本协力基金贷款4000万美元，建设年产1000吨青霉素工业钾盐及半合成系列产品项目，实现了从青霉素工业钾盐到半合成青霉素原料药的系统化生产和半合成青霉素的系列化生产，将我国的青霉素生产水平和产品结构提高到一个新的阶段，项目的整体技术和设备具有国内先进水平，发展成为国内最大的青霉素生产基地。

（5）通过国际商业贷款的债务调整和借新换旧，降低了企业运营成本。山东省注重外债风险管理和优化外债结构，通过对企业借用国际商业贷款进行债务调整，采用“借低还高”、“借新还旧”等方式，降低企业运营成本，提高了企业运营效益。如山东中华发电有限公司菏泽电厂二期和聊城电厂等项目，先后利用英国出口信贷3.117亿美元和境外商业银行贷款3.5亿美元，随着国际金融市场的变化，美元利率一路走低，公司通过借新换旧，置换贷款5.6亿美元，年节约运营费用6000万元左右，项目共可节省约3.6亿元，经济效益显著。

山东邹县火电项目，借用世界银行贷款。图为建成的发电厂全景

（6）创造了新的就业机会，缓解就业压力，保障社会稳定。山东省25年中利用国外贷款建设项目近700项，先后为21余万人提供了就业机会，有效地缓解了就业压力，保障了社会稳定发展。利用国际金融组织贷款职业教育项目的实施，扩大了山东省职业教育的规模，提高办学质量，为社会培养大批实用性人才，为山东省经济社会事业的快速发展提供有力保障。

（7）利用国外贷款，加快民营企业的发展步伐，促进经济体制的改革和企业经营机制的转换。随着改革开放步伐的加快，山东省民营经济得到了前所未有的发展，大批有实力民营企业开始涌现。近年来，快速发展所需要的大量资金得不到满足的民营企业开始转向国外贷款，而国外贷款的引入对民营企业而言，带来的不仅是资金，更重要的是国外先进的技术、经营和管理理念，从而进一步加快了民营企业管理和经营机制等方面的发展。

（二）借用国外贷款的经验

（1）紧紧抓住项目策划、项目设计和项目管理“三个环节”，实行项目全过程监督管理。根据国家产业政策、山东省国民经济和社会发展规划以及重点行业发展规划，结合国家贷款安排的重点领域和国际金融组织等国外贷款机构的政策要求，策划提出贷款领域和项目。充分考虑省内及项目区的实际，借鉴吸收国际、国内先进理念，加强对项目的评审，采用先进、合理、适用的设计方案，落实国内配套条件，实行项目法人责任制和资本金制度，注重项目效益和贷款偿还。建立健全项目跟踪调度制度和后评价制度，加强项目管理人员的业务培训，实行项目准备、建设和运行的全程监督管理，确保发挥示范作用。

（2）及时做好与国家发展改革委、国外贷款机构和省直有关部门“三个方面的沟通”，确保项目顺利实施。国际金融组织和外国政府贷款项目一般规模较大、涉及面较广，常常需要跨地区、跨部门、跨行业的协作，既有国家发展改革委、省直有关管理部门，也有设计、施工、咨询服务等企事业单位。按照“统一领导，归口管理，分工合作，各司其职”的原则，各方面在明确分工和责任的基础上相互配合，密切协作。在项目的准备和实施过程中，及时向国家发展改革委报告项目进展情况，请示贷款规模、支付比例等重大问题，以获得对外工作等方面的指导。注重加强与国外贷款机构的协调，衔接国外、国内两套项目准备程序，尽量争取赠款以软化贷款，邀请国外贷款机构相关专家对国内有关部门和企业进行业务培训，以加快国内的人才培养，提高准备水平和实施能力。与财政厅等省直部门加强合作，形成工作合力，提高贷款效率，争取项目早签约、早开工、早见效。

（3）充分发挥发展改革委的统筹指导作用和业主单位的主体作用。国际金融组织、外国政府贷款属主权外债，其项目选择、质量把关、准备实施等方面要充分发挥发展改革委的主导决策和统筹协调作用；对于国际商业贷款项目，发展改革委可根据国家产业政策和区域发展重点，对项目予以引导，以充分发挥项目对经济社会协调发展和区域平衡发展的促进作用。同时，在利用国外贷款项目的准备执行中应充分调动发挥业主单位的项目主体作用，不包揽包办。目前，大多数利用国外贷款项目单位要组织完成大量的报告编写、翻译、招标采购、合同管理、财务管理以及项目完成后的运行管理等工作，随着国外贷款机构业务权力的下放，项目单位将承担更多的诸如标书及合同前审等工作，同时将对项目担负更大的责任，这都要求项目单位不断加强自身能力。项目单位要组织精干的内部机构，既要注意利用曾做过利用国外贷款项目人员的丰富经验，又要注意培养一批既熟悉国际惯例又懂专业，并且具有较高外语水平和计算机水平的年轻业务骨干。省级主管部门平时应积累并建立精通国外贷款及涉外工程业务的专家人才库，及时推荐给国外贷款项目单位，为其项目的准备及执行提供所需要的咨询和服务。另外，还可适时组织项目单位和有关机构进行项目研讨、培训或交流，以相互借鉴，共同提高。

（4）充分发挥国外贷款机构的“知识银行”作用。目前，山东省利用国外贷款正处于由“资金补充”到“知识示范”作用的过渡阶段，弥补资金缺口已不再是主要目的，而要充分发挥国外贷款机构的“知识银行”作用，把“引资”与“引智”有机结合起来，借助贷款项目引进国外先进的技术、经营和管理理念，促进思想解放和观念更新，建立并完善现代企业制度，提高企业市场竞争力，进一步探索利用国外贷款的新方式和新领域，实现相关领域体制改革和制度创新。

（三）借用国外贷款中存在的问题

（1）国外贷款管理体制需进一步理顺。利用国外贷款还存在多头管理、交叉管理、中间环节繁杂等现象，造成支出费用增加，加大企业和群众的还贷负担。部分项目由于政府承担了担保责任，消减了企业和个人的还贷意识，企业积极性大大降低，增加了还贷风险，也严重影响了项目的顺利实施。

（2）利用国外贷款存在重前期、轻后期，重使用、轻偿还，重审批、轻管理的现象。目前，部分地方和部门对借用国外贷款存在着重数量、轻质量的现象，疏于项目从建设到投产运营的全过程管理，缺乏后评估手段，贷款资金使用监督管理制度不健全，直接影响项目质量和效益。

（3）贷款项目多数集中于中低端产业，缺少高端“母机”等装备制造业。究其原因，一方面是西方相关国家的技术壁垒，另一方面是省内企业缺乏相关专业技术人才，消化吸收能力较弱。

（4）政府和企业缺乏规避风险方面的手段和知识，对如何充分利用借新还旧等降低贷款风险工具缺乏认识，没有建立偿债基金，对未来发生的风险缺少准备。

青岛市借用国外贷款25年回顾与展望

一、青岛市借用国外贷款基本情况

（一）总体情况

改革开放以来，青岛市作为沿海开放城市，利用外资规模不断扩大，外资在促进地区经济增长和社会进步方面发挥了重要作用。青岛市利用外资以外商直接投资为主，间接利用外资（即借用国外贷款）总量较小。虽然青岛市间接利用外资数量少，但有力地支持了我市城市基础设施等方面重点项目建设，在一定程度上改善了青岛的投资环境，提高了城市综合竞争能力和外资吸引力，并且引进了国外先进的设备和管理经验，培养了一批高素质的管理人才，有效推动了青岛市的经济发展和社会进步。

在借用国外贷款方面，青岛市发展和改革委员会根据市委、市政府的宏观部署，抓住机遇，按照国际金融组织、外国政府和国际商业贷款的政策要求以及我国对借用国外贷款的有关规定，根据地区实际，立足于促进青岛市经济的可持续发展、从根本上改变本地区的经济增长方式、改善青岛城市环境和提升城市功能的战略高度出发，积极申请国外优惠贷款，弥补国内建设资金不足，取得了较好成效。改革开放以来，青岛市共有借用国外贷款项目129个，实际借用国外贷款13.45亿美元。贷款来源包括世界银行、亚洲开发银行、外国政府贷款和国际商业贷款等，利用领域涉及制造业、城市基础设施、能源、交通、农业、信息传输和教育等行业。其中青岛啤酒股份有限公司境外定向发行强制性可转换债券为其募集国外资金1.82亿美元。

（二）发展过程

借用国外贷款受放款机构支持项目类别及我国外债管理政策影响很大。不同时期随着我国的经济发展，国际金融组织、外国政府和国际商业机构对我国借用国外贷款项目政策不断变化。另外，在不同的发展时期，国家对我国不同区域及行业申请国外贷款管理政策也有所不同。因此，青岛市借用国外贷款数额也随之有所变化。在“七五”至“十五”期间，青岛市共有90个借用国外贷款项目，项目总投资211.98亿元人民币，累计借用国外贷款11.25亿美元。“七五”以来，青岛市借用国外贷款数额见表1。

表1 “七五”至“十五”期间青岛市借用国外贷款数额

序号	年度区间	借用国外贷款项目总投资额（万元人民币）	借用国外贷款额（万美元）	借用国外贷款占项目总投资比例（%）
1	“七五”期间	40296.4	1512.3	31.1
2	“八五”期间	1337559.6	64041.6	39.7
3	“九五”期间	476607.8	24140.6	42.0
4	“十五”期间	265332.1	22820.0	71.4
	合计	2119795.9	112514.5	44.1

从表1可以看出，借用国外贷款额占项目总投资比例逐年增加，由“七五”期间的31.1%，增加到“十五”期间的71.4%，超过了项目总投资的50%，说明国外贷款对其支持范围内项目的支持力度不断增加。“七五”至“十五”期间，青岛市借用国外贷款变化见图1。

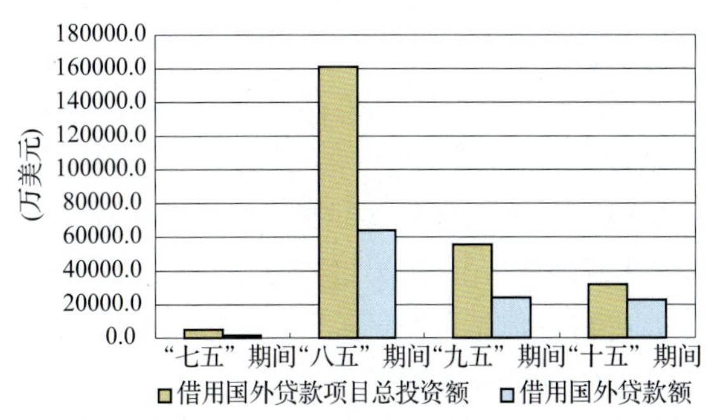

图1 青岛市借用国外贷款变化

图1反映的是青岛市借用国外贷款数额变化过程，在一定程度上也反应了我国经济发展情况和国家对借用国外贷款管理政策的变化。同时可以

看出，“七五”期间，青岛市借用国外贷款处于起步和摸索阶段，借款额相对较少。“八五”期间，青岛市抓住有利时机，利用国外贷款的优惠政策和国家重点发展东部沿海地区的政策，积极组织建设了一批借用国外贷款项目，项目总投资超过130亿元人民币，其中借用国外贷款超过6亿美元。“九五”、“十五”期间，青岛市借用国外贷款又逐渐减少，主要是受到国家政策的影响：一是国家对借用国外贷款政策向中西部倾斜，大部分优惠资金用于中西部经济建设；二是国家严格限制使用国际商业贷款；三是国债资金的使用缓解了资金紧缺的压力，从1998年开始，国家实施积极的财政政策，相当数量的国债资金投向了城建、环保等领域，与国外优惠性贷款的投资领域部分重叠，且使用程序相对简单，导致部分项目单位延期或放弃使用国外贷款。

（三）结构分析

1．借用国外贷款来源结构分析

借用国外贷款是通过金融媒介的间接融资，包括：借用国际金融组织贷款、借用外国政府贷款和借用国际商业贷款。青岛市借用国外贷款来源包括世界银行、亚洲开发银行等机构的国际金融组织贷款；德国、日本、加拿大、澳大利亚、奥地利等外国政府贷款；青岛啤酒股份有限公司境外发行可转换债券募集资金等。其中：青岛啤酒股份有限公司境外定向发行强制性可转换债券项目的顺利实施，对企业发展壮大及我国啤酒制造业发展起到了重要作用，是我国企业国外融资的有益尝试和创新。

青岛市借用国外贷款主要来源分类见表2，分析图见图2。

从表2可以看出，“七五”以来，青岛市借用国外贷款11.25亿美元，其中外国政府贷款5.13亿美元，日本黑字还流贷款2.26亿美元，亚洲开发银行贷款1.91亿美元，世界银行贷款1343万美元，境外发行可转换债券1.82亿美元。

（1）借用外国政府贷款。“七五”以来，青岛市借用外国政府（不含日本黑字还流）贷款项目31个，项目总投资额113.04亿元人民币，贷款额5.13亿美元，占青岛市借用国外贷款总数的45.6%。贷款来源包括德国、日本、加拿大、澳大利亚、奥地利、丹麦、芬兰、比利时、法国、瑞士、美国等国家，主要用于城市基础设施建设。日本黑字还流贷款作为一种特殊的外国政府贷款类别，主要支持企业技术改造，引进日本先进设备，对我市中小企业发展起到了重要作用。这类贷款支持项目数量多，总金额大，贷款额占项目总投资额比例高。青岛市共有45个项目借用日本黑字还流贷款，项目总投资额51.18亿元人民币，其中借用日本黑字还流贷款2.26亿美元，占总投资的36.7%。

表2 “七五”以来青岛市借用国外贷款来源分类

序号	资金来源	借用国外贷款项目总投资额（万元人民币）	借用国外贷款额（万美元）	占累计间接利用外资比例（%）
1	国外政府贷款	1130433.0	51312.2	45.6
2	日本黑字还流贷款	511761.8	22608.3	20.1
3	亚洲开发银行贷款	296959.7	19051.0	16.9
4	国外发行可转换债券	151060.0	18200.0	16.2
5	世界银行贷款	29581.4	1343.0	1.2
	合计	2119795.9	112514.5	100.0

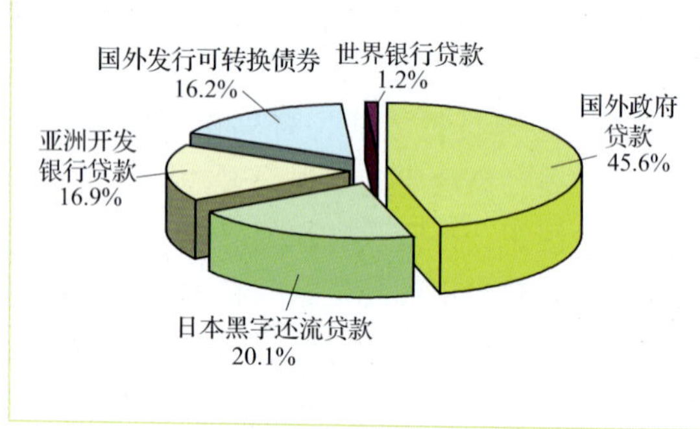

图2 “七五”以来青岛市借用国外贷款各类别比例

（2）借用国际金融组织贷款。世行、亚行两大开发性国际机构，都以促进经济发展，减少区域发展的不平衡及消除贫困作为宗旨，辅以加强区域或次区域合作，促进私营部门发展，改善少数民族地位和减少性别歧视。在贷款领域方面，以基础设施建设为主，两个机构也都希望拓展到用硬贷款做公益性强的领域以及社会发展领域。“七五”以来，青岛市共有8个项目获得亚洲开发银行贷款支持，项目总投资29.7亿元人民币，其中借用亚洲开发银行贷款1.91亿美元；有5个项目获得世界银行贷款支持，项目总投资2.96亿元人民币，其中借用世界银行贷款1343万美元。

（3）境外发行可转换债券。可转换债券指

根据债权人的要求，按照发行时所定条件，转换为公司股票或者其他债券的债券。其结构相当灵活，而且无须担保和评级，即可一次性借入中长期资金，在国际金融市场上备受青睐。2002年，青岛啤酒股份有限公司根据国内外啤酒行业发展和竞争的新趋势，为进一步巩固其在国内行业的领先地位，增强在国际市场的竞争力，实现更高水平的发展，决定采取定向发行强制性可转换债券方式，引入战略性联盟伙伴——美国最大的啤酒酿造商安海斯-布希公司（以下简称：AB公司）。经国务院批准，2002年10月21日青啤公司与AB公司在纽约正式签署了战略性投资协议。青啤公司此次发行债券14.16亿港元（折合1.82亿美元），可转换期限为7年，募集资金主要用于并购异地其他啤酒企业资产或股权以及在青岛基地新建啤酒厂及进口设备。

2. 借用国外贷款利用行业结构分析

青岛市借用国外贷款进行建设的项目主要包括：城市基础设施、交通运输、制造业、信息传输、电力、农业、采矿业、教育、计算机软件、社会保障及卫生等11个领域。“七五”以来，青岛市借用国外贷款建设的城市基础设施项目有14个，总投资57.38亿元人民币，其中借用国外贷款1.89亿美元，涉及城市供排水及污水处理、集中供热、生活垃圾处理等；交通运输业借用国外贷款项目5个，总投资额66.86亿元人民币，其中借用国外贷款3.6亿美元，有胶州湾高速公路、前湾港码头、购买集装箱船等；制造业借用国外贷款项目50个，总投资56.29亿元人民币，其中借用国外贷款4.64亿美元，涉及轮胎、纺织、化工、烟草、啤酒制造等产业；信息传输业借用国外贷款项目5个，总投资5.34亿元人民币，其中借用国外贷款5345.5万美元，项目有卫星地面站建设、交换机购置等；电力能源借用国外贷款项目是青岛电厂扩建项目，总投资20.77亿元人民币，其中借用日本黑字还流贷款2857万美元；农业借用国外贷款项目4个，总投资3.44亿元人民币，其中借用国外贷款1790.5万美元，涉及节水灌溉、农产品加工等领域；教育业借用国外贷款项目3个，借用世界银行贷款195万美元；计算机软件业借用国外贷款项目3个，借用日本政府贷款164万美元；卫生业借用国外贷款项目4个，借用瑞士、美国政府贷款101.8万美元，用于购置先进医疗设备。

借用国外贷款利用行业及贷款数额见表3及图3。

表3 “七五”以来青岛市借用国外贷款应用行业

序号	名称	总投资额（万元人民币）	贷款额（万美元）	占贷款额比例（%）
1	制造业	562873.8	46433.4	41.3
2	交通运输业	668615.7	35965.0	32.0
3	基础设施业	573805.3	18886.0	16.8
4	信息传输业	53366.4	5345.5	4.75
5	电力业	207724.6	2857.0	2.54
6	农业	34351.4	1790.5	1.59
7	采矿业	7697.0	628.3	0.56
8	教育业	3080.0	195.0	0.17
9	计算机软件业	3682.6	164.0	0.15
10	社会保障业	3402.0	148.0	0.13
11	卫生业	1197.0	101.8	0.09
	合计	2119795.9	112514.5	100.0

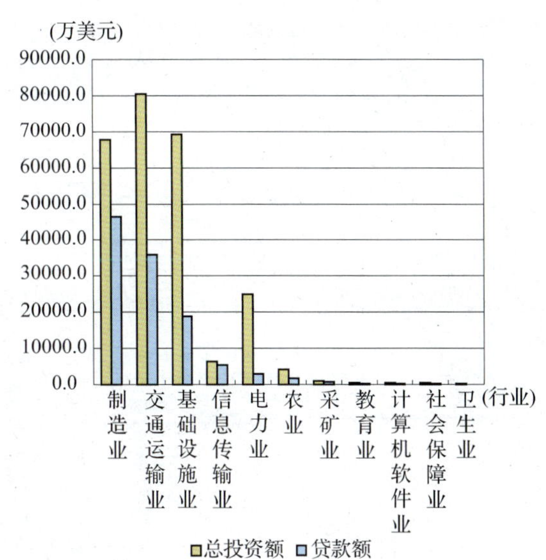

图3 青岛市借用国外贷款应用行业分析

从表3、图3可以看出，青岛市借用国外贷款主要集中在制造业、交通运输业及基础设施方面，分别占总借用国外贷款额的41.3%、32%、16.8%。

二、青岛市借用国外贷款取得的成绩

青岛市在借用国外贷款时立足于促进经济社会的可持续发展，注重经济效益和社会效益相结合，坚持外资引进与消化并重的原则，认真做好借用国外贷款项目的策划、申报、引进和建设工作，并且把利用外资的重点放在引进国外先进技术、管理经验和高素质人才方面。尤其是针对国际经济竞争日趋激烈和我国国际竞争力不强的矛盾，通过“引进来”和“走出去”密切结合，成功运作了青岛啤酒股份有限公司境外定向发行强制性可转换债券，支持企业走向国外，打造国际品牌。

（一）建设了一批对城市发展具有重要作用的大型基础设施项目

青岛市借用国外贷款进行城市基础设施建设，不仅缓解了财政资金投入的压力，而且引进了国际先进的城建项目管理理念和评价标准，为以后的城市发展和建设奠定了基础，创造了条件。

1．城市污水处理和城市垃圾处理项目

主要包括借用奥地利政府贷款和德国赠款的青岛海泊河污水处理厂及团岛污水处理厂项目、借用加拿大政府贷款的青岛小涧西固体废物综合处理场项目、借用日本政府贷款的青岛经济技术开发区泥布湾污水处理厂项目。其中海泊河污水处理厂和团岛污水处理厂污水处理量占青岛市污水处理量的50%左右；小涧西固体废物综合处理场项目完善了青岛市固体废物的处理方式，提高了城市废物无害化、减量化处理率，目前基本承担青岛市市内生活垃圾综合处理任务；泥布湾污水处理厂日处理污水量3.5万吨，承担了青岛经济技术开发区50%的污水处理量。这几个大型项目的实施，对改善城市环境，保护资源起到重要作用。

青岛市李村河污水处理项目，借用亚洲开发银行贷款。图为污水处理厂航拍景观

2．供热、供水项目

主要包括青岛市热电集团有限公司借用亚行及芬兰政府贷款建设的换热站项目和社会福利院集中供热项目、青岛经济技术开发区热电烯气总公司借用丹麦、芬兰政府贷款建设的集中供热项目、青岛经济技术开发区供排水总公司借用奥地利政府贷款建设的管家楼供水工程、青岛东亿实业总公司借用加拿大政府贷款建设的高科园集中供热项目，其中青岛市热电集团有限公司借用国外贷款建设的供热项目对节约能源、提高效率产生了重要作用；东亿公司建设的高科园供热项目解决了高科园30%左右居民冬季采暖问题。

青岛经济技术开发区利用外国政府贷款建设的城市供排水、污水处理、集中供热项目，对开发区基础设施建设起到了主导作用。其中城市供水和污水处理项目承担了开发区50%的自来水供应和污水处理任务，集中供热项目承担了开发区40%居民的冬季采暖和20%工业用热任务。基础设施等配套条件的完善，改善了城市发展环境和居住环境，增强了城市综合服务功能，使得青岛经济技术开发区招商引资速度加快，经济发展进入快车道。在2005年的全国开发区综合评价中，青岛开发区综合经济实力位居第四位。

3．燃气、电力能源项目

主要包括青岛泰能燃气集团有限公司借用亚行贷款建设供应煤气项目、华电青岛发电有限公司借用亚行建设发电项目、青岛国信实业有限公司借用日本黑字还流贷款建设的发电厂扩建项目，其中泰能燃气集团有限公司建设了日产煤气75万立方米，华电青岛发电有限公司新装3台1.2万千瓦发电机组，青岛国信实业有限公司扩建两台30万千瓦发电机组。这些项目对保障青岛煤气和电力资源供应起到重要作用。

（二）建设了对实现青岛发展战略具有重要作用的交通项目

“八五”期间借用日本政府贷款建设的环胶州湾高速公路项目是根据市委、市政府构筑大青岛格局，加快青岛经济技术开发区的发展，开辟青岛公路新出口的要求投资兴建的。该项目总投资额23.6亿元人民币，其中借用日本政府协力基金贷款88亿日元，约合人民币8.1亿元，占总投资额的34%。环胶州湾高速公路的建成，大大改善了青岛市公路网络结构，方便了青岛、黄岛交通联系，促进了青岛市经济特别是沿线地区经济的发展，对我市青岛、黄岛、红岛“品字形”发展新格局的形成起到了至关重要的作用。

借用日本政府贷款建设的前湾港一期、二期工程是根据青岛大力发展港口经济，促进青岛外向型经济发展，把青岛港逐渐建成北方国际航运中心目标建设的。一、二期工程总投资40多亿元，其中借用日本政府贷款约2.3亿美元，占总投资的46%。一、二期工程的完成，对青岛港吞吐量的提高和功能的完善起到重要作用，大大促进了作为青岛三大特色经济之一的港口经济发展。

（三）通过引进资金，企业进行了产品结构调整和升级，促进了青岛市企业的发展壮大

青岛积极组织轮胎、纺织、家电、化工、烟草、啤酒等行业的企业申请国外优惠贷款，对企业产品结构的调整和市场竞争力的提高具有重要作用。例如，1989年，青岛黄海橡胶集团公司借用亚洲开发银行贷款3000多万美元，引进的全钢子午线轮胎生产线，是当时世界上最为先进的轮胎结构设计和配方设计设备，填补了我国全钢子午线轮胎产品空白，对我国轮胎产业发展具有里程碑的意义；1995年海尔集团借用日本黑字还流贷款，引进国际先进的技术、设备和企业的研制开发技术，率先在全国同行业中通过了ISO9001、ISO14001等多项国际体系论证和欧盟CE、德国GS等多项国际产品认证，使该公司产品迅速达到了国际水平。即发集团（前身是即墨市发制品厂）借用日本“黑字还流”贷款，对企业的生产工艺进行技术改造，提高了产品的质量和档次，扩大了生产规模，从一个名不见经传的小厂一跃成为即墨市的骨干企业和青岛市出口创汇大户；青岛金晶玻璃股份有限公司利用日本黑字还流贷款引进国外钢化和镀膜玻璃生产线，对提高企业产品档次，节约成本，提高市场竞争力起到巨大作用，2002年公司进入世界建筑玻璃制品业500强；颐中烟草(集团)有限公司借用日本黑字还流贷款，用于改造卷烟生产线，对提高产品档次，节约资源起到了很大作用；青岛喜盈门集团通过借用日本黑字还流贷款，引进先进技术和设备，企业走上了高科技、创名牌、上规模的发展之路，实现了超常规快速发展，逐渐由一个设备陈旧，技术落后，总资产仅有58万元的小企业发展成为一个有自营进出口权的国家大二型企业和国家纺织行业重点骨干企业。

（四）引进国外先进的通讯设备和信息系统，改善了我市通讯条件，提高了信息管理水平

90年代初，青岛借用加拿大政府贷款160万美

青岛前湾港区项目，借用日本政府日元贷款。图为建成的一期工程景观之一

青岛前湾港区工程景观之二

元，建设卫星地面站，改善当地通讯条件；借用德国、日本、比利时政府贷款5000多万美元，购置国外先进电话交换机，对扩大青岛通讯机容量，提高通讯质量起到重要作用。

（五）引进国外先进的节水灌溉技术设备和农产品加工生产线，节约了资源，增加了农民收入

三联集团青岛总公司借用日本黑字还流贷款560多万美元，建设冷冻菜及浓缩果汁生产线，青岛第一面粉厂借用澳大利亚政府贷款150多万美元建设了先进饲料生产线，这两个项目提高了企业农产品加工附加值，对青岛市农业增效、农民增收起到重要作用。2003年青岛市水利局借用世界银行贷款1000万美元，建设了农业节水灌溉项目，对我市农业节能降耗，发展节水农业起到重要作用。市水利局节水灌溉项目多次在世界银行组织的专家评审中获得好评，荣获了世界银行“非常满意”的最高评价，这是世界银行对其贷款项目尤其是尚未完工项目极少授予的评价，目前该项目的建设已进入收尾阶段，预计竣工时间比原计划提前。

（六）运作了青岛啤酒股份有限公司境外定向发行强制性可转换债券，为青啤公司做大作强，打造国际品牌奠定了基础

青岛市积极探讨借用国外贷款新方式、新特点，鼓励国有企业借用国外贷款实施国际化战略，取得良好成效。2002年青岛啤酒股份有限公司向美国最大的啤酒酿造商安海斯–布希公司（简称AB公司）定向发行强制性可转换债券是国内企业实施国际化战略、进行国内外“强强联合”的典型案例。该项目的成功实施，不仅实现吸引外资1.82亿美元，有效地解决青啤公司国内兼并收购和改扩建项目的外汇资金缺口，促进青啤公司在经营管理、工艺技术、人才培养、加快国际市场开拓等方面提升到一个新的水平，而且规避了融资风险，并借助AB公司的国际经销网络及国际化运作的经验，进一步拓展了国际市场，扩大了青岛啤酒品牌的国际影响力。

青啤公司国外定向发行强制性可转换债券是国内外“强强联合”的典型案例。该项目的成功实施，不仅为青啤公司国外募集资金1.82亿美元，有效地解决了公司国内兼并收购和改扩建项目的外汇资金缺口，促进了青啤公司在经营管理、工艺技术、人才培养等方面的创新和发展，而且更为重要的是借助AB公司的国际经销网络及国际化运作的成功经验，青啤公司进一步拓展了国际市场，加快了海外建立生产基地的步伐。

三、青岛市借用国外贷款存在问题

（一）由于债务结构的原因，借用国外贷款存在一定汇率风险

在青岛的国外贷款项目中，以日元贷款为主，占到总贷款额的50%以上，因此存在很大的日元汇率风险。近20年来，日元汇率剧烈波动，自1985年广场协议（PLAZA ACCORD）达成后，日元兑美元汇率自240：1一路狂升至1987年的150：1，到1995年更是达到了80：1的水平，随后，日元兑美元汇率又出现急剧下跌，到1998年达到144：1，其后再次逐步回升，在100～120：1区间振荡。2005年，日元兑美元汇率出现大幅下跌，由年初的102.01：1跌至年底的121.39：1，年跌幅达19%。2006年以来，日元兑美元汇率又走出连续上涨行情，到5月17日涨至110.97：1，涨幅达9.4%。因此大额、单一的日元贷款，如果对汇率变化认识不足，潜在风险较大。目前青岛市现有外债债务中日元债务比例过高及人民币汇改后汇率的不确定性等问题，使全市外债汇率风险增大。

（二）债务偿还机制需进一步规范

目前青岛市多数外债单位尚未对所持外债债务进行实际避险处置，主要原因是，项目单位特别对所负外债债务存在的风险感知度较低，在管理理念、机制、手段、方法，乃至管理人员的素质等方面，还不能完全适应风险管理的基本要求，无视或漠视风险、不愿或不会管理的现象比较突出，放任

外债风险自流。

人民币汇改后，虽然人民币兑美元的汇率波幅尚不是太大，但人民币兑日元和兑欧元的波幅均大大增加。从长远看，市场化后的人民币汇率将更加容易受到国际、国内多方面因素的影响，波动的频率、幅度将进一步扩大，不确定性增加。因此在单一日元外债占青岛总量较大的情况下，政府管理部门应加强对外债风险管理工作的引导和指导，通过宣传教育传导国家的相关政策和风险管理理念，建立风险预警机制为企业提供风险咨询服务，搭建风险管理银企合作平台提升企业风险防范能力，推动全市风险管理工作的开展。外债项目单位应强化风险意识，尽快对所负外债债务的风险状况进行分析论证，并根据企业管理的目标，确定合理的风险管理方案，充分把握市场出现的有利时机，及时进行避险管理，最大限度地规避和防范外债风险损失的发生。

另外，青岛市部分由市财力承担借款偿还的项目存在着相关规章不健全、项目单位管理不完善、还款负担不合理等问题。下一步我市要制定政府外债还款的规范流程，明确公益类外债项目的偿债责任，避免出现对受益企业无法控制，政府偿还外债但项目权属不清的情况出现，提高财政性资金的使用效益与效率。

（三）国内金融政策发生变化，竞争性项目难以实施

随着国家金融体制改革的不断深化，国内银行实行自主决策、负债管理。因此，国内银行普遍采用谨慎转贷和转贷与还款挂钩的政策，导致我市多个竞争性项目不能获得银行担保，直接影响项目进程。如：我市开源集团后海热电和新源水煤浆项目，国家已批准借用外国政府贷款进行项目建设，因无法获得银行担保而导致项目搁浅，最终不得不取消借用外国政府贷款。同时，近年来我国央行连续几次降低贷款利息，国内外汇贷款手续相对较为简单、申请时间较短，部分项目单位比较倾向于使用国内外汇贷款。

（四）贷款使用程序复杂

根据国家有关规定，一个利用外国政府贷款项目国内程序一般要经过计划、财政、转贷银行以及行业主管部门等环节。逐级批准，才能对外提出，程序相对复杂，企业从申请资金到贷款落实周期较长。从目前世行、亚行贷款要求的条件看，不仅要提供1：1的国内配套资金、省级财政担保，而且要由世行、亚行专家对项目进行先期评估，手续也十分繁杂，需要1～2.5年时间。国外贷款使用程序的复杂性，一定程度上影响了企业使用贷款的积极性。

河南省借用国外贷款25年回顾与总结

一、河南省利用国外贷款概况

河南是中国中部省份，土地面积16.7万平方公里。2005年底全省总人口9768万人，经济总量位居中西部省份第一位，人均经济总量居全国中下水平，是欠发达的农业大省。自1979年我国实行对外开放政策以来，利用国外贷款已成为促进经济和社会发展的重要因素。河南省利用国外贷款始于20世纪80年代初，迄今已有23年的历程。截止到2005年底，全省共实施国外贷款项目202个，共建成项目177个，占全部项目的88%；正在实施的项目20个，占10%；已签约项目5个，占2%；利用国外贷款协议总额43.6亿美元，实际利用贷款金额39.2亿美元，其中：利用世界银行贷款项目37个，协议额14.4亿美元，实用金额13.28亿美元；亚洲开发银行项目4个，协议额3.64亿美元，实用金额3.25亿美元。

外国政府贷款项目161个，协议额25.55亿美元，实用金额22.7亿美元（见图1）。在外国政府贷款中，日本政府贷款项目20个，协议额11.65亿美元，实用金额9.52亿美元，其中：协力基金贷款项目12个，协议额11.41亿美元，实用额9.29亿美元；黑字还流贷款项目8个，协议额2454万美元，实用额2259万美元。其他政府和机构贷款项目141个，协议金额13.9亿美元，实用金额13.19亿美元。政府性优惠贷款提供国和金融机构包括：日本、德国、法国、西班牙、意大利、加拿大、英国、奥地利、澳大利亚、瑞典、科威特、荷兰、芬兰、丹麦、挪威、瑞士、比利时、韩国、以色列以及北欧投资银行共20个国家和机构，以及使用参照政府贷款管理的美国进出口银行提供的贴息贷款。本报告中国外贷款总额只包括由河南省组织实施的国际金融组织和外国政府提供的优惠贷款。据不完全统计，国家有关部门在河南省组织实施的利用国外贷款项目中，建成项目主要有：小浪底水利枢纽工程（世行贷款10亿美元）、郑州—武昌电气化改造、新乡—菏泽铁路、焦枝铁路复线及电气化改造、京郑电气化改造、京九铁路等，目前正在建设的项目是利用亚行4亿美元贷款的郑州—西安客运专线。

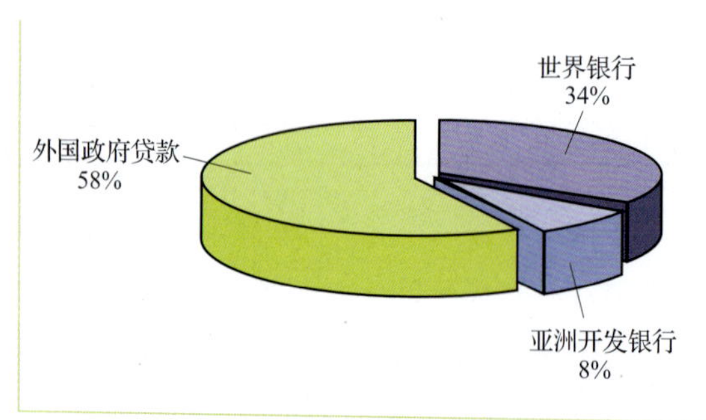

图1　河南省利用国外贷款情况

从1988年开始至2005年底，全省借用国际商业贷款11.9亿美元。河南省借用国际商业贷款主要是外商投资企业，按照我国法律规定，外商投资企业可自行在境内外融资，不受规模和指标限制，报告中将国际商业贷款仅作为一类贷款列明总额，不计入河南省借用国外贷款总额内。

河南省通过利用国外贷款，建设了一大批农业、教育、原材料、工业、交通、能源、城市基础

河南省教育项目，借用日本政府日元贷款。图为建成后的河南大学新校区

设施和公用事业、医疗卫生、生态和环保等项目，上述项目的实施和建成，缓解了河南省改革开放初期资金短缺的矛盾、满足了经济建设急需引进先进技术和设备的需要，有力地支持了河南省现代化建设，对加强河南省基础设施建设、建立完善工业体系，改善投资环境，促进经济社会发展和改革开放，起到了积极的推动作用；同时，也有利于促进我国与其他国家开展经贸、技术等方面的合作以及友好关系的发展。

（一）河南省利用国外贷款历史沿革和发展阶段

河南省利用国外贷款始于1982年，利用世界银行贷款实施华北平原农业项目，这是我国利用世界银行贷款的第一个农业项目。该项目主要通过大规模地治理山东、河南、安徽三省农业区的盐、涝灾害，以促进农业发展。河南省主要在宁陵县、商丘县、民权县进行盐碱地改造，项目总投资约1亿元，实际利用世行贷款1890万美元。从此以后，自1984年开始，河南省重点在教育系统利用世界银行提供的无息或低利率的软贷款，实施广播电视大学和短期职业大学项目（207万美元）、第二期农业教育项目（94万美元）、地方大学（390万美元）、中学在职教育培训（365万美元）、职业技术教育（160万美元）、师范教育发展（1050万美元）、第三个贫困地区基础教育发展项目（2231万美元）等。

从使用世行贷款开始，河南省积极申请利用其他国际金融组织如亚洲开发银行、国际农业发展基金贷款，并相继使用了日本、德国、意大利、西班牙、北欧投资银行等外国政府和金融机构提供的优惠贷款。纵览20多年河南省利用国外贷款工作历程，可分为三个阶段：

双汇集团生产加工生产线项目，借用加拿大、意大利、德国以及荷兰政府贷款。图为生猪冷分割车间

第一阶段：20世纪80年代初到90年代初，河南省利用国外贷款重点在基础教育、通信、工业、原材料领域，贷款主要来源于世行、日本黑字还流贷款和意大利、法国、英国等国家。该时期河南省利用国外贷款协议额约3.7亿美元，占全省协议总额的8%；实施项目34个。由于世界银行当时提供的贷款为无息或低利率，改革开放后为解决河南省落后的教育状况，河南省大力扶持中学教育、师范教育、职业技术教育及地方高校发展，陆续实施7批世行教育项目，共利用世行贷款近4500万美元，全部用于采购教学、科研仪器设备、培训教师及管理人员、进行教学课题研究和信息系统建设等，极大地提高了河南省基础教育及师范学院的教学质量和管理水平。

为缓解80年代短缺经济下河南省工业技术落后、原材料供应不足等状况，结合1987年日本政府提供的“黑字还流”贷款，河南省实施了一批轻纺、机械、化工等领域的技术改造项目，加快了部分骨干企业和中小企业设备更新改造步伐，提高了产品数量和质量，如郑州、新乡、南阳邓州、信阳潢川等一批棉纺企业厂利用日本“黑字还流”贷款和西班牙政府贷款引进喷气织机和剑杆织机等纺织机械，提高了河南省纺织工业的技术装备水平；濮阳中原石化利用意大利贷款建设乙烯和聚丙烯项目、洛阳石化总厂利用科威特政府贷款的聚丙烯项目，洛玻集团利用法国混合贷款引进冷端设备进行浮法二线改造等，极大地缓解了河南省20世纪80年经济建设对原材料需求的压力。随着经济社会的发展，从80年代末期开始，河南省对通讯的需求急剧增长，全省大规模引进程控交换机的帷幕开始拉开。

第二阶段：20世纪90年代到21世纪初。随着改革开放带动战略的全面实施，河南经济加快发展，利用外资进入新的阶段。这个阶段是全省各项建设取得巨大成就的时期，也是河南省利用国外贷款最多的时期，国外贷款协议额约30亿美元，占全省协议总额的68%；实施项目119个。物质的繁荣、人民生活水平的提高对河南基础产业、生态建设和环境保护提出更高的要求，繁重的建设任务需

新乡-郑州高速公路项目，借用日本政府日元贷款。图为郑州黄河特大桥夜景

要大量的资金，为弥补建设资金缺口，河南省在高速公路、电力、机场、通信和城市基础设施等领域规划论证一批项目，积极向国家申请利用世行、亚行、日元贷款及其他政府贷款，利用国外贷款建设一批高速公路、电力、电信项目和城市公用事业、生态和环保工程。如交通：郑州—洛阳高速公路（世行贷款1.2亿美元）、安阳—新乡高速公路（世行贷款1.4亿美元）、洛阳—三门峡高速公路（世行贷款2.1亿美元）、商丘—开封高速公路（日本协力基金2亿美元）、新乡—郑州高速公路（日元贷款2亿美元）；电力：首阳山电厂2×30万千瓦二期扩建改造（世行贷款1.8亿美元）、禹州电厂2×35万千瓦发电机组（亚行及联合融资2.4亿美元）、鸭河口电厂2×35万千瓦机组（西班牙贷款3.72亿美元）；机场：郑州4E级国际机场（2310万科威特贷款）；通信：全省数字程控交换系统建设（加拿大贷款1.2亿美元、比利时贷款2800万美元、西班牙贷款2530万美元、德国贷款2472万美元、挪威贷款1647万美元）；城市基础设施：义马煤气日供气120万立方米工程（澳大利亚贷款6298万美元）；生态和环保：从1990年开始，利用世行贷款实施四期造林项目（6040万美元）、淮河流域水污染治理项目（日元贷款1.2亿美元）。

第三阶段：21世纪初至今。这是河南省经济和社会事业各领域全面发展时期，河南省利用国外贷款继续列中西部前列。由于1997～1999年财年是我国最后一期利用世行软贷款，从2000年起，我国将不再享受世行提供的软贷款，仅能利用世行的硬条件贷款，河南省在积极利用世行、亚行贷款基础上，将重点倾向申请利用日本国际协力银行提供的日元贷款；贷款使用领域根据贷款国要求，除继续加快交通、能源建设外，投向农业、生态建设、环保、医疗、教育和扶贫开发等。这一时期河南省利用国外贷款协议额约9.9亿美元，占全省协议总额的34%；实施项目49个。如豫西农业综合开发（亚行贷款6430万美元）、中原肉牛良种繁育养殖及加工（世行贷款2592美元）、河南省大气环境改善项目（日元贷款1.59亿美元）、河南省11所高校人才培养项目（日元贷款3880万美元）、河南省公共卫生基础设施项目（日元贷款4215万美元）及全省部分市县医疗机构利用以色列、北欧投资银行、西班牙、奥地利等政府贷款采购先进医疗设备等。

（二）国外贷款分类别概况

1. 世界银行贷款

世界银行是多边国际金融机构，其提供的贷款居河南省利用国外贷款首位，是河南省利用国外贷款的主要渠道。世行贷款主要投向：农业和农村发展、交通、能源、教育和卫生事业等。目前更加侧重于农业和生态建设、教育和扶贫开发。截至2005年底，河南省共利用世行贷款14.4亿美元，占全部利用国外贷款的1/3，从20世纪80年代初利用世行贷款第一个项目起，共实施项目37个，其中：交通项目4个，利用世行贷款6.2亿美元，占43%；农业开发和生态建设项目12个，利用世行贷款2.9亿美元，占20%；电力建设项目2个，利用世行贷款2.35亿美元，占16%；工业项目2个，利用世行贷款1.32亿美元，占9%；卫生项目6个，利用世行贷款6148万美元，占4%；城建项目1个，利用世行贷款5240万美元，占4%；教育项目9个，利用世行贷款4886万美元，占3%；环保项目1个，利用世行贷款25万美元（见图2）。

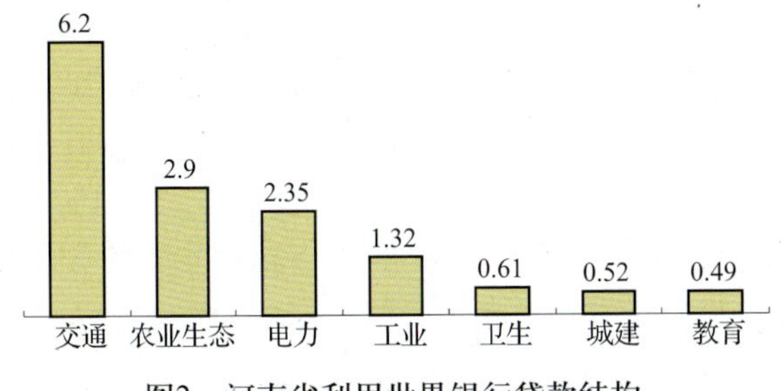

图2 河南省利用世界银行贷款结构

（单位：亿美元）

2．亚洲开发银行

亚洲开发银行是区域性的国际金融机构，主要投向包括：农业、能源、城市发展等。其提供贷款多采取亚行联合融资形式，如河南省禹州电厂建设2×35万千瓦项目，亚行承诺提供贷款2亿美元，另联合融资4000万美元。截止到2005年底，河南省共利用亚行贷款实施项目4个，贷款资金3.64亿美元，占全部利用国外贷款协议额的8%。从结构上来看，能源项目1个，利用亚行贷款2.4亿美元，占66%；农业项目2个，利用亚行贷款7247万美元，占20%；工业项目1个，利用亚行贷款5180万美元，占14%（见图3）。

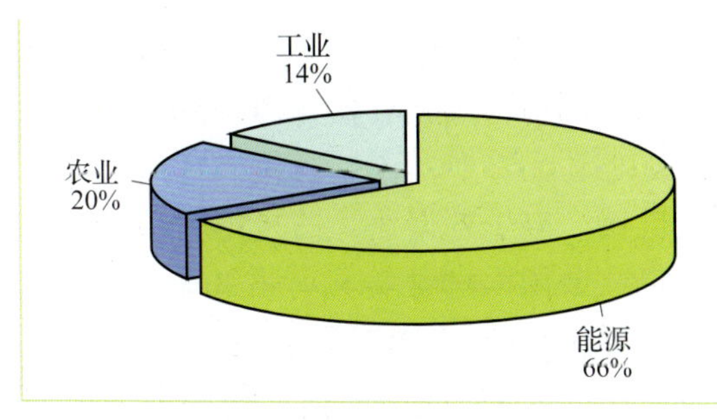

图3 亚洲开发银行贷款结构

3．外国政府及金融机构贷款

包括日本、德国、法国和西班牙等20个国家和机构。到2005年底河南省共利用外国政府及金融机构协议贷款25.55亿美元，占全部利用国外贷款协议额的59%；实施项目161个，占总项目的80%（见图4）。除日本和科威特贷款采取国际招标方式采购外，其他外国政府贷款均规定必须购买贷款国的货物。根据经济合作与发展组织(OECD)规定，政府贷款只能用于环境保护及直接与人民生活相关的项目，限制贷款国对有盈利的、商业性较强的项目提供政府贷款。对贷款额不超过280万美元的项目，贷款国可自行批准，不需报OECD组织审查。

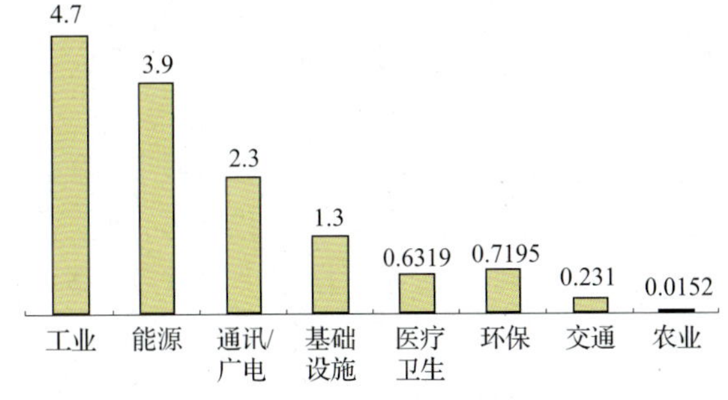

图4 国外政府及金融机构贷款结构

（单位：亿美元）

（1）日本政府贷款。河南省利用日本政府提供的官方开发援助贷款额仅次于世界银行，是河南省又一主要国外优惠贷款来源。日本政府贷款执行机构主要包括日本海外经济协力基金和日本输出入银行，两机构于1999年10月1日合并成立日本国际力银行（JBIC）。主要贷款投向为：能源、交通、水利、环保、教育、城市公用事业等。截至2005年底，河南省共实施日元贷款项目20个，利用日元贷款金额11.65亿美元，其中：利用日本日元贷款项目12个，贷款金额11.41亿美元；日本黑字还流贷款项目8个，贷款金额2454万美元。从利用日本政府提供的贷款使用领域来看，交通项目2个，贷款金额4亿美元，占34%；工业项目11个，贷款金额2.99亿美元，占26%；城建项目1.97亿美元，占17%；水利项目1个，贷款金额6447万美元，占6%；环保项目1个，贷款金额1.21亿美元，占10%；公共卫生基础设施项目1个，贷款金额4215万美元，占4%；教育项目1个，贷款金额3880万美元，占3%。

（2）其他外国政府和机构贷款。共有德国、法国、西班牙、意大利、加拿大、英国、奥地利、澳大利亚、瑞典、科威特、荷兰、芬兰、丹麦、挪威、瑞士、比利时、韩国、以色列及北欧投资银行19个国家和机构，大多是建立在双边政府协议基础上的具有赠与性质的优惠贷款。主要用于城市基础设施、环境保护、公用事业。包括：①纯软贷款，主要来源于德国、意大利、科威特等；②混合贷款：多数国家普遍采用，如荷兰、瑞士、西班牙、法国、加拿大、奥地利、以色列等；③特种贷款：如北欧投资银行提供的贷款。河南省利用外国政府贷款前5位是：西班牙政府贷款（4.3亿美元）、意大利政府贷款（2.5亿美元）、加拿大政府贷款（2.2亿美元）、科威特政府贷款（1.08亿美元）、澳大利亚政府贷款(7846亿美元)。

全省共实施外国政府和金融机构贷款(除美国进出口银行贷款外)优惠贷款项目135个，贷款金额13.8亿美元。其中，工业项目47个，贷款金额4.7亿美元，占34%；能源项目6个，贷款金额3.9亿美元，占28%；通讯/广电项目19个，贷款金额2.3亿美元，占17%；城市基础设施项目14个，贷款金额1.3亿美元，占9%；医疗卫生项目35个，贷款金额6319万美元，占5%；环保项目10个，贷款金额7195万美元，占5%；交通项目1个，贷款金额2310万美元，占2%；农业综合开发项目1个，贷款金额152万美元。

（3）美国进出口银行贴息贷款。美国进出口银行提供的贴息贷款是基于我国财政部与美国进出口银行签署的《框架协议》实行的主权担保融资，属于我国政府或有主权外债，参照利用外国政府贷款管理。河南省在上20世纪90年末，实施利用美国进出口银行贴息贷款项目6个，全部用于河南省市级医院购置先进的医疗设备，贷款额606万美元，包括洛阳正骨医院、平顶山第一人民医院、鹤壁人民医院、安阳市人民医院、安阳市肿瘤医院、焦作市人民医院。

（三）河南省利用国外贷款结构分析

1．按贷款来源划分

在河南省利用国外贷款的23个国际金融组织、外国政府和金融机构中，贷款金额最多的是世界银行，共14.4亿美元，占全省利用国外贷款总额的33%，实施项目37个，贷款额和项目数均居第一位。其次是日本政府贷款，包括日元贷款和黑字还流贷款，共11.65亿美元，占26%，居第二位，实施项目20个，其中：淮河流域水污染治理项目包括11个子项目，河南省人才培养包括11个子项目，河南省大气环境改善含5个子项目，河南省公共卫生基础设施包括53个子项目。其三是西班牙政府贷款4.31亿美元，占10%，居第三位，贷款项目15个。亚洲开发银行贷款3.64美元，占8%，居第四位，实施项目4个。意大利政府贷款2.53亿美元，占6%，居第五位，实施项目5个。以上五个金融组织和外国政府提供的优惠贷款占全省贷款总额的83%。

另外，加拿大政府贷款项目29个，贷款金额2.19亿美元，占5%；科威特政府贷款项目4个，贷款金额1.08亿美元，占3%；澳大利亚贷款项目4个，贷款金额7846万美元，占2%；北欧投资银行贷款项目20个，贷款金额4453万美元，占1%；比利时政府贷款项目3个，贷款金额3820万美元；奥地利政府贷款项目10个，贷款金额3477万美元；德国政府贷款项目3个，贷款金额3181万美元；挪威政府贷款项目6个，贷款金额2679万美元；荷兰政府贷款项目4个，贷款金额2302万美元；以色列政府贷款项目13个，贷款金额2213万美元；瑞典政府贷款项目3个，贷款金额2129万美元；芬兰政府贷款项目4个，贷款金额1927万美元；法国政府贷款项目3个，贷款金额960万美元；瑞士政府贷款项目3个，贷款金额740万美元；丹麦政府贷款项目2个，贷款金额709万美元；英国政府贷款，贷款金额654万美元；韩国政府贷款项目1个，贷款金额152万美元；美国进出口银行贴息贷款项目6个，贷款金额606万美元。

2．按领域和行业划分

全省使用国外贷款最多的是交通领域，包括高速公路和民用机场建设，共使用贷款10.43亿美元，占24%，实施项目7个，其中高速公路6条；二是工业和原材料领域，贷款金额9.56亿美元，占22%，实施项目63个，包括纺织、食品、造纸、化工、机械、电子等行业；三是电力和电网建设领域，贷款金额8.63亿美元，占20%，实施项目9个；城市基础设施领域贷款金额3.8亿美元，占9%，实施项目17个；农业开发和生态建设领域3.64亿美元，占8%，实施项目15个；医疗卫生和教育事业2.61亿美元，占6%，实施项目48个；通讯领域2.34亿美元，占5%，实施项目20个；环保领域1.93亿美元，占4%，实施项目12个；水利建设6447万美元，占2%，实施项目1个。

3．按项目规模划分

在河南省使用国外贷款单个项目中，利用国外贷款1亿美元及以上项目为15个，占全部贷款项目的8%；共计利用国外贷款28.36亿美元，占全部贷款额的65%。利用国外贷款5000万美元及以上、1亿美元以下的项目为7个，占全部贷款项目的3%；共计利用国外贷款4.14亿美元，占全部贷款额的9%。

利用国外贷款1000万美元及以上、5000万美元以下的项目为26个，占全部贷款项目的13%；共计利用国外贷款6.26万美元，占全部贷款额的15%。利用国外贷款1000万美元以下的项目为154个，占全部贷款项目的76%；共计利用国外贷款4.84亿美元，占全部贷款额的11%。

河南省利用国外贷款最大的项目是鸭河口电厂，建设2×35万千瓦燃煤发电机组，利用西班牙政府混合贷款3.72亿美元，包括西班牙政府优惠贷款5000万美元，买方信贷和商业贷款32180万美元。二是洛阳石化总厂大化纤工程利用日元贷款2.69亿美元，年产22万吨聚酯等化学纤维工程；三是濮阳中原石化乙烯装置项目，利用意大利政府贷款2.39亿美元，建设14万吨乙烯、丙烯腈4万吨、聚丙烯14万吨；四是禹州电厂建设2×35万千瓦发电机组，利用亚洲开发银行贷款及联合融资2.4亿美元。五是洛阳—三门峡高速公路项目，利用世界银行贷款2.1亿美元。另有商丘—开封高速公路和新乡—郑州高速公路分别利用日本政府日元贷款2亿美元、偃师火电厂扩建2×30万千瓦火电机组利用世行贷款1.8亿美元、河南省大气环境改善项目利用日元贷款1.59亿美元、驻马店—信阳高速公路利用世行贷款1.5亿美元、安阳-新乡高速公路利用世行贷款1.4亿美元、河南省淮河流域水污染治理项目利用日元贷款1.22亿美元、郑州—洛阳高速公路利用世行贷款1.2亿美元、中原制药厂VC项目利用世行贷款1.18亿美元、河南农业开发项目利用世行贷款1.17亿美元。

4．按地域划分

在国外贷款中，除省级打捆实施国外贷款项目占贷款总额63%外，按18个省辖市独立实施项目贷款额划分，依次为：郑州市3亿美元、洛阳市2亿美元、驻马店市1.2亿美元、信阳1.1亿美元、焦作1亿美元、三门峡1亿美元、开封1亿美元、平顶山市9000万美元、商丘市7827万美元、鹤壁市7500万美元、新乡市6443万、南阳市6200万美元、漯河市5000万美元、安阳市4700万美元、濮阳市3700万美元、许昌市3500万美元、周口市2300万美元、济源市1600万美元。

二、河南省利用国外贷款管理体制

我国利用国外贷款管理体制总的指导方针是实行统一政策、统一规划、联合对外。具体到工作中是归口管理、分工负责、加强协调的管理体制和分级管理、谁借谁还、责权利统一的工作机制。利用国外贷款的总的规划和重大贷款项目由国务院批准，各职能部门包括发展改革委（含原计委、计经委，下同）、财政、银行、外汇管理、海关、税务、审计等在国务院领导下分工负责，互相配合，加强协调。同时，多层次的经济结构和多样化的管理方式，使我国宏观管理体制实行国家和地方分级管理，河南省代表国家在地方贯彻中央统一的国外贷款政策和项目规划，对地方利用国外贷款工作进行直接决策和管理。

1．利用国外贷款管理制度

河南省发展改革部门根据国家利用国外贷款政策和当地的经济发展规划，结合国际金融组织和外国政府贷款的特点，制定本地区利用国外贷款项目规划。根据规划审批项目建议书，对通过立项的项目方案核发国外贷款项目编号，对需要地方财政作为借款人或提供担保的项目，会签省级财政部门。省级财政部门对贷款项目单位的财务状况、偿还能力等进行审查，并落实还款责任。项目建议书批准后，省发展改革委和财政部门向国家发展改革委和财政部提出了利用国外贷款的申请，国家发展改革委根据国民经济和国家借用国外贷款规划的要求，结合产业政策、地区经济布局、设备国产化等因素对地方上报项目进行审核，以防止总量失控和不合理的重复建设；财政部根据地方财政承受能力、外债偿还状况及是否符合贷款国要求等情况对项目进行审核。对同时通过国家发展改革委和财政部审核的项目，财政部统一组织对外谈判、签订政府间协议，并根据协议负责安排转贷、偿还及设备采购等管理工作。河南省根据国家发展改革委备选项目规划，批准项目可行性研究报告和招标初步方案，核发项目计划编号。由项目单位编制资金申请报告，上报国家发展改革委审批，项目单位根据经批准的可行性研究报告和资金申请报告开展设备工程的招标采购工作，签订商务合同和技术合同。省发展改革委根据对已经批复的资金申请报告，出具国家鼓励发展的内外资项目确认书。

2．国外贷款项目实施管理机制

对批准的国外贷款项目，河南省要求项目实施单位建立健全组织管理机构、制定管理规范和制度，对项目进行审计、中期评估和后评价等工作。对有行业主管部门牵头实施的要求建立项目管理办公室，确保机构和人员落实，如日元贷款淮河流域水污染控制项目成立河南省日元贷款环保项目办公室；世行贷款四批林业项目在省林业厅成立林业项目管理办公室；日元贷款河南省人才培养项目在省教育厅设立项目管理办公室；日元贷款河南省公共卫生基础项目在省卫生厅设立项目管理办公室等。要求项目单位严格按照经批准的项目建设方案按期完成工程建设，采购代理公司要配合项目单位做好外国政府贷款使用中的招标采购工作，保证项目顺利实施。转贷银行在金融协议生效后要将有关情况如贷款总额、支付进度报送河南省。财政部门对担保的项目加强债务管理，研究国际金融形势，做好外债风险防范工作。审计部门对实施中的国外贷款项目的贷款资金使用进行审计。对河南省利用国外贷款的重点工程项目由省政府重大项目稽查办进行稽查，严格推行项目法人责任制、工程建设监理制、招标投标制、合同管理制等，发现问题及时通报和查处。重点项目建成后，河南省委托有资质的工程咨询部门对项目进行项目后评价，总结工作中的经验，为今后进一步提高利用国外贷款的质量和效益提出意见和建议。

3．国外贷款财务管理制度

河南省对外国贷款项目实行严格的财务管理制度和审计制度。贷款国根据不同行业实行不同的资金支付方式，如日本政府对中国实行三种支付方式：指令方式（IP）、偿付方式（RP）和特别账户方式（SAP），河南省也采取相应的信用证管理、归垫管理和费用报表等财务管理方式。世行、亚行多用于农业和林业，涉及大量小额合同，实行先垫付后报账制度，河南省针对这种支付方式，实行财政专账专人管理、专款专存，专款专用，凡是不符合合同、没有现场监理监证的、不符合贷款使用方向的均不得支付，从源头上杜绝虚报冒领、超前结算、违规支付、挪用资金等现象的发生。河南省审计部门每年定期对全省利用国外贷款项目进行审计，特别是对项目实施中的建设过程资金活动、工程管理、贷款协议执行、财务管理等方面进行审计监督。

除加强外部财务管理外，要求项目单位实行严格内部财务和内部监督制度。如：工程结算支付都要有监察部门参与监督；每月公布国外贷款资金使用情况，接受群众监督，增加财务透明度；定期向主管部门报告资金使用和财务管理情况等。

4．国外贷款项目管理信息系统建设

在河南省借用国外贷款管理工作中，对项目的跟踪管理一直是一个薄弱环节。为加强国外贷款项目从审批、建设、支付到债务偿还全过程动态监测，对利用国外贷款的规模、贷款结构及投向、外债形势等进行预测和管理，20世纪90年代，河南省建立了一套科学的指标体系，利用计算机建立信息统计系统，及时、准确、完整地反映全省各行业利用国外贷款的情况。数据采集表一般由项目单位或借款单位填报。根据国家统一要求，共设有6张数据采集表，包括项目基本情况、贷款的计划情况、贷款的签约情况、贷款的协议执行情况以及项目外债测算的有关指标，全面地反映中长期国外贷款项目审批、计划、签约、用款、还款、建设、效益等情况，对国外贷款项目进行跟踪管理，综合分析全省各地、各部门利用国外贷款情况，为编制利用外资计划，加强国外贷款宏观管理提供数据信息和手段。

三、河南省利用国外贷款实效分析

1．利用国外贷款缓解了河南省建设资金不足，促进了全省经济和社会发展，提高了人民生活水平

20世纪80年代，河南省正处于加快经济建设和扩大对外开放的时期，国外贷款资金广泛用于河南省交通、能源、通信、城市基础设施、农林和生态、教育、卫生等领域，在很大程度上弥补了河南省生产建设资金的不足。以河南省高速公路建设为例，河南高速公路十多年的发展，国外贷款起到了很大的推动作用。1991年，世行贷款的使用推动河南第一条高速公路郑州—洛阳段的开工建设，实现了河南高速公路零的突破和公路网的结构性调整。截至2005年底，河南高速公路通车里程达2678公里，其中，使用世行和日元贷款建设高速公路里程约为770公里，占28%；国外贷款除用于高速公路建设外，也支持了干线公路改造和县乡公路及附属工程的升级改造。目前纵贯南北、横贯东西、连接所有省辖市的高速公路骨架网络初步形成，实现了

以省会郑州为中心的3小时经济圈，方便了人民群众的出行条件。随着公路基础设施投资的不断加大和公路交通服务水平的逐步提高，公路交通快速发展对经济社会高速增长的支撑与拉动作用越来越显著。

河南信阳市中心医院自1996年开始申请利用外国政府贷款到目前10年间，已申请利用以色列政府贷款4次，共538万美元，首次申请利用以色列政府贷款35万美元购置一套“单光子计算机断层扫描装置”（ECT）；1998年再次申请利用以色列贷款213万美元引进超导核磁、螺旋CT等设备；2003年第三次利用以色列贷款110万美元购置血管造影机、彩超等设备；2005年底申请利用国外贷款180万美元，拟引进多排螺旋CT、眼科准分子治疗仪等医疗设备。通过利用国外贷款购置先进的医疗设备，信阳市中心医院不但提高了医院的诊断技术和科研水平，也极大地提高了医院的综合实力和知名度，使医疗服务范围辐射到除信阳市外周边省份和地区近千万人口，满足了当地人民群众医疗保健的需要。门诊量由1996年25万人次提到2005年52万人次；年住院病人由1996年1.1万人次提高到2005年2.1万人次；年经济收入由1996年3900多万元提高到2005年1.7亿元。

2．国外贷款项目引进了先进的技术和设备，带动一批企业的快速成长，促进产业结构优化升级

国外优惠贷款的使用促进了河南省食品加工业的发展，在河南省建设全国食品工业基地的进程中，做出了重要贡献。如双汇集团先后4次使用国外贷款，发展到今天成为亚洲最大、世界第三的肉制品加工企业。第一次是1995年利用加拿大政府贷款280万美元建设PVDC包装膜项目，当时适逢双汇集团火腿肠产能快速扩张时期，通过引进加拿大麦克罗公司2条世界先进的PVDC生产线，形成了年产1000吨PVDC薄膜的生产能力，有效地保障了双汇集团产能扩张对火腿肠包装材料的供给。第二次是1999年利用意大利政府贷款181万美元建设废弃物综合处理项目，通过引进意大利GI公司世界领先的废弃物处理及饲料加工设备，达到年产15万吨饲料和6000吨预混料的生产能力，使双汇集团的废弃物变废为宝生产出饲料，资源得到合理利用，提高了企业的经济效益。第三次是2000年利用德国政府贷款260万欧元建设高阻隔复合膜项目，引进PLAMEX和海德堡公司先进的筒状膜和胶印机，生产符合包装要求的五层共挤复合膜和胶印纸箱，进一步提高了肉制品包装的质量和档次，提高了双汇集团产品的市场竞争力。第四次是2003年利用荷兰政府贷款282万欧元引进2条100万头/年生猪屠宰生产线，极大地提高了双汇集团的生猪屠宰能力和生猪屠宰自动化水平。河南省华英禽业集团公司于1991年，利用英国政府贷款254万美元建设年加工100万只樱桃谷鸭禽类加工厂项目，后收购同期利用英国政府贷款310万美元的淮滨三和实业集团公司，现已发展成为以肉鸭、肉鸡加工为主，集种鸡、鸭繁育、养殖、屠宰加工为一体的食品加工企业，是目前世界上最大的鸭制品加工企业。

3．国外贷款项目引进了现代管理理念和运行模式，促进河南省产权制度的改革和深化

国外贷款不仅给我国经济建设带来了资金，而且也带来了丰富的现代化管理理念和经营模式，以河南省的高速公路建设为例：郑洛、安新、洛三、驻信4条利用世行贷款高速公路和商开、新郑2条利用日元贷款高速公路为自筹资金建设项目起到了很好的示范作用。国外贷款项目前期工作中从项目可行性研究方法、交通量预测与经济分析模型、施工合同管理模式、设备采购程序与施工单位选择方法、施工监督与计量等方面，通过与国际专家合作和世行提供的专门管理培训及每年的检查指导，提高了交通建设机构的设计、施工和管理理念，提高了河南省交通规划和管理水平，国际上通行的“竞争招标法”和“最低响应标书中标法”在河南省各类重大项目采购中得到应用。通过利用世行贷款实施四期林业发展项目，河南省林业项目在引进资金和先进的管理机制的同时，在林业产权制度改革方面也进行了有益的探索。如利用世行贷款在项目区建立了一批乡、村集体林场、县乡村合作林场、股份制林场和个体林场，林业国有、集体、合作、股份制、个体等多种所有制形式协调发展，调动了各方面发展林业的积极性，加速了项目区荒山拍卖与荒山绿化的进程。林业外资项目区在成为新技术、新成果示范推广试验区的同时，也成为河南省林业改革的试点区。

4．国外贷款项目的实施，为河南省经济建设培养了一批技术和管理人才

使用国外贷款不仅在于满足河南省经济建设

的资金需求，引进先进适用的设备、技术和管理理念，其深远意义还在于为河南省现代化建设培养一批人才。如利用世界银行贷款和日元贷款实施的9个教育项目，全省部分院校选派了大批各类人员参加了教学和管理培训，通过选派进修和引进专家学者授课，改善了教师队伍的学历和知识结构，提高了教师队伍和管理人员的整体素质。以世行贷款教育项目在20世纪90年代初与90年代末对比为例，1991年项目院校3224专任教师中相当于研究生的比例是27%，到1999年，在4302名专任教师中达到40%。各级管理人员包括院级领导、部门负责人、实验仪器设备管理人员都参与到各类培训与教学研讨工作中，提高了教育教学管理水平。在交通项目中，世行提供的国外培训达240多人次；在世行贷款三期林业项目中，世行提供培训32万人次，为河南省培养了一大批懂技术会管理的专业人员，为提高河南省林业管理水平奠定了人才基础。

四、河南省利用国外贷款经验总结及教训分析

（一）国外贷款工作经验总结

河南省在国外贷款工作中，除按照国家政策和贷款国投向认真执行外，逐步摸索出一套项目规划、组织、实施管理和资金管理的方法和制度。一是相关部门高度重视、互相配合，各项保障措施到位。项目列入国家备选项目规划后，项目单位和有关部门组建相应工作机构，使项目管理自始至终由专门机构和人员负责，保证了国外贷款工作的稳定性和连续性，有力地保障了国外贷款项目实施和效益发挥。二是做好贷款项目的前期准备工作。项目的选择除符合河南省经济发展规划和产业政策外，广泛征求各专业部门意见，技术复杂时征询专家的意见；与财政部门加强信息沟通，每一个上报项目都会商财政部门，建立信息互通机制；做好贷款综合比较。结合项目及项目单位的实际情况，综合考虑国外贷款的利率、还款期、采购比例、设备性能等多方面因素，做好贷款国别的比选。外方对项目评估严格，程序较复杂，河南省各相关部门互相配合与项目单位一起做好外方项目评估的材料准备和接待工作。三是注重国外贷款项目的质量和效益。在项目选择上，坚持经济效益和社会效益相统一的原则，会同财政部门分析研究生产性项目的预期经济效益和还款能力，对具有显著的社会效益，经济效益一般的公益性项目，充分考虑项目单位的承受、资金配套能力及地方财力量力而行。同时加强工程建设中矛盾和问题的协调，加快工程项目实施进度。四是做好国外贷款债务监测和偿还工作。利用国外贷款严格实行“总量控制、量力而行”和“谁借谁还，责权利相统一”的原则，根据外债监测指标、偿还能力和内资配套能力，合理确定和控制利用国外贷款规模。与财政部门积极配合，做好外债预警工作。每年对可能发生债务危机的项目还款列入当年财政预算，保证每个国家贷款项目按时还款，维护政府信誉，树立良好的国际形象。

（二）存在的问题和教训

回顾多年的国外贷款工作，在取得成绩、总结经验的同时，河南省在利用外国贷款过程中，也存在一些失误和问题，造成一定的经济损失。

1．项目前期工作不扎实，技术、设备引进缺乏科学论证，造成决策失误

实践证明，利用国外贷款项目前期工作做得扎实可靠与否，直接关系着项目成败。有的项目论证不充分，进口设备考察和比选不慎重，导致项目建成后没有发挥很好的效益。如许昌市燃气工程项目决策缺乏前瞻性，造成引进设备闲置，该项目利用加拿大政府混合贷款385万美元，1992年立项时选择“煤制气”方案，1996年签订贷款协议，后因煤炭价格升高、环保要求等原因，将“煤制气”改为“液化石油气混空气”的方案，但引进的价值236.5万美元的煤制气设备于1998年初到货，造成设备闲置浪费。

2．配套资金不落实，造成项目建设资金和流动资金缺乏，影响项目建设进度和效益发挥

在20世纪90年代中期以前，我国固定资产投资管理制度还不完善，加上一些项目单位和部门在借用国外贷款时，往往只考虑企业、部门经济发展的需要，没有考虑自身的配套能力和将来的还款能力，盲目上项目、争贷款，直接影响了项目按合理工期组织实施、投资效益的发挥及贷款的按期偿还。如义马煤气工程项目，项目设计日供气120万标准立方米，联产甲醇、焦油等化工产品。计划总投资15.5亿元，其中实际利用澳大利亚贷款6275万美元（折人民币5.35亿元），国家开发银行贷款5

亿元，河南省地方自筹5.17亿元。该项目于1985年批准立项，1992年批准利用澳大利亚贷款，1994年批准可研，并与外方签订贷款合同，1997年开工建设，2001年试送气，2003年通过预验收，2004年2月投产。由于项目建设初期，国家没有制定项目资本金制度，在国外贷款和国家开发银行贷款已陆续到位的情况下，地方配套资金只到位6300万元，仅占计划的12%，使得工程在1999年一度处于半停工状态，引起省政府及有关部门的高度重视，采取了配套资金限期到位、出台优惠政策等多项措施，保证了项目后期建设进度，随着投产后市场的不断开拓，目前企业生产经营状况得到较大改善。

3．缺乏懂经营、会管理的人才，企业管理不善，造成贷款项目效益不理想

20世纪80年代末到90年代中期，河南省在纺织、机械、造纸、酿造等工业领域，大量利用加拿大、日本“黑字还流”、西班牙、北欧国家及北欧投资银行等国家和机构提供的优惠贷款进行技术改造，引进的设备和技术对提高河南省生产制造技术水平，对工业结构优化升级起到很大的促进作用。但一些企业因企业管理不善，加上资金、市场等因素，企业经常停产，连年亏损，经济效益低下。

4．项目虽然建成，后由于市场变化、国家政策调整等因素，造成项目难以发挥预期效益

除了以上主观原因外，另有一些客观因素如市场变化、国家政策调整等原因使项目建成后，收益不理想或停产，使项目出现还款困难。如为创造就业机会，增加农民收入，增加当地财政收入，河南省焦作市于1991年利用世行贷款3300万美元建设焦作农业综合开发项目，涉及水利、农技、畜牧、林业、水产和加工业等项目，1998年项目全部完工后，大部分项目运行情况良好，取得了较好的经济效益、生态效益和社会效益。但一些加工业项目运行后出现问题，如一个冷库项目，由于新鲜食品、绿色食品的常年供应，冷冻、冷藏食品市场行情发生变化，冷库从1995年初建成后，一直没有正常生产，仅开展代储业务。

另外，还存在有些部门和项目单位重借轻还，偿债意识弱，贷款国采购比例限制过多、设备价格较高，导致项目成本增加，影响项目单位积极性等问题。

湖北省借用国外贷款25年回顾与总结

改革开放以来，湖北省在扩大对外开放的进程中，抓住机遇，在国家政策的引导下，积极、合理、有效地借用国外贷款，弥补了建设资金不足，引进了先进技术、设备和管理方式，为湖北省经济建设和社会发展做出了积极贡献。

一、湖北省借用国外贷款基本情况回顾

（一）湖北省借用国外贷款的总体状况

截至2005年，湖北省利用国际金融组织贷款、外国政府贷款、国际商业贷款等国外贷款项目共计208个，25年年均签约额3.18亿美元，贷款签约总额达79.56亿美元；实际已使用国外贷款66.95亿美元，占湖北省全口径利用外资的28.1%。借用国外贷款中，国际金融组织贷款项目35个，签约额23.64亿美元，占总额的29.7%；外国政府贷款项目159个，签约额33.94亿美元，占总额的42.7%；国际商业贷款项目14个，签约额21.97亿美元，占总额的27.6%。

208个国外贷款项目中，签约额限下项目101个，合计签约额2.53亿美元，占总额的3.2%；限上项目107个，合计签约额77.03亿美元，占总额的96.8%，其中1000万美元以下项目34个，1000万～5000万美元项目39个，5000万～1亿美元的项目11个，1亿美元以上项目23个（见表1）。

1．借用国外贷款的规模逐步扩大

湖北省借用国外贷款经历了从无到有、从少到多的发展过程（详见图1）。“六五”、“七五”为起步时期，共计借用国外贷款项目46个，签约国外贷款3.16亿美元；“八五”和“九五”时期是利用外资的快速发展时期，借用国外贷款项目从数量上到质量上都取得了较大的成绩。“八五”期间，借用国外贷款项目共计78个，签约国外贷款29亿美元，实际使用国外贷款13.06亿美元。“九五”时期借用国外贷款项目47个，签约国外贷款28.71亿美元，实际使用国外贷款26.51亿美元，超过“六五”至“八五”时期之和，是“八五”时期的2倍。“十五”时期借用国外贷款项目37个，签约国外贷款18.69亿美元，实际使用国外贷款21.88亿美元，较“九五”时期有所回落，分别下降10.02亿美元和4.63亿美元。

表1　湖北省借用国外贷款项目分类情况

项目分类	项目个数	签约额（万美元）	比重（%）
合计数	208	795585	100
按种类分			
国际金融组织贷款	35	236446	29.72
外国政府贷款	159	339434	42.66
国际商业贷款	148	219705	27.62
按贷款规模分			
限下项目	101	25301	3.18
限上项目	107	770284	96.82
其中：500万～1000万美元	34	23378	2.94
1000万～5000万美元	39	94151	11.83
5000万～1亿美元	11	71925	9.04
1亿美元以上	23	580830	73.01

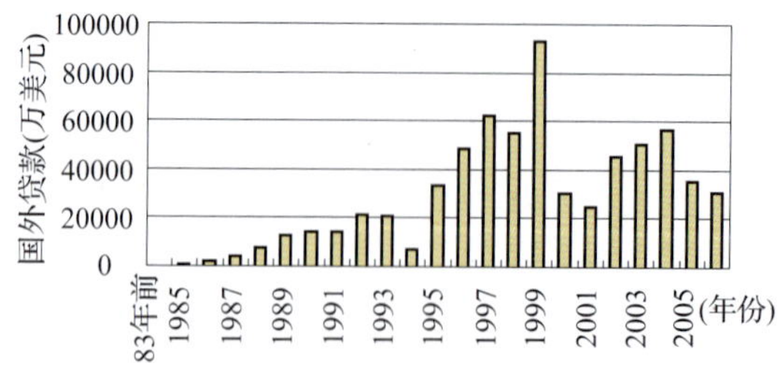

图1　湖北省不同时期实际使用国外贷款情况

数据来源：湖北省统计年鉴。

2．借用国外贷款在全口径利用外资中所占比重逐步下降

湖北省借用国外贷款（实际使用国外贷款）的规模逐步扩大，但在全口径利用外资中所占比重逐步下降（见表2）。“七五”时期，湖北省实

际使用国外贷款占到全口径利用外资的79.7%，但“八五”时期骤降到39.2%，“九五”时期为36.2%，“十五”时期仅占到17.5%。主要原因是外商直接投资规模逐年快速增长，占全口径利用外资比重不断提高。仅“十五”时期，湖北省就吸收外商投资102.9亿美元，年均增长20.2%。相比较而言，随着我国经济实力增强和生产力水平的提高，国际上对我国优惠贷款逐步减少，贷款投向领域逐步缩小，贷款条件也逐步硬化，国际商贷减少更加明显，造成全国外贷总规模呈缩小趋势，湖北省借用国外贷款增长步伐也随之减慢。

表2 “六五”以来实际使用国外贷款占全口径利用外资比重

时期	国外贷款（万美元）	利用外资（万美元）	比重（%）
六五	2850	5070	56.2
七五	52149	65397	79.7
八五	130618	333140	39.2
九五	265084	731869	36.2
十五	218833	1247945	17.5
25年累计	669534	2383421	28.1

3．国外贷款项目涉及的行业较多

湖北省借用国外贷款的行业主要集中在能源、交通、通信、农林水利、工业、市政、环保、卫生、教育等多个领域。省级项目和贷款多集中在能源、交通、农林水利、通讯、卫生等领域，各市项目多集中在工业、市政、环保、医疗等领域。能源、交通、工业为借用国外贷款的重点领域，三大行业占到全部借用国外贷款的75%以上。农林水利、市政环保、邮电通信、卫生等领域的项目和贷款额也占了一定比重。

4．借用国外贷款项目执行良好

湖北省高度重视借用国际金融组织和外国政府贷款项目管理工作，各级政府本着“借得来，用得好，还得起”的方针，切实落实各项合作规划的实施，保证了贷款项目的质量和效益。如湖北世行贷款国道Ⅱ、长江上中游农业综合开发、长江水资源项目中的“经济自立灌区”等项目实施过程中取得的成功经验，受到财政部和国际金融组织的充分肯定，有的经验在全国推广。

（二）国际金融组织贷款情况

湖北省借用国际金融组织贷款工作始于1982年。截至2005年，湖北省借用国际金融组织贷款项目35个，其中世界银行贷款项目30个，亚行贷款项目4个，国际农发基金贷款项目1个，贷款签约金额23.64亿美元，占全部借用国外贷款签约额的29.7%。

1．国际金融组织贷款项目分布广泛

从地区分布看，贷款项目遍布湖北省各市州县，并逐步向西部地区倾斜。从行业分布看，涉及工业、农业、交通、教育、卫生和环保等国民经济所有重要部门。从项目分类来看，公益性项目10个，贷款额4.23亿美元；基础性项目22个，贷款额17.46亿美元；竞争性项目3个，贷款额1.95亿美元。

2．国际金融组织贷款主要用于大型基础设施建设

国际金融组织贷款一般利率较低、期限较长，非常适宜用于大型基础设施建设。例如，湖北省借用世界银行贷款用于交通基础设施建设的资金达10.77亿美元，占到借用国外贷款总额的13.5%，新建了京珠高速公路湖北段、孝襄（孝感－襄樊）高速公路、十漫（十堰－漫川关）高速公路等一批交通枢纽工程，共计新建高速公路里程689公里。另外，国际金融组织贷款用于农林水利、市政、环保的资金也分别达到5.1亿美元和3.98亿美元，促进了这些领域基础设施的较大改善。

（三）外国政府贷款情况

湖北省借用外国政府贷款始于改革开放之初，与改革开放同步，是湖北省对外开放的重要标志之一。据调查统计，截至2005年，湖北省累计借用外国政府贷款签约项目总数为159个，签约额33.94亿美元，占整个国外贷款项目签约额的42.7%。159个贷款项目中，绝大部分的项目正常生产，有少部分的项目存在生产未达设计要求以及破产和停产的情况。

1．外国政府贷款来源多元化

目前有日本、法国、西班牙、加拿大、德国、英国、意大利、奥地利、瑞士、荷兰、比利时、挪威、澳大利亚、瑞典、芬兰、丹麦、澳大利亚、美国及北欧投资银行等20个国家和国际金融机构向湖北省提供政府贷款。贷款项目数列前四位的国家依次是西班牙、日本、加拿大和德国。贷款签约额列前四位的国家分别是日本、法国、西班牙、德国，这四个国家的贷款签约额占到外国政府贷款总签约额的85.3%（见表3）。

表3 湖北省借用外国政府贷款国别分类表

国别(地区)	项目个数	签约额(万美元)	比重(%)
日本	22	112871	33.25
法国	7	94961	27.98
西班牙	39	61866	18.23
德国	12	19836	5.84
加拿大	13	16400	4.83
奥地利	12	10681	3.15
荷兰	5	4137	1.22
美国	3	3955	1.17
丹麦	4	2357	0.69
英国	3	2265	0.67
意大利	8	2127	0.63
瑞士	7	1650	0.49
北欧投资银行	5	1779	0.52
以色列	7	1329	0.39
芬兰	4	795	0.23
澳大利亚	2	699	0.21
比利时	2	520	0.15
挪威	2	499	0.15
波兰	1	498	0.15
瑞典	1	209	0.06
合计	159	339434	100

2．外国政府贷款项目行业分布广泛

湖北省借用外国政府贷款项目涉及能源、交通运输、工业（机电仪器、钢铁冶金、轻纺食品、建材等）、邮电通信、农林水利、市政环保、医疗卫生、教育等领域。贷款项目个数居前四位的是工业、邮电通信、市政环保和医疗卫生；贷款签约额居前四位的是工业、能源、邮电通信和交通运输，占到外国政府贷款总签约额的86.7%（见表4）。

表4 使用外国政府贷款分行业情况

行业	项目个数	签约额(万美元)	比重(%)
工业	72	181326	53.42
其中：机电仪器	29	100355	29.57
钢铁冶金	8	69520	20.48
轻纺食品	24	7257	2.14
建材	8	2829	0.83
石油化工	3	1365	0.40
能源	5	55810	16.44
邮电通讯	31	34334	10.12
交通运输	7	22825	6.72
农林水利	7	17670	5.21
市政环保	20	15523	4.57
医疗卫生	14	5403	1.59
教育	1	4300	1.27
其他	2	2243	0.66
合计	159	339434	100

（四）国际商业贷款情况

自改革开放以来，湖北省借用国际商业贷款的项目共有14个，合计签约额21.97亿美元，占借用国外贷款签约总额的27.6%。国际商业贷款以其庞大的国际资本市场，形式多样的筹融资方式，相对简便的融资过程，相对低廉的融资成本，对湖北省经济快速增长起了积极的推动作用。湖北省借用国际商业贷款主要用于大型工程和生产型项目。三峡工程引进左岸14台发电机组项目和引进15台主变压器及相应配套工程共计借用国际商业贷款13.91亿美元，占到湖北省全部借用国际商贷的63.3%。除三峡工程外，其余国际商业贷款主要用于钢铁冶金、机电仪器、轻纺食品、石油化工等竞争性工业项目，用于公益型项目和基础性项目的较少。

二、湖北省借用国外贷款的成效与经验

（一）借用国外贷款的作用和成效

25年来，湖北省在有关部门的大力支持下，借用国外贷款规模逐步扩大，项目效益稳步发挥，对经济发展起到了积极有效的促进作用。

1．缓解了资金不足的矛盾

湖北省与世界银行、亚洲开发银行、国际农发基金等国际金融组织以及日本、德国等多国政府建立了密切的贷款联系，在项目贷款、技术援助等方面进行了广泛的国际合作。截至2005年，共签约208个贷款项目，涉及交通、环保、能源、工业、农业、林业、教育、卫生、市政建设等多个领域，覆盖了全省所有市州，贷款签约总额接近80亿美元，已实际使用贷款资金66.95亿美元。借用国外贷款，扩大了湖北省资金来源，弥补了建设资金的不足，保证了重点项目建设的资金需要，加快了湖北省基础设施的建设步伐，有力地促进了湖北省教育、卫生、扶贫事业的发展和生态环境的改善。

借用国外贷款发展地方经济和各项社会事业是一项战略选择，实践证明，这不仅极大地缓解了加快发展与地方资金短缺的矛盾、短期财力不足与长期发展的矛盾，同时，改善了投资环境，还在经济、社会、生态环境和扶贫等方面收到了多重的显著成效。这些项目的建设、投产对改善

湖北省综合投资环境、推动社会事业进步、提高人民生活质量都起到了积极作用。借用国外贷款已成为湖北省改革开放和经济建设过程中弥补省内建设资金不足、赢得建设时间和加快发展速度的重要手段。

2．促进了基础设施的建设和投资环境的改善

湖北省坚持将国外贷款用于国民经济发展的重点领域，其中，能源领域签约的贷款额达206100万美元，占借用国外贷款总额的25.9%，共计增加发电装机容量240万千瓦（不含三峡工程）；交通运输领域签约贷款额140490万美元，占17.7%，新建长江大桥4座，新建高速公路里程689公里；农林水利68805万美元，占8.6%，已完成人工造林42.5万公顷，封山育林7.8万公顷，整险加固长江干堤总长421公里，改善灌排面积55.1万公顷；市政环保55290万美元，占6.9%，新增100万吨日供水能力和100万吨日处理污水能力。清江隔河岩水电站、鄂州电厂、王甫洲水电站、武钢三炼钢、神龙汽车、武汉天河机场、武汉长江大桥、黄石长江大桥、荆州长江大桥、京珠国道湖北段、湖北城市光缆及程控电话、武汉轻轨一期工程、武汉东湖水污染治理、长江水资源开发、长江干堤整险加固、三峡工程等一大批在国民经济发展中占有十分重要地位的重大骨干项目的建设，对湖北投资环境的改善和产业结构调整升级起到了积极的促进作用。

3．提高了人民的生活水平与质量

教育方面，先后实施了“电大项目”、“地方大学项目”、“中等师资培训项目”、“职业教育项目”、“贫困地区教育项目”、“湖北教育三期项目”等国外贷款项目。项目的实施，引进了先进的教学和实验设备，改善了办学条件，提高了学校的教学和科研水平。例如，湖北贫困地区教育发展项目总投资27836万元，其中世行贷款1980万美元。项目于1996年完成，已建成658所中小学校，维修校舍53万平方米；完成师资培训几千人次，对加快湖北省普九义务教育和改善教学条件起到了积极的作用。

卫生方面，借用世行贷款先后实施了四个项目，即农村卫生与预防医学项目（卫Ⅱ）、传染病与地方病控制项目（卫Ⅴ）、疾病预防项目（卫Ⅶ）和第三期中国农村供水与环境卫生项目（改Ⅲ）。项目总投资约为9962万美元，其中世行贷款6104万美元。目前，卫Ⅱ项目已进入还本期，卫Ⅴ项目建成，卫Ⅶ和改Ⅲ项目正在建设之中。卫Ⅴ项目的成功实施，使湖北省血吸虫病的人群感染率、耕牛感染率、钉螺自然感染率、感染性钉螺密度平均下降了82%；17万传染性肺结核病人得到免费治疗，治愈率达94.6%。农村供水和环境卫生项目的实施，解决了10个项目县市的132万农村人口的饮水问题，提高了农民的健康意识。该项目自1998年实施以来，多次受到世行、财政部和国家爱委会的肯定和好评。疾病预防项目的实施，使湖北省新生儿乙肝疫苗接种率农村地区由1996年的34.7%提高到2000年的74%，预防麻疹效果明显，麻疹发病率由6.08%下降到2.52%。借用外国政府贷款引进了先进医疗设备，提高了一批中心医院的医疗救治水平。

生态建设方面，先后实施了“国家造林项目”、“森林资源发展和保护项目”、“贫困地区林业发展项目”、“长江水资源开发林业子项目”、“林业可持续发展项目”和“日本政府贷款湖北植树造林项目”等6个国外贷款造林项目。项目覆盖了全省72个县市（区），累计总投资18.2亿元，其中借用国外贷款13180万美元。项目建成后，各项目县市的森林覆盖率将提高2个百分点。国外贷款造林项目的成功实施，为缓解湖北省木材供需矛盾、发展农村经济、改善生态环境、建设秀美山川做出了积极贡献。

长江干堤加固项目，借用世界银行贷款。图为已完工的黄陂西湖堤全貌

环保方面，已建和在建的国外贷款项目10余个，合计借用国外贷款42564万美元。例如，湖北城市环境项目于1996年开工，总投资34亿元，其中世行贷款1.5亿美元。该项目包括城市污水、固体废弃物处理，工业污染控制等，涉及武汉、黄石、宜昌、襄樊、荆门等5个城市，其顺利实施极大提高了城市污水的处理能力，为完成污水处理率达70%的湖北省“十五”规划目标奠定了良好的基础。

4．消化、吸收了国外先进技术和管理方式

借用国外贷款在弥补经济建设资金不足的同时，引进了国际先进的技术和管理经验，培养和锻炼了一批外向型和实用型相结合的技术、科研和涉外项目管理人才。在湖北省实际使用的国外贷款中，70%以上的贷款用于引进国外的技术和设备，其中大部分属国内外先进技术和设备，主要涉及能源、冶金、机电、轻纺、通信等行业，很大程度上提高了这些行业的技术装备水平。一批项目通过借用国外贷款，扩大了生产能力，提升了技术档次，不仅成为湖北省的经济支柱，也是全国同行业的排头兵。比如，武钢借用国外贷款57572万美元进行“双五百”技改和三炼钢、硅钢工程建设，已成为全国最大的优质硅钢生产基地。京珠国道主干线湖北段建设引进了国外建设高速公路的先进管理经验。

5．推动了体制改革和制度创新

国外贷款项目的实施不仅引进了资金和技术设备，更重要的是引导和推动了一些经济社会领域的体制改革和制度创新。例如，我国改革开放之初建立的项目投资决策的“公开化、科学化、民主化”制度，国际标准的竞争性招投标机制、工程师监理制度，业主负责制已成为湖北省重大工程项目建设的标准作法；供水、污水收费制度的建立，为水资源的可持续发展提供了基础；世行、亚行的资金回补制度原则也体现在省内公共投资的财务管理之中；卫生方面的保健促进、特困医疗救助、结合全程督导化疗（DOTS）等思想、观念、方法已在湖北省广泛引用，有些已经成为卫生政策。总之，国外贷款项目作为其载体，或者进行过先驱试验，或者作为应用研究，或者作为项目要求，或者进行理论探讨等等，都在不同程度上发挥过作用。通过外国政府贷款、国际金融组织贷款等引进和推动的这些管理体制和制度创新，为社会主义市场经济的建立和完善做出了积极贡献。

（二）经验启示

湖北省在长期借用国外贷款的工作实践中，积累了较为丰富的经验，并从中得到了重要启示。

1．加强政府宏观指导是做好借用国外贷款工作的关键

借用国外贷款主导是政府，对国外贷款的管理视同政府投资管理，政府在这项工作上负有直接的十分重要的责任。因此，要在宏观上把政府对借用国外贷款的管理贯穿于该项工作的全过程中。在项目规划阶段，必须对项目的筛选进行精心指导，一方面，要确保项目及时纳入国家借用国外贷款的项目备选规划；另一方面，要确保贷款主要投向于事关经济社会发展全局的、覆盖面广的项目，特别是基础设施、资源开发、贫困地区发展、社会公益项目等。在项目建设和债务管理上，要对项目融资与贷款偿还机制的建立进行指导和管理，对贷款工作全过程实施监督和管理，主要包括按照国外贷款项目有关要求，组织好项目前期准备工作，落实项目建设条件，搞好国内、国外政策和程序的衔接，做好协调服务工作，促进项目顺利实施。同时，要视贷款项目性质、贷款投向领域积极给予财政担保支持，对于特殊需要、特殊情况给予必要的财政借款或还款支持。

2．按照国际规则办事是顺利实施外贷项目的有效途径

借用国外贷款的国际规则和评估程序，十分规范和严格，但在批准实施后很有效率。在世行贷

隔河岩水电站项目，借用加拿大政府混合贷款。图为水电站鸟瞰

武汉市污水治理项目，借用亚洲开发银行贷款。图为汉口三金潭厂生物池

款申报项目中，世行专家高度关注贷款资金投向和借款人财务状况、偿债能力，同时，要求编制借款人长期滚动财务计划。在贷款项目执行期间，世界银行对借款人履约的严格要求均写入贷款的《项目协定》，从而有助于推动借款人财务管理的创新，有助于形成按国际规则办事的理念。要严格执行国家有关资本金、招投标、工程监理、合同管理等制度，并与借用国外贷款的国际规则和评估程序接轨，尊重和吸收国外先进的管理办法，使项目走上管理制度化与规范化的轨道。例如在招投标方面，不仅要符合国家《招投标法》规定，还要严格执行世行、亚行采购指南，按照国际通用的采购方式，充分体现招投标公开、公正、公平的原则，取得较好的成效。

3．强化项目管理是确保外贷项目效益的重要保证

严格按照国家项目建设程序要求和规定，以及社会主义市场经济条件下公共财政的要求，做好项目管理工作。根据以往经验，要把编制“借用国外贷款三年滚动规划”作为项目储备的有效手段，通过广泛调研、认真筛选，储备一批重大项目。按照“成熟一批、申报一批；实施一批、补充一批”的原则，不断更新和完善规划，使国外贷款项目的储备、申报、实施保持连贯，避免出现大起大落的现象。要严格执行国外贷款项目的管理程序，项目建议书、可行性研究报告要达到规定的深度，努力提高决策科学性。建立、健全项目法人责任制，使项目法人切实承担各项职责。贷款项目的招标采购要坚持公平、公开、公正和择优、诚信的原则。贷款项目的施工要实行工程监理制，将主要贷款项目纳入重大项目稽查特派员稽查范围，加强贷款项目的财务管理和审计监理，严格资金使用管理，确保专款专用。

4．加强外债风险防范是用好国外贷款的根本保障

按照责权利统一的原则，建立行之有效的外债风险防范机制。一是注重提高项目的综合效益和还贷能力。根据不同行业与不同地区的实际情况，因地制宜的借用外贷，才能保证借用国外贷款促进地方经济发展。对于国外贷款中实行“统贷统还，综合还贷”的项目，采取部门与地方密切配合，专款专用，贷还挂钩，注意提高项目的综合效益和还贷能力。从申请项目开始，就要树立还贷意识；项目正式实施后，就要考虑早期的还贷资金来源。尤其是进入还贷期后，项目还没有收益，这时从别的渠道筹措还贷资金就显得十分重要，否则会陷入极度被动局面。二是采取有力措施解决外债拖欠问题，综合运用经济、行政和法律手段，加大债务清偿力度，严格偿还责任制。参照国内金融机构处理不良贷款的办法，探索通过外债转内债、债权转股权、资产重组、破产清算等多种方式消化历史外债。三是努力拓展外贷项目担保新途径，改变主要依赖财政担保的思路，支持自身具备造血功能的项目，进行银行信用担保、大型企业担保和担保公司担保，以减轻财政压力。

5．搞好协调和服务是提高外贷工作效率的关键

借用国外贷款工作是一项政策性强、涉及面广、工作环节多的系统工程，项目操作程序较为复杂，加之湖北省部分地区开展这项工作时间较短，经验不足，给借用国外贷款工作的拓展带来了一定的困难。针对这种情况，为了有效开展工作，我们始终牢固树立服务意识，加强与财政、金融等相关部门的沟通和联系，积极主动地为项目单位做好协调和服务工作。一是及时掌握国际金融组织和各国政府提供贷款的条件、扶持领域和贷款额度等最新信息，并通过举办培训班等多种方式向有关部门及项目单位宣传和讲解，帮助项目业主进行测算分析，指导选择国别，谋划项目。二是重视项目前期指导服务。按照项目基本建设程序要求，充分开展项目前期论证工作，帮助项目业主优化借用国外贷

款方案，对项目国内配套资金能力、还款能力、外部配套条件、实施方案、管理机构及运行方式等进行严格把关和落实，确保项目的质量和成功率。三是主动加强对项目执行全过程的协调和服务。帮助项目单位做好国外贷款机构的项目评估工作；了解和掌握国外技术设备情况，协助制定招标方案；指导技术、商务谈判以及项目合同的签署；协调金融机构合理转贷等，加快项目的实施进程。四是重视组织机构建设和人员配备。国外贷款项目的管理是一项政策性和专业性高，涉及面广、要求严、协调量大的工作，组建一支业务精、作风硬、政策强的领导班子和管理队伍，是高效推进项目至关重要的基础。

三、湖北省借用国外贷款存在的主要问题及原因分析

借用国外贷款虽然对湖北省经济建设提供了必要的资金支持，对经济增长起到了一定促进作用，但湖北省借用国外贷款工作仍存在着一些亟待解决的问题。主要表现在以下几个方面：

（一）外债风险不容忽视

湖北省借用国外贷款具有债务币种多样化、债务期限长和债务利率以浮动为主等特点，借款单位集中在交通、公用事业、冶金、汽车、电力、水泥等行业，一旦发生债务市场风险，将对湖北省经济发展和对外形象产生不良影响。在人民币汇率改革不断深入推动的背景下，企业在外汇资产保值和规避人民币汇率风险方面也面临不断增加的挑战。

（二）偿债意识不强，还款约束机制还没有完全形成

在还贷意识方面，一部分用款企业认为，外债是国家债务，一旦到期后还不了，国家、地方政府、银行为了维护对外信誉，会及时垫付资金偿还。一些单位只考虑借钱，认为还款是后人的事，不重视如何还款。统借贷款的农业、水利、教育、卫生、环保等项目，由于是地方财政、主管部门还款，项目单位只是用款，还款意识淡薄。这些项目由于贷款、配套资金来源渠道复杂，子项目分布区域广、转贷环节多，更加容易造成债务偿还责任不清。

在实际债务偿还方面，由于偿债意识淡薄，加上政府有关部门对企业外债偿还缺乏必要的制约、调控手段，监督、管理困难。一些企业经营亏损时无法还款，有的企业效益好时仍不还款，造成企业拖欠债务严重。按照有关规定，拖欠款不能偿还，有些项目由财政垫付。随着一些地方拖欠债务本息的增多，财政扣款的加大，势必影响地方正常预算，给当地财政带来风险。项目单位拖欠外债的主要原因有盲目举借外债、市场竞争激烈、项目单位转型等。

（三）国外贷款项目管理水平有待进一步提高

湖北省国外贷款项目在选择、实施、管理过程中存在着一些较为突出的问题，主要表现在三个方面：一是对自身还款能力重视不够。有的地方只考虑企业、部门和地方的眼前需要，注重争项目，争贷款，缺乏长远考虑。一些项目单位在估算工程量时，把握不准，缺项、漏项较多，甚至有意低估工程量，待项目批准后再追加。如果追加不成，项目建设或企业生产陷入困境，贷款无法偿还。二是部分外贷项目存在内配资金不能足额到位的问题。有的内配资金落实不到应配金额的30%，有的承诺配套资金不能及时到位，导致项目不能如期建成投产。三是项目转贷评估不规范。由于没有统一规范的转贷管理规定，转贷银行与政府主管部门之间、转贷银行与项目单位之间的责任和权利不明确。转贷银行各行其是，项目评估标准不一，收取的手续费各异。有的转贷机构任意改变转贷条件，提高贷款利率，缩短偿还期，增加了项目单位的经济负担。

湖南省借用国外贷款25年回顾与总结

湖南省借用国外贷款始于1982年。20多年来，湖南省借用国外贷款项目从无到有，规模从小到大，取得了很大成效。通过借用国外贷款，湖南省建设了交通、能源、通信、环境保护、农林水利、教育、卫生、城市基础设施、产业发展等领域的一大批项目，有力地促进和保证了国民经济和社会发展事业的持续、稳定、快速增长，已成为全省经济发展的重要推动力，为进一步利用国外贷款促进经济发展，现就国外贷款利用情况进行总结与回顾。

一、湖南省借用国外贷款的基本情况

截至2005年底，湖南省借用国外贷款共实施各类项目159个，签约国外贷款金额46.904亿美元，实际使用31亿美元。其中，实施世界银行、亚洲开发银行、国际农发基金组织等国际金融组织贷款项目58个，签约金额22.184亿美元，实际使用15.674亿美元；实施日本国际协力银行、德国、法国、英国等外国政府贷款项目81个，签约金额22.12亿美元，实际使用12.73亿美元；实施中长期国际商业贷款项目20个，签约金额2.6亿美元，实际使用2.6亿美元。

（一）借用国际金融组织贷款基本情况

国际金融组织是指世界银行、亚洲开发银行、国际农发基金等具有全球性质的金融机构，其贷款主要用于促进不发达国家和发展中国家的经济和社会事业发展，消除贫困，保护自然生态环境。国际金融组织贷款具有偿还期限和宽限期限长、利率低，管理规范严格的特点。湖南省借用国际金融组织贷款包括借用世界银行、亚洲开发银行、国际农发基金组织贷款。贷款领域主要集中在交通、能源、城市建设、林业、水利水电、教育、卫生、农业和流通等行业，工业领域也使用了少量贷款。

1．交通行业借用国际金融组织贷款情况

截至2005年底，湖南省交通行业共实施国际金融组织贷款项目7个，协议贷款额11.85亿美元，实际使用8.74亿美元。其中，借用世界银行贷款项目4个，协议贷款金额5.9亿美元，实际使用5.25亿美元；借用亚洲开发银行贷款项目3个，协议贷款金额5.95亿美元，实际使用3.49亿美元。所借贷款主要用于建设了高速公路和航电枢纽。

（1）高速公路项目。湖南省借用国外贷款修建高速公路始于1994年，利用亚洲开发银行贷款建设的第一条高速公路——京珠高速公路长沙至湘潭段，使用亚行贷款金额7400美元。之后，1997年至2001年，利用世界银行贷款2亿美元，投资建设了京珠高速公路湘潭至耒阳段，并于2005年7月完成完工报告。1999年至2002年利用世界银行贷款2亿美元，投资建设了京珠高速公路临湘至长沙段，该项目目前正在进行项目后评估的准备工作。近两年来，湖南省交通行业加大利用国外贷款的力度，一批新项目又签订了贷款协议。2004年同亚洲开发银行签署了湖南公路二期项目的贷款协定，利用亚行贷款3.125亿美元建设常德至吉首告诉公路。该项目已于2005年开工。2005年还完成了利用亚行贷款湖南公路三期项目的贷款谈判，协议使用亚行贷款2.08亿美元建设吉首全茶洞高速公路项目。目前该项目的招投标工作正在进行当中。十多年来，湖南省共计利用国际金融组织贷款已建设和正在建设的高速公路总里程达859公里，占全省高速公路里程的83%。这些项目的顺利完成和实施极大地改善了湖南省基础设施条件，缓解了省会与周边地区的交通压力，优化了投资环境，增强了对外商投资的吸引力并带动了旅游业的蓬勃发展，对推动湖南省经济发展起到了举足轻重的作用。

（2）航电项目。湖南省水利资源丰富，全省航道总里程达11968公里，在全国排名第三，但由于内河航运设施长期缺乏稳定的建设资金来源，投入不足，因而航运基础设施仍然比较落后。基于这种状况，湖南省交通队湘江航运建设开发实行以航运为主，航电结合、以电促航、关东发展的战略，先后两次利用世界银行贷款建成了大源渡航电枢纽工程，并正在进行株洲航电枢纽工程建设。其中大源渡航电枢纽工程是“九五”期间国家重点建设项目，也是我国第一批利用世界银行贷款的内河航运建设项目，利用世行贷款9000万美元。该工程于1995年12月开工，2000年5月全面完工，比计划工期提前7个月完工投产。株洲航电枢纽工程是“十五”期间国家重点建设项目，也是我国第三批利用世界银行贷款的内河航运建设项目，利用世行贷款1亿美元。工程于2002年8月开工，2006年8月建成投产，较原定建设工期提前一年完工投产。

大源渡和株洲两个航电枢纽的建设，使湘江成为一条与长江相连，实现干支直达、通江达海的水运通道，大大提高了湘江的航运条件和通过能力，对改善湖南综合运输条件，促进沿江经济发展具有十分重要的意义。同时，两个电站的资金积累，进一步增强了“以电促航”的能力，为湖南航运基础设施建设、船型标准化等提供了稳定的资金来源，是湖南水运事业的发展步入了良性循环的轨道。

2．能源行业借用国际金融组织贷款情况

湖南省能源行业利用国际金融组织贷款实施的项目共有2个，包括利用世界银行贷款耒阳电厂二期扩建工程和利用亚洲开发银行贷款凌津滩电站项目，利用世行、亚行贷款共3.16亿美元。其中，利用世界银行贷款耒阳电厂二期扩建工程，总投资28.5亿元，使用亚行贷款2亿美元，项目装机2X30万千瓦，2000年开工建设，于2004年建成投产。亚洲开发银行贷款凌津滩电站项目，总投资35.11亿元，使用亚行贷款1.16亿美元。该项目位于湖南省张家界市慈利县境内，装机24万千瓦，1995年开工建设，于2002年建成投产。两个项目建成投产后，一方面为湖南省提供了电力供应，另一方面有效改善了沅水流域的防洪状况，使下游27公里范围内的人民生命财产得到了保障。

3．林业行业借用国际金融组织贷款情况

利用国际金融组织贷款造林时湖南省最早利用

衡南县近尾洲水利水电枢纽工程，借用奥地利政府贷款，总装机容量6.3万千瓦。图为水电厂全景

外资发展林业的项目之一，自1990年起，湖南省利用世界银行贷款相继实施了国家造林项目、森林资源发展和保护项目、贫困地区林业发展项目和林业持续发展项目，遍及全省14个市州、87个县市区。至2005年底，全省累计完成项目总投资8.4元，其中：利用世界银行贷款4.59亿元（折合6232.34亿美元），省内配套3.81亿元。完成造林面积247975.43公顷。利用世界银行贷款造林不仅改善了生态环境，而且已经成为全省高效林业建设的样板和示范。

（1）国家造林项目。该项目1990年5月正式签约生效，随后全面启动实施。项目总投资21400万元，其中利用世界银行贷款总额为2079.5万个特别提款权，折合人民币12818.7万元，以人民币为债务单位。至1997年底项目实施完毕，累计完成造林面积119681.33公顷，为计划总面积的132%，被世行评为最满意项目和世行的样板项目。

（2）森林资源发展与保护项目。该项目1994年7月正式签约生效，1995年全面启动实施。项目总投资16071.81万元，其中利用世界银行贷款总额为777.8万个特别提款权，折合人民币8769.88万元，以人民币为债务单位。计划造林面积40000公顷，在全省8个市州、20个县及自治州林业局示范场。至2001年底项目实施完毕，累计完成造林面积50090.46公顷，被世行评为满意项目。

（3）贫困地区林业发展项目。该项目1998年7月正式签约生效，1999年全面启动实施。项目总投资24170万元，其中利用世界银行贷款总额为1600万美元，其中硬贷款800万美元，软贷款594.4万个特别提款权，折合人民币12834.87万元。计划造林面积43577公顷，在全省10个市州、26个县市区实施。至2005年底项目实施完毕，累计完成造林面积57065.94公顷，为计划总面积的130%，中期评估被世行评为满意项目。

（4）林业持续发展项目。该项目2002年7月正式签约生效，2003年全面启动实施。项目总投资11662万元，其中利用世界银行贷款总额为706万美元。计划造林面积25199公顷，在全省6个市州、13个县市及自治州示范场实施。至2005年底，累计完成投资7796万元，为总投资的66.84%，累计提取世行贷款413.93万美元（折合人民币3419万元），为世行贷款总额的58.63%。累计完成造林面积21119.7公顷，为计划总面积的83.81%，中期评估被世行评为满意项目。

利用世行贷款林业项目的实施，取得了很好的效果，发挥了重要的作用。一是增加了森林资源，改善了生态环境。随着世行贷款造林项目的全面实施，湖南省从探索中获得了集约经营人工林的一整套成功经验，这推动了其他林业重点工程的发展，对加快全省造林绿化事业起到了极其重要的作用。湖南省森林资源和生态环境也因此大大改善。全省森林蓄积量由1989年的1.85亿立方米提高到2005年的3.79亿立方米，增加1.94亿立方米；森林覆盖率由1989年的36.6%提高到2005年的55%，增加18.4个百分点。二是促进了农村经济的发展。世行贷款造林项目自始至终坚持高起点、高标准、高质量、高效益的原则，注重引进国外先进营林技术和管理经验，有力地促进了林业生产由粗放经营向集约经营的转化，大大提高了林业的经济效益，促进了当地经济发展，加快了农村脱贫致富步伐。以国家造林项目为例，经权威部门测算，在经营期内，可产木材1918.02万立方米，新材641.09万立方米，松脂3.91万吨，总产值111.26亿元，可为国家提供税收9.22亿元。利用世行造林项目不仅给山区开发直接注入了一笔巨大的资金，而且增强了广大林农的效益意识和风险意识。永州市芝山区邮亭圩镇朱家村农民朱日明，从1991年至1996年，利用世行贷款国家造林项目信贷资金22.16万元配套自筹资金18万元，共营造湿地松1000公顷、杉木22公顷、板栗40公顷，完成楠竹低改370公顷，现有活立木蓄积量10多万立方米，楠竹40多万根。三是促进了全省林业对外开放。利用世行贷款造林项目是湖南首次大规模利用外资的林业项目，对湖南省林业对外开放起到了非常重要的作用。现在，对外合作与交流的领域已涉及良种繁育、造林营林、水土保持、自然保护区管理、生物多样性保护和林材加工等方面。这些项目的实施有力地促进了湖南省林业的对外开放。目前，湖南省正在实施的林业外资项目还有中德合作造林项目、中芬生物多样性保护项目和GEF湿地保护项目，以及中欧天然林项目等。

4．水利行业借用国际金融组织贷款情况

湖南省水利行业利用国际金融组织贷款项目共3个，包括利用世界银行长江流域洪灾紧急救援项目、长江干堤加固工程和利用亚洲开发银行贷款湖南山丘区城市防洪工程，签约贷款金额2.965亿美元，实际使用0.965亿美元。

利用世界银行长江流域洪灾紧急救援项目总投资36154万元，实际使用世行贷款2650万美元，主要用于在1998年洪水灾害中遭到重大损失的长沙、株洲、岳阳、常德、益阳、张家界等6市的15个县的公路、供水、学校、医院的恢复与重建，项目1999年启动实施，2004年全部完成，共修复重建受损的公路3095公里，城市供水管网673公里，校舍57421平方米，医院诊疗建筑面积48253平方米。

利用世界银行长江干堤加固工程总投资146800万元，实际使用世行贷款7000万美元，主要用于在1998年洪水灾害中遭到重大损失的岳阳市长江沿岸防洪干堤的新建、改建和隐蔽工程等，项目1999年启动实施，2002年全部完成，共新建防洪堤1053公里，改建防洪堤2210公里。

利用亚行贷款山丘区城市防洪工程建设项目共有35个子项目，即：9个市、州级项目，26个县级项目。主要建设内容包括：①加高加固现有土堤233公里，新建土堤331公里；②加高加固现有防洪墙12公里，新建防洪墙132公里；③重建及加固现有涵闸91处，新建涵闸222处；④更新现有泵站39处，新建泵站174处；⑤迁移更新撇洪渠23公里，新建撇洪渠103公里；⑥新建水位监测站50处以提高防洪监测网的管理能力。项目的实施还包括3.03万的移民安置，使他们的生产生活条件得到较大改善。工程总投资为46.74亿元，其中利用亚洲开发银行贷款2亿美元。工程实施后从根本上改变湖南省山丘区城市防洪的局面，使城市防洪能力得到明显的提高。项目区市、州级城市的城区防洪标准可由10～20年一遇提高到50～100年一遇，县级城市城区的标准可由5年一遇提高到20年一遇。同时，防洪、治涝工程的建设与城市道路、码头岸线整治、污废水排泄等市政工程建设相结合，既可美化城市，改善交通条件，又可美化环境，增加人民的休闲场地。该项目已与亚洲开发银行签订贷款协议，目前正按照亚行贷款的有关要求进行土建、货物采购的招标工作。工程计划2007年正式开工，35个县市区分批实施，首批实施的项目区包括8个县，预计5～8年完成。

长沙市城市防洪工程，借用日本政府日元贷款。图为加高加固后的防洪堤

5．教育卫生行业借用国际金融组织贷款情况

教育卫生行业是湖南省最早利用国外贷款的建设项目，始于1982年，共实施项目9个，全部都是利用世界银行贷款项目，共签约世行贷款金额9200万美元。其中，实施教育项目7个，签约贷款金额0.42亿美元；卫生项目2个，贷款金额0.5亿美元。主要包括电大/短大发展项目、第二个农业教育项目、地方大学发展项目、教材建设项目、中学在职教师培训项目、职业技术教育项目、贫困生教育发展项目、传染病与地方病控制项目和农村供水与环境卫生项目。这些项目基本上都是全国打捆项目，1982～1986年间陆续启动实施，1985～1988年相继完成。

6．农业与流通行业借用国际金融组织贷款情况

湖南省农业与流通领域共实施借用国外贷款项目4个，拟实施的项目一个，全部都是利用世界银行贷款项目，共签约世行贷款金额9722.56万美元。其中，实施农业项目3个，签约贷款金额3400.74万美元；流通项目1个，贷款金额1469.82万美元；生态家园富民项目1个，贷款金额5000万美元。主要包括红土壤改良项目、农业支持服务项目、湖南种子加工项目和湖南新农村生态家园富民工程。

湖南新农村生态家园富民工程项目区包括长沙、岳阳、株洲、衡阳、郴州、永州、邵阳、娄底、张家界、湘西自治州等10个市（州）21个县，项目区总面积约453.7万公顷；涉及总农户数319.4万户，其中较贫困农户8万。项目建设以沼气为纽带集高效种、养一体的农村高效生态模式。其中：农户生态家园（院），建设以沼气池为纽带的5个不同的庭院生态模式户3.75万户，包括建沼气池、发展无公害水果、蔬菜、饲料作物及畜畜牧水产养殖，帮助农民脱贫致富奔小康，通过建设水利、公路等基础配套设施和农村改水改厕等工程，改善农

民生产和生活条件；中小型农牧企业生态工程32个企业单位，包括建厌氧发酵池/塔（或小型沼气池组），沼气储存输送设备，有机肥生产设备，大规模的一体化养殖种植基地（农牧场）及附属小型基础设施（如维修农场路面、厨房、洗澡间、沼气、厕所等）。目的是通过支持项目区个体农民、民营企业，发展一体化的农村高效能源生态建设模式，使土地、太阳能和生物能资源得到更有效的利用，形成农民家庭及企业基本生产生活单元内部的能流和物流的良性循环，达到家居温暖清洁化、庭院（园）经济高效化和生产无害化，从而改善农村生态环境和生产条件，提高农业综合生产能力，增加农民收入，提高农民生活质量，实现农民脱贫致富达小康，建设人与自然和谐共处、经济发展与自然生态环境协调发展的新农村。另外，还包括全省技术推广服务体系建设和项目实施管理能力建设等内容。项目总投资8.3亿元，其中利用世界银行贷款5000万美元。项目计划自2007年开始启动，分3年实施，2009年完成。

7. 城市建设行业借用国际金融组织贷款情况

湖南省是城市发展领域实施借用国际金融组织贷款项目1个，即利用世界银行贷款湖南城市发展项目。该项目在长沙、株洲、湘潭三市建设5个子项目：湘江生态经济带沿江景观道路工程，全长约70公里；长沙市长善垸污水处理厂，汇水面积18.89平方公里，污水处理能力36万立方米/日；湘潭四大桥，全长1362米，桥面宽27米；株洲洁净煤工程。新增洁净煤200万吨/年；湘潭昭山景区修缮建设工程，规划总面积190公顷。项目总投资328575万元，其中利用世行贷款1.5亿美元。项目已于2005年正式启动，计划2008年全部完成。

8. 工业借用国际金融组织贷款情况

湖南省工业行业利用国际金融组织贷款全部集中于20世纪80年代，主要通过中国工商银行、中国农业银行转贷了一批工业技术改造项目，总数约27个，使用世行贷款4226.56万美元。另外，还利用亚洲开发银行贷款1970万美元建设了湖南韶峰水泥集团干法水泥生产线项目。

（二）借用外国政府贷款基本情况

外国政府贷款是指外国政府利用财政性资金混合一部分商业信贷、出口信贷等，向我国提供的优惠性贷款，其贷款主要用于购买贷款国的仪器设备，推动双边政府间的合作交流。外国政府贷款偿还期限和宽限期限长短不一、利率变化较大，管理方式各不相同。湖南省借用外国政府贷款包括借用日本协力银行、德国、法国、英国、加拿大、奥地利、科威特等近20个国家或地区提供的贷款。贷款领域涵盖了交通、能源、城市建设、水利水电、教育、卫生、工业、扶贫等领域。

截至2005年底，湖南省共实施利用外国政府贷款项目81个，签约贷款金额21.12亿美元，实际使用12.73亿美元。其中，利用日本协力银行贷款签约金额11.03亿美元，实际使用7.5亿美元；其他国家政府贷款签约金额10.09亿美元，实际使用5.23亿美元。主要项目有：利用日本协力银行贷款建设的邵阳至怀化高速公路、装机120万千瓦的五强溪水电站、湘潭化纤厂聚酯工程、湘江流域环境污染治理、长沙、株洲、常德、益阳四市城市防洪工程、武陵山区扶贫工程、全省疾控中心及传染病医院引进医疗设备项目、长沙引水与水质环境工程；利用英国政府贷款建设的装机60万千瓦的华能岳阳电厂；利用奥地利政府贷款建设的近尾洲水电站、南津渡水电站；利用加拿大、比利时政府贷款建设的高滩水电站；利用德国、法国、比利时政府贷款进行的长沙、株洲、湘潭、岳阳、衡阳等五市程控电话及扩容工程、湘南、湘西北微波工程、光缆二级干线工程；湖南省卫生厅、湖南省中医研究院附属医院、湖南省财贸医院、长沙市一医院、三医院、株洲市二医院等利用以色列、奥地利政府贷款和北欧投资银行贷款购置医疗设备项目；利用挪威政府贷款建设的株洲龙泉污水处理厂、建宁港环境综合整治项目；长沙、株洲、怀化、永州、张家界市公安消防支队利用奥地利、波兰政府贷款引进大型消防装备项目。这一大批利用外国政府贷款项目的实施，极大地促进了湖南省基础设施发展，调整改善了经济结构，加快了重点产业发展，对全省经济和社会事业的发展发挥了巨大的作用。

（三）借用中长期国际商业贷款基本情况

湖南省利用中长期国际商业贷款主要集中于20世纪的1988年至1994年，共实施各类项目20多个，实际使用中长期国际商业贷款2.6亿美元左右。1998年之后，由于国家调整利用国际商业贷款政策，鼓励境内企业使用国内银行外汇贷款，因此，湖南省基本停止了利用中长期国际商业贷款。

二、湖南省借用国外贷款的成效

(一)加强了交通、能源、通信、水利等基础设施建设,为经济的持续、健康、快速发展创造了条件

借用国外贷款极大地拓宽了湖南省交通、能源、通讯、水利等基础设施建设的融资渠道,缓解了基础设施建设资金短缺的矛盾。长期以来,基础设施建设投入不足,质量和水平落后,使制约湖南省经济社会发展的重大瓶颈问题。而基础设施项目投资巨大,仅依靠各级财政投入远远不能解决问题。国外贷款普遍具有贷款期限长、贷款利率相对较低的特点,比较适合用于投资额大、回收效益时间长的基础设施项目建设。实践证明,湖南省数十亿美元的各类国外贷款资金确实对湖南省基础设施建设资金不足的状况起到了有力的补充作用。例如,湖南省交通行业利用世行贷款建成了湘潭至耒阳、临湘至长沙高速公路高速公路,利用亚行贷款建成了长沙至湘潭高速公路,为湖南省新增高速公路里程423公里。能源行业,利用日元贷款建设了装机120千瓦的五强溪水电站、装机70万千瓦的华能电厂、利用世行贷款装机60万千瓦的耒阳电厂二期扩建工程等,为湖南省新增发电能力约106亿度。通信行业,利用法国、德国等国贷款进行了城市程控电话网改造,新增电话装机容量165万门,使湖南省的通讯面貌得了根本的改观,在全国处于领先水平。

(二)促进了对生态环境的保护和治理

随着我国经济和社会事业的发展,经济增长模式逐渐有过去的粗放型转向集约型,保护生态环境、构建和谐社会,实现人与自然的可持续发展已成为我国经济发展的终极目标。湖南省里用国外贷款建设的一批生态水利、环境保护、扶贫等项目,就率先实践了这一发展的新理念。例如,水利行业,长江流域水资源世行贷款项目解除了洪水对澧水下游8.25万公顷耕地、144万人口的危害,使其防洪标准由现在的4年一遇提高到17年一遇,新增发电装机300MW,年发电8.14亿度。环保行业,利用日本协力银行日元贷款湘江流域环境污染治理项目,建设污水处理厂9座,垃圾处理场2处,治理工业污染源7个,新增城市污水、工业废水处理能力45万吨/年,经济、社会、环境效益十分明显。又如,武陵山区是湖南省贫困人口主要集中分布地区和少数民族聚居区,极端贫困人口和低收入贫困人口均占全省的50%以上,国家和省级扶贫开发工作重点县有24个,脱贫任务十分艰巨。湖南省利用日本协力银行78.82亿日元贷款实施的武陵山区扶贫项目,在湘西自治州和张家界市的10个国家扶贫工作重点县市区的86个乡镇、1190个村,建设农村供水、农村医疗卫生、农村中小学教育和农村集贸市场等四类63个子项目。这笔贷款对加快湖南省武陵山区群众脱贫步伐和少数民族地区经济发展具有极为重要的意义。据测算,项目直接受益人口达91.5万,直接惠及的贫困人口达47万。

张家界市江垭水库总库容17.41亿方,是以防洪为主,兼顾发电、灌溉、供水、航运等功能的综合水利工程。工程概算26亿元,借用世界银行贷款9700万美元。图为地下发电厂房

(三)加快了社会教育卫生事业的发展

教育、卫生行业是与人民群众生产生活密切相关的行业,湖南省教育卫生行业利用各类国外贷款的项目近20个,用于这方面的贷款虽是财政资金的提前使用,但大部分都是低息的优惠贷款,对缓解财政一时困难,优先解决社会发展中的急难重点问题,满足人民群众基本教育和医疗需求,改善和提高生活质量是十分有益的。例如,利用世界银行贷款农村供水与环境卫生项目,在湖南省19个县的广大农村地区建成供水工程370多处、厕所11600座,受益人口达200多万人,并使207万村民和学生接受了健康知识教育。利用日本协力银行贷款人才培养项目,集中购置了一大批先进的教学仪器设备,改建扩建了十多所高等学校的教学基础设施,选派了数百名优秀教师赴国外培训,对于改善湖南省高校教学条件,提高办学质量发挥了重要作用。

(四)通过引进消化吸收提高了技术装备水平

借用国外贷款特别是外国政府贷款,要求主

要用于引进国外的先进技术设备。湖南省通过实施国外贷款项目，有重点、有步骤、有选择地引进了一批国外的先进设备，并逐步消化吸收，形成了具有自己特色、为我所用的先进装备。例如，湘潭金迪化纤有限公司利用原日本输出入银行贷款引进国外先进技术设备，建成年产6.6万吨聚酯切片、1万吨长丝生产线，年利税超过8000万元。

（五）引进了国外的先进思想理念，推动了湖南省各级各部门人员的观念转变

利用国外贷款在环境保护、移民安置、扶贫影响、机构加强等方面都有十分规范、严格的要求。这些要求和做法促进了湖南省各级政府部门、项目单位、科研院所有关人员的观念更新和转变，使项目无论从前期工作准备还是具体实施都真正做到了统筹兼顾、协调发展、以人为本。湖南省利用世界银行贷款建设的京珠高速公路临湘至长沙段项目，荣获了“詹天佑工程奖”和“国家环境友好工程奖”，享有“绿色通道”的美誉。大源渡和株洲航电枢纽工程综合利用了水资源，枢纽水库形成的宽阔水面和稳定的水位，使沿江18万亩农田受益，同时库区水产养殖业也得到了迅速发展，形成了相应的生态产业链，促进了沿江经济的和谐发展和湘江环境的改善。

（六）开阔了视野，培养了大量熟悉国际惯例的技术、管理人才和谈判人才

通过实施借用国外贷款项目，在借鉴和学习国外先进项目管理和程序过程中，一大批管理技术人员利用培训计划的执行，有机会走出国门接触现代化的先进技术和管理经验，并应用于湖南省的工作实践。国外贷款的引进，创新了机制，培养了人才，提高了经济运行效率，为湖南省的经济建设和发展注入了生机和活力。目前，活跃在湖南省交通建设第一线的很多管理和技术人员，都有在国外贷款项目上工作的经验或在参加国外贷款项目实施中受过培训，已成为各项工作的重要骨干力量。

（七）促进了湖南省技术援助课题的研究和创新

在国外贷款项目下，特别是利用世界银行、亚洲开发银行贷款项目下，湖南省相继完成了一系列的技术援助课题，这些技术援助课题的成果对湖南省的基础设施建设和管理均起到了一定的指导作用和参考价值。例如，湖南省交通厅在实施世行贷款项目过程中，利用技术援助课题研究，编制完成了两本手册，一本是《道路安全审查手册》，另一本是《道路工程安全手册》。编写《道路安全审查手册》的目的主要是为了规范和强化在设计阶段对设计进行安全审查，及早发现一些可能带来安全隐患的设计问题，并及早在设计阶段予以纠正。该手册的编制填补了国内的一项空白，具有一定的前瞻性，现已普遍应用于湖南省高速公路设计的审查工作当中。《道路安全审查手册》则主要用于指导带路工程的有关工作，包括施工和养护工程中安全标准的设置，保护施工工人和过往司机的安全等内容。该手册已普遍用于湖南省的工程实际，起到了规范湖南省道路工程安保工作的作用，产生了明显的效果。另外，在世行技术援助课题项下，完成得《高速公路公司化和商业化研究》及《公路养护研究》对湖南省高速公路管理和公路养护管理也起到了一定的指导作用，具有重要参考价值。株洲航电枢纽工程通过进行《湘江集装箱运输开发研究》技术援助，对湘江日益增长的集装箱运输进行了预测，制定了发展内河集装箱运输的措施，提出了支持和发展湘江集装箱运输管理的法律法规，为发展湘江集装箱运输提供了规划与决策依据。

三、湖南省借用国外贷款工作存在的问题

湖南省借用国外贷款工作在取得成绩的同时，也还存在一些问题，主要表现在：一是规模偏小。“十五”期间湖南省实际使用国外贷款只有136亿元（折合17.5亿美元），仅占全省固定资产投资的5%，与湖南省经济发展的需要不相适应。二是准备不够充分，可争取利用贷款的后续项目偏少。湖南省一些地方和部门对利用国外贷款的特点和程序掌握了解不够，所报项目针对性不强，前期工作不够扎实，致使一些项目错过了时机，后一阶段特别是“十一五”后三年列入国家规划的项目少。三是分布不平衡。在地域分布上，主要集中在以省会长沙为一点，京广铁路沿线的岳阳、株洲、湘潭、衡阳、郴州为一线的经济相对发达的地区，其他如湘西、湘南地区利用国外贷款很少；行业分布上主要是能源、交通、通讯、教育、卫生等行业的项目，工业项目所占的比重较低。四是管理不规范。发改、财政部门和有关行业主管部门之间还存在着多头管理，责权利不清的问题，部分项目存在管理隐患，贷款项目实施后，一些项目贷款的管理和债务偿还出现问题。

广东省借用国外贷款25年回顾与总结

一、25年来广东借用国外贷款的基本情况

广东省从1982年开始引入国际金融组织贷款和外国政府贷款，至2005年底，全省（不含深圳）共组织实施了200个国外贷款项目，贷款签约总额约为38.25亿美元。其中，世界银行贷款项目26个，签约额12.07亿美元；亚洲开发银行贷款项目4个，签约额4.86亿美元；外国政府贷款项目168个，签约额20.53亿美元；国际农业发展基金项目1个，签约额为1572万美元；联合融资（亚洲开发银行、法国政府贷款）项目1个，签约额6300万美元。

25年来，广东省借用的国外贷款资金主要投向交通、通信、能源、城建环保、工业、农业、林业、教育、医疗卫生等领域（见表1）。其中，交通领域项目借用国外贷款的金额为15.93亿美元，占全省利用国外贷款总额的42%；通信领域项目借用国外贷款额为6.7亿美元，占全省利用国外贷款总额的17.6%；能源领域项目借用国外贷款额为4.97亿美元，占全省利用国外贷款总额的13%；城建环保领域项目借用国外贷款额4.4亿美元，占全省利用国外贷款总额的11.5%。

表1 广东借用国外贷款投向分布表（截至2005年底）

单位：万美元

行业	世界银行贷款	亚洲开发银行贷款	农发基金	联合融资	外国政府贷款	合计	比重(%)
交通	68206	26750	—	—	64318	159274	42.0
通信	—	—	—	—	67043	67043	17.6
能源	—	20000	—	6300	23389	49689	13.0
城建环保	32800	—	—	—	11277	44077	11.5
工业	—	1872	—	—	35487	37359	9.8
农业	10728	—	1572	—	390	12690	3.3
林业	4746	—	—	—	—	4746	1.2
教育	2957	—	—	—	400	3357	0.9
信息	—	—	—	—	2057	2057	0.5
卫生	642	—	—	—	918	1560	0.4
技援	630	—	—	—	—	630	0.2
合计	120709	48622	1572	6300	205279	382482	100

二、借用国外贷款的成效与作用

国外贷款资金是广东省利用外资的重要组成部分。广东省实施的国外贷款项目覆盖面较大，投向的领域结构合理，有较好的经济效益和社会效益，对广东省的经济建设和社会发展发挥了重要的作用。利用国外贷款为广东省的经济社会发展提供了资金支持，极大地改善了广东省基础设施和城建设施条件，加强了环保治理，提高了医疗卫生、教育的水平，促进了经济社会发展；与

此同时，利用国外贷款还引进了先进的技术、设备和管理经验，培养了一批熟悉国际规则的项目管理人才。

（一）利用国外贷款为广东省的建设提供了资金的支持，促进了广东省交通网络和通信网络的建设和改造

广东省的国外贷款近60%投向交通和通信领域，为广东省的经济腾飞奠定了坚实的基础，发挥了积极的促进作用。交通项目引入国外贷款15.93亿美元，大大缓解了广东省交通基础设施建设资金不足的问题；其中世界银行贷款6.82亿美元，亚洲开发银行贷款2.68亿美元，外国政府贷款6.43亿美元。先后组织实施了广东公路项目、第二国道项目、第二内河航运项目、广州城市中心交通项目、腰茂铁路项目和广梅汕铁路项目等一批交通项目。目前，大部分项目已经完工，在推进广东省交通网络建设和改造进程中起了重要的支持作用。通信领域项目借用国外贷款6.7亿美元，先后组织实施了省邮电局日元贷款项目，省邮电局瑞典政府贷款一期、二期、三期外国政府贷款项目，广东移动通信局利用北欧投资银行贷款引进设备项目，省信息中心日元贷款项目等一批外国政府贷款项目，引进了大批通讯和信息系统方面的先进设备和一些设备改造的技术，为广东省通信网络的建设和改造提供了重要的硬件和软件的保障。

（二）利用国外贷款支持了教育、卫生等社会领域的发展，有较好的社会效益

25年以来，广东省教育和卫生项目借用国外贷款的主要来源是世界银行贷款和外国政府贷款，共利用近5000万美元，实施了地方大学发展项目、中学师资培训项目、职业技术教育项目、教材开发项目、传染病控制项目以及一批医院利用外国政府贷款项目等，覆盖面较广，起到带动示范的作用，大大支持了社会公益事业的发展，取得显著的社会效益。

（三）利用国外贷款也是扶贫的一个重要途径

广东省利用世界银行贷款和国际农业发展基金优惠贷款实施了4个农业项目和3个林业项目，包括广东农业开发项目（包括水产养殖、农业种植、农产品加工等）、中国种子项目广东省农垦局项目（主要是培育和种植水果）、橡胶发展项目（主要是种植橡胶防护林和木材加工等）、广东综合淡水养鱼项目、广东林业发展项目（主要是林业科研的推广）等，这些贷款项目促进了科技兴林、推动项目扶贫的进程，给项目地区的农民创造了就业机会，也带去了农业、林业的科研成果，有利于农民摆脱贫困，走上致富之路。

（四）利用国外贷款引进了国外先进的技术和设备

广东省组织的国外贷款项目大多都是利用国外的资金引进一批国内缺乏的先进设备，大大弥补

广州市中心区交通项目，借用世界银行贷款2亿美元。图为内环路西场立交路段

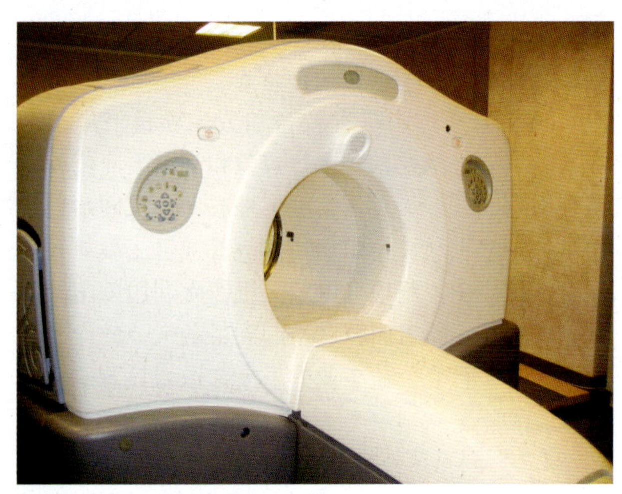

中山大学附属第三医院引进医疗设备项目，借用以色列政府贷款。图为引进的CT设备

了广东省某些行业技术设备不足的问题。如省邮电局借用瑞典政府贷款一期、二期、三期以及借用日元贷款项目，就从瑞典、日本、挪威等国引进了一批先进的通讯设备，包括300多万门电话程控交换机，为促进广东省建立先进的通讯系统起到重要作用；广州猎德污水处理厂、惠州市污水处理厂、茂名市污水处理厂、珠海拱北污水处理厂、佛山市第二污水处理厂、汕头市第三自来水厂、江门市自来水公司等一批借用外国政府贷款项目引进了法国、德国、奥地利、丹麦、意大利等国的先进污水处理系统和自来水净化设备，为广东省城市的市政建设提供了重要的保障；茂名市人民医院、广州医学院第一附属医院、广东省人民医院、中山大学第三附属医院等一批国外贷款项目从以色列、法国、美国等国家引进了先进医疗设备，为广东省的医疗系统配置先进设备打下了良好的基础。

（五）利用国外贷款可以引入先进的管理经验

利用国外贷款尤其是国际金融组织贷款，不但能引进国外先进的设备和技术，还可以引入先进的理念和管理经验。国外贷款项目的实施，特别是世界银行贷款的项目实施，为广东省引进了先进的管理经验，引进了招标管理制度、报账支付制度、审计制、工程监理制度等世界先进的管理制度，引入了一些国外的管理理念，还培训了一批高素质的项目管理人才。

例如，省航道局通过实施了世界银行贷款内河航道Ⅱ和Ⅳ项目广东部分项目，引入了先进的管理经验，主要表现在：

1.采用了规范的合同管理和监理制度

在实施世行贷款项目之前，广东航道基建项目的管理都是采用行政管理的“指挥部”形式进行的。目前，所有航道基建项目都采取规范的合同管理和工程师监理制度。建设单位、监理工程师单位、施工单位（合同承包商）三家的权责明确。业主和承包商签订合同：工程师单位受业主委托全面监督工程的实施，在工程的技术和施工方面对业主负责，并代表业主进行合同的管理；承包商负责工程的实施，就合同的履行和工程质量对工程师负责，并通过工程师与业主联系；业主根据工程师的意见进行项目资金支付以及项目变更等问题的处理。工程师单位在整个管理体系中具有较强的独立性。整个管理体系均按照合同来进行，各方责任明确，管理严格，效率很高，作用明显。

在实施世行贷款内河航道Ⅳ项目以前，内河航道Ⅱ项目和内资项目只有土建合同采用了施工监理。在实施内河航道Ⅱ项目之后，省航道局在实施内河航道Ⅳ项目和内资项目时，在土建、设备采购和一些咨询服务都采用了监理制度，明显提高合同执行的效果。比如，对船舶建造合同、局域网计算机系统网络工程、航标遥测遥控系统工程、航道电子地图管理信息系统和船闸管理信息系统软件开发，航道局均选择了有关专家进行全过程的监理，实践证明合同的执行效果比较理想。

2.采用了报账制和项目财务审计制度

在执行世行贷款内河项目之前，航道建设资金采用预算资金逐级拨付的方式。世行贷款项目在资金支付方式采用报账制，对于建设完成的项目内容，按照项目合同规定，通过监理审核合格，根据实际数量和规定的支付方式向项目专用账户申请支付。与传统的资金管理办法相比，报账制是“先干活、后付酬”，保证了资金能全部用于项目和工程上，杜绝了资金的截留、挪用、浪费等现象。

为建立有效的资金使用监督机制，在财务管理中，世行项目要求全面推行项目财务审计制度。每年定期由审计部门对项目资金的使用情况进行审计，根据审计结果提出审计报告，发现问题及时纠正，保证项目资金的合理有效使用。

目前的航道基建合同都参照世行的提款报账模式采取报账制和财务审计制度，保证资金合理有效使用，效果非常明显。

另外，广州市市政园林局通过实施世界银行贷款项目也学习借鉴了一些创新的管理体制和观念。世界银行贷款项目的规范化运作机制和智力资源，对推动项目管理体制机制创新和观念更新发挥了积极作用：所有由广州市中心区交通项目办实施的项目都借鉴了国际上先进的合同管理模式，普遍采取了国际通行的菲迪克条款，并引进了合同管理，建立了监理机制；引进了竞争性招标采购、资金提款报账制、业主负责制等制度，提高了投资的运行效率；通过与世行的专家和聘请的国内外专家的交流与合作，引进国际先进的科学管理经验。而且这些都给国内同类项目起到一个很好的示范带动作用，有利于国内的项目与国际节轨。

三、借用国外贷款的经验与教训

广东省借用国外贷款的工作开展已有20多年，发展改革部门是国外贷款项目的综合管理部门，通过对国外贷款工作的回顾，有一些工作体会：

（一）经验

1．要有明确的利用国外贷款工作思路

多年来，广东省发展改革部门坚持以“三个代表”重要思想为指导，按照科学发展观的要求，积极探索国外贷款业务的发展方向，结合广东省的实际发展需要，坚持“以我为主、突出重点、为我所用”的原则，注重国外贷款项目的社会效益与经济效益，注意发挥国外贷款项目的市场示范作用，真正使国外贷款服务于广东省的经济社会的发展。

2．要注重发挥国外贷款项目的示范带动作用

广东省使用国外贷款的数额相对于广东省投入的建设资金不算大，因此更要注重借用国外贷款项目的带动示范作用。今年，广东省组织的利用亚洲开发银行贷款发展“能效电厂”项目，就是针对节能这个创新领域项目，政府与国际金融组织先走一步，引进国际的成功运作模式进行试点，起一个带动示范作用，试点成功以后可以将之推向社会，逐步转变为由国内商业银行融资或社会资金投资，最终让节能工作市场化。

3．加强项目的前期准备工作

做好国外贷款项目的前期工作，是提高贷款项目质量和管理水平的重要保障。借用国外贷款涉及借、用、还等环节，要做到借之有道，用之有效，还之有信，因此在筹划贷款项目时，要注重项目的社会效益与财务效益的统一，建立贷款偿还监督机制，把贷款的风险降低到最低限度。同时，要注重与财政部门的协调，相互配合，共同参与国外贷款项目的前期工作，提高工作效率。

4．要坚持国外贷款项目的分类管理

国外贷款的债务管理坚持“谁用款谁还款，谁担保谁负责”的原则，除了个别项目经国务院批准同意由国家统借统还之外，其余的项目均由项目用款单位和担保单位负责。国外贷款项目还贷担保采用分类管理：世界银行贷款和亚洲开发银行贷款由省财政厅承担还贷或是担保责任；外国政府贷款分三类，1999年后生效的一、二类项目和其他极少数项目由省财政承担转贷责任，其余由商业银行转

广东惠阳南洋楹造林项目，借用世界银行贷款。图为林地

贷。实践证明，这种分类管理的体制有利于贷款偿还的责任落实与监督，是一种有效的还贷监督机制。

5．要注重引进先进的技术与管理

通过借用国外贷款项目，特别是国际金融组织贷款项目，都可以引入国外先进的技术和管理，我们应在实施贷款项目的过程中，注意学习吸收。如省航道局通过世界银行贷款内河Ⅱ项目，进行了助航设施开发的课题研究，在研究的基础上采用国际招标的方式，选择有实力的专业信息系统公司开发研制并建设西江莲沙容航道的航标及水位遥测遥报系统，对促进航运安全具有重要的意义。世界银行贷款（Ⅰ期）广州珠江流域综合治理项目固体废弃物处理子项目，利用国际先进的填埋和运营管理经验设计，包括采用高维填埋技术，使单位面积的填埋容积增加了一倍，最大限度实现土地的使用效率。

6．国际招标工作对国内项目的招标工作起到了带动作用

国外贷款项目的招标程序最大程度上体现了“公开、公平、公正、效率”的原则，对国内项目的招标工作起了很好的带动作用。而且，根据国际惯用做法，对都要求施工、监理、供货商等中标单位提供由银行出具的一定金额的履约保函（一般为合同价的10%）；土建施工项目引入投标保证金制度，投标担保额一般不少于投标总价的2%；合同材料预付款的支付也要提前提供等额银行担保作为支付条件。这样的担保制度既抑制了投标中的恶性低价，又降低了业主风险，用经济手段引导项目顺利推进。

7．要通过实施国外贷款项目，培养一批适应国际项目管理的人才

许多国际金融组织贷款项目，都专门安排有一个技术援助的子项目，通过聘请国际和国内知名专家进行项目咨询，和组织参加项目建设和管理的人员到国内外考察培训，培养造就一批高水平的项目管理人才，提高政府相关职能部门和项目单位的管理水平，为国内同类项目提供了榜样示范作用。

（二）问题

在组织实施国外贷款项目的过程中，还存在一些问题：

1．国外贷款项目准备时间较长

一般来说，国际金融组织贷款项目准备时间需要2年左右，外国政府贷款项目稍为短一些，大部分都要1年多，由于准备程序与时间长，制约了项目的推进速度。

2．国外贷款项目的子项目跨地区会影响项目的进度

广东省实施利用世界银行贷款（Ⅱ期）进行珠江流域综合整治项目有5个子项目，其中4个在佛山市，1个在江门市，在项目的准备阶段，会因一个地区的子项目进度滞后而影响另一个地区子项目和整个项目的推进速度，加大了协调工作量和工作难度。

3．一些项目资金多头管理会对项目的实施带来一定的困难

许多国外贷款项目尤其是国际金融组织贷款包括多个子项目，贷款转贷有的直接对子项目实施单位，造成同一项目资金多头管理，会因子项目单位人员变动等因素影响项目的有关工作。

4．债务风险的防范机制需要进一步完善

在80、90年代的时候，部分项目单位借用国外贷款的观念不正确，还贷的观念薄弱，而债务风险的防范机制还不够完善，对项目评估和管理工作做得不够细，导致贷款拖欠且难追回的现象。而且，有些贷款项目单位转制、被兼并或因项目失败而消失，都是造成追缴贷款工作难度加大的因素。

四、国外贷款管理制度的历史沿革

（一）世界银行贷款项目的管理

1．1992年以前的管理

1992年之前，广东省还没有专门的管理机构统一管理世界银行贷款项目，管理体制是按转贷方式的不同而采取不同的管理模式，即“谁转贷，谁管理”。基本上有两种模式：一是少量的由中间金融机构转贷给项目单位，由项目单位负责项目实施、管理和对中间金融机构还贷。二是大部分的项目属中央打捆项目，由中央主管部门直接转贷给省政府或省里有关主管部门，项目具体由各主管部门按世界银行中央主管部门的有关要求进行管理，而且大部分的主管部门都成立了项目管理办公室，专门负责项目管理，确保各个项目顺利实施。

2．1992年以后的管理

1992年广东省世界银行贷款业务办公室成

立，接管原省农委的农业开发世界银行贷款项目。从此，财政部门介入了世界银行贷款项目的业务管理。

1997年出台的《世界银行贷款项目管理暂行规定》规范了世界银行贷款项目的管理程序。2000年国家计委制定的《关于加强利用国际金融组织和外国政府贷款规划及项目管理暂行规定》和财政部印发的《国际金融组织与日本国际协力银行贷款管理暂行规定》，明确了地方发展计划部门和财政部门在管理国外贷款项目工作的具体职责。省计划部门与财政部门共同管理国外贷款项目包括世行贷款项目。目前，对世行贷款项目的管理主要是依照2005年出台的《国际金融组织贷款和外国政府贷款项目暂行管理办法》。

（二）亚洲开发银行贷款项目的管理

广东省利用亚行贷款开始于1991年。1999年以前，国家对亚行贷款的管理方式是：地方项目由人民银行总行与项目单位直接签订转款协议，同时人民银行总行与地方政府签署担保协议。广东省实施的4个利用亚行贷款项目都是采取了这种管理方式。在这种管理体制下，人民银行总行直接对亚行项目的进行业务管理，而人行的地方分行实际上并没有介入此项业务。省级政府没有专设的机构或部门来统一管理亚行贷款业务。

从1999年8月开始，省世行办代表省财政厅全面接管亚行业务，与发展改革部门一起管理亚行贷款项目工作，目前的管理办法与世行贷款项目一样。

（三）外国政府贷款项目的管理

1982～1998年，省外经贸委是管理广东省外国政府贷款工作的职能部门，省、市各级外经贸委及相关部门设有相应的职能部门或有专人负责利用外国政府贷款的工作。计划部门牵头会同外经贸委部门编制贷款项目的规划和计划，负责搞好贷款项目立项和可行性报告的审批。外经贸委和计划部门共同负责对外国政府贷款项目的管理。项目单位是借、用、还直接责任单位。

1998年11月11日根据财政部和对外贸易经济合作部机构改革“三定”方案，原由对外贸易经济合作部归口管理外国政府贷款业务的职能划转财政部，财政部是外国政府贷款的归口管理部门和对外窗口，负责“办理外国政府贷款的对外谈判与磋商业务。从1999年开始，广东省财政部门从外经贸部门接手外国政府贷款业务，与发展计划部门一起管理广东省外国政府贷款项目工作。2000年国务院批转财政部国家计委《关于进一步加强外国政府贷款管理若干意见的通知》（国发15号）明确了计划部门和财政部门对管理外国政府贷款工作的具体职责。

现行对外国政府贷款项目的管理办法与上述世行、亚行的一样。

深圳市借用国外贷款25年回顾与总结

深圳市自1979年建市以来，积极引进国内外资金，包括借用国外贷款，以满足城市快速发展的资金需求，促进国民经济和社会事业的持续、快速、健康发展。借用国外贷款作为深圳25年来利用外资的方式之一，在引进资金、先进技术和设备、改善投资环境、推动产业结构调整、增加固定资产投资等方面发挥了其应有的作用，为深圳经济的快速发展做出了贡献。

一、深圳市25年来借用国外贷款的基本情况

（一）深圳市借用国外贷款概况

截至2005年底，深圳市借用外国政府贷款和国际金融组织贷款签约项目共33个，签约金额2.4亿美元。其中，外国政府贷款项目28个（包括北欧投资银行项目2个），签约金额约2.3亿美元；世界银行项目5个，签约金额1628万美元。在借用外国政府贷款的28个项目中，13个项目已还清贷款，涉及签约金额1.6亿美元，占总签约金额的70%；另15个项目正在执行还贷，涉及签约金额7712万美元，占项目贷款总额的30%。世界银行的5个项目已有2个项目还款完毕，其余3个项目尚有债务余额160万美元。

除外国政府贷款和国际金融组织贷款外，25年来，随着外商直接投资和跨国公司数量的快速增长，深圳的国际商业贷款规模不断扩大。至2005年底，深圳市中外资企业外债借款余额43.34亿美元。其中外资企业借款余额42.9亿美元，占借款总额的99%。从贷款期限看，短期商业贷款10.08亿美元，占借款总额的23%，中长期商业贷款33.26亿美元，占借款总额的77%。借款形式以境外非金融机构贷款为主，其债务余额占总额的88%，另外还有境外金融机构贷款、出口信贷、银团贷款、融资租赁等形式的贷款。

（二）深圳市借用国外贷款发展历程

深圳市借用国外贷款工作始于建市之初，大致可以划分为三个阶段（见图1）。

1.起步阶段（1979～1989年）

1985年，第一个借用国际金融组织项目——世界银行项目“深圳大学地方教育项目”顺利实施，随后科威特政府贷款项目——深圳市机场（集团）公司机场一期工程项目也于1989年开工建设。这两个项目均已经完成借贷和还款全过程。这一时期，深圳对于借用国外贷款尚处于探索起步阶段，项目数量虽然少，但积累了借用世界银行和外国政府贷款的宝贵经验，为以后扩大借用国外贷款打下了基础。

2.快速发展阶段（1990～1999年）

在这个阶段，随着深圳市经济和社会快速发

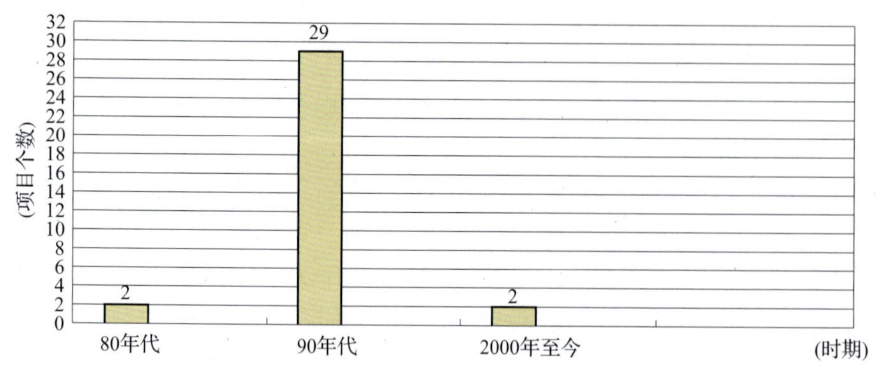

图1　深圳市外国政府贷款和国际金融组织贷款项目时间分布图

展，借用外国政府贷款迅速增多，迄今88%的项目集中在这一时期，贷款金额约2亿美元，占深圳借用外国政府贷款和国际金融组织贷款金额的83%。

3.调整稳定阶段（2000～2005年）

经过20世纪90年代的快速扩张，进入本世纪，深圳借用国外贷款步入一个调整期，主要执行已经签约和启动的项目。自2000年后，新借用国外贷款项目仅有2个，即深圳市三九精细化工有限公司软管生产线项目借用德国政府贷款695万德国马克、市交通局“第四批技术合作项目贷款TCP-4”项目利用世界银行贷款100万美元，用于深圳市综合运输体制改革及可持续发展规划课题的研究。

（三）深圳市借用国外贷款管理制度的沿革

1998年以前，深圳市外国政府贷款业务由当时的经济发展局归口管理。1998年国务院机构改革将外国政府贷款划归财政部归口管理后，深圳市自1999年起外国政府贷款由市财政局归口管理，市发展改革局负责立项方面的工作。

2002年初，深圳市为了规范利用外国政府贷款程序，加强外国政府贷款项目的管理，建立适应社会主义市场经济要求的统一规划、严格管理、责任落实、分工合作、高效运转的“借、用、还”机制，根据《国务院转批财政部国家计委关于进一步加强外国政府贷款管理若干意见的通知》和财政部有关利用外国政府贷款管理规定，结合深圳实际情况，在全国较早制定出台了《深圳市利用外国政府贷款管理办法》。这是深圳市就外国政府贷款专门出台的管理办法，明确了贷款申请人的范围、贷款项目的申请条件和申报审批程序，极大地促进了深圳市外国政府贷款的管理工作。

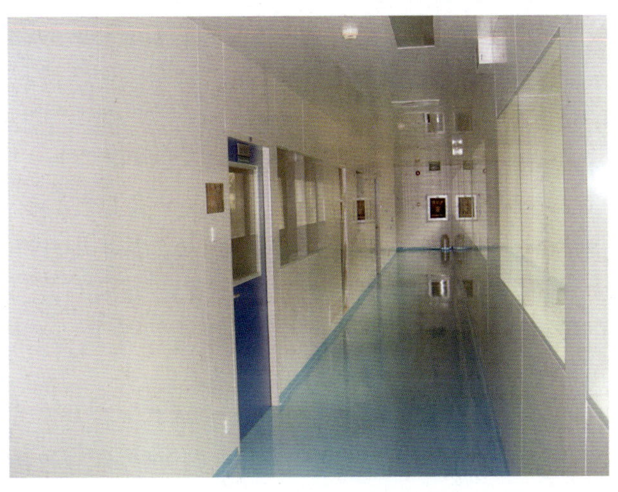

基因工程乙肝疫苗扩建项目，借用荷兰政府贷款。图为建成的生产车间(局部)

二、深圳市借用国外贷款的结构和特点

（一）深圳市借用国外贷款的结构

1.项目规模结构

从总体上看，深圳市借用国外贷款项目规模以500万美元左右的小型项目为主。1000万美元以上的项目只有5个，包括深圳市盐田港集团有限公司盐田港建设项目2个（分别为4878.74万美元、3575.12万美元）、深圳市机场（集团）公司机场一期工程项目（2666.66万美元）、深圳市深大电话有限公司通信项目（1995.00万美元）、深圳市蛇口集装箱码头有限公司码头建设项目（2261.16万美元）。500万～1000万美元的项目有5个，包括深圳市桑达通讯联合有限公司无线多址通信系统项目（504.69万美元）、深圳市给排水工程指挥部污水处理项目（501.72万美元）、深圳市桑达通讯联合有限公司通信系统项目2个（分别为504.69万元、500万美元）、深圳市特发信息股份有限公司网络节点交叉连接系统项目（550万美元）；500万美元以下项目则有23个，项目签约额从50万美元到400万美元不等。

2.资金来源结构

深圳市外国政府贷款和国际金融组织贷款主要来自日本、科威特、芬兰、加拿大、世界银行等13个政府和组织（各国政府或国际组织提供的贷款金额分布如图2所示）。其中，日本、科威特、芬兰、加拿大等国家为主要资金来源地，日本政府的贷款金额占40%（9417.16万美元）、科威特政府占11%（2666.66万美元）、芬兰政府占10%（2538.64万美元）、加拿大政府占10%（2390万美元）。

从贷款项目个数来看，排在前4位的分别是加拿大、日本（贷款项目同为6个，占18%）、世界银行（贷款项目5个，占15%）、西班牙（贷款项目4个，占12%）（见图2）。

3.贷款项目行业结构

从贷款投向的行业领域看，贷款主要使用于交通运输、信息通讯等8个领域。其中，交通运输业占绝大部分（64%），邮电通信其次（18%），环保城建、轻纺食品、科教卫生等6个类别都在5%以下，加起来共占贷款金额的18%。

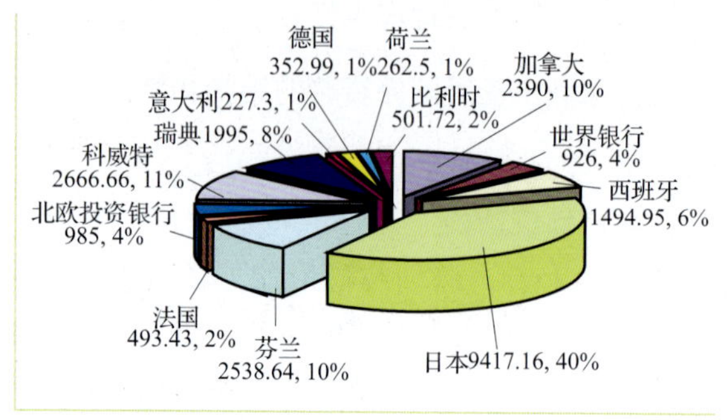

图2　资金来源结构图（贷款金额）

4.贷款币种结构

贷款主要以日元和美元为主，其中日元项目6个，占项目总数的18%，签约金额折合为9417.16万美元，占签约总金额的38.8%；美元项目16个，占项目总数的48%，签约金额9260.61万美元，占签约总金额的38.2%。瑞士法郎、科威特第纳尔、德国马克、法国法郎等其他币种项目11个，占项目总数的34%，签约金额折合为5573.58美元，占签约总金额的23%（见图3）。

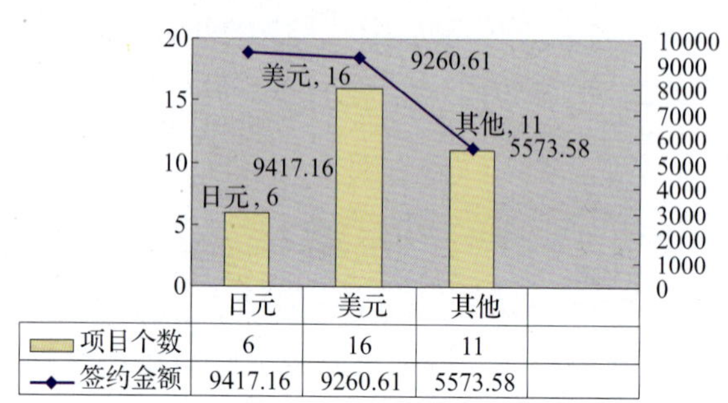

	日元	美元	其他
项目个数	6	16	11
签约金额	9417.16	9260.61	5573.58

图3　币种结构图

（二）深圳市借用国外贷款的特点

1.贷款总量不大，项目规模偏小

深圳25年来借用外国政府贷款和国际金融组织贷款协议总额2.4亿美元，相对于深圳的经济规模而言，贷款总量不大。从借用贷款项目的规模来看，1000万美元的项目只有5个，而500万美元以下项目则有23个，占项目总数的70%以上。

2.贷款投资项目主要集中在交通运输等基础设施行业

迄今为止，深圳借用外国政府贷款和国际金融组织贷款主要集中于交通运输行业，该行业项目借用外国政府贷款占总额的近2/3。

3.贷款偿还状况良好

目前，深圳借用外国政府贷款和国际金融组织贷款项目还本付息情况良好。除2个二类项目（深圳市天益公司蛋粉生产线项目和深圳市好威实业发展有限公司无土栽培果菜项目）造成财政扣款外，其余31个项目的还款正在顺利执行中。

4.借用国外贷款占利用外资比重较小，近几年没有新项目

三、深圳市借用国外贷款的总体评价与经验分析

总体来说，深圳市借用国外贷款项目运作状况良好，绝大部分项目实现了较好的经济效益和社会效益，基本达到了加快基础设施建设、引进先进技术和设备、推动产业结构调整、促进经济发展的目的。

（一）深圳市借用国外贷款的成效与意义

1.加快了基础设施建设

在深圳借用外国政府贷款和国际金融组织贷款项目中，交通运输行业项目有10个，涉及金额1.5亿美元，所有项目都运作良好。其中包括借用日元贷款的盐田港一期码头项目、借用科威特政府贷款和日本资金协力贷款的深圳机场一期工程和二期航站楼项目、借用西班牙政府贷款的梅观高速公路、机荷高速公路和盐坝高速公路（A段和B段）等深圳市重大基础设施建设项目。这些国外贷款不同程度地弥补了深圳市重大基础设施项目建设资金的不足，加快了城市基础设施的建设，为深圳市国民经济的快速增长提供了有力的支撑。2005年深圳市交通运输、仓储及邮电通信业实现增加值359.49亿元，占全市工业增加值的14.8%，对全市经济增长的贡献率为9.8%。

2.促进了深圳支柱产业发展

在深圳产业结构中，信息通讯产业是支柱产业之一。国外贷款对信息通讯业成长为深圳支柱产业发挥了积极的作用。20世纪90年代，政府有关部门借用国外贷款支持了近10个信息通讯项目，这些项目都取得了良好的经济效益。

3.引进了先进技术与设备，培养了急需人才

深圳借用国外贷款还在引进先进技术、培养深圳所需技能型人才方面发挥了重要作用。1997年深圳市电子技术学校借用世行贷款，采购了大批先

深圳市盐坝高速公路项目，借用西班牙政府贷款。图为部分路段航拍景观

进的计算机、通讯设备等教学仪器，大幅度提升了教学质量，促进了相关领域的技术引进和人才培养。

2000年，市交通局世行项目“第四批技术合作项目贷款TCP-4”培养了一批掌握现代市场经济管理理论，熟练驾驭各种运输方式现代化科学管理的人才，为深圳市制定符合现代化、国际化城市管理要求的综合交通可持续发展规划和建立精简、高效、统一的交通运输管理体制，与国际惯例接轨奠定了坚实基础。

4.提高了公共服务水平

深圳市慢性病防治院借用世行贷款16万美元用于药品和医疗设备的采购，建立了412个结核病督导点，免费收治结核病患者近4000例，取得了良好的社会效益。

5.为深圳企业探索多种融资渠道提供了新的思路和经验

对国外贷款的利用，不仅从项目本身上获得效益，而且对相关企业和金融机构起到很好的锻炼作用，为深圳企业探索多种融资渠道提供了新的思路和经验。深圳借用国外贷款，对金融机构的实力、信誉、融资能力有较大促进作用。深圳借用世行贷款项目的良好信誉，也为项目完成后的具体落实商业贷款和技术支持，创造了较好的基础条件。

（二）深圳市借用国外贷款的经验分析

在深圳市过去25年借用国外贷款过程中，虽然借用贷款总量不大，项目不多，但仍然取得了不少宝贵的经验：

1.合理安排国外贷款投资项目，保障借款的经济效益

深圳市在借用国外贷款过程中，注意合理安排项目，做好项目选择。从深圳借用国外贷款的项目看，主要是经济效益前景较好的港口、机场、公路、信息、通讯等方面的项目，在行业分布上主要是交通运输基础设施行业、信息通讯行业项目，这些项目都运作良好，较好地保证了借款项目的经济效益。

2.制定完善的汇率风险规避方案，努力降低资金成本

借用国外贷款不可避免地要面对汇率风险。

对此，如果树立起风险意识，制定完善的汇率风险规避方案，将能有效地降低风险损失。例如，深圳在盐田港项目运作中，借用日元贷款汇率变动很大，项目资金成本因此受到影响，为此项目单位与合作银行建立起良好关系，充分利用银行规避汇率风险和还本付息等方面的专业服务，有效地降低了风险损失。在汇率比较低时，运用金融衍生工具锁定汇率，化解汇率风险。在贷款条件允许时，针对利率及其变化趋势，安排最优还本付息计划，尽可能减少贷款的利息成本。通过这些措施，该项目较好地规避了日元贷款的汇率风险，使得项目运作整体上取得了较好的效益。

3.密切关注国外贷款政策信息，积极争取国外贷款

深圳市根据国外贷款特别是外国政府贷款和国际金融组织贷款的政策导向较强的特点，及时掌握各类国外贷款的最新情况，积极组织符合条件的项目申报借用国外贷款。比如深圳市盐田港一期码头项目、深圳机场一期工程和二期航站楼项目、梅观高速公路、机荷高速公路和盐坝高速公路等一些重大基础设施建设项目，都是根据不同时期国外贷款倾向沿海地区基础设施建设项目，有针对性地申请借用不同国家的外国政府贷款。

4.高度重视项目前期工作，是成功争取国外贷款的前提

做好项目的各项前期准备工作，是申请借用国外贷款项目成功的前提。不论是国际商业贷款，还是外国政府贷款、国际金融组织贷款，对贷款项目的筛选、审核非常严格，程序比较复杂。因此，申请借用国外贷款项目的各项前期工作，往往要比一般项目的前期工作更为深入，更为细致。项目建设单位必须针对国外贷款的审核程序、环节要求，对项目进行充分的比较论证，特别是对项目经济效益、社会效益、技术、还款机制等各方面的论证必须深入细致，切实可行。从深圳市借用国外贷款的项目看，项目前期工作深入细致的，往往申请借用国外贷款比较顺利，申请获批的时间相对较快。

（三）深圳市借用国外贷款的一些教训以及存在的问题

1.存在重项目争取、轻项目管理问题

少数项目存在重项目争取、轻项目管理的思想。少数项目单位对国外贷款的申请工作较为重视，但是一旦国外贷款申请到位，对于项目的管理却重视不够，对贷款资金的使用，还款资金的落实缺乏合理安排，导致项目实施出现问题。

2.加强借用国外贷款的专项管理，以避免产生不必要损失

如深圳市有的拖欠还债的项目就是因为机构改革、项目人员变更，相关工作没有衔接好，造成还款资金没有及时落实。

3.部分项目贷款成本较高

国外贷款需要通过国内银行转贷，中间费用有时较高。同时转贷银行的经验与管理水平参差不齐，容易造成贷款、还款手续不能及时完成。如深圳的一个高速公路项目，转贷费就占到总融资成本的25%，远高于其他筹资工具的中间成本。

4.部分项目前期工作不周

外国政府贷款和国际金融组织贷款前期环节较多，程序繁杂。项目单位要积极做好项目的前期工作。国外贷款引进的设备需要项目单位前期做好充分的论证才能确定是否满足项目需要。对附带设备采购条件的贷款，需要认真研究设备应用的可行性，并与国内同类设备在技术、价格、服务等方面进行比较，综合考虑才能做出判断。部分项目单位对借用外国政府贷款和国际金融组织贷款缺乏充分的了解和论证，导致预期和现实有一定差距，使得贷款产生负面效应。

广西壮族自治区借用国外贷款25年回顾与总结

改革开放以来，广西壮族自治区认真贯彻"积极、合理、有效"利用外资方针，积极借用国外贷款，弥补建设资金不足，主要投向交通基础设施、城市基础设施、生态建设和环境保护、邮电通信、原材料、农业综合开发、扶贫、教育、卫生等领域，推动了全区国民经济和社会事业发展，促进了广西壮族自治区经济体制改革和对外开放。

一、借用国外贷款基本情况

1983年6月，广西壮族自治区第一个借用国外贷款项目——柳州水泥厂借用丹麦出口信贷3500万美元签订贷款协议，标志着广西的借用国外贷款工作拉开序幕。通过20多年的工作实践，广西壮族自治区在国外贷款使用等方面已摸索出了一定的经验，国外贷款管理工作逐步完善和规范化。截至2005年底，广西壮族自治区累计已签订借用国外贷款项目262项，贷款协议金额48.67亿美元，实际使用金额41.19亿美元。

(一)广西借用国外贷款发展过程

1．起步阶段

1983～1990年为广西壮族自治区借用国外贷款的起步时期，7年累计使用国外贷款约7.45亿美元，主要建设了柳州水泥厂、贺县纸浆厂及桂林一系列宾馆饭店等工业、旅游项目。

2．发展阶段

1991～2000年为广西壮族自治区借用国外贷款快速发展阶段，10年累计使用国外贷款约23.35亿美元，主要建设了天生桥一级水电站、南宁—昆明铁路、贵港航运枢纽、防城港9#～10#泊位、邮电通信系列工程、南宁及北海机场扩建、平果铝一期工程、鹿寨化肥厂等基础设施和基础行业项目，大大改善了广西壮族自治区投资环境，提高产业发展水平。

3．巩固发展阶段

2001至今为广西壮族自治区借用国外贷款巩固发展阶段，2001～2005年广西壮族自治区累计使用国外贷款11.35亿美元，主要建设了西南农业开发扶贫、南宁至河池（水任）公路、南宁至友谊关公路、南宁（坛洛）至百色公路、钦州港二期工程、广西高校人才培养项目、广西城市环境项目、南宁城市水环境综合治理、柳州环境综合治理工程等基础设施、环境治理和扶贫、教育项目，将进一步改善广西壮族自治区交通、城市环境，促进社会事业发展。

(二)借用国外贷款主要特点

1．国外贷款主要投向基础设施和基础性行业

改革开放以来，为解决广西壮族自治区在基础设施和基础行业等领域投入不足的局面，广西壮族自治区积极借用国外贷款，引进国际先进技术、设备，加强农林水、交通邮电、原材料、城市基础设施和环境保护等领域，投入基础设施和基础性行业的国外贷款占比重的90%以上。按国外贷款协议金额，各行业所占比重具体为：交通邮电占48.6%，能源占13.7%，工业及原材料占6.3%，农林水占8.6%，科教文卫占5.5%，城市基础设施占14.8%，其他行业占2.5%。

2．借用国外贷款来源呈多元化

22年来，广西壮族自治区借用国际金融组织贷款项目48项，贷款协议金额16.66亿美元，外国政府贷款项目97项，贷款协议金额22.39亿美元，国际商业性贷款项目117项，贷款协议金额9.58亿美元。从贷款来源看，广西壮族自治区所借国外贷款主要集中在国际金融组织和外国政府优惠贷款，贷款协议金额占80.3%，主要包括：世界银行、亚洲开发银行、国际农发基金等国际金融组织贷款，英国、德国、北欧投资银行等11个西欧、北欧国家政府贷款，日本、科威特等3个亚洲国家政府贷款，以及加拿大政府和美国进出口银行贷款等；国际商业性贷款主要有欧洲国家和亚洲国家、地区的外国商业银行贷款、出口贷款、外国企业贷款等。

在使用国际金融组织和外国政府优惠贷款的同时，广西壮族自治区有关项目还积极争取欧洲投资银行的联合融资，以及联合国粮农组织、全球环境基金、生物炭基金和英国国际发展部等赠款。

3．长期贷款占较大比重

截至2005年底，广西壮族自治区10年期以上国外贷款占总数的85%以上，其中，10～20年期占57.6%，20年期以上占27.4%；10年期以下国外贷款占15%。同时，大部分国外贷款利率较为优惠，国际金融组织和外国政府贷款利率在0.75%～6%左右，占80.3%；国际商业性贷款，利率按各金融市场浮动利率加上一定的附加费用，利率在8%～10%左右。

(三)政策与管理制度历史沿革

为加强广西自治区国外贷款管理工作，1991年11月，自治区人民政府批准成立了全区国外贷款统一管理机构—自治区外债管理领导小组，组长由自治区常务副主席担任，自治区计划、经贸、财政、外汇、外经贸、金融等部门为成员单位。领导小组办公室设立自治区计委外资处，负责国外贷款管理的日常工作。多年来，自治区外债管理领导小组为全区国外贷款工作的顺利开展，推动重大项目建设起到了积极作用。

南宁三津水厂，借用日本政府日元贷款1800万美元。图为厂区V型滤池

2000年，政府机构改革后，广西壮族自治区国外贷款管理工作发生了新的变化。各部门积极贯彻国务院及国家发展改革委、财政部等主管部门颁布的有关国外贷款管理的有关规定，开拓创新，对内加强管理、完善制度 、规范程序，积极开展对外工作，开拓新的资金渠道，保持和扩大了国外贷款的规模和范围，不断加强制度建设，完善管理体系，做到债务责任清晰明确，责、权、利相结合，借、用、还相统一，将国外贷款管理工作提高到一个新的水平。一是进一步明确国外贷款项目的规划，建立项目储备和申报制度，规范了国外贷款的项目申报、对外提出、签约、转贷和采购实施等工作；二是建立了按照各级财政的责任分三类管理的体系；三是明确了项目单位、转贷机构和主管部门的责、权、利关系；四是制定并完善了采购代理公司招标办法；五是加大了清理老项目拖欠款问题的力度；六是通过定期的国内外各种业务培训形式，提高了负责外国政府贷款部门的管理水平。经过多年来的努力，利用国外贷款管理工作逐步走向制度化、程序化与规范化。

二、借用国外贷款的作用和意义

20多年来，通过积极合理的利用国外贷款，国外贷款已经成为我区外资的主要来源之一，极大地支持了广西壮族自治区的经济建设和社会事业的发展。

1．借用国外贷款大大弥补了广西壮族自治区建设资金的不足

国外贷款，尤其是国际金融组织和外国政府优惠，贷款条件稳定、利率优惠、还款时间长等特点，多年来一直是我区交通、邮电建设的主要投融资渠道之一。通过利用国外贷款弥补了广西壮族自治区建设资金的不足，赢得了建设时间，促进了我区基础设施的建设和投资环境的改善，缓解了广西壮族自治区基础设施长期落后的矛盾。如 “九五”时期，广西壮族自治区借用国外贷款占固定资产投资的比重达到4.8%；“九五”和“十五”时期，交通基础设施建设投资中利用国外贷款8.3亿美元，占全部投资的8.6%，有力地推动了我区交通事业的发展。

2．推动了全区重大项目建设

国外贷款是广西壮族自治区重大项目建设资金的重要来源之一，一批重大项目通过借用国外贷款筹措了建设资金，推进了项目开工建设和投产运营。如交通基础设施项目：利用世行贷款南宁—水任公路、贵港航运枢纽工程、右江那吉航运枢纽工程，利用亚行贷款南宁—友谊关公路、南宁（坛洛）—百色高速公路，利用科威特政府贷款钦州港二期和广西滨海公路钦州段，利用其他贷款的南宁、北海机场扩建工程等；能源项目：利用世行贷

钦州港二期工程，借用科威特政府贷款。图为港口泊位远景

款岩滩水电站，利用日元贷款天生桥一级水电站，利用奥地利政府贷款的柳州大埔水电站、梧州京南水电站，利用国际商业贷款的柳州火电厂、北海金海发电厂、百龙滩水电站等；邮电通信项目：利用利用世行贷款的光纤通信、亚行贷款光缆干线、外国政府贷款的城市程控电话、农村电话等；城市环境保护项目：利用世行贷款广西环保项目（南宁朝阳溪、桂林漓江）、柳州环境综合治理，利用日元贷款广西城市供水工程、南宁城市水环境综合治理工程等；工业原材料项目：利用亚行贷款河池氮肥厂扩建工程、日元贷款广西鹿寨化肥有限责任公司、利用法国政府贷款的平果铝一期工程等。这批重大项目的建设，有力地推动了广西壮族自治区国民经济的发展，提高有关企业的技术水平和管理水平。

3．促进了我区教育、卫生和扶贫等各项社会事业的发展

如利用世行贷款农村供水卫生、结核病防治、艾滋病防治等卫生项目，利用世行贷款西南扶贫项目广西分项、桂西农业综合开发、桂北山区少数民族综合扶贫、广西贫困地区林业发展等扶贫项目，利用世行贷款贫困地区基础教育广西分项、利用日本国际协力银行贷款广西高校人才培养等教育项目，以及一批利用外国政府贷款的城市消防、职业教育、医院项目。这些项目的实施对我区各项社会事业的发展和贫困地区脱贫致富起到了积极的作用。

4．学习了国际先进项目管理经验

广西壮族自治区在国外贷款项目实施过程中，通过引进世界银行、亚洲开发等国际组织以及日本协力银行等外国政府对项目管理的制度，通过国际组织和外国专家的交流，引进国际先进的项目管理理念和经验。经过消化和吸引，起到了积极的效果，逐步形成了一套既符合中国政策与法规，又符合国际惯例和国外贷款机构的管理程序和管理办法，大大提高了项目管理的效率。如在交通建设方面，贵港航运枢纽工程在广西率先引进项目建设招投标的竞争机制，推行工程合同管理制度，建立工程监理制度，为全区交通基础设施建设管理体制改革提供了宝贵经验。在扶贫方面，通过实施西南扶贫项目广西分项，积极将国际科学、先进的项目管理方法与广西贫困地区的实际较好地结合起来，形成了一系列新的扶贫开发模式，如成片开发、综合治理的项目设计思想，一次规划、集中投入、统一投放、分年实施的做法，规划到村、项目到户、广泛参与的规划方法与实施机制，明确职责、规范管理的运作系统，强化监测、改进提高的方法和措施，已在广西壮族自治区扶贫工作过程中推广应用。

5．引进了国际先进技术和设备

广西壮族自治区通过借用国外贷款建设的交通、邮电、医疗、教学以及垃圾和污水处理等项目，引进的技术和设备达到国际先进水平。如邮电部门引进的光缆传输设备、移动通信设备、程控电话交换设备，交通部门引进的施工、养护设备，带动了整个行业技术装备的发展；林业部门在“国家造林项目”中推广应用了17项科研成果，使得造林质量得到普遍提高，幼林林分分化大大减少，林相整齐，并降低了造林成本，提高了效益。同时，通过国外贷款项目的技术援助，还学习了国际先进的项目设计理念，贯彻“以人为本”思想和“科学发展观”，更加注重环境保护和可持续发展问题，促进人与自然的和谐发展，并对其他内资建设项目起到良好示范作用。

6．培养了一批国际惯例的技术和管理人才

借用国外贷款项目的实施过程中，通过与国际性的金融机构以及各国政府贷款机构的谈判与协商，广西壮族自治区已经形成了一批熟悉国外贷款政策及投向、国外贷款操作程序、谈判技巧以及项目管理知识的专业人才队伍，使得广西壮族自治区的贷款申请、谈判前期材料的准备时间大大缩短，减少了工作的重复性，提高了国外贷款工作的效率以及成功率，这也为今后的借用贷款工作奠定了良好的基础。

三、经验和教训

(一)经验总结

广西壮族自治区利用国外贷款工作之所以取得一定的成绩，归结起来主要有以下几点经验和措施：

1．依托规划，努力做好国外贷款项目的储备和申报

20多年来，广西壮族自治区一直坚持以规划为先导，做好国外贷款项目的储备和选择。一是坚持项目必须符合全区国民经济和社会发展规划；二是必须符合国家和自治区确定的重点发展领域；三是国际金融组织和外国政府等优惠贷款项目必须属于政府负责的公共物品、准公共物品范畴的投资项目和政府引导的投资项目；四是国际商业贷款必须是引进国外先进技术和设备的项目。按照上述原则，22年来，广西壮族自治区对交通、能源、城建、农林水以及社会发展领域进行研究，根据国外贷款的政策投向对项目进行包装、打捆，组织和申报项目。如2002年，广西壮族自治区根据国家和自治区林业发展规划，申报了广西综合林业发展和保护项目，并开展项目前期准备工作；“十五”期间，根据全区水资源保护规划，广西壮族自治区申报和实施了世行贷款柳州市环境综合治理工程、亚行贷款南宁城市环境改善项目、日元贷款南宁水环境综合治理项目和玉林水环境综合治理项目，随着这些项目的实施，广西壮族自治区一些主要河流上的水污染状况将有很大改观；根据国家和自治区公路规划，到2010年以前广西壮族自治区将建成数条高速公路，为此我们选择申报了几条属国家高速公路网和西部公路主干线公路，其中，隆林至百色高速公路列入2006～2008年度亚行贷款规划，申报和实施了世行贷款河池(水任)至南宁高等级公路、亚行贷款南宁至友谊关公路和南宁(坛洛)至百色公路项目。

2．加强协调，做好项目的前期工作

一是协调国内外两套审批程序；二是着力解决项目前期工作中存在的难点问题；三是积极参与国外贷款的前期准备工作，广西壮族自治区各有关主管部门一直积极配合项目实施单位工作，参与并协调其中重大事项，对贷款规模、建设内容、附加条件等内容严格把关，重大事项及时报告国家发改委、财政部，并与国外贷款机构协商；四是督促落实国内配套资金。

3．推进重大国外贷款项目的建设

选择、筛选和储备一批关系发展全局的重大国外贷款项目，加快项目前期工作。加强已列入自治区重大国外贷款项目的跟踪、协调、服务工作，加快推进已签订贷款协议的重大借用国外贷款项目的实施。加强重大国外贷款项目建设的统筹协调，

南宁至友谊关高速公路项目，借用亚洲开发银行和欧洲投资银行贷款。图为部分公路路段

不断完善重大项目建设的选择、滚动、责任和激励机制，形成“开工一批、续建一批、投产一批、储备一批”的项目建设格局。

4．强化服务，促进项目尽快建成发挥效益

按照国家关于加强国外贷款项目实施管理的要求，广西壮族自治区有关主管部门不断加强在建项目的协调和服务工作。广西壮族自治区都要组织到每个重大项目单位进行不定期调研，对项目建设、执行过程中存在的问题，予以积极协调和解决。多年来，通过发改、财政及有关专业部门的共同努力，广西壮族自治区解决了一批重大项目配套资金落实、贷款余额使用、招标采购、进口设备免税等问题，有效地推进了项目建设，尽快发挥效益。

5．加强机构建设，注重专业人才培养

为了全面负责组织和协调推进各个项目的前期工作，广西壮族自治区对重大项目均成立了项目办公室等项目综合协调机构，协调项目业主与各行政主管部门的关系，召开项目建设例会，并对项目的进度情况进行分析、协调。同时，加强我区借用国外贷款业务的培训工作，主要培训有关单位、人员利用世行贷款、亚行贷款、日本国际协力银行以及外国政府贷款的基本程序，贷款投向政策以及相关要求等，培养广西壮族自治区利用外资骨干力量。

(二)主要问题和教训

1．前期准备工作不充分，影响项目进展和资金有效使用

一些国外贷款项目存在前期工作准备不足的问题，主要体现在两个方面：一是项目的可行性研究报告和初步设计的编制等前期工作欠缺，对项目建设规模、所需引进的设备、项目建设安排、项目所需资金及其使用计划等方面考虑不足，造成了工程的拖延、项目建设内容的频繁变更及贷款额度的浪费。如世行贷款南宁市朝阳溪环境综合整治工程贷款合同已签订多年，由于前期工作不扎实，造成项目推进缓慢，建设期一拖再拖；而初步设计不仔细，也造成了投资估算偏差，使贷款使用效率的低下。二是项目单位对优惠贷款项目管理程序、操作方法、采购、标书编制、招评标规则等不熟悉，前期准备材料达不到贷款方的要求，反复修改招标文件，延迟项目审批时间，影响项目进展和贷款使用。

2．国内外审批程序复杂、时间长

优惠贷款的审批程序复杂，一般历时一年半到两年时间，由于时间周期较长，项目本身可能会发生很大变化，有些项目可能会改用其他渠道的资金，有的项目因等不及国内的审批而先开工后报批。很多项目往往为等国内的审批报告而延误了正常的开工时间，不得不匆忙上马赶工期。而有的竞争性项目则因错过产品销售的黄金时间而不得不停建。

3．国内配套资金不能及时到位，影响工程进度

国内配套资金来源渠道较多，包括排污收费、财政拨款、国债、银行贷款、企业自筹资金和城市建设资金。目前地方配套资金主要来自于国债、地方财政拨款和企业自筹。从近几年的情况看，为了争取项目批准，地方政府和项目单位积极承诺配套资金，但等项目落实后大多数承诺的配套资金又难以落实或不到位，资金缺口较大，严重影响了工程进度。一些项目因前期工作准备不充分，配套资金不落实，导致贷款协议被迫终止，失去利用优惠贷款的机会，如北海引进汽车底盘项目。

4．项目建成后缺乏竞争与激励的运行机制

项目建成后的运行效果是受到普遍关注的问题。但部分项目建成后，运行效果不尽人意。部分项目的运行费用仍由财政拨款，并没有按照市场机制运作，在缺乏竞争与激励机制的情况下，即使运行效率很高，也很难维持新工艺和新设备正常运转所需的费用。项目运营后经济效益如果难以达到预期效果，还会出现还贷困难问题，一旦不能按期偿还债务，只能依靠地方财政还贷，必将给地方财政带来很大的压力。

5．缺乏防范外债风险的有效机制和措施

借用国外贷款因期限较长，在项目实施过程中，往往面临国际金融市场利率和汇率频繁变动而带来的风险。广西壮族自治区一些贷款转贷款机构和企业缺乏进行外债结构调整和风险管理的主动性，对外债管理缺乏总体考虑，缺乏国际金融知识和人才，没有专门部门和人员负责外债风险管理工作，外债风险防范意识较差。同时，区域内金融衍生产品发展不足，应对风险的手段和措施不多。个别项目拖欠问题严重，风险防范意识不强，给项目担保的金融部门带来了沉重的包袱，造成了较大的损失。管理体系及风险规避机制尚未完善，存在缺位和越位现象，贷款项目的质量和效益不高。

海南省借用国外贷款25年回顾与总结

1988年海南建省前，基本上没有大规模的建设和投入，也极少使用国外贷款，这在一定程度上制约了海南经济社会的发展。建省后，在党中央、国务院的关怀和支持下，在《国务院批转〈关于海南岛进一步对外开放，加快经济开发建设的座谈会纪要〉的通知》（国发（1988）24号）的鼓舞和促进下，海南省委、省政府确立了“一省两地”，即新兴工业省、热带高效农业基地、度假休闲旅游胜地的产业发展战略。此后，海南开始积极、合理、有效地利用国外贷款，特别是建省初期大量使用国外贷款进行基础设施和基础产业建设，为海南的发展奠定了坚实基础。

一、借用国外贷款的基本情况

海南自1988年建省以来，利用国外贷款经历了业务开拓时期成倍增长、高速发展时期稳步增效、结构调整时期健康推进三个阶段。到2005年，海南全省共获国家主管部门批准借用国外贷款54.67亿美元，项目185个；合同签约资金26.64亿美元，项目101个；实际使用资金24.93亿美元，项目101个。借用国外贷款的国家和地区分布主要是亚洲的日本，约占贷款总额的61.3%(包括国际商业贷款)，韩国1.2%；其次是欧洲，占29.4%，其中法国4.8%(外国政府贷款)，德国6.9%(外国政府贷款)，荷兰2.7%(外国政府贷款)，挪威、芬兰、比利时、奥地利、西班牙、丹麦等占2.6%，意大利3.5%(国际商业贷款)，英国8.5%(国际商业贷款)；美洲占6.3%，其中美国5.6%(国际商业贷款)，加拿大0.7%(国际商业贷款)。

借用的国外贷款70%以上用于基础设施和基础产业，其中交通运输占39.4%，能源占7%，通信占5.7%，原材料占21.3%；其余为农业占3%，纺织机械占11.7%，文化教育医药卫生事业占2.0%，国土资源环境保护、旅游服务业等占9.9%。重点支持建设了海南环岛东线高速公路、海口世纪大桥、海口美兰机场、三亚凤凰机场、大广坝水利水电枢纽工程、海南省通信系统工程、南山至八所天然气管道工程、海南天然气化肥厂等一批项目。从而加快了交通、电力、通信、城市供水、污水处理等基础设施和基础产业的建设，构建了现代物流体系，缩小了海岛南北和城乡交通发展差距，提升了交通运输水平；改善了投资环境，加快了产业结构调整，促进了热带高效农业的发展；加强了环境保护，促进了生态省建设；支持文教卫生事业发展，增加就业岗位，为海南省社会发展和经济建设起到了十分重要的作用。

（一）外国政府贷款

先后与日本、德国、法国、荷兰、奥地利、芬兰、挪威、比利时、西班牙、意大利、丹麦、美国、韩国、加拿大、英国、新加坡等亚洲、欧洲、美洲国家建立了双边政府贷款关系。签约外国政府贷款项目45个、金额9.898亿美元，包括日本协力基金贷款项目6个、金额2.890亿美元，日本输出入银行贷款项目10个、金额4.858亿美元，日本黑字还流贷款项目7个、金额0.208亿美元，双边政府贷款项目22个、金额1.941亿美元。

（二）国际金融组织贷款

签约的国际金融组织贷款项目11个，金额2.245亿美元。

（三）国际商业贷款

签约的国际商业贷款项目29个，金额14.231亿美元，包括国际租赁7亿美元，技术援助项目16个，金额0.265亿美元。

（四）赠款、援助项目

共23个，金额4269万美元。主要有海南北部水资源开发研究、海南环境与生态资源保护研究、亚洲开发银行农业项目、海南尖峰岭国家森林公园规划研究等共获亚洲开发银行技术援助465万美元，海南地理信息系统获澳大利亚技术援助311万美元，海南粮食增产项目获日本政府赠款533万美元，中国海南热带雨林保护和中国体制改革发展研究获德国政府赠款585万美元，海南龙湾港吹填工程、海南新岛北部岸防护工程、南方饲料厂、三亚饲料、蛋鸡、肉鸡项目，海南果蔬加工项目等7个利用荷兰政府贷款项目，获荷兰政府赠款1800万美元等项目。

二、借用国外贷款主要成效

（一）加强了基础设施建设，改善了投资环境

建省前后，海南省建设资金十分紧张，基础设施十分落后，海南岛四周环海，岛内没有一个万吨级港口，没有一条高等级公路，没有专门的民航机场，更谈不上有航空公司，通讯条件十分落后，电力严重不足。为了改变这种落后状况，从1990年开始，省委、省政府批准利用国外贷款，先后陆续建设海南东线高速公路、海口港一期工程、海南通信系统工程、海口美兰机场、三亚凤凰机场、大广坝水利水电枢纽工程、海南天然气管道、海口世纪大桥、海口汽车总站改造、美兰机场供油、海南省内市县程控电话及光纤通信工程、海南航空公司等一大批重点基础设施和基础产业项目。1991年利用日本协力基金贷款12878万美元(占项目总投资的46.48%)建设海南东线高速公路，全长260公里，成为海南岛历史上的第一条热带滨海高速公路，它途经海口市、定安县、琼海市（博鳌亚洲论坛会址）、万宁市、陵水县、三亚市等，贯穿海南省人口最集中、旅游资源最丰富、人文条件较好的地区。高速公路建成以后，从海口到三亚的行车时间从7个小时缩短到3个小时，并带动了周边市县的经济发展，产生了良好的社会效益和经济效益。贷款3624万美元兴建的海口港、洋浦港，建成4个2万吨级以上的泊位，为海南岛的海洋运输业创造了条件。贷款1.69亿美元兴建的海口美兰机场和三亚凤凰机场，年客运量达1100万人次以上，海口美兰机场跃居全国十大航空港的第6名，彻底解决了进出岛难的问题。利用国外贷款使海南省的陆、海、空交通发生了巨大变化，全省货物周转量从1987年的16.25亿吨公里增长到2005年的301.9亿吨公里，其中，公路从11.82亿吨公里增加到124.8亿吨公里，增长10.56倍；水运从2.07亿吨公里，增加到168.23吨公里，增长81.27倍。1995年，海南省通讯系统工程贷款3508万美元建成10.5万门程控交换机和光纤光缆通讯项目，彻底改变了海南建省初期电话打不出、接不进的困难局面，至2005年，全省800多万人，已拥有230万部程控电话、203.8万部移动电话、40万因特网用户，全省百户固定电话、移动电话拥有量均跃居全国前列。这些重点项目的建成，从根本上改善了海南省基础设施和基础产业状况，大大改善了投资环境，加快了海南省经济建设的步伐（见下图）。

东方面前海风力发电项目，借用德国政府贷款。图为风力发电场

海南天然气化肥厂总投资24亿元，其中借用日本黑字还流贷款159亿日元，年产合成氨30万吨、尿素53万吨

（二）增强了企业科技水平，促进了产业结构调整

建省前，全省19个市县工业总产值仅21.25亿元，主要以橡胶、制糖和农产品加工为主，技术设备十分落后，大部分还停留在五十年代小作坊加工的水平上。1991年开始，利用国外出口信贷和外国政府贷款引进先进技术和设备，兴建一批新型、大型、高科技产业项目，造就了一批现代化企业。如利用日本输出入银行贷款9亿美元，兴建的海南天然气化肥厂、海南昌江水泥厂、海口镀锡薄板厂、海南欣龙无纺布、新大洲摩托车厂，东方天然气化肥等项目；贷款7200万美元兴建的海南欣龙无纺布（二期）、洋浦经济开发区镶木地板项目等。这些设备先进、科技含量高的项目，填补了海南省的产业空白，促进了一大批产品的升级换代，缩小了海南省与发达地区及世界先进水平的差距。欣龙无纺布项目引进世界最先进的技术，生产12～50克/平方米的高科技、全系列非织造新材料，年产值2.1亿元以上，不但成为海南省纺织行业的龙头企业，也成为

环岛（东线）高速公路项目，借用日本政府日元贷款，图为牛岭公路段

中国无纺工业的龙头企业，产品销往全国以及世界各地，被国家确定为“全国非织造技术中心”、国家“非织造材料工程技术研究中心”、“亚洲非织造行业研究开发中心”、国家“非织造行业博士后科研工作站”。在引进先进设备和技术的同时，引进了国外先进管理经验，提高了海南省企业经营管理水平和对外交往的能力，带动了相关产业的发展和进步，推动了海南省产品的更新换代和新兴产业的发展，对产业结构的调整产生了重要作用。

（三）改善了农业生产条件，促进了热带高效农业的发展

建省前，海南岛农业生产技术和管理水平较差，有的山区还停留在刀耕火种的生产方式中，多数地方粮食亩产不足300斤。为改变海南农业生产条件，提高农业科技水平，解决老百姓吃饭问题，省委、省政府围绕发展热带高效农业的目标，先后从日本、荷兰、芬兰、西班牙、丹麦、北欧投资银行等国家和机构，以及世界银行、亚洲开发银行等国际金融组织，共贷款10455万美元，首先是用于提高农业科技水平，建设海南热带高效农业示范基地项目、海南农业与自然资源发展项目，培训一大批农业科技人员，提高农民科学种田水平；其次是改善农业生产条件，利用日本黑字还流贷款购买较大型的鱼船，组成深海捕捞船队，出远海捕鱼；引进世界银行和芬兰政府贷款7375万美元，修建大广坝水利水电工程、毛拉洞水利水电工程等项目，增加装机容量24万千瓦，下游市县30多万亩土地得到灌溉，加快了部分市县社会事业的发展和经济建设的步伐。再次优化农业生产结构，提高农产品产值。利用荷兰、西班牙等国政府贷款，兴建了一批新型高产的热带水果蔬菜生产基地，热带果蔬深加工基地，如乐东腰果综合加工厂、六合蔬菜水果加工厂等；牲畜家禽饲养加工基地，如海南南方饲料、三亚饲料、三亚蛋鸡、罗牛山生猪加工项目等。随着这一大批热带农牧产品生产、加工、储运的建成，大大促进了海南热带高效农业的发展，全省农业粮食产量从1988年的133.5万吨增加到2005年的153万吨，增长14.6%；水果从14.72万吨增加到162.5万吨，增长11.04倍；瓜菜从52.53万吨增加到363.39万吨，增长6.92倍；水产品从11.21万吨增加到150万吨，增长13.38倍；农业总产值从41.26亿元增加到301.1亿元（增加值），农民人均纯收入从502元增加到2005年的3006元，提高了农民的生活水平。

（四）重视了环境保护，加强了生态省建设

1998年，海南省委、省政府提出建设生态省的战略目标，目的就是为了保护好海南这块没有受到污染的热带宝地，坚持可持续发展。围绕这一战略目标，积极做好借用国外贷款工作：利用德国政府、世界银行、亚洲开发银行的贷款，建设了海口污水处理工程、三亚红沙污水处理工程，儋州、琼海、万宁等地的城市生活垃圾无害化工程，减少污染，降低对自然环境的人为破坏；利用世界银行贷款营造自然林项目，新增森林面积30万公顷，使海南省森林覆盖率达到55.5%；利用德国、荷兰、比利时、挪威等国政府贷款，修建海口南渡江防洪堤、儋州市、万宁市供水工程、五指山市淡水净化工程、海口市江东大桥等工程，这些项目的实施，营造出一个良好的生态环境，使海南防御台风和洪涝等自然灾害的能力大大提高，土地荒漠化得到初步治理，城乡饮水卫生和环境卫生得到改善，人居环境更加舒适优美，海口、三亚等市先后被国家及世界环保组织评为花园式城市及最适宜人类居住的城市。

（五）扩大了外贸进出口，增加了外汇收入

借用国外贷款建设的出口创汇企业，引进世界先进的设备和技术，产品绝大部分出口，带动了海南省外贸进出口的增长。新大洲摩托车、海南天然气化肥厂、果蔬脆片加工、水果加工等企业，出口创汇都在1000万美元以上。新大洲摩托车，2005年上半年出口摩托车及摩托车部件，创汇高达6593万美元。全省的外贸进出口也由建省前的2.92亿美元，增加到2005年的25.92亿美元，增长8.88倍，其中进口由1.77亿美元增加到15.7亿美元，增长8.87倍，出口由3.6亿美元增加到10.22亿美元，增长2.83倍。

洋浦港二期工程项目，借用日本政府日元贷款，图为港口远景

（六）弥补了建设资金的不足，加快了建设速度

"八五"至"十五"期间，海南借用的国外贷款在固定资产投资中占有较大的比重，特别是"九五"期间，全省借用国外贷款达17.29亿美元，占同期固定资产投资的15.53%。大大缓解了全省经济建设与资金需求的矛盾，保证了全省开发建设特别是重点项目建设的需要，如东线高速公路、洋浦港二期、昌江水泥厂、欣龙无纺布、海南航空公司、海口美兰机场、美兰机场美亚供油、三亚凤凰机场等项目的建设都起了十分关键的作用，从而形成新的产业集群，推动了企业改制，加快了建设速度，带动了社会投资，进一步完善了基础设施。

（七）培植新税源，增加地方财政收入

随着一批利用国外贷款兴建的基础产业项目的竣工，出现一批纳税大户。2005年，海南电讯营业收入70.23亿元，产值30多亿元，实现利税近6亿元，新大洲摩托车年产值29.61亿元，实现利税5.84亿元；欣龙无纺布年产值2.1亿元，实现利税0.5亿元；燃气股份年实现利税2.1亿元；高速公路年实现利税1.1亿元；镀锡薄板厂等企业均是成为1000万元以上的纳税大户。税收增加，税源扩大，海南省财政收入有了较快的增长，税收从1987年的2.96亿元增加到2005年的84.71亿元，增长28.61倍。

（八）促进了文教卫生事业发展，提高了国民整体素质

"八五"至"十五"期间，海南利用世界银行贷款进行师资培养、贫困地区基础教育，农村卫生、结核病防治、南药研究等项目的建设。其中，世界银行教育项目培训了2万多名从事基础教育的中小学教师，新建和修缮了近3万多平方米教学用房，改善了农村教学条件，改变了全省中部地区的教育落后状况，推动了全省普及九年制义务教育的进程，使适龄儿童入学率达到99.8%。利用世界银行贷款实施的医药卫生项目，加快了全省对祖国传统医药学的发掘和应用，琼中鸭胆子等一系列地方药材的研制，为充分开发南药，攻克疑难杂症发挥了积极作用。

（九）增加了就业岗位，促进了和谐社会的建设

利用国外贷款促进了全省国民经济的发展，增加了就业机会。随着基础产业、高新技术产业和出口创汇产业等100多个大中型项目的竣工投产，增加了就业机会。海口美兰机场、三亚凤凰机场、海南航空公司等企业，近年招收职工近3万多人。全省在高速公路、电讯、石油化工、纺织等行业以及出口创汇企业就业人员达11万多人，占全省职工就业人数近15%，大大缓解了就业矛盾，促进了和谐社会的建设。

三、利用国外贷款的经验教训

（一）外债结构有待进一步改善

一是利用国外贷款投向基础项目较多，占39.4%，虽然基础设施项目在开发初期发挥了良好的经济效益和社会效益，但项目本身的建设周期长，资金量大，还款能力较弱。二是500万美元以下的贷款项目较多，占执行项目的40.8%，小项目抵御风险的能力较差。三是使用国际商业贷款资金较多，占57.7%，这些资金一般年限短，利息高，还款压力大。

（二）担保、转贷、配套资金等方面存在问题

国外贷款要求担保，海南地方财政比较困难，担保能力有限；中央各商业银行的省级分行不是法人单位，担保环节多；地方金融机构实力单薄，上述原因导致海南国外贷款项目担保、转贷等方面存在一定难度。此外，部分项目由于企业配套资金不落实而延缓执行。

（三）新的借用国外贷款项目落实困难较大

一是亚洲金融危机的影响。二是海南经济发展中房地产业泡沫的负面影响，使得亚洲开发银行海南农业项目因担保问题搁浅，影响到后续项目继续使用亚洲开发银行贷款。三是实施西部大开发战略，国外贷款重点向西部倾斜，使海南的项目受到不同程度的限制。四是后备项目不足，尤其是争取利用外国政府贷款的项目不多。

四川省借用国外贷款25年回顾与总结

借用国外贷款是利用外资的一种重要方式。改革开放以来，四川省积极、合理、有效地借用国际金融组织和外国政府的中长期优惠贷款和国际商业贷款。截止2005年底，四川省累计借用国外贷款58.55亿美元，占全省累计利用外资总量的45.4%。其中，借用国际金融组织贷款26.6亿美元，外国政府贷款13亿美元，国际商业贷款18.95亿美元。国外贷款不仅有效弥补了我省建设资金的不足，支持了一大批重大项目建设，推动了全省经济社会发展，而且通过贷款项目的实施，引进了国外先进的技术、设备、管理经验和理念，推动了四川省的经济体制改革和对外开放。

为更好地指导今后的借用国外贷款工作，我们全面总结了四川省改革开放以来借用国外贷款的成效、意义、经验和教训。

一、四川省借用国外贷款的基本情况

借用国外贷款是利用国内外两种资源、开拓国内外两个市场重要的经济活动，其实质就是利用国外资金和先进的技术及管理理念，为我国国民经济和社会发展服务。因此，借用国外贷款是利用外资的重要方式之一，特别是对四川这样的西部大省来讲，在一定时期内还是利用外资最主要的方式。

（一）四川省借用国外贷款概况

四川省1981年开始借用国际商业贷款，1983年开始使用国际金融组织贷款，1984年开始利用外国政府贷款。到2005年12月底，累计借用国外贷款58.55亿美元，占全省累计利用外资的45.4%，其中借用国际金融组织贷款26.6亿美元，借用外国政府贷款13亿美元，国际商业贷款18.95亿美元。

在这次调查的1991～2005年间，四川省借用国外贷款项目145个，国外贷款签约额达到61.16亿美元。其中：借用国际金融组织贷款项目44个，贷款金额29.15亿美元，占47.7%；借用外国政府贷款88个，贷款金额13.58亿美元，占22.2%；国际商业贷款项目13个，贷款金额18.43亿美元，占30.1%（如图1所示）。

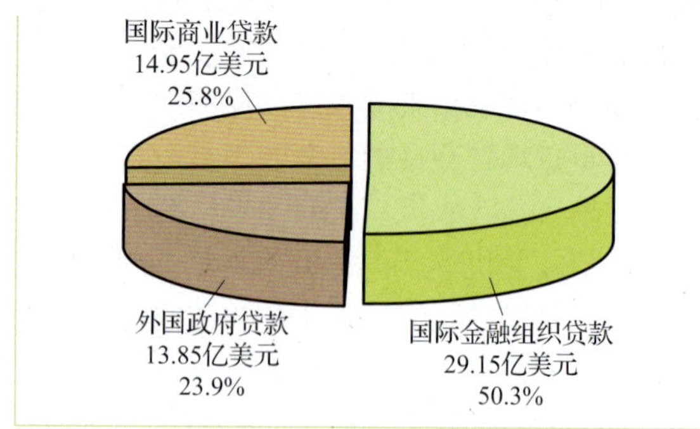

图1 国外贷款项目类别比重

（二）四川省借用国外贷款的发展阶段

从四川省借用国外贷款的发展过程来看，可以分为三个阶段：

1．起步阶段（1981～1990年）

1981至1990年是四川省借用国外贷款工作的起步阶段。在改革开放的初期，由于认识不够充分，思想观念未能及时转变，借用国外贷款工作处于尝试和探索之中。1981年，川化二聚氰胺买方信贷项目为四川第一个利用国外贷款项目。这期间较大的项目有：农村卫生和医学教育项目（卫一）、泸天化大化肥装置节能改造项目、林业发展项目、第三农村信贷项目、成都红光电子管厂彩色显色管项目、成都内燃机厂柴油机项目等。

2．快速发展阶段（1991～1999年）

从20世纪80年代末至90年代初开始，随着国家政策的引导和四川省借用国外贷款成效的日益显现，加上全省经济快速发展的需要，四川省各地区和有关企业借用国外贷款的积极性大大提高，全省借用国外贷款数量开始大幅增加，形成了1991～1999年期间四川省借用国外贷款的快速发展阶段，全省的国外贷款大部分是这一时期借用的。较大的项目有：成渝高速公路、二滩水电站、二滩水电站送出工程、农业综合开发项目、四川天然气开发与节能项目、绵阳南郊机场、成都市住房保障项目、秦巴山区扶贫项目、安宁河流域农业综合开发项目、四川龙蟒矿项目、成都市自来水六厂、成都铝铂厂、四川天华股份有限公司大化肥项目、雅安纸浆厂、聚酯生产线、四川省邮电管理局程控交换机项目、改性沥青项目等等。

3．结构调整阶段（2000年以来）

从2000年开始，世界银行停止向中国提供软贷款，一段时间内基础设施领域的贷款也基本冻结，使四川省利用世行贷款的规模和领域受到很大限制，特别是扶贫、教育、卫生领域利用国外贷款大幅度下降。亚洲金融危机后国家对国际商业贷款也采取了更加严格的措施。加上全省国外贷款经过20世纪90年代的快速发展后外债规模也相对较大，因此在“十五”初期出现了一定下降。在这种新的形势下，四川省积极调整借用国外贷款的结构，在公路领域主要使用亚洲开发银行贷款，在教育、卫生领域主要使用外国政府贷款。同时，在国家总的政策框架下积极探索新的领域，如消防、生态治理、节能降耗等。主要的项目有：成南高速公路、西攀高速公路、攀枝花机场、九寨黄龙机场、四川城建环保项目、四川基础教育项目、四川人才培养项目、南桠河电站、宜宾—长宁公路、广安广门至前锋一级路以及省内19个市的疾控中心建设项目等。

四川广安广门至前锋一级路项目借用沙特政府贷款建设。图为代市镇至前锋镇路段

（三）四川省借用国外贷款的特点

1．借用国外贷款规模虽然较大，但主要集中在“八五”和“九五”时期

从总量上看，全省累计借用国外贷款居全国前列，而且世行、亚行贷款在中国最大的单个项目均在我省，即二滩水电站和雅泸高速公路项目。但是，四川省借用国外贷款的阶段性特征非常明显，主要集中在“八五”和“九五”时期，这段时期国外贷款累计签约额达到45.32亿美元。到了“十五”时期，全省借用国外贷款呈下降趋势。2000～2005年，全省借用国外贷款仅分别为4.9、4.8、3.6、3.1、2.6和1.9亿美元，“十五”时期是四川使用国外贷款最少的时期，仅占四川累计使用国外贷款总量的28.5%。

2．国外贷款来源渠道出现明显的多元化趋势

1991年以前，四川省利用的国外贷款主要来自世界银行以及日本、韩国、以色列、瑞典等少数几个国家提供的政府贷款。1991年以后，特别是近几年来，四川省在继续使用世行、亚行、等国际金融组织贷款的同时，积极拓展利用国外政府贷款的渠道，包括日本、德国、西班牙、法国奥地利、意大利等国家的政府贷款和商业贷款。针对外国政府贷款大多属于设备贷款的情况，四川省抓住机遇，积极争取沙特、科威特以及法国开发署等贷款，努力扩大国外贷款的使用范围。到2005年底，四川省共使用了3个国际金融组织贷款和17个国家的政府贷款。

3．贷款投向覆盖了国民经济和社会发展的多个领域

长期以来，我们一直把属于政府负责的公共物品、准公共物品范畴的投资项目和政府引导的投资项目作为国际金融组织贷款和外国政府贷款的主要领域。在1991年以前，四川省使用的国外贷款主要用于农业、工业、教育、卫生等领域。经过20多年的探索和实践，四川省借用国外贷款项目已经覆盖了农业、林业、生态保护、能源、公路、铁路、机场、通信、广播电视、教育、卫生、城建环保、公用基础设施、农村扶贫等多个领域。近年来，我们注重选择与国债资金和其他国内资金相结合的项目，结合四川省国民经济和社会发展规划，成功组织了长江上游生态环境治理、消防设备购置、工业节能降耗以及数字化城市建设等项目。

四川高等教育人才培养项目，借用日本政府日元贷款。图为建成的成都信息工程学院图书馆

4．贷款项目的经济效益明显提高

在过去使用国外贷款的工业项目中，四川省一些项目因种种原因效益欠佳，不仅企业还款困难，而且对我省继续争取国外贷款也产生了一定的负面影响。近年来，我们注重选择属于政府负责的公共物品、准公共物品范畴的投资项目使用国外贷款，并根据市场和条件、环境的变化，注重贷款项目中期调整，使四川省国外贷款项目不仅社会效益显著，而且经济效益也明显提高。如四川省世行贷款安宁河流域农业综合开发项目1999年开始实施，2002年根据市场变化对其进行了中期调整，实施了热带花卉、脱水蔬菜、油用玫瑰、山葵、红豆杉和奶牛养殖等攀西特色农业项目，项目偿债能力明显提高。

总之，20多年来，通过全省各市州和有关部门的共同努力，四川省借用国外贷款工作经历了从无到有、从小到大、从无序到有序的发展历程。在这个过程中，我们认真学习、积极研究、努力开拓，引进了国外先进的项目管理理念和管理机制，逐步摸索出了一套适合四川省实际情况、有利于四川省经济社会发展的借用国外贷款的工作思路和方法，在全国率先提出了“外债经营”的新型项目管理理念，推动了四川省投资体制改革，也为国内其他国外贷款项目提供了富有借鉴意义的经验和教训。

二、四川省借用国外贷款的成效

国外贷款项目的实施，促进了四川省的经济发展，取得了明显的经济效益和社会效益，主要体现在以下几个方面。

（一）有效缓解了全省经济社会快速发展与资金不足的矛盾，保证了国家和省重点建设项目的资金需求

2000年以前，我省经济发展中生产要素的“短缺”状态还十分明显，资金不足在相当长的时间内是制约全省经济社会快速发展的主要矛盾之一。在这种情况下，国外贷款的使用无疑弥补了国内建设资金的不足。1991～2000年10年间，全省国外贷款签约额58亿美元，按现行汇率折合人民币470亿元，占10年全省固定资产投资的6.0%。国家重点建设项目攀钢二期工程总投资95亿元人民币，借用国际商业贷款2.1亿美元（按当时汇率折合人民币17.2亿元），新增铁、钢、材生产能力各100万吨，相当于我国在短时间内又建成了一座中型钢铁联合企业。成渝高速公路是中国西部地区第一条高速公路，借用世界银行贷款7500万美元，在建成后的10多年时间里对四川和重庆的经济和社会发展产生了深远的影响。

（二）引进了国外先进的技术和设备，促进了企业的良性发展

国外贷款为四川省引进先进技术和设备提供了一个重要平台。1991～2005年，四川省工业项目利用国外贷款近8亿美元，占同期利用国外贷款总量的13.8%，涉及的行业包括化工、原材料、纺织、机械、医药和能源等，这些工业项目不仅引进了资金，而且引进了先进的技术和设备，极大地提高了企业的生产力水平，给企业带来了良好的经济效益。泸州市最大的国外贷款项目——四川天华股份有限公司的大化肥项目引进意大利设备，建成了具有当时世界领先水平的化肥生产线项目；四川电信集团（原四川省邮电管理局）针对四川通信落后、电话普及率不到全国平均水平一半的实际情况，先后利用世界银行贷款和西班牙、意大利、比利时、日本、奥地利等国家的政府贷款引进了大量的程控交换机等设备，极大地改善了四川通信状况。

（三）引进了先进的管理理念和管理方法，推动了四川省经济体制的改革

国外贷款不仅为四川省带来了急需的建设资金，也带来了先进的项目管理理念和管理方法。如世界银行的项目周期管理办法、安全保障政策（包

括移民安置、环境评价等）、招标采购管理、资金支付和管理办法以及对项目社会经济评价和项目前期设计工作的重视，不仅提高了项目单位的管理水平，而且对国内其他项目的准备和实施也起到了一定的示范作用，对相关领域的体制创新和改革也起到了较好的促进作用。在投资体制改革方面，世行、亚行引进了国际通行的施工监理制度，确保了工程质量。成渝公路还聘请了美国施伟巴公司作为工程监理公司，成南高速公路在此基础上不断创新建设管理模式，探索并建立了"工程监理制和业主代表驻地制相结合"的管理模式，实施中外联合监理，实行业主代表驻地制。在价格改革方面，世行对四川的电价、气价、水价均提出了强烈的改革要求，四川天然气项目的气价改革、二滩水电站的电价改革，都保证了基础产业的开发不致因为不合理的产品价格而陷入长期亏损。在企业产权方面，世行、亚行以及德国政府贷款均对项目提出建立股份制公司的要求，对我省产权改革起到了一定的推动和示范作用。

（四）大力发展基础设施，极大地改善了四川省投资环境

落后的基础设施曾经长期制约四川省经济的发展，并一度是四川省跨越式发展的瓶颈。1991年以来，四川省借用的国外贷款近70%用于基础设施，建成了成渝高速公路、成南高速公路、绵阳机场、攀枝花机场、九黄机场、宜宾—长宁旅游公路、成都热电厂、江油电厂、二滩水电站、天然气开发、省内二级干线光缆、20万门程控交换机以及成都、德阳、乐山等地的污水处理厂、泸州供水厂等，正在建设西攀高速公路，即将建设雅泸高速公路、达陕高速公路以及

成都污水处理厂二期工程项目，借用荷兰政府贷款，日处理污水30万吨。图为二沉池

攀枝花、绵阳、遂宁、宜宾等市的城市环境治理等项目。这些项目的建设，不仅使四川省投资环境大为改善，而且还有力地促进了外商投资的不断进入，进一步增强了全省经济发展能力。

（五）树立开发式扶贫理念，推动了农村经济和扶贫工作的发展

四川是农业大省，使用国外贷款的农业和扶贫项目覆盖了全省21个市州。世行贷款四川农业发展项目投资11亿兴建水利工程，解决了四川13个县的灌溉问题。世行贷款长江上中游农业发展项目，在长江沿岸16个县新建果园5800公顷，大大提高了当地农民的收入水平。世行贷款秦巴扶贫项目，覆盖了全省12个国定贫困县，使项目区农户年人均增收粮食116公斤，年人均增加纯收入375元（1990年不变价），90%的农户达到每户有1个劳动力掌握除粮食种植以外的一门实用技术，80%的村基本解决人畜饮水困难。在这些项目的建设过程中，世行引入了综合性一体化扶贫模式，既稳定地解决贫困农户的温饱问题，又最大限度地加强农户的能力建设，还能有效地改善贫困社区的发展环境，最终提高项目区的可持续发展能力。

（六）注重经济社会的协调发展，促进了四川社会事业的快速发展

四川是个农业大省和人口大省，农村人口比例很高，政府对教育、卫生的人均投入经费位列全国后位。因此，使用国外贷款以弥补政府资金的不足是提高教育、卫生事业发展水平的重要手段。1981以来，我省卫生系统使用世界银行贷款先后实施了卫生Ⅰ、卫生Ⅱ、卫生Ⅴ、卫生Ⅵ、卫生Ⅶ、卫生Ⅷ（秦巴卫生）、改水Ⅰ项目共七个项目，贷款额7708万美元，使卫生资源向农村卫生、预防保健和重点卫生领域倾斜，弥补了国内投资的不足，促进了卫生资源的合理利用和配置，提高了项目地区卫生服务机构提供卫生服务的能力和质量，也促进了项目地区人群健康状况的改善。同时，通过一批世界银行贷款和日元贷款教育项目的实施，建设了41所高等院校、教育学院、电视大学、职业中学、中等师范学校和50多个县的中小学，扩大了办学规模，提高了教学质量，改善了办学条件，提高了管理水平，推动了贫困地区“普九”进程。

（七）注重环境和生态保护，促进了四川经济社会的可持续发展

一方面，每一个国外贷款项目特别是国际金融组织贷款项目都非常注重环境评价，其重视程度远远大于国内项目。世行贷款四川农业发展项目1992年开始实施，在农业开发的同时也实施了水土保持工程，实施退耕还林，促进了项目区环境的良性循环。世行贷款四川城建环保项目在成都、德阳、乐山、泸州实施，也在一定程度上促进了我省岷江、沱江流域的污染治理。另一方面，四川林业世行贷款项目的顺利完成，为全省增加森林面积20余万公顷，提高森林覆盖率增加0.43个百分点，不仅增加了森林资源，而且有利于保护天然林和生物多样性，改善生态环境，优化森林生态系统，提高了森林生态系统在调节气候、涵养水源、保持水土、保护生物多样性等方面的能力。

（八）注重机构和能力建设，提高了项目地区和项目管理单位的人员素质

一方面，通过实施国外贷款项目特别是国际金融组织项目，吸收了先进的项目管理理念，另一方面，世界银行、亚洲开发银行等国际金融组织非常重视项目单位的机构建设和能力加强工作，把人员培训当作一项经常性工作，定期或不定期地邀请国外专家对项目管理人员进行培训，使项目管理人员熟练掌握从申请到后评估的一整套程序，尽快塑造一支精于国际融资与项目管理的人才队伍。成渝高速公路在项目前期准备和建设过程中，多次举办培训班，使工程监理人员和施工单位较快地熟悉和掌握了FIDIC条款，项目建成后，大部分受训人员参与到后续的高速公路项目建设，为四川省高速公路建设学习和推行FIDIC条款提供了重要的技术支撑和人才保障。

三、四川省借用国外贷款工作的经验和启示

（一）主要经验

1．高度重视贷款项目前期工作，是项目成功实施的基础

国外贷款项目与其他项目最大的不同在于需要经过国内外两套程序的审批，需分别按照国家

和贷款机构的要求开展国内和国外的前期准备工作，因而国外贷款项目前期准备工作的内容、程序都比国内项目复杂和繁琐，所花的时间也相对较长。在工作中，我们注重发挥发展改革委在项目前期工作中的统筹和协调作用。一是依托规划，合理选择和储备国外贷款项目。二是做好衔接，统筹协调国内外两套审批程序，抓住几个关键环节，尽量做到国内的项目建议书审批、可研审批、初步设计审批与外方的项目鉴别、预评估和正式评估前后进度大致相同，并力争国内进度适当超前，以争取我方主动。三是加强评估，按照国家对政府投资要管住管好的要求，从严把关各个环节的审批。四是突出重点，着力解决项目前期工作中的难点问题。五是确保实施，督促落实国内配套资金，这是国外贷款项目成功实施的关键。六是加强领导，建立健全项目组织机构和运行机制，坚持对每个国际金融组织贷款、日元贷款和较大的外国政府贷款项目设立项目办，而且建立一套切合实际的管理模式，满足跨部门、跨地区的需要，使参与贷款管理的各方都能有效地协调和分工合作，保证项目的顺利实施。

2．充分沟通、相互配合，是项目顺利实施的保证

国外贷款项目程序复杂，涉及的部门多，如果是打捆项目，涉及的地方也多，任何部门、任何地区、任何环节出现问题都会阻碍项目推进甚至导致项目失败。因此，从项目准备到项目实施，我们都争取相关部门的支持，凡是与项目的准备、实施有关的部门都进入项目领导小组及其项目办，注重发挥各方的主观能动性，保证项目的顺利推进。发展改革部门精心筛选项目，严格审批项目，特别注重解决项目前期工作中遇到的难点问题；财政部门从债务和偿还上严格把关，审查提款报账资料，规范财务管理。正是各部门间的密切配合、相互协作，重大事项及时报告国家有关部门并争取支持，才使得项目的各项困难都能得以克服，确保项目的正常运转。

3．落实业主责任制，加强“借、用、还”管理工作，是项目成功实施的关键

借用国外贷款对外形成债务，“借、用、还”三个环节任何一个环节出了问题都会关系到四川省甚至国家的利益和信誉。因此，必须调动项目业主的积极性，树立“借”是权利、“用”和“还”是责任、“利”是项目收益的观念，把责、权、利和借、用、还结合起来，实行全过程管理。在项目实施中，四川省坚持“谁用贷、谁受益、谁还钱”的原则，积极推行业主负责制、资本金制、招投标制、工程监理制以及资金报账回补制，采取自主投资、自己建设、自主经营、自负盈亏、自担风险，基本保证了国外贷款借得对、用得好、还得起。当然，发改、财政、审计、外管等部门也加强对项目的宏观管理，监督贷款的使用，不定期进行项目检查和评估。

4．推行“外债经营”运行模式，是降低成本的有效途径

要提高国外贷款的使用效益，必须要加强外债管理。按照国家的要求，针对国内外资本市场变化的新情况，四川省率先在全国范围内提出“外债经营”的新的外债管理理念，努力强化外债管理的宏观指导，加强外债风险管理，鼓励企业积极调整外债结构，取得了良好成效。二滩水电开发公司、四川省电信公司、四川航空公司等企业使用国内银行低成本的现汇贷款置换了高成本的国际商贷和外国政府混合贷款中的出口信贷，共计5.5亿美元，有效降低了企业的还贷费用和债务水平。

（二）主要问题和教训

1．国外贷款项目前期工作时间相对较长，影响项目顺利实施

四川电信局程控交换机项目，借用西班牙政府贷款。图为引进的国外先进程控交换机设备

总体上讲，国外贷款项目相对国内项目来讲，管理较严、程序较多，项目（包括关联项目）论证也比较充分，对项目实施中将要遇到的问题提出解决方案，因而项目实施更为顺利。但是，也有一些环节过于繁杂，延误了项目实施的时间，给项目的顺利实施增加了难度。由于前期工作时间较长，国内外环境出现一定变化，一些项目从实施开始就提出项目调整，增加了项目的工作成本，也增大了项目的债务负担。世行贷款四川城建环保项目，1996年就列入国家备选项目，贷款申请额1.5亿美元， 1999年进行了项目谈判，2001年才签约实施，由于种种原因贷款额已减至1.02亿美元，而且到2005年项目中期调整时又取消余款3800万美元，项目单位为此多付出的成本可想而知。同时，由于打捆项目涉及面广、规模大小不等，工作进度不一致，项目制肘现象时有发生，既影响项目总体进度，也增加了项目实施难度。有时因为一个子项目发生变化，导致整个打捆项目准备进度放缓。四川城建环保项目前期工作时间长达5年，其中最重要的原因就是自贡市在项目谈判后提出退出，致使整个项目的推进工作停滞下来。

2．项目可行性论证不充分，影响项目经济效益

由于市场和环境的变化，项目可能遇到各种风险（如政策风险、市场风险、汇率风险、债务风险等），四川省部分项目前期工作深度不够，备选项目论证不足，造成项目经济效益分析失误，导致盲目贷款，还款压力较大。雅安纸浆厂是我省“八五”、“九五”重点建设项目，总投资14亿元，其中借用加拿大政府贷款3184万美元，转贷银行为中国银行四川省分行。该项目1990年开始建设，由于当时对资源、市场等情况论证不充分以及其他一些原因，致使该项目在1998年初短暂试产后生产经营就陷入困境，2000年12月经省政府批准正式签约整体租赁给中竹公司 ，2004年8月中行四川省分行已将该贷款债务移交给四川省信达资产管理公司。

3．配套资金筹措困难，影响项目预期效果

由于国外贷款并不提供项目的全部资金，因而配套资金不足已经成为阻碍项目顺利准备和实施的主要因素，不仅直接关系到项目的建设进度和报帐提款工作，而且还影响到国外贷款利用的预期效益，妨碍了项目预期的经济效益和社会效益的实现。初步分析配套资金不落实的主要原因，一是地方财政困难；二是国外贷款项目大部分为扶贫、教育、卫生等社会公益项目，配套资金来源有限；三是省级以上配套资金并非全额无偿，对有偿配套资金还本付息压力大。

4．贷款项目建成后管理较弱，缺乏创新机制

虽然国外贷款项目实施非常成功，但如果项目建成后管理跟不上，项目实施阶段取得的成果就难以巩固，项目预期的经济目标就很难实现，债务偿还问题也将会变得更加严重。一是项目本身的建后管理。世行贷款四川林业项目建设期6年，项目建成后没有后续资金用于项目林的经营管理，而林业项目的经营周期一般要20年左右。如果没有资金继续投入，后期的林木管护、防火、病虫害防治以及中幼林抚育间伐等如何开展、能否及时开展等都将受到影响。扶贫项目也如此，如果没有好的机制，返贫现象将不可避免。二是项目执行机构的管理问题。目前，我省大部分项目办按事业单位进行管理。由于项目办为非常设机构，项目建成后机构和人员的去向一直是项目管理中一个棘手的问题，一些通晓国际规则的项目管理人员流失严重，一定程度上造成人才的浪费。三是项目建成后的偿债问题。由于项目自身缺乏完善的偿债机制，四川省一些项目的债务偿还主要是依靠各级财政的扣款。特别是一些社会公益项目，经济效益较差，其债务的偿还缺乏制度创新。

5．商业贷款领域狭窄

虽然四川省累计借用国际商业贷款达到18.95亿美元，但主要集中在二滩、攀钢二期、成都无缝钢管厂、天华公司大化肥以及原西航、川航的飞机融资租赁。从近10年的情况看，四川省国际商业贷款基本停滞，1997年以后，除了飞机融资租赁外，没有实施其他国际商业贷款项目。

重庆市借用国外贷款25年回顾与总结

一、改革开放以来重庆市借用国外贷款基本情况

借用国外贷款是利用外资的重要形式。改革开放以来，重庆市委市政府高度重视借用国外贷款工作，在国家的大力支持下,通过加强与世界银行、亚洲开发银行等国际金融组织和国外政府机构的合作，有效利用了世界银行、亚洲开发银行以及日本、法国、意大利、西班牙、瑞士、瑞典、加拿大等国政府的优惠贷款,并适时选择一批工业项目借用国际商业贷款。从1983年到2005年底，重庆市先后有134个借用国外贷款项目，贷款签约额29.9亿美元，实际使用额21.2亿美元（见图1），项目涉及农业、工业、电力、交通、通信、旅游、卫生、教育、环保等行业。

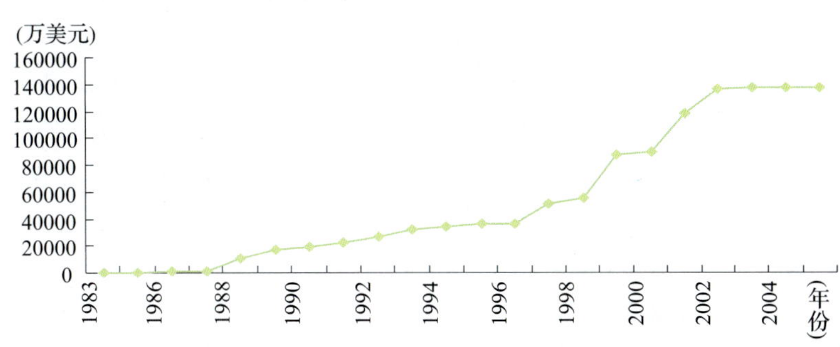

图1　1983年以来重庆市借用国外贷款余额图

（一）借用国外贷款的发展历程

根据借用国外贷款的规模大小，可将重庆市借用国外贷款分为以下几个发展阶段：

1．起步阶段（1983～1987年）

这一阶段，重庆市借用国外贷款处于“萌芽”状态。由于缺乏经验、加之自身认识不够，对借用国外贷款项目的策划、争取推进工作力度尚差，并加上客观条件的局限，导致这一阶段借款规模小、来源较为单一、使用面也相对较窄。这期间，重庆市借用国外贷款的项目只有11个，年均借用国外贷款519万美元，每个项目平均借用200万美元。贷款来源主要是世界银行以及意大利和瑞士政府贷款。款项利用主要集中在卫生事业、教育、通信、乡村公路等项目的建设方面。

2．初步发展阶段（1988～1996年）

在经历了起步阶段的尝试后，政府和企业逐步认识到了借用国外贷款的作用，利用国外贷款的积极性大为提高，无论是项目个数还是贷款金额都出现了比较大幅度的增长，资金来源和使用行业也有了较大的扩大。这一阶段的“提速”发展，使借用国外贷款的项目猛增到88个，年均借款更是达到10345万美元，每个项目平均借用958万美元，分别是起步阶段的9倍，20倍和4.7倍。款项来源国别增加了日本、加拿大、法国、丹麦等。利用贷款行业进一步扩展到了电力、环保、市政设施等领域，交通、工业、农业开发等行业利用国外贷款额大幅度增加，利用国外贷款已成为政府解决各方面建设急需资金的主要来源之一。

3．快速平稳发展阶段（1997～2005年）

在经过了“萌芽”和“提速”发展阶段后，重庆市借用国外贷款进入了理性和快速平稳发展的新阶段，市级部门和企业对借用国外贷款都有了较为科学的认识。同时，随着重庆直辖市的成立，市级财力逐步增强，国内资金来源渠道迅速增加，各部门和企业开始根据实际需求有选择的利用国外贷款，提高了国外贷款的使用效率，降低了风险。这

一阶段借用国外贷款的总体规模虽然有所加大，但不同年份的贷款金额相差较大，实际使用金额主要集中在1998～2003年。尽管这一阶段借用国外贷款的项目只有35个，但平均每个项目借款金额达到3580万美元，分别是第一和第二阶段的18倍和3.7倍。贷款集中使用在城市重大基础设施项目建设和改善医疗卫生状况等方面，主要重大项目有梁万公路、长梁公路、渝黔高速公路、轻轨二号线、城市环境保护、重庆高校人才培养等项目；重医附一院、二院、儿科医院、口腔科医院、市急救中心等医院通过使用国外优惠贷款，诊医疗设备得以大幅度更新（见图2）。

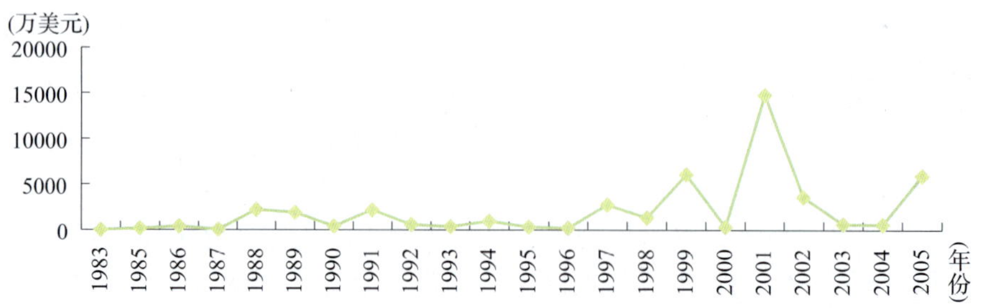

图2 1983～2005年平均每个项目借用国外贷款金额

（二）贷款来源情况

25年来重庆市借用国外贷款来源主要分为三类：国际金融组织贷款、外国政府贷款和国际商业贷款。其中最主要的来源是外国政府贷款，在所有的134个借用国外贷款项目中有 58个来自外国政府贷款，占比达43.3%；在实际使用贷款总金额21.2亿美元中，外国政府贷款为14.8亿美元，占比达69.8%；国际金融组织贷款虽然项目个数不多，但单个项目贷款金额较大，实际使用贷款4.8亿美元，占贷款总额的22.6%；国际商业贷款项目数为33个，占借用国外贷款项目总数的24.6%，实际使用贷款金额1.1亿美元，占贷款总额5.2%；另有0.5亿美元来源于境外银行贷款及出口信贷，占贷款总额的2.4%。

到目前为止，重庆市使用外国政府贷款的国别共有13个，主要国家有日本、加拿大、西班牙、意大利、法国、瑞典、瑞士、比利时、澳大利亚、德国、以色列等。贷款项目个数占前三位的国家依次是日本、西班牙、意大利；协议外资额占前三位的国家分别是日本、加拿大和意大利。

（三）贷款项目的行业分布

重庆市利用国外贷款项目涉及工业、电力、交通、环保、市政、通信、卫生等领域。贷款项目个数列前三位的是工业、通信、交通行业，分别占项目总个数的28%、22%、12.5%。签约额列前三位的是交通、工业和通信，分别占签约资金总额的48%、16%、7.2%。使用额列前三位的也是交通、工业和通信，分别占实际到位资金总额的33.3%、22.9%和9.2%。

（四）外债偿还情况及其评价

截至2005年，重庆市国外贷款项目已还本付息10.9亿美元，还款情况总体上比较正常，大部分项目都能按期还款。据初步清理，重庆市已签约执行的对外借款项目中，交通运输、邮电通信、电力建设项目按期偿还债务的情况比较好；农业、教育、科研、卫生、环保项目依靠地方财政还款，债务偿还情况也比较好，但生产类项目即工业项目，由于一部分企业原有包袱重，市场开拓不力，经营机制呆板，企业效益普遍差，加之工业项目使用的基本是国际商业贷款，期限短、利率相对较高，导致还款压力大，少数项目存在不同程度的还款困难或逾期现象。

重庆市1983年开始的贷款项目，从1990年开始陆续还款，到2005年底累计还款本金75473万美元，还息33302万美元。就现有的项目债务测算，2010年到2020年重庆市年均还款金额为1911万美元，绝对数额不大，而且债务的载体主要是能源、交通、城市基础设施等自身偿还能力比较强的行业或企业。随着经济的发展，地方财力的增强，企业实力的壮大，能够保证现有形成的债务偿还。

二、对重庆市借用国外贷款的成效分析与评价

（一）借用国外贷款的经济、社会及环境等效益分析

改革开放以来，借用国外贷款不仅引入了长期限、低利率的优惠资金，弥补了重庆市基础设施

建设资金的不足，改善了投资环境，加速了重庆市经济和社会事业的全面发展；而且通过与国际金融组织和日本及欧洲国家政府贷款的使用，使重庆市在引进资金的同时，还引进了大量的先进技术和设备、国际通行的先进管理经验和管理模式，培养了一大批熟悉国际金融知识、了解国际资本运行程序、掌握国际管理方式的专业人才，推进了重庆进一步扩大对外开放和国际化的进程。

1．有效缓解了经济建设资金的不足

重庆市借用国外贷款虽然总量不大，25年累计实际使用21.2亿美元，占全社会固定资产投资的比重不大，虽然个别年份比重超过5%，大多数年份的比重都在1%左右，但由于国外贷款作为新增资金，除弥补重庆市建设资金不足外，其重要方面还体现在拉动政府投资、国内银行的贷款和社会投资的跟进。据不完全统计，重庆市借用国外贷款拉动投资的总额大约是贷款额的近3倍，其弥补和拉动作用，一定程度上有效缓解了重庆市经济和社会发展重点建设资金的筹措压力，也为重庆市部分重点建设项目赢得建设时间，投资的效益提前显现。对缓解资金筹措压力，推进重大基础设施的建设都起着非常重要的作用。

2．夯实了重庆市经济社会发展基础

25年来重庆市利用国外贷款建设的项目有高速公路、发电站、自来水厂、城市污水和垃圾处理等重大基础设施项目，也有钢铁、化工等一批重大基础产业项目。这些项目的建成投产，对改善基础设施和发展基础产业起到了举足轻重的作用，有力推动了重庆市城市基础设施的发展。重庆市先后利用日本政府贷款建成了万县至梁平高速公路和梁平至长寿高速公路，极大地加快了渝东北地区的开放开发，利用世界银行贷款建设的成渝高速公路和利用亚洲开发银行贷款建设的渝长高速公路，大大促进了重庆市对外通道的建设发展；利用瑞典、比利时、加拿大等国优惠贷款引进先进的电讯程控交换机，迅速提高了重庆市电信事业的服务质量和水平。

3．促进了就业机会增加

利用国外贷款建设的一批基础设施、工业企业，由于一般规模较大，项目建成投入使用（产）后所需劳动力的增加，此外施工建设所需劳务及各项生活服务，每个项目都在不同程度上增加了重庆市的就业机会，减轻了劳动就业压力。1994年的“引进意大利墙地砖生产线”、“重庆水泥厂扩建工程”、2005年的“农村金融项目”都从不同程度上扩大了重庆市的就业面，增加了就业机会。

4．推动重庆市经济向市场经济转型

国外贷款的引进让重庆市更多地了解市场经

重庆轨道交通二号线项目，借用日本政府日元贷款2.4亿美元。图为运行中的轻轨列车

济的运作，更深刻地了解重庆市与发达国家之间地差距，促进了与国际经济的接轨，向市场经济体制的逐步转变。第一是政府机构的改革，促使政府更加精简高效，公平廉正，适应市场经济地需求。第二是促进政企分开、事企分开，使企业成为市场的主体。第三，外资在推动企业特别是国有企业机制转变方面也发挥了重要作用。第四，推动了国有公共服务行业的建设与经营理念的更新。第五，在一定程度上促进了投融资体制、公共服务行业、工程招投标、对外经济贸易体制等方面的改革。

5．促进了生产和生活环境的治理

重庆市是传统的重工业城市，城市环境问题一直是制约经济发展和影响社会和谐的主要问题之一，解决这些问题需要的时间长、资金大，而且具有很大的公共性。25年来特别是重庆直辖以来，借用国外贷款在保护和改善生态环境方面发挥了重要作用。1998年“发电厂脱硫装置”，该项工程于1999年1月开工，2001年5月投入商业运行。该脱硫装置投运后，每年减少二氧化硫排放量5万吨左右，改善了重庆市大气环境质量。2001年的“重庆城市环境改善项目”，该总体项目包含已建成的鸡冠石日处理60万吨污水处理厂、唐家沱日处理30万吨污水处理厂和日处理1500吨生活垃圾的长生桥垃圾场，较好地解决了重庆市主城区的生活污水和垃圾处理问题，改善了居民生活环境。

6．造就了一批熟悉国际通行规则的本地人才

重庆市地处内陆，涉外经济技术和管理人才比较缺乏，通过使用国外贷款实施大量的与国外经济技术交流项目，重庆市既锻炼了政府部门和企事业的干部队伍，也造就了一批分布各行业、企业的国际商务、涉外工程技术及管理、涉外服务等方面的本地人才，为重庆市扩大深化对外开放和加强与国外经济技术交流和合作奠定了人才储备基础。

（二）重庆市借用国外贷款存在的问题

1．利用国外贷款总体水平比较低

重庆市25年利用国外贷款总额虽然占到同期全市利用各种外资的40%左右，但与全国利用国外贷款同期总额比，总体水平还是很低，国外贷款总额占全国同期总额的比重不到1%，横向比与西部地区四川、云南、陕西、广西等省区相比有一定差距，与中部地区湖南、湖北等省差距更大。作为内陆地区，在吸引外商直接投资能力、

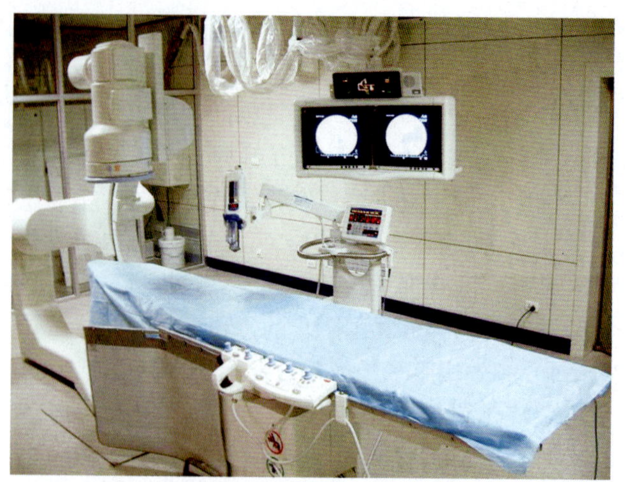

重庆市急救医疗中心设备购置项目，借用法国政府贷款。图为购置的数字减影血管造影X线机（DSA）

机制、环境等方面都比较差和落后的状况下，比较充分利用国外贷款不失为一条加快发展的捷径。而国外贷款的使用范围主要在电力、通信、交通、城市基础设施、环境保护、农业等方面，这些领域的发展也一直是重庆市急需解决的“短肋”。重庆市从计划单列到直辖市，建设方面投入的资金总和达到上万亿元，而同期使用的国外贷款折合人民币100多亿元，占同期投入的2%都不到。而同期在财政收入增加几倍的情况下，国外贷款规模仍停滞不前，说明重庆市利用国外贷款规模的潜力还未充分发挥，在解决建设资金需求上发挥的作用有限。

2．项目需求与还贷能力之间、项目经济效益与社会效益之间的双重矛盾比较突出

虽然重庆市区县目前正逐步成为借用主权外债的新生力量，但区县微薄的财政收入与项目所需配套资金及担保资金间的差距，阻碍了这些区县主权外债项目的进程。政府主权外债项目大多要求地方财政为项目提供担保及部分配套资金，这是从项目安全的角度考虑的，但重庆市欠发达的大部分区县，由于自身缺乏建设资金而需要借助外界力量，却因财力的缺乏被拒之门外，从而形成资金缺乏-借用贷款-资金缺乏的恶性循环之中，形成了项目需求与还贷能力之间的矛盾。导致的结果往往是资金使用成本较低的国外贷款向经济效益好、地区财力雄厚的项目集中，而地处落后地区急需贷款支持的公益性质项目融资困难，项目难以实施。

此外，由于项目多是由财政资金提供的担

保，因此对项目的盈利能力有较高的要求，无法产生较好经济效益的社会公益项目如教育、医疗、环保及部分公共设施建设项目等往往无法获得贷款担保的支持而失去利用国外贷款的机会。但此类具有重要社会效益的项目正是政府需要转变职能，加大投入力量的项目，大部分贫困地区甚至主城区社会公益项目的缺乏正日益成为阻碍经济建设发展的一个重要原因。项目经济效益与社会效益在这个领域成为矛盾的双方，与贷款需求和还贷能力之间的矛盾一起成为重庆市间接利用外资的主要障碍之一。

3．贷款管理上“缺位”和“越位”还比较突出

国外贷款的管理原则上实行的是高度集中管理的体制，具体的管理贯穿于“借、用、还”等主要环节，政府的管理处于主导作用，一方面政府是举债和债务偿还的承担者和“隐形”承担者，因而政府在管理当中，自然和不自然的“缺位”和“越位”，“缺位”表现在借用国外贷款一些项目中没有承担应承担的义务，像一些社会公益性项目、扶贫项目、教育项目和卫生项目等社会效益明显大于经济效益，政府本应承担其债务，但往往把这些贷款债务责任“变相”的压在项目承担单位。其结果是这些项目由于缺乏可预见的现金流，自身无法偿还债务，影响了项目申报和使用的成功率，甚至个别项目使用贷款后，无法偿还债务，使政府形象受损。而政府的“越位”则表现在对项目单位在使用国外贷款过程中的指导，使项目单位对贷款程序缺乏了解，往往不能按照实际需要提出完整的思路和方案；或过多的干预项目执行过程中的具体事宜；或对借用国外贷款出现的新问题、新情况，问题，缺乏应对措施；或在推进国外贷款项目前期工作上做得不扎实，论证不充分，使用行政命令强行上马，导致了项目建设启动后，存在的问题诸多，建成运营后不能适应市场竞争需要，使政府和企业都背上包袱。

重庆市珞璜电厂一期工程，借用法国政府贷款。图为电厂外观

4．少数项目质量不高、无力偿还到期债务

多年来政府对国外贷款工作的管理基本沿用国内贷款管理模式，对国外贷款的特点研究不透，如对国外贷款来源结构优化、汇率风险防范、利率走势预测等等一些技术性的研究，没有形成科学系统的可指导实际的理论。在论证时可批性方面考虑的多，可行性方面考虑的少；静态角度考虑的多，动态角度考虑的少；有利的方面考虑的多，不利的方面考虑的少；近期考虑的多，长远考虑的少。缺乏对利用国外贷款资金的统筹意识，项目建设条件的准备不充分，国内配套资金严重不足，部分项目工期一拖再拖，使项目不能按期建成投产，发挥效益。客观上少数利用国外贷款项目错过了发挥效益的最佳期，同时因外汇汇率的变化，加重了还贷压力。

5．个别部门和地区国外贷款工作存在不严肃性

在以往的工作过程中，重庆市一些部门、地方或企业在申请国外贷款工作方面存在着比较大的随意性。表现在：项目的申报简单地出于解决资金缺乏的目的，缺乏全面系统性论证。某些地区或部门在没有资金时申请国外贷款非常积极，一旦资金形势稍有缓解，就不顾及国内立项审批、国际协议的严肃性提出退款，严重影响重庆市利用国外贷款的声誉。

（三）重庆市借用国外贷款主要经验与教训

1．主要经验

（1）搞好规划，做好前期工作是项目成功的基础。当前国家对国外优惠贷款管理的指导思想是：稳定规模，优化结构，提高质量和效益，保证债务安全，促进国民经济持续、快速、健康发展。国家对所有申请国外优惠贷款项目均须列入国家贷款备选项目规划，经国务院或国家发改委批准后，由财政部统一组织对外提出，开展工作。这些年来，根据全市经济社会发展战略和重点，重庆市在借用国外贷款工作中通过不断总结经验，在做好贷款备选项目规（策）划、筛选和申报工作方面摸索了比较成熟的做法。在项目前期阶段，积极加

强各级地方政府、财政部门、行业主管部门之间的衔接与沟通。在整个过程中，未雨绸缪，通盘考虑“借、用、还”等主要环节，遵从客观现实和需求，遵从国外贷款的使用自身规律，贷款的使用才能提高成功率和发挥应有效益。

（2）选准贷款方向和重点是项目成功的关键。国际金融组织和国外政府优惠贷款，在不同时期对贷款的领域和方向的要求也不尽相同。由于国外优惠贷款属于主权外债，均需要当地政府财政做担保，选择好项目和贷款方向是项目能否成功的关键所在。这些年来，根据全市基础设施建设任务仍然十分繁重的现状，重庆市确定了基础设施项目作为使用国外优惠贷款的重点投向，确定供排水、消防、卫生等需要政府公共财政支出的项目作为贷款方向。而对于一般性的工业项目，考虑其市场的竞争性，资金主要由项目业主通过商业银行和资本市场融资去自行解决。这样，既保障了政府需要实施的基础设施项目的建设资金，又有效避免了地方公共财政资金支出的不足，也有效调整了各级政府的负债结构。

（3）规范运作，确保项目“公开、公正、公平”是项目成功的重要保障。由于国外贷款项目在设备采购、工程发包等方面均有严格的规定程序，必须采取国际性的公开招标，并接受贷款方的监督。因此，要保障项目的顺利实施，就要严格按照贷款方的要求去做，规范运作，在坚持“公平、公开、公正”的原则下，严格规范工程管理程序。这些做法既符合国际惯例，得到了国外专家的首肯和信任，也节约了工程的造价，保证了项目按期建成。重庆市在具体一些项目运作中，还结合我国实际，引进监督机制，并邀请有关监督机构加强对设计、招投标、采购、施工、验收等进行全过程监督。实践证明，采取切实的保障机制对保证国外贷款资金按时到位，项目的顺利实施，减少违规违法行为是十分有效的。

（4）“一手抓引进资金，一手抓项目管理”是项目成功的重要措施。利用国外贷款解决部分建设资金短缺固然重要，通过项目的实施学习国际上在项目管理方面的成熟和先进办法也重要。涉外项目的管理方法是经过实践严格检验并证明是行之有效的国际通行的模式。重庆市在积极引进国外资金的同时，还专门组织了一些专业技术和项目管理人员配合项目的实施，直接参与项目的管理，以

重庆市城市发展项目，借用世界银行贷款。图为长生桥垃圾填埋场

控制工程的质量、工期和造价。通过项目的管理和实施，中方人员不仅掌握了国外的先进技术和管理方式，还提高了自己的业务管理水平，可以为市内外其他涉外项目提供服务和咨询。

2．主要教训

（1）贷款项目工作中，往往注重于项目的贷款争取，也就是偏重于借款的环节，但忽视用和还这两个环节，在用的环节上对项目实施过程中监管和协调的力度尚差，导致部分项目建设的进度慢，影响了贷款的使用效益。还款的责任往往不清晰，同时对使用单位的效益状况不知晓，督促偿还的力度尚差和措施不力，客观上也使个别项目存在的借债不还的行为得不到有效的遏制。

（2）对贷款的使用币种的汇率变化趋势研究较少，在申请使用贷款的国别上如何结合项目的实际情况，既满足项目的需要，又规僻风险考虑也少，导致少数项目因汇率的变化或使用的国别不当，贷款的偿还发生困难。

（3）对签约项目的实施建设工作，在涉及内配资金、土地、环保等方面，尚缺乏一套有效的协调促进和解决机制，在国外贷款建设项目全过程的监控、管理和服务方面还跟不上，导致项目的实施进度大打“折扣”，使项目不能按期建成发挥效益。

（4）对申请贷款项目的程序上，在管理和受理事项上，职责上还不是很清晰，协调配合工作有时脱节，有时甚至产生矛盾，导致项目申报的成功率尚差或费时过长，个别项目即使申报成功，但实施的难度客观上加大。

贵州省借用国外贷款25年回顾与总结

一、借用国外贷款规模和结构情况

20多年来，根据国民经济和社会发展的实际情况，我们将国外贷款有重点地投向交通、城市公共服务等基础设施领域，工业、农业等产业和教育、卫生等社会发展领域，促进了这些产业和领域的技术水平、装备水平以及生产能力的不断改善和提高，使人才培养等方面不断得到改进和加强。国家实施西部大开发战略，特别是党的十六大召开以来，贵州省以科学发展观为指导，把握发展机遇，扩大开放领域，深化涉外经济体制改革，下大力气改善投资环境，在更大范围、更高层次上开展了国际技术经济合作，较好地适应了加入世贸组织后过渡期带来的各种变化，努力做到积极、合理、有效地利用国外贷款，对贵州的发展起到了更为积极的促进作用，为实现全省经济和社会的历史性跨越进一步创造了有利条件。

截至2005年底，全省累计实施国外贷款项目79个，总投资357.2亿元人民币，贷款签约总额15.65亿美元。

（1）按贷款来源分，国际金融组织贷款项目23个，包括世界银行、亚洲开发银行和国际农业发展基金贷款，贷款签约额6.83亿美元。其中，世界银行贷款项目17个，签约总额2.7亿美元；亚洲开发银行贷款项目5个，签约总额3.88亿美元；国际农业发展基金贷款项目1个，签约总额2500万美元。外国政府贷款项目56个，签约总额8.97亿美元。其中：利用日本政府贷款项目13个，签约总额7.59亿美元；西班牙、德国、美国、芬兰、丹麦、奥地利等15国政府贷款项目43个，签约总额1.37亿美元。

（2）按使用贷款的行业和领域分，贵州省实施的79个国外贷款项目遍及基础设施、工业、农业、林业、教育、卫生、扶贫、环保、科研等国民经济和社会发展各个领域和产业，其中：基础设施项目21个，协议贷款额4.19亿美元。主要用于高速公路、铁路等以交通为重点的基础设施建设，信息基础设施、环保基础设施建设。主要有：利用亚洲开发银行2亿美元建设的遵崇公路、利用日本协力银行贷款1.4亿美元建设的贵阳至新寨高速公路、利用亚洲开发银行1亿美元实施的贵州水柏铁路项目，利用日本政府贷款1.3亿美元实施的贵阳环境示范城市项目，利用日本政府贷款100万美元实施的贵州省信息中心项目。同时，利用国外贷款新建、改建了六个市（州、地）所在城市供水设施，城市管道煤气，废水、废气、垃圾处理等公用设施。主要有：利用日本政府贷款5000万美元实施的贵阳西郊水厂项目，利用比利时政府贷款358.6万美元实施的毕节供水项目，利用挪威政府贷款495万美元实施的铜仁地区污水处理项目，利用日本政府贷款3300万美元实施的贵阳煤气气源项目等。

工业项目16个，协议贷款额3.06亿美元，主要用于瓮福矿肥基地建设和贵州化肥厂、贵阳钢厂、赤水天然气化工有限公司等国有大型龙头企业以及高新技术企业。主要有：利用世界银行5717万美元实施的宏福公司190万吨/年磷精矿项目，利用日本政府贷款1.3亿美元实施的宏福公司重过磷酸钙项目，利用亚洲开发银行2610万美元实施的贵州化肥厂扩建项目，利用亚洲开发银行4000万美元实施的贵阳

贵州贫困地区教育发展项目，借用世界银行贷款1700万美元。图为遵义师范专科学院借用贷款建设的计算机教室

特殊钢有限公司改造项目，利用亚洲开发银行2169万美元实施的贵州赤天化工业节能项目，利用德国政府495万美元实施的贵州轮胎厂工程轮胎项目等。

农业、林业、扶贫项目12个，协议贷款额2.34亿美元，主要用于黔东南、铜仁、毕节、黔西南、六盘水、黔南等市州地20余个县的生态林、经济林建设和农业综合扶贫开发。主要有：利用日本政府340万美元实施的农垦工商公司“黑字还流”项目，利用世界银行2000万美元实施的国家造林项目，利用世界银行6200万美元实施的西南扶贫项目，利用世界银行649.5万美元实施的森林资源发展和保护项目，利用北欧投资银行实施的省木业总公司刨花板项目，利用国际农业发展基金2500万美元实施的农发基金农业发展项目，利用世界银行1200万美元实施的贫困地区林业发展项目等。

教育、卫生和科研项目27个，协议贷款额1.71亿美元，主要用于40个贫困县的中小学校舍建设和师资培训、全省乡镇卫生院土建、设备及卫生人员培训、部分贫困乡镇的改水改厕、省内11所大专院校和10所中等师范学校的教学科研设备购置、师资培训，以及对市州地医院先进医疗设备的引进等。主要有：利用世界银行360万美元实施的贵州大学、贵州师范大学教学仪器设备配置，利用世界银行1824万美元实施的农村卫生人力开发项目，利用世界银行2219万美元实施的贫困省教育发展项目，利用世界银行696万美元实施的疾病预防项目免疫子项目，利用以色列政府贷款248万美元实施的贵阳市脑科医院大型医疗设备项目，利用世界银行1700万美元第四个贫困省基础教育发展项目，利用世界银行1001万美元实施的农村贫困地区基本卫生服务项目等。

二、贵州省利用国外贷款工作成效

23年来，贵州省利用国外贷款工作顺利推进，稳步发展，在推动全省经济建设和社会事业发展方面发挥了不可替代的重要作用。国外贷款的使用弥补了贵州省建设资金的不足，带动了各方面建设资金的投入，引进了先进技术和设备、先进的项目管理经验，培养和锻炼了一批技术、管理人才。主要体现在以下几个方面：

（一）利用国外贷款规模不断扩大，加大了各项建设事业的投入力度，拓宽了建设资金来源渠道，在相当程度上弥补了投资不足

“七五”期间利用国外贷款为4911万美元；“八五”期间为30917.28万美元；“九五”期间为72080.25万美元；“十五”为48476.7万美元。贵州省审批的六个地州市供水或污水处理利用国外贷

贵州宏福集团公司磷矿开采及磷肥80万吨重钙项目，总投资51亿元人民币，其中借用世界银行贷款5717万美元，借用日本协力银行贷款124亿日元。图为宏福集团日本政府日元贷款建设的磷肥项目

贵州赤天化集团节能项目，总投资2亿元，借用亚洲开发银行2169万美元。项目建成后增产尿素11万吨/年。图为建成后引进意大利斯拉姆日产500吨氨气提法尿素装置

款项目在执行时，同国家安排的国债项目相配合，这样就解决了国内配套资金问题。国外贷款资金主要投入到贵州省国民经济和社会发展的薄弱环节，使国内资金同国外贷款相互补充，缓解了束缚贵州省经济发展的障碍，对保证重点项目的按期建成起到了积极的作用。

（二）明显推动了我省基础设施建设

贵州省利用亚洲开发银行贷款建成的水柏铁路，是西部地区的铁路干线之一，对改善西南路网结构、带动沿线资源的开发发挥了重要作用；贵州省利用日本政府贷款修建的贵新高速（高等级）公路，利用亚行贷款建设的遵崇高速公路，是国家西南出海大通道的主要公路干线，也是贵州省“十五”期间的重点工程，项目的建成打通了四川、重庆以及贵州省南下出海通道，极大地改善了贵州省交通闭塞的状况，对于联系贵州省与重庆、两广两大经济区，推进区域经济发展具有积极的促进作用。交通便捷通畅，对催生新的产业要素、培养区域新的经济增长点、增强对外商直接投资的吸引力和带动旅游产业的发展起到了非常明显的推动作用。

从1993年起，贵州省利用7422.93万美元的国外贷款，建设程控交换系统市话60万门、程控交换系统长途23000路端，2.5Gb/s SDH设备ATM及中继站25个，140Mb/s PDH设备8套、光缆1616公里。实现全省交换系统程控化并在西部率先使用SDH，彻底改变了通信落后状况，使贵州

省城乡，特别是农村由过去的打电话时“摇痛膀子，喊破嗓子”的状况一步跨入了方便快捷的现代通信时代，实现了全省通信事业的跨越式发展。1992～1994年实施的德国政府贷款遵义市自来水工程，1993～1996年实施的安顺市自来水供水工程，1998～2003年实施的日元贷款贵阳市西郊水厂项目等，分期分批解决了贵州省部分市州地政府所在城市供水问题，明显缓解了这些城市的供水短缺状况，为改善当地居民的生活水平，提高工农业生产的规模和效益起到了十分明显的作用。

（三）促进了贵州省生态建设和环境保护工作

23年来，贵州省利用世界银行贷款先后实施完成了三期造林项目，即“国家造林项目”、“森林资源发展和保护项目”和“贫困地区林业发展项目”，三个项目共营造高标准集约经营人工林14.2万公顷，为加快贵州省造林绿化的步伐、改善生态环境、扩大后备森林资源和提高工程造林管理、技术水平做出了巨大贡献。利用日本政府贷款1.3亿美元实施的贵阳市环境示范城市项目，利用澳大利亚政府贷款480万美元实施的遵义市污水处理项目，利用西班牙政府贷款495万美元实施的遵义市垃圾无害化工程项目，利用瑞士政府贷款480万美元实施的贵阳市白云区污水处理项目等，为提高项目实施城市的“三废”处理能力，减少城市污染，保护好生产生活环境起到了很大的推动作用，也为其他城市的环境治理和保护工作起到了良好的示范作用。

（四）发挥资源优势改造老企业，促进技术升级，增强市场竞争力

1993年利用日本政府贷款1.3亿美元实施的宏福公司重过磷酸钙项目，充分利用了贵州省的资源优势，使得贵州省资源得到了深加工。近五年来，宏福公司产值以年均超过35%的发展速度，一跃成为中国磷肥行业的领头企业，出口创汇连续五年保持全省第一。主导产品磷酸二铵、磷酸一铵双双被评为国家免检产品，并荣获“中国名牌产品”称号。公司先后荣获“全国质量效益型先进企业”、“中国石油和化工行业百强企业”、“全国民族团结进步模范集体”、“贵州最具影响力企业”等多项殊荣。1986年利用瑞士政府贷款320万美元实施的清镇纺织厂无梭机项目，1991年利用德国政府贷款495万美元实施的贵州轮胎厂工程轮胎项目，1992年利用西班牙政府贷款296.6万美元实施的中低压织物缠绕胶管连续硫化生产线项目，1993年利用亚洲开发银行贷款2169美元实施的赤天化节能增产技术改造项目，利用亚洲开发银行2610万美元实施的贵州化肥厂扩建项目等，有力推动了项目实施单位利用新技术新工艺进行更新改造，降低了能耗、减少了污染、调整了产品结构，提高了经济效益，也为全省的技术更新改造，经济结构调整起到了积极的促进作用。

（五）推进了贵州省教育、卫生、扶贫事业的发展，加快了贵州省贫困地区脱贫步伐

1992～1998年利用世界银行贷款实施的贫困省教育发展项目，对全省20个贫困县学校和三所高校的基础设施进行了建设和完善，同时为学校添制了教学仪器，对人员进行了培训。1997～2002年利用世界银行贷款实施的第四个贫困省基础教育发展项目，对全省20个贫困县、10所中等师范学校基础设施进行建设完善，为项目单位采购教学仪器设备，对有关人员进行培训。23年来，全省教育部门利用国外贷款总额相当于全省教育专项资金8年的投入，贷款项目的实施，极大地改善了项目县、校的办学条件，提高了办学效益，使贵州省的基础教育硬件、软件建设和高校的建设都得到了极大的改善，大大提高了项目学校的办学水平，加快了贵州省“普九”教育进程，为贵州大学进入“211”工程，以及全省所有高校通过国家评估奠定了坚实基础。1991～1996年利用世界银行贷款实施的贵州农村卫生人力开发项目，为全省65个县制定了人力开发规划，并按规划对人才进行了培训。1994～2000年利用世界银行贷款实施的疾病预防项目免疫子项目，为全省九个市州地87个县的某些传染病进行了针对性计划免疫预防，1998～2003年利用世界银行贷款实施的9个市州地、22个县开展妇幼卫生保健项目，在项目县提高妇女儿童健康水平和生活质量，促进社会进步起到了很好的推动作用。2005～2006年实施的贵阳市市属六所医院大型医疗设备采购项目，将明显改善项目医院的医疗设施，提高这些医院的诊疗水平。

（六）引进了先进的技术和管理经验，推动了技术创新和体制创新

贵州省利用国外贷款实施的4个工业项目引进了先进的技术设备，对贵州省瓮福矿肥基地和贵州化肥厂、贵阳钢厂、赤天化等企业进行技术改造，使企业降低能耗、减少污染、扩大生产，提高效益，加快了贵州省大中型企业的技术改造步伐。此

外，通过与国际金融组织和外国援助机构的合作，贵州省还引进了先进的管理方法和管理模式，特别是贷款项目实施中严格的管理机制和程序，如竞争性招标机制、参与式项目决策机制及贷款资金的报账回补方式等。这些国际先进管理经验的引入，对于提高贵州省其他国内公共投资项目的管理水平具有持久深远的影响。

（七）培养和锻炼了一批外向型和实用型相结合的科研、技术和涉外项目管理人才

各级项目管理部门在多年的贷款管理实践中，逐步建立起了一支熟悉项目管理，了解国际金融机构和政府间援助机构相关政策和工作程序，具有丰富的项目和财务管理经验并具有一定外语水平的项目管理人员队伍。同时，国外贷款项目的实施也为贵州省培养了一批技术过硬，业务精湛，具有开拓创新能力和现代化管理水平的专业型和国际型人才。

（八）贵州省与国际金融机构在技术援助软贷款方面进行了有益的尝试与合作

贵州省利用世行贷款实施的第三期、第四期技术援助项目，在世界银行及有关国际组织和国内外专家的支持帮助下，对贵州省发展和改革中面临的问题和矛盾进行了深入的研究。《贵州省旅游发展总体规划》、《贵州投融资体制改革研究》、《贵州小城镇改革发展研究》等科研课题及其研究成果，对于进一步深化省情认识，探索适合贵州省实际的可持续发展道路，提高科学决策水平具有积极的指导意义。

三、贵州省利用国外贷款的主要经验

贵州省在利用国外贷款方面积极贯彻落实国家的方针政策，同时结合贵州实际创造性地开展工作，摸索出了一些行之有效的办法，逐渐走出了一条适合省情的利用国外贷款的路子，为今后进一步开展好这项工作积累了经验。

（一）搞好规划，做好项目前期工作

近年来，我们根据本省的经济社会发展战略和重点，通过科学论证，规范操作，提前做好贷款备选项目的规划、筛选和申报工作。在项目前期阶段，加强与各级地方政府、有关综合管理部门和行业主管部门的衔接与沟通，为项目顺利完成前期工作奠定了重要基础。

（二）选准贷款方向和重点，把有限的资金用在刀刃上

国外优惠贷款属于主权外债，需要当地政府财政做担保。我们根据贵州实际，把基础设施和公共利益项目作为利用国外贷款的重点，把扶贫、教育、卫生作为优先扶持的领域，将国外贷款有重点地投入到交通、工业、农业、教育、卫生等方面，为解决贵州省经济和社会发展中的一些突出矛盾和问题发挥了积极作用。这样比较好地保障了政府需要实施的基础设施和基础产业项目的建设资金，又在一定程度上避免了地方公共财政资金支出的不足，也弥补了各级政府资金投入不足的问题，使投入资金多元化，进一步扩大了融资渠道。

（三）充分利用国外贷款的引导作用，吸引其他资金投入

国外贷款一般要求按一比一的比例配套建设资金，同时，国外贷款管理程序严谨，运行科学，效益比较有保障，声誉好，对其他资金有较强的吸引力。23年来，我们注意利用国外贷款项目的这些优势，加强资金运作，积极做好各项工作，吸引了相当于约28.87亿美元的其他渠道的资金参与到国外贷款的项目建设中来，成倍放大了国外贷款的规模和效益。

（四）规范运作，确保项目“公开、公正、公平”

国外贷款项目在设备采购、工程发包等方面均有严格的规定程序，必须采取国际性的公开招标，并接受贷款方的监督，要保障项目顺利实施，就要严格按照贷款方的要求去做。为此，我们要求项目单位严格规范工程管理运作程序，在一些具体项目的运作上，还结合省情，引进监督机制，并邀请有关监督机构加强对设计、招投标、采购、施工、验收等环节进行全程监督。采取切实的保障措施保证国外贷款资金按时到位，为使项目顺利实施，减少违规违法行为起到了切实有效的作用。这种做法既符合国际惯例，得到了国外专家的首肯和信任，也节约了工程造价，保证了项目如期建成。

（五）着力加强项目管理，提高利用国外贷款的效益

项目管理是政府管理国外贷款工作的核心，也是利用国外贷款成败的关键，是一项系统的管理工程。为做好项目管理工作，我们选准项目，科学决策，建立和完善国外贷款项目库，加强项目前期的论证与筛选工作，为准确选项和科学决策提供可靠依据。加强项目建设过程中的监督和管理。逐项、逐笔落实配套和还贷资金，严格审核相应的出

资偿还承诺文件；督促有关部门和项目单位严格遵守基本建设程序；严密组织工程实施，加强质量管理，确保项目工程质量达标；加强项目物资采购管理，加强项目评价和总结工作，督促、检查、审核项目完工报告的编制情况。加强完工项目的后期运营管理，对于正在实施的项目，要求项目单位在完工前必须制定出项目运营计划和方案，作为项目竣工验收和评价总结的必备条件。对于投产项目，定期抽查，审计项目的财务和运营情况，防止“只上项目，不管项目”的情况发生。加强项目还贷落实工作，加强对外债项目的财务及经营活动的督查，督促项目单位及时还贷。

贵州省在积极引进国外资金的同时，专门组织了一些专业技术和项目管理人员配合项目的实施，直接参与项目的管理，使我方人员不仅掌握了国外的先进技术和管理方式，还提高了自己的业务管理水平，同时为省内外其他涉外项目提供经验和教训。

四、利用国外贷款存在的主要问题

（一）贷款项目申报、审批及操作程序较繁杂，周期长，项目隐形成本偏高

国际金融组织和外国政府贷款提供贷款的前期筹备往往要经历准备、鉴定、预评估、评估等多个环节，各环节之间还要有一定的间隔时间，项目从申报开始到使用资金约需1～2年的周期，有的甚至更长。项目筹备时间过长使项目前期投入加大，项目投产延迟造成的效益损失，以及物价、市场因素等设计条件的变更无形中加大了项目成本和风险，直接或间接地造成了资金的浪费和建设成本的增加，一定程度上影响了各地特别是贫困地区申报项目的积极性。

（二）贷款转贷条件及配套资金安排对西部地区倾斜和优惠的政策体现不明显

90年代，由于世界银行和亚洲开发银行对我国实行转贷款，转贷机构把贷款条件作了改变，再转贷给项目单位，这样贷款条件就难以体现对西部地区的支持和帮助。从2000年开始，世行已不再向我国提供软贷款，但对于贵州这样的西部贫困省份来说，许多贫困县承受不了世行、亚行硬贷款。因此，如何软化贷款条件，对贫困地区教育卫生等社会发展项目及公益性、基础性项目的贷款使用提出了新的挑战。

同时，按照国际金融机构贷款的要求，项目单位需提供占到项目总投资一半左右的配套资金，配套资金比例的确定不因项目内容的具体情况和各省经济社会发展水平，以及项目单位的承受能力不同而有所差别，因此对于贫困地区来说，过高的配套比例要求往往超出了他们的承受能力，落实起来非常困难，最终影响了项目执行和债务偿还。

（三）贷款规模小，不能满足经济建设和发展需要

贵州省利用国外贷款规模远远低于发达省区，落后于全国平均水平，与西部省区相比也处于中下水平。主要是由于观念落后，对利用国外贷款的认识不足，申报积极性不高；项目准备不充分，不能提出利用国外贷款的好的项目；配套资金难以落实，不具备贷款条件。

（四）项目论证不足或管理水平较低，使项目达不到预期效益

部分贷款项目论证不足，特别是对项目的前瞻性估计不足，前期工作不充分，当项目竣工投产时，产品市场已失去优势，难以达到预期效益；有的贷款企业由于管理水平较低，贷款资金不能得以充分发挥效益，加之国外贷款汇率发生变化，造成贷款债务额相应增加；由于受计划经济观念影响，有的企业存在政府贷款、政府偿还的错误观念，造成等靠政府的心理，缺乏偿债意识和偿债责任感。

（五）贷款偿还面临很多困难，欠款问题日益突出

随着贵州省国外贷款项目陆续进入还款期，一些国外贷款项目尤其是林业、教育、卫生、扶贫以及老工业等项目由于种种原因造成还贷非常困难，欠款问题日益突出，给各级财政特别是县乡财政造成极大的还款压力，特别是有些教育、卫生、扶贫等国外贷款项目集中安排在一个县时，债务负担就明显的加重了。

（六）重借轻还，对还贷重视不够

一些地方政府和项目单位在借用国外贷款时积极性很高，但对于债务偿还就不是很积极，偿债责任意识不强，工作主动性不够，以至造成不能按期对外偿还债务，影响了贵州省的信誉。

云南省借用国外贷款25年回顾与总结

改革开放20多年来，在中央的领导与支持下，在各地、各部门的共同努力下，云南省借用国外贷款工作取得了可喜的成绩，利用国外贷款渠道不断拓展，规模逐步扩大，水平进一步提高，并积累了宝贵经验。进入新的历史时期，借用国外贷款仍是云南省利用外资的重要方式。在“十一五”起步之年，按照国家发展改革委统一要求，及时对云南省借用国外贷款工作进行认真回顾与总结，对进一步提高借用国外贷款工作的水平，继续发挥国外贷款的重要作用，意义重大。

一、基本情况

云南省从1980年开始借用国外贷款。据统计，截至2005年底，全省已签约实施的国外贷款项目共有91个，其中已执行完成项目61个，累计借用国际金融组织、外国政府等国外优惠贷款签约金额约25.4亿美元，其中借用亚行和世行贷款17.1亿美元，约占国外贷款签约金额的68%。据外汇管理部门统计，截至2006年7月，全省外债余额9.36亿美元，目前已进入还贷高峰期，年还款压力约7000万美元，其中世行、亚行5000万美元，外国政府2000万美元。主要统计数据见表1。

表1　云南省25年借用国外贷款统计表

单位：万美元

年份	签订合同项目数（个）	协议金额	实际实施项目数（个）	实际金额
1990		3351		359
1992				2130
1993				9093
1994				11114
1995	8	32807	27	11979
1996	6	22444		15800
1997	8	5730		14834
1998	3	1910		15218
1999	2	25280		8380

续表1

年份	签订合同项目数（个）	协议金额	实际实施项目数（个）	实际金额
2000				9250
2001				14222
2002				17196
2003				12700
2003				12700
2004				7270
合计	25	91522	27	149745

注：从1991年起对外借款从国家外汇管理局云南分局取得数字，1990年以前是从中国银行昆明分行取得数字。1994年后对外借款从省发改委外资处（原省计委外经处）取得数字。

资料来源：《云南统计年鉴》1987～2005年。

云南省利用国外贷款发展过程大致分三个阶段：

（一）1979～1989年的起步时期

借用国外贷款项目和数量都较少，10年累计利用国外贷款签约金额仅18537.67万美元。该阶段主要是在国家有关部门组织下参与实施了涉及能源、工业、交通、农业和科教文卫贷款项目5个，借用世界银行贷款签约金额16315.7万美元；实施瑞典和意大利政府混合贷款项目2个，借用国外政府贷款471.98万美元；国际商业贷款2项，贷款签约金额1750万美元。

（二）1990～2000年的快速增长时期

云南省借用国外贷款项目和签约金额逐年大幅增加，累计使用国外贷款实际金额是前十年的近10倍。从1993年开始，云南省利用国外贷款实际金额年均保持在约1亿美元水平；1995年，借用国外贷款协议金额创历史新高，当年达3.28亿美元。

（三）2001～2005年的“十五”期间

云南省借用国外贷款进入一个新的稳定发展时期。借用国际金融组织贷款项目8个，其中包括交通项目4个、卫生项目1个、扶贫项目1个、教育项目2个，累计签约金额5.67亿美元。同时，云南省借用国外贷款管理工作水平也得到了较大提高，相关管理部门根据WTO规则和国际惯例，在贯彻国家各项政策的基础上，积极规范和完善各项利用外资法规、政策和管理措施；积极推进利用外资项目的行政审批制度改革，提高办事效率和透明度，为利用国外贷款努力搞好服务工作，积极营造良好的借用外贷环境。

二、国外贷款来源、规模、领域及特点

（一）来源

云南省借用国外贷款的来源有以下几种类型：

1．国际多边机构即国际金融组织提供的贷款

主要包括世界银行、亚洲开发银行、联合国农业发展基金等金融组织和开发机构贷款。其中亚洲开发银行和世界银行提供的贷款占的比重最多，是云南省利用国外贷款的主要来源。截至2005年底，云南省通过财政部门承贷和执行的世行、亚行、联合国农发基金组织贷款项目35个，贷款协议金额17.4亿美元。其中，世行贷款项目27个，贷款协议金额6.7亿美元；亚行贷款项目7个，贷款协议金额10.4亿美元；联合国农发基金贷款项目1个，贷款协议金额0.28亿美元。从贷款用途看，国际金融组织提供的贷款主要涉及云南省交通、能源、环保、林业、水利、农村供水、扶贫、教育和医疗卫生等领域。

2．双边渠道贷款，主要是国家与国家之间的外国政府贷款（包括政府混合贷款）

至2005年，云南省先后利用日本、加拿大、法国、西班牙、意大利、澳大利亚、奥地利和瑞典等国家政府贷款，共实施贷款项目44个，贷款协议金额达6.5亿美元，占全部国外贷款签约额的约27%。外国政府贷款中来自日元贷款累计协议金额达4亿美元，在全部政府混合贷款中所占比重达到58%。外国政府贷款项目所涉及领域主要包括工业、通信、农林、能源、教育、卫生、城建环保等。

3．国际商业贷款

到目前为止，利用国际商业贷款项目仅有11个，累计签约金额3683.8万美元，占全部国外贷款签约金额的1.4%；项目所涉及行业领域主要是工业、科教文卫等。云南省国外贷款来源结构示例参见图1。

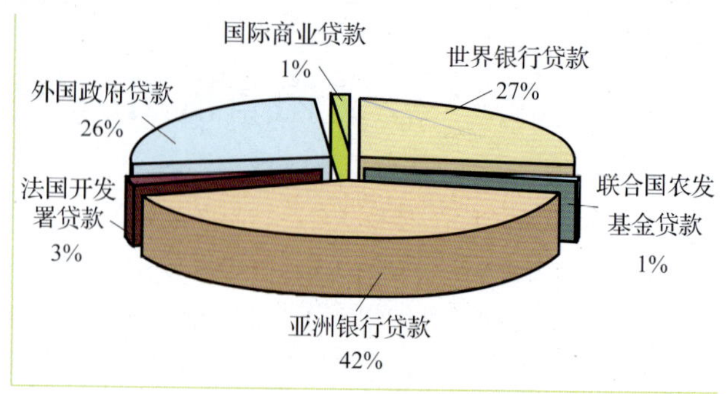

图1　云南省借用国外贷款结构图

注：相关数据依据省财政厅涉外处、金融处和省发改委外资处提供资料进行计算。

（二）规模和领域

至2005年，云南省借用国外贷款项目共91个，累计签约金额约25.4亿美元，主要涉及交通、工业、城建、环保、能源、扶贫、教育、卫生等领域。借用国外贷款行业领域的规模大小依次为：交通占35%、城建环保15%、工业13%、能源10%、通信8%、教育5%、卫生5%、扶贫4%、农林3%、其他2%。基础设施建设和社会事业所占比重达85%，工商业仅占15%。云南省借用国外贷款分行业领域数量比较见图2。

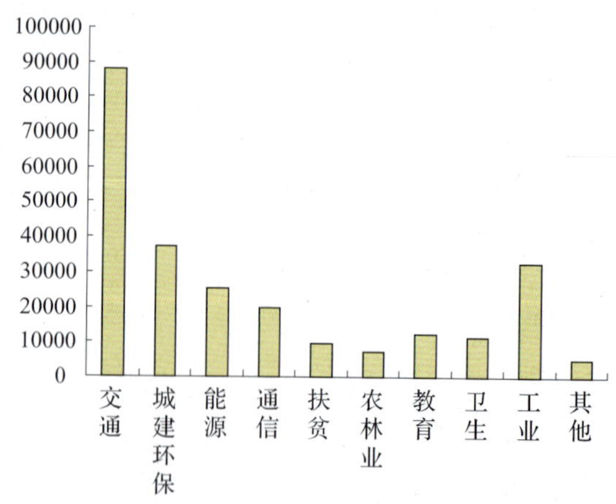

图2　云南省借用国外贷款分行业领域数量比较图（单位：万美元）

资料来源：省财政厅涉外处、金融处和省发改委外资处所提供表格数据。

云南省国外贷款签约额2000万美元以上项目达24个，签约金额合计212119.72万美元，占全部签约金额的82%，项目签约金额平均约8800万美元（见表2）。

表2 云南国外贷款签约额2000万美元以上项目

项目名称	贷款国别	行业类别	投资	
			总投资（万元）	签约金额（万美元）
1. 鲁布革电站	世界银行	能源		14500
2. 云南氮肥厂(云峰公司)	世界银行	工业	40091	4239
3. 农行中间信贷		农林		4340
4. 西南扶贫	世界银行	农林	10788	6200
5. 楚大公路	亚　行	交通	398000	15000
6. 沾益化肥厂	亚　行	工业	43102	2350
7. 思茅纸厂	亚　行	工业	114275	7700
8. 思茅农业开发	农发基金	农林	22260	2579
9. 昆明第六水厂	日本	城建环保	12400	2088.11
10. 七地州程控	加拿大	通信	40302	2800
11. 六地市程控	西班牙	通信	34153	2300
12. 三地市程控	西班牙	通信	15050	2288.9
13. 黄磷工业基地	日本	工业	64247	11989
14. 云南环境项目	世界银行	城建环保	22980	15000
15. 丽江地震恢复重建	世界银行	城建环保	52560	4200
16. 云南公路二期(元磨公路)	亚行	交通	660000	25000
17. 大朝山电站输变电工程	亚行	能源	309800	10000
18. 程控交换机(贴息)	加拿大	通信	87000	4000
19. 昆明掌鸠河引水供水	日本	城建	354000	18206.51
20. 云南高等教育项目	日本	教育	55984	4130
21. 云南西部公路发展项目(保山－龙陵公路)	亚行/法国开发署	交通	557000	25000
22. 大丽铁路项目	亚行/法国开发署	交通		22020
23. 第四期扶贫项目	世界银行	扶贫	41350	3500
24. 西部地区教育项目	世界银行	教育	33410	2689.2
合计				212119.72

云南掌鸠河引水供水工程，借用日本政府日元贷款。图为水库全景

（三）特点

依据上述相关资料对云南省借用国外贷款作基本数据分析，可以得出以下结论：

1．国外贷款项目少，贷款总体规模较小

改革开放20多年来，云南省借用国外贷款从起步至今，积极稳步发展，借用国外贷款成为云南省利用外资的重要方式。但是，云南省借用国外贷款占全国总量的比例仅为1%，一直处于落后位置。特别是与经济发达地区相比，利用国外贷款项目较少，贷款总量规模仍然偏小。云南省借用国外贷款项目差别十分显著，24个借用额在2000万美元以上的项目，借用额就占贷款总数的82%，小项目数量多，规模小，也带来筹资成本高、管理难度大等问题。

2．贷款投向以“基础型”行业为主

云南省借用国外贷款总额中基础设施建设和社会事业所占比重达85%，贷款投向重点较为突出。同时，这也反映出云南省经济社会发展水平还较为落后，工商业开放度低、竞争力不强等问题。

3．国外贷款来源以世行和亚行贷款为主

世行和亚行提供贷款占云南省国外贷款总额的67%，一直是云南省国外贷款的主要来源。特别是利用亚行贷款在过去二十年中一直居中国各省区市之首，达到10亿美元。贷款来源及项目投资主体多元化格局尚待形成。

四是云南省作为独立借款方所执行项目，项目控制和管理全过程都贯穿着严谨性和科学性，项目成效好，以世行贷款云南环境项目最为典型。

三、主要成效

云南省借用国外贷款25年来成效突出，为全省经济建设和社会事业发展起到了积极的促进作用。通过借用国外贷款，一是扩大和拉动了云南省的固定资产投资，弥补了国内对于基础性、公益性行业建设资金的不足，加快了云南省基础设施建设的步伐。二是引进了先进技术、设备，促进了知识创新。一大批先进技术和设备的引进，在短期内使局部领域快速提升了技术水平，缩小了与发达国家的技术设备差距。三是更新了观念，创新了机制，促进了改革。特别是项目的国际竞争性招标、采购等先进的管理理念和经验，为云南省建设项目管理提供了有益的借鉴；排污收费、公益型行业的市场化改革等的引入，对省内的市场经济改革起到积极的推动作用。四是强化了机构能力建设，培养锻炼了一批外资项目管理、咨询、评估的人才和队伍。五是在云南省培植支柱产业的过程中扶持了基础产业，提高了发展能力。

云南元江至磨黑高速公路项目，借用亚洲开发银行贷款。图为部分路段。

（一）有效地补充了建设资金，促进了经济发展

借用国外贷款加快了省内交通、通信等基础设施建设进程，极大地改变了云南省基础设施落后的状况，促进全省国民经济和社会的发展。

1．交通

云南省自1994年开始利用国外贷款进行公路建设，特别是用于昆明—曼谷、昆明—仰光国际大通道项目的建设，到目前为止，已建成楚雄—大理、元江—磨黑两条高速公路，保山—龙陵高速公路也正在建设当中，将于2007年底完工；另有由铁道部作为借款人，利用亚行贷款2亿美元的大理—丽江铁路正在建设中。公路总建设里程达401公里，总投资205.8亿元人民币，其中利用亚行贷款共计6.5亿美元。国外贷款项目的实施，不仅较大地缓解了云南省公路建设资金不足的问题，同时也引进了国外先进的工程技术和管理经验，国外贷款，特别是国际金融组织贷款已在我省交通行业发展方面起到了“示范作用”和“催化剂作用”。对建设国家干线公路网络，积极推动西部大开发战略，构建国际大通道，发展对外经济贸易与合作，促进旅游业发展，保证可持续发展战略实施等方面均具有重要意义。

2．通信

云南省电信有限公司（原云南电信局）共利用14个外国政府/买方信贷项目，总投资额达203533万元人民币，按当时汇率折算，转贷协议金额约为1.68亿美元。期间，引进大量国外先进通信设备及技术，共采购市话容量1071063门、中继线209800线、光端口331394个、传输光缆3713.50公里、数字微波2210公里、7#信令设备350套。通过借用国外贷款，大力建设云南省邮电通信基础设施，引进了国外先进的资金管理、项目管理模式及设备采购经验，提升了自身管理水平；缓解了资金压力，降低了资金成本，优化了债务结构；先进通信技术的引进，提升了公司核心竞争力，缩短了与发达国家的通信差距，改变了云南省通信落后的状况，使云南省通信基础设施实现了跨越式发展。

3．能源

建成鲁布革电站、大朝山电站输变电工程、昆明市威远街变电站、柳坝变电站增容技改、石楼梯电站等电力项目，签约金额5287.65万美元，开创了我国水电领域利用国外贷款、工程建设国际招投标的先例，促进了云南省水电资源优势的发挥，加强了云南省的电力基础设施建设，为今后电力设施的升级改造奠定了基础。

（二）促进社会事业发展，推进和谐社会建设

利用国外贷款弥补了基础性、公益性行业建设资金的不足，大大减轻了政府财政负担。提高了人民生活质量。

1．城建和环境保护

城建和环保领域主要是世界银行云南环境项目，围绕滇池治理和昆明市、曲靖市（麒麟区）等的城市环保基础设施，实施了一大批项目。另有昆明掌鸠河引水供水、丽江地震恢复重建、昆明煤气工程等城建项目。环保领域累计利用国际金融组织和外国政府贷款签约金额约14258万美元。世行贷款云南环境项目共完成建设和技术援助投资近20亿元人民币，其中利用世行贷款1.011亿美元。城建领域总投资46亿元人民币，利用国外贷款签约金额共计26036.1万美元。这些项目顺利实施，使项目城市新增城市供水能力23万立方米/天，新增污水处理能力35.5万立方米/天，新增城市垃圾收集、转运及无害化处理能力近3000吨/天，项目城市的市政环境基础设施得到改善，提高了项目城市所在地的城市品位和综合竞争能力。

借用国外贷款极大地促进了云南省环保和城建部门的机构能力建设，在项目运行中获得了很多国外赠款用于项目前期工作，推动了项目的顺利进行。引进了先进技术、设备和管理理念，培养锻炼了一大批外资项目管理人才和队伍，特别是为今后云南省利用世行贷款开展各种类型的建设项目奠定了管理人才的基础。

2．卫生

云南省卫生部门国际金融组织贷款项目共8个，签约贷款金额共计5994万美元，项目总投入11204万美元。内容涉及传染病防治、综合妇幼保健、疾病预防控制、农村改水、结核病控制等方面。项目的实施大大降低疾病患病率及传染率、孕产妇死亡率，净化了农村环境卫生，产生了良好的社会效益，为构建平安和谐社会提供了有力保障。实施国外政府贷款项目5个，签约金额1510万美元，总投入1510万美元。包括：开远、大理、昆明

昆明市第二自来水厂扩建项目，借用日本政府日元贷款。图为厂区全景

等重点医院设备引进；州市中心血站建设等。项目在快速提高医院的诊断、治疗、科研及教学水平和能力，尤其是重点学科和专业建设方面，取得良好的经济效益；州市中心血站建设项目建立健全了云南省采供血网络，确保医疗临床用血安全，防止经血液途径传播疾病。

3. 教育

截至2005年，云南通过广播电视大学及短期职业大学项目，从世界银行借无息贷款8次，协议金额7513万美元，同时筹措国内配套资金30913万元人民币。共有8所高校，10所中专、81个县（包括68个国家级贫困县和13个省级贫困县）及1个印刷厂受益。共有10余万名干部、 300多万名师生和群众参与了项目建设，影响覆盖人口达1800多万；云南高等教育项目总投资55984.25万元人民币。其中：利用日本国际协力银行（JBIC）贷款45.40亿日元。主要用于校舍建设、教学仪器设备购置和人员培训；云南大学、昆明理工大学、云南师范大学等11所高校受益。教育项目的实施，弥补了云南省教育投资的严重不足，加快了“普六”、“普九”进程，促进了云南高等教育的发展，提高了教育管理水平和投资效益，为未来教育发展和管理积累了有益经验和示范。

4. 扶贫

云南省扶贫办实施了“中国西南扶贫项目”和“中国贫困农村社区发展项目”两个外贷项目。西南扶贫项目覆盖昭通、昆明和楚雄州的10个云南边远山区贫困县，贷款额度为6200万美元，包括教育、卫生、农村基础设施、土地与农户开发、乡镇企业发展、劳务输出、机构建设与贫困监测七大类子项目。项目的实施大幅度降低了这几个特困县的绝对贫困程度。中国贫困农村社区发展项目云南省的贷款额度为3500万美元，主要在思茅、保山、临沧等6个贫困县实施，主要涉及可持续山区农业、农村基础设施、基础教育、基础卫生、社区能力建设、项目管理和监测六大类，为云南省提供了贫困农村社区探索和示范可持续发展的途径。项目实施区环境得到了综合治理，粮食产量稳步增长，增强了贫困社区、目标群体自我管理、自我发展的能力，极大地改善了贫困群众的生活、生产条件，加速了项目区农村经济社会的发展。

（三）扶持基础产业，提高发展能力

在云南省培植支柱产业，扶持企业发展，促进企业转轨过程中，借用国外贷款为农林业和磷化工、林纸产业发展发挥了积极作用[①]。

1. 林业

通过世行贷款“国家造林项目”、“森林资源发展和保护项目”和“贫困地区林业发展项目”的实施，弥补了国家对林业投入资金的不足；增加了森林植被面积；发展了生态环境；增加了商品木材资源储备，促进了云南林业经济的发展，间接的保护我省天然林资源。

2. 农业

云南省农业厅实施了联合国农发基金向思茅少数民族地区农业发展提供的优惠贷款项目，共计2579万美元，项目的实施加强了项目区农业基础设施建设，改善了农业生产条件，解决了长期困扰项目区贫困农民的温饱问题；促进了农村产业结构的调整，有力地促进了项目区的经济发展；增强了项目区贫困农户自我发展的能力，极

① 但其中工业企业项目问题较多，这里只列出农业、林业等社会和环境效益更值得的项目。

大地推动了农村扶贫攻坚进程；促进了贫困山区的物资和信息的交流，推动了农村社会公益事业（水、电、路等）的发展，农村面貌显著改观，生态环境显著改善。

（四）更新观念、创新机制，促进经济体制改革，扩大对外开放

云南是边疆、少数民族贫困省，经济发展水平滞后，市场化程度低，项目融资相对比较困难，利用国外贷款项目不仅带来了更多资金的投入，更重要的是，伴随项目资金的进入，将国际先进的项目管理与实施理念带到云南，带到边远、贫困、落后的边疆，随之带来了相应的技术、人才和信息，促进了人力、物力、财力的有效流动和配置，大大提高了项目的运作效率，尤其是引入市场经济国家已经证明高效廉明的体制机制和管理手段，大力促进了云南省的改革开放进程，扩大了云南的对外开放水平。

正是利用国外贷款项目的实施，引进了当时对国内、省内都还极其陌生的项目前期工作、项目管理、项目评估等国际惯例和成功的体制机制，诸如项目全过程管理、严格的招标采购、合同制、报账制、工程监理等许多与国际接轨的先进管理经验和管理手段，提高了云南省大项目的综合管理水平。利用国外贷款项目还引入市政公用事业单位市场化改革、城市排水收取治污费、垃圾收费、建设项目招投标制、项目管理廉政措施、政府公共产品和公益设施的财政保障等改革理念和措施，有力地促进了云南省的市场化进程，推进了全省经济体制的改革。这些改革措施已在全省相关行业、领域广泛地推广，在全省的发展改革开放中起到重要作用。在一些改革措施的出台和推行上，云南还因利用国外贷款项目的率先引入，一度走在全国前列，对全国的改革开放也起到一定作用。

（五）机构建设加强，培养锻炼了一批外资项目实施人才和队伍。为提高对外开放水平奠定较好的基础和搭建平台

借用国外贷款项目的实施，培养了一支外资项目管理、咨询、评估的人才队伍。一批精通外语、熟悉借用国外贷款项目国际规则及运行程序，懂得项目管理、经营管理、熟悉国际技术咨询要求的人才得到培训和锻炼，为云南省今后进一步利用外资积累了经验，储备了人才队伍。大量接触和参与过项目的人员眼界更为开阔，自我发展能力更强。初步估算，目前云南省具有管理国外贷款项目经验的管理型人才超过80人，直接参与利用国外贷款项目咨询评估的技术专家超过百人，参加过利用国外贷款项目组织所培训的人员达数十万之众，一些边远贫困山区的农民就是通过借用国外贷款项目才首次接受发家致富、家庭理财、卫生保健等知识的培训，打开了与外界交流沟通的山门。一些经历过项目周期全过程管理的人才，成为国外贷款项目管理专家，不少专业技术人员成为具有资质的国际咨询专家，不仅能为省内项目服务，而且能走出云南在省外的建设项目中提供咨询服务。人才队伍的建立和能力的不断提高，为今后云南省继续扩大利用外资规模，同世行、亚行及外国政府保持合作开展各种类型的贷款项目奠定了管理人才基础并搭建了一个很好的平台。

四、经验和问题

云南省借用国外贷款在发展过程当中既有成功经验也有深刻教训，并且存在着一系列问题和困难。

（一）经验和启示

1．抓住机遇，突出重点

改革开放以来，云南省各级领导和政府部门高度重视利用国外贷款工作，特别是“十五”期间，省委、省政府紧紧抓住国家西部大开发、建设东南亚、南亚国际大通道等重要发展机遇，全面贯彻落实科学发展观，充分发挥资源和区位优势，以交通、城建、环保、能源、电信、扶贫、卫生、教育等基础设施和社会事业领域为重点，积极开展并努力扩大与国际金融组织、外国政府在资金和知识两大领域的合作，一方面借用国外贷款弥补国内建设资金不足，有力地促进了基础设施建设和社会事业的发展，另一方面，促进了经济体制改革和对外开放。

2．采用科学、严格、规范的项目管理方法和手段

从云南省所实施的多数外贷项目执行状况及成效结果分析表明，健全的项目管理机制、规范项目管理程序是外贷项目是否取得成功的重要因素之一。云南省及时总结早期个别借用国外贷款

项目失败的原因、教训，积极学习借鉴世行、亚行等国外贷款项目成功经验和管理方式，强化项目管理的科学化和规范化，建立健全项目的监测、评价和监督机制，采用科学、严格和规范的项目管理方法和手段，使后期项目完成目标、取得效益得到保障。而且，一些项目取得的经验和成效十分显著。如云南省日元贷款掌鸠河引水项目分别荣获建设部和水利部的最高奖项“鲁班奖”、“金杯奖”，世行贷款丽江地震项目被世行评为样板项目。

3．重视项目管理队伍建设，提高项目管理水平

所有项目成功案例经验证明，一支精干高效、业务娴熟的项目管理团队是保证项目成功实施的十分重要的因素。今后的外贷项目也应十分重视项目管理队伍的建设，加强对项目管理人员业务知识、管理能力、外语水平等多方面的培训，以提高云南省新一轮外贷项目的管理效率和水平。

4．协调贷款前期准备工作与国内项目审批程序

国外贷款机构，特别是包括世行、亚行在内的国际金融组织机构都设定了严格的项目贷款周期。而目前国内项目审批程序包括步骤和时间与前者不尽相同。因此，必须尽力保持国外贷款前期准备工作与国内项目审批程序协调一致、相互衔接、紧密配合，否则将会导致贷款前期准备工作无法顺利开展，造成前期准备时间过长，影响借用国外贷款。

（二）问题和困难

1．科学合理地使用外贷资金方面存在着认识上的差距

由于近年来国内资金逐渐充裕且用款手续相对较为简便，某些部门和单位在科学合理地引进外贷资金方面存在着认识上的差距，认为外贷资金申贷手续繁琐且风险较大，不愿意费时费力去申报外贷项目，项目单位借用国外贷款缺少积极主动性。

2．多元化格局尚待形成

云南省借用国外贷款项目少、规模小的现状格局说明，一是利用外资的整体水平不高；二是使用外贷的来源、领域发展不平衡；三是地方财力严重不足。大多数社会事业项目需要地方财政资金配套，但云南省地方财力薄弱，国内资金配套困难，一些项目的实施，实际上是“空配”，地方财政勉为其难，造成项目大多存在配套资金不足问题，地方抱怨还款压力大。

3．宣传、指导不到位

地方政府和项目申借单位对外贷资金的要求、申借程序和手续多缺乏了解，如何成功申报和管理项目的能力较弱，必要的指导和培训又跟不上，这在一定程度上影响了引进外贷资金工作的开展。

4．债务风险意识须进一步强化，管理水平亟待提升

多年以来，云南省利用国外贷款发展过程中也暴露出债务风险意识不强问题。一些项目单位对风险管理的必要性认识不足、重视不够，特别是早期由企业承贷的部分，没有把外债风险管理作为管理的重要内容，几乎没有对外债进行主动管理的意识，对国际资本市场变化不够敏感。发生极少数贷款项目由于受到国际金融市场汇率大幅波动影响，造成较大风险损失，偿债面临极大压力和困难，加重了省财政负担，教训深刻。其次，外债风险约束机制尚未形成，项目管理领导责任制和法人责任制得不到落实，缺少一套系统、规范、健全的偿债责任制度。

5．政府（财政）偿债的负担较重，外债偿还潜在一定风险

当前及今后一定时期，云南省已进入借用国外贷款还款高峰期，年还款压力约7000万美元，且呈每年递增趋势，财政压力大。由于债务结构的原因，全省外债偿还潜在一定风险。在目前全省112个外贷项目中，欧元、日元贷款项目有26个，占了近30%；日元、欧元，尤其是日元是国际金融市场上汇率变化波动频繁且波幅较大的币种，控制外债风险更为困难。

6．国外贷款项目前期工作基础薄弱

项目开发工作跟不上，列入利用国外贷款备选规划的重大项目较少，从项目开发、筛选到论证、决策的科学管理体系还不健全；缺乏具有吸引力和对全省经济发展有影响的重大项目备选规划，难以达到国外贷款的条件；由于缺乏熟悉利用国外贷款业务、会经营、外语强的人才，对我省继续积极有效地利用国外贷款有一定影响。

陕西省借用国外贷款25年回顾与总结

陕西省地处西北内陆，北部是黄土高原，中部是关中平原，南部是秦巴山区，总面积20.56万平方公里。全省管辖11个市（区），107个县，2005年末全省常住人口为3720万人，其中，城镇人口1385万人，占37.23%，乡村人口2335万人，占62.77%。人口自然增长率为4.01‰，死亡率为6.01‰。2005年陕西生产总值3674.75亿元，人均生产总值9844元。三次产业比为11.4：50.3：38.3。

陕西省利用国外贷款始于1981年，至2005年底，全省利用国外贷款项目共计178个，累计利用贷款金额42.1亿美元；利用国外赠款项目12个，累计利用赠款总额7410万美元。这些资金大部分投向投资周期长，社会效益显著，对陕西省经济、社会具有战略性、长期性影响的领域。

陕西省利用国外贷款特点是：起步早，提速慢，发展不平衡；总量低，规模小，覆盖面偏窄；作用强，贡献大，溢出效应明显。利用国外贷款不仅仅局限于弥补建设资金的不足，还包括技术援助、政策咨询、项目咨询、人员培训、国际经验借鉴等多个方面。

陕西省利用国外贷款无论是从宏观角度，还是从微观角度来评价，都是相当成功的。国外贷款与其他资金相结合，借鉴国外先进管理方式，促进内部改革，推动了陕西省国民经济和社会发展。

一、陕西省利用国外贷款基本情况

（一）国外贷款资金来源

陕西省利用国外贷款目前主要是国际金融组织贷款和外国政府贷款。国际金融组织贷款主要指世界银行、亚洲开发银行、国际农发基金等机构的贷款或赠款；外国政府贷款主要指包括德国、法国、西班牙等20多个国家或机构提供的双边政府贷款。除此之外，还有少量的国际商业贷款和其他融资方式的国外资金。大体区分如下：

1．国际金融组织贷款

贷款总额为175314万美元，贷款项目30个（见表1）。其中，世界银行贷款金额81864万美元，贷款项目25个，占国际金融组织贷款总额的46.7%；亚洲开发银行贷款金额90900万美元，贷款项目5个，占国际金融组织贷款总额51.8%；国际农发基金贷款额2550万美元，贷款项目2个，占国际金融组织贷款总额1.5%。

表1　陕西省利用国外贷款一览表

序号	国际金融组织	贷款（万美元）	项目数（个）	备注
1	世界银行	81864	25	
2	亚洲开发银行	90900	5	
3	外国政府（除日元以外）	62601	109	
4	日本	174773	25	
5	国际商业组织	508	2	
6	融资租赁	163	1	
7	赠款	7140	12	
8	国际农发基金	2550	2	

2．外国政府贷款

贷款总额237374万美元，贷款项目134个（见表2）。其中，日本是最大的贷款国，日本通过海外协力基金、日本输出入银行、黑字还流贷款等渠道先后为陕西省25个项目提供贷款，贷款总额达到174773万美元。西班牙和瑞士政府为陕西省提供的贷款项目数均为14个，贷款额分别为9752万美元和2804万美元。加拿大政府为陕西省提供贷款的项目数为11个，贷款额达到14068万美元。

表2 陕西省利用外国政府贷款一览表

序号	国外贷款来源	贷款及赠款总额（万美元）	项目数（个）	备注
1	奥地利政府	2178	10	
2	澳大利亚政府	1637	2	
3	北欧投资银行	2727	5	
4	比利时政府	2745	4	
5	丹麦政府	2483	6	
6	德国政府	3047	8	
7	法国政府	5278	6	
8	芬兰政府	3491	8	
9	韩国政府贷款	353	2	
10	荷兰政府	354	1	
11	加拿大政府	14068	11	
12	科威特政府	7500	2	
13	美国政府	197	4	
14	瑞典政府	371	2	
15	瑞士政府	2804	14	
16	西班牙政府	9752	14	
17	以色列政府	498	3	
18	意大利政府	2906	6	
19	英国政府	212	1	
20	日本政府	174773	25	
	总计	237374	134	

3．国外赠款

累计12笔国外赠款，总额7140万美元（见表3），分别来自世界银行、全球环境基金、日本政府、比利时政府、德国政府、意大利政府和联合国儿童基金会。

4．国际商业贷款

贷款总额约3亿美元，主要借用香港地区、日本、美国等商业银行，大部分都已经还清债务。这次我们仅统计引进精密工具设备和食品包装2个项目，贷款金额508万美元。

5．国际融资租赁

总计贷款额163万美元，主要是由租赁形式形成。

（二）国外贷款行业分布

陕西省利用国外贷款主要投向医疗卫生、工业、电力及基础设施服务业、交通、农林水利、教育等行业，贷款项目累计178个（见表4）。各行业项目占总项目的比例分别为18：24：28：14：11：5。其中基础设施建设和工业约占项目总量的52%，医疗卫生项目发展很快，逐年攀升。1989年之前，陕西省利用国外贷款建设医疗卫生项目还处于空白，至2005年，项目就发展到32个。

表3 “十五”期间陕西省利用国外赠款项目统计表

序号	项目名称	赠款来源	主管部门	赠款额（万美元）
1	陕西结核病控制	日本政府	陕西省卫生厅	163
2	陕西贫困地区社会经济综合发展项目	比利时政府	陕西省商务厅	1000
3	西安市废弃物管理改善计划	日本政府	市政管理委员会	1260
4	中德财政合作医疗卫生二期项目	德国政府	陕西省卫生厅	343
5	陕西职业培训项目	意大利政府	陕西省商务厅	700
6	延安市妇幼保健院	联合国儿基会	延安市卫生局	6
7	陕西省历史博物馆	意大利政府	陕西省财政厅	233
8	黄河洪水控制	亚洲开发银行	陕西省财政厅	80
9	杨凌创业中心	世界银行	陕西省财政厅	30
10	西部远程教育	世界银行	陕西省财政厅	25
11	陕西土地沙化治理	全球环境基金	陕西省财政厅	100
12	杨凌农技推广	世界银行	陕西省财政厅	3200
	赠款项目合计			7140

表4　陕西省利用国外贷款行业分布表

项目所属行业类别	项目数(个)	所占百分比（%）
电力及基础设施服务业	50	28
工业	43	24
医疗卫生	32	18
农林水利	19	11
交通	25	14
教育	9	5
合计	178	100

（三）国外贷款地域和部门分布

陕西省利用国外贷款主要集中于关中地区，陕南和陕北相对较少，地域分布很不平衡（见表5）。西安市利用国外贷款项目62个，占项目总数的34.83%，贷款金额104285万美元。

表5　陕西省各地市利用国外贷款情况表

序号	地市	项目数（个）	项目总投资额（万元）	贷款签约金额（万美元）
1	省属	75	5504151	201664
2	西安	62	2071202	104180
3	安康	2	2814	323
4	宝鸡	4	38404	1428
5	汉中	5	27837	1276
6	铜川	2	5976	720
7	渭南	8	1256700	96113
8	咸阳	9	152405	5129
9	延安	7	26233	2059
10	榆林	1	515	62
11	杨凌示范区	3	69667	7545
	合计	178	9155904	420499

从管理部门情况来看，省属部门利用国外贷款项目最多，金额最大，累计75个项目，贷款201664万美元。

（四）国外贷款债务情况

截至2005年底，陕西省国外贷款债务余额12.5亿美元。从期限结构来看，陕西省利用国外贷款主要是中长期贷款，其中长期贷款约占债务总额的67%，中期贷款约占总额的32%，短期贷款占1%，目前陕西省进入还本期的国外贷款项目60多个，处于还款高峰期，还债压力很大。

二、国外贷款对陕西省经济建设和社会发展的贡献

（一）拓宽了资金渠道，缓解了建设资金不足的矛盾

1984年陕西省全社会固定资产投资40亿元人民币，建设资金严重不足，尤其是许多关系国计民生的公益事业建设步履维艰。引入国外贷款后，陕西省和国际金融组织以及20多个国家和机构建立了贷款业务渠道，外部筹集建设资金能力大大加强，既补充了陕西省自身资金筹措不足的缺陷，又缓解了资金需求矛盾。截至2005年底，基础设施和公共事业建设利用国外贷款达到3亿美元，占全省公益事业投资比重逐年扩大。目前，国外贷款已成为陕西省公益项目建设主要资金来源之一，成为全社会固定资产投资资金的重要组织部分。

（二）促进了基础设施建设，改善了投资环境

1981～2005年，陕西省先后建成的一批水利、公路、铁路、电力、通信、港口等项目中，利用国外贷款的项目达60多个，贷款金额近30亿美元。从贷款项目投资构成情况来看，项目累计总投资约90多亿美元，国外贷款占了1/3。项目的建成和相继投入使用，大大改善了陕西省的投资环境，提高了城市化水平。如世行贷款西安至铜川、渭南至潼关以及科威特政府贷款西安至宝鸡等高等级公路项目先后建成通车，不仅使新亚欧大陆桥中段更加畅通，而且为陕西省构建“米”字形公路框架奠定了基础。亚行贷款西安—南京铁路、神木—延安铁路、神木—朔州铁路，日元贷款西安—安康铁路，世行贷款陇海铁路宝鸡—天水段铁路电气化改造等项目的建成，使陕西省基本形成了“两纵五横四个枢纽”的铁路干线网构架，完善了铁路运输网络，提高了铁路运输能力（部分项目为部属项目，未统计）。日元贷款西安咸阳国际机场改扩建工程，提高了机场的运输能力和服务设施水平，使之成为中西部地区最重要的枢纽机场，目前已开通国际航线20多条，每周国际航班达50多个。利用外国政府贷款韩城二电厂项目、全省电力调度自动化项目及城市电网、变电站改造项目，缓解了陕西省电力供需矛盾，减少了供电损耗、降低了用电成本。加拿大等国政府贷款邮电系统改造项

西安黑河引水一期工程，借用日本政府日元贷款、法国政府和北欧投资银行贷款。图为黑河水库

目，为陕西省引进了程控交换机及配套设备，增容普通电话67.1万门、机要电话720门，长途线路1万条，使陕西省电信事业得到跨越式发展。投资环境的改善，又促进了外商直接投资增长。1984年陕西省利用外商直接投资是1807万美元，至2005年迅速增长到62800万美元，年平均增长 38.89%，外商直接投资资金占全社会固定资产投资比重占到2.64%。

（三）促进了生态环境保护，强化了可持续发展

从1983年起国外贷款陆续进入陕西省环保项目建设，截至2005年，陕西省利用国外贷款环保项目6个，贷款金额25605万美元。主要建设水污染防治、废弃物处理、资源的综合利用及大气污染防治以及水土流失和国土整治等项目，社会效益显著，对陕西省的可持续发展产生了深远的影响。

世行贷款黄土高原水土保持项目，对黄河上游延河、佳芦河流域水土流失进行了全面综合治理，治理面积达142758公顷，通过整修水平梯田、开发坝地、植树造林、发展果园，不仅优化了项目地农业结构，改善了农村基础设施和生产条件，增加了农民收入，而且有效地遏制了黄河流域陕西段水土流失，项目实施8年来减少向黄河排入泥沙量3064万吨。 1997年，国务院副总理姜春云同志考察该项目后，在专题调研报告中肯定了该项目取得的成绩，江总书记看后批示：通过一代又一代人的努力，再造一个山川秀美的西北地区是完全可以实现的。日元贷款植树造林项目，在陕西省关中五市及延安市造林10万公顷，使绿荫蔽日的景象得以再现。丹麦政府贷款西安北石桥污水处理项目，使皂河不浊、清水荡漾，成为一道亮丽的风景线。

（四）促进了社会事业发展，改善了贫困地区面貌

主要体现在两个方面：一是改善了全省医疗卫生条件，缩小了地区差别。1981～2005年，陕西省利用国外贷款卫生项目32个，贷款金额14571万美元。项目的建成投入使用，使全省的医技能力得到了整体提升。截至2005年，全省拥有卫生机构5366个（不包括个体办诊所6335个），病床10.67万张，其中医院床位8.03万张，卫生院病床1.92万张。世界银行贷款疾病预防项目、综合性妇幼卫生保健项目、秦巴山区卫生项目，使项目区农村的公共卫生条件有了较大改观，降低了麻疹、百日咳等疾病的发病率和孕产妇及婴幼儿的死亡率，消灭了“脊髓灰质炎”。项目区的孕、产妇产前检查率由1992年的62.89%提高到2001年的86.75%，新生儿破伤风发生率由项目开始时的1‰下降到2001年的0.04‰，基本接近关中地区水平。

二是基本解决了上学难、办学难、教学难的问题，改善了贫困地区生产、生活条件。以秦巴山区扶贫项目和贫困地区教育项目为例，通过农村基础设施建设，教育基础设施建设等。使项目覆盖区内的陕南、陕北、关中的20个贫困县农业生产条件在原来基础上向前跨进了一步，产业结构有所优化，劳动者的整体素质也有了大幅度提高，基本消除了陈规陋习。1627所小学和211所初中教学仪器的配备率达到了100%，学生人均拥有图书20册以上，危房比例由过去的4.3%下降到1%，教师合格率提高到95%，适龄儿童入学率提高到98.65%。

（五）引进了先进设备和技术，加快了工业化进程

从1981年起，陕西省利用国外贷款在机械行

业引进了计算机辅助设计和计算机辅助制造、数控加工中心、数控车间中心等，在纺织行业引进了剑杆织机设备、宽幅印染生产线，在医药行业引进了制剂加工设备以及相应的管理技术。经过20多年的发展，这些行业中许多企业都成为陕西省的工业支柱和利税大户，其中一条重要的特征，都是拥有先进设备和技术，产品技术含量高，市场竞争能力强。如西班牙政府贷款西安红旗机械厂航空零部件生产线项目，在西安建立了美国通用公司亚洲最大的航空部件供应基地，出口创汇连上台阶。法国、西班牙政府贷款黄河工程机械厂推土机生产技术改造项目，提高了产品的国际竞争能力。先进设备和技术的引进，又使陕西省一些传统产业得到了改造和提升，推进了陕西省工业化进程，截止到2005年，陕西省利用国外贷款工业项目累计43个，贷款金额57432万美元，绝大部分都是技改项目。

（六）更新了理念，提高了管理能力与水平

世界银行和亚洲开发银行等国外贷款机构不仅是项目资金贷款者，某种程度上还起着“知识银行”的作用。合作交流过程中，我们接受和掌握了国际先进的项目管理经验和先进理念，提高了陕西省的项目包装、管理和建设的水平，培养了一批项目管理人才。

如日元贷款陕西黄土高原植树造林项目，这个项目在实施过程中，探索总结出了一系列成功的管理方式，取得了很好的效果，获得中外方的一致好评，被作为样板工程借鉴和推广，先后有江西、湖北、宁夏、甘肃、内蒙古、山西、河北等省区来陕学习、交流管理经验。再如，黄土高原水土保持项目延河和佳芦河项目，被世界银行原行长沃尔芬森称为世行贷款项目中最优秀的三个项目之一。

三、利用国外贷款存在的问题

（一）国外贷款需要和使用不匹配，贷款长远效应释放缓慢

主要表现在五个方面：一是求过于供。陕西省属经济欠发达地区，需要大量的资金支撑发展，国外贷款额度有限，不能满足需要；二是项目运作程序不一，特别是一些项目，国外程序运作难易程度不同，时间对应上也有偏差，延长了项目周期；三是社会效益和经济效益不能兼容，国际金融组织和外国政府贷款主要是投向扶贫、生态、环保等社会公益领域的项目，对陕西省而言，期望在兼顾社会公益事业的同时多发展经济效益型项目，这种要求受制于国外贷款条件限制，不能得到满足；四是承贷主体基础较差，影响了项目经济效益，如陕西省林业科学研究院借用世行贷款建设的综合实验室项目，仅引进了主设备，配套的前处理设备因无钱买备件而不能正常运转，借用奥地利政府贷款的延安番茄酱生产项目，项目建成后企业囊中空空，原料不能采购，设备运转率低，项目陷入停产、半停产的严重困境；五是传统习惯根深蒂固，虽然在国外先进的管理模式和理念的冲击下有所改变，但接受并使之融合的过程较长，需要进一步教育引导。

（二）贷款项目机构涉外型人才匮乏，决策上存在漏洞

基层贷款项目单位，缺乏相应的涉外人才，对国外贷款的条件、特点、使用程序不够了解，导致在项目内容确定、设备及技术选择、采购方式等重大问题上，不能按照实际需要提出完整的思路和方案，加大了项目建设成本。如秦巴山区扶贫项目中，用国际招标采购的化肥价格加上内陆运费，高于当地零售价。卫生计划免疫项目中，通过国家项目办集中采购的冰柜，因为耗电太大，不适合乡镇一级需要，长期闲置，造成了极大的浪费。造成这种现象客观上中介机构还存在一定的问题，有的服务缺位、错位、越位，有的为了自身利益改变转贷条件，增加了项目负担，降低了抗风险能力。

（三）外汇风险管理手段落后，加大了贷款成本

客观上陕西省走出去的企业少，对外贷风险认识不足，不能有效的利用金融衍生工具，规避外贷风险。主观上一些单位领导短期行为思想严重，不管企业是否需要，只要有贷款，先争到手再说，为企业背上沉重的包袱。有的视国外贷款为国家无偿拨款，根本就没有考虑还款，所以更谈不上规避风险问题。陕西省汉江工具厂从西班牙引进印染和装配式磨法滚刀生产线后时隔不久破产倒闭，就是这方面的例证。国棉二、三厂改造项目、陕西印染厂项目、渭河化肥厂建设项目借用国外贷款，因为没有掉期互换贷款，白白失去了50%～100%的汇率差的教训，就是典型的例子。

（四）管理滞后，缺乏制约、监督措施和手段

主要表现在：一是项目前期工作不扎实。有些项目论证不够充分，局部考虑的多，全局考虑的少；可批性方面考虑的多，可行性方面考虑的少；静态角度考虑的多，动态角度考虑的少；有利方面考虑的多，不利方面考虑的少；近期考虑的多，长远考虑的少。有些项目前期工作没有深度，准备不足，仓促上马等等。这些现象要么延长了项目建设周期，增加了项目成本，要么项目建成后没有经济效益，成为政府或企业的包袱。如日元贷款陕西城镇供水项目，从立项到签约前后用了7年时间。西安食品厂利用英国政府贷款引进的婴儿饼干生产线项目，由于前期市场调研不充分，论证不严密，项目建成后，产品没有销路，项目无法正常运营和还款。二是项目后评价工作薄弱。对项目目标实现程度、项目执行情况、贷款人和借款人表现、项目产生结果和社会影响，项目的经验和教训等没有很好地总结，类似错误一犯再犯。客观上由于部门之间工作交叉，互相推诿，配合协调不到位，使项目中期评估、后评估流于形式。主观上各级管理部门对项目后评估认识不足，缺乏执行项目后评估制度的自觉性，使这一套项目管理科学体系没有发挥出应有的作用。三是贷款“借、用、还”出现脱节。据初步调查，陕西省有部分统借统还和统借自还项目债务不清。究其原因，一方面是人员变动，资料丢失，导致债务额和偿还进度说不清，另一方面是项目为子项目，资金来源复杂，环节多，张冠李戴。再进一步追溯到管理部门，管理借款的部门涉及计划、财政、商务等多个部门，权限和责任不十分明晰，对逾期贷款偿还也没有强制性手段，以致形成现在这种“借者不管还，用者无压力，担保受煎熬”的局面。

神木至延安铁路项目，借用亚洲开发银行贷款。图为部分路段景观

甘肃省借用国外贷款25年回顾与总结

借用国外贷款是我国利用外资的重要方式。改革开放20多年以来，随着甘肃省对外开放的不断扩大和现代化建设进程的推进，甘肃省与世界银行、亚洲开发银行、日本国际协力银行、国际农业发展基金等国际金融组织以及各国政府官方贷款机构在项目贷款、技术援助等方面进行了广泛的交流与合作，为甘肃省在世界范围内聚集生产要素、拓展发展空间创造了有利的条件。甘肃省借用国外贷款从无到有，从小到大迅速发展，通过合理利用国外优惠贷款，为甘肃省经济建设和社会发展筹集了大量资金，发挥了重大作用。在新形势下，面对新的机遇和挑战，全面回顾和展望20多年来甘肃省借用国外贷款工作，将对甘肃进一步理清工作思路，提高工作水平，不断拓宽借用国外贷款领域，进一步扩大借用国外贷款规模，提高综合效益，起到积极的促进作用。

一、甘肃省借用国外贷款的基本情况

甘肃省自1984年首次借用国外贷款进行项目建设以来，截至2005年底，全省累计借用各类国外贷款签约额262110万美元，实际使用额206743万美元，共建成或在建项目166个。项目涉及农业、林业、水利、工业、交通、能源、通讯、生态环保、城建、文教卫生、扶贫等领域，覆盖全省14个市（州），86个县（市、区）。

（一）国外贷款来源情况

截至2005年底，甘肃省累计借用国外贷款中，国际金融组织贷款128137万美元，实际使用额89362万美元，建成36个项目；外国政府贷款签约额120960万美元，实际使用额104368万美元，建成103个项目；国际商业贷款签约额13013万美元，实际使用额13013万美元，建成27个项目（见表1和图1）。

表1 甘肃省借用国外贷款分贷款类别统计表（1984～2005年）

单位：万美元

项目	签约额	占比（%）	实际使用额	占比（%）	项目数	占比（%）
国际金融组织贷款	128137	48.9	89362	43.2	36	21.7
外国政府贷款	120960	46.1	104368	50.5	103	62.0
其中：日元贷款	63106		52606		19	
国际商业贷款	13013	5.0	13013	6.3	27	16.3
合计	262110		206743		166	

数据来源：根据甘肃省发展改革委历年统计数据计算得出。

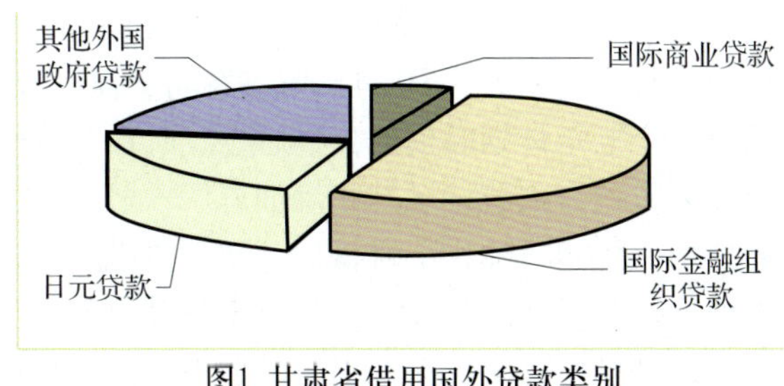

图1 甘肃省借用国外贷款类别

（二）国外贷款投向情况

截至2005年底，甘肃省累计国外贷款实际使用额中，行业投向按占比由大到小分别为：交通（包括通信）占31.5%；农业、林业、水利（包括生态环保及扶贫开发）占22.8%；原材料（包括石油化工）占15.1%；科教文卫等社会事业占12%；能源占7.5%；城市基础设施占6.7%；机电轻工（包括农产品深加工）占4.4%。国外贷款的使用，对促进全省经济社会发展起到了积极的作用（见表2和图2）。

表2 甘肃省借用国外贷款分行业统计表（1984～2005年）

单位：万美元

项 目	签约额	占比（%）	实际使用额	占比（%）	项目数	占比（%）
农业、林业、水利（含生态环保）	67009	25.6	47184	22.8	18	10.8
能源	16097	6.1	15597	7.5	17	10.2
交通、通信	94045	35.9	65045	31.5	19	11.4
原材料（含石化）	31319	11.9	31319	15.1	16	9.6
机电轻工(含农产品加工)	9020	3.4	9020	4.4	29	17.5
城市基础设施	17443	6.7	13753	6.7	45	27.1
科教文卫等社会事业	27177	10.4	24825	12.0	22	13.3
合计	262110		206743		166	

数据来源：根据甘肃省发展改革委历年统计数据计算得出。

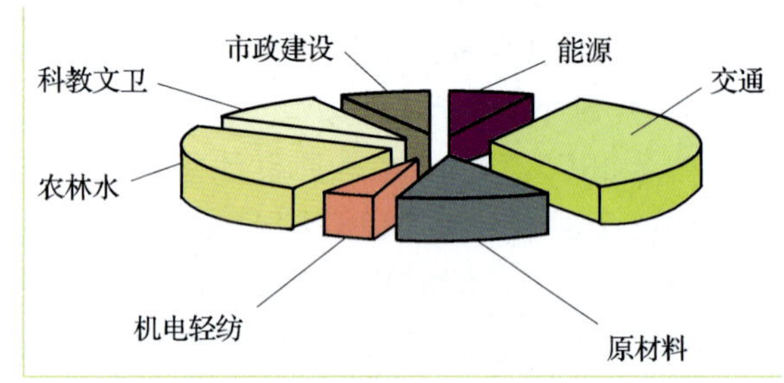

图2 甘肃省借用国外贷款行业投向结构图

（三）国外贷款实际使用额的年度变化情况

国外贷款实际使用额从1984年的166万美元到1993年的5910万美元，这10年期间处于平稳的缓慢增长期；1994年和1995年国外贷款实际使用额突增，尤其是1995年达到了历史峰值24900万美元，这与当时甘肃省集中上马了一批基础设施和支柱产业重大项目有关；此后，1996年到2000年，甘肃省国外贷款实际使用额处于一种不稳定的调整摆动时期，这期间，年度平均使用额基本维持在14000万美元左右；2001年到2005年，甘肃省国外贷款实际使用额处于稳定的快速增长时期，并逐步达到历史的最高水平（见图3）。

（四）国外贷款的债务情况

截至2005年底，甘肃省的政府主权外债签约金额约为18.77亿美元，累计实际使用额14.25亿美元，累计还本付息4.79亿美元，全省债务余额9.46亿美元（小口径统计数据，不含中央在甘项目）。其中：国际金融组织贷款债务余额约4.66亿美元，占全省债务余额的49%；由财政承贷或担保的外国政府贷款债务余额约4.8亿美元，占全省债务余额的51%。按甘肃省大口径财政收入比较，全省的外债负担率为29.71%（2005年全省大口径财政收入254.6亿元人民币）。因此，总体来看，甘肃省外债债务率适中，继续适度扩大借用国外贷款规模具有一定的空间。

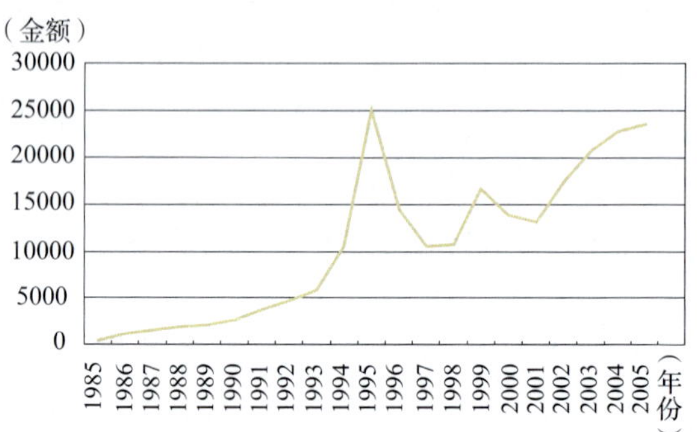

图3 甘肃省借用国外贷款年度实际使用额曲线图

说明：根据甘肃省发展改革委历年借用国外贷款实际使用额统计数据绘制。

二、甘肃省借用国外贷款发展过程回顾

甘肃省借用国外贷款工作始于建国初期，当时我国政府同原苏联政府签订了74亿旧卢布(约15亿美元)，年利率为2.5%的长期政府间贷款，用于我国第一个五年计划时期的156项重点项目的建设，其中在甘肃省布点建设了兰州炼油总厂、兰州化学工业公司、兰州石油化工机械厂、西固热电厂等16项工程，这些项目的建成，初步奠定了甘肃省的工业基础。20世纪70年代初，国家又利用卖方信贷引进

国外的技术和设备，对兰州化学工业公司进行了扩建和改造，使甘肃石化工业得到了进一步的发展。改革开放以来，国家确立了积极发展对外经济技术合作、交流和贸易往来，利用国外资金和先进技术发展生产力，加速我国社会主义现代化进程的基本国策，使我国走向对外开放的新的历史时期，也推动甘肃省的对外经贸合作，尤其是全省借用国外贷款的长足发展。20世纪80年代初期，在国家有关部委的统一安排下，甘肃省积极与世界银行建立联系，通过双方密切合作和共同努力，1984年甘肃省第一个世界银行贷款项目“甘肃电视大学项目”生效实施。与此同时，甘肃省首次采用国际融资租赁的借贷方式，利用外资引进了塑料纺织袋生产、电视机生产、铝型材加工等关键设备，建设了一批重点工业项目，开创了全省自主借用国外贷款发展经济的新局面。1987年，酒泉市乳品厂牛奶软包装生产项目，借用芬兰政府贷款181.3万芬兰马克，贷款协议于当年12月19日正式生效，成为甘肃省第一个借用外国政府贷款的项目。至此，甘肃省借用国外贷款工作全面起步，国外贷款积极、全面地参与到全省经济建设之中，并逐步对甘肃省经济社会的发展发挥出越来越大的推动作用。甘肃省借用国外贷款的发展历程可分为以下几个阶段：

（一）尝试起步阶段（1984～1990年）

甘肃省借用国外贷款工作最初是从借用国际商业贷款开始起步的，1984年甘肃省以国际租赁方式贷款96万美元，为兰州塑料编织厂引进年产600万条编织袋生产线；同年，以国际租赁方式贷款70万美元为甘肃电视机厂引进电视机生产技术和关键设备及仪表模具，这两个项目的实施，标志着甘肃省借用国外贷款工作开始起步。1985年，甘肃省第一次采用补偿贸易方式贷款262万美元建设了宁县机械化蘑菇养殖加工项目，同年，甘肃丝路穆斯林经济开发公司汽车租赁项目、刘家峡化肥厂氢氨压缩电机及电器控制系统等项目以国际租赁的借贷方式得以实施。1986年甘肃省又有天水塑料厂引进彩印复合软包装生产线、甘肃铝厂引进3000吨铝型材生产线、兰州塑料箱包厂引进5公斤六工位低发泡注塑装置以及兰州新华印刷厂引进设备及技术等一批机电轻纺行业项目，采用国际金融租赁的借款方式实施。此外，甘肃省从1985年开始使用国际商业贷款进行旅游设施的改造和建设，并相继完成了天水宾馆、酒泉宾馆、嘉峪关长城宾馆、金城宾馆、武威天马宾馆以及兰州飞天购物中心的建设或改造。

1980年5月，我国恢复了在世界银行的合法席位，同年10月在原国家计委、财政部的安排下，自1980年10月至1985年2月期间，世界银行先后多次派出考察团，广泛了解和考察了甘肃省经济社会发展状况，初步确定了援助领域及贷款意向。1984年甘肃省第一个世行贷款项目“甘肃电视大学项目”生效实施。1985年12月至1986年8月，世界银行专家在对甘肃省进行综合考察的基础上，形成了《中国甘肃的经济增长和发展的主报告》、《定西和河西地区的农业发展计划》、《甘肃工业发展问题》和《甘肃省基础教育与职业教育的现状与前景》等报告，并根据甘肃省利用世行贷款的意向对相关贷款项目进行了评估，这期间批准的贷款项目为：甘肃林业发展项目(科技推广部分)，贷款额70万美元。1986年9月至1987年8月，世界银行对甘肃省一批开展前期准备工作的贷款项目进行了正式

刘家峡水电厂技改项目，借用北欧投资银行贷款和国际商业贷款共2190万美元，净增发电装机容量190兆瓦。图为刘家峡水电厂水库大坝

评估，世行专家采用较先进的经济分析和财务分析方法，全面论证了项目的可行性，并讨论了与项目有关的技术援助和人员培训问题，完成了贷款的前期工作。这期间批准的贷款项目有：农村卫生改水项目、西北师大电教测试中心、甘肃电大、短大项目、甘肃教育项目、甘肃工业综合开发项目、农村卫生与预防医学项目、关川河流域水土保持综合治理工程、引大入秦工程等。

1988年，甘肃省首次使用芬兰政府混合贷款105万美元，建设了酒泉牛奶软包装生产线项目，该项目的实施标志着甘肃省借用外国政府贷款工作的开始。至此，甘肃省借用国外贷款工作经过6年的努力，通过一批项目的实施，与相关国外贷款机构建立了密切的联系与合作关系，积累了一定的经验，培养了一支熟悉国外贷款业务的人才队伍，完成了全省借用国外贷款起步阶段的工作，为下一步该项工作的全面开展奠定了坚实的基础。

（二）全面发展阶段（1991～2000年）

1991年至2000年，随着甘肃省对外开放程度、质量和水平的不断提高，甘肃省与国外贷款机构的合作日益深化和密切，在这10年期间，甘肃省借用国外贷款领域继续扩大，贷款项目及贷款金额逐年增加，借用国外贷款工作处于全面发展阶段，有力地推动了全省经济社会的健康快速发展。1993年，原国家计委在兰州召开中西部地区借用国外贷款工作座谈会，会议就中西部地区扩大使用国外贷款，加强贷款管理工作等问题进行了座谈，确定了支持中西部地区借用国外贷款的基本指导思想，并对中西部地区部分有影响的项目使用国外贷款给予了支持。兰州环境综合治理工程、兰州中川机场改扩建工程、甘肃程控电话等一批对全省经济社会发展具有重大影响的项目均在这次会议上确定使用国外贷款进行建设，这次会议对甘肃省借用国外贷款工作意义重大，并对甘肃省进一步扩大借用国外贷款规模和领域起到了积极的推动作用。

1990年以来，甘肃省先后利用西班牙政府混合贷款、澳大利亚政府混合贷款和日本海外协力基金贷款共约8600万美元，建成了全省县以上城市的程控电话，铺设了省内二级干线光缆，建设了省电信数字微波通讯工程和兰州电信枢纽，一举改变了甘肃省通讯落后的状况；利用加拿大政府贷款和日本输出入银行贷款建设的甘肃电力输送工程和西固热电厂改建工程，缓解了甘肃省用电负荷增长的供需矛盾。1996年，甘肃省利用世界银行贷款1.5亿美元，兴建疏勒河农业综合开发项目，项目

引大入秦项目，借用世界银行贷款1.36亿美元。是甘肃省第一个借用世界银行贷款兴建的大型水利工程。图为总干渠分水闸

的建设极大地改变了全省河西地区农村生产、生活条件。与此同时，在产业发展方面，甘肃省利用外国政府贷款建设的兰化公司30万吨合成氨及52万吨尿素工程、酒泉钢铁集团公司中板工程、金昌化工总厂磷二铵工程等一批重点工业项目，极大地促进了全省支柱工业的发展和壮大。1997年，利用日本海外协力基金贷款77亿日元实施的兰州市环境综合治理工程，包括兰州煤气管网工程、兰州第二热电厂供热管网工程、兰州污水处理和兰州自来水供水扩建工程四个子项目，是兰州市实施“蓝天计划”的重点项目，该项目的建成极大地改善兰州市的环境状况；同年利用日本海外协力基金贷款63.38亿日元建设的兰州中川机场改扩建工程，改变了甘肃省航空运输的落后局面；利用世界银行贷款1.23亿美元，建设了被誉为“陇上都江堰”的“引大入秦灌溉工程”，是我国西北地区最大的跨流域引水大型自流灌溉工程，该工程引大通河水灌溉秦王川86万亩农田，建设规模宏大，经济社会效益显著，工程的建成对改变甘肃省农业落后面貌，帮助农民脱贫致富，推动区域经济开发具有积极意义。其后，甘肃省利用世界银行贷款4000万美元建设的马莲河流域水土保持项目，项目区面积4304平方公里，项目建成后新修梯田、坝地30998公顷，造林69580公顷，兴建果园10000公顷，人均产粮由383公斤提高到446公斤，人均纯收入由302元提高到903元，受益群众达50万人。上述借用国外贷款重大项目的建成，不仅使甘肃省基础设施建设的落后状况得到了改善，也促进了全省优势支柱产业的发展，缓解了经济发展中“瓶颈”产业的制约。

总体来看，在甘肃省借用国外贷款全面发展阶段，特别是“九五”期间，一大批重大国外贷款项目的实施标志着全省借用国外贷款工作已经走向成熟，并为下一步的优化调整奠定了良好的基础。

（三）调整优化阶段（2001～2005年）

在这一阶段，面对国内外新形势，甘肃省紧抓国家实施西部大开发战略以及我国加入世界贸易组织的历史机遇，在坚持继续适度扩大借用国外贷款规模的前提下，特别注重强调了提高和优化借用国外贷款的质量和结构。经过这一阶段的调整优化工作，甘肃省借用国外贷款的质量和规模明显提升，对经济社会发展的贡献率不断提高，全省借用

黄土高原水土保持二期项目，借用世界银行贷款。图为庄浪县小流域综合治理区域

国外贷款工作也进入了历史上发展最好的时期。

2001年以前，甘肃省农业、林业、水利、生态环境以及社会发展领域使用贷款比重超过总贷款额的60%，这些项目社会效益明显，但短期的经济效益相对较差，加之部分项目偿债责任不明确，给财政造成了偿债压力。2001年以来，甘肃省逐步调整了国外贷款的投向结构，注重支持一批基础设施及产业发展项目，初步实现了较为合理的国外贷款投向结构。2001～2005年全省实际使用国外贷款中，交通占20.6%；能源占10.3%；农业、林业、水利及生态环境保护占24.1%；社会发展占18.4%；城市基础设施占11.3%；加工业及其他占15.3%。国外贷款的投向结构得到了初步优化，为今后继续扩大借用国外贷款规模创造了条件。

这一时期，甘肃省在注重提高借用国外贷款质量，调整优化国外贷款结构的同时，紧紧围绕全省经济建设的重点，一是继续加大了基础设施领域借用国外贷款的力度。相继建成了包括刘寨柯至白银高速公路、陇南白水江汉坪咀水电站、张掖黑河小孤山水电站、玉门风力发电以及一批地级市的城市供水、污水处理、集中供热等基础设施建设项目。二是继续加强农业基础设施的建设。重点组织实施了风沙区生态综合治理、农业节水灌溉、西部扶贫开发等一批改善农业生产条件及生态环境治理项目，并围绕农业产业化的发展，利用外国政府贷款引进国外先进的技术和设备，建设了一批特色农产品深加工项目。三是继续推动社会事业的发展。

张掖黑河小孤山水电站大坝枢纽工程，总投资6.8亿元，其中借用亚洲开发银行贷款3500万美元。是甘肃省第一个借用亚洲开发银行贷款的清洁能源项目，也是国内第一个获得世界银行清洁发展机制项目（CDM）碳汇基金补贴的项目。图为水电站大坝枢纽

实施了包括农村供水和环境卫生、结核病防治、疾病控制、基础教育、高校人才培养等重大社会事业项目，同时，利用国外贷款重点对甘肃省医疗、广电、消防等领域的设备进行了较为系统和全面的更新和配备。

三、甘肃省借用国外贷款的基本特点

甘肃省借用国外贷款工作经历了从无到有、由小到大，从尝试探索到逐渐成熟的发展过程，取得了可喜的成绩和显著的经济社会效益，为全省深化经济体制改革，扩大对外开放，优化经济结构，起到了积极的促进作用，并为进一步做好借用国外贷款工作积累了经验，培养了人才。甘肃省借用国外贷款工作概括起来具有以下几个特点：

（一）借用国外贷款工作循序渐进，稳步推进

20多年来，甘肃省借用国外贷款管理工作平稳、快速发展，避免了大起大落现象的出现。具体体现在以下几个方面：一是项目贷款规模不断增大。从最初参与由中央打捆项目的执行，到由甘肃省独立实施的地方项目，再到由甘肃省一个地级市单独实施的项目，从建设内容相对单一的项目向内容更加复杂的综合性项目发展；二是贷（赠）款来源渠道不断增多。甘肃省在积极争取利用世界银行贷款、外国政府贷款的同时，大力加强与亚洲开发银行、国际农业发展基金、英国海外发展署等国际组织的合作，不断拓宽借用国外贷款和赠款的新途径；三是国外贷款使用领域不断扩大。目前，国外贷款项目涉及工业、农业、水利、教育、卫生、林业、交通、能源、通信、电力等众多行业和领域，在地域上看，这些项目覆盖全省86个县(市、区)；四是单个项目贷款金额不断增加。由最初的一个项目几十万美元到现在的单个项目上亿美元，随着项目规模的扩大，甘肃省借用国外贷款做了多年来想做，但又因缺乏资金无法做成的大事，国外贷款对全省经济社会发展的贡献率明显提高；五是培养锻炼了一支人才队伍。通过与国外贷款机构的合作，学习吸收了国际通行的管理经验和管理模式，培养了一大批熟悉国际金融知识、了解国际资本运营规则、掌握国际项目管理方法的专业人才，促进了全省借用国外贷款工作水平的提高。

（二）借用国外贷款的投向突出了“基础设施型”特点

从借用贷款投向看，一般可分为“基础设施型”、“基础设施－出口创汇混合型”和“出口创汇型”三大类。甘肃省是个经济欠发达的省份，经济基础薄弱，对外贸易在国民经济中的比例不大，基本上是内向型的经济发展模式，基础设施建设滞后对全省经济发展的“瓶颈”制约作用较为严重，因此，甘肃省借用国外贷款的行业投向具有突出的“基础设施型”特征，全省借用的国外中长期优惠

贷款，大部分投向了农林水、交通、通信、能源等基础设施领域，这是由甘肃省经济社会发展的实际水平和客观条件所决定的。实践表明，甘肃省以“开发型”为主方向、以“基础设施型”为主行业的国外贷款投向格局，极大地缓解了全省基础设施建设资金投入不足的矛盾，并且明显地改善了甘肃省基础设施条件，为创造良好的投资硬件环境做出重大贡献。

（三）注重国外先进技术设备、管理理念的引进和消化吸收

在甘肃省借用国外贷款实际使用额中，有近60%用于引进国外的先进技术和设备，其中大部分为当时国内无法生产的先进技术装备，从而不同程度地提升了甘肃省相关行业的整体技术装备水平。此外，通过一大批国外贷款项目的执行，在学习和消化吸收了国外先进管理经验的同时，完全按照国际惯例和管理模式进行建设，为甘肃省其他项目的建设和管理向国际标准看齐起到了有益的示范作用。

（四）根据不同类别国外贷款的特点，区别对待，优化投向

20多年来，甘肃省始终坚持从甘肃省的客观实际出发，结合国际金融组织贷款、外国政府贷款和国际商业贷款的不同条件和特点，进行分类指导，重点投向不同的行业和领域。将国际金融组织贷款重点投向农业基础设施建设、生态环保、扶贫开发、教育卫生等改善农村生产、生活条件的领域；将外国政府贷款（包括日元贷款）重点投向交通、能源、通信、城市基础设施、支柱产业以及农业产业化等甘肃省基础设施和基础产业领域；将国际商业贷款重点投向重要原材料、石化、冶金等甘肃省支柱产业，特别是注重支持国有大中型企业的发展壮大，如原兰州炼油总厂、原兰州化学工业公司、刘家峡水电厂等，同时，也扶持了一批机电轻纺行业及其他出口创汇项目的建设。

四、甘肃省借用国外贷款工作的显著成效和重大意义

20多年来，甘肃省借用国外贷款工作取得了显著成效，通过借用国外贷款有效地解决了经济建设资金不足的问题，极大地缓解了经济社会发展中基础设施落后的瓶颈制约，建设了一批对全省经济社会发展具有重大意义的基础设施、文教卫生、支柱产业项目，在引进了一大批先进的技术装备，加快了重点企业的更新改造步伐的同时，学习和消化吸收了国外先进的管理经验和经营理念，有力地促进了全省体制、机制的建设和创新，提高了甘肃省经济综合实力，培养了一支高素质的外向型人才队伍，开创了甘肃省全方位、多层次、宽领域的对外开放新局面。具体表现在以下几个方面：

（一）强化了基础设施建设

自20世纪90年代，甘肃省分别利用西班牙、澳大利亚等国政府贷款和日元贷款，建设了覆盖全省14个市（州）的程控电话、电信数字微波通讯和兰州电信枢纽工程，使全省的通讯条件得到了根本改善。利用外国政府贷款、国际商业贷款和亚洲开发银行贷款进行了西固热电厂扩建工程、刘家峡水电厂五号机组更换，甘肃输变电工程、白水江汉坪咀水电站、黑河小孤山水电站等项目的建设，有效地缓解了全省电力供需紧张的矛盾，为全省经济社会发展提供了能源保障。随着兰州中川机场改扩建工程、柳沟河至古浪高等级公路、兰州市城市环境综合治理工程、刘寨柯至白银高速公路等一批重大利用国外贷款项目的建成，以及平凉至定西高速公路、兰州市天然气管网工程、武都至罐子沟高速公路项目的相继开工建设，极大地促进了全省交通条件和城市基础设施条件的改善，为甘肃省投资硬环境的改善做出了积极贡献。在这里，特别值得强调的是甘肃省积极利用国外贷款进行交通基础设施建设，加快了全省交通运输体系的建设进程。

（二）促进了农业生产条件的改善

针对甘肃省干旱少雨、生态脆弱的自然条件，立足加强农业基础设施建设，积极争取利用世界银行贷款和国际农业发展基金贷款，组织建设了引大入秦灌溉工程、疏勒河流域综合治理工程、黄土高原治理一期、二期项目、西部地区扶贫开发、畜牧综合发展、农村综合发展等项目；利用日元贷款建设了重点风沙区生态环境综合治理、农业节水灌溉等项目；利用外国政府贷款和国际商业贷款建设了兰化公司30万吨合成氨及52万吨尿素、金昌化工总厂磷二铵等项目。随着这些农业基础设施项

目和农业生产资料生产项目的建设，有力地促进了甘肃省农业生产条件的改善。近年来，甘肃省还按照农业产业结构调整的要求，在继续争取利用国外贷款加强农业基础设施建设的同时，十分重视农业产业化的发展，先后利用外国政府贷款引进国外先进技术和设备，支持了脱水蔬菜、马铃薯淀粉、番茄酱、牧草、乳制品、花卉栽培等特色农产品的精深加工项目，为甘肃省优势特色农业资源的产业化发展起到了积极的示范带动作用。

（三）推动了社会事业的发展

自1986年以来，甘肃省共利用国外贷款2亿多美元，实施了包括贫困地区基础教育、农村卫生和预防、农村供水和环境卫生、结核病防治、妇幼卫生保健、疾病预防、疾病控制中心设备引进、贫困地区基本卫生、西部地区基础教育、高等教育等一大批社会事业项目。利用国外贷款重点对一些领域进行了较为系统和全面的建设和改造，例如：为省级及部分市、县的三十多家重点医疗机构购置了先进的医疗和疾病控制设备；更新、升级了兰州、白银、天水、张掖、酒泉、定西等市的广播电视设备和网络；为兰州、白银、酒泉、张掖、武威、天水、平凉、定西等市的消防支队购置了先进的消防装备等，这些项目的建设，极大地缓解了客观上亟待发展，但现有财力投入不足的矛盾，有力地促进了全省社会事业的发展和进步。

（四）引进了先进的技术装备，培养了过硬的人才队伍

国外贷款项目的实施，不仅引进了资金和设备，更重要的是引进了国外先进的管理经验和经营理念。通过国际竞争性招标，不仅给全省企业提供了一个参与国际竞争的机会，而且还学到了国外先进的项目管理方法和施工技术，进一步提高了全省企业参与国际竞争的能力。例如：引大入秦工程的建设，通过国际招标，引入日本、意大利等国际知名施工企业在国内施工，在工程建设中，使用了许多国际先进的施工技术和设备，率先采用项目法人责任制、招投标制、工程监理制等科学的管理方式，大大提高了省内施工企业的管理和技术水平，为甘肃省锻炼和培养了一批与国际接轨的工程施工技术队伍和管理人才。兰州市城市环境综合治理工程的建设，充分发挥了日元贷款无采购限制的优势，根据工程建设实际情况，对工程关键设备和材料进行了国际招标采购，对一般性设备、材料尽可能在国内招标，确保了工程质量，节约了工程投资。在国外专家、技术人员共同进行设备安装调试的过程中，国内工程技术人员学到了许多先进的技术，现场实地培训了一批企业技术骨干，造就了一批优秀的技术人才。同时，在使用国外贷款的过程中，通过参与国外贷款项目的全过程管理和执行，也培养了一批熟悉涉外项目运作程序和管理方法的管理人才，进一步提高了甘肃省企业参与国际竞争的能力。此外，国外贷款项目规范的管理程序，大大减少工程建设承包中的腐败行为，在国外贷款项目的执行中有一套比较完善规范的国际通行招投标管理办法，工程设备和材料的采购以及总承包商的选择都要求进行国际招投标，且有法律监督机制给予保障，有效杜绝了违规、违法等腐败行为。

（五）支持了民营企业和特色优势产业的发展

为缓解甘肃省民营企业贷款难、担保难的矛盾，创造良好的市场竞争环境，加大对民营企业的扶持力度，使其能够持续、健康发展。甘肃省积极利用国外贷款优化民营企业融资环境。1997年，甘肃省的第一个民营企业利用外国政府贷款项目，即张掖脱水蔬菜厂利用西班牙政府混合贷款250万美元建设年产2000吨脱水蔬菜生产线项目开工建设，截至2005年底，全省民营企业利用外国政府优惠贷款建成或在建项目16个，利用外国政府贷款共计4500万美元(约折合人民币36000万元)，项目涉及果品蔬菜加工、马铃薯淀粉生产、牧草加工、花卉种植、乳品加工、啤酒生产、节水灌溉设备生产等领域。通过国外贷款项目的建设，引进了国外先进技术和设备，扩大了生产规模，弥补了建设资金缺口，提升了企业国际竞争力和出口创汇能力，支持了地方特色产业，有力地促进了当地经济的发展。我们在引导民营企业积极、合理、适度地利用外资方面进行的有效探索和取得的成绩，得到了国家发展改革委等有关方面的肯定和好评。

甘肃节水灌溉项目，借用日本政府日元贷款，项目建成后，每年节水1.38亿立方米，具有显著的生态、经济和社会效益。图为武威喷灌子项目部分景观

五、甘肃省借用国外贷款工作取得的经验

甘肃省借用国外贷款工作，经历了贷款项目由少到多，贷款规模从小到大，贷款使用领域逐步扩大的历史过程，在20多年的工作历程中，甘肃省根据国际、国内形势的变化以及全省经济社会发展的实际需求，不断调整工作思路和方法，及时总结经验和教训，积累了一些工作经验。主要体现在以下几个方面：

（一）紧紧围绕全省经济社会发展目标开展借用国外贷款工作

根据借用国外贷款工作的特点，我们把研究确定全省各个时期国外贷款投向的重点领域和重大项目作为主要工作来抓，紧紧围绕省委、省政府确定的经济和社会发展重点，按照积极、合理、有效利用外资的总方针，在提高效益、优化结构的基础上，逐年扩大甘肃省借用国外贷款规模。在认真分析研究国家产业政策和新形势下国外贷款投向特点和趋势的基础上，做到“三个结合”，即把借用国外贷款工作与全省经济和社会发展中长期规划相结合；与产业结构调整和企业改组、改造相结合；在筛选和申报项目时将国外贷款条件与全省各地经济工作重点和产业发展需求相结合，充分发挥国外贷款对经济社会发展的积极推动作用。

（二）注重引进资金与引进技术并重

借用国外贷款的目的，不仅是要弥补建设资金的不足，更重要的是要引进国外的先进技术、设备和管理经验，从而提升甘肃省相关产业的综合技术装备水平。因此，在确定国外贷款投向时，既要考虑经济发展的资金缺口，又要兼顾经济发展的技术缺口；既要注重当前经济发展的需要，又要考虑今后长远发展的趋势。甘肃省在筹划项目时，始终把引进资金与引进先进技术相结合，通过国外贷款项目的实施切实引进了国内不能生产或不能满足项目建设需要的关键设备和技术，最大限度地发挥国外贷款的综合效益。

（三）广泛宣传，主动做好协调和服务工作

借用国外贷款工作是一项政策性强、涉及面广、工作环节多的系统工程，项目操作程序较为复杂，加之甘肃省部分地区开展这项工作时间较短，经验不足，给借用国外贷款工作的拓展带来了一定的困难。针对这种情况，为了有效开展工作，我们始终牢固树立公仆意识，加强与财政等相关部门的沟通和联系，积极主动地为项目单位做好协调和服务工作。一是及时掌握国际金融组织和各国政府提供贷款的条件、扶持领域和贷款额度等最新信息，并通过举办培训班等多种方式向有关部门及项目单位宣传和讲解，帮助项目业主进行测算分析，指导选择国别，谋划项目。2004年，我们专门为全省“抓项目、促发展”培训班，编写了具有较强现实指导意义的“建设项目与利用外资”专题讲义，并采用多媒体教学方式对借用国外贷款的相关知识进行了系统讲解，收到了较好的效果。二是重视项目前期指导服务和项目储备工作。按照项目基本建设程序要求，充分开展项目前期的论证工作，帮助项目业主优化借用国外贷款方案，对项目国内配套资金能力、还款能力、外部配套条件、实施方案、管理机构及运行方式等进行严格把关和落实，确保项目的质量和成功率。为了有效地组织和申报项目，积极开展调研工作，深入地县了解在建项目的执行情况，协调解决项目执行中存在的问题，同时挖掘新的项目，组织各地编制借用国外贷款项目规划，建立项目储备库。三是主动加强对项目执行全过程的协调和服务。帮助项目单位做好国外贷款机构的项目评估工作；了解和掌握国外技术设备情况，协助制定招标方案；指导技术、商务谈判以及项目合同的签署；协调金融机构合理转贷等，加快项目的实施进程。

（四）强化外债管理工作

近年来，甘肃省进一步加强了外债管理，建立了外债偿还准备金，规范了转贷和偿还机制，总体上保持了甘肃省对外偿债的良好信誉。在借用国外贷款规模继续扩大的前提下，通过提高使用质量、优化结构，加强债务管理等措施，使外债余额控制在合理的范围内，外债的负债率和偿债率均低于国际公认的安全线，为今后继续扩大国外贷款规模提供了条件。尝试开展了借用国外贷款项目的后评价，以及对重点借用国外贷款项目的稽查工作。根据国家发展改革委颁布的《国际金融组织和外国政府贷款投资项目暂行管理办法》，相应制定了甘肃省的相关管理办法，为进一步规范项目管理奠定了良好的基础。

六、甘肃省借用国外贷款工作中存在的问题

甘肃省借用国外贷款工作虽然取得了一定的成绩，但与全国相比，同其他省相比还存在一定的差距，全省累计实际使用国外贷款额仅占全国的1%。省内各地、各部门之间发展也很不平衡，有的地区几乎没有独立申报的国外贷款项目。总结和回顾20多年来全省国外贷款工作，存在的问题主要有以下几个方面：

（一）国外贷款的投向结构亟待进一步的调整和优化

目前，甘肃省国外贷款投向农业、林业、水利、生态环境，以及社会发展等领域的项目比重仍然偏重，在全省国外贷款实际使用额中，农、林、水、生态环保、扶贫开发、教育、卫生等项目所占比例高达38%。这类项目社会效益、生态效益明显，但项目本身短期的经济效益相对较差，加之部分项目偿债责任不明确，给各级财政造成了一定的偿债压力，从而影响一些地区后续项目的争取。今后，为了缓解由于偿还债务造成的财政困难，需要结合各地产业结构调整的方向，进一步调整和优化国外贷款投向，尽可能利用国外贷款多扶持一些经济效益较好的特色产业发展项目。

（二）缺乏总体规划，项目储备不足

结合“十一五”规划编制工作，通过调研，我们发现各市州在借用国外贷款工作中，普遍缺乏“规划”意识，往往不能根据当地社会经济发展的整体思路，统筹考虑、统一组织编制具有一定前瞻性和导向性的借用国外贷款项目滚动规划，从而无法建立科学、有效的项目筛选机制，不能及时提出可操作的项目，造成工作中的被动局面。从数量来看，各市州对国外贷款的需求很大，但从质量上看，各地所提出的大部分项目不够成熟，有一定工作深度且具有可行性的项目较少。

（三）组织机构不全，缺乏专人开展工作

目前，全省14个市州的发展改革部门设专门外资机构的只有张掖、武威、兰州、白银和平凉，其他9个市州没有专门机构和专职业务人员。由于缺乏固定的工作人员，大部分市州普遍对借用国外贷款项目的申报程序和相关政策、法规不熟悉，导致项目申报困难和后续执行管理工作不规范、不到位，尤其是基层发展改革部门对国外贷款项目的实施管理工作薄弱。

（四）地方财政实力弱，落实担保困难

由于甘肃省大部分市（州）以及县(区)的财政收入水平低，债务负担较重，省级财政部门在审核项目还款能力和债务负担状况时，注重项目所在市（州）和县(区)的财政偿还能力分析，因此，许多项目都不能通过财政部门的财务状况评审，无法得到省级财政的担保，从而影响了项目的申报。此外，在给民营企业提供担保方面，在体制上还存在一定的制约，与大力发展非公有制经济的要求相矛盾。

青海省借用国外贷款25年回顾与总结

一、青海省利用国外贷款的基本情况及主要特点

（一）青海省利用国外贷款的基本情况

青海省利用国外贷款自1984年起步，至今已历经22个年头。1984年，由教育部转贷的世界银行“广播电视大学和短期职业大学项目”开始实施，自此，青海省利用国外贷款工作开始起步。至目前，国家批准青海省利用国外贷款项目42个，协议贷款金额27498万美元，单个项目平均规模为654.7万美元，其中：已执行项目33个，实际使用贷款金额14816万美元；在执行项目6个，使用贷款金额5540万美元；前期和待执行项目3个，批准贷款金额7142万美元（见图1）。

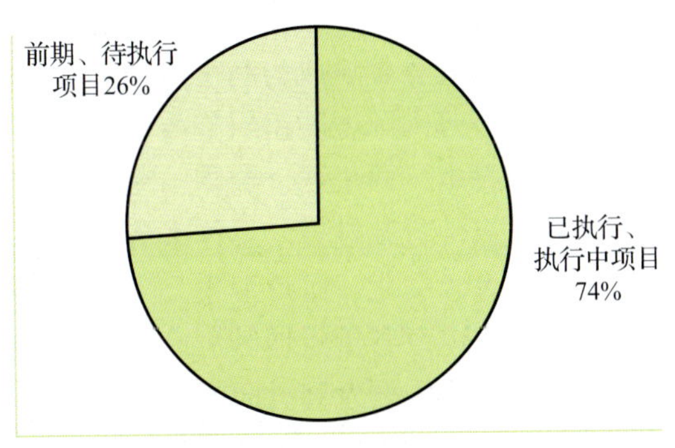

图1 青海省国外贷款项目执行情况图

从贷款时期看，全省“六五”、“七五”、“八五”、“九五”、“十五”累计利用国外贷款分别为46万美元、348万美元、5108万美元、7286万美元和14546万美元。“十五”利用国外贷款是“六五”的316.2倍。“六五”至“十五”，全省利用国外贷款平均增长率达到322%（见图2）。

从贷款投向看，社会公益性项目28个，贷款总额22397万美元，其中：教育文化卫生项目13个，贷款总额7115万美元；基础设施项目8个，贷款总额6205万美元；生态环保项目2个，贷款总额6020万美元；农业及扶贫开发项目2个，贷款总额2522万美元；其他项目3个，贷款总额535万美元。经营性项目14个，贷款总额5101万美元，其中：特色工业深加工项目4个，贷款总额1939万美元；农牧业产业化项目5个，贷款总额1775万美元；食品生产加工项目2个，贷款总额522万美元；医疗卫生及医药制造项目2个，贷款总额385万美元；其他项目1个，贷款总额480万美元（见图3）。

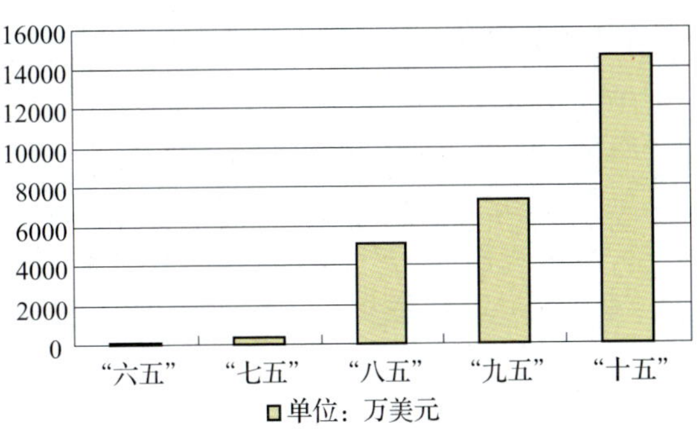

图2 青海省不同时期的国外贷款项目

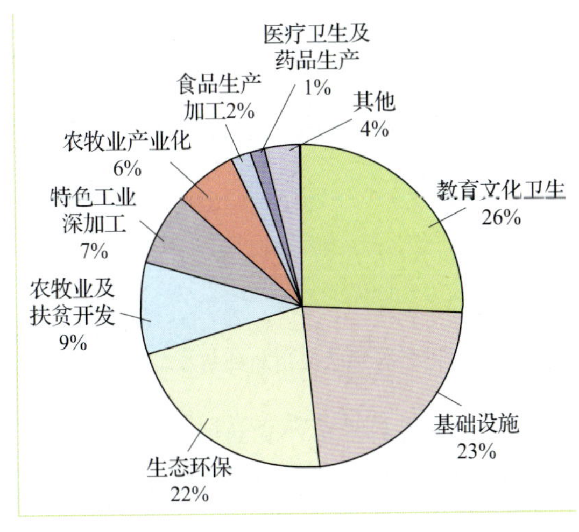

图3 青海省国外贷款项目投向

从贷款来源看，全省已批准贷款项目中，借用世界银行、国际农业发展基金等国际金融组织贷款项目11个，累计贷款总额4822万美元，占17.5%；借用日本、德国、西班牙、瑞典、比利时、奥地利等外国政府贷款项目31个，累计贷款总额22676万美元，占82.5%（见图4）。

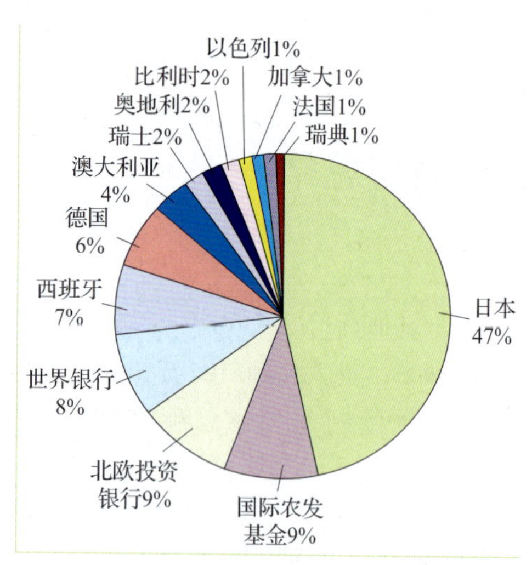

图4 青海省国外贷款项目来源

从使用地区看，省级部门项目21个，贷款总额18160万美元，占66%；西宁市项目15个，贷款总额5816万美元，占21.2%；海南藏族自治州项目2个，贷款总额2340万美元，占8.5%；海东地区项目2个，贷款总额802万美元，占2.9%；海西州蒙古族、藏族自治州项目2个，贷款总额380万美元，占1.4%（见图5）。

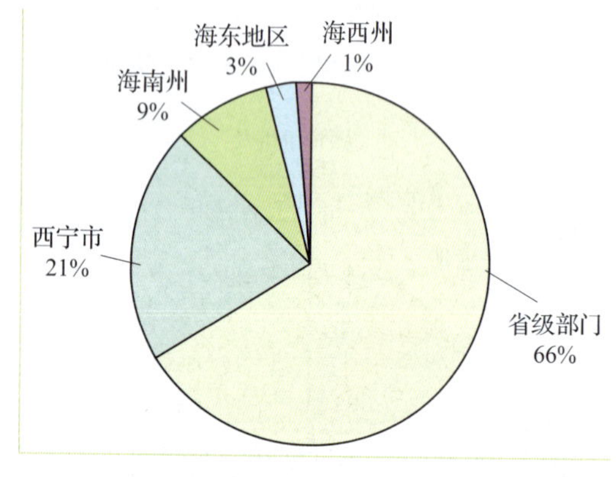

图5 青海省各地区使用国外贷款项目情况

（二）青海省利用国外贷款的主要特点

1．利用国外贷款规模快速增长，质量和效益不断提高

总体来看，青海省利用国外贷款呈现前期稳定但规模较小、近年来快速增长且规模不断加大的态势。以“八五”、“十五”时期为界，青海省利用国外贷款基本可分为起步期、平稳发展期、快速增长期三个阶段。

（1）起步期，即“六五”、“七五”，两个时期全省累计利用国外贷款394万美元，占全省历年利用国外贷款总额的1.4%；

（2）平稳发展期，即“八五”、“九五”，二个时期全省累计利用国外贷款12394万美元，占全省历年利用国外贷款总额的45.1%；

（3）快速增长期，即“十五”，期间全省累计利用国外贷款14546万美元，占全省利用国外贷款总额的52.9%。“十五”以来，青海省利用国外贷款力度明显加大，期间青海省共争取国家列入贷款规划的国外贷款项目共20项，批准贷款金额16600万美元，较“九五”增长1倍多。与国家西部大开发各项措施相配套，国外贷款在引进先进适用技术装备、推动青海省相关行业产业结构升级、提高企业竞争力、促进社会事业发展、扩大就业等诸多方面发挥了更加积极的作用。

2．利用国外贷款领域逐步拓宽，对经济社会发展的促进作用不断增强

“六五”、“七五”期间，国外贷款项目仅局限于教育、文化、医药制造领域；“八五”以来，国外贷款领域明显拓宽，涉及医疗卫生、电力、通讯、环保、食品加工、医药制造领域；“九五”在此基础上增加了电力、信息、农牧业产业化领域；“十五”以来，社会保障、特色工业深加工、生态环境治理等领域成为利用国外贷款新的亮点。除世界银行等国际金融组织贷款外，青海省重点加大了利用日本、西班牙、德国、北欧投资银行等外国政府优惠性贷款规模。总体来看，青海省已逐步形成以教育、文化、医疗卫生、生态环保等基础性领域为主，以改善重点地区生产生活条件、加快资源开发步伐为主要发展方向的利用国外贷款格局，一批具有竞争优势、具备良好效益和发展前景的经营性项目建成或即将建成投产，成为全省在产时期加速发展、构建和谐的助推器。

3．利用外国政府贷款主体结构呈现多元化，民营企业借用贷款的积极性有了极大提高

青海省利用外国政府贷款自“七五”时期开始。至“九五”末，全省累计利用外国政府贷款8131万美元，占同期全部国外贷款的62.8%。受体制的制约，“九五”以前，全省国外贷款均由行政事业单位及国有企业使用。“十五”以来，随着国家西部大开发战略的实施以及允许民营经济利用国外贷款等政策的出台，极大地调动了企业使用外国政府贷款的积极性。国外贷款管理部门在贷款规

西宁市中心劳动力市场建设项目，借用世界银行贷款。图为已投入使用的劳动力市场

划、项目申报及财政担保等方面有针对、有重点地向民营企业进行倾斜，切实提高了借用国外贷款的成功率。在“十五”期间国家已批准的20个国外贷款项目中，有13个涉及民营企业，利用国外贷款总额累计达3839万美元，占同期全省国外贷款总额的26.4%。民营企业在农牧业产业化、特色工业精深加工等领域，通过利用国外贷款实现了做强做大、加快发展。

4．国外贷款项目管理能力有所增强，项目运行质量进一步提高

1984年以来，青海省结合国外贷款项目及其相关领域的特点，坚持严把项目关，切实履行项目的基本建设程序，引进了先进的项目管理经验，有效保证了项目质量。在项目规划过程中，各级政府及部门密切结合国家和青海省经济社会发展规划及行业规划，依据青海省自然资源禀赋，精心策划了一批国外贷款项目；在项目报批过程中，国外贷款主管部门与各相关职能部门间加强协调配合，明确职能分工，加强政策性指导，保证了项目申报的成功率；在项目实施过程中，坚持责、权、利相统一的原则，实行项目业主负责制，对贷款项目的资金使用拨付、工程实施进度、技术方案执行、项目组织管理及投入产出效益等进行全面的监测与评价，按照专款专用、按期偿还的原则把好实施关，切实保障了项目运行质量。

5．外债安全运行，进一步加大借用国外贷款力度仍有很大潜力

良好的外债管理对于降低债务成本、提高贷款使用效益、减少外债风险、防范债务危机具有重要意义。长期以来，青海省坚持合理控制外债总体水平，优化外债结构，落实贷款偿还责任，不断增强外债偿还能力，有效提高了国外贷款项目的经济社会效益。截至2004年末，全省政府直接债务余额约50亿元，间接外债余额约80亿元，政府直接债务负债率10.5%，外债负债率约2%。总体来看，青海省借用国外贷款的规模还不大，外债负债率仍然较低，债务负担仍处于安全警戒线内，进一步加大借用国外贷款规模仍有很大潜力。2005年，全省实现地区生产总值543.2亿元，财政地方一般预算收入达到33.8亿元，上述指标1984年以来年均增长率分别达到14.7%和13.4%，借用国外贷款的外部经济条件已有了较大改善。“十一五”期间，青海省经济仍将保持健康平稳发展的态势，国外贷款还款能力将进一步增强，利用国外贷款加快发展的基础将更加牢固。

二、青海省利用国外贷款的积极成效及基本经验

（一）青海省利用国外贷款取得的积极成效

1．有效弥补建设资金不足，切实增强了政府投资能力

青海是资源大省，要实现可持续的发展、扩大经济规模、提高人民生活水平必须坚持资源开发型的发展模式。改革开放、尤其是国家西部大开发战略实施以来，依靠国家支持，全省国民经

济开始呈现出快速发展的良好态势，社会事业发展也取得了长足发展。作为政府的债务收入，国外贷款已成为青海省弥补公共投资不足、加快社会事业发展、加大扶贫开发力度、改善基础设施条件、加快经济结构调整、开展生态环境保护的重要资金来源。截至目前，全省共利用国外贷款2.7亿美元，相当于1984～2005年财政地方一般预算累计收入的8.4%，有效弥补了地方财力不足。国外贷款拉动地方、企业及银行资金投入约16亿元，发挥了积极的带动作用。通过与国内贷款、预算资金的配合使用，借用国外贷款增强了政府谋划发展、统筹财力的能力，有效提高了政府公共投入水平。

2．加快了基础设施建设步伐，重点地区生产生活条件得到明显改善

基础设施是国民经济发展的先导产业。青海面积广大，人口居住分散，水电、石油天然气、盐湖、有色金属及非金属矿产资源基本都集聚于内陆偏远地区，开发难度大、成本高，必须结合地区经济发展及产业集聚的空间布局，统筹考虑、合理规划，加快资源开发区道路、给排水、供电、天然气、通信、绿化等公用基础设施建设。为此，全省先后实施了海南地震灾区重建、格尔木二期给水、西宁污水处理一期、西宁第六水源、邮电通讯等一批国外贷款基础设施建设项目，有效解决了群众生产生活用水紧张的问题，改善了人居环境，加快了灾区重建步伐；青海省邮电管理局于1994～1998年间，先后利用澳大利亚、日本、德国三笔总额4270万美元的政府贷款，对西宁及部分州地县市话进行扩容改造，实现了全省电话程控化和传输数字化，使邮电通信状况得到了很大改善。重点地区生产生活条件的改善，有效提高了中心城市及资源开发区基础设施对生产力大规模集聚的承载能力，全省经济发展的后劲得以进一步增强。

3．加大了扶贫开发力度，为农村牧区发展特色农牧业、提高农牧业综合生产能力和农牧民增收注入了活力

青海自然条件差，经济基础薄弱，贫困问题十分突出。2005年，全省农村牧区仍有贫困人口133万人，占农牧民人口总数的38%，其中绝对贫困人口约70万人。由于地方财力十分有限，近年来，各级政府虽想方设法、千方百计筹措资金，但

青海省新建梯田项目，借用国际农发基金。图为建成的山地梯田

扶贫投入始终不能满足贫困地区的需要。为此，青海省把加强贫困农牧区基础设施建设、扶持贫困地区农牧业产业化发展、加强贫困人口劳动技能培训、提高贫困地区自我发展能力作为利用国外贷款的重点领域加以推进，先后向国际农发基金申请、实施了总额2526万美元的海南、海东农业综合开发项目，对于上述两个地区发展特色农牧业、加快农牧民脱贫致富产生了积极的推动作用，同时也为扶贫领域今后进一步加大国外贷款投入积累了经验。

4．有力促进了教育、卫生、广播电视等社会事业快速发展

改革开放以来，尤其是西部大开发战略实施以来，青海省各项社会事业取得了长足进步，社会公共服务水平明显提高。但是由于基础差、底子薄，社会事业发展总体仍显滞后，社会公共产品供给总体水平较低，城乡间、区域间社会发展差距大，经济发展与社会发展一条腿长、一条腿短，教育、卫生、文化等社会资源分布不均衡的问题依然突出。为此，从“七五”到“十五”期间，青海省先后申报并实施了地方大学、医疗设备引进、“卫六”、“卫八”、“贫三”、广电基础设施改造、高校人才培养等一批国外贷款项目，涉及总投资7.4亿元，其中引进国外贷款6546万美元，进一步改善了项目区医疗卫生基础设施条件，居民健康水平得以稳步提高，中心城市高校基础设施和办学条件进一步完善，有效提高了高层次人才的培养能力和高校的科技创新能力。

5．加快了生态环境建设步伐，可持续发展的后劲进一步增强

青海地处三江源头，是我国重要的生态屏障，保护好生态环境，不仅关系到本省、本地区，也关系到中下游地区的可持续发展。为此，“十五”以来，青海省在大量深入、细致的研究工作基础上，积极争取、上报了“环青海湖流域草地生态环境综合治理”日元贷款项目，以进一步加强环青海湖地区生态环境保护与建设，并探索出一条加快生态环境保护与修复的新路子。该项目总投资70878.45万元，其中申请日本协力银行贷款6000万美元，随着项目的实施，通过综合治理，可使青海湖入湖水量不再因人为因素而减少，从而逐步建立起良性循环的草地生态系统及鱼鸟共生的水体生态系统，逐步改善当地生态环境。

6．一批符合特色发展方向、具备竞争力的国外贷款项目建成或即将建成投产，经济结构调整的步伐进一步加快

西部大开发战略实施以来，青海省工业经济有了长足发展。但经济总量小、产业链条短、附加值低、精深加工和资源综合利用程度不高等问题依然突出，工业化水平仍处于初期阶段。“七五”以来，青海省利用日本、瑞士、以色列等政府贷款，先后实施了骨明胶、机制胶囊、面粉加工、油脂加工等5个工业加工项目，提高了企业技术装备水平和产品附加值。“十五”期间，青海省又根据产业结构调整和发展特色经济的要求，先后利用北欧投资银行，西班牙、比利时政府贷款，实施了通路铝塑复合管材生产线一二期、金溢铝材加工生产线扩建、芳谱色拉油生产线、牧羊仔清真肉食品生产线及胡萝卜浓缩汁生产线等一批特色经济项目，有效推动了资源由单项开发向综合开发的转型，促进了产业链的延伸，加快了技术创新步伐和传统产业与高新技术的对接，产业结构调整的成效显著。预计上述项目建成投产后，每年可实现销售收入近20亿元，上缴税金1亿元以上，近3000人实现就业和再就业。

7．引进了先进的技术和管理经验，有力加快了对外开放步伐

借用国外贷款涉及国际商务、资本运作、政策法规等多个领域，有一套严密的项目审批程序和管理体系，需要具备很强的专业知识。国外贷款项目实施的过程中，无论是管理部门还是项目单位，均从中了解和掌握了大量国际惯例，积累和丰富了对外合作的经验，开阔了视野，进一步积累了涉外经验和知识，提高了项目管理水平和运作能力，培养出了一批懂经济、善管理的复合型人才，为充分发挥项目的效益、保证项目质量起到了良好的示范带动作用，同时也为今后进一步加大借用国外贷款力度奠定了坚实的人才基础。

（二）利用国外贷款的经验和体会

1．加强领导，统筹协调是项目成功实施的组织保障

国外贷款工作牵涉面广，需要上下协调一致，共同配合，切实解决项目实施过程中出现的问题。多年来，青海省始终坚持政府牵头，各部门、

各地区及项目单位共同参与的沟通协调机制，对于重大项目，从项目前期工作开始，一般都成立项目运作协调领导小组，由省政府主管领导担任组长，发展改革、财政部门总牵头，相关部门为领导小组成员，共同推进项目的实施。对于涉及百姓及群众利益的重大项目，均比照此机构设置，建立覆盖省、州地市、县乡村的多级领导、协调框架，从而形成了一套上下统一、协同高效的项目管理运行体系，使国外贷款项目管理有章可循，责任到人，任务明确。

2．提前规划，做好前期工作是项目成功实施的前提

多年来的实践证明，贷款项目前期工作的好坏对于其能否成功实施至关重要。当前，所有申请国外优惠贷款项目均须先列入国家贷款备选项目规划，经国务院或国家发展改革委批准后，由财政部统一组织对外提出并开展谈判工作。25年来，我们始终密切结合全省国民经济社会发展战略和重点，通过科学论证，规范操作，提前做好贷款备选项目的规划、筛选和申报工作。在项目前期阶段，注意加强与各级政府、财政部门、行业主管部门的衔接与沟通，加强项目指导，进一步调动了项目所在地借用国外贷款的积极性，因地制宜，精心准备，为项目顺利实施打下了良好基础。

3．正确决策，选准贷款方向和重点是项目成功实施的基础

国际金融组织和外国政府贷款在不同时期对贷款领域、方向等要求不尽相同。由于属于主权外债，为确保项目顺利实施，按照要求，其申报实施均需地方财政进行担保。长期以来，考虑到全省经济基础薄弱，财政实力不强，经济结构调整、基础设施建设、扶贫开发、社会事业发展等领域任务十分繁重的现状，我们确定了全力支持城市基础设施、扶贫、教育文化卫生、生态环境保护等公共服务领域，有选择、有重点地支持农牧业产业化、新

青海金溢铝型材项目，借用北欧投资银行贷款。图为建成后的铝材加工车间

型工业化、信息化等市场竞争领域的国外贷款使用方向。多年来的实践证明，这个方向是正确的，效果是明显的，既符合国家对西部地区利用国外贷款的政策性要求，有效弥补了政府公共投入领域建设资金的不足，缓解了地方财政的支出压力，同时又调整和优化了各级政府的负债结构，提高了财政资金的使用效益。

4．规范运作，确保项目“公开、公正、公平”是项目成功实施的关键

国外贷款项目在设备采购、工程发包等方面均有严格的规定程序，必须采取国际性的公开招标，并接受贷款方的监督。为保障项目的顺利实施，多年来，我们始终坚持“公平、公开、公正”的原则，严格采用招标采购机制，规范了采购行为，降低了建设成本；资金拨付采用“直通车”的方式，有效减少了中间环节，杜绝了资金的截流、挪用和浪费现象，加快了资金周转速度，提高了资金的使用效益。青海省目前正在实施的“卫八”项目，由于完善的组织管理和科学规范的运作，吸引了英国国际发展部、中华基金会、能源基金会、福特基金会等国际机构对项目的无偿支持，并发展了若干子项目，使项目开展超出了预期设想。实践证明，切实有效的保障机制对于保证国外贷款资金按时到位、项目的顺利实施和减少违规违法行为是十分必要的。这种做法既符合国际惯例，也得到了国外专家的首肯和信任。青海省历年国外贷款项目的顺利实施为我们积累了大量的经验，同时对于今后进一步加大利用国外贷款力度也起到了很好的示范带动作用。

5．创新机制，狠抓项目管理是项目成功实施的重要保障

国外贷款项目的管理方法经过实践严格检验，并被证明为行之有效的国际通行管理模式。青海省多个国外贷款项目的实施，不仅为我们引进了所需的建设资金，更重要的是带来了先进的技术和管理理念，对于青海省扩大对外开放、发展开放型经济具有更加积极的作用。多年来，青海省在国外贷款项目实施过程中，一手抓引进资金，一手抓项目管理，在项目实施过程中引进监督机制，并邀请有关监督机构加强对设计、招投标、采购、施工、验收等进行全过程监督，切实保障了工程质量。同时，还专门组织了一些专业技术和项目管理人员配合项目的实施，直接参与项目管理，确保了贷款项目的顺利实施。

三、青海省利用国外贷款存在的主要问题

（一）国外贷款大项目偏少，总体规模仍然较小

近年来，青海省利用国外贷款规模增长较快，但由于起步较晚、起点较低，贷款规模远不能满足经济社会发展的需要。1984～2005年，全省累计借用国外贷款2.7亿美元，外债负债率仅为2%，国外贷款规模严重偏小。西部大开发战略实施以来，全省上下逐渐认识到国外贷款对于加快经济发展的积极作用，贷款的申报力度虽不断加大，但由于经济发展水平仍然较低、财政保障能力不足、国外贷款领域限制等多种因素的影响，尤其在涉及经济发展的资源开发领域，全省仍然缺乏较大规模的国外贷款项目。在历年实施的项目中，仅海南农发、高校人才培养、广电基础设施改造3个项目协议金额超过1500万美元。而经营领域的项目多为非公有制企业所申请，受企业实力、资产规模、还款能力等条件的限制，项目贷款规模均在500万美元以下。由于项目规模较小，影响力有限，难以对当地经济社会发展产生大的促进带动作用。

（二）国外贷款来源结构单一，项目资金配套能力不足

从青海省历年借用国外贷款的总体情况来看，受国际环境、国家政策、对外开放程度、经济发展水平等多种因素的影响，全部贷款均来源于国际金融组织和外国政府，贷款领域较为狭窄。1984～2005年，全省累计利用国际金融组织贷款10个，仅占全部国外贷款项目的27.8%，其中：利用世界银行贷款项目8个、国际农发基金贷款项目2个，分别仅占全部国外贷款项目的22.2%和5.6%。从项目的资金构成看，除国外贷款外，往往还需要地方自筹、银行贷款等其他资金与之相配套，但由于地方公共财力不足，难以完全满足项目完整的资金需求，使得相关项目的实施仅仅局限于既定领域，无法产生和发挥系统性、全局性的效益。从长远来看，资金配套方面的问题如长期得不到解决，无疑将在一定程度上影响和

妨碍青海省、尤其是基层农牧区申请和使用国外贷款的积极性。

（三）一些地区和部门对利用国外贷款存在认识上的偏差，争取具有偿债责任的国外贷款积极性不高

近年来，得益于国家大量的资金投入，青海省经济和社会事业发展取得了长足发展，但由于地处偏远内陆，受自然、地理等条件的限制，一些部门和地区对于建设资金的筹集，往往只瞄准国内，瞄准国债和国家专项资金，利用贷款谋发展、促进步的意识仍有待进一步提高。由于国外贷款项目运作周期较长，审批严格，贷款程序较为复杂，加之项目实施后往往“只见设备不见钱”，一些地区和部门对项目申报和实施产生了畏难和抵触心理，利用国外贷款谋发展、促进步的积极性不高。对于生产经营性项目，企业普遍担心项目运作周期长，运作成本过高，市场的周期性风险可能会有所加大，金融部门因加速改革、风险内控等方面的原因，不愿承担转贷风险或在转贷过程中人为设置一些障碍，使得贷款转贷的运行机制不畅，加大了管理部门的项目申报和管理难度。

（四）部分项目单位重借轻还、重借轻管的问题依然突出

国外贷款采用借—用—还一体化的管理体制，必须有完善的组织管理和符合国际惯例的运作模式与之相配套。从青海省国外贷款运作的总体情况来看，在项目申报和资金争取过程中，各地区、部门和单位对项目的规划和前期工作均能给予高度重视和大力支持，但在项目实施过程中，管理费用投入不足、配套资金不到位，重投入轻效益、重借款轻还款的问题依然存在，部分管理部门和项目单位在项目执行过程中，往往存在项目管理和预测能力上的不足，导致实施出现偏差，影响其效益的发挥。部分经营性项目由于历史包袱重压和激烈市场竞争等因素的影响亏损严重，效益和盈利能力不能达到设计预期；部分企业由于对汇率风险问题预测不够，加之还款不及时，错过低汇率还款期，致使还款成本急剧增加，导致项目还款出现困难。当前，由于体制因素的影响，难以建立动态的还款监控体系，一定程度上加大了国外贷款偿付风险。

（五）财政实力不强，贷款担保体系尚不健全，政府债务压力大

青海省目前处于加速工业化、城镇化和市场化进程，经济社会结构发生重要变化的关键时期，消除贫困、全面建设小康社会和构建社会主义和谐社会的压力大，任务重，经济社会各个领域都需要政府的大量支持。由于省内各类经济主体自身担保能力不足，偿债能力不强，各级财政均不同程度对国外贷款项目的申报和实施提供了担保支持，使得政府承担了较大的债务压力。当前，全省相关直接、间接债务指标虽均在安全线以内，但由于财力紧张，债务担保责任的层层分解，使得地方财政，尤其是基层财政的收支压力进一步加大。2005年，全省累计财政赤字占地方一般预算收入的比重达到18.6%，省级财力收支缺口达到136.4亿元，自给率不足20%，进一步加大借用国外贷款规模受政府财力不足的制约较之其他省区更大。从全省历年借用国外贷款的总体情况来看，社会公益性项目占81.4%，经营性项目仅占18.6%。相对而言，由于公益性项目投资较大，社会效益偏多而经营效益偏少，贷款结构不尽合理。此外，在转贷过程中，金融部门为降低自身风险、加速贷款回收，往往对企业提出一些诸如利率、年限等方面的附加条件，使得企业不得不付出额外的成本支出，一定程度上影响了国外贷款项目的实施和效益的发挥。

（六）部分项目因不利因素的影响，运作受到限制

青海是多民族聚居区，实行民族自治的地区占全省总面积的98%，少数民族人口占总人口的42%，仅次于西藏、新疆，高于广西、内蒙古和宁夏。受海拔高、自然条件恶劣、人口分散等方面因素的影响，少数民族地区经济社会发展仍然相对滞后。要实现全省的统筹发展、区域协调、社会和谐，今后必须有重点、有针对性地向少数民族地区进行倾斜，加大少数民族地区借用国外贷款的规模。

宁夏回族自治区借用国外贷款25年回顾与总结

一、宁夏利用国外贷款基本情况分析

（一）宁夏利用国外贷款简要回顾

宁夏借用国外贷款始于1984年，到2005年已走过了22年的历程。经过了由起步到发展三个阶段。第一阶段从1984年至1990年，即“六五”后两年和整个“七五”时期，大部分借款集中在“七五”时期，是利用国外贷款的起步阶段。当时国家在宁夏安排了一些国际金融组织贷款及援助项目，投向卫生、电大建设和地方大学等领域。具体项目有世行贷款的基本医疗条件改善、联合国粮食开发计划署援助西吉县防护林工程、中卫县南山台子水利工程和意大利政府捐赠宁夏工学院建设（现合并到宁夏大学）、北方果树研究项目等等。这一时期，宁夏借用国外贷款额度很少，平均每年借用国外资金约1000万美元。第二阶段从1991年到2000年，是缓慢发展阶段。这一时期，宁夏利用国外贷款逐步增加，其中，“八五”时期年均利用国外贷款约1500万美元，“九五”时期年均利用国外贷款约5000万美元。第三阶段是2001年至2005年，即“十五”时期，是宁夏借用国外贷款继续增长时期，平均每年借用国外贷款9500万美元。这一阶段，借用国外贷款的项目涉及领域不断拓宽，由原来卫生、教育、农业水利工程扩展到扶贫开发、电力设施建设、医疗、通信科技、道路交通和工业经济等领域。同时外国贷款来源不断扩大，由原来国际金融组织贷款扩展到外国政府贷款和国际商业贷款，外国政府贷款趋于多元化；由第一阶段意大利等国发展到日本、法国、西班牙、德国、澳大利亚、芬兰、奥地利、荷兰、丹麦、瑞典、瑞士、比利时、加拿大、韩国、科威特等众多国家。

22年来，宁夏对外签订各类国外贷款合同共计71个，协议借款总金额8.05亿美元。其中，借用国际金融组织贷款4.27亿美元，外国政府贷款3.36亿美元，国际商业贷款0.41亿美元。截至2005年，已实施贷款项目67个，实际使用国外贷款4.83亿美元。其中，借用国际金融组织贷款1.82亿美元，外国政府贷款2.59亿美元，国际商业贷款0.42亿美元（见图1）。与过去相比，宁夏利用国外贷款的项目已经从最初由中央执行的打捆项目，发展到由自治区独立执行的地方项目或由一个市单独实施的项目，从单一项目发展到综合性项目，项目内容更加复杂，规模在不断增大。这些国外贷款大部分投资于教育科技、交通通讯、医疗卫生、广播电视、生态建设、扶贫开发、城市建设、工业等多个领域和行业，对全区经济社会事业发展起到了一定促进作用。

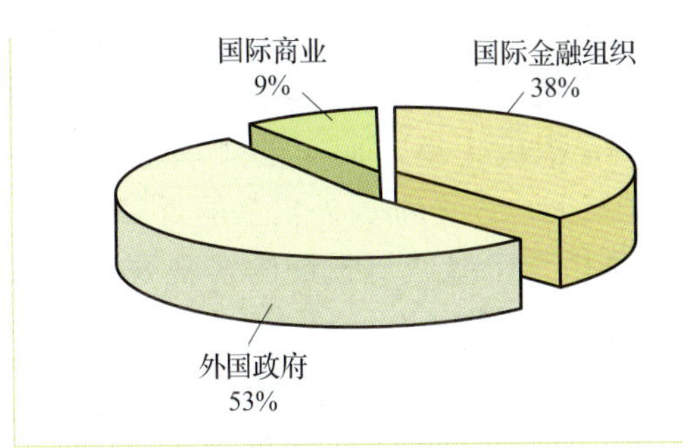

图1　宁夏实际借用国外贷款资金来源结构图

（二）宁夏利用国外贷款的特点分析

通过对宁夏利用国外贷款规模、贷款投向、作用及其与其他类似省区的比较等因素分析，宁夏利用国外贷款主要有以下几个特点：

1．宁夏借用国外贷款起步早

早在1984年前，世界银行就对宁夏卫生进行了项目考查和预评估。1984年，财政部和世界银行批准中国第一个卫生项目——中国农村卫生和医学教育项目，该笔贷款共计8500万美元，贷款为长期无息，财政部作为借款人转贷给各省为25年，宽限期10年，用于资助卫生部部属13所医学院校改善教学条件和培训教学人员，以及宁夏、山东、四川、黑龙江等省区的46个县（市、区）基本医疗条件的改善。宁夏5县（市、区）和区级4个单位列入项目范围，共获得世界银行贷款447万美元。从此开启了宁夏借用国外贷款大门，和西部其他省区相比，宁夏借用国外贷款起步比较早。

2. 国外贷款的行业投向主要集中于“基础设施型”

国际上借用国外贷款搞经济建设，从贷款的使用行业分类，有“基础设施型”、“基础设施——出口创汇混合型”和“出口创汇型”三大类。“基础设施型”的特点是，将国外贷款较集中地用于农业和能源、交通等基础设施。“混合型”则将国外贷款比较均衡地用于基础设施和加工工业。至于“出口型”则是将国外贷款较集中地用于能增加出口创汇的项目上。统计资料表明，宁夏利用国外贷款主要投向交通、农业扶贫开发、广播通讯等回收周期长、社会效益显著的基础设施领域，这三个领域利用国外贷款占全区借用国外贷款总额的74%。其中，交通占37%，农业开发与扶贫占26%，广播通讯占11%。这些领域投资周期长，社会效益显著，对于增强地区经济发展后劲，转变人们的思想观念和维护社会稳定具有积极作用。而工业领域借用国外贷款0.97亿美元，占全部国外借款的近12%（见图2）。这是由于宁夏经济发展的客观要求和国外贷款条件制约所形成的。

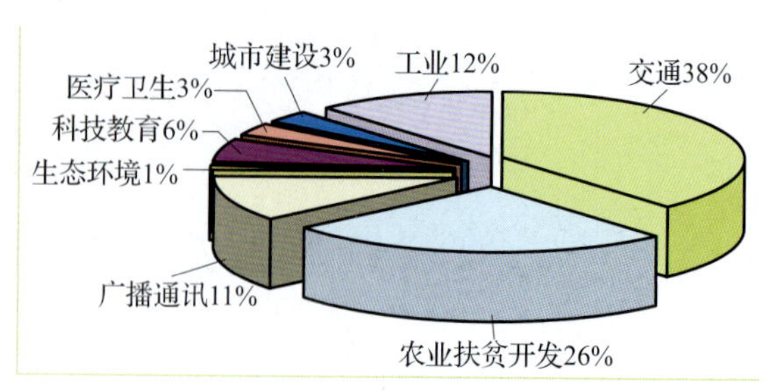

图2　宁夏利用国外贷款资金行业分布图

3. 借用国外贷款使用质量高、效果好

尽管宁夏使用国外贷款额度小，但在项目实施中，严格按照国外贷款实施要求，加强资金管理，注重提高资金使用的效果和项目建设的工程质量，使项目建成运营切实发挥应有的作用，达到预期的社会效益和经济效益。如宁夏利用国外贷款实施的引黄扩灌、邮电、电力和秦巴扶贫等项目，在实施建设过程中均受到外方的好评，而且项目建成投入使用后都发挥了比较好的经济效益，产生了良好的社会效益。

4. 借用国外贷款投向及币种较为合理，贷款安全系数较高

宁夏将长期优惠贷款主要投向基础性、公益性领域；而将短期优惠贷款用于投资少、见效快的工业项目；将商业贷款投向经济效益好、有出口创汇能力的企业。总体来讲，宁夏借用国外贷款使用方向正确，结构较为合理，效益比较突出。同时，借款币种以美元为主，兼有日元、法郎、奥地利先令等多国币种。起到规避风险的作用。宁夏在筹借和使用国外贷款过程中，高度重视安全偿付工作，并在按期偿还方面做了大量的工作，主要外债风险监测指标均控制在国际公认的安全线以内，也低于我国严格的自控标准。

宁夏扶贫引黄灌溉一期工程，借用科威特政府贷款。图为已建设完成的农产区

二、借用国外贷款作用

(一) 补充了建设资金，促进了经济建设

宁夏经济总量小，自我发展能力弱，多年来经济社会事业建设资金严重不足。因此，借用国外政府贷款成为筹措建设资金的一个重要渠道。一般来讲，国际金融机构和外国政府贷款具有贷款期限长、利率低的特点，极适宜投资于社会效益好、回收期长的基础设施项目和公共事业。宁夏从1984年借用国外贷款，到2005年，累计使用国外贷款4.83亿美元，在一定程度上缓解了宁夏建设资金紧张、投入不足的矛盾。国外借款投向教育、医疗、农田水利、交通、通讯、生态环境、工业等领域的一大批项目，有力地带动了国内配套资金的投入。这些基础产业和基础设施项目的建成运营，在一定程度上改善了宁夏投资环境，促进了外商直接投资的增长，推进了宁夏公共事业发展，产生了良好的社会效益和经济效益。

(二) 加快了基础设施建设步伐，改善了区域生态环境

20多年来，宁夏利用国外贷款实施项目中，涉及道路交通、民航、电力、通信、水利等基础设施项目共18个，实际使用国外贷款为2亿美元，占实际利用国外贷款总额的41.4%，推动了区内资金投入基础设施建设领域。先后投资建设了银川河东机场、古王高速公路、同心至沿川子高速公路、电网改造、邮电通信、宁夏重点风沙区生态综合治理、北方荒漠化治理等生态建设工程等一批重大项目，明显改善了宁夏交通滞后的局面，增强了宁夏电网的稳定性，为实现城乡同网同价创造了基本条件，大大促进了宁夏通信业的发展。在一定程度上遏制了区域生态环境退化，为宁夏经济的快速发展打下了坚实的基础。

(三) 引进了先进的技术装备，推进了产业结构调整

宁夏工业经济领域利用国外贷款项目22个，实际利用国外贷款0.79亿美元，占实际利用国外贷款总额的16%。虽然工业领域借用国外贷款总额少，但有效推动了国内投资。先后实施了宁夏化工厂二套大化肥工程、干法成形特种纸生产、柠檬酸生产、异型股钢丝绳生产等一批工业项目建设和改造工程，引进了国际国内先进的技术、设备和工艺，提高了部分行业的生产装备水平和产品竞争力。开发生产了柠檬酸、干法纸、铁路轴承、特种复写纸和自动化机床等新型产品，填补了宁夏在这些行业的空白，促进了经济结构的调整。其中在电力、化肥、乳制品加工等行业，引进的技术和设备达到了20世纪90年代中期的水平，缩短了这些行业与国内国际的差距。同时，也积极地吸取了国外先进的管理理念和经验，促进了区内技术进步和管理水平的提高，推动了产业结构的调整和升级，锻炼和培养了一批技术人才和经营管理人才。

(四) 改善了社会事业发展条件，推进了贫困地区经济社会的发展

宁夏在利用国外贷款中，投向卫生、教育、科技、广播电视等社会事业的项目是23个，占宁夏利用国外贷款项目总数的32%，实际利用国外贷款金额5630万美元，占利用国外贷款总额的12%。其中，实施了宁夏发酵厂柠檬酸技改、光盘制造数字压缩及多媒体、宁夏电网自动化设备更新、S-1240数字程控电话交换等7个科技项目，改善和提高部分行业的生产设备条件。利用国际金融组织贷款投资于贫困地区的教育，改修建了宁南山区一批中、小学校，促进了当地办学条件明显改善，在一定程度上缓解了山区办学难、上学难的矛盾。实施宁夏广播电视基础设施改造项目，显著提高了全区广播电视的覆盖率。借用世界银行贷款实施了疾病预防、综合性妇幼保健、秦巴山区卫生等项目，修建了20个乡卫生院，改善了项目区农村公共卫生条件，降低了麻疹、百日咳等疾病的发病率和孕产妇及婴幼儿的死亡率，消灭了“脊髓灰质炎”。这些项目的实施，促进了宁夏社会事业发展。尤其是通过秦巴扶贫和宁夏中部干旱带扶贫与环境等项目的建设，在一定程度上改善了贫困地区的生产生活条件，降低了全区贫困人口数量。

(五) 推动了经济体制改革，促进了对外开放

通过借用国外贷款实施项目，在利用国外资金的同时，有些项目还引进了先进技术、管理理念和管理模式，推动了宁夏经济体制和经济管理方式的转变，促进了所有制结构的调整和股份制发展，为国民经济增添了活力，对加快国有企业改革和市场经济体制的建立与发展，产生了积极影响。同时，借用国外贷款也使深处内陆的宁夏开阔了眼

界，增进了对外部世界的了解，促进了观念的转变，培养了一批适应市场经济和利用外资工作的人才，为宁夏进一步对外开放创造了条件。

宁夏重点风沙区生态综合治理项目，借用日本政府日元贷款。图为青铜峡治沙区

（六）提高了项目的管理能力，保证了贷款资金的利用效果

国际金融组织和国外优惠贷款组织机构具有长期管理项目的经验，并形成了一套科学的管理程序和方法。在项目的管理上，强调项目所在地自始至终都要有一个项目管理机构，并写入了与各国政府签署的信贷协议中。在项目的设计上目标明确，建设内容和计划具体可行，如在基本建设和引进设备方面强调适宜和适用，反对盲目超前引进高、精、尖设备和所谓“多少年不落后工程”。项目计划中不仅重视硬件建设，而且更加重视人力资源的开发利用，如通过人员招聘、技术援助、人员培训等计划来提高项目的管理水平和技术人员的服务能力。在项目计划的实施上，有一套严密的操作程序和规范，如对基本建设和设备招标采购方面，都必须严格按照世界银行的程序要求进行竞争性的国际招标或国内招标。还对项目执行的进展随时进行监控和督导，并建立了科学的效益评价制度，项目完工后要进行项目的效益评价，对项目目标的实现程度、资金利用效果以及经验教训等都要进行全面的总结评价。因此，通过借用国外贷款项目的实施，这一系列的科学管理和控制措施，对促进宁夏借用国外贷款项目的管理起到了积极作用，改变了过去只重视项目的审批立项，忽视项目的执行监督和效果评价现象。并在很多国内投资项目的管理上都借鉴了世界银行的成功经验，从而提高了项目资金的利用效果，使其发挥了更大的经济和社会效益。

三、宁夏利用国外贷款的几点体会

（一）提前规划，做好前期工作是项目成功的基础

国家对国外优惠贷款管理的指导思想是：稳定规模，优化结构，提高质量和效益，保证债务安全，促进国民经济持续、快速、健康发展。在项目的管理上，所有申请国外优惠贷款项目均须列入国家贷款备选项目规划，经国务院或国家发改委批准后，由财政部统一组织对外提出，开展工作。近年来，宁夏根据经济社会发展的战略重点，通过科学论证，规范操作，提前做好贷款备选项目的规划、筛选和申报工作。在项目前期阶段，加强与各级地方政府、财政部门、行业主管部门之间的衔接与沟通，以确保项目顺利进行有一个良好的基础。

（二）选准贷款方向和重点是项目成功的关键

国际金融组织和国外政府优惠贷款，在不同时期对贷款的领域和方向也不尽相同。因此，选择好项目和贷款方向是项目能否成功的关键。多年来，考虑到全区基础设施建设任务十分繁重的现实，宁夏把基础设施项目作为使用国外优惠贷款的重点投向，明确了道路交通、教育、医疗卫生、广播电视等需要政府公共财政支出的项目作为贷款方向。对于一般性的工业项目，考虑其市场的竞争性，资金则由项目业主通过商业银行或资本市场融资去自行解决。如此，既保障了需要政府实施的基础设施项目的建设资金，又有效避免了地方公共财政资金支出的不足。

（三）规范项目管理运作程序，是项目成功的重要保障

国外贷款项目在设备采购、工程发包等方面均有严格的规定程序，必须采取国际性的公开招标，并接受贷款方的监督。因此，要保障项目的顺利实施，就要严格按照贷款方的要求去做。我们在坚持“公平、公开、公正”的原则下，要求项目单位严格规范工程管理运作程序。在具体项目运作中，还结合宁夏的特点，引进监督机制，并邀请有关监督机构对设计、招投标、采购、施工、验收等进行全过程监督。在项目实施管理的实

践中，我们体会到，采取切实的保障机制对保证国外贷款资金按时到位，项目顺利实施，减少违规违法行为是十分有效的。这种做法既符合国际惯例，也得到了国外专家的首肯和信任，保证了项目按期建成。

青岛经太原到银川公路宁夏古窑子到王圈梁段，借用世界银汉贷款4000万美元

（四）“一手抓引进资金，一手抓项目管理”，是项目成功的重要措施

利用国外贷款解决部分建设资金固然重要，但是，通过项目的实施，学习国际上在项目方面成熟、先进的管理方法更重要。宁夏在积极引进国外资金的同时，还专门组织了一些专业技术和项目管理人员配合项目的实施，直接参与项目的管理，以控制工程的质量、工期和造价。通过项目的管理和实施，我方人员不仅掌握了国外的先进技术和管理方式，还提高了自己的业务管理水平。

四、宁夏利用国外贷款存在的问题

尽管宁夏在利用外资工作方面取得了一定的成绩，效果也比较明显。但总的看来，还存在以下一些不足：

（一）实际利用国外贷款总额小

22年来，宁夏实际使用国外贷款只有4.83亿美元，年均仅为2195万美元。而东南沿海的省市借用国外贷款总额远远大于宁夏。山东省和宁夏同一年开始借用国外贷款，截至2004年底，山东省累计利用国外贷款金额88亿美元，平均每年借用国外贷款为4.2亿美元，是宁夏的19倍多；海南省利用国外贷款起步晚于宁夏4年，但发展速度快，规模大，从1988～2003年累计利用国外贷款36.37亿美元，平均每年利用国外贷款2.3亿美元，是宁夏的10倍多（见图3）。

宁夏不仅和东部沿海地区差距甚殊，也低于全国平均水平。宁夏人口占全国总人口的0.455%，但利用国外贷款的总额仅占全国总额的0.157%。与相邻的陕西、甘肃等省区相比，也有明显差距。陕西和甘肃省每年实际使用国外贷款分别为1.64亿美元和0.7735亿美元，宁夏仅为陕西和甘肃省的13%和29%（见图4）。

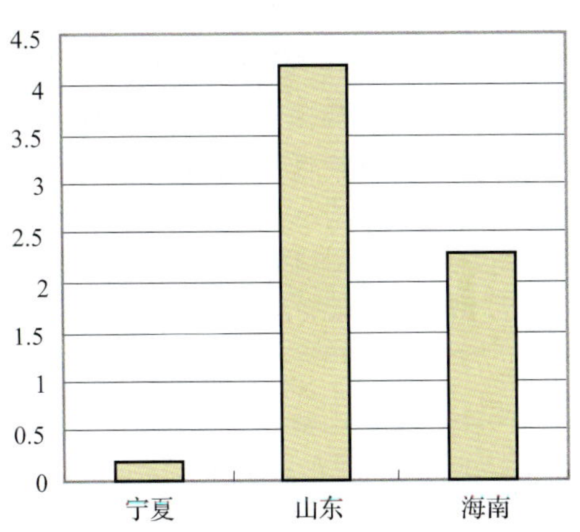

图3　宁夏与山东、海南年均借用国外贷款金额比较（亿美元）

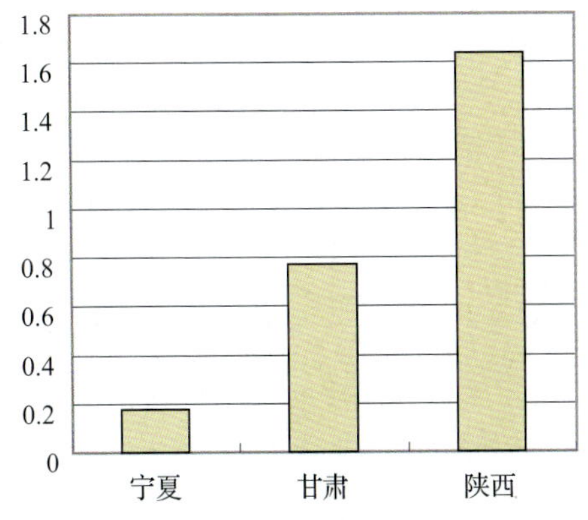

图4　宁夏与陕西甘肃年均借用国外贷款金额比较（亿美元）

（二）产业基础薄弱，资金配套能力不足

宁夏产业大多是资源开发型和初级加工型，产品附加值低，投资收益率普遍低于东部地区，加之深处内陆，区位优势欠佳，同一竞争型国外贷款项目在宁夏的利润空间小于东部地区，使宁夏借用竞争型的国外贷款项目所承担还款压力比东部地区大得多。另外，由于财政收入少，2005年全区地方财政收入仅为47亿元，一些国外贷款项目配套资金严重不足，不仅影响贷款规模的扩大，而且降低了技术标准、缩小了建筑规模，使项目收益大打折扣。

（三）部分项目还贷困难，影响了新项目的争取

由于有些项目配套资金不能及时到位，致使工期一再延长，出现产前还贷现象，造成成本增加；个别项目单位“重贷款借用，轻贷款偿还”，缺乏及时还贷意识和金融管理能力，在项目收益好、汇率变化有利时候不及时偿债，贻误了最佳时机，造成还贷成本提高和还贷困难。另外，宁夏国外优惠贷款侧重投向于水利、文教、卫生等直接经济效益较低的项目，出现了部分项目财政还款压力增大等问题。以农业项目为例，宁夏南部山区农业基础薄弱，抵御自然灾害的能力差，农村贫困面广，扶贫任务重，世行秦巴扶贫开发长期优惠贷款主要用于南部山区农业基础设施建设和扶贫开发，尽管具有很好的社会效益，但其经济效益较差，造成一定的偿债负担和财政负担。

（四）国外贷款地区分布不平衡，不利于地区和谐发展

从宁夏借用国外贷款项目统计中看到，在国外贷款的投向上，地区分布很不平衡，无论在项目数量还是资金数量上，主要集中于川区，尤其是集中于银川市。在已实施的67个国外贷款项目中，银川市就有25个，占全部项目的37%。国外优惠贷款投资在地区分布上过于集中于银川市，而其他市县（区）尤其是南部山区项目更少，主要是由于山区县区财政收入很少，几乎没有配套资金。项目投资上地区差距拉大，不利于充分发挥全区各地自然资源、农业资源和劳动力资源等优势，不利于全区经济和谐发展。

新疆维吾尔族自治区借用国外贷款25年回顾与总结

一、借用国外贷款基本情况

新疆借用国外贷款工作始于1983年。20多年来，在党的改革开放路线指引下，在自治区党委、自治区人民政府的领导下，在自治区发展改革委、自治区财政厅等相关部门和行业以及各地、州、市发展计划委、相关部门和行业的共同努力下，新疆借用国外贷款工作经历了一个由低到高、由小至大、由松散到相对规范的发展过程，借用国外贷款工作成效显著，为促进自治区经济发展、扩大对外开放、改善自治区投资环境发挥了积极的作用。

1983～2005年，新疆累计实施国外贷款项目130个，借用国外贷款286015万美元（签约金额，不包括兵团和部分中央企业，下同），贷款涉及农林水利、交通、能源、通信、城建、纺织、食品加工、化工、建材及教育、卫生、消防等10余个行业。其中借用外国政府贷款188528万美元，实施项目106个，贷款来源有西班牙、以色列、奥地利、瑞士、韩国、沙特阿拉伯、科威特、芬兰、荷兰、丹麦、瑞典、法国、德国、加拿大、英国、澳大利亚、意大利、挪威等国家和北欧投资银行、日本国际协力银行；借用国际金融组织贷款97488万美元，实施项目24个，主要是借用了世界银行贷款。130个项目中，已完工项目91个，在建项目37个，未建成或失败项目2个。

从资金结构看，在全部借用国外贷款中，借用外国政府贷款的比重较大，占借用国外贷款总额的65.9%，借用国际金融组织贷款占34.1%。从投向上看，外国政府贷款主要用于医疗卫生、通信、农业机械、城市公用设施等的设备采购，国际金融组织贷款主要用于交通、生态环境保护、教育、卫生等基础设施和生态环境建设。从贷款类别看，国外贷款项目中近76.9%是一、二类贷款，三类贷款项目占23.1%，主要集中在轻纺食品、能源、化工、通信领域，其中2000年以后实施的78个项目中，仅有4个是三类贷款项目。从项目实施区域分布看，借用国外贷款项目主要集中在乌鲁木齐、昌吉州、巴州、伊犁州（直）等经济发展相对较快的地区，其他地州项目较少，且涉及的领域也很窄，截至2005年底，克州与和田地区尚没有独立实施借用国外贷款项目。从发展阶段看，1983～1993年，新疆累计批准实施借用国外贷款的项目仅有31个，签约金额为92130万美元，项目主要涉及通讯、教育、能源、轻工等少数领域；1994年以后，新疆借用国外贷款的项目、借款规模和涉及的领域有了明显的扩大，项目个数增加到了99个，签约金额扩大到193885万美元，贷款投向有了较大的调整，主要集中投向了农林水利、生态环保、公路交通、医疗卫生、教育、城建等基础设施和生态环境建设。

二、借用国外贷款的作用和意义

总体来看，新疆借用国外贷款占同时期全区

新疆乌鲁木齐借用世界银行贷款建设的河滩路项目

生产总值和投资总额的比重不大，但对促进新疆经济发展和社会进步起到了积极作用。

（一）推动了基础设施建设和生态环境保护

根据国外贷款的特点和要求以及我国借用国外贷款的相关规定，新疆按照积极、合理、有效地利用国外贷款的原则，加强了农业、环保、交通、城建、能源、通信等基础设施和生态环境保护领域借用国外贷款工作，取得了较好的成效。

1．国外贷款在恢复生态、改善农业生产条件上成效明显

1983～2005年，新疆借用国外贷款共实施农业和生态项目27个，项目总投资740771万元，累计贷款签约金额51207万美元。其中，借用外国政府贷款20059万美元，实施项目24个；借用国际金融组织贷款31148万美元，实施项目3个。例如，总投资401666万元、借用世界银行贷款28348万美元、涵盖南疆5地州31个县市和塔里木河流域的塔里木盆地农业灌溉排水与环境保护一期、二期项目，对改善项目区生态环境和农业生产条件，调整农业结构，提高农牧民生活水平，促进民族团结和社会稳定发挥了重大作用。据统计，该项目共建成一级水电站和水库各1座，完成灌溉渠道防渗2076公里、排水渠道2303公里、大机井872眼，改造低产田373万亩，向塔河下游输水6次共17.6亿立方米，恢复胡杨林等天然植被27万亩，形成水面达800～1000平方公里，地下水位提高了5～7米，结束了30年塔河下游无水的历史；项目区438万农民（占当地农民总数的64%）的年人均收入由1991年项目建设前的499.5元提高到了2004年的1846.38元。

2．借用世界银行贷款促进了新疆交通事业的快速发展

1994年至2005年，新疆借用世界银行贷款共实施了吐鲁番—乌鲁木齐—大黄山高等级公路、乌鲁木齐—奎屯高速公路、奎屯—赛里木湖高等级公路等3个交通项目，项目总投资1064065万元，累计贷款签约金额54000万美元；建设总里程852.9公里，其中建成高速公路436.6公里，一级公路285公里，二级汽车专用公路131.3公里。3个交通项目的实施，不仅使新疆公路的建设速度、建设质量和等级标准迈上了一个新的台阶，还有力地促进了地方经济的发展。以1998年8月建成通车的吐鲁番—乌鲁木齐—大黄山高等级公

吐鲁番—乌鲁木齐—大黄山高等级公路项目，借用世界银行贷款。图为公路大风力发电路段景观

路为例，据测算，该项目对新疆国民经济增长的首轮拉动作用为29.6亿元，二次拉动作用为29.7亿元，总的拉动作用为59.3亿元；1995～1999年的5年建设期中，该项目对新疆GDP的贡献率平均为3.29%，其中资金借用最多的1998年达6.44%；到2004年，公路沿线地区城镇人口比1994年增加了近50万，城镇化率高出10个百分点，达到84.4%。

3．国外贷款在改造城市基础设施、提高城市功能、改善城市环境上发挥了重要作用

城市集中供热和供水、城市生活垃圾和污水处理、城市公共交通等城市公用项目，是新疆利用国外贷款的重要领域，1983～2005年间，新疆累计组织申报了乌鲁木齐、昌吉、库尔勒等城市利用国外贷款加强城市基础设施建设、改善城市环境质量的项目17个，累计签约金额25125万美元。这些项目的实施，有效地改善了城市交通拥挤的状况，缓解了居民用水紧张的矛盾，净化了城市居民的居住环境，提高了自治区首府及地州级城市的整体经营水平。例如，2000～2004年建设完成的、总投资226000万元、借用世界银行贷款6066万美元的乌鲁木齐市外环路项目，形成了环绕城市中心区的快速交通走廊，为改善首府城市交通、实现“建经济强市、创旅游名城”．促进首府经济发展和提高市民生活质量打下了坚实的基础。再如，总投资12467万元于2003年建成的库尔勒新隆热力公司集中供热站，不仅担负着库尔勒市80%的集中供热任务，其借用北欧投资银行贷款490万美元购置的24台高效率换热机组、装载机等设备，为节约煤、电、水资源，减少市区粉尘污染，实施城市“蓝天工程”奠定了重要的基础。

4．借用国外贷款实施的新疆电信枢纽扩容改造项目，推动了新疆通信行业的飞速发展，改善了新疆的投资环境，促进了新疆经济发展

新疆从1990年开始借用外国政府贷款引进先进的通信技术和设备，先后签约借用以色列、澳大利亚、加拿大、西班牙、日本、挪威、德国、比利时等国政府贷款14847万美元，实施（大）项目15个（包括近50个子项目），项目总投资237118万元，项目涉及交换、光缆传输、卫星传输、微波传输等方面，成为新疆利用国外贷款覆盖面较广、影响较大的领域。例如，1991～1993年借用加拿大政府贷款606万美元、总投资6835万元建设的吐鲁番至喀什和乌鲁木齐至伊犁的数字微波技改项目，首开新疆长途微波干线建设与使用的先河；1993～1995年，借用西班牙政府贴息贷款2700万美元、总投资58792万元实施的全疆13个城市长、市话程控交换机项目，从根本上解决了长期以来新疆主要城市间长、市话的瓶颈问题，有力地促进了自治区经济的全面发展；1994～1995年，借用澳大利亚政府混合贷款3000万美元、总投资45173万元实施的覆盖全疆9个地州市的34个县的南北疆光缆工程，全面扩大和完善了新疆的通信网规模，基本实现了县以上通信传输光缆化，为新疆通信网规模和技术赶上全国平均水平奠定了坚实的基础；2000年借用以色列政府贷款850万美元、总投资9470万元的农村电话卫星系统工程的实施，极大地改善了未通电话的乡村、厂矿、石油工业基地和边防哨所的通讯条件，对促进边境安全和社会稳定起到了积极作用。

5．国外贷款在新疆石油、石化扩大产能、保证规模效益上做出了很大贡献

1983～2005年，新疆借用国外贷款实施能源、化工项目11个，项目总投资3789436万元，累计贷款签约金额117355万美元。外国政府贷款的借入，使乌鲁木齐石化总厂的大化肥项目和聚酯项目、独山子乙烯工程等一批关系新疆经济发展的能源项目能很快开工和投产，这些项目的投产使用，为新疆经济发展增添了生机和活力，并取得了显著的效益。例如，大化肥项目的成功建设，缓解了新疆氨肥供应的紧张局面，加快了自治区农业的发展步伐。

（二）促进了社会公共事业发展

1．借用世界银行贷款改善了新疆部分地区的教育条件，促进了新疆教育事业的发展

长期以来，受投入不足的影响，新疆教育事业基础十分薄弱，教育经费增长远不能满足教育发展的需要。80年代中期开始，新疆先后借用世界银行贷款2805万美元实施了第二个农业教育项目、第二个贫困和少数民族地区基础教育项目、广播电视大学/短期职业大学项目、地方大学项目以及中学在职教师培训项目等教育项目10个，项

目总投资48548万元，涉及新疆大学、新疆农业大学、新疆师范大学、新疆广播电视大学、新疆教育学院、石河子农学院、昌吉农业学校等7所大专院校和18个贫困县的中小学校的校舍、实验室、电教中心改扩建、教学仪器设备和图书采购、人员培训等内容。这些项目实施后，大大改善了新疆高校以及贫困地区小学的办学条件，缓解了初中教师的供求矛盾，促进了新疆基础教育、电教化教育、高等教育事业的全面发展。例如，“贫困二”项目实施后，18个项目县的办学条件有了较大的改善，教学质量特别是民族教育和女童教育质量都有了明显的提高；18个项目县全部普及了初等教育，其中阿图什、叶城、布尔津、巴里坤、哈巴河5个县先后通过了自治区普九和扫盲“两基”验收，率先进入自治区普及九年义务教育的先进行列。

2．人才培养项目的实施对改善新疆重点高校基础条件发挥了重要作用

日元贷款新疆人才培养项目是新疆根据“十五”高等教育发展规划和国家有关借用日本国际协力银行贷款中西部人才培养项目的要求，从新疆高等教育实际出发，重点改善和加强建校历史长、基础好、有特色、学科优势明显高校的项目。本项目涉及新疆农业大学、新疆医科大学、新疆师范大学、新疆财经学院、新疆艺术学院、喀什师范学院、伊犁师范学院、昌吉学院等8所普通本科高校，项目总投资43488万元，其中利用日元贷款3922万美元，建设内容包括8所学校的教学楼改扩建、教学仪器和设备采购、师资培训等。项目预计2006年底完成。截至2005年底，8个学校的土建工程已全部开工建设，其中4所学校已完成教学楼改扩建并投入使用；批准的27个设备采购包中，有17个已进入商务谈判阶段；计划赴日本研修的111人中，已经派出73人。预计项目完成后，8所学校的办学规模、办学条件将有明显改善，学科设置将进一步优化，重点学科建设将进一步加强，教学水平、科研能力和师资队伍的素质明显提高。

3．借用国外贷款使新疆南北疆基层医疗卫生条件得到显著改善

新疆地域辽阔，交通不便，南北疆基层医疗单位由于财力有限，医疗经费投入不足，普遍存在医疗设备老化、技术水平低等问题，许多常规诊断和新的治疗技术无法开展，诸多重症、急诊和疑难杂症患者因得不到及时诊治，延误了病情，增加了病人的痛苦和经济负担。自1992年起，在国家的大力支持下，在自治区计划、财政、卫生等相关部门的共同努力下，新疆医疗卫生行业借用国外贷款工作开始起步。1992～2005年的14年间，新疆医疗卫生行业共实施国外贷款项目28个，其中世界银行贷款项目5个，外国政府贷款项目23个；项目总投资107950万元，借用国外贷款10927万美元，其中借用世界银行贷款2197万美元，借用外国政府贷款8730万美元。医疗卫生行业借用国外贷款工作的开展，不仅缓解了新疆医疗卫生行业资金投入不足的矛盾，还改善了项目区的医疗服务条件和技术水平，缓解了医患矛盾。据调查，28个国外贷款项目共引进国外先进医疗设备500余台（套），使新疆的医疗诊断水平与国际先进水平的差距缩短了8～10年。

4．利用世界银行贷款实施的农村供水和环境卫生项目为预防和减少项目区疾病做出了贡献

该项目涉及自治区10个县，项目总投资14000万元，其中借用世界银行贷款1000万美元。经过7年建设，总计完成供水工程2888个，环卫厕所3583个，畜圈1439个，垃圾池221个，排水沟2316个；开展健康教育培训班112期、111.21万人次，技术援助和人员培训17623人次；并建设装备了项目管理机构若干个，达到了项目的预期目标，得到了世界银行及有关部门的肯定和好评。该项目打井、建厕、修畜圈、建垃圾池、挖排水沟等工程的实施，改善了项目区100.38万农牧民的饮水状况，解决了缺水季节饮水困难，改善了项目区环境卫生条件，抑制了介水传染病和水致地方病的流行和发生，对保障项目区各族人民身体健康，促进社会稳定和生产力发展，加快脱贫致富步伐起到了积极作用。

（三）缓解了建设资金紧张、投入不足的矛盾

资金是影响地区经济增长和社会发展的重要因素。20世纪90年代中期，新疆经济发展水平较低，筹资能力低下，难以完全依靠自身力量开工建设一批对新疆经济和社会发展有重大影响的工程和项目。尽管进入“九五”以来，随着国家积极财

政政策和西部大开发战略的实施，中央加大了对新疆基础设施、基础产业和环境保护等方面的建设投入，但由于新疆经济和社会发展建设投入欠账太多，国家大规模的投入仍不能满足新疆各行各业和各个地区快速发展的需要，借用国外贷款便成为这一时期新疆利用外资的主渠道和新疆经济建设与社会发展的有益补充。贷款期限长、贷款利率相对较低、具有宽限期等国外贷款的注入，在一定程度上缓解了新疆建设资金紧张、投入不足的矛盾，解决了新疆经济发展中的部分瓶颈障碍，取得了较好的经济效益、社会效益和生态效益。

（四）引进了国外先进的管理理念和技术

国外优惠贷款在弥补新疆建设资金不足的同时，还带来了国际先进的项目管理经验和科学的管理、施工方法。国外贷款项目从项目选定、准备、评估、谈判、报批到执行、监督和后评价，有一套完备的分析方法和管理程序，如项目前期严格的可行性研究和环境影响评价制度，项目实施过程中公正、公开、公平的国际招标制度和足额、定时的合同拨付制度等。这些管理办法和程序尽管执行起来比较繁琐，但规范、科学，有利于项目建设。通过这些项目的实施，不仅使项目单位学习到了国际上先进的管理经验和理念，还有助于完善新疆的建设项目管理制度，提高项日管理人员的素质，加速新疆项目管理与国际惯例接轨。目前国际上通用的“菲迪克”合同管理模式，就是通过世界银行贷款项目的实施在新疆逐步推广使用的。

国外贷款还给新疆带来了一批先进的实用技术，加快了企业技术改造步伐，培养了人才。例如，以吐鲁番—乌鲁木齐—大黄山高等级公路项目建设为依托，结合自身特点，创新引进并消化吸收国内外公路建设先进水平和经验所形成的《吐鲁番—乌鲁木齐—大黄山高等级公路工程建设成套技术》，已在自治区后续公路建设工程中得到广泛应用，对西部地区的交通项目管理机制改革、扩大对外开放和利用国际金融组织贷款产生了积极影响。再如，利用外国政府贷款引进（建设）的程控电话交换机、医疗仪器、污水和生活垃圾处理设备、集中供热设备、喷滴灌设备、滴灌生产线、气调保鲜库、消防装备等，都具有较高的技术水平。这些设备和技术的引进，对培养和造就一批技术和管理人才发挥了重要作用。

新疆昌吉市第二污水处理厂，借用芬兰政府贷款。图为厂区景观

三、借用国外贷款工作的做法和经验

通过二十多年的积极探索和实践，新疆借用国外贷款工作摸索出了一些好的做法和成功经验，为今后进一步做好借用国外贷款工作奠定了良好的基础。

（一）建立了稳定高效的组织管理机构

90年代中期以来，新疆借用国外贷款工作步伐加快的一个重要原因是自治区加强了对借用国外贷款工作的领导，在建立健全组织管理机构的同时，赋予项目筹建班子更多的管理权限和责任，保障了借用国外贷款项目的成功运作。

自治区人民政府成立了由相关部门组成的利用外资领导小组，自治区发展和改革委、自治区财政厅分别设立了外资处和涉外处，部分地州计委设立了外资科，专司利用国外贷款组织、管理、协调、担保、资金支持、监督检查和服务等职能。从微观层次上看，一些对地区经济和社会发展有重大影响的项目，在行业主管部门和项目管理地区成立项目筹建班子（如项目办或外资办等）和项目管理执行机构，并赋予其从建设、借款至用款、还款等各个环节更多的管理权限，层层落实建设、管理、还款等责任，为保障项目成功运作奠定了基础。

例如，为了实施完成好3条借用世界银行贷款公路项目的建设，根据世界银行关于高等级公路建设要设立永久性管理机构的建议，自治区于

1994年2月在原项目办的基础上成立了“自治区高等级公路管理局”（简称高管局），并于1996年6月将其确定为负责自治区高等级公路建设和管理的副厅级事业单位。再如，新疆塔里木盆地农业灌排和环保世界银行贷款项目，自国家发展改革委批准立项后，自治区党委和人民政府高度重视，除自治区发展改革委将其列为自治区重点建设项目外，经人民政府批准，还成立了以各级政府主要行政领导任组长的项目协调委员会及地州、县(市)协调领导小组和各级项目执行办公室，确定了各自的职责分工，形成了自治区、地(州)、县(市)三级项目管理机构。此外，还组建了独立工作的国内专家组，对项目的健康发展起到了积极的促进作用。

（二）加强了相关部门间的协调与合作

发展改革、财政、行业主管部门以及银行、项目业主等相关各方配合协调是借用国外贷款项目顺利实施和预期效益正常发挥的必要条件。调查中我们了解到，一个借用国外贷款项目成功运作的周期通常是3至5年，最长的达10年之久。库尔勒新隆热力公司利用490万美元北欧投资银行贷款引进24台高效率换热机组、新疆屯河工贸有限公司借用270万美元意大利政府贷款引进2条滴灌生产线项目（三类项目），从上报项目到设备引进安装调试投产仅用了6到8个月的时间，成为新疆借用外国政府贷款运作周期最短的项目，正是得益于各相关部门的密切配合和通力协作。

（三）加大了项目前期工作力度

从近几年新疆借用国外贷款工作的实践来看，凡是前期工作做得好的项目，其顺利实施和成功的把握就大；凡是从项目前期工作入手，注重抓项目数量和质量，项目库建设工作做得好的地州和行业部门，其借用国外贷款的规模就大，项目效益也较好。

以借用世界银行贷款28348万美元的新疆塔里木盆地农业灌溉排水与环境保护世界银行贷款项目为例，为了确保所选项目科学、合理，自治区发展改革委专门抽调一名副主任，抽调水利厅、农业厅、农科院等部门熟悉业务的专门人才，组成世行贷款项目办，并聘请相关领域专家学者，提前3年开始项目前期工作。项目选定后，自治区发展改革委立即组织、协调各有关部门按照国内基本建设程序，编制完成了项目建议书和《外资利用方案》报送国家发展改革委审批。在项目建议书审批通过后，自治区发展改革委又立即组织有关部门，编制出了“可行性研究报告”和“环境影响评价报告”，上报国家发展改革委审批。实践证明，高效、周密、扎实的前期工作，为本项目的顺利实施奠定了基础。

统计显示，1983～2005年间，全区共实施外国政府贷款项目106个，其中由地州市独立申报实施外国政府贷款项目84个，昌吉州和巴州分别独立实施外国借用国外贷款项目18个和12个，占全区15个地州市独立实施借用国外贷款项目的21.42%和14.28%，远远高于其他地州市项目实施数量。这一成绩的取得，与该两个各地州计委和相关行业主管部门重视项目前期工作，在认真研究国外贷款条件和程序的基础上，结合本地区和行业发展规划，选准贷款方向和重点，提前做好了国外贷款备选项目的规划、筛选和申报工作密切相关。

（四）“塔二”项目成功地解决了配套资金落实与使用的难题

在新疆借用国外贷款工作实践中，如何落实和用好项目配套资金一直是困扰我们的一个难题，塔里木盆地农业灌排和环保世行贷款项目的一些成功做法为我们提供了许多有益的借鉴。

为了落实塔里木盆地农业灌排和环保世行贷款项目（二期，下同）国内配套资金，考虑到项目配套资金管理隶属不同的部门和地区，自治区发改委从大局出发，在向自治区人民政府呈报的国内配套资金筹措方案中建议，本项目配套资金主要由自治区发改委管理的中央“棉花基地”、“以工代赈”和财政管理的“农业综合开发”三块资金组成，各地(州)、县(市)仅需承担很少量的配套资金。在本项目的实施过程中，自治区发改委累计将由本委管理“棉花基地”、“以工代赈”和“基本建设”三项资金合计3亿元列入本项目配套资金计划，做到了及时支付到位。由于棉花基地建设项目将于2000年停止，自治区发改委又将国家基本建设资金增加作为本项目的配套资金。这些资金对本项目的成功实施起到了重要的保障作用。

为了切实管好、用好配套资金，经自治区人

民政府批准，在自治区、地(州)、县(市)项目办分别设立了项目配套资金专用账户，并参照《自治区棉花基地建设资金管理办法》制定了“塔二”项目配套资金的使用和管理办法，并要求各地州发改委在上报年度投资计划前与当地项目办衔接，确保配套资金下达计划落实到每个单项工程上。自治区发改委世行办还定期赴项目区调研，协调配套资金的到位和使用。这些制度、措施的制定和实施，为用好配套资金，防止国家建设资金被挤占、挪用发挥了重要作用。经调查，在本项目的五块配套资金中，由发改委负责的配套资金到位率最高，超额完成了“塔二”项目的配套资金计划。

（五）因地制宜创新项目管理

国际金融组织贷款项目规范、科学、严密的管理方法和程序，为新疆创新和实践先进的项目管理理念起到了积极的促进作用。例如，新疆塔里木盆地农业灌排和环保世界银行贷款项目，由于借鉴了国际上成功的流域管理经验和实施全流域控制，实现了多部门参与管理、统一调度塔里木河流域水资源和用水限额管理，成功建立了流域水资源可持续利用和统一管理的新机制。其中，《新疆维吾尔自治区塔里木河流域水资源管理条例》是国内首创的第一部地方性流域水资源管理条例，已成为塔里木河流域水资源统一管理的“基本法”。

再如，在3条世行贷款公路项目的建设过程中，项目单位十分注重生态环境和历史文物的保护，除聘请环保专业部门编制了环境影响评价大纲和报告书外，多次接受世界银行环保专家的检查指导，项目前期选线和设计、后期实施和运营管理的各个阶段都制定有相应的环境和文物保护措施，在公路沿线空气质量、噪音、土壤含铅量、农作物、水质、野生动物、牲畜转场及牧草长势等的定期监测、噪音隔离、公路沿线环保绿化等生态和人文环境保护方面积累了许多成功的经验。

四、借用国外贷款工作中存在的主要问题和困难

尽管借用国外贷款为新疆的改革开放、经济建设和社会发展发挥了很好的促进作用，但也存在着一些问题和困难，需要在今后的工作中认真加以改进。

（一）借用国外贷款规模小、结构不尽合理

据统计，1983～2005年间，全区国外贷款累计签约额286015万美元，平均每年签约额12435.4万美元，折合人民币99483.5万元（按1美元=8元人民币折算）。以借用国外贷款发展较快的1994～2005年计算，平均每年借用国外贷款占同期固定资产投资年平均额的比重仅为2.4%，且贷款主要集中在经济相对发展较快的地区和农业、卫生、城建等领域，地区和行业分布不均衡。在西北五省区中，新疆的国外贷款规模小于陕西和甘肃，仅比宁夏、青海大一些，与其他省区相比差距就更大了。借用国外贷款规模偏小，涉及领域窄，地区发展不平衡，使得国外贷款在全区经济和社会发展中所起的作用有限。

产生上述问题的主要原因：

（1）对借用国外贷款的作用和意义认识不到位，忽略了新疆建设资金短缺的现实，没有充分认识到国外贷款对新疆经济的拉动作用和财源培植作用，因此借用国外贷款的规模安排偏小。

（2）企业利用国外贷款的积极性不高，国外贷款后续项目严重不足，影响了新疆借用国外优惠贷款的规模。

（3）出于安全考虑逐年压缩一、二类项目的数量和规模，而项目业主找不到合适的担保单位、银行基于风险考虑不愿意做转贷行，导致三类项目难以实施。

（4）项目前期准备工作不够充分，致使一些项目前期准备材料达不到贷款方要求不能通过审批，甚至部分项目在签约之后，因不具备实施条件而不得不停止。此外，借用国外贷款项目审批环节多、程序复杂、变更频繁，项目申报成功率低也是影响国外贷款规模偏小的一个重要原因。

（二）部分项目存在拖欠贷款问题

新疆在借用国外贷款工作中，项目单位拖欠贷款是一个比较突出的问题。例如，由中国农业银行新疆分行承担转贷已进入还贷期的10个借用国外贷款项目中，有6个项目拖欠贷款；由中国进出口银行承担转贷已进入还贷期的19个借用国外贷款项目中，有10个项目拖欠贷款，拖欠金额达466.52万美元；其他银行承担转贷的项目也都不同程度地存在拖欠贷款的情况。

据调查，造成企业（项目单位）拖欠贷款的主要原因：

（1）在项目规划阶段存在市场调研和论证不充分，或过分追求项目的规模和标准而与财力脱节，致使项目决策先天不足，不能按期清偿债务。

（2）地方和企业偿债意识淡薄，认为是财政借款或担保项目，不需要还款，或将贷款当赠款用，即使有钱也不主动还款，形成拖欠。

（3）相关管理部门缺乏必要的监控和还贷调控机制，管理职责不到位，未能及早发现和解决问题，导致拖欠债务。

（4）企业（项目单位）内部控制制度薄弱，经营管理不善，产品不能适销对路，企业无力还债。

（5）借用国外贷款项目审批时间过长，有些项目待开始建设或建成投产时，市场、配套资金、技术、企业内部和外部条件等都发生了变化，致使项目无法实现预期效益，直接影响到贷款的偿还。

（三）部分借用国外贷款项目未达到预期效益

调查中我们发现，各地、各行业都不同程度地存在借用国外贷款项目效益不能正常发挥的问题，归纳起来有以下几种情况：

（1）有些项目在决策阶段未能考虑本地区实际，或缺乏长远、全面的战略规划和充分的市场调研与论证，项目设计不够科学，市场预测不够准确，目标定的偏低或偏高，致使项目建成后不能正常发挥效益；有些项目决策仅局限于项目自身的建设发展，对项目所处的周边环境和其他非借用国外贷款项目协调、配合考虑较少，没有有效调动各方面积极性，未形成应有的合力。

（2）对项目使用过程中可能产生的问题事先估计不足，影响了项目效益的正常发挥。如部分工业项目利用国外贷款引进的设备，因市场变化不能生产出适销对路的产品而闲置或利用率较低，部分县市利用外国政府贷款引进的医疗设备因接诊率极低几乎闲置不用。再如，部分技术含量较高的先进设备，因没有足够的专业人才操纵和维护、配套耗材来源渠道不畅或项目单位无力承担配套耗材等原因，导致引进的设备只能发挥部分作用。

（3）项目综合管理水平不高，对国外贷款项目管理不够规范，加之部分项目管理人员素质不高、项目单位不严格执行合同等问题，影响了项目的建设进度和资金使用效率，使项目无法达到预期效益。

（4）借用国外贷款部分主管部门和项目单位过分注重引进设备价格，忽视引进设备的技术制造水平，对设备供应商的商业信誉、财务状况、履约能力审查监督不够，对引进设备的质量验收把关不严、未建立高效的责任追究制度等，造成利用国外贷款引进设备不能正常发挥效益。

（四）配套资金不到位问题突出

从各地实情来看，借用国外贷款项目的配套资金不到位是个普遍存在的问题。有不少对地方经济和行业发展有重大影响的借用国外贷款项目，中央、自治区和地州、县市的配套资金到位率都不高，不仅影响了项目执行，导致项目效益低下，还贷信誉差，还影响了后续项目的签约和建设。

借用国外贷款项目配套资金不到位的主要原因：

（1）有些地方和部门在项目准备和设计阶段，过分追求项目规模和建设标准，而项目所在地经济发展滞后，财力不足，没有配套能力，给以后落实配套资金留下漏洞和隐患。

（2）有些项目在立项时，相关单位和部门按规定承诺了配套资金，但在项目执行时，由于上级未拨付、地方财政年初预算未安排、财政经费紧张、项目单位自筹资金无法落实或当初承诺的配套资金根本就有名无实等原因，未能按原计划为国外贷款项目安排足够的配套资金。

（3）由于缺乏有效的约束机制，有些项目严重超支，形成很大的资金缺口或项目单位挪用建设资金，人为造成配套资金的不足。

新疆生产建设兵团借用国外贷款25年回顾与总结

一、借用国外贷款的基本情况

（一）发展过程

1983年，兵团通过农牧渔业部向当时的国家计委提出了新疆农垦综合开发项目，开始了兵团借用国外贷款的工作，按照兵团借用国外贷款的发展，可以划分为三个阶段：

（1）起步阶段（1983～1995年）。兵团1981年恢复建制，受农业部和自治区双重领导。这一阶段兵团借用国外贷款都是通过农牧渔业部或新疆维吾尔自治区申请批准，并由兵团实施。在这期间，兵团实施了8个国外贷款项目，贷款金额10765.4万美元。借用国外政府贷款以世界银行为主，贷款项目数额大，实施世界银行贷款项目5个，贷款金额9843.4万美元，外国政府贷款3个，贷款金额900万美元。项目主要包括种子项目、新疆农垦综合开发项目、农业科研项目、教学项目、牛奶软包装生产项目、棉花基地项目、暗管排水项目、农村供水与环境卫生项目、农村饮水项目等。

（2）停滞阶段（1992～1998年）。由于种种原因，兵团的一些项目没有申请到国外贷款进行建设。这段时间兵团借用国外贷款工作基本处于停滞状态。

（3）发展阶段（1998年至今）。1998年兵团计委加大了国外贷款项目的申请力度，向国家计委上报了申请利用日本政府贷款实施节水灌溉项目。2002年项目正式启动，兵团申请贷款49.58亿日元（折3300万美元），建设防渗渠道230公里，滴灌34.356万亩，更新机井295眼，改造机井407眼。日本政府贷款项目的申请工作取得成功后，兵团又积极开展了利用其他外国政府贷款工作。1998年以来，兵团计委和财务局加大对外国政府贷款的宣传力度，项目单位对外国政府贷款有了一定了解，通过实施项目也得到实惠和效益，利用外国政府贷款的积极性有很大提高，申请了一大批外国政府贷款项目。兵团利用外国政府贷款进入了较快的发展阶段。

在此期间，兵团陆续申请了奥地利、意大利、荷兰、芬兰、西班牙、北欧投资银行、德国和以色列等外国政府贷款项目28个，得到国家发改委和财政部批准，批准贷款金额12211万美元。截至2005年底，已经签订商务合同的外国政府贷款项目18个，贷款金额6630万美元，已执行完毕的项目15个，贷款金额4328.51万美元。

（二）贷款规模

截至2005年底，兵团签订借用国外贷款项目合同28个，贷款金额19472.17万美元。其中世界银行贷款项目6个，贷款金额9918万美元，已经全部执行完毕。外国政府贷款签订合同项目22个，项目贷款金额9554.17万美元，实际到位7912.2万美元。

外国政府贷款来源于日本、荷兰、芬兰、瑞士、奥地利、意大利、西班牙、德国、北欧投资银行等9个国家和组织。其中：日本政府贷款项目2个，贷款金额3700万美元；荷兰政府贷款项目1个，贷款金额427万美元；芬兰政府贷款项目10个，贷款金额2718.08万美元；瑞士政府贷款项目1个，贷款金额285万美元；奥地利政府贷款项目1个，贷款金额245万美元；意大利政府贷款项目2个，贷款金额500万美元；西班牙政府贷款项目2个，贷款金额606.67万美元；德国政府贷款1个，贷款金额174万美元，北欧投资银行贷款项目3个，贷款金额796.22万美元。

（三）贷款投向

根据国外贷款投向情况，各行业的贷款比重为：农业69.1%，加工业19.1%，医疗卫生10.2%，教学科研1.6%。从贷款来源上看，主要是世界银行、日本政府、芬兰政府、北欧投资银行贷款，分别占50.9%，19%、14%、4.1%。国外贷款的投向反映了兵团的实际情况，符合国外贷款的投向特点，农业是兵团的优势，也是兵团借用国外贷款的重点投资领域。贷款行业分布情况见表1。

（四）贷款结构

从贷款期限分析，兵团借用国外贷款项目几乎全部是贷款期限十年以上的长期贷款，占贷款总额的91.1%，而短期贷款则是外国政府贷款中的混合部分，只有392万美元。从贷款利率分析，兵团借用国外贷款都是利率低于5%的优惠贷款，占98.4%；利率超过5%的贷款很少，是外国政府贷款中混合使用的那部分贷款。国际商业贷款在兵团还没有使用。贷款期限结构与贷款利率结构见表2、表3。

表1　借用国外贷款行业分布情况

单位：万美元

项目	合计	世界银行	日本	芬兰	西班牙	北欧投资银行	意大利	其他国家贷款
合计	19472.17	9917.97	3700	2718	606.7	796.2	500	1131
农业	13462.58	5784.38	3700	2645	282.7	276.2		672
加工业	3715.62	3142.62		73			500	
医疗卫生	1803.57	674.57			324	520		459
教学科研	316.4	316.4						
其他								

表2　贷款期限结构

贷款时间	额度（万美元）
合　计	19472.17
5年期	392
10年期	1337.33
10年以上	17742.84

表3　贷款利率结构

贷款利率	金额（万美元）
无息或赠款	3035.3
小于1%	7983.33
1%~3%	4090
3%~5%	4051.21
5%以上	312.33

由此可以看出，兵团利用的国外贷款都是贷款期限长、利率低的优惠贷款，对项目单位和兵团不会造成太大的还款压力。

兵团各师国外贷款分布情况见表4。

从各师贷款分布情况看，分布不均衡，四师、五师、六师、七师、八师的贷款额度较大，有些师特别是经济实力较强的南疆一、二、三师贷款额度很小，说明兵团借用国外贷款的潜力很大。

表4　兵团各师国外贷款分布情况

单位：万美元

单　位	项目数（个）	金　额	备注
农一师		145.22	
农二师	2	968.31	
农三师	2	549.20	
农四师	2	2680.82	
农五师	1	3720.66	
农六师	3	1177.48	其他中项目数包含世界银行贷款和日本协力银行贷款打捆项目
农七师	3	1667.11	
农八师	1	1990.01	
农九师	1	776.69	
农十师	1	249.65	
建工师		51.70	
农十二师	1	149.76	
农十三师		1388.91	
农十四师		1.872	
新天公司	4	1058.89	
其他	8	2895.89	

二、借用国外贷款的投向特点

兵团借用的国外贷款主要用于农业、农产品加工及文教卫生等行业，贷款使用呈现以下特点：

（1）国外贷款的总体投向体现为“开发型”。“开发型”投向的特点是将国外贷款主要用于固定资产投资，而兵团借用国外贷款的总体投向为“开发型”，这是根据兵团的实际情况确定的。十几年来，兵团将国外贷款的大部分用于农业、医疗卫生等领域。其中，农业占69.1%，加工业占19.1%，医疗卫生占10.2%。国外贷款在农业上的使用改善了兵团农业基础设施，为经济发展增强了后劲。

（2）国外贷款的行业投向突出了“基础设施型”。“基础设施型”的特点是将国外贷款较集中地用于农业和能源、交通等基础设施。兵团借用的国外中长期贷款，大部分用于农业等领域，用于工业领域的只占很小一部分。因此，行业投向基本为“基础设施型”。

三、借用国外贷款所起的作用

1．弥补了兵团建设资金的不足，加快了建设步伐，促进了兵团经济和社会事业的发展。由于兵团体制的特殊，没有财政，资金积累能力很弱，国外贷款弥补了建设资金的不足，建成了一批对经济发展起促进作用的重点项目。

在利用世界银行贷款的农业综合发展项目中，农五师从1987年项目实施到1992年结束，完成开荒30.45万亩，全师耕地面积从开发前的44万亩增加到74.76万亩，扩大了70%。农牧业产值从1987年的1.3亿元增加到2005年的6.7亿元，增长了5.07倍。十三师完成葡萄种植2.3万亩，建设期内平均亩产就达896公斤，总产量最高达3.8万吨，创哈密地区葡萄种植最高记录，项目的建设扩大了葡萄种植面积，成为农十三师经济的重要组成部分。

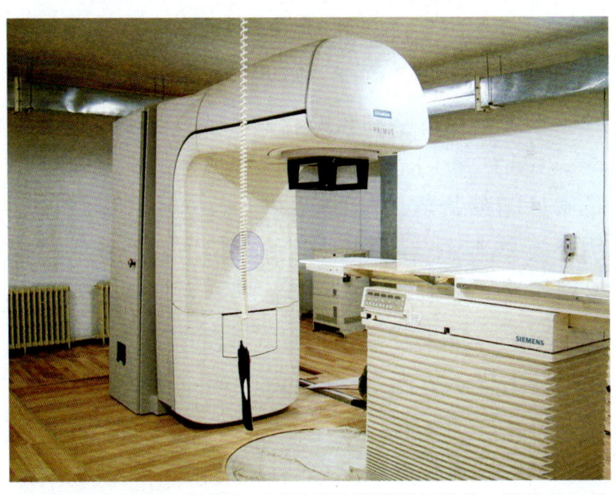

农二师引进医疗设备项目，借用北欧投资银行贷款。图为库尔勒医院引进的直线加速器

农四师昭苏畜牧业项目的建设，给畜牧业生产带来了三个转变：居民点建设使得牧民的生产方式由游牧向定居放牧转变；圈棚建设改善生产设施，实现了羔羊生产由春羔向冬羔转变；草场围栏保护了草场资源，做到有序利用草场，畜牧业由“放羊”向“养羊”转变。项目的建设，使得绵羊的繁育率、出栏率都有了提高，极大地改善了当地农牧民的生产生活条件。

农六师利用日本“黑字还流”贷款建设棉花基地项目，对芳草湖总场和新湖总场产生了很好的经济效益。棉花面积由项目前6.2万亩增加到1995年的41万亩，产值由2137万元增长到33898万元，增长14.9倍。没实施项目前亏损1053万元，实施后的1995年盈利11260万元。

（2）提高了农业基础设施建设水平，改善了农业生产条件，促进了兵团农业向“高产、优质、高效”发展。如世界银行贷款种子项目，在兵团六个师建成了 6 个粮、棉、甜菜种子加工厂和 3 个良种繁育基地，使得兵团种子加工条件明显改善，新品种育成速度加快，保证了种子质量，形成了生产、加工、销售、使用一条龙的良种繁育体系。农业生产中采用了精选种子后，用种量减少，每公顷节约棉种10公斤左右，小麦种子为40公斤，增产幅度8%～10%，经济效益很好。

（3）引进了国外先进的设备和技术，加快了技术进步。新疆农垦综合开业发项目采用国际招标引进了各种汽车260辆，种畜799头，拖拉机254台，农机具及维修设备1703台，施工机械103台。建设了7个纺织、肉联、油脂等农产品加工厂，大部分设备均具有80年代末期的技术水平，先进的机械和设备的引进，带来了先进的技术和先进的科学管理经验。如农五师油脂加工项目由于设备先进，产品质量好，得到市场认可，2005年生产食用油16750吨，实现产值9408万元，该企业已成为兵团油脂行业的龙头企业。农五师引进优良绵羊种羊，配种覆盖率占农五师的60.04%，羊毛产量增加21.58%，对绵羊品种改良起到很大的作用。

利用芬兰政府贷款引进400台大马力拖拉机及580台套农机具，提高了项目团场农机装备水平，耕作质量和生产效率大大提高，农机工人普遍取得了较好的收益，有的职工甚至仅用2年多的时间就收回了拖拉机的成本。

农一师液态奶生产项目，借用北欧投资银行贷款。图为新农公司液态奶生产线

（4）改善了科技、教育设施、医疗卫生条件和手段，促进了社会事业的发展。农垦科学院玉米所通过育种项目实施，改善了科研条件，提高了科技人员的素质，加快了育种和良种繁殖推广进程，取得了一批科研成果，为生产部门不断提供优良品种，从而产生较好的社会效益。如SC－704玉米雄性不育利用研究达到国内先进水平，1984年以来兵团累计种植SC－704玉米面积10余万公顷，经测算可增产玉米25万吨。冬小麦新冬14号累计推广面积5万公顷，平均每公顷产量5250～7500公斤，增产效益显著。项目实施还为项目单位培训了大量专业技术、管理人员和熟练技术工人，提高了职工的素质，保证了项目的顺利实施。

医院利用贷款项目引进了国外先进的CT、大型C臂及检验仪器等医疗设备，改善了医疗条件和设备状况，提高了医院诊断、分析、检测水平。

（5）改善了团场职工的生活环境和条件，提高了生活质量。如利用世界银行贷款的改水项目和卫生第七期项目建设供水工程、环境卫生设施以及进行人员培训，改善了兵团7个师42个团场引水条件，使45.157万人职工喝上了符合卫生标准的水，改善了团场的卫生环境，普及了农场职工卫生知识，提高了健康意识。

昭苏项目实施后，改善了团场民族牧工居住条件和生活条件，解决了照明、人畜饮水供应和道路建设，牧民子女就学率达到85%，牧民生活显著提高，牧民收入快速增加。职均收入由1987年的820元提高到1992年的1800元，增加了1.2倍。

（6）极大地改善了生态环境，起到示范带动作用。农五师在实施项目时重视生态环境建设，共植树12447.6亩，形成了三北防护林带、牧草带结合的防风固沙绿色屏障，使整个地区自然生态得到较大改善。

四、借用国外贷款的成功经验

（1）各级领导重视是做好国外贷款工作的关键。为了做好国外政府贷款管理工作，各级领导非常重视，从项目提出到建设实施，领导亲自抓，实行统一领导、统一布置、统一组织实施。在贷款项目出现问题时，领导亲自过问，了解情况，协调解决项目出现的问题，使项目能够顺利实施。

（2）认真科学地做好项目的前期工作，是做好国外贷款工作的前提。世行贷款项目的工作程序是很周密而又有科学性的，其中，前期准备工作是一个重要的环节，可以说，前期准备工作的好坏是项目成败的关键。只有在项目的前期准备阶段对项目的各方面进行认真分析，提出科学的论证方案，才能为项目顺利进展和效益的发挥打下良好的基础。

（3）加强项目管理和人员培训，努力提高项目管理水平和人员素质是做好国外贷款工作的核心。各级管理部门对项目进行严格的管理，不仅对正在建设中的项目进行管理，而且对已竣工交付的部分实行跟踪管理，使之尽快发挥效益。为了提高人员素质，对项目人员进行财会、供水、环境卫生等方面的业务培训，不断提高业务水平和管理经验，确保项目顺利实施。

（4）建立完善的项目管理制度和管理机构是做好国外贷款工作的保障。为了确保项目按时偿还贷款本息，在吸取以前贷款项目经验的基础上，按照“谁借款、谁用款、谁还款”的原则，兵团制定了一整套行之有效的管理办法，严格履行财务担保手续，从程序上把住关，建立责、权、利统一的贷款偿债机制，

贷款项目批准后，各项目单位成立由管理人员和专业技术人员组成的项目管理机构。要按照项目的总体安排和阶段目标，以及制定的检查验收、承包

责任制、财会、统计报表和审核等一整套行之有效的管理制度，切实做好项目的具体实施和管理。在建设期内项目管理机构保持固定，使项目规范化、程序化地开展工作，保证项目建设的稳定性、连续性。

(5) 加大宣传力度，加强各部门的协调配合是做好国外贷款工作的重要途径。加强各部门的协调配合，形成合力，共同做好借用国外贷款项目管理工作。国外贷款项目涉及农业、农产品加工、医疗卫生、城市基础设施等行业，同时要涉及财务、环保、国土资源、银行、商务、机电、海关、国际招标公司、设计单位、项目单位、行业主管部门等单位。因此，协调工作极为重要。在项目申报时根据项目的性质和行业，协助项目单位选好贷款国别，积极协调财务局，争取项目尽快上报国家发改委和财政部并得到批复。项目批复后，指导和协助项目单位做好技术交流、可研报告编制、招标采购、银行转贷等项目前期工作，加快进度，促进项目早日实施。

五、借用国外贷款存在的问题和教训

(1) 汇率变化大，影响项目效益发挥。国外贷款项目还贷期限都比较长，很优惠，但汇率变化对项目的影响非常大，对还贷带来困难。如世界银行贷款的新疆农垦综合开发项目，建设初期汇率是1美元折3.7元人民币，还款期升至1美元折8元人民币（曾达到8.7元人民币）。而且世界银行贷款以特别提款权结算记账，建设初期1个特别提款权相当于1.21美元，后升至1.51美元（2005年4月）。这就意味着偿还1个特别提款权原来需4.477元人民币，现在则需12.08元人民币，增长了1.9倍。再如二十九团实施的荷兰暗管排水项目，当时1个荷兰盾折1.9元人民币，后来汇率大幅上升，1个荷兰盾折3.38元人民币，上涨了78%。

新天葡萄酒业公司葡萄酒生产项目，借用意大利政府贷款。图为引进的葡萄酒生产线

(2) 项目缺少资本金，资产负债率高。世界银行贷款的新疆农业综合发展项目中的8个农产品加工项目有6个都是新建项目，在选择工业项目时，只注重资金的筹措，忽视了项目资本金的作用。所有工业项目资本金不足10%，最少的只有4.7%。资本金严重不足，项目建设资金和流动资金全靠银行贷款，利息支出大，管理费用高，企业资产负债率高，企业经营困难。

(3) 管理不善，超概算超投资严重。国外贷款项目建设期都比较长，加之有些项目单位管理不严，不按有关规定执行，违反基本建设程序，擅自扩大建设规模，提高建设标准，导致项目超概算严重。如世界银行贷款的新疆农垦综合开发项目中8个加工子项目都存在超规模、超概算、超投资，超概算最高达162.9%，最少的也达到14%。虽然超概算有物价上涨、汇率变动的原因，但是，管理不善则是主要因素。由于投资大幅度增加，项目效益受到很大影响。

(4) 缺乏高素质的管理和技术人才。兵团企业现有的外经贸人员还难以适应较好利用国外贷款的需要，懂国际化经营管理的复合型人才严重缺乏，尤其是缺乏外语好、业务强、技术精、综合能力强的高级管理人才。这势必影响兵团较好利用国外贷款战略的有效实施。

总体来看，兵团借用国外贷款取得了较好的经济、社会和生态效益，各项目单位能按时偿还到期贷款本息。但是，也有个别项目由于市场产品销售等原因，没有达到预期目的，企业经营困难，出现亏损，不能及时偿还到期贷款本息，也给借用国外贷款工作带来负面影响。

企业及专题篇

China's Experience with the Utilization of Foreign Funds

国家电网公司借用国外贷款回顾与总结

一、概述

国家电网公司[①]作为关系国家能源安全和国民经济命脉的国有重要骨干企业，以建设运营电网为核心业务，承担着为经济社会发展提供坚强电力保障的基本使命。经营区域覆盖中国26个省、自治区、直辖市，覆盖国土面积的88%以上。至2005年底，公司拥有220千伏及以上线路19.6万公里，变电容量6.17亿千伏安，直接服务客户1.28亿户，2005年完成售电量1.46万亿千瓦时，跨区输电量773.8亿千瓦时，实现主营业务收入897亿美元，年末资产总额1464亿美元，位居2005年《财富》杂志全球企业500强第32位。

我国电力工业引入外资从1984年云南鲁布革水电站利用世界银行贷款开始。20多年来，面对突出的电力工业供需矛盾和电力建设资金短缺的局面，积极、合理引进外资，利用外资的渠道不断拓宽。一方面，国外贷款从利用世界银行贷款拓展到亚洲开发银行贷款、外国政府贷款、国际商业贷款等多种来源；另一方面，外商直接投资也得到迅猛发展。今天，电力工业利用外资的数量已经达到相当规模，外资的来源国别涉及世界上许多发达国家和地区，外资的币种和融资条件也各不相同，形成了电力工业利用外资多样化的基本格局。

经过20多年改革开放和经济持续快速的发展，电力工业呈现出良好发展态势，用电增长和装机增长速度均居世界前列。特别是近几年，电力发展速度进一步加快。2001～2005年，我国装机年均新增3800万千瓦，用电量年均新增2250亿千瓦时。截至2005年底，全国装机容量5.1亿千瓦，发电量2.47万亿千瓦时，均位居世界第二。按照全面建设小康社会的发展目标，在今后一个时期，中国电力工业仍将持续较快增长。预计到2020年，全国用电量将达到4.6万亿千瓦时，装机容量将超过10亿千瓦。

二、国外贷款基本情况分析

（一）国外贷款的来源

国家电网公司借用国外贷款的主要来源是国际金融组织和外国政府贷款。

（1）世界银行贷款；

（2）亚洲开发银行贷款；

（3）日本国际协力银行（JBIC）贷款；

（4）其他外国政府贷款，例如德国、法国、奥地利、西班牙等国政府贷款；

（5）国外出口信贷。

（二）国外贷款总规模

按贷款签约时的外汇汇率计算，从1991年至2005年公司系统利用国外贷款签约额约32.5亿美元，67个项目。国外贷款主要用于高压输变电工程、大型抽水蓄能电站、大型水电站、城乡电网改造和风力发电建设等。

（三）国外贷款项目分布

1．按专业项目分类

国家电网公司系统利用国外贷款按发电和输变电项目分类，发电项目16个，签约额20.48亿美元；500kV输变电项目12个，签约额度7.61亿美元；220～330kV输变电项目6个，签约额度1.62亿美元；配电、调度和通信项目33个，签约额度2.74亿美元（见表1）。

发电项目主要是抽水蓄能电站、燃煤、燃气、风电和常规输电站的建设和改造。其中抽水蓄能电站项目9个，贷款额为12.66亿美元，总装机容量为887万千瓦。其余7个项目为燃煤、燃气、风电和常规水电站的建设和改造，贷款额7.82亿美元。

① 本文涉及的贷款项目为公司及子公司享有股权、承借，或者提供担保的项目。

表1 贷款项目专业分类表

项目分类	项目数（个）	总投资（亿元）	外资额度（亿美元）	外资比例（%）
发电项目	16	559.06	20.48	63.1
500kV输变电项目	12	179.30	7.61	23.5
220～330kV输变电项目	6	44.75	1.620	5.0
配电、调度、通信项目	33	20.73	2.74	8.4
合计	67	803.84	32.45	100

2．按项目地区分布

按项目所在地划分为：华北地区、东北地区、华东地区、华中地区和西北地区。利用贷款最多的地区为华东地区，贷款额为14.56亿美元，占45%，其次为华北地区，贷款额为10.92亿美元，占33.6%（见表2）。

表2 国外贷款地区分布表

项目地区	项目数	项目总投资（亿元）	外资额度（亿美元）	外资比例（%）
华北地区	10	258.00	10.92	33.6
东北地区	4	60.53	3.03	9.4
华东地区	21	428.40	14.56	44.8
华中地区	10	42.17	2.83	8.7
西北地区	22	14.75	1.11	3.5
合计	67	803.84	32.45	100

3．按贷款时间分类

自1991～2005年，按国家五年计划分三个阶段，“八五”期间，即1991～1995年，签约额度为11.52亿美元，共33个项目；“九五”期间，即1996～2000年，签约额度为7.87亿美元，共23个项目；“十五”期间，即2001～2005年，签约额度为13.06，共11个项目（见表3）。

表3 贷款时期分布表

签约时段（年份）	项目数（个）	外资额度（亿美元）	比例（%）
1991～1995	33	11.52	35.5
1996～2000	23	7.87	24.2
2001～2005	11	13.06	40.3
合计	67	32.45	100

上海南汇风电场项目，借用世界银行贷款。图为南汇风电场

华东电网有限公司天荒坪项目，借用世界银行贷款。图为蓄能水池

（四）贷款来源分布及条件

1. 世界银行贷款及其联合融资

世界银行于1984年率先与我国电力行业开展合作，第一个项目是云南鲁布革水电站（电力工业重组后划归南方电网公司）。自1991年至2005年，世界银行已为国家电网公司系统提供贷款12.73亿美元，占39.2%。贷款项目涉及输变电、抽水蓄能电站、水电站、燃煤燃气电站、风电等16个项目（见表4）。

表4 贷款来源分类表

贷款机构	项目数（个）	贷款额（亿美元）	比例（%）
世界银行	16	12.73	39.2
亚洲开发银行	12	3.94	12.1
日本国际协力银行	6	10.22	31.5
其他政府和组织	33	5.56	17.2
合计	67	32.45	100

世行联合融资的条件比同期国际商业贷款条件稍好，一般为国际银团贷款。

2. 亚洲开发银行贷款及其联合融资

亚行与国家电网公司系统的第一个合作项目是1997年签约的东北500kV输变电项目，随后于2001年与辽宁省电力公司合作，向沈阳至大连的500kV输变电工程提供贷款，2002年向河北张河湾抽水蓄能电站提供贷款。三个项目贷款总额为3.94亿美元，占12.1%。

3. 日本国际协力银行（JBIC，系原OECF）

自1984年开始，日本海外经济协力基金（OECF）开始为我国天生桥二级水电站提供贷款（电力工业重组后划归南方电网公司）。与国家电网公司系统合作的第一个项目是北京十三陵抽水蓄能电站，贷款额为1.17亿美元。至2005年底，先后为国家电网公司系统8个项目提供贷款，贷款总额为10.22亿美元，占31.5%。项目涉及输变电、城市电网改造、火电等。

4. 其他外国政府

这类贷款涉及包括德国、奥地利、澳大利亚、法国、意大利、瑞士、比利时、北欧投资银行等。政府贷款规模较小，但程序简单，灵活简便。政府贷款项目一共有40个，贷款总额5.56亿美元，占17.2%。其中德国（包括德国复兴开发银行贷款）、奥地利、意大利和西班牙政府贷款额度最大。

（五）国际金融组织贷款利率与国内贷款利率变化比较

公司系统利用世界银行和亚洲开发银行的贷款占51.3%，加强对贷款利率的风险分析对降低财务成本意义十分重大。世界银行和亚洲开发银行贷款的利率基本一样。世界银行贷款利率变化和国内贷款利率变化见表5。

表5 世行贷款和国内贷款利率对照表

年度	世行利率（%）	国内利率（%）
1998	6.00	9.18
1999	5.69	6.89
2000	6.61	6.21
2001	5.41	6.21
2002	2.16	5.18
2003	1.49	5.18
2004	1.55	5.18
2005	3.09	5.51

从表5可以看出，世行贷款利率比国内贷款更为优惠。以近两年的数据来做个比较，2003年国内贷款五年以上年利率为5.76%，从2004年10月29

日开始，五年以上长期贷款上调至年利率6.12%，而同期2003年度世界银行贷款的利率仅在2.25%左右，2004年则更低，加上0.25%的承诺费以后的融资成本也大大低于国内的长期贷款利率。虽然2002年至2004年的利率比较低是受美国经济的影响，但国际金融组织贷款多为援助性贷款，利率相对优惠，从而减少了工程项目还贷现金流出，降低了工程成本。

（六）汇率管理

经过20多年利用国外贷款，使项目在汇率风险管理方面的能力得到了提高。为加强外汇风险管理，各项目着手外汇风险方面的研究，并在年中锁定利率风险。例如，利用世行贷款华东江苏500kV输电项目，签订的美元利率掉期协议，以区间的形式固定华东电网公司应该承担的利率以控制利率风险，降低了融资成本，在2005年11月华东江苏500kV输电项目还本付息时，由于已经利用美元掉期操作，本次利息支付节省了86000美元的利差。

（七）担保情况

作为主权级债务的国外贷款，其借款人、还款担保方式与一般商业贷款有着根本的不同。其特点是借款人的信誉等级高、还款责任明确、落实。《担保法》颁布以后，国家对国外贷款实行还款担保制度。

1．世行、亚行贷款

根据财政部有关政策，世行、亚行贷款的电力项目一般要求由项目所在地省、网电力公司直接作为借款人，接受由财政部转贷的国外贷款。即使已成立项目公司，也要求由网、省电力公司将贷款再转贷给项目公司。在转贷协议签署时，须由财政部认可的企业提供还款担保。国家电网公司所属的由世行、亚行贷款的抽水蓄能、输变电、城市电网改造等项目，均由国家电网公司总部出具全额还款保证。

2．日本国际协力银行（JBIC）贷款

日本国际协力银行贷款一般只要求独立法人作为借款人，但中国进出口银行作为转贷款的债权人对还款担保的要求较高。目前所有的贷款项目也均由公司总部全额担保。

3．其他外国政府贷款

这类贷款在借款人和担保方式上要求相对宽松，只要借款人有足够的信誉，还款责任明确，担保单位可为同级企业，也可以是下级企业。

三、借用国外贷款成效

改革开放初期，为了适应国民经济的快速发展，1984年首次引进外资建设鲁布革水电站。国外优惠资金的引入，一是弥补了电力工业发展过程中的资金不足；二是引进了国外的先进设备和技术，提高了电力工业的技术装备水平；三是引进了世界上先进的管理经验，提高了电力工业的管理水平；四是培养了一批高素质的技术和管理人才；五是通过与国际金融界的合作，争取到大量的赠款，用于各种技术、经营和管理的课题研究，为电力工业的改革和发展服务，极大地促进电力工业的发展。

（一）有利于项目整体计划的拟定、发展与执行

世界银行、亚洲开发银行和日本政府贷款在项目前期都有一套标准的管理程序，对项目的审查非常严格。为了通过银行审查，项目单位根据其要求，在项目立项前聘请专家和国际咨询机构对项目进行财务、经济、环保等方面的评估。这些评估报告和专题研究报告为项目决策、项目实施提供了重要的依据，保证了项目的顺利进行。在计划制定期间和项目实施期间，银行还多次派专家实地考察，考核进度情况，提出了许多有益的建议和意见，对项目的计划拟订、项目的发展与执行起了重要作用。

以四川输变电项目为例，该项目推进了四川电网电价改革，电价结构更加合理更加符合经济规律，有助于实现电力工业的可持续发展。在项目评估时，由于诸多的历史原因，四川电网电价相当复杂。就销售电价而言，不同地区价格不同，在同一地区也存在同类用户价格不同。通过四川输变电项目中电价合理化改革计划，四川电网在全国率先引入丰枯峰谷电价，采用经济的办法引导用电和电源的建设和电厂运行，并逐步扩大浮动比例以适应用电负荷的增长。同时，由于当时四川电网电价水平过低，影响了电源和电网投资的积极性以及电力生产企业的积极性，通过电价合理化改革计划，四川电网电价逐步得到了提高，使四川省电力公司也获

得了生产和建设的资金来源。

（二）可以使项目采购到质优价格合理的设备、技术、材料和服务

利用国外贷款，由于必须采取国际招标，各项目单位通过国际招标采购程序，得到了许多宝贵的采购经验，把国际竞争招标的一些先进程序应用到国内招标采购中，促进了国内招标工作的规范化运作。

以东北500千伏输变电项目为例，该项目严格地执行了亚行和国家的相关有求，节约了大量的建设成本，工程投资节余率达11.52%，大大降低工程造价。国家批复概算投资28.14亿元（其中贷款7867万美元）， 实际完成投资24.90亿元，较概算节余3.24亿元。

（三）有助于环保和移民工作的顺利实施

世界银行和亚洲开发银行对环境保护和移民安置的要求异常严格，有相应的专家对这些方面进行监督和管理，经验丰富。使电力发展符合国家环保要求，取得了很好的社会效益。

四川输变电项目在全国率先实施了输变电项目环境影响评价，并聘请了独立的环保科研单位进行监测评价。四川输变电项目线路在设计上考虑了环保问题，如优化选择线路路径，选择塔位，减少树木砍伐，铁塔采用高低腿设计，减少基础开挖量，减少对原始植被的破坏，合理规划弃土，做好塔基边坡保护和植被恢复。在项目每个单项工程施工前后，四川环保科学研究院作为独立的监测评价单位，都要派人去进行检查，并向世界银行写出项目环保监测评价报告。后来，随着我国对环境保护越来越重视，国家开始要求输变电项目必须作环境影响评价，公司在四川输变电项目建设中积累的经验和建立的制度有了用武之地。四川输变电项目严格按照双方同意的移民搬迁与安置行动计划实施补偿和安置，符合世界银行有关建设项目非自愿移民政策，并聘请独立的单位对移民搬迁与安置进行监测。在项目实施期间，组织了世界银行移民搬迁与安置、移民监测和评价的培训班，聘请了移民咨询专家对项目建设单位、设计单位、施工管理单位、施工单位涉及征地、拆迁工作的相关人员进行了培训，掌握世界银行的有关政策。在项目实施过程中，严格按照国家政策和标准进行补偿和安置，对移民工作进行独立的监测和评价，对移民搬迁后生产和生活恢复情况进行回访。

（四）引入了先进的经营管理理念

世界银行和亚洲开发银行的贷款项目，一般都有配套的课题研究资金，用于对网、省电力公司机构加强、财务管理、电价机制研究、培训等课题。这些研究和培训为公司系统培养锻炼了一大批专业人才，引入了先进的经营管理理念，并对加强电力体制改革、加强管理、建立三级电力市场等诸多方面都起到了积极的推进作用。

在许多项目实施过程中，公司派出考察、培训团组出国培训，并邀请有关专家到中国来讲课。在设备进口时，还配合开展专项设备的技术培训。在咨询项目开展的过程中，在进口设备设计、安装、调试、试验的过程中，通过与外国专家一同工作、交流，学到了先进的技术、方法和经验。而通过咨询项目的宣传以及进一步的推广培训，则在更大范围内促进了公司系统的经营理念的更新和管理方法的改进。

利用国外贷款还促进了管理体制的变革。世行和亚行的贷款项目对于项目的治理结构、资金控制、招投标、合同管理等都有着比较通用的管理程序和惯例。公司系统各单位随着项目经验的丰富，逐步建立起了新的建设项目管理体制，实施项目法人责任制、项目资本金制、招投标制、监理制、合同管理制，使得项目管理日趋规范化、标准化。

在这些项目中，公司系统各单位都采取了招投标制度。通过严格的招标评审程序和方法，选择出真正有实力、有资质的公司进行项目实施。在项目设备采购时，各单位认真组织国际竞争性招标，力争采购到质量好、价格优的设备。在很多项目中，这种方式可以使得项目资金有较大的节余，节省了项目投资。同时把这种招标体制和经验运用到国内的物资、设计和施标的采购上，又进一步降低了工程造价。

项目聘请专业的监理公司作为项目的监理单位，在现场对进度、质量、成本和安全进行全过程监理。同时，整个项目全部都实行合同管理，包括公司内部单位承担的工作全面纳入合同管理。

（国家电网公司）

中国南方航空集团公司
关于借用国外贷款情况的总结报告

一、关于飞机融资的基本情况

航空运输业是一个较为特殊的行业，资本密集、高技术密集，初始投资巨大，资产可塑性强，风险系数高，经营灵活性要求高。我国属于发展中国家，在国家财政对民航几乎没有任何直接运输运力投资、政府低利贷款极为有限等情况下，国内航空公司在飞机引进的过程中都存在着资金短缺的问题。为了加快民航事业的发展，国家采取了一系列政策扶持民航走自我完善、自我发展的道路，其中包括批准以国际融资租赁方式对外借用国际商业贷款的形式筹集资金。

改革开放以来，国内各航空公司在国家发展改革委和民航总局的统筹安排与指导下，得益于国内银行为各航空公司对外提供担保以及国家外汇管理、海关等部门在飞机融资、引进方面的大力支持与配合，采取租赁的方式融通资金、引进外资、增加运力，从而满足了日益增长的客货运输需求，促进了国民经济的发展。

20世纪80年代中期，南航仅有20多架老旧的三叉戟、安24飞机，远不能满足市场对运力的需求，而国家又不可能投入大量资金。当时的南航决策层在认真分析国内外经济形势的基础上，在国内民航界较早采用融资租赁、经营租赁及购买的办法，在几乎没有增加国家财政负担的情况下，短期内完成了机队的更新换代工作，在国内率先引进波音737、757、777、330等型号的飞机。

经过20多年的发展，截至2005年末南航已经拥有波音、空客系列飞机229架（含厦门航空公司），成为国内飞机架数最多的航空公司，其中融资租赁飞机87架，经营租赁飞机85架，自有及贷款购买的飞机57架。目前南航拥有广州、北京、沈阳、乌鲁木齐等20个基地，经营国内外航线559条。2005年末，南航集团总资产723.04亿元，负债602.12亿元，净资产120.92亿元。

二、关于飞机融资的发展过程

在南航的发展过程中，以国际融资租赁方式为主的国外贷款起到了十分重要的作用，有力地推动了机队的扩张和更新，这种“借鸡生蛋”的办法不仅使南航的运力迅速成倍增长，达到了国内同行业领先水平，同时加强了与国外飞机制造商、国际租赁公司、金融界以及航空公司的联系与合作，使南航在国际航空界的影响日益扩大。

针对国际融资市场的发展趋势和公司的实际经营情况，为了进一步降低融资成本，多年来我们一直积极探索各种不同的融资形式，开辟新的融资渠道，降低了财务成本。以下是历年来南航完成的融资租赁项目情况：

（1）1985～1990年期间，通过采用香港税务租赁、日本杠杆租赁的融资租赁方式引进了15架飞机，其中有9架B757-200飞机和6架MD82飞机，贷款签约额约为5.66亿美元。

（2）1991～1995年期间，通过采用日本杠杆租赁、美国出口信贷租赁、日本杠杆租赁加上美国出口信贷或欧洲出口信贷租赁、荷兰税务租赁的融资方式引进了49架飞机，其中有17架B737-300飞机、12架B757-200飞机、1架B777-200飞机、5架A300-600R飞机和14架MD82飞机，贷款签约额约为22.12亿美元。

（3）1996～2000年期间，通过采用美国出口信贷租赁、欧洲出口信贷租赁、欧洲出口信贷加德国税务租赁、日本杠杆租赁加上美国出口信贷或欧洲出口信贷的融资方式引进了44架飞机，其中有3架B737-300飞机、4架B737-700飞机、2架B757-200飞机、5架B777-200飞机、18架A320-200、1架A300-600R飞机和11架MD90飞机，贷款签约额约为22.43亿美元。

（4）2001～2005年期间，通过采用欧洲出口信贷租赁、欧洲出口信贷租赁加法国税务租赁、法国税务租赁、经营性日本税务租赁、国外商业贷款的融资方式引进了30架飞机（国外商业贷款5架），其中有8架B737～700飞机、6架A319-100、6架A320-200、6架A321-200飞机和4架A330～200飞机，贷款签约额约为13.89亿美元。

（5）2005年，南航在飞机融资方面实现了突破，取得了显著的成绩：2005年南航完成了中国第一个外资银行在岸飞机融资（On Shore Lending）；同年1月南航又成功地完成了中国第一个经营性日本税务租赁（JOL），同时也是中国民航历史上首次采用无银行担保商业贷款的飞机融资，打破了多年来中国民航融资租赁需要国内银行担保的历史，为公司节约了大量的银行担保费；2005年2月南航又率先采用欧洲出口信贷结合法国税务租赁结构的融资方式引进了4架A330飞机，开创了中国飞机融资的新模式；2006年4月，在纽约召开的国际飞机融资会议上南航被授予2005年年度交易大奖（Deal of the Year 2005）。这样，既提高了南航在国际融资界的声誉，又极大地节省了公司的融资成本。据测算2005年21架飞机的融资结构，相对国外商业贷款融资结构可节约利息成本6084万美元，相对国内商业贷款融资结构可节约利息成本约为8210万美元。

1985～2005年，南航通过融资租赁、国外商业贷款方式共引进了138架飞机，累计利用国外贷款金额64亿美元（含厦门航空数据）。

三、关于飞机融资的规模、结构和特点

通过融资租赁方式利用国外贷款，是南航机队引进的最重要方式。特别是在南航发展初期，自有资金实力不足的情况下，利用国外贷款有力地支持了南航的发展。

融资租赁是指出租人购买航空公司（承租人）选定的飞机，享有飞机所有权，并将飞机出租给承租人在一定期限内有偿使用的、具有融资、融物双重职能的租赁方式。融资性租赁以融资为目的，从而最终获得租赁资产（飞机）的所有权。租赁期满，租赁资产的所有权为承租方所有。南航引进飞机所采用的融资租赁方式主要是：

（一）税务结构融资

自从税务结构融资诞生以后，南航所利用的主要结构包括：日本杠杆租赁、香港税务租赁，德国税务租赁、荷兰税务租赁、日本税务租赁、法国税务租赁。税务租赁也可以与出口信贷结合使用。该结构的特点是：①投资人成立出租公司；②出租公司从贷款银行获得大部分飞机价款的贷款；③投资人投放一部分飞机价款的投资金额；④出租公司从飞机制造商获得飞机所有权，将飞机出租给承租人（航空公司），租期一般为10～15年；⑤期末，贷款还清后，所有权归属航空公司。

在此租赁方式下，投资人组建租赁公司并出一部分资金，同时以借贷的形式筹集飞机价值大部分余额，在租赁期内成为飞机所有人，从而得到税务局对全额资产（飞机）税务减免的优惠，而出租人可将其所获得的税务减免优惠的一部分，以降低航空公司各年应付租金的方式转让给承租人，最后使得双方获利。

（二）出口信贷融资

目前采用的主要有以下方式：美国出口信贷、欧洲出口信贷担保支持下的财务租赁等。

该结构的特点是：①贷款银行在免税岛成立出租公司；②租赁公司以飞机为抵押，从出口信贷贷款银行获得85%的出口信贷贷款，剩余的15%部分采用商业贷款或其他方式筹集；③租赁公司从飞机制造商获得飞机所有权，在承租人提供国内银行担保后，将飞机出租给承租人（航空公司），租期一般为10～15年；④期末，贷款还清后，飞机抵押权收回，所有权归属航空公司。

基于得到出口信贷担保，贷款银行面临的商务风险从航空公司的违约风险转为出口国政府的信誉风险，其风险系数大为降低，从而使这部分贷款的贷款利差大大低于同期的一般商业贷款利差，目前出口信贷利差一般为5个基本点。

尽管以上两种传统的出口信贷支持财务租赁可以获得优惠利率，但融资过程、结构比较复杂，涉及面广，交易环节多，法律文本方面要求苛刻，交易费用高。由于国外出口信贷银行对中资银行反担保的强硬要求，目前国内航空公司所有出口信贷融资租赁形式，都是以中资银行向外方出具担保为条件而完成的。

（三）纯财务租赁方式

纯财务租赁方式主要是指以商业贷款为主的融资租赁。

在该融资租赁中，商业贷款银行成立特别用途出租公司，出租公司通过航空公司向其转让购买协议，取得飞机的所有权。然后，出租公司与航空公司签订租赁协议，承租人按期支付租金，所付租金足以偿还贷款银行的贷款本金和利息。

四、关于飞机融资的成效、作用和意义

（一）开辟了新的融资渠道

以传统方式从国际市场融通资金，成本高，风险大，也受到国内外各种条件限制。以融资租赁方式进入国际租赁市场融通资金，容易找到资金来源，为中国民航飞机引进开辟了广阔的筹资渠道，实际上也是为我国利用外资开辟了一个新的融资渠道。国内航空公司在飞机引进的过程中都存在着资金短缺的问题，将世界通用的融资租赁方式引进中国民航，帮助航空公司解决了飞机引进中的资金问题，使航空公司可以及时增加运力，满足日益增长的客货运输的需要，促进了民航行业的快速发展，为国民经济和改革开放做出了积极贡献。

（二）提高了航空公司的经营效益

融资租赁利率一般都低于同期贷款利率，而且飞机制造商所在国家为了支持和扩大其飞机出口，增强其竞争能力，都提供出口信贷。利用大量低息的外国资本，不仅解决了民航发展所需的资金，而且节约了融资成本。南航历次利用融资租赁，利率均比同期人民币贷款利率低，经济效益可观。例如，1995年5月，人民币5年期以上的贷款利率为15.12%，1998年7月的数据为8.01%，而同期完成的两笔融资租赁的利率分别是7.41%和6.04%，差距明显。目前国内银行的外汇贷款成本较高，国内银行12年期外汇贷款利率为6个月LIBOR+1.20%，而采用国际融资租赁方式的外汇贷款利率为6个月LIBOR+0.68%左右。所以，采用国际融资租赁方式进行飞机融资贷款成本较低。

采用融资租赁方式引进飞机还可以使航空公司不需要一次投入大量外汇资金，而是在10～12年的租期内分次偿还。把有限的资金可以用于其他生产经营急需投资项目，从而加速了资金周转，提高了资金利用率。

此外采用税务融资租赁，出租人在租赁期内作为飞机的法定所有人可享受其所在国给予的有关税务减免的优惠，而出租人可将其所得税务优惠的一部分，以降低航空公司各年应付租金的方式转让给航空公司，从而使双方受益。南航在2005年所采用税务租赁的贷款综合利率为LIBOR−0.30%，大大降低了融资成本。

（三）积累了经验、锻炼了人才

航空公司在开展融资租赁业务时，直接和国外的金融机构、租赁公司和律师行等机构打交道，锻炼和培养了一批熟悉国际市场融资操作的人才。

（四）建立了良好的国际信誉

自中国民航开始租赁飞机以来，国内航空公司没有发生一起延迟支付租金的违约事件，在国际融资市场上建立了良好的信誉，为其他行业引进外资创造了有利条件。

五、关于飞机融资中的困难和问题

经过20多年的飞机融资实践，航空公司在进行国际融资上积累了丰富经验，有效解决了引进飞机融资的资金问题，从而使航空公司得到了快速发展。但与此同时，航空公司也遇到一些困难和问题。

（一）航空公司融资整体结构问题

（1）在资产负债结构上，高负债率、低效益的现象严重。近年来航空公司机队的迅速壮大主要靠债务推动，随着资产总量的增加，资产负债率也不断增加。高负债率是我国航空公司普遍存在的问题，2005年末国航负债率为68.4%，南航负债率为83.3%，东航负债率为88.3%。如此高的资产负债率，使民航背上了沉重的利息负担。这种情况，严重影响了民航正常的再生产和扩大再生产，也影响了上市公司的形象及再融资能力。

（2）融资来源比较单一且短缺。从筹资情况来看，目前航空公司飞机融资主要来源于国外银行市场，企业资本性融资在融资活动中所占比例较小，来自于资本市场的资金很少，民航企业的融资渠道还不够顺畅和宽阔，融资方式也不够多，抑制了企业的发展。

（3）融资方式方面，主要以融资租赁为主，经营租赁比例较小，直接购买的比例更小，由此造

成企业成本中财务费用较大。

（二）航空公司在融资过程中的具体问题

1．税务杠杆结构租赁市场逐渐缩小，融资方式减少

以往中国民航飞机融资主要采用税务杠杆租赁方式，而后来出租人所在国家为了减少税收损失，纷纷修改税法，以限制税务杠杆租赁的继续使用。此外税务结构中的投资人市场也越来越小，20世纪90年代国内航空公司使用较多的日本杠杆租赁、美国杠杆租赁结构已经在国际融资市场取消，其他国家的税务租赁品种很少且仅给该国的航空公司使用，目前国内航空公司只可以有限度使用日本税务租赁和法国式租赁，不能更广泛地使用享受出租国税务优惠、降低融资成本的融资渠道。

2．缺乏配套法律法规

飞机租赁是一项涉及许多领域、非常复杂的业务，需要较为严格和完善的法律、法规来规范和保证。目前，我国还没有一套系统的法律、法规对租赁业务进行规范。此外，国际的法律制度并不为国内所熟悉，许多国际公约和惯例还未被采用，这些都不利于中国航空公司进行对外融资，国际融资贷款人往往会额外提出限制条件和要求，如要求提供银行担保等。

3．飞机融资中的预提所得税负担过重

根据中国法律规定，飞机租赁合同支付的租金要交纳预提所得税。融资租赁允许扣除飞机价款只对利息部分征收预提所得税，经营租赁的飞机，对所付的全部租金征收预提所得税。目前预提所得税实际税率是6%～10%。征收预提所得税的目的是中国政府征收外方来源于国内的利润所得，而不是增加航空公司的税务负担。但由于融资市场供求关系的影响及国际飞机融资行业的通常做法，外方将税负转嫁给航空公司，航空公司成为最终税务承担者，加重了航空公司的负担。征收预提所得税将会对国内航空公司今后的飞机引进和融资计划产生重大的影响，主要有：

（1）减少或损失航空公司在税务租赁融资方法中分享得到的外国税务优惠，可能导致税务租赁结构在国内消失，引起企业融资成本上升，不利于国家的外债情况。

（2）减少贷款银行和投资商的回报和没收航空公司可获得的外国税务优惠，进而促使低成本的资金流向其他国家的航空公司。由于预提所得税令融资各方的成本上升，国内航空公司可能会减少使用目前这种低成本融资方法，从而限制航空公司对海外资金来源的选择，妨碍中国引进西方先进融资技术，不利于中国经济发展。

（3）减少航空公司的融资渠道和可选择的飞机出租方，导致成本增加，经营更加困难，竞争力降低，不利中国航空事业的发展。

大多数国家为支持本国航空业的发展，对海外出租人的飞机租赁所得均给予免征或减征预提所得税的优惠待遇，其中加拿大、印度、爱尔兰等都实行免征预提所得税，即使征税的韩国、新加坡的税率也仅在2%～2.2%左右。相比之下，中国的航空公司承担的预提所得税负担过重。由于预提所得税增加了航空公司成本，在一定程度上会影响航空公司对租赁方式的选择。

南航飞机融资项目，采用国际融资租赁方式。图为南航第100架空中客车飞机交机仪式

（4）融资中的风险控制手段有限。航空公司不仅要能多渠道筹集资金，而且要力求以优惠的条件筹集资金，这样才能降低成本，提高利润率。融资条件中，最主要的是利率和汇率的选择及风险问题。

一是汇率风险。航空公司最主要的经营工具飞机及大部分航

材均依赖进口，而收入绝大部分为人民币，这就必然导致航空公司属于外汇高负债型的企业。航空公司国外贷款大部分为美元，由于人民币和美元之间没有长期的远期汇率或期权等产品，因此面临的汇率风险很大。虽然目前人民币升值带来很大的汇兑收益，但从长期看，汇率风险仍然没有消除，且由于人民币逐步走向全面浮动，如果没有相应的市场和产品配套，风险还将扩大。

二是利率风险。利率结构有固定利率、浮动利率和有条件的固定利率等方式搭配。由于利率市场的波动，利率风险依然存在。

（中国南方航空集团公司）

图为南航以国际融资租赁方式引进的波音777飞机机队

中国移动借用国外贷款工作回顾与总结

一、中国移动基本情况

（一）中国移动概况

中国移动通信集团公司（以下简称“集团公司”，与所属子公司合称“中国移动”）于2000年4月20日成立，注册资本为518亿元人民币，截至2005年底，资产规模超过4000亿元。集团公司全资拥有中国移动（香港）集团有限公司，由其控股的中国移动有限公司（以下简称“上市公司”，曾用名“中国电信（香港）有限公司”，“中国移动（香港）有限公司”）在国内31省（自治区、直辖市）设立全资子公司，并在香港和纽约上市。

中国移动主要经营移动话音、数据、IP电话和多媒体业务，并具有计算机互联网国际联网经营权和国际出入口局业务经营权。除提供基本话音业务外，还提供传真、数据、IP电话等多种增值业务。

中国移动在我国移动通信大发展的进程中，始终发挥着主导作用，并在国际移动通信领域占有重要地位。经过十多年的建设与发展，中国移动已建成一个覆盖范围广、通信质量高、业务品种丰富、服务水平一流的移动通信网络。网络规模和客户规模列全球第一。

上市公司于1997年9月3日在香港成立，并于1997年10月22日和23日分别在纽约证券交易所和香港联合交易所有限公司上市。公司股票在1998年1月27日成为香港恒生指数成分股。上市公司是中国内地最大的移动通信服务供应商，拥有全球最大的移动通信用户基础和全球最大的一体化连续覆盖全数字网路。2005年，上市公司被国际知名《金融时报》选入其“全球500大企业”，并被著名商业杂志《福布斯》选入其“全球2000最大上市公司”榜。上市公司的企业债信评级目前为标准普尔评级A－／前景正面和穆迪公司评级A2／前景正面，分别等同于目前的中国国家主权信贷评级。

（二）中国移动股权结构

截止到2005年12月31日，中国移动通信集团公司通过中国移动（香港）集团有限公司拥有上市公司75.58%的股权。集团公司还全资拥有29家存续企业。上市公司拥有31家省公司、京移设计院以及中国移动通信有限公司100%的股权。

（三）公司治理结构及内控机制

中国移动一贯的目标是努力提升企业价值，追求EBITDA、股东应占利润和现金流的长期稳定良好增长，确保公司的长期持续发展，为股东带来良好的回报。为达到上述目标，上市公司自1998年起，采取了一系列措施，包括在董事会下设了三个主要委员会，即审核委员会、薪酬委员会和提名委员会，建立了一个有效运作的董事会；成立了信息披露委员会，健全和完善信息披露内控制度，并进一步遵循美国《萨班斯—奥克斯利法案》（“索克斯法案”）第404条款的要求，完善了财务报告内控制度，以确保公司信息披露的公平性、及时性和准确性。公司还设立了内部审计部门，实施审计机制及流程，制定了适用于公司高管人员的职业操守守则等。公司在企业管治方面的努力和良好表现，得到了各界的赞许和认同，获得了国际著名专业机构和杂志的多项奖项。公司将一如既往紧密跟进国际上先进企业管治模式以及相关监管格局的发展和投资者的要求，定期检查及加强企业管治措施和实践，以确保公司的长期持续稳定发展。

作为一家同时在香港和纽约两地上市的公司，公司不仅受相应香港法律法规的约束，包括《香港联合交易所有限公司证券上市规则》（“香港上市规则”）和香港《公司条例》，同时亦受相应美国联邦证券法律法规的约束，包括美国《证券交易法案（1934）修改案》和美国《索克斯法案》。而且，公司还须遵守纽约证券交易所（“纽约交易所”）上市规则中适用于非美国本土公司的有关规定。

二、借用国外贷款情况

根据中国移动的业务需要，经国家批准，中国移动发行了两期美元债券。1999年11月2日中国移动的上市公司（当时公司名称为中国电信（香港）有限公司）发行了6亿美元的无抵押定息美元债。

2000年11月3日中国移动的上市公司（当时公司名称为中国移动（香港）有限公司）发行了6.9亿美元的可转换债。

为进一步促进中国电信企业转换经营机制，提高电信企业的竞争能力和管理水平，同时配合我国加入WTO后渐进对外开放电信市场的总体要求，中国移动贯彻实施国务院关于“整体上市、分步实施”的战略部署，上市公司自1999年至2004年间，分六批完成了对境内31家省移动通信公司的收购工作。

为此，上市公司利用多种融资方式筹集了部分收购资金，包括新发行股票、发行可转换美元债和筹借人民币银团贷款等方式筹集部分资金。发行美元债所筹集的资金，全部用于补充收购资金不足部分。

三、中国移动发债和外债管理情况

（一）债券发行情况

1．1999年11月2日发行的6亿美元债

1999年10月28日，上市公司与六家承销商签订债券承销合同，确定上市公司同意出售，同时承销商分别同意购买一定本金数量的债券。

上市公司在制定债券承销合同的过程中，主要参照美国《1933年证券法》，对债券发售过程做了详尽规定，保证了债券发售的顺利完成。

该次上市公司发行的美元债券虽然为全球发行，但为避免与某些国家、地区的法规有所冲突，在某些地区的债券发行是受到完全或部分限制的。在发债书中，对债券承销商发售债券的区域做了相应要求，以适应当地法规。

该债券并无提前赎回条款，但债券发行后，作为债券发行主体的上市公司可在任何时候以任何方式任何价格购买或收购这些债券。根据相应的法律要求，由上市公司购买或收购的债券可根据自己的判断在受托人处注销。

该债券是一种新发行的债券，尚无成熟的交易市场。债券发行前夕上市公司已经在卢森堡证交所和香港联交所申请债券上市，但该债券并未在美国的任何证券交易所上市。中国移动债顺利完成发行工作，表明市场对该债券认知程度较高，并未过多担心其流动性。

2．2000年11月3日发行的6.9亿美元可转换票据

中国移动（香港）和下表所列的承销商就可转换债的发行订立了承销合同，各承销商同意按照6亿美元的数量（购买可转换债）。

在承销合同中，上市公司考虑到有可能出现的超量市场需求，制定了可选择性执行条款。市场反应极其强烈，上市公司美元债计划发行6亿美元，实际发售数额为6.9亿美元。

可转换债是一种新发行的债券，尚无成熟的交易市场。从发行后市场的强烈发应来看，投资者并不担心中移动债可能存在的流动性风险。

（二）市场需求情况

1．1999年11月2日发行的6亿美元债

债券认购分布情况如下表：

中国移动1999年11月2日发行6亿美元债券认购情况

单位：百万美元

投资人所在地	认购额	分配额	中标比例
美国	578.3	213.3	36.9%
欧洲	327.9	121.7	37.1%
亚洲	1147.6	265.0	23.1%
合计	2053.8	600.0	29.2%

此次美元债认购倍数为3.42倍，该债券尤其受到全球投资人的追捧，这也表明了作为第一家发行全球美元债券的中国企业，中国移动的发展前景在世界范围内得到了投资人的认可。银行、基金认购了80%以上的债券，剩余债券被保险公司等其他投资人投资。

2．2000年11月3日发行的6．9亿美元可转换票据

（1）债券认购情况。由于全球投资者对上市公司的发展前景极其看好，对上市公司股票走势有一个良好预期，所以对该次可转债的认购热情极高。

截至纽约时间2000年10月26日下午4点簿记建档结束，可转换债的簿记总需求为176.12亿美元，相当于预定发行额6亿美元的29.3倍；共接收

认购订单个数655个，前十大和前三大的订单需求额之和分别为62.24亿美元和39.80亿美元，分别占总需求的35.3%和22.6%。

本次可转换债的市场反应异常热烈，在上市公司及三家联合承销商的同意下，将预定的簿记截止日由10月31日提早至10月26日纽约收市时间；可转换债票面利率也由原定范围2.5%～3.0%下调至2.25%，转换溢价范围最终确定为18%～23%（见下图）。

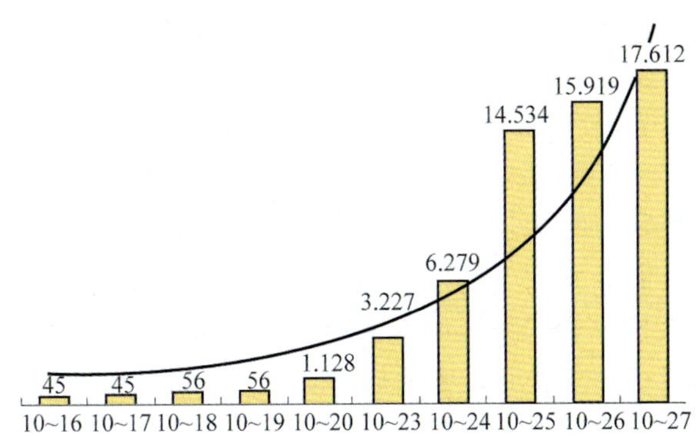

上市公司债券认购进度图：可转换债券簿记进程

（单位：百万美元）

从上图可以看出，自路演中期（2000年10月20日）订单开始猛增，然后以每天翻一番的速度增长，到路演后期由于基数庞大，增长率有所下降，但需求额的绝对数增长仍然非常巨大，中后期的需求额增长主要来自美国的大额订单。

（2）债券设计及定价经验。上市公司作为第一家在全球发行可转换债券的中国企业，为保证该次债券发行顺利，在设计可转换债券时，上市公司与全球协调人进行了协商，设计了对投资人更有吸引力的债券条款，该条款具备以下几个特点：

（a）低溢价。

（b）五年可转换债券期限及较低的可转换债券票息。

（c）为迎合可转换债券投资者需求，债券具有两年的硬性不可回购阶段。

当股价上升至转换价之上的120%的时候，上市公司可行使债券的软性回购权。

从出现上述巨额超认购及债券升值的情况可以看出，上市公司可转换债券在资本市场上受到国际投资者的追捧。主要原因有以下几点：

——投资者看好上市公司股票的未来前景；

——上市公司具有的良好债信并具有将来被注入资产的潜力；

——债券为一笔优质的亚洲及电信债券因而具有较高价值，根据承销商判断，近700个下订单的投资者中的30%至40%是第一次定购亚洲可转换债券；

——债券的结构简单和良好；

——债券文件里采用一些最新国际发行条款（控股权改变和反摊薄），保障了投资者利益；

——债券总金额不太大，导致供不应求；

——债券具有足够的流通性以方便日后二级市场的交易；

——因市场预期大量超额认购，导致客户以倍数下订单，又再带动滚雪球效应，夸大了需求；

——债券为当时三年来第一次在美国证监会注册的亚洲债券，吸引了至少三种新投资者：中小型美国基金、中小型欧洲基金、美国零售散户。

（三）信息披露及本息偿付

上市公司安排专人负责管理已发行债券，设立债券登记簿，对已发行债券的管理工作进行全程监控，按照监管机构要求对已发行债券情况进行了信息披露。上市公司通过多个正式渠道向投资人报告公司的表现和业务情况，尤其是年报和中期报告。在按照有关监管规定定期公布中期业绩、全年业绩或重大交易时，公司一般都会安排进行投资分析员会议、新闻发布会和投资者电话会议等，向投资人和公众阐释有关业绩和重大交易，并解答他们的提问。除此之外，公司按季度披露未经审核的若干主要营运及财务数据，投资人提供额外资料，便利他们了解公司的经营情况，并提高上市公司的透明度。

上市公司发行的两期美元债券均已按时付息，到期赎回。为准备足额美元以偿付到期债券本金，上市公司曾与中国建设银行签定了购买部分美元的远期合约。远期合约的签订，保证了上市公司按时偿付已发债券的本金，在美元交割目前锁定了汇率，回避了兑换美元可能带来的汇率风险，确保了公司现金流的稳定。

四、启示与展望

（一）成功发行美元债的体会

上市公司之所以能够成功发行美元债券，主要有以下几点体会：

（1）国家有关部委的大力支持，在较短的时间内完成需要的报批手续，抓住了发行的有利时机；

（2）目标资产的重组工作按照国际资本市场的规范要求进行，操作程序和重组资产质量获投资者广泛认可；

（3）公司正确的发展策略和强有力的管理以及对现有资产的管理经营业绩令投资者充满信心；

（4）选择了富有经验的投资银行组成承销团，制定了积极的路演推介策略，债券定价合理。

（二）成功发行美元债券的意义

成功发行美元债券圆满达成融资计划，中国移动走向国际市场成为第一家成功完成大规模全球债券发行的中国企业及第一家成功完成大规模可转换债券发行的中国企业。

成功完成债券发行工作，保证了对境内移动通信公司的收购顺利进行。通过逐步完成对移动通信公司的收购，改变了上市公司同一网络内部上市企业和非上市企业并存的局面，真正体现移动通信企业“全程全网”的管理特点，充分发挥了规模经济效应，扩大了上市公司业务覆盖范围，提升了公司的综合竞争能力，巩固了市场领导地位，也使上市公司逐渐成长为拥有全球最大的移动通信用户基础的移动通信服务供应商。通过成功发行美元债券，上市公司引入了国际先进的管理经营理念，有效地促进了上市公司完善治理结构和内部控制体系，也证明了国际投资者认可上市公司可持续发展的能力，对上市公司业务增长、业务发展具体计划以及内部管理力度和整合实效等方面有较强信心。

上市公司通过发行债券积累了在国际资本市场融资的经验，拓宽了融资渠道，扩大了投资者基础，提高了投资者对中国概念企业的兴趣，为后来中国企业在国际债券市场的融资确立了基准。上市公司成功地发行债券，为我国国有重点企业进一步融入国际资本市场，在全球化的浪潮中不断发展完善自我，积累了宝贵的经验，起到了示范作用，同时也有力证明了中国国有企业改革正向着全球化和现代化的方向前进，这必将对中国国有企业的发展带来深远影响。

（三）市场地位及未来展望

中国移动已经成功进入国际资本市场，良好的经营业绩和巨大的发展潜力吸引了众多国际投资。中国移动已连续5年被美国《财富》杂志评为世界500强。国内被评为中国企业500强综合榜第四位，服务企业500强第二位。上市公司成为连续三年入榜《福布斯》“全球400家A级最佳大公司”的唯一中国企业。中国移动既是一个财务稳健、能够产生稳定现金流的赢利性公司，又是一个充满发展潜力、具有发展前景的持续成长性公司。面向未来，中国移动确立了“做世界一流企业，实现从优秀到卓越的新跨越的发展战略目标。围绕这一目标，中国移动将秉承“正德厚生，臻于至善”的企业核心价值观，深入贯彻科学发展观，努力提升核心竞争力，通过打造卓越的运营体系、建设卓越的组织、培育卓越的人才，打造“一个中国移动（OneCM）”，努力成为移动信息专家和卓越品质的创造者。

（中国移动通信集团公司）

中国移动海外融资项目，在境外发行债券。图为边远地区开通了移动业务

中国石油天然气集团公司借用国外贷款回顾与总结

一、中国石油天然气集团公司整体概况

中国石油天然气集团公司（以下简称中国石油集团）是根据国务院机构改革方案，于1998年7月在原中国石油天然气总公司基础上组建的特大型石油石化企业集团，系国家授权投资的机构和国家控股公司，是实行上下游、内外贸、产销一体化、按照现代企业制度运作，跨地区、跨行业、跨国经营的综合性石油公司。

作为中国境内最大的原油、天然气生产、供应商和最大的炼油化工产品生产、供应商，中国石油集团业务涉及石油天然气勘探开发、炼油化工、管道运输、油气炼化产品销售、石油工程技术服务、石油机械加工制造、石油贸易等各个领域，在中国石油、天然气生产、加工和市场中占据主导地位。中国石油集团在美国《石油情报周刊》最大50家世界石油公司排名中位居第10位，在美国《财富》杂志全球500强公司中位居第39位。

二、借用国外贷款回顾

（一）基本情况

1991～2005年间，中国石油集团共有大庆石油管理局、辽河石油勘探局、新疆石油管理局、大港油田等11家企业利用国外贷款，折合人民币500亿元（按2005年12月31日中国人民银行对外公布汇率折算），其中：日本输出入银行能源贷款5000.6亿日元，世界银行贷款5.2亿美元，日本政府贷款356.9亿日元，日本海外协力基金贷款230亿日元，英国政府贷款9850万英镑，西班牙政府贷款1亿美元，西班牙出口信贷0.5亿美元，意大利政府混合贷款0.5亿美元，芬兰政府贷款0.1亿美元，其他商业借款456亿日元和1.4亿美元。

中国石油集团使用国外贷款的时间可以追溯到“六五”初期。“六五”初期，由于国家对原油、天然气实行低价政策，石油企业勘探开发资金严重不足，产量难以维持。为了解决石油工业面临的发展与资金的矛盾，国家决定让石油企业利用外资解决资金缺口。在国家有关部门和中国银行的大力支持下，原石油工业部自1982年开始借用国外贷款。1991年至1994年借用国外贷款集中时期，原石油工业部、中国石油天然气总公司累计借用日元贷款6043.5亿元，美元贷款8.8亿元，英镑贷款9850万镑，先后完成了四川天然气开发与节能、大庆萨尔图油田南二区、三区开发建设、新疆独山子14万吨乙烯工程、南堡油田勘探开发、大港张巨河－乌北油区开发建设、辽河冷－东油区开发建设、新疆克拉玛依油田稠油评价、华北二连吉尔嘎郎图稠油田开发建设、长庆安塞油田开发建设、大庆30万吨乙烯原料工程等石油石化项目的建设。

1999年重组以来，中国石油集团充分挖掘企业内部潜力，及时归还国外借款，未借用新的国外借款。截至目前，中国石油集团国外借款余额折合人民币7.6亿元（按2005年12月31日中国人民银行对外公布汇率折算），包括13亿日元和8355万美元。

（二）借用国外贷款特点

1．借用国外贷款成为主要融资方式

在改革开放初期和中期，资金渠道比较单一，企业直接对外融资能力不足，原石油工业部、中国石油天然气总公司通过借贷方式进行融资，这些借款大多是通过中国银行转贷，主要有：世界银行贷款、中国银行外汇贷款、第二批日本能源贷款、日本“伊藤忠”商社贷款、日本商业商品贷款、日本“石油公团”贷款、第三批日本能源贷款以及英国、意大利、西班牙等国家的出口信贷和政

大港北大港油区开发建设，项目总投资2.86亿元，借用境外商业银行贷款5000万美元。图为港3-37井区丛式井组

复杂，贷款金额相对较小。如：大庆油田使用的荷兰政府贷款等。

（2）国际金融组织贷款。主要用于大中型项目；贷款期限较长，贷款利率一般低于市场利率，银行费用较少，但程序复杂。如：世界银行贷款等。

（3）出口信贷。主要用于大中型机电产品设备进口的建设项目，贷款期限较长，利用率较为优惠，但必须购买提供贷款国的设备。筹资过程相对较短，程序相对简单，主要有卖方信贷和买方信贷两种。

府贷款等。随着改革开放的不断深入和石化工业的不断发展，逐步开展了直接融资境外上市等方式吸引外资。

2．国外贷款项目享受优惠政策

为了鼓励利用外资，减轻企业负担，国家对利用外资项目给予优惠政策。1995年以前，使用国外贷款款进口的材料设备均按规定享受免征关税政策，1994年税制改革前国外贷款项目执行以税还贷政策。自上世纪末期，国家对利用外资优惠政策方面做了很大调整，对部分企业使用外资外汇借款余额进口材料设备仍执行减免关税政策。在2000年以前，特定地域内企业进口免税清单内的材料设备免征关税和进口环节税，进口石油专用管材执行“双限”暂定税率的关税政策。国家对部分使用外资借款企业实行最高不超过12%的以税还贷政策。

3．为适应项目建设需要，借用了较长期限的国外贷款

中国石油集团公司主要利用以下三类借款，这三类贷款的共同特点是期限长、有特定用途：

（1）外国政府贷款。各国政府为支持出口或取得我国资源，均制定了具有其本身特点的贷款政策。这种贷款期限长，贷款利率低，但程序较为

（三）取得的成效

一是部分解决了中国石油集团资金紧缺的问题。原石油工业部为解决石油产量任务重，资金紧张局面，依靠大量国内外贷款，特别是借用国外贷款以保证工作量的投入，对解决石油行业长期以来的资金短缺问题起到了一定的积极作用。“七五”期间，原石油工业部、中国石油天然气总公司利用外资完成工作量213亿元，占全部工作量投资的19.8%，“八五”期间，原中国石油天然气总公司利用外资完成工作量333亿元，占全部工作量投资的14.5%，其中：1995年外资借款82亿元，为全年投资603亿元的13.6%。

二是确保了重点工程的顺利完工。借用国外贷款是在当时历史条件下中国石油工业为保证企业长期发展而采取的一项重大战略举措，国家鼓励石油企业利用外资并出台相关进口国外先进技术及设备税收优惠政策，极大地支持了石油行业的发展，特别是一些国家重点工程项目的投产，如大庆萨尔图油田南二区、三区开发建设，新疆独山子14万吨乙烯工程，大港张巨河-乌北油区开发建设等，确保了国家石油天然气能源供应，为保障国家经济稳定与发展奠定了能源基础，具有不可替代的重要作用。

（四）经验与教训

中国石油集团借用国外贷款的十几年间，不

断总结经验与教训，确保借入的国外借款的安全、规范、高效使用。

一是成立专门管理机构，统一管理国外贷款。20世纪80年代初期，石油行业资金紧张，在国家支持下，原石油工业部开始借用国外贷款。在当时历史环境下，外汇资金是稀缺资源，外汇业务对企业更是一项新业务。为管理好借用的国外贷款，原石油工业部在计划局、财务局设置了专门处室，对借入的国外贷款专项管理、专款专用、统一协调，研究制定了一整套立项审批、国外贷款使用及还贷流程和管理办法，在确保国家外汇资金安全、保障借用国外借款使用等方面发挥了重要的历史作用。

二是加强风险管理，防范汇率利率风险。在国家政策允许范围内，对部分外债谨慎采取套期保值、远期结售汇等金融工具，规避汇率利率风险，同时，严密跟踪国际资本市场变化，积极筹措资金，提前还款解决汇率升高和利率下降的情况，缩减债务规模，节约财务费用。

在国家支持下借用的国外借款对石油企业的产能建设和我国石油工业持续稳定发展起到了促进作用。然而，由于对国际资本市场了解不足以及当时历史条件下体制等方面的制约，中国石油集团在使用借入国外贷款时也付出了一定的代价。

在日元借款方面的教训最为深刻。日本能源借款是一种长期优惠借款，其特点是还款期长、利率优惠，还款期和宽限期均在15年以上（其中：日本政府借款达30年），利率按照借款时的汇率测算（第二次日本能源借款利率固定年利率分别是6.35%、5%，伊藤忠商社借款固定年利率4.71%），日元借款对中国石油集团石油工业的发展是有益的。但是到80年代后期，日元开始大幅度升值，美元对人民币也升值，极大地加重了中

大港孔南油田扩大开发建设，项目总投资约14亿元，其中，借用日本输出人银行能源贷款约406亿日元

国石油集团的债务负担，影响了使用日元借款企业的经济效益。截至1995年底，中国石油集团因使用日元借款而承担的汇率损失高达320.58亿元人民币，其中：日元对美元升值汇率损失175.83亿元人民币，美元对人民币升值汇率损失144.75亿元人民币。由于汇率的大幅波动，甚至出现了借款余额越还越多的情况。如第二次日本能源借款，借款总额为3456.56亿日元，按提款时汇率折算，应偿还本金95.01亿元人民币，截至1995年底已偿还113.93亿元人民币，还欠121.53亿元人民币。

此外，随着日元的大幅升值，日元资本市场已经发生了巨大变化，日元借款利率大幅降低，日元优惠借款已经变成比一般商业借款利率高出数倍以上的高利率借款。外汇借款的汇率风险、利率风险给中国石油集团造成了巨大损失。

四、存在的问题和下一步计划

（一）借用国外贷款过程中存在的问题

借用国外贷款对中国石油集团业务发展有有利的一面，但由于历史原因，也存在着一些问题。

1．偿还高峰期债务负担过重

根据常规的财务理论，企业的资产负债率一般应维持在50%左右。在此水平，企业既可可以通过举债来适度扩张生产经营规模，又可以将经营财务风险置于可控范围之内。由于石油企业属于资金高度密集型和高风险行业，因此其资产负债率大大低于其他行业的平均水平。目前，国际大型石油公司资产负债率一般控制在25%以下。然而在20世纪90年代，由于历史原因，特别是因为国内石油行业长期以来紧张，产量任务重，靠大量借用国内外贷款，尤其是国外贷款来保证工作量的投入，致使全行业普遍存在负债过重的现象。中国石油集团在借用国外借款的同时，还本付息过于集中，债务负担较重，还款高峰期需要筹集大量资金还本付息。筹融资信用与企业债务筹资能力经受考验。

2．债务结构不尽合理

中国石油集团借入国外贷款渠道比较单一，债务结构、币种结构均不够合理，外币债务比例过高且币种结构比例失调。中国石油自20世纪初开始使用外汇借款，到1994年底借款余额为62.63亿美元，其中国外借款44.72亿美元。到1994年末中国石油已经累计使用日元借款6636.71亿日元，借款余额为3962.22亿日元，占中国石油外资外汇借款余额的63.48%。在这十多年中，由于日元升值，中国石油承受了巨大的汇率损失。1998年，中国石油外币债务约占企业全部债务余额的44%，外汇借款约占长期借款的一半，外币币种比例也不尽合理，其中日元币种债务占全部债务的65%左右，美元与欧元等其他外币币种债务只占整个外币债务的30%。

由于中国石油集团销售收入主要以人民币结算，拥有过多的外币负债，加大了企业的财务风险，加之90年代中后期，人民币对美元走弱，日元对美元走强，在这种双重汇率打击下，企业不得不以高昂的换汇成本为代价，偿还以日元为主体的外币债务，承受了巨大的汇率损失。

3．债务风险管理能力比较薄弱

债务风险主要体现在利率风险和汇率风险等方面。上世纪80年代石油工业部时期开始使用外汇借款至1998年的十多年中，外汇贷款虽然在解决企业资金短缺问题方面起到了一定的积极作用，从某种意义上讲，举借外币是在当时历史条件下中国石油行业为了保证企业长期发展而采取的一项重大战略举措。然而由于经验不足，管理能力比较薄弱，企业承担了相当的债务风险。

一方面，当时国内贷款规模与企业生产经营活动的实际需要存在着巨大的缺口；另一方面，从借款利率角度比较，外汇借款也具有一定的优势，因此，从战略角度分析举借外币不失为一项富有重大建设性的长期谋划。然而，在融资战略的具体实施方面，过于追求融资规模与借款利率的选择，忽视汇率风险的存在及规避汇率风险措施的研究，而将日元借款作为企业外币借款的主要币种。至1997年，中国石油行业日元借款余额达到4860亿日元，按当时汇率折算约48亿美元，而同期美元及其他外币借款约20亿元，日元债务占外币借款余额70%以上，汇率风险已成为影响企业整体财务状况的主要因素之一，为日后日元升值带来的巨大汇率损失埋下了隐患。

4．债务筹资权分散，潜在风险较大

1999年中国石油集团重组改制以前，原石油工业部及中国石油天然总公司所属单位在法律意义上都具有独立的法人资格，在企业筹融资管理方面具有一定的自主权，筹资管理缺乏整体规划与协调，很多企业筹资信誉较差，难以保证以较低的利率筹集到足够的资金以支持其发展，广泛的高成本筹资行为使企业整体的财务费用居高不下。个别企业甚至没有风险意识。

（二）下一步工作计划

随着中国石油集团“全面建设具有较强国际竞争力的跨国企业集团”战略的进一步实施，境外收购兼并规模将逐步扩大，各成员单位在境外业务的广度和深度上都会有跨越式的发展，境外资金的缺口也会相应地加大，中国石油集团将继续有条件地选择国外借款中资金期限较长、利率较低、与石油天然气行业投入/回收期相符合的借款为我所用，进一步提高资金管理水平，具体要做好以下几个方面的工作：

1．强化财务公司职能，融通内部资金

通过财务公司吸收成员企业外汇存款，在中国石油集团内部调剂使用，可以降低国外借款规模，提高外汇借款使用效率。为强化财务公司职能，中国石油集团授权财务公司作为中国石油集团境外资金管理中心，承担统一调剂全集团公司外汇资金的职责。但财务公司作为金融机构，在短期外债指标额度方面将根据国家外汇管理的要求，统一境内外外汇资金的使用。

2．扩大融资渠道，参与国际资本市场融资

国外借款是我国石油行业外汇的主要来源，过去国外借款渠道单一，造成外汇资金运作范围小，抗风险能力低，在国际谈判中处于劣势，难以以最低的成本获取资金。今后，中国石油集团将按照国家有关规定，积极探索国际资本市场筹资模式，筹集低成本外汇资金。

3．加强风险管理，防范金融风险

（1）利率风险管理，包括固定利率与市场利率反向变动风险的管理、浮动利率远期和短期利率反向变动风险的管理等。例如，将第三次日本能源贷款部分用于归还第二次日本能源贷款，实现利率互换，降低了利息支出。因此采用金融工具，如远期利率协议、利率期货合约、利率互换、利率期权等，可最大限度的规避利率风险。

（2）汇率风险管理。自20世纪70年代初固定汇率制崩溃以来，国际货币市场汇率波动剧烈。2005年人民币汇率形成机制改革后，汇率变动对中国企业国外借款的影响将进一步增大。目前，针对汇率风险进行管理的金融工具很多，如：外汇期货合约、综合的远期外汇协议、基本期权套期保值等。由于历史和体制的原因，我国企业长期以来一直被动接受汇率变动，运用金融工具规避汇率风险的经验不足，因此，在今后借用国外贷款时，在国家政策支持下，中国石油集团可以有条件地选择一些成熟的金融工具，逐步摸索规避汇率风险的方式，积累实际操作经验，有效防范汇率风险。

（3）项目风险管理。通过对项目风险规划、风险识别、风险估计、风险评价、风险应对、风险监控等过程管理，采用科学方法和实用技术、工具，并根据项目管理实践和发展需求，对技术风险管理和项目群风险管理进行专题研究，将项目风险合理分摊，减少企业风险。

（4）信用风险管理。除采用信用互换、信用期权、信用远期、信用证券化等衍生金融工具外，在合同条款中尽量明确不可抗力等因素发生后的处理办法，以降低相应的信用损失，规避信用风险。

4．控制债务规模，调整债务结构

25年来，中国石油集团通过借用国外贷款，获得了快速发展，提高了企业的运行效率和竞争力。但是，持续增长的负债将增加企业财务负担，如不能良性循环最终会导致企业财务危机。因此，中国石油集团在借用国外贷款时，将综合考虑销售收入、经济周期、行业竞争、油田寿命周期等因素，控制债务规模。同时，将国外借款期限与中国石油集团项目投资回收期限及资金回收期限相匹配，固定资产比例与长期借款比例相匹配。

5．加强资金管理，提高资金效益

中国石油集团不断探索资金管理模式，提高资金管理水平。通过设立财务公司、实行境内外资金集中管理等手段，在确保资金安全的同时，提高资金使用效率和效益。

（中国石油天然气集团公司）

中信公司借用国外贷款回顾和总结

中国中信集团公司于1982年在日本率先发行武士债，由此开始进入国际资本市场，一度成为中国最活跃的筹资体之一。借用国外贷款这种负债经营的方式缓解了公司初创时期国家投入不足、资金紧张的压力，为公司各项业务的发展创造了积极条件。

一、借用国外贷款基本情况

1979年7月，中国国际信托投资公司（中国中信集团公司前身）正式成立。作为中国改革开放的试点，国家将中信公司定位于“吸收和运用外资，引进先进技术和管理经验，加速我国的社会主义现代化建设”，公司要利用国外资金，为改革开放“闯出一条路子”，直接借用国外商业贷款成为当时公司利用外资的主要方式之一。20世纪80年代初期，列入国家22项重点工程之一的江苏仪征化纤一期工程，因资金不足而缓建，甚至有可能下马，项目已有投入将面临损失。经国务院批准，中信公司于1982年1月在日本发行了100亿日元私募债券，救活了面临资金困难的仪征化纤项目，同时开创了境外发债的先河，使中信公司成为新中国成立后第一个在境外融资的发行体，海内外反响强烈，公司由此开拓了境外融资市场。1982~2001年，中信公司共借用国外贷款约63亿美元。具体情况如下：

（一）按发行方式划分

境外融资中，发债40.68亿美元，占融资总额的65%，借用商业贷款22.32亿美元，占35%。由于发债所筹资金大多期限较长（有的长达20年）、金额较大，有利于发行体长期使用资金和扩大在国际资本市场的影响力，中信公司作为较成熟的发行体，一直尽可能地采用在国际市场发债的方式筹集所需长期低利资金。

（二）按币种划分

境外融资含多个币种，分别为：4470.56亿日元（折合39.37亿美元）、21.40亿美元、3亿港币、3813万德国马克、1500万法国法郎、100万瑞士法郎，可以看出中信公司境外融资中日元债务占较大部分，但公司一直通过货币掉期主动进行汇率风险管理。

（三）按时间划分

公司“六五”（从1982年开始）期间借用7.56亿美元，“七五”借用24.25亿美元，“八五”借用22.35亿美元，“九五”借用8.02亿美元，“十五”期间仅2001年上半年即借用8000万美元，公司各年借用国外贷款金额如图1。可以看出“六五”（始于1982年）是中信公司境外融资的启动时期，“七五”和“八五”是境外融资最活跃的时期。2001年下半年以后由于国家政策变化，中

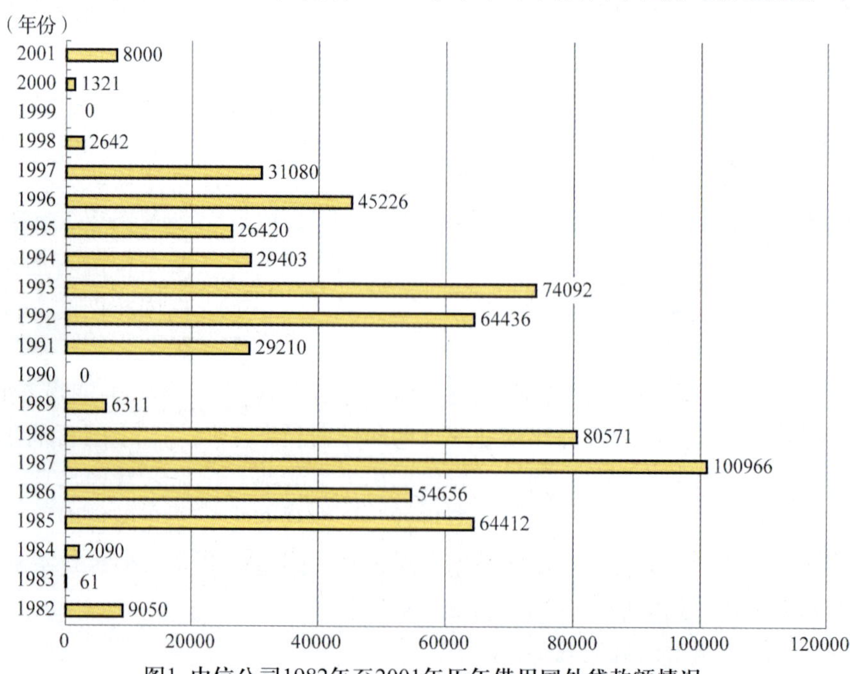

图1 中信公司1982年至2001年历年借用国外贷款额情况
（单位：万美元） 汇率：2000年12月31日汇率

信公司没有再借用国外贷款，转而利用国内市场，先后发行了多期人民币债券。

（四）按还本情况分

1982～2001年的20年时间基本上可以划分为前后10年两个时段，其中前10年（1982～1991年）当年借款额明显大于还本额（见表1），后10年（1992～2001年初，正是中信公司试行中长期外债余额管理的时期）基本上小于还本额（见表2），这既反映了公司前期借用的国外贷款逐步取得了较好的资金利用效果，在公司生产经营规模继续稳步增长的同时，公司可以逐步利用经营收益中的自有外汇资金偿还部分到期国外贷款本息，也反映了随着国内资本市场的发展，公司融资逐步从国际市场转为国内市场的变化。

表1　1982年至1991年10年间境外融资额和偿本额比较表

单位：万美元

年份	1982	1983	1984	1985	1986	1987	1988	1989	1990	1991
融资额	9050	61	2090	64412	54656	100966	80571	6311	0	29210
还本额	0	12	24	750	2932	2213	12721	454	14858	20100

表2　1992年至2001年10年间境外融资额和偿本额比较表

单位：万美元

年份	1992	1993	1994	1995	1996	1997	1998	1999	2000	2001
融资额	64436	74092	29403	26420	45226	31080	2642	0	1321	8000
还本额	56335	110623	35121	31653	49933	53412	27334	31670	27670	28267

二、借用国外贷款的作用

（一）为建设项目的发展筹集了资金

通过境外融资所筹资金，公司陆续投资建设了江苏仪征、平朔煤矿、江苏利港电厂、嘉兴电厂、上海隧道、中信天津开发区、秦皇岛渤铝、大榭岛、国际大厦、京城大厦等一系列项目，切实发挥了吸收和运用外资，加速我国社会主义现代化建设的作用。

除自身项目建设外，公司亦利用自己进入国际资本市场早，积累了较丰富经验，树立了良好信誉等方面优势，先后接受财政部和国内其他公司委托，代为融资。其中，1987年前后为财政部代筹了超过900亿日元资金，用于上海宝钢等项目；1993年成功打开美国市场后，公司于1994年为中国海洋石油总公司代筹2亿美元12年期扬基债，用于惠州32－2、32－3和流花11－1三个油田项目，为改革开放和经济建设做出了贡献。

（二）培养了人才，提高了经营管理能力

作为中国改革开放的"窗口"，借用国外贷款使公司培养了一批熟悉市场、经验丰富的金融从业人员，不仅多次开拓了融资市场，而且能紧紧把握市场变化，灵活使用多种工具进行融资，使得公司成为最成熟的中国发行体之一。

借用国外贷款，服务于国内的过程使公司在与国际同行进行各项业务往来的同时，能接触、了解、熟悉和消化吸收国外的先进经验，提高自身经营管理水平。仅以建造和经营北京第一座涉外办公和公寓综合大楼——国际大厦为例，在坚持自己融资、自己建造、自己经营的"三自方针"同时，公司努力吸收国外经验，特别是在经营方面，第一年聘请了瑞典一家管理公司的一名专业人员进行管理，一年后完全过渡到自己经营管理，使得国际大厦一直保持相当高的出租率，3年多时间即收回了全部3000多万美元的投资。

（三）为公司各项业务的发展创造了有利条件

公司借用的国外商业贷款很大程度上带有营运资金借款的性质，为公司各项业务的发展创造了条件，通过这种负债经营模式，经过28年发展，截至2005年末公司资产总额约达8000亿元人民币，净资产411亿元，是国家累计投入的15倍，公司已成为以金融为主业的国有大型跨国企业集团，拥有33家全资子公司、8家控股公司、6家上市公司。

金融资产占公司总资产的86.7%，主要拥有中信银行、中信证券、中信信托、信诚保险、中信国际金融控股等全资子公司或控股子公司，以及若干从事财险、基金、租赁和资产管理等其他金融性业务的子公司或控股子公司，成立了国内第一家金融控股公司——中信控股公司，是国内为数不多可以提供综合金融服务的集团公司之一。其中，中信银行2005年末资产约达6000亿元，存款总额达5300亿元，拥有416家分支机构，是国内第七大商业银行；中信证券是国内第一家上市的证券公司，目前是国内规模最大、资产质量最好、治理严谨的证券公司，2004年被证监会确定为首批进行创新业务试点的证券公司，2005年荣获《新财富》评选的本土最佳证券公司第一名；中信信托的集合资金、股权收购、企业年金等信托业务发展良好，收购兼并、企业财务顾问等成为新的利润增长点，2005年该公司成为国内第一单标准化MBS受托机构和发起机构、第一批企业年金基金管理机构、第一单“联合信托”的牵头人；信诚保险公司已在全国10个城市设立了分公司和营销服务部，积极开展产品创新，保费收入迅速增长，市场地位快速提升，被世界金融实验室评为2004年度“中国最具发展潜力的五大寿险公司”和2005年度“中国十大最受赞赏的保险公司”。

非金融资产占公司总资产的13.3%，形成了有特点的专业化经营的格局，涉及资源和能源、基础设施、工程承包、信息产业、房地产等领域。其中，在资源和能源领域，通过香港上市公司中信资源公司，公司拥有澳大利亚Portland铝厂22.5%股权，该项目是中国在澳洲第一个也是目前最大的海外投资项目，同时通过香港上市公司中信泰富，公司拥有9座电厂，装机容量达1250万千瓦，在建新增发电能力2200万千瓦，居国内非专业电力公司首位；在基础设施方面，公司拥有大榭岛和成渝高速公路等项目；在工程承包方面，成立了中信建设公司，总承包了2008年奥运会主体育场、伊朗德黑兰地铁、阿尔及利亚高速公路等项目，其中阿尔及利亚高速公路项目是迄今为止中国最大的海外工程承包项目；在信息产业方面，公司控股的亚洲卫星公司拥有3颗在轨卫星，同时还拥有2.3万公里全国性宽带骨干光纤网络“奔腾1号”和覆盖2亿多人口的有线电视网络；在房地产领域，在华南地区尤其是广东省开发了众多具有市场影响力的房地产项目，并已从单一房地产开发向大面积综合性开发转变。

三、借用国外贷款的经验

（一）积极拓展融资市场，创新融资工具

成功打开日本债券市场之后，中信公司不断开拓发行市场和发行方式。1993年，作为中国发行体，中信发行了新中国成立后的第一笔扬基债券。此次举债的意义，不在于中信拿到了2.5亿美元资金，而在于中国时隔82年重新打入美国资本市场。它宣传了中国改革开放政策的成功，进一步提高了国外投资家对中国经济前景的信心。从融资渠道上说，它改变了过去中国对商业性中长期资金的筹措主要依赖于日本和亚洲市场的局面，开拓了一个全新的投资家领域，为中国赢得了在国际融资市场上的主动权。华尔街的主要报纸亦在重要的位置给予报道，美国《国际金融评论》杂志评价说“发行时机被认为是最佳时间，中信公司显然是中国最理想的开路先锋”。由于中信公司这一年在国际资本市场上比较活跃，市场时机把握得好，被《欧洲货币》杂志评为全球最活跃的发行体之一。

中信公司作为中国发行体还于1991年11月在日本第一次发行日元浮动利率债券，金额150亿日元，期限5年；1994年第一次在国外发行商业票据，与日本东京银行签署设立150亿日元商业票据发行额度协议。在丰富发行市场方面，仅1985年一年内，公司就先后多市场、多币种分别发行了四期债券，具体是：1月在日本发行了300亿日元公募债券；8月在香港发行3亿港币公募债券；9月在前联邦德国发行1.5亿马克公募债券；12月份在日本发行1亿美元东京美元债券。

中信公司在创新和丰富融资品种、融资工具方面所做的其他尝试还有：在日元债券方面，先后于1987年3月、1988年8月分别发行了两期各100亿、150亿日元亚洲日元债券，1988年1月、1992年4月、1993年8月分别发行了三期各150亿、200亿、300亿欧洲日元债券；在美元债券方面，1993年4月发行了1.5亿美元浮动利率债券，1997年5月发行了2亿美元欧洲美元债券。此外，1996年9月19日公司在日本市场同时发行200亿日元5年期、100亿日元8.5年期、100亿日元20年期共400亿日元公募债，既丰富了债券的期限结构，又同时筹集了20年期的超长期资金。

（二）把握市场变化，不断提高融资工作水平

作为中国最早进入国际市场的发行体，中信公司在借用国外贷款的实际工作中，时刻把握国际市场的变化，灵活使用各种融资方式，不断提高融资工作水平。

（1）发行双重货币债券。自1985年下半年以后，日元一直呈升值趋势，当时中信公司基于中期日元对美元汇率将持续走强的判断，于1987年1月在日本发行了5年期200亿日元的双重货币债券。

（2）发债和银行商贷相结合。公司虽然一直利用发行债券筹集长期低利资金，但也同时灵活使用国际银团贷款、俱乐部贷款、私募贷款等多种方式进行融资。例如1989年下半年西方国家对中国进行了各种形式的经济制裁，之后以及1990年中信公司一直没有在国际市场融资，当时国际市场的环境尚不利于公开发债，中信公司因此以银行商贷作为突破口，利用与多家日本银行长期合作的关系，公司于1991年2月从日本兴业银行等三家日本银行筹借了一笔5年期5000万美元“俱乐部”贷款，之后又筹借了以日本长期信用银行作为牵头行的3500万美元和以日本债券信用银行作为牵头行的2300万美元两笔小型银团借款，逐步打开了局面。

（3）发行浮动利率债券。1991年，基于对日元利率已进入中期下降通道，且市场预期日元贴现率数月内有可能再次下调的判断，中信公司选择于1991年11月第一次在日本发行150亿日元浮动利率债券，之后掉期成日元固定利率，此举不仅创新了融资品种，而且比当时直接发行固定利率债券降低了成本；更具意义的是该笔浮动利率债券的发行与当年中国银行等先后在日本发行的300亿日元公募债一起，标志着中国打破了1989年后西方国家对中国的国际制裁，正式重新回到国际资本市场。

（三）积极进行债务管理

（1）灵活运用借高还低、借长还短等手段，多币种、多市场融资，主动进行债务管理。如1993年，公司利用国际市场利率水平低的有利时机，共筹资7.41亿美元，同时偿还（包括提前偿还）10.85亿美元，调整了外债利率结构，节约利息支出近1000万美元。其中，由于对1986年发行的期限10年（1996年2月到期）、票面利率6.3%、金额为400亿日元的第二期日元公募债拥有提前还款权，公司于1993年初就开始着手准备在日本发行第五期日元公募债（初步发行条件为期限2年半，总成本4.61%）以提前偿还第二期日元公募债，降低融资成本，但通过比较发现如发行欧洲日元债券成本将更低，公司因此选择发行了第三期欧洲日元债券，总成本约4.21%，并于当年（1993年）8月提前偿还了全部400亿日元第二期日元公募债，大大降低了利息支出；另外如前述，公司当年还同时开拓了美国资本市场，发行了第一笔扬基债，期限10年，丰富了外债币种结构，亦延长了外债期限结构。

（2）运用货币和利率掉期等金融工具进行债务管理，规避汇率风险和利率风险，降低融资成本。在20世纪80年代中后期和90年代初日本金融机构实力相对最强时，中信公司利用日本银行信用评级高、筹资成本低的优势，（相对）较多地借入日元贷款并同时掉期成美元，实现利率较低和汇率风险的同时规避。其中如1994年美国摩根士丹利公司主动找到中信公司，介绍说市场上有一家日本保险公司愿意向中国企业提供长期日元贷款，作为交易对手摩根士丹利可同时将该笔日元债务掉期成美元债务，中信公司因此委托摩根士丹利作为代理行，向日本朝日生命保险公司借入30亿日元10年期借款，并同时进行了货币掉期，掉期后中信公司定期向摩根士丹利支付美元掉期利息，同时收取日元掉期利息并用以支付朝日生命30亿日元借款利息，全部日元利息、到期本金的收付时间和金额完全匹配，由此既规避了汇率风险，又将融资成本控制在一个较低水平。公司还主动将部分其他币种的外债掉期成美元，如1997年8月通过德国商业银行发行2亿马克债券，在提款前就通过德国商业银行将此笔马克债券直接掉期成1.108亿美元债务，该笔外债因此直接表现为美元债务。

（四）争取国家政策支持，不断开拓创新

中信公司借用国外贷款所取得的成绩，以及由此为公司发展创造条件都是与国家的政策支持，国家发展和改革委员会、中国人民银行、国家外汇管理局等部门的工作指导分不开的。其中国家批准中信公司从1992年开始在“八五”和“九五”期间试行中长期外债余额管理政策是对中信公司借用国外贷款最重要的政策支持之一，该政策规定中信公司在“25亿美元外债余额内，多还多借，少还少借，不还不借，不得突破”。

在进行资产业务即借用国外贷款投资国内建设（包括项目建设）同时，中信公司亦借用国外贷款进行属于负债管理的借新还旧。中信公司是国家授权投资机构，主要通过所投资的专业性子公司来开展金融业务和前述各类非金融业务，在负债经营模式下，公司负债的期限性与股权投资的长期性使得负债和资产的期限结构难以匹配，负债期限短于资产期限的情况始终存在，因此，在公司各项业务迅速发展，资产逐年增长的情况下，“借新还旧”成为中信公司偿还部分到期国外贷款的必然选择，而中长期外债余额管理政策为中信公司借新还旧，进行负债管理创造了一个良好的政策环境。

从1992年中信公司开始试行中长期外债余额管理政策至2001年初（亦即公司境外融资的后10年），公司对外借款当年融资额基本小于还本额，在利用经营收益中自有外汇资金还贷的同时，公司一直利用这一政策灵活地进行负债管理，筹集部分还贷资金以借新还旧。该政策使得中信公司可以根据市场变化择机入市，并灵活运用各种工具，在控制汇率和利率风险的情况下，创新融资方式，不断提高融资工作水平，积极进行债务管理，努力优化融资期限、成本、币种等结构，降低融资成本。

作为中国改革开放的产物，中信公司借用国外贷款的历史亦是公司自身在国家有关部门的支持下不断发展壮大的历史，借用国外贷款工作所取得的经验是中信公司的宝贵财富。目前随着中国金融业的逐步对外开放，国内资本市场的发展正发生着持续和深刻的变化，不仅市场规模不断扩大，而且日趋成熟，与国际资本市场的联系也越来越广泛和紧密，中信公司有信心在国家有关部门的支持下，在利用国内市场的同时，凭借长期积累的境外融资宝贵经验，继续利用国际市场借用国外贷款发展和壮大公司的各项业务，增强公司的实力，提升公司的竞争力，使公司的发展再上新台阶。

（中国中信集团公司）

中信集团大榭岛项目，发行日本武士债券进行融资。图为大榭岛远景图

世界银行贷款新疆农业发展项目回顾与总结

世界银行贷款新疆农业发展项目（CHA-1764）是新疆生产建设兵团为加速经济发展，引用外资进行农业综合开发的第一个项目，项目于1987年9月生效执行，共利用世界银行信贷5730万特别提款权。

农五师项目是新疆农业发展项目的主要组成部分，计划投资20775.74万元人民币，占项目总投资的47.8%，其中世界银行贷款2910.27万特别提款权，占世行贷款总额的50.8%，国内配套资金7621.09万元。主要建设内容包括：开荒16700公顷（其中耕地1.4万公顷，林地果园2700公顷），建设人工草场2700公顷、围栏草场4400公顷，建设艾比湖油脂化工厂、艾比湖肉类联合加工厂以及艾比湖热电厂等。

一、项目建设情况

农五师项目从1988年开始实施，至1992年基本完成。1994年通过兵团验收。实际投资人民币43228.14万元，其中世界银行贷款2438.07万特别提款权，（折合人民币26279.66万元），国内配套资金6948.48万元。完成开荒造田17900公顷（其中耕地17033公顷，果园、林地867公顷），建设人工草场2766公顷，围栏草场4400公顷，建成艾比湖油脂化工厂、艾比湖肉类联合加工厂和艾比湖热电厂。

项目机械设备的采购由兵团统一组织，委托中国机械进出口公司代理，按世界银行采购指南，采取国际招标和直采方法，先后进行国际招标2次，直采3次，签合同52个，总金额1361.35万美元。购置工程机械75台，农牧机械910台，汽车161辆，储油维修设备134台（套），工厂设备3套，钢材15290吨。

（一）农业开发

农业开发是农五师项目的主体，计划投资人民币16806.98万元，其中世界银行贷款2313.33万特别提款权（折合人民币10456.42万元），国内配套资金6350.56万元。1988年，兵团在批复设计时，对投资计划进行调整，从农业开发投资的国内配套资金中划出1346.98万元，其中1000万元划给工业开发的配套工厂热电厂，346.98万元划作其他用。

1988～1992年，完成开荒造田17900公顷（其中耕地17033公顷，林地、果园867公顷），建设人工草场2766公顷，围栏草场4400公顷。配套工程修建灌渠468.3千米，开挖排渠540.3千米，打井402眼，修路374.3千米，建房14.42万平方米，建牲畜棚舍2.55万平方米，架输电线路381.2千米，通讯线路374.3千米，购置种牛293头，种羊315只，工程机械75台，农牧机械910台，汽车161辆，储油维修设备134台。新建农业生产连队25个，扩建连队35个。实际投资人民币27942.43万元，其中世界银行贷款1571.35万特别提款权（折合人民币19351.27万元），国内配套资金8591.16万元。

（二）工业开发

工业开发设计投资3900.68万元，建设两个农畜产品加工厂：油脂、肉联厂。实施过程中为保证电力供应，增加了配套工程热电厂，并从农业开发资金划出1000万元给热电厂。

1989年5月至1993年6月，实际投资人民币15285.71万元，其中世界银行贷款866.72万特别提款权（折合人民币6928.39万元），国内配套资金8357.32万元。1993年6月，通过兵团竣工验收。

1．油脂厂

油脂厂原为农五师油脂浸出精炼和农七师（奎屯 ）油脂深加工两个项目。1988年5月，合并为一个项目。油脂厂由商业部粮食设计院、轻工业部设计院等单位设计，设计生产能力为年加工棉籽2万吨，加工外购棉籽油6400吨，年产精炼油6000吨，硬脂酸3000吨，甘油315吨。主要生产设备为两条生产线：食用油生产线和硬脂酸生产线。食用油生产线的浸出、精炼设备从西德引进，合同价402.43万马克；硬脂酸生产线成套设备从意大利引进，合同价315430.5万里拉。1989年5月破土动工，1990年10月完成土建与设备安装工程，1991年9月食用油生产线调试完毕，进行试生产。1993年4月硬脂酸生产线调试完毕进行试生产，生产能力达到设计能力，产品质量达到国家标准。油脂厂批准概算投资3520万元，其中世界银行贷款591万美元（折2186万元），国内配套资金1334万元。1994年项目竣工验收，实际完成投资7244.19万元,其中世界银行贷款544.92万特别提款权（759.14万美元，折人民币4355.48万元），国内配套资金2888.71万元。

油脂厂建成投产后出现的主要问题是硬脂酸和甘油无销路，试产数百吨后就一直未生产，设备闲置，严重影响经济效益。1998年，进行破产改制，2004年由新赛股份公司收购，资本运营有了新的突破，2005年生产食用油16750吨，实现工业总产值9408万元（90年不变价）。

2．肉联厂

肉联厂由商业部设计院设计，设计生产能力为屠宰生猪3万头，生产分割肉700吨，西式灌肠700吨，高级食用动物油400吨，卤制品200吨，肉骨粉100吨。主要生产设备有屠宰成套设备、分割成套设备、灌肠设备、卤制设备、制冷设备，其中灌肠设备从奥地利和西德引进。1989年9月破土动工，1991年7月竣工，投入试生产，生产能力达到设计要求，产品质量符合国家标准。肉联厂批准概算投资1353万元，其中世界银行贷款120万美元（折444万元），国内配套资金909万元。1994年项目竣工验收，实际完成投资2186.91万元,其中世界银行贷款163.64万特别提款权（折合人民币1308.73万元），国内配套资金878.17万元。

肉联厂建成投产后，市场打不开，经营困难。1997年该厂生产各种卤制品400余吨，产值446.2万元，亏损104万元，目前厂房和设备处于闲置状态。

3．热电厂

热电厂由核工业部第二设计院设计，设计发电能力为12000千瓦，主要设备为三台链条锅炉，两台6000千瓦发电机组。项目于1990年5月破土动工，1993年6月全部建成投产，达到设计发电能力。批准概算投资3698.36万元，实际完成投资5854.61万元,其中世界银行贷款158.16万特别提款权（折合人民币1264.1万元），国内配套资金4590.51万元。1997年该厂发电量4919万千瓦时，占全师总发电量的36.9%。

二、项目效益评价

农五师项目作为新疆农业发展项目的主要组成部分，其特点是：项目投资建设规模大，综合性强（包括四大类，多科学、多行业），项目涉及面广（分布在8个农牧团场，3个工厂），项目周期长，工作量和执行难度大（5年执行期相当于五师以往14年的工作量），农业项目的综合开发在农五师的开发历史上是第一次。

（一）生产能力与经济效益提高

第一，项目建设阶段做到了“开发措施，开发速度，开发实力，开发效益，生产规模”五个同步增长，5年的开发项目已超过原来26年的开发速度。项目新建的25个生产队和扩建的35个生产队及新修的水利工程、输变电线路，职工住宅初具规模，粮棉油畜产品基地产量不断增长。

第二，由于利用世行贷款扩大了耕地面积，有效利用了土地资源，使项目农场耕地面积扩大1.5～3倍。土地开发扩大了农牧业生产规模，全师耕地面积由44万亩增加到74.76万亩，增长70%，为调整作物结构、轮作倒茬提供了条件。促进了农业生态系统的良性循环，保证综合系统的动平衡和协调发展，项目有形和无形的效益增加了农场综合实力。

第三，坚持“边开荒，边种植，边投产，边绿化，农牧业同步发展，尽快形成生产能力，提高经济效益，积极还贷”方针实施项目。截止到2005年年末，项目开发地区已为社会提供粮食5.7万吨，棉花6.5万吨，甜菜8.2万吨，肉类8216吨，水果1.2万吨，实现农业总产值6.7亿元。

（二）技术进步与社会效益显著

第一，推广了喷灌节水洗盐及塑料薄膜种植喷灌等技术，加速了农业开发速度，提高了科学种田水平；总结了“甜菜改良，小麦过渡，棉花高效”的科学种植模式，实现了当年开荒，当年播种，当年收获，改变了过去要用3～4年，亩用水量超千方才能投产的状况。

第二，引进的先进农牧业机械，大大提高了农五师机械化水平。引进美国、日本、意大利等国农田作业机械，作业速度快，质量好，效率高，深受欢迎。其他如运输车辆工程机械等在各项生产中发挥了主力作用，为各团场、周边农场起了示范作用，地方政府经常性组织农机人员到农场参观学习。

第三，引进的种公羊及康拜克母羊分布在7个单位，对改良农五师绵羊品种起到了很大的作用，配种覆盖占全师60.04%，加速我师中国美利奴（军垦型）细毛羊基地建设，使羊毛产量增加21.58%，优质细毛羊还支援了地方和驻军。6.6万亩围栏对自然草场起了很好的保护作用，缓解了春秋草场短缺矛盾，建设的40多座标准羊舍减少了羊的死亡率。

第四，项目建设还带动了农场的小城镇建设，共建办公室（楼）3888平方米，教学楼舍4785.6平方米，卫生设施2150平方米，以及俱乐部，职工住宅和农机具棚库等，促进了国营农场现代化建设。

第五，项目提供了8000多人的就业机会，其中妇女占50.1%，尤其是成批地安置了河南等地的劳动力4000多人（妇女占54.7%）。

第六，由于农牧业项目实施，将大片含盐碱量大、植被稀疏、土壤有机质含量低的盐碱荒地改造成良田和人工草场，改变了原有的荒漠环境，建立了新的绿洲生态和环境。

第七，项目区共有地表水4.7亿立方米，地下水4亿立方米。项目开发土地30万亩，年增用水量1.8亿立方米，仅占上述水量的20.9%。而且，地下水和地表水是相互转换的，由于项目区实施了节水灌溉，虽然大部分用井灌提取地下水，据监测地下水只下降了20～30厘米，而且是季节性的，没有造成地下水位大幅度下降，而且适当降低地下水有利于防止土壤次生盐碱化。目前开发的近30万亩盐碱地，已创造了无法估量的社会和经济财富，成为五师工农牧业生产的重要支柱。

第八，植树造林，防风固沙。项目执行期间共植树12447.6万亩，与三北防护林带结合，形成一条绿色屏障。项目区内林带成网，绿色植被覆盖地面，生机盎然的绿洲生态环境对整个地区自然生态都有很大的影响，据当地气象站2005年统计分析，精河地区近年来大风时比1953～1986年减少46%。

三、问题和经验体会

（一）存在的主要问题

本项目执行期长，其间投资比例、汇率、物价，以及人工工资等都发生了很大变化，上涨幅度大，而概算又以1986年价格计算，因此造成资金缺口很大，原控制的不可预见费10%偏低，而国内机械设备比例大，自制设备和三材以及当地费用都占用了国内配套资金，造成国内配套资金不够，世行贷款用不活，除部分以贷还贷外，其余部分用不出去，迫使项目团场又到国内银行贷款，这样既负担了世行利息承诺费，又负担了国内银行利息，加重了项目团场负担。

另外，汇率变动加重了项目单位经济风险和债务负担。做概算时的1个特别提款权=1.2216美元，至目前1个特别提款权=1.4416美元，上升0.22美元，2910.27万个SDR增加640万美元，而美元与人民币汇率由3.70元上升到8元，外汇损益近5000万元人民币。

（二）经验体会

1．对外资（世行）项目认识上的飞跃，观念上的更新

从世行项目引进到项目初见成效，经历了一场艰苦的历程，认识上逐步深化。从认为外资是包袱的悲观态度，逐步看到项目在农场各方面的效益，改变了对外资项目的看法；从对开发的必要性认识不清，满足于现状，到认识到项目建设对扩大耕地面积、增加规模效益、增强团场后劲，认识到利用外资开发是发展农场，造福子孙的一次难得机遇；从争取国家拨款搞经济建设，到利用贷款搞开发的观念变化；从过去上级安排“要我干”到世行资金落实，认识到维持现状，不求发展是没有出路，变成“我要干”，这是认识上和观念上一次质的飞跃。正如外资项目团场领导所说：“利用外资开荒造田，是增强团场后劲，扩大规模，提高效益最快、最有效的便捷之路，不利用好这一有利的时机，我们就失去了一次开发建设的良好机遇。”

2．领导重视，机构健全，是世行项目顺利完成的重要保证

新疆农业发展项目，借用世界银行贷款。图为新疆博乐油脂厂

项目建设点多面广，目标和水准起点要求高。为了抓好这个项目，为国争光，从可行性研究开始，师团主管领导十分重视，把主要精力放在项目上，组织了机构，统一领导，统一布置，统一组织实施。机构落实人员相对稳定，项目办人员积极主动，热情负责，上下团结，左右协调，这是农五师项目成功的关键。

3．采取积极措施，开展劳动竞赛，坚持按评估报告确定的任务和目标完成各项建设任务

为加快项目建设速度，总结新情况，新问题，师团项目办都制定了切实可行的措施、制度、办法和优惠政策，项目建设阶段做到总体有规划，全年有计划，阶段有目标，月月有项目主任联席会，重点单位蹲点，现场办公，及时召开现场会、交流会、表彰会，项项工作有布置，有评价，推动了项目进展。

4．注重实效

既然是贷款项目，就要还贷和承担风险，因此，建设必须注重时效。由于缺乏经验，也有一定失误，尤其是在执行计划上超计划、超概算、规模不断扩大，资金投放失控等。

5．正确处理项目实施中的各种关系

项目实施中要正确处理好七个关系：经济发展与项目开发建设的关系；项目的宏观调控与微观搞活的关系；主体工程与附属配套工程的关系；整体利益与局部利益的关系；建设速度与规模效益的关系；还贷能力与创汇能力的关系；电力建设与综合开发的关系。同时要克服八个脱节：土地开发与扩大耕地面积脱节；扩大耕地面积与水电平衡、水土平衡脱节；竣工面积与增加播种面积脱节；播种面积与收获面积脱节；牧业项目建设与发展牧业脱节；增加人工草场面积与增加载畜量脱节；配套工程与主体工程脱节；人才培训与实际生产需要脱节。

世界银行贷款新疆农业发展项目实现了项目建设与环保工程同步，是一项跨世纪绿色工程，没有对环境造成污染，形成可持续利用的良好生态环境，为农五师经济建设持续发展起到了积极推动作用。

（新疆生产建设兵团农五师）

农村能源生态建设亚行贷款项目总结

一、项目概况

项目贷款协议于2003年6月16日生效。项目总投资7730万美元（折人民币6.18亿元），其中亚行提供贷款3311.9万美元（占总投资比例的43%），全球环境基金（GEF）赠款636.1万美元（占总投资的8%），地方政府和受益人配套3779万美元（占总投资的49%）。

项目贷款期25年（含5年宽限期），建设期5年（2003年6月16日～2008年6月30日）。项目实施范围是江西、湖北、河南和山西四省的39个县489个村，涉及项目农户21435户，其中19515户家庭采用以沼气为纽带的小型生态农业系统；1920户家庭从生产沼气的企业获得清洁能源。

二、项目绩效情况

2006年3月和8月亚行分别派中期调整检查团和GEF专项检查团来华对项目进行了全面检查。两个检查团检查的总体评价是，项目受到项目区广大农户的普遍欢迎，在农村户用沼气工程建设和利用GEF赠款推动农村生物质能有效利用、改善生态环境方面取得了显著的社会经济和生态效益。

（一）经济效益显著

目前项目受益农户已达到13016户，有效增加了项目区农民收入。根据项目绩效管理系统监测样本户数据测算，每一“三位一体”（模式II）项目户每年可增收节支约5000～10000元，平均每一“四位一体”（模式I）项目户每年可增收节支约3000～5000元，其中农药化肥开支每年能节约300～1500元。据统计，项目实施3年来，项目为社会提供商品猪17.8万多头，水果9.3万吨，蔬菜1536吨、水产品1427吨；年产沼气514万立方米。农产品增产幅度达10%～25%。

（二）生态效益明显，生活环境改善

一是推广使用沼气减少了有害气体的排放，降低了空气污染；二是大面积推广使用沼肥（沼液、沼渣），使农药、化肥的使用量减少，人、畜等废弃物排放量减少，有效降低了对地表水和地下水水质的污染程度。据统计，项目使用沼气替代煤和薪柴，减少温室气体二氧化碳的排放5.27万吨，生产沼液沼渣16.4万吨，保护了生态环境，减少水土污染，维护了生态平衡，有利于农业的可持续发展。

（三）社会效益增加，促进新农村建设

一是通过项目实施，项目区人畜粪便无公害化处理，每年减少农业废弃物污染25.4万吨，大大地减少了疾病的传播，农民的环保观念，关注健康的意识得到加强。项目区农村环境卫生、村容村貌明显改观。有效带动了周边非项目村的农户参与农村能源生态建设，为新农村建设起到了示范作用。二是沼气池的建设、推广和面向广大农户技术培训，带动了农村养殖业的迅猛发展，提高了贫困农民群体从事农业生产的能力和技术水平。截至目前，已接受培训农户超过15000户、沼气技工11200人，沼气技术人员1300余人，为农村大量闲置劳动力提供了就业岗位。

（四）扩大了项目影响力度，推动和谐社会建设

由于亚行贷款项目的顺利实施，得到了党和国家以及亚行高层领导的高度重视和广泛关注。国家主席胡锦涛同志2003年12月15日亲赴河南省亚行贷款农村能源项目执行单位——“商丘市梁园区刘口乡西刘村”视察沼气建设，亚行副行长格林伍德先生又于2006年4月15日考察了江西省亚行贷款农村能源项目点——“靖安县水口乡青山村”，亚行行长黑田东彦先生也于2006年7月6日考察了河南亚行贷款农村能源项目执行单位——“新郑市老庄刘村”，均对此项目给予了充分肯定。黑田东彦先生认为这个项目投资小收效大，为在农村推广清洁能源技术、改善农民生活环境起到了积极的作用。国

家发改委、财政部、农业部以及省领导也都多次到亚行项目区进行专题考察调研。河南省周口、郑州、新乡、安阳、商丘、洛阳、漯河等地都把农村沼气建设作为为农民办实事的民心工程之一，向广大农民群众作出公开承诺，许多驻村工作队也都帮助所驻村建起了沼气池，群众自发建池的积极性空前高涨，农民切身感受到沼气建设是近几年党和政府为家家户户办的看得见、摸得着的实事，他们把沼气池称作“致富池”、“连心池”。小小沼气池正逐步成为进一步密切干群关系、推进社会主义和谐社会建设的桥梁和纽带。

三、亚行贷款项目建设进度

本项目总体进展顺利。利用亚行贷款工程建设方面，截至2006年9月底，A部分已提款报账1430万美元，完成贷款可用总额（2764万美元）的52%。

模式I 完成2398个，占总计划数（2545个）的94%；模式II完成 10618个，占总计划（16970个）的62.5%。完成户用沼气13016户，完成MTR（中调后19515）指标的67%.模式III有3个正在建设中。

四、项目GEF部分实施进度

（一）GEF赠款情况

本项目GEF赠款总额636.1万美元，其中：中央项目办297.2万美元，四省338.9万美元。GEF赠款主要用于四项支付类别：一是贫困农户沼气发展资金，主要由四项目省实施，占各项目省GEF赠款金额的38.5%，占GEF赠款总额的20.1%；二是培训和环境设备资金，占GEF赠款总额的5.5%；三是咨询服务、培训、研讨会、特别研究和考察资金，占GEF赠款总额的72.9%；四是不可预见费，约占GEF赠款的1.5%。

（二）项目GEF部分实施进度

GEF资金启用时间为2005年10月。截至2006年9月底统计，利用GEF赠款总额为241.5万美元，占GEF赠款总额的38%；主要用于咨询服务（国际/国内咨询专家）107.8万美元；环境监评计划39.2万美元，项目管理信息系统（MIS）4万美元，培训、研讨会、特别研究和考察69.4万美元等。

五、经验和做法

（一）加强部门间的协调配合，积极落实项目配套资金

按照现行项目管理办法，农业部门（项目办）负责完成项目工程建设任务，财政部门负责项目贷款的转贷及配套资金的落实，因此，双方协调配合是推动项目顺利实施的关键。

（二）加强制度建设，加大项目监管力度

各省结合国家颁布的《户用农村能源生态建设工程设计施工与使用规范》，分别制定本省项目模式的建设标准、技术规范和验收办法，建立和规范工程验收制度，有效保证和提高了项目工程建设的质量和项目模式的综合效益。

（三）加强对户用沼气建设施工队伍和持证农民技工的管理

各级项目办采取措施，规范项目施工合同，确保项目沼气工程建设一个，成功一个。防止以往出现由于沼气工程设计不合理、与配套设施不匹配和建设质量等问题造成农户不必要的损失的教训。

（四）加强培训，提高项目建设质量和项目管理水平、促进项目区农业可持续发展

中央项目办和四省项目办充分利用项目聘用国际和国内咨询专家的资源优势，积极组织开展了一系列项目培训活动。截至目前项目举办财务、环境、沼气和农业技术和项目管理等方面的培训269期，接受培训的农户超过15000户、沼气技工11200个，沼气技术人员1300余人，为提高项目整体管理水平，提高子项目农户的收益和项目今后的可持续发展提供了强有力的技术支持。

（五）加强项目信息系统建设，扩大项目成效，发挥项目的示范和带动作用

项目管理信息系统（MIS）建设是亚行项目绩效管理系统（PPMS）的重要组成部分和工作平台。随着项目实施的深入，项目管理信息、成果内容日益丰富，通过建设网络平台进行项目信息管理、发布和宣传，将有效提高项目建设质量和管理水平，扩大项目的影响。

（六）利用GEF赠款开展沼气应用技术研究和效益评价，为项目实施和推广提供理论支撑和指导，进一步扩大项目效益和影响

江西省《果园施用沼肥对土壤性状的影响试验初报》和《“猪-沼-果”生态模式的效益评价》课题成果，已被中国农业科技出版社《品牌与现代高效果业》出版，公开发表。研究内容重点围绕沼渣、沼液在水稻生产中的增产效应；沼肥对水稻的抗旱、抗低温、抗病虫害能力影响；沼液养鱼技术，掌握精养条件下沼液用法和用量；研究沼肥施用对果园、菜园土壤物理、化学性质和生物学性状的影响等。

河南省“沼液抗病虫害机理及发酵新工艺研究”课题。研究成果是通过测定沼液中的理化成分，提出沼液中的药用或肥效成分与厌氧发酵浓度、温度、时间、酸碱度等工艺参数之间的对应关系，确定沼液中发挥药用或肥效、效果最好的厌氧发酵浓度、温度、时间、酸碱度等最佳工艺参数；研究沼液防治病虫害的机理和促进动植物生长的机理，优化沼液的加工处理工艺，开发生产生物农药或动植物生长剂的技术及其设备，促进沼液、沼渣处理产业化。

特别研究课题“农作物秸秆作为农村能源的利用”由国内外专家共同承担，刚刚启动。研究目标是按照社会主义新农村建设和“十一五”规划的有关要求，研究提出近期我国农作物秸秆利用技术的选择路线、适用条件和推广计划。具体包括：①更新国内农作物秸秆资源（可用量）的数据；②调查更新农村家庭对炊饮、取暖的能源需求数据和接受农作物秸秆现代农村能源技术的经济承受能力；③在资源和技术的评估基础上，确定最适合的相关技术模式；④评估目前农村能源现代化应用的政策环境，制定加快上述技术实施的规划。

农科院和山西省“沼气综合利用基础数据和技术模式研究、试验”课题的任务大纲初步确定。目标是在现有研究基础上，更进一步系统和深入地对沼气综合利用价值/参数进行定量分析研究。具体包括：沼渣、沼液特性的定量测定；沼液、沼渣对蔬菜产量品质影响测定；沼渣、沼液利用对环境影响、对病原菌抑制作用机理和沼气灯二氧化碳排放规律等5个方面内容进行定量测试、试验和示范。

六、总体评价

本项目借用亚行贷款与推广运用我国农村户用沼气成功模式相结合，项目直接惠及农民。以开展沼气应用技术研究，促进新技术推广的做法是积极有效的，具有较强的可持续性。

（农业部对外经济合作中心）

新疆塔里木盆地农业灌溉排水与环境保护世界银行贷款项目总结

新疆塔里木盆地农业灌溉排水与环境保护世界银行贷款项目总投资401666万元，其中借用世界银行贷款28348万美元。项目建设期12年，分两期工程实施，第一期工程简称为“塔一”项目，第二期工程简称为“塔二”项目。项目的实施涉及南疆五地州31个县市，覆盖了塔里木盆地的开都河－孔雀河流域、渭干河流域、阿克苏河流域、塔里木河干流区、喀什噶尔河流域、叶尔羌河流域、和田河流域的广大区域，对于改善南疆生态环境、提高南疆人民生活水平、促进南疆经济发展和维护南疆社会稳定、推动流域水资源管理具有极其重要的意义。

一、项目背景及概况

塔里木河流域是我国气候最干旱和生态环境最脆弱的地区之一，有效开发利用水资源和合理保护生态环境，不仅关系到流域的生态稳定和发展，也关系到西部大开发战略的顺利实施和新疆经济发展、社会稳定、民族团结、国防巩固的大局。

（一）项目背景

新疆塔里木盆地深处亚欧大陆干旱区腹地，属于暖温带干旱荒漠区，为暖温带大陆性气候。该区域气候干燥，降水稀少，蒸发强烈，生态环境特别脆弱。盆地内的塔里木河流域则是我国最大的内陆河流域，流域总面积102万平方公里，占我国国土面积11%。流域在行政范围上包括巴音郭楞蒙古自治州、阿克苏地区、喀什地区、克孜勒苏柯尔克孜自治州、和田地区5个地（州）的42个县（市）和生产建设兵团4个师的55个团场，总人口825.7万，占新疆总人口的47%。塔里木河流域的土地、光热和石油天然气资源十分丰富，是新疆主要的棉、粮、瓜果生产基地和石油化工基地。

多年来，受自然环境、流域水资源缺乏统一调度和合理配置、流域内缺乏大型控制性水利工程的影响，塔里木河流域的水资源开发利用浪费严重，导致干流水量不断减少，下游生态环境不断恶化，绿色走廊日趋缩小，地下水位大幅下降，植被衰败、土壤盐碱化、沙漠化过程加剧等生态环境问题突出，严重影响到新疆经济的发展、社会的稳定和广大人民群众的生存环境。

1991～2004年，在自治区党委和人民政府的高度重视下，新疆利用世界银行贷款，分两期实施了新疆塔里木盆地农业灌溉排水与环境保护项目，对促进南疆五地州经济社会的可持续发展、恢复和保护塔里木河流域的生态环境等起到了十分重要的作用。

（二）项目概况

“塔一”项目于1991～1997年顺利实施完成，实际总投资165477万元，其中借用世界银行贷款13615万美元。项目覆盖了新疆南部的叶尔羌河流域、渭干河流域和塔里木河干流区的9个县104个乡镇的158.7万人。项目主要建设完成了964公里水渠、1008公里防渗渠、205眼机井、4片水源地、5座变电站、209公里输变电线路、卡群一级水电站、塔里木生态恢复等工程，改造低产田12万公顷，新垦荒地8万公顷，新增耕地2.12万公顷，进一步完善了农业技术服务体系、水盐监测体系及培训体系。

“塔二”项目于1999～2004年顺利实施完成，实际总投资236189万元，其中借用世界银行贷款14733万美元。项目覆盖了塔里木盆地边缘的开都－孔雀河流域、塔里木河干流区、阿克苏河流域、喀什噶尔河流域及和田河流域，涉及巴州、阿克苏、喀什、克州、和田5个地州的22个县（市）、 207个乡（镇、场）的520.47万人，其中包括12个国定或区定贫困县。项目主要完成了

10212公里水渠、2167公里防渗渠、572眼机井、139眼水盐监测观测井、41座水资源监测站、12个水源地、1座泵站、4座渠首、1座水库、22646座配套建筑物、88公里输电线路、2210公里田间道路、325公里塔里木河干流河堤等建设工程，改造中低产田123386公顷，土地平整及土壤改良41536公顷，建设种子生产基地2111公顷、饲草基地39401公顷、防护林11231公顷、经济林1333公顷，采购设备1711件（台、套）、良种苗木1168余万株、种畜14101头（只），成立供水公司8个、农民用水者协会244个，建立管理信息系统26个，完成39项国内科研项目，培训国内项目管理人员、技术人员及农民56.84万人次。

二、项目取得的成效

“塔一”、“塔二”项目的实施对于优化农业产业结构、提升农业综合生产能力、提高农民收入和生活水平、促进水资源合理有效开发利用以及有效恢复和保护生态环境等方面起到了巨大作用，为全面促进南疆经济发展和社会稳定奠定了良好基础。

（一）农业产业结构进一步优化，农业生产规模逐步扩大

项目实施以来，在保证粮食安全的前提下，根据新疆的资源优势和比较优势，项目区农业产业结构不断调整，粮食、棉花、油料等大宗农产品比重逐步减少，林果、瓜、蔬菜、苜蓿等特色农产品比重持续增加。种植业比重由1998年的81.76%减少到2003年的70.31%，减少了11.45个百分点；林业比重由1998年1.95%增加到2003年的3.05%，增加了1.1个百分点；畜牧业比重由1998年的15.87%增加到2003年的22.07%，增加了6.2个百分点。

1998～2004年，南疆5个地州项目区实施了土地开荒计划，扩大了农业生产规模，累计开荒41536.3公顷。开荒增加耕地面积后，整个项目区6年累计增加的主要农作物总产量分别是：小麦20万吨、棉花8.26万吨、玉米11.29万吨、油料1.54万吨、水稻4.57万吨、甜菜6.96万吨、果用瓜6.12万吨、苜蓿20.84万吨、果品7.49万吨。

（二）农业服务体系不断完善，农民科技文化水平不断提高

项目实施以来，各有关部门积极采取措施，对农业技术人员和农民进行了农作物栽培、病虫害综合防治、种子及良种繁育、土壤耕作及施肥、农田水利灌溉、农田机耕作业、农户经营管理、青贮饲料制作、牲畜育肥、特禽养殖、动物疫病防治等多方面的技术培训。1998～2004年，累计培训妇女15.14万人次，占培训总人数的26.64%；累计培训少数民族农民51.69万人次，占培训总人数的90.95%。

完善了项目区7个县和89个乡的农技推广站，配备了必需的办公用品和设备仪器等；新建9个棉种轧花厂、6个棉种脱绒厂、8个县种子站，每年可提供棉种2.3万吨；新建4个总面积为8900公顷的良种繁育基地及叶城县玉米种子加工厂，每年可加工玉米种3000吨；完善了喀什农技培训中心、阿克苏地区农业学校及新和县农机培训学校，新建19个乡农机服务站。

（三）农民收入水平和生活质量稳步提高

“塔一”项目实施后，叶尔羌河子项目区农民人均纯收入由1990年的450元增加到1997年的1158.17元，净增718.17元，增长155.13%；渭干河子项目区农民人均纯收入由1990年的549元增加到1997年的1509元，净增960元，增长175%。

“塔二”项目实施后，项目区农民人均纯收入从1998年的1205.45元/人，增加到2004年的1846.38元/人，增长53.17%。据1997年底统计表明，农民每人年平均粮食消费量与1990年同比减少4公斤；农民人均肉类消费量与1990年同比增加3.01公斤；农户家庭生活耐用品的数量增加，每百户农民家庭拥有自行车与1990同比增加47辆；电视机同比增加65台。项目区生活饮用水质量不断提高，饮用自来水的农户比例由1998年的30.3%增加到2003年的63.2%，饮用机井水的农户比例由1998年的44.4%减少到2003年的33.4%，饮用河渠水的农户比例由1998年的16.2%减少到2003年的5.3%，饮用涝坝水的农户比例由1998年的10.7%减少到2003年的2.1%。项目区农户住房条件不断改善，砖混结构住房面积增加幅度大于砖木结构住房面积，砖木结构住房面积增加幅度大于土木结构住房面积，农户平均人均住房面积由1998年的19.8平方米增加到2003年的26.0平方米，增加了31.3%。

（四）水源地建设顺利完工，农业灌溉成本逐渐降低

项目区建设完成的13个水源地，每年可抽水1.85亿立方米，控制灌溉面积7.56万公顷，可置换约2.7亿立方米的地表水。防渗渠工程的实施，降低了灌水成本，减少了输水损失，提高了水资源利用率。据测算，“塔一”项目实施后，项目区渠系利用率由0.35提高到0.51，灌溉时间缩短到原来的1/4，项目区农田每年可节水6.92亿立方米；“塔二”项目实施后，项目区水利用系数提高到了0.9～0.95，减少渗漏损失19%～50%，灌区作物综合灌溉定额由防渗前的14346立方米/公顷降为11013立方米/公顷，项目区年节水量约2.14亿立方米，输水时间可缩短30%～80%；对于井灌区，每平方米防渗渠道每年可节电3.0千瓦时。

（五）水土保持工作开展顺利，土壤盐分分布趋于合理

项目实施以来，灌区土壤盐分含量逐年减少，分布趋于合理，大部分农田土壤盐分已满足作物正常生长所要求的pH值范围之内，特别是高、中产田土壤盐分稳定，并且多属轻度盐化土。1994年，灌区土壤盐分已由微积盐转为微脱盐。1996年，灌区排盐量已达到引入盐量的184%，从而减轻了灌区盐渍化程度。

（六）生态环境继续改善，抵御自然灾害能力明显增强

塔里木河输水工程效果尤其明显，为保护和恢复塔里木河下游的“绿色走廊”起到了不可替代的作用，最大限度地发挥了流域水资源生态效益。工程实施以来，已累计向塔里木河下游应急输水6次、17.6亿立方米，使断流30年的塔里木河下游河道恢复通水，成功将水输送到塔里木河尾闾——台特玛湖，在湖区形成200余平方公里的水域面积。

项目实施以来，塔里木河下游河道各断面地下水位普遍回升5～7米，地下水质有了明显改善；塔里木河河道两侧约800平方公里的胡杨林及各种衍生植被生存条件大为改善，两岸又重新出现水鸟、马鹿、塔里木兔、野猪等野生动物；塔里木河下游生态重现生机，台特玛湖湖区湿地芦苇开始复苏；项目区林草面积不断增加，形成了较大规模的防护林体系，扩大了绿洲覆盖面积，有效抑制了沙化的推进，提高了生态质量，推动了生态环境良性循环；自然灾害发生频率降低，造成的经济损失呈现逐步降低的趋势，特别是2004年，自然灾害发生频次最低，风沙和洪水造成的损失仅仅是前4年的一半甚至更少。

三、项目实施过程中的成功做法

（一）科学、合理选定项目，积极准备，及时上报

自治区发展改革委在项目前期工作和审查计划时，始终遵循“有利于项目区的经济和社会发展，有利于建设资金的综合平衡，有利于各方面积极性的充分发挥”三大原则，对重点项目优先安排前期工作。为了科学、合理地选定项目，自治区发展改革委专门抽调一名副主任，并从水利厅、农业厅、农科院等有关部门借调精干的业务工作人员，组成世行贷款项目办，聘请和抽调人员提前3年开始进行项目的前期工作。项目选定后，自治区发展改革委立即组织、协调各有关部门按照国内基本建设程序，相继编制了项目建议书及相应的《外资利用方案》，并及时报送国家发展改革委审批。在项目建议书审批后，自治区发展改革委立即组织各级有关部门科学、合理、高质量地编制出“可行性研究报告”和“环境影响评价报告”，上报国家发展改革委审批。

（二）领导高度重视、组织机构完善

新疆塔里木盆地农业灌排和环保世界银行贷款项目从国家发展改革委批准立项后，自治区发展改革委即将此项目列为自治区重点建设项目。在自治区党委、人民政府高度重视下，经区政府批准，成立了以各级政府主要行政领导任组长的项目协调委员会及地州、县（市）协调领导小组和各级项目执行办公室，形成了自治区、地（州）、县（市）三级项目管理机构，并确定了各自的职责分工。此外，还组建了独立工作的国内专家组，对项目的健康发展起到了积极的促进作用。

（三）切实落实项目配套资金，推进项目顺利实施

自治区发展改革委在配套资金筹措和协调方面，从大局出发，多渠道、多来源积极争取各方面资金，确保配套资金切实落实到项目上。为了

切实管好、用好配套资金，自治区发展改革委建议自治区人民政府批准在自治区、地（州）、县（市）项目办分别建立“塔二”项目配套资金专用账户，并由政府责成有关部门，制定项目配套资金的使用和管理办法，以防国家建设资金被挤占、挪用。

（四）加强项目监测与评价，因地制宜进行中期调整

项目实施以来，在各级领导的支持、各级项目办的配合及委托单位专家的共同努力下，自治区发展改革委世行办先后完成了1998年项目基线年调查报告、1999～2004年度工程进度监测报告、项目区社会经济情况和受益人监测评价报告、环境监测评价报告等。报告中提出的意见和建议引起了世行项目经理的高度重视，并得到了世行专家的肯定，运用世行（Costab）概算软件完成的中期概算调整和撰写完成的《“塔二”项目中期调整报告》受到了世行专家的赞赏，并被誉为“中国世行项目做得最好的概算”。

（五）积极培养和引进人才，勇于实践先进理念，多方面开拓创新

各级项目管理机构和单位通过国务院颁布的《招投标法》、《建设质量管理条例》、水利部颁布的《水利水电工程质量管理规定》等有关法律法规的培训，提高了项目管理、技术人员的项目管理水平，锻炼了一支业务能力强、实际工作经验丰富的项目管理人员队伍。同时，项目执行单位还聘请了国外的遥感、植保、农机等方面的专家，对水土资源遥感、病虫害综合防治、激光平地技术进行技术指导。

“塔二”项目借鉴了国际上成功的流域管理经验，引入了公开竞争性招标机制、最低评标价中标原则、提款报账支付方法、招评标文件前审后审制度、项目国内外专家组例行检查制度、项目独立审计制度等，实施了全流域控制，实现了多部门参与管理、统一调度塔里木河流域水资源和用水限额管理，成功建立了流域水资源可持续利用和统一管理的新机制。其中，《新疆维吾尔自治区塔里木河流域水资源管理条例》是国内首创的第一部地方性流域水资源管理条例，已成为塔里木河流域水资源统一管理的“基本法”。

（新疆维吾尔自治区发改委世行办、外资处）

新疆塔里木盆地农业灌溉排水与环境保护项目，借用世界银行贷款。图为建成的塔城地区节水灌溉区

黄土高原水土保持世行贷款项目回顾与总结

一、概述

以扶贫和改善生态环境为宗旨的黄土高原水土保持世界银行贷款项目，是我国水利系统首次利用外资进行水土流失治理的大型外资项目。项目区涉及陕西、山西、甘肃、内蒙古四省（区）的14个市、48个县（旗），总面积3.5万平方公里，其中水土流失面积3.2万平方公里。一期项目1991年开始前期准备，历时3年完成项目预评估、评估、可行性研究等前期工作，1994年正式实施，实施期8年（1994～2001年），借用世行贷款1.5亿美元；二期项目1997年开始准备，1999年正式实施，实施期6年（1999～2004年），借用世行贷款1.5亿美元；两期项目共借用世行贷款3亿美元，其中软贷2亿美元，加上国内配套，总投资42亿元人民币。

该项目设计目标为发展农业生产，促使群众脱贫致富；改善项目区生态环境，减少入黄泥沙。项目建设内容为通过基本农田建设，提高农作物单产，促进陡坡退耕；通过治沟骨干工程和其他水保工程建设，有效拦蓄泥沙；开展大面积造林种草和封育保护措施，提高植被覆盖，保护恢复生态环境。

两期项目累计治理水土流失面积92万公顷，其中建设基本农田19万公顷，果园经济林12万公顷，造林40万公顷，种草16万公顷，天然草场封育5万公顷；修建骨干工程258座，淤地坝1353座，修建谷坊等小型水保工程5400多处。一期项目于2002年9月通过世行竣工验收，世行验收团对项目建设内容、产出效益、可持续发展、机构建设、借款方表现等主要指标给予了“非常满意”的最高评价。二期项目2005年9月通过世行竣工验收，同样获得了“非常满意”的最高评价。由于项目实施取得了显著的经济效益、社会效益和生态环境效益，被世行誉为世行农业项目的“旗帜工程”，2004年5月，世行在华盛顿总部召开表彰会，授予2003年度“世行行长杰出成就奖”。项目执行情况在上海全球扶贫大会和联合国粮农组织等举办的黄土高原土地资源开发和可持续发展国际研讨会上交流。

二、项目效益

（一）经济效益

通过项目实施，项目区高标准基本农田面积大幅增加，土地生产率有较大提高，农民收入稳定增加。截至2001年底，一期项目区粮食总产量由43万吨增加到70万吨；农民人均粮食由378千克增加到532千克，人均纯收入由实施前的306元提高到1263元。截至2004年底，二期项目区粮食总产量由72.6万吨增加到126.5万吨；果品和经济林果产量由27.6万吨增加到88.2万吨；油料产量由4.3万吨增加到6.7万吨；经济作物产量由13.1万吨增加到33.4万吨；通过对项目实施以来各种统计和监测资料的分析看出，实施期末项目区农业总产值由实施前的30.9亿元提高到76.8亿元，增长了1.5倍；农民人均纯收入由实施前的585元提高到1624元，增加了1.8倍；人均粮食由365千克增加到591千克。经济效益十分明显，农、林、牧各业生产有了长足的发展。同时，农业生产力水平提高，农民生活质量改善，水土流失得到有效遏制，农村基础设施得到改善，为该地区经济社会可持续发展奠定了良好的基础。

（二）社会效益

项目基本农田建设，使项目区农、林、牧用地比例得到调整并趋于合理，促进了坡耕地大面积退耕还林还草。一期项目基本农田数量从1993年的11.98万公顷增加到期末的22.38万公顷，人均基本农田由0.1公顷增加到0.17公顷，坡耕地面积由29.7万公顷减少到11.7万公顷，坡耕地在总耕地中的比例由71.2%降低至34.2%；由于提高了单位面积产量，总耕地面积减少7.53万公顷，粮食产量却增加了24.3万吨；土地生产率由1209元/公顷增加到3097元/公顷，劳动生产率由8.43元/工日增加到22.6元/工日；贫困农户总数由实施前的14.8万户下降到2.5万户，贫困线以下人数由64.2万人下降到8.9万人；农村基础设施建设有了长足发展，各等级道路由6681条增加到7489条，新增608条，新增道路里程1.3万公里；农村通电户比例由62%提高到98%，通电村由80%增加到98%；新建提水及蓄水设施，解决了88万人的饮水问题；农村医疗卫生条件得到改善，新增县、乡级卫生院36所，村级卫生站456所；适龄儿童入学率由87%提高到了98%；文盲与半文盲人数由实施初期的22.7%下降到14%。

二期项目实施后，高标准的基本农田面积增加，大量坡耕地退耕还林还草，促进了牧、副业及小型加工和运输等各业的发展，区内社会经济状况和生态环境发生了显著变化。各种等级道路里程由3.2万公里增加到4.1万公里；农村通电户由48万户提高到60万户，通电村数由3265增加到3434个；适龄儿童入学率由90%提高到了96%；解决了65万人的饮水问题；农村劳动力利用率提高，劳动就业机会显著增加，为农民从事非农业性生产和外出打工创造了条件，农民从事非农业劳动的收入由326元增加到563元，占到农民人均收入的近1/3，收入结构有了较大变化；妇女作为农村劳动力主体的一部分，参与了项目实施整个过程，经济能力和社会地位有了显著提高；农村医疗院所数量增加，医疗卫生条件改善。

通过项目实施，先后有千余名项目管理人员得到良好的技术培训和实践锻炼，普遍提高了工作能力与管理水平。项目区农民的素质明显提高，据初步统计，各级项目组织对项目区农民的培训已超过30多万人次，通过学习培训，普遍掌握了一两门生产技能，为持续增加生产效益创造了条件，为农村依靠科技致富、奔小康奠定了良好的基础。

（三）生态效益

项目实施促进了大面积退耕还林还草和封育保护，项目区地面植被得到良好恢复，植被覆盖率大幅提高，改善了野生动植物的生存栖息环境，促进了生物多样性发展，严重的水土流失得到初步治理，成功实践和集中体现了“人与自然和谐相处”及充分利用自然修复功能的水利工作新理念。项目竣工时，一期项目区累计治理程度由20.98%增加到55.2%，年保土能力达到5700万吨，较项目评估时的1900万吨增加了3800万吨。林草面积增加35.9万公顷；林草覆盖率由17.8%提高到41.1%。二期项目区林草面积由33.8万公顷增加至67.1万公顷，林草覆盖率由17%提高到33%，治理程度由27.1%增加到50.6%，年保土能力达到5337万吨，较项目评估时的2520万吨增加了2817万吨。项目实施减轻了风沙危害，调节了河川径流，减少了水土流失，改善了生态环境，增强了区域生态抗灾能力。

根据项目监测资料和生态效益分析结果，随着林草面积增加和地面植被覆盖度的提高，以及水平梯田、坝地等滞蓄和拦截径流工程的增多，项目区土壤存贮水量增加，团粒结构改变，肥力增加，农作物产量提高，农民群众生产生活环境有了明显改善；区内小气候有所改善，风速降低、雷暴减少、冰雹灾害减轻；林草生态系统的建设以及生态环境的改善，对保护区内生物多样性具有重要意义，植物多样性为动物生存栖息提供了良好条件。

三、主要做法和经验

（一）健全的组织领导与实施管理机构是项目实施的组织保障

为了保证项目规范管理与有序实施，水利部和省（区）各级成立了项目领导小组，下设以水保部门为主，吸纳农、林、牧等部门技术人员组成的项目办公室，负责项目日常实施和管理工作。中央项目领导小组主要负责制定有关项目建设的方针、政策，审批项目总体规划，协调四省（区）及中央各部门之间关系，解决重大的项目问题。省（区）各级项目领导小组负责项目实施重大问题的决策。设在水利部黄河水利委员会黄土高原水土保持世行贷款项目办公室（中央项目办）全面负责项目宏观技术指导，协调各省（区）项目活动；通过ICB、LCB等方式组织项目物资采购；负责社会发展项目的实施，举办各种培训班，组织国外考察培训和提供各种技术支持服务；审批治沟骨干工程，检查监督各省（区）项目执行情况，组织重大科技攻关和科研课题研究；配合财政部，审查四省（区）报账申请；与世行方面和中央各政府机构保持密切联系。

在项目实施中，中央项目办充分发挥综合协调管理作用，保证了项目建设区域性目标与流域综合治理开发整体目标的一致性，实现了在符合国家对黄河流域整体治理开发要求的前提下发展区域经济的目标，在对保证项目顺利实施起到了不可替代的作用，成功引进吸收国外先进技术与管理经验，推广应用国内成熟的应用技术，提高了项目实施的科技含量和管理水平。为了保证措施严格按照技术规程执行，中央和省（区）级还成立了项目技术委员会或技术小组，负责解决项目实施中的重要技术问题，开展技术咨询，对项目进行技术指导。

（二）系统规范的前期准备工作为项目成功实施奠定了坚实基础

1991年起，水利部、黄委会组织四省（区）千余名技术人员开展前期准备工作，经过3年紧张工作，编制了一期项目《项目建议书》、《利用外资方案》、《可行性研究报告》和《环境影响评价报告》等文件，系统地完成了项目前期准备工作。1997年，组织项目技术人员开展二期项目前期准备工作，并在较短的时间内圆满完成任务，促使项目提前上马。

在项目可行性研究与设计阶段，紧紧围绕项目目标，坚持以小流域为单元，建设高效的水土保持综合防治与开发体系，注重治理措施的合理配置和经济效益的充分发挥，达到有效改善生态环境，减少入黄泥沙，增加农民收入的目的。注重引进使用新技术，应用系统工程理论、地理信息系统、计算机等先进手段进行小流域规划和项目管理；利用计算机软件进行项目经济分析、财务分析、工程概算和成本分析；实现了项目管理的高起点，提高了项目管理水平，得到世行的高度评价。

（三）全面的监测评价和严格的监督检查制度是项目管理的有效手段

根据世行项目要求，开展了全面的监测评价工作，中央、省（区）、市、县（旗）、乡（镇）各级设置了监测评价机构，配备了专门的监测评价人员，制定了《监测评价管理办法》、《监测评价技术规程》和统一的监测指标、农户监测表；布设监测网点，对措施进度与质量、经济效益、生态效益、社会效益、保水保土效益等内容进行监测。采取定点监测、抽样监测、重点监测和跟踪监测等不同手段，及时掌握完成治理措施的数量、质量和效益，保证了各种进度数据的准确可靠，为项目实施评估提供了可靠的依据。

在项目执行过程中，坚持严格的监督检查制度，通过世行和中方各级项目机构，采用听取汇报，查看报告、图、表、合同，座谈交流，走访农户，实地考察，随机抽查小流域，核查统计表、实施图和实地措施“三对位”情况等方式，对项目执行情况进行定期的监督检查，及时掌握项目动态，总结经验、寻找差距、研究解决方案与措施，确保项目顺利实施，达到预期目标。

（四）坚持项目审计制和报账制是项目资金使用管理安全的有效保障

设置项目专用账户，对项目资金实行统一管理与使用。一期项目特别账户设在财政部，二期项目特别账户设在四省（区）财政厅；项目建设资金由各省（区）财政部门负责统一管理。四省（区）项目机构负责对贷款的兑现和使用进行宏观控制与监督。贷款由省（区）财政部门转贷给地、县、乡各级人民政府，地方人民政府和项目机构共同负责贷款发放。

在资金使用上采用报账制和审计制。在黄土高原水土保持资金使用方面，世行贷款项目是最早开始在资金支付方式上实行报账制的，有效地保证了项目资金的合理使用，杜绝了挤占挪用项目资金的情况发生。同时，在资金审核上，在审计部门的监督下，定期组织编制项目财务报告，由中央项目办审核汇总编制总项目财务报告，报国家有关部门和世界银行。

对项目财务情况进行全面审计，每年定期由世行指派的审计机构对项目资金的使用情况进行审计，并向水利部、财政部、审计署和世行报送审计报告。

（五）推行工程和物资采购招投标制度是“三项制度”改革的有益尝试

根据世行规定和设计要求，对项目涉及的较大宗的物资实行招标采购方式，具体有国际竞争性招标、国际有限招标、国内竞争性招标和国内外直采等。项目的材料和车辆采用国际竞争性招标的方式进行，由中央项目办组织四省（区）实施采购；仪器设备采用国际有限招标方式进行。在项目梯田、坝库等投资相对集中的工程建设方面，一期项目实施中开始试行工程招投标制，二期项目实施中则全面推广工程招投标制，主要由所在县（旗）项目机构负责实施。项目执行中推行工程和物资采购招投标制度，为我国水土保持行业推行“三项制度”改革进行了有益的尝试，起到了很好的示范作用。

（六）依靠政府支持，落实政策，保护治理成果是项目效益持续稳定发挥的重要保障

实践证明，项目的成功实施并取得显著的效益，在很大程度上得益于各级政府的大力支持，较好地落实了有利于项目的有关政策，尤其是土地承包、放牧管理等政策，实现了受益农户责、权、利的有机结合，有效保护项目建设成果。由于各地政府的大力支持，项目在禁牧和封育保护方面效果显著。各地都分别制定了行之有效的放牧管理方法，在保证项目区畜牧业收入不减少的前提下，实行全面禁牧，收到了很好的效果。如内蒙古二期项目区实行全面禁牧后，通过畜群结构调整、提高饲养技术和市场开拓，取得了显著的经济效益和生态效益，项目竣工的2004年与实施前的1998年相比，牲畜数量由24.5万羊单位增加到27.5万羊单位，牧业产值由1580万元增长到7895万元，人均牧业纯收入由158元增长到261元。同时，项目区各地结合国家第二轮土地承包合同工作，积极落实治理措施的承包和管护合同的签订工作，重视农民群众参与，充分调动农民参与项目实施和成果管护的积极性，使项目治理成果得到有效保护，促进了项目效益持续稳定的发挥。

四、启示

（一）坚持生态环境改善和区域经济可持续发展的有机结合，是实现水土保持小流域可持续发展的前提与基础

项目在坚持改善生态环境、治理水土流失的水土保持工作目标前提下，带动项目区农村基础设施建设的发展，土地利用结构合理调整，农业生产水平和农民综合素质提高，促进了项目区农业生产条件的持续发展，推动了区域经济的持续性增长，为水土保持小流域可持续发展奠定了牢固的基础。项目设计本身就体现了生态环境改善和区域经济可持续发展的思路，系统分析项目的各项活动对目标产生的影响，并在项目实施中监测执行效果，及时调整不适应形势变化和效益不明显的内容，保证项目按照预定的目标健康发展。如影响项目植被措施生长与效益发挥的一个很重要因素——放牧，加强放牧管理成为项目管理工作的首要任务之一，开始在林牧矛盾突出的内蒙古鄂尔多斯项目区试点，经过连续几年的不懈努力，建立了“禁牧—舍饲圈养—品种改良与畜群结构调整—产业开发”循环系统，取得了较好的效果，在整个项目区推广应用，既有效地保护了项目治理成果，取得了显著生态效益，又保证了畜牧业的健康发展，增加了农民收入。由于在一期项目区实行禁牧的做法取得了很好的效果，在二期项目建设内容设计时世行官员同意增加了“封禁”，并计入措施面积，注入资金建设必要的管护设施和舍饲圈舍、购买种畜和小型饲料加工设备，丰富了我国水土保持生态建设工作内涵。

（二）坚持引进先进规范的项目管理经验，不断创新管理理念，是实现水土保持小流域可持续发展的组织保障

黄土高原水土保持世行贷款项目在引进资金治理水土流失的同时，成功地引进了世行先进的项目管理理念，实行建设项目管理制度，培养了一大批项目管理人才，提高了项目管理水平与实施效益。从广义的角度讲，世行贷款项目的目标具有多重性，对项目实施效果的评估包括项目建设措施进度与质量是否按计划执行并取得预期的经济效益、社会效益和生态效益；参与项目的各级机构在项目执行过程中的表现，是否严格按照世行项目的有关规定有效地实施与管理，并保证项目资金使用的安全性和效益；各级项目工作人员是否通过项目实施改善了办公条件、掌握新技术、提高了管理水平；农民是否积极参与项目建设，从中掌握一两门实用技术，开拓了视野、提高了素质等。因此，按照世行项目管理惯例，项目设计阶段就将管理工作内容和所需的人、财、物、办公场所等列入计划，在执行过程中监督、评估其运行情况，并不断完善提高；同时注重项目管理人员能力建设工作，通过有计划、有组织的国内外考察培训活动，学习借鉴先进的管理经验，以保证较高的工作质量与工作效率。项目的实施加强了各级水土保持机构和项目办的能力建设，锻炼了技术队伍，培养了业务人员，改善了办公条件，提高了项目实施质量和管理水平，为项目区可持续发展提供了人力资源保障。

在项目实施过程中，积累了宝贵的经验：严格实行项目资金报账制与审计制、物资采购与工程招投标制，保证资金的使用效益，规范了资金管理程序，提高了使用效益；成功地将项目支持服务体系建设纳入项目建设内容，创新了项目管理理念；充分考虑政策因素的影响，并通过政府部门、科技部门和农民共同努力，取得最佳效果，保证项目的

可持续性，如项目实施中的放牧管理、土地承包、成果管护等；始终强调多部门的协作，充分利用项目区现有资源，尤其是人力资源，达到提高项目实施与管理水平的目的；增强分析问题、解决问题的综合能力，对待问题从多角度、多层面去分析，包括技术方面、政策方面、管理方面、资金方面等；更多地关注项目区农户的利益，调动农民参与项目建设的积极性。由于严格按照世行管理程序进行项目运作，超过了项目预期目标，促进了我国水土保持工作逐步走向正规化、规范化。

（三）坚持关键因素的科技攻关，确保项目实施效果，是实现水土保持小流域可持续发展的技术保障

长期以来，黄土高原地区造林成活率低、保存率低、效益低的问题一直未能很好解决，严重制约着该地区林业的发展。通过项目实施，认识到苗木质量差、苗木分级与管理制度不健全、栽植与抚育技术不落实等，是造成造林“三低”的关键因素。因此，在世行官员与咨询专家的密切关注下，项目执行中坚持不懈地狠抓项目苗圃建设这一关键环节，组织技术攻关，通过建立高标准的苗圃和采穗圃、采用先进的育苗与管理技术、培训人员革新观念，辅以科学的栽植技术和严格的抚育管护程序，使项目造林措施得到了极大的改善，并产生了较好的辐射作用，为提高造林科技含量与质量、保证造林成活率与效益作出了突出贡献。

在项目实施管理过程中，世行专家与中方工作人员认识到，粗放的放牧管理是制约项目效益发挥的重要因素，并就项目区放牧管理问题与各级政府官员、技术人员进行反复交流探讨，研究解决办法。经过项目区各级政府和项目办齐抓共管，首先在内蒙古鄂尔多斯市试点成功，由地方人大颁布告示，禁止世行项目区放牧，实行羊只舍饲圈养，业务主管部门帮助进行畜群结构调整和品种改良，世行贷款扶持建设圈舍，积极开拓市场，增加圈养牲畜的附加值。通过连续几年坚持不懈的努力，终于从政策和技术等方面较好地解决了项目区放牧管理问题，取得了极其明显的效果，得到项目区各级部门、上级主管部门和世行的认可，在世行项目区及全国得到推广应用。

（水利部外资办公室）

黄土高原水土保持世界银行贷款项目。图为黄土高原梯田

世界银行贷款内蒙古鄂尔多斯市水土保持项目一期项目报告

一、项目背景

鄂尔多斯市位于黄河上中游，是黄土高原风蚀沙化区与黄河中游水土流失区相重叠的地区，严重水土流失面积47000平方公里，占总面积的54.5%。每年输入黄河的泥沙达1.5亿吨，其中粗沙约1亿吨，分别占黄河上中游地区入黄泥沙、粗沙总量的10%和25%，被公认为“世界水土流失之最”。严重的水土流失和风蚀沙化导致该区生态环境恶化，农耕地贫瘠撂荒，草牧场沙化退化，沙尘暴频发，洪旱灾害交替发生，不仅制约着当地社会经济的发展，同时也给下游和周边地区造成极大的危害。

1990年由蒙、陕、晋、甘四省区联合向水利部提出申请世界银行贷款治理黄土高原的建议。内蒙古自治区选取鄂尔多斯市位置十分重要而危害又特别严重的皇台川、哈什拉川、呼斯太河三个流域作为项目区域。1993年11月15日项目通过世行评估，报经国务院同意，完成了与世行的正式谈判，签署了《项目协定》和《信贷协定》，并于1994年11月4日正式生效。

该项目实施的预期目标是：通过治理水土流失，改善生态环境；抵御干旱洪涝等自然灾害，减少和控制入黄泥沙；扶持当地群众尽快脱贫致富，促进区域经济发展。项目总投资概算47649.61万元人民币，其中世行国际开发协会承诺提供贷款29880万元人民币（折合3600万美元），占投资总额的63%；国内承诺配套资金17769万元，占投资总额的37%。国内配套资金包括中央3000万元，自治区450万元，市本级2923万元，项目旗市3736万元，群众自筹7660万元。

二、项目执行情况

1994年5月，国家项目办在兰州市召开了项目启动会，标志着黄土高原水土保持世行贷款项目进入全面实施阶段。根据国家和世行对项目管理的要求，鄂尔多斯市及涉及项目区的三个旗（区）和有关乡成立了各级项目领导小组，下设项目管理办公室，具体担负本区项目实施及管理工作，并接受上一级项目机构的业务指导。

为了确保项目顺利实施并取得预期效果，鄂尔多斯市项目办出台了《项目计划管理办法》、《项目资金管理办法》、《工程管理办法》、《项目检查验收管理办法》等一系列具体管理办法，逐步完善、健全了各项规章制度。各级政府还制定了切实可行的政策措施，实行“谁受益，谁管护”的政策，规定了荒地和乔木林50年，果园、基本田、灌木、草地30年的土地承包使用政策；规定项目区严禁放牧，必须舍饲养畜。这些政策措施明确写入了与农民签订的治理承包合同中，使得项目正常运作有了一个坚实的基础。

为保证专款专用，市、旗、乡三级设专职会计，村设统计员，封闭运行，逐级审核上报财务预决算，层层把关。各级项目机构对资金使用情况经常进行检查，每年一次专项审计，杜绝虚假报账行为。在工程建设上，实行市项目办领导包项目旗区，旗项目办领导包项目片，技术人员包流域的项目联系承包责任制，层层签订目标责任状，年底总结评比，奖优罚劣。在检查验收上，实行施工单位自查自验，旗项目办初验和市项目办抽验的三级检查验收办法，规定对实施完成的各项措施必须实地丈量，逐项逐块核定，现场填写验收记录，做到实施地块、规划图、统计表“三统一”。按照世行和中央项目办的要求，市旗乡三级还设立了监测评价机构，配备了专职人员，部署了监测网点，对项目区各项措施进度和质量的监控，为项目决策提供了较为可靠的依据。

依据项目建设的实际需要，结合以往水土流失治理开发中的技术难点，在项目建设过程中同时开展了9项科研课题和推广项目：

一是砒砂岩地区沙棘育种与高效栽培研究。成功地引进了蒙古乌兰格木大果沙棘，完成了苗期定植造林工作的全部田间试验，研究选育出两个优良品种：“黄河1号”、“乌沙2号”；建立了高标准的繁育基地。

二是黄河粗沙区水土保持及土地管理信息系统研究。建立了四个模型：地理信息系统模型、生产潜力模型、土壤侵蚀模型、经济效益模型。

三是植物篱配置试验研究。主要研究农田、果园、草牧场的生物防护和合理利用问题。在项目区先后选择试验点三个，主要营造坡面水保植物篱、梯田地埂植物篱、治河造地防护植物篱和果园防护植物篱等不同类型的植物篱，面积达100公顷。

四是沟头沟沿生物防护和合理利用研究。研究的目的是寻求沟头沟沿防护的各种方法和途径，有效地防治溯源侵蚀。

五是容器育苗试验研究。通过在容器中培育不同品种的幼苗，选择出最适宜当地生长的种苗，解决因起苗、假植和运输不当带来造林质量下降的问题，寻求解决干旱、半干旱地区造林成活率低的有效途径，从而达到提高造林成活率、延长造林时间的目的。已建成2个0.67公顷的大棚，已培育容器苗300多万杯。选育出2个适宜本地生长的种苗，可提高成活率95%，延长造林时间达3个月。

六是全光喷雾扦插育苗试验研究。通过采用生根粉液浸泡插穗，达到快速催根、快速成苗，实现无性繁殖的目的，从而为项目区提供优质高效的苗木创造有利条件。

七是大扁杏引种推广试验研究。通过对扁杏引种定植，采用适当的田间管理技术措施，合理配置水、土、光、热资源，以建立一种科学有效的立体种植与管理模式，为世行项目区大面积引种，筛选出一种抗寒、抗旱能力强的优质丰产品种。

八是丘陵沟壑区“一坝一塘”综合开发技术研究。针对丘陵沟壑区干旱缺水的实际，先通过在沟道内修筑土坝，坝下游挖塘蓄水，土坝拦蓄天上水，补给蓄水塘，再利用塘中水，采取各种节水措施发展农牧业生产。这是丘陵山区雨季集水，旱季供水，充分利用有限水资源的一种综合开发技术，是干旱山区找水源，发展水浇地的最佳模式之一，也是项目建设中首创发明的，获得了显著效益。其技术创新点在于通过“坝”将地表水重新分配，通过“塘”发展生产，坝塘联合运行，泥水分离，改变了过去泥水同库，库满弃水，效益衰减的弊端。该技术在黄河上中游地区属首创，在我国也属领先水平。

九是沙棘封沟减沙柔性坝推广技术，即在治理砒砂岩地区众多小支毛沟所采取的一种植物拦沙坝造林技术，该技术与刚性的骨干坝、小谷坊共同组成系统治沟工程，能够有效遏制水土流失，快速恢复沟道生态，是一项投资少，效益高的治沟措施。这些新技术在项目建设中的推广与应用，加大了治理的科技含量，提高了治理质量，加速了治理进度，增加了投资效益，对项目实施起到了有力的技术支撑。

三、项目执行效果

截至2001年底，一期项目共完成各类措施面积113387.09公顷，占总计划任务的106%。其中建设基本农田13464.33公顷，营造乔木林面积8492.68公顷，营造灌木林47982.85公顷，经济林3483.90公顷，果园1079.73公顷，人工种草38883.66公顷。完成骨干坝55座，淤地坝283座，谷坊1956座，水库塘坝23座，沟头防护532.38公里，引洪淤地13处，治河造地133处，扬水站51座。项目累计完成投资46190.74万元，占总投资的96.94%。其中世行支付29791.72万元人民币，占总贷款的99.70%；国内配套资金完成16399.02万元人民币，占总内配资金的92.29%。

通过该项目的实施，使项目区的经济社会环境发生了显著变化，主要表现在：

水土流失现象得到有效控制。经过分析计算，1994～2001年全项目区共拦泥沙5050万吨，不仅为项目区发展基本农田起到了至关重要的作用，也为减少下游的洪涝灾害作出了贡献。据鄂尔多斯市水文局提供的项目区罕台川与非项目区西柳沟两条相邻流域的1984～1998年间的降水、供水资料分析，罕台川流域比西柳沟流域多年平均径流系数减少17%，多年平均径流模数减少12%，土壤侵蚀量减少56%，洪峰模数减少34%。从1998年7月12日和1984年7月30日发生的两次洪峰流量相当的洪水情况看，实测两流域洪水最大断面含沙量进行比较，罕台川流域1998年为230公斤/立方米，比1984年的656公斤/立方米减少65%，下游出口安然无恙。而西柳沟1998年为1350公斤/立方米，是罕台川流域的5.9倍，在黄河入口处形成一个拦河沙坝，淤堵包钢供水口3处，回水淹没农田1300公顷，造成直接经济损失1亿多元。

生态环境明显改善。通过项目的实施，尤其是大面积开展造林种草活动，为植物的多样性提供了良好的生态发展条件，郁闭林草所形成的隐蔽和挡风遮雨环境，适宜的温度和湿度，密集的林冠树穴、树根隧道和草丛，为动物栖居提供了良好的生存场所和丰富食物。项目区内的野兔、石鸡、鸟类等野生动物的数量大大增加，呈现出一派鸟语花香的景象。项目区植被度由1993年的10%提高到2001年的33%，土壤容重、比重、土壤孔隙度、土壤含水量较项目实施前也有明显改善。项目区气候条件也相应发生变化，项目区各监测站点均呈现出夏半年气温下降、冬半年升高、年较差减小的特点，就1995～2000年的平均情况而言，其气温升降幅度在0.18～0.57℃之间，同时项目区的湿度提高，风速减小。

农牧民收入明显增长。该项目区大规模的土地开发、水保工程、林业、畜牧建设，为项目区农民增加了劳动就业机会，仅直接参与治理开发就使农村增加就业的劳动力达1.62万个，占总劳动力数的66.8%。项目的实施又促进了二、三产业的发展，使更多的劳力转移到加工业、运输业和服务业领域，而妇女作为农村劳力主体的一部分，在项目建设中发挥了巨大作用。参与项目的程度以及直接参与项目培训和建设的妇女人数显著增加，大约占到农村总劳力的40%、妇女总劳力的90%。通过项目实施，建设了大面积的基本农田和林草，从而带动了林果业、编织业和畜牧业的发展，使农民收入大幅增加。根据典型农户调查及统计资料分析，农民收入大幅增加。截至2001年底，项目区人均粮食由项目实施前的351公斤达到919公斤，人均纯收入由项目实施前的394元达到1508元。贫困农户比例由项目实施前的40%下降为8%。

农业生产条件得以改善。坡面与沟道工程合理布设有效地控制了土壤侵蚀，增加了土壤肥力，为农业生产创造了良好的条件。11797公顷的坡耕

内蒙古鄂尔多斯市水土保持一期项目，借用世界银行贷款。图为准旗淤地坝

地减少到3790公顷，减少了67.9%。人均基本农田由项目实施前的0.09公顷增加到0.35公顷，增加了近3倍，提高了抵御自然灾害的能力。项目区基本农田面积显著增加，坡耕地大量退耕，使得农、牧用地结构得到有效、合理的调整。项目区内的公路里程由实施前的4075公里增加到5393公里，所有村社贯通了简易公路，田间生产道路更是四通八达，极大地方便了项目区内交通运输和商品交易，对人民生产生活产生了深远的影响。

农民生活水平明显改善。文化教育、医疗卫生、基本生活设施和劳动就业等方面发生了很大变化，消费水平显著提高。1993年与2001年相比，项目区每百户各类农用机械（含推土机等）由40台（套）增加到135台（套）；交通运输工具（汽车、三四轮车）由4辆增加到60辆；电视机拥有量由34台增加到104台；人均肉食由8公斤增加到26公斤；恩格尔系数由0.65减少到0.55。适龄儿童入学率由90%增加到99%、文盲比例由27.8%下降到7.6%；乡村医疗站由8所增加到12所，从医人员由原来的367人增加到了578人；农村供水设施由954处增加到1785处，供水村比例由58.33%增加到82%，供水户比例由66%增加到85%，又有1万多人解决了人畜饮水问题。通过项目区举办的各类技术培训班，80%的农户至少有1人参加过培训，农业科技普及率达到90%以上，大多数农民都能接受新知识、新技术和新信息，不少农民拿到了绿色证书。

国民经济快速增长。截至2001年底，项目区总产值由项目实施前的5123万元增加到24057万元，年均增长率为21.3%；人均产值由项目实施前的919元增加到4391元，年均增长率为21.6%。

四、项目执行中积累的主要经验

（1）争取和执行世界银行贷款项目，必须要有一支业务全面，技术过硬，不怕吃苦，敢于拼搏的工作队伍。

（2）健全、完善的组织管理体制是项目顺利实施的有力保障。

（3）因地制宜，分类指导的综合治理开发模式值得学习和推广。

（4）结合农村产业结构调整，扶持发展主导产业，是促进区域经济发展和农民脱贫致富的有效途径。

（5）全面落实农村政策，深化土地产权制度改革，是促进项目建设和保护治理成果的有效手段。

（6）增强科技投入，使项目预期目标更易实现，更具有可持续发展的活力。

（7）引进先进技术和管理经验，实行规范化、科学化、现代化的项目管理，是项目实施取得成功的基础条件。

（8）建立完善有效的支持服务体系，加强各类人才的培养和锻炼，确保项目建设速度快，质量高，效益好。

辽宁省借用世界银行贷款造林项目

一、世界银行贷款造林项目的基本情况

辽宁省自1990年开始利用世界银行贷款实施造林项目以来，先后在省内14个市的36个县（市、区）开展了“国家造林项目”、“森林资源发展和保护项目”、“贫困地区林业发展项目”、“林业持续发展项目”四大项目工程。前三期项目已经基本结束，第四期“林业持续发展项目”正在实施当中。四期项目共完成造林18.43万公顷，其中一期造林9.03万公顷，二期造林3.62万公顷、三期造林4.66万公顷，四期已完成造林1.12万公顷。根据2005年摸底调查显示，目前项目林的保存面积为16.95万公顷，保存率为91.97%。一、二、三、四期项目造林的保存面积分别为8.25万公顷、3.12万公顷、4.46万公顷、1.12万公顷，保存率分别为91.36%、86.19%、95.71%、100%。截至2005年底，四期项目总投资56729.03万元，其中世行贷款4551.23万美元（折合人民币37456.62万元），省内配套资金19249.25万元。

世行贷款造林项目四期工程到项目全部结束时总共需要偿还贷款本息约8683.4万美元（折合人民币7.02亿元）。在辽宁省实施的四期项目中，除一期“国家造林项目”是由林业部门借款和还贷外，其他三期项目均由财政负责偿还贷款。“国家造林项目”从1998年8月开始进入还贷期，每年分别在2月份和8月份分两期还款。到目前为止，一期项目已经还款15期，累计还款1.4亿元人民币。总体来看，世行项目造林生长状况良好，保存率较高，为项目林日后多种效益的发挥和偿还世行贷款提供了坚实的保障。同时，在还贷环节上各级领导和部门都做了积极充分的工作，保证了世行贷款造林项目按时足额地偿还贷款本息。

二、世行贷款造林项目的成效

世界银行贷款造林项目是辽宁省第一次利用世界银行贷款开展的大规模林业建设项目，实践证明，项目不仅为辽宁省保护生态环境、增加就业机会、促进经济发展、帮助山区农民脱贫致富和加快林业开放做出了重要贡献，而且对全省林业事业发展具有重大的历史意义。

（一）世行贷款造林项目是辽宁省造林史上的一次革命

世行贷款造林项目具有高起点、高标准、高质量、高效益的优点，将全省的造林事业推向了一个新的高度，实现了林业从粗放经营向集约经营的转变，从传统林业向现代林业的转变，对造林经营起到了龙头和纽带的作用。辽宁世行贷款造林项目得到了世界银行专家和国家林业局的好评，世行专家先后9次来辽宁省检查，均给予了很高的评价。造林项目遍布我省14个市、36个县（市、区），起到了广泛的示范作用，得到各级政府和广大群众的认可，自觉地按世行造林项目标准开展其他造林工作已成为普遍现象。

（二）世行贷款造林项目弥补了辽宁省林业发展的资金缺口

20世纪90年代初期，全省每年林业建设投资在2000万元左右，用于营林的投资不到1000万元，难以满足需要。世行贷款一期项目平均每年投入资金近400万美元，解决了当时历史条件下林业建设资金投入不足的问题。

（三）世行贷款造林项目为辽宁省林业事业培养了大量人才

通过世行贷款造林项目的实施，我省培养造就了一批林业技术人才和管理人才。省、市、县共培训各类技术管理骨干1787人次，市、县共培训技

术骨干和施工员达60000人次，造林实体每年都要进行造林现场培训。针对新项目县的造林情况，省项目办从2005年开始直接面对造林户进行林业技术培训，把高层次培训推向每一个造林户。这笔无形的财富将在辽宁林业发展中起到强有力的推动作用。

（四）世行贷款造林项目成为科技推广的重要载体

造林项目实现了科技成果的大面积应用，并取得实际成果。如辽宁杨等优良品种经营配套技术的推广于2000年获省政府科技进步一等奖，落叶松商品用材林经营配套技术的推广亦达到了国际先进水平。

（五）世行贷款造林项目具有可观的综合经济效益

世行贷款造林项目全部建成后将为辽宁省增加林地18万公顷，用材林设计主伐和经济林的预测经济收益可达148亿元，去除需偿还的世行贷款本息（约7亿元人民币）和配套资金投入（约2亿元人民币）外，全省预计获得净收益139亿元。世行贷款造林项目不仅经济效益相当显著，同时还具有广泛的生态和社会效益。

（六）世行贷款造林项目推动了辽宁省速生丰产林基地工程的快速发展

速生丰产用材林基地建设工程是我国林业六大重点工程中唯一以经济为目的的重大项目工程。项目造林的成功，大大缩短了林业生产的周期，落叶松主伐年从原来的41年提前到20年，杨树从25～35年提前到10～15年，为商品林快速发展奠定了基础，使林地和林木的生产力能更有效地发挥，从而促进辽宁省林业步入快车道，有力地推动了速生丰产林基地的建设。

三、世行贷款造林项目的成功经验

为实施好世行贷款造林项目，国家林业部制定了促进国家速生林发展，促进科技兴林，促进林业管理水平提高和促进林业对外开放的目标，提出了项目实施要“高起点、高标准、高质量、高效益、严要求”的指导思想和“办开放式林业，求林业的大发展”的方针。按照林业部和世界银行的要求，结合辽宁省的具体情况，采取了较为有效的措施。

（一）加强领导，广泛宣传，是项目取得成功的前提

为加强对项目工作的领导，省、市、县三级分别成立项目领导小组，由各级政府、发改委、财政、审计、林业等有关部门领导组成，在领导小组下设办公室（在林业部门）。项目办公室不仅担负着项目管理和实施，还要负责长达25年的还贷和项目林后期的经营管理工作。在项目实施后，由林业厅牵头先后召开了十余次市、县林业局主管局长和项目办主任工作会议，并通过电视台、广播电台、报纸等多种宣传形式进行广泛宣传，项目市、县亦通过各种途径进行宣传，充分调动了项目地区广大干部群众参与项目的积极性。在造林工作中，各级政府主要领导和各级林业局的主管领导亲临第一线进行部署、指导、检查造林项目工作，省、市、县项目办更是深入实际，严格把关，在全省上下形成了真抓实干、求真务实的工作作风，保证了造林项目的成功实施。

（二）建立全面系统科学的管理体系，是项目顺利实施的基础

为了保证项目的顺利实施，林业部、财政部与省政府，省政府与市政府，市政府与县政府层层签订了项目执行协议书，县政府还与乡政府签订了贷款合同，明确了项目任务、转贷条件、贷款的偿还以及各级政府的责任。同时，按照国家林业局世界银行贷款项目管理中心的要求，结合实际，辽宁实施了组织管理体系、营林技术体系、种苗供应体系、科研推广体系、财务审计体系、环境保护体系、质量监控体系、信息反馈体系等“八大管理体系”。

1．组织管理体系

省政府成立了多家部门联合组成的省级项目领导小组，并在省林业厅设立世界银行贷款造林项目管理办公室，在厅内成立项目实施领导小组，组长由厅长担任。项目市、县也相应成立领导小组，在市、县林业局内设项目管理办公室。在组织上形成了从上到下一贯到底的领导和管理体系，确保项目的实施。项目实施得到省政府领导的高度重视，省财政厅、省发改委在省级配套资金上都给予了大力支持，省审计厅每年都对项目进行审计监督。

2. 营林技术体系

主要围绕造林和营林的要求，通过制定和贯彻多种规程规范，把先进的技术成果用于生产，实行集约经营，达到优质高效。省林业厅项目办根据辽宁省的实际，制定了不同造林树种的造林模型和生长量标准来规范项目造林，在造林和营林的每一个环节都注入了行之有效的科技成果。

3. 种苗供应体系

因林业生产周期长和承担借外债造林的风险性，要求从种苗抓起，做到近期造林达标靠壮苗，长远达标靠良种，所以从项目造林开始就制定了种植材料开发计划，严格实行定点进种，定点育苗，定点调苗的“三定”要求，落叶松一律采用种子园和优良母树林的种子育苗，造林全部用一级苗分档栽植。杨树采用适合辽宁项目区的优良无性系品种多无性系造林。项目县均建立项目造林用苗的中心苗圃。

4. 科研推广体系

为增加项目的科技含量，项目把科研与生产紧密结合起来，科研面向生产，生产依靠科研。在项目设计时，在总投资中安排了1%左右的科技推广费，并建立了从上到下的科技推广体系，即省、市、县都成立了科技支持推广组，制定项目的科研推广计划，营建试验林和示范林，以此辐射整个项目造林。

5. 财务审计体系

世界银行贷款造林项目实行报账制，即先施工后报账，先使用自筹和配套资金后申报世行贷款。报账时必须同时提供由专业队伍现地检查的质量报告，配套资金到位情况证明等材料，经上级主管部门审查合格后，统一向世行申报提款。同时世行还委托国家审计部门进行贷款使用的审计，独立地向世行提出审计报告。项目的成功，是与“报账制”的实施分不开的。

辽宁省造林项目，借用世界银行贷款。图为锦州凌海市杨树造林林粮间种

6. 环境保护体系

为消除或减轻项目施工中对环境带来的负面影响，项目制定了环境保护规程，以防止水土流失和进行生物多样性的保护。造林整地实行沿等高线品字型整地，且在造林穴下方修筑拦水梗，山顶和山脚保留原生植被，坡度大于30度不准造速生林，造林面积不得大于30公顷等措施，同时确定了病虫害防治方案，以生物综合防治为主，严禁使用禁用农药。

7. 质量监控体系

在世行贷款项目造林中，实行了较为全面的质量管理，建立了一套严格的三级质量监控体系，包括造林单位的全面自检自查，县林业局的全面检查验收和省、市林业的抽查验收，要求抽查面积在15%以上。检查验收的结果是向世行提款报账的重要依据，待一个世行贷款项目结束后还要进行竣工验收，以对项目进行评价，并研究相应的管护措施，对不合格造林地还要采取补救措施，进一步巩固造林成果。

8. 信息反馈体系

有效的项目管理必须以一定的信息手段为前提。世行贷款造林项目一开始就建立了信息系统，完善了各级项目造林档案的管理。信息系统主要包括对林木生产状况的监测和预测，对各林种木材市场情况的调查和预测及资金使用情况等项目造林的各个方面，以此对项目成果进行评估和为以后项目实施进行随时调整提供可靠保证。

在严格执行“八大管理体系”的同时，辽宁省林业厅和省财政厅还制定了包括造林、环保、科研、工程、财务、物资管理等方面内容的十多个管理办法和实施细则，使项目管理和实施真正做到有章可循。例如，在工程管理方面，明确要严格把好作业设计关、立地条件关、良种壮苗关、栽植整地关、抚育管护关和检查验收关，对造林不合格的地块坚决不予报账，待返工重造或补植验收合格后再报账。

（三）充分发挥科技生产力的作用，是项目高标准推广的保障

在造林过程中，推广科技新成果是造林项目的重要内容之一。各县项目办根据各自情况均制定了科研推广计划，投入一定科研推广费用，力争使每个造林环节都注入新的实用科技成果。其中仅一期项目就建立省级落叶松示范林41.3公顷，市、县级示范林750公顷，省级试验林16公顷，中试林60公顷，环保监测点两处；森林资源发展和保护项目营建省级杨树不同品种的密度试验林52公顷，筛选杨树新品种15个。在造林项目中推广了落叶松商品用材林经营配套技术和辽宁杨树等优良品种及配套经营技术，取得了良好的效果。

（四）加强项目林的后期管理，是项目充分发挥效益的关键

搞好造林后的幼抚及经营中的透光抚育和造林地的管理是关系造林成败的关键。辽宁项目造林逐地块设立了专（兼）职护林员，落实管护措施，明确责任，建立管护制度，制定奖惩办法。县项目办、乡林业站均设专人负责管理管护工作，确保造林项目成果不受损害。国家造林项目的落叶松幼林，已进行了透光抚育试验，并制定了抚育技术办法，从而保证幼林健康快速生长。

（辽宁省林业厅外资办）

江西省林业借用国外贷款造林项目总结

一、基本概况

自1991年开始启动实施世行项目以来，江西省已连续实施了三个世界银行贷款“国家造林项目”、“森林资源发展和保护项目”、“贫困地区林业发展项目”，一个日本政府贷款“江西造林项目”。三个世界银行贷款项目已经实施竣工，日本政府贷款“江西造林项目”目前正在实施之中。

“国家造林项目”分布9个设区市23个县市，建设期7年（1991～1997年），计划总投资23716.90万元人民币，其中世界银行贷款14042.90万元，折合2975.20万美元和2281万特别提款权(SDR)，国内配套资金9674.00万元；建设集约经营人工林9.50万公顷。截至1997年底完成总规模12.59万公顷，完成总投资36793.42万元，其中世行贷款资金20975.75万元，折合3245.11万美元和2299.48万SDR，国内配套资金15817.67万元。该项目实施，为江西省提前一年基本消灭宜林荒山，培育后备森林资源，缓解木材供需矛盾，提高森林覆盖率等方面作出了重要的贡献。

“森林资源发展和保护项目” 分布5个设区市28个县市，建设期6年（1995～2000年），计划总投资 19803.81万元人民币，其中世行贷款11882.29万元，折合1365.78万美元和967.5万SDR，国内配套资金7557.31万元；建设速生丰产用材林及毛竹垦覆5.28万公顷。截至2000年底完成项目总规模6.06万公顷，完成总投资21333.18万元，其中世行贷款资金11345.15万元，折合1369.77万美元和991.85万个SDR，国内配套资金9988.03万元。该项目实施，为实现省委、省政府提出“山上再造一个江西”和“跨世纪绿色工程”战略目标起到了很好的示范作用。

“贫困地区林业发展项目”分布5个设区市18个县市，建设期7年（1999～2005年），计划总投资 30382.48万元人民币，其中世行贷款16600.00万元人民币（信贷694.71万SDR和贷款1000.00万美元），国内配套13782.48万元人民币。营造林总规模58862.3公顷，建设小型乡镇企业项目7个。截止到2004年底累计完成总投资26099.42万元人民币，其中世行贷款13046.90万元（折1756.38万美元），国内配套资金13052.52万元；完成报账面积55401.33公顷，完成乡镇企业技改2个。该项目实施，对于促进国家“八七扶贫攻坚计划”和可持续发展战略的实现，以及增强江西省林业经济实力和改善生态环境起到了推动作用。

继实施世行贷款项目之后， 2004年日本政府贷款“江西造林项目”全面启动实施，贷款总额度为75.07亿日元，折合7000万美元，加上国内配套资金，总投资7.0亿元人民币，分布在7个设区市36个县市，建设期6年（2004～2009年），在公众参与的基础上，通过封育、改造、抚育、新造等多种营造林方式，发展防护林、用材林、经济林21.9万公顷。该项目的实施，不仅可扩大森林资源总量，提高森林质量，改善生态环境，增加农民收入，而且可促进非公有制林业发展，推动林业分类经营改革，提高江西省林业可持续发展能力，促进社会经济可持续发展。到目前为止，完成营造林面积14.7万公顷，完成投资近2.0亿元。该项目由各级林业部门组织实施，除国家造林项目外，贷款资金都是通过财政部门下拨支付。

二、项目成效与作用

（一）背景与意义

江西自然条件十分优越，自古以来曾经是森林资源非常丰富的省份。但是，由于诸多的历史原因，江西的森林资源受到了严重的破坏，森林覆盖率不断下降，森林蓄积量持续减少。到1988年，全省荒山荒地、低效疏林地和灌丛地面积近占全省林业用地面积的40%；全省森林蓄积量比1977年下降了5800多万立方米；年均森林赤字达530多万立方米；林分每公顷蓄积量仅为全国平均水平的39%，为世界平均水平的33%；全省林业产值只有农业总产值的7.5%。森林资源的锐减，严重恶化了江西的生态环境，也极大地制约了全省经济的发展。当时，全省林业面临两项紧迫任务：一是全面开展植树造林，消灭宜林荒山，绿化江西大地；二是实施集约经营，以营造速生丰产林为龙头发展商品林业，大力培育后备森林资源。就在这个关键时刻，江西省委、省政府及时作出决定，向全省人民发出了“规划从1989年起用7年时间，基本消灭全省宜林荒山”的战斗号令，向荒山宣战；并且审时度势，大胆决策，抓住中国林业正在与世界银行开展合作的难得机遇，积极争取实施世行贷款“国家造林项目”，着力培育森林资源。在林业部世行项目中心的关怀和大力支持下，江西省不仅正式列入“国家造林项目”实施省，而且被定全国唯一综合示范试点省。这犹如及时雨，对实现省委省政府制定的林业发展目标具有重要意义。此后相继实施的“森林资源发展和保护项目”、“贫困地区林业发展项目”、“日元贷款造林项目”为省委、省政府不同时期提出的战略目标作出了重要贡献。

（二）成效与作用

十多年来，在省委、省政府的正确领导和国家林业局的大力支持下，江西省林业利用外资项目建设取得了举世瞩目的成就。项目造林各项指标全面达到或超过部颁标准。各种树种良种使用率达98.7%，一级苗使用率99.6%，造林成活率96.7%，生长量达标率182.0%。按照林分划分标准，根据幼林质量摸底调查结果，全省一类林占93.2%，二类林占5.7%，三类林占1.1%，林分质量创造了全省大面积人工林建设的历史最好水平。同时，江西实施林业世行项目17年来，已取得科研成果42项，完成科技论文48篇，国家造林项目科技推广成果荣获江西省科技进步一等奖，截根菌根化应用机理研究荣获国家科技进步二等奖，省项目办也被评为全国林业世行项目先进单位、全省科技兴林先进单位。世行官员评价，江西“国家造林项目”是世界银行在中国投资100多个项目中效果最好、建设最成功的项目之一，被世行评为H.S级；江西省作为“国家造林项目”全国16个省区中唯一一个综合试验示范省，也真正起到了示范和表率作用。

实践证明，引进外资造林发展林业，既适应了市场经济的发展形势，弥补了国内林业建设资金不足的问题，同时又为农村创造了大量的就业机会；既引进了国际先进的林业适用技术和管理经验，改变了传统的林业管理模式和资金投入方式，又促进了传统林业建设思想的解放和观念的更新；既锻炼和培养了一大批熟悉林业外资项目管理工作的新型人才，又向外充分展示了我国林业改革和建设取得的巨大成就，从而大大推动了我国林业改革开放的进程，取得了显著的经济、社会和生态效益。

（1）经济效益可观。经分类分析推算，仅世行贷款“国家造林项目”、“森林资源发展和保护项目”建成投产时（林龄20年），林木总蓄积可达4021.38万立方米，累计可生产木材2793万立方米，生产松脂74万吨，项目总收入190亿元，可上交税费76亿元，净收入近80亿元，为总投入的十多倍。日元贷款项目建成后，预计可新增木材675.28万立方米，竹材2.29亿根，苗木4.51亿株，其他林产品249.04万吨，可新增产值84.67亿元人民币。

（2）生态效益提高明显。仅“国家造林项目”就可使项目区各项目县的森林覆盖率平均提高2.9%，对区域水源涵养、调节气候、改善农业生产条件和人民生活条件起到很大的作用；还将可提供3500多万立方米商品木材，形成了可靠的后备森林资源基地，缓解了木材供需矛盾，对实施“天然林保护工程”、“封山育林”、“退耕还林工程”和林业的跨越式发展都有十分重要的意义。现在实施的日元项目可提高项目区森林覆盖率1.2%，减少水土流失面积10%，提高农区林网控制率85%，每年粮食增产47.76亿吨，防护林、多功能林可新增立木、立竹储备价值49.10亿元。这些项目的实施将大大改善全省现有林林分结构，提高森林质量，增强森林生态防护效能，保护生物多样性，改善贫困地区农民生活，为社会经济可持续发展提供良好的生态环境。

（3）社会效益十分显著。项目实施以来，通过对参与项目的人员进行各种培训，培养了一大批既熟悉林业科技与管理又熟悉外资项目管理的人才，同时，世行项目还可以为50多个项目县的农民提供近9000万个工日的就业机会，使项目区农民每年人均增收200～300元。山区农民通过参与项目建设兴办联营山场，不仅获得劳务收入，还将参与项目林收益分成，这对促进山区经济的发展和农民脱贫致富起到实实在在的作用。同时，将促进非公有制林业发展，推动林业分类经营改革，提高林业可持续发展能力，为江西林业新世纪实现跨越式发展奠定坚实的基础。

（4）促进经营管理水平提高。国外贷款造林项目建立了组织管理、计划、科研推广、环保、检查验收、资金财务、物资、信息等八大支持服务体系，制定了一整套既相互独立又相互衔接的规章制度，省、市、县还分别自行制定了一些行之有效的管理措施，确保项目在种苗、造林、科研推广、环保、资金和财务等方面的运行机制规范化、科学化，并与现代工程项目管理和国际惯例相接轨。特别是在推广全面质量管理和实行目标承包责任制方面，使项目的经营管理水平大大提高。目前，全省林业建设普遍采用“国家造林项目”的一整套先进管理手段和办法，实行目标管理、承包责任制，搬掉铁交椅，打破大锅饭，推行设计审批、工序检查、竣工验收等工程技术和质量管理监控，加强了管理力度，使整个林业经营管理水平上了一个新台阶。

（5）促进了科技兴林的进程。由于林业国外贷款项目狠抓了科技投入，实行了科学管理，推广应用了一大批国内外林业先进实用新技术，取得了看得见的显著效益，起到了良好的示范推动作用，从而加快了全省科技兴林的步伐。目前，国外贷款项目所应用的先进实用新技术已辐射到江西省其他丰产林项目、退耕还林项目、长防林工程、德援项目、低产林改造工程、荒山及平原绿化等造林营林项目中。同时，项目以计划为导向、资金作保证、科研面向生产、生产依靠科研的“四位一体”的运行机制，必将对全省林业实现“科技兴林”目标产生积极的影响。

（6）促进了林业的对外开放。从项目准备到实施，由于始终坚持了创新与求实，使项目实施在国内外赢得了较好的声誉。在准备阶段，由于工作质量和速度得到世行的称赞，“国家造林项目”竣工验收被世行评为执行得最好的项目之一。正是因为“国家造林项目”取得了较好的成效，充分展示了林业部门执行项目的能力，才有继续实施世行和国外贷款项目的延伸和发展，才能接着实施“森林资源发展和保护项目”、“贫困地区林业发展项目”、“日元贷款江西造林项目”等。事实说明，通过上述项目的示范和辐射的作用，不仅引进了当今世界人工造林方面的新理念、新技术和新管理方法，锻炼和培养了一大批熟悉林业外资项目管理工作的新型人才。同时，也对外展示了江西省林业建设和改革成就，这对全省林业继续深化改革和扩大对外开放产生了重要影响。

三、主要做法与经验

围绕项目宗旨和目标，根据江西省项目区实际，按要求设计好建设内容，落实好经营主体，建立还贷保障机制，加强项目管理，确保项目预期目标的实现。十多年来，项目所取得经验及教训主要表现在以下几个方面。

（1）统一认识，加强领导，是项目顺利实施的根本保证。利用外资造林项目不同于一般的绿化造林，是一个引进外资的大型林业系统工程，涉及9个设区市几十个项目县，影响很大，责任也大。项目一开始就得到省、市、县各级党政领导的高度重视和大力支持。省政府在接到国家项目确认函后，省领导及时作了重要批示，并指示有关部门尽快协调，落实配套资金，争取早上项目。原副省长陈癸尊代表江西省人民政府与原林业部签署了“国家造林项目”协议书，原省长吴官正从省长备用金中拿出200万元解决省级配套资金；对“贫困地区林业发展项目”，省政府决定，项目实施期间每年省林业厅解决300万元，省财政、发改委、老建办、农发办四家各解决75万元作为省级配套资金，并同意“十五”期间每年拿出20万立方米的商品材采伐限额作为“造林绿化专项资金”，用于解决该项目的市、县林业部门的配套资金。省林业厅把这项工程作为全省重点林业工程来抓，各项目县县委、政府更是把项目建设作为农村经济发展战略的一部分，列入政府的议事日程。与此同时，各级均成立了项目领导小组，由同级政府分管领导任组长，政府相关部门主要领导为成员，对项目的重大事情作出决策和指挥协调，发现问题，随时解决，如项目组织运转、经营山场落实、配套资金筹措及项目还贷等。各级同时成立了项目管理办公室，配备了营林、环保、财务、信息等方面的精干人员负责项目实施的组织、管理、监督等，从而确保了项目的顺利实施。

（2）适应市场，更新观念，是提高项目建设成效的重要手段。外资贷款造林项目的实施属于商品林业发展范畴。世行贷款是商业性贷款，举债造林，必须按市场原则和规律办事。在项目实施过程中，一是对项目的评估、可行性研究和总体设计进行了严格的论证和多方面的市场调查、预测，对可能遇到的木材市场、外汇、自然灾害等各种风险都做了认真的考虑，排除了盲目性。二是强化国家债务观念和还贷意识，彻底打破过去计划体制下那种资金无偿使用，吃大锅饭，只管用钱，不管效益，不管还钱的观念。项目资金通过财政和林业渠道层层下达，并以协议、合同等法定形式，把资金投放和回收约定下来。这样一来，就加大了借贷实施单位的责任和压力，激发了活力，促使他们真正树立起质量意识、效益意识和还贷意识。三是逐步将招投标制、监理制、合同制、报账制等现代管理制度引入项目管理，坚持实行项目资金“报账制”、“专项制”和“审计制”，建立健全质量追究制，提高工程建设质量和成效。工程质量不合格决不能报账，非项目支出被禁止，对所有项目支出都要专门审计，这些措施确保了专款专用，最大地发挥了投资效益。

（3）加强质量管理，真抓实干，是项目建设成败的关键措施。质量是项目的生命，没有质量便没有效益，也没有一切。因此，必须把质量管理作为事关项目建设成败的头等大事来抓。围绕质量管理，一是制定颁发了全面质量管理的规定，在实施中又不断完善。对关系质量的县、场、工区、班组各个层次，设计、施工、验收各个环节及种苗、清山、整地、表土回填、栽植、抚育、施肥、管护各个工序都提出了具体的质量指标与要求，从而形成了比较完整的质量管理规章制度，保证了项目质量管理有章可循。二是全面实施“195”工程，确保一次性造林成活率达到95%以上。同时，要求各级建立质检队伍，保证质量管理有力量去抓落实。三是严格验收兑现。对施工面积、抚育质量和年终生长量进行全省统检，并与报账直接挂钩，对不合格的一律不予报账。四是各项目县在项目实施中层层签订造林质量责任状，并与责任人经济利益直接挂钩，责任分明，利益清楚，风险自负，最大限度地调动和激发广大项目参与者的积极性、创造性和责任感。由于严格管理，敢于动真格，敢于亮黄牌，真抓实干，各层次、各工序严格把关，使项目建设真正做到按设计施工，从而确保了项目施工质量全面大幅度超过部颁标准。

（4）加大科技推广力度，大幅度提高项目科技含量，是提高项目效益的根本保证。科技是第一生产力，没有先进的科技，就不可能提高项目的效益。在项目科技管理上，针对项目特点，突破了因循守旧的管理模式，重点把实用技术和新成果、新技术的推广和转化工作作为提高项目造林效益的重要手段来抓。为此，一是成立了以分管厅长为组长，江西农大、省林科院、省种苗站、省推广站、省项目办等单位十位专家组成的省级科技推广与培训专家支持组，保证了有专人负责这项工作。二是制定科技推广与培训计划，举办各类培训班。根据项目育苗、造林、抚育、竹林垦复、环保和项目管理的不同时限、不同内容和不同对象，制定了相应的科技推广和培训计划，并以此付诸实施，取得了较好的效果。到目前为止，全省共举办乡级以上各类培训班5014期，培训人员323329人次，其中省级15期1964人次，县级393期19690人次，乡级4606期291675人次。涉及社区林业评估、苗木培育、用材林及经济林丰产栽培、计算机与信息系统、资金与财务管理、物资采购等内容。三是编印和发放科技推广材料。项目启动以来，省项目办制定了各种技术规程、细则、标准、方案11种85000余册，下发至项目市、县、乡、村及实施农户手中，还先后摄制了《速生丰产林经营技术》、《毛竹丰产经营技术》和《绿海新潮》三部科教片VCD分发至各项目县，作为他们的参考读物和操作指南，这些科技资料形象直观，通俗易懂，易学易用，收到了很好的效果。四是把科研推广融入项目建设整体之中，使科研与生产的关系，从过去的“体外循环”转变为“体内循环”，实现科研与生产一体化，突出了科技推广内容的实用性和实效性。这样，从源头上解决了科研与生产紧密结合的问题。五是营建示范样板林。为了能向广大农户提供看得见、有说服力的示范样板，便于他们对先进技术的直接了解、掌握和应用，全省共营建杉木、湿地松、马尾松、经济林及毛竹定向培育技术示范样板林5000余 hm^2，让科研成果的效益直接体现在项目造林的山头地块。由于措施得力，进而使大量的科研成果和先进技术得到广泛传播，项目的科技含量大大提高，项目林分的质量和效益明显提高。

（5）加强种植材料开发，培育良种壮苗，是项目造林实现高质量的重要前提。“当年达标靠壮苗，长远达标靠良种”，这是实施“国家造林项目”、“森林资源发展和保护项目”、“贫困地区林业发展项目”的成功经验总结，也是实现项目造林高质量、高效益的关键措施。项目造林之所以能够取得良种使用率100%和一级苗使用率98 %，主要是因为项目一开始就加强了种植材料的开发与培育，制定了一套较为完善的、有效的种苗管理方法：

一是在种苗管理上，全面推行了定点供种、定点育苗、定向供苗的“三定”和“良种合格证”制度，重点是搞好中心苗圃的选定和管理工作。定点供种，根据不同树种种源及其对地域的要求，确定各单位用种的种源，由省项目办、省种苗站共同统一组织项目用种的供应，供种时签发“良种合格证”，严格控制种子品质，杜绝使用劣种。定点育苗，根据育苗水平和技术水平，每个项目县确定一个骨干苗圃作为苗木生产和供应的中心苗圃，同时依据造林地的分布情况，选择若干小型苗圃作为补充，以缩短运苗距离。定向供苗，县项目办与苗圃签订育苗合同，明确苗木质量、价格和供应地点。二是在技术措施上，全面推广良种壮苗技术。包括控制播种量、种子分级分播、使用ABT生根粉、芽苗切根移植及菌根化育苗、大田切根与截顶、稀播间苗密度控制、根型培育器育苗、水肥与健康管理、齿锄起苗护根及苗木分级、修根包装等技术应用于种苗生产，确保了一级苗出圃率。三是在经济杠杆上，信贷资金报账时，必须附有“良种合格证”复印件。特别是经济林必须符合名、特、优、新的要求。无“良种合格证”的，种苗部分一律不予报账。

实践证明，上述种苗管理办法，是人工商品林基地建设中提高种苗质量、确保林木丰产的有效措施。

（6）强化资金使用和监督，严格财务管理，是保证项目效益的有效手段。资金是项目建设的物质基础，资金管理是项目管理的核心，是确保项目实施成功的关键。一是建章立制，加强对财务人员的培训。项目一开始就根据项目有关规定，制定了江西省“财务管理办法”，“资金管理办法”，“会计核算办法”，“报账提款办法”等一系列规章制度，保证资金运作按章行事，财务管理规范有序。同时，通过举办多层次的培训班，提高了财务人员的业务素质和能力，确保了项目财务管理工作的有效运作。二是紧紧围绕“报账制”这一核心，严把信贷资金报账关，报账审查建立计划、质量、财务的联审制度，避免虚报冒领，违规用款，从而更好地发挥了报账这一经济手段对项目实施的调控作用。对造林面积不实、不使用良种或一级苗造林的、各施工工序检查不合格的坚决核减或不予报账，对配套资金不到位或报账手续（必须具备“三表一合同”——施工验收表、费用结算表、报账申请表和施工合同）不齐全的不报账，并对年终检查成活率与生长量不达标的不报或在下年度中扣减。三是狠抓配套资金的及时足额到位，保障资金需要和正常运转。对配套资金不能足额到位的，利用报账杠杆进行调控。四是加强成本核算，坚持少花钱多办事的原则，提高资金使用效率。五是抓项目债权债务落实，使贷款单位对债务清晰掌握，提早做出还贷计划，把债权债务落到实处。六是严格遵守国家财经纪律和项目财务制度，发挥审计的监督作用，改善项目的财务管理工作。

在总结利用外资造林项目成功经验的同时，我们也深深体验到一些值得国家在今后实施外国金融组织和外国政府贷款项目，乃至林业投资项目时应予关注解决的问题。一是林业项目周期长、见效慢、比较效益低与贷款条件高的矛盾。建议国家有关主管部门在制定贷款政策和贷款条件时，适当延长项目的宽限期和贷款期，降低贷款利率；对中西部经济欠发达地区，要适当的降低地方配套资金的比例；世界银行和亚洲开发银行等贷款利率比较高，年息达到5%左右，虽然要求地方政府配套，但一般很难达到要求，建议中央财政也像对待国内银行贷款那样给予政策性贴息。二是林业生产风险大与贷款单位抗风险能力弱的矛盾。正常情况下，发展人工商品林是有利可图的，但是林业生产相对于其他行业存在更大的风险，不仅有汇率风险、市场风险，还有自然风险，这对于实施单位，特别是抗风险能力较弱的贫困林农来说是难以承担的。建议政府建立项目风险基金和争取减免豁免机制。同时，设计项目内容、林种、树种的多样性也可起到减少风险的作用。三是项目贷款资金使用一般只设计了六年建设的投资期，对以后幼林管护、抚育间伐、病虫害防治、防火等后续管理均未设计，而林业项目的经营周期一般要20年左右。如果没有资金投入，正常幼林后续管理工作就无法开展。在当前的经济条件下，这对面临还款压力较大的实施主体来说，既要做好幼林后续管护工作，又要另外筹措还款资金，确实困难重重。建议在设计项目投资时，应包括幼林后续管护费用或国家出台有关优惠的扶持政策，才能巩固造林成果，增强项目的还款能力。

江西省贫困地区林业发展项目，借用世界银行贷款。图为广昌县马尾松林，郁郁葱葱，长势喜人

因地制宜，力求创新

——陕西省借用国外贷款植树造林项目

“十五”期间，在国家发改委和有关部门的支持下，陕西成功引进并实施了日元贷款陕西植树造林项目和中德合作延安造林项目。这两个项目涉及全省六市37个县270个乡，营造林面积分别为150万亩和27.5万亩，总投资分别为45180万元和8848万元。其中利用日元贷款42亿日元（约3.24亿人民币），德国援助资金1200万马克（约5400万人民币）。截止到2005年底，两个项目已全部完成了各项建设任务，经省级林业监测中心监测：日元贷款造林项目各类造林面积核实率均达100%，其中人工造林平均保存率87.6%，封山育林成效合格率100%，飞播造林总体达到了国家规定的成效合格质量标准；中德合作延安造林项目年均造林成活率和保存率分别达94.6%和89.7%。

目前，项目区的综合效益已初步显现了出来。栽培的45万亩经济林有2/3的面积挂果，产量约5000万公斤，产值近1亿元，进入盛果期后，年产各类干鲜果将稳定在3.6亿公斤左右，年产值在5.4亿元左右；活立木蓄积逐年增长，预计进入间伐及一次性主伐期，木材产量270万立方米，产值可达7亿多万元；累计兑现劳务费达0.8亿元，10万多个参与农户都直接获得了数百元到数千元不等的劳动报酬。项目区林木覆盖率平均提高了2.7～12.1个百分点；治理水土流失面积近130万亩，延安造林项目区控制水土流失能力中等以上的面积占到了监测小班总面积的97.6%；日元贷款造林项目区城镇乡村、交通道路绿化美化，乔灌花草相间，增添了自然美感，丰富了生态景观，改善了人居生活环境。两个项目都得到了国家有关部门和国内外专家的一致好评，先后有江西、湖北、宁夏、甘肃、内蒙、山西、河北等省区参观学习，交流经验。

陕西省的这两个国际合作造林项目，尽管援助国和实施县不同，资金渠道和性质不同，具体实施内容和要求也有区别，但都取得了令人满意的成效，关键在于项目建设能够从本省省情、林情出发，革故鼎新，大胆改革，积极创新，推行了一些新的运行机制。

（1）在决策管理上推行上下结合的方式。国际合作造林项目不同于其他工程项目，因森林的多功能性、林地的产权制度和国际合作项目的特征，决定了造林项目实施及直接利益主体应该是广大的林农，项目的决策也应该充分体现林农的意愿。然而，由于受长期计划经济体制的影响，国内造林项目的决策取决于政府领导和林业专业人员，运行的是“自上而下”决策方式，而林农往往是被动的服从。在这两个国际合作造林项目建设中，我们把计划经济体制下形成的“自上而下”的决策方式与国际通行的“由下而上”的决策方式统一起来，推行了适合省情、林情的“上下结合”的决策办法。即：项目参与者，在政府工作人员、林业专业人员、外方项目工作人员的帮助下，共同对项目的发展目标、实施计划、保障措施、成果分享等进行系统评价决定。这个办法上不违背国家利益与项目要求，下遵循项目区实情维护林农利益，集项目要求、专家意见、农民意愿于一体，让林农享受到决策权，知情权与参与权，领导满意，农民接受，切合实际。从而为项目的顺利实施和目标的实现奠定了良好的基础。

（2）在计划管理上，实行总体任务提前一次下达。林业生产季节性很强，而且造林所需的种苗至少也得提前一年培育。但是，长期以来，国内林业工程计划任务，总是一年一下达，甚至当年任务到年底才下达。这种管理方式，不符合林业生产的特点，失去了计划的意义，给各级和林农造成被动局面。当年下达计划任务，势必滞后于种苗生产，导致苗木不是缺少就是大量积压，前者使当年造林任务不能完成，后者则会伤农。计划任务年底下达会更被动，各级林业部门和农民任务不清，很难准确把握实施面积，林造多了，无任务无投资背债务，造少了与计划不符，追加任务又错过了最佳季节无法造林，难以达到预期效果。在此情况下，一些地方就采取行政干预突击组织造林，虽完成了作业任务，但成活率很低，造成劳民伤财。实施这两个外资项目，我省一改旧习，在规划设计的基础上，将两个国际合作项目所有的实施任务，于启动前一次下达到县。这一做法把造林的主动权提前交给了各县，交给了林农。各县及林农在项目启动之前就全部清楚了各自总体的、年度的生产任务和具体要求。在总建设期内，能够结合本地实际，根据各年不同造林季节墒情情况，提前做好苗木等各项准备，合理调度劳力，稳步开展造林，避免了劳民伤财，加快了工程进度。日元贷款造林项目2002年3月启动，各县提前一年就清楚了总体执行任务，苗木等各项准备工作提前就做好了。2002年春夏秋三季和2003年的春秋两季，雨量充沛，墒情较好，各级林业部门和农民及时抓住这一难得的气候机遇，集中时间和人力大规模开展了造林活动。许多地方出钱从外省雇请劳力投入造林，不少农民把亲朋好友请来帮其栽树，到处呈现抢抓季节，植树造林的动人场面，75%以上的造林户，五年的任务三年多时间就完成了，给补植巩固和提高留下了充足的时间和精力。

（3）在规划设计上，采取参与式土地利用规划方式。规划设计是指导造林生产的基础和依据。国际林业设计通行的方式是“参与式土地利用规划方式”。这种方式的特点是，能够充分体现林地所有人的权利和意愿。造多少林？往哪里栽？栽什么树？首先由林地所有人说了算，形成的设计文件能真正起到指导施工的作用。

国内造林项目往往不是这样。造林任务、地块、树种领导说了算，规划设计往往靠行政手段统一组织。设计人员规划设计时，首先考虑的是领导的意图，走马观花不作深入细致调查，也不与农民沟通协商，不管农民愿不愿意，都要统一规划，有的甚至把张家的地划到李家，把不可利用地纳入造林规划。这样形成的设计文件，往往与实际两张皮，与农民意愿相背离，造林也就不可能按规划作业，设计难以起到指导生产的作用。为了从根本上改变这种状况，我省两个外贷项目规划设计，积极借鉴国外一些好的做法，根据我国林地国有、林农千家万户的实际情况，制定出了切合本省实际的“参与式规划设计办法”。这个办法的主要操作程序是：第一步，选择项目县、乡（场）、村或单位，以及参与对象，搞清并落实林地使用权；第二步，让所有可能参与项目实施者，清楚项目背景、目标、政策、要求和所承担的责任；第三步，在设计人员、乡村干部和村民共同协商下，确定造林户和造林面积地块、树种，并指导造林户亲自绘制设计草图；第四步，按设计结果签订造林合同。这个办法的核心是：明晰所有权和使用权，赋予林农民主决策权和参与权，把国家利益与林农利益、项目要求与项目区实际、各级政府的想法与广大农户意愿，通过合同加以规范。从执行效果看，中德合作延安造林项目的规划设计文件，几年来没有出现变更现象，设计与施工100%相符。日元造林项目规划设计，除少数县因水灾无法于原地再造林作了变更外，大部分都按设计执行，该项目规划设计还被国家林业局评为全国优秀林业工程设计一等奖。

（4）在资金管理上，实行垫付式和回补式报账。资金管理是实现项目建设目标的有力保障。林业工程资金管理的方式国内外各有不同。国际上通行的是“报账制方式”，林农先自垫资金施工，待检查验收符合质量标准后分次申请报账。国内林业工程资金管理，长期实行的是按计划任务审查拨付的方式，资金跟着计划逐级下拨，任务计划下到哪，资金拨付跟到哪。

在两个项目实施中，如何管好用好资金，确实让我们动了不少脑筋。按国内传统的做法，不要说外方反对，就是自己也认为不行。纯粹照搬国际上的做法也行不通，因为我们的国情不同。首先是农户无钱垫支，即便有也不愿垫；其次各级各部门的支持很重要，调动不好他们的积极性，管理断层、无人配合、无人组织，不利于项目建设。为此，我省与外方反复磋商，多次与有关部门研究，最后形成了切合本省省情和项目要求的资金管理办法。

中德合作造林项目资金管理上，考虑到农户无钱垫支的实际，实行了“垫付式”办法。先由财政部门向农户垫付造林资金，农户造林后再按要求报账。具体程序是：对农户所造的每亩林子分三次报账，如经济林第一次报75%，第二次报15%，第三次报10%。每次报账，经省项目监测中心检查和省审计厅审计，确认造林面积和质量达到了规定标准，所垫资金规范到位了，由县到省逐级汇总，向德方申请报账。德方对申请的资金及内容、所附的检查及审计报告、单据及佐证材料严格审查，确认无误后，直接将资金通过省项目办转入各县项目办银行账户，项目县人员带上现金到各村逐户兑现抵冲财政所垫资金，并张榜公布让村民监督。整个过程环环紧扣。

日元造林项目考虑到投资是贷款，农户和县财政垫资困难的实际，实行了“回补式”办法。按照首付款、续付款、返回列支三个阶段的规定，在造林前，先由省财政厅向日方申请，给本省在中国银行总行开设的“特别账户”内预拨了10亿日元资金，省财政厅按省项目办提出的计划将资金逐级拨付到县，作为项目启动资金。这笔资金使用完后，进入续付款和返回列支阶段。这两个阶段的资金拨付方式与德援项目类似。

从几年来运行的情况看，陕西外援项目资金管理办法，吸收了国际林业管理经验，切合陕西省省情和项目特征，保证了资金的安全营运，做到了投资与造林效果对接，调动了各级林业部门和农户的积极性，起到了调控造林质量和进度的作用。中德合作延安造林项目国内审计，外方的每次监理都没有发现问题。2004年，财政部和审计署在四川召开的外资项目会议上，对陕西省外贷项目资金管理的做法给予了一致肯定，并建议其他省区要学习陕西做法。

（5）在物资设备采购上推行招标制。将部分现金以采购实物的形式发放给农户或项目单位，是外资项目区别于国内造林工程的一大特点。这两个项目都有物资设备采购任务，根据过去的经验，如果让基层各县或农户采购，往往会产生许多问题，不是因数量少提高了成本，就是因人情关系降低了质量，个别地方甚至为套取现金，不采购或以旧充新。再者，国际项目实物采购要求公开招标，不能随意划分成若干小包直接采购，在这点上，陕西省曾经是有过教训的。这两个项目实物采购中，我们全部委托有资质的招投标公司实行集中采购，严格按照《中华人民共和国招标投标法》和项目《采购导则》要求，遵循“公平、公正、公开、透明”的原则。车辆采购委托国家国际招标公司，实行国际公开招标。其他物资和设备采购委托陕西省招标公司在国内公开招标。通过几年的实践在实物采购上我们也总结出了一些经验，归纳起来就是做到“四化”。即：每次招标，都事先在有关网站和报纸上发布招标公告，确保采购信息做到公开化；在招标文件特别是技术文件的制定上，主动咨询有权威的专家，广泛征求各项目县的意见，深入开展市场调研，确保招标文件做到切实合理科学化；在开标评标过程中，严格按法律规定进行，所组成的评委会人员必须从省科委专家库中随机抽取，并邀请省纪检部门同志负责监督，确保评标过程做到公平公正法规化；在供货过程中，严格按所签订的合同要求操作，先抽检再发货，不走后门不越权，确保做到供货过程的程序化。由于严格按照四化规则运行，避免了暗箱操作，杜绝了人情关系，保证了货物质量，节约了建设资金，提高了林业部门的威信。日元贷款项目仅在地膜、保水剂和交通车辆采购中，就节约资金300多万元，价格低，质量优，农户和施用单位较为满意。

除此之外，我们还在理念教育、运用先进技术等方面狠下工夫，着力培养他们接受和掌握新技术、新工艺，改变传统习惯。这些做法都起到了互为补充、互相促进、相得益彰的作用，从而保证了项目建设的健康发展。

（陕西省林业厅）

陕西省黄河中游植树造林工程，借用日本政府日元贷款3500万美元。图为礼泉昭陵绿化带

小浪底水利枢纽工程借用国外贷款回顾与总结

一、前言

小浪底水利枢纽工程位于洛阳以北黄河中游最后一段峡谷的出口处，是黄河干流三门峡以下唯一能够取得较大库容的控制性工程，在黄河治理开发中具有重要的战略地位，其防洪、防凌、减淤、供水、灌溉和发电等社会经济效益巨大。1991年4月，七届全国人大四次会议批准小浪底工程在“八五”期间动工兴建。1991年9月开始前期工程建设，1994年9月主体工程开工，1997年10月实现截流，2000年1月首台机组并网发电，2001年底主体工程全面完工。

小浪底水利枢纽工程是在我国建设管理体制改革不断深化，并实施项目业主责任制的条件下开工建设的。小浪底水利枢纽建设管理局作为项目业主单位，代表国家对项目的策划、筹资、建设实施、建成后的生产经营、偿还债务、资产的保值增值承担全过程责任。

小浪底水利枢纽工程项目投资规模大、建设周期长，其建设资金构成和项目概算也在作相应调整。国家计委以计建设［1997］1249号、计建设［1997］1332号、计投资［1998］2018号等文件最终批复小浪底水利枢纽工程总概算为347.24亿元，外资11.09亿美元。外资包括枢纽工程利用世界银行硬贷款8.9亿美元；移民工程利用世界银行开发协会软贷款7990万个特别提款权，折合1.1亿美元；水力发电设备采购利用出口信贷和国际商业银行贷款1.09亿美元。

二、国外贷款回顾

小浪底水利枢纽工程作为一个多目标开发工程，如何确定合理的投资结构，涉及投资规模和工程运营期良性运转等关键性问题。按1995年价格水平和工程建设期间的动态因素计算，小浪底水利枢纽工程建设总投资近300亿元。如此大规模的筹资，任务十分艰巨，项目业主需要考虑国家财力和投资政策以及工程特点（偿还能力）等多方面因素。当时，国家经济体制处于由计划经济向社会主义市场经济体制变革中，国家财政相对比较困难，而且基本建设投资政策正由过去的以财政拨款为主改为以贷款为主。如此大的投资规模，继续单纯依赖国家拨款投资建设显然已不可能，但是像小浪底水利枢纽这样以社会效益为主的工程，完全靠贷款建设，并由项目业主全部承担工程贷款偿还责任，既不合理，也不现实。若300亿元建设资金全部贷款，每年应支付贷款利息就达30多亿元，势必造成永远还不清债务的尴尬局面。因此，由国家作为投资主体，建设资金以国家财政拨款为主并多渠道筹集是小浪底水利枢纽的必然选择。

为了保证小浪底水利枢纽能早日开工建设并发挥效益，缓解国内建设资金紧张矛盾，经国家批准，决定利用国外贷款筹集部分建设资金。中国改革开放政策的逐步发展和深入，为小浪底项目利用外资创造了必要的条件。由于小浪底工程对下游经济和社会发展的巨大影响和显著的经济效益，世界银行对小浪底表现出了极大的兴趣，承担了90%以上的外资贷款。关于小浪底工程项目的财务收益，世界银行认为主要来自灌溉和发电，但世界银行也要求通过改革计划管理体制逐步建立和增加对其他主要功能，如供水、防洪和减淤的收费。在满足世界银行预测条件的情况下，世界银行认为小浪底工程项目应该可以达到比较好的财务内部收益率。根据世界银行对小浪底工程项目的评估，小浪底水利枢纽工程的经济效益十分显著。在世界银行对小浪底工程二期贷款评估报告中，经过对小浪底防洪、防凌、减淤及供水、灌溉和发电效益等各方面经济效益的全面分析，按照当时情况，世界银行预计小浪底项目经济效益总现值将达到405亿元，经济效益净现值为217亿元，经济内部收益率为20.8%。在国家有关部门的指导下，小浪底建设管理局对小浪底工程的筹资规模和投资结构进行了认真和深入的研究、分析，最终确定了小浪底项目的筹资规模和结构。1997年经国家计委批准，小浪底工程项目的资金构成如下：小浪底概算总投资347.24亿元（1995年水平），其中国家拨款227.74亿元、外资贷款为11.09亿美元（1美元＝8.32人民币元）、国内贷款27.23亿元，贷款占总投资规模的34%。世界银行贷款的运用，为小浪底工程建设顺利进行起了关键作用。

按照世界银行贷款协议的要求，小浪底主体工程均通过国际竞争性招标选择国际承包商联营体承担建设。作为这样一个投资规模大、并引入国际承包商施工的涉外水利工程，其项目融资和财务管理是十分重要的，直接影响到工程的建设及项目的运行和管理。为能保证既不影响进度，又有效节约投资，确定最佳的资金需求结构和额度是关键。如果使用世界银行贷款过早、过多，无疑会增加利息的支付，不利于降低工程造价。在国家财力不允许的情况下，如果使用世界银行过迟、过少，又会影响工程进度或增加国内贷款的利息支出。1993年1月，小浪底建设管理局在小浪底工程项目的国际招标工作开始时，就编制了项目建设中各阶段、各年度资金需求量及资金筹措计划，对工程建设过程中历年资金流量及其变化做到心中有数，为资金融通打下了良好的基础。

小浪底水利枢纽项目除主体土建工程通过国际招标确定了3个国际承包商外，其水力发电设备也采用了国际招标采购的方式。小浪底建管局通过广泛的信息收集和调研，提出了由投标人申请其本国出口信贷的“携资投标”方法，经组织实施后，不但选到了优秀的设备供货商，而且成功地获得了贷款条件较为优惠的国外出口信贷，节约了大量的费用。

其他一些机电设备，原计划也考虑使用出口信贷，后因这些设备招标项目用款额度较小，不符合投标者所在国出口信贷的条件而改用国外商业银行贷款。

小浪底项目国外贷款情况见下表。

小浪底项目国外贷款一览表

借款来源	借款金额（亿美元）	借款期（年）	宽限期（年）	还款时间（年）
世界银行I期	4.60	20	7	2002～2014
国际开发协会	1.10	35	10	2004～2029
世界银行II期	4.30	20	5	2003～2017
美国进出口银行	0.56	18	5	2003～2015
国际商业银行	0.53	12	5	2003～2009

注：贷款利率实际均为浮动利率。表中外资贷款利率是签订贷款协议时的利率。

国际竞争性招标的程序严格按照世界银行要求及国际工程师联合会（FIDIC）推荐的招标评标程序——“土木工程合同招标评标程序”进行。主体土建工程分为3个国际标：I标为大坝，由以意大利Impregilo公司为责任方的黄河承包商中标；II标是泄洪工程，以德国Zublin公司为责任方的中德意联营体中标；小浪底联营体承担III标引水发电系统的施工，由法国Dumez公司作为责任方。

小浪底3个国际土建标以FIDIC第四版的《土木工程施工合同条件》为通用合同条件。以此为基础，业主根据工程特点和具体情况编写了《特殊应用条款条件》和《专用合同条件》作为补充。在项目实施阶段，小浪底建管局遵循世界银行与我国政府签订的贷款协议，严格合同管理，同时积极、主动与世界银行联系，得到了世界银行的支持和监督，工程建设进展顺利，枢纽提前发挥了效益。小浪底工程实际利用世界贷款9亿美元，是包括世界银行在内的各方共同努力的结果。

世界银行自1988年7月起开始介入小浪底项目，在项目准备、评估、执行、后评估等阶段，成立专门的工作组，定期派团到现场工作，从而达到监督与检查项目执行情况的目的。世界银行对小浪底的监督检查主要通过世界银行检查团和大坝安全专家组到现场工作来实现。大坝安全专家组的工作涉及洪水水文、地震、工程地质、水工建筑物设计、水力学、施工、移民和环境等方面。

三、利用国外贷款的成效及经验

小浪底水利枢纽工程是我国利用外资、全面引进国际承包商进行施工的大型水利项目，建设管理推行了项目法人责任制、招标投标制和建设监理制，工程建设管理的过程也是国内建设管理体制与国际项目管理体制全面接轨的过程。小浪底工程建设通过全体工程建设者的共同努力，取得了工期提前、投资节约、质量优良的业绩，被世界银行誉为该行与发展中国家合作项目的典范，在国内外赢得了广泛赞誉。在小浪底水利枢纽的建设过程中，国家计委和水利部对项目的管理和工程的进度十分关注，在政策和资金等方面给予切实保障，并给予小浪底建设管理局在决策方面独立和充分的授权，这保证了项目的及时决策和高效管理。

总结小浪底工程利用国外贷款的成效和经验，主要表现在以下几个方面：

（一）利用国外贷款促进了工程的管理和监督，有效地保证了项目目标的顺利实现

各种外资贷款均有明确的用途，并与具体项目密切配合，保证各项目的顺利开展和建设目标的实现。利用世界银行和商业银行贷款，引进国际竞争性招标，招揽国际上有丰富施工和管理经验的承包商，并按FIDIC条款的规定实施严格的项目和合同管理。由国际一流承包商和制造商与国内施工单位和制作厂家联合承建，在合作中引进吸收国外先进的施工技术和制造技术，不但使国内施工单位和制造厂家的技术能力和水平有了很大提高，同时通过与国际上著名的承包商和咨询专家合作，聘请国际知名专家组成特别咨询团和争议评审团，使得业主以及参加小浪底国际工程建设的国内承包商吸取了国际上先进的工程施工技术、建设管理和合同管理经验，提高了各自的国际工程管理水平，培养了具有国际工程管理经验的人才。另外，利用外资有利于内资项目资金及时到位。在小浪底建设期间，由中国政府提供的拨款、商业银行的贷款以及世界银行的贷款密切配合，保证了工程大量资金按计划及时到位，从未因资金问题影响对承包商和供应商的支付而造成工期的延误及供货的推迟。

（二）促进了小浪底水利枢纽的建设管理体制和国际全面接轨

小浪底水利枢纽工程建设管理全面推行了业主负责制、招标承包制和建设监理制，努力实现与国际工程管理模式接轨。小浪底建设管理局作为项目业主，受水利部委托，全面负责项目筹资、建设管理、运营和还贷等任务。小浪底工程咨询有限公司（XECC）承担工程监理任务，按合同规定控制工程投资、进度、质量并协调施工、设计各方的关系。由于小浪底工程是以国家拨款投资为主，同时又是目前国内最大的世行贷款项目，必须遵守国家现行基本建设管理制度规定，在项目招投标、合同管理等方面又要严格按国际惯例办事。除了利用国外贷款国际招标工程，其他国内资金项目也都实行招标方式选择承包商和供应商（局内规定，50万元以上的项目必须实行招标采购）。

（三）突破传统，探索小浪底特色国际工程管理模式

小浪底水利枢纽主体工程开工后，曾一度出现因不利地质条件引起塌方和承包商管理不善等多方面原因造成的工期延误，整个泄洪项目陷入十分困难的局面，有些部位延误工期最长达11个月。负责二标泄洪标施工的外国承包商，在中方已先期打通导流洞，地质情况相对明朗局势下，以塌方无法安全施工为理由，擅自停止作业， 1995年8月还提出要推迟一年截流、索赔数亿元人民币。对此，水利部党组果断做出引进中国成建制水电施工队伍、实行劳务承包的决策。在世界银行有关专家的支持下，小浪底建管局，以更积极的态度进行谈判，促使承包商接受了业主建议，打回其不合理索赔要求。中国水利水电第一、三、四、十四工程局组建联营体（简称OTFF），分别承包了三条导流洞，并用22个月完成了外商需要干33个月的工作量，保证了按期截流，既避免了国家巨额的经济损失，又用事实证明了中国水利施工队伍的实力。聘于业主的加拿大国际咨询专家安德森对此曾有评价：小浪底工程引入成建制劳务分包的形式并不与国际土木工程通用FIDIC条款的某一条吻合，但这种方式无疑是大显奇效的。世行官员也称赞“OTFF”模式是对FIDIC条款的突破和创新。

综观“OTFF”模式在小浪底工程中的引进和运用，我们有几点感受：其一，外方管理加上中方劳务是符合中国国情、走向开放的一个好模式。如果这种联合能变被动为主动，在投标前有一个对双方都有利的联合协议，将对降低造价、控制工期、节省投资、增大竞争能力有很大好处。其二，要在斗争中真正确立业主的主导地位。严格执行合同、规范运行是确立业主权威的基础。随着国内外引进外资项目增多，上一个新项目就成立一个新班子，不断交学费的常规做法是落后的，也是不可取的。专门的咨询公司可以代替出资者很好地担当起这个

责任，业主也可以成建制代替。其三，为国际工程选好一个真正有能力的国际承包商集团至关重要。在资格预审前实地了解外方已完工程的业主评价。对其财务能力的审查，要提高到比技术能力审查更高的地位，对此，还可充分利用驻外使领馆经参处为材料的再证实提供依据。其四，把国内的设计步骤和投标相结合，编好合同文件和各项专用条款。国际招标文件的具体要求和目前国内通用的设计顺序深度是不匹配的。由于初步设计（包括扩大初步设计）的深度落后于标书技术文件的标准，在投标时就为以后变更引致的合同纠纷埋下了“导火线”。而针对这种目前还不能完全适应的局面，在招标文件中按照风险分担的原则，应给业主（包括设计者）留有足够的余地。尤其对地质之类不可全部清晰预见的因素更要特别注意。其五，工程管理上的差距是客观的，必须认真改进。差距之一是合同管理意识差，成本概念差；之二是计划性不强，随意性太大；之三是自己的信息指挥系统不畅，往往上情不能下达，下情不能上传。

（四）促进了移民安置及生态环境保护工作

小浪底水利枢纽工程部分利用了世界银行贷款，整个项目按照国际惯例进行招标和建设管理，移民安置工作和环境保护工作能否通过评估是世界银行提供贷款的条件之一。因此这项工作备受包括世界银行和其他国际、国内专家和学者等各方面的重视。1993年，根据世界银行评估文件要求，小浪底建管局就设立了专门的环境管理部门和机构，并在工程实施过程中进行了调整和完善。还委托环境监测、地震预报预测、水情预报和卫生防疫等有关专业机构，聘请环境咨询专家组、环境监理机构协助业主进行环境建设和治理，形成了一个完整的小浪底工程环境管理体系，切实按照世界银行的要求进行工程环境建设和治理，取得了很好的成效。2002年6月，小浪底工程水土保持设施顺利通过国家组织的专项验收；2002年9月，小浪底工程环境保护通过了由国家环保总局组织的环境专项验收；2003年，小浪底环境保护荣获国家环保总局授予的全国“百佳”工程称号；2004年小浪底水土保持工作被评为“全国水土保持示范工程”。20万移民搬迁安置通过初步验收，移民安置工作被世界银行确定为其贷款项目成功的典范。

（水利部外资办公室、小浪底建设管理局）

小浪底工程，总投资347.2亿元，其中借用世界银行贷款10亿美元、出口信贷和国际商业贷款1.09亿美元。建成后使黄河下游的防洪标准由六十年一遇提高到千年一遇，基本解除黄河下游凌汛威胁，使下游河床二十年不淤积抬高，改善下游灌溉供水条件，此外每年还可发电51亿千瓦时。图为小浪底水利枢纽全景

开发与保护同步，建设与管理并举

——甘肃省世行贷款疏勒河农业综合开发项目经验总结

疏勒河发源于祁连山西端讨赖南山，全长670公里，多年平均径流量10.31亿立方米，流域面积4.13万平方公里。疏勒河流域从汉唐时期就初步形成自流灌溉农牧区。建国后，党和政府先后3次对疏勒河的开发进行全面规划，并加快了疏勒河流域的开发建设步伐。进入20世纪90年代，甘肃省政府向国务院呈报了疏勒河开发项目建议书。1995年10月，世界银行专家对项目进行了正式评估。1996年3月，国务院批准疏勒河项目可行性研究报告。1996年7月，中国驻美国大使李道豫代表中国政府与世行正式签署了《项目协定》《开发信贷协定》和《贷款协定》三个法律文本。确定总投资26.73亿元，其中世行贷款1.5亿美元（约折合人民币12.6亿元），规划开发土地面积146.7万亩，安置甘肃省中南部11个县20万移民。1996年5月项目启动，2006年7月世行关闭账户，项目全面建成，历时10年。疏勒河开发被列为甘肃“九五”重点建设项目，载入了全国八届五次人代会《政府工作报告》。

疏勒河项目的建设内容主要包括水利灌排、移民安置、农业开发、生态保护综合工程，新开发82万亩土地，安置移民20万人，发展灌溉面积146.7万亩。项目建设10年中，世界银行督导团先后18次督导检查，从项目建设的实际和流域可持续发展的需要出发，对项目规模、水资源配置、移民规模、农林牧产业结构等进行了两次中期调整。总灌溉面积由147.3万亩调减为106万亩，移民由20万人调为7.5万人，新灌区林草覆盖率由11%提高到15%，水资源总量利用率由91.7%降为65.7%，总投资由26.73亿元调减为19.7亿元。

疏勒河项目在10年的建设中，建设单位按项目总体设计和中期调整方案，重点建设以昌马水库枢纽工程为骨干的水利灌排工程，发展现代化农业灌区；建立健全管理制度，规范项目建设程序；妥善安置贫困移民，配套社区服务体系；加强流域水资源管理，加大生态建设力度；狠抓质量和安全生产，有效控制了工程投资、进度和质量；逐步形成开发与保护同步，建设与管理并举模式，确保重点水利工程按期建成，投入运行，促进移民安置、农林牧开发和生态建设，整体工程已初见成效。

一、建设水利枢纽工程，发展现代化农业灌区

按项目总体规划，在疏勒河上游新建一座库容1.94亿立方米、总投资4.5亿元的大二型水库——昌马水库，在昌马、双塔、花海三大灌区新建和改扩建输水干支渠532.66公里，排水干支渠75.35公里，建成与灌区水利工程相配套的路、电、通信、管理房等基础设施。开发建设昌马水库电站、西干渠及总干梯级电站5座，总装机3.585万千瓦，形成蓄水、灌溉、发电、防洪等功能齐全的水利工程。

疏勒河项目的关键性工程——昌马水库工程于2001年12月主体建成，下闸蓄水。建设者在重点骨干工程管理中，克服祁连峡谷地质复杂、严寒酷暑等恶劣的自然环境种种困难，严格控制总工期，先后实现了大坝按期截流、大坝提前80天填筑到顶、水库下闸蓄水、首台机组按期发电的阶段性成果。水库试运行以来，经受了十年一遇洪水和5.9级地震的考验，2006年最高蓄水位2000.8米高程、最大蓄水量1.8亿立方米，经排砂洞放空试验和水库安全运行检验，质量良好。昌马水库已实现与下游的双塔水库、赤金峡水库联合调度，充分发挥调节天然径流、拦洪调蓄、农业灌溉、工业和城镇供水、生态调水的综合功能，结束了疏勒河灌区春夏“抗旱”的历史，为灌区农业生产和经济社会发展提供了有力保障，创造了可观的经济、社会和生态

效益。

疏勒河项目通过对新老灌区的改造和田间配套，使有效灌溉面积达到106万亩，逐步建成渠、路、林、田配套，农业结构合理、高产优质高效，农林牧全面发展，生态环境良好，运用信息技术调度的现代化农业灌区。

二、建立健全管理制度，规范项目建设程序

疏勒河项目采用世行先进的管理模式，按《世行采购指南》的要求，制定了《疏勒河项目管理大纲》及一整套招标采购方面的规章制度，建立健全工程建设管理的各项规章制度。在省、地、县（市）、农垦多层次管理的基础上，严格按《项目实施协议》，明确划分权限，对项目实行“业主负责制、工程监理制、招投标制、合同管理制”四位一体的管理模式，建立健全了“政府部门监督、建设单位管理、监理单位控制、施工单位保证”的质量管理体系，落实了质量安全生产责任制，有效控制了投资、进度和质量，使项目规范有序推进。同时,世界银行督导团对项目每年进行跟踪督导,国家及甘肃省审计部门每年进行跟踪审计,确保项目投资的安全和效益。

截至2006年3月，项目已累计完成投资15.16亿元，占总投资的76.94%。完成国际竞争招标6组，国内招标97组，询价采购326组。已完工程验收合格率100%，优良率65%以上，实现了合同规范，不超概算，质量保证，安全事故为零的管理目标。

三、妥善安置贫困移民，配套社区服务体系

按照省政府“兴西济中、扶贫攻坚”的重要部署和疏勒河项目中期调整方案，疏勒河项目规划集中安置甘肃南部高寒阴湿和中部干旱山区的临夏、和政、永靖、积石山、东乡、岷县、宕昌、武都、礼县、临潭、舟曲11个县的移民7.5万人。疏勒河项目移民借鉴“两西”、“景电”、“引大”移民的经验，按统一规划建设，试点示范，整乡承包，整建制安置的模式，已在三大灌区新建6个移民乡（农垦分场）57个行政村及8个自然村，安置移民5万人，开发配套农田28万亩，并建成乡（镇）政府、中小学、医院、村委会及相配套的公路、供电、供水等社区管理服务设施，为移民创造了基本的生产生活条件。来自甘肃中南部的数万移民告别故土，千里大迁徙，逐步实现“一年搬迁，两年定居，三年解决温饱，四、五年开始致富”的目标。

在新开发的疏勒河新灌区，广大移民投入防风治沙，植树造林，盐碱改良，平田整地。通过农业技术培训，使干旱地区的移民从旱作农业转变到灌溉农业，掌握了科技种田技术。人均纯收入由搬迁安置初的不足300元提高到1500元，移民生产、生活水平逐步得到改善和提高，移民区文教、卫生等社会事业也逐步得到发展。

昔日飞沙走石的玉门市毕家滩，方圆数十公里是寸草不生的戈壁，迁居这里的岷县5000多名移民，经过5年的艰苦奋斗，使1.1万亩的防护林带郁郁葱葱，长势喜人。来自岷县的移民常怀有2003年举家搬迁到玉门市毕家滩乡，靠种植棉花，年收入超过万元，家里添置了家具、彩电、摩托车等生产、生活用品。

“七道沟农场”（因疏勒河冲积而形成的第七道沟）原是一片荒凉的风蚀地。如今，一条条林带长势茂盛，一片片良田绿浪滚滚，一排排移民新居拔地而起。来自临谭、临夏、积石山县的8000名移民，在新开发的3万亩土地上，播下绿色的希望。从东乡县移到安西县扎花乡的458户2520口移民，种植小麦、棉花、红花，劳务输出加养殖，人均收入近千元。

昌马库区159户、566名移民，按非自愿移民搬迁补偿标准，安排5000万元的资金，在玉门市花海灌区的水峡村统一规划，建起了小康标准的移民新村，库区移民生产发展、生活改善。

在疏勒河新灌区，一条条林田纵横交错，一片片绿洲焕发生机。广大移民靠发展种植业、养殖业、劳务输出等增加收入，从此告别了贫穷，圆了致富梦。世界银行质量团团长丹尼尔考察后认为，疏勒河项目的易地扶贫开发为解决世界贫困问题做出了样板。

依据世行确定的《项目中期计划调整方案》、《项目实施协议》、《移民乡镇开发建设实施协议》，遵循“依据规划，尊重现状，协商完善，促进发展”的原则，2005年12月，将已建成的三个移民乡（镇）6420户、30544人及学

校、医院、乡（镇）村社区服务设施，整体移交安西、玉门两县（市）政府管理，理顺了移民管理体制，保证了安西七墩滩、爽塔镇、玉门市毕家滩移民乡（镇）经济社会平稳运行和健康发展。

四、创造和谐建设环境，增强经济发展后劲

疏勒河项目线长面广，规模较大，是一项复杂的社会系统工程。项目开发建设涉及发改委、建设、水利、农林牧、农垦、环保、文物、土地、文教、卫生、金融等部门，移民工程涉及临夏、定西、陇南、甘南4个市（州）11个县和项目区所在的酒泉市所辖的玉门市、安西县及农垦系统4个国营农场。从创建和谐内外环境的需要出发，确立了“争取上级部门帮助，依靠当地政府支持，促进项目开发建设，拉动区域经济发展”的建设思路，加强协调配合，构建和谐环境。按项目开发建设总体设计和《项目实施协议》，分别组建了酒泉市疏勒河项目建设委员会和安西县、玉门市疏勒河项目办公室。在省农垦总公司组建了疏勒河建设指挥部，当地政府、农垦总公司在有关土地征用、环境保护等方面为项目实施给予大力支持和配合。各级项目管理、实施机构严格按实施协议抓支渠以下水利工程建设、土地平整、移民安置、农林牧综合开发的建设。同时，项目管理单位从劳务引进、公路建设、抗旱防汛、畜牧养殖、林业建设、生态用水、防风治沙、材料采购及教科文卫等社会公益事业给予地方政府积极支援。疏勒河项目的开发建设，使酒泉地区的水利、交通、农林牧等基础设施得到大大改善，整体拉动了地方经济和社会的发展，并且在提升酒泉乃至全省农业发展水平、加快河西商品粮基地建设、带动中南部农民脱贫致富等方面发挥着越来越重要的作用。

五、实行水资源统一管理，构建资源节约型环境友好型灌区

疏勒河灌区是甘肃百万亩大型自流灌区之一，水资源管理已经面临两大转变，既由传统水利向可持续发展水利的转变，由自流漫灌的粗放型向节约型、生态保护型、环境友好型转变。疏勒河的开发与保护，备受社会各界及中外各方面专家的高度关注。2002年6月19日，原全国政协副主席钱正英率中国工程院西北水资源项目组的12位院士，在考察了疏勒河流域水资源后，发表了《河西走廊生态危机与对策》的文章，从流域水资源合理配置、生态环境保护等6个方面指出了可持续发展的重要性，强调疏勒河流域水资源利用不能超过资源总量的70%。

疏勒河水资源总量为10.31亿立方米，是河西走廊内陆河水资源利用较低的河流，水资源利用率已控制在67%，但仍然超过国际上规定的40%的警戒线。为实现流域水资源的统一管理，优化配置，高效利用，2004年12月，省政府决定成立了甘肃省疏勒河流域水资源管理局。两局一套人马，两块牌子，建管并举。目前流域机构拥有近800名职工，已经担负起全流域水资源统一规划，统一配置、统一调度、统一管理的重任。流域机构的成立标志着疏勒河流域水资源管理由行政管理转入了行业管理、社会管理、依法科学管理的轨道。水资源供给除了满足所辖玉门、安西两县市三大灌区、6个国营农场、15个农业乡镇、6个新建移民乡镇（场）106万亩的农业灌溉外，还承担向甘肃矿区工业和城镇供水。近年来，地方人大、政协代表及中外专家一致呼吁保护中下游天然生态，留给子孙后代生存发展的空间。项目建设中期就压缩开发规模，调减移民人数，制止无序开荒，依法保护生态，确保疏勒河水土资源的合理开发和有效利用。同时，按水资源统一配置，通过三座水库联合调度，2005年向玉门花海干海子自然保护区调生态水2671万立方米，向疏勒河下游的安西西湖盆地及国家级自然生态保护区输水7717万立方米，向流域内防风固沙林带无偿输水3000万立方米，有效保护和恢复了下游的胡杨林等大片的天然生态。

六、加快灌溉制度改革，建立现代水利制度

加快灌溉制度改革，建立现代水利制度，推进节水型社会建设是疏勒河灌区可持续发展的必由之路。2004年以来，疏勒河灌区借鉴国内先进灌区的管理经验，已经着手水价改革和灌溉设施的改造，引进和推广先进适用的节水技术，运用水的价格杠杆，合理处理水资源管理与市场配置的关系，积极探索和推行水务管理改革。在双塔灌区首次推行“阳光水务”，制定了配水时间、流量、面积、定额全部公开，计量、收费、服务、配水一律到斗口的“四公开”、“四到斗”的制度。在全灌区全面推行水票制，为建立与市场经济体制相适应、产权明晰、权责明确、高效灵活的新型灌区管理体制和现代水利制度奠定了基础。

“阳光水务”推行以来，既增强了配水、收费环节中的透明度，也彻底杜绝了搭车收费，有效减轻了农民负担。农民的“水商品”意识也逐渐增强，“用水交费”已成为群众的自觉行动。仅2005年双塔灌区农民主动预交水费达90%以上，年水费收缴达660万元，收缴率达100%。世界银行督导团评价“阳光水务”是农民民主管水，公平公正的新模式。酒泉市政府充分肯定这一做法，并在各县市全面推广，让农民从中得到实惠，党群、干群关系进一步得到加强。

七、建立信息化灌区，发展现代化农业

为提高水资源的利用效率和效益，提高流域机构的管理水平，疏勒河灌区已投资3000万元，加快建立灌区信息化调度系统。这项工程主要由三大水库联合调度系统、地下水监测系统、防洪仿震系统、灌区闸门监控系统、用水计量系统、办公管理信息系统组成。工程建成后，可以对流域水资源进行优化调度；对地表水与地下水合理配置；对旱、洪、涝进行预报，对地下水、盐动态变化规律进行预测；对水利工程与地下水环境的影响进行分析评价；对生态环境保护、灌区土壤盐渍化预防、推进节水型社会建设，水资源可持续利用规划与管理提供决策支持。通过对水资源和水利工程、防汛减灾、水环境保护、水土保持和办公政务的信息化管理，运用科技、法律、行政、经济手段，确保水利工程的安全运行，提高灌区的经营能力，促进灌区良性运行，保障工程长期发挥效益，促进流域经济、社会、生态的和谐发展，以水利信息化带动和促进灌区的现代化建设。

八、树立科学发展观，提高投资质量与效益

项目建设10年中，疏勒河建设者和管理者不断更新观念，学习和引进世行先进的管理理念，树立科学发展观，实行水资源的合理开发、科学调配和高效利用，已逐步建成了集农业灌排、水力发电、工业和城镇供水、生态环境保护为一体的全方位开发的水利水电格局，并为大规模移民和农、林、牧综合开发创造了基本的发展条件，水电基础设施开始发挥效益。2005年全灌区水费收入3120.32万元，占年计划2632万元的 118.5%，较上年增加441.23万元。10座梯级电站全年发电2.15亿千瓦/时，占年计划1.8亿千瓦/时的119%，电费收入3432万元，较上年增收630万元。同处流域上下游的昌马、双塔、赤金峡三座水库，在疏勒河水资源管理局的统一规划和管理下，根据每年来水量和蓄水量的不同，科学调度，统一配水，高效利用，为经济可持续发展和水资源可持续利用奠定了坚实的基础。

疏勒河项目历时10年的开发建设牵动着全省上下，更牵动着数万移民的心。2004年4月20日，省委书记、省人大主任苏荣来到玉门，听取疏勒河项目实施进展情况汇报。2005年7月20日，省委副书记、省长陆浩来到疏勒河灌区，走访移民，深入调研。在看望疏勒河管理局一线职工时，陆浩同志语重心长地讲，疏勒河流域要较快发展，关键是要科学的管理好、利用好水资源。这项工程对我省的扶贫开发具有重要意义。他希望建设者再加一把劲，继续努力，争取项目早日建成，早日全面地发挥效益。

疏勒河项目的建设凝结着党中央、国务院对甘肃人民的深情厚意，凝结着省委、省政府对项目区群众的关怀，体现着国家发改委、财政部、水利部等部门对甘肃经济社会发展的关心和支持，倾注了世行专家和近千名水利工作者的心血，寄托着灌区群众和数万移民的希望。

各项目管理、实施部门以对党和人民高度负责的精神谋划未来的发展。他们同心协力，和谐共事，不辜负全省人民的期望，以科学发展观为指导，实行建设与管理同步，开发与保护并举，不断提高项目开发的质量与效益，努力建设人与自然和谐共存，生产发展，生活宽裕，乡风文明，村容整洁，管理民主的社会主义新农村。

“蓄祁连清流，铸大坝平湖，润戈壁绿洲，富数万百姓”的宏伟蓝图，在疏勒河畔一步步变为现实。

（甘肃省疏勒河建设管理局）

甘肃省疏勒河农业综合开发项目，总投资19.7亿元，借用世界银行贷款1.5亿美元。图为建成后的昌马水库大坝

甘肃省世行贷款黄土高原水土保持项目建设成果总结

黄土高原水土保持世行贷款项目区位于黄河中游陇东黄土高原，属黄河流域多沙粗沙区，水土流失严重。严重的水土流失导致生态环境恶化，人民群众生活困难，很大程度上制约了区域经济社会快速发展，且直接危及黄河中下游地区的生态安全。

随着改革开放的深入，国民经济迅速发展，综合国力不断增强，省委、省政府高度重视水土保持生态建设工作，抢抓历史机遇，果断决策，组织省、市、县水保部门经过3年多的积极准备，于1994年立项实施了黄土高原水土保持世界银行贷款项目（以下简称世行项目）。经过世行一、二期项目长达12年的强化治理，项目区生态环境得到改善，水土流失得到初步治理，经济得到发展，农民实现了脱贫致富，而且通过世行项目的实施，学习引进了先进的科学技术和管理经验，培养了一大批水土保持技术骨干和管理人才，提高了项目区农民的科学文化素质和技能，为建设社会新农村和水土保持生态建设事业的可持续发展夯实了基础。

一、项目执行情况

（一）世行一期项目

黄土高原水土保持世行贷款世行一期项目于1993年11月经原国家计委审批立项，1994年1月正式启动实施，2001年底执行结束。项目区总面积4304平方公里，涉及西峰、庆城、宁县、合水、正宁、环县6个县（区），51个乡（镇），项目受益人口50万人。总投资56200万元，其中世行贷款4000万美元（约折合33200万元），国内配套23000万元（中央配套3000万元，省级专项资金2400万元，省农、林、水、牧等部门配套7915万元，市县两级配套2400万元，群众投劳折价7285万元），计划完成水土流失治理面积1385.78平方公里。通过8年的实施，项目区共完成水土流失治理面积1386.1平方公里。其中：兴修梯田30723.2公顷，人工造林67180.9公顷，种草30886.9公顷，建果园9399公顷，新修骨干工程、淤地坝92座，果库225孔，苗圃47公顷。项目的实施在较大程度上改善了项目区的交通、医疗、卫生条件，使农业生产水平大幅度提高，人畜饮水困难得到有效缓解，林牧矛盾突出问题逐步消化。2002年2月，世行一期项目被联合国粮农组织评为“特别满意项目”和“黄土高原旗帜工程”。

（二）世行二期项目

世行二期项目于1999年启动实施，二期项目区地处甘肃东部的泾河流域和渭河流域，其中泾河流域涉及平凉、庆阳两市所辖泾川、崆峒、崇信、灵台、华亭、庆城、环县、华池、镇原，面积3922.85平方公里；渭河流域涉及平凉市的庄浪、静宁，面积500平方公里。共涉及11个县区，79个乡（镇）、620个行政村，140条小流域，总面积4422.85平方公里，项目总投资6.225亿元，其中：世行贷款4500万美元（约折合3.735亿元）；国内配套及群众自筹2.49亿元。项目实施期6年，共完成水土流失治理面积1390.39平方公里，占中期调整后计划任务1381.86平方公里的100.62%；共建设基本农田32026公顷，其中：兴修梯田31797公顷，占计划任务的101.23%；建成坝地229公顷（含滩地128公顷），占计划任务的100%；建治沟骨干工程17座，占计划的100%；总库容1084万立方米。新修淤地坝10座，占计划的100%；修建谷坊788座，占计划的100%；修筑水窖12298眼，占计划的105.24%；修建涝池426个，占计划的100%；完成乔木林建设35143公顷，占计划的100.08%；完成经济林17082公顷，占计划的100%；营造灌木林16166公顷，占计划的102.19%；新建果园7916公顷，占计划的101.15%；完成以紫花苜蓿为主的人工草22025公顷，占计划的100%；11县区建中心苗圃9处，面积

84公顷，占计划的100%。项目实施以来共建农户果品保鲜库120孔、中心果品贮藏保鲜库14孔；发展养畜4742头。

在二期项目建设中，结合治理开发中的技术难点，经过逐级筛选和专家论证，确定了7个科研课题。课题分别由我省陇东水土保持科学研究所、平凉市水土保持科学研究所与省水土保持科研所和兰州大学合作主持，经过3年多的示范研究，7项课题都通过了省市验收和鉴定。其中获地厅级科技进步奖一等奖三项、二等奖四项。通过6年的强化治理，促使了项目区农民致富，推动了区域经济的快速发展。2005年，再次获世行二期的免检，被联合国粮农组织评为“特别满意项目”。

二、项目主要成果和经验

在黄土高原水土保持世行贷款项目的实施过程中，各级项目单位高度重视项目实施过程中带来的先进治理手段、治理模式，并与甘肃省水土流失现状相结合，探索出我省水土流失治理的新路子。

（一）创新了治理手段和模式

为了提高项目实施的进度和质量，对项目建设的主要措施，采用招标的办法由专业队具体实施。骨干工程和淤地坝建设，由县项目办通过招标，选择有资质的施工队按设计和技术要求进行施工，不但加快了工程建设进度，而且提高了工程建设质量。对一些栽植技术要求较高、且不易成活的树种，如油松、落叶松等采取群众预整造林地，栽植则承包给有栽植经验的造林专业队或国营林场，大大提高了造林成活率，基本达到一次成林，减少了补植，降低了造林成本。在梯田建设方面，大力推广机修梯田，由各县项目办通过公开招标，选择技术力量强的机械施工队完成；在果库建设方面，全部采用招标修建，由市、县项目办负责招标，并会同工程质量监督部门监督工程进度和质量。在工程措施布设上，各项目区根据实际总结出了“林草盖帽，山杏缠腰，缓坡梯田，退耕种草，阳坡刺槐，阴坡油松，沙棘补空，杨柳垫底，沟道筑坝”等山区治理模式；在发挥比较优势、推进农业结构调整方面，依托项目和资源优势，提出了“修饭碗田，走退耕路，念草木经，发畜牧财”等一系列治理新思路。同时，还积极与国家实施的退耕还林、扶贫整村推进、农业综合开发等项目进行整合，充分发挥项目的整体效益。

（二）规范了水保生态建设项目的管理实施

在世行水保项目的实施过程中，我们始终遵循和不断完善严谨、科学的管理理念和先进、实用的管理方法，为项目的顺利实施提供了保障：一是项目前期工作规范。从可行性研究报告的科学编制，方法、程序的合理安排到准确、全面的投资概算是项目成功实施的前提。二是项目建设内容设计科学。以小流域为单元编制的初步设计中，坚持因地制宜、因害设防原则，按流域水土流失特点和经济发展要求，合理布设治理措施，还做了与项目紧密相关的技术支持服务规划、计划。同时，充分利用计算机和“3S”技术进行设计、制图分析计算，大大提高了工作效率和数据指标的可靠性。这是项目顺利实施的基础。三是项目管理手段先进。科学的监测评价是世行水保项目管理的重要手段。科学、准确地掌握项目进度与质量，反映项目效益、效果影响，分析执行中存在的问题，提出改进措施和建议，提高项目实施水平，以及先监测后申请提款“报账制”的实施，这是项目成功实施的保证。四是项目技术规范严格。按照世行项目实施的要求，先后制定了16个具体管理办法和各单项措施的技术规程，使项目管理水平、工程质量、效益有了较大提高，这是项目顺利实施的关键。这些手段和措施的引入，为我们水利工程建设实行项目法人制、招标投标制、工程监理制、资金报账制等制度提供了典范。

（三）强化了政府在水保生态建设中的职能作用

在项目实施过程中，甘肃省政府和省级有关部门始终对项目给予高度重视和大力支持。甘肃省委、省政府将项目实施列为全省农村经济和生态建设工作中的一项重要任务，狠抓落实。每年省项目领导小组召开一次项目工作会议。平凉、庆阳市委、市政府每年定期召开项目工作会议，主要领导亲自参加会议安排部署工作，研究解决项目中存在的问题，将项目任务纳入各级政府部门年度工作考核序列，要求各级政府层层签订合同，实行目标管理，严格考核。有些县对乡镇实行项目实施年度工作考核一票否决制，有些县实行末位淘汰制，对完不成任务的乡镇领导实行就地降职使用，不搞易地做官。在每年春、夏、秋三个突击治理季节，各级领导都能亲临第一线检查指导项目实施。两市政府在项目区全面推行了党政一把手亲自抓、分管领导具体抓、业务部门全面抓、相关部门配合抓的经验和做法，有力地促进了项目的实施。

（四）激发了干部群众的积极性

为了提高项目区广大干部群众参与项目的积极性，甘肃省在项目区全面推行目标管理责任制，落实奖罚制度。平凉、庆阳市委、市政府每年都要对各县的项目实施进行评比，表彰奖励先进，鞭策后进。甘肃省及各市项目办对项目实施中技术要求较高的工作任务实行承包责任制，承包给业务能力强、有实施经验的技术骨干完成。在项目建设中实行承包的工程项目有小流域实施规划、科研推广、重点单项工程规划设计、苗圃经营管理、机修梯田施工、骨干坝淤地坝建设以及示范造林工程建设等。实践证明，这些工程项目实行承包后，施工质量和进度都比较好，达到了提高工作效率和经济效益的目的。

（五）新技术得到推广引用

在项目实施中，市、县项目办从实际出发，推广应用了一批新技术、新成果。在基本农田建设方面大力推广优化梯田技术和应用优良品种、旱作农业、配方施肥、地膜覆盖等集约经营技术成果，积极推广应用机修梯田，优化设计与施工技术，采用“简易测量—优化设计现场放线”的方法，一次性完成的设计放线，比常规方法效率明显提高。据分析，采用优化施工技术比常规施工可减少费用21.3%。在育苗造林方面，首先大力推广垄畦种、机播、覆膜、间苗、定苗、打顶、抹芽、断根、节灌、容器、温室等科学化育苗技术，提高了苗木质量；其次推广应用药剂和清水处理苗木技术（用ABT生根粉、根宝、保湿剂、清水浸泡、菌根处理苗木）、径流林业、容器苗造林、无性系造林和乔灌混交等五项造林新技术。另外，还总结推广了刺槐、山杏秋季截杆埋根造林、隔季整地造林等抗旱造林技术。在果园建设方面，我们采取引进优良品种、推广先进技术，群众自愿，并加以积极引导的办法，促进建设质量。在畜牧方面，发展种草、推广舍饲养畜、改良畜种、实行封育，促进了畜牧业发展，缓解了林牧矛盾。在项目规划设计中引进系统工程理论、地理信息系统、电子计算机等先进技术，应用到小流域规划以及项目监测评价和管理等，使项目工作从一开始就有一个较高的起点。

三、项目效益

（一）生态环境明显改善

世行一、二期项目累计完成水土流失治理面积2776.48平方公里，世行一期项目区的治理程度由项目实施前的21.5%提高到治理后的56.58%，林草覆盖率由15.8%提高到40.8%；世行二期项目区治理程度由项目实施前的22.4%提高到53.6%，使林草覆盖率由12.37%提高到现在的36.35%，提高23.98个百分点。项目区生态环境初步改善，与非项目区形成显明对照，景观差异较大。随着项目区封禁措施的实施，天然植被得到自我修复，促进了生物多样性的恢复。同时，由于措施布局得当，各项治理措施蓄水保土能力增强，涵养了水源，提高了地下水位，方便了群众生产生活。

（二）水土流失得到初步治理

世行水保项目以小流域为治理单元，先后在239条小流域中运用生物、林草、工程、耕作等措施，建成了“山、水、田、林、路、坝综合治理，护坡、保掌、固沟组装配套”的水土流失综合防治体系，各项措施治理面积占项目区总面积的32.4%。目前，已完成的各项治理措施年拦泥保土1044.67万吨，有效地减轻了风沙危害，调节了河川径流，减少了入黄泥沙，改善了生态环境，增强了区域生态抗灾能力。

（三）农业生产条件明显改善

世行水保项目一般选定在甘肃省经济发展滞后，相对贫困的地区。在项目实施中，我们把梯田建设作为基础工程，在项目区统一规划，全面实施，使梯田面积大幅度增长，人均梯田达0.2公顷，改善了农业生产条件，为调整土地利用结构打下了基础。农、林、牧、果用地比例分别由治理前的36%、7%、7%、1%调整为31%、26%、11%、3%，土地利用率由治理前的51%提高到71%。打破了农业占据主导产业的单一格局，农、林、牧、副得到了协调发展。同时，结合梯田、骨干坝、淤地坝等工程建设，加强了田间生产道路的修建，方便了农副产品的运输与交流，降低了农民劳动强度，方便了农村机械通行，提高了机械化作业水平，劳动生产率大大提高，农民收入显著增加。

（四）农民生活水平稳步提高

果园等经济林园的大规模建设和种草养殖规

模的扩大，为农业产业化提供了广阔的空间。在项目区已形成了一批靠畜牧养殖业，果园建设致富的典型农户、典型村、典型乡镇，有力地推动了农业产业化的发展。随着各项措施经济效益的发挥，项目区人均产粮食增加了82公斤，达到462公斤，人均纯收入增加848元，达到1520元。不但解决了温饱问题，较大部分农户已逐步走上致富之路。富裕起来的农民不但注重交通、运输、通信工具的购置，更注重人居环境的改善，人均住房面积达到25.3平方米。在生活方面，饮食结构由单一的食粮改为菜、肉、蛋、粮搭配调剂，注重营养。项目实施为改善农村医疗卫生状况创造了条件，项目区新增县级医院1处，乡镇中心医院89处，村级医疗站（所）1329个，改善了服务条件。同时，通过建设人畜饮水工程，治沟骨干工程、淤地坝、水泥水窖等，基本解决了项目区长期存在的人畜饮水困难，卫生水源由基期30.87%提高到目前的40.94%，提高了人畜饮水质量。

世行水保项目的实施，得到了中央、省有关部门的鼎力支持和各级党委、政府的正确领导，经过项目区群众12年持之以恒的奋战和600多名项目工作人员的辛勤工作，已圆满完成了各项治理任务，改善了区域生态环境，夯实了经济发展基础，提高了农民生活水平，实现了预期目标。目前，已展现出良好的生态、社会和经济效益，随着时间的推移，项目的各项效益将日益凸现，必将极大地促进项目区经济社会的协调发展，必将在陇东大地上树立起又一座绿色丰碑。

（甘肃省水保局世行项目办）

甘肃省世界银行贷款黄土高原水土保持一期项目，总投资5.62亿元，其中借用世界银行贷款3.32亿元。项目于2002年被联合国粮农组织评为“特别满意项目”和“黄土高原旗帜工程”。图为机修梯田现场

积极有效借用世界银行贷款，推进高速公路建设与管理创新
——福建省借用世行贷款建设高速公路、开展收费研究

“九五”以来，在国家有关部门的支持下，福建省开始利用世界银行贷款修建高速公路。世行对其贷款的高速公路项目进行管理，从工程建设及未来运营管理相关的机构加强、人员培训、公路养护、管理创新都有一套成熟的经验与机制。《福建省高速公路收费费率研究》就是世行贷款福建公路项目Ⅱ下开展的交通软科学研究项目，目的在于漳诏高速公路（扩张至其他“一纵两横”高速公路项目）收费费率管理创新。该研究项目由福建省高速公路建设总指挥部、交通部公路科学研究所和漳诏高速公路有限责任公司共同完成。主要研究内容包括：高速公路收费现状评价与原因分析，费率测算和方案推荐、车型划分和收费系数、费率定价政策与策略等。

一、总体思路

项目首先充分研究了目前我国不同地区高速公路收费费率的现状后，全面分析、评价福建省高速公路现状存在的问题；通过深入剖析影响高速公路收费费率的主要因素，为收费费率的确定提供充分、可靠的依据；在明确收费车型划分和不同车型费率比价关系原则和目标的同时，在对国内外关于收费车型划分、收费费率确定的理论和方法进行系统总结基础上，深入研究车型划分方案和车型收费系数方案；结合福建省高速公路的具体情况，确定福建省高速公路收费费率测算的方法；在对福建省“一纵两横”高速公路影响区域社会经济发展、沿线交通条件进行分析的基础上，预测未来公路通道以及高速公路交通量的发展水平，并利用多种方法测算并最终提出福建省高速公路收费费率初步方案；通过对初步方案优化分析，推荐福建省高速公路收费费率的实施方案，并对推荐方案进行评价；最后，对福建省高速公路收费费率调整和费率制定的策略进行有探索意义的研究，并提出了相应的措施和建议。

二、技术方案

根据课题研究的需要，课题组组织人员1300多人次，于2001年8月22日～23日在福建省高速公路和相关普通公路21个调查点进行了全省最大规模的交通量OD调查，并深入到福建省各地的运输企业、客（货）运站和福厦漳高速公路服务区，首次对旅客和驾驶员的出行行为进行广泛调查，获取了大量全面、翔实、真实、可靠的数据，为课题研究的顺利进行和提高研究成果的科学性与可靠性提供了依据。

在此基础上，运用数理统计、运输经济学、交通运输规划、交通工程学、公路工程学、工程经济学等原理和方法，全面而又客观地评价福建省高速公路收费现状，找出存在的问题，并对福建省高速公路收费费率制定、收费车型划分、收费系数确定等方面的问题进行深入研究。在对影响高速公路收费费率诸因素深入分析的基础上，结合福建省高速公路运营以来的收费实践，重点就高速公路收费收入增长的原因和不同车型的弹性特征进行研究，根据收费弹性的研究结果，确定未来福建省高速公路收费费率变动的趋势和方向。紧密结合国内外高速公路收费车型划分的成果和未来福建省乃至全国高速公路联网收费的发展趋势，首先从人工收费分型角度出发，采用统计分析方法，分别寻求福建省高速公路收费交通量按照吨（座）位统计的稀疏区间，以及全国民用车辆按照吨（座）位统计的稀疏区间，在这两个统计稀疏区间的重叠区域确定福建省高速公路收费车型划分的界限值，据此对原高速公路收费车型划分方案进行调整，在此基础上，根据高速公路联网收费和车辆自动分型的需要，从易

于自动分型的角度，统计分析轴距等能够唯一标识车辆类型的几何参数指标后，对人工分型方案进行适当调整，提出既能兼顾现实需要又能顺应将来需要，适应性、可操作性和过渡性都比较好的车型划分方案。在确定车型划分方案的基础上，全面考虑车辆行驶高速公路的效益和破坏程度两个方面的因素，分别采用级差效益分享法和主成分分析法研究，测算不同车辆行驶高速公路的效益和破坏程度的对比关系，并结合福建省高速公路车辆收费弹性的研究成果，通过多方案比选，推荐效果最优的收费系数方案。系统总结并深入评价国内外收费公路费率确定的理论与方法，并针对福建省高速公路收费的实际，在选择适用于福建省高速公路收费费率测算模型、方法的同时，首次对收费收入最大化目标下高速公路收费费率的测算模型进行了创新性的探索，通过采用多种模型、方法测算福建省高速公路"一纵两横"各路段收费费率，并结合不同测算方法的优缺点、测算结果表征的实际意义和相互间的互补性，采用综合分析判定的方法，通过分析、优化提出"一纵两横"各路段收费费率的推荐方案，并首次就特殊路段采用里程费加车次费的费率方案确定提出了具有较强针对性、可操作性和实用性的方法。在对高速公路收费费率调整的方法、依据、时机、幅度等进行理论上的分析和探讨的基础上，提出福建省高速公路收费费率调整的简化模型，并结合确定福建省高速公路收费费率制定和调整的目标，有针对性地提出高速公路收费费率制定的政策与策略。在上述研究成果的基础上，编制福建省高速公路收费费率系统分析软件，软件以人机对话的方式，用户只需输入外部基本数据，就可以便捷地实现多种测算模型的费率自动计算、费率方案的综合判定分析、费率调整幅度的确定等诸多功能，不仅具有实用性、先进性二者兼容的特点，而且需要采集的基础数据较少、易于获取，能够为未来高速公路网收费费率的制定提供便利。根据世界银行对贷款项目的管理要求，提交研究成果英文版。

三、技术路线

福建省高速公路收费费率研究的进程详见下图。

四、实施效果

该项研究成果不仅已应用于已通车的福泉厦漳高速公路、同三国道主干线福建省境内其他路段

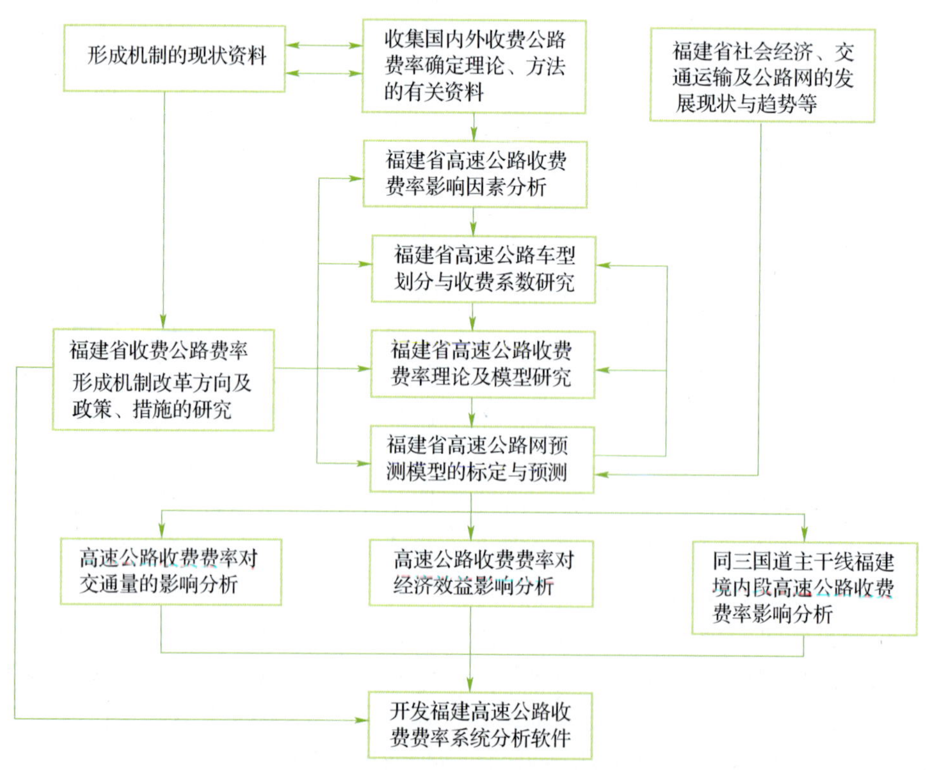

福建高速公路收费费率研究技术路线图

高速公路，还将应用于《福建省高速公路网规划》的其他高速公路网，必将对全省经济、社会效益将产生重大而深远的影响。提出的高速公路收费费率调整的简化方法和费率制定的政策与措施，具有较强的可操作性，对福建省高速公路收费费率的制定提供了决策依据。

基于本项目研究成果基础上编制的高速公路收费费率系统分析软件方便、实用、可靠，能够实现人机对话，可移植性强，数据资料易于获取，具有十分广阔的推广应用前景。

依托课题研究成果撰写发表学术论文《高速公路收费费率研究》、《福建省高速公路车型收费系数确定方法研究》分别在国家核心期刊“公路交通科技”2004年第7期和第10期发表，受到学术界的广泛赞同和好评。

依据该研究成果提出的方案，福建省物价局、财政厅和交通厅已经联合下发闽价[2002]服571号文，对福厦漳高速公路车辆通行费收费标准进行调整，随着福建省其他高速公路路段的相继通车，本研究成果均得到应用。目前，福厦漳高速公路交通量已由2002年12月平均1.58万辆/日（折标准小客车）增长到2005年12月平均2.60万辆/日，年平均增长18.06%；全省高速公路收费收入2002年为9.61亿元，2005年为36.07亿元，年平均增长达到55.41%。根据对该方案实施对收费收入贡献率的初步测算，其年收入贡献总额均在8000万元以上，总效益近3亿元。成果取得的社会效益和经济效益显著。

五、获奖情况

经专家评审委员会评审，一致认为：项目首次系统、深入探索并提出的高速公路收费车型划分、收费系数确定、收费费率测算与优化方法和思路，科学合理，颇具先进性和创新性，对于未来省域间乃至全国高速公路联网收费条件下，高速公路收费费率的科学制定具有重要的借鉴意义和较高参考价值。课题研究成果达到国内先进水平。其中高速公路联网收费条件下收费费率制定、车型划分、收费系数确定的研究具有创新性，达到国内领先水平。

本项目获得2005年度中国公路学会科学技术进步三等奖。

（福建省高速公路有限公司）

密切合作，加强管理，利用亚行贷款促进山西高速公路建设

一、项目概况

祁临高速公路是国道主干线二连浩特至河口公路在山西省境内的一段，是山西省规划的“三纵八横”公路网中贯通全省南北“中纵主干线”和大运公路的重要组成部分，也是山西省第一条利用亚行贷款修建的高速公路项目，全长175.394公里。项目概算投资为65.77亿元，其中亚行贷款20.75亿元，国内银行贷款20.5亿元，公路基金15.78亿元，交通部补助8.74亿元。项目完工后，工程决算为45.89亿元，节余概算19.88亿元。

根据山西省人民政府“两年建成小循环，三年打通大运路”的总体要求，建设工期为两部分：平微区及重丘区93.717公里为两年工期，山岭及重丘区81.677公里为三年工期。全线于2000年12月26日正式开工，祁县至介休、洪洞至临汾段93.717公里，于2002年10月16日通车，实际工期18个月；介休至洪洞段81.68公里，于2003年9月28日通车，实际施工工期33个月。2005年11月，交通部组织对祁临高速公路进行了竣工验收。经评定，该工程建设项目综合得分94.06分，综合评价等级为部优工程，并于2005年12月2日荣获山西省首届太行杯土木工程大奖。

二、项目前期准备

该项目前期准备工作从1998年3月开始，至2000年底结束，分为执行亚行程序和国内程序两部分。

（一）亚行程序

祁临高速公路于1996年正式列入国家亚行货款备选项目规则，利用亚洲开发银行贷款建设。作为亚行贷款项目，祁临高速公路的建设程序是极为复杂和严谨的。在项目前期准备阶段，包括项目考察、技术援助、预评估和正式评估、贷款谈判等程序。

1998年3月亚行派团对本项目进行了现场考察。

1998年9月～12月进行项目准备技术援助。由亚行出资聘请国际咨询公司——英国合乐·福克斯公司对项目“可行性研究报告”进行了评估。

1999年5月7日亚行行长批准了项目可以“提前采购”，并启动“采购程序”。

1999年6月亚行派团对项目进行正式评估，签署了“评估备忘录”。

2000年8月，亚行与中国政府、山西省政府正式签署了《贷款协议》、《项目协议》。

2000年10月8日亚行批准了国际监理技术建议书评标报告。11月24日与英国百布泰集团签订了国际监理咨询服务合同。

亚行贷款项目程序严谨、细致，项目准备不同阶段，亚行对项目准备的内容和深度均有明确的要求。如：项目准备阶段，由亚行出资聘请专家，审核项目可行性研究报告，实地考察项目所涉及的环境保护、移民安置、经济、技术、安全及社会问题，提出对工程可行性研究报告的修改和完善意见，以达到亚行融资的要求；项目评估阶段，着重讨论项目的技术、经济、组织、财务、管理及采购等问题。

加快亚行贷款项目准备是山西省利用亚行贷款工作的着力点和突破口，根据双方制定的技术援助工作大纲的要求，我们着重抓了以下三项目工作：

1．集中人力、时间，完成技援大纲要求的文件资料

按照技援工作大纲的要求，重点完成了技援专家考察所需的咨询资料，内容包括《山西省和项目区域近年来的社会经济概况》、《1998年至2000年山西公路基础设施投资方案》、《环境影响报告书》、《工程可行性研究报告》、《初步设计方案》、《扶贫工程子项目可行性研究报告》及《移民安置方案》等文字资料。所有提供给亚行的资料、数据，依据我国《保密法》的要求，经过了严

格的审查，确保符合法规的要求。

2. 密切配合技援专家，搞好技援咨询工作

1998年8月23日—30日在亚行总部马尼拉完成了祁临高速公路项目国际咨询专家技援的谈判。通过招标，选定技援咨询工作由英国合乐·福克斯公司和北京中通路桥咨询发展有限公司联合承担。技援咨询的内容涉及运输经济、公路工程、财务分析和高速公路运营、环境影响、社会影响等方面。技援咨询工作的目标任务是全面审查该项目的《工程可行性研究报告》与《初步设计》，评估项目对社会和环境的影响，研究高速公路的公司化运营问题。同时，技援咨询还将探索项目对扶贫的作用。

1998年9月咨询专家组和祁临建设管理处完成了技援启动报告。

1999年1月完成了最终报告初稿。亚洲开发银行项目考察团抵达山西，就祁临高速公路项目技术咨询工作进行了为期四天的“三方会谈”。围绕咨询专家提交的最终报告初稿，着重对交通量预测、项目规模、采购方式、移民安置、财务分析、经济评价、环境保护等专题进行了讨论，提出了修改和完善“最终报告”的意见和时间要求，为项目预评估打下了良好的基础。

3. 坚持原则，加强沟通与合作，切实提高贷款质量

为加快公路建设山西省提出两年建成平微区，形成小循环的奋斗目标，而此时，祁临项目已经同亚行在马尼拉举行了贷款谈判，并签署了《贷款协议》、《项目协议》。亚行批准的建设工期为45个月，即竣工日期为2004年9月。按照惯例，大幅度提前建设工期要取得亚行同意十分困难。为此，我们积极与亚行联系，阐述国家实施西部大开发的意义以及加快祁临高速公路建设对山西经济发展，产业结构调整的积极作用。通过多方努力，最终得到了亚行谅解。在土建工程招标程序上亚行同意压缩一个月时间，在“土建工程评标报告”报到亚行后，亚行抓紧审核，在20天内批准了隧道工程中标报告，在一个月内批准了土建工程中标报告，这一时效，在亚行以往的项目中也是没有先例的。

另外，在融资比例、资金使用分配、采购打包等实际问题的谈判过程中，亚行的要求曾与项目的实际差距较大，为了确保贷款质量，在谈判过程中，我们始终坚持原则，从项目的客观利益出发，精心准备谈判提纲，在实质问题上，坚持原则，不做让步。如在土建工程采购打包上，亚行的一贯原则是垂直打包，即不允许路基、路面工程分开由不同的单位去中标建设。结合我国的国情，我们分析了垂直打包的种种缺陷，最终亚行同意了修改采购打包办法。

总之，经过两年多的工作实践，我们的体会是：热情接待，周到服务，相互信任，注重沟通，坚持原则，不卑不亢，以提高贷款质量和资金的安全、有效使用为目标，收到了良好的效果。

（二）国内程序

作为国家和省重点项目，从立项、预可、工可、初步设计、施工图设计到项目开工，所有程序必须严格执行。每一道程序，必须经省或部的评审，省交通厅、省计委审批，最后到国家有关部委批准，呈送国务院批准。

三、亚行技术援助在项目准备中发挥的作用

本项目技术援助的目标是帮助国内准备山西高速公路项目，技术援助的内容包括：

（1）根据亚行要求修改项目可行性研究报告；

（2）确定公路选线，增强对贫困地区的影响；

（3）公路安全；

（4）根据亚行要求的格式准备环境影响评价和社会影响评价；

（5）研究探讨公路建设对减少贫困的影响和高速公路商业化营运等。

咨询专家根据收集的有关资料和可行性研究完成后部分参数的改变情况，提出新的交通量预测和评估模型，按照亚行指南进行财务评价、经济评价，完成了环评大纲、社会影响评估大纲和社会影响评估报告及再安置行动计划。咨询专家按工作大纲所述提供了技援结果。执行机构、亚行和咨询专家就技援工作进行三方会谈，着重对交通量预测、项目规模、采购方案、移民安置、环境保护、财务分析、经济评价等专题进行了讨论，并提出反馈意见。技术援助对项目的技术、财务和经济可行进行考查，并加以确认。

项目技援成果包括：

（1）咨询专家的最终报告；

（2）审查修改祁临高速公路可行性研究报告；

（3）提出了合适的组织结构；

（4）完成了环评大纲；

（5）完成了社会影响评估大纲和社会影响评估报告及再安置行动计划。

四、项目管理体会

祁临公司作为山西省第一个省政府批准的公路建设企业，承担起山西省第一条利用亚行贷款项目，并且是建设里程最长、投资最大、施工任务最艰巨的高速公路建设项目，在项目准备和建设过程中，我们体会：

（一）与时俱进，制度创新

祁临高速公路完全用过去的管理模式进行管理与合同条款中的办事程序相抵触，与FIDIC条款精神不符，亚行不同意，但完全按国际惯例与国际接轨去管理，国内条件达不到。因此必须用创新的方法，用管理创新、制度创新、方法创新去指导工程建设，因此，FIDIC条款与国情相结合的模式是保证项目顺利进展的基本保证。

（二）低价中标的实践是成功的

祁临路是山西省第一个按照国际惯例进行管理的工程建设项目，全部招投标均是采用最低评标价中标的原则，从实践效果看，工期、质量、投资三大目标均得到较好的控制，因此说低价中标在祁临路的实践是成功的。

祁临项目中标价平均低于标底的37%左右。采取的几项管理措施是行之有效的。

（1）营造浓厚的合同意识氛围，让承包商树立严格的合同意识，不履行合同将受到严厉的惩罚，并在企业信誉、财务支付、履约保函方面加大力度，动真的。

（2）采取阶段性评比等方式，实行重奖重罚、优质优价，合理补偿为赶工期在工程建设中投入大量人、财、物的承包商。

（3）业主树立全方位的服务意识，业主也是合同中的一方，应该切实履行自己的责任，切实为承包商排忧解难。在计量支付、技术咨询、地方干扰的排除等问题都提前到位，并积极筹措资金，想方设法保证给承包商的资金到位，并帮助承包商解决流动资金贷款。

（4）在大宗材料采取集中采购方面，我们成功的对锚具、伸缩缝、钢绞线、沥青等大宗材料进行集中采购，采用低价中标的原则，大大节约了成本。

（三）合同管理是项目管理的核心

高速公路建设这项经济活动，业主和承包商之间的关系是合同关系，贯穿FIDIC条款全过程的也是合同管理，因此，坚持合同管理，坚持用合同的意识去处理承包商、监理和业主之间的关系，是合同管理的中心。要求承包商按合同办事的同时，监理和业主也必须按合同约定履行自己的职责和义务。

项目支出实行严格、细致的合同管理，较好地控制了项目成本，除绿化工程外，其他项目均控制在概算以内。

（四）与亚行打交道，既要信守承诺，说到做到，又要坚持原则，据理力争

在与亚行的交往中，既要信守诺言，履行承诺，又要维护项目的利益。亚行贷款，是国家信用担保的贷款。因此，在贷款协议和项目协议中，我方做出的承诺应该坚决兑现。比如：我们严格按照亚行的采购指南要求进行招、投标，坚持每月计量支付报账制度；坚持每季一期的季度报告制度；对社会影响、环境监测定期向亚行报告，取得亚行的理解和支持。

有些惯例对项目执行不利，为克服这些不利因素，执行机构应积极主动与亚行沟通，如实反映项目建设的实际情况，取得亚行对项目的支持。根据项目的具体情况与亚行据理力争，使亚行也能考虑到我们工作中的困难。在土建合同包划分中，亚行一贯原则是垂直打包，即不允许路基、路面工程分开由不同的单位去投标建设，而我们认为根据我国施工企业的具体情况，有些企业擅长修建桥梁与隧道，而不擅长铺路面，有些企业擅长路面工程，因此，不宜搞“一刀切”全部垂直打包，有些标段可以采用水平打包的方式，这样更有利于建设。经过我们据理力争，并邀请亚行官员到工地现场实地考察后，亚行终于同意了我们的做法。

在贷款协议中规定土建工程的融资比例为38%，经过招标，采用低价中标原则选取施工单位后，仍执行38%的比例，将造成亚行贷款的结余，需要及时提高土建工程融资比例。我们向亚行提出这个问题后，亚行不予受理，经过多次反映和据理力争，通过一年多锲而不舍的努力，亚行最终同意将融资比例提高到48.2%，大大提高了贷款的使用率。

（交通运输部综合规划司）

实施世行贷款京珠高速湖北段项目为湖北交通发展引入创新理念

京珠高速公路湖北段是湖北省第一次利用世界银行贷款的交通建设项目。工程主线建设总里程339公里，北起于孝感市大悟县，南止于咸宁市赤壁土城，总投资122.6亿元人民币，其中利用世行贷款4亿美元。北段（国道项目3）于1998年开工建设，2001年建成通车，南段（国道项目4）于1999年开工建设，2002年建成通车。

在世行贷款国道项目3和国道项目4的准备、建设和营运过程中，我们在世行的指导和支持下，学习借鉴外省同行的经验，结合本省实际，全面实施创新工程，探索总结了一套实施世行贷款公路项目的模式，积累了有益的经验。

一、引入世行理念，探索高速公路设计创新制度

世行项目前期准备期间，在与世行工程专家的交流中，逐渐理解掌握国外在设计方面的新理念，并结合湖北的实际，总结出了一套新的设计制度。

（一）四项制度

在京珠项目设计中，湖北省交通项目的设计理念实现了由传统的工程技术型向统筹兼顾、协调发展、以人为本的转变。在项目设计上实现了市场化改革。引入了竞争机制，推行了设计总体负责制、地勘监理制、设计标段互验制，设计审查双院制“四项基本制度”，推动了设计理念、设计方法和设计手段的技术进步。此外，还学习借鉴国外做法，聘请独立设计咨询机构对设计中标单位所完成的设计结果进行复核审查，确保了设计结果的科学合理及准确性。

（二）四个理念

在线位设计上引入了地质选线、地形选线、生态环境选线、技术标准选线“四个理念”。不再把高速公路的设计和建设仅作为交通部门内部的事情，而是把它摆在国民经济、社会发展、人民群众生产生活、环境生态以及综合运输这个开放的多变量的大系统中综合考虑。在高速公路设计中注入了更多的以人为本的理念，最大限度的满足道路使用者的需求。如：高速公路的路面设计主要采用沥青路面；按交通量特征合理确定停车区、休息区、服务区间的间距与功能；减少主线收费站或设计成联合收费（一卡通）；互通、连接线的设计布置尽可能考虑周边城镇上下高速公路的便利、高速公路与地方道路的联网；平原区高速公路设计考虑设置景观变化；长隧道设计充分考虑监控、照明、通风、消防、紧急逃生的需求；山区长下坡路段增设紧急停车岛，防止重车刹车失灵等突发事件发生，确保交通安全等。在设计手段、设计能力和设计水平上得到了整体提升。世行的“细节创造完美”的设计理念也深入人心。通过与世行及国际咨询公司的设计－审核互动交流，湖北省交通设计队伍得到了锻炼，积累了经验，整体设计能力和水平已达到世行和其他国际融资交通项目的设计要求。

（三）四个连通

世行十分重视京珠高速公路与原有公路路网的连通，以充分发挥项目的经济社会效益。一是与区域内相关高速公路连通。京珠与沪蓉高速公路在湖北省境内交汇，原方案没有设计连接线，经过世行提议，将从鄂豫交界处九里关到大悟互通28.5公里从世行贷款成分中取消，增加两条与沪蓉国道主干线相连的连接线，形成“一主两翼”；二是与沿线路网互通互联；三是高速公路连接线与农村路网连通；四是在项目4下增加的两条世行贷款当地道路与主线工程连通。“四个连通”打通了京珠与区域内各等级路网的阻隔，建成后营运业绩显示，这些设计上的考虑完全符合区域社会经济和交通发展

的实际，取得了社会经济良好的效益。

二、执行世行导则，贯彻以人为本的科学发展观

湖北省交通厅以京珠项目为起点，征地、拆迁安置工作的理念和工作方式实现了从传统的简单、费用包干型到关注民生可持续发展型的转变。在安置理念上，逐渐熟悉和掌握了世行的非自愿移民安置导则，并通过世行项目的安置实践，意识到不能因为项目建设的国家意志和整体利益而牺牲作为弱势一方的群众的个体或集体利益；不能因为项目建设而降低了群众的生活水平或使群众丧失生存和可持续发展的能力；在安置工作机制上，在世行的帮助下，建立了一套更科学、更精细、更准确、更及时的安置工作体系，并培养了一支了解国情、省情、民情和熟悉世行安置理念与工作程序的交通专业安置工作队伍；在征地、拆迁安置的程序操作上由以前将补偿经费包干拨给地方政府，然后由地方政府再分配的简单方式，转变为现在更精细、更以人为本、更关注受影响群众生产生活可持续发展的方式，工作程序更加复杂和完整。包括：开展项目社会影响评价；进行征地、拆迁安置调查；公众参与；编制安置行动计划；发放安置信息手册；公布补偿标准；实施安置行动计划；对安置实施前后群众的生活水平进行调查对比等；由独立的外部机构对征地、拆迁过程进行监测；补偿给群众的费用直接划拨到群众的银行储蓄卡上（防止中间截流）；补偿给集体的经费要帮助拟订村级资金投资和使用计划，帮助村级政府重新调整土地等。由于京珠项目的征地、拆迁安置补偿最到位，所以群众最满意、项目实施最顺利、后遗症最少。京珠项目的安置理念和工作程序不仅应用在世行项目上，还被广泛借鉴应用在其他非世行贷款交通建设项目上，效果很好。世行征地、拆迁安置理念和方式在湖北项目上应用取得的成果，是今后湖北交通可持续发展的宝贵经验财富。

三、注重环境保护，实践人与自然的和谐理念

京珠高速湖北段项目促进了项目环境保护理念和机制的变革。在项目建设过程中，湖北交通厅对世行方面的要求，从排斥—不熟悉—不习惯到逐步熟悉—习惯—被动接受—积极应对，经过多年的磨合，培育了良好的项目环境意识和项目环境人群，自觉的环境意识贯穿在整个交通项目的全过程。按照在世行项目下建立的交通项目环境机制，京珠项目开展了环境影响评价，制定了《环境管理计划》，引入社会公众参与，并在建设、营运期开展严格的环境监测。在设计阶段，设计单位必须在环境单位的参与下通过环境选线这一程序来减缓项目建设对环境的不利影响。在斧头湖标段的设计中，以世行推荐的绕湖方案取代了原有的穿湖方案，不仅大大减少了对湖区生态环境的影响，还减少了近4亿元人民币的工程投资；在实施阶段，业主、承包商、监理工程师都自觉按照《环境行动计划》来执行环保措施，并接受外部环境单位的监测和整改指令；在营运阶段，项目营运单位根据环境应急计划，随时检查、防范和应对各种环境突发事件。京珠项目不仅给湖北交通带来环境理念的更新，还帮助建立了一套有效的项目建设环境工作机制，使湖北交通的跨越式发展与环境保护得到了和谐的统一。

四、遵循世行采购政策，打造项目建设廉政阳光工程

世行对工程建设和咨询服务招标采购实行最低评标价中标和QCBS的采购方式，这为京珠项目源头治腐提供了一个可靠的政策平台。无论是路基路面工程，还是机电设备工程；不论是国内国际的监理咨询服务，还是机构加强课题研究，都严格按照世行的采购指南进行。尽管最低评标价中标在当前国内政策法治环境不配套的情况下，带来了施工过程中一些意想不到的困难，但是这种评标方法为治理国内项目传统评标方式容易导致腐败案件问题提供了一剂有效的良方，该项目大小招标采购涉及几百个合同包，但没有发生一起腐败案件，证明了世行采购方式的合理性。可以说，世行采购政策为该项目源头治腐建立起了一道坚实的防火墙。

五、运用菲迪克条款，构建符合中国国情的项目管理模式

京珠项目是湖北省第一个运用菲迪克条款进行项目管理的工程，省交通厅借鉴国外项目管理经验，结合湖北实际，构建总监办加菲迪克的管理模式，业主、监理、承包商三方按照菲迪克条款的规定承担各自的责任和义务，互不缺位、互不错位，互不越位，各自发挥自己的优势，确保了项目建设高质量、高水平、高效率的运行。世行的理念和规则在该项目的应用为全省的交通建设项目起到了示范作用。此后实施的世行贷款孝襄、十漫高速公路沿用了这个模式，内资项目也采用了这种管理模式，应该说，世行为湖北高速公路建设管理体制改革带来了动力。

六、借鉴国外经验，推进道路养护和安全管理体制改革

京珠高速湖北段项目下设置了若干机构加强机制，重点关注湖北省道路养护和安全问题，促进了观念的更新，为进行深层次的改革做了准备。

在京珠项目下，省交通厅和法国英吉罗普公司合作开展了养护管理体制改革一系列研究，以这些研究成果为依托，率先在京珠高速公路湖北段的养护上进行了试点，开发了高速公路养护合同。2003年10月，湖北京珠公司率先将全线339公里高速公路养护社会化，向国内外招标5年养护权。包括香港上市公司在内的全国23家单位参与招投标，省内外的3家大型专业养护公司中标，总标的2.5亿元。京珠高速湖北段成为全国首条管养分离的高速公路。专业公司有经济合同约束，各项考核全面、严格。一年多来，养护质量指数高出全国优质标准率近13个百分点，好路率始终保持100%。2005年全国高速公路年会，交通部高度评价管养分离的“湖北京珠模式”。 同时，省公路局也在荆州市二级公路进行基于性能的养护合同试点。

在公路管理体制方面，省管高速公路的营运管理采用了世行项目下的高速公路公司化、商业化运营课题的研究成果；在公路融资方面，采用了世行项目下的高速公路股份制课题研究成果（楚天高速重组上市）；世行还向湖北提供50万美元的赠款开展了国内的首个公路BOT项目的研究，为吸引民间资本参与湖北省公路建设奠定了基础。在道路安全方面，引入了世行的道路安全审查理念并在设计中采用了世行项目下的道路设计安全审查程序的课题研究成果。

世行贷款京珠项目的实施，为湖北交通改革发展注入了创新的原动力，也为以后的世行贷款项目发挥了示范作用。在京珠项目的带动下，世行贷款孝襄高速公路、十漫高速公路和内河航运五期项目都得以不断创新，得到世行高度评价。

（湖北省交通厅世行贷款项目办）

京珠国道干线湖北段项目，借用世界银行贷款。图为部分路段远景

借用国外贷款促进湖南省公路水运行业发展

截至2005年12月31日，湖南省共实施公路水运行业国外贷款项目8个，协议贷款额13.85亿美元，其中世行项目4个，贷款额5.9亿美元，亚行项目3个，贷款额5.95亿美元，日本协力银行项目1个，贷款额230亿日元。共计建设高速公路项目6个，航电枢纽工程项目2个。

一、湖南省公路水运行业利用国外贷款基本情况

（一）湖南省利用国外贷款高速公路项目基本情况

湖南省借用国外贷款修建高速公路的历史源于1994年，利用亚洲开发银行贷款建设的第一条高速公路－京珠高速公路长沙至湘潭段，贷款额为7400万美元。之后，1997～2001年利用世界银行贷款2亿美元，投资建设京珠高速公路湘潭至耒阳段，该项目已于2005年7月完成完工报告；1999～2002年利用世界银行贷款2亿美元，投资建设京珠高速公路临湘至长沙段，该项目目前正在进行项目后评估的准备工作。2003年湖南省又利用日元贷款230亿日元，开工建设上瑞国道主干线邵阳至怀化高速公路，该项目目前进展良好，预计于2007年9月底之前通车。近两年，湖南省加大利用国外贷款的力度，积极争取交通部等有关部门的大力支持，国外贷款规模和项目日益扩大，2004年同亚洲开发银行签署了湖南公路二期项目的贷款协定，利用亚行贷款3.125亿美元建设常德至吉首高速公路。2005年又完成了亚行贷款湖南公路三期项目的贷款谈判，利用2.08亿美元亚行贷款建设湖南吉道至茶洞高速公路项目，项目的招投标工作正在进行当中。十多年来，湖南省利用国外贷款已建设和正在建设的高速公路总里程达859公里。

（二）湖南省利用国外贷款航电项目基本情况

湖南省水利资源发达，全省航道总里程达11968公里，在全国排名第三，但由于内河航运设施长期缺乏稳定的资金来源，投入不足，航运基础设施仍然比较落后。为改变这种状况，开发湘江航运，湖南实行了以航运为主，航电结合、以电促航、滚动发展的战略，先后两次利用世行贷款，建成了大源渡航电枢纽工程，并正在进行株洲航电枢纽工程建设。大源渡航电枢纽工程是 “九五” 期间国家重点建设项目，也是我国第一批利用世行贷款的内河航运建设项目，利用世行贷款9000万美元。该工程于1995年12月开工，2000年5月全面完工，比计划工期提前7个月完工投产。株洲航电枢纽工程是 “十五” 期间国家重点建设项目，也是我国第三批利用世行贷款的内河航运建设项目，利用世行贷款1亿美元。工程自2002年8月开工，计划于2006年8月建成投产。

大源渡和株洲两个航电枢纽的建设，使湘江成为一条与长江相连，实现干支直达、通江达海的水运主通道，大大提高了湘江的航运条件和通过能力，对改善湖南综合运输条件，促进沿江经济发展具有十分重要的意义。

二、利用国外贷款的经验

第一，国外贷款的引进拓宽了湖南省交通的融资渠道，缓解了交通基础设施建设资金短缺的矛盾。国外贷款普遍具有贷款期限长，宽限期长，贷款利率相对较低的特点，借用国外贷款确实对湖南省交通基础设施建设资金不足的情况起到了有力的补充作用。

第二，国外贷款项目的实施促进了项目建设管理体制的改革。在高速公路建设管理中，湖南省严格按世行、亚行的要求，引入和实行项目法人负责制，强化项目法人的责任意识，提高项目管理水平。例如在湖南省第一条高速公路长潭段的建设中，第一次引入了FIDIC条款进行项目管理，实践证明这是公路建设行之有效的管理办法，在湖南省

公路建设中已经普遍推广。大源渡和株洲航电枢纽亦按世行要求，实行项目法人负责制模式，把航电枢纽的建设与运营管理有机地结合起来，强化项目法人的责任意识、质量意识和效能意识，提高了项目管理水平和工程投资效益。同时，国外贷款项目在项目管理中引入“公司化商业化”的概念，在公路养护管理体制中倡导引入竞争机制，这些具有前瞻性的理念都有力地促进和推动了湖南交通部门改革和市场化的进程。

第三，利用国外贷款的同时也引进了国外的先进技术和理念，对湖南省交通的可持续发展起到了积极的推动作用。国外贷款项目在环境保护、移民安置、扶贫影响、道路安全、机构加强等方面的要求促进了湖南省交通部门观念的更新和转变。

第四，培养和锻炼了建设队伍，提高了管理水平。目前活跃在我省交通基础设施建设战线的很多管理和技术人员，均有在国外贷款项目上工作的经验或参加过国外贷款项目的培训。国外贷款的实施，创新了机制，培养了人才，为湖南交通基础设施建设和发展注入了生机和活力。

第五，促进了湖南省技术援助课题的研究和创新。在国外贷款项目下，特别是在世行贷款项目下，湖南省也完成了一系列技术援助课题，这些技术援助的成果对湖南省交通基础设施建设和管理均起到了一定的指导作用和参考价值。如在世行贷款项目下，我们编制了两本手册，一本为《道路安全审查手册》，另一本为《道路工程安全手册》。该手册的编制填补了国内的一项空白，具有一定的前瞻性，现已普遍应用于湖南省高速公路设计的审查工作当中。另外，在世行项目下完成的《高速公路公司化和商业化研究》及《公路养护研究》对湖南省高速公路管理和公路养护管理也起到了一定的指导作用，具有重要的参考价值。株洲航电枢纽工程通过进行《湘江集装箱运输开发研究》技术援助，对湘江日益增长的集装箱运输进行了预测，制定了发展内河集装箱运输的措施，提出了支持和发展湘江集装箱运输管理的法律法规，为发展湘江集装箱运输提供了规划与决策的依据。

（湖南省交通厅）

湖南省公路水运行业发展项目，借用世界银行和亚洲开发银行贷款。图为长沙至湘潭高速公路牛角冲互通立交桥

FIDIC条款在我国的引入
——京津塘高速公路建设

FIDIC合同条款是国际上通用的土木工程合同条款，被誉为国际工程的通用语言，是世界各国土木工程建设和管理百余年来经验的总结，也是一百多年来国际工程承包的经验总结。FIDIC合同条款具有国际性、通用性、公正性和严密性的特点。世界银行、亚洲开发银行、日本国际协力银行、非洲开发银行、美国总承包商协会（FIEG）、中美洲建筑工程联合会（FIIC）等国际组织均推荐FIDIC条款作为土木工程实行国际招标时通用的合同条款。

一、项目概况

京津塘高速公路是我国第一条部分利用世界银行贷款建设的跨省市高速公路项目。1984年国务院批准京津塘高速公路作为世界银行贷款备选项目，1986年世界银行对京津塘高速公路项目进行评估，1987年我国政府与世界银行就该项目正式签订贷款协议，同年12月开工，1993年9月全线通车，1995年8月通过国家验收。项目工程竣工决算为22.5亿美元，利用世界银行贷款1.5亿美元。京津塘高速公路自通车以来，行车迅速、平稳、舒适，经济效益、社会效益大大超出了预计，受到了国内外各界的广泛好评。

二、引入FIDIC条款的贡献

根据世行要求，京津塘高速公路建设要按照世行贷款指南和FIDIC合同条款编制国际招标文件。当时，在国内还没有人能够胜任的情况下，主管部门聘请澳大利亚专家进行文件的编制，由此开始，国内首次接触到FIDIC合同条款，进而熟悉了国际工程咨询服务的选择程序、选择方法、选择条件和整套FIDIC合同条款体系，交通建设项目管理制度逐步步入国际规范化的轨道。

（一）引入合同管理机制

FIDIC合同条款的本质就是一种合同管理，它不只约束承包商，也约束了业主与监理工程师，从三方面缔约人的权力。它把施工技术规范、工程计量与支付决算用具有法律效力的合同条款制约下来，科学地将技术、经济、管理、法律结合起来。具体来说，法律是用合同条款来制约，经济是用工程量清单和结算来制约，而技术是用施工规范和设计图纸来制约。使用这些条款的优点，是对各方都具有公平性、竞争性，且标价合理、风险分担，便于与国际惯例接轨，易于被世行、亚行等国际金融组织承认和通过，有利于项目的顺利实施。

京津塘高速公路项目根据FIDIC条款，结合我国国情，把项目执行各方的责权，利用法律手段、合同形式及规范标准固定下来，推行了一整套FIDIC合同化工程管理制度。完整规范的合同文件对项目顺利执行产生了至关重要的作用。由京津塘高速公路建设开始，国内认识到了合同管理的重要性，合同管理逐步发展成为交通乃至其他行业工程项目管理的一个重要内容。无论是业主、咨询工程师还是承包商，通过全面掌握和理解FIDIC合同条款，逐步学会了如何利用合同条款来约束其他当事人的行为，如何利用合同条款维护自身的合法权益，同时最大程度地降低了工程实施过程中的风险，从根本上保证了工程进度和质量。

（二）促进了国内招投标机制的规范与完善

随着FIDIC合同条款的使用，规范的招投标机制也被引入了我国交通建设甚至整个基本建设领域，并促成了中国公路工程国内施工招标文件范本的编写与发布。FIDIC条款明确规定了招标程序，对选择投标者、资格预审、接标、开标和评标提出了一套系统的做法；规定了投标书的统一格式，提出编制投标者须知的要求并对投标保函的相关事项作出了说明。

在京津塘高速公路勘测设计文件图纸全部完成后，澳大利亚以蒙赛尔为首的咨询专家组19人，与我国工程技术人员约100余人，按照FIDIC条款规定的招标程序，编制招标文件、投标书、投标人须知。

招标文件经世界银行认可后，开始进入招标实施阶段。

1986年9月11日、14日有关部门在中国日报及联合国开发论坛报、商业报刊登广告，邀请世界各国承包商参加资格预审。

1986年11月13日至2月30日，京津塘联合公司和中国国际招标公司，联合进行对承包商的资格预审工作。报送资格预审的有中、美、英、法、德、日、澳、墨西哥等20多个国家和地区共51家公司（包括联合公司）。专家组重点对以下几个方面进行了审查：①施工经验及过去履行类似合同的情况；②人员和设备的承担能力；③财务状况。审查后完成评估报告送世行审核。最后有16个联合体通过预审参加投标。

1987年5月12日至14日京津塘高速公路联合公司和中国招标公司共同组织通过资格预审的中外承包商约80人到京津塘现场进行考察，并组织了海关、公安、商务、法律等有关部门参加专家答疑会。

1987年6月25日进行京津塘高速公路项目公开开标，共有通过资格预审的16个联合体参加了投标。评标小组就施工方法、配备情况及经历等方面提出问题，由各联合体分别回答。

1987年7月23日向世行代表通报评标情况。

1987年7月～8月召开领导会议，研究评标事宜，讨论评标结果。

1987年9月16日两市一省分公司与招标公司代表赴华盛顿向世界银行总部通报评标情况。

1987年10月6日经有关领导部门和世界银行同意，由中国招标公司颁发中标通知书。

1987年10月举行合同签字仪式。

1987年11月25日发布开工令。

1987年12月10日举行开工奠基典礼，至此京津塘高速公路的招标工作即告结束。

从上述招标过程可以看出这项制度的公开性、公平性、竞争性。它防止了垄断、保护、以权谋私现象的产生，使具有真正实力的公司中标施工。这种机制使承包商努力提高工程质量，缩短工期和降低成本，这是京津塘高速公路项目给中国交通建设带来的成功经验。

（三）引入了监理工程师机制

随着FIDIC合同条款的使用，“监理工程师”的概念也引入中国。FIDIC合同条款所规定的工程师的义务，以及工程师在施工过程中对工程质量的控制、进度管理及过程控制、投资控制及费用管理、合同管理思路，均为确定中国交通工程监理工程师的职权、监理机构组织形式、监理实施程序等提供了理论依据和实践基础。

按照世界银行的要求，京津塘高速公路的国外监理工程师的聘请采取有限竞争招标法，由国际著名咨询公司投标，不公开登报，而是由业主向在世行注册的约8～9家成员国发出邀请信。被邀请公司按工程项目的内容提出监理方案、有关设施、工作方法、名单表、参加人员经历及支援事项与费用等，由业主进行评估。评定各公司等级的标准为：公司的一般经验占20%，工作计划与培训方法占30%，人员资历与能力占50%。选定咨询公司后，由该公司派出具有高速公路施工经验的高级工程师和我国的驻地工程师一起组成监理机构，按照合同与施工规范进行施工监理。

在组织形式上，京津塘高速公路监理机构采用的是三级监理结构：①总监理工程师决定财务及法律事务，包括承包商违约、时间延迟、索赔和纠纷、最后证书、变更命令、同意付款和决定事宜、协调和指导合同普遍存在的问题等。②高级驻地监理工程师是总监理工程师在工地的执行代表，负责督促工程的进行，试验和检查材料及操作工艺的质量，澄清各合同文件之间的矛盾，向总监理工程师推荐延长时间和索赔事宜。③工地监理工程师，执行高级驻地监理工程师的指令和交办的任务，对施工进行旁站处理，确认中间交工证书，严把质量关，负责工程计量，每月根据承包商付款申请提出付款证书，处理工地上一般性技术问题。

实践证明，三级监理对工程质量、计量支付、保证进度及重大技术问题上起到了控制和促进作用，从而全面完成了工程任务，为我国公路建设提供了一个现实的示范模式。

（四）促进了勘测设计的完善和工程质量的提高

引入FIDIC条款前，我国大部分的公路建设采取任务由上级分派，资金由上级支付的建设管理模式，任务急，时间短，多数是边设计边施工，少数是勘测设计一次完成，踏勘、初测、初查、复测、复查、设计，会审、批准等程序更是不能规范实施。边设计边施工导致返工多、浪费大、质量低、支付失控、工期拖长。直到京津塘高速公路项目实施，才从根本上解决了这些问题。

京津塘高速公路利用世界银行贷款修建，世界银行规定必须组成京津塘高速公路联合公司，依照FIDIC条款，采用国际竞争性招标组织施工。为了招标，就必须有详细可靠的勘测设计文件，及由此产生的适合本条路的专用条款、技术规范、设计和施工图纸、工程量清单，这些统称为招标文件，在招标时出售给全世界打算投标的承包商，承包商都以此为根据提出投标书，公开竞争。

为了顺利利用世界银行贷款进行项目建设，早在1973年，交通部就组织专家到京津塘沿线地区进行现场踏勘和技术经济论证。1977年完成了全路的测量并编制初步设计。1982年提出京津塘高速公路建设项目可行性研究报告。1984年初进行复测，编制设计文件并进行施工图绘制。年底组织全国有关单位与专家进行会审，报送初审意见。1986年1月交通部编报修改设计任务书。同年7月国家计委正式批复设计任务书，并由交通部组织全国有关单位及专家进行第二次会审。经交通部再一次研究，最后批准设计文件。至此京津塘高速公路全部测设工作基本完成。其中比较大的问题，都经过了反复测设研究。京津塘高速公路通车近10年，事实证明，各项指标都能达到标准，这也说明勘测设计起到了关键性作用。

三、FIDIC条款与中国国情相结合

京津塘高速公路建设管理引入并遵循FIDIC合同条款，但并不是生硬地照搬，而是根据我国的实际情况和公路建设的行业特点，结合我国的法律、法规、技术标准和施工规范，进行了必要的修改和完善。

在土木工程招投标方面，按照传统的国际竞争性招标要求，所有通过世行资质认可的企业都可以参加投标，但当时国内承包商具备世行资质认证的几乎没有一家。通过谈判，确定将国内承包商同国外具有世行资质认可的承包商组成联合体参加投标。通过这一举措，为国内企业争取了学习和锻炼的宝贵机会，也鼓舞了国内企业增强实力，提高竞争能力。

在监理方面，也通过谈判坚持采取了联合投标的方式，采取中方担任总监理，聘请国外人员担任副总监、总监代表的形式。聘请的外方监理给中方监理进行了现场“培训”，使国内人员很快在实践中熟悉了FIDIC条款的监理制度体系。京津塘高速公路建好后，这些现场监理人员迅速成长为国内工程监理的骨干。

京津塘高速公路项目在施工中严格执行FIDIC合同管理，在我国公路建设行业首次实行了项目业主责任制，首次对公路工程项目实行了国际竞争性招标和招聘国外监理专家，首次建立了业主、承包商、监理工程师三方权限和职责分明的项目管理机制。京津塘高速公路在中国公路建设历史上具有重大的意义，它给中国公路建设带来了新的观念、新的技术、新的制度，对我国公路建设项目管理体制和方法起到了指导和示范作用，标志着我国公路建设的技术和管理水平进入了世界先进行列，为我国公路建设管理体制的深入改革成功地闯出了一条新路。

同时，京津塘高速公路的建设经验为全国各省市高速公路建设起到了典范作用，如内蒙古利用世行贷款实施“三省项目”时，适逢国家“招投标”颁布前夕，内蒙古借鉴京津塘高速公路项目经验，利用世行项目率先在自治区公路土建项目中引进招投标机制，实行了一套合同化工程管理制度，建立了工程监理制度，促进了项目建设管理的规范化，保证了项目的顺利实施。

（交通部）

借用外资引进先进技术，实现大型养路机械跨越式发展

20世纪80年代，随着我国铁路运输密度加大，线路维护与运营的矛盾日益突出，在繁忙线路，采用传统的方式和手段已无法完成正常的线路维护作业，致使线路失修情况日趋严重，危及行车安全。在这种情况下，铁道部实施引进高效大型养路机械，利用封锁天窗对繁忙线路进行维修，取得了突破性进展，保证了主要干线的安全畅通，从而也开创了我国铁路养路机械现代化的新篇章。

一、根据国情，利用外资引进先进技术，发展我国大型养路机械

1983年，我国开始从奥地利普拉塞公司（Plasser&Theurer）引进用于线路捣固、稳定、配碴和清筛等的一批大型养路机械，在北京铁路局、原锦州铁路分局试用。试用表明，高效大型养路机械工作效率高、作业质量好、安全有保证，其综合经济效益明显优于传统的作业方式，在中国铁路使用是完全可行的。

为此，1988年铁道部提出了繁忙干线和特殊困难地区要采用高效、配套的大型养路机械作业，同时确立了高起点引进国外大型养路机械先进技术，通过消化吸收实现国产化的方针。根据这个方针，在利用世界银行贷款采购部分设备前提下，以技贸结合方式引进捣固车生产技术，并确定昆明机械厂（即现在的昆明中铁集团公司）为大型养路机械生产基地，组建了以昆明厂为主导厂的大型养路机械联合生产体系，实施大型养路机械引进技术、消化吸收和国产化工作。

截至2002年，铁道部陆续利用外资成功进行了08-32捣固车、RM80全断面道碴清筛机、09-32连续式捣固车、08-475道岔捣固车四种主要机型的技术引进和国产化生产，实现了我国铁路大型养路机械国产化配套。

二、正确选择引进项目，确保技术引进一次成功

确定引进项目，就是选择我国的装备机型。机型是技术的载体，机型的选择将决定引进项目的技术含量，决定装备技术水平的起点，决定装备投资的经济性、可靠性，以及装备换代的周期。因此，选择机型时应坚持以下原则：一是技术性能、制造水平要进入国际先进行列，要体现高起点、适度超前的观念；二是产品成熟、工作稳定可靠、安全性好、经过运用考验的定型产品；三是综合经济性好，具有较高的性价比和较低的运用成本；四是适应中国铁路的使用条件，作业质量能满足中国铁路的技术标准及要求。

大型捣固车是铁路线路养护的基本机型，在大修和维修机组中部必须配备，是使用数量最多的机型，预计我国装备数量约为300台左右。因此，确定大型捣固车作为第一种技术引进的机型。

1988年4月，采购8台捣固车并同时引进制造技术招标公告登报后，铁道部组织出国考察小组，对参加投标的奥地利普拉塞公司和澳大利亚坦波公司进行实地考察，对技术转让方的历史、规模、财力、信誉、技术实力、产品先进性、可靠性等方面作了翔实调查，为正确选择引进机型和合作伙伴，打下了坚实基础。根据大量调研和实际应用的结果，最后确定奥地利普拉塞公司的08-32型捣固车为引进项目。

普拉塞公司是全球生产大型养路机械最大的跨国公司，08-32型捣固车是该公司20世纪80年代的代表产品，也是20世纪80年代末国际上最先进的机型，这种机型的生产数量在1988年已超过1000台，在世界各地得到广泛应用。其先进的综合性能和实际应用效果在北京、锦州两地经长时间考核后，已得到证实。

08-32型捣固车作为第一个引进技术项目，截至2005年底联合体已国产化生产194台，其中利用外资采购116台，仅此一项累计创汇10407万美元，节汇3105万美元，节汇达到引进技术所付入门费125万美元的24倍，直接经济效益非常显

著。它对大型养路机械国产化工作所产生的巨大推动力表明，该技术引进项目是成功的，选型是正确的。

在捣固车技术转让合同执行过程中，普拉塞公司信守合同，作风严谨，技术资料转让如期，技术支持到位，为我们顺利消化吸收引进技术打下良好的基础，也为双方更深入的合作创造了条件。1993年、1999年又先后从普拉塞公司引进了RM80型清筛机、09-32型连续式捣固车、08-475型道岔捣固车三项生产技术，使我国铁路大型养路机械国产化工作取得了极大进展。

三、采用技贸结合模式，降低引进成本

对于大型养路机械引进技术，有两种模式可以选择：一是合作生产，转让方仅向我方提供所生产部件的技术资料，这是一种不完整的技术转让，不利于我们对产品核心技术的掌握和国产化比例的提高；二是转让生产许可证，要求转让技术方全面提供其产品专有生产技术，而我方将获得生产技术的使用权，这是一种真正意义上的技术引进。大型养路机械的技术引进采用了转让生产许可证的模式，它不仅使我们在最短的时间内全面掌握了国外大型养路机械先进的制造技术，生产出国产化的高水平设备，而且提供了最大限度地扩大国产化比例，降低产品价格的可能。实践证明，大型养路机械的技术引进模式是成功的。

在大型养路机械技术引进工作中，我们始终坚持技贸结合的方针。利用批量采购大型养路机械的筹码，同时引进技术是最有利的时机，即使是对技术转让持保守态度的厂家，也难以克服批量采购的诱惑。在操作上可以把技术转让作为厂商投标的先决条件，也可以要求对采购设备和技术转让同时报价。在大型养路机械技贸结合引进技术中，08-32型捣固车和RM80型清筛机的招标数量分别为8台和6台，09-32型捣固车和08-475型道岔捣固车采购数量各为13台，操作上都是成功的。多家投

铁道部借用美国进出口银行贷款引进大型机械项目。图为吹砟机在沈阳局作业

标时还可以引入竞争机制。1988年，08-32型捣固车转让技术谈判时，铁道部邀请参加投标的奥地利普拉塞公司和澳大利亚坦波公司来华，隔日轮换谈判，外商为了中标，进入中国市场，竞相降低技术转让费和条件。

引进大型养路机械生产技术之后，原则上不再继续采购技术转让方的整机，要把设备采购时间与国产化进度衔接起来，以对技术转让方和引进方同时施加压力，从而加快国产化的进程。这种“后技贸结合方针”的应用效果十分明显，1988年8月，铁道部引进08-32型捣固车制造技术，1989年7月即完成国产化样机制造，同年12月昆明机械厂便参加世行贷款采购20台捣固车的招标。国产化设备投标报价为65万美元，低于普拉塞公司14.74万美元，这一标就节约外汇294.8万美元，相当于技术转让入门费的2.36倍。

因此，引进技术和购机在时间安排上，要注意为国产化生产提供机遇，以便加快引进技术费用的回收。有效实施技贸结合引进技术的方针，关键在于与国产化单位有机配合，处理好眼前利益和长远利益的关系，并且要树立起支持民族工业发展的责任。

四、认真做好国产化工作，加快国产化步伐，提高国产化水平

（一）建立联合体机制，集中专业优势力量，加强引进技术的消化吸收和技术攻关能力是大型养路机械国产化工作的成功经验之一

为顺利实施技术引进国产化工作，1988年铁道部协调小组经考察研究，组建了以昆明机械厂为主体，由铁道科学研究院、铁道专业设计院、戚墅堰机车车辆研究所、株洲电力机车研究所等单位共同组成的大型养路机械国产化联合体。20年来，联合体按市场经济规律要求，以资本为纽带，发挥集团优势，保证和加快了技术引进、消化吸收和国产化的实施，取得了明显效果：一是按专业分工，形成专业化生产，改变了企业大而全的生产模式；二是发挥企业原有工艺装备能力，减少重复投资，较快地形成生产能力，加快了国产化进程；三是集团经济扩大了生产规模；四是发挥院所研究人才力量，实现了科研与生产相结合。

联合体国产化分工中，昆明机械厂负责技术转让合同的全面执行，并承担大型养路机械部件制造及总装调试工作。铁科院、专业设计院承担引进技术消化吸收的技术总体及组织国产化设计工作。戚墅堰研究所和株洲研究所分别承担工艺复杂部件和电气系统的技术消化和国产化设计及制造工作。联合体的组成加快了消化吸收、实现国产化的进程，保证了国产化的质量，发挥了即有人才和设备资源的潜力，降低了国产化工作的成本。

（二）坚持引进技术标准不降低

长期以来我国工业系统低水平生产实践所形成的低水平的质量意识是消化吸收国外先进技术的一大障碍，必须始终坚持把提高质量意识放在首位，坚持转化技术标准不降低。要在认真消化吸收引进技术的基础上进行图纸、资料的转化，原则上等效采用国外先进制造标准。

（三）适度进口部分配件，稳步推进国产化

为了确保整机质量，适度保持从技术转让方进口一些零部件十分必要，这些配件有一些是非技术转让方的专利产品，有些则是属于国产化困难或者经济上开发不尽合理的配件。国产化初期进口比例可以高一些，而后逐步递减。国产化的推进必须实事求是，要警惕降低标准盲目追求国产化对产品质量的冲击，要注重性价比即设备运用的综合效益，而不是单纯的价格，防止产品质量的劣化。

同时在实施国产化生产中，要扩大与国外配套元器件制造公司合作，直接采购，这是降低国产化成本的重要途径。以道依茨公司的F413风冷柴油机为例，1996年普拉塞公司每台售价53195美元，直接从道依茨采购每台售价33497美元，仅为普拉塞公司售价的62.97%，每台节省19698美元，节汇十分可观，而且免费提供技术资料，及时派人上门服务，这些都是普拉塞公司做不到的。因此，只要有条件，进口配件应直接向配件制造商采购，以便得到更优惠的价格及服务。

多年来，通过利用外资、引进技术国产化生产，取得了明显的经济效益和社会效益。截至2005年底昆明中铁集团公司共生产各类大中型养路机械686台，占全路大型养路机械保有量80%以上，其中四种引进技术产品已累计生产357台，成为名副其实的大型养路机械生产基地。从1989年第一次参加国际招标到现在，六种主型产品已累计

中标334台，累计创汇3.8亿美元，累计节汇1.1亿美元，取得了良好的经济效益（见下表）。利用外资、引进技术国产化生产成为创汇、节汇的最有效途径。

国际招标中标产品创汇、节汇统计表

单位：万美元

项目	08–32捣固车	SPZ–200配渣车	RM80清筛机	WD–320稳定车	09–32捣固车	08–475道岔捣固车	合计
中标台数	116	60	42	72	32	12	334
累计创汇	10407	1642	11584	6353	5297	2370	37653
累计节汇	3105	256	2447	1726	2227	1306	11067
平均每台创汇	89.71	27.36	275.80	88.23	165.53	197.50	
平均每台节汇	26.76	4.26	58.26	23.97	69.59	108.83	

20年来大型养路机械国产化的发展历程，充分体现了跨越式发展带来的技术进步和巨大的社会、经济效益。由于在几次技术引进中都选择了世界上最先进的技术，我国大机领域跨越了与国外先进水平长达30年的差距，跨入世界先进水平行列。当前，随着中国铁路跨越式发展的不断深入，“十一五”期间铁道部将全面引进世界上最先进、最高端的大型养路机械产品，在更高层次上发展中国大型养路机械。我们有理由相信，通过新一轮技术引进消化吸收再创新，中国大型养路机械跨越式发展必将更加辉煌。

（铁道部利用外资和引进投资中心）

借用世界银行贷款，促进内河建设创新发展

我国从1995年开始利用世界银行贷款进行内河航运建设，至今共安排了五期内河航运项目，贷款签约总额6.24亿美元。这些项目的实施为我国进一步利用外资发展内河航运积累了宝贵的经验，也为我国内河航运的持续发展奠定了坚实的基础。

一、利用国外贷款项目的基本情况

（一）内河航运项目一期

世界银行贷款内河航运一期项目是我国首次借用世界银行贷款建设的内河航运项目，借用世界银行贷款2.1亿美元，项目执行期为1995年至2001年。项目主要工程包括浙江航道整治、西江航运二期和湘江航道整治。其中浙江航道整治工程包括四部分：长兴–杭州–上海河道，北京–杭州河道，杭州–上海河道，乍浦–嘉兴–苏州河道。西江航运二期工程主要包括：贵港航运枢纽一座长190米、宽23米的大型船闸，船闸一次可通过两列2×1000吨顶推船队，设计年通过能力1200万吨；一座安装4台30兆瓦灯泡贯流式发电机组的电站，总装机容量1200万吨，年发电量约6亿千瓦时；另外还有拦河大坝、对外交通、输电工程、库区航道整治和航道通信等工程。湘江航运建设工程建成了大源渡航电枢纽，由千吨级船闸、4台总装机容量为120兆瓦灯泡贯流式机组电站、23孔泄水闸及坝顶公路桥等主要建筑物组成；渠化衡阳至大源渡枢纽航道62公里，达到通行千吨级船舶的航道标准。

（二）内河航运项目二期

世界银行贷款内河航运二期项目借用世界银行贷款1.23亿美元，执行期为1998年至2006年。二期项目主要是广东省和江苏省的内河航运建设，其中广东部分包括治理西江下游肇庆至虎跳门3000吨级海轮航道168公里，莲沙容1000吨级江海轮航道整治90公里。江苏部分主要是在京杭运河江苏段建设五座大型船闸，分别是谏壁二线船闸、淮安三线船闸、淮阴三线船闸、宿迁三线船闸、解台二线船闸，使京杭运河及船闸的船舶通行能力达到2000吨级。

（三）内河航运项目三期

世界银行贷款内河航运三期项目执行期为2001年至2007年，借用世界银行贷款1亿美元。三期项目主要是进行湖南省株洲航道整治和航运枢纽建设，建成了株洲航电枢纽工程，该工程是“十五”期间国家重点建设项目，是为了沟通湘江一期工程和二期工程已建成的上、下两段千吨级航道，消除“瓶颈”，在株洲至大源渡之间再建一个梯级。渠化株洲枢纽至大源渡枢纽航道，使湘江从衡阳至城陵矶257公里航道全线达到千吨级通航标准，是湘江下游航道开发建设中早已规划的一个重要的梯级渠化工程。工程由千吨级船闸、5台总装机容量为140兆瓦灯泡贯流式机组电站、24孔泄水闸及坝顶公路桥等主要建筑物组成。

（四）内河航运项目四期

世界银行贷款内河航运四期项目执行期为2004年至2010年，借用世界银行贷款0.91亿美元。四期项目主要是进行广西区和广东省的内河航运建设。其中广西区部分主要是百色和南宁间的右江河道整治和那吉航运枢纽工程，该枢纽工程包括兴建一座20米高的大坝以调节水深，1000吨级船闸和一座装机容量为57000千瓦的电站。广东省部分包括北江中游韶关至清源段180公里300吨级航道，北江支流连江13公里河道和劳龙虎水道约16公里1000吨级航道的整治和改造；兴建西牛航运枢纽，该枢纽包括一座调节水深的低坝，1000吨级船闸和一座装机容量为6400千瓦的电站。

（五）内河航运项目五期

世界银行贷款内河航运五期项目执行期为2005年至2011年，借用世界银行贷款1亿美元。五期项目主要是进行湖北省崔家营航电枢纽建设。该枢纽建设内容包括：泄洪闸35孔，挡水坝1242米，1000吨级船闸1座，发电机组5台。建成后船闸和33

公里长的水库将可供运力为1000吨的船只通行；每年将向襄樊市供电4.15亿千瓦时；同时将满足襄樊地区的生活、工业和农业用水（灌溉177万亩农田）。

二、国外贷款对内河发展的积极作用

（一）补充内河建设资金不足，改善投资结构

国外贷款的引入，扩大了我国内河建设利用外资的规模，缓解了建设发展资金的短缺，扩大了建设资金来源。尤其是航道建设项目属投资较大，经济效益不明显，但综合社会效益显著的行业，国外贷款资金的投资带动了航道建设资金的投入，加速了航运业的发展。在1990年以前，航道的建设资金投入一直非常有限，从“九五”期间开始国家加大了航道建设发展的投资力度，其中一批国外贷款内河项目是重要的推动因素。通过利用国外贷款投资内河建设，改善了债务结构，降低了项目建设成本。相对于我国商业银行贷款，国外贷款的利率低、期限长、条件比较优惠。利用国外贷款进行内河建设改善了内河投资的债务结构，对争取时间，进行改革和建设是极其有利的。

（二）促进流域水运事业的复兴，拉动当地经济的快速发展

国外贷款内河项目的建成，对促进船舶运力增长，促进流域水运事业复兴，改善当地综合运输条件，拉动经济快速发展起到了积极的促进作用。例如，湖南省大源渡和株洲两个航电枢纽的建设，使衡阳至岳阳城陵矶439公里的航道，真正以通行一顶四艘千吨级船队的三级通航标准全线贯通，使湘江成为一条与长江相连，实现干支直达、通江达海的水运主通道，大大提高了湘江的航运条件和通过能力，对改善湖南综合运输条件，促进沿江经济发展具有十分重要的意义。再如，世界银行贷款二批内河项目直接腹地佛山、中山、江门、珠海等市的国内生产总值、地方财政收入、工业总产值逐年递增，同时沿江河工业及码头也得到进一步发展。世界银行贷款二批内河项目建设前，西江下游航道只能通航1000吨级驳船，莲沙容水道只能通航500吨级驳船。目前随着整治工程的实施，西江下游航道可以通航3000吨级海轮，莲沙容水道可以通航1000吨级江海轮。航道航行条件的改善，使船舶不断向大型化发展，促进了船舶运力的增长。随着西江下游航道及莲沙容水道整治后航道尺度加大，沿线如广州、珠海、江门、佛山、肇庆等一批3000～5000吨级港口码头已经或将陆续建成，通过这两条航道的货运量逐年稳步增长。

（三）引进先进的技术设备

按照国外贷款的要求，我国的许多项目均需采购国际上较先进的技术装备及实验测试设备。如世界银行贷款内河二期项目于2002年利用世界银行贷款引进了一艘先进的1000方耙吸式挖泥船，该船由中国港湾建设（集团）总公司中标并总承包，采用荷兰IHC公司先进的总体和技术设计，船舶的重要系统等采用国外知名品牌厂家产品，由广州文冲船厂进行技术转化、施工设计并建造的合作方式完成。该船的技术含量较高，并且以这种合作方式来建造耙吸船在国内还是首次，对我国学习并吸收世界的先进技术经验也产生了积极重要的影响。

（四）引进先进的管理方法

引进国外贷款，不仅为我国内河建设提供了资金，引进了先进的技术和设备，而且还引进了先进的管理方法。通过技术援助和项目合作，我国吸取了国际金融组织一些有益的建议，改善了项目的管理程序，同时还引进了先进的施工管理办法，建立了合同管理方式与工程师监理制度等。目前，工程师监理制度和保障透明度的竞争性招标机制已广泛地运用于内河项目中，这些先进管理方法的引入，对改进我国内河建设工程管理制度，有效地进行质量和费用的控制发挥了积极的作用。

（五）培养大批人才，加强机构建设

我国内河项目都积极充分地利用了国外贷款机构的优势，在与咨询专家的合作和双方的技术援助课题中，培养了大批的技术型及管理型人才，对加强国内相关机构建设提供了有力的支持。如京杭运河船闸扩容项目共举办了15期培训班，培训课题涉及内河航道及船闸的营运管理、环境监测与保护、船闸设计、施工监理、采购与合同管理、财务管理、经济分析和评价、项目管理、质量管理、航道数据的采集及交通量预测等多个方面。这些培训使航道系统及有关单位的管理和技术人员学到了很多发达国家在航道船闸建设、管理、养护等方面的先进技术和成熟经验，对这些先进技术和经验的引进推广起到了积极的推动作用。

三、未来展望

国家提出了建设节约型社会的战略部署。相比其他运输方式，内河航运可有效利用天然河流，具有运能大、能耗小、成本低、占地少、污染小等特点，在综合运输体系中的优势作用明显，为今后继续积极利用国外贷款促进内河航运建设提供了良好契机。

我国提出“内河振兴”战略，紧密结合地区自然条件、经济发展水平和水系综合开发，用15年左右的时间（到2020年），实现内河航道高等级化、船舶标准化、码头专业化、水资源综合利用最优化。要实现这些目标，必须有充足的资金保证。在加大政府投入的同时，积极拓宽资金渠道，鼓励社会资金和外国资本进入内河水运业是新时期内河建设投融资的有效方式。在未来内河航运的发展中，积极利用国外贷款是内河建设融资的重要一环，是保证内河持续快速发展的有效途径。我们要在吸取以往经验的基础上，完善内河建设利用国外贷款的有关政策、程序和管理体制，特别是创新具有公共品性质的内河航道建设的还款模式，保证国外优惠贷款能够为我国的内河发展贡献一份力量。

（交通运输部综合规划司）

厦门海沧大桥项目借用国外贷款回顾与总结

一、项目概况

厦门海沧大桥为国家“九五”重点建设项目，是我国第一座特大型三跨吊钢箱梁悬索桥，建设标准为双向六车道加紧急停车带的高等级公路桥梁。主桥长1108米，建设总里程6427米，由石塘立交、西引道、西引桥、西航道桥、东航道桥、东引桥、东渡立交、东引道及附属工程等组成。根据交通部公建[1996]907号批复，该项目概算总投资28.74亿元，1997年开工建设，1999年底完成通车。

该项目的资金筹措得到国家发改委（原国家计委）等相关部门的大力支持，早在1995年，原国家计委在计交能[1995]128号文批准海沧大桥立项时初步安排1.5亿美元的日输出入银行（以下简称日输银）贷款，后又在审批海沧大桥工程可行性研究报告时确定该项目向日输银贷款1.3亿美元，由中国银行总行向日输银统贷后，由中总行委托厦门分行转贷给市路桥公司。该贷款为日本对我国的优惠贷款，贷款利率较当时人民币贷款利率低；贷款期限较长，为15年，宽限期3年。该笔贷款担保为：建设期由厦门大桥资产抵押过渡担保，海沧大桥建成通车后转换为海沧大桥收费权质押担保。

二、项目资金结构及特点

项目资金来源计划总额27.65亿元，实际到位资金为21.63亿元，其中借用国外贷款1.3亿美金，具体见表1。

从资金结构来看，该项目建设资金主要来源为银行贷款，占比达50%，特别是国外银行贷款，占比高达39%，可以说该项目有效发挥了国外贷款的资金支持作用，才得以按期、高质量顺利完工通车。

三、主要成效

（一）弥补了建设资金的不足

厦门海沧大桥始建于1997年，当时融资环境可以形容为“内外交困”：国内银根紧缩，国际上又恰遇亚洲金融危机，项目融资遇到前所未有的困难。日输银1.3亿美元的国外贷款及时解决了项目主要建设资金，为项目建设和顺利实施奠定了良好的资金基础。

表1　海沧大桥资金结构表

项　目	建设资金构成	
	金额（万元）	占比（%）
1. 日本输出入银行贷款	107621	50
2. 国债	3250	2
3. 国家开发银行贷款	30000	14
4. 国债配套	3300	2
5. 部门拨入专款	20	0
6. 厦门市自筹	72067	33
其中：市财政前期拨入	1418	
市财政“五费”拨入	7032	
市财政“无息”贷款	14000	
路桥股份公司募股资金	49617	
厦门大桥通行费收入	0	
合计	216258	100

注：日输银1.3亿美金到位时按当时汇率折算。

（二）节约资金使用费用，降低了工程建设成本

日输银1.3亿美元的使用总成本约为6.8%（当时的美元6个月LIBOR为6%），比同期国内银行贷款9.2%的利率低2.4个点，建设期内节约利息总额约8000万元人民币的利息，创造了良好的经济效益，为海沧桥项目最后能节约投资7.8亿元发挥了有效的作用。

（三）加强国际交流，促进管理和技术进步

海沧大桥是亚洲第一座、世界第三座三跨连续全漂浮钢箱梁悬索桥，建设与管理全部采用世界先进技术。在建设过程中，厦门市路桥建设投资总公司频繁与日本、丹麦等国外桥梁专家加强交流，通过他国专家的技术指导和引进国外先进的桥梁建设技术和设备，在吸收消化的基础上，使海沧大桥

的建设和管理技术得到了创新，从整体上缩小了与世界桥梁建设和管理技术上的差距，为能承接国内外大型桥梁的建设与管理打下了坚实的物质基础。同时通过先进建设与管理技术以及先进设备的引进，最大限度降低了对项目施工地的海洋生态环境的破坏，同时还保持厦门港主要航道在该项目建设期内能正常运行。

日本在悬索桥建设方面有着丰富的经验，当时世界上主跨最大的悬索桥为日本明石海峡大桥（主跨1991米，1998年4月5日建成通车）。与日本的技术合作主要包括：①参与大桥线位选择的论证，当时主要有南线和北线，南线经过火烧屿岛，北线则从火烧屿岛北侧经过，北线对该岛屿的生态影响较小但重力锚碇需修建在全强风化的极软弱地层上难度极大，日本专家参与了方案论证，提出了可行的锚碇基础处理措施，成功实施了北线方案；②参与桥型方案选择，最后确定采用三跨连续全漂浮体系悬索桥，具有桥型美观，行车舒适，受力合理，抗风抗震性能好，易于维护等优点；③参与施工监理，由日本专家森田先生担任副总监，把日本悬索桥建设的先进经验引进到海沧大桥；④参与钢桥面铺装技术合作；⑤开展人才培训计划，中方派技术人员到日本进行技术培训，日本专家森田作为突出贡献的外国专家获“中华人民共和国友谊奖”。

丹麦在悬索桥的建设与大型桥梁养护管理方面积累了丰富的经验。世界上第二座三跨漂浮体系悬索桥即为丹麦的大贝尔特桥（主跨1624米，1998年建成通车），丹麦桥梁管理系统处于世界领先行列。特大型桥梁的养护管理是一个多学科、多任务、多用户、长期性的综合系统工程。为了达到一流的管养水平，海沧大桥与丹麦公路局合作开发了“特大型桥梁养护管理系统（简称LBMMS）”，引进丹麦先进的桥梁养护管理技术，建立了科学的特大型桥梁养护管理系统及IT软件，采用预防为主的全过程控制性养护，实现养护管理规范化、标准化、制度化、信息化，为养护管理科学决策提供了技术支撑，确保大桥长治久安，并使维护费用最小化。经鉴定，该项技术达到世界先进水平，在养护管理方面具有重大技术创新，实用性强，为重大基础设施科学养护管理提供了一揽子解决方案，具有重大的推广应用价值。该系统在海沧大桥应用取得显著经济和社会效益，包括显著提高桥梁养护管理水平，节约养护成本；延长桥梁使用寿命产生的效益；减少交通干扰、节约燃料、降低机械、轮胎损耗、降低桥梁用户成本、减少交通事故损失产生的社会效益。使海沧大桥的养护管理处于国内领先水平。目前系统已在福建省高速公路、陕西秦岭终南山公路隧道（18公里）等工程的养护管理中推广应用。该系统获2003年厦门市科技进步二等奖，并作为“三跨连续钢箱梁悬索桥成套创新技术”成果之一获2004年福建省科技进步一等奖。

四、项目的社会效益

该项目的建设，在取得经济效益的同时，也创造了良好的社会效益：

（一）极大缓解了厦门进出岛交通压力

同厦门整体路网相比，进出岛路网是厦门市最为薄弱的环节，在海沧大桥建成前，唯一进出厦门岛的通道就是厦门大桥和旧的海堤。随着厦门经济的快速发展，特别是岛外开发步伐的加快，旧通道已不能完全满足日益增长的交通需求，海沧大桥的建成，为疏解厦门进出岛的交通压力发挥了非常重要的作用。

（二）加快海沧区资源开发，促进经济快速发展

海沧是厦门重要的化工基地，也是国家级的台商投资区，与厦门岛一水之隔。在海沧大桥建设之前，两地往返一次需要一个小时左右。海沧大桥建成后，往返两地只要十分钟，极大便利了海沧区的交通，促进了海沧区的招商引资工作，提升了海沧区土地价值等级，扩大了土地级差收入，改善了海沧区的投资和生活环境。

（三）推进海沧台商投资工业区的完善，促进对台经济、技术和文化交流

作为台湾产业外移与合作基地的海沧台商投资工业区，充分发挥其重要的桥梁作用，极大地推动了台海之间的经济、技术和文化交流，对推动两岸的“三通”，加快产业互补合作作用巨大。

五、主要经验与教训

对于国外贷款，除符合国家相关政策外，主要考虑外币利率和汇兑风险。国外贷款项目一般跨期较长，其间外币利率和汇率的变动都将影响外币的使用成本，因此在贷款前，要综合考虑外币的币种、利率

和汇率等因素，对外币的利率和汇率在还款期内走势变动要有一个清醒的判断，然后与国内融资的难度和成本进行比对，合适则贷，否则不如充分利用国内资金。所以，在选择外币贷款时，一般应选择那些币值较稳定、利率走势可判断的币种，以免在还款期内因汇率和利率的波动而带来风险。另外在借款合同条款约定中，要体现“根据外币未来利率和汇率走势变动情况可以提前还贷”等内容，以把握主动，若届时利率和汇率变动对提前还款有利，可通过国内贷款提前还款，以减少不必要的损失。

五、海沧大桥建设中的技术创新

在厦门海沧大桥的建设过程中我们认识到，引进国外的先进技术决不是简单地复制或照抄照搬。厦门市路桥建设投资总公司在引进国外先进技术的同时，反复比选各种桥梁建设方案以及各个环节中关键技术的利弊，参考了国内外大量桥梁工程建设中的领先技术，结合厦门的实际情况，充分发挥全体工程技术人员的智慧力量和自主创新能力，与国内外技术专家开展了“三跨连续钢箱梁悬索桥成套创新技术”的研究，包括三十多项专题研究，在国内首次系统地解决三跨连续全漂浮体系钢箱梁悬索桥关键技术难题，研究成果应用于海沧大桥建设，节省投资7.8亿元，提前12个月于1999年底建成通车，实现了创“精品工程”和“一流景观”的目标。经鉴定，该成套技术多项成果填补了国内外空白，总体达到世界先进水平，相关成果已在国内其他桥梁工程建设中广泛推广应用，对国内外悬索桥建设起到巨大推动作用。

本项目主要包括以下八个方面的创新：

（1）三跨连续全漂浮悬索桥设计创新。系统地解决了三跨连续钢箱梁悬索桥设计中的关键技术；开发了设计计算软件；在国内首次采用了浅埋倒坡箱式基础、框架式锚碇，经济合理地解决了在强风化泥灰岩上修建悬索桥锚碇的难题。三跨连续体系很好地解决了航空限高和通航净空的矛盾，且具有行车舒适、外形美观、结构刚度大、总体受力合理、抗风与抗震性能好、便于养护等优点。

（2）锚碇大体积混凝土设计及防裂技术的研究创新，解决了悬索桥锚碇大体积混凝土温度开裂问题。

（3）悬索桥“先缠丝，后铺装”施工新技术的研究创新。系统地解决了新工艺的理论、计算方法、技术指标、工艺要求，施工管理要点，形成了系统的流程技术，缩短了工期，提高了主缆防护质量，是对近百年来悬索桥传统施工流程的重大革新。

厦门海沧大桥建设项目，借用日本政府无附带条件贷款。图为大桥夜景

（4）悬索桥上部结构施工专用设备的研究创新。实现紧缆机、缆载吊机、缠丝机的国产化，其关键技术取得多项创新，性能优越，费用低。

（5）悬索桥预应力锚固系统的研究创新。开发了OVM·MD15－7型预应力钢绞线锚固系统，结构简洁，受力明确，性能稳定，用钢量少，施工方便。该系统拥有自主知识产权，填补国内空白。

（6）三跨连续全漂浮悬索桥施工监控新技术的研究创新。提出主缆成桥线形是以索夹中心为分点的分段悬链线理论，解决了成桥线形的精确计算方法。

（7）桥梁景观新技术的研究创新。

（8）特大型桥梁养护管理系统的研究。实现了养护管理标准化、程序化、制度化和信息化。

根据本项目主要成果汇编出版了专著《厦门海沧大桥建设丛书》，人民交通出版社2001～2003年出版，共九册，计400余万字，该丛书的出版受到桥梁界的一致好评，并被广泛收录和引用。

本项目先后获得省级科技进步一等奖1项，二等奖1项，三等奖1项，市级科技进步一等奖1项，二等奖2项，三等奖2项，本项目技术总负责人曾超副总经理获2005年厦门市重大科技贡献奖（每2年评一次）。具体奖项包括：

曾超，厦门市重大科技贡献奖，2005年，厦门市人民政府；

三跨连续钢箱梁悬索桥成套创新技术，2004年，福建省科技进步一等奖，福建省人民政府；

特大型桥梁养护管理系统的研究，2003年，厦门市科技进步二等奖，厦门市人民政府；

桥梁景观新技术，2003年福建省科技进步三等奖，福建省人民政府；2002年厦门市科技进步三等奖，厦门市人民政府；

悬索桥锚碇预应力锚固体系，2002年，柳州市科技进步二等奖，柳州市人民政府；

悬索桥“先缠丝后铺装”施工新技术，2001年，厦门市科技进步一等奖，厦门市人民政府；

厦门海沧大桥西航道桥连续刚构弯箱梁结构分析与实验模型研究，2000年，福建省科技进步二等奖，福建省人民政府。

厦门海沧大桥风速观测、设计风速计算专题，1996年，厦门市科技进步三等奖，厦门市人民政府。

（厦门路桥建设集团有限公司）

世界银行贷款广东省航道项目工作总结

一、项目简况

为进一步加快广东省的航道建设，广东省航道局先后组织实施了两个世界银行贷款项目：内河Ⅱ项目广东部分项目和内河Ⅳ项目广东部分项目。

内河Ⅱ项目广东省部分项目总投资约13.66亿元，其中世行贷款5000万美元。项目规模主要是西江下游肇庆-虎跳门3000吨级海轮航道及其分支莲沙容1000吨级江海轮航道的建设，航道总长度258公里，共有25个土建和设备合同段。目前，项目主体工程已完成。

内河Ⅳ项目广东省部分项目总投资约为9.3亿元，其中世行贷款4600万美元。项目规模主要是建设劳龙虎水道1000吨级江海航道、北江中游300吨级航道以及通航100吨级船舶、装机容量1万千瓦的连江西牛航运枢纽。目前，项目已开工建设，预计2008年主体工程建成并投入使用。

二、项目建设的重要意义

发展广东省航道建设，有利于完善综合交通运输体系，增强广东省国民经济发展后劲，提高经济发展的竞争力，促进经济社会可持续发展，同时也将大大促进广东省内偏远山区与珠三角地区的联系，有利于发挥珠三角地区的经济辐射作用。

内河Ⅱ项目和内河Ⅳ项目等两个世行贷款项目的建设，逐步改善航道航行条件，船舶吨位逐步向大型化发展，如加大西江下游航道及莲沙容水道整治后航道尺度和沿线城市广州、珠海、江门、佛山、肇庆等一批3000～5000吨级港口码头陆续建成，大大促进了船舶运力的迅速增长，直接拉动当地经济的快速发展。

三、成效分析

（一）引进先进的技术、设备和管理

1．通过国际竞争性招标引进了先进设备

在实施世行贷款内河航运Ⅱ项目广东部分项目的过程中，项目单位通过国际竞争性招标，引进了一艘1000方耙吸式挖泥船。该船是采用荷兰IHC公司先进的技术建造而成，其重要系统如主推进系统、柴油发动机、液压系统、挖泥疏浚系统、主配电板等均采用国外知名厂家产品，技术含量较高，质量较好。

2．通过引进先进技术提高航道管理水平

航标管理是内河航道业务管理的一个重要内容。传统的航标管理采用人工巡查方式，一般每隔七天巡查一次，航标发生故障或者因恶劣天气被损坏的情况不能被及时发现，这种管理方式存在明显的缺陷。内河航运Ⅱ项目采用国际招标方式，选择专业水平高、技术力量强的信息系统有限公司开发、研制并承建西江和莲沙容航道的航标及水位遥测遥报系统。该系统采用“易安装、易拆卸、易维护”产品工程设计方案。目前已完成该系统的总体设计、系统软件开发、RTU的开发等工作。产品投入使用后将能有效确保航标稳定、可靠地工作，对促进航运安全有着重要意义。

（二）在促进政策制定和完善、制度建设和管理创新方面的作用

1．广东省航道世行贷款项目通过引入市场竞争机制促使航道疏浚部门市场化

内河航道整治完成后，有大量的疏浚和维护任务。世界银行建议广东省航道部门组建财务独立的有限责任公司，在项目下采购并运营高效率的耙吸式挖泥船，承担日常疏浚和维护任务。世行的建议有利于推动航道疏浚部门商业运营的转制，促进建立“建管分离”的管理方式，行政性的管理、监督职能将进一步与具体建设、维护职能分开，航道基础建设进一步市场化。

2．通过考察评估推动水资源统一管理

河流的开发涉及航运、环境保护、灌溉、防洪等多个部门，水资源的综合利用要在不破坏生态平衡的前提下，使国民经济各相关部门获得最大的综

合效益。世界银行建议利用由项目修建的西牛和那吉大坝来加强大坝上游和下游河段水资源排放的协调处理机制，从而解决可能的冲突问题。协调重点在于飞来峡下游通航水深要求、有关河流水量和水深突变的限制等。目前，在水利部门的协调下，广东省航道局与飞来峡管理局达成放水协议。

世界银行在项目评估过程中，对沿岸及腹地港口、码头的能力进行了考察，建议要对内河港口码头的发展规划重新评估调整。

3．基建项目采用了规范的合同管理和监理制度

在实施世行贷款项目之前，广东航道基建项目的管理都是采用行政管理的“指挥部”形式进行的。目前，所有航道基建项目都采取规范的合同管理和工程师监理制度。建设单位、监理工程师单位、施工单位（合同承包商）三家的权责明确。业主和承包商签订合同；工程师单位受业主委托全面监督工程的实施，在工程的技术和施工方面对业主负责，并代表业主进行合同的管理；承包商负责工程的实施，就合同的履行和工程质量对工程师负责，并通过工程师与业主联系；业主根据工程师的意见进行项目资金支付以及项目变更等问题的处理。整个管理体系均按照合同来进行，各方责任明确，管理严格，效率很高，作用明显。

在实施世行贷款内河Ⅳ项目以前，内河Ⅱ项目和内资项目只有土建合同采用了施工监理。在实施内河Ⅱ项目之后，省航道局在实施内河Ⅳ项目和内资项目时，土建、设备采购和一些咨询服务都采用了监理制度，明显提高了合同执行的效果。比如，对船舶建造合同、局域网计算机系统网络工程、航标遥测遥控系统工程、航道电子地图管理信息系统和船闸管理信息系统软件开发，航道局均选择了有关专家进行全过程的监理，实践证明合同的执行效果比较理想。

4．采用了报账制和项目财务审计制度

在执行世行贷款内河项目之前，航道建设资金采用预算资金逐级拨付的方式。世行贷款项目在

内河航道Ⅱ项目广东省部分项目，借用世界银行贷款。图为飞来峡段7号丁坝抛石作业

资金支付方式采用报账制，对于建设完成的项目内容，按照项目合同规定，通过监理审核合格，根据实际数量和规定的支付方式向项目专用账户申请支付。与传统的资金管理办法相比，报账制是“先干活、后付酬”，保证了资金能全部用于项目和工程，杜绝了资金的截留、挪用、浪费等现象。

为建立有效的资金使用监督机制，在财务管理中，世行项目要求全面推行项目财务审计制度。每年定期由审计部门对项目资金的使用情况进行审计，根据审计结果提出审计报告，发现问题及时纠正，保证项目资金的合理有效使用。

目前的航道基建合同都参照世行的提款报账模式采取报账制和财务审计制度，保证资金合理有效使用，效果非常明显。

四、体会

（一）熟悉世行贷款项目的程序，做好与国内相应审批程序的衔接工作，节约项目的准备时间

世界银行贷款项目的各项准备工作环节需要国内和世行两道程序，若没有做好相应的衔接协调工作，会拖延项目的立项审批和建设的时间。内河Ⅳ项目由于严格按照世界银行的规定充分做好项目的前期准备工作，不到一年半就高效完成了世界银行对项目的鉴定、准备、评估和谈判，大大节约了项目准备的时间。

（二）要加强项目管理机构的建设，加强与项目相关单位的协调

要组建统一的项目办公室负责项目实施管理与协调的具体事务。项目办公室下设综合事务部、计划财务部、合同管理部、工程管理部、技术部等多个部门。项目办公室根据世界银行规定和国家政策制定一整套规章管理制度如《合同管理制度》、《招投标办法》、《财务管理制度》等。各部门配备熟悉业务的项目管理人员，也可根据项目需要特聘部分技术咨询专家和工程现场管理人员等。部分项目委托当地航道管理部门进行现场工程施工管理，方便与当地国土、水利等部门协调。

航道项目涉及水利、交通、国土、电力、农业、电力等多个协作部门。在项目实施过程中，项目办注重与相关部门的协调合作，也非常注重与其他世行贷款项目的横向联系与经验交流，更好地推进项目的实施。

（三）开展信息系统的建设，提高管理效率

在实施内河Ⅰ项目和内河Ⅳ项目等两个世行贷款项目的过程中，广东省航道部门制定了《广东航道信息化规划》。世界银行贷款的技术援助项目如管理信息系统的开发和实施已经完成并投入使用。另外，航标遥测遥报系统、航道电子地图、船闸自动化管理系统将进一步提高航道管理的效率。

（四）培养航道建设和管理的人才

内河Ⅱ项目和Ⅳ项目的实施，针对航道优化设计、工程监理、项目管理、合同采购、财务管理、信息系统管理、经济分析和评价等课题提供了培训，为广东航道建设和发展培养了人才。

“鲁布革冲击”
——水电建设借用国外贷款的探索和尝试

一、鲁布革水电站项目借用国外贷款基本情况

1981年鲁布革水电站（60万千瓦装机）被列为国家重点建设项目，1982年安排利用世界银行贷款和挪威、澳大利亚、加拿大等国家政府赠款共计1.6542亿美元，用以购买发电机组和配套自动化控制设备等。鲁布革水电站工程是我国水电建设史上第一个对外开放的“窗口”，也成为我国水电建设管理体制改革的第一个试点。在引进国外设备的同时，引进了国外先进的技术和管理。当时在全国电力行业中形成了“鲁布革冲击”，其意义和影响是深远的。

鲁布革水电站共利用外资1.6542亿美元，其中包括世界银行贷款1.4540亿美元、挪威政府赠款9000万挪威克郎、澳大利亚政府赠款790万澳元，还有少量的世界银行技术合作信贷和加拿大政府赠款。此外，使用我国外汇资金4000多万美元，购买了发电机组及其附属设备。按初步的工程财务预算，电站投资中外资占总投资的27.53%。引进外资不仅弥补了当时国内建设资金的不足，而且还有助于引进先进技术和先进管理经验，缩短了建设周期。

二、鲁布革电站工程建设简况

鲁布革水电站位于中国云南省罗平县与贵州省兴义市交界、珠江水系南盘江的支流黄泥河上，为混合式水电站。水库正常蓄水位1130米，相应库容1.224亿立方米，死水位1105米，调节库容0.74亿立方米，具有日调节性能。电站装机容量60万千瓦，保证出力8.5万千瓦，多年平均年发电量28.49亿千瓦·时；以220千伏和110千伏电压等级送出。

坝址以上流域面积7300平方公里，多年平均流量163立方米/秒，年径流量51.7立方米，年输沙量344万吨。库区和坝区均是峡谷河段，坡陡流急，基岩出露有二叠系、三叠系、石炭系灰岩和砂页岩。坝区地震基本烈度为Ⅵ度，大坝按Ⅶ度设防。采用混合开发方式，在首部筑坝壅高水位形成水头85米；开挖长隧洞引水，得集中落差287米，合计总水头372米。

工程于1982年11月开工，1985年截流，1988年12月第1台机组发电，1992年12月通过国家竣工验收。主体工程量：土石方开挖152万立方米，石方洞挖104万立方米，土石方填筑222万立方米，混凝土浇筑74万立方米。水库淹没耕地127.4公顷，移民1388人。

该工程由水利电力部昆明勘测设计研究院设计。首部枢纽和厂区由水利电力部第十四工程局施工；引水系统经公开招标，由日本大成公司承包施工。

三、引进设备

除直接引资外，鲁布革工程在主要设备方面还引进了挪威、德国、瑞士、日本等国的先进设备。电站共安装了四台15万千瓦竖轴法兰西斯式水轮发电机组，其中水轮机为挪威克瓦纳公司生产，发电机为德国西门子公司生产。发电机与变压器间采用单元结构，主变压器由日本富士机电公司生产。高压开关为六氟化硫全封闭式，系引进瑞士SE公司产品。电站的控制设备除常规系统外，还

图为鲁布革电站无人值守的现代化地下厂房

引进了西门子公司的R30计算机控制系统，在国内首次实现了用计算机对电站进行就地和远地控制。

四、引进技术

如果说引进设备更主要的是加强了电站的硬件装备，那么引进技术无疑又为鲁布革注入了更强的生命力。通过国际竞争招标，日本大成公司承担了电站引水系统施工工程。在施工中，日本大成公司与中方人员密切合作，利用其先进的针梁钢模浇铸法、钻爆法、洞内激光定点等先进技术，创出了优质的施工质量，并打破了日本国内的施工纪录，达到了世界领先水平，也带动了中方工程人员勇于探索钻研，努力学习国外先进技术的工作热情。此外，鲁布革工程在引进设备的基础上，还利用“技贸结合”的方式为国内生产厂家引进了挪威克瓦纳公司和德国西门子公司生产发电机组的先进技术，目前哈尔滨电机厂已掌握了制造这类产品的先进技术。

五、引入招标制度

该电站的引水系统工程首次按照FIDIC推荐的程序进行国际竞争招标，选择了日本大成公司（TAISEI）作为中标的承包商；按照FIDIC合同（第三版）的标准格式和条件签订了施工承包合同；按照国际通用的合同方式进行施工管理。

鲁布革引水系统工程自1982年9月开始招标，于1984年7月14日签订合同。1984年7月31日发布开工令，至1988年8月，全部合同工程比合同规定的1597天工期提前4个月竣工。工程质量优良，得到国内外专家的好评。最终合同结算控制在合理的价格范围。

通过以中外合作方式建设鲁布革水电站，中国的水电建设者学会了国际合同编标、招标、评标的程序和方法；运用了FIDIC合同管理；引进了处理变更、索赔等合同管理业务知识；还引进了先进的国外技术规范和施工控制方法，包括：高边坡开挖技术、风化料作防渗心墙技术、隧洞全断面开挖和衬砌技术等。

亚洲第一斜塔巍然屹立

六、引进智力

鲁布革工程的成功之处还在于，它不仅只是单纯地引资，而且还积极引智。鲁布革水电工程特别咨询团及驻地专家在优化工程设计和提高国际合同管理水平等方面进行了卓有成效的咨询工作，节省了工程投资，保证了工程进度，提高了设计和施工水平。他们还把培训中方人员的任务作为咨询服务的重要内容，先后在工地和昆明举办了各种讲座和培训班，为电站培养了各种类型的技术人才。此外，出国考察和培训也是鲁布革工程进行技术培训的重要组成部分。据不完全统计，由鲁布革项目派往澳大利亚、挪威、日本、德国、美国、瑞典等国进行实地考察、技术培训、业务联系、参加会议等的人数达150人次以上。这无疑促进了云南省电站技术管理工作的优化，并为电站积累了丰富的先进管理经验。

先进的技术和科学的管理，不仅降低了工程造价，保证了工期和质量，而且把我国水电建设的技术和管理水平推上了一个新的台阶。从引进资金、设备到引进技术和智力，鲁布革工程充分体现了直接引资和间接引资的完满结合。这种结合使鲁布革电站的建设形成了改革开放初期中国基建战线的“鲁布革冲击”，成为云南乃至全国水电建设史上对外开放的里程碑。

（水利部外资办公室）

借好用好国外贷款
推进水电建设管理体制改革

福建省水口水电站位于福建省闽江干流上，是华东地区最大的常规水电站，总装机容量140万千瓦，保证出力26万千瓦，多年平均发电量49.5亿千瓦时。水口水电站枢纽由混凝土重力坝、发电厂房、升压站、220千伏和500千伏开关站、500吨级三级船闸及升船机等组成。工程利用世界银行贷款2.4亿美元，其中，一期贷款额为1.4亿美元，二期贷款1.0亿美元。水口水电工程作为国家重点建设项目，对福建省的电力供应与电力发展起到了重要作用。从1993年至2005年底，水口水电站实际上网电量约611亿千瓦时，按照福建电力在国民经济的贡献率计算，为福建省国民经济创造了1843亿元的产值。

在工程建设中，项目业主不仅注意抓好工程本身的建设质量和投资效益，更重要的是以利用国外贷款为契机，吸收国外工程建设的先进经验和机制，推进水电建设管理体制改革。确立了面向市场，以业主责任制、招投标制、建设监理制为主的水电工程建设新模式。具体经验和体会如下：

一、推行业主责任制，促进管理体制的改革

水口水电站工程建设过程中，明确责、权、利关系，严格按照国际惯例实施管理。

（1）明确项目业主。福建省电力局作为工程业主，实行项目责任制，其管理是对按国家批准的初步设计，对电站的建设规模、总概算等实行全责管理；对工程建设所需内、外资负责贷款和还款；作为项目业主对实施项目进行招标、评标、定标以及签订国内外的各项合同；负责组织阶段性、单项及总体竣工验收等。

（2）明确项目施工单位。水口水电站工程建设公司，受业主委托，对工程进行全面管理，行使建设单位和工程师单位、监理单位的双重职责。对电站的建设规模、建设工期、工程质量和总概算全面负责，是企业性质的经济实体，行政上隶属业主，在经济上与业主签订《建设投资包干合同》，对工程实行规模、工期、投资、质量、材料用量的五项承包。

（3）依托国内设计单位。华东勘测设计院为水口工程设计单位，并受业主委托，接受工程咨询任务，华东院与水口电建公司签订勘测、设计、试验合同和咨询合同。

（4）注意引进国外先进咨询设计理念。项目聘请美国MKE公司作为水口水电站设计和施工管理的国际咨询单位。MKE公司从1987年起定期派遣专家，协助业主完成主体土建、水轮机、发电机等国际招标评标，帮助设计单位建立水口工程设计程序，前后为工程设计提出30份专题咨询报告；协助工程单位逐步掌握国际合同管理经验。

同时还聘请由中外著名的坝工、地质、施工等方面的专家组成特别咨询团，多次到施工现场进行指导、咨询，收到了良好的效果。

图为水口水电站开闸放水

二、推行招标投标制，促进了建筑业市场化改革

水口水电站工程是全国最早全面推行招标投标和合同

管理的水电工程。水口水电站全面推行的招标投标制，不仅在招投标双方产生了积极的影响，而且这一制度目前已广泛深入国内各行业的经济活动中。

通过国际竞争性招标，水口水电站土建主体工程中标商为中日双方联营的华（华联）田（前田）联营工程公司中标。其现场的组织机构在日方的倡导下，参照日本在海外承包施工的经营管理模式即项目实行董事会领导下的总经理负责制。现场的施工人数几年来均保持在2500人左右，高峰人数仅有3500人左右，相当于过去规模工程施工人员数1/4～1/5，创造了较高的劳动生产率。临时建筑面积仅约5万平方米，约为过去的1/5～1/6。该工程为我国水电施工企业把原生产劳务型的施工企业转变成技术智力密集型的工程总承包公司和劳务型的施工企业，进行了有益的探索。企业面向施工市场，并努力履行合同，实现了较好的企业效益，同时加快了我国水电施工企业进入国际承包市场的步伐。

三、推行建设监理制，促进项目管理模式的改革

水口工程建设首次推行了国外现行通用的CM（Construction Management）项目建设监理机制，并根据“FIDIC”条款和合同对工程进度控制、质量监督、费用支付、变更和索赔进行监理，水口建设公司的监理效果得到了上级的肯定和国内同行的认可。

监理单位在施工中保持独立性、公正性和权威性。水口建设公司在处理问题中以事实为依据，以合同为准绳，严格按合同条款办事，严肃处理违反合同行为，对待索赔本着平等协商，合理估价的原则认真处理，得到了业主的信任和支持，也得到承包商的协作和谅解。同时，合同文件是建好工程的基础，也是合同管理的依据。水口工程的合同文件是按国际工程范本编写的，也结合了水口工程的具体情况，较为完备，可作为施工和监理的依据。

另外，设计院参加监理单位，能更好配合、协调一致，便于贯彻设计意图，加强工程监理。

四、工程管理技术和手段的改革

如何真正用好国外贷款，在最短的时间内尽快建立起日常的工作程序和管理制度，履行按照国际咨询工程师联合会FIDIC条款规定的监理工程师单位的职能，以满足项目工程管理的需要，对提高工程管理水平是一个新课题。水口电站在建设过程中也进行了这一方面的管理改革和探索。

首先建立了一套适合国际惯例的工程管理模式。在外国专家的帮助下，水口公司设计了一套符合世行要求的年报、季报、月报统计制度，以及设计变更、验收、付款、索赔、管理软件开发、竣工处理等管理程序。在较短的时间内建立了一套适应国际工程合同管理的体系和方法，使工程管理逐步走上了制度化、程序化和科学化的轨道。

其次，学习、掌握了国际合同管理的方法、技巧及处理的原则。①对工程文件做到急件急办。一般文件回文速度以一个月为限，所有的工程文件需以英文为准，各种会议、讨论均应文字记录，文件统一对外。②进度控制。严格按照合同条款、技术规程审查施工网络进度，督促承包商及时递交切实可行的实施进度和必要的修改进度及相应的施工措施；督促和提醒承包商为完成施工进度所做的一切准备工作。③工程质量控制。在严格按照技术条款控制的同时，也视工程实际情况和要求，引用国家技术规范。质量控制应从审查承包商呈报的施工方法和措施开始，包括生产系统的设置、施工组织、施工工艺及混凝土的级配设计等提出改进和修改意见；④设计变更控制。一个复杂的工程，变更是不可避免的。然而对于一些必需的变更项目或变更有利于业主利益和工程进度的项目，应严格按变更程序办，并依据合同文件提请承包商就变更部分进行补充合同谈判，使变更“合法”化。⑤索赔及其处理。施工条件的变化，甲方提供的条件没有达到合同规定或管理方面的问题，都会造成承包商提出索赔的要求。一旦索赔发生，应做到公正合理，既要维护业主的利益，也要给合理的索赔以合理的补偿。

第三是人员技术培训。人员的素质是工程管理成功与否的关键因素。水口水电站工程初期选派了技术骨干前往美国同行业（MEK）系统学习国际工程管理、施工管理、合同管理以及“进度、质量、费用”三大控制的方法与手段。与此同时，邀请专家来华工作，接受专家的专业培训，学习其管理经验、国际惯例等。

（福建省电力技术经济咨询中心）

世行贷款二滩水电站项目

一、二滩水电站基本情况

（一）公司简介

二滩水电开发有限责任公司前身为二滩水电开发公司，作为二滩水电站的业主单位，成立于1989年，是自主经营、独立核算、自负盈亏的大型全民所有制企业，由原能源部和四川省共同领导，能源部归口管理。为了适应现代企业制度发展的需要，二滩水电开发公司根据《公司法》于1995年改制为二滩水电开发有限责任公司，投资方为国家开发投资公司、四川省投资集团有限责任公司、四川省电力公司（现为中国华电集团公司），注册资本金人民币46亿元，分别由投资方按48%、48%、4%的比例投入。公司改制后，构筑了法人治理结构，建立决策、经营、监督、激励和制约机制，形成了有限责任公司的基本框架，改革了传统的水电管理体制，实现建设、生产、经营一体化管理。

（二）二滩水电站项目基本情况

二滩水电站是我国20世纪投产规模最大的水电站，总装机容量330万千瓦（6×55万千瓦），设计多年平均发电量为170亿千瓦时。1998年4月国家计委批准的概算总投资为285.55亿元，包括内资195.88亿元；世界银行和国际银团贷款等值93148万美元，其中世界银行贷款等值78148万美元，是世行在单个项目上投放的最大一笔贷款，国际银团贷款等值15000万美元；利用开发银行国内外汇贷款15000万美元。二滩水电站实际完成投资276.95亿元，其中利用内资190亿元。

二滩项目工程建设采取“业主负责制、国际招标承包制、工程师监理制、合同管理制”的“四制”管理体制，强化“工期、质量、造价”三大控制。

承包二滩工程大坝标的是以意大利英波吉洛公司为责任方的联营体，承包厂房标的是以德国霍尔兹曼公司为责任方的联营体，承包机电设备安装标的是中方联营体。联营体土建工程合同采用FIDIC合同条款为通用条款，为业主与承包商之间的争议提供评审建议的是争议评审团（DBR），实现了同国际管理体制接轨。二滩公司为解决项目建设的技术难题和环保移民问题，聘请了工程特别咨询团（SBC）和环保移民特咨团（ERP）。二滩水电站自1987年开始进行前期施工准备，1991年9月主体工程开工，1993年11月河床截流，1997年11月导流洞下闸，完成二次导流，1998年5月下闸蓄水，1998年8月18日第一台机组（6#机）正式投产发电，其余五台机组在1998年11月至1999年12月底陆续投产发电。2000年12月工程全部竣工。

二滩水电站投产以来，发挥了巨大的社会效益和经济效益。截至2005年底二滩水电站已累计发电866亿千瓦时，实现销售收入155亿元，在成都、攀枝花两地上缴各类税金28亿元。

二、利用世界银行贷款基本情况

1991年，二滩工程得到了世界银行的贷款支持。二滩工程当时具备中国“三个第一”（第一高拱坝，第一个单机容量超过40万千瓦的水轮发电机组，第一座装机容量超过300万千瓦的电站），是一项名副其实的世界级水电工程。二滩工程世界银行一期贷款是我国打破国外经济封锁坚冰后的首笔贷款，也是世界银行对单个项目发放额最大的一笔贷款，随后在1995年世界银行决定给予二滩工程二期贷款支持。二滩项目利用世界银行贷款，对于改善中国对外经济关系具有积极的意义，对于二滩项目走向世界具有重要的推动作用。

二滩项目利用世界银行贷款包括：①世行一期3.8亿美元总库制贷款，1991年开始启动，执行总库制利率，承诺费率0.75%，贷款期限20年（含宽限期9年），从2001年起至2011年按本金等额方式偿还。为控制汇率风险，降低贷款成本，2003年9月，二滩公司采取了“借低还高”的方式，通过招标，利用国内低成本外汇贷款提前归还了世界银行一期总库制贷款，规避了总库制贷款多货币的汇率风险，降低了资金占用成本，在实现风险、成本控制的同时，使二滩项目复杂债务简单化，便于集中进行外债风险管理。二滩公司以总库制贷款置换为契机，近年来积极推进外债风险管理，规避了外债利率和汇率风险，取得了显著效果；②世行二期等值4亿美元，1995年开始启动，包括总库制和单一货币贷款，总库制部分执行总库制利率，单一货币为浮动利率，贷款期限20年（含5年权限期），从2001年至2015年按本息等额方式偿还，该贷款总库制部分与世界银行一期总库制贷款同时提前归还；③世行技术合作贷款148万美元（TCC信贷），年利率1.5%，该贷款本息已全部归还。二滩项目世行贷款主要情况见表1：

表1　二滩项目世行贷款主要情况

种类	金额	币种	贷款利率	备注
世行I期	3.8亿	USD	总库制利率	总库制，按世行内部核定资金成本计算，目前已提前归还
世行Ⅱ期				
美元	1.33亿	USD	总库制利率	总库制，已提前归还
美元	1.78亿	USD	LIBOR+50BP	浮动利率
马克	1.46亿	DEM	LIBOR+50BP	浮动利率，已折欧元
世行技术合作贷款	148万	USD	1.50%	复利

贷款本息支付安排：世界银行一期、二期贷款均采取每半年等本偿付到期本金，按期支付利息，自2000年开始进入还贷期，其中世行一期贷款一部分以人民币方式通过省财政厅归还财政部，其余直接购汇还贷。

三、世界银行贷款推动二滩走向世界

通过利用世界银行贷款，促进了二滩水电站项目建设投产，推动了二滩走向世界，使二滩成为中国改革开放的一个缩影，有力地推动了我国水电工程施工、管理技术的发展，促进了水电工程建设理念的转变。

（一）世界银行贷款是二滩建设资金的重要来源

利用世界银行贷款保证了项目建设资金需要。二滩水电站项目投资规模较大，在建设期间，国内资金市场较为紧张，完全通过国内筹措建设资金有一定的困难。通过引进世界银行贷款，二滩水电站施工期每年增加投入占资金流20%～30%的建设配套资金，拓宽了融资渠道，降低了融资成本，缓解了建设资金压力，吸引了国内资金跟进，确保了项目建设资金需要，实现工程提前竣工投产发电，成本控制良好，工程质量优良。

（二）世界银行贷款对工程管理提供了良好的借鉴和指导

由于利用世界银行贷款，二滩项目建设通过国际招标，引进了国外具有先进水平的施工单位参与工程建设，完成了观念的碰撞和体制的磨合。通过技贸结合，引进了先进的施工管理方法、设备制造技术和管理运行模式，培养了与国际惯例接轨的建设人才，促进了施工管理水平的提高，推动了国内大型水轮发电机组制造企业的发展。

1．按国际惯例建立项目管理机构

为了适应世界银行关于贷款人必须是独立经济实体的要求，建立项目利用世行贷款的体制保障，也为了电力工业体制改革的需要，1987年7月，国家计委下文决定成立二滩水电开发公司，确立二滩公司负责建设资金的筹措和偿还，负责项目的建设管理，生产经营和后续开发，从而明确了二滩水电开发公司的业主地位。按照国际惯例和世界银行的要求，二滩公司在项目正式开工以前，在进行国际招标同时就筹划建立了项目管理机构——二滩工程公司。公司按照FIDIC的规定，以FIDIC范本作为合同依据与二滩工程公司签订了业主和工程师之间的咨询服务合同。业主还将与工程师所订合同的内容，对工程师的授权，业主、工程师的机构设置及各级人员职责和权力范围都通知承包商。二滩工程公司作为业主和承包商之间打交道的唯一渠道，设计图纸要经工程师审核和批准，设计单位不直接对承包商。二滩的项目管理机构在整个建设过程中始终发挥了重要作用。

2．全面实行国际招标

由于二滩项目利用了世界银行贷款，按照世

行规定工程建设和设备采购必须进行国际招标。二滩主体工程分两个标，一标主要承担大坝等地面工程；二标主要承担地下工程。招标工作从1988年1月31日发布资格预审通过开始，2月7日发布资格预审文件，有19家投标商购买并递交了资格预审文件。二滩公司按国际招标的要求从工程经验、商业信誉、财务能力、施工方案、投入资源等多方面对19家投标商进行了严格的资格预审。有6家投标商通过了资格预审，5家投标。二滩公司在美国哈扎公司、挪威AGN的协助下对5家投标书进行了严格的评审。在1990年因所谓“制裁”，世行贷款没有落实，招标面临失效的情况下，公司创造性地通过和承包商进行预谈判，明确规定以世行贷款生效为最终中标的条件，为冲破“制裁”，争取贷款，保证工程1991年开工奠定了基础。通过国际性竞争性招标选择了最优承包商，引进了先进的施工技术及管理，工程质量得到了保证混凝土强度保证率高，合格率为100%，优良率为85%以上。同时，提高了综合生产能力，缩短了施工期，总工期减少了21个月。

二滩永久机电设备国际招标共有十大项，包括6台水轮发电机组、计算机控制系统、主变压器、GIS、高压电缆等。在6台水轮发电机组招标时，因为当时国内能制造的最大单机容量仅32万千瓦，尚不具备制造55万千瓦机组的生产能力。为了在保证机组质量的同时引进技术，促进民族机电工业的发展，二滩公司创造性地提出了“斜向切割”的采购构想。将投标资格定为40万千瓦水轮机或44万千伏安发电机并有成功运行两年以上的经验，成功制造过30万千瓦机组的制造厂家可以分包。主承包商对6台机组质量负责，合同以外币和人民币混合支付，并在招标文件中对六台机组主要部件的制造份额按“斜向切割”作了具体规定，六台机组从第一台到第六台逐步增加国内制造份额。通过激烈竞争，加拿大GE公司中标，中国东方电机厂和哈尔滨电机厂作为国内分包商。二滩机电设备招标取得很大成功，世行评估招标价为1.89亿美元，中标的最低标价为1.41亿美元，节省了主机造价的25%。主机设备平均价格由57.27美元/千瓦，降低为43.17美元/千瓦。二滩机电招标“斜向切割”方法获四川省软科学二等奖，并为三峡电站机电招标提供了借鉴。

3．控制工程进度、质量、投资，加强风险管理，保证工程建设有序进行

以世行贷款为基础，通过广泛的国际合作，二滩公司建立了工程质量、进度和投资控制系统，着力加强工程风险管理，实现了二滩项目进度、质量和成本的三大控制。

工程进度控制系统：为保证工程按合同工期施工，二滩公司对影响工程进度的因素实行全方位的控制和管理：包括积极筹措资金，保证工程内资供应；与设计院签订供图协议，督促设计院按工程进度要求提供图纸；工程师用P3软件建立网络进度计划；建立与三个标的例会制度；建立设备采购供货保证体系，并对所有二滩机电设备从订货、生产到安装全过程进行计算机跟踪管理；及时解决工程中遇到的问题和合同争议等。所有这些措施对工程按合同工期施工起了强有力的保障作用。

工程质量控制系统：根据业主与工程师的协议，工程质量全权授予二滩工程公司负责。工程师对每一道工序进行认真检查，大坝混凝土必须工程师签字后才能浇筑，工程师每月对衡量器具进行检查，对批准使用的混凝土配方输入电脑和实际使用进行核对。工程师对质量一丝不苟，决不给大坝留下一点隐患。二滩工程质量优良，合格率达100%，大坝型体误差仅为±23.4毫米，小于理论允许值40毫米，达到了国际先进水平。

投资控制系统：对工程投资的控制从设计阶段已经开始，二滩聘请国际著名专家组成特别咨询团为二滩设计优化进行咨询，仅大坝型体优化就比混凝土重力拱坝减少200万立方米。进行竞争性招标也是节约工程成本的重要途径。在工程实施过程中，严格工程监理，认真核实工程量，进行施工方案优化，认真对待工程争议，减少索赔；科学安排资金流，减少资金沉淀和施工期利息，避免和减少外汇风险等等。由于一系列有效措施，二滩的工程投资控制在国家批准概算之内。

加强工程风险管理：二滩工程从编制招标文件开始就注重对工程风险的管理，在招标文件中，贯彻了业主承包商风险合理分摊的原则，并要求承包商进行工程保险，转移和分散可能遇到的风险。二滩是中国水电工程中第一个进行工程保险的项目，按合同规定土建I标、II标承包商分别以自身和与业主联合的名义对本标工程投保工程一切险

和第三者责任险，保险范围包括合同内的永久工程、业主提供的永久设备，承包商进入现场的施工设备和设施、工地范围内第三者。承包商还为其雇员投保雇主责任险，员工在雇用期间，出现意外及工伤由保险公司补偿。风险管理对工程顺利实施起了重要作用。

4．争议评审解决工程纠纷的成功实践

由于二滩项目利用了世界银行贷款，二滩项目全面与国际惯例接轨，按照国际惯例进行管理。二滩公司根据水电工程建设需要，聘请美国哈扎公司和挪威AGN组成二滩水电站建设期间常驻咨询组，为业主、工程师和设计人提供咨询服务，具体包括设计、现场施工监理、进度和质量控制、地质判断与分析、合同管理和索赔评价等内容。聘请国内外一流专家和工程技术带头人组成特别咨询团，每年对工程建设有关重大问题进行咨询并提交咨询报告，起到了重要的指导作用。

为了及时、公正处理承包商与业主之间的争议，参照国际工程建设的有效做法，业主与承包商协商一致在二滩水电工程土建主体工程中成立了“争议评审团”。根据世界银行的建议，二滩在招标文件中列入了成立争议评审组的条款，即由业主方推荐一名非中国籍人士，由承包商一方推荐一名非承包商所在国人士，然后由这二人共同推荐一名第三方人士，三人组成争议评审组。这一措施受到承包商的欢迎，在一定程度上解除了他们初到中国承担工程的疑虑。争议评审组定期访问工地，每年1～2次，了解工程情况，并对可能出现的潜在索赔进行关注。对提交DRB的争议，由DRB举行听证会，各方分别阐明自己观点，DRB在详细了解情况后，提出自己的建议。二滩的DRB共访问现场16次召开8次听证会，对24项争议提出了建议，绝大多数为业主和承包商接受，使工程实施中产生的纠纷及时得到较好的解决，保证了工程建设的顺利进行。

5．把可持续发展纳入项目管理范畴

在世界银行的帮助下，二滩公司把可持续发展作为公司水电开发理念的重要组成部分，在工程建设全过程中始终把移民安置和环境生态保护放在重要位置，实现了环境及生态保护和水电规划及建设的同步进行。

二滩的征地移民涉及迁移人口4.58万人，投入资金20余亿元。十年中重建了一个新的盐边县城。重建了6个乡集镇，二个移民安置区。安置区统一规划建设了道路、电力、中小学、卫生院、医院等设施。按世界银行的要求，二滩成立了移民

四川二滩水电站项目，借用世界银行贷款。图为二滩水电站开闸放水

特别咨询小组。按世行非自愿性移民的原则和要求，特咨团每年到二滩进行实地检查，还选择了550户移民作为样板户进行全过程跟踪调查，准确了解移民搬迁前后，收入状况和生活条件的变化，作为世行对二滩移民工作评估的依据。二滩公司还从项目风险基金中安排1.19亿元用于移民遗留工程，从2001年起每年从每千瓦时电费中抽1厘钱作为库区维护基金，其中80%用于对移民的后期扶持。

为了减少建设期和建成后对环境的负面影响，增加水电建设的环境效益，在二滩筹建期就完成了局部气候、滑坡和泥石流、人群健康等十个专题的调查和评价。工程开工以后成立了二滩环境监测中心，专门负责环境监测和管理，并对施工期“三废”及噪声污染、施工区人群健康、水土流失防治等进行专题研究并采取了相应的措施。公司还开创性地进行了库区生物多样性的调查和保护工作，这在我国水电工程建设中也是首次。成立了环保特咨团和环境监评小组，参与各项环保项目的设计、实施、咨询、监督和验收，有效地保证了二滩环保工作的顺利实施。通过在环保方面开展的大量工作，有效地减少了电站建设对环境的负面影响，而电站建成后在提供清洁能源的同时对改善局部气候、改善攀西地区生态环境、支援长江中下游防洪抢险等方面已经发挥了巨大的作用。

6．建立建设项目的现代企业制度

世界银行贷款的利用促进了二滩公司体制和内部管理机制的转变。实行建设、生产、经营三者结合的一体化管理是深化投资体制改革的需要，是贯彻实行企业法人责任制的基础，在世界银行的推动下，按照《公司法》的规定，二滩公司于1995年成立了董事会、监事会，进一步理顺了产权关系，构筑了法人治理结构，形成了有限责任公司的基本框架，真正做到产权清晰、权责分明、管理科学，逐步建立了决策、监督和激励、约束机制，项目法人责任制得到落实，向现代企业迈出了重要一步。针对世界银行代表提出的公司组织机构和财务管理系统改革的问题，公司启动了组织机构和财务系统重组和改革工作，于1995年5月向美国、英国、澳大利亚等四家外国咨询公司发出了招标邀请。最后澳大利亚雪山公司中标，在大量调查研究基础上提出了公司组织机构和财务管理系统改革方案，公司在进一步优化的基础上进行了重组和改革，提高了公司管理效率。

（三）推动了地方经济的发展

通过建设高坝大库和具有调节性能的大型电站，加快了资源优化配置和开发利用，推动了四川资源优势向经济优势的转化，减少了环境污染，增加了川渝电力系统发电能力，优化了电源结构，缓解了当时严重的电力紧张状况。投产后的二滩水电站承担了川渝电网大约1/3的枯期电量和1/4的高峰负荷，改善了两个电网的电源结构，增加了系统调峰能力，确保了系统安全，在电网中具有不可替代的重要作用，增强了四川可持续发展能力，促进了攀枝花地区工业发展，增加了地方财政税收收入，具有明显的经济效益。根据世行贷款项目完工报告统计，1987～2000年，二滩水电站项目建设期逐年投资及增加值占攀枝花地区GDP的平均比重为6.29%。

（四）社会综合效益显著

由于利用了世界银行贷款，项目建设加强了开发过程中对环境和生态的保护，重视库区移民的安置和发展，仅建设期就投入移民工程建设资金20.3亿元，重点建设了设施配套齐全、性能良好的盐边新县城。通过加强基础设施和生活设施建设，改善了贫困地区人群生存条件，推动了民族地区文化提高和脱贫致富，可靠的后期扶持为移民区发展开辟了广阔前景。

（五）为雅砻江后续项目开发打下了良好基础

二滩电站的顺利建成投产，增强了二滩公司后续项目开发自有资金投入能力，形成了良好的资金循环机制，同时积累了丰富的工程建设管理经验，储备了雄厚的人才资源，有利于后续项目的加快开发。

四、二滩利用世界银行贷款的主要经验

二滩公司利用世界银行贷款，主要经验包括：

（1）通过强化资金管理和合同管理，通过使用报账制的贷款启动方式，能够提高资金使用的配比性，降低资金成本。

（2）通过利用世界银行贷款为载体，在工程建设中大力推行技术进步和技术创新。在设计、施工、安装中大量采用先进技术和方法，改变了我国

传统的施工布置方式，节约了投资，提前了工期，保证了质量；创造性地制定和采用“斜线切割法”的独特招标方式引进机电设备及技术，开创了我国水电建设的新思路，并为巨型水轮发电机组的逐步国产化创造了条件，积累了经验。

（3）加强世界银行贷款风险管理和控制。世界银行贷款利率、汇率风险突出，市场变化波动性强、幅度大，必须主动加强利率和汇率风险管理，防范潜在的市场风险，减少不确定性。

（4）充分利用国家对世界银行贷款项目的扶持政策，促进项目健康发展。世界银行贷款发放主体对项目具有严格的财务要约，通过争取国家有关财税政策支持，可以进一步缓解项目建设和经营压力，提高项目的综合效益。

（5）按照世界银行和《公司法》的要求比较规范地构筑了现代企业制度的法人治理结构框架；在中国经济体制改革的进程中创造了特大型工程按现代企业制度规范运行的初步经验；成功运用了大型水电工程建设全面与国际惯例接轨的工程管理模式；推行了以业主负责制为主导的“四制”管理，取得了三大控制（进度、质量、投资）的显著效果。

（6）打破建管分离的电力管理体制，坚持走独立发电企业之路。坚持建立精简高效的电力生产管理体制，借用社会力量，摒弃了企业办社会等传统做法，走出了一条精简高效的效益型企业路子。

（二滩水电开发有限公司）

利用外资办电，促进管理创新

从1985年到2005年末，华能累计借用外资办电约60.64亿美元，建成大型火力发电厂25座，总装机规模1923万千瓦。在进口设备的同时，不但引进了60万千瓦超临界发电机组、大型火电机组脱硫等十多项先进设备技术，还引进了发达国家火电厂运行管理技术和先进经验。由于巨大的国际债务还本付息硬性压力，使得华能电厂在建设经营中千方百计提高效率、降低成本。因此，利用外资办电的过程，也是华能集团不断探索管理创新，不断提高企业管理水平的过程。引进国外先进设备技术和管理技术给华能电厂实现高效经营创造了有利条件，使得华能集团在利用外资办电的过程中，形成了一套不同于以往计划经济时期的企业经营模式和管理方法。

一、在设备引进过程中的做法

从1985年开始，在我国改革开放的大好形势下，以"煤代油专项资金"外汇为依托，利用当时国际市场资金过剩、电力设备市场疲软的有利时机，华能国际电力开发公司采取技术、商务、贷款、对销贸易和引进制造技术"五结合"的方式签订进口发电机组的设备订购合同，把采购国外设备、借用国外贷款与带动我国商品出口有机结合起来，开创了利用外资的新路子。通过这种方式，既进口了先进价廉的设备，争取到了优惠贷款，带动了我国商品出口，又引进了先进技术，大大加快了成交进度，引进设备和技术相互促进，使买卖双方扩大了贸易机会。

做法之一：货比三家，批量引进，压低价格。鉴于当时国际发电设备是买方市场，能源部主要领导建议华能在引进设备上改变单个项目操作的做法，把已经立项的若干引进项目捆绑在一起，成批询价，利用批量优势争取较好的贸易条件。大连、福州、上安、南通四座电厂共八台35万千瓦机组成批引进，成套进口设备价格平均为1.83亿美元，比在此之前宝钢电站进口同类机组的价格1.98亿美元降低了0.15亿美元（降价7.5%），如果按照同等供货范围相比较，降低额还要大。此外，在这个打捆项目中，还争取到了更好的贷款结构和贷款条件。

做法之二：改变以往引进设备技术谈判、商务谈判、贷款谈判分别分口进行的做法，由华能国际电力开发公司一个窗口统一对外谈判签约。这样，既有利于争取到合适的引进条件，又大大加快了成交进度，取得了较好的综合效益。通过这种做法，华能国际电力开发公司第一批利用外资建设的四个火电厂，从询价到签订合同仅用了8个月，其中华能大连电厂签约后仅24个月，第一台机组就投产并网发电，创造了我国大型火电厂对外谈判成交和国内建设电厂两个高速度。

做法之三：改变过去先签政府贷款协议，后谈设备价格的做法，采取先招标询价，在价格基本谈定的基础上，再要求对方提供政府贷款，把贷款条件和设备购买条件结合起来，这样既可使用到利率优惠的外国政府贷款，又不至于使外商抬高设备价格。到1993年底，累计借用外资22.8亿美元，其中利率平均在5%左右的外国政府软贷款占20.21%，长期优惠利率的出口信贷占55.71%，其他商业贷款占24.08%。贷款年限最长30年，最短5年，平均为13.65年，其中宽限期3.65年，偿债比例为1：1.6，即每借100美元在13.65年中，应还本息为160美元左右。与国内的长期贷款相比，条件是比较好的，由于贷款结构好、政府软贷款和出口信贷比例高，利率较低，还款期长，对此做法，国务院领导同志批示要予以推广。

做法之四：以进带出。即在进口电站设备的谈判中，华能充分利用身处买方市场的优越地位，把对销贸易列为成交与否的重要条件之一，积极扩大我国外贸出口。华能在利用外资办电第一批项目谈判中累计签订对销贸易合同额5.5亿美元，有力推动了我国商品出口贸易。国务院领导同志曾对此批示，华能公司在购买国外设备时积极开展对销贸易并取得实际成果，他们的经验有推广的意义。

做法之五：技贸结合。华能在进口电站设备的同时力争带进先进设备技术，以促进我国电力工业技术的发展。与进口发电设备同时带进的先进技术有：华能上海石洞口第二电厂60万千瓦发电机组超临界技术；华能上安电厂35万千瓦发电机组烧无烟煤的W型火焰锅炉技术；华能珞璜电厂烟气脱硫技术；华能汕头燃机电厂燃用原油的燃气蒸汽联合循环机组技术等。我国发电装备制造技术由80年代单机容量最大20万千瓦的水平，一跃达到60万千瓦国产化水平，与此不无关系。

做法之六：易货贸易。为了克服我国外汇额度不足，难以扩大利用外资办电规模的困难，从1987年开始，华能对前苏联、东欧国家以延期付款的易货贸易方式进口电站设备，进一步开创了利用易货方式引进发电机组的新做法。华能南京电厂、华能营口电厂、华能汕头电厂通过易货贸易方式各引进2×30万千瓦发电机组，共利用外资折合4亿多美元。

华能电站项目的易货贸易优势之一是进口电站设备不要国家补贴，进出口都由华能一家做，以出补进，自行平衡，改变了以往易货贸易企业按1瑞士法郎以1.2元人民币结算，差额由国家给予补贴的做法。仅华能南京电厂一个项目就为国家节省补贴费约5亿元人民币。二是争取到交易额的80%以修船劳务费用抵偿，20%以出口商品抵偿，形成了以修船为主的劳务出口换取电站设备的易货贸易做法，进一步减轻了引进机组的资金压力。

二、在建设、经营中的做法

我国在20世纪80年代决策利用外资办电的直接原因是当时国内电力建设资金严重不足。华能集团成立时，国家拨付的全部资本性投入不足20亿元，其余建设资金均为借款。借用大量外债办电使得华能集团的负债率长期高达90%以上，而且这些外债还款期有严格的规定，绝不可能拖期。这种负债经营模式风险极高，以一台35万千瓦发电机组为例，每晚投产一天就要多付出5万美元利息、少收入300万元电费。在这种巨大压力下，华能集团为了提高资金使用效率，在项目建设管理上推行了重大创新。

一是率先全面推行项目业主责任制，改变传统的建、产分离体制。过去电站建设体制是先由建设单位建成后才由运行单位接收，建设环节不考虑投产还贷，同时运行环节无法早期参与设计施工，造成建设工期长、投产后遗留问题多、长时间达不到设计能力等诸多问题。华能集团作为负债经营责任人，率先实现了从设计、施工、运行直到完成还本付息的全过程责任制，一个电厂项目从头到尾是一班人马，做到设计施工为生产运行着想，生产运行早期介入建设过程，共同努力早投产早见效。这种做法，受到国家计委的肯定与推广，并逐步普及到了国内所有电站建设项目。

二是针对当时最大限度缩短建设工期，尽早投产，确保按期还贷的主要矛盾，提出了“立项高起点、建设高速度、管理高水平、经营高效益”的目标口号，要求集团上下树立危机意识，密切配合共同努力。

立项高起点，指的是绝不能因为害怕负债过多而购买国外的过时落后设备，外资办电项目一定要坚持引进先进技术装备，还要同时带进设备关键制造技术。华能办电引进的国外机组全部是当时国际先进设备，单机容量大（35万、50万、60万），自动化水平高，技术经济性能好。至2004年底，华能集团单机30万千瓦及以上火电机组占火电机组总台数的67.37%，比全国44.48%的平均水平高约23个百分点。电、煤、水等资源消耗指标居国内领先水平，有的还达到国际先进水平。在减少污染物排放方面，华能电厂环保设施稳定运转率与工业废物处理率也都达到了100%。2004年，华能火电厂二氧化硫排放绩效值为4.2克／千瓦时，比全国平均水平低约1.3克／千瓦时；氮氧化物总体排放较全国水平约低30%；有15个电厂达到废水“零排放”，处于国内同行业领先水平。华能杨柳青电厂引进的两台30万千瓦直流锅炉安装了液态排渣及飞灰复燃系统，除尘效率大于99.7%，其排尘浓度比未采用低氮燃烧技术的同型号锅炉降低了3/4，创国内电力行业环保排放纪录。

建设高速度，指的是在确保工程质量前提下尽量提前投产，早发电早创收。华能最早建成的大连、福州第一台机组正式投产工期仅用了29个月，比国家计划提前8个月，首创全国同类机组建设工期最短的新纪录。此后的其他电厂投产进度绝大多数也都超前计划期限。

管理高水平，指的是向国外电厂管理水平看齐，提高自动化水平，安全稳发，压缩定员，精干主业。同为装机容量120万千瓦的电厂，华能石洞口第二电厂引进机组2×60万千瓦，员工仅400多人（以后又降至300人）；比邻而居的上海石洞口一厂安装4×30万千瓦国产机组，员工却达2700人。为进一步精干主业，还以大连电厂为试点，将辅助生产和生活服务系统从电厂中分离出来，并相应组建了关联公司。此举使大连电厂（2×35万千瓦）职工压缩到280人。大连、福州等电厂连续创造并保持长周期无故障发电全国新纪录，而且是全国最早达标的“一流电厂”。华能国际电力开发公司是国内第一个荣获“中国一流电力公司”称号的电力企业，旗下有18个所属电厂荣获“一流火力发电厂”的称号。发电厂技术经济指标均处于行业领先水平。

经营高效益，指的是精打细算，降低成本，确保还贷。从1985年到2005年末，华能累计借用外资办电约60.64亿美元，本息合计平均借1美元要归还1.6美元以上。中间还经历了我国汇率大幅度调整，由5.8：1骤升到8.8：1，使得华能归还外债的负担更加沉重。面对不利形势，华能一方面进一步加快建设投产速度，大力开展减员降耗增效活动，另一方面采取低借高还、币种调换等外汇运作手段尽量减少还贷负担。多年来华能集团始终坚持并实现了所借外债全部按期还本付息，决不拖欠一个美分，在国际上赢得了很高商业信誉，也维护了中国国家形象。

2004年统计数据显示，在能源消耗方面，华能电厂平均供电煤耗为336.86克／千瓦时，比全国平均水平低42.14克／千瓦时；厂用电率为5.64%，比全国6.60%的平均水平低0.96个百分点；在机组稳定运行方面，机组非计划停运小时数为58小时，为国内同行业最少；华能大连电厂还创造了35万千瓦机组连续运行633天的好成绩，为同类型机组连续运行新的世界纪录；在劳动生产率方面，由于华能电厂每千瓦容量用人率较低，公司人均劳动生产率达到了220万元／人·年。

三、从中外合资到股份制改造

（一）外资办电出现的问题

随着我国改革开放的逐步深入，电力工业体制改革的不断深化，社会主义市场机制的不断完善，到1993年，单纯借用外资办电已经出现一些难以为继的问题，若不及时适应形势、深化改革，必然会影响电力产业的进一步发展。这些问题主要是：

（1）外债负担沉重问题。华能电费收入均为人民币，1994年起国家取消外汇额度管理，实行汇率并轨后，公司将承受市场汇率风险。当时人民币兑美元汇率由5.8：1上升到8.8：1，每年归还2亿美元贷款就要多付出6亿元人民币。如果继续简单借用外资办电，在电价不能上浮的限制下，严重影响了还款能力。

（2）地方资金投贷不分的问题。华能和地方共同投资建设电厂，地方政府以优惠贷款用于电厂建设的资金投贷不分，公司除了向地方还本付息外，还要视同资本出资按比例分配电厂利润。这种的做法，在很大程度上影响华能了资本积累、滚动发展的能力。

（3）资本金不足的问题。当时华能国际电力开发公司注册资本仅1亿美元，多年来一直没有增资。国家政策规定，建设项目的资本出资至少应占投资总额的1/3，电力企业至少也应占20%以上。而当时华能负债率已经高达90%以上，远远超过国家规定的投资下限。因此，要继续办电，充实资本金势在必行。

（4）扩展海外资金渠道的需要。发电是资金密集型产业，当时一方面国内建设资金极为紧缺，另一方面国际上资金充裕，完全可以为我所用。随着我国经济与世界经济日益接轨，企业依靠自身信誉和能力去筹集发展资金已是企业发展的必由之路。当时华能经过近十年办电发展，已经形成了一定的优良发电资产，华能的办电业绩也赢得了海内外的广泛认同，具备了海外直接融资的必要条件。

（二）华能的海外直接融资手段

针对上述问题和形势变化，华能开始转向利用外资办电的第二阶段——海外直接融资。

（1）股份制改造及海外上市。重组华能国际电力股份有限公司、山东华能发电股份公司并在纽约成功上市。

按当时的条件，将华能全部发电资产整体改制为股份有限公司实施海外上市有很大的难度。借鉴国内外成功改制企业的经验，在全面分析自身实际情况并征得主管部门同意后，华能集团决定先选择部分条件较好的电厂进行资产择优重组，成立股份有限公司。为此，华能集团下属华能发电公司以山东部分集资电厂为基础改组成立了“山东华能发电股份公司”；华能国际电力开发公司以第一批建设并投产的大连、福州、南通、上安电厂以及汕头燃机电厂为基础，重组成立了“华能国际电力股份有限公司”。这两家股份公司分别于1994年秋先后在美国纽约证券市场以“存托股”（每1份存托股代表40份原始股）上市发行，一次筹集了9.8亿美元股本金，成为当时我国企业境外上市一次性融资规模最大的举动。2000年，华能这两家海外上市公司合并为一家公司，统一了华能海外资本市场的公司形象和融资渠道。

（2）成功发行2.3亿美元可转换债券。上市公司发行可转换债券，一方面相当于以较低的利率发行了债券，另一方面当该债券转成公司股票时相当于提前以溢价发行了股票，对上市公司是比较有利的。一九九七年国务院批准我公司为到境外发行可转换债券的三家试点企业之一，1997年5月，华能国际电力股份公司成功发行2亿美元后又超额配售3000万美元，期限7年，息票利率1.75%，转股价格29.2美元/ADS。上述条件及条款是近一年多来中国企业、乃至香港企业发行可转换债中最有利于公司本身的。无论是发行条件还是发行数量，公司本次实际发行的2.3亿美元可转换债券，是华能继境外上市发行股票后，创下的又一个第一的纪录。

（3）香港联交所挂牌上市并成功配售H股。为了开辟新的融资市场，增加股票的交易范围和交易量，结合收购上海石洞口二厂资产的运作，华能决定继续扩大海外资本融资的规模，由华能国际电力

华能大连电厂项目，借用国际商业贷款和卖方信贷，1986年开工建设，1994年成为全国第一家“一流火力发电厂”，装机容量140万千瓦。图为电厂远景

股份公司赴香港联交所挂牌上市并发行H股。1998年1月21日，公司成功地实现在香港联交所挂牌上市；同年2月底，完成了公司股票的全球配售工作，本次配售共融资1.42亿美元。股份公司随后向母公司（华能国际电力开发公司）配售4亿股法人股，保证了上海石洞口二厂收购工作能够顺利完成。

（三）华能股份制改造取得的成效

通过股份制改造，华能办电的情况发生了很大改变。

（1）由于通过吸收了外资资本、股份制改造中使国内各地政府的集资办电投资相应转化为公司股本，大幅度充实了公司资本金，改善了华能的资产负债结构。华能负债率由原来的90%以上锐减为60%左右，降低了负债经营风险，扩大了国内外融资渠道，增大了电力开发建设实力。

（2）华能利用外资办电所建设的电厂，管理模式也发生了根本的变化。过去每一电厂都是一个独立的合作项目（华能与当地政府合资），经营决策程序长、速度慢，协调困难。实行股份制后，各地方政府的投资都折换为股份公司的股份，相应地各电厂则成为华能国际电力股份公司的全资项目，从融资到扩改、从建设到经营，推行华能的战略意图更为直接、便捷，经营决策效率大为提高。

（3）公司以及电厂的运行更为规范，基本上做到了与国际接轨。美国、香港股市对上市公司的运行有严格的规范，同时资本市场对公司形象与效益业绩反应非常灵敏。这给华能电厂运营管理提出了很高的要求，不但要管理规范，而且要创业绩、树形象，这种压力迫使华能电厂加大了管理力度，在创一流、减人增效上下苦功夫，始终保持上市公司有稳定的效益、良好的形象，多次获得国际权威行业媒体的评奖。2003年以来，该公司被多家国际专业管理杂志评选为最佳企业：《上市公司》杂志首届“中国十佳上市公司”奖、《Euromoney》杂志“亚洲最佳公用事业公司”奖、《Asiamoney》杂志“中国区全面最佳管理公司”奖、《TheAsset》杂志“十大中国最佳公司管制奖”。

（中国华能集团公司）

中国长江三峡工程开发总公司借用国外贷款工作总结

中国三峡总公司是三峡工程的项目法人，全面负责工程建设的组织实施和所需资金的筹集、使用、偿还以及工程建成后的经营管理。2002年，国务院批准三峡总公司重组改制方案，授权三峡总公司滚动开发金沙江梯级电站，中国三峡总公司成为国家授权投资的机构。2002年9月，中国三峡总公司作为主发起人，设立了中国长江电力股份有限公司，经营管理葛洲坝电厂和三峡电厂发电资产，2003年10月，长江电力A股发行成功。

三峡工程自开工建设以来，根据工程建设需要，陆续签定了一批美元贷款合同。到2005年底，中国三峡总公司利用国外贷款、国内银行外币贷款协议融资总额为16.45亿美元，其中左岸电站机组项目融资金额为11.20亿美元，GIS及高压电气项目融资金额为1.96亿美元，TGPMS项目出口信贷1250万美元，外汇储备贷款1亿美元，国家开发银行现汇贷款1亿美元以及右岸中国银行现汇贷款1.16亿美元。协议融资总额中，出口信贷为8.64亿美元，占外债总额的52.49%，涉及德国、瑞士、加拿大、法国、西班牙、巴西及挪威等七个国家；商业贷款为4.33亿美元，占外债总额的26.31%，为两个国际银团贷款，分别由汇丰、法国兴业银行和德累斯顿银行做牵头行；国内现汇贷款为2.16亿美元，占13.15%，其他为1.13亿美元，占8.05%。

一、外债风险对策

中国三峡总公司需根据集团的成本控制目标和市场的可能走势，对外债风险进行动态的管理和调整。在充分考虑总公司的资产负债状况和未来现金流状况基础上，研究总公司外债的币种结构和期限结构，分析总公司外债总体风险状况，并通过停止利息资本化、提前偿还外债、借新还旧等多种手段，使总公司外债的币种、利率和期限结构始终处于有计划、可管理的状态。

（一）利率风险控制

1997年和1999年中国三峡总公司进行左岸电站项目融资时，国际美元市场贷款利率正处于历史高位，为降低融资成本和外债风险，中国三峡总公司对借入的美元贷款实行固定利率与浮动利率相结合的方针。其中，采用固定利率的贷款协议有7个，贷款额度5.92亿美元，占贷款总额度的45%，利率水平在6.6%～7.2%之间；采用浮动利率的贷款协议有6个，贷款额度7.24亿美元，占贷款总额度的55%，利率水平为美元6个月LIBOR+0.35%～0.7%之间。

（二）汇率风险控制

长期以来，我国实行人民币与美元挂钩的有管理的浮动汇率制度。人民币与美元汇率稳定，这使得人民币的汇率风险更多的表现为一种政策风险，而非市场风险。中国三峡总公司将欧洲、日本、南美等各国设备采购合同的计价货币、支付货币和借款货币均采用美元币种，正是出于规避汇率风险的考虑。从贷款合同的实际执行情况来看，这一选择应当说是非常成功的。

2005年7月，中国人民银行发布了“关于完善人民币汇率形成机制改革的公告”，宣布从2005年7月21日起开始实行以市场供求为基础、参考一篮子货币进行调解、有管理的浮动汇率制度。人民银行于每个工作日结束后公布下个工作日美元汇率基准价，并允许千分之三的浮动区间。新的人民币浮动汇率下，人民币兑美元初始汇率上升2%。

此次汇率改革对中国三峡总公司的影响主要有两个方面：资本项目下为美元贷款的还本付息付费，经常项目下为购汇支付进口设备款和服务类项目。中国三峡总公司受益于人民币升值，预计将在短期内从这两方面节约成本支出。经统计，2005年下半年中国三峡总公司购汇已实际节约融资成本支出约300万元人民币；2005年12月31日，以升值后的人民币汇率8.0702计算，中国三峡总公司以人民币计价的账面外债余额减少2.15亿元。

二、外债风险管理成果

1998～2000年，美元6个月LIBOR处于6%～7%的高位。三峡实际提款较少，仅有1.8亿美元；2001～2004年美元6个月LIBOR从6%一路降至1.10%，此时正是三峡贷款的提款高峰，累计发生提款7.2亿美元。浮动利率与固定利率相结合，使三峡左岸电站项目贷款的平均利率水平保持在大约3.5%～4.5%之间，大大降低了融资成本。

目前，三峡左岸电站项目国外借款已经停止提款，陆续进入还款期。中国三峡总公司的日常外债管理，也从日常商务合同贷款的支付转移到贷款台账的清理和还本付息等工作。

进入2002年美元6个月LIBOR已经降至2%左右，美元贷款市场供给充足。2002年7月8日，国家计委、人民银行及外管总局联合发布了《关于印发国有和国有控股企业外债风险管理及结构调整指导意见的通知》，从政策上支持国有大中型企业进行外债重组，优化外债结构，加强外债风险的动态管理。为此，中国三峡总公司成立了外债风险管理小组。在外汇管理局、国家开发银行、中国银行等单位的大力协助下，经过一年多的努力，通过提前还款、取消利息资本化等手段，重组外债协议金额11597.13万美元。2003年3月，利用中国银行815万美元浮动利率现汇贷款提前偿还三峡工程TGPMS开发项目贷款加拿大出口信贷（见表1）。

表1　三峡工程TGPMS开发项目外债重组置换情况

	原贷款条件				重组置换条件		
上游银行	额度（万美元）	利率（%）	期限（年）		额度（万美元）	利率（%）	期限（年）
SG	1084.44	7.50	21	→	10000	L+0.9	6
EDC	4437.40	7.50	21				
EKS	1369.40	7.50	21				
BNP	2351.34	7.50	21				
KFW	1957.00	7.50	21				
机组合计	11199.58						
高压电器KFW	951.88	7.44	19	→		使用人民币购汇	
EDC（TGPMS）	815.07	7.10	12.5	→	815.07	L+0.8	2

通过以国内银行美元现汇贷款置换提前偿还、取消利息资本化（IDC）等债务重组手段，达到降低利率的目的，同时由于IDC的减少进一步降低了贷款期的承诺费及保费，预计贷款期内可节约利息支出及融资费用约2000万美元，其中2003年度已实际节约286.62万美元，2004年节约261.89万美元，2005年节约174.03万美元。其中：

2003年3月17日，提前偿还TGPMS加拿大EDC出口信贷815万美元，利率由7.1%置换为中行现汇贷款L+0.8%，与原方案对比预计节约净现值约90万美元。

2003年9月15日，取消机组kfw出口信贷IDC贷款额度1957万美元，利率由7.5%置换为开行现汇贷款L+0.9%，与原方案对比预计节约净现值244.51万美元。

2003年10月14日，取消机组EDC出口信贷IDC贷款额度4437万美元，利率由7.5%置换为开行现汇贷款L+0.9%，与原方案对比预计节约净现值721.82万美元。

2003年12月15日，取消高压电气kfw出口信贷IDC贷款额度1045万美元，与原方案对比预计节约净现值115.24万美元。

2004年3月15日，取消机组BNP出口信贷IDC贷款额度2327万美元，利率由7.5%置换为开行现汇贷款L+0.9%，与原方案对比预计节约净现值287.98万美元。

2004年3月15日，取消机组SG出口信贷IDC贷款额度1022万美元，与原方案对比预计节约净现值120.09万美元。

2004年6月15日，取消机组挪威EKS出口信贷IDC贷款额度1228万美元。

三、外债管理阶段的经验与评价

（一）以美元现汇贷款置换TGPMS出口信贷

2003年美元6个月LIBOR跌至近十年来最低谷，约1.2%左右，由于中国三峡总公司原签订的TGPMS贷款为固定利率7.1%，考虑到在LIBOR的基础上即使上浮一定的百分点也远远低于固定利率水平，加拿大上游银行对于提前还款并没有强制性的补偿条件，为节约融资成本，动态管理总公司外债，总公司向中国银行发函要求其与国外银行接洽，尽快促成提前还款的方案的落实。通过努力，2003年3月17日，中国三峡总公司以中国银行美元现汇贷款（L+0.8%）置换，提前偿还TGPMS项目加拿大EDC出口信贷815万美元，该贷款已于2005年3月偿还。准确把握金融市场行情，在获得国内转贷行支持的情况下，占据主动，向国外银行争取提前还款条件是外债管理成功的主要因素。

（二）与国家开发银行合作，取消部分贷款的利息资本化额度

2002年10月，中国三峡总公司向国家开发银行发出《对三峡左岸电站机组出口信贷及商贷进行风险管理有关事宜的函》。函中提出目前美元市场利率处于历史低点，希望国家开发银行能对1997年安排的外汇融资进行风险管理。开发银行研究并提交了《关于三峡左岸电站项目外债风险管理方案》，对三峡项目外汇融资各部分置换的可行性及影响进行了分析。此后，又与开发银行就此事进行了多轮协商，双方对外债风险管理的步骤及程序基本达成了一致，同意首先从取消固定利率出口信贷利息资本化着手，对项目的外债进行风险管理。

国家开发银行国际金融局和总公司通力配合，组成外债风险管理小组，通过一年的努力，与

三峡工程借用国际商业贷款约13亿美元。图为三峡水电站全景

国外银行积极交涉，推动了取消利息资本化的进程。德国复兴信贷银行（kfw）首先同意取消利息资本化，涉及贷款金额1957万美元。此后，加拿大出口信贷发展公司（EDC）也正式同意了国家开发银行的申请，取消的利息资本化金额为4437万美元。2003年12月，法国巴黎国民银行（BNP）也同意了我方的要求，取消的利息资本化额度为2327万美元。对于谈判进程较为艰难的法国兴业银行（SG）、挪威出口融资公司和巴西国民经济开发银行，国家开发银行国际金融局和总公司通过组团于2003年12月与国外银行进行面对面的正式协商，取得了积极的成果。

在与国外银行磋商的过程中，2003年9月10日，中国三峡总公司与国家开发银行同时签署了三峡项目外汇贷款合同，贷款金额1亿美元，贷款期限6年，贷款利率为L+0.90%来支付取消资本化的利息部分。

利息资本化条款增加了计息的本金积数，在2002年美元6个月LIBOR逐渐走低的趋势下，平均7.5%的固定利率增加了高额的利息负担。中国三峡总公司成功取消六家国外银行的利息资本化额度，一方面取决于对市场的准确判断，另一方面取决于总公司谈判的坚决立场和国内转贷行专业支持，实现了为总公司节约大量融资成本的目标。

（中国长江三峡工程开发总公司）

意识超前，机制有效，管理科学
——秦山三期项目外汇风险管理总结

秦山三期项目外债比重高达84%以上，面临的外汇风险既有汇率风险，又有利率风险。特别是主合同加方供货绝大部分以加元支付，而贷款币种为美元，所以在建设期中显然存在付款币种与贷款币种不一致的汇率风险。公司通过实施有效的外汇风险管理，已为秦山三期项目节约投资数千万美元，取得了较好的成绩。同时，7年的外汇风险管理实践为公司留下了宝贵的财富——为公司建立了一套科学、有效的外汇风险管理体系，培养了一批懂专业、能驾驭市场的人才。有三个方面非常值得思考。①超前的意识、外汇风险管理自始至终是公司财务管理工作的重中之重，受到了公司决策层、高级管理层的高度重视；②有效的机制是公司有序开展外汇风险管理的体制保证；③科学的管理是公司有效实施外汇风险管理的重要途径。

一、超前的意识——将外汇风险管理作为公司财务管理的重要内容

20世纪80年代，外汇市场变化愈加激烈，外汇风险管理开始成为企业财务管理的重要内容。而在我国，长期以来由于体制或技能方面的原因，往往缺乏明确的风险意识和防范能力，要么根本就没有意识到外汇风险的威胁，要么认为责任不在企业，要么不知道采取怎样的应对措施，因此，对外汇风险听之任之，视外汇风险管理是一项分外的工作，没有纳入企业财务管理的范畴。正是这种意识上的差距，致使很多企业为此付出沉重的代价。

相比较之下，秦山三核具有超前的意识，这包括：①具有超前的外汇风险意识。秦山三期是一个涉外核电项目，公司一开始就非常重视外汇风险的识别、衡量、分析，“有什么风险”已成为各级管理者作决策时经常要问的一句话。秦山三期项目的商务合同金额较大，在选择合同计价货币时非常关注外汇风险问题。当合同和融资协议生效后，又开始关注借款货币与付款货币的不一致所造成的风险。②具有超前的外汇风险管理意识。由于投资控制的压力，公司一开始就将外汇风险管理作为公司财务管理的主要内容和项目投资控制的重要措施之一。公司为此专门设立了外汇风险管理岗位，配备了学习国际金融专业的人员，还聘请了财务顾问。对外汇风险积极主动地进行管理。这些超前的意识与公司规范的现代企业制度建设和决策者的高瞻远瞩是紧密相关的。正是这种超前的意识使秦山三期项目在外汇风险面前显得很从容，也才有今天投资控制的成果。同时也印证了这么一句话：在经济全球化的今天，谁能驾驭风险，谁就在激烈的竞争中处于领先地位。

二、有效的机制——公司有序开展外汇风险管理的体制保证

企业外汇风险管理是一项系统工程，一套有效的机制是外汇风险管理工作有序开展的体制保证。董事会、总经理部、财务部门、具体负责人之间，应明确职责分工，做到权力和义务相统一，激励和约束机制并存。秦山三期项目非常重视外汇风险管理机制建设，实践证明，构架一个良好的外汇风险管理体系比在具体交易中获得好的报价更为重要，即所谓“机制优于价格”。秦山三期项目是怎么做这方面的工作的呢？

（一）建立一套与公司法人治理结构相适应的权力分层体系

经验表明，如果外汇风险管理程序没有得到公司董事会和总经理部的完全批准和积极支持，将其作为公司管理不可分割的部分，那么它就不可能有效，甚至适得其反。这意味着董事会要明确建立公司对风险管理的态度、对风险的偏好以及控制和承担风险的责任分配。秦山三期项目的外汇风险管理工作完全符合这一要求，建立了与公司法人治理结构相一致的权力分层体系，即形成了如下三个层次的管理结构：

第一层是决策层，即董事会，主要负责明确风险管理的总体思路、总体原则和指导思想；确定管理目标、管理范围；批准外汇风险管理总方案，定期听取总经理部风险管理报告，检查、监督、评价总经理部风险管理工作；

第二层是管理层，即总经理部，将风险管理作为日常管理事项，负责风险管理的组织，明确财务处的责任，审核风险管理总方案，批准操作程序、管理工具，听取财务处的管理报告，核查、监督、评价财务处风险管理工作；

第三层是操作层，即财务处，负责风险的识别、衡量、分析、评估，负责市场趋势的研究、分析和判断，选择交易结构，竞价执行交易，定期报告风险管理情况，并提供新的风险管理建议。

（二）设置专门岗位，配备专业人才

作为财务管理的一项重要内容，外汇风险管理必须有专门机构和专业人才作保证。公司在资金科专门设置外汇风险管理岗位，配备了金融专业人才。公司还采用“请进来、派出去”的方式进行风险管理知识培训，每年都请国内外金融专家到公司讲课，派人参加国内外银行或政府部门主办的研讨会或论坛，还派人到香港参加专业培训。这一些措施既提高了公司管理者的外汇风险管理意识和决策能力，也充实了财务人员的专业知识，提高了交易员的操作技能，从而提高了公司的外汇风险管理水平。

（三）建立了一套严谨的决策和授权机制

建立合理的授权与决策机制，是有效实施风险管理的重要保证。这个问题解决不好，要么是决策效率低下，上下沟通不及时，容易错过市场机会，未达到风险管理目的；要么被授权人偏离了决策者的原则，从而增加新的风险，同样达不到风险管理目的。秦山三期项目在建设期的风险管理过程中，结合公司的实际情况，经历了两个阶段。第一阶段，即1998年1月以前采用“单笔报批决策模式”，主要考虑当时工作刚开始，财务人员的技能还需锻炼，经验还需积累等。第二阶段，即1998年1月后采用“授权决策模式”，并严格遵循以下规定：

1．授权原则

（1）董事会是风险管理的决策者；

（2）具体风险管理实施通过董事会—董事长—总经理三级授权实施；

（3）各级被授权人以书面文件作为操作依据。

2．决策程序

（1）总经理部根据财务处的建议提出风险管理方案；

（2）董事会讨论决策；

（3）董事会根据风险管理原则授权总经理管理范围、管理目标、交易数量等；

（4）董事会定期听取报告、建立，并调整授权范围。

3．应急决策

董事会授权董事长全权处理应急事件，以防范市场异常波动可能带来的损失。

实践证明，秦山三期项目的外汇风险管理的决策授权机制是合理的、严谨的，也是行之有效的。

（四）建立了科学、客观的评价机制

对外汇风险管理而言，这同样是一个非常重要的问题。如果不能科学、客观、正确的评价风险管理效果，就会严重挫伤风险管理人员的积极性，最终导致消极怠工，或者容易助长投机心理，极易导致公司风险管理处于失控状态。国外经验告诉我们，解决这一问题的关键是各级管理者必须清楚地认识到风险管理的根本目的在于降低债务风险，锁定成本，以利于企业主营业务的发展。秦山三期项目的评价机制是科学、客观的。其评价标准主要包括：

（1）是否符合公司风险管理原则；

（2）是否符合授权；

（3）是否按程序操作；

（4）是否达到董事会设定的目标水平。

正是这套评价机制使秦山三核人员能积极开展风险管理工作，投资成本得到了有效的控制，而且所有的风险也在董事会控制之下。外汇风险管理工作也因此成为公司董事会决定嘉奖的第一项工作。

（五）形成良好的沟通机制

良好的沟通是秦山三期项目管理的一个特点，这一点在外汇风险管理的工作中也表现得很充分。这包括上下级的沟通，如董事会和总经理部的沟通；也包括协作单位之间的沟通，如财务部门与金融部门的沟通、公司与财务顾问之间的沟通等。沟通形式既有会议，也有网络等形式。总经理部坚持定期向董事会报告风险管理情况——回顾行情、报告风险管理情况、市场预测和管理对策等。2000年之前，几乎每次董事会会议都有外汇风险管理专题报告。当汇报风险管理方案时，总经理部将方案制作成演示文档，将方案的利弊向董事会作深入浅出的解释。总经理部还利用外汇风险管理简报的形式向董事会成员及时报告市场行情。这种良好的沟通确保了决策效率和操作效率。

（六）营造浓厚的风险管理文化氛围

高效的风险文化的主要特征是对风险的敏感和了解，并将风险意识贯穿在员工的言行中。秦山三核公司对风险很重视，外汇风险管理在秦山三期项目建设过程中深入人心，包括决策者、管理者，也包括专业人员和一般员工。

三、科学管理——公司有效实施风险管理的重要途径

秦山三期项目的外汇风险管理工作除了重视机制建设以外，还有一点就是始终坚持崇尚科学、尊重科学、依靠科学、运用科学。这从以下几个方面得以充分体现：

（一）系统的管理思维

一方面，我们视外汇风险管理工作为企业管理系统的组成部分，并不是独立于企业管理系统之外的“孤岛”，将外汇风险管理纳入公司整体财务管理。所以风险管理的一切行为都受到公司管理系统支持和约束，外汇风险管理工作始终坚持适应秦山三期项目管理模式的要求。另一方面，我们将外汇风险管理作为一项系统工程来抓，除了科学、规范地开展具体的管理工作以外，还非常重视风险管理的总体规划，以明确外汇风险管理的目标、原则，避免交易时点选择的随机性和操作上的随意性。还通过前文所述的机制建设，包括专业人才的培养、风险文化的营造等，确保外汇风险管理工作的顺利开展。

（二）理性的管理策略

1．明确的风险管理原则和指导思想

有效的风险管理的一个重要步骤是确定一套原则和指导思想来指导风险管理的进行。这项工作很有挑战性，不能被低估。秦山三期项目的决策者在讨论风险管理的总原则时，考虑公司主营业务是核电的建设和营运，从而非常一致地明确了“外汇风险管理是为了控制成本而非投机获利”的总原则，即根据成本管理目标，通过金融产品将债务的汇率风险和利率风险锁定在自己所能承受的范围之内。这也是公司风险管理的根本目的所在。这总原则是纲，是指导公司外汇管理工作的纲。如果从专业角度来看，这一总原则是非常理性的，抓住了风险管理的真谛。

2．设定外汇风险管理目标的策略选择

确定目标水平是风险管理的重要一环。秦山三期项目在设定目标时，主要基于以下考虑：

（1）服从公司外汇风险管理的总原则和总体目标；

秦山三期核电站项目，借用加拿大、美国、日本、英国等四国出口信贷。图为汽轮发电机组

（2）分析公司所能承受的风险和愿意付出的代价；

（3）市场走势的预测和判断。

秦山三期项目按照公司风险管理的总原则，确定以概算汇率作为汇率风险承受的底线，再根据风险管理情况和市场水平对操作目标进行调整。

3．金融工具的选择策略

随着金融市场的不断发展和计算机技术的广泛应用，导致创新的衍生金融工具的不断涌现，甚至出现“量体裁衣”的工具。然而任何工具都有其两面性，一般来说，越复杂的工具，其流动性越差。那么如何选择金融工具呢？秦山三期项目始终坚持以下策略：

（1）选择金融工具时，考虑金融工具的交易成本，流动性，外汇市场的实际情况等；

（2）根据企业现有外债的特点及面临的主要风险选择金融工具；

（3）根据企业外汇风险的特点，并结合财务人员对金融工具的理解程度进行选择；

（4）一般情况下，充分理解和使用基本工具，因为它们同样能达到规避风险的目的。

（三）专家的决策支持

外汇风险管理是一项专业性很强的工作，其中既需要了解国际金融和风险管理知识，又需要有实际操作的经验。金融市场瞬息万变，金融创新层出不穷，要把握好机会，选择好工具，谈何容易。项目初始时，秦山三核确实缺乏经验，公司决定借用“外脑”——常年聘请财务顾问。后来，无论是风险管理方案的制订、具体工具的选择、交易时机的选择等任何一项决策，都能得到“外脑”的支持，使秦山三核外汇风险管理从一开始就凝结着专家的智慧。另外，公司还定期召开外汇风险管理研讨会，邀请专家学者、国内外金融机构对国际资本市场趋势进行分析，提供咨询建议。这些建议使我们更好地把握了市场时机，公司几次风险管理目标的调整都是听取了专家的意见之后做出的。

（四）现代化的管理手段

第一，为适应外汇风险管理的要求，公司专门安装了路透终端，实时掌握国内外金融市场信息，便于财务人员对市场进行跟踪、研究和分析。第二，为了做好外汇风险管理工作，公司专门开发了外汇风险管理模型，定时监控外汇风险，充分分析比较外汇风险管理方案，分析外汇风险管理对建设造价以及经营期的经济效益的影响，为公司决策提供了有力支持。

（五）缜密的市场分析

企业开展外汇风险管理离不开市场分析，企业必须了解影响外汇变动的因素，及时把握外汇变动趋势。秦山三核非常重视市场研究和预测分析，在实践中采用的办法既有经济基本面分析法，也有技术分析法。短期汇率预测，主要考虑利率变动、相对通货膨胀率、贸易平稳、心理预期等；长期汇率预测则更侧重于观察通货膨胀因素、购买力评价、经济增长和稳定性指标等。总之，市场分析是公司风险管理的一项经常性工作，也是确定风险管理方案必经的步骤，但也仅是其中若干步骤中的一个，并非唯一的依据。

（秦山第三核电有限公司）

天津市借用世行贷款设立治理工业污染基金和购置环保设备项目回顾与总结

改革开放以来，为了环保事业的发展，天津市环境保护局共借用国外贷款1079万美元，一是借用世界银行贷款872万美元，建立了天津市治理工业污染基金，二是借用世界银行贷款207万美元，实施了环保设备采购。治理工业污染基金和环保设备采购两个世行贷款项目都是《天津市城市发展和环境项目》的子项目，这两个项目的实施对天津市治理工业污染提供了新的融资渠道，对提高天津的环境监测、环保科研和环境项目实际能力都起到了很大作用。具体情况如下：

一、天津市治理工业污染基金

该基金于1992年8月15日正式设立。基金款由世界银行贷款和天津市环保治理资金的一部分组成，世行贷款总额为900万美元（最初为1900万美元，后削减为900万美元），贷款期15年，其中含宽限期5年，年利率为4.5%。基金的任务是以贷款的方式对天津市治理工业污染的企业提供资金支持，促进经济与环境的协调发展。

（一）基金的管理

该基金是独立的经济实体，其领导机构是基金董事会（董事会成员由市财政局、市环保局、市建委世行办等有关人员组成）。董事会的职责是根据天津市环境和经济发展规划，提出使用基金治理污染项目的指导性计划；制定管理基金的规章制度；决定基金的存款机构；确定基金的贷款条件，确定基金管理办公室的机构和编制；审查基金管理办公室的年度工作报告和财务决算；决定与其他机构进行合作的事项，负责归还所用世行贷款的本金利息等。基金董事会的决议须经投票，并依多数票决定。董事会下设的基金管理办公室是基金的常设工作机构，其工作向基金董事会负责，是自负盈亏的事业单位。

（二）基金贷款方式及范围

为鼓励企业治理污染，世行要求对使用基金贷款的治理项目给予一定比例的赠款，赠款比例最高为贷款总额的30%。

基金贷款范围最初限于天津市内有偿还能力的市属企业单位，随着国内改革发展的需要和市场结构的变化，贷款范围逐步扩大到天津市区县属企业及乡镇企业。

（三）基金运作情况及效益

截至目前，基金办完成项目评估报告58个，为其中的40个治理污染和清洁生产项目提供了贷款，其余18个项目因董事会或世行审查未能通过以及企业自行退出等原因没有签约。已实施的签约项目总投资合计1.588亿元人民币，合同贷款额为1.111亿元人民币，基金实际提供贷款1.0472亿元，赠款41.7万元人民币；实际借用世行贷款870.2万美元，国内配套资金5105.6万元人民币（其中市级资金配套1878.5万元人民币，区县级配套3227.1万元人民币）。

已完成的基金项目每年共处理废水约492万吨，废水削减量约11万吨。COD削减量约6638吨，BOD削减量约1353吨，工业废液削减量约35万吨，工业废渣削减量约2.2万吨，粉尘和烟尘处理量约373吨，削减量约195吨，每年能为企业新增利润约1400万元，基本实现了建立基金的目的。基金贷款项目不仅为改善天津市的环境做出了贡献，而且也为企业带来了显著的经济效益。

天津市治理工业污染基金是世行在发展中国家的试点，是全国的第一家。基金的建立为探索环境保护融资新路进行了有益尝试，开辟了一条治理工业污染资金的新渠道。经过十几年的运行，基金取得了一定的环境效益、社会效益和经济效益，促进经济与环境的协调发展，基本实现了建立基金之初的目的。

由于基金的成立是个新鲜事物，没有任何经验可以借鉴，需要摸索前进。时至今日，基金经过15年的运行，在贷款运作管理的实践中，我们积累了如下经验：

1．边学边干，加速基金运转

与国内贷款相比，基金子项目贷款由于拨付形式不同，手续相对比较繁琐，资金到位时间较长，基金项目运行十分缓慢。为了改变这一状况，基金办进一步完善基金的运行程序，为贷款单位编制基金贷款全过程的简明图表，使项目单位对基金贷款程序一目了然，为基金项目的顺利开展创造了必要条件。

按世行要求，归垫时要向世行报送货比三家表和其他相关材料。但初次接触世行贷款的企业，不了解世行的要求，不了解市场和供货商的情况，致使归垫工作异常困难。基金办为了加快归垫速度，想了许多办法。1997年底，基金董事会认可了基金办提议子项目的货比三家工作由成套设备局提供咨询服务的建议。基金办与成套局相互配合，按照世行货比三家的要求，保证为企业提供合格的货比三家文件，归垫的时间由以前的一至两个月缩短为十到十五天，突破了借用外资的难点，使基金运转速度有所提高。

2．打破常规，开拓思路，克服国内配套资金短缺困难

基金的正常运行要求市政府平均每年投入相应的配套人民币，其资金来源是市属企业的治理工业污染补助资金的40%。但是近年来随着我市市属企业数量的减少和排污收费构成比例发生的重大变化，可注入基金的污染治理资金急剧减少，共注入1878.2万元人民币，远远低于应配套数额。为了解决配套资金短缺的困难，在董事会同意的前提下，基金打破常规开拓思路，与区环保局和贷款项目企业共同协商，国内配套资金改由贷款企业所在的区县环保局或上级主管部门提供，既解决了配套资金的来源，也吸引了大量市属企业以外的乡镇企业，扩大了基金的贷款范围。至今，区县环保局共配套3227.067万元人民币，为完成借用世行贷款任务创造了条件。

3．克服困难加强贷款回收

基金的主要工作之一是保证贷款的回收。基金在运行过程中出现的最大困难是逾期贷款。在困难面前，为了保证基金的正常运转，基金办加强了项目评估，把对项目的审查重点放在对企业的财务评估及对企业资信情况的调查；加强了对企业经营、财务情况的监督。同时加大了项目的中后期管理和逾期贷款催要工作，对生产形势尚好、暂时资金困难的企业，给予展期；工作人员经常深入企业，密切关注项目单位及其担保人的生产状况和财务状况，抓紧催还贷款，一旦企业生产出现滑坡，基金办立即采取相应措施和法律手段，以保证基金的权益。

（四）存在问题及对策

基金作为非赢利性的事业单位，从事治理工业污染贷款，最重要的是保证其贷款的回收，使治理工业污染资金能够滚动发展，其定位决定了基金不可能按照市场经济规律运行。而在实际操作中，基金是在与各大商业银行激烈竞争的情况下谋求生存，竞争中处于劣势是不可避免的。除早期对项目的赠款优势外，基金贷款对企业缺乏吸引力，失去了好项目来源。随着利率的不断降低，基金出现亏损。一些企业不按时还本付息，使基金有时入不敷出。针对基金存在的问题，应积极应对，采取相应的措施和对策。

（1）基金应适应形势发展的需要，及时做出调整。基金建立之初，贷款多数用于企业治理工业污染或减少污染的项目。随着形势的发展，也扩大到一些清洁生产和废物回收利用项目中，但是这些远远不能适应经济与环境可持续发展的需要，基金的发展明显落后于天津市的城市发展和环保事业的发展。

随着国内市场经济的飞速发展，基金维持正常运行必须能够与商业银行有一定的竞争能力。在国内配套资金不足的情况下，基金应该顺应国内外形势的发展的需要，及时做出调整，拓展融资和投资渠道，将资金用于有利于环境改善、有利于经济发展、有能力归还贷款的所有项目中，而不仅限于工业企业治理污染项目。这样，基金才可能达到良好的运行。

（2）采取有效的监管措施和手段加强子项目的运行管理。严格执行基金制订的《章程》、《实施细则》、《运行程序》及各项规章制度是保证基金正常运行的基础，有效的监管措施和手段是子项目正常运行的保障。

各项规章制度的执行在基金子项目运行的前期和中期管理中发挥了很大作用。但在对子项目的

天津市环境监测中心项目，借用世界银行贷款。图为天津首个环境空气自动监测子站

后期管理如项目验收、后评估、还贷等方面，基金虽采取了一些手段加强管理，但由于缺乏对企业及子项目监管的有效措施和手段，无法使企业按照基金管理规章制度的要求去做。除了对企业违法行为采取法律手段外，只能求助于企业相关领导部门的帮助。尤其是20世纪90年代后期，随着市场经济的迅速发展，企业相关领导部门对各企业的有效监管作用越来越小，基金在对子项目运行的中、后期管理中失去了仅有的措施与手段，影响了相应的管理效果，子项目的运行管理方面要建立有效的监督管措施。

（3）通过法律手段维护基金权益。

二、环保设备采购

天津市环保局借用世界银行贷款环保设备采购项目自1992年启动，到1996年实施完毕。该项目实际借用世界银行贷款207万美元，国内配套资金446.54万元人民币。共计采购环境监测车辆13部，监测设备230台（套）；环境研究设备83台（套）；环境设计设备11台（套）；环境培训设备9台（套）。总价值2166.24万元人民币。

（一）实施背景

90年代初期，天津市环境保护研究、设计、监测设备落后，很不适应快速的经济发展对环境保护工作的要求。随着国民经济的发展，天津的城市建设发生了显著变化，城市的载体功能也在不断提高。环境保护工作经过十几年的努力，从单纯的污染源点源治理，发展为城市污染综合防治。但由于天津市是一个老工业城市，历史的遗留问题较多，而且在其发展过程中，经济和环境发展的不平衡，城市规划还不到位，工业布局不尽合理，市区人口和工业过分集中，全市40%的人口聚居在不到1.5%的土地上，70%的企业集中在市区；能源结构不合理，导致大气煤烟型污染、交通噪声严重超标。工业排放的污染物已成为城市环境的主要污染因素。环境污染问题日益突出，环保工作任务艰巨而繁重。当时，环保系统的环境监测仪器设备陈旧，监测手段落后，特别是对环境突发事件的应急监测能力薄弱，亟需配备比较先进的环境监测和环保科研仪器设备。

（二）项目的组织实施

我局非常重视和珍惜这次借用世界银行贷款环保设备采购项目实施机遇，专门成立环保设备采购小组，组织相关人员对所需仪器设备的性能及先进性进行充分论证，确定采购方案，在设备采购的过程中，严格按照招投标制度，严把设备质量关。采购的环保设备全部配给了环境监测中心、环科院和19个区、县环境监测站。

（三）项目成效

借用世界银行贷款采购的环保设备对加强我市的环境项目研究，环境项目设计及环境质量监测能力都发挥了巨大作用，如：

（1）HP6890气象色谱仪、HP5890／5972气／质联用仪、日立Z—8200原子吸收光谱仪、戴安DX—100离子色谱仪分别用于环境样品中多项有机污染物分析、有机物的定性和半定性分析、阴阳离子测定、重金属含量分析等，在环境污染应急监测中发挥了重要作用。

（2）像自计分光、浊度计、非分散红外测油仪、便携式电导仪、溶解氧测试仪等在样品分析中充分体现了使用简便、快捷、准确、便于携带、有利于现场监测的优点。

（3）借用世行贷款采购的计算机图形工作站。工程制图软件绘图仪、数字化仪、扫描仪及相应外部设备，污水处理车载实验站等环保设计仪器的应用，缩短了技术开发中心设计能力与国际接轨的时间，完善了设计手段，使工程设计中微机出图率达到了100%，提高了工作效率，增强了竞争手段。该中心先后顺利承接了中美史克（天津）制药有限公司等40余项污水工程的设计，施工及调试工作。特别是该中心设计的于1997年建成并投入运行的美国宝洁化学有限公司污水处理站，成为宝洁公司在世界各地同类项目中处理效果最佳的工程。

（4）通过世行贷款设备采购为环科院配置TOC、DOGA60-S02、NOX等水质、大气分析仪等仪器后，该院的工作效率及数据的精确度和可靠性都比以前有了大幅度提高。与原分析手段相比，世行项目设备操作简便、精密度和准确率高，现场测试快速、准确，特别适合环境研究和污染源治理及监测工作的数据处理和分析研究。几年来为环科院十余项科研成果的研究和近百项污染治理工程提供了快速、准确的设计参数和数据。

总之，通过世行贷款环保设备采购项目的实施，使我市环保系统的环境研究、环境设计和环境监测能力都得到很大提升，各级环境监测站的工作为各级政府判定改善辖区环境质量措施提供了重要依据，对环境保护事业的发展起到重大的促进作用。

（天津市环保局）

邯郸市城市供水和污水处理项目借用世行贷款案例分析

邯郸市主城区水资源匮乏，为了保障城区工业生产和居民生活正常的用水需求，长期以来，邯郸市不得不依靠大量超采地下水，主城区地下水每年开采量最高达到5000多万立方米，地下水水位埋深降至50多米，市区地面沉降0.4米。与此同时，水污染问题也日益突出，由于主城区排水管网建设不完善，污水处理率偏低，绝大多数生产和生活污水未经处理直接排入滏阳河，导致滏阳河水流经主城区后，水质被严重污染，由入城区前的Ⅲ类变为出城区后的劣Ⅴ。为了从根本上改善邯郸城市水环境，保障城市居民供水安全，邯郸市从1997年开始，积极配合省里争取世行贷款，增建新的城市供水和污水处理项目。

一、项目建设的基本情况

邯郸市铁西水厂城市供水项目和西污水处理厂污水处理项目是河北省打捆利用世行贷款建设的城市环境项目的两个子项目。其中城市供水项目铁西水厂二期工程，总投资概算35706万元，利用世行贷款2393万美元，建设日处理10万吨供水厂及配套管网。该项目2002年4月开工建设，2005年6月底全部完工，工程实际总投资2.5亿元，实际利用世行贷款1808万美元，结余585万美元；西污水处理厂建设项目，总投资概算33887万元，利用世行贷款2227万美元，建设日处理10万吨污水处理厂及配套管网，该项目2001年2月开工，2004年5月完工，工程实际总投资2.6亿，实际利用世行贷款1677万美元，结余550万美元。目前，两个子项目都在进行项目中期调整建设的前期工作。

二、项目单位的典型做法

为了保证项目建设的顺利进行和资金的按时足额到位，以及项目建成后的正常运营，项目单位根据世行对于机构改革和制度创新等方面的具体要求，结合我国国情和邯郸实际，进行了管理体制、运营机制、水费和收入分配制度等方面一系列的变革和创新，从而提升了项目单位整体管理水平，提高了公司运营效率，取得了明显的成效。

（一）深化体制改革，激活公司运营机制

在利用世行贷款过程中，邯郸对原有的供水单位和污水处理单位进行了相应的改革和调整，将供水与污水处理从原先的事业单位中独立出来，先后成立了邯郸市自来水公司和邯郸市市政污水处理有限责任公司，实现独立经营、自负盈亏。在此基础上，2005年以来，邯郸自来水公司继续推进以产权多元化为核心的体制改革，提出了“整体合资、国有控股”的基本思路，并与北京首创股份有限公司、香港中华煤气投资公司进行了深入洽谈，起草了合资经营的初步方案。市政污水处理公司目前也正在积极探索进一步深化体制改革的途径。

邯郸城市供水和污水处理项目，借用世界银行贷款。图为邯郸市西污水处理厂

（二）强化内部管理，提高公司运营效益

两个项目单位根据世行的

要求，均制定了公司发展的五年经营规划，并引进和建立了包括公司内部财务预测模型、管线管理系统、办公自动化系统、人力资源管理软件等新的管理模式和制度，使公司在地下管线及泵站的监控和运行、资料查询、办公自动化、人力资源的合理调配和使用等方面更加现代化、便利化，从而提高了公司整体运营效率，并为公司科学决策和管理提供了依据和保障。

（三）严格项目设计审查和施工管理，确保工程顺利完工

在两项目运作过程中，世行咨询专家与省、市项目办和项目单位密切合作，共同加强对项目实施的管理。世行咨询专家按照严谨科学的程序，对于项目运作过程中的每一个环节都进行多次论证，力求做到万无一失。因此，两项目无论在设计和标书编制上，还是工程实施上都非常成功，几乎每个合同包都是一个成功的案例。同时由于实施了工程清单报价制度，还结余了大量的资金，两项目共节省资金1000多万美元。在项目执行过程中，世行咨询专家还对业主单位管理人员、施工单位以及在工程实施过程中的监理人员进行了多次定期、不定期的培训，在工程现场管理、验收、设计水平、设备供货、档案管理等方面都引进和借鉴了国际先进管理经验，确保了工程顺利实施和工程质量。

（四）逐步提高水费征收标准，为实现公司良性运营奠定基础

为适应我国水价改革的要求及世行对贷款项目的要求，邯郸市目前已经进行了两次水费调价，目前城市居民生活用水价格由最初的1.3元/立方米调整到目前的2.95元/立方米，工业用水由2.3元/立方米上调到4.04元/立方米，行政事业单位用水由2元/立方米上调到3.7元/立方米，服务业用水由3.5元/立方米上调到5.4元/立方米，特种行业用水由11元/立方米上调到15.3元/立方米。

（五）加强组织领导和机构建设，逐步关停自备井

为了限制超采地下水，逐步改善城市水环境，根据世行建议，依据我国《水法》和河北省相关规定，邯郸市于2005年成立了专门由市水资源办牵头，市水利局和公用事业局为组成单位的机构，负责市内自备深井关停工作，并计划近两年主要关停主城区公共供水管网覆盖范围内自备井。在此基础上，2006年成立了市关停自备井领导小组，由常务副市长任组长，进一步加大了对关停自备井工作的领导和协调力度。

三、项目建成后的效益

（一）促进供水、污水收费制度改革，为建立市场经济条件下的价格形成机制奠定了基础

邯郸市按照世行的要求，根据项目公司的实际需要，充分考虑居民、企业的承受能力及社会影响力，采取了分阶段、有计划的调整水价，在项目建成后基本达到满足运行、维护及偿债的需要。这为探索建立社会主义市场经济体制下的水价形成机制和调整机制积累了经验，同时，也为其他公共服务领域价格改革奠定了基础。

（二）促进公司运行机制和经营机制的转变，提高了公司活力和效益

如前所述，邯郸市通过对污水处理和城市供水两个领域进行相应体制改革，并加强公司内部的管理系统建设和制度创新，既增强了公司运营活力，也降低了公司运营成本，有效提高了公司的运营效益。如供水公司通过规范操作规程和工作程序，强化内部管理，大大降低了成本。与2003年相比，2004年公司维修费用降低75%，办公费用和低值易耗品费用降低40%；机物料费用降低57%，供水管网漏失率由2001年的9.88%降到9.02%。2004年至今，公司可控成本费用一直保持低位运行。

（三）促进了邯郸市生态环境的改善，提高了城市发展动力

邯郸市西污水处理厂的建成运行，使得邯郸城市污水处理能力由原来的20万吨/日提高到30万吨/日，污水处理率达到77%，同时还使原有流经邯郸市区的沁河实现了“退污还清”，不仅将原有直接排入沁河的污水全部引入污水处理厂进行处理，而且将处理后的中水引入沁河，结束了沁河排污20年的历史。目前，西污水处理厂每天处理污水约6.8万吨，其中约有3万吨中水注入沁河。西污水处理厂的建设，极大地改善了邯郸城市环境。西污水处理厂投运的第二年，邯郸市迈入国家级园林城市行列。

同时，铁西水厂二期工程的建成和运行，使得城区对地下水的使用每年减少313万立方米，有效遏制了地下水位的下降，供水服务人口由2001年81.82万增加到88万，增强了城市供水保障能力，保证了城市居民供水安全。

上海市借用世行可调整规划贷款（APL）组织实施上海城市环境项目的经验总结

上海APL项目是上海借用国外贷款一个新的里程碑，体现了上海在投融资领域不断创新、不断开拓的精神。

一、世行可调整规划贷款（APL）的主要特点

APL是英文Adaptable program loan的缩写，译为中文是可调整规划贷款。它是世界银行于1997年提出的一种新的贷款方式，含义是指世界银行根据借款方的长远发展规划，分期分批地为实现这一规划目标而提供贷款支持。世行提出这一贷款方式，目的是为了支持那些长期复杂的不能由一个大型项目就可以完成的发展任务，并促进借款方进行体制改革和强化机构能力。这种目标的双重性伴随APL项目的整个过程，在项目的前期准备过程中体现尤为明显。

（一）APL项目的基本特征

（1）实施的灵活性。一是世行执董会只审批项目整体框架及首期项目。在无原则性、战略性变动的情况下，后续各期项目只需得到世行地区局的批准即可。二是项目的规模、执行期限和内容等均可在一定条件下进行调整。

（2）目标的长期性。APL项目最核心的准备工作是制定一个项目发展规划，确定一个长远的发展目标和分阶段实施的计划，然后根据这个规划筛选项目、确定政策和机构改革措施并制定实施时间表和监测指标。

（3）执行的连续性。APL的子项目纳入不同的执行期间，每期项目之间均设有引发条件，后期项目只有在引发条件得到满足之后才能继续得到世行的批准。世行APL项目每期的引发条件一般有5～8个，其中，40%是根据经验确定的项目建设进度方面的要求，35%是对机构改革和机构能力建设方面的要求，25%是对政策创新方面的要求。在这些条件中，80%要求定量描述。采用引发条件，可以确保在统一的长期发展目标之下，各期项目以环环相扣的连锁方式实施推进。

（4）成本的经济性。由于APL项目分期实施，各实施期内的承诺费仅按照本期未提款的贷款余额收取，因此各期合计的承诺费比传统的单一项目贷款方式要低。此外，APL项目具有一定的调整余地，操作起来较为简单，准备和管理费用也较低。

（5）项目的示范性。世行APL项目的基本模式有两种。一种是“纵向模式”（Vertical），先从基本框架和基本项目做起，逐步深入实施、优化某一领域的投资计划和改革措施。另一种是“横向模式”（Transverse），先将投资计划划分为几个区域，先在某一个区域试点，再推广至其他区域。就政策措施和机构改革内容而言，大多是纵向的，体现了一种逐步深入、不断推进的过程。此外，世行正在考虑创新一种新的APL模式，即先在示范城市设计好政策框架和引发条件，如果其他城市也能满足这些条件，就可以参加进来一起实施。上海APL项目属于纵向模式。世行认为，上海APL项目如果取得成功，将具有示范效应，国内其他城市届时可以参考上海的模式实施类似的项目。

（二）APL项目发展规划

既然APL贷款是为了支持一个长期发展计划服务的，那么最核心的准备工作就是制定一个APL发展规划，APL项目的特别之处也就体现在这个规划的制定过程之中。根据我们的经验，做好APL发展规划要注意以下事项：

（1）主题。首先要确定一个主题，然后确定一个长远的发展目标和分阶段实施的计划。世行通常会要求项目集中在一个领域，各期项目之间要有内在的联系，即主题一致性。项目的筛选应以此为原则。

（2）综合效益和总体目标。一揽子项目实施之后，要能够体现当初设想的综合效益，这是项目是否成功的标志。项目结束后，世界银行会对整个

APL项目是否达到了最初拟订的总体目标进行评估，形成评估报告，作为后续贷款的参考。

（3）阶段性目标和将采取的行动。在形成一个整体规划之后，就需要分别制定项目各期分阶段要达到的目标（即阶段性目标），以及为达到这些目标将采取的行动，包括项目投资、将要实施的政策和机构改革措施。在制定过程中，还需要确定阶段性目标与最终目标之间的关联性，这也是世界银行经常提到的一点。

（4）引发条件。在政策和机构改革措施方面，最关键的要素是项目各期之间的衔接条件，即引发条件。下一期的项目只有在引发条件得到满足之后才能得到世行管理层的批准。因为世行特别强调要通过执行APL项目来推进投融资和政府机构改革的进程，而引发条件是其强有力的工具，因此成为双方磋商和谈判的焦点。

（5）项目分期和监测指标。APL项目一般分2～4期执行，每一期都需要制定一系列监测和评估项目进展情况的指标和标志，以及机构和实施安排。

二、上海APL项目的总体框架和进展情况

（一）总体目标

（1）依据于上海市城市总体规划和各项专业规划。上海APL项目的筛选以规划为原则，通过项目实施，在水环境治理、固体废弃物处置、大气环境治理、重点工业区综合整治和绿化建设等五个方面取得突破，从而进一步增强上海的城市综合服务功能，提高城市综合环境质量，改善生态环境，提高城市综合创新能力和城市综合管理水平。

（2）服务于上海市国民经济与社会发展“十五”、“十一五”计划。上海APL项目的实施将有利于加快上海城市基础设施建设的步伐，改善城市环境，增强城市综合竞争力。核心文件——上海APL项目发展规划的总体目标和上海市国民经济与社会发展“十五”、“十一五”计划紧密关联。

（3）结合于上海投融资体制改革的探索。上海APL项目不仅体现了对资金的需求，同时也体现了进一步深化基础设施建设领域的投融资体制改革的要求。包括：继续深化政策与机构改革，逐步在水务、环卫、绿化等领域推进投资、建设、运营、管理“四分开”，环境建设和运营逐步由现行的行政分配转向社会招标竞争；按照社会化、市场化、专业化、产业化的要求，引导和鼓励各种所有制性质的企事业单位参与城市环境保护和建设，初步形成政府、企业和个人的多元化投入机制；拓宽融资渠道，积极争取发行环境保护建设项目债券；进一步实施“污染者付费”的政策，完善排污收费机制，扩大排污费征收面；按照“资源有偿使用”的原则，逐步建立和完善污染物排放有偿交易制度。

（二）主要内容

上海APL项目总投资约200亿人民币，其中利用世行贷款约7亿美元，拟分三期实施，时间跨度2002至2010年，主要用于四个领域。

（1）城市（中心城区）污水管理。主要包含：上海市污水治理三期工程，这是世行已支持的污水治理项目的延伸和拓展，用于解决上海市区北部、东北部空白区的污水出路问题，完善上海污水收集和处理系统；改造升级市区一些老的污水系统，包括污水管网和处理设施。

（2）黄浦江上游污水管理。重点是根据黄浦江全流域管理的需要，有选择的实施一批小型环保项目，用于强化黄浦江上游水源地的保护，同时为上海正在实施的“一城九镇”的建设提供相应的环保基础设施。

（3）市固体废弃物管理。分两期实施完成：老港生活垃圾卫生填埋场四期工程、餐厨垃圾收运系统、环卫设施管理信息系统、垃圾集装箱化运输系统的改造、一般工业固体废弃物处置和医疗废弃物集中处理等急需建设的固体废弃物收集、运输、处置系统。

（4）城市环境改善。主要内容包括：市区和市郊大型公共绿地的建设；老的居住密集街区的综合改造和再开发；上海老城厢等历史文化区的城市环境与建筑风貌改善；改善城市密集街区的生活设施和居住条件等。

（5）大气质量改善。以绿化项目和推广使用清洁能源为主。其中，在APL三期将重点改造CNG压缩天然气公交车，建设配套加气站，对一些锅炉进行必要的改造。

（6）机构强化和技术援助。包括项目单位及其主管部门的机构加强与培训，将分散在APL各子项目中实施。其次，研究一些具有重要意义的课题，如大都市水资源管理和政策研究，食品废物处理实验计划等。

（三）总体进展

上海APL一期项目于2002年开始准备，2003年4月完成谈判，2004年2月11日正式生效，项目组成包括：上海市污水治理三期工程、上海市固体废弃物处理系统一期工程、虹口区城市环境改善试点项目、金山区枫泾水质净化厂和污水排海工程等5个子项，总投资约63.4亿元人民币，其中：利用世行贷款2亿美元，项目建设期从2003年至2008年。目前，各子项目工程进展顺利，污水治理三期工程已完成大部分招标采购工作；固体废弃物处理系统一期工程的主体项目上海老港四期垃圾填埋场工程已完成总投资的68%；金山区枫泾水质净化厂已竣工投产；虹口区城市环境改善试点项目、金山区污水排海工程也正在抓紧进行项目建设。

上海APL二期项目于2004年开始准备，2005年5月完成谈判，2006年3月28日正式生效，项目组成包括：青浦区徐泾华新供水工程、污水收集管网西干线改造工程、白龙港污水厂污泥处理工程、竹园污水厂污泥处理工程、上海市固体废弃物处理系统二期、DFV项目等11个子项，总投资36.6亿元人民币，其中：利用世行贷款1.8亿美元，项目建设期从2005年至2010年。目前，各子项目进展顺利，除少部分项目正在积极进行开工前准备外，大部分项目已开工建设，使用追溯贷款的青浦区徐泾华新供水工程已开始发生提款。

三、上海APL项目的政策和机制创新

政策和机制创新是实施APL项目必不可少的内容，世界银行对此非常重视，认为这是世行在国内实施APL项目最主要的考虑因素。在国家政策环境许可的条件下，上海APL项目进行了一些新的尝试。这些尝试具有一定的开创性，对推进上海基础设施领域的投融资体制改革具有重要意义。

（一）推进融资机制的创新

建立针对区县环保项目的融资工具（DFV：District Financial Vehicle）。成立上海城投环保产业投资管理有限公司作为DFV平台，具体负责世行贷款资金的管理（如提款报账、组织还贷等），并发挥资金池作用，带动其他国内配套资金一起加强郊区环保基础设施建设。同时，根据上海与世行之间达成的共识，世行同意简化对具体DFV项目的审查及管理手续，以便于郊区小型环保项目的开展。通过这一工具，市有关部门可以引导和协调区县环保领域的投资，对实现黄浦江全流域管理具有促进作用，并可帮助郊区获得用于环保的长期资金，增强其信用等级和项目管理能力。在APL二期项目执行期间，上海首期利用世行贷款3000万美元实施四个DFV项目：即崇明县垃圾填埋场一期工程、崇明县城桥污水处理厂、金山区垃圾收运系统、青浦区华新污水管网工程。目前，这四个项目都进展顺利。

（二）发行环保基础设施建设长期债券

为上海环保基础设施投资开辟一个新的长期的、稳定的资金来源，同时，基础设施债券进入资本市场，可增加融资的公开性和透明度。在上海APL一期项目执行期间，上海水务资产经营发展有限公司申请发行15亿元公司债券，为污水治理三期工程、污水收集管网西干线等环保项目融资，目前该债券已于2006年7月发行并正准备上市。

探索市场化收费机制改革。重点是开展基础设施服务收费机制方面的探索，如排污收费定价和调整机制、垃圾处置收费等试点。上海APL项目的实施推动了上述改革的进程，如：2004年上海已正式对企业

上海APL项目二期白龙港城市污水处理厂污泥处理工程，借用世界银行贷款

征收垃圾处置费用，对城市居民生活垃圾征收处置费也正在酝酿之中，并计划调整供水及排水价格。

（三）引导社会资金参与环保基础设施建设

目标是按照社会化、市场化、专业化、产业化的要求，引导和鼓励各种所有制性质的企事业单位参与城市环境保护和建设事业，初步形成政府、企业和个人的多元化投入机制。目前，上海APL项目中已有这样的案例，如：上海市城市投资开发建设总公司与法国ONIX公司合资建设上海APL一期项目中的老港四期生活垃圾填埋场工程，上海城建集团以BOT方式建设和运营上海污水治理三期工程中的竹园污水处理厂等。

（四）加强黄浦江全流域水环境建设和管理

通过上海APL项目，上海市、区两级建设和环保部门已进一步加强了合作，以促进实现黄浦江全流域的水环境建设和管理。主要工作有：

（1）制定和实施一些规划，加强对黄浦江上游水源保护区的保护。为此，上海在APL一期项目中专门设置了两个咨询项目，即黄浦江上游流域管理研究（包括水质模型）和黄浦江上游污染消减措施研究。咨询报告中提出了一些有益的建议，引起了市、区环保和水务部门的关注。

（2）加大对具有全局意义的环保项目的投资力度。如：污水三期工程、黄浦江上游区县的小型污水处理项目等。

（3）加强市、区之间环境保护合作机制，通过一些政策工具，如DFV平台等，推进郊区环保基础设施建设。

（五）与世行合作开展城市改造项目的试点

这是上海与世行合作的新领域，主要目标是尝试一些新的旧城区改造和发展方式，提高低收入居民的生活水平和居住状况。在APL一期，上海已开始试点实施一个小型的旧社区环境改造项目，为今后实施类似项目积累经验。目前，部分已改造完毕社区的居住和周边环境得到了很大改善，受到居民的普遍欢迎。

四、上海组织实施APL项目的经验和启示

（一）重视项目总体框架的设计和首期项目

为确保APL项目在分期实施过程中的连贯性，避免因后续项目的可能调整而影响APL项目的整体框架，必须一开始就紧扣当地中长期发展规划，合理设计项目整体框架和分阶段实施的主要任务，尽可能避免在以后出现大的调整。其次，最好一开始就设计好项目替代方案，以免部分项目可能将来不适合使用APL贷款时而影响整个项目的总体进展。此外，在项目设计时要考虑扶贫因素，以增加世行的认同程度。

在编制APL项目发展规划之前，最好先提出一个战略框架，以此确定整个项目的基本目标、政策及机构改革的原则，从而使得在与世行官员磋商时有一个双方认可的基础。

应重视首期项目，如果能在实施首期项目的过程中完善好项目组织机构、运行机制以及政策配套，那么后期项目就会水到渠成、进展顺利。

（二）建立稳定有力的组织协调机构

与一般的世行项目相比，APL项目更加复杂，涉及的政府部门和项目单位更多，组织协调任务更加艰巨，因此项目组织机构的稳定性、综合协调能力、充足经费和人员就显得格外重要。在项目准备和实施期间，应督促各项目单位重视并强化机构能力建设，对有关的配套政策及机制创新等内容也要尽早组织研究、积极应对。

（三）设定切实可行的引发条件

引发条件对于启动后期项目具有决定作用，一旦写入贷款协议便难以更改。在设计引发条件时，要重点考虑时间安排和与长期发展战略相适应，在确保可获得世行通过的前提下，应尽量减少引发条件的数量，尽可能设计出一些定性而非定量的引发条件。

（四）制定进度计划表

APL项目获准实施后，要重视进度报告的编制和世行的不定期检查。应督促各项目单位尽早编制项目进度表，控制进度并积极协调实施过程中出现的问题，组织充足的经费和人员定期编制进度报告，积极配合世行检查。

（五）设立系统的项目监督指数

项目启动后，项目目标和引发条件的进展情况将是世行重点评估的对象，并直接影响后期项目能否顺利启动。因此，需要建立一个监督系统，将项目目标和引发条件分解，结合工作进度制定目标指数并定期进行评估，及时发现和解决问题，总结经验教训，为后续工作做好准备。

（上海市APL项目办公室）

高效与创新

——宁波水环境项目情况总结

宁波水环境项目是宁波市独立执行的第一个世行贷款项目，由宁波市水环境治理领导小组负责，高效率的前期准备工作和创新性的项目设计是本项目的最大特点。

一、项目基本情况

宁波水环境项目旨在以经济上高效和环境上可持续的方式扩大宁波市和慈溪市供水和污水处理范围并提高质量，从而保护公众健康、改善环境以及保持地区经济快速持续增长。项目由以下子项组成：

（一）宁波供水子项

本子项由宁波市自来水总公司实施，建设内容包括：①原水供水管线，由一座在皎口水库的进水塔和一条9.6公里长的隧道组成；②50万立方米/日的毛家坪水处理厂；③净水输送管道，包括一条环绕宁波市的47公里长的环型干管和从毛家坪到环形干管29公里的输水管。该子项的目标是将供水服务区的覆盖面扩大到城市郊区，通过获取新的水源和更新水处理设施，提高配水系统的可靠性和灵活性来改善水质。

（二）慈溪污水治理子项

本子项由新成立的慈溪市排水有限公司实施，建设内容包括：①两座污水处理厂，一座位于慈溪北部（10万立方米/日），一座位于东部（5万立方米/日）；②配套的收集系统的干管和连接管（230公里管道和58座泵站）。该子项将为慈溪整个市域提供综合的污水服务，并有助于保护杭州湾。为了确保向内河河网排放的污水达到合格的水质标准，选择了工程湿地作为深度处理的方式。

（三）技术援助和能力建设

本项目确定技术援助和能力建设内容如下：

（1）设计审查和施工管理；

（2）宁波市自来水总公司中央控制系统；

（3）价格和服务监管；

（4）宁波供水战略规划，包括：①宁波市水环境治理领导小组编制宁波市综合供水规划；②为宁波市自来水总公司编制战略商业计划；

（5）慈溪市排水有限公司的运行和业务管理援助。

宁波水环境项目总投资24.2亿元人民币，其中世行贷款1.3亿美元，其余由财政拨款、国内银行贷款、企业自有资金解决。

该项目于2005年6月通过了世行执董会的批准，目前项目正在实施之中，计划于2010年完成。

二、高效率的项目准备工作

世行项目准备周期长，一般至少需要二三年。本项目2004年2月进行项目预鉴别，同年5月正式鉴别，9月完成了预评估，12月正式评估，2005年1月项目谈判。前期准备工作的时间不到一年，在世行和中国的历史上都是创记录的速度，高效率的准备工作基于以下的因素：

（一）明确清晰的项目概念和项目内容，项目的内容有系统规划的支持

两个子项所对应的宁波供水规划和慈溪排水规划全面而现实，本项目从2004年初预鉴别时，两个子项的工程内容在系统规划的基础上经过业主方面卓有成效的研究，项目内容清晰，项目建议书对项目相关方面的研究和分析合乎逻辑。事实也证明，两个子项的基本建设内容从鉴定开始到实施没有实质性概念和内容的改变。投资估算也没有大的变动，这是项目成功的一个基础。本项目的目标和主题符合世行立项的原则，有社会、环境效益，也有技术和管理创新。同时，子项数量少，每个单项基础工作都做得比较扎实，没有拖后腿项目，也是进度快的一个原因。

（二）项目执行机构的能力，项目参与各方的经验、能力和合作是项目成败的关键

对执行机构的能力进行评估并通过机构加强

的方式进行弥补。如执行慈溪污水处理子项的排水公司有一定的技术和管理经验，但作为一个新的机构，公司管理经验和世行采购经验还不足，排水公司的机构加强通过技术援助达到，采购经验不足通过专业的招标代理来改进。项目前期工作参与各方包括设计单位、咨询单位、国际咨询公司等均具有世行项目经验和能力。

（三）政府的重视和相关部门的通力合作

宁波市成立了由常务副市长任组长，各有关政府职能部门领导参加的水环境治理领导小组，并在发改委设立办公室，每次世行代表团到来，市领导都亲自参加接待，听取代表团汇报，加强对宁波市水环境项目的指导和协调。

宁波市、慈溪市各有关部门通力合作，高度支持和配合是项目准备工作高效的重要因素。发改委、财政局、环保局、城管局、水利局、规划局、建委、外事办等部门的良好协作不仅保证了项目的质量，而且由于及时做好与国家各部委的汇报和衔接工作，使项目能得到国家各有关部门及时的指导、帮助和支持。更重要的是，宁波市政府各部门的高效合作和真诚守信的形象，增强了世行对本项目的信心，为项目的进展起到了极大的推进作用。

重视与世行的沟通和交流，特别是宁波市发展和改革委指定资深的世行业务人员负责项目的对外联络和沟通工作。由于语言的优势和多年的世界银行项目的工作经验帮助项目办与世界银行和国外咨询机构建立了良好的工作关系。

（四）世行项目组的务实和效率

世行为本项目组建的项目组也是富于经验和效率的。项目经理鲍德先生富于项目管理经验和与世行管理层的协调能力，也对东方文化有深入的了解；项目所配备的专家，如供水专家约翰·史密森、排水专家乔治·泰勒和财务专家丹·欧翰恩都是从事世界银行项目多年的一流国际专家。项目副理顾立欣先生熟悉世行的程序和中国项目管理背景情况，能够协助项目经理沟通中西方的观点和立场。采购、移民、环境等专家既了解国内情况，又可以用汉语沟通，也是项目顺利进展的重要原因。

三、富有成效的创新

宁波如中国其他城市一样面临着经济发展和城市化带来的供水压力和水体水质恶化问题，宁波市政府高度重视水环境工作，建立了专门的水环境治理领导小组，负责协调水环境基础设施投资以及跨行政部门的管理体系。宁波水环境项目的创新之处和战略意义将为宁波市水环境治理工作起到积极的示范作用。

宁波水环境供水子项目，借用世界银行贷款。图为管道开工建设

（一）理念创新，以区域性方略实现供水和污水治理城乡一体化

宁波市目前城市供水服务人口126万人，总处理能力为97万吨。宁波郊区的130万人口由29个小乡镇供水系统取水或自行解决，估计的处理能力为61万吨。这些乡镇供水系统依赖严重污染的地表水水源，水厂简陋，运行不良，配水系统渗漏程度高。宁波市政府在最近几年里尤为重视乡镇供水问题，市水环境治理领导小组制定了宁波扩大供水服务范围的框架计划，并指示宁波市自来水总公司整合小乡镇供水体系，为宁波城市范围城乡统一供水，并使服务质量得到明显提高。宁波水环境项目子项的第一个目标是在现有自来水公司的服务区内改善水质和提高供水服务的可靠性。第二个目标是将宁波自来水总公司的服务区扩大到郊区的鄞州、镇海和北仑并且提高水质和供水可靠性，从而实现城乡供水一体化，优化宁波水资源开发，提高供水质量、可靠性和安全性，为统筹城乡经济和社会发展提供保障。

慈溪位于宁波北部，和杭州湾相连，是一个经济发展迅速的县级市，位于宁波上海跨海大桥的起点使慈溪成为国内外投资者的理想之地。慈溪经济开发区沿海岸线设立，计划建成工业、科技、商业服务和房地产综合的开发区。对水污染控制认真规划和进行大规模投资是支持慈溪经济快速发展所必须的。慈溪位于平坦的沿海平原，子项二对慈溪市域范围的污水处理系统统一规划，而不仅仅局限在县城区范围，项目将城区和慈溪市域范围内的所有乡镇污水统一收集集中处理，所展示的规划理念有很好的示范作用。污水子项除了区域一体化，城乡一体化规划思路，还有建设方案中污水处理厂与管网配套建设的设计，就本项目而言，管网的建设投资占到总投资的80%以上，为项目建成后能够正常运行奠定了基础，体现了追求实效的风格。

（二）体制创新

慈溪原有的污水处理厂是通过政府部门来管理的，不是由公用行业公司自主管理。子项二通过建立财务上自治的公用行业公司，起到了促进改革的作用，从而使排水公司能有效率的管理和经营其拥有的资产。同时，现有成本回收制度正在调整，以便使公用行业公司实施其费率的水平足以保证财务独立和可持续性。

项目的主要目标现阶段已经取得显著的进展。2004年本项目准备之初，慈溪市排水公司依法成立，以前负责污水系统的政府部门人员已经重新分配到新的慈溪市排水公司。2006年4月，慈溪市调整了污水处理价格。

尽管慈溪市排水公司的改革取得显著进展，但是就其实施而言，尚有大量的工作要做。因此，即将实施的加强机构、财务和经营技术援助，将制订和完善公司所需要的大部分规划管理和财务制度，并实际施行。

这些改革正在公司层面实施的同时，还有必要在负责监督和管理这些部门的市级机关实施相应的改革。随着经营职能从市政府分离出来，需要建立新的规章结构和机制，以便政府能在服务的提供和收费方面保护消费者的利益，并同时确保这些新的公用行业公司的财务和管理的自主权。本项目设计了价格和服务监管的技术援助来实现对宁波市自来水总公司和慈溪市排水公司等市政公用行业的监管，也是宁波水环境项目的一个重要创新点。目前，公用事业价格和服务的监管确实是中国水务行业的一个薄弱环节。没有监管，难以优化规划，难以有效管理，难以节约建设和运行成本，难以形成可持续的发展机制。这个技术援助包对我们水务行业具有良好的可复制性，如果能够如期所愿，将对我国的水务事业产生重要的改革动力。

（三）技术创新

（1）宁波供水子项将建设中国首个区域配水环网。环型干管是增加供水服务的可靠和灵活性的创新方法，环网的设计年限为40年，并使用水力模型来确定环网的大小和配水系统的总体布局，将成为中国同类项目首例，也是本项目重大技术创新之一

（2）慈溪污水子项将采用新的三级处理工艺。污水治理子项10万吨/日的慈溪北部二级处理厂出水将采用湿地进行三级处理。慈溪市政府已经划拨了新围垦的86公顷土地用于建设北部污水处理厂相关的工程湿地。拟议的工程湿地将是一个植物潜流床和自由表面流湿地的组合。项目展示了一种有创新的技术机制用以克服陆源水污染，以及低成本湿地处理技术的价值和自然栖息地的价值；它在中国和东亚更广大的区域复制的可能性高，所展示的可持续的湿地管理的实践将为中国和世界其他地区的湿地管理树立典范。

（宁波市发改委水环境世行贷款项目管理办公室）

云南省环保专题

一、项目基本情况

为综合治理滇池流域环境污染、改善城市环境卫生状况、提高城市环境基础设施服务水平、为城市及流域地区的社会经济发展提供良好的可持续环境，1994年，经国家计委立项，实施了世行贷款云南环境项目。

世行贷款云南环境项目总投资为19.4亿元，协议贷款1.5亿美元，其中包括：1740万特别提款权（相当于2500万美元）的国际开发协会（IDA）提供的信贷（即软贷，还款期35年，其中包括10年宽限期，协议生效后，仅对尚未提款部分按每年0.5%的费率收取承诺费，不收取利息）；1.25美元的国际复兴开发银行（IBRD）硬贷款（还款期20年，其中包括5年宽限期，协议生效后，对已提款部分按每半年变动一次的浮动利率收利息，对尚未提款部分按每年0.75%的费率收取承诺费）。实际向世行贷款提款报账共1.011亿美元（包括软贷款2293万美元，硬贷款7821.72万美元，折合人民币8.37亿元）。国内配套资金12.2亿元人民币，由省、市/州、县/市、国债补助、国债转贷、企业自筹、地方商业银行贷款、政策性收费等构成。

该项目涉及昆明、红河、曲靖三个州市，覆盖昆明市区及昆明市所辖的呈贡县、晋宁县、石林县，红河州所辖的个旧市、蒙自县，曲靖市所辖的麒麟区及宣威市。项目内容主要包括旨在滇池流域水质恢复的给排水工程、城市垃圾清运和处置、农村卫生示范项目；重点工业污染源的技术改造和废水综合处理；环境监测及管理系统；曲靖和红河地区的城市环境基础设施；技术援助和培训等5个部分。由供水、排水、生活垃圾处理、工业废水综合治理、面源控制农村卫生示范、环境监测、环境污染控制小额贷款等21个子项目组成。

世行贷款云南环境项目是云南省环境保护，尤其是滇池流域环境综合治理长期发展、分期实施计划中的一个重要组成部分。在经过从1994年到1996年的前期准备论证、通过世界银行评估的基础上，于1997年开始实施，至2004年年底关账并全面完工，2005年上半年完成了对项目的后评估和总结，世界银行对云南环境项目后评估的等级评定为“令人满意”。

二、主要成效和意义

（一）项目取得的成效

通过建设世行贷款云南环境项目，项目所在城市建成了一批供水、污水处理、垃圾处置等环境基础设施。项目城市新增城市供水能力23万立方米/天，改造和完善了项目城市的污水收集管网，新增污水处理能力35.5万立方米/天，新增城市垃圾收集、转运及无害化处理能力近3000吨/天。项目城市的市政环境基础设施得到改善。

在昆明和曲靖实施城市供水子项目后，两市的供水量分别从1996年的48.2万立方米/日和6.5万立方米/日提高到项目实施后的68.97万立方米/日和16万立方米/日，并且供水水质达标率均超过99%以上，尤其是曲靖，在城市内享受集中供水服务的人口覆盖率从项目开工前的25%提高到项目完工后的100%；通过市政污水设施的建设，昆明市的污水处理厂设计处理能力占污水产生总量的百分比从1996年的34.4%提高到目前的75%以上，滇池主要污染负荷——城市生活污水及湖区重点工业废水得到大幅度削减（减少直接向滇池排入的污水量7046.8万吨/年，约削减入湖磷污染负荷602.39吨/年），为遏制滇池水质退化、促进滇池水质改善奠定了基础；曲靖等其他项目城市的污水处理设施从无到有，项目完成后污水处理厂的设计处理能力占污水产生总量的百分比为曲靖市72.7%、个旧市89.3%、呈贡100%、晋宁100%、宣威100%、蒙自86.96%；污水处理达标率除曲靖为50%外，其他城市均达到95%以上。

昆明、曲靖、石林城市生活固体废物管理服务区随着城市的扩大而扩大，生活垃圾的卫生填埋率分别从1996年的零提高到项目完成后的90%以上。

一些重点工业污染企业开展了利用清洁生产工艺进行生产技术改造或三废治理，污染源受到有效控制，达到了预期的环境效益和社会效益。项目所在地的环境监测站配备了必需的现代环境监测仪器及信息处理设备和软件，环境监测能力得到进一步提高，各项监测数据为环境行政管理部门的科学决策提供了决策参考。

各项目地区环境监测及环境管理装备的完善，使环境监测技术手段基本能够适应当地环境监测站的执法，进一步提高了环境管理的能力。项目所在地在大气、水环境等的监测点位、频次、指标、监测质量和精度以及对城市空气质量的预测预报的能力得到提高；作为省会城市的昆明市和全国“三江三湖”重点治理的滇池流域，通过环境监测子项目的实施，基本达到实时监测，数据可及时向国家环境监测总站上报。

（二）利用世行贷款建设云南环境项目的意义

世行在提供资金帮助进行工程建设的同时，通过技术援助等也给贷款方提供了更广泛地分享世行发展经验的机会。

项目的综合性和管理的科学性。从项目的准备到执行、完工、后评估全过程的项目管理中，世行贷款的优势之一是综合性地资助项目。所资助的项目不仅提供资金进行工程建设，而且注重贷款项目中的机构制度建设、政策导向，加强项目实施机构的能力建设，使之不仅能实施项目还能从技术上、资金上健康地自我发展。优势之二是贷款金额大、还款和汇率风险低。优势之三是项目实施中采购的公开、公平、公正性，所有世行成员国都可能与竞标，而没有用款限制。从管理上和程序上讲，世行贷款项目从项目的筛选、准备论证到项目的实施、结束及后评估等整个项目周期之中，都贯穿着项目管理，以及严谨性和科学性。体现了一个综合性项目从准备、评估、执行到完工后评估的全过程控制和管理。

1．促进云南省经济建设和社会发展

城市环境基础设施和环境监测、管理能力的改善，增加了项目城市所在地的城市品位和综合竞争能力，为项目城市及全省的社会经济可持续发展奠定了良好的环境格局。世行贷款云南环境项目，在1997年到2004年的8年实施期间，实际完成投资近20亿元人民币，平均每年完成投资约2.5亿元，8年间共有近百个承包队伍参与了工程建设。工程施工需投入大量劳动力，为社会提供了就业机会，为解决农村富余劳动力创造了条件。有数十个设计、环境影响评价机构参与了项目的可行性研究、初步设计、环境影响评价等国内咨询服务，新的设施建成投产运行，也为城市人口提供了约300余人的劳动就业机会。

云南环境项目，借用世界银行贷款。图为昆明市第六自来水厂

各城市给、排水设施及垃圾处理设施的运行，提高了城市环境设施的服务面积，提升了供水水量和水质，改善了城市环境，使项目周边居民生活条件改善，卫生健康状况提高，项目所在地综合实力和城市的投资环境明显增强。

项目在准备和实施期间，通过公众参与互动，电视、电台、新闻报纸的宣传报道，参与相关价格调整听证会，为城市环境质量改善研究课题献计献策等形式，不但使项目的实施得到了积极的支持，还进一步提高了群众环境保护意识。市民对城市环境的关注也逐步变成了“保护环境、人人有责、从我做起”的行动。

2．推进了城市公用事业的收费政策及体制改革

为配合中国从计划经济向市场经济转轨过程中的城市公用事业服务机构的体制改革，在项目准备期，世行就要求确定不依靠政府财政补贴的公司和对企业进行有效的经营管理。在进行项目工程建设的同时，各项目城市及云南省各级政府按照云南省与世行在《项目协定》中作出的承诺，按照“污染者付费”、“用户付费”的原则，制定和落实合理的城市公用设施的收费和价格政策。建立了项目城市给排水公司、固废管理中心，使公益性的项目设施落实了管理、维护和经营的责任主体。大多从事业单位和企业混合管理制度经营，逐步过渡到完全企业化的经营模式，具备了完全走入市场化机构的潜在能力。在项目执行过程中，各地都出台征收污水处理费、垃圾费政策，还几次调整了包括自来水和污水处理在内的水费价格，增强了项目业主的财务生存能力，减轻了政府的财政负担。这些改革措施有力地推进了全省经济体制的改革，已在全省相关行业、领域广泛地推广，在全省的发展改革开放中起到重要作用。在城市污水排放收费等改革措施的出台和推行上，云南还因利用国外贷款项目的率先引入，一度走在全国前列，对全国的改革开放也起到一定作用。

3．引进了先进技术、设备和管理理念，促进了知识创新

在项目实施中，大量的设备合同和大型土建工程合同是通过国际竞争性招标采购完成的。通过合同的执行，采购了国际上较为先进的设备，尤其是污水处理厂的关键设备、城市下水道清淤设备、垃圾卫生填埋和垃圾运输设备、环境监测设备等，还引进了在繁华拥挤的城市内采用国际先进的污水管道顶管施工的技术。

云南省首次作为独立的借款方独立执行的世行贷款项目，经历项目的筛选、准备、论证到项目的实施、后评估等整个项目周期和各个环节，引进了许多值得国内建设项目管理借鉴的先进的管理理念。在项目筛选和准备中，必须从项目的技术可行、财务可行、经济可行、机构可行、环境可行、社会可行等各个角度对项目进行全面论证和评估，要求进行包括“无项目方案”的多方案比较，从技术、财务、经济、环境、社会、机构等角度选出技术上合理的最佳适用的“最小费用方案”；在项目的实施阶段，设备和服务采用公平透明的招标采购制、项目资金的使用采取“报账制”，更重要的方法是对项目实行有效的控制。通过严格的项目计划及进度控制、费用控制和质量控制，使合同管理严格按照FIDIC的条款和国际惯例以及国家的标准规范执行。全省各级各有关部门通过执行和推广“招标采购制”、“报账制”等先进的管理经验，不同程度地提高了建设项目综合管理水平。

4．培养锻炼了人才和队伍，促进机构能力提高

通过世行贷款云南环境项目的实施，各项目所在地/市政府设立了管理机构和项目业主，无论是新成立的机构还是原有机构，通过在项目执行过程中对子项目的具体管理和接受技术援助咨询公司所提供有关施工管理、合同管理、机构财务强化、世行程序及招投标管理、施工现场管理、计算机运用软件等咨询和培训，增强了对工程招投标管理、承包合同管理、外资管理及提供共用设施服务水平的能力。一批熟悉世行贷款项目程序，懂得项目管理、经营管理的人才得到培训和锻炼，这批队伍分布在云南省昆明、曲靖、红河等地，涉及城市给排水、垃圾管理、环境监测及管理、农业、工业污染控制等不同行业，为云南省今后进一步利用外资积累了经验，贮备了人才队伍。一些经历过项目周期全过程管理的人才，成为世行贷款项目管理专家，也为今后云南省继续扩大利用外资规模，继续同世行保持合作，利用世行贷款开展各种类型的建设项目奠定了管理人才的基础。

（云南省环保局世行贷款项目办）

在合作中创新，在创新中发展

——世界银行与中国的扶贫合作

中国扶贫与世界银行的合作开始于20世纪90年代初期。当时，中国的扶贫已经经历了改革开放后各项政策带来的大规模减贫效益，有计划、有组织的大规模扶贫开发已经开展，贫困人口从改革开放之初的2.5亿人下降到接近1亿人。由于自然条件、历史、经济、文化、社会等多方面的原因，进入90年代以后，贫困人口呈现出向西部、边远山区、少数民族地区集中的特点，以往扶贫工作中所采取的政策措施难以继续保持较高的效率，迫切需要针对剩余的贫困人口采取新的扶贫措施，探索新的扶贫模式。

从20世纪90年代初开始，中国政府和世界银行联合对中国农村贫困问题从不同方面开展了专题调查，形成了《中国：90年代减贫战略》报告，并召开了中国贫困问题国际研讨会。这些研究为《国家八七扶贫攻坚计划》的制定在思路、策略上做出了贡献。与此同时，双方表达出了在扶贫领域开展合作的共同愿望。在国家计委、财政部等部门的大力支持下，经过国务院扶贫办与世界银行多次磋商和共同努力，“中国西南扶贫世界银行贷款项目”（第一期）于1992年9月得到国务院批准，1993年正式开始前期设计准备工作，1995年实施，拉开了中国政府有组织、有计划、大规模利用国外贷款开展扶贫开发工作的序幕。之后，又相继实施了“秦巴扶贫世行贷款项目”（第二期）、“西部扶贫世行贷款项目”（第三期）和“中国贫困农村社区发展项目”（第四期），覆盖了我国西部广西、云南、贵州、四川、陕西、宁夏、甘肃、内蒙古等最贫困的8个省区的119个县，覆盖了1万多个贫困村，196万户贫困户，受益人口达到800多万人。目前，“贫困农村地区可持续发展项目”（第五期）已经被列入2007～2009年国家利用世行贷款三年滚动规划。

纵观中国与世行在扶贫领域十几年的合作，无论是在直接减缓项目区贫困状况、改善贫困地区社会服务利用可及性、提高项目区机构和人员能力方面，还是在扶贫模式、方法创新、促进政策变革方面都取得了令人瞩目的成绩。与世行在扶贫领域的合作创造的可被广泛借鉴和应用的经验，在制定新时期扶贫开发纲要中被普遍采纳应用，对提高扶贫资金使用效率和扶贫项目管理效率、对全国和项目省区的扶贫工作产生了不可估量的示范效应。

一、以社区为单位的多部门综合性扶贫开发模式

综合性扶贫开发模式在20世纪60年代曾经被世行在非洲国家采用，但是从来没有取得过成功。根据《中国：90年代减贫战略》的研究结论，在西南扶贫项目中第一次提出研究、探索和试验跨地区、跨行业、综合性扶贫开发项目的有效性。基于贫困成因的综合性，在扶贫项目中尝试了一种与传统的扶贫完全不同的新的扶贫干预方式，即在一个社区里，通过不同干预活动的组合，整体性的一揽子投入，从多个角度解决不同的贫困问题，同时利用多种干预活动内部的有机联系和相互促进，扩大单一扶贫活动的效果，这样既能稳定解决贫困农户的温饱，又能改善贫困地区生产生活条件，同时有利于培育农户长期发展的能力，建立社区长期可持续发展的基础。在西南扶贫项目和秦巴扶贫项目中，都在村一级设计了多项互动的项目内容，如既有解决社区基本社会服务的基础教育、基本卫生内容，又有改善基础设施的道路、通电和饮水工程，还有增加收入的劳动力转移和符合、当地条件的种植、养殖项目以及结合这些活动设计的培训。这种社区综合性扶贫模式的另一个作用是，打破了以往以部门为单位实施项目而导致的投资资源分散，不能形成合力的格局，在村一级整合资源，充分发挥各个项

目活动之间的互补作用。这一有效的扶贫理念在中国新世纪扶贫开发纲要中得到充分采纳。在《中国农村扶贫开发纲要（2001～2010年）》中，中央政府将“综合开发、全面发展”作为新时期农村扶贫开发的一项基本方针。要求“加强水利、交通、电力、通讯等基础设施建设，重视科技、教育、卫生、文化事业的发展，改善社区环境，提高生活质量，促进贫困地区经济、社会的协调发展和全面进步”。新时期扶贫工作的重要方式“整村推进”就是来源于几个世行项目的实践总结。以村为单位的综合性开发也更容易瞄准最贫困的村和农户。

二、以村级规划为平台建立农户广泛参与的机制

受长期计划经济模式的影响，以往的农村扶贫沿用了上面定计划、分资金、农户投工投劳的“自上而下”的方式。出现过不少农民拿着被损坏的水管，找政府工作人员说“你们的管子坏了”、或指着被冲毁的公路对下乡干部说“你们的路被冲了”的现象。从西南扶贫项目开始试点并推广的以村级规划为平台建立农户广泛参与的机制，使农户从被动地等待分配给他们的投资和项目，到主动参与到项目决策和实施管理的全过程。项目选择先“自下而上”，再“自上而下”。与此同时，在制度上保证农户参与和增加项目的透明度，所有村级规划制成“三表一图”（项目村基本情况表、项目投资和规模表、分年投资计划表和项目活动分布图）在村里张贴公布，对项目中提供的助学补助、医疗减免名单进行公示，接受大家的监督。在例行的项目检查中，把农户参与项目程度作为重要内容。这些方法和措施，不仅提高了项目实施的成功率，更重要的是提高了贫困农户自我发展和管理的能力，加强了农村基层民主建设。在世行项目中被证明有效的参与式村级规划思路和方法，经过亚行技术援助项目的提炼，在2001年开始实施的新时期扶贫开发中被作为一项必须实行的措施和制度，在全国148000个重点贫困村中普遍应用。到2006年底，已经有9万多个村完成了参与式规划，5万多个村实施了规划。参与式理念在扶贫工作中被普遍接受并采用。

三、一次规划、分年实施的操作模式

自我国1986年开始实施大规模扶贫开发计划以来，由于体制和制度的制约，扶贫项目一直都是按年度、按项目计划实施的模式，致使投资较大的项目难以列入规划，项目之间不衔接不匹配，降低了扶贫投入的效率。在西南、秦巴扶贫项目中采用了“一次规划、分年实施”的方式，有效地解决了过去扶贫投入中分年计划造成的项目之间不衔接的问题。这一做法在《中国农村扶贫开发纲要（2001～2010年）》中被采纳向全国推广。《纲要》要求扶贫规划要“综合设计、因地制宜、分类指导，要统一评估，统一论证，一次批准，分年实施，分期投入，分期分批地解决问题”。

西南扶贫项目，借用世界银行贷款。图为秦巴养牛子项目

四、特别关注性别和弱势群体的需求

在贫困人口中，还存在一些弱势人群，如妇女、居住在边远山区的人群和一些少数民族。这些群体在与世行合作的扶贫项目中得到了充分重视。针对项目区少数民族多的特殊情况，世行扶贫项目均相应的制定了专门的少数民族发展规划。规划在分析当地少数民族的历史、社会经济发展、文化习俗、传统知识的基础上，提出了针对少数民族特点的项目设计原则，强调项目设计要尊重少数民族文化、宗教、习俗，避免由于项目实施对当地文化的破坏。在设计项目活动中，充分听取妇女、边远地区、少数民族的意见，尊重他们的优先选择。所有世行项目特别注意解决妇女的实际需求，如优先考虑解决安全饮水问题，解决妇女的挑水负担。鼓励妇女开展小规模养殖，增加她们的现金收入。在教育分项目中，助学补助向女童倾斜，注重对女教师的培训；在卫生分项目中，针对少数民族特点，为边远和少数民族村培训女性接生员，开展妇女围产期保健等。在“中国贫困农村社区发展项目”中，更是把云南佤族、四川凉山彝族、广西毛南族等社会经济发展相对滞后的少数民族作为项目的主要目标群体。这些更有针对性的项目设计无疑促进了选择扶贫对象的合理性。

五、把能力建设贯穿于项目的全过程，为项目区培养了一批有创新意识的人才

世行扶贫贷款项目的一个主要特点就是重视能力建设，各种能力建设活动贯穿在每个分项目中，贯穿于项目实施的全过程。这些能力建设活动的实施，对建立一支高素质的队伍，严格按照世行程序要求执行项目以及改进和创新管理机制都起到了重要作用。同时在各分项目中设计的能力建设，提高了项目建设和项目设施的使用效率。通过实施西南和秦巴项目，各省、县涌现出一大批具有国际视角、勇于创新的管理人才。不少项目办人员走上了领导岗位，还有很多人成为扶贫和项目管理领域的知名专家。

六、完善贫困监测系统建设，客观全面评价扶贫项目影响

从西南扶贫项目开始，世行项目中都单独安排了独立外部评估监测的分项目活动。这是我国第一个引进并建立外部贫困监测的项目。外部监测独立于项目管理系统之外，通过对项目区项目村和对照村的连续跟踪监测，采用回归分析方法对在农户和村一级采集的数据进行分析，对项目活动的覆盖面和对象选择的针对性进行评价，客观全面地评估项目对缓解贫困的效果和影响。外部独立监测的结果还用于调整项目设计、改进项目管理。更重要的是，世行项目外部监测评估工作的开展，对我国确立贫困监测概念、引进贫困分析技术，培养贫困监测和调查分析队伍，改进在贫困地区的调查模式做出了很大贡献。经过西南、秦巴项目的实践和完善，国家统计局从20世纪90年代后期开始在全国开展贫困监测，并在新时期扶贫开发中建立了对592个国定贫困县的定期跟踪监测，从贫困人口变化和贫困程度、农村经济状况、社会服务可及性、基础设施改善、性别、市场参与能力、抵抗风险能力等方面全面评价贫困地区及贫困人口的变化，评价扶贫的有效性和影响。这些评价报告成为研究中国贫困和扶贫开发工作的重要数据来源，也为国家扶贫开发方针政策的制定和调整提供了可靠依据。

另外，在西南和秦巴项目中开展的劳务输出、在秦巴项目中开展的小额信贷试点，为后来扶贫系统开展有组织的劳动力转移培训和利用扶贫信贷资金开展的小额信贷积累了丰富的经验。

现在，国务院扶贫办外资项目管理中心正在和世界银行合作开展社区主导型发展和农村社区滚动发展资金试点项目。这两个项目将在提高财政扶贫资金使用效率，让贫困户真正成为扶贫和新农村建设的主体方面进行创新。

（国务院扶贫办外资项目管理中心）

世行扶贫结硕果，山区处处换新颜

——中国西南扶贫世行贷款项目在广西成功实施

20世纪90年代初期，为实现国家“八七”扶贫攻坚计划的目标，解决国内扶贫资金投入不足问题，引进国际先进的扶贫理念及方式方法，中国政府与世界银行合作进行了第一个直接扶持最贫困地区、最贫困农户的综合性扶贫项目——中国西南扶贫世界银行贷款项目。广西子项目从准备到实施完成，前后历时十年。项目的建设内容如期完成，项目目标全部实现。项目的建设过程以及成效表明，项目设计思路正确，项目实施管理与监测系统有效。项目对广西乃至全国都产生了积极的影响，正如江泽民同志致中国西南扶贫世界银行贷款项目工作会议全体代表的信中所说的，“改变了以往扶贫单纯依靠国内资金的传统方式，开创了国内扶贫机构与国际组织相结合、国内扶贫资金与国际组织援助相结合的扶贫开发新格局”。

一、项目的基本情况

广西西南扶贫世界银行贷款项目总投资19亿元人民币，其中利用世行贷款1.135亿美元,包括农业、教育、卫生、基础设施、二三产业、劳务输出、机构建设、监测等内容，222个子项目。项目覆盖面广，项目区包括12个国定贫困县的515个特困村和南宁、北海、防城三个城市。项目目标多元，包括解决90多万贫困人口的温饱，探索形成一整套更为有效的扶贫开发机制，培养一支能与国际接轨的项目管理队伍。项目创新性强，实施管理难度极大。

根据西南项目的总体设计，广西项目区项目的主要目标是：①研究、探索和验证跨地区、跨行业、综合性扶贫项目的有效性；②大幅度降低12个国定特困县的绝对贫困程度；③促进贫困地区9万多名剩余劳动力健康、有序地向较为富裕的农村地区和快速发展的中等城市输出；④强化扶贫机构，培养项目管理队伍，提高对扶贫项目的管理水平和对贫困程度的监测水平；⑤通过土地的改良及水土保持工程，遏制贫困的石山地区环境的恶化状况；⑥通过让农户在项目设计和执行过程中发挥决定性作用而鼓励当地公众的大力参与。

二、项目的综合效益

国家统计局对项目区的动态监测结果表明，广西西南扶贫项目取得了显著的扶贫和综合效益。

（一）直接覆盖项目村和贫困农户

根据国家统计局的调查，广西项目区项目覆盖了所有的项目村，其中：22%的村参加了4个项目，22.4%的村参加了5个项目，其余的村参加了6个以上的项目。广西项目区应覆盖农户数165407户，根据各县统计，得到农业项目和劳务输出项目贷款的农户数为159958户，占应覆盖农户数的96.7%。其中：农业分项目应覆盖农户159296户，截止到2003年3月，子项目总计覆盖农户149183户，占计划覆盖农户的93.7%。

（二）明显减少了贫困人口，降低了贫困程度

1．农民人均纯收入和人均粮食消费量稳步增长

项目村的农民人均收入从1995年的1033.31元稳步增长到2000年的1696.31元，增加了663元；而同期非项目村的农民人均收入从1113.94元增加到1999年的1730.93元，2000年下降为1554.25元，最高年与基准年相比也只增加了617元，低于项目村的增长幅度。项目村与非项目村农民人均收入的差距从1995年的81元降低到2001年的30元。1995年，项目村与非项目村的人均粮食消费量分别为168.81公斤和181.19公斤。由于项目的实施，项目村的人均粮食消费量在1997年和2000年超过了非项目村。

2．贫困发生率明显下降

1995年，项目村与非项目村的贫困发生率分别为26.8%和20.4%，两者差距为6.4个百分点；到2001年，两者差距减少为2个百分点。2001年与

1995年相比，项目村与非项目村的贫困发生率分别下降了17.8%和13.4%

3．明显改善了项目区基本生产生活条件

（1）改善项目区基础教育状况。项目实施后适龄儿童入学率提高了6.25个百分比，与项目设计目标99%差0.39个百分比；女童及少数民族的入学率得到了显著提高（从1995年的78.23%提高到94.68%）；小学完学率提高了15个百分点，女童完学率提高了12.26个百分点，少数民族儿童的完学率提高了13.85个百分点，项目实施前后有显著变化，项目区的变化与非项目区的变化也有显著差异，项目区变化大得多；项目区教师合格率2001年比1995年提高21.56个百分点，变化非常显著；学校危房率：1996年，项目村的小学危房面积比重为24.5%，2001年为7%，下降了17.5个百分点；学生拥有课桌椅比率：项目实施前为66.22%，项目实施后为99.83%，项目区变化非常明显；每个学生拥有图书数：1995年每个学生拥有图书数1.54册，2001年为7.26册，超过了项目原定人均5册的目标。

（2）提高了项目区卫生医疗水平。1995～2001年，项目区有卫生所的村比重由4.9%持续稳步上升到95.1%。1995年，项目村和非项目村有合格卫生员的比重分别是60.98%及62.07%，2001年的指标数分别为92.7%和86.2%；项目区合格接生员的村的比重由于项目的实施而得到大幅度提高（从1995年的43.9%上升到2001年的92.68%，提高了近50个百分点）；项目乡5岁以下儿童免疫率1995年为85.39%，2001年为95.19%，有较大的提高；婴儿死亡率、孕产妇死亡率、法定传染病发病率分别从1995年的千分之49.77、万分之44、十万分之204，下降到2001年的千分之19.50、万分之12.6、十万分之151，均有明显下降。

（3）改善了项目区基本生产生活条件。项目区获得安全饮用水的人口比率，2001年（91.74%）比1995年（58.95%）提高了32.79个百分点；通电的行政村比率2001年（89.25%）比1995年（54.16%）提高了27.82%，1995年为78%，2001年为100%；项目区通公路的行政村比率从1995年的78%提高到2001年的97.6%；项目区距离公路2公里以上人口比率，2001年（29.39%）比1995年（63.37%）降低了32.48%。

4．遏制了环境恶化，改善了环境质量

（1）项目的设计与实施体现了环境保护的思路，采取了相应的措施。整个项目的设计与实施从综合缓解贫困的角度，以农业综合开发为主，劳务输出、二三产业配套，同时注重乡村道路、人畜饮水、农村能源、砌墙保土等基础设施的建设。如农业畜牧养殖项目为林、果、粮的发展提供有机肥力，避免酸化。在种植项目中，注重封山育林和水果种植开发，以提高项目区的森林覆盖率，有利于改善山村小气候；在加工业的规划设计与实施过程中，严格按照节约节能和环境保护的原则，确保企业生产和环境保护和谐发展。

（2）项目实施改善了项目区生态恶劣的环境。大量经济林木果园的建设及封山育林，涵养了水源，减少了水土流失，调整了能源结构，提高了资源利用率。养殖业对农业生态产生了积极的良性影响。根据汇总统计，项目乡的森林覆盖率从1995年的19.31%提高到2001年的30.28%。最主要的是，改善环境的理念和意识贯彻各类项目建设的始终并为项目区干部和群众所接受。

5．项目的成功实施与成效充分验证了项目综合性扶贫的有效性

（1）验证了通过一定的投资、采取一揽子方式综合解决贫困社区存在的贫困成因，从而实现贫困状况从根本上改变并良性发展这一综合性扶贫项目设计思想的有效性；

（2）证明了综合性扶贫项目管理模式的有效性。西南扶贫项目的管理模式包括项目实施管理系统建设、项目实施管理职能确定以及项目实施管理实现的基本原则。广西项目区西南项目的成功实施与成效，证明了综合性扶贫项目管理模式的有效性：首先，根据西南扶贫项目的综合性进行项目实施管理系统设计。项目实施管理系统由决策系统、管理系统、传递系统、接受系统、监测系统等子系统组成，多个子系统相互耦合，每个子系统实现不同的功能，不同功能的有机组合实现整体功能，整体功能的顺利实现使项目建设达到目标要求。其次，按照项目设计、世界银行的标准和程序及国内有关规定，确定西南扶贫项目实施管理的功能，包括项目组织管理、计划管理、实施管理、财务管理、采购管理、技术管理、验收管理和监测管理。在项目实施过程中，各项管理功能既相

对独立又相互关联，分别以不同的内容与原则从不同角度来确保项目目标的实现。第三，在项目实施管理过程中始终遵循体现西南项目根本特征的基本原则。

（3）验证了西南扶贫项目创新的有效性。西南扶贫项目的综合性、持续性、参与性等特征均具有创新意义，这些特征在广西西南项目的设计与实施全过程得到了充分体现。西南项目的创新主要表现在以下方面：成片开发、综合治理的项目设计思想；一次规划、集中投入、统一投放、分年实施的做法；规划到村、项目到户、广泛参与的规划方法与实施机制；明确职责、规范管理的运作系统；强化监测、改进提高的方法和措施等。

三、项目产生的重要影响

（一）西南扶贫项目增加了扶贫开发投入的资金总量，加快了广西扶贫攻坚的进程，也加快了自治区在扶贫领域开展国际合作的步伐

广西西南扶贫项目利用世界银行贷款达1.135亿美元，折合人民币近10亿元，几乎相当于中央支持广西的无偿扶贫资金2年的总量。加上国内配套资金、群众自筹在内的各方面对项目建设的投入，项目投入总量达到20亿元人民币。这些投入的增加对项目所覆盖的12个县、91个乡、515个特困村的经济社会发展起到了积极的推动作用。

（二）西南扶贫项目的实施对促进项目区社会经济发展贡献巨大

1. 项目实施促进了农户收入的提高

种养项目、劳务输出项目的实施直接增加了项目农户的收入，1995年，项目村与非项目村的人均手存现金的差距为47.64元（67.93～115.57元），到2001年两者的差距为18.47元，其间，1997～1999年项目村的人均手存现金超过了非项目村。

2. 项目建设明显改善了项目区的基础设施及教育卫生条件

项目建设明显改善了项目区基础教育状况、提高了项目区卫生医疗水平、改善了项目区基本生产生活条件。如基础设施分项目公路项目的辐射效果：农村基础设施分项目公路项目建成，带动了屯级道路建设，项目产生很好的辐射效果，为项目区与非项目区的屯级道路建设开了头，打好了基础，起到了积极的推动作用，效果出人意料。又如项目新建的教学楼及教学点、学生宿舍、采购的课桌椅、教学仪器、配备的图书等硬件建设已经基本满足项目区教学需要，为项目区基础教育打下了坚实的基础。项目区不再由于危房或没有教室影响适龄儿童的入学。项目建设为项目县教育项目的实施管理部门锻炼了一批项目实施管理队伍，为“国家九年义务教育工程”的实施积累了丰富的经验并使得这些项目的设计及实施更加顺利。

（三）西南扶贫项目的实施促进了项目区少数民族的发展

1995年，广西项目区的少数民族人口为78.58万人，占项目区总人口的87%，因此，在一定程度上，广西项目区基本上是少数民族社区。西南扶贫项目的实施，极大地促进了项目区少数民族社会、经济、科技、生态的协调发展。

（四）西南扶贫项目的实施提升了妇女的地位和能力

项目对妇女的直接影响表现在劳动强度的减轻、入学与创业机会的增加、基本医疗卫生条件的改善、劳动技能的提高等，其间接影响主要是观念的改变、交往的增加、参与意识的增强等。项目对妇女的影响是广泛、长远的。

（五）项目的准备与实施，为项目区培养了一支项目管理队伍，提高了项目区干部群众的素质

项目建设内容本身包括了大量的人力资源开发与培训，项目实施为项目区培养了一支留得住的人才；此外，在各分项目实施过程中，特别强调和注重对项目农户的技术服务与培训，既提高了项目成功率，也促进了群众素质的提高。

（六）项目的成功实施产生了良好的国际影响

2004年5月，由世界银行主办、中国政府承办的“全球扶贫大会”在上海召开。西南扶贫项目被列为该次大会全球70个（其中中国8个）成功案例之一，广西西南扶贫项目被定为全球10个（其中中国3个）实地考察项目之一。会前，世界银行组织了包括三位副行长和一些国家部长在内的高级别考察团对西南扶贫项目进行实地考察。

世界银行副行长梅兹·卡尔松在参加2000年5月西南扶贫项目第十二次项目检查团实地检查凤山县世行项目时说：“百闻不如一见，广西在利用世界银行贷款方面取得的成就在世界别的地方是见不

到的。更好地准确了解广西如此成功的原因将有益于中国的整体扶贫工作和全球的扶贫努力。”

世界银行高级经济学家、世界银行中国西南扶贫项目经理皮安澜在世界银行中国西南扶贫项目《广西模式研究》序言中写道：“广西在项目设计、准备、实施和评价阶段，一直有着十分突出的表现。不仅为西南扶贫项目的各个方面设定了标准，而且，当每一次面对困难和问题的时候，我们总是依靠广西提出创新而有效的解决方案。可以说，在西南扶贫项目周期的每一个阶段，广西都发挥了模范带头作用。”

世界银行派出质量检查团对广西西南扶贫项目进行检查，并在报告中写道：“西南扶贫项目的准备和实施是完全令人满意的，有几个方面是世行援助项目中完成得最好的。该项目虽复杂、庞大，但项目实施取得了很大成功。项目不仅使贫困人口受益，而且为检验新的创造性的扶贫方式提供了场所，还为其他发展中国家提供了借鉴”。

美国华盛顿邮报、时代周刊、远东经济评论、新闻周刊、美联社、英国路透社、法新社、法国费加罗报、加拿大环球邮报、荷兰电讯报、日本读卖新闻以及瑞典、蒙古等新闻媒体到广西世行扶贫项目区凌云县等地采访，并在国际上全面报道广西西南扶贫项目的实施情况和成功作法。越南等东盟国家也分别组团来广西学习考察。

四、项目积累的基本经验

（一）坚持综合性、可持续的扶贫发展思路

西南扶贫项目的最大特点是综合性，在设计思路和实施上不同于传统单一的扶贫项目，注重把基础设施、基本农田建设、种植业、养殖业、教育、卫生、促进就业等各种措施结合起来，以行政村为基本单元，针对致贫原因，通过项目方式整体性、一揽子地投入。这样既能稳定地解决贫困农户的温饱问题，又能改善贫困地区生活生产条件和社区发展环境，同时有利于培育贫困农户长期发展的能力。

西南扶贫项目，借用世界银行贷款。图为项目建设的地头水柜

（二）领导重视、部门配合、项目机构努力工作是综合性扶贫项目取得成效的根本保障

由于西南扶贫项目是一个内容复杂、跨地区、跨部门的综合性扶贫项目，涉及多个部门，因此，在项目准备与实施管理过程中，没有各级党委、政府的重视与支持，没有相关业务部门的密切配合与积极参与，项目要顺利进展并取得成功是不可能的。也由于西南项目是一个探索性的试验项目，没有现成的模式可借鉴，因此特别需要各级项目实施管理机构的全体人员勇于开拓创新，从而推进项目管理水平的不断提高。

（三）实施规范化管理，不断强化机构能力建设

世行项目管理理论与方法的先进性的精髓就在于它在管理上的程序与标准。几年来，广西世行扶贫项目的实施管理正是围绕着项目工作程序与标准的规范化制定了一系列规章制度，包括自治区政府办公厅印发的《若干意见》，区世行办印发的《广西项目区项目实施管理手册》以及一系列管理规定和方案等。项目实施以来，区、市、县累计已举办各种培训研讨班（会）800多期。2万多人次管理人员得到了培训。强化的制度建设与队伍建设为项目管理的规范化提供了组织保证。

（四）落实国内配套资金、及时回补世行贷款并集中资金、统一投放，同时不断加强财务管理，是确保项目顺利推进并取得成效的最重要因素

西南扶贫项目内容复杂，所需国内配套资金涉及以工代赈、发展资金、扶贫贷款等方面，资金归属不同资金部门管理，正是由于区计委、财政厅、中国农业发展银行广西分行等部门的大力支持，广西世行扶贫项目国内配套资金才能按计划落实，世行贷款也在区财政厅的大力支持下顺利回补。而且，在广西项目区，无论是世界银行资金还是国内配套资金，无论是扶贫资金还是部门资金都必须按项目目标、项目对象、项目区域、项目产业和项目的实施时间分年投入，配套使用。只有坚持这种集中使用各类扶贫资金的原则和方式，才能保证足以解决贫困人口温饱问题的人均投资强度。

（五）项目的设计与实施要始终重视农户的广泛参与

项目区贫困人口既是项目的受益主体，也是项目实施的主要力量。过去有一些世界银行项目设计得很好，但实施和效果往往不尽如人意，其中一个重要原因，就是当地群众对项目目标、组织管理形式和项目给他们带来的实际利益了解不够，群众是被动的，不是主动的，这直接影响了群众参与项目建设和管理的积极性。西南扶贫项目始终把动员农户广泛参与作为一项重要工作，花了大量精力走访农户，认真倾听和吸收意见，帮助他们分析实际困难和潜力，设计提出了适合当地资源和农户家庭劳力、土地情况的各种项目清单，让群众自主选择项目活动。在项目实施中，通过发放农户卡、农户手册、张榜公布项目内容和受益对象等形式，增加了项目透明度，让农户了解了项目管理的程序和自己的权利、义务和责任。因此，农户在项目实施中，表现出了高度的责任感，积极参与，认真管理，认真监督。虽然一些项目设计预算偏低，资金不足，但农户还是能够自觉自愿地投工投劳，积极参加学校、卫生室、公路、人畜饮水工程等建设。在有些不通公路的贫困村，建设村教学点和卫生室需要的水泥、钢材完全要靠肩挑马驮，项目农户主动自觉地承担了这些艰苦工作。西南扶贫项目和多年扶贫开发的实践证明：动员项目目标群体的充分参与，既是项目实施成功的需要，更是建立贫困农户自我发展能力、推进农村贫困地区民主化进程的需要。

（六）将先进的项目管理理论与方法和广西贫困地区实际情况相结合需要不断创新

为了保证项目的顺利实施，世界银行建立了一套规范、系统的管理办法和工作程序，包括项目准备程序、执行管理程序和检查评价程序。项目的批准要经过项目识别、技术准备、预评估和评估、谈判等几个阶段和复杂程序。项目的实施管理包括制定实施计划、项目工程和物资采购、提款报账、工程验收和进度报告及财务审计等环节，每一个环节都有具体严格的管理要求和规定。项目检查和评价程序包括定期提交项目进度和监测报告，每年2～3次以项目经理为团长的项目检查团的实地检查，不定期组织各种形式的专家考察、质量检查等活动，还有项目执行的中期评价和项目实施结束后的验收及第三者评估等后期评价工作。世行项目管理理论与方法的先进性是国际公认的，但是，其通用性与西南项目的个性如何结合，就需要因地制宜地进行相应的创新，包括程序、标准、模式、方法等方面，如成片开发、综合治理的项目设计思想，一次规划、集中投入、统一投放、分年实施的做法，规划到村、项目到户、广泛参与的规划方法与实施机制，明确职责、规范管理的运作系统，强化监测、改进提高的方法和措施等方面，多次得到了世界银行、国家有关部门、各兄弟省区扶贫部门的肯定和称赞。

（广西外资扶贫项目管理中心）

甘肃省世行贷款扶贫开发项目经验总结

一、基本情况

为了促进西部贫困地区的经济发展，保证如期实现国家“八七”扶贫攻坚计划，1997年初，经国务院扶贫办、原国家计委、财政部研究并报国务院批准，决定在甘肃、内蒙古、青海（后来退出）实施第三期世行贷款扶贫项目——西部扶贫世行贷款项目。其中，甘肃省项目区包括陇南市、天水市、定西市、平凉市的19个县（区），242个乡（镇）、2547个村，项目受益农户23万户，涉及108万贫困人口。

项目建设内容包括土地与农户开发、灌溉与梯田、农村基础设施、劳务输出、机构建设、农村企业、公共卫生七个分项目。项目总投资13.85亿元，其中世行贷款8478万美元，国内配套资金7.19亿元人民币。经过两年艰辛的项目前期准备工作，1999年1月开始实施先导工程，1999年12月项目正式启动实施。截至2006年6月底，已全部完成了项目建设内容和投资，实现了项目目标。

二、项目实施效果

（一）贫困程度大幅度下降

2005年项目村贫困发生率下降到10.8%，比项目实施初期1999年的27.4%下降了16.6个百分点，贫困深度指数从1999年的5.4%下降到0.4%。

（二）农村人均纯收入和粮食产量稳步增长

2005年项目村农村人均纯收入达到1256元，比1999年的756.6元实际增长66%，增长率高于非项目村25个百分点；2005年项目村人均粮食产量达到361公斤，比1999年的235公斤增长53.6%，实现了项目区人均占有粮食320公斤的目标。

（三）项目区基本生产生活条件明显改善

经过7年多的项目实施，共新增加梯田面积28118公顷，新增有效灌溉面积4105公顷；有85687农户新安装了自来水，项目村饮用安全水的农户占47.9%；新建农村公路514公里，100%的项目村通了公路；新架设农电线路1008公里，100%项目村通了电；适龄儿童入学率达到98%，比1999年增长8个百分点。

（四）项目区生态环境得到有效改善

通过连续7年的投资建设，新增粮食作物31313公顷，经济作物19347公顷，经济林果29567公顷，增加了项目区绿色覆盖率；大量经济林果园的建设涵养了水源，减少了水土流失，提高了资源利用率；新增家畜60万头（只），实行舍饲圈养，利用四旁种草，加强草山和作物秸秆利用，对农业生态系统产生了积极的良性影响。

（五）农民科技水平得到提高

通过项目技术培训，92%以上的项目农户接受了各种技术培训，掌握了一至二项除粮食种植外的实用技术，农户的生产技能和自我发展能力明显提高；项目的实施在项目区形成了一支农民技术员队伍，通过他们的传、帮、带，在项目区产生了深远的影响。与此同时，通过与科研教学部门合作，开展了到村到户的科技扶贫活动，推进了技术培训的深度和广度，农户的种植、养殖、经营理念得到更新，新品种、新技术得到广泛利用和推广，农户科技水平得到提高。

（六）培养了一支外资项目管理队伍

通过项目准备、实施管理、专业培训与考察等具体活动的实践和锻炼，培养造就了一支观念新、能力强、素质高的项目管理队伍。各级管理人员在实际工作中注重学习、吸收和运用国际先进理念和方法，使国外先进经验本土化，显著地提高了省、市、县、乡项目管理人员的综合素质和业务能力，锻炼了能吃苦、勤钻研、懂业务、会管理的本领，为项目的顺利实施发挥了积极作用。据统计，省、市、县、乡参与项目管理的人员有3500多人。这些人员通过项目实施过程中的锻炼，已成为全省农村扶贫开发工作的骨干力量，有些还走上了领导岗位，为贫困地区扶贫开发积累了宝贵的可持续发展的人力资源财富。

（七）推动了扶贫工作机制的创新

世行项目的准备中，要求在全省项目区中要按照自然区域分布和经济发展状况选择典型县、典型村进行项目设计，选择的项目户要在村张榜公布，并要求项目农户参与项目选择。在项目实施中实行采购制和报账制，要按照项目规模和类别开展国际国内竞争性招标、询价采购和农户自采，注重收集项目实施的支持性材料，逐级审核上报，合格费用再申请世行支付。世行项目的这些管理理念为扶贫开发工作的机制创新提供理论支持和实践经验，为完善甘肃省扶贫开发政策体系，改进完善扶贫计划的网上公示、项目工程招标、资金报账等科学方法，起到了十分重要的作用。

（八）为反贫困事业提供了值得借鉴的经验

省扶贫办把世行项目确定为将国际扶贫先进理念与国内扶贫开发相结合的试验场。自2000年以来，先后在静宁县剡白村、北道区曹石村、秦安县任吴村、张家川县长宁村、徽县麻安村等尝试参与式扶贫开发工作方法，让农民群众积极参与村级规划制定和扶贫项目选择，使其有知情权、选择权、监督权，在脱贫致富中唱了主角。从“要我脱贫”转变为“我要脱贫”，变“要我干”为“我要干”，极大地调动了群众的积极性，激活了群众的创造力，同时增强了群众对干部的信任和理解。干部、群众心往一处想，劲往一处使，使扶贫项目真正落到了实处，见到了实惠。这种做法由试点村向省推广，从甘肃走向了全国，特别是在2005年上海全球扶贫大会上，这种理念得到了国际、国内专家的充分肯定，为新世纪探索反贫困工作新机制、新方式起到了积极的作用。

三、项目的重大影响

西部扶贫世行贷款项目是综合性、区域整体推进的扶贫开发项目，它的成功实施对项目区各项事业的发展产生了重大而深远的影响。

（一）对项目区经济社会发展的影响

西部扶贫世行贷款项目的顺利实施，为基本解决农村贫困人口温饱问题和实现新世纪扶贫开发的战略目标，推进甘肃省扶贫开发的进程作出了积极贡献。项目共引进外资8478万美元，加上国内配套资金，项目总投资13.85亿元，增加了扶贫开发资金总量，缓解了项目区扶贫资金投入不足的矛盾。项目区覆盖全省4个市、19个县区、23万贫困农户、108万贫困人口。项目通过采取发展农业生产，加强基础设施建设，开展技术支持，提高农户自我发展能力等综合措施，增加了粮食产量和经济收入，改善了基本的生产生活条件，基本解决了项目区108万贫困人口的温饱，缓解了农村贫困，促进了社会经济的发展。

（二）对扶贫机制的影响

（1）西部扶贫世行项目的实施，在一定程度上促使扶贫开发由政府主导转变为社会多元化参与；资金投入由财政资金为主转变为多渠道筹资。在引进资金的同时，注重学习国际先进理念和管理方式，把采购制和报账制应用到省的扶贫开发工作中，提高了甘肃省扶贫开发的整体水平。

（2）层层组建项目管理机构，使项目管理机构延伸到村，改变了过去乡村两级扶贫机构不健全的问题，从组织上保证了扶贫工作的顺利进行。组建专家技术顾问组，开展技术援助和培训，改变了过去扶贫项目与技术服务不配套的状况，提高了项目效益和扶贫成果。

（3）探索出了扶贫资金管理的新路子。一是

甘肃省扶贫开发项目，借用世界银行贷款。图为天水市清水县利用项目资金帮助农户发展养殖

探索了世行贷款资金和国内财政扶贫资金相结合的成功模式；二是探索了政府部门全权管理金融资金的路子；三是探索了财政扶贫资金、信用社资金、世行贷款和部门资金整合使用，提高资金使用效益的路子。

（4）探索了参与式整村推进的扶贫新模式。将世行倡导的参与式理念和国内整村推进扶贫方式相结合，提出了参与式整村推进的扶贫模式。参与式整村推进，是在政府的引导和支持下，依靠贫困群众和社会各界广泛参与，对贫困村经济和社会发展统一规划、综合开发、整体推进的扶贫方式。这种方式经过几年的探索，基本形成了一套符合贫困地区实际的管理办法和运行机制，在实践中显示出了强大的活力，激发了农民脱贫致富的积极性和主动性，增强了村民的可持续发展能力，密切了干群关系，加强了基层组织建设，提高了党在基层的执政能力，深受贫困地区农民群众和广大基层干部的欢迎，被国务院扶贫办确定为新阶段的重要扶贫方式。

（三）对贫困农户可持续发展能力的影响

甘肃西部扶贫世行项目覆盖范围广，投资力度大，项目区有2547个村参加了世行项目，覆盖率达100%，95.6%的农户和104万人参加过一次以上的世行项目活动，户均获得或使用项目扶持资金1387.2元。农户通过参与项目实施，加强了与外界的信息沟通，思想观念发生了转变，接受新观念、新技术、新品种的意识和市场经济意识增强，科技文化素质和生产经营水平明显提高，竞争能力和自我发展能力逐步提高，为项目区社会经济的可持续发展打下了坚实的基础。

（四）对农村金融政策的影响

项目区由于国有商业银行基层网点少，信贷规模小，且过于注重农户的偿还能力，贷款手续繁杂；信用社利率高、期限短，抵押担保手续要求严格，无法满足农户的贷款需求。在这种情况下，世行贷款利率低、期限长、手续简单、瞄准贫困户，并注重技术服务和跟踪检查，以项目效益的最大化保证贷款偿还，受到农民的欢迎。对国内现有农村金融政策产生了一定的影响。

（五）对促进少数民族发展的影响

张家川回族自治县是全国回族人口聚居率较高的少数民族自治县，现有回族人口22.15万人，占全县总人口31.97万人的69.3%。项目区5.4万贫困人口中，有回族人口3.73万人，占69.1%。西部扶贫世行贷款项目在张家川县的实施，解决了项目区回族贫困农户的温饱问题，更新了观念，增强了科技意识，改善了生产生活条件，促进了少数民族地区社会经济的发展。

（六）对妇女的影响

项目的实施注重妇女参与，给项目区妇女生产生活带来很大影响：大部分土地与农户开发项目活动中，妇女是直接参与者，并直接获得经济收入。通过项目活动，妇女获得很多接受培训的机会，不仅掌握了一定的技术，而且更新了观念，增强了发家致富奔小康的信心和决心。项目实施解决了妇女生活和生产中的实际困难，特别是农村供水项目的实施，对妇女产生了相当大的影响。项目实施前，家庭生活用水几乎全部要由妇女到几公里外的地方挑水，项目实施后，管网供水将饮用水直接引到项目户院落，从根本上解决了用水困难和安全用水问题，极大地减轻了妇女挑水负担，使她们能够腾出精力参与其他生产经营活动，增加收益。

四、主要经验

（一）领导高度重视，保证了项目的成功实施

西部扶贫世行贷款项目是跨行业、一体化的扶贫系统工程，不同于国内扶贫项目，使用的世行贷款一方面要开展扶贫，另一方面还要充分考虑项目的经济效益，以保证还贷。世行贷款如果使用得好，不仅对当地扶贫工作产生积极的作用，而且对当地各项经济社会事业的发展起到一定的推动作用；相反，如果使用得不好，不仅会影响各级政府乃至我国在国际上利用外资的声誉，而且会给财政增加债务负担。因此，领导重视显得尤为重要。在项目的争取、准备、实施过程中，国家发展改革委、财政部、国务院扶贫办等国家有关部门，甘肃省委、省政府及市、县、乡党委、政府，自始至终均给予了极大关注和高度重视，省、市、县都成立了由政府主要领导任组长、各有关部门为成员单位的项目领导小组，在项目管理与实施的重大决策、人员配备、资金筹措、部门协调等方面发挥了强有力的作用。主要领导经常深入实际调查研究，及时解决项目执行中存在的问题，与各级项目管理机构

和项目区广大农户一起共同努力，为项目顺利实施提供了强有力的保证。

（二）管理机构健全，部门紧密配合，保障了项目执行

西部扶贫世行贷款项目涉及区域广阔、人口众多，再加上项目周期长、程序复杂等特点，客观上要求各级要建立相对稳定的项目管理机构，组建一支高素质的项目管理工作队伍。为此，从项目准备开始，省、市、县各级均抽调专人组建了项目办公室，分别负责各级项目的实施与管理工作。同时，依据项目建设需要，省、市、县均聘请有关专家组成专家咨询组，提供技术指导。项目乡、村依托乡政府和村委会也分别成立了乡镇项目工作站和村项目实施小组。由项目管理机构、专家咨询组和世行、国务院扶贫外资项目管理中心共同组成的项目管理体系，承担了大量项目执行和技术指导工作，保证了项目的健康有序实施。

项目工作的各个阶段，均得到了各级发展改革委、财政、扶贫、审计和有关涉农部门以及部分高校、科研单位的全力支持与紧密配合，多方形成合力，落实项目配套资金，提供技术培训指导，从而加快了项目进度，提高了项目质量，为项目的成功起了较大的推动作用。

（三）注重调查分析，及时研究解决项目执行中出现的问题

在项目管理与实施过程中，各级项目管理单位抓住不同阶段项目管理工作的重点和关键环节，多次开展检查、研讨活动，分析面临的形势和任务，寻找项目执行中存在的问题，并客观地分析问题成因，及时调整工作思路，解决项目实施中的突出问题。诸如项目实施初期的农户参与不足、项目计划不符合实际、部门沟通配合不力、配套资金落实困难、采购及报账程序复杂，项目实施后期的贷款回收难、滚动使用难等等问题出现后，各级项目办及时进行了专题研究和协调，提出了解决方案，使项目得以顺利实施。

（四）抓好示范，以点带面，推动整体项目实施

根据世行扶贫项目实施的特点和难点，项目单位在做好面上工作的同时，结合改进工作程序、简化采购方式、完善参与式扶贫后期管理、健全科技推广体系等项目管理内容，还重点开展了试点和成功经验的示范推广工作。省上抓示范县，市上抓示范乡，层层建立是示范点，以点带面，点面结合，用示范点成功的经验带动整个项目区，使项目管理水平上了一个新台阶。如以秦安

图为甘肃省陇南市康县利用该项目资金开发的梯田

县任平村、秦城区舒家坝村、徽究村级规划实施管理阶段的途径、方法。以舒家坝村、麻安村、长宁村、曹石村、梁庄村为主，改进和完善世行贷款项目实施管理程序，特别是参与式调整项目计划和制定年度工作计划安排的程序和方法。以曹石村、梁庄村、赵尧村、七圣村、西寨村等示范村为主，探索和研究建立资金整合、能力建设、技术服务和推广体系的途径和方法。通过示范点建设所总结出的成功经验，得到了世行、亚行、英国海外发展署等国际组织的认同和肯定，为甘肃扶贫工作的改革开放，扩大合作领域奠定了很好的基础。

（五）实事求是，将国际经验本土化，灵活执行项目

西部扶贫世行贷款项目的成功是中方和世行共同努力的结果。由于西部扶贫世行贷款项目是甘肃省开展的第一次大规模外资扶贫项目，没有可供借鉴的现成经验，在项目设计之初，在指导思想和操作程序上过分依赖于世行专家的意见，致使项目管理与实施遇到了障碍。为了推进项目的顺利实施，根据项目区实际，项目管理单位与世行多次协商，进行了大胆改革。一方面将世行确定的中期调整项目改为每年调整项目，将生产周期长、受市场变化影响大的项目每年进行调整，提高了项目选择的准确性和项目实施的成功率；另一方面由于西部扶贫世行贷款项目中大部分到户项目的采购对象多数是猪、牛、羊等生命体和树苗、种子等季节性很强的物资，世行规定的采购程序与实际相矛盾，为此将部分“询价采购”改为“农户参与式询价采购”，统一印制了“参与式农户采购形式发票”，不但方便了采购工作，而且降低了采购成本，加快了项目进度。由于项目办灵活运用世行的管理规则和《采购指南》，实事求是地执行项目，取得了令人满意的效果。

（六）注重学习培训，提高各级项目管理人员的水平

西部扶贫世行贷款项目建设内容中的培训是其他项目中所没有的。在实际工作中，省、市、县始终把培训看作项目的重要内容，认真加以落实，采取多种形式，开展针对各级项目管理人员的培训和考察学习活动。一是每年举办对市、县项目管理人员和乡镇专干的培训，解决由于县乡换届工作或其他原因造成人员变动后业务生疏等问题；二是通过国务院扶贫办外资项目管理中心协调，采取走出去和请进来的办法进行学习培训；三是通过国外培训，学习借鉴国外扶贫项目好的做法；四是把世行检查作为培训契机，在项目建设期，世行每年都要到项目区进行两次检查，各级项目办没有把世行看作高高在上的检查者，被动接受检查，而是把世行检查看作互相信任、互相学习、互相提高的良好机会。在检查工作中，双方作为一个团队开展工作。一方面，通过面对面的讨论，极大地增强了各级领导和协调部门对项目实施工作的重视程度；另一方面，通过与世行专家的沟通，及时协调解决了项目管理与实施过程中存在的问题，并以检查为契机，适时对项目管理人员进行培训，提高管理人员执行项目的能力。

（七）注重科技支持，提高农户执行项目的能力

在项目实施过程中，一方面，针对农户普遍缺乏先进适用技术的状况，省上聘请科研单位专家，县、乡两级组织同级技术服务部门亲临田间地头，围绕项目实施的关键环节，对项目农户进行了有效的技术指导；另一方面，设计并实施应用研究、科技扶贫项目，提高群众对科技的认识，推广科技成果，实践证明，项目农户对技术掌握得越全面，项目效益就越高，还款也就越主动。

（甘肃省扶贫办外资项目中心）

世界银行项目与中国卫生改革和发展

自1982年中国政府与世界银行合作在卫生领域实施第一个世界银行贷款项目以来，卫生部已实施了15个卫生贷款项目，使用世界银行贷款12.6亿美元，相关赠款1.12亿美元，项目覆盖了除西藏、香港、澳门和台湾以外的全国所有省、直辖市和自治区。纵观卫生部门与世界银行20多年来的合作历程，世界银行项目的实施，引进了先进的管理理念和方法，促进了我国卫生体制和管理机制的创新，逐步完善着卫生政策改革和发展。

一、人力资源开发

世界银行项目开展了广泛的培训活动，使上千万卫生工作者及广大群众受到专业培训和健康保健知识教育。各级卫生部门利用项目有计划、有特色、有针对性地开展了多种形式的培训活动，项目地区建立了培训基地、教育网络，培养了高素质的培训师资，为卫生事业的发展提供了人力资源保证。世行贷款农村卫生人力开发项目（简称卫生四项目，下同）1993~2000年实施期间，为6个省、37个地市、374个县培训了18.53万名乡村卫生人员。

世界银行贷款项目为中国多所医学院校改善教学和科研条件、创新教学模式、改进教学方法提供了条件，不仅为医学院校补充了大量的设施设备，而且提高了师资的综合教学能力，为提高学生专业素质和基本技能奠定了基础。项目支持的派出留学进修学者，学成归国后在各自工作岗位上发挥着重要的作用，有些在项目实施过程中已成为学科带头人。

二、区域卫生规划的运用和推广

卫生三项目1990年至1996年在浙江金华、江西九江和陕西宝鸡三个城市实施，区域卫生规划理念和策略随之被引入，开拓型的理论、创新的经验和成果，推动了全国卫生事业的改革，得到中央有关部委的认可。1996年，国家计委、财政部和卫生部联合召开了全国区域卫生规划研讨会。同年，全国卫生工作会议确定区域卫生规划为新中国成立以来卫生改革的重要政策，写入《中共中央、国务院关于卫生改革与发展的决定》（中发[1997]3号）中。

三、促进中国卫生服务的公平性

在卫生服务的公平性方面，中国在世界192个国家的统计分析中排序落后，这是中国卫生改革的重点和难点。在世界银行贷款项目中，把扶持重点更多地放在支持经济发展落后、贫困人口较多地区的发展，重点是中西部贫困地区发展。项目对最贫困的人口提供医疗救助，为项目地区孕产妇提供免费或部分减免费用的住院分娩服务，为结核病和艾滋病等患者提供免费诊疗，积极进行农村合作医疗试点，资助贫困家庭参加合作医疗，对弱势群体——妇女、儿童、少数民族、农民工等人群都给予特别的关注。这些措施在一定程度上缓解了项目地区因病致贫的问题，促进了卫生服务的公平性。

四、特困医疗救助制度的先期实验

卫生六项目（1995~2001年）及卫生八项目（1998~2007年）在农村基本卫生服务的尝试，特别对贫困人口医疗救助的探索，为国家制定特困医疗救助政策提供了借鉴和经验。《中共中央、国务院关于进一步加强农村卫生工作的决定》（中发[2002]13号）提出加强农村公共卫生工作、推进农村卫生服务体系建设、建立和完善农村合作医疗制度和医疗救助制度等新形势下农村卫生工作的重点，随后由民政部、卫生部、财政部发布文件启动了全国农村贫困人口医疗救助工作，从而在中国形成了一项新的国家制度。卫生八项目正在制定《中国农村贫困人口医疗救助实施指南》，积极支持国家民政部开展完善中国农村贫困人口医疗救助制度的政策研究。

五、开拓与实施健康促进策略

卫生七项目健康促进子项目（1996~2004年）为中国引入了健康促进的理念与策略，将健康促进的方法同中国慢性病防治相结合，开创了健康促进医院、健康促进学校、健康促进工矿和健康促进社区，并培养和建立了健康促进专业队伍，初步建立了可持续发展机制。此后，卫生八项目、卫生九项目及卫生十项目也在干预中积极推广健康促进策略，探索健康促进理论与实践的结合点。卫生八项目首次对在农村地区运用健康促进方法进行了探索、尝试和经验总结，即将出版《农村健康促进实用手册》。健康促进策略已成为疾病干预的重要措施之一。

六、卫生资源投入向需方倾斜

长期以来，政府卫生资源的投入主要针对卫生服务的提供方，卫生事业发展偏重建立卫生机构、增加卫生设施、扩大卫生规模。而事实上单纯对供方的投入不能保证足够的、高质量的卫生服务。随着世界银行项目引入的新理念，决策者把目光转向了卫生服务的需求方，将资源更多地直接投向需方。例如利用项目资金对住院分娩、特困人群的预防保健和基本医疗服务予以补贴，免费为结核病患者诊疗，开展政府购买卫生服务的试点工作，从而调整和改善供方的服务行为，提高需方对卫生服务的可及性。

七、结核病控制DOTS策略成效显著

卫生五项目（1992～2001年）的实施，在中国推行并发展了世界卫生组织推荐的结核全程督导化疗（简称DOTS）策略，即“送药到手，看药进口，不吃不走”的方法，保证结核病人的有效治疗，使我国结核病控制工作取得了举世瞩目的成绩。前世界卫生组织总干事中岛宏博士专门致信前总理李鹏，高度赞誉中国结核病控制项目的成就，称其为发展中国家乃至全球学习的楷模。继卫生五项目成功实施之后，在世行和英国政府支持之下开展卫生十项目（2002~2009年），大范围推广DOTS策略。DOTS成为我国结核病控制的主要策略，在全国各地普遍推广应用。

八、乙肝疫苗的推行与普及

中国是受乙型肝炎危害最严重的国家之一，十分之一的人口感染过乙肝病毒。卫生七项目计划免疫子项目（1996~2004年）率先推行贫困家庭新生儿乙型肝炎预防接种费用补贴，加速了乙肝免疫在全国的普及工作，特别是在贫困地区实行乙肝疫苗接种费用补助的经验，具有示范作用。经过项目省的探索和努力，这些成功的经验被推广应用于全国。2002年，项目即将结束前，国务院批准将乙肝疫苗接种正式纳入国家免疫规划。2005年，全球疫苗和免疫联盟（GAVI）在印度召开的理事会上，对我国乙肝疫苗接种工作予以高度评价，认为中国政府已成功将乙肝疫苗接种纳入国家常规计划免疫规划并取得巨大成功。卫生七项目期间乙肝疫苗接种基线调查、对贫困地区贫困人口的补助、乙肝疫苗集中招标采购、管理和督导、提高免疫接种覆盖率和安全接种率等措施，都为国家制定相关的公共卫生政策和策略、改进免疫规划管理提供了有益的经验。

世界银行贷款卫生九项目。图为工作人员在太原市开展艾滋病社区干预活动

九、关注贫困人口和弱势人群

在世界银行项目中，对贫困人口和弱势人群给予了特别的关注。多数项目针对贫困人口给予医疗救助补贴，有效地缓解了因病致贫的问题。卫生六、卫生八、卫生九等项目都将降低孕产妇死亡率和婴儿死亡率（简称“两率”）作为项目目标，实施了围产期检查、提倡新法接生和住院分娩、为孕产妇住院分娩提供全部和部分补贴等干预措施，有效地降低了两率，并为国家正在实施的“降低孕产妇死亡率和消除新生儿破伤风项目”（简称“降消项目”）提供了大量可借鉴的经验。针对农村人口外出务工者日益增多，卫生八项目支持河南省息县创新地开展了“外出务工孕产妇系统保健和健康促进”的试点工作，建立跨地区的多部门协调机制，形成了一套切实可行的办法，改善外出务工孕产妇对围产期保健的可及性，切实关注外出务工孕产妇这一容易被社会忽视的弱势群体，该试点工作得到了世界银行和英国国际发展部的广泛称赞。项目针对少数民族的风俗习惯、宗教信仰等制定了干预措施，有效地改善了项目地区少数民族群众的健康状况。

十、先进的项目管理方式与策略

科学、规范的项目管理模式以保证世界银行项目从准备、评估、计划、启动、实施、督导和阶段性评估（中期评估和终末评估）的全过程公正、合理、有效，对项目实施全过程进行跟踪、指导和监督，先进的项目管理方法不仅提高了项目单位的管理水平，而且促进了卫生部门管理与人力资源的能力建设。随着我国国力增强，国内卫生事业资金投入增多，世界银行项目的管理办法已经或正在对国内资金的管理产生影响，将促进内资更有效率、更有效益地得以利用。

国际国内招标采购的运用与推广是世界银行项目早期为我国引入了招标采购机制，从项目土建、设备以及咨询服务实施的招标采购，推广到国内的政府招标采购，公平、公正、高效的原则，高质量的产品和低价合理的成本，体现了项目的经济效益和社会效益。1999年，全国人大正式颁布的《中华人民共和国招标投标法》（1999年8月30日中华人民共和国主席令第21号）进一步规范了国内招标采购。

在财务管理上，世界银行项目倡导和形成了费用支出与项目活动内容一次核报结算的制度，即每一项费用支出须与项目活动相联系，紧密围绕项目目标。这套严格的财务管理制度和审计制度，保证了资金的有效利用，促进了项目实施进度，从制度上预防腐败，可以为内资管理提供有益的借鉴。

十一、贷款和赠款项目的融资创新

由于世界银行从1999年起停止向中国提供软贷款，而硬贷款对于老少边穷和经济发展落后的地区难以接受，为设立世界银行贷款/英国赠款中国结核病控制项目（2000~2009年），发改委、财政部和卫生部积极开发资源，探索新的融资方式，利用世界银行贷款和英国政府（DFID）赠款，将DFID提供赠款用于软化世界银行贷款，贷款利率降低到2%，从而为我国利用外资开辟了一条新的道路。该项目被世界银行认为是“以创新的融资方式实施的优秀项目”，荣获2003年度世界银行最高奖项“世界银行行长奖”。

十二、性病/艾滋病控制项目的拓荒式实施

世行贷款卫生九项目通过政策开发与机构建设推动了相关政策的出台，对吸毒和性服务两个极敏感的问题上，项目单位进行了大胆尝试和推进，进行针具交换和美沙酮替代治疗试点，在娱乐场所和宾馆摆放安全套销售等。项目的实施对安全套推广使用与市场营销、美沙酮维持治疗政策的研究、试点和出台发挥了积极作用。在全国针对高危人群的具体防治政策方面，项目领导小组参与了国家美沙酮（替代）维持治疗方案的制定和全国推广安全套使用意见的起草工作。

卫生九项目还积极动员和支持非政府组织（NGO）开展艾滋病预防与控制工作，提高非政府组织、社会团体参与艾滋病防制能力，并通过他们开展一系列活动，广泛宣传预防艾滋病知识，提高目标人群自我防范意识，关爱艾滋病患者，从而有效遏制艾滋病在一般人群中的蔓延。通过突破性地实施一系列针对性病/艾滋病传播高危险行为的干预措施，创造了支持和不歧视性病/艾滋病感染者及病人的社会环境，营造和谐社会氛围。

（卫生部国外贷款办公室）

江西省日本政府日元贷款公共卫生项目总结

“非典”之后，为建立健全应对突发公共卫生事件机制、疾病控制体系和卫生执法监督体系，加强省、设区市两级公共卫生基础设施建设，优化整合各类相关资源，提高应对突发公共卫生事件的能力，国家利用日本政府日元贷款在中部六省、东三省、河北省和海南省实施建设公共卫生基础设施项目（以下简称项目）作为上述省突发公共卫生体系建设的补充。项目购置相关仪器设备和安排急需的技术和管理人员的国外培训，提高项目省对“非典”及其他传染病的预防控制、紧急医疗救援和医疗诊治能力。

一、总体情况

江西省是日元贷款公共卫生项目省之一，项目区覆盖全省10个设区市，项目单位包括了1家省级疾病预防控制中心（下称CDC）和设区市的10家疾病预防控制中心、9家传染病院（病区）、4家急救中心。项目从2003年6月开始准备，同年11月3日通过日本协力银行评估团评估，于2004年3月签订贷款协议，贷款金额为28.21亿日元（其中设备27.67亿日元，占贷款的98.09%，国外培训0.5亿，占贷款的1.77%，不可预见费0.04亿日元，占贷款的0.14%），主要用于购置实验室与冷链、医学检验、信息及健康教育、医学影像、医疗等设备和医用车辆及人员培训，以提高江西省应对突发公共卫生事件的能力。

在国家发改委、财政部、商务部和江西省发改委、财政厅等部门的支持下，经各项目单位、采购代理机构、合同人和供货商的共同努力和密切配合，目前已顺利完成项目设备采购签约任务，签约金额合计为27.67亿日元，占贷款额度的98.09%；合同采购设备4981台（套），到货4925台（套），占合同采购数量的98.88%，未到的56台（套）设备将于2007年9月中旬前全部到货；完成了3批60人次的国外培训和考察任务，使用培训费用0.25亿日元。共完成项目费用27.92亿日元，占贷款金额的98.97%。已申请支付贷款25.59亿日元，占贷款金额的90.71%。已分割债务24.61亿日元（含银行手续费），占贷款的87.24%。

在项目设备招标采购过程中，招标采购的设备价格与市场价格相比较，节省了近亿元人民币，仅彩色多普勒超声诊断仪和全自动生化分析仪两个品目就节省资金1600多万元人民币。此外，由于在日元与人民币汇率处于高位的时候开标，从开标到2007年8月2日这段时间的汇率变化中为项目单位节省了资金2800多万元人民币，大大地为项目单位降低了采购成本。

项目绝大部分设备已投入使用，极大地改善了江西省项目单位的装备条件，提高了全省应对突发公共卫生事件的能力和医疗卫生服务水平，推动了全省卫生事业的快速发展，为保障人民群众生命安全和身体健康起到了积极的作用，取得了显著的社会和经济效益。

二、成效和作用

目前，项目设备陆续投入使用，正在逐步提高江西省项目单位包括流行病学调查、医学检验、疾病诊断、疾病预防控制和医疗救治的能力在内的应对突发公共卫生事件能力，造福全省人民。

（一）急救和疫情处理能力增强

为全省项目单位配备的64辆负压救护车、普通救护车、冷藏车、突发事件应急检测车和疫情处理车到位后，从根本上改变了江西省设区市急救医疗机构和疾病预防控制中心业务用车的紧张状况，改善了救护车辆的车况并提高了车辆档次。性能优良的救护车缩短了急救反应时间、降低了回车率，增强了途中生命保障能力，特别是负压救护车的配备，使这些单位具备了转送特殊传染病人的能力，推动了江西省各设区市急救医疗救治体系的健康、快速发展。中心监护仪、床边监护仪、除颤起搏器和呼吸机等急救设备和项目救护车的使用，极大地改善了江西项目医院急救设备的硬件条件，提高了江西省急救医疗技术水平、服务能力和应对突发事件的快速反应能力。南昌急救中心在现有车辆的基础上，增加了18辆具有先进车载抢救设备的救护车，使该中心的急救硬件跃升到了国内发达地区水平，进一步提高了南昌地区院前医疗救治水平及应对各类突发公共卫生事件的救治能力，并对全省其他地区院前医疗急救发挥重要的指导和支撑作用。突发公共卫生事件应急检测车和疫情处理车的装备，极大地提高了项目CDC在突发公共卫生事件发生时的快速反应和现场处置能力。

省CDC价值4700多万日元的服务器、路由器、交换机、计算机工作站等信息设备的到位和投入使用，大大提高了传染病疫情和突发公共卫生事件报告系统的数据处理能力，有效地保障了全省重大传染病疫情、突发公共卫生事件的报告、预警和决策指挥。聚合酶反应扩增仪、全自动微生物鉴定仪、微型全自动荧光酶标鉴定仪等大批疾病检测设备投入使用后，缩短了疾病实验室诊断时间，提高了快速确诊和扑灭传染病疫情的能力，使实验室检测整体水平上了一个新的台阶，为省CDC发挥技术指导作用创造了有利条件。同时，有利于获得更多的研究课题和相关领域的对外合作机会，推动了省CDC的对外交流和合作。

（二）提高了疾病诊断和治疗能力

总价值达20多亿日元的影像设备、检验设备、医疗设备和实验室设备已在大部分项目医院和CDC安装并投入使用，这是江西省卫生系统首次利用日本政府贷款批量引进医疗卫生设备，特别是5台双平板直接数字化X线机、2台800mA最高档数字胃肠机、14台最高档的数字胃镜、10套中心监护系统等设备是江西省首次引进，8台高档彩超、7台每小时1600测试的大型生化分析仪等设备是首次装备设区市直属项目医院。这些设备的成功引进，加快了江西省项目医院数字化建设的进程。

数字化X线机等放射设备人性化设计的操作界面、清晰度高的图像、先进的脏器摄片功能、数字化传输和贮存、胶片快速免冲洗直接打印等特点，极大地提高了胶片的图像质量和疾病诊断水平、弥补了部分项目医院胃贲门底部摄片不能打负角的不足、优化了放射科服务流程、缩短了病人候诊时间、减轻了医技人员工作负荷，为项目医院实现数字化和远程网上诊断提供了可靠保障，使江西省影像学诊断与技术水平上了一个新的台阶。

全自动生化分析仪（检测速度达1600测试/小时）、微型全自动荧光酶标鉴定仪、全(半)自动微生物鉴定仪、病毒载量装置、聚合酶反应扩增仪、五分群血球计数器等医用检验设备投入使用后，提升了项目医院的临床检验技术水平和CDC的传染病实验室诊断技术水平，增加了检测项目数量，缩短了标本检测时间、提高了实验室检验检测的效率，增强了传染病疫情发生时的快速反应和处理能力，缩短了病人候诊时间。如项目医院的全自动生化分析仪投入使用后，病人从送样到拿到检测报告的等待时间由原来的半天缩短为2个小时，原来要花1～2天时间看病，现在一天甚至半天就能完成。不仅大大方便了病人，特别是对于农村进城就诊的病人，由于不必在城里住旅馆等待报告，减轻了他们的总体经济负担。全自动微生物鉴定仪投入使用后，报告时间比以前平均提前了1～2天（具有阳性结果自动报警功能），提高了微生物检测的效率，缩短了感染性疾病的诊断时间。有些设备的使用不但减轻了病人的负担，还降低了医院的成本，如干式血气分析仪除缩短了检测时间外，比原来使用的湿式血气分析仪维持费用每月减少3000～4000元。

新余市人民医院和鹰潭市人民医院呼吸机、中心监护系统、微量注射器、输液泵等设备到位后，新建了重症加强治疗病房（ICU）。这些设备不但大幅度提高了项目医院和本地区的抢救水平，还提升了项目医院的医疗水平。新余市人民医院通过设备的装备，现在已能开展心脏手术。

（三）疾病预防控制能力提高

随着生物安全柜、超净工作台、电子天平、纯水处理器、各类显微镜、离心机、培养箱、灭菌器、低温冰箱等实验室基础设备的使用，江西省项目CDC和项目医院的实验室设备得到一次整体性的更新和补充，进一步改善了项目单位的实验室设备条件，提高了项目单位基础实验的能力。

为项目CDC配备价值1.89亿日元的网络信息与健康教育设备，特别是首次在江西省疾病预防控制系统装备的4路中央处理器服务器，改善了江西省疾病预防控制系统网络信息和健康教育的硬件装备，促进了疾病预防控制机构内部的信息化管理，加快了省卫生信息化建设步伐，完善了疾病预防控制的信息网络，增强了卫生信息服务能力，进一步提高了卫生信息服务的效率和质量。功能比较完备、系统安全可靠的应用平台的建立，为江西省重大传染病疫情及公共卫生事件的预警、危机判定和决策指挥提供了强有力的保证。依托这个统一的网络信息和安全系统，实现资源共享，实现国家、省、市之间的联通，为信息资源发挥最大的效益提供了基础。此外，部分项目单位在项目网络的平台上开发和应用办公自动化管理软件，实现了计算机管理。数码照相机、摄像机、彩色激光打印机、电脑喷绘机等健康教育设备投入使用后，极大地改善了省市CDC的健康教育和宣传的硬件条件，增加了对公众开展健康教育的手段，拓宽了宣传途径，高精度图片、高清晰度影像、彩色宣传资料极大地提高了健康教育效果。

（四）管理能力和业务技术水平提高

江西省日元贷款公共卫生项目先后派遣三批共60人次的卫生管理人员赴日本东京接受有关公共卫生体系的集中培训和实地考察，了解日本疾病预防控制体系和医疗救治体系架构、医疗保健机制和运作模式、卫生法规和医疗保障制度以及日本国家卫生战略，开阔了眼界、增长了知识、提高了管理能力。

在招标采购过程中与项目单位派员主动参与，培养了一大批熟悉招标程序、了解产品性能和技术发展趋势、懂得合同实施的各类专业技术人员，为项目单位今后从事设备招标采购奠定了基础。南昌市急救中心通过对日本急救车辆的考察，对18辆救护车内部救护设备的布局进行了调整，取得了较好的效果。X线机类设备、聚合酶反应扩增仪、彩色超声波诊断仪、黑白超声波诊断仪、服务器、防火墙、交换机、路由器、输液泵、电子内窥镜、微生物鉴定仪、高压灭菌器、厌氧培养箱、显微镜、生物安全柜、电子天平等设备的培训，使用人员掌握了这些设备的性能、操作要领、使用和维护方法，对确保这些设备的正常使用，发挥效益起到了重要作用，为项目单位培养了一批懂设备、会操作、能维护、善管理的技术人才。

项目的成功组织实施得到了有关方面的高度评价。2006年下半年和2007年上半年，日本国际协力银行专家对江西省的项目给予了高度评价，认为江西省的项目是目前执行进展最快最好的项目。项目单位对项目组织实施也非常满意，萍乡市人民医院评价项目取得的成效时说："他们用2700多万元人民币采购到了4000多万元人民币的设备"；鹰潭市人民医院院长谈到项目成果时说"日元贷款项目购买的设备都是世界上最好的品牌和产品"。

三、经验和体会

江西省日元贷款公共卫生项目贷款主要用于购置实验室与冷链、医学检验、信息与健康教育、医学影像、医疗设备和医用车辆等设备，占贷款总额的98%以上，因此如何做好设备的招标采购工作显得尤为重要。

（一）坚持"三公"原则，按章办事

在进行国际竞争性招标采购设备过程中，我们严格遵守《中华人民共和国招投标法》和日本国际协力银行《采购导则》，坚持公开、公平、公正原则，从严要求，防患于未然。每批项目设备招标采购时，编写和修改标书都请相关项目单位技术人员到会，会议集体讨论和确定标书；标书发布前接受中国国际招标网网上专家库随机抽取的专家审查，经商务部批准备案后，在中国国际招标网和《中国日报》上刊登招标公告；开标时有项目单位、投标人和制造厂的代表到场，邀请省发改委、省财政厅和省卫生厅等相关部门代表参加，公开唱标，记录唱标结果，投标人签字确认开标记录；评标，由中国国际招标网网上专家库抽取的专家、项目单位和招标采购代理机构代表共同组成的评标小组依法进行，评标结果按要求在中国国际招标网上公示7天。同时，按照日本国际协力银行规定，影像、医学检验、医疗设备包采购金额大于5亿日元的评标结果均报日本国际协力银行批准。在公示无"投诉"和无"反对意见"后签订采购合同，所有采购合同均按时报日本国际协力银行批准，合同人在规定的时间内递交履约保函后合同正式生效。在整个项目采购过程中，始终坚持做到程序一步不错、步骤一步不少、用户步步到场、监察部门全程监督。

项目4批7个包的国际竞争性招标采购，招标过程透明，招标行为规范，招标结果公正。评标结果在中国国际招标网上公示期间，没有一家投标人投诉。未中标的投标人也反映“江西的日元贷款项目招标采购正规、好投，没中也服气”。

（二）领导重视、部门支持

江西省卫生厅作为项目打捆单位，厅领导十分重视项目的采购工作，对采购和参加采购的人员提出了严格的要求，并严于律已，以身作则，带头遵纪守法、执行规章制度，维护公开、公平、公正的采购环境，厅党组书记、厅长先后两次代表厅领导班子成员在全系统领导干部大会上承诺并做到：不利用权力办私事，也不允许亲属和身边工作人员打着自己的旗号到医疗机构为药品、器械推销打招呼。项目的采购工作也得到了江西省发改委和财政厅的大力支持和帮助，由于各方面都严格遵守国家法律、法规和日本国际协力银行的采购导则，做到不缺位、不越位、不失职、不渎职，为招标工作创造了有利条件。

（三）依靠项目单位，招标采购阳光操作

为做到招标过程透明、招标行为规范和招标结果公正，充分体现项目单位的需求，保障项目单位利益，在标书编写前，由项目单位相关技术人员组成了项目标书编写内部专家组；对项目单位采购设备的每个意向品牌、型号进行摸底调查，作为编写标书的参考；省CDC和各设区市CDC还派员到广东、上海、江苏等省(市)疾病预防控制中心进行实地考察，了解CDC的设备配置、使用情况和管理经验。

无论标书编写还是标书修改都依靠项目单位专业技术人员，经充分讨论，共同商量，最终由到会的项目单位代表共同签字确认。在开标、评标和签订合同的过程中，项目单位代表均到场。在签订合同时，项目单位与合同人、供货厂家共同确认中标产品的技术参数、采购数量、安装、调试、验收、培训等合同内容，共同签字确认合同，为顺利实施招标采购和执行合同打下了基础。

（四）突出重点，抓好标书编写

为使招标文件更加准确、规范，减少招标过程出现的误差，避免投诉，以顺利实施采购，我们一是抓项目单位参加招标文件编写人员的培训。2004年6月底至7月初利用4天时间，对128名技术人员进行了培训，使他们了解国际竞争性招标采购的程序、步骤、要求，充分认识招标采购文件的重要性，掌握编制招标采购文件的基本知识。二是在编写招标文件时广泛收集项目设备的资料，要求参加招标文件编写的人员摸透市场上的同类设备的性能和价格，制作不同制造厂设备的技术参数比较表，集体讨论，形成技术标书。三是认真审核，反复校对，统一格式和计量单位，查找漏洞和问题，为修改做准备。四是反复召开标书修改会议，根据各方反映和审核发现的问题组织项目单位修改技术标书，每个包的标书在上网前都经过4～5次的修改，多的达6次。在标书发售后还继续跟踪、听取制造厂和投标人的反映，利用开标前15天内修改标书的机会，对标书进行必要的修改，使标书更准确、明晰，保证了招标采购的顺利进行。

（五）加强监督，做好项目管理

加强项目的监督和管理，在设备招标采购过程中要求项目单位和省卫生厅项目办工作人员秉公办事、不徇私情，坚持原则、不泄密，并采取具体措施上防止工作人员与厂商串通舞弊。对待投标人和制造厂，一视同仁，不厚此薄彼，平等对待，公开透明，不暗箱操作，公平公正，不偏不倚，尽力搭建一个公开透明、公平公正的招标采购平台，使

公共卫生项目，借用日本政府日元贷款。图为江西省疾病预防控制中心采用的部分网络信息设备

更多的投标人参加竞争。从标书编写到合同授予，每一步都严格规范，按照要求执行。省监察厅驻省卫生厅监察室全程监督。

为了做好日元贷款项目设备的招标采购工作，根据项目《贷款协议》、《中华人民共和国招投标法》和日本协力银行《采购导则》，我们制定了《江西省日元贷款项目设备采购管理办法》，并在项目启动会上经项目单位充分讨论和签字确认，以省卫生厅的名义印发。《江西省日元贷款项目设备采购管理办法》对项目设备标书的编写、评标、签约和执行合同等步骤和要求作了具体的规定。明确了项目单位的责、权、利。如在标书编写时，要求所有项目单位派代表参加，参加的代表在标书上签字确认；任何个人不得随意修改标书，必须按程序由绝大多数项目单位同意才能修改。

在第一批采购的医疗车辆、影像设备、信息及健康教育设备3个包的合同生效后，适时制定和印发了《江西省日元贷款公共卫生项目设备验收办法》，要求项目单位严格按照《中华人民共和国商检法》、招标、投标文件和合同验收货物，保护项目单位的切身利益。

针对2006年到货集中，安装、调试任务繁重的情况，我们协调江西出入境检验检疫局及分支机构，深入全省各项目单位，检查和协调设备安装和调试工作，发现问题，及时解决，使设备尽快投入使用，同时对项目的管理、培训和财务等工作也进行监督和检查。

2006年10月日本国际协力银行专家对江西省日元贷款项目进行了监督，在充分肯定项目成绩的同时，也指出了一些不足。我们针对不足认真研究，加以整改，及时召开项目管理会议，通报监督结果，布置落实。

此外，我们还认真抓好项目的财务报表编制、债务分割、设备的总账和台账建立、项目进度报告编写和项目审计等工作。

（六）严格执行采购合同，做好设备验收工作

2005年6月江西省第一批签订的医用车辆包采购合同因合同人投标价格低于制造厂的授权价和日元贬值等原因，合同人无力执行合同，提出解除合同的要求。我们严格按合同规定，在2005年11月没收了合同人116.91万元人民币履约保证金，终止该合同。

2006年是日元贷款项目供货时间集中的一年，供货设备数量多、品目复杂、项目单位分散、验收难。我们与项目单位一道，积极协调江西出入境检验检疫局、打包人和厂家的关系，严格按照合同要求，在商检人员、制造厂工程师和项目单位人员共同到场的前提下认真验收进口设备，经检验发现冰箱、冷冻高速离心机、恒温水浴箱和精密恒温摇床有某些参数和配置不符合合同要求，我们本着为项目单位负责的态度，通过召开项目单位会议和书面征求意见等方式，认真听取和接受项目单位的意见，与打包人和制造厂商积极协商解决办法，妥善地解决了设备验收工作中发现的问题，使项目单位获得了169020元人民币赔偿金，维护了项目单位的利益。

在台式计算机的履约过程中，省CDC反映有5台国外品牌的液晶显示器出现斑点，我们先向打包人反映情况，要求调换。打包人与显示器制造厂协商后，最初厂家认为是项目单位使用造成的，不同意调换。我们直接与厂家驻南昌办事处协调，仍不予调换，随即向厂家驻北京总部反映，得到同样的答复。为保护项目单位的合法权益，我们向江西省计算机质量监督检验站申请产品质量鉴定。经检测，认定为“显示器出现多个絮状花斑，明显影响显示效果，产品在保修期内，出现质量问题销售者有义务对产品进行适当的退、换、修处理”。厂家接到质检报告后，于2月6日对这5台液显的液晶屏全部进行更换。

为进一步做好设备质量保证期的维修和维护工作，减少信息传递的中间环节，提高设备维修工作的及时性，保证设备的正常运行，我们与在项目中供货较多的厂家专门召开设备维修工作会议，项目单位与厂家面对面讨论，协商解决设备使用中存在的问题，为做好今后的设备维修工作出主意、想办法，厂家提出了一系列措施和解决方案，项目单位十分满意，取得了较好的效果。

我们在执行合同过程中，未串换一件货物，未少收一件货物，未套取一分现金，未降低任何配置，严格按合同采购数量如数供、收货物，严格按合同的技术参数验收货物，保证了合同执行的质量和效果。

（七）认真抓好培训工作，提高人员素质

按照《项目评估备忘录》要求，江西省组织

了3批60人次公共卫生事件应对机制建设、突发公共卫生事件医疗救助体系与应对措施和突发公共卫生快速反应机制及应对措施团组赴日本培训，在日本东京接受了有关公共卫生政策、传染病预防控制、医疗体系和急救体系方面的集中培训。并先后考察日本东京大学医学部附属病院、国立感染症研究所、国立保健医疗科学院、大阪府三岛救命救急中心等医疗卫生机构。

国内培训由各项目单位按《项目评估备忘录》要求组织进行，截止到2007年6月份全省项目单位共组织了约2807人（次）参加的各类培训。省卫生厅还统一举办了X线机类设备、聚合酶反应扩增仪、彩色超声波诊断仪、黑白超声波诊断仪、服务器、防火墙、交换机、路由器、输液泵、全自动生化分析仪、酶标仪，电子内窥镜、微生物鉴定仪、高压灭菌器、厌氧培养箱、显微镜、生物安全柜、电子天平等设备的使用培训班，共有341人（次）接受了培训。2007年3月江西省与日本国际协力银行在南昌举办了“突发公共卫生事件应对培训班”，邀请了日本协力机构和我国著名大学的专家授课，参加人数100多人。

总体上，江西省日元贷款公共卫生项目进展顺利，成效显著，项目的实施极大地改善了江西省卫生系统的设备装备条件，提高了全省应对突发公共卫生事件的快速反应和应对能力，提升了全省医疗卫生服务的水平，实现了项目目标。

（江西省卫生厅）

发挥项目主体作用，确保项目运作成功
——黄山市人民医院利用荷兰政府贷款项目回顾

改革开放以来，我国利用国际金融组织和外国政府贷款引进先进技术和设备，加快国内各项事业发展方兴未艾，黄山市人民医院抢抓机遇，申报利用荷兰政府贷款，成功运作引进国外先进医疗设备项目，取得较好效果，极大改善了办医条件，促进了黄山市城乡医疗事业的蓬勃发展。

一、项目设计及背景

黄山市地处皖南山区，是近代中国徽商的发源地，也是一座新兴的著名旅游城市，全市总面积9807平方公里（下辖三区四县），人口近150万。闻名世界的黄山雄踞域中，自然景色非常秀美，是中国生态环境最佳地方之一，1990年被联合国确定列入世界文化和自然遗产名录。黄山市人民医院（以下简称市医院）就座落在黄山市政府所在地——屯溪区，医院创建于1938年，现有开放病床514张，职工800人，拥有中、高级职称人员300余人，年门诊量20多万人次，年出院病人1.5万人，是全市唯一一所国家三级综合性医院。同时，也是卫生部国际紧急救援中心网络医院、亚洲国际急救合作医院。

黄山市医院作为黄山市医疗、教学和急救中心，不仅承担着全市人民的医疗保健任务，而且还承担着黄山市辖区内各大景区的急诊抢救、转运与院内治疗任务；承担着全市各区县基层医院会诊转诊任务，对基层医疗单位负有一定医疗指导作用；承担着黄山市重大的国内外接待活动与大型会议的医疗保健任务。

近几年来，随着社会主义市场经济体系不断建设和完善，我国的经济运行体制发生了重大变化，整个社会经济发展和人民生活水平得到不断提高，各级公立医院也进入了新的历史发展机遇期。黄山市医院为适应社会发展步伐，满足社会多层次人群的医疗保健需求，在黄山政府及卫生局的支持下，按照政府区域卫生规划与三级医院技术水平项目建设的要求，陆续兴建了内、外科住院大楼，力求尽快改变医院医疗设施落后的状况。

但是，由于历史原因和地方财力限制，黄山市各级公立医院普遍存在基础设施落后，设备陈旧老化，硬件投入不足，历史“欠账”较多的问题，黄山市医院表现更为突出。市政府及卫生主管部门针对这一严峻现状，深入调研，广泛论证，借鉴国内其他行业成功做法，并根据黄山市医院积极申报利用荷兰国政府贷款项目的意向，结合全市医疗资源区域规划，同时考虑荷兰政府贷款项目审核要求及援助惯例，决定以建设完善黄山市城乡三级医疗网络体系为目标，以全市城乡为覆盖区域，突出并提升黄山市医院医疗技术的中心辐射作用，打捆本系统黄山市中医院和歙县卫生局下属医疗机构为项目的参与单位，形成申请利用外贷资金的经济协作共同体，统一向国家申报立项。实践证明，这种模式既较好地提升了市医院主体单位医疗技术水平，又促进了中医医院和县乡医院自我发展步伐。为当前医疗行业争取项目，融通资金，加快发展探索了一条新路子。

二、项目的运作

（一）立项

2001年，为加快中西部经济社会发展，黄山市医院管理层根据黄山市及院医疗行业现状和未来发展方向，经过认真研究，综合考虑，果断决策，立项申报利用荷兰政府贷款项目，引进国外先进医疗设备，改善医院设备落后状况。与此同时，市卫生局也意识到国家扩大外债使用范围是全市医疗行业加快事业发展的一个契机，应抢抓机遇，共谋发展。考虑到如果卫生系统各家医疗机构独立申报项目，不仅造成人力、物力和财力的重复耗费，而且还难以保证各单位独立申报的项目都取得成功，所以，市卫生局决定在确保巩固市医院为全市医疗技术中心的前提下，协调系统内几家有申贷意向的医院，打捆统一以市医院名义向上争取荷兰政府贷款项目。市医院在整个项目申办、运作和管理中担当主体角色，并独家对上和对外经办贷款项目一切事项（包括外债登记、国内转贷、进口报关、还本付息等，其他两家只与市医院发生项目经济往来关系），充分发挥三级医院人、财、物的综合优势。这一设想很快得到了黄山市发改委、财政局的认可和支持。

黄山市医院作为全市最大综合性医院，当务之急是急需配备大中型高精尖医疗设备，如磁共振仪、螺旋CT、加速器、监护系统、全自动微生物/药敏系统等；黄山市中医院是黄山市有一定历史的一所中医特色医院，因种种原因，基本没有大中型设备，一般医疗设备也多年得不到更新，严重制约了医院发展，迫切需要购置检验检查、放射和内窥镜等多种设备；歙县卫生局所属医疗机构都是基层医院，医疗设备更是极其缺乏，甚至有的医院连较好的病床都没有，不仅严重影响医院发展，而且连机构生存都成问题，他们更是盼望上级能帮助解决硬件投入问题。

荷兰政府贷款项目一般在批准贷款项目之前，外方要派员来华对申报的项目及所在地进行全面的实地考察、论证评估，因为荷兰政府贷款有一定的项目赠款部分，根据欧盟内部规定，此类项目必须上报OECD进行审查备案。所以，项目的考察评估是非常重要一环。黄山市卫生局及黄山市医院领导审时度势，在外方开展评估之前，在有关部门具体指导下，充分协调好打捆单位间关系，以黄山市人民医院作为项目申办主体，成立了迎评工作班子，重点承担项目评估接待工作，全面配合外方专家完成论证评估。同时，三家参与单位都围绕项目各自拟利用贷款的指标和需审批的医疗设备，向各自的主管部门逐级上报有关设备配置申请，并向所属同级财政申请资金担保。

外方的项目考察评估和项目单位拟引进设备遴选认定是可以同步进行的，因为评估也是要综合考虑所引进设备的效益因素的。外方的项目最终评估报告主要围绕三个方面来描述：首先，项目的社会经济功效，要通过卫生资源合理利用来提高和改善医院为患者服务的范围及能力，有利于消除贫困，有利于提高妇女地位，有利于改善环境；其次，项目必须是非营利性，但在项目财务上应具有可持续性，不能因为发生财务流动性问题而导致项目运转困难；再次，由于贷款采购荷兰产设备额度要求达到项目合同额度的一定比例，各单位在评估之前还要初步确定好拟引进的各类设备清单（包括设备生产国别）。上报的项目的国内可行性研究报告也是根据项目设备清单委托编制的。

项目评估阶段工作量很大，涉及很多中方有关项目背景资料，时间跨度较长。市医院在政府有关部门支持下，克服许多困难，竭尽全力，全程配合外方专家较好完成项目评估论证。

（二）谈判签约

打捆项目在2001年获得国家立项批准后，我们克服了国内“非典”和伊拉克战争的影响，加快工作进度，除了配合外方完成项目评估外，项目领导组及市医院还组织招标确定了国内采购代理公司，委托有关单位编制了国内可行性研究报告，还广泛进行了设备的网上查询和市场调查，进一步了解了进口设备关税等政策，为商务谈判做深入全面的准备工作。由于是合作申报，我们在同荷方项目代理公司具体设备商务谈判中，除了有国内采购代理公司代表到场外，还请两家参与单位也派人参与，便于外方更好地了解中方意图。在谈判中，我们坚持实事求是，不回避自己存在的落后与问题，不讲空话和套话，力求给外方以诚信的姿态，遇双方谈判出现僵局和矛盾的时候，我方做到既要坚持必要的公平原则，运用大量的市场调查数据，据理力争，又要在公平和确保项目成功前提下做适当的妥协，求同存异，在2003年2月，中荷双方签订了外贷商务合同。在中方的配合下，经过荷方国内复杂的审核程序，项目在2003年7月得到荷方FMO批准。不久，中荷两国政府互签了项目赠款协议文本，整个项目正式启动运行。

（三）项目实施

鉴于项目运行年限较长，为保证项目良好启动运行，我们重点抓好三项工作：首先，制定有关人员的岗前培训计划。根据项目管委会意见，黄山市医院针对项目设备投入，提前派出了大批医护人员赴沪、宁、杭等大城市医院进行培训，组织编印了基层卫生人员培训教材与转诊指南，对基层医院专业人员开展了培训，项目办还协助县卫生局深入基层卫生院开展项目巡回培训工作，深得外方专家的积极肯定。其次，明确界定项目参与单位之间的关系，落实各自的责、权、利。为避免贷款项目在运转期间因法定代表人变动或更迭而影响项目运行，保持项目经济财务的可持续性，在黄山市财政局和卫生局见证下，三家组成单位本着友好、负责的态度，就外贷项目的借、用、还等相关事宜，进行了充分协商，并签订了《共同承担外贷还款及项目申办费用协议书》，协议规定各家承担项目发生的财务支出数（含本息及外汇风险）以各自医院贷款设备价款占项目合同硬件总价款（静态数）的比重为分配依据，经过近3年的实践，项目还本付息执行良好，申办费用的分割承担合理。再次，搞好项目设备的接收安装与日常管理。由于项目涉及设备品牌较多，加上基层医院设备管理维修人员缺乏，项目办从中予以协调，依靠市医院工程技术人员承担全部设备接收工作，然后再行转运到基层医院，指导他们投入使用，并做好设备运行资料备忘。在项目启动运行的第一年内，项目办在外方专家亲临指导下，初步制定出项目设备使用跟踪反馈调查表，对设备进行动态管理，以保证所有进口设备都正常发挥作用。医疗设备售后维修联系接洽工作也是不可忽视的，因为外贷项目进口设备是由国外一家公司统一打包的，到了国内易出现设备安装保修与生产厂家维修点脱节问题，从而影响医院正常工作，我们事先也已做好了这方面工作，所以，没有发生此类问题。由于我们对项目管理工作做得很细，在项目实施一年后，外方专家最终评估认为项目取得了圆满成功。

三、项目建设的体会及意义

（一）政府及有关部门的支持与协调是项目成功的前提

黄山市医院在引进外资上既没有经验，也缺乏这方面的人才，因此，黄山市政府有关部门亲临现场，具体指导，帮助策划，卫生局组织协调医疗资源区域规划落实，在组织参与单位合并打捆方式上发挥了十分重要的、不可替代的作用。不仅如此，分管市长多次听取项目汇报并亲自协调；市卫生局、市发改委、市财政局等部门领导亲自带队赴省、进京汇报项目情况；省发改委，财政厅有关领导还视察项目单位，为争取项目出谋划策，促进了

安徽省黄山市人民医院项目，借用荷兰政府贷款。图为黄山市人民医院大厅

项目早日成功。

（二）项目单位决策正确、措施得力是项目顺利推进的关键

黄山市医院根据政府有关部门建议，在卫生局直接领导和协调下，作为项目主体单位主动为项目申办拨出专项资金，组建项目办公室，将申贷进度工作列入院部重要议事日程，并抽调精干人员，收集整理大量相关资料。对拟引进的设备医院组织专家反复论证，开展市场调研，同时，院领导还在医院有步骤开展医护人员培训工作，确保设备到位即可发挥作用。黄山市中医院、歙县卫生局也非常重视项目工作，积极配合市医院项目办工作部署，做好协同配合工作，比如，外方专家在基层医院的评估、考察和视察，引进设备的接收和调试，项目财务事项的协商处理等等。

（三）项目参与单位友好合作、责任明确是项目良好运转的必要基础

黄山市这次外国政府贷款项目打捆申请模式尚属首次，没有现成的经验，且参与单位分属二级政府财政，各家医疗机构经营资质、服务特色和重点又不同，各自引进的设备也不一样，加上贷款提供的进口设备有产地成分比例要求，因此，主体单位在确定项目设备清单及与荷方商务谈判过程中，始终坚持从有利于项目申办成功出发，本着参与单位相互兼顾共同发展的宗旨，发挥市级医院的领头作用，促进全市医疗水平共同提升。各参与单位也都能主动友好地协商解决申办过程中出现的各种问题，所以，要使打捆项目成功，参与单位既要体现出友好合作姿态，又必须明确各自的责任和义务。只有这样，才能保证项目申办成功，才能满足参与单位引进设备的需求。

（四）抓好项目管理是充分发挥项目作用的有力保障

荷兰政府贷款除了有贷款国产品比例要求外，还非常强调项目运行管理，项目资金中有2%～4%的配套部分专门用于运行管理(含外方专家费用，中方单位人员培训费用)。由于打捆项目覆盖面广，各医院引进设备不同，给项目运行管理带来一定难度，为此，在项目启动之际，市卫生局协调项目参与单位及时成立外贷项目管理委员会（简称管委会），局领导和市医院领导分别担任管委会正、副主任，并根据外方工作要求，相应组成项目财务、设备管理和医疗体系建设及人力资源开发三个特别工作小组，各医院都围绕项目管委会工作计划，合理安排，主动配合工作小组和来华专家开展项目运行管理。其间，各级医院积极吸收外方管理理念，改进工作作风，健全设备档案，以期通过引进设备的投入使用，逐步提高医院管理水平。经过二三年的运转，目前黄山市初步形成了市、县、乡双向医疗转诊基本框架，合理利用卫生资源、合理分流病人和切实降低医疗费用的医疗卫生观念进一步得到贯彻。例如，黄山市医院还在全市率先建立设备管理微机信息系统等，上述这些工作都对确保项目设备正常运转，充分发挥项目作用打下了坚实基础。

总之，黄山市首次外贷项目的实施初步改变了黄山市医疗条件落后的面貌，大大增强了黄山市医院的整体实力，提高了医院诊治水平，有效缓解了群众看病难、看病贵的局面；设备投入使用3年来，黄山市医院床位利用率一直保持在90%以上，业务收入规模在过去的基础上平均每年递增25%；部分县乡基层医院通过项目参与，医疗条件也同步得到一定改善。可以说，项目的成功全面促进了黄山市各级医院业务水平的提升，明显缩小了黄山市与发达地区的差距，为黄山市和谐社会的发展与进步做出了积极的贡献。

（安徽省卫生厅）

青海省世行贷款第八个贫困地区基本卫生服务项目回顾与总结

青海省世行贷款第八个贫困地区基本卫生服务项目（简称“卫八”项目）是由世界银行提供贷款，在全省贫困农村地区开展的农村卫生综合改革试点项目。项目覆盖青海省12个县，总受益人口240.22万人。项目总投入10495.55万元，其中世界银行贷款710万美元，各类国际援助168万美元，国内配套3203万元。

一、项目进展情况

总体来看，在青海省委、省政府的正确领导、各有关部门的积极配合和中央专家组的帮助下，12个项目县制定并实施了县级卫生资源规划，完成了102所卫生院的改扩建并为卫生院和村卫生室配备了相应的设备，建立和完善了县、乡、村三级信息管理网络，制定和实施了临床诊疗规范、双向转诊、基本药物目录、临床督导、院内感染控制和x线防护制度，并对11个重点卫生问题进行了有效的干预，在12个项目县建立了合作医疗和特困人口医疗救助制度并与国家制度顺利接轨。项目的实施改善了农村贫困地区卫生服务提供能力，提高了农村居民对卫生服务的利用水平，改善了卫生服务的可及性、可负担性和公平性，对保证当地居民获得基本医疗及卫生保健服务、提高健康水平，促进社会经济发展起到了非常积极的作用。项目实施后，项目地区婴儿死亡率从51.17‰下降到34.95‰；5岁以下儿童死亡率从59.04‰下降到37.47‰；孕产妇死亡率从18.01/10000下降到10.98/10000。

“卫八”项目的管理及实施效果曾多次受到卫生部国外贷款办公室、世界银行、英国国际发展部、核心督导组专家等的好评，其中，世界银行在其项目督导组的督导备忘录中提到：“通过对青海省的现场考察表明，督导团赞赏青海在项目实行中所取得的系统性的管理方法以及取得的进展，注意到了当地所进行的创新，认为青海省为项目工作与卫生部门的日常工作紧密结合创立了一个典范。所有的项目省在剩余的时间里，都应该加以学习和采用。”

二、项目取得的成效

（一）项目理念的引入，提高了政府对农村卫生的重视

通过项目的实施，各级政府引入了许多新的理念，如：健康是人类不断追求的第一主题，居民的健康是生产力发展的基础，是社会经济发展和社会稳定的重要因素之一，政府在卫生事业发展中的主要作用是确保卫生服务的公平性和有效性等等。为此，各级政府将卫生事业发展列入当地政府目标考核的内容，明确了政府在卫生事业发展中的责任和义务，为项目的实施提供了政策、资金等方面的支持，同时，将提高农村居民的身体素质、建立良好的行为、改善农村地区的卫生环境纳入了社会主义新农村建设的重要内容，为构建以人为本的和谐社会打下了良好的基础。

（二）项目的实施促进了管理理念和管理方法的转变，管理能力得到提高

通过项目的实施各级卫生行政主管部门的管理理念得到了转变，引入了绩效分析和评价、社会学评估、资源规划、卫生服务质量评价和改进、政府购买卫生服务、需方投入、重点卫生干预、卫生服务的公平性、关注弱势群体等理念和方法，提高了卫生服务提供和管理的有效性，使卫生资源的配置从数量规模向质量效益转移，卫生服务的重点从城市向农村转移，从医疗卫生向预防保健转移，卫生服务的提供从重数量向提高质量转移，更加关注卫生服务的公平性，关注健康产出和居民整体健康水平的提高。

（三）农村三级卫生服务网络得到加强和巩固，卫生服务提供能力明显提高

项目的实施使农村各级卫生机构从房屋、设

备、人员等方面得到了加强，明确和落实了三级网络中各自的职责、任务、功能和联系，使原来的各自为政，无序竞争，转变为相互配合支持、共同发展。在此基础上，项目根据制定的人力开发计划，采取专家讲课、参与式培训、以会代训、现场零距离指导、现场督导等多种方式开发培养了一大批符合当地卫生需求的卫生技术人才和管理人才，使乡村两级医务人员业务知识水平、服务意识、服务能力、服务质量有了明显提高，乡一级医疗机构药品收入占业务收入的比重下降了18.6%，人均门诊费用平均下降11.96%，逐步向“以比较低廉的价格提供比较优质的服务”的目标迈进，为今后农村卫生事业的可持续发展打下了良好的基础。

（四）卫生服务的可及性得到提升，居民健康水平明显改善

通过项目合作医疗、特困人口医疗救助、重点卫生干预、卫生服务能力提高和服务费用的降低，使项目地区居民，尤其是脆弱人群对卫生服务的可及性和可负担性不断提升，项目地区居民的健康水平大幅度改善。同时，项目合作医疗的试点从资金的筹措、管理模式的探讨虽困难重重，但在很多方面为全省展开的新型合作医疗提供了宝贵的经验。目前，12个项目县已全部被新型合作医疗覆盖。作为以农村弱势人群为对象的特困家庭医疗救助，青海省创新性地实践了多部门参与、多渠道筹措资金的做法，被国家作为经验案例，为国家制定农村卫生改革政策提供了依据。目前，项目县特困家庭医疗救助覆盖率达4.70%，并于2005年与国家民政部门开展的贫困人口医疗救助顺利接轨。重点干预效果显著：婴儿死亡率、5岁以下儿童死亡率孕产妇死亡率明显下降；住院分娩率、新法接生率、孕产妇系统管理率大幅度提高；计划免疫接种率达到90%以上，其预防的传染病发病率明显降低；结核病的发病率呈下降趋势，治愈率显著提高；居民健康意识进一步提高，健康行为逐步建立，有效地预防了疾病的发生。

（五）体制和机制创新不断深入，促进了农村卫生事业全面可持续发展

一是根据卫生需求，整合存量资源，通过成立“四位一体”县级医疗预防保健中心、联合办所、公开转让、承包等形式合理配置卫生资源，提高资源的使用效率，满足了广大人民群众的基本卫生需求，改变了过去机构重叠，效率低下，资源浪费的现象。

二是将乡镇卫生院的财政补助和人事管理权上划县卫生局统一管理，加强了县、乡、村三级医疗预防网络的功能联系，提高了卫生服务的可及性和有效性及卫生资源配置的合理性。

三是将新型合作医疗和特困人口医疗救助有机结合，增强了特困人口对卫生服务的可负担性，保证了救助资金的使用效率和安全性，使特困人口对卫生服务的利用率明显提高，卫生服务的公平性得到改善。

四是建立县级卫生专业人员库及县、乡两级卫生人员定期轮流上岗和定期下派制度，打破了以往卫生人员分配上的传统模式，扩大了用人单位的自主权，为县乡两级卫生机构注入了活力，培养了一批基层业务骨干，有效促进了卫生人力资源的合理配置。

五是转变城市卫生人员支援农村卫生模式，改变了以往卫生院对下派人员管理困难，工作任务不明确的现象，有效地发挥了下派人员技术和管理优势，促进了卫生院的发展。

六是实行卫生院绩效评价制度，使卫生院将工作重点从医疗向预防保健转移，从注重服务数量向服务质量转移，从诊疗病人向提高本地区居民的整体健康水平转移。

七是采用购买服务的模式，保证了干预目标高质量的实现，提高卫生服务的有效性和资金利用率，为今后公共卫生和基本医疗服务资金的补偿方式探索出了一种有效的途径。

八是采取乡镇卫生院财务集中结算，规范财务管理，减少了卫生院不合理的开支，为基层卫生院长远发展增添了后劲。

三、主要经验和做法

（一）政府支持，领导重视是项目实施的根本保障

项目启动时青海省委、省政府就为项目的顺利实施制定了相关的保障政策，并将改善贫困地区乡村两级卫生服务提供能力和提高居民卫生服务利用率作为政府卫生工作的重要内容。省项目领导小组多次召开专题会议讨论和协调落实有关配套资金、特困家庭医疗救助等重大问题，为项目的顺利

实施提供了人、财、物等方面的支持。

（二）部门配合是项目实施的重要手段

青海省项目办公室多次与省财政厅、发展改革委、审计厅、民政厅、扶贫办的有关处室进行协调，共同研究项目工作。各部门充分认识到项目执行的好与坏不仅关系到广大群众的健康，也关系到社会的稳定和经济发展。在省财政相对困难的情况下，各部门团结协作尽最大努力为项目提供政策和资金的支持。

（三）建立一支项目管理和专家队伍是项目实施的重要条件

“卫八”项目涉及面广，综合性强，内容复杂，是一个专家性项目，需要一支强有力的项目管理和专家队伍来支持项目的顺利实施。故项目办提出了“科学操作，务实、奉献”的项目精神，在队伍人选上，精心挑选，宁缺毋滥。在专家管理上，首先与每位专家签订合同书，以合同形式确定双方的义务、权利、任务等，其次，项目办公室根据阶段任务，向专家组组长下达旗舰任务书，由旗手负责带领本领域专家完成项目办下达的任务，项目办人员和专家相互支持，相互配合，形成了合力。

（四）项目工作总体思路清晰，措施得力是项目实施的关键

省项目办提出了“科学操作、务实、奉献”的项目精神，并根据项目的实施将项目分为项目的申请阶段、项目的初始阶段、项目的中期评估阶段和项目的攻坚和创新阶段。根据各阶段的重点任务，确定总体思路和具体措施。在攻坚和创新阶段提出了“日常工作抓提升、重点工作抓落实、难点工作抓突破”的总体思路，通过项目精神的确立和项目阶段的准确定位，使所有项目单位明确了工作重点，从而使项目工作有的放矢，重点突出，有效推动了项目进程。

青海“第八个贫困地区基本卫生服务”项目，借用世界银行贷款。图为汉东中心卫生院

（五）加强督导是实施项目的重要途径

项目督导不同于一般的检查，不仅在于了解项目的进展，发现实施中存在的问题，更重要的是要指导基层寻找符合本地实际的解决办法，提高项目的执行能力。因此，我们采取联合督导、项目内容综合督导、重点任务专题督导、零距离督导、一结一督导、个别项目县重点督导等方式，每次督导都做到督导前有计划、有目的，督导中有重点、有反馈，督导后有报告、有整改措施，从而使其成为项目工作者进一步认识项目的过程、发现问题和解决问题的过程、总结和推广经验的过程、指导和培训的过程、规范行为的过程、推动项目工作整体进程的过程。

（六）引进新的理念、创新性地开展项目活动是项目的根本

“卫八”项目是中国农村卫生改革的项目，项目自始至终都贯穿着改革和创新。项目初始，全体项目工作者就认识到，项目不仅是通过世界银行的支持，盖几个卫生院，配备几台设备，更重要的是要引入国内外卫生管理和卫生工作的先进理念和做法，培养一批懂业务善管理的队伍，结合当地的条件创造出贫困农村地区卫生工作的新思路、新方法、新经验。省项目办始终要求各项目单位要以改革和创新的精神和思路开展项目工作，将农村卫生工作的难点即体制和机制的创新作为项目工作的重点来抓，通过项目的实施各项目地区探索出了大量符合当地农村卫生工作特点的经验和做法，为推动全省农村卫生事业的改革和发展奠定了良好的基础。

为全面完成卫生八项目的总体目标，推动全省农村卫生改革，我们决心在省委省政府的正确领导下，以饱满的热情、求真务实的工作作风，继续发扬不断探索和不断创新的工作精神，进一步开创项目工作的新局面。

（青海省卫生厅）

世界银行贷款农业教育科研项目回顾与总结

华南农业大学于1983年开始，成为世行贷款第一期农业教育科研项目（CHA-1297）和第二期农业教育项目（CHA-1500/2444）的项目单位之一，两期项目共使用世行贷款558.04万美元，主要用于购置仪器设备、培训考察、聘请专家讲学和图书采购等方面。两期世行贷款项目的实施，从根本上改善了华南农业大学办学条件，使学校在办学规模、人才培养、科研水平等方面取得显著成效。

项目实施促进了国内资金的投入。华南农业大学利用配套资金1194.6万元，新建了实验中心大楼、教学大楼和图书馆，配置了设备、家具，提供了培训人员国内开支等。为解决设备维修经费，1986年至2001年，华南农业大学每年还从财政预算中拨出世行贷款大型仪器设备专项维修经费，共计30万元。目前华南农业大学现存世行贷款购置仪器设备有887台件，折合人民币865.84万元，虽然历经20多年，这些设备仍在发挥着效益。

一、效益与成果

利用世行贷款加大对农业教育和科研的投入，是中国政府为提高农业现代化水平采取的重要举措。在世行贷款的支持下，华南农业大学在扩大培养规模、提高办学效益、加强实验室和师资队伍建设、提高教学质量、促进科学研究、推动管理工作改革等方面发生了很大变化，并将产生可持续发展的重要影响。

（一）促进学校办学规模的扩大

改革开放初期，学校办学条件相当落后，1982年仪器设备固定资产值仅为616万元，有些设备还是岭南大学40年代购置的，无法适应改革开放对人才培养的要求。随着世界银行贷款的投入，华南农业大学仪器设备固定资产值迅速增长，到1991年底，增加到2680多万元（以200元/台为起点），9333台件，其中利用贷款购置的仪器设备折合人民币为1054.71万元，占学校设备固定资产总值的39.35%。购进先进的教学和科研仪器设备，基本改变了华南农业大学装备落后的局面，在提高华南农业大学科研水平、快出人才早出成果方面发挥了极其有效的作用。如：计算机、电子显微镜和各种光谱仪、色谱仪以及实验室常用的电子天平，这些设备进入我校实验室后，彻底改变了以前农业大学只靠“一个称子，一把尺子，一个算盘，一个放大镜”教学的落后局面。华南农业大学已故著名学者范怀忠教授曾深有感触地说：“我搞了一辈子病毒，教了一辈子病毒学，也只是在书本上看到病毒的图片，真正亲眼看到病毒还是在学校有了电子显微镜以后。”

当时华南农业大学图书奇缺，国际上许多著名的百科全书都没有收藏或版本陈旧。利用贷款选购的2000多套图书均是我校图书馆所缺的品种，特别是有关农业基础学科方面的书刊和必要的参考工具书，以及与生物、农业、农经等直接有关的国际博士论文821种（国际博士论文当时在全国农业教育科研机构中还没有收藏），补缺过期刊物26种，使学校馆藏图书的数量和质量都有较大提高。

学校办学条件的显著改善，促进了办学规模不断扩大。据统计，1982~1993年10年间在校学生人数增加显著，研究生、本科生、专科生增长比例分别为334.5%，39.7%和988.7%，开出课程增长66.5%，开出选修课程增长176.3%，在专业建设方面，博士点增加了9个，硕士点增加了16个，本专科专业增加了29个。

（二）促进教学质量不断提高

仪器设备在数量上的增加和质量上的提高，带动了新课程、新实验项目以及新选修课的设置，促进了学校在专业设置、学科建设、教学内容、教学方法以及实践性教学环节等一系列的改革，为提高教学质量奠定了基础。

1．更新了教学手段和内容

世行项目执行前，华南农业大学的教学内容

和教学方法基本上还停留在讲授传统农业技术的阶段，以经验为基础，以常规技术为主，与国际教育水平差距较大。贷款在引进一些具有国际先进水平的大型精密仪器外，还购置了一批教学使用最频繁的普通实验仪器，如生物显微镜、电子天平、培养箱、中小型测试设备等，使学生有机会接触较先进的设备，对教学质量的提高有很大的帮助。据统计，1985～1991年间，新增实验项目占总实验项目的62%，实验课开出率达到98%。

学校新建和扩建14个基础实验室、13个专业实验室，包括计算机实验室、分析仪器实验室以及充实后的人工气候装置实验室、电子显微镜实验室，还配备了语言实验室、听音室、幻灯室、投影室等专用课室，如生物系利用引进的自动扫描分光光度计等先进设备为研究生开设了“基因工程实验技术”课程，完成了“DNA、RNA的检测”、“菌酶活性测定”等新实验，使华南农业大学成为在农业院校和广东省较早为研究生开设“基因工程实验技术课”的学校之一。电子显微室在充实了设备和配件后，成为全国农业院校中开电子显微镜实验课程最早、授课人数最多的学校。利用贷款资金购置微型计算机，仅1985年就为450名本科生开设了微电脑必修课。成套的语音设备促进了外语师资培训和外语教学，师生的外语水平有了普遍提高。

华南农业大学电教实验室原有的设备质量较差，拍出的片子分辨率不高。用贷款购置的新设备投入使用后，摄制了大批效果逼真、直观的配套教材和科普推广电视片，如《蚕体解剖生理》、《生物学电子显微镜技术》（上、下集）、《牛腹部针麻手术》和《禽病图谱》，增强了学生学习的兴趣和积极性。另有多部科教片在中央电视台播出，取得了较好的社会效益，其中《蚕体解剖生理》获第四届全国农业电影电视“神农奖”金奖，《生物学电子显微技术》获农业部“金穗奖”。

2．优化了专业结构

通过执行世行项目，华南农业大学对专业结构进行调整，1984年至1992年增设了食品科学与工程等8个本科专业和23个专科专业，从而改变了专业结构不合理的现象。逐步建立起由科技、养殖、工程、加工和管理五大类，面向新学科发展的立体交叉专业体系，形成了以农为主，农工、农文、农理、农经相结合的多科性教育的新格局，适应了改革开放、社会经济发展和国际科技发展的需要。

3．加强了学科建设

世行项目推动了华南农业大学新学科建设，促进了传统学科的发展。如遗传工程技术，农业生态、农业昆虫生态、农产品加工等新学科的建立，为现代技术进入农业教育领域和科研领域开辟了新途径。学校现有3个国家重点学科（农业昆虫与害虫防治、作物遗传育种、农业经济管理），5个农业部重点学科（植物病理学、农业机械化工程、预防兽医学、生态学、作物遗传育种）和9个广东省重点学科（农业昆虫与害虫防治、作物遗传育种、农业经济管理、生态学、基础兽医学、农业机械化工程、果树学、植物营养学、动物营养与饲料科学）中有2个国家重点学科、4个农业部重点学科、7个广东省重点学科是在此基础上建立起来的。

4．促进了课程建设

学校从1985年开始在本科专业中全面实行学分制，管理体系的变革为教师提供了广泛的传授知识和发挥聪明才智的机会，调动了广大教师多开课、开新课的积极性。1982～1993年，新开出课程增长66.5%，开出选修课程增长176.3%。有许多课是以前从未开设的，如仪器分析、电镜技术等在当时还是比较前沿的。为提高课程质量和课程的合格率，华南农业大学在对部分课程进行评估的基础上，于1990年制定了本校课程质量等级评估指标体系。

5．改善了实践教学环节

一是改革实验室管理体制，以集中和开放为方向，提高设备使用率；二是对植物生理学、物理学、化学等11门课程实行导读，设实验课，实行单独考核，提高实验课教学质量；三是根据专业特点将专业劳动与教学、科研相结合；三是改革生产实习形式，提高了学生动手和解决实际问题的能力。从学校对1986～1989年毕业的研究生和本科毕业生跟踪调查的结果看，华南农业大学毕业生适应性强，专业基础扎实，动手能力较好，受到用人单位的普遍欢迎。

（三）促进了实验室管理体制改革

为充分使用由世行贷款购置的仪器设备，提高利用率和扩大使用面，华南农业大学相应地进行了实验室管理体制改革，把分散在各教研室的先进仪器设备集中起来，先后成立了实验中心和电教中心，大部分院系也纷纷成立了中心实验室，如成分分析实验室、昆虫实验室、蚕体生理解剖实验室、兽医传染病实验室及生物系公共实验室等，将仪器设备实行集中管理，开放使用，解决了以前教研室管理互相封锁的局面，从而更方便、更广泛地为教师、学生提供服务。

为适应当时高校实际情况及贷款项目宗旨，学校实行了大型精密仪器专管公用制度，把利用世行贷款购置的一批先进仪器设备（超过四分之一）集中于中心实验室。中心实验室不仅成为农业系统示范实验室，也是华南农业大学培养人才的重要基地。该室还接纳了省内外多所高校师生和科研院所人员进行实验和测试，其中包括中山大学和华南理工大学等重点院校。

学校建立了大型精密仪器操作管理制度，对1万美元以上的设备实行专人管理。编制了万元以上设备和个别稀有设备仪器目录，方便沟通信息，提高仪器使用率。还配合贷款年度审计对引进设备的使用效益进行调查，对部分使用效益不好、管理不善的仪器设备提出整改或调用意见。

（四）提高了科研水平，促进了成果转化

世行贷款对许多重大科研课题的启动起到了推动作用。利用项目贷款购置的先进的仪器设备提高了实验效果，缩短了研究周期；人才培训的开展，加速了学术带头人和学术队伍的成长。据统计，1985～1990年（“七五”期间），华南农业大学共承担各类课题1714个，完成600个，完成国家攻关项目16个，国家高科技863项目1个，国家自然科学基金项目42个，部级重点课题27个，国家教委博士点基金项目18个，省攻关项目44个。获三级以上各级科技进步奖、自然科学奖94个项，在国内外发表论文2070篇、专著129本（见表1）。

表1　科学研究及成果增长情况表

项　目	“六五”期间	“七五”期间	“七五”比“六五”期间	
			增长数	增长（%）
科研机构(个)	28	33	5	17.9
专职科研人员（人）	128	148	20	15.6
承担课题数(个)	373	516	143	38.3
总经费(万元)	854	1120	266	31.1
成果鉴定(个)	43	77	34	79.1
获三等奖以上项目(个)	62	94	32	51.6

许多科研成果产生了巨大的经济效益。在此期间已鉴定的77项科技成果中，达到国际先进水平的有5项，属国家首创的11项，达到国内先进水平的37项，获国家专利的3项，共创经济效益11.49亿元，创汇420.8万美元，其中获国家级科技二等奖的“木麻黄速生抗病元性系”的筛选和“小株水培繁殖技术”在研究和应用中推广4万亩，解决了我国东南沿海防风固沙林带主要树木麻黄青枯病的问题；获国家级二等奖的“综合性措施培育柑橘无病良种苗木体系研究”，每年约产生5968万元的经济效益。

（五）提高了师资素质

学校利用世行贷款培训经费派出了一批出国留学、进修和考察人员，其中包括留学进修人员68人，出国考察人员18人。留学进修人员分布在14个国家和地区，学习20个专业，76个学科。留学考察人员的学成归来，充实了华南农业大学师资队伍，提高了师资素质。

留学人员中多为研究生，他们年轻好学，进取心强，其中有多人获得了奖学金或由对方资助继续攻读高一级学位；进修人员多为讲师和副教授，是中年教师骨干队伍，在国外的学习经历使他们开阔了视野，了解了世界科技发展方向，成为学科或专业领域的开拓者。同时，通过学习国外高校先进的管理经验和教学方法，并与多年的工作经验相结合，教学水平和管理能力有了明显提高。

重视人才培养的结果使我校师资队伍结构和整体水平得到了改善和提高。高级职称人数明显增加，中青年教师中的博士、硕士毕业的人数明显增加。据统计，高级职称的教师比例由1985年的16.5%提高到1992年的39.7%，具有博士、硕士学位的教师比例由10.5%提高到24.6%，使华南农业大学多年的教师年龄老化、青黄不接现象得到缓解，教师与学生比例达到1：6.4。

当年用世行贷款出国留学、进修归来的许多人如今已成长为学术骨干、学科带头人、高级管理人才、国家级劳动模范和著名学者。他们中的一些人还利用自己的特殊身份，积极为祖国和母校提供学术交流和人才培养的机会。如利用项目贷款资助出国并在美国取得“兽医微生物”博士学位的郭培宣，在“病毒脱氧核酸包装机制”研究中，建立了国际上第一个完全纯化的病毒DNA细胞外包装系统，并计算出这个包装过程中的能量消耗，因此获得了美国普渡大学兽医病理学系唯一博士论文优秀奖。1993年，作为该系助理教授的郭培宣博士邀请华南农业大学教师到该系开展兽医分子病毒学和生物技术的合作研究，并为其提供在美停留期间的生活费、实验费以及往返机票。如今，郭培宣作为博士及博士后导师、杂志编辑、终身教授和大学病毒研究生部主任和另一位世行贷款留学人员、现任美国农业部研究中心的陈建炽研究员已成为华南农业大学的客座教授。

在美国攻读博士的吴坤生由于表现出色，得到了洛克菲勒基金会资助，参与了美国水稻研究会研究项目，基金会通过吴坤生一直与华南农业大学梅曼彤教授保持联系，1988～2000年期间，共向校遗传工程实验室提供了十几万美元的资助，现该实验室已成为广东省基因工程、细胞工程研究方面处于领先地位的研究室，部分研究方向在全国处于领先地位。

（六）促进了国内外学术交流与联系

通过向国外派遣留学生、进修生以及出国考察，华南农业大学和国际间的交往及校际间的学术交流进一步加强。截止到1993年，华南农业大学已与美国、日本、澳大利亚、英国等10个国家的14所大学建立了校际间的学术联系。在世行贷款的推动下，农业部所属院校大都建立了新实验室，加强了国内外农业院校彼此间的交流。

随着办学条件的改善和整体办学水平的提高，1982年，联合国开发计划署、粮农组织和我国农业部联合在华南农业大学建立了亚太地区蚕桑培训中心，1988年，农业部、外经贸部根据“南南合作”任务在华南农业大学设立了中国国际农业培训中心，培养来自亚洲、非洲、美洲、大洋洲等多个国家的留学生。

利用世行贷款学校聘请国外专家来华，就重大科技攻关项目、缺门学科以及新兴科技领域开展讲学，不仅让我们扩大了视野，较详细地了解到国外学科发展、研究方向和研究成果，专家留下的讲义、图片、资料等，还大大充实了我们的教材。如1986年5月华南农业大学请加拿大农业部食品研究所马正勇博士讲授“植物蛋白质功能及利用”、“果蔬贮藏加工中的生化变化”等内容，还介绍了国外高等院校食品科学系的课程设置、实验工厂、教学仪器设备等情况，对华南农业大学农产品贮藏加工专业的发展提供了很好的建议。他提供的一套5万多字的《食品化学及蛋白功能》讲学资料，对学校开展植物蛋白的研究及利用有较大的参考价值。前来听课的有来自全国及广州食品化学和食品营养方面的教师和科研人员，扩大了学术交流的影响面和收益面。

（七）促进教育教学管理工作的改善

由于多年未与国外接触，华南农业大学的行政管理、教学管理以及专业建设与先进国家有着较大差距。利用贷款农业部组织了多批出国考察团（包括专业考察和管理考察），带动和推进了学校管理工作的进展，培养行政业务骨干，促进了办学效益的提高。

华南农业大学通过参加由农业部教育科研项目办公室组织的农业科研管理、农业教学管理、农业教育建筑等管理考察团，对法国、美国高等学校的教育管理进行了比较系统的考察，对华南农业大学的教学科研体制改革以及学校规划、土地利用和校园建设等一系列工作都有直接和间接的促进作用，特别是对学校正在全面实行的学分制、人员职务聘任制、优秀学生奖励制以及师资管理等一系列教学改革有借鉴作用。

华南农业大学还参加了兽医基础科学、农业经济教育、图书馆管理等多个专业考察团，对澳大利亚等国家和地区的专业教育和科研情况进行系统的考察，了解有关学科的发展趋势、动向、教学计划、课程、师资情况，各教学环节安排等情况，实验室和教学科研实习基地建设和仪器设备、图书资料的管理使用情况以及教学科研推广情况等，通过考察，开阔了视野，增强了对教学科研改革、提高教学质量和科研水平的信心，对华南农业大学的学科建设有促进作用，为学校重点学科和新兴学科的进一步发展提供了重要的参考。

学校在此期间修订了教学计划，改进了教学方法，制定实施了课程评估体系，制定和完善了教学管理的各项规章制度，提高了管理水平。利用贷款购置的计算机、复印机等现代化办公设备在各管理部门中得到应用，使管理工作从人工操作阶段走向了现代化管理阶段，推动管理人员素质和管理效率的提高。

综观全局，华南农业大学世行贷款项目的成

功执行，使学校教学科研和人才培养的条件发生了深刻的变化，取得了显著的成绩，为继续开创华南农业大学的新局面打下了坚实的基础。

二、做法与经验

实施世界银行贷款农业教育科研项目，为我国农业科学发展和农村经济发展奠定了重要基础，发挥了重大作用。作为项目的具体执行和受益单位，华南农业大学积累了一些成功的经验，也遇到了一些没有解决好的问题。

（一）项目的目标明确、组织管理到位

从一期项目开始，华南农业大学上下统一利用外资的指导思想，项目目标非常明确。学校把好钢用在刀刃上，贷款使用的重点集中在设备、师资、图书三大方面，对可行性报告和计划都进行了反复论证。

学校成立了校长领导下的项目办公室，下设设备组、培训组、财务组，负责执行贷款项目日常工作。在世行贷款使用管理方面，严格按农业部《使用世界银行银行贷款财务制度》和广东省财政厅《利用世界贷款财务管理暂行管理办法》的有关规定，配备了专职的会计师，制定了专用账户管理制度和内部审计制度，对资金的投入、使用和有偿返还全过程进行及时有效的管理和会计独立核算，所填写的财务报表、账册和会计凭证准确无误。

（二）把好设备采购、验收关

华南农业大学认真制定设备采购计划，主动到兄弟院校了解有关设备情况，完善适当的配置。为提高仪器设备使用效益，学校订货时指明要厂家提供两套说明书和维修手册（甚至花钱购买），为仪器设备的维护、故障查验提供方便。各系还相应成立了验收小组。对安装后没有达到技术指标或有质量问题的及时更换或退货处理。在设备使用过程中，提出对电子产品要尽快、尽量使用的要求，以便及早发现问题和采取措施。

（三）做好仪器设备使用培训工作

为帮助教师尽快了解和使用各种新设备，华南农业大学设备小组还积极收集资料或与厂商联系开设产品介绍会和培训班，向教师介绍设备的用途和使用要求。中心实验室还为教师举办了多期电脑培训班。据统计，仅一期项目执行期间举办的各类高档仪器短训班培训人员就达1800多人次，不仅使教师们较快地掌握了现代化教学手段，而且教师和专职管理人员结合起来开发仪器的功能，扩大了仪器设备使用范围和受益面。

（四）把好人员培训选派关

在留学人员选派上，严格按照农业部《关于选派出国留学人员的暂行规定》、《关于派出考察团、组的暂行规定》等要求，在政治、业务、身体、外语方面必须符合规定，确保质量。同时要求留学人员在国外结合本专业进行学习和从事科学研究，修读的课程和研究都是比较新的与学校重点学科有关的先进的科学技术，以便为我所用。

三、农业部对项目管理的作用和服务质量情况

农业部作为农业教育科研项目的直接计划者和执行者，其制定的主要指标和预期目标是比较切实可行的，在项目执行过程中，尽管项目单位多，

农业教育科研项目，借用世界银行贷款。图为华南农业大学第一教学大楼

图为华南农业大学小型人工模拟气候箱系统

工作较为复杂，但仍能出色完成各方面的协调工作，保证了项目的贯彻执行和获得成功。

（一）项目目标定位准确，准备充分

两期项目共1.6亿美元的贷款，从项目准备到完成信贷协议签约都只用了不到两年时间，这在当时缺乏国际贷款经验的情况下是很不容易的。这得力于农业部对项目目标定位准确和有效指导，在项目的申报、谈判和执行过程中都能处于比较主动的地位，达到目标和结果的统一。

（二）项目的组织管理和服务到位

项目的组织机构严密，分工也比较合理，实践证明也是有效率的。为规范利用世行贷款，农业部农业教育科研项目办公室还制定了一系列有效规章制度，并负责项目单位计划的审批。

在为项目单位做好各项服务方面，委托国际农业以及生命科学发展和教育研究所负责为项目单位提供经常性咨询服务；在武汉华中农业大学和北京林业大学建立了两所语言培训中心；委派了外籍教师为项目院校出国留学人员及英语教员提供语言培训；积极争取国际机构的支持与援助，请美国JPA公司代支在美国的留学生费用，聘请国外厂商帮助完成采购和接机培训等，这些对项目的成功实施起到了重要作用。

另外，农业部对项目贷款分配额、派出人员名额以及项目执行情况等资料也及时向项目单位公布，定期向项目领导小组汇报，投入和支出的透明度较高，这无论在当时还是现在看来都是十分难得的。

（华南农业大学）

河南省教育系统利用国外贷款工作总结

一、项目概况

河南省教育系统自1984年开始利用国外贷款，迄今为止已有8个世行贷款项目和1个日元贷款项目，贷款总金额约6.8亿元人民币，其中：世行贷款项目贷款额4612万美元，折合人民币3.7亿元，日元贷款项目贷款额47亿日元，折合人民币3.1亿元。

（一）广播电视大学和短期职业大学项目

广播电视大学和短期职业大学项目于1984年签约启动，项目总投资1157万元人民币，其中世行贷款金额207万美元，宽限期10年，到1994年执行结束。子项目单位有洛阳大学、河南广播电视大学及郑州、开封、洛阳和新乡市电大。项目内容主要是图书、设备采购和教师、管理人员培训。

（二）第二期农业教育项目

第二期农业教育项目于1985年签约启动，项目总投资524万元人民币，其中世行贷款金额94万美元，宽限期5年，到1990年执行结束。全部用于河南农业大学，建立农业技术人员培训中心、采购教学科研仪器设备、培训教师及管理人员。

（三）地方大学项目

地方大学项目于1986年签约启动，项目总投资2184万元人民币，其中世行贷款金额390万美元（郑州大学200万美元，河南师大190万美元），宽限期5年，到1991年执行结束。项目内容主要是图书、设备采购和教师、管理人员培训。

（四）中学在职教师培训项目

中学在职教师培训项目于1988年签约启动，项目总投资3010万元人民币，其中世行贷款金额365万美元，宽限期5年，到1993年执行结束。子项目单位有河南教育学院及郑州、南阳、信阳、濮阳和焦作教育学院。项目内容主要是图书、设备采购和教师、管理人员培训。

（五）职业技术教育项目

职业技术教育项目于1990年签约启动，项目总投资1410万元人民币，其中世行贷款金额160万美元，宽限期5年，1995年经教育部、财政部及世行驻京办同意执行期延长一年，到1996年执行结束。主要用于河南职业技术师范学院的图书、设备采购和教师、管理人员培训。

（六）师范教育发展项目

师范教育发展项目于1993年签约启动，项目总投资11402万元人民币，其中世行贷款金额1050万美元，宽限期5年，到1998年执行结束。子项目单位有河南大学、信阳师院及当时的洛阳、南阳、安阳、许昌、商丘、周口、新乡、开封、平顶山和驻马店师专。本项目建设内容在原有的图书、设备采购和教师、管理人员培训基础上，新增加改革课题研究和信息系统建设工作。

（七）第三个贫困地区基础教育发展项目

第三个贫困地区基础教育发展项目于1996年签约启动，项目总投资54356万元人民币，其中世行贷款金额2231万美元，宽限期5年，到2001年执行结束。项目单位为列入“八七”扶贫攻坚计划的28个贫困县，主要用于贫困县中小学校舍改建、扩建、新建，并配备必要的课桌椅和图书资料，以改善办学条件，同时，加强中小学教师和县级管理人员培训，加强改革课题研究和信息系统建设工作，以提高教育教学质量和管理水平。

（八）第四期技术合作项目

第四期技术合作项目为世行贷款项目，于2000年签约启动，项目总投资185万美元，约合1535万元人民币，其中世行贷款金额115万美元，配套资金700万元人民币，宽限期5年，2005年获准延期1年，计划于2006年执行结束。本项目主要用于省属高校教师及管理人员培训，另有部分资金用于图书、设备采购和改革课题研究工作。世行贷款115万美元的具体使用方案是：技术援助58.8万美元，调研2.2万美元，设备与图书24.5万美元，合作研究29.5万美元。

（九）日元贷款人才培养项目

日元货款人才培养项目为日本国际协力银行贷款项目，于2003年签约启动，项目总投资5.7亿元人民币，其中日元贷款金额47亿，折合人民币3.1亿元，宽限期5年，计划于2008年执行结束。项目单位包括郑州大学、河南大学、河南师范大学、河南农业大学、河南科技大学、河南理工大学、河南财经学院、河南中医学院、郑州轻工业学院、信阳师范学院和商丘师范学院。建设内容为图书、设备采购和教师及管理人员培训。

全省日元贷款研修部分共计2.21亿日元。其中：项目院校教师研修计划158人，管理人员研修计划74人，截至2005年12月，教师已出访116人，占教师研修人数的73.4%；管理人员二批派出57人，占管理人员研修人数的77.1%。人才研修实施总体进展顺利，派往日本进行研修的人员大多已学成回国，通过研修总结报告和与回国教师管理人员进行座谈、回访情况看，收获很大，效益显著。研修人员普遍认为，通过该项目的实施，一是拓宽了研修者的视野，加强了与日本校际之间联系；二是接触和了解了日本高等教育目前状况及改革发展趋势，推动了学术上的交流；三是对研究国内大学管理运营有指导意义，对提高学校的管理运营有借鉴意义。

目前，河南省已从日本国际协力银行提款1.79亿日元，占研修经费2.21亿日元的81%；拟准备出访研修人员也在积极筹备，将按计划、按进度陆续派出。

二、主要成效

通过外资贷款项目尤其是世行贷款项目的执行，项目院校和贫困地区中小学购置了必需的教学和科研仪器设备，培训了教师和管理人员，加强了土建或改革课题研究工作，办学条件得到了极大的改善，人员素质和管理水平得到全面提高。下面以师范教育发展项目为例，分析外资贷款项目对项目院校产生的积极和深远的影响。

（一）取得的主要成果

1．增强了可持续发展能力

通过项目的实施，项目院校在完成项目目标

河南省教育系统项目，借用日本政府日元贷款。图为河南大学新校区

和效益指标的过程中，提高了教师学历层次，加大了基本建设投入，装备了大批设备，提高了实验开出率，增强了教学改革研究能力。教学、科研用房的改建、扩建和新建，使办学条件得到改善，扩大了办学规模；教学仪器设备的购置，大大提高了实验开出率；图书资料的补充、图书馆开放时间的延长，提高了图书流通率；改革课题研究成果的成倍增长及推广，对社会产生了极大的影响；教师队伍结构进一步优化，教育教学水平、办学效益显著提高，加快了普及九年义务教育的进程；改善了办学环境，增强了社会对教育发展的关注，进一步加强了政府对教育的投入，这些都为学校增强了可持续发展能力。

2. 改善了办学条件

项目院校利用世界银行贷款和国内配套资金购置了大批教学仪器设备，校均仪器设备总值由1991年的130万元人民币增长到1000万元，增长7.6倍。实验教学由分散的不规范管理，通过贷款改为以校管为主的管理体制，实验开出率由1991年的60%提高到1999年的100%。利用配套资金7315万元人民币，建成和改、扩建实验楼、图书馆等教学用房10.89万平方米。购置了大批的图书资料，使项目院校图书馆藏书由1991年的344万册增长到1999年的707.7万册，增长了105%。延长了图书馆开放时间，由1991年的每周41小时提高到1999年的每周70小时；利用世界银行贷款多数项目院校建成了图书馆计算机管理系统，实现了图书采购、验收、编目、检索及流通借阅等环节的计算机管理，少数学校建立了电子阅览室和中国学术期刊文献检索咨询站。

3. 扩大了办学规模

项目院校在校生总数由项目开始论证（1991年）的21588人增加到项目执行结束（1999年）的41149人，增长190%。教职工总数由7186人增加到8448人。全日制学生与全体教职工的比例由3.4：1增加到4.87：1；全日制学生与专任教师的比例由7.3：1增加到9.56：1，两项指标分别超过了原计划目标年4.2：1和9：1的项目效益指标，办学效益得到了显著提高。

4. 加强了师资和管理队伍建设

项目执行中，各院校选派了大批各类人员参加了教学和管理培训，通过选派进修和引进，改善了教师队伍的学历结构，提高了教师队伍和管理人员的整体素质，使他们能够更好地进行教学和管理工作。从教师的学历结构看：1991年项目院校在3224名专任教师中相当于研究生的比例是27.44%（其中：具有硕士或以上学位教师占5.86%，完成研究生课程但无硕士学位教师占21.58%）；1999年在4302名专任教师中研究生比例达到39.3%（其中，有硕士以上学位教师占19.3%，完成研究生课程教师占20%）。从教育教学管理方面来看：各级管理人员，包括院（校）级领导、部门负责人及具体的实验仪器设备管理人员都参与到各类培训与研讨工作中，加强了目标管理培训，提高了教育教学管理水平，使教学和管理工作充满活力。

5. 提高了教育行政管理水平

从项目的选择、立项时进行的可行性研究到项目实施过程中的有效监控，世行贷款项目各级行政管理人员充分了解了效益指标管理的重要作用，通过对项目目标进行评估，并出台一系列相应的措施，使教育行政管理水平得到很大的提高。

6. 促进了教育教学改革

项目执行中，开展了87项教学改革课题，共撰写论文1301篇，其中正式发表908篇，约450万字；编写著作、教材187部，其中正式出版104部，约2900万字；录制了相当一批录音、录像资料，制定了一批有价值的改革方案和实施计划，相当一部分课题取得了明显的社会效益。这些课题研究的意义远远超出课题本身的价值，它的示范作用吸引了更多的人们关注教育思想、教育观念的更新，极大地促进了教育教学改革，使项目院校教学改革学术气氛空前浓厚，锻炼、造就了一支科研队伍，为今后教育教学改革工作创造了良好的开端，也为推行素质教育奠定了坚实的基础。

7. 提高了教育质量和办学效益

通过项目的实施，改善了项目院校的办学条件，加大了基本建设投入力度，教学设备和图书大幅度增加，教师队伍结构趋向合理，管理人员得到了培训和锻炼。教育教学改革成效显著，优化了资源配置，更好地调动了各方面的积极性，提高了办学效益。

8. 推进了教育信息系统建设

省教育信息中心建成了两个多媒体培训教室；联通了省教委办公局域网与国际互联网联

通，实现了办公自动化；完成了教育部信息培训网点的建设；组织开发了一系列管理软件，如高校教职工数据库、河南省教育法规检索决策支持系统等。各项目院校利用贷款设备完成了校内信息系统建设，实现了教务及教职工管理的现代化。

9．促进了普及九年义务教育进程

1998年，河南省全面完成了“普九”任务。项目院校办学条件和教育教学质量的大幅度提高为广大中小学提供了大批合格、优质的教师资源，义务教育阶段在校生数显著增加。1999年，河南省人口9300万人，初中阶段义务教育在校学生462.7万人（比1991年增加151.17人），初中适龄人口入学率达到96.5%；初中教职工1999年27.5万人（比1991年增加4.2万人），在23.9万名专任教师中，岗位合格率（含合格证书）达到81.4%，比1991年的37%提高了44个百分点，其中，民办教师所占比例由1991年的21.4%下降到4.5%。初中阶段义务教育教师供求矛盾基本解决，为积极推进素质教育创造了条件。

（二）取得的有益经验

1．加强领导与监督工作

师范项目自项目选择开始到项目执行完工，自始至终在原国家教委、财政部和原国家计委的领导下开展工作，其间多次召开会议，布置安排工作计划，研究解决项目执行中存在的问题，颁发项目管理办法，介绍管理经验，并多次派工作人员和专家进行督促指导，保证了项目的顺利实施。

2．建立专门的管理机构

为了保证项目的顺利进行，自1991年起河南省及项目院校都成立了国外贷款领导小组，并下设办公室，成立了师范项目专家组、改革课题研究专家组。项目执行过程中，领导重视，机构落实，整个工作协调有序，保证了各项任务的完成。

3．建立健全规章制度

根据原国家教委颁发的《世界银行贷款师范教育发展项目管理办法》并结合全省实际，制定了河南省项目管理、改革课题、人员培训、财务等管理办法，并要求各项目院校制定项目管理实施细则，为实施项目目标管理提供了依据，使管理工作有章可循、有法可依，做到了严密、规范、高效。

4．注重项目目标和效益指标

项目目标和效益指标是衡量项目执行成败的依据，在制定项目执行计划，安排资金使用、人员培训、改革课题研究、设备和图书采购等各个环节上，都紧紧围绕项目目标和效益指标开展工作。计划安排，目标分解，分步实施，局部调整，紧扣目标，保证了项目目标和效益指标的顺利完成。

5．加强项目执行检查

师范项目建设内容涉及面广，工作量大，每项工作不仅需要周密的计划，而且要检查落实情况，才能保证工作扎扎实实地进行。

综上所述，河南省教育系统外资贷款项目的顺利实施，国外贷款资金的大量注入，拓宽了教育融资渠道，加大了教育投入力度，激活了教育活力，使全省教育事业得以持续、快速、协调、健康发展，为教育事业更好地服务于经济建设和促进社会全面进步提供了有力的支持。

（河南省教育厅）

世行贷款第三个贫困地区基础教育发展青海省项目回顾与总结

一、项目基本情况

（一）项目背景

受自然条件的制约，青海省基础教育十分薄弱。1993年，全省适龄儿童入学率只有85.64%，15周岁人口初等教育完成率62.4%，适龄少年入学率45.8%，17周岁人口初等教育完成率25%。小学专任教师学历达标率81.47%，初中专任教师达标率52.28%，小学和初中的危房面积分别占总建筑面积的73%和6.33%。14个贫困县人均收入仅为441元/年，危房比例高，教学设备奇缺，办学条件差，教育质量低，学龄儿童和少年的入学率分别只有57.8%和34.7%。为促进全省贫困地区教育事业发展，青海省申报了世界银行贷款第三个贫困地区基础教育发展项目（以下简称“贫三”项目）。“贫三”项目自1996年开始实施，为全省14个贫困县基础教育提供了难得的发展机遇。

（二）项目规模、结构和特点

“贫三”项目总成本为9960万元人民币。项目贷款与配套比例为1：0.5。其中：世行贷款800万美元（折合人民币6640万元），配套资金3320万元人民币。总成本中用于校舍建设5677万元，占57%；用于购置教学仪器设备686万元，占6.9%；用于购置图书224万元，占2.2%；用于购置课桌凳319万元，占3.2%；用于技术援助部分437万元，占4.4%；用于推广科研成果81万元，占0.8%；用于信息系统建设53万元，占0.5%；用于人民助学金132万元，占1.3%；中央部分58万元，占0.5%。另外，不可预见费2290万元，占总成本23%（项目中作了调整）。“贫三”项目以小学建设为主，适当用于发展初中教育。小学投入的比重为64.6%。

（三）项目预期目标

（1）加快项目县实施义务教育步伐，重点支持普及初等义务教育。项目完成后，14个项目县中2个县普及九年义务教育，5个县普及初等义务教育，7个县普及三至四年义务教育。不同学段义务教育的普及人口覆盖率将达到85%，学龄人口入学率达到71.2%。

（2）改善项目县中小学办学条件，使项目覆盖的小学、初中基本实现“一无两有”，并分类别配备教学仪器和图书。

（3）加强师资培训，提高中小学教师合格率。小学教师合格率由83.3%提高到90%；初中教师合格率由53%提高到81.6%。为实行双语教学的少数民族中小学培训双语师资，基本满足教学需求。

（4）加强教育管理人员培训，提高管理水平。对项目县中小学校长进行全员培训，实行持证上岗；对教育行政管理、项目管理、教育技术装备管理人员以及土建、财会、计算机系统操作人员进行培训，保证项目执行质量，使项目县教育行政管理、学校管理科学化、规范化。

（5）采取宣传教育和特殊扶持政策相结合，依法促进民族地区实施义务教育。采取多种小学形式，积极组织少数民族和女童入学，项目完成时，项目县少数民族儿童和女童入学率分别由1993年的55.1%和49%提高到70.3%和64.8%，小学、初中少数民族和女童巩固及15、17周岁初等义务教育和初级中等义务教育完成率有明显提高。

二、项目执行情况及评价

（一）项目执行情况

（1）资金使用情况。全省共使用项目资金9377万元，占总成本的93.9%，其中：贷款6067万元（折合732万美元），占总贷款的91.34%；配套资金3310万元，占配套总额的99.71%。世行贷款中，土建支出4149万元（折合500万美元）；货物采购支出1261万元人民币（折合152万美元）；

咨询服务支出133万元人民币（折合16万美元）；培训及出国考察支出523万元人民币（折合63万美元）。

（2）土建工程。全省共新（扩、改）建学校376所。其中小学308所，建筑面积7.76万平方米；初中68所，建筑面积3.81万平方米。学校数和建筑面积分别完成计划的101.8%和101.6%。

（3）教学设备采购。全省共采购课桌凳4.52万套，其中小学2.96万套，初中1.56万套。通过NCB招标采购教学仪器472个项目，15.08万件（套），图书59.08万册，按类别配备463所学校；电教设备5200套（台），建成卫星地面接收站58座，教学放像点160个。询价采购帐房小学40所，中小学化学药品及生物演示材料9个品目、715套，配备400所小学，63所初中。同时组织编辑制作远距离电化教育师资培训电视录像教材106课时，藏汉双语电视教材62课时。

（4）人员培训。全省共有8人次出国考察培训；174人次参加中央级培训；省、县级培训管理人员396人次，中小学校长及教师培训6457人次，其中小学4503人次，初中1954人次。

（5）科研成果推广。青海省适时启动了“女童教育、藏汉双语教学和基础教育阶段引进渗透职教因素”三项科研成果推广工作，青海省教委做出《关于推广少数民族女童教育实验研究成果的决定》，制定了《青海省世行贷款“贫三”项目推广科研成果推广计划书》，与各县签订了科研成果推广目标责任书，精心组织，合理安排，全面完成了推广任务。项目执行期间，组织编印了《藏汉双语教材》1～12册，并录制了配套录音教材；编印了女童教育《家长教材》2万册，基础教育阶段引进渗透职教因素《职业技术教育教材》1万册。

（二）项目成效总体评价

通过实施“贫三”项目，到2000年底，14个贫困县中已有4个县实现“普九”（其中大通、民和两县提前实现“普九”）、2个县普及初等教育、4个县“普三或普四”。项目县与1993年相比，适龄儿童、少年入学率分别由57.8%和34.7%提高到2000年的75.3%和51.7%，比预期目标71.2%和47.1%提高4.1和4.6个百分点；女童入学率由49%提高到66.5%，比预期目标64.8%提高1.7个百分点；初中女生在校比例由42%提高到48.6%，比预期目标提高1.3个百分点；仪器设备配备达标率由8.8%和20.1%；提高到60.2%和89.5%，比预期目标59%和82.6%提高1.2和6.9个百分点；生均图书由0.6册和1.8册增加到5.1册和5.9册，比预期目标2.8册和4.6册增加2.3册和1.3册；小学、初中专任教师合格率由83.3%和53%提高到93.55%和82.1%，比预期目标提高3.5和0.5个百分点；17周岁人口中等教育完成率由28.5%提高到41.5%，比预期目标提高1.8个百分点。

三、项目的作用和意义

“贫三”项目的覆盖范围广、投资规模大、工作程序严、质量要求高，是综合性的教育项目，涵盖了义务教育阶段的多个领域、各个方面。既有土建工程、仪器图书和课桌凳采购，也有师资培训、人民助学金和科研成果推广等；既有有形可见的硬件建设，也有效益指标监测和教育、教学管理等软件工作。项目建设速度之快，施工质量之高，社会效益之好是青海教育史上前所未有的。

（一）项目实施极大地改善了青海省贫困地区中小学办学条件，建成了一批一流的校舍，配备了一流的教学仪器设备和图书资料，实施了项目的学校基本实现“一无两有六配套”

无论是在偏僻的农村还是在艰苦的牧区，规划最合理、样式最美观，最引人注目的工程就是项目学校，以往“黑屋子、土台子、里面坐着一群泥孩子”的状况已成为历史。项目配发的教学仪器、电教设备和图书资料在促进教育教学改革、提高教学质量方面充分发挥了效益，彻底结束了以往“黑板上画实验，作业本上写实验”的落后局面，增强了学生的观察能力、动手能力和分析能力，激发了学生自觉学习的积极性。各县均建立了以县电教中心为龙头、乡〈镇〉地面接收站为骨干、基层教学放像点为基础的三级远距离电化教育网络，为更多的基层教师开展在职自学、离岗培训提供条件，使长期以来信息闭塞、偏僻遥远的基层广大师生看到了外面精彩的世界，接收到了最新的信息，开阔了眼界，增长了见识，极大地提高了教育教学效率和质量。同时，结合实施项目，有力地促进了中小学布局调整，提高了教育资源的利用率，充分发挥了项目学校在农牧区基础教育中的辐射和示范作用。通过开展多种形式和层次的中小学校长及教师培训，提高了学校管理水平和教学质量。

（二）项目实施解决了项目县一些带有普遍性而且长期存在的深层次问题，为青海省教育事业今后的发展创造了条件，奠定了基础，产生了极大的社会效益

一是推动了“科教兴青”战略的实施。“贫三”项目的实施把广大干部群众、社会各界人士同教育事业紧密联系在一起，彻底改变了过去教育部门单枪匹马办教育的局面，从省到州、从县到乡，政府牵头，计划、财政、土地管理、建筑设计、审计等部门广泛参与，上下形成合力，齐抓共管，形成了乡上争项目、村上跑项目、群众支持项目的重教兴教的良好社会氛围，掀起了全民办教育的热潮。

二是促进了教育思想和教育观念的转变。各县抓住实施项目这个契机，加大宣传力度，坚持依法治教，广泛动员农牧民子女上学，通过艰苦不懈的努力，广大干部群众对教育的认识发生了根本性的转变，有力地促进了“两基”工作的进程。全国唯一的撒拉族自治县——循化县受传统观念影响，群众教育意识淡薄，当地教育一直比较落后，特别是女童受教育难问题十分突出。项目实施后，全县学龄儿童和女童入学率分别由项目实施前的77.7%和40%提高到2000年的96.47%和93.29%，分别净增18.3和53.29个百分点。泽库县作为“贫三”项目的牧区样板县，多次接受世行官员的检查。项目实施前，办学条件差，中小学危房比例高达17%，校舍严重不足，仪器设备的配备率为零，牧民群众不愿意送子女上学。“贫三”项目为该县民族中学投资220万元，建成了一座建筑面积达1992.3平方米的太阳教学大楼，成为县城所有建筑中最亮丽的一道风景。在项目的推动下，全县适龄儿童入学率由1996年的48.5%增加到2000年的88.29%。县教育行政部门抓住机遇，加强巩固提高和学校管理工作，在县城中小学和部分乡寄宿小学开展了藏语、汉语、英语“三语教学”改革试点，并在民族中学建起了电教室和计算机室。教育局长赛日尖参颇有远见地说：“我们的藏族孩子要学好母语，面向本地经济建设和社会发展；学好汉语，走向全国；学好外语，走向世界；学好计算机，走向未来。”

四、项目管理所取得的经验

项目的实施探索和积累了贫困地区执行教育项目的经验，强化了质量和效益意识。

（一）实施教育项目必须上靠各级政府重视和各有关部门协调配合，下靠社会各界和广大人民群众积极参与支持

项目执行期间，省委、省政府高度重视教育项目工作，主要领导亲自挂帅，分别担任教育项目领导小组组长或副组长，多次主持召开会议，就项目成本、建设内容、资金投向原则、项目目标等进行专题研究。项目地区把实施教育项目当作帮助群众脱贫致富，促进地区经济繁荣、社会发展的大好机遇，列入政府的重要议事日程，认真落实。计划、财政、教育等各有关部门紧密配合，互相协作，克服种种困难，为实施项目排忧解难，激发了项目地区人民群众的极大热情，形成了政府重视教育，社会支持教育，群众关心教育的良好氛围。

（二）必须多渠道筹措经费，及时拨付贷款资金和专项经费，落实各级配套资金

省财政厅及早着手，疏通筹措渠道，按年度计划下达省级配套资金，及时办理贷款报账手续，拨付回补资金。实施项目的有关县、乡政府通过财政拨款、利用教育费附加、社会集资等，多渠道、多形式筹措配套资金。承建土建工程的各施工单位和承担培训任务的有关院校，以极大的热情支持项目工作，无偿垫付土建资金和培训经费，保证了项目计划的顺利执行。

“第三个贫困地区基础教育发展”青海省项目，借用世界银行贷款。图为该项目开发的双语(藏汉)发布信息的查询系统

（三）必须加强管理，严格依章办事，加大监督检查力度

省项目领导小组制定了项目管理方案和实施细则，多次深入项目区检查项目工作，察看项目学校，确定建设规模，审查设计方案，验收工程质量，使项目工作做到有章可循，依章办事。各项目单位始终牢固树立质量意识和效益意识，采取有力措施，在土建工程上严格计划管理和招（议）标程序，强化质量监控，严把校园规划设计关、分阶段施工质量关和竣工验收资料关，力求项目学校建一所成一所，保证土建工程优良设计、优良施工、优良工程。在课桌凳采购上，严格采购程序，统一下达采购计划，统一规格标准，统一质量要求。在仪器设备图书采购工作中，严格执行世行《采购指南》，认真履行报批手续，严格组织招标、评标，坚持公正、公开、公平、合理的原则，保证了招标的质量和效益。同时对中标厂商发运到货的产品及时严格点检数量和质量，并制定管理使用的有关规章制度，保证所有中标货物及时转运到校，科学规范管理，持续有效发挥作用。

（四）必须坚持硬件建设与软件工作并举并重，齐抓共管，全面提高项目质量和效益

各级项目管理部门在认真抓好土建工程和货物采购等硬件工作的同时，注重项目投资效益，加大项目软件工作的力度，建立了省、州、县三级师资培训网络，科学确定培训的形式、内容和方法，加强对师资培训的评价、指导和监督环节，坚持校长、专任教师和实验、图书管理人员持证上岗制度，优化教师队伍的学科结构和专业层次，使师资培训工作纳入制度化、规范化的轨道，提高学校管理水平和教育教学质量。藏汉双语教学、女童教育和基础教育阶段渗透职教因素三项科研成果县的推广范围不断扩大，项目县各项效益指标稳步提高。对已建成的土建工程和配发的仪器设备、图书，从省到县和各项目学校都制定了管理维护的规章制度，严格实行目标管理责任制，使项目学校在农牧区基础教育中发挥了辐射和示范作用。

（五）必须建设一支高素质的项目管理队伍，抓好档案建设

项目实施的成败、效益的高低与管理工作的优劣和人员素质高低有很大关系。在项目工作中，青海省十分重视对各级管理干部和专业技术人员的培训，牢固树立管理就是质量，管理就是效益的思想，努力掌握现代管理理论及项目管理手段，使各项管理措施、操作程序和有关政策规定得到正确贯彻执行。此外，还十分重视项目档案建设工作，对项目的各类资料及时收集、规范整理、妥善保管，真实全面地记录和反映了项目实施的过程和结果。

（六）必须正确处理“五个关系”、做到“五个结合”

项目实施的几年中，省及各项目县把项目工作纳入普及不同学段义务教育工作之中，以外事促内事，以外资调内资，内外结合，相互促进，共同发展。一是注意正确处理“五个关系”，即在布局规划上，注意集中与分散的关系，坚持以集中为主；在学校建设上，注意硬件与软件的关系，做到并举并重，齐抓共管，并逐步从硬件为主转向软件为主；在项目资金配套上，以各级政府配套为主，以社会各界捐资集资为辅，多渠道筹措；在项目的质量效益与建设的关系上，坚持质量和效益第一的原则；在项目的管理上，坚持地方管理为主，县、乡两级管理为辅。二是努力做到“五个结合”，即项目的实施与基础教育的其他工程项目相结合；项目的各项效益指标与实施不同学段义务教育、落实教育事业发展年度目标责任相结合；项目的硬件建设与青海省中小学布局调整和建设标准化中小学相结合；项目的科研成果推广与青海省女童教育、双语教育、基础教育渗透职业教育因素工作相结合；项目的技术援助与提高教育管理水平和师资队伍整体素质，提高教育教学质量相结合，不断促进贫困地区教育事业的发展。

（青海省教育厅）

积极借用外国政府贷款促进广播电视事业发展

——江西省广播电视局借用西班牙政府贷款总结

2001年，为提高江西省省级电视台、广播电台设备技术水平，适应广播电视多讯道、数字化、高质量的节目制作和传送要求，江西省广播电视局提出利用西班牙政府贷款495万美元购置广播电视设备，2006年初设备陆续到货并投入使用。项目的实施，大大提高了省电台、电视台的节目制作能力和技术服务保障能力，标志着江西广播电视事业进入了一个新的发展阶段。

一、基本情况

国家广电总局制定的广播影视科技发展“十五”计划明确要求：到2005年，省级广播电台、电视台要基本实现采、编、播数字化、网络化，并推进数字特技、电脑动画、非线性编辑、视频服务器、虚拟演播室等新设备、新技术的应用，全部建立数字网络系统。

为了改变省级广播电台、电视台设备陈旧落后的面貌，适应多讯道、数字化、高质量的节目制作和传送要求，江西省广播电视局于2001年5月向江西省发改委呈报了《江西省广播电视局利用外国政府贷款资金购置广播电视设备项目建议书》（赣广计字［2001］7号），很快，江西省发改委以赣计社会字［2001］326号文批复同意该项目，确定项目总投资6000万元，其中西班牙政府贷款495万美元，江西省广电局自筹2000万元人民币，用于购置江西省电视台的大型拖挂式10讯道数字电视转播车、新闻采访卫星上行转播车、全数字播控中心系统，以及江西省电台数字化制作、播控系统和全数字广播转播车等设备。江西省发改委还与江西省财政厅以赣计外经字［2001］460号文上报国家发改委和财政部，请求对该项目给予支持，建议将该项目列为第二类外国政府贷款项目，所借贷款本息由江西省广播电视局负责偿还，江西省财政厅担保。财政部在《关于2001年度第二批利用外国政府贷款限额以下备选项目安排意见的通知》（财办金［2001］204号）中批准了该项目。

2003年江西省广播电视局向江西省发改委呈报了《关于我局利用西班牙政府贷款购置广电设备的可行性研究报告》（赣广计字［2003］14号），江西省发改委以赣计社会字［2003］907号文予以批复同意。在江西省发改委和江西省财政厅的大力支持下，经在国际互联网上公开招、投标，确定该项目国内代理商为中国机械设备进出口总公司，国外设备供应商为西班牙因特萨斯公司。2003年7月18日，江西省广播电视局与西班牙因特萨斯公司签订了总额为499.9395万美元的合同。其中：1号合同2798570美元，2号合同2200825美元。

2003年10月，江西省财政厅以赣财外［2003］48号文向中国工商银行江西省分行出具了江西省广播电视局该项目的还款保证书，贷款金额为495万美元。2004年3月25日，江西省广播电视局与中国工商银行江西省分行营业部签订了1号合同的外汇转贷款借款合同（第001号），中国工商银行国际业务部于2004年6月9日下达了1号合同正式生效通知。2004年11月9日，江西省广播电视局与工商行江西省分行营业部签订了2号合同的外汇转贷款借款合同（第002号），中国工商银行国际业务部于2005年8月1日下达了2号合同正式生效的通知。

2006年1月，1号合同所有货物安全运抵天津港，2月初运抵北京市进行组装；2月23日，在北京隆重举行了西班牙政府贷款项目“中国江西电视台高清电视转播车”交接仪式；3月初运抵江西电视台并投入使用，收到了较好的社会效益和经济效益。

目前，2号合同中的数字摄像机头和电视发射机已投入使用，其余设备省电台数字广播制作、转播车1辆，以及数字音频工作站、直播系统、调音台、调频发射机、计算机等，2007年2月前全部投入使用。

江西省广播电视局购置广播电视设备项目，借用西班牙政府贷款。图为采购的8+2高清晰度数字电视移动转播车

二、作用和评价

该项目的实施，大大提高了江西省电台、电视台的节目制作能力和技术服务保障能力，标志着江西广播电视事业进入了一个新的发展阶段。

江西电视台高清电视转播车首开国内成功利用国外政府贷款引进高清数字电视转播车先河，也是目前国内继江苏、天津后的第3辆8讯道以上的高清数字电视转播车。该车全长14.6米，总重量近20吨。车内配置了8台SONY广播级高清摄像机和高清切换台、矩阵、录像机及电源系统、播控系统、空调系统等设备，能充分满足江西省电视台电视节目制作、完成大型新闻现场、体育比赛和文艺节目的直播、录播的各项功能，能与其他系统（转播车和演播室）级联，实现高清、标清节目的同步制作，适应当前电视制作形势，满足由标清向高清平稳过渡的需求，真正达到了"立足高清，兼容标清，保持与国际广播电视技术发展潮流同步"的设计要求。该车的投入使用，必将使江西电视台的节目制作能力和水平跨上历史新台阶，既能满足现在正在运行的标准清晰度的需求（电视幅型比为4：3），通过软件设置又能满足高清晰度电视制作的要求（电视幅型比为16：9）；既能满足节目的采集、编辑、特技以及字幕混叠、慢动作回放等技术要求，还能满足现场直播高难要求，整车的技术装备和功能达到国内一流水平。北京奥林匹克转播有限公司首席运营官马国力在交接仪式上，对该车给予了高度的评价，认为具备了参加2008年北京奥运会转播的各项技术标准和条件。

该转播车投入使用后，在第一时间多角度、全方位、高质量的对外宣传了江西以及江西的风土人情，宣传了江西发生的巨大变化和江西人民崭新的精神面貌，服务了大局，服务了中心工作，出色完成了一系列重大宣传报道任务，对外宣传了江西，树立了江西的良好形象，取得了很好的社会效益。

大型文体活动转播更加精彩，满足了受众的需求，提升了江西电视台的形象。2006年该高清车参与了江西电视台首次举办的《中国红歌会》的井冈山的七场直播和在南昌的主场晚会直播，参加了江西省第十二届运动会开幕式的直播，还参与了十几场全国足球甲级联赛南昌赛区比赛的直播，转播中采用了大量的慢动作镜头重放，增强了节目精彩性和观赏性，使江西电视台电视转播图像质量有了质的飞跃。

目前，该车已被北京奥运会转播公司（BOB）选入2008年奥运会的电视转播用车。

另外，江西电视台现有600平方米、400平方米演播室是共用一套视频系统，由于节目量的增加，现有的演播室已满足不了节目制作的需求，如果600平方米、400平方米演播室要同时制作节目，就需要重新搭建一套视音频系统，大约需要花费人民币1200万元。高清转播车的自主设计采用了先进的设计技术和理念，通过对设备资源的合理调配，该高清转播车完成正常外出录制节目外，还同时承担600平方米演播室录制节目的任务，节约了资金，也提高了高清转播车的使用效率。

江西省电台购置的数字化设备将全面使用数字声音技术，在广播电台6个系统频率配置各类工作站100多台，形成网络条件下的节目制作、传输、播出和管理，实现节目数字化和资源共享，大大提升节目制作能力和质量，保证声音质量达到广播级标准，各项技术指标达到部颁甲级标准，在全国省级电台中一跃达到中上水平，为江西省广播节目由模拟技术走向数字化奠定了坚实的基础。

三、经验和体会

（一）利用国外贷款是加快广播电视设备升级改造的有效措施

广播电视是重要的宣传舆论单位和社会公益性事业，具有高科技、重装备、高消耗等特点，设备更新换代快，使用周期短，每年需要大量资金投入。但长期以来，各级财政对江西省广电系统的投入资金不足，每年的财政拨款只占全年支出的12%左右，制约了全省广电事业和产业的发展。以2005年为例，全省广电系统总支出为12.94亿元，各级财政拨款1.66亿元，只占全年支出的11.15%。（其中：省广电局本级支出4.59亿元，省级财政拨款只有0.2亿元，占全年支出的4.3%）。而且广电部门自身经营创收能力有限，2005年全省广电系统创收11亿元，其中省广电局本级创收5.1亿元。因此，靠政府投入和自身积累，难以较快改变江西省广播电视设备陈旧落后的面貌。在此情况下，非常有必要积极争取利用国外贷款，来加大投入，加快广播电视数字化、网络化、信息化进程。

（二）坚持按规定和程序进行公开、公平、公正招标，以确保取得最大的投资效益

2003年以前，西班牙的公司在我国还没有经营广播电视设备的先例，当时参与洽谈的只有西班牙的比特萨公司，初步报价640万美元，经江西省广播电视局和国内代理公司——中国机械进出口总公司反复协调和联系，在国际互联网站上进行公开招标，后来参加投标的有三家西班牙公司，分别是比特萨公司、特克罗威公司和英特萨斯公司。2003年4月24日，按国际惯例开标，比特萨公司报价640万美元，特克罗威公司报价650万美元，英特萨斯公司报价543.888万美元，经招标小组评议评审，该项目由英特萨斯公司中标。由于财政部批准该项目利用外国政府额度为495万美元，经双方协商，在核减部分设备和资金后，最后签订了499.9395万美元的商务合同。

（三）合理选择币种，防范汇率风险

2003年签订商务合同时，英特萨斯公司提出要用欧元结算，当时江西省广播电视局经过认真分析后认为：欧元汇率波动较大，在今后还本付息时有汇率风险，而美元波动较小，且与人民币汇率一直处于下降趋势，对今后还本付息有利。所以决定用美元结算，并争取到了英特萨斯公司的同意。到2006年4月份第一次还本付息时，美元与人民币的汇率由当时的1：8.5左右下降到1：8.0左右，较好地防范了汇率风险。

（四）科学签订合同，严格履约行为

一般情况下，利用外国贷款项目的执行时间较长，其间可能发生一些新的情况和变化，签订合同时要进行全面分析，科学规范合同条款，并严格履约行为，确保项目的顺利实施。

（江西省广播电视局）

借用世界银行贷款，促进我国劳动力市场的培育和发展

——世界银行贷款职业培训和劳动力市场建设项目专题报告

1993年，为发展市场经济，我国政府提出在一些有条件的国有企业和城市实行大规模的改革，包括国有企业的兼并破产和推进社会保障制度改革等，通过深化国有企业改革和加大经济结构的调整力度，推动我国向社会主义市场经济过渡，建立具有中国特色的社会主义市场经济体制。伴随国有企业改革，企业在走向市场、减员增效的同时，涌现出了大量富余人员，成为加速国有企业改革的重要障碍之一。一方面，诸如养老保险、失业保险和医疗保险等方面的社会保障制度还不够健全，大量富余人员难于真正从企业分离，致使下岗失业人员再就业难度非常大，加强职业培训、积极发展劳动力市场、促进就业已成为推动国有企业改革和维持社会稳定的重要前提之一；另一方面，有限的就业服务和缺乏有效的技能职业培训体系也限制了劳动力市场的发展和劳动力的有序流动。

劳动和社会保障部申请了世界银行贷款“职业培训和劳动力市场建设”项目，以借鉴国外的经验，开展我国职业培训和劳动力市场建设的试点工作，以发展劳动力市场，促进劳动力流动，帮助下岗失业人员再就业，从而支持国有企业的改革。

一 项目基本情况

职业培训和劳动力市场建设项目于1996年7月1日正式启动，2005年12月31日顺利关账。项目借用世界银行贷款3000万美元，其中软贷资金2000万美元，硬贷资金1000万美元，分两期完成。

一期项目包括劳动保障部和浙江省、广州市、武汉市、绍兴市、潍坊市、德阳市共7个项目单位，共使用世界银行贷款约2300万美元。项目目标是通过支持政策和立法改革，促进劳动力市场建设，提高劳动力市场服务能力，为企业富余人员、失业人员和农村进城劳动力提供就业帮助，提高劳动生产率和促进劳动力流动；强化项目实施机构的市场服务意识。项目内容包括“政策和立法改革”、“劳动力市场服务”、“职业培训”和“机构开发”四部分。

二期项目在一期项目成功实施的基础上，选择了甘肃、河南、湖南、内蒙、青海和山西等6个中西部省（自治区）作为项目单位，共使用世界银行贷款约700万美元。项目旨在借鉴一期项目试点经验，推广项目已开发的“劳动99”软件，在项目省市建立劳动力市场管理信息系统，以加快劳动力市场的信息化建设，改善就业环境，提高劳动保障工作的服务水平，为中西部地区国企改革和西部大开发战略提供支持和保障。项目的内容包括“劳动力市场信息系统建设”和“咨询服务与培训”两部分。

二、项目取得的成效

在各项目单位以及中央项目办的共同努力下，圆满完成了项目内容，实现了项目目标，并顺利通过了世界银行专家的评估，世界银行对项目的执行情况给予了较高的评价。项目所取得的具体成效如下：

（一）项目资助完成了一系列政策立法和行政规章的制定，推动了我国职业培训和劳动力市场建设进程

一期项目单位按照我国职业培训和劳动力市场建设总体目标要求，充分利用贷款资金支持政策立法建设。劳动和社会保障部支持了《失业保险条例》、《劳动力市场三化建设纲要》和《劳动力市场管理规定》等12项法规的起草制定工作。浙江省、广州市、武汉市分别完成了本地区的《劳动力市场管理条例》等42项政策规定的制定工作；德阳市、潍坊市、绍兴市完成了有关职业介绍机构管理、农村劳动力跨区域就业管理等34项政策规定。

（二）项目支持了劳动力市场管理信息系统建设，为在全国建立统一、规范的劳动力市场奠定了基础

（1）在劳动力市场软件建设方面，“劳动

99”软件成功开发与运用。

通过国际有限招标，劳动力市场信息系统公共部分软件由中科院计算机研究所和德国西门子公司共同完成。该软件系统由就业服务管理、失业保险管理和统计分析三个子系统组成，建立在国内外先进、成熟的开发平台上，紧密结合劳动保障系统的实际情况，较好地保证了软件的技术先进性和实用性。各项目省市通过该系统的应用，规范了业务流程，统一了数据标准，提高了就业服务、失业保险和统计分析的工作效率和质量，方便了求职者和企业，产生了良好的社会效益。1999年，我部正式将该系统软件定名为“劳动99”，并在全国范围推广。目前，“劳动99”软件已在全国25个省的174个城市推广使用，成为劳动力市场信息系统主流软件，在劳动力市场科学化、规范化和现代化建设中发挥了作用。

（2）在劳动力市场硬件建设方面，各项目省市利用项目配套资金建立了具有一定规模、设施完善、功能齐备的劳动力市场场地。

一期项目中，浙江省投入1000万元人民币的配套资金购置了近1000平方米的职业介绍场地，并在交流大厅内安装了大型彩色电子显示屏和多媒体触摸式查询系统等，用于信息查询和发布。广州市投入870万元人民币的配套资金分别建立了劳动力市场中心市场和各区分市场，为下岗失业人员提供系列配套服务。武汉市1997年投入420万元人民币的配套资金将原有的劳务市场改建为武汉劳动力市场。1999年又投入3500万元人民币的配套资金扩大了其规模。德阳市、潍坊市、绍兴市也分别投入配套资金建成了市区中心劳动力市场、职业介绍中心、劳动力交流大厅等，使劳动力市场服务功能不断完善。

二期项目中，湖南省市一级有形劳动力市场已初具规模，劳动力市场现有总面积94319平方米，其中交流大厅面积为40194平方米。内蒙古改扩建了劳动力市场大楼后，大楼总建筑面积达到8000平方米，劳动力市场交流大厅1400平方米。山西省长治市劳动力市场建筑面积2200平方米，是山西最大的劳动力市场之一。青海省56个州（地、市）县（区）中，已建劳动力市场的有27个，场地建设面积由世行贷款项目前的4048平方米，目前已达到19700平方米，新增面积15652平方米。甘肃省各项目区利用配套资金已新建成劳动力市场共3948平方米。河南省郑州市职业介绍中心拥有两个人力资源市场，占地面积16亩，总建筑面积6680平方米；开封市职业介绍服务中心（劳动力市场）现有600多平方米的办公场所；安阳市劳动保障服务中心是在原劳动力市场建设的基础上组建的，占地面积5.8亩，有两栋服务楼和一个市场，建筑面积约4300平方米。

（3）在劳动力市场信息网络建设方面，通过互联互通，扩大信息交流，实现信息共享。

一期项目中，浙江省本级劳动力市场与杭州市职业介绍服务中心、8个城区职业介绍所、40多个街道、160多个社区的劳动保障服务站实现了联网，市区内的用工信息、求职信息实时传递，实现全市共享。武汉、德阳、潍坊、绍兴市分别利用项目资金实现了本地区就业服务部门的计算机信息联网，方便了广大求职者和企业用工及时准确地获得信息。广州市实现了市、区、街三级联网，已覆盖市属的10个区、2个县级市、开发区，实行了劳动力资源信息即时共享。到目前为止，信息网共登记本市户口劳动力资源70万人、失业人员64万人次、招聘单位5万个、岗位空缺信息60万个。

二期项目中，湖南省以劳动保障厅信息中心为依托，建立了长沙、株洲、湘潭三市劳动力市场一体化信息交流和处理中心，覆盖省本级和长沙、株洲、湘潭三市劳动力市场的计算机网络系统，为全省劳动力市场的联网奠定了基础。内蒙古劳动力市场管理信息系统使用了目前的高端设备，具有良好的安全性能和快速的访问控制以及灵活的伸缩扩展、系统维护等优化性能，实现了自治区本级数据中心与劳动保障部的联接，横向与自治区政府电子政务网络平台的网络联接，并将网络延伸到各盟市电子政务平台节点，为全区联网打下基础，并开发了蒙、汉双语职业介绍信息系统服务软件，实现了职业介绍信息发布的蒙、汉双语化。山西省晋中市区（县）通过VPN虚拟专用网方式连接到市级劳动力市场管理信息系统数据库，长治市劳动力市场管理信息系统将就业服务中职业介绍、失业保险管理和就业及转业训练的三个基本功能综合在一起，实现省、市联网。青海省建成了由省、州（地、市）、县（区）三级构成，覆盖全省54个县（区）以上行政区域，互联互通、资源共享、标准统一的劳动力市场信息网络，采用VPN虚拟专线实现了全省联网，中心机房按劳动保障部对“金保工程”一个工程两大系统的要求和数据大集中模式的原则，与“金保工程”数据中心机房搭建统一、集中的信息网络运行平台。甘肃省建立起了劳动力市场管理信息系统网络，基本上实现了市、区县、街道、社区四级劳动力市场管理信息系统联网。河南省郑州、安阳、开封市通过项目的实施从根本上改变了三市劳动力市场信息网络建设常年处于落后的局面，实现了与四级就业服务机构联网，三市就业信息分别实现了共享。

（三）项目支持了职业培训和技能开发，促进了我国职业标准的制定，提高了下岗失业人员的劳动技能

劳动和社会保障部利用项目资助开展了全国职业培训标准的制定和题库的开发工作，于1999年完成了我国第一部《中华人民共和国职业分类大典》，并完成了104个职业国家标准的制定和49个工种的国家题库试题资源配置。

一期项目省市借用世行贷款建立了一批职业培训基地，引进了先进设备并充实到职业培训教学第一线，改善了教学条件，优化了教学环境，提高了培训能力，为失业人员、下岗职工再就业提供了有力的支持和帮助。浙江省建立了计算机操作技术培训、音控师培训和机械技工培训基地。广州市建立了市就业训练指导中心和市技工学校2个职业培训基地。武汉市建立了市高级技术培训中心和市高级职业技术培训中心两个职业培训基地。德阳市建立了市职业技能开发培训中心、劳动技校和市人才培训中心3个职业培训基地。潍坊市建立了高级职业培训中心。绍兴市建立了职业技术培训中心。

（四）项目支持了劳动保障系统人员培训，学习了国外先进的管理经验，锻炼了一支项目骨干队伍

1．有针对性地开展培训和考察，培养了业务骨干

1996～2005年期间，劳动和社会保障部统一组织并圆满完成了4期有关职业培训和劳动力市场

职业培训和劳动市场建设项目，借用世界银行贷款。图为山西省晋中市职业服务中心

信息化建设的国外培训班，累计培训72人；组织了10期共121人参加的有关职业培训和劳动力市场政策的考察团。通过培训和考察，一方面了解了发达国家劳动力市场建设的情况，为我国劳动力市场建设提供可借鉴的经验；另一方面培养了一批熟悉并掌握国际规则的业务骨干，为我国加入WTO后更好地开展劳动保障工作打下了良好的基础。

2. 引进了先进技术设备和管理经验

借用世行贷款，按照国际招标采购的方式引进了近2000万美元的先进技术和设备，在推广应用过程中，不但广大企业职工受益，而且还培养了一大批掌握先进技术和职业技能的师资力量和教学骨干，有力推动了我国的职业培训工作。同时，在项目实施和招标采购过程中，引进了先进的项目管理经验，借鉴了世行成熟的项目管理程序和做法，锻炼了一支比较成熟的项目管理骨干队伍，为争取更多的国际金融组织贷款项目，支持劳动保障事业的发展奠定了很好的基础。

三、项目实施的经验

领导重视，管理与监督并重，保证了项目的顺利实施。

（一）项目得到了中央和地方领导的高度重视

劳动保障部成立了由规划财务司、培训就业司、失业保险司、中国就业培训技术指导中心和信息中心负责人组成的项目领导小组，在项目的实施中为项目提供政策指导、协调项目实施并及时帮助解决项目实施中出现的问题，为项目的顺利实施发挥了重要的作用。地方各项目省市相应成立的项目领导小组，与劳动保障部项目领导小组保持密切联络，为项目的实施提供了很好的指导和协调作用。

（二）建立了规范的项目管理机构，配备了稳定的管理队伍

由于项目实施周期长、程序较为复杂、涉及的项目单位较多，项目的管理工作更是重要，而且难度较大，建立规范的管理机构成为项目顺利实施的重要保障措施之一。劳动保障部世行办作为部项目领导小组的执行机构和协调机构，负责组织、协调项目的准备、实施以及对项目的实施进行监测和评估；收集项目有关进度报告等资料；编制项目年度活动计划和进度报告；统一组织国外培训、国外考察活动；组织实施设备采购和财务管理等。各项目省市也成立了项目实施办公室，负责与劳动保障部世行办的联络，汇总项目支付和活动进度报告，编制项目年度实施计划，制定采购计划和提出咨询要求，负责项目有关支付事宜和组织参加项目中期评估和项目完工评估等。劳动保障部世行办和各项目省市项目办在项目的实施过程中，配备了相应的项目管理人员，并保持了人员编制的稳定，认真履行项目管理的职责，确保了项目的顺利实施。

（二）建立了项目监督检查机制

积极探索项目监督检查的机制，从内外两方面入手及时发现项目运行中存在的问题，总结推广项目实施过程中的经验，不断改进和提高项目质量。

1. 从内，由中央项目办具体负责和指导，加强项目的内部监督管理

各项目单位按世行要求每年对项目进行两次自查，根据自查情况编写中期和年终项目执行报告，并积极配合世行和劳动保障部的实地检查，对检查中发现的问题及时采取措施进行改进。各项目单位按照世行规定和国家有关政策，建立了“统一领导，分级管理，单独核算”的项目财务管理制度，积极配合审计、财政部门和世行的检查，及时提供年度财务报告，包括资金平衡表、项目进度表、信贷协定执行情况表、财务报表说明等材料，确保了项目资金合理有效的使用。

2. 从外，选择第三方机构对项目实行外部有效监督

项目通过国内有限招标的方式选择了中山剑平国际有限公司作为项目监测评估咨询公司，对项目的实施进行了有效的监督，提高了项目的监督管理水平，从而保证了项目目标的实现和项目内容的顺利完成。

项目监测评估主要围绕项目目标，通过建立项目投入、产出及效益的指标体系，对项目的实施过程进行监测，对项目的实施效果进行评估，并制定传播计划，推广项目成果。

按照项目监测评估工作任务，制定了《项目监测评估与经验传播方案》以及《监测评估与经验传播工作实施方案》。该实施方案中浓缩了指标体系、数据采集、报告系统等在实际操作中与项目实施密切相关的内容。同时，完成了“监测评估支持系统”的软件设计工作，包括监测评估指标数据管

理子系统；就业服务与职业培训跟踪调查管理子系统；抽样调查问卷管理子系统和项目财务管理子系统4个部分。最后通过多种形式的现场数据采集工作，用数据检验和评价了项目职业培训机构的培训效果和项目对就业服务工作的影响。

四、项目的作用

（一）为劳动保障事业的发展提供了资金支持

“九五”期间正是我国深化国有企业改革、推进社会保障制度改革，推动我国向社会主义市场经济过渡，建立具有中国特色的社会主义市场经济体制的攻坚时期，我国的劳动力市场建设工作已是迫在眉睫，但由于国家财力有限，一时间很难保证劳动保障事业迅速发展的需要。由于世行贷款项目的实施，弥补了中央和地方公共财政对劳动保障投入的不足，促进了劳动保障事业的发展，对维护经济和社会的稳定发展起到了很好的作用。

（二）引进了先进的管理理念和运作模式

世行的设备招标采购具有严格的管理程序，一方面节省了资金，降低了成本，提高了效率（二期项目使用的690万美元中大部分就是一期项目招标采购节余的资金）；另一方面保证了招标采购公平、公正、公开的原则，有效地避免了腐败现象的发生。这为政府采购工作提供了很好的经验和借鉴，劳动保障部世行办在负责世行项目管理的同时，还借助世行采购的经验承担了部政府采购的管理工作。

世行严格的财务管理制度确保了每一分钱的安全和高效运作。世行贷款从申请、支出到报账，程序非常严格，相比国内其他资金渠道更透明，利用效率更高。同时，由于严密的监管和严格的程序，从源头上避免了贪污违法现象的发生。

（三）作为改革试点的载体，为“金保工程”的建设奠定了基础

世行贷款对信息化建设的投入，以项目试点作为载体，为“金保工程”建设奠定了基础。一期项目所开发的劳动力市场信息系统软件，即“劳动99”，已在二期项目中推广使用，同时推广到全国25个省的174个城市使用，成为我国劳动力市场信息系统的主流软件。通过该软件的应用，实现了省、市、区各级劳动力市场的联网，规范了业务流程，统一了数据标准，为劳动力市场信息化的建设发挥了重要作用。同时，为“金保工程”的建设奠定了基础：一是通过世行专家的咨询，系统建设的思路更加符合信息技术发展的方向，为“金保工程”的建设树立了创新思维的典范；二是采购的硬件设备和网络构成了“金保工程”的根基。如青海省建成了覆盖全省54个县区以上行政区域，互联互通、资源共享、标准统一的省、州、县三级劳动力市场信息网络，同时按照“金保工程”一个工程、两大系统的要求和数据大集中模式的原则，搭建了与“金保工程”统一的信息网络运行平台，为“金保工程”的建设打下了很好的基础。

（人力资源和社会保障部规划财务司）

借用世界银行贷款，推动我国养老保险制度的改革与创新
——世界银行贷款中国养老保险制度改革项目专题报告

一、项目基本情况

1999年7月启动世界银行贷款中国养老保险制度改革项目，2000年6月15日财政部代表我国政府与世界银行签署了《开发信贷协定》，该项目进入了实施阶段。项目执行期为2000年6月15日至2004年12月31日。2004年8月4日，修改《开发信贷协定》，项目执行期延至2005年12月31日。

该项目涉及劳动和社会保障部（以下简称劳动保障部）、黑龙江省和青岛市。项目贷款总额为370万特别提款权，折合约500万美元（按1个特别提款权兑换1.35美元的汇率），贷款额度分配比例为：劳动保障部57万特别提款权，折合约77万美元，占贷款总额的15.4%；黑龙江省约165万特别提款权，折合约222万美元，占贷款总额的44.6%；青岛市148万特别提款权，折合200万美元，占贷款总额的40%。

项目总体目标是：通过世行贷款项目，进一步促进我国养老保险制度改革，扩大养老保险的覆盖范围，在我国养老保险制度改革中加强宏观调控的作用，加快省级统筹步伐，提高基本养老保险基金统筹层次，为建立一体化的基本养老保险制度和多层次的养老保险体系提供经验，提高社会保险管理服务的社会化水平，并为建立全国统一的养老保险管理体系提供帮助和支持。

项目主要内容是：制定开发相关的养老保险政策，建立养老保险管理信息系统，并为此提供相应的技术援助支持和人员培训。2005年对项目内容进行了调整，增加了中国养老保险基金中、短期预测模型的完善内容。

二、项目实施成果

经过5年半的实施，各项目单位圆满完成了项目设定内容，实现了项目总体目标。项目实施成果主要表现在以下几个方面：

（一）制定开发了相关的养老保险政策，促进了我国养老保险制度改革

借用世行贷款资金，劳动保障部加快了中国养老保险制度的政策立法工作，2000年研究并形成了《中国养老保险事业发展“十五”规划和2010年发展目标》，提出了未来5～10年养老保险改革的基本思路、主要措施和发展目标等，成为指导全国养老保险工作的纲领性文件；2004年出台了《企业年金试行办法》和《企业年金基金管理试行办法》，为企业年金制度发展确定了制度框架，提供了政策支持，为企业年金可持续发展奠定了基础；2005年，在总结前几年养老保险制度发展经验的基础上，出台了《国务院关于完善企业职工基本养老保险制度的决定》（国发[2005]38号），该文件将对未来一个时期内养老保险制度的进一步完善起到重要的指导作用。

黑龙江省出台了《黑龙江省城镇企业职工基本养老保险规定》、《关于进一步做好企业职工基本养老保险工作的通知》等14份关于养老保险制度改革的政策立法文件；青岛市出台了《关于农村外商投资企业参加社会养老保险有关问题的通知》、《关于城镇私营企业、个体经济组织从业人员及自由职业者参加社会养老保险问题的通知》和《青岛市事业单位职工社会基本养老保险暂行办法》等20份有关养老保险制度改革的政策立法文件。这些政策的出台，对于扩大养老保险的覆盖范围，加快省级和市级统筹步伐，提高基本养老保险基金统筹层次发挥了重要的作用，成为当前和今后一个时期黑龙江省和青岛市养老保险制度的重要内容。

（二）加快了养老保险管理信息系统的建设，为建立全国统一的养老保险管理体系提供帮助和支持

1．建立了统一的养老保险管理信息指标体系，为“金保工程”实施奠定了基础

劳动保障部利用世行资金，多次召开专门会议，研究养老保险信息管理系统工作，并进行了全国性社会保险信息管理系统建设情况调查，在此基础上，组织专家编制《SMIS5使用手册》和《社会保险管理信息系统指标体系》，规范了社会保险管理信息系统指标体系，对各级社保经办机构进行了培训，推动了计算机管理在经办工作中的使用广度和深度，提高了业务经办能力，为养老保险社会化发放和社会化管理提供了方便。

黑龙江省、青岛市建立和完善了符合国家标准的、全省（市）统一的养老保险业务信息指标体系。系统建立了四类数据库，即基础数据库、业务数据库、公共服务数据库、宏观决策数据库。黑龙江省数据库直接采用集中模式，佳木斯市及其区县不单独建立数据库，而将数据库直接建立在省中心平台，对养老保险业务信息系统省级统一管理模式进行了尝试。青岛市还建立风险评估指标体系，对相关业务活动所表现的结果、差异及其原因进行综合分析，就社保基金管理安全性、制度运行持续性、风险水平以及发展趋势进行评价预测。通过水平比较分析、历史比较分析、同业比较分析以及描制动态曲线等方法，得出风险评估指标，包括社会保障基金收入管理指标体系、社会保障基金支出管理指标体系、社会保障基金保障能力指标体系、社会保障基金保值增值指标体系等，为社会保障基金预算分析奠定了基础。

2．开发了养老保险相关软件，为养老保险网络化管理提供了技术支持

黑龙江省开发了能够满足不同数据采集需要的养老保险数据初始化软件，由省市养老保险经办机构将原来采用表、卡、册记录的数据和采用Excel、Foxpro记录的数据，按照统一的数据格式，通过录入、转换、汇总形成了黑龙江省全省统一的养老保险业务资源数据库，从而将全省自开展养老保险业务以来所有历史业务信息采用统一的格式和存储方法，保存在全省统一的数据库中。

青岛市按照软件工程标准，采用面向对象技术的方法开发了养老保险应用软件系统，应用软件主要功能由宏观决策子系统、业务管理子系统、基层单位管理平台子系统、办公自动化子系统和社会化服务子系统组成。软件设计科学合理、方便实用，能够满足工作需要，并有适应发展扩充的能力，为养老保险管理信息网络化提供了技术支持。

3．建立了省、市养老保险网络管理信息系统，极大提高了工作效率

黑龙江省构建了省本级和佳木斯市的养老保险计算机广域网。计算机网络是以省信息中心网络为中心，通过光纤、DDN或x.25专线，公用电话网络（PSTN）同地市社会保险中心网络相联，形成由省社会保险网络中心，市（地）县（区）社保中心各层次为局域网络节点组成的全省社会保险信息广域网。省信息中心负责全省各地劳动和社保业务的数据存储和业务处理；各地社保业务经办机构与数据中心相连，通过B/A/S方式使用浏览器实现本地劳动和社会保障业务的信息处理。佳木斯市社会保险中心作为省级中心的工作站，通过防火墙配置策略来保证内部网络的安全。在市与省信息中心通过政务网进行数据通信时，数据可通过VPN接入设备进行加密传输，保证了数据的安全性。

青岛市以大型数据库（ORACLE 9i）为基础，城市通信网络为主干，市本级网络为中心，市区和街道办事处为主要业务功能点，建立了覆盖全市各用人单位和参保个人、与相关政府部门（公安、民政、财政、税务等）实现信息交换和共享的大型计算机网络管理信息系统。系统采用集中式结构，其数据库管理系统（DBMS）放置在市本级信息中心，各级业务部门全部为客户端，是一种典型的C/S模式应用系统。网络主要设备包括6套小型机服务器、22台高档PC服务器，联接工作站431台，租用各种通信线路122条，形成大型集中式计算机数据库管理系统。

计算机系统的建立和使用，使工作效率得到明显提高。如办理参保手续,过去经办人员每人每小时能办理30余人次，使用计算机后提高到120人次，工作效率提高了4倍；再如稽查工作，过去业务人员每人每小时能稽查1000余例，现在由于计算机的使用可以稽查4万多例，工作效率提高了40倍。各项业务，如征缴保险费、待遇审核、待遇发放等，平均处理每一笔完整基金会计业务工作效率都有很大提高。

4．规范了省、市养老保险业务流程，实现养老保险信息共享

黑龙江省通过对省直行业和佳木斯市及其区县企业养老保险业务需求分析，制定了《黑龙江省养老保险业务规范方案》，统一了全省养老保险业

务经办流程。在此基础上开发的黑龙江省养老保险业务管理系统软件，不仅用于省本级和佳木斯及其区县，同时也在牡丹江、鹤岗、七台河、黑河、绥化、伊春、大兴安岭、双鸭山、齐齐哈尔等其他市地、县使用，实现全省养老保险业务全过程计算机网络化管理。

青岛市按照劳动保障部有关社会保险业务规范，结合青岛市的实际需求，使社会保险业务流程本地化。青岛市的养老保险经办业务从环节上分成社会保险参保人员登记和变更、社会保险费申报核定、基金征集、待遇审核与支付、个人账户管理、基金会计核算与财务管理等环节。各环节全部在计算机网络上经办，实现了业务处理的计算机化。由于社会保险实行“五险合一”，所以在经办业务上将上述环节分为公共经办业务和专项经办业务，使原来各自独立的各险种从此可以共享参保人员和企业的基础信息，充分利用了资源，极大地节约了开销。

5．借用世行贷款，养老保险信息系统硬件设备得到了提升

黑龙江省通过国际竞争性招标采购（ICB）、国内竞争性招标采购（NCB）和询价采购等方式，以较低的价格购买了170万美元高性能、高质量的服务器、网络设备、终端等计算机设备，构成了省本级和佳木斯及其区县养老保险经办机构计算机局域网，为省、佳木斯市及其区县养老保险业务的计算机网络化管理奠定了设备和网络基础。这些设备在省本级、佳木斯市及其区县的社会保险计算机系统中起到了核心设备的作用。

青岛市以国际竞争性招标采购（ICB）、国内竞争性招标采购（NCB）和询价采购等方式购买了174万美元的设备，在市本级及其区县和街道办事处的社会保险计算机系统中起了核心设备的作用。通过计算机技能培训和业务研讨等形式，全面提高了工作人员的信息技术水平和业务工作能力，解决了数据结构标准化与地方化之间的矛盾，确定了系统的数据结构，并对市及其区县养老保险原始数据进行采集和汇总，为系统纳入山东省和全国社会保险管理信息系统做好了准备。

（三）完善了中国养老保险基金精算中、短预测模型，改进了养老保险基金预算编制和监控能力

借用世行资金，在社会保险所研究开发的中国养老保险基金精算模型基础上，开发和完善了能够反映中国实际情况和准确预测财务状况的中国养

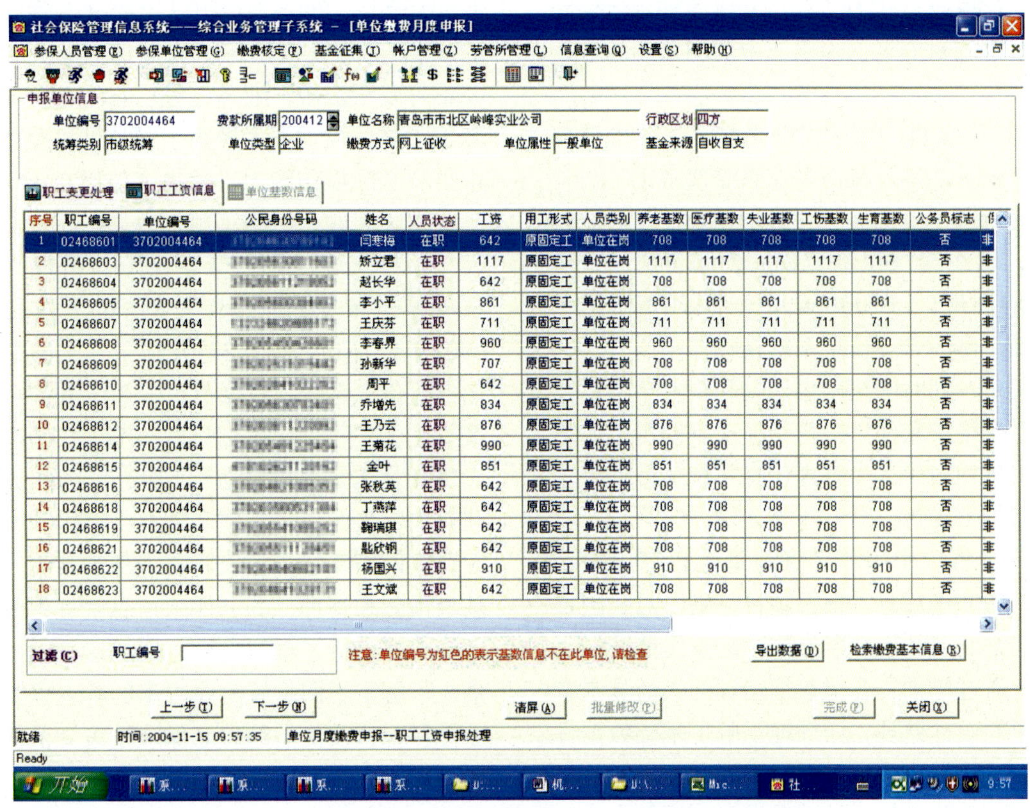

中国养老保险制度改革项目，借用世界银行贷款。图为青岛市社区参保人员管理信息系统

老保险基金预测模型。该模型能够对中国养老保险基金收支状况进行精算分析和中短期预测，完善了养老保险基金收支会计项目、统计指标和预测结果表，增加“混账”模式下的收支预测与统计功能、养老保险隐性债务计算功能；完善了中国总人口和人口组成结构、就业、职工与参保人员预测方法；对中国现行养老保险体系中做实养老保险个人账户所需资金、费率进行了精算分析；增加了参保农民工参加养老保险情况的预测功能，农村与城镇间人口转移和迁移功能。

在模型完善过程中，我们多次通过咨询专家和召开研讨会，征求了各方意见，也吸收和借鉴了世行专家的建议和意见，对模型应用的重点进行适当调整，以适应新出台的关于养老保险制度改革的文件，扩展了模型在政策应用上的兼容性，以兼容国发1997［26］、2000［42］、2004［35］文件政策与代表性地区的具体规定。

模型完善后，召集部内有关单位的专业人员，对模型进行了多次论证，并专门向世行精算专家进行了汇报。专家认为，完善的中国养老保险基金预测模型，较好地结合了我国养老保险政策具体情况，提高了劳动保障部和地方劳动保障部门中短期养老保险财务分析能力，以及分析各种养老保险政策和改革措施对养老保险事业中短期影响的分析能力。

（四）通过国内、外培训和考察，使养老保险系统人员开阔了思路，提高了业务管理水平

配合金保工程的实施，劳动保障部借用世行贷款资金，组织编写《劳动和社会保险统计管理信息系统培训班》（2000年9月，SMIS5使用手册），《社会保险管理信息系统指标体系》（2000年12月编写），同时围绕养老保险和企业年金以及管理信息系统维护和使用进行了多次不同类型的培训，达到了预期效果，为管理信息系统运行提供了人力资源和技术支持。

为了积极推广中国养老保险基金精算中短期预测模型，2005年12月，根据项目计划，对我国15个省21个市总计100人的养老保险业务人员进行了模型培训。通过培训，各地参加培训的人员基本掌握了该模型的设计原理，详细地了解了基础数据标准，能够熟练地操作模型，用于本地区养老保险基金收支预测，具备了基本的政策模拟分析能力。

黑龙江省利用世行贷款，自1999年至2004年，先后举办了76期1200多人参加的国内培训活动，主要培训内容是：养老保险原始数据录入软件使用和养老保险业务管理规范培训；计算机基础知识、新财务制度和财务管理软件操作培训；进行服务器、网络设备和网络等管理维护方面的培训；养老保险业务管理、统计分析、宏观决策支持等方面的培训；养老保险信息系统软件操作培训等。通过这些培训，明确了全省各级经办机构业务管理人员计算机技能水平和业务管理的实际需要，制定了全省养老保险业务经办人员计算机技能培训方案，同时根据此方案完成了全省劳动和社会保障业务管理人员的计算机技能培训，并对省、佳木斯市及其区县养老保险原始数据进行采集和汇总，不仅为省本级、佳木斯市及其区县养老保险信息系统奠定了数据基础，同时为全省金保工程系统的原始数据初始化和数据整合工作做好了基础准备。

青岛市2002年举办了五期养老保险政策培训班，培训内容主要是现行的养老保险政策。参加培训的有从事养老保险政策制定和具体操作的青岛市各区市劳动保险机构的工作人员、青岛市街道劳动保障服务中心的工作人员以及财政系统的有关人员共约500人。2003年组织区市级社会保险经办机构的100名工作人员进行了为期10天的业务培训，主要学习政策法规、业务流程、自主解决问题等方面知识。这些培训大大提高了被培训人员的政策理论水平和实际操作能力，解决了他们在工作中遇到的一些实际问题，达到了预期效果。

项目实施以来，劳动保障部组织了项目单位从事养老保险管理和具体业务的人员22人分别于2002年12月和2004年2月参加了在美国举办的“养老保险信息系统设计及软件开发”和“养老保险政策立法及基金管理”培训；组织了项目单位管理人员和技术人员共53人分5期赴英国和波兰，澳大利亚和马来西亚，英国和瑞典，德国和丹麦，加拿大和墨西哥等10个国家就养老保险政策、养老保险基金预测和管理、养老保险信息管理系统设计和规划等内容进行了学习考察。通过这些国外培训和考察，了解了不同发展阶段国家的养老保险制度发展进程和现状及他们的养老保险政策立法体系，学习了这些国家在养老保险基金精算体系、预测和分析和基金管理等方面的成功经验，开阔了养老保险系

统业务人员思路，提高了项目单位劳动保障系统工作人员的业务能力和政策立法水平。

三、项目的作用

（一）为社会保障制度改革试点提供了宝贵的经验

项目于2000年启动，到2004年黑龙江省开始进行社会保障体制改革试点。通过项目的实施，黑龙江省基本完成了各项调研、考察和政策研究工作，信息化建设也有了大致的框架。试点启动后，由于有了世行贷款的政策理论积累、技术准备和管理经验的准备，使得试点工作进展顺利，为全国社会保障体制改革提供了宝贵的经验。几年来，项目中科学的评价体制、对国内外养老保险制度的考察和研究、精算理论的引入和应用，使我们对改革的必要性、改革的目标和改革的基本方法有了充分的认识和准备。

（二）带动了信息化的建设，为金保工程的建设奠定了基础

项目带动了对劳动保障信息化建设的投入。如青岛市虽然借用世界银行贷款的额度不大，但是在项目的带动下，自1999年以来，在劳动保障信息化建设方面已经累计投入近6000万元，建成了青岛市劳动保障网络容灾系统，多种资金渠道推动了劳动保障信息化的建设。

黑龙江省和青岛市建立和完善了符合国家标准的、统一的养老保险业务信息指标体系，为金保工程的建设打下了很好的基础。通过世行专家的咨询，养老保险信息系统的建设思路更加符合信息技术的发展方向，为金保工程的建设提供了借鉴，采购的计算机网络设备构成了金保工程的根基。

（三）引进了先进的管理理念和创新的运行机制

作为一个创新和改革试点的项目，在项目实施的同时引进了先进的管理理念和创新运行机制。

一是管理方式的转变。信息系统的建设，实现了从传统管理方式向信息化的管理方式转变。黑龙江省在社会保障试点过程中，成功地建立了覆盖全省的并轨管理信息系统，保证了试点工作高效运行，为政策制定提供了准确的数据支持。

二是决策方式的转变。项目用PROST对养老保险制度的可持续性进行了分析，引入了精算的概念，改变了传统的决策方式，开始转向以实证数据为基础的科学决策，并且开始将劳动保障政策融入整个社会经济中考量。在确定养老保险计发方式中，开发了养老保险测算软件，通过各种模拟分析，确定了较为科学的方案。

（人力资源和社会保障部规划财务司）

青岛啤酒股份有限公司境外发行可转换债券项目

一、青岛啤酒股份有限公司境外定向发行可转换债券项目概况

2002年，青岛啤酒股份有限公司（简称青啤公司）面对国外知名啤酒企业的进入和国内啤酒企业的重组、并购、联合，其发展壮大面临着持续发展的资金供给不足、公司管理及内部运行机制尚待完善的挑战。青啤公司经过充分调研之后，聘请了国际知名的财务和法律顾问，探讨与国际大啤酒集团结成战略性联盟的发展战略。2002年10月21日，青啤公司和A－B公司在纽约正式签署了战略性投资协议。根据协议，青啤公司对A－B公司定向发行强制性可转换债券14.16亿港元（折合1.82亿美元），可转换期限为7年，募集资金主要用于并购异地其他啤酒企业资产或股权和在青岛基地新建啤酒厂及进口设备。

二、项目建设方案

（一）可转换债券发行方案

本项目融资选择向中国大陆地区之外的国家和地区定向发行总额为14.16亿港元的强制性可转股债券，全部向美国A－B公司出售，该债券全数转换为股票。具体见表1。

（1）青啤公司一次性发行共14.16亿港元的可转股债券，根据转股权行使时间的不同分为三部分：

第一部分：本金为28080万港元，期限为3个月，无利息，换股价为4.68港元，发行日后90天内强制性行使换股权。换股后A－B公司将持有9.9%青啤股份。

第二部分：本金为62712万港元，期限为7年，年息2%，换股价为4.68港元，换股权行使时间为第一部分换股权行使后的任何时间，但不得超过债券发行之日后的7年。换股后，A－B公司将持有20%青啤股份。

第三部分：本金为50828万港元，期限为7年，年息2%，换股价为4.45港元，换股权行使时间为第二部分转股全部完成后方可转股。换股后，A－B公司原则上将拥有27%青啤股份。

（2）分三部分转股的主要原因是A－B公司的最终经济权益能分期从9.9%增至20%及27%，而此分段行使换股权的安排将能减低公司每股盈利在短、中期被稀释的压力。

（3）转股后的股权变动：为了保证国家股在青啤公司的控股地位，本次可转股债券认购方A－B公司将承诺当其行使换股权后，如果其持

表1　青啤公司可转股债券发行前以及全部换股权行使完成后的股权结构（%）

股东＼权益	发行前经济权益和享有表决权	第一阶段转股后经济股益及表决权	第二阶段转股后经济股益及表决权	第三阶段转股后	
				经济股益	表决权
国家股	39.98	37.72	33.49	30.5	37.5
国有法人股	5.33	5.03	4.47	4.1	4.1
A股流通股	20.00	18.87	16.75	15.3	15.3
H股*	30.19	28.48	25.28	23.1	23.1
A－B公司	4.50	9.91	20.02	27.0	20.0
合计	100.00	100.00	100.00	100.0	100.0

*不含A－B公司持股。

有的公司股份占公司总股本的比例超过20%时，A-B公司应将超出20%部分的股份的投票权信托给第三方受托人，该第三方受托人将按照公司现在第一大股东国资办的指示行使该部分股票代表的表决权。青啤公司发行可转股债券发行前以及全部换股权行使完成后公司的股权结构见表1。从表1可以看出，本项目发行的可转股债券全部转股后，虽然A-B公司在青啤公司的股权将从项目实施前的4.5%增加到27%，国资办在青啤公司的股权将从项目实施前的39.98%减少到30.5%，但根据协议信托安排，A-B公司可以行使的表决权数仅占公司表决权数的20%，国资办可以行使的表决权数占公司总表决权数的37.5%，仍然保持国家股控股地位。

（二）本项目发行的可转股债券特征

（1）强制性转换：A-B公司必须在指定的期限内换股，如A-B公司在指定日期未行使换股权，该部分债券将自动被视为已经转换。

（2）无担保债务：本次拟发行的可转股债券为青啤公司的无担保债务。

（3）不会申请上市：本次拟发行的可转股债券将不会在中国境内或境外的任何证券交易所上市交易。

（4）股份转换：A-B公司行使换股权后，所转换股份为在香港联交所上市的H股股份。

（5）定向发行：与向公众发行相比，不具市场发行及定价风险。

（6）股权与决策权分离：转股后外资部分股权与决策权实行分离及委托处理，确保青啤公司国有股的控股地位。

（三）融资成本分析

（1）比较外币贷款、外币公司债券、外币可换股债券及向公众发行的可转股债券的几种融资方式，定向强制性可转股债券的总体利率较低，其累计利息将在换股时返还公司，有利于降低平均资金成本。另外，由于本次拟发行可换股债券具有强制性换股的特征，公司将不需面对还款的风险。而且，换股价相对于当前青啤H股股价存在相当高的溢价，相当于溢价发行新股，故亦有助于降低融资成本。

（2）外币融资方式比较。外币贷款、外币公司债券、向公众发行可转股债券及本项目定向外币强制性可转股债券比较分析见表2。

表2　外币融资方式比较

融资方式 名称	外币贷款	外币公司债券	向公众发行可转股债券	发行定向外币强制性可转股债券分析
借贷本金规模	1.8亿美元	1.8亿美元	1.8亿美元	1.8亿美元
期限	5年	5～10年	3～5年	7年
年利率	伦敦银行同业拆息+1.0%至1.4%(6个月伦敦银行同业拆息为1.8%)	5.1%～6.7%	2%～2.5%	0.36亿美元：0% 其余：2%*
担保	有	无	无	无
或然风险	有	有	有	无
改善负债比率	无	无	在转换股票后	在转换股票后
定价现确定性	基于与借贷方的磋商而定	基于发行推介时市场情况而定	基于发行推介时市场情况而定	基于战略性投资协议内条款，签订后的市场变动对定价无影响

注：*累计利息将在换股时退还公司。

本项目发行的可转股债券可以达到与延迟增发H股相当的融资效果。可转股债券的资金在交易完成日的1年内全部到位，但分期在7年内强制性转换成青啤H股股票。另外，此交易不但能在签订战略投资协议后确定性地筹集公司所需资金，还可减低平均资本成本和消除其或然外债风险。

（3）本项目发行的定向可转股债券与其他资本市场融资方式，如增发H股及向公众发行可转股债券等都会发生中介费用，本项目发行的中介费用低于增发H股及向公众发行可转股债券，主要原因是节省了2.0%至2.5%的包销费用。

（四）发行条款的确定性及发行所涉及的审批

本次拟发行的定向强制性可转股债券是基于本青啤公司与A-B公司所签订的战略性投资协议的具体条款，其中涉及的金额、年期、转换价等所有商业条款均已经双方同意，并明确地在战略性投资协议中列明。同时已全面考虑到各内外市场环境因素，所以整个交易的定价和其他个别商业条款的确定性较强，也不会受股票或可转股债市场波动的影响。

整个交易和有关的战略性投资协议在以下条件获满足后便能生效：

（1）获得A股及H股股东批准；

（2）获得香港联交所的批准和豁免；

（3）获得香港证监会的豁免和同意；

（4）获得所需的一切中国政府之批准，包括国务院、国家发展计划委员会、国家外汇管理局以及中国证监会对青啤公司本次发行可转股债券的批准。

（五）或有外债风险的管理及应对措施

本次拟发行的定向强制性可转股债券共筹集资金约1.8亿美元，其中0.36亿美元必须在交易完成日3个月后转换成股票，而其余约1.44亿美元之第二及第三部分，认购方必须于交易完成日的7年内行使其转换权，否则涉及的可转股债券将在7年后自动转换成公司H股股票。

由于本次发行的可转股债券是强制性的，认购者没有权利要求公司在到期日选择不换股而赎回本金，因此无任何偿付债务的负担与风险，除非基于其他不可预计的因素。

除上述强制性债券条款能消除或有外债风险外，其他有关的“预防措施”包括：

（1）扩大业务收入。青啤公司抓住经济发展和行业整合的良机，利用可转股债券融得资金和其他资金投资新建或收购具有发展潜力的啤酒制造厂，确保产量和经营业绩的稳定增长，以达到：①二级市场股价能稳步攀升，为到期转股创造有利条件，提高投资者转股积极性；②有足够能力支付到期债务(假设可转股债券不能强制性转换成股票，但发生的机会非常小)；③未来3年营运现金流将达到6.48亿至6.84亿元人民币之间，具备充足的能力应对或然外债风险。

（2）其他金融市场手段：①当接近可转股债券到期日时，若发生不可预计的客观因素导致不能执行其强制转股条款（但发生的机会非常小），公司可考虑的解决方法包括增加转股可能性，减少债券风险。还可以增发一定数量的H股，将所募集资金用于赎回现有可转股债券，即通过增资调整债务结构，以变通方式实现到期债券转换为股票。②可考虑利用金融市场多种防范汇率风险的金融工具的组合，以防范债券到期时（假设可转股债券的强制转股条款不能执行）因转股不充分的影响和外汇汇率波动造成的潜在外汇债务风险，将可能面临的外汇汇率风险降至最低水平。

三、地方政府在项目运作中作用和创新性评价

（一）地方政府在项目运作中作用

因为项目涉及国家外债管理等问题，须报经国家批准。因此，作为项目审批环节的主要协调机构，市发改委一方面积极组织专家及有关部门对项目进行可行性论证，着重对发行方案、定向出售、强制性转股、确保国有资本的控股地位等敏感问题进行深入研究；另一方面主动与国家发改委加强信息沟通，及时上报项目情况，争取支持；同时积极协调青啤公司和A-B公司，从各方面推动此项目。经过不懈努力，该项目在短短80天内通过了国家六部委的审核和会签同意，并成为国家领导人访美期间的重点洽谈项目。

（二）地方政府在项目运作中创新性评价

（1）采取特事特办的审批途径。青岛市发改委打破常规，采取多层次审批环节同时推进的方

青岛啤酒股份有限公司境外定向发行可转换债券项目。图为海外可转债签约仪式

法：一方面，多次向国家法改委汇报项目，争取支持；另一方面，这些部门的同志交流情况，达成共识。

（2）采取了超常规的方案设计。在起草项目上报材料时，青岛市发改委对国家各有关部门可能提出的问题，进行了认真研究，特别是对国有股的控股地位等敏感问题，协调项目单位组织专家进行了反复论证。对于上报文件力求做到既精简浓缩，又全面具体。

四、项目对青岛啤酒股份有限公司产生作用和影响

（一）为企业发展壮大提供资金

本次定向发行可转股债券，在保证国家控股地位的前提下，为青啤公司募集14亿港元的资金，用于收购福州、南宁、厦门等地方啤酒企业及青岛、菏泽、黄石等公司的改扩建，为青啤公司新增产能约240万千升/年，进一步完善了青啤公司在全国市场的战略布局。

（二）与A-B公司关系由竞争走向合作，增加国际竞争实力

青啤公司与世界最大啤酒企业结盟，变双方在中国市场的竞争为合作，促进青啤公司在战略规划、公司治理、人员培训及机制上的创新；同时，借助A-B公司的世界性经销网络以及在海外建厂及国际化运作的成功经验，为青啤公司进一步拓展国际市场打下了基础。

（三）为青啤公司提供了低成本融资方式

定向发行带强制性转换条款的可转股债券，为青啤公司提供了无发行风险、大大低于市场借贷利率、高于当时H股每股市值的资金支持，融资成本较低（当时H股价格为3.5港元，可转股债券转换价为4.68/4.45港元，由于转股后A-B公司还将返还本公司已支付的债券利息，则转股价格较H股价格有着显著的溢价）。

五、项目对青岛市经济产生的作用和影响

（一）青岛市利用外资的新突破，促进了青岛市的经济发展

此次青啤公司和A-B公司结成战略联盟，是在全国范围内的一种新的利用外资方式的尝试。青啤公司向A-B公司发行可转换债券，募集资金1.82亿美元，是青岛市改革开放以来最大的利用外资项目之一，扩大了青岛整体经济的对外开放程度，增强了青岛经济的活力，对青岛GDP的增长和外汇收入增加起到很大作用，大大促进了青岛经济发展。

（二）对青岛大型企业间接利用外资具有示范作用

名牌产品的崛起已经成为拉动青岛经济持续快速发展的骨干力量。今后青岛经济发展重点是把产业结构调整与创名牌紧密地结合起来，鼓励有优势的大企业创国际名牌，逐步向跨国公司迈进，同时注意抓好国家级品牌企业后续梯队的跟进，放开、放活和培育一批有特长的企业。在名牌产品的支撑下，青岛的一批知名企业在规模和实力上不断扩张增强。青啤公司与A-B公司的战略合作，为青岛的知名大型名牌企业在国内外的扩张尤其是采用可转换这种新的融资方式起到了示范作用，从而为青岛经济发展注入新的活力，成为青岛经济可持续发展的巨大动力。

（三）促进啤酒消费相关产业发展

目前，一年一度的青岛国际啤酒节已由一个地方性节日发展成在海内外具有相当知名度的国家级大型节庆活动。青啤公司的发展壮大和青岛啤酒国际知名度的提高，能增强青岛国际啤酒节的影响力，对推动青岛旅游经济发展，促进与啤酒消费相关的旅游、服务业发展具有重要作用。

（青岛啤酒股份有限公司）

强化外债管理，规避外汇风险

改革开放以来，国家积极推进利用外资工作，取得了重要成就。宝钢在三期工程筹资过程中，充分利用了外资，通过借用国外贷款，不仅确保了三期工程的建设资金，降低了融资成本，而且，宝钢也认识到，汇率、利率波动将给公司带来风险。为此，从借用第一笔三期外债开始，宝钢就非常重视外债管理工作，把它作为公司经营和财务管理一项重要而长期的工作来抓，并在此过程中积极探索外债管理方法，通过外债管理规避了外汇风险，也积累了不少经验。

一、三期外债的特点和管理挑战

（一）三期外债的特点

（1）借款总量大：借款总额高达15.85亿美元（按签约汇率折算），占公司总债务的比例高。

（2）融资货币汇率波动大：主要分为日元、马克和美元三种货币，分别占外债总额的71%、19%和10%。

（3）融资方式主要为出口信贷、国外银行商业贷款和日本政府贷款，分别占借款总额的76%、8%和16%。出口信贷涉及国家广泛，包括日本、美国、德国、法国、意大利、英国、奥地利等。由于宝钢三期工程引进的关键设备主要来自日本、德国等世界上钢铁设备制造较发达的国家，因此其中又以日本和欧洲国家的出口信贷和商业贷款居多。

（4）债务期限长，一般为5～10年，日本海外协力基金贷款期限为25年。

（二）三期外债的管理挑战

（1）三期外债总额大，占公司债务的比例高，因此融资成本的高低对公司来说显得尤为重要。

（2）钢铁企业收汇多为美元，而融资币种又以日元和德国马克较多，融资货币与还款货币来源币种的不匹配，加之外债的期限长，直接导致了较高的汇率风险和利率风险。

（3）三期工程始于20世纪90年代，当时国内企业普遍缺乏外债管理经验，而宝钢在三期项目之前也没有自行借用过外债，因此公司对如何进行外债商务合同谈判、如何管理三期外汇债务以规避外债风险并没有任何经验可以借鉴。

以上这些都使得公司在外债管理过程中面临了巨大的挑战。宝钢三期工程的建设，也标志着公司的外债管理工作正式开始。

二、三期外债前期外汇风险管理

风险管理是利用外汇融资的重要环节，对大量利用外债的企业来说，外汇汇率风险主要存在于企业外汇资金的“借、用、收、还”四个环节。宝钢作为借款人充分意识到汇率风险对融资总成本的影响，为尽

图为宝钢借用出口信贷建设的蒸汽联合循环热电机组，该机组额定容量14.5万千瓦

早避免外汇债务币种的汇率风险，公司从贷款合同及相应的商务合同谈判开始就对外债风险进行控制。

（一）融资货币以降低汇率风险为目标

该阶段外汇风险管理的原则是：综合出口收汇、商务合同谈判情况，在签约时对融资货币进行充分论证，确立融资的币种，尽量增加币种一致的环节，兼顾各种货币在债务中的比重，软硬货币搭配，得出最佳方案，为后期外债风险管理提供便利。按照此原则，公司将融资货币定在美元、德国马克和日元三大货币范围内，不接受其他不熟悉的货币，如法国法郎、奥地利先令、英国英镑、芬兰马克等，使外汇债务币种和商务合同签约币种一致。如奥地利银行提供的出口信贷采用德国马克标价，英国、法国出口信贷采用美元标价，在签约过程中实现规避汇率风险的目标。

（二）积极争取提款还款条款，为外债后期动态管理创造条件

一般而言，出口信贷是受到政府支持的一种融资方式，多数国家的出口信贷资金来源为政府资金，出口信贷机构通常不允许借款人提前还款。但在融资协议谈判过程中，公司掌握了各国出口信贷融资机制，从而利用不同国家政策的差异，积极争取到了对借款人非常有利的提前还款但无罚金的条款，为外债后期动态管理创造了有利的条件，从市场价值来评估，这些条款本身就是一笔不菲的期权。

三、三期外汇债务后期风险管理

从贷款开始使用到偿还完毕，公司对此期间的外债风险管理工作非常重视，做了大量的工作。

一是，从制度上保证了外汇风险管理工作的实施。为有效管理外汇债务的汇率和利率风险，公司制定并多次修改了外债风险管理制度，包括外债风险管理的工作流程、审批和授权制度，并于1995年成立了由总经理直接领导的外债风险管理小组。外债风险管理小组的主要职责是负责跟踪外汇市场汇率和利率走势，研究外债风险管理工具，分析公司外汇债务结构特征和存在的风险，制定债务风险管理策略，提交交易意向和交易方案。通过制度和风险管理小组的建立，使公司外债风险管理形成了一种长效机制，实现了外汇风险管理的日常化和制度化。

二是，要求从业人员主动把握国际金融市场信息，充分意识到市场中潜在的风险，对从业人员进行了相应培训，还在硬件上予以相应配套，长期租用了路透、彭博资讯终端，为利用国际金融市场资金提供信息支持创造了良好的条件。

在实际操作中，公司通过掉期交易、债务重组、整合公司风险源三种方式在不同阶段对外汇债务进行了风险管理。

（一）通过掉期，将非美元债务变为美元债务

公司借款初期，非美元债务比重过高，占借款总额的90%。考虑到公司马克和日元债务比重过高，为规避收入、支付币种不匹配造成的汇率风险，风险管理小组通过路透社金融终端及时了解和掌握国际金融市场动态，并与国内外金融机构建立广泛的业务联系，采用了货币掉期等传统金融避险工具对外汇债务进行保值交易，将部分马克和日元债务通过货币掉期转为美元债务。马克和日元掉期的汇率时机明显优于债务的成本汇率，成功地规避了马克债务和日元债务的汇率风险，缓和了债务币种不匹配的现象。此外，还利用利率波动的多次有利时机，通过利率掉期控制了利率波动的风险。在外币债务进行货币掉期时，公司始终坚持的原则是：债务掉期后的货币同收入币种一致；最终的利率负担低于直接筹措调入货币时的利率；以规避风险、债务保值为目的的操作原则，避免外汇交易中的投机趋利行为。

以1420冷轧酸洗轧机合同为例。借款币种为马克（2000年后为欧元），国外贷款行为德国复兴信贷银行。由于马克汇率波动很大，公司承担了较重的汇率风险，如果还本付息日马克升值，那么公司必须支付更多的现金。为此，风险管理小组通过连续五次掉期交易将马克债务全部转为美元债务，并将全部债务的1/4转为浮动利率，掉期的平均汇率为1EUR＝1.02USD（注：上述5笔掉期交易于2002年平盘，公司获利超过400万美元）。

（二）债务重组，降低债务规模和债务成本

随着公司外汇管理工作的开展，公司越来越意识到仅凭掉期交易这一传统的债务风险管理工具已不能满足公司管理外汇债务的需要，汇率风险管理必须和外债债务结构整体优化相联系，方可实现公司债务成本最低，整体风险最小的管理目的。为进一步加强对外汇债务利率、汇率风险的系统化管理，2000年7月，公司根据国际资本市场汇率和利率环境的变化，结合公司外汇债务的币种结构、利率结构和期限结构状况，并与国际知名的钢铁企

图为宝钢借用出口信用贷款和境外银行贷款，建设的150万吨双炉壳超高功率直流电弧炉，可年产100万吨钢水

业进行对比，于2000年下半年提出了“降低债务总量、优化债务结构、降低债务风险”的外汇债务整体结构优化的目标。

为实现外汇债务重组目标，风险管理小组分析了整体债务特性，对债务成本大大高于当时市场利率的债务进行了研究，通过对借用国内银行贷款以及部分自有资金提前偿还原贷款的可行性研究，整理偿债清单，设计谈判方案，安排资金预算，并与国家外管局上海分局进行了充分沟通。外管局上海分局在综合考虑国内银行的资金收益、国内企业的融资成本后，对宝钢的债务重组方案予以完全支持。为便于宝钢及时筹得国内外汇资金，外管局还提供了有意向参与的银行名单供参考。

整个债务重组采取了两种方式：

提前还款，降低债务总量。选择借款合同中已签署提前还款条款的部分债务，利用自有外汇资金进行了提前还款，有效地降低了外汇债务总量、控制了债务成本。

借新还旧，降低债务成本。宝钢日元债务总量巨大，其中迂回贷款（即变形卖方信贷）占日元债务的66%，上述迂回贷款基本具备自愿提前还款条款，1994年借入的日元贷款利率大多为3.8%～4.2%。根据迂回贷款单笔债务流量大，利率水平较高的特点，公司对国际、国内资本市场日元再融资的形式进行了分析，对发行日元债券和筹措国际日元银团贷款和在国内筹措日元贷款的成本和时机进行了研究，认为可利用日元利率处于低谷的时机，对部分超大型的日元贷款进行组合，实施借新还旧方案。同时，鉴于国内外汇贷款需求严重不足，外汇资金基本没有投资方向，在国内筹措日元贷款具有融资成本低、资金到位快、手续简便等优势，采用借用国内外汇贷款和借新还旧的方式提前偿还了国外贷款，大大降低了贷款成本，均衡了日元债务利率结构，同时大大减少了日元和马克这些非美元债务的总量，债务币种结构趋于合理，也为银行提供了良好的外汇资金利用渠道。

以首轮外币债务重组的1580热轧日元债务为例，该笔日元出口信贷于1994年借入，债务规模为219亿日元，年利率为3.8%，借款期限13年，其中还款期10年，宽限期3年。风险管理小组在比较了发行武士债券、国际银团贷款和国内银团贷款共三种方式后，最终确定借用国内银团日元贷款对1580热轧日元债务进行重组，即通过借新还旧的方式降低债务成本。通过多轮询价及谈判，公司从国内四家银行借入共200亿日元债务，期限缩短为5年，债务成本为Libor+0.25%。在重组完的半年之内，风险管理小组又将浮动利率的日元债务掉期为0.60%的固定利率债务。经过本次重组，为公司节约利息支出高达2亿元人民币。

其间，公司也提出了外汇债务和外汇资产统筹考虑的思路，对外汇债务进行动态管理。

（三）积极调整出口结算币种，整合公司风险源

长期以来，钢铁企业多以美元作为收汇结算币种，宝钢在2004年以前也一直如此，因此为了规避外汇债务汇率和利率风险，宝钢始终关注的是利用金融工具调整借款货币，解决外汇债务币种和还款货币来源上币种不匹配的问题。但就公司拥有大量非美元外汇债务的情况而言，这一结算方式并不完全合理，尤其是钢铁产品属于买方市场，对不同海外市场不加区分地统一采用美元结算并不能降低公司外汇避险成本，而只是使其更加隐蔽，最终削弱公司产品的价格竞争力。例如对于出口并最终在欧洲市场销售的产品的结算，欧洲用户需要将欧元换为美元再支付给宝钢，而宝钢对外偿债时，又需要将其换回欧元。如果将这部分出口改为欧元结算，不仅可以降低整个环节的流通成本，而且从公司外汇风险管理的角度来看，还可以使收入与支付币种结构匹配、对冲债务汇率风险。为此，宝钢组织财务部门和业务部门进行了多次内部讨论，对外也征求了几家大银行的意见，最终认为，丰富出口收汇币种，进行收支币种结构调整是必要和可行的。

以2004年出口收汇结算币种由美元改为欧元为例，根据公司出口价格的确定方式，考虑到对欧元区的出口从美元定价直接改为欧元定价具有可行性，公司2004年3月开始将对欧元区出口的部分出口合同的收汇结算币种由美元结算改为欧元结算。由于2004年欧元结算量大于当年欧元债务偿还额，对此，公司制订了三种方案：一种是根据当年还本付息所需欧元确定欧元结算量，完全着眼于现金流的收支风险对冲，付多少，收多少；第二种方案是放开收款，即对出口并最终在欧洲市场销售的产品全部改为欧元结算，不作任何限制，不仅能满足2004年欧元债务偿还需要，而且还款后余下的欧元还可对剩余的欧元债务的汇率风险构成对冲，提高运作收益；第三种即折衷方案，既从现金流的角度满足了债务支付，同时保留一定的欧元资产储备，部分对冲债务汇率风险，提高运作收益，避免集中换汇。尽管第三种方案缺乏充分的定量依据，但经过综合比较后，我们还是采用了第三种方案。

出口收汇美元结算变更为原币结算，此举既降低了海外子公司的风险，同时收汇部分用于欧元、日元设备采购支出和外汇债务还款，进一步实现了汇率风险的自然对冲，为人民币今后自由浮动下的外汇风险管理做好了相应准备。采取此种做法后，公司外债结构日趋合理，基本实现了汇率风险的自然对冲，2004～2005年在外债风险管理上未过多运用金融衍生工具。在宝钢新一轮规划中，宝钢将实施外部规模扩张，在资源开发领域和钢铁业将对海外直接投资、跨国经营，因此未来利用国外贷款仍将会是解决这些投资资金不可或缺而有力的手段，这无疑将对公司利用国外贷款工作提出更高的要求，同时2005年7月人民币汇率机制改革后，人民币汇率浮动弹性加大，增加了企业管理外债风险的难度。因此，宝钢的外债管理工作还将任重而道远。

（宝钢集团有限公司）

莱钢借用国外贷款项目总结回顾

一、莱钢基本情况

莱钢始建于1970年1月，是国家重点扶持的520家企业之一。经过35年的建设发展，现已控股莱钢股份等29个子公司，拥有总资产340亿元，3.9万名职工，具有年产1000万吨钢综合生产能力的钢铁企业集团，是中国冶金行业首批通过ISO9002质量体系、ISO14001环境管理体系和OHSAS18001职业安全健康管理体系国家认证企业。钢铁主业产品有：H型钢、热轧卷板、螺纹钢、特殊钢等系列。非钢产业产品有：矿山、球团、钢结构建筑、房地产、粉末冶金、水泥、耐火材料、运输物流、化工产品等。

“十五”期间，莱钢制定并实施了在新世纪初尽快做大做强的发展战略，紧紧抓住重要战略机遇期，乘势而上，借力而为，实现了超常规跨越式发展。一是经济实力明显增强，2005年钢、铁、材产量分别由2000年的214万吨、170万吨、196万吨，发展到2005年的1033万吨、765万吨和1049万吨，分别是2000年的4.8倍、4.5倍和5.3倍。莱钢连续3年增长速度位居全国重点钢铁企业第一，跃居全国十大钢行列。全集团销售收入、利税、利润总额分别由2000年的60亿元、5亿元和2亿元，增长为2005年的391.7亿元、32.3亿元和16.3亿元，分别是2000年的6.5倍、6.4倍和8.1倍。莱钢在行业的地位、社会影响力和对地方经济发展的拉动力明显增强。二是结构调整迈出关键性一步，市场竞争力进一步提高。加快以国家批准的大型H型钢生产线为重点的工程建设，实现了工艺、产品结构的优化升级，提高了整体工艺装备水平，主要工艺装备实现了大型化、现代化，产品结构调整为以H型钢、板带材、特殊用钢为主，莱钢已成为全国规模最大、品种规格最全的H型钢生产基地，螺纹钢比例降到了30%以下。三是加强经济技术贸易合作，国际化运营水平明显提高。出口创汇额、进出口总额分别由2000年的0.82亿美元、1.02亿美元达到2005年的3.89亿美元、9.79亿美元，年均增长72.7%和76%。四是企业凝聚力明显增强。在生产快速发展的同时，城市化和环境建设得到加强，一大批公共配套设施建成投用，建成住房54万平方米，绿化面积达166万平方米，职工工作生活环境条件明显改善，人均收入由2000年的1.3万元提高到2005年的3.18万元，是2000年的2.99倍。

二、莱钢利用外资改扩建项目基本情况

莱钢原来是一个装备落后的中型地方钢铁企业，通过利用外资改扩建，吸收技术援助协议和国内外专家咨询意见，较快地推进了企业整体素质和水平的提高，促进了企业股份制改革，为莱钢今后的发展奠定了基础，1994年莱钢跨入全国大型钢铁联合企业，1995年跨入全国特大型钢铁联合企业，大大缩短了与先进企业的差距，实现了大跨度发展。

在利用外资改扩建之前，由于国家调整压缩基本建设投资规模的影响，莱钢的部分主体工程停、缓建，原设计规模没有完全实现，使建成的工程项目工艺上不配套，尤其是转炉钢系统及后部工序不配套，未形成完整的生产线，加之企业内部责、权、利分配不清、管理上等多种因素的影响，致使莱钢1983年前连续亏损13年，累计亏损22895万元，相当于莱钢当时全部投入的一半，严重制约了企业的发展。

在改革开放的新形势下，全国和山东钢铁供需矛盾十分突出，钢铁工业急需通过配套改造，完善工艺生产线，上规模、上水平，提高经济效益和市场竞争力。1986年初，国务院根据钢铁供需矛盾突出，需大量进口钢材的实际，决定利用外资增加1000万吨钢材生产能力。莱钢抓住机遇，积极争取，1987年3月2日，国家计委以计

原[1987]335号文批准了冶金部和山东省政府联合上报的莱钢利用外资改扩建项目建议书，把该项目纳入国家利用外资发展1000万吨钢的大盘子，并列入借用亚洲开发银行(下称亚行)贷款的备选范围。

1992年3月31日亚行董事会通过了对莱钢项目的贷款，4月21日中国驻菲律宾大使代表中国政府与亚行行长签订了《贷款协定》。改扩建项目利用外资总计2.53亿美元，其中亚行直接贷款1.33亿美元，联合融资0.88亿美元，国际商业贷款0.32亿美元；同时提供80万美元的技术援助赠款，作为亚行聘请国内外专家对莱钢进行股份制改造的咨询费用，详见莱钢利用外资贷款情况一览表（表1）。

表1 莱钢利用外资贷款情况一览表

贷款名称	贷款金额（万美元）	签约时间（年.月.日.）	期限（年）	宽限期（年）	还款期（年）	备 注
亚行主贷款	13300	1992.4.21	24	4	2016	
平行避税贷款	2800	1992.9.28	10	4	2002	联合融资
补充贷款	2500	1992.9.28	15	4	2007	联合融资
日本输出入银行贷款	480375	1994.1.28	20	4	2013	联合融资
日本劝业贷款	500	1991.9.4	7		1998	商业贷款
日本三和贷款	500	1991.9.4	7		1998	商业贷款
日本三和贷款	2200	1994.11.22	7	3	2001	商业贷款

莱钢利用外资改扩建项目1991年开工建设，1999年建成投产，历时9年。项目概算总投资41.34亿元，其中固定资产投资39.83亿元，铺底流动资金1.51亿元。主要建设项目包括矿山、炼铁、炼钢、轧钢和公用辅助设施五大部分十个系统，共25个单项工程（具体项目见表1），实现了建设质量好、投资省、达产达效快的目标。1999年项目全部结束时，铁、钢、材的年生产能力分别达到了175万吨、200万吨、200万吨，已远远超出原设计年产铁84万吨、钢70万吨、材63万吨的生产能力。莱钢由一个缺钢少材，工艺不完善的企业，成为一个生产工艺基本配套，主体设备达到国内先进水平，部分设备达到20世纪90年代国际先进水平的拥有转炉钢和电炉钢两个生产系统，包括矿山采选、烧结、焦化、炼铁、炼钢、连铸、轧材以及相应的动力、运输、机械、建筑、安装等门类比较齐全的大型钢铁联合企业。

三、利用外资改扩建项目推动了莱钢的体制改革

在利用外资改扩建中，按照《技术援助协议》的要求，莱钢与亚行聘请的国内外咨询专家共同努力，形成了一套较完整的股份制改组方案，为莱钢转换企业机制奠定了良好的基础。通过创立公司和股票上市，完善了法人治理机构，转换了企业经营机制，拓宽了融资渠道。股份公司组建以来，生产建设和改革等各项工作运转正常，呈现出良好的发展势头。同时，莱钢加大了公司制改制力度，经省政府批准，1999年5月18日，莱芜钢铁集团和莱芜钢铁集团有限公司正式挂牌创立，规范了母子公司体制运作，朝着建立现代企业制度迈出了重要的一步。

亚行对莱钢项目进行评估时就提出了降低国有成分，实行民营化，进行企业改制的要求。1992年2月，莱钢根据亚行的建议向省政府提出进行股份制改组的要求，省政府批准莱钢为山东省股份制试点单位，同年4月21日，亚行同莱钢签订《技术援助协议书》，向莱钢提供不超过80万美元的援助，聘请国际上的投资银行和会计公司，为莱钢提供股份制改造的咨询和服务。同年底，莱钢选择一个分厂和一个车间分别成立股份有限公司进行试点。1993年5月亚行聘请的瑞士银行亚洲投资银行和安达信公司香港公司的专家进厂工作。1994年8月亚行专家向莱钢提供第一阶段《终结报告》和《会计手册》、《管理信息系统补偿方案》。通过同亚行专家的广泛交流，莱钢较为系统地了解了股份制、公司制和国外企业的管理体制。1994年10月，莱钢确定改革的总体思路，就是以组建企业集

团为目标，以股份制改组为中心，通过资产重组和资源的优化配置，实现一业为主，多种经营和规模经济。

（一）商业化阶段的改革（1993～1996年）

主要目标是，为适应市场，通过内部整合，调整资源配置，建立企业经营管理体制。当时的莱钢“大而全”，主辅业务不分，资源分散固化，层层办社会；企业不注重产供销的关系，不了解市场的需求，内部搞封闭的经济核算，内部价格体系与市场脱离；企业未建立起经营、效益的理念，经营决策随意性大；内部机制僵化、人多、效率低，大锅饭现象严重。改革的主要内容是：

（1）1993年实行劳动、人事、分配三项制度改革，初步建立了企业与职工双向选择，竞争上岗，工资分配与经济效益挂钩，实行岗位工资为主的分配制度和全员劳动合同制。同时精简机构，分流富余人员。

（2）1994年，将存在于各单位的生活服务、房产管理、医疗卫生、普通教育、公安保卫等社会服务职能取消，将其机构、资产、人员分离出来，成立专门机构经营化管理。目的是减轻各生产单位的负担，变层层办社会为总厂集中办社会。统管后，生活服务由福利性向经营性转变，向社会开放；医院随着职工医疗制度改革实行市场化运作；房产管理推行职工住房制度改革，取消福利性分房，职工购房、租房商品化；普通教育由企业费用全包改为合理负担。

（3）1995年，将各单位的非主营业务进行剥离，将属于非国有的集体资产进行界定分离，集中统管于附属企业公司、汽车运输公司、小汽车总队等。

(4)1995～1996年，管理体制做了重大调整，将设备、辅助材料、原燃料供应、产品销售、机动设备管理、财务管理、质量检验、通讯、计量等专业管理职能，集权于总厂，实现莱钢一贯到底的管理。

建立产供销一体化的营销体制，实行以销定供、以销定产，严格按订货合同来确定产品产量、品种和质量；按市场经济要求，改革企业经济核算

山东莱钢集团改扩建项目，借用亚洲开发银行、日本输出入银行以及国际商业贷款等多种贷款。图为50吨电炉

体系，取消内部计划价，对内部一切物流、资金流、劳动力流都按市场价进行核算，实行市场化经营，使莱钢每一个厂矿、每一道工序、每一个岗位都进入市场；按市场经济要求，建立以市场为导向、以专家论证为依据、以效益为目标的决策程序；改革科技管理体制，加大科技开发投入，调整产品结构；拉开职工收入差距，把产品在市场上的销售效益同职工的收入挂钩，对有突出贡献者给予重奖。

（二）公司体制改革阶段（1996年10月～1997年8月）

主要围绕钢铁生产主体组建股份有限公司，发行股票并上市。

在利用外资改扩建中，按照《技术援助协议》的要求，莱钢与亚行聘请的国内外咨询专家共同努力，形成了一套较完整的股份制改组方案，为莱钢转换企业机制奠定了良好的基础。1997年2月，莱钢获得中国证监会的批准，发行社会流通股票8000万股。根据《中华人民共和国证券法》和证监会的规定，社会流通股总额占资本总额的比例不得低于15%，为了最大限度将钢铁生产系统组合进去，莱钢当时将下属两个炼铁厂、焦化厂、炼钢厂、特钢厂、轧钢厂、锻压厂等7个生产厂的资产投入，设计的股本结构为：总股本52980万股（每股面值为1元人民币），其中国有法人股44980万股，占总股本的84.9%；社会公众持有8000万股，占总股本的15.1%，于当年8月8日上海证券交易所上网定价发行，8月21日创立莱芜钢铁股份有限公司，8月28日在上交所成功上市。通过建立股份公司和股票上市，莱钢拓展了融资渠道，以每股6.73元（RMB）的溢价，募集了5亿多元的建设配套资金，顺利建成了中型型钢工程。

同时，莱钢加大了公司制改制力度，经省政府批准，1999年5月18日，莱芜钢铁集团和莱芜钢铁集团有限公司正式挂牌成立，规范了母子公司体制运作，朝着建立现代企业制度迈出了重要的一步。

莱钢通过股份制改组，夯实了股份制的制度基础，优化了存量资产结构，构建起了多元化投资结构，逐步健全了法人治理结构，为转换企业机制和制度创新奠定了基础。股份公司组建以来，生产建设和改革等各项工作运转正常，呈现出良好的发展势头。截至2005年9月末，公司总股本由上市时的52980万股增加到92227.31万股，增长了74.08%。社会公众股20280.00万股，占总股本的21.99%。总资产和股东权益也分别由上市时的24.19亿元、12.30亿元增加到119.28亿元和47.29亿元，分别增长393.10%和284.47%。公司自1997年上市以来，除上市当年实施10送3转增2的分配方案和1999年未分配外，其余6年分配方案全部为现金分红，累计实施现金分红15.38亿元，与此同时，莱钢股份自首发募集5.216亿元资金后，加上1999年和2002年两次配股，累计从资本市场筹资11.176亿元，现金分红超过资本市场融资额4.2亿元，在证券市场上树立了绩优蓝筹股的良好形象。

亚行在莱钢的后评价报告中认为，“没有该项目，莱钢将无法生存。莱钢项目是国有企业改革和民营化及钢铁工业现代化的模型，是钢铁工业和其他行业企业参照的模型”。

（莱阳钢铁公司）

意大利混合贷款四川天华公司大化肥项目

四川天华股份有限公司年产30万吨合成氨、52万吨尿素大化肥项目，是四川省“八五”期间利用部分外资引进国外具有国际先进水平的技术和设备建设的重点支农项目，借用意大利政府混合贷款11231万美元。

一、项目基本情况

（一）企业基本情况

四川天华股份有限公司（简称天华公司）前身为四川天然气化工厂，成立于1966年，是国家三线建设的一个化工基地，1979年停缓建。1985年四川省决定利用川天化厂现有场地，建设年产30万吨合成氨、52万吨尿素大化肥装置。后因种种原因，外事合同被迫推迟了3年，于1992年7月生效。与此同时，大化肥工程项目被国家计委列入国家新开工项目计划，主体工程建设开始启动。

四川天然气化工厂大化肥项目一开工就面临非常严峻的资金危机：由于外事合同生效推迟了3年，外汇汇率变化导致实际利用外资急剧增加，同时，由于新的施工取费定额出台及设备、材料价格上涨等因素影响，国内配套人民币也大量增加。面对巨大的资金缺口，财力本来就极为紧张的四川省感到难以解决，银行贷款也十分困难。在此形势下，四川省政府果断决策，项目进行基本建设股份制试点。

1993年3月，经四川省股份制试点联审小组批准，由四川天然气化工厂、四川省投资公司、四川省农业生产资料总公司、四川省化学工业总公司、四川省泸州投资公司五家企业发起，依托原四川天然气化工厂大化肥项目，组建成立国有控股股份制企业，即四川天华股份有限公司。公司成立后，实收股本46821万元，注册资金46821万元。1999年吸收泸天化股份有限公司36000万元承债入股资金，注册资金变更为76821万元。

天华公司实行项目法人管理体制，设立董事会和监事会，实行董事会领导下的总经理负责制。经营范围以农用化肥、化工原材料和化工产品开发、生产和营销为主，主导产品为尿素。

（二）项目建设基本情况

天华公司大化肥项目工程专利技术和主体设备是采用国际招标方式，从意大利TCM公司和SNAM公司引进了20世纪90年代初先进技术设备。项目于1993年4月正式动工建设，1995年10月13日生产出合格尿素，总建设工期31个月，试生产两年，1997年底正式通过国家验收，1998年转入正常生产。

公司大化肥项目批准概算总投资22.95亿元，实际完成总投资22.68亿元。实际交付财产：固定资产20.34亿元，递延资产1.45亿元，无形资产0.72亿元。其中：外汇转贷款11231万美元形成的专利费等软件资产1770.4万美元，形成的设备等硬件资产9460.6万美元。

项目建设累计安装静设备1163台，传动设备1083台，仪表设备4612台，电气设备779台。工程质量总评优良，1997年12月，大化肥生产装置顺利通过了国家竣工验收。

（三）生产经营基本情况

装置自投产以来，由于受进口尿素的冲击，国内化肥市场极度疲软，市场尿素价格最低时已跌至制造成本，使公司刚进入市场就面临着巨大的竞争压力和生存危机。截至1999年，由于经营和会计政策变更，公司累计亏损约7000万元。时此，公司通过内抓管理降成本，外树形象拓市场，不断改善内部条件，以适应外部环境，最终走出低谷，步入了良性发展的轨道。从1998年开始，公司大化肥装置突破设计能力，生产年年上台阶，利润连创新高，到2005年公司实现年净利润11810万元。良好的经营业绩，为公司进一步拓宽市场，寻求发展打下了坚实的基础。公司近6年经营情况详见表1：

表1　四川天华公司近6年获利能力指标变动情况

单位：万元

项目	2000年	2001年	2002年	2003年	2004年	2005年
尿素产量(万吨)	60.72	59.64	58.18	57.07	59.01	61.32
尿素销量(万吨)	53.62	77.65	56.03	57.16	54.19	52.21
主营业务收入	50053	68096	55701	61596	68934	74362
主营业务利润	10476	10825	13811	17617	24927	26483
利润总额	481	1210	2526	6994	12891	14707
净利润	481	1210	2526	6034	10834	11810
销售利润率	20.93	15.9	24.79	28.6	36.16	35.61
资本回报率	0.65	1.67	3.29	7.86	14.11	15.37
总资产报酬率	2.72	2.92	3.46	5.44	8.75	5.41

二、国外贷款基本情况

（一）利用外资的批复情况

1988年，化工部报请国家计委将川天化大化肥项目外汇贷款改为利用意大利政府混合贷款8960万美元，国家计委复函同意。1991年10月，国家计委又批准利用意大利政府混合贷款额由8960万美元调整为11231万美元。1992年12月，意大利政府通知批准贷款，1993年3月10日公司与中国银行泸州分行签订了转贷合同。

（二）贷款情况

意大利政府混合贷款总额11231万美元，其中：意大利政府贷款6395.18万美元，年利率1.5%，中行转贷费率0.3%，综合年利率1.8%，贷款宽限期10年，偿还期10年；买方信贷4835.85万美元，年利率7.49%，中行转贷费率0.2%，综合利率7.69%，贷款宽限期5年，偿还期10年。

截至2006年6月20日，公司累计偿还混合贷款7394万美元，贷款余额3837万美元，其中买方信贷4835.85万美元于2000年全部偿还；截至2006年6月20日，累计支付外汇贷款利息费用3463万美元，其中：买方信贷（1994～2000年）付利息费用2056万美元，政府贷款（1993～2006年）利息费用1407万美元。

（三）以置换外汇方式提前全额偿还买方信贷情况

由于项目建成之初资产负债率高达83%，加之项目投产后，尿素市场价格持续下降，公司虽然采取了一系列措施，但不能从根本上解决借款过多带来的大额财务费用支出问题。1997年和1998年，公司的年财务费用均超出1.3亿元。

对于公司大化肥项目高负债造成的经营困难，按国家“优势互补，共谋发展”的政策要求，经省政府批准，公司吸收了四川泸天化股份有限公司3.6亿元募股资金，用于偿还公司高息贷款。该笔资金于1999年6月到位。

国家从1998年起相继多次下调国内贷款基准利率，公司意大利买方信贷成为公司借款中利率最高的贷款。因买方信贷金额大，利率高，对公司影响大，根据省政府批准的“承债入股”精神和泸天化股份公司“招股说明”所载明的募股资金用途，公司确定用承债入股资金提前偿还意大利买方信贷。国家当时的接外汇政策，公司不能直接用自有资金购汇提前偿还外贷。经多方努力，同意公司用置换外汇方式偿还意大利买方信贷，于2000年11月向中行申贷现汇偿还了全部意大利买方信贷共计2901.49万美元，12月公司用自有资金购汇偿还中行2700万美元现汇贷款。圆满完成以置换外汇方式全额偿还意大利买方信贷工作。提前偿还外贷后，公司的资产负债率下降至63%，财务费用减少，资产及财务状况得到了大大改善，2001年度利润达到了1200万元。从公司偿债后的实际运作情况来看，以置换方式提前全额偿还意大利买方信贷，国家、银行和企业三方都获得了较大利益。

三、公司利用国外贷款取得的成效

（一）创新建设投资体制，强化项目工程管理

由于引进了国外贷款，天华公司大化肥项目建设在观念的碰撞和体制的磨合下，对建设投资体制进行改革，实行了项目业主负责制。项目业主负责制的实施明确了由业主承担投资风险，强化了业主及各投资方的自我约束意识，对控制工程概算、工程质量和建设进度起到了积极的作用。其余单位包括设计、监理、施工、物资都服务于项目业主，通过履行经济合同对项目业主负责。另外，业主不但负责建设而且负责建成后的经营和还款，对项目的建设与投产后的生产经营实行一条龙管理，较好地克服了基建管花钱，生产管还款，建设与生产经营相互脱节的弊端。项目业主负责制同时还推动了招标工作和项目质量监理工作的健康开展。

在实施项目业主负责制的同时，天华公司还采取了以设计为主体的总承包施工管理体系，从而在建设工期、工程质量、工程费用三方面都实现了有效的控制，为投料试车一次成功，装置性能考核一次通过，试生产期间（1995～1997年）产出合格尿素90万吨的优异成绩打下了坚实的基础。天华公司在强化项目工程建设管理方面的实践经验形成了非常具有时代特征的“天华模式”，为全国化工系统基本建设提供了一个可资借鉴的成功范例，在化工行业引起了巨大反响，曾荣获化工部“八五化工建设先进单位”荣誉称号等。

（二）改革企业组织制度，解决国内配套资金不足，促进公司体制转变

由于引进了国外贷款，大化肥项目建设得到国内配套资金的支持。建设过程中，由于配套资金紧张，促使企业在组织制度方面进行了改革——实行建设项目股份制。建设项目股份制的实行，为大化肥项目国内配套资金的筹集打开了局面，同时，天华公司按照《公司法》的规定，形成了产权明晰，权责明确的有限责任公司基本框架，从而向现代企业迈出了重要的一步。在此基础上，天华公司进一步深化三项制度改革，全员劳动合同制、干部聘任制以及效益优先、兼顾公平的分配制度在全公司范围内得以实行。

（三）引进先进技术，培养专业技术队伍

通过国外贷款，天华公司成套引进了年产30万吨合成氨、52万吨尿素的大化肥装置。该装置分别采用美国布朗公司的深冷净化工艺和意大利期拉姆公司氨汽提工艺，是20世纪90年代初世界先进技术。天华公司在不断吸收消化引进技术的同时，跟踪国内外最新技术，通过内部培训和到同类型大化肥企业以及到美国、意大利等国强化培训等方式，培养了大量专业人才，有力地推动了生产的顺利进行。

近年来，天华公司加大了对装置的技改技革力度，先后对合成气压缩机、尿素二氧化碳压缩机、尿素合成塔、脱碳系统进行了重大技术改造，确保装置“安稳长满优”运行。特别是2004年进行的几项重大技改技革，从各项运行指标分析，已达到装置运行中历史最好水平。其中二氧化碳压缩机的改造，解决了制约装置运行的瓶颈，为装置稳定运行及下一步扩能奠定了良好的基础。通过技改技革，合成氨装置、尿素装置最高负荷分别达到108%和113%的历史及同类装置国内最好水平。合成氨装置长周期运行达270天，尿素装置长周期运行达242天，位列全国大化肥装置前茅，并以较低的产品制造成本领先于全国同行业。

自投产以来，天华公司涌现出了各类专业技术能手和技术带头人。目前，天华公司国务院特殊津贴获得者5人、省优秀专家3人、市级技术带头人2人、公司级技术带头人21人、职业能手29人、技师14人、高级工148人、高级职称44人。天华公司

四川天华公司大化肥项目，借用意大利政府贷款。图为工程全景

在不断培养出各类技术人才的同时，还输送优秀的技术人才支援其他企业的生产建设，带动他们同步发展。同时，天华公司已成为了化工院校、企业单位培训学习的基地。

（四）吸收国际先进管理经验，提升企业管理水平

天华公司大化肥项目作为“八五”期间引进大量外资建设的重点支农项目，在引进大量硬件设施的同时，也极大地拓展了视野，吸收了大量的国际先进管理经验。为促进企业长远发展，使公司各项基础管理工作更加科学化、规范化和系统化，天华公司率先在四川省化工企业中开展具有世界先进水平的QEO三标一体管理体系贯标工作，以此推动质量、环境、职业健康安全管理水平。通过“QEO三标一体化”认证工作，近年来，天华公司不仅完善了管理机制，大大提高了工作效率，而且广大员工特别是中层管理人员系统地学到了围绕质量、环保、职业健康安全工作的思路和方法。这些思路和方法在生产管理、行政管理中取得了很好的成效。员工职业健康安全及环保意识也大大增强，装置缺陷大大改善。

在多年坚持不懈的努力下，“天华”牌尿素于2001年获得国家质监局颁发的国家免检资格证书，于2003年通过ISO9001：2000国际质量认证，并先后获得四川省名牌产品、全国用户满意产品等荣誉称号，产品销往全国二十多个省、市、自治区和部分东南亚国家。天华公司也先后获得四川省三A质量等级证书、全国质量服务双保承诺单位、四川省首批生态工业园区等荣誉。

（五）优化企业内部管理，创造良好经济社会效益

对天华公司而言，通过国外贷款而建设的大化肥装置是公司赖以生存和发展的基础。自项目建设以来，公司全体员工发扬“团结协作，坚韧拼搏，敢为人先，争创一流”的天华精神，内抓管理降成本，外树形象拓市场，始终坚持生产经营和改革发展一齐抓，坚持物质文明和精神文明协调发展，不断改善内部条件，走上良性发展的轨道。从1998年开始，天华公司装置突破设计能力，生产年年上台阶，利润连创新高。到2005年底，天华公司累计生产尿素560万吨，实现工业总产值62.45亿元，增加值21.62亿元，为国家创利税6.89亿元。预计2006年，天华公司将实现主营销售收入超10亿元，创利税1.8亿元。

天华公司在创造良好的经济效益的同时，还创造了良好的社会效益。近年来，公司先后获得四川省最佳文明单位、全国模范职工之家、全国创争活动先进单位等荣誉称号。同时公司已进入四川工业企业综合实力20强，四川化工企业最大规模10强，四川化工企业最大市场占有份额10强和四川工业企业最大纳税50强，成为西部化工城一颗璀璨的明珠。

（六）提升自主创新能力，促进企业可持续发展

天华公司大化肥项目经营效益年年上台阶，为企业进一步发展奠定了坚实的基础。为此，公司制定了2004～2010年“十一五”发展规划，明确了规划期内的主要奋斗目标，其中重要的一项就是根据国家、省、市战略目标，结合公司实际，5年内争取在新材料、精细化工等领域上一个新项目，储备2～3个已完成可行性研究的后备项目；公司按照这一长远发展规划，首选项目——新建2.5万吨/年1,4-丁二醇项目启动，于2006年2月20日试生产出合格产品。

1,4-丁二醇作为一种重要的有机化工中间体，其下游产品具有良好特性及其应用的不可替代性，且产品附加值高。目前，1,4-丁二醇国内需求相当部分是靠进口满足。天华公司1,4-丁二醇项目经过3年多的努力，最终与美国杜邦公司签订了1，4-丁二醇技术转让合同，成为中国首家受让杜邦公司先进生产技术的企业，也是目前国内规模最大的1，4-丁二醇企业，这为产品抢占国内市场提供了有力的保证。与美国杜邦公司的成功合作，为天华公司的技术进步，拓宽产品渠道，进入国际市场奠定了良好的基础。

四、利用国外贷款的经验教训

（1）公司利用的意大利政府混合贷款11231万美元，具有综合贷款利率低且固定、贷款宽限期和贷款时间长等优点，为公司的起步和发展创造了良好条件。

（2）企业利用外资必需得到政府的大力支持，公司引进的外资，实际上是我国与意大利政府间加强经贸合作的具体体现，企业得到优惠国外

贷款，为进一步发展取得资金，支会各级政府帮助。

（3）利用外资受国际环境的影响较大。公司大化肥项目1988年就得到批准，直到1992年才得到落实，耽误了3年黄金时间，且贷款额由8960万美元上升到11231万美元，增加了技术引进的费用。

（4）外汇贷款受国家外汇政策的影响较大。1994年国家外汇体制改革，人民币对美元汇率由1：5.3调整到1：8.7，造成公司的汇兑损失超过3亿元，项目工程成本因此增加超过3亿。

天华公司虽然在利用外资、引进技术、消化创新技术、提升管理水平等方面取得了可喜的成绩，但我们也清醒地认识到，市场千变万化，在市场经济的大潮中，不进则退。在努力实现企业可持续发展的道路上，天华公司将秉承“勇气催人奋进，智慧成就辉煌，细节决定成败”的企业文化理念，聚精会神搞建设，一心一意谋发展，力争在新的投资项目中，能再次成功引进外资和更先进的技术，从而向着化肥与化工齐头并进，无机化工与有机化工协调发展，基础化工原料与精细化工产品相互促进的目标迈进，积极为四川省西部化工城的建设和四川省经济新跨越贡献我们的力量。

（四川天华股份有限公司）

四川省借用国外贷款项目的前期工作

国外贷款项目与其他项目最大的不同在于需要经过国内外两套程序的审批，需分别按照国家和贷款机构的要求开展国内和国外的前期准备工作，因而国外贷款项目前期准备工作的内容、程序都比国内项目复杂和繁琐，所花的时间也相对较长。近年来，国内经济发展速度很快，对加快国外贷款项目的前期工作提出了很高的要求，为了主动适应这些新的情况，充分发挥发改委在项目前期准备中的重要作用，四川省在国家发改委的指导下，进行了一些积极的探索。

一、加强统筹协调，充分发挥发改委在项目前期工作中的主导作用

国外贷款项目作为政府投资项目，要求发改委在项目的前期工作中必须发挥好统筹和协调作用。在工作中，我们主要抓住了以下几个关键环节。

一是做好衔接，统筹协调国内外两套审批程序。国外贷款项目由于具有国内外两套审批程序，因而项目前期准备过程中两套程序的协调就显得尤为重要。对国际金融组织贷款和日元贷款项目，我们的做法是，项目一旦列入国家备选规划，立即召开项目前期工作部署会，启动各项前期工作，并督促外方立即开展项目鉴别。在整个前期工作中，抓住几个关键的审批环节，尽量做到国内的项目建议书审批、可研审批、初步设计审批与外方的项目鉴别、预评估和正式评估前后进度大致相同，并力争国内进度适当超前，以争取我方主动。对外国政府贷款项目，如果是外方专家不评估的项目，我们的做法是，项目一旦列入国家备选规划，保持信息流的及时和通畅，指导和督促项目单位在适当的时间完成审批程序，并督促项目单位与对外窗口部门保持紧密联系，保证国内审批程序和对外工作进度的一致。

二是加强评估，严格把好国内审批关。国外贷款属政府主权外债，必须按照政府投资项目进行管理。投资体制改革后，部分贷款项目的审批权限下放到地方，我们按照国家对政府投资要管住管好的要求，从严把关各个环节的审批。

四川省世行贷款城市环境治理项目（借用世行贷款1.8亿美元）是投资体制改革后第一个由四川省自行审批的世行贷款项目，中咨公司的评估在2003年11月已经完成。中咨公司评估完成后，部分项目内容又发生了变化，在这种情况下，我们立即组织省内有关专家对调整的项目进行重新论证和评估，并要求项目单位按照专家的意见对项目建议书进行调整和完善。在项目的可研审查中，由于该项目涉及的3个开发区国家尚未进行审查和公示，我们没有急于对项目可研进行审查和批复，而是按照国家对开发区的审核原则，对开发区进行重新审查和上报，在得到国家发改委的最后确认和公示以后才进行项目的可研审查。同时，项目中宜宾、攀枝花等城市涉及长江的行洪安全等问题，我们也坚持必须要有关部门出具意见后再进行审查。

利用丹麦政府贷款都江堰城市污水处理工程借用丹麦政府贷款950万欧元，项目地址在世界文化遗产、国家级风景名胜区都江堰市，地处岷江上游，每年接待游客450万人次，随着经济尤其是旅游业的发展，需要处理的污水急剧增长。但是项目单位提出的建设规模过大，不符合实际情况和发展的需要，我们组织了省内专家对项目近、远期的建设规模进行了论证和评估，并要求项目单位根据专家的意见结合四川省“十一五”规划进行调整，需专家和各部门认可后我们才进行了审查。

三是突出重点，着力解决项目前期工作中的难点问题。解决国外贷款项目前期工作中的重点、难点问题是发挥发改委职能的重要体现。世行贷款城市环境治理项目主要建设内容是城市道路及其地下管网建设，经请示国家发改委，我们将此项目定性为“城市环境治理”，而世行却定性为“城市发展”或“土地开发”，因而十分重视该项目的财务分析和社会保障政策，在正式评估后还反复对这些问题特别是社会保障政策进行进一步评估。我们认为，世行从区域发展、城市发展的角度对项目进行可行性分析，对项目区土地开发问题的关注以及对开发区量大面广的移民安置的重视都是对的，但如何结合国内实际并配合世行做好有关工作、引导世行不能偏离“城市环境治理”的项目目标成了项目准备中的难点。在工作中，我们多次召集有关部门和相关城市做好有关资料的调查和收集工作，做好对世行的解释和答复工作，同时也尽可能地吸收了世行提出的一些好的意见和建议。世行东亚和太平洋地区城市发展局长瓦玛先生对该项目的移民安置工作给予了充分的肯定。

省妇幼保健院西班牙政府贷款项目是省卫生厅打捆调整项目。该项目从2000年开始申请使用外国政府贷款到对外进行技术交流和商务谈判经历时间较长，在这个过程中，有一家项目单位因改制项目法人已发生了变化，使整个打捆项目陷入僵局。由于对外工作已经开展到一定深度，其余项目单位和改制后的项目单位使用西班牙政府贷款积极性仍然很高，为了该项目能顺利实施，我们找出工作的难点，在贷款总额度内对原项目进行调整。经多方协调，完善了改制后项目单位前期的审批和财政担保问题，保证了打捆项目的整体性，使项目得以顺利实施。

四是确保实施，督促落实国内配套资金。落实国内配套资金是国外贷款项目成功实施的关键，我们在项目前期工作中尽力帮助项目特别是社会公益性项目落实国内配套资金。世行贷款/英国政府赠款西部地区基础教育项目在四川省覆盖了28个贫困县及少数民族县，经济基础差、财力薄弱，经过有关部门的反复讨论，我们对三个民族自治州的少数民族县实行了省财政统借统还。世行贷款/英国政府赠款农村供水与环境卫生项目所在地全部为贫困县，建设内容又属于社会公益事业，我们已向省政府提出省级政府配套大部分资金的方案。日元贷款长江上游生态环境综合治理建设项目覆盖了嘉陵江、岷江、沱江流域上游的12个县，社会效益大于经济效益，省发改委多方协调，积极争取各部门和领导的理解和支持，使该项目在落实配套资金方面得到了保证，并作为一类项目管理。省政府领导对该项目专门作了批示：“保证资金用得好，配套好，能还贷”。近年来，国债资金在城建环保领域、生态建设领域对国际金融贷款、日元贷款出现了“挤出效应”，一些城市误认为用了国外贷款就不能用国债资金。对此，我们及时提出“两种资金互为补充”的意见，有效地保证了项目的资金来源，也为项目的顺利建成提供了保障。

五是加强领导，建立健全项目组织机构和运行机制。建立有效的项目管理机构是项目进行前期工作的必要条件。我们坚持对每个国际金融组织贷款、日元贷款和较大的外国政府贷款项目设立项目办，而且建立一套切合实际的管理模式，满足跨部门、跨地区的需要，使参与贷款管理的各方都能有效地协调和分工合作，保证项目的顺利实施。在工作中，我们与各项目办保持了良好关系，建立了协作机制，重大事项及时沟通，有效地保证了项目前期工作的顺利推进。世行贷款/英国政府赠款农村供水与环境卫生项目由于涉及农村供水与环境卫生、健康教育等若干方面，项目办设在了省发改委，由省发改委牵头组织该项目的前期准备和实施工作。

二、积极改革创新，发挥国外贷款项目在项目管理理念等方面的示范和带动作用

针对国外贷款项目前期工作中出现的新情况，我们在工作中加强调研，积极创新，在加快项目前期准备的同时，更加注重引进国外先进的项目管理理念和管理机制。

一是在项目准备程序上进行积极探索和尝试。世行贷款城市环境治理项目2003年列入世行贷款备选项目规划，2004年10月批复项目建议书。之后，各地提出要加快项目进程并于2006年开工建设。我们理解地方的心情，但是又不能违反国家和世行的有关程序和要求。对此，为了避免部分子项目等不及国内外审批而退出给整个项目造成的被动，我们与省级有关部门研究并征求国家发改委和世行的意见，决定采取以可研与初设同时招标的形式加快项目准备过程。也就是说，招标初步设计单位，投标单位的投标文件基本达到项目可研报告深度，中标单位在吸取其他投标文件优点的基础上再完成20%的施工图设计，以保证部分项目采用追溯

图为借用科威特政府贷款建设的九寨黄龙机场全景

性贷款方式开工建设。亚行贷款2亿美元的达陕高速公路是国家西部大通道的重点项目，去年11月亚行正式进行准备技术援助工作（PPTA），计划今年内完成所有国内外前期工作，时间紧、任务重。经与亚行反复沟通和讨论，今年3月同时进行了PPTA的总结会谈和贷款预评估，以缩短项目准备周期。在日元贷款长江上游生态环境综合治理建设项目的前期准备过程中，我们充分利用四川与日本广岛是友好省县这一有利因素，与我省外事部门配合，加强了友好省县政府间的高层互访，最后广岛县高层领导亲自到日本外务省对该项目进行了积极有益的推进，加快了日方专家到川的评估进度。

针对外国政府贷款多为设备贷款、项目规模较小且分散的特点，我们特别注重跨国公司在利用国外政府贷款中的纽带和桥梁作用，实现多方联动，推进项目的实施。在实际工作中，一些跨国公司受利益的驱使，从项目前期工作开始就有一批专业人员跟踪项目，不但指导项目单位如何申报利用国外政府贷款，同时协助他们准备有效的资料，更重要的是把各方面信息及时通报项目单位，帮助协调相关单位的关系，形成多方联动的格局，使项目跟上节奏。他们的介入实际上在政府部门与项目业主之间起到一个很好的桥梁作用，并以优质的服务和丰富的经验有效地推进了项目的实施进度和成功率。我省绵阳404医院等单位的外国政府贷款项目，从项目申报到设备到货安装用了不到一年的时间。

二是在项目设计和理念上进行创新。世行贷款/英国政府赠款农村供水与环境卫生项目是由世行、英国国际发展署、联合国儿童基金会三家国际机构共同实施，项目建设内容也包括农村供水、卫生户厕等农村环境设施建设和农民健康教育，因此，我们也把它称作“三位一体”项目。实际上，该项目作为社会主义新农村建设的重要项目，我们从项目思路上已经把项目区的供水与环境卫生、健康教育作为一个整体项目进行准备和实施，希望走出一条解决中国农村贫困问题的新路子。为此，按照“三位一体”的理念，我们从组织机构、项目框架、配套资金、前期准备以及将来项目的建设和维护推广等方面对项目进行了设计和安排。比如，在项目的组织机构中，省发改委负责项目准备、实施过程中重大问题的统筹和协调，但由于该项目70%

左右的资金用于农村供水，项目办日常工作由省农水局承担，并组织和指导项目的实施和运行管理。省疾控中心、爱卫办将提出项目区不安全饮水病区的改水改厕范围和项目建成后的水质检测、监测，环保部门将加强对项目区农村饮用水水源地的环境监管。妇联将重点组织项目区妇女、儿童等弱势群体的参与。在项目的前期准备工作中，省发改委加强统筹和协调，注重发挥各职能部门的作用，各部门也积极配合，有分工更有协作，保证了项目的整体性，也使项目的“三位一体”理念得到充分的贯彻。对此，世行、英国国际发展部、联合国儿童基金会都给予了充分的肯定。

四川省工业项目优化能源消耗利用法国开发署贷款项目，建设内容包括我省3家工业企业的热电联产。在项目设计时，我们根据国家关于建设节能型社会和发展循环经济的要求，结合我省经济快速发展对能源的需求和消耗越来越大的实际情况，精选了三个工业项目，希望通过利用法国开发署贷款，一方面提高企业的装置技术水平，达到减少投资、节能降耗、减少大气污染的目的，另一方面通过引进国外先进的节能理念，尽量缩小我省能源利用效率与国外的差距，起到示范效应。为此，项目的选择受到国家发改委和财政部的认可，目前国家窗口部门正在与法方进行交流和谈判。

三是认真吸收国外贷款机构在对可研报告、环评报告、社评报告、移民动迁报告审查中的一些先进理念。比如在我省实施的世行贷款项目中，我们均按照世行的要求进行了有关能力建设和机构加强的内容，注重了环保和移民安置工作，也按照世行的要求对一些“关联项目”进行了审查并提出要求，也充分把“参与式方法”运用到了项目准备和实施的各个阶段。我们认为，世行所关注的一些问题恰恰是我们项目管理中比较薄弱的环节。比如，在世行贷款攀枝花城市环境治理项目中有部分污水收集工程，世行强调与其配套建设的污水处理厂必须同时开工，以避免污水收集工程“晒太阳”的情况发生。对项目中涉及的一些征地拆迁和移民安置问题，在我们提出的移民安置政策的基础上，世行也提出了更为严密的保障措施。对此，我们都结合当地实际予以采纳。

三、坚持以我为主，积极利用国外资金为全省经济和社会发展服务

在国外贷款项目的前期工作中，我们的体会是，地方发改委一定要积极参与国外贷款机构的前期准备工作并协调其中重大事项，对贷款规模、建设内容、附加条件、政策要求等严格把关，以我为主，重大事项及时报告国家发改委，积极争取国家发改委的指导和支持。我省亚行贷款6亿美元的雅泸高速公路，是国家西部大通道的重要组成部分。该项目投资大、工程艰巨、时间紧迫，得到了国家和亚行的重点关注，但由于亚行和项目业主在地方扶贫路的问题上不能达成一致协议，谈判一度处于僵局。在这种形势下，四川省发改委在积极与项目业主和省级有关部门沟通的同时，及时向国家发改委汇报并协调有关事项，通过一切可能的方式与亚行有关方面反映和沟通。在国家发改委的支持下，该项目已经正式签约执行。

当然，我们也感到在国外贷款项目的前期准备中存在着一些问题和困难，如项目准备时间与国内建设计划不同步、项目前期工作时间过长导致项目准备中的变数增多、国外贷款机构对政策创新和机构加强的过多关注、多家国外机构内部协调不够、贫困地区社会公益性项目的配套资金和债务偿还有较大困难等。

（四川发改委外经处）

国外贷款的"软件"效益分析
——重庆市借用国外贷款25年专题报告

中国实施改革开放政策以来，借用国际金融组织和外国政府贷款逐步发展，国外贷款开始进入全国大部分地区的经济、社会建设重大领域，世界银行、亚洲开发银行、外国政府贷款为我国的基础设施、教育、医疗、文化建设提供了大量的建设资金及技术支持。本文旨在通过分析重庆市利用国外贷款工作中的几个典型案例，展现国外贷款来对重庆市经济建设所提供的"软件"支持，即除资金支持以外的其他帮助，客观评价利用国外贷款项目的"软件"收益。

与全国其他省区相比，重庆市利用国外贷款项目数量不多、贷款额不大、占当地投资额比例不高，表面看来似乎国外贷款所发挥的作用不大，其实不然。在评价国外贷款项目时，人们往往将关注重心放在"贷款"二字上，更多关注的是贷款为当地经济建设带来了多少资金，建成了什么设施，即"硬件"支持，而忽略贷款项目对推动当地体制改革、制度创新、技术更新等"软件"建设的贡献，但这些贡献却能为当地经济发展带来无穷的动力，远远高于项目带来的实物收益。重庆市国外贷款项目的个数不多、资金量不大正好与其带来的巨大"软件"效益形成强烈对比，充分体现了国外贷款尤其是世界银行贷款对中西部不发达地区的观念转变和体制改革所起的重要作用。这些作用主要体现在以下方面：

一、推动国有企业体制改革，促进社会保障体系及政府职能转变

为建立社会主义市场经济机制，使重庆经济按照国家的要求与国际经济运行规划和实践接轨，重庆市一直致力于综合体制改革，并被列为国家综合体制改革试点城市。但改革的进程困难重重，在改革初期没有明确的改革方案，改革进展缓慢。1993年，重庆市申请了借用世界银行工业污染控制及改革贷款项目，在准备过程中得到了世行专家的帮助，将环境保护和企业改革列为该项目的两大目标，通过资助污染控制和改革及重组两大目标的具体结合支持重庆的改革。

1996年，当中国的市场经济体制改革刚刚兴起时，国有企业改革成为当时社会的一大热点，也是个大难题，破产、下岗、兼并、重组等一系列新生事物对重庆市来说是新课题，执行难度也很大，如何有效地推动这项改革成为重庆市政府面临的一大难题。世行贷款工业污染控制及改革贷款项目的实施正好给重庆市提供了一个学习改革经验，探索改革方法的良好机会，便于加快国企体制改革、金融体制改革、社会保障体系改革及政府职能转变的实施进度，提高效率。这些改革措施包括：

（1）国有企业和乡镇企业的公司化和管理自主权的落实；

（2）剥离国有企业所承担的社会福利功能；

（3）强化国有企业的财政和类似财政预算约束；

（4）对于难以为继的国有企业制定兼并或破产措施；

（5）通过再培训和安置富余工人促进劳动力自由流动；

（6）建立市场为基础的公司管理体系以加强国有资产管理；

（7）企业自主进行投资决策；

（8）通过引入外资银行和非银行金融机构推动金融行业的竞争；

（9）通过扩大商品房的销售和出租建立房产市场；

（10）扩大失业保险范围，使其覆盖重庆市的全部劳动力；

（11）建立全市范围的退休养老金、医疗保险和行业伤残补偿金制度；

（12）精简政府机构；

（13）优先整治工业污染，改进环境规则、监测并强化实施。

虽然项目因种种原因最后未能实施，但这项改革方案计划表的大部分内容却得以施行，为重庆营造良好的经济环境、拉动经济健康发展提出了好的建议，体现了世界银行对项目除资金扶持以外的其他支持与帮助。

二、促进公用行业健康发展、推动公用行业收费改革

城市供水、污水处理及固废管理等公用事业是政府市政服务的重要内容，也是城市发展的必要条件，随着人们环保意识的加强以及环境因素在经济发展中的作用不断扩大，各级政府对供水、污水处理等公用行业也愈加重视。在这种背景下，1994年重庆市开始策划利用世行贷款城市环境项目，该项目旨在通过改善对环境污染影响最大的污水和固体废弃物的管理，减少城区污染；增强城区内安全水源的供应能力并提高公用事业单位机构管理水平。

直辖以后，重庆市政府更加重视对环境的保护，包括污水的处理及固体废物的管理，但这些公共服务的提供者由于财力的不足而弱化了管理的效果，一方面政府给予的补贴在逐步削减；另一方面服务型收费难以覆盖运行和投资成本。在世行的建议与支持下，重庆市政府对供水、污水及固废管理等公用行业进行了改革，具体改革措施包括：

（一）成立财务独立的排水公司和固废管理公司

在本项目准备期间，重庆市成立了独立经营、自负盈亏的国有企业——重庆排水公司和涪陵排水公司以及固废处理公司来执行项目。在公共投资预算紧缩、补贴削减的情况下，这些公司与已经成立的各级自来水公司将逐渐通过对用户的收费来满足其运行费用和偿债要求。通过这些市政公司的体制改革，提高了城市公共服务效率，降低了服务成本，为重庆市的公共事业健康有序发展打下了基础。

（二）促成重庆市的居民水价适当调整，规范自来水公司的经营活动

根据世行贷款水及卫生项目的经验，世行认为很多市政服务机构在财务运行方面存在一些问

重庆市主城排水项目，借用世界银行贷款。图为鸡冠石污水处理厂

题。在其完成的《城市环境服务管理报告》中，世行指出目前的费率难以维持机构及其资产的良好运行，应该更大程度地采用用户付费的方式解决这些机构的财务问题。因此，收费改革成为世界银行与重庆市政府在有关政策制定方面的工作重点。在世行的资金与技术双重资助下，重庆市开展了居民用水付费意愿调查，充分了解了普通居民对用水质量及价格的意见与建议，在尊重居民意愿的情况下，制定了水价调整方案，将水价上调为2元/吨。通过水价调整，节约了财政资金，提高了公用行业企业的服务效率，规范了公用企业的经营活动，有力地推动了重庆市水务行业的健康发展。

三、开展调查调研，提供决策参考

除项目本身的研究与论证外，国外贷款机构提供贷款或赠款以及技术和人才支持，在重庆市开展各项专题调查，为市政府的政策、决策制定提供参考。借用国外贷款以来，重庆市先后与国外贷款机构开展了一系列调研活动，包括：水价付费意愿调查、水资源论证报告、公用事业市场化论证、提高能效战略规划等。这些调查报告提出的一些前瞻性的理论与思路、提供的国际及国内其他城市在项目建设中积累的宝贵经验以及技术和管理方面的实战技巧在一定程度上开拓了项目单位及地方政府工作人员的思路，扩大了这些研究的影响力，为地方政府的经济决策提供了参考与帮助，有力推动了当地的社会与经济发展。

四、其他作用

除上述几点作用外，国外贷款在重庆市的其他一些软件建设方面也做出了较大的贡献。在技术上，来自世界银行、日本协力银行的技术专家为重庆市的道路、供水、污水处理、轨道交通等领域的建设提供了先进的国际技术咨询；在财务管理上，国际咨询专家定期向项目业主提供财务管理培训，合理配置财物资源；在招、投标管理上，率先为重庆市引进菲迪克国际采购条款，有效杜绝招标腐败现象的发生，为项目单位带来可靠的质量保证与资金节约；在人力资源管理上，输送大批项目工程、管理人员到发达国家学习国际先进经验，或者直接投资大学人才培养项目，提高教师的综合素质与水平。此外，利用国际金融组织贷款项目更充分地体现和贯彻了“以人为本”“和谐社会”“可持续发展”等发展目标，保护弱势群体利益、保障移民拆迁户的权利、保护生态环境不受工程影响、保护历史文物古迹不受施工破坏等原则是国际金融组织贷款项目的前提条件。通过借用国外贷款，国际金融组织有效地帮助重庆市将这些原则落到实处并起到了很好的监督作用。

这些利用国外贷款项目在重庆市的实施，使得重庆市在利用国外贷款资金获得基础设施和社会发展方面的实物资产的同时，政策制定、服务提供、资源管理、体制改革等软件建设也得到了大力的帮助与支持，与重庆市改革开放历程是相辅相成的，与重庆市经济和社会发展是紧密相关的，是重庆市利用国外贷款所取得的成效中不可或缺的一部分。

（重庆市发改委外资处）

附录

地方项目汇总表

China's Experience with the Utilization of Foreign Funds

1991～2005年北京市国外贷款项目

序号	项目名称	建设规模及内容	总投资（万元）	贷款签约额（万美元）	资金来源	建设起止年限	所属行业	项目单位
1	职业教育一期	用于职业技术学校引进设备、培训、资料图书购买	9100	696	世界银行贷款	1990～1995	教育	市教委
2	职业教育二期	用于职业技术学校引进设备、培训、资料图书购买	6455	475	世界银行贷款	1999～2005	教育	市教委
3	节水灌溉	在平谷、密云等7个区县通过技术、管理等节水措施发展节水灌溉农田，促进增产增收	36000	1700	世界银行贷款	2001～2005	农水	市水利项目办
4	健康促进	用于健康方面课题研究和培训	2400	178	世界银行贷款	2001～2005	卫生	市卫生局
5	农业支持服务	农业技术推广、培训	9400	940	世界银行贷款	1993～1998	农业	市农业局
6	托克托火电（B）	在内蒙托克托县建立火电厂	800000	7000	世界银行贷款	1998～2003	电力	华北电力集团公司
7	节能促进	通过锅炉改造、节电等措施，促进能源节约利用减少污染	35000	2100	世界银行贷款	1998～2005	节能	北京源深节能公司
8	环境一期	区域供热、污水处理、垃圾处理、环境总体规划研究、工业发展等	430000	13809	世界银行贷款	1992～1997	城建环保	世行办
9	环境二期	污水处理、锅炉置换、空气质量检测等	1040000	34900	世界银行贷款	2000～2009	城建环保	世行办
10	环境改善	区域供热、天然气管道建设、环保机构建设、饮用水源保护等	760000	15700	亚洲开发银行贷款	1995～2003	城建环保	世行办
11	北郊乳品厂	引进生产设备	9980	904	荷兰政府贷款	1990～1993	轻工	三元食品有限公司
12	五星啤酒酒灌装线增产2.5万吨/年啤酒	五星啤酒酒灌装线增产2.5万吨/年啤洒	7907	203	比利时政府贷款	1990～1993	轻工	北京双合盛五星啤酒厂
13	五星啤酒糖化发酵改造	五星啤酒糖化发酵改造	2900	229	比利时政府贷款	1990～1992	轻工	北京双合盛五星啤酒厂
14	北京食品加工研究中心	北京食品加工研究中心引进设备	1278	120	丹麦政府贷款	1990～1991	轻工	北京华都啤酒厂
15	引进阴电泳涤装设备及部分钢圈设备	引进阴电泳涤装设备及部分钢圈设备	1912	320	澳大利亚政府贷款	1991～1992	机械	北京市汽车钢圈总厂
16	北京焦化厂煤气精制系统	北京焦化厂煤气精制系统	15496	1777	德国政府贷款	1992～1994	机械	北京焦化厂
17	北京市区域供热技术咨询项目(三期)	技术咨询	321	55	丹麦政府贷款	1992～1995	市政	北京市热力公司
18	北京市区域供热技术咨询项目(二期)	技术咨询	520	119	丹麦政府贷款	1991～1992	市政	北京市热力公司
19	北京地铁复兴门至八王坟新线建设工程	北京地铁复兴门至八王坟新线建设	200000	15223	日本政府日元贷款	1988～1999	市政交通	北京地铁总公司
20	北京城市铁路工程	北京城市铁路工程	657000	13702	日本政府日元贷款	1989～2002	市政交通	北京地铁总公司
21	引进小型密闭蓄电池生产技术和设备	引进小型密闭蓄电池生产技术和设备	2213	655 30	奥地利政府贷款 奥地利政府贷款	1990～1991 1990～1991	机械 机械	北京蓄电池厂 北京蓄电池厂
22	北京焦化厂两段炉日增供城市煤气60万立方米	北京焦化厂两段炉日增供城市煤气60万立方米	13550	551	法国政府贷款	1991～1998	市政能源	北京焦化厂

1991～2005年北京市国外贷款项目

序号	项目名称	建设规模及内容	总投资（万元）	贷款签约额（万美元）	资金来源	建设起止年限	所属行业	项目单位
23	北京天然气第二条长输管线工程	北京天然气第二条长输管线工程	7214	180	加拿大政府贷款	1991～1992	市政能源	北京市燃气集团
24	王四营至中关村天然气高压管线技术改造	王四营至中关村天然气高压管线技术改造	2900	280	澳大利亚政府贷款	1997～1998	市政能源	北京市燃气集团
25	北京市煤气管网调度计算机监控系统	北京市煤气管网调度计算机监控系统	2800	216	法国政府贷款	1992～1993	市政能源	燃气集团
26	高碑店污水处理厂二期工程	高碑店污水处理厂二期工程	90000	2138	瑞典政府贷款	1993～1999	市政污水处理	北京市城市排水公司
27	北京市酒仙桥污水处理厂工程	北京市酒仙桥污水处理厂工程	47000	1173	法国政府贷款	1997～2000	市政污水处理	北京市城市排水公司
28	北京市清河污水处理厂工程	北京市清河污水处理厂工程	45000	990	瑞典政府贷款	2000～2002	市政污水处理	北京市城市排水公司
29	首都机场高速公路配套设施交通工程项目	首都机场高速公路配套设施交通工程项目	56465	225	西班牙政府贷款	1992～1993	市政交通	首都高速公路发展公司
30	北京高速公路网运行管理系统	北京高速公路网运行管理系统	57000	1100	西班牙政府贷款	2003～2006	市政交通	北京首都公路发展公司
31	北京市经济信息系统工程	北京市经济信息系统建设	4996	264	日本政府日元贷款	1992～1997	信息管理	北京市经济信息中心
				474	日本政府日元贷款	1992～1997	信息管理	北京市经济信息中心
32	生产真空冷冻干燥食品	生产真空冷冻干燥食品	384	156.8	加拿大政府贷款	1995～1998	轻工	北京华都肉食品公司
				123.2	加拿大政府贷款	1995～1998	轻工	北京华都肉食品公司
33	大兴县黄村污水处理厂	建设大兴县黄村污水处理厂	9923	451	奥地利政府贷款	1997～2001	市政污水处理	大兴县市政园林局
34	引进精梳机绒线粗纱机提高产品质量项目	引进精梳机绒线粗纱机	2945	140	法国政府贷款	1996～1997	轻工纺织	北京二毛纺织集团
				174	法国政府贷款	1996～1997	轻工纺织	北京二毛纺织集团
35	引进先进制条设备，提高毛条质量，扩大出口	引进先进制条设备	2982	293	西班牙政府贷款	1996～1997	轻工纺织	北京二毛纺织集团
36	引进纺织设备更新老机扩大精纺呢绒出口	引进纺织设备更新老机	2715	500	西班牙政府贷款	1990～1994	轻工纺织	北京二毛纺织集团
37	长毛绒厂引进织绒机	引进织绒机	790	5040	比利时政府贷款	1991～1992	轻工纺织	北京长毛绒厂
38	慎昌实业公司引进制革生产线	引进制革生产线	4620	280	意大利政府贷款	1995～1999	轻工	北京农工商联合总公司
39	北京市第九水厂扩建工程（三期）	北京市第九水厂扩建工程	251278	14254	日本政府日元贷款	1997～2002	市政自来水	北京市自来水公司
40	复兴医院利用美国贴息贷款购置医疗设备	购置医疗设备	1245	230	美国贴息贷款	2000～2007	医疗卫生	首都医科大学附属复兴医院

1991～2005年北京市国外贷款项目

序号	项目名称	建设规模及内容	总投资（万元）	贷款签约额（万美元）	资金来源	建设起止年限	所属行业	项目单位
41	安贞医院引进美国贴息贷款购置医疗设备	购置医疗设备	1685	203	美国贴息贷款	2000～2007	医疗卫生	首都医科大学附属安贞医院
42	环天坛地区集中供热及锅炉改造项目	集中供热及锅炉改造	8000	490	加拿大政府贷款	2001～2002	城建	北京市崇文人和实业总公司
43	潞河医院利用美国贴息贷款购置医疗设备	购置医疗设备	838	101.4	美国贴息贷款	2000～2007	医疗卫生	北京市通州区潞河医院
44	城热电联产工程	电子城热电联产工程	75000	8574	日本政府日元贷款	2002～2007	市政环保	北京正东电子动力集团有限公司
45	引进以色列医疗设备	引进医疗设备	150	150	以色列政府贷款	2002～2003	医疗卫生	首钢总医院
46	首钢总医院	引进医疗设备	2500	213	芬兰政府贷款	1999～2000	医疗卫生	首钢总医院
47	怀柔污水处理	污水处理厂建设	13354	476	奥地利政府贷款	1998～2000	市政污水处理	怀柔污水处理厂
48	大气监测设备	引进先进监测设备	4256	420	法国政府贷款	1999～2000	城建环保	北京环境保护检测中心
49	立式退火炉	立式退火炉建造	4508	416	奥地利政府贷款	1994～1995	机械	首钢冶金所
50	口腔医院	引进医疗设备	1300	103	芬兰政府贷款	1995～1996	医疗卫生	北京市口腔医院
51	顺义污水处理厂	污水处理厂建设	495	409	荷兰政府贷款	2000～2002	市政污水处理	顺义污水处理厂
52	十三陵抽水蓄能电站	抽水蓄能电站建设	370000	11121	日本政府日元贷款	1992～1996	电力	华北电网管理局
53	引进关键测试设备	引进关键测试设备	2850	257	奥地利政府贷款	1993～1994	机械	北京内燃机总厂
54	紫铜精密毛细管生产线	建成年产精密毛细铜管150吨	700	83	日本黑字还流贷款	1992～1994	机械	北京冶炼厂
55	北京长城风雨衣公司引进服装生产设备更新老机项目	引进服装生产设备248台，增加产量3C万件	1500	56	日本黑字还流贷款	1990～1991	轻工	北京长城风雨衣公司
56	渔阳服装厂黑字还流项目	引进服装生产设备	155	318	日本黑字还流贷款	1991～1995	轻工	渔阳服装厂
57	密云服装十二厂黑字还流项目	购买缝纫设备	180	65	日本黑字还流贷款	1991～1995	轻工	密云服装十二厂
58	艺华衬衫厂黑字还流项目	技术改造	119	44	日本黑字还流贷款	1991～1995	轻工	北京市艺华衬衫厂
59	气动转椅及椅类生产线改造	引进真空吸附发泡成型气动转椅及椅类生产技术和设备	694	106	日本黑字还流贷款	1992～1994	机械	北京天坛家具公司
60	京密供水技术改造	改造输水干线200公里，护坡8公里，建筑面积3000平方米；新建地表水调度中心及两个分中心	2500	380	芬兰政府贷款	1991～1993	水利	北京市水利局
61	北京神外研究所	引进专用设备伽玛刀	2800	410	瑞典政府贷款	1994～1995	医疗卫生	北京神外研究所

1991～2005年北京市国外贷款项目

序号	项目名称	建设规模及内容	总投资（万元）	贷款签约额（万美元）	资金来源	建设起止年限	所属行业	项目单位
62	引进剑杆织机技改工程	引进毛纺用剑杆织机48台及辅助生产设备6台	2900	489	外国银行和金融机构贷款	1994～1995	轻工纺织	北京毛纺织厂
63	引进片梭织机、烫光机、磨毛机	引进片梭织机、烫光机、磨毛机提高精纺档次	2580	430	外国银行和金融机构贷款	1992～1993	轻工纺织	北京第二毛纺织厂
64	引进清钢联精梳机及清艾绒设备	引进清钢联精梳机及清艾绒设备，配套改造	4008	478	外国银行和金融机构贷款	1992～1994	轻工纺织	北京第三棉纺织厂
65	引进片梭织机扩大出口项目	引进片梭织机等35台	2518	407	外国银行和金融机构贷款	1992～1993	轻工纺织	北京清河毛纺织厂
66	引进毛纺复精梳纺纱设备	引进毛纺复精梳及前纺设备共20台，新建复梳前纺车间7200平方米	2560	320	外国银行和金融机构贷款	1992～1995	轻工纺织	北京清河毛纺织厂
67	渣打（亚洲）有限公司2000万美元中长期贷款	新建	12000	2000	外国银行和金融机构贷款	1992～1993	金融	北京国际信托投资公司
68	渣打（亚洲）有限公司2000万美元中长期贷款	新建	12000	2000	外国银行和金融机构贷款	1992～1993	金融	北京国际信托投资公司
69	北京高碑店热电厂利用德国政府混合贷款引进液态排渣炉	引进液态排渣炉	145000	1500	德国出口信贷和国际商业贷款	1994～1999	市政	华能国际电力开发公司
70	北京西苑饭店使用国外商业贷款	新建	500	100	国际商业贷款	1993～1995	住宿餐饮	北京市旅游局
71	建立北京CT–2系统九号区、十号区、十一号区、十二区项目	建立北京CT–2系统九号区、十号区、十一号区、十二区项目	14356	832	国际商业贷款	1994～1995	通信	北京凯奇通信总公司
72	建立北京CT–2系统一号区、二号区、三号区、四号区项目	建立北京CT–2系统一号区、二号区、三号区、四号区项目		832	国际商业贷款	1994～1995	通信	北京凯奇通信总公司
73	建立北京CT–2系统十七号区、十八号区、十九号区、二十号区项目	建立北京CT–2系统十七号区、十八号区、十九号区、二十号区项目		832	国际商业贷款	1994～1995	通信	北京凯奇通信总公司
74	北京化工二厂离子膜烧碱项目	技术改造	3200	880	国际商业贷款	1994～1995	化工	北京化学工业集团公司，国有
75	北京化工二厂氯乙烯单体项目	技术改造	2500	720	国际商业贷款	1994～1995	化工	北京化学工业集团公司，国有
76	北京化工二厂聚氯乙烯单体项目	技术改造	3500	900	国际商业贷款	1994～1995	化工	北京化学工业集团公司，国有
77	北京会馆增资项目	北京会馆增资建设	2100	500	国际商业贷款	1998～1999	城建	北京国际信托投资公司
78	引进美国医疗设备	彩色超声诊断仪、麻醉机、血气分析仪等医疗设备进行技术改造	800	80	外国企业贷款	2002～2009	医疗卫生	复兴医院

1991～2005年北京市国外贷款项目

序号	项目名称	建设规模及内容	总投资（万元）	贷款签约额（万美元）	资金来源	建设起止年限	所属行业	项目单位
79	燕京饭店更新改造工程	技术改造	2600	480	外国银行和金融机构贷款	1987～1989	住宿餐饮	北京燕京饭店
80	三菱银行香港分行8.2亿日元长期借款	新建	1350	70.28	外国银行和金融机构贷款	1987～1994	金融	777
81	兴业银行香港分行1000万美元贷款	新建	3720	1000	外国银行和金融机构贷款	1988～1993	金融	北京国际信托投资公司
82	北京乙烯工程丁辛醇装置项目	11.5万吨/年乙烯工程装置	112918	13200	买方信贷	1992～1996	化工	北京乙烯工程建设总指挥部
83	北京铜材引进水平联清机设备	技改	1253	151	延期付款（含卖方信贷）	1989～1993	机械	北京铜材厂
84	华能北京热电厂	4台供热机组，额定容量650MV，4台830t液态排渣机，4台热水炉	663121	12752	德国政府混合贷款	1994～1999	市政能源	华能国际电力开发公司北京分公司
85	首都机场高速公路配套设施交通工程项目		56465	425	买方信贷	1992～1993	市政交通	首都高速公路发展公司
86	北京800MHZ数字集群通信系统1—16号区项目	新建	73797	6648	外国银行和金融机构贷款	1992～1993	通信	北京市凯奇通信总公司
87	用于修建残疾人运动饭店	扩建	50000	2000	外国银行和金融机构贷款	1993～1994	住宿餐饮	北辰实业集团公司
88	北京第二代数字无绳电话系统1—5区	新建	17945	1000	外国银行和金融机构贷款	1993～1994	通信	北京市凯奇通信总公司
89	北京第二代数字无绳电话系统6—10区	新建	17945	1000	外国银行和金融机构贷款	1993～1994	通信	北京市凯奇通信总公司
90	北京第二代数字无绳电话系统10—15区	新建	17945	1000	外国银行和金融机构贷款	1993～1994	通信	北京市凯奇通信总公司
91	北京第二代数字无绳电话系统16—20区	新建	17945	1000	外国银行和金融机构贷款	1993～1995	通信	北京市凯奇通信总公司
92	5万吨/年环氧乙烷	5万吨/年环氧乙烷及乙二醇	80000	2000	买方信贷	1992～1996	化工	北京乙烯工程建设总指挥部
93	利用加拿大贷款改造北京电话网项目	安装程控电话交换机342万门及配套设施等	52165	5000	外国银行和金融机构贷款	1994～1996	通信	北京市电信管理局
94	首钢冶研所机密不锈钢生产技术改造	技术改造	2900	384.65	外国银行和金融机构贷款	1994～1996	机械	中国银行北京分行
95	北京新世纪饭店有限公司循环贷款	技术改造	1800	480	外国银行和金融机构贷款	1995～2000	住宿餐饮	北京新世纪饭店有限公司
96	生产真空冷冻干燥食品	日产冻干牛肉1.5吨，年产冻干牛肉405吨	384	157	买方信贷	1995～1998	轻工	北京华都肉食品公司
97	利用加拿大贴息贷款购广东北电交换机项目	安装程控机、电话交换机24.5万门及其他配套设施	25000	1800	外国银行和金融机构贷款	1992～1993	通信	北京市电信管理局

1991～2005年北京市国外贷款项目

序号	项目名称	建设规模及内容	总投资（万元）	贷款签约额（万美元）	资金来源	建设起止年限	所属行业	项目单位
98	北京市酒仙桥污水处理厂工程	建设市酒仙桥污水处理厂	39000	646	法国买方信贷	1997～2000	市政污水处理	北京市城市排水公司
99	北京高速公路网运行管理系统项目	高速公路联网收费、通信和监控系统建设	57000	550	西班牙买方信贷	2003～2006	市政交通	北京首都公路发展公司
100	引进程控交换设备	引进程控交换设备	38000	7440	德国买方信贷	1992～1995	通信	北京移动通信公司
101	15.5万门程控交换机	15.5万门程控交换机	25900	4321	国际商业贷款	1995～1998	通信	中国网通（集团）有限公司北京市分公司
102	北京乙烯工程	年产11.5万吨乙烯、4万吨EVA树脂、4万吨环氧乙烷/乙二醇及7万吨辛醇4套主要生产装置	63248	5649	日本买方信贷	1991～1992	化工	北京化工集团公司
103	借用高盛款项设立证券公司	设立证券公司	81100	9775	美国高盛公司		金融	方风雷等6人
104	北京凯奇股情播报地方寻呼台项目	设立地方寻呼台	109755	11440	国际商业贷款	1993～1995	通信	北京市凯奇通信总公司
105	北京地铁五号线	地铁5号线信号系统	1200000	2652	出口信贷	2001～2007	市政交通	北京市基础设施投资公司

1991～2005年天津市国外贷款项目

序号	项目名称	建设规模及内容	总投资（万元）	贷款签约额（万美元）	资金来源	建设起止年限	所属行业	项目单位
1	天津轻工项目	造纸、包装印刷、纺织三行业改造，24个子项	155386.1	15122.1	世界银行贷款	1990～1997	轻工业	
2	天津工业发展（机电）项目	汽车零部件、工程机械、机床三行业改造，5个子项	136384.7	10963.4	世界银行贷款	1995～2000	工业	
3	天津港集装箱公司改造项目	建造3台集装箱装卸桥，5台叉车，13台场桥	61033	3747	世界银行贷款	2000～2002	交通运输	天津港务局
4	天津港船舶废弃物处理项目	建造一座生活污水、化工污水处理设施及一艘环保船	4179	163	世界银行贷款	1993～1996	交通运输	天津港务局
5	疾病预防项目	卫生部子项之一	944	117.3103	世界银行贷款	1997～2001	卫生	天津市卫生局
6	天津城市发展和环境工程项目（第一批）	18个子项	190000	8580	世界银行贷款	1992～2001	城市基础设施	天津市建委
7	天津城市发展和环境工程项目（第二批）	交通、排水、技援子项	300000	15000	世界银行贷款	2004～2008	城市基础设施	天津市建委
8	天津海滦河流域水污染防治	北仓污水处理厂10万吨/日，于桥水库保护工程、暗渠34.14公里等	276573	13000	亚洲开发银行贷款	2000～2006	水利、城市基础设施	天津市水利局、天津市排水公司
9	天津市话扩容工程	扩容市话交换机29门	96279	10696.61	日本政府日元贷款	1997	通讯	邮电管理局
10	天津磨床总厂引进设备项目	引进德国数控龙门导轨磨床扩大出口技术改造	2460	307.05	日本黑字还流贷款	1994	机械加工	磨床厂
11	天津第三煤气厂工程项目	日外供煤气100万立方米，年产干全焦34.2万吨	99741	5722	日本政府日元贷款	1996～1998	基础设施	第三煤气厂
12	天津经济信息系统项目	引进设备	18620	984	日本政府日元贷款	1995～2000	基础设施	天津信息中心
13	天津海河流域污水处理工程	咸阳路、纪庄子污水处理厂及东南郊排水工程	2254444	7142	日本政府日元贷款	2000～2003	基础设施	排水公司
14	天津卫津化工厂项目	引进安全玻璃彩膜生产线	4980	280	加拿大政府贷款	1998～1999	化工	天津卫津化工厂
15	天津近代化学厂项目	引进年产5000吨重包装薄膜及印刷制袋生产线	2624	280	加拿大政府贷款	1996～1997	化工	近代化学厂
16	津滨快速轨道交通一期工程	全线45公里，14座车站	745300	3867	西班牙政府贷款	2002～2005	基础设施	天津滨海快速集团
17	天津10万吨精制加碘盐技改项目	引进设备，年产10万吨加碘盐	2606	205	西班牙政府贷款	1997～2000	采盐业	汉沽盐场
18	天津新开河水厂排泥水工程	引进设备	6472	470	西班牙政府贷款	1999～2005	城市基础设施	天津市自来水集团
19	天津芥园水厂排泥水工程	引进设备	5428.44	300	西班牙政府贷款	1999～2005	城市基础设施	天津市自来水集团
20	天津凌庄水厂排泥水工程	引进设备	6120.67	360	西班牙政府贷款	1999～2005	城市基础设施	天津市自来水集团

1991～2005年天津市国外贷款项目

序号	项目名称	建设规模及内容	总投资（万元）	贷款签约额（万美元）	资金来源	建设起止年限	所属行业	项目单位
21	天津地铁一号线工程	正线全长26.195公里，设车站22座	786800	2838.2242	西班牙政府贷款	2002～2006	基础设施	天津地下铁道总公司
22	天津开发区固体废弃物处理中心	处理能力10吨/日	8254.18	210	瑞典政府贷款	1998～1999	环保	泰达新水源科技有限公司
23	天津氨碱废液处理工程项目	纯碱、废液治理年产38万吨工程土	6740.85	280	芬兰政府贷款	2001～2004	化工	天津碱厂
24	发展交联聚乙烯绝缘电力电缆	年产交联电缆490公里	2927.43	524.6 124	芬兰政府贷款 北欧投资银行贷款	1992～1993	电子	天津电缆厂
25	天津开发区电镀废水处理中心	处理能力1000吨/日	4124.82	280	奥地利政府贷款	1997～2000	环保	泰达新水源科技有限公司
26	天津梅江居住区集中供热配套工程项目	利用丹麦政府贷款建设梅江小区供热工程	8237.47	898	丹麦政府无息贷款	2001～2006	供热	天津市津热建设发展有限公司
27	天津开发区泰达医院迁建工程	引进医疗设备	19566	1049	北欧投资银行贷款	2001～2003	卫生	泰达心血管病医院
28	天津医科大学第二医院	引进医疗设备	4396	498	北欧投资银行贷款	2002～2005	卫生	天津市医科大学二院
29	天津塘沽供热项目	建设三口地热井	6458	300	北欧投资银行及北欧发展基金贷款	1995～1997	市政	塘沽供热办
30	天津友谊路涉外区供热工程	四眼地热井、两眼回灌井、一座调峰锅炉及配套管网	11400	500	北欧投资银行贷款	1997～1999	市政	天津市供热工程建设公司
31	天津华能杨柳青电厂扩建三期工程	2个2×300MW发电机组	475000	9129	德国政府贷款	1996～1999	能源	华能杨柳青电厂
32	中铁十八局引进德国大型施工设备	购买盾构机等大型施工设备	12549.6	1512	德国政府贷款	2004～2008	建筑	中铁十八局集团公司
33	天津天海集团公司购船项目	3艘1万载重吨集装箱船	74465	4391.4	德国政府贷款	1996～1997	国际贸易	天海集团公司
34	大港电厂二期工程扩建项目	2台32万千瓦时全套燃煤发电机组	112200	7989 6127	德国政府贷款 意大利政府混合贷款	1992～1993	能源 能源	大港电厂 大港电厂
35	天津医科大学总医院介入治疗中心项目	引进数字减影心血管造影设备	2062	151	法国政府贷款	1995～1996	卫生	天津市医科大学总医院
36	天津中法放射肿瘤学中心	引进国外先进直线加速器等放射肿瘤学设备和技术	2889	330	法国政府混合贷款	1995～1996	卫生	天津市医科大学第二医院
37	天津肿瘤医院	引进肿瘤诊断医疗及科研设备	2062	85.8 271.4	瑞士政府贷款 法国政府贷款	1995～1996	卫生	天津市肿瘤医院
38	天津眼科领域建设项目	利用瑞士政府贷款引进手术显微镜设备	41.5	5	瑞士政府贷款	1996～2005	卫生	市卫生局
39	天津引进超声显像医疗设备	七省市医院及卫生部所属医院引进超声显像设备	872.745	105.15	奥地利政府贷款	1995～2014	卫生	市卫生局

1991～2005年天津市国外贷款项目

序号	项目名称	建设规模及内容	总投资（万元）	贷款签约额（万美元）	资金来源	建设起止年限	所属行业	项目单位
40	天津开发区电镀废水处理中心	处理能力1000吨/日	5994.64	280	奥地利政府贷款	1999～2001	环保	泰达新水源科技有限公司
41	天津电力公司蓟东输变电工程	110千伏变压器送变电	2627	250.46	奥地利政府贷款	1995～1996	能源	中国华北电力集团天津市电力公司
42	天津漆包线厂引进设备	发展冰箱地线	3224	403	奥地利政府贷款	1995～1996	电子	漆包线厂
43	天津电磁线厂引进设备项目	发展换位导线技术改造项目	2808	351	奥地利政府贷款	1995～1997	电子	电磁线厂
44	天津金刚石工具厂引进设备项目	引进金刚石拉丝模具制造设备及技术	1040	129.23	奥地利政府贷款	1995～1998	机械加工	金刚石工具厂
45	天津钢管公司	年产无缝钢管118万吨	115144	14393	意大利政府贷款	1991～2003	冶金	天津钢管公司
46	天津总医院引进SPECT医疗设备	引进医疗设备	714	86	以色列政府贷款	2001～2002	卫生	天津市医科大学总医院
47	天津总医院引进功能代谢CT	引进医疗设备	3486	420	以色列政府贷款	2002～2003	卫生	天津市医科大学总医院
48	天津254医院引进医疗设备	引进医疗设备	1320	165	以色列工人银行贷款	2005～2006	卫生	天津市254医院
49	天津开发区燃气工程	年产800万立方米气化混合气	3900	420	以色列政府贷款	1997～1998	能源	天津市开发区
50	天津开发区绿化示范小区工程	引进滴灌设备和技术，建设配套水源及设备	950	100	以色列政府贷款	1997～1998	环保	天津市开发区
51	十省市农业综合开发	精养鱼池，台田，渔稻结合2.3万亩，年产1500头肉牛厂	5616	260	韩国政府贷款	1996～1999	农业	宝坻县渔牧开发总公司
52	天津环境空气质量自动监测系统	国家环保局总体项目子项。引进大气自动监测仪器等设备	1181.48	51	美国环保贷款	1999～2000	环保	天津市环保局
53	天津市话网扩容工程项目	27万门市话程控交换机	95664	4000	加拿大贴息贷款	1994～1996	通讯	邮电管理局
				4200	西班牙贴息贷款	1993～1995		
54	聚氯乙烯树脂技改项目	年产4万吨氧氯化法聚氯乙烯	8320	1039	日本卖方信贷	1994～1996	化工	大沽化工厂
55	IC信用卡生产扩建项目	年产300万片	4375.36	411.32	国际商业贷款	1995～1996	轻工	天津环球磁卡集团
56	日产2000吨熟料水泥项目	年产水泥70万吨	71506	784	法国里昂银行买方信贷	1995～1997	建材	振兴水泥厂
57	天津3500万吨挖泥船项目	购买环保型自航耙吸挖泥船一条	21520	2690	荷兰银行出口信贷	2002～2003	水上运输	天津市航道局
58	天津港南疆煤码头工程	建设5万、3.5万吨泊位各一个，1000万TEU	135500	4990	英国出口信贷	1995～1998	交通运输	天津港务局
59	天津钢管公司直接还原铁厂	年产30万吨直接还原铁	63400	2650	出口信贷及国际商业贷款	1994～1996	冶金	钢管有限责任公司
60	天津日电电子通信工业有限公司引进通信设备项目	采购2.5GSDH同步传输、七号信令设备、光缆电缆及接续材料	37120	1367.65	日本能源贷款	1991～1996	通信	日电电子通信

1991～2005年天津市国外贷款项目

序号	项目名称	建设规模及内容	总投资（万元）	贷款签约额（万美元）	资金来源	建设起止年限	所属行业	项目单位
61	天津20万吨聚酯工程	一期扩建250万吨/年常减压装置、延迟焦化、加氢裂化装置等	167200	8340	国际商业贷款	1993～1996	化工	中石化股份天津分公司
		引进连续重整60吨/年芳烃联合装置、涤纶长丝、短丝、PTA装置	133063.99	28380	德国政府贷款	1997～2000	化工	中石化股份天津分公司
62	铜冶炼项目	年产电解铜6万吨，硫酸17万吨	130000	1640	国际商业银行贷款	1996～1999	冶金	天津铜冶炼厂
63	电力开发公司项目			678.7			能源	电力开发公司
64	舍女寺、枣园油田开发			3000			能源	大港石油管理局
65	中海石油油田开发			20250			能源	中海石油(中国)公司
66	锦州9-3陆丰13-1绥中36-1油田开发			40739.11498	日本政府日元贷款		能源	中海石油(中国)公司
67	中国重点学科发展项目			163	世界银行贷款		教育	天津大学

1991～2005年河北省国外贷款项目

序号	项目名称	建设规模及内容	总投资（万元）	贷款签约额（万美元）	资金来源	建设起止年限	所属行业	项目单位
1	唐山市焦化厂引进设备项目	引进设备	9023.8	543.6	世界银行贷款	1991～1993	化工	唐山市焦化厂
2	唐山市复合材料厂减磨轴承复合材料生产设备和技术项目	引进减磨轴承复合材料生产设备及技术	2232.7	134.5	世界银行贷款	1992～1994	机械	唐山市复合材料厂
3	结核病控制项目	免费检查、治疗结核病患者，包括11市的174个县区	14000.0	623.0	世界银行贷款	1992～2001	卫生	省卫生厅
4	农村卫生人力开发项目	乡镇卫生院改造、设备更新、培训乡村卫生专业人员、发送卫生人力资源管理，包括7个市的91个县	29000.0	2100.0	世界银行贷款	1993～2000	卫生	省卫生厅
5	农业支持服务项目		12937.0	1104.0	世界银行贷款	1993～2000	农业	省农业厅，畜牧局
6	京珠高速公路石家庄至安阳段	北起石家庄北郊南高营，南至河北省临漳县芝村，全长216公里，双向四车道	530000.0	24000.0	世界银行贷款	1994～1997	交通	省交通厅国际金融组织贷款项目办公室
7	师范教育发展项目	项目学校共10所，其中省属学校3所，市属学校7所。完成各类土建工程70487平方米，采购设备11093台（件），采购图书10万册，派出研修人员10人，国内培训各类人员883人次，完成省信息系统的设备采购和人员培训，完成20项示范项目改革课题的研究	3769.5	745.0	世界银行贷款	1994～1999	教育	河北省教育贷款办公室
8	森林资源发展和保护项目	造林50000公顷，包括：塞罕坝机械林场、孟滦林管局，承德市承德县、围场、兴隆，保定定兴、雄县、高碑店、唐县、易县，邯郸市馆陶、邱县、允泽、大名永北林场，邢台市沙河、邢台县、开台桥西区、临西、清河，衡水枣强、深州、冀州，廊坊固安、永清、安次	18447.7	1272.6	世界银行贷款	1995～2001	林业	省林业厅
9	计划免疫与疾病控制	装备冷链设备及卫生人员培训	18700.0	1140.0	世界银行贷款	1996～2001	卫生	省卫生厅
10	贫困地区基础教育Ⅲ期	为河北省30个国家级贫困县新建、改建了校舍；配备了图书、桌椅；培训了教师；推广了科研成果；加强和完善了教育管理和信息系统建设，改善了办学条件，使其通过国家“普九”验收，实现河北省贫困地区基础教育发展的历史性突破	34042.0	2100.0	世界银行贷款	1996～2001	教育	河北省教育贷款办公室
11	中国环境技术B-1项目	完成省级信息中心起步建设	204.0	24.6	世界银行贷款	1997～2008	环保	省环保局
12	“贫困地区林业发展项目”（河北林业第三期项目）	造林29000公顷，包括秦皇岛青龙，张家口涿鹿，承德市承德县、宽城、平泉、丰宁、滦平、隆化、营子，石家庄赞皇、行唐、井陉，邯郸魏县、大名、馆陶、临漳，邢台临城	18100.0	1200.0	世界银行贷款	1998～2005	林业	省林业厅
13	农村供水与环境卫生项目	完成管网供水工程234个，建造示范卫生户厕5058个，包括11个县	236764.0	1600.0	世界银行贷款	1998～2004	卫生	
14	河北（张北四县）地震重建项目）	为张北、尚义、康保及万全四县重建提供资金	20309.0	2840.0	世界银行贷款	1998～2000	抗震救灾	张家口市政府（张北、尚义、康保、万全）
15	加强灌溉农业二期	水利、农业、林业、机构支持与发展、勘察设计与管理五个方面的内容	118046.0	5000.0	世界银行贷款	1998～2004	农业	省农开办

1991～2005年河北省国外贷款项目

序号	项目名称	建设规模及内容	总投资（万元）	贷款签约额（万美元）	资金来源	建设起止年限	所属行业	项目单位
16	集装箱运输项目	集装箱运输	27500.0	1579.0	世界银行贷款	1999～	交通	
17	肉牛发展项目	肉牛生产、屠宰加工、市场开发、机构加强	32164.3	1966.2	世界银行贷款	2000～2005	农业	省畜牧兽医局
18	河北城建环保	新建石家庄、唐山、邯郸供水和污水处理工程等6个子项目	249000.0	15000.0	世界银行贷款	2000～2006	环保	
19	节水灌溉项目	项目计划总投资2500万美元（1999年合20750万人民币），其中世行贷款1000万美元。涉及灌溉排水工程和农田水利设施、农业支持和服务、林业和环境监测、机构建设	8300.0	1000.0	世界银行贷款	2001～2006	水利	元氏县、肥乡县、馆陶县、成安县、临漳县
20	石家庄城市交通	道路建设、交通管理及道路维护	235300.0	10000.0	世界银行贷款	2001～2007	交通	市交通项目办
21	林业持续发展项目	造林8900公顷，苗圃建设427.7公顷，营林打井670眼。包括：廊坊霸州。安次、广阳、三河、永清、文安、大城	13511.6	818.0	世界银行贷款	2002～2008	林业	省林业厅
22	结核病控制项目	全面实施DOTS策略，发现并规范化治疗结核病人，降低结核病疫情，预防多耐药结核病的产生	13560.0	760.0	世界银行贷款/英国赠款	2002～2008	卫生	11个市的172个县区
23	传染性非典型肺炎及其他传染病应对项目	配置省市级CDC设备、培训临床医护人员和公卫专业人员，开展实施性研究、开展公众健康教育活动	2165.0	251.7	世界银行贷款/英国、加拿大、日本赠款	2003～2006	卫生	省CDC及各市CDC、医疗机构
24	中国沿海可持续发展项目	建设苗种繁育、饲料培育、亲体培育车间和渔业监测中心等基础设施，购置监测、检验、繁育仪器、设备449台（套）	5088.8	265.8	世界银行贷款	2004～2006	农业	唐山普林海珍养殖有限公司\唐山市畜牧水产局
25	唐山市冶金锯片厂引进设备项目	引进设备	2091.6	126.0	亚洲开发银行贷款	1992～1994	冶金	唐山市冶金锯片厂
26	邢台南宫曲轴连杆项目	年产连杆毛坯110万件	5483.0	78.5	亚洲开发银行贷款	1993～	机械	
27	承德引进新型阻燃隔热保温多用板	年产阻燃隔热墙多用板30万平方米	2048.0	113.0	亚洲开发银行贷款	1993～1995	机械	承德商业机械公司
28	唐承环保		239040.0	14400.0	亚洲开发银行贷款	1994～2000	环保	唐山、承德市人民政府亚行办
29	承德山楂饮料生产线项目	年产各种保健饮料3690吨	5753.0	198.0	亚洲开发银行贷款	1995～1997	食品	承德球乐保健饮料公司
30	京秦高速公路河北段	西起津冀交界的蓟运河，东止于冀辽交界处的山海关，全长199.3公里，双向六车道	607700.0	22200.0	亚洲开发银行贷款	1996～1999	交通	省交通厅国际金融组织贷款项目办公室
31	邯郸市印染厂项目	印染厂扩建	2867.0	332.0	亚洲开发银行贷款	1998～	纺织	邯郸市印染厂
32	京沪高速公路河北段	起于津冀的青县流河镇，止于京沪高速公路冀鲁界处的吴桥县埝高庄，全长141公里，全线四车道	328500.0	16500.0	亚洲开发银行贷款	1998～2000	交通	省交通厅国际金融组织贷款项目办公室
33	张河湾蓄能电站	新建4台250MW可逆式水轮发电机组	411992.0	14360.0	亚洲开发银行贷款	2003～2008	电力	河北省电力局
34	河北海滦河流域污染治理工程	新建、扩建承德、张家口、唐山新区、保定污水处理厂及相关配套管网等4个子项目	136717.6	8236.0	亚洲开发银行贷款	2003～2007	环保	
35	石家庄行唐西服生产线	生产高档服装70000件/年	149.0	20	日本黑字还流贷款	1992～	纺织	石家庄行唐高档制衣厂
36	石家庄旅游绣品厂引进绣花机项目	绣花机	980.0	130	日本黑字还流贷款	1992～	纺织	石家庄旅游绣品厂

1991～2005年河北省国外贷款项目

序号	项目名称	建设规模及内容	总投资（万元）	贷款签约额（万美元）	资金来源	建设起止年限	所属行业	项目单位
37	邯郸永年引进钢丝骨架子午胶囊生产线	引进年产7000条钢丝骨架子午胶囊生产线	499.0	50	日本黑字还流贷款	1992～1997	化工	邯郸永年县子午胶囊厂
38	高档纯棉纺己绒布生产线	高档纯棉纺己绒布	710.0	100	日本黑字还流贷款	1992～1997	纺织	邯郸国棉三厂
39	邯郸东污水处理厂引进污水处理设备	污水处理设备	3071.0	125	日本黑字还流贷款	1992～	环保	邯郸东污水处理厂
40	保定外贸纬编厂引进设备项目	高速纬编机	620.0	50	日本黑字还流贷款	1992～	轻工	保定外贸纬编厂
41	保定外贸纬编厂引进设备项目	高速纬编机	900.0	100	日本黑字还流贷款	1993～	轻工	保定外贸纬编厂
42	张家口特种陶瓷厂引进设备项目	引进氢氧铝生产设备	570.0	50	日本黑字还流贷款	1993～1996	建材	张家口特种陶瓷厂
43	承德市罐头食品厂杏仁露引进罐装线、杀菌线项目	引进罐装线，杀菌线	5200.0	600	日本黑字还流贷款	1994～1996	食品	承德市罐头食品厂
44	沧州市第一塑料厂引进设备项目	引进设备	1700.0	160	日本黑字还流贷款	1996～1999	化工	沧州市第一塑料厂
45	信息系统工程项目	信息系统工程项目	540.0	65	日本政府日元贷款	1995～1997	信息工程	
46	三河电厂一期工程	2×30万千瓦机组	583640.0	10651	日本政府日元贷款	1995～	电力	国家项目
47	黄骅港一期	4个3.5万吨泊位，年装船能力3000万吨	500000.0	15000	日本政府日元贷款	1998～2005	交通	黄骅港一期（沧州）
48	朔黄铁路	神池至黄骅599公里，其中河北段全长404公里	1660000.0	23980	日本政府日元贷款	1998～	交通	国家项目
49	唐山周边地区供水项目	唐山市古冶、丰润、迁西、迁安、唐海、丰南等6个县市区的供水工程	47277.0	2640	日本政府日元贷款	2001～2004	城建	唐山周边地区供水项目
50	公共卫生基础设施建设项目	加强市级传染病院建设和提高市级CDC应对突发公共卫生事件的能力	26133.7	1607.6	日本政府日元贷款	2003～2006	卫生	7所CDC及6家传染病院
51	保定经济信息系统建设项目	引进设备建立经济信息系统	640.0	29.1	日本政府日元贷款	2004～	信息工程	
52	石钢小型棒材生产线改造项目	建设年产60万吨直径12～50毫米棒材生产线	56461.0	3000	日本政府不附带条件贷款	1998～2000	冶金	石钢小型棒材生产线改造
53	石家庄棉纺二厂引进棉纺设备项目	引进设备	2849.0	120	英国政府贷款	1991～1992	纺织	石家庄棉纺二厂
54	秦皇岛造船厂钢绞线生产设备项目	预应力钢绞线生产设备	2538.0	542	英国政府贷款	1992～	机械	秦皇岛造船厂
55	青县农工商公司项目	150万只肉鸡	—	218	英国政府贷款	1993～1999	食品	青县农工商公司
56	承德罐头食品杏仁露项目	杏仁露罐装线	3184.0	330	法国政府贷款	1990～1992	食品	承德罐头食品杏仁露厂

1991～2005年河北省国外贷款项目

序号	项目名称	建设规模及内容	总投资（万元）	贷款签约额（万美元）	资金来源	建设起止年限	所属行业	项目单位
57	石家庄橡胶一厂丁基胶饼瓦塞生产线项目	引进年产6.5万支医用丁基胶饼瓦塞生产线	1100.0	280.6	法国政府贷款	1994～1996	化工	石家庄橡胶一厂
58	医疗设备及新技术引进项目	省市县级医疗单位利用贷款购置大型医疗设备	15471.2	932	德国政府贷款	1996～2004	卫生	5家县级医院
59	承德市建材集团有限责任公司空心砌块生产线项目	引进粉煤灰混凝土空心砌块生产线	3271.4	257	德国政府贷款	2002～	建材	承德市建材集团有限责任公司
60	邯郸棉纺四厂引进细纱机项目	细纱机	1889.0	498	西班牙政府贷款	1990～	纺织	邯郸棉纺四厂
61	秦皇岛色织厂	引进设备	1869.0	374	西班牙政府贷款	1991～	纺织	秦皇岛色织厂
62	饶阳县棉纺厂改造纱锭、新上布机项目	改造纱锭1万枚，新上布机520台，漂染能力1000万米	3192.0	501	西班牙政府贷款	1991～	纺织	饶阳县棉纺厂
63	石家庄棉纺二厂引进细纱机项目	细纱机	2849.0	330	西班牙政府贷款	1991～1992	纺织	石家庄棉纺二厂
64	邢台色织厂引进剑杆织机设备项目	引进剑杆织机30台，生产牛仔布312米	7502.0	643	西班牙政府贷款	1992～	纺织	邢台色织厂
65	省邮电局程控电话	程控电话机	18450.0	1280	西班牙政府贷款	1994	通讯	省邮电局
66	医疗设备及新技术引进项目	省市县级医疗单位利用贷款购置大型医疗设备	3154.0	190	西班牙政府贷款	1996～1998	卫生	邯郸邱县人民医院
67	邢台钢铁公司煤气回收净化项目	引进煤气净化回收装置，改造现有煤气净化车间，净化煤气处理能力3万立方米/小时	7430.0	498	西班牙政府贷款	2001～	冶金	冶金办
68	廊坊颖丽集团引进剑杆织机项目	引进剑杆织机，年产格呢244.5万米	3140.0	276	西班牙政府贷款	2001～	纺织	廊坊颖丽集团
69	邯郸市临漳县植物油厂色拉油生产线项目	扩建6万吨色拉油生产线	4250.5	278	西班牙政府贷款	2003～	食品	邯郸市临漳县植物油厂
70	邯郸成安县草莓新技术公司温室大棚项目	引进智能温室大棚生产食用菌、蔬菜等	3840.8	276.5	西班牙政府贷款	2004～	农业	邯郸成安县草莓技术公司
71	邯郸棉纺四厂引进设备项目	剑杆织机	4250.0	420	意大利政府贷款	1995～	纺织	邯郸棉纺四厂
72	承德东方石材公司石材加工生产项目	引进石材加工生产线	3000.0	240	意大利政府贷款	1997～1999	建材	承德东方石材公司
73	秦皇岛建材总厂塑料型材、门窗生产线项目	年产塑料型材10万吨，门窗5.5万套	3086.0	520	奥地利政府贷款	1995～	建材	秦皇岛建材总厂
74	石家庄经济技术开发区建设污水处理厂项目	建设污水处理厂，日处理污水10万吨	12973.5	404.6	奥地利政府贷款	1998～2000	环保	石家庄市经济技术开发区
75	秦皇岛西部污水处理厂污水处理厂建设项目	建设日处理能力7万吨的污水处理厂	19400.0	480	奥地利政府贷款	1999～	环保	秦皇岛西部污水处理厂

1991～2005年河北省国外贷款项目

序号	项目名称	建设规模及内容	总投资（万元）	贷款签约额（万美元）	资金来源	建设起止年限	所属行业	项目单位
76	河北广平县塑料门窗厂异型材项目	引进塑料门窗异型材设备	3278.5	275	奥地利政府贷款	2000～	建材	河北广平县塑料门窗厂
77	河北宣化钟楼啤酒集团建污水处理厂项目	建污水处理厂，日处理污水5500立方米	2827.4	280	奥地利政府贷款	2000～	环保	河北宣化钟楼啤酒集团
78	医疗设备及新技术引进项目	省市县级医疗单位利用贷款购置大型医疗设备	2636.3	280	奥地利政府贷款	2001～2004	卫生	老年病医院、邯郸市中西医结合医院、张家口二院
79	张家口市察北管理区建退耕还草示范基地项目	建设6万亩退耕还草示范基地	4073.1	299	奥地利政府贷款	2004～2006	农业	张家口市察北管理区
80	张家口市塞北管理区建退耕还草示范基地项目	建设3万亩退耕还草示范基地	2717.0	198	奥地利政府贷款	2004～2006	农业	张家口市塞北管理区
81	石家庄旅游用布厂引进设备	园网印花机等	2100.0	250	荷兰政府贷款	1992～1993	纺织	石家庄市旅游用布厂
82	邢台市棉织厂引进园网印花机项目	园网印花机等	2700.0	450	荷兰政府贷款	1992～	纺织	邢台市棉织厂
83	承德围场县林业局马铃薯淀粉生产项目	年产万吨马铃薯淀粉	3601.0	260	荷兰政府贷款	1998～1999	食品	承德围场县林业局
84	唐山南堡污水处理厂建设项目	新建8万吨污水处理厂	13000.0	498	荷兰政府贷款	1999～2001	环保	唐山南堡污水处理厂
85	医疗设备及新技术引进项目（卫生厅）	省市县级医疗单位利用贷款购置大型医疗设备	13306.1	1354.3	荷兰政府贷款	2004～2007	卫生	4家市级医院
86	邢台冶金轧辊厂引进深淬硬层轧辊技术	引进深淬硬层轧辊技术，年产600支	9715.0	586	比利时政府贷款	1997～	机械	邢台冶金轧辊厂
87	石家庄市高新技术开发区污水处理项目	新建日处理能力为10万吨的污水处理厂	16674.0	400	比利时政府贷款	1998～2000	环保	石家庄高新技术开发区
88	医疗设备及新技术引进项目	省市县级医疗单位利用贷款购置大型医疗设备	491.4	29.6	芬兰政府贷款	1995～1996	卫生	省口腔医院
89	医疗设备及新技术引进项目	省市县级医疗单位利用贷款购置大型医疗设备	4880.4	294	芬兰政府贷款	1996～1998	卫生	省四院
90	承德工具厂引进污水处理生产项目	引进污水处理生产设备400台套	5988.0	513	芬兰政府及北欧投资银行贷款	1996～	环保	承德工具厂
91	秦皇岛供热工程项目	总供热面积528万平方米	24998.0	973	芬兰政府及北欧投资银行贷款	1998～	城建	秦皇岛市集中供热工程
92	保定污水处理厂引进污水处理设备	污水处理设备	3800.0	670	芬兰政府贷款	1993～1995	环保	保定污水处理厂
93	省人民医院引进设备	引进脑磁图设备	2490.0	255	芬兰政府贷款	2000～	卫生	河北省人民医院

1991～2005年河北省国外贷款项目

序号	项目名称	建设规模及内容	总投资（万元）	贷款签约额（万美元）	资金来源	建设起止年限	所属行业	项目单位
94	张家口风力发电项目	3000kW风力发电机组	5100.0	260	丹麦政府贷款	1998～	电力	张家口风力发电
95	唐山遵化永春热力有限公司引进热网供热设备	引进城市热网供热设备	6745.6	250	丹麦政府贷款	2001～2003	城建	唐山遵化永春热力有限公司
96	藁城市污水处理项目	引进日处理10万吨污水处理设备	14037.0	480	丹麦政府贷款	2003～	环保	河北藁成市污水处理厂
97	保定凌云厂房建设项目	厂房建设	6337.9	381.8	丹麦政府贷款	2005～	其他	阔丹凌云汽车胶管有限公司
98	安平县金属塑料地板砖厂引进柔性地板砖技术设备	引进柔性地板砖技术设备，年产2640吨	1858.0	182	挪威政府贷款	1992～	建材	安平县金属塑料地板砖厂
99	保定地表水工程	建设规模为日供水26万吨	19671.0	498	瑞士政府贷款	1999～	城建	保定地表水厂
100	石家庄热力公司供热项目	集中供热	3000.0	550	瑞典政府贷款	1995～1997	城建	石家庄热力公司
101	邯郸市自来水公司利用瑞典政府混合贷款引进供水设备项目	日供水10万吨	2800.0	400	瑞典政府贷款	1995～1998	城建	邯郸市自来水公司
102	省测绘局引进设备项目	引进设备	400.0	50	瑞典政府贷款	1995～	其他	省测绘局
103	邯钢污水处理项目	建设日处理能力8万吨的污水处理厂	4316.0	260	瑞典政府贷款	2000～	环保	邯钢污水处理厂
104	城市管理地理信息系统项目	城市管理地理信息系统	796.8	48	瑞典政府贷款	2004～	信息工程	
105	石家庄栾城远景胶囊生产线项目	年产12亿胶囊生产线	2300.0	350	加拿大政府贷款	1992～1994	化工	栾城远景制药厂
106	省邮电局程控电话	程控电话机	38700.0	3500	加拿大政府贷款	1992～	通信	省邮电局
107	省邮电管理局程控电话	程控电话机	43200.0	5100	加拿大政府贷款	1994～	通信	省邮电局
108	改造河北电网调度系统项目	引进加拿大CAE公司全套电网调度自动化系统设备及软件，改造河北电网度系统	3355.0	280	加拿大政府贷款	2001～	电力	省直
109	省邮电管理局程控电话	程控电话机	48000.0	6000	加拿大、西班牙、德国、日本政府贷款	1991～	通信	省邮电局
110	唐山海格雷瓷厂引进设备项目	引进设备	3500.0	265	澳大利亚政府贷款	1991～	建材	唐山海格雷瓷厂
111	唐山陶瓷公司项目	煤气发生炉	3961.0	496	澳大利亚政府贷款	1991～	建材	唐山陶瓷公司
112	唐山京唐港务局引进设备项目	引进设备	5200.0	489	澳大利亚政府贷款	1992～	交通	唐山京唐港务局
113	滦南县外贸公司冷库建对虾加工厂项目	建1200吨/年对虾加工厂	2500.0	269	澳大利亚政府贷款	1992～	食品	滦南县外贸公司冷库
114	承德市建委给水工程	大龙庙供水工程	7700.0	400	澳大利亚政府贷款	1992～1996	城建	承德市建委给水工程

1991～2005年河北省国外贷款项目

序号	项目名称	建设规模及内容	总投资（万元）	贷款签约额（万美元）	资金来源	建设起止年限	所属行业	项目单位
115	石家庄引岗黄水库给水工程	岗南、黄壁庄水库引进设备建输水管	29508.0	850	澳大利亚政府贷款	1994～1997	城建	石家庄引岗黄水库给水工程
116	邢台污水处理厂建设项目	日处理污水8万吨	13000.0	500	澳大利亚政府贷款	1995～	环保	邢台污水处理厂
117	生力八达公司公路建设项目	公路建设	35580.0	2000	韩国政府贷款	1997～	交通	生力八达（保定）公用设施有限公司
118	保定八达公路	西起京石高速公路保南互通\止于任丘界，全长40.033公里，一级路	35448.2	2000	韩国政府贷款	2003～	交通	保定八达公路
119	医疗设备及新技术引进项目	省市县级医疗单位利用贷款购置大型医疗设备	227.4	13.7	以色列政府贷款	1994～1995	卫生	省胸科医院、邯郸市第一医院
120	医疗设备及新技术引进项目	省市县级医疗单位利用贷款购置大型医疗设备	4379.1	263.8	以色列政府贷款	2003～2004	卫生	省中医院
121	医疗设备及新技术引进项目	省市县级医疗单位利用贷款购置大型医疗设备	4980.0	300	以色列政府贷款	2004～2006	卫生	石家庄市中医院
122	医疗设备及新技术引进项目	省市县级医疗单位利用贷款购置大型医疗设备	4644.1	495	以色列政府贷款	2004～2007	卫生	承德医学院附属医院
123	医疗设备及新技术引进项目（卫生厅）	省市县级医疗单位利用贷款购置大型医疗设备	2739.0	165	以色列政府贷款	2005～2007	卫生	承德市隆化县医院
124	医疗设备及新技术引进项目	省市县级医疗单位利用贷款购置大型医疗设备	1741.3	104.9	美国政府贷款	1999～2000	卫生	7家省市级医院
125	医疗设备及新技术引进项目	省市县级医疗单位利用贷款购置大型医疗设备	8213.7	494.8	美国政府贷款	2000～2001	卫生	21家市县级医院
126	医疗设备及新技术引进项目	省市县级医疗单位利用贷款购置大型医疗设备	7690.8	463.3	美国政府贷款	2002～2003	卫生	32家医院
127	省邮电管理局光纤传输	光缆工程	23000.0	1800	美国、德国政府贷款	1995～	通信	省邮电管理局光纤传输
128	蛋粉生产线项目	年产3125吨蛋粉	3240.0	540	北欧投资银行贷款	1992～	食品	石家庄华元公司蛋粉厂（天元蛋粉）
129	河北昱成置业有限公司引进项目	新建厂房引进三条生产线（塑料下游设备）	4880.0	498	北欧投资银行贷款	1994～	轻工	河北昱成置业有限公司
130	广平广大家具有限公司复合木地板生产线项目	年产复合木地板50万平方米	4986.0	545	北欧投资银行贷款	1996～	建材	广平广大家具有限公司
131	承德市包装工贸公司引进印刷生产线	引进国外丝维雅精密网板生产线	2075.0	240	北欧投资银行贷款	1998～	轻工	承德市包装工贸公司
132	赵县淀粉集团扩能改造	年产淀粉3万吨	3831.0	280	北欧投资银行贷款	1999～2001	食品	赵县淀粉集团

1991～2005年河北省国外贷款项目

序号	项目名称	建设规模及内容	总投资（万元）	贷款签约额（万美元）	资金来源	建设起止年限	所属行业	项目单位
133	邯郸精对二氯苯生产线项目	引进瑞士苏尔寿兄弟公司技术设备，年产3000吨精对二氯苯	1395.3	80	出口信贷	1991～1997	化工	滏阳化工厂
134	邯郸大名县全价饲料厂改建	建设年产6万吨全价饲料生产线	3100.0	96	出口信贷	1992～	其他	邯郸正大饲料有限公司（大名县全价饲料厂）
135	石家庄己内酰胺生产线项目	年产5万吨己内酰胺	236000.0	22000	出口信贷	1994～2000	化工	石家庄炼油厂
136	沧州2万吨/年甲苯二异氰酸酯	沧州2万吨/年甲苯二异氰酸酯全套装置	135430.0	1480	出口信贷	1997～2006	化工	TDI有限责任公司
137	石家庄焦炉煤气工程项目	煤气净化及回收装置	7933.8	1221	国际融资租赁	1992～1995	化工	石家庄焦化厂
138	邯郸市第二面粉厂引进设备	引进有关设备	4482.0	270	国际融资租赁	1998～	食品	邯郸市第二面粉厂
139	张家口市融资租赁贷款项目	原张家口毛条厂拖欠上海租赁公司的租金1999年转为特种贷款	241.0	29	国际融资租赁	1999～2001	纺织	张家口市毛条厂
140	邯郸第四棉纺织有限公司更新改造前纺设备项目	引进日本全自动络筒机7台、瑞士精梳机2套、备件一批	2070.0	298	国际商业贷款	1990～1995	纺织	邯郸第四棉纺织有限公司
141	邯郸市全自动丝网印刷机改造高档花纸生产线项目	引进丝网印刷机6台及配套设备	650.0	70	国际商业贷款	1991～1995	轻工	邯郸市花纸装潢厂
142	邯郸陶瓷（集团）总公司工业瓷厂干压成型设备项目	引进德国TPA50/2干压机一台，双向八头改丝机一台	650.0	74.8	国际商业贷款	1992～1997	建材	邯郸陶瓷（集团）总公司工业瓷厂
143	邯郸市引进关键设备、自动压机和水平烧结炉项目	引进关键设备、自动压机和水平烧结炉	700.0	60	国际商业贷款	1992～1997	建材	邯郸陶瓷（集团）总公司研究院
144	邯郸市引进仿石砖生产线项目	引进仿石砖生产线项目	5026.5	316.8	国际商业贷款	1992～1997	建材	邯陶总公司新坡建陶基地指挥部
145	邢台枣花佳生产线项目	引进枣花佳生产线	2057.0	137	国际商业贷款	1993～	食品	河北枣花佳酿酒饮料总公司
146	邯郸市引进彩釉墙地砖生产线项目	引进彩釉墙地砖生产线	1645.6	192	国际商业贷款	1993～1998	建材	邯郸市第六瓷厂
147	承钢热轧带钢工程	年产25万吨中宽热轧带钢	25000.0	850	国际商业贷款	1993～1995	冶金	承德钢铁集团公司
148	石家庄宝石壳生产线	年产408万套彩色玻壳	26500.0	12000	国际商业贷款	1995～1997	电子	宝石集团
149	承德酿酒公司引进蛋白饮料生产线项目	年产2万吨DDGS蛋白饲料	4413.0	450	国际商业贷款	1995～1997	食品	承德酿酒公司

1991～2005年山西省国外贷款项目

序号	项目名称	建设规模及内容	总投资（万元）	贷款签约额（万美元）	资金来源	建设起止年限	所属行业	项目单位
1	矿山扩建工程	年产花岗岩荒料3000立方米	792	50	世界银行贷款	1991～1993	建材	忻州北岳装饰材料公司
2	引进大豆精粉生产线	年产4000吨大豆精粉	1483	154	世界银行贷款	1993～1994	轻工	临县粮食局
3	山西扶贫	水、林、畜牧、路、农产品加工等扶贫开发	174000	10000	世界银行贷款	1996～2003	农业	山西省扶贫办
4	扶贫技援	扶贫机构能力建设	170	20	世界银行贷款	2002～2005	农业	山西省扶贫办
5	种子商业化	玉米高粱豆类原种生产、玉米蔬菜种子加工种子；田间检测	18362	1055	世界银行贷款	1996～2003	农业	山西农业种子总站
6	小规模肉牛发展	养殖户、育肥场、交易市场、屠宰加工厂建设	41603	2200	世界银行贷款	2000～2005	农业	山西畜牧兽医局
7	林业资源发展（二期）	营林2.5万公顷	9698	669	世界银行贷款	1995～2000	林业	山西省林业厅
8	贫困地区林业（三期）	营林4.6万公顷	24145	1600	世界银行贷款	1999～2005	林业	山西省林业厅
9	林业持续发展（四期）	营林0.96万公顷	11562	700	世界银行贷款	2002～2007	林业	山西省林业厅
10	黄土高原水保（一期）	临汾、忻州、吕梁3市8县区水土保持	51705	3718	世界银行贷款	1994～2002	水利	山西省水利厅
11	黄土高原水保（二期）	梯田、打坝造地、造林、打井等	55333	4000	世界银行贷款	1999～2004	水利	山西省水利厅
12	万家寨引水工程	年引水10亿立方米	1035400	40000	世界银行贷款	1993～2005	水利	山西万家寨引水总公司
13	贫困教育发展（贫一）	改造吕梁3市20所中小学及提高吕梁高专等两校能力	24405	2170	世界银行贷款	1992～1998	教育	山西省教育厅
14	贫困基础教育（贫四）	改造全省11地市18县中小学及11所中等师范	21251	1300	世界银行贷款	1997～2002	教育	山西省教育厅
15	农村卫生人力开发（卫四）	提高7个地市农村卫生医疗人员素质及改善医疗条件	22058	1830	世界银行贷款	1994～2000	卫生	山西省卫生厅
16	疫病预防项目（卫七）	更新冷链设备、扩大免疫服务内容和提高预防质量	10306	726	世界银行贷款	1996～2004	卫生	山西省卫生厅
17	农村卫生服务（卫八）	5市11县乡镇卫生院建设（用房、医疗设备）	8574	686	世界银行贷款	1998～2007	卫生	山西省卫生厅
18	艾滋病防治（卫九）	建立监测点、购置设备；制定法规及政贷	7055	510	世界银行贷款	1999～2008	卫生	山西省卫生厅
19	环境技术援助	环保信息中心能力建设	177	24	世界银行贷款	1992～1994	市政	山西省环保局
20	环境技援	环境影响评价培训与能力建设	532	72	世界银行贷款	1994～1998	市政	中国辐射防护研究所
21	华北地震	山西雁北震灾区重建	14881	2011	世界银行贷款	1990～1991	其他	山西省财政厅
22	职业培训和劳动力市场建设	晋中、长治两市网络建设和培训	750	75	世界银行贷款	2002～2005	其他	山西省劳动厅
23	第三期技术信贷	省各级财政部门和世行管理部门能力建设	585	54	世界银行贷款	1999～2001	其他	山西省财政厅
24	柳林电厂	2×10万千瓦	116509	6500	亚洲开发银行贷款	1992～1996	电力	山西省柳林电厂
25	山西煤层气开发（贷款签约额中含日元贷款2000万美元）	装机12万千瓦及管输煤气24493万立方米/年、车载煤气742万立方米/年	206500	13740	亚洲开发银行贷款	2006～2009	煤层气	晋城煤层气公司山西省能源产业集团
26	祁临高速公路	全长176公里	458856	25000	亚洲开发银行贷款	2002～2003	交通	山西省交通厅
27	侯禹高速公路	全长65公里	227353	12400	亚洲开发银行贷款	2004～2007	交通	山西省交通厅
28	水泵生产技改项目	购置设备及原材料		120	亚洲开发银行贷款		机械	运城市水泵厂
29	临猗棉花加工	购置针织品设备	3339	99	亚洲开发银行贷款	1994～1998	纺织	临猗县京华纺织厂
30	永济良种肉鸡示范场	种鸡存栏2.5万套/年、屠宰300万只/年、饲料生产等	9738	496	亚洲开发银行贷款	1995～1997	农业	山西粟集团公司

1991～2005年山西省国外贷款项目

序号	项目名称	建设规模及内容	总投资（万元）	贷款签约额（万美元）	资金来源	建设起止年限	所属行业	项目单位
31	农村能源生态	建设沼气4485户及大中型沼气站6个	14275	822	亚洲开发银行贷款	2003～2007	农业	山西省农业厅
32	山西环境治理	太原、大同、阳泉3市焦炉煤气治理、集中供热、煤矿瓦斯气综合利用	171395	10200	亚洲开发银行贷款	2001～2005	环保	太原煤气化公司阳泉煤气有限公司大同热力有限公司
33	太行山中段农业综合开发	水利工程78项，改良土地1.62万公顷，养蚕、畜牧等	26400	2535	国际农发基金贷款	1991～1996	农业	山西省农业厅
34	晋北农业综合开发	土地改良、农作物示范、水利设施、小额信贷等	37306	1440	国际农发基金贷款	2005～2011	农业	山西省农业厅
35	露天煤矿及选煤厂建设	1500万吨/年	495977	40887	日本能源贷款	1998～2003	煤炭	平朔安家岭露天煤矿
36	河津电厂	2×35万千瓦	555048	19997	日本政府日元贷款	1996～1999	电力	山西省漳泽电力有限公司
37	王曲电厂	2×60万千瓦	634475	48638	日本政府日元贷款	2003～2007	电力	山西鲁晋王曲电厂有限公司
38	西龙池抽水蓄能电站	4×30万千瓦	500000	18572	日本政府日元贷款	2002～2008	电力	山西西龙池电站有限公司
39	引进程控交换机	市话2万门、电缆2.4万对	4893	209	日本政府日元贷款	1995～1996	电信	长治市电信分公司
40	引进程控交换机	市话2万门、电缆2.4万对	3343	130	日本政府日元贷款	1995～1996	电信	运城市电信分公司
41	机焦生产	60万吨/年	68233	4000	日本政府不附带条件贷款	2002～2005	冶金	中吕能源集团公司
42	系列针剂瓶生产线	14亿支/年	2829	206	日本政府黑字还流贷款	1995～1996	医药	太谷县药用玻璃厂
43	高档羊毛衫生产项目	引进生产线	1300	230	日本政府黑字还流贷款	1992～1998	纺织	山西毛条厂
44	黄土高原植树造林	营林10万公顷	45230	3500	日本政府日元贷款	2002～2006	林业	山西省林业厅
45	高校教育人才培养	太原理工大学、山西大学等七所高校能力建设，	51480	4655	日本政府日元贷款	2005～2007	教育	山西省教育厅
46	公共卫生基础设施建设	太原等10市疾病预防控制传染病医院、急救中心建设	23462	2114	日本政府日元贷款	2004～2006	卫生	山西省卫生厅
47	太原市环境综合治理	焦炉、高炉、电炉改造及钢渣、污水处理工程	156867	119400	日本政府日元贷款	2003～2007	环保	太原钢铁集团有限公司
48	经济信息系统建设	扩建全省经济信息网络	1205	88	日本政府日元贷款	1998～1999	其他	山西省经济信息中心
49	杏花岭110千伏输变电站	建设5万千伏安主变两台等	5111	280	奥地利政府贷款	2000～2001	电力	山西省电力公司
50	PEC管生产线	5000吨/年	4866	290	奥地利政府贷款	1995～1996	建材	山西芮城工程塑料厂
51	引进UPVC异型材生产线	3000吨/年	3669	193	奥地利政府贷款	1994～1996	建材	大同市塑料建材厂
52	引进消防设备	购置云梯车等6台消防设备	1749	195	奥地利政府贷款	2001～2002	其他	大同公安消防支队
53	引进消防设备	购置云梯车等5台消防设备	1730	208	奥地利政府贷款	2002	其他	阳泉公安消防支队
54	引进消防设备	购置曲臂云梯等5台消防设备	2284	240	奥地利政府贷款	2004～2005	其他	长治公安消防支队
55	引进而消防设备	购置水罐消防车等5台消防设备	1743	240	奥地利政府贷款	2004～2005	其他	太原公安消防支队
56	专用通信系统改造	1200门程控电话	255	34	加拿大政府贷款	1991～1992	电信	山西省公安厅
57	专用通信系统改造	800门程控电话	173	23	加拿大政府贷款	1991～1994	电信	太原市公安局
58	数字微波干线工程	干线工程731公里、微波收发机38套、终端10套	5183	495	加拿大政府贷款	1992～1995	电信	山西网通电信公司
59	烟气制酸		16000	261	加拿大政府贷款	1996～1999	化工	侯马冶炼厂

1991～2005年山西省国外贷款项目

序号	项目名称	建设规模及内容	总投资（万元）	贷款签约额（万美元）	资金来源	建设起止年限	所属行业	项目单位
60	胶囊生产线项目	14亿粒/年	4036	269	加拿大政府	2000～2002	医药	山西广生医药包装有限公司
61	城南区域供热	供热面积700万平方米	41889	498	加拿大政府贷款	2004～2006	市政	太原市热力公司
62	智能监测系统	收费、监控、道路通信及外场交通控制系统	5980	495	西班牙政府贷款	2006～2007	交通	山西交通信息通信公司
63	引进程控交换机	晋中等7市引进市话8.5万门长途1.2万线	25765	1329	西班牙政府贷款	1995～1996	电信	山西省网通电信公司
64	引进S1240程控工程	市话6.4万门、长途3000线	20890	1994	西班牙政府贷款	1991～1994	电信	太原市电信分公司
65	引进程控工程	市话20000门	4915	270	西班牙政府贷款	1994～1996	电信	大同市电信分公司
66	引进程控工程	市话18000门、长途2000线	5894	340	西班牙政府贷款	1994～1996	电信	晋城市电信分公司
67	朔州市引进程控工程	市话14000门、长途2000线	5101	300	西班牙政府贷款	1994～1996	电信	朔州市电信分公司
68	引进S1240程控工程	市话134000门	47283	2090	西班牙政府贷款	1995～1997	电信	太原市电信分公司
69	汽轮机改造	6台苏式21万千瓦机组低压缸改造	19800	1262	德国政府贷款	2000～2004	电力	山西省电力公司
70	引进设备	盾构2台，旋挖钻机1台，900吨运梁台车，架桥机各1台	11971	3360	德国政府贷款	2005～2008	铁路	中铁三局集团公司
71	引进程控工程	清徐县市话4400门、长途200线	1338	65	德国政府贷款	1995～1996	电信	太原市电信分公司
72	建设二级光缆干线工程	1755公里及配套传输设备	11257	1000	德国政府贷款	1996～1998	电信	山西省网通电信公司
73	晋中市引进程控工程	5区县EWSD22000线	3409	135	德国政府贷款	1995～1996	电信	晋中市电信分公司
74	阳泉市引进程控工程	市话1万门、长途2000线	3247	155	德国政府贷款	1995～1996	电信	阳泉市电信分公司
75	长治市引进程控工程	市话13200门、长途600线	3982	196	德国政府贷款	1995～1996	电信	长治市电信分公司
76	运城市引进程控工程	市话17600门、长途3400线	5467	272	德国政府贷款	1995～1996	电信	运城市电信分公司
77	大同市引进程控工程	左云县市话4400门、长途200线	1188	65	德国政府贷款	1995～1996	电信	大同市电信分公司
78	临汾市引进程控工程	襄汾、翼城县市话8800门	2780	130	德国政府贷款	1995～1996	电信	临汾市电信分公司
79	引进医疗设备	购置ECT等56台件医疗设备	3100	376	德国政府贷款	2005～2006	卫生	吕梁人民医院
80	农村通信传输工程	10个地市农村传输工程	8911	740	澳大利亚政府贷款	1994～1996	电信	山西省农村电话局
81	引进锅炉制造技术及关键生产设备	购置10个品种锅炉制造技术及67台关键设备	3347	277	澳大利亚政府贷款	1995～1997	机械	太原第二锅炉厂
82	草坪种子和苜蓿基地	苜蓿4700亩、草坪草300亩	1992	105	澳大利亚政府贷款	1998～2003	农业	山西省牧草工作站
83	龙堡猪场	出栏商品猪3万头/年	2189	182	澳大利亚政府贷款	1991～1993	其它	太原食品公司
84	加强危重医学领域建设（1）	引进医疗急救设备	107	29	以色列政府贷款	1994	卫生	山西省卫生厅
85	加强危重医学领域建设（2）	引进医疗急救设备	70	19	以色列政府贷款	1995	卫生	山西省卫生厅
86	引进医疗设备	购置CT等2台医疗设备	678	80	以色列政府贷款	2003～2004	卫生	右玉人民医院
87	引进医疗设备	购置CT等4台医疗设备	1083	129	以色列政府贷款	2003～2004	卫生	怀仁人民医院
88	引进医疗设备	购置彩色B超等2台设备	532	63	以色列政府贷款	2003～2004	卫生	朔州城区中医院
89	交口县燃气工程	煤气12万立方米/日	5276	495	北欧投资银行贷款	2005～2006	市政	五麟集团公司

1991～2005年山西省国外贷款项目

序号	项目名称	建设规模及内容	总投资（万元）	贷款签约额（万美元）	资金来源	建设起止年限	所属行业	项目单位
90	废纸废水处理	年处理废纸6万吨、废水114万吨	2969	280	北欧投资银行贷款	1998～2001	环保	临猗造纸总厂
91	广电综合业务传输网	建设覆盖全市各县区广电及综合数据业务传输网络	4355	488	北欧投资银行贷款	2005～2007	广电	朔州广电局
92	引进医疗设备	引进螺旋双排CT等医疗设备	2500	230	北欧投资银行贷款	2005	卫生	平遥中医院
93	供电环网微波通信	建设19个微波站等	5365	270	意大利政府贷款	1999～2001	电力	山西省电力公司
94	新型盖板针布生产线	盖板针布3600副/年	2718	280	意大利政府贷款	1999～2002	纺织	平定金星针布厂
95	高纯度沙棘油生产	高纯沙棘油10吨/年、饮料5000吨/年	4767	270	意大利政府贷款	1999～2000	林业	山西省关帝山林局
96	甘草甜素项目	甘草甜素1.2万吨/年	4116	221	意大利政府贷款	1998～1999	轻工	洪洞飞马实业公司
97	防聋防盲及康复医疗	引进显微外科医疗器械	31	5	瑞士政府贷款	1996～2005	卫生	山西省卫生厅
98	一点多址微波通信	引进六套一点多址设备	3576	260	法国政府贷款	1997～1998	电力	山西省电力公司
99	污泥处理工程	日处理污泥900立方米	7223	288	法国政府贷款	1997～1998	环保	太原杨家堡污水处理厂
100	污水处理	日处理污水8万吨	14115	490	法国政府贷款	1998～2000	环保	阳泉市建设局
101	谷物膨化食品生产	引进膨化食品技术设备	2248	200	荷兰政府贷款	1996～2000	轻工	长治科技开发总公司
102	引进心血管放射设备	购置心血管造影机、螺旋CT等10台件医疗设备	2026	124	荷兰政府贷款	2000～2001	卫生	山西心血管疾病研究所
103	集中供热（东山）	供热面积120万平方米	9800	325	芬兰政府贷款	1993～1994	市政	太原市热力公司
104	引进医疗设备	大同市第二人民医院等9家医院购置242台套医疗设备	3369	358	芬兰政府贷款	2004～2005	卫生	大同市卫生局
105	集中供热（一电）	供热面积1058万平方米	65888	334	瑞典政府贷款	1990～2000	市政	太原市热力公司
106	硝酸磷肥废水处理	分离回收肥料液滴等	2645	134	挪威政府贷款	1997～1998	化工	山西化肥厂
107	农业综合开发项目	农场10个、开荒2万亩、改造5万亩	4857	200	韩国政府贷款	1996～2000	机械	原平市农机化中心
108	侯马市集中供热	供热面积250万平方米	9773	482	丹麦政府贷款	2003～2004	市政	侯马市热力公司
109	阳城电厂	6×35万千瓦	1292213	81847	买方信贷	1996～2003	电力	山西阳城国际发电有限公司
110	神头二电厂	2×50万千瓦	472902	21314	买方信贷	2002～2006	电力	山西大唐神头电厂有限公司
111	焦化工程	100万吨/年	96799	7000	国际商业贷款	2004～2005	冶金	山西宏安焦化科技有限公司
112	引进美国移动通信系统			2690	国际融资租赁		电信	山西省移动公司
113	蜂窝移动电话			209	国际融资租赁		电信	大同市移动公司
114	RH真空处理	年处理钢水量40万吨	18730	800	国际融资租赁	1996～1997	冶金	太原钢铁集团公司

1991～2005年内蒙古自治区国外贷款项目

序号	项目名称	建设规模及内容	总投资（万元）	贷款签约额（万美元）	资金来源	建设起止年限	所属行业	项目单位
1	第二期农村供水与环境卫生项目	项目涉及自治区5个盟市、9个旗（县），建农村供水工程2471处，125.47万村民受益	21065.06	1000	世界银行贷款	1992～1998	文教卫生	卫生厅
2	扎兰屯纸浆厂漂白技术及设备项目	二氧化氯漂白技术及设备引进	2300	382.8	世界银行贷款	1992～1994	工业	扎兰屯纸浆厂
3	师范教育发展项目	区内5所师范院校购置教学仪器、设备、图书和师资培训	5308	300	世界银行贷款	1993～1999	文教卫生	教育厅
4	粮食流通项目	在自治区建设7个粮食中转库，15个收纳库，建设仓容35.83万吨	36241	2407.34	世界银行贷款	1994～2000	农牧业	计委
5	黄土高原水土保持项目(一期)	伊盟种树种草，涵养水源，防止水土流失，开发和建设基本农田10449hm²，新增治理面积116181hm²等	47649	3600	世界银行贷款	1994～2001	基础设施	水利厅
6	贫困和少数民族地区基础教育项目	自治区20个旗县学校危房改造、新建校舍、培训师资和购置课桌椅等	29865	1600	世界银行贷款	1994～1999	文教卫生	教育厅
7	综合性妇幼保健项目	自治区42个旗县的乡村妇幼保健医疗机构的基础设施建设，人员培训和车辆设备购置	14246.6	1060	世界银行贷款	1995～2000	文教卫生	卫生厅
8	包头以西地震重建项目	对遭受地震灾害的部分中小学校教学楼、医院病房等改造和重建	20000	2500	世界银行贷款	1996～1998	基础设施	包头市、巴盟、伊盟
9	第三期农村供水与环境卫生项目	项目涉及自治区5盟市、6个旗（县）建供水工程650处，64万村民受益	16700	1000	世界银行贷款	1997～2003	文教卫生	卫生厅
10	托克托火电项目	一期工程2×60MW机组	607000	33000	世界银行贷款	1997～2000	能源	大唐电力公司
11	三省公路项目	包头—东胜一级公路100公里，白音察干—丰镇二级公路142公里，包头—东胜二级公路改建80公里	207878	8000	世界银行贷款	1999～2003	基础设施	交通厅
12	集装箱运输项目	按照国际标准建设海关报检、集装箱转运，年设计标准15万标准箱	5777	686	世界银行贷款	1999～2004	工业	包头集装箱集团公司
13	黄土高原小流域治理项目二期	项目涉及自治区3个盟市、7个旗（县），规划治理面积828.21平方公里，林草覆盖率达到64.2%，人均收入达到1717元，人均占有粮食991公斤	33200	2400	世界银行贷款	1999～2003	基础设施	水利厅
14	甘肃和内蒙古扶贫项目	项目涉及自治区8个盟市、21个旗（县）、185个乡（苏木）16万农户，62万贫困人口。项目内容包括种养殖业、林草业、农民培训、灌溉开发、基础设施建设、小型饲草料加工、机构建设等	100000	6000	世界银行贷款	2000～2006	农牧业	扶贫办
15	伊盟达旗三利实业公司动物饲料项目	动物饲料	1000	110	世界银行贷款	2000～2002	农牧业	伊盟达旗三利实业公司
16	包头骑士集团饲料基地项目	饲料生产基地建设	1400	170	世界银行贷款	2002～2002	农牧业	包头骑士集团
17	结核病控制项目	7年内（2002～2008年）在全区12个盟市、101个旗县区发现并免费治疗59840例肺结核病人；到2009年，项目地区DOTS策略人口覆盖率达95%以上；到2009年，涂阳肺结核病人的发现率达70%；涂阳肺结核病人的治愈率达85%	10356.53	631.96	世界银行贷款	2002～2008	文教卫生	卫生厅

1991～2005年内蒙古自治区国外贷款项目

序号	项目名称	建设规模及内容	总投资（万元）	贷款签约额（万美元）	资金来源	建设起止年限	所属行业	项目单位
18	内蒙古公路项目	集宁—老爷庙高速公路90公里，路网560公里	205425	10000	世界银行贷款	2002～2005	基础设施	交通厅
19	交通技术援助项目	编制养护先导计划、信息系统建设、设计院能力加强	4887.5	150	世界银行贷款	2002～2003	基础设施	交通厅
20	内蒙古雪灾重建工程项目	锡盟、呼盟、兴安盟、通辽市、赤峰市的25个旗县棚圈修复重建、草场恢复和水源重建、学校恢复和加固、技术援助等，使6000～7000牧户受益	1560	1020	世界银行贷款	2002～2003	农牧业	畜牧厅
21	传染性非典型肺炎及其他传染病应对项目	自治区5个盟市16个医疗单位关于传染性非典型肺炎及其他传染病应对规划的制定、政策开发；非典病人的临床管理、重点传染病的预防与控制	3026.82	366	世界银行贷款	2003～2006	文教卫生	卫生厅
22	内蒙古交通和贸易走廊项目	海拉尔—满洲里公路一级180公里，路网431公里	317300	10000	世界银行贷款	2005～2008	基础设施	交通厅
23	内蒙古劳动力市场发展项目	设备采购、人员培训、考察学习	1630	97	世界银行贷款	2004～2005	其他	劳动和社会保障厅
24	自治区财政厅第四期技术合作项目	设备采购、人员培训、考察学习		110	世界银行贷款	2005～2006	其他	财政厅
26	赤峰二毛	设备采购	2607	221	亚洲开发银行贷款	1994～2000	工业	赤峰二毛
27	内蒙古东北水毁紧急恢复重建项目	呼伦贝尔市、兴安盟、通辽市、赤峰市、锡林郭勒盟水毁基础设施建设	231858	11000	亚洲开发银行贷款	1999～2006	基础设施	计委
28	内蒙古松花江防洪管理项目	自治区松花江流域堤防工程和病险水库加固	53000	2850	亚洲开发银行贷款	2004～2007	基础设施	水利厅
29	包头骑士集团奶牛基地建设项目	饲料生产基地建设	1600	198	亚洲开发银行贷款	2000～2004	农牧业	包头骑士集团
31	内蒙古化肥厂项目	年产合成氨30万吨，尿素52万吨	1574	31.45	日本政府日元贷款	1991～1996	工业	内蒙古化肥厂
32	呼市引黄供水项目	呼和浩特市市区解决城市供水量不足，缺乏调节能力，配水管径偏小等问题。建设总规模40万立方米/日	177700	5500	日本政府日元贷款	1996～2000	基础设施	呼市引黄供水项目部
33	呼市环保项目	呼和浩特市市区城市基础设施建设，工业污染源治理。集中供热二期项目增加供热面积510万平方米；煤气二期项目增加煤气用户7万～8万户。化工总厂电石炉搬迁，橡胶厂新建循环流化床锅炉及高效多级除尘系统附属降噪设施，化纤厂污水处理	71508	4500	日本政府日元贷款	1997～2006	生态环保	呼市环保局
34	呼市大气污染防治项目	呼和浩特市化工厂年产烧碱1万吨离子膜；炼铁厂高炉煤气综合利用；亚华水泥厂旋转窑生产线粉尘治理及回收；土左旗新建年产2000万件高掺粉煤灰建筑陶瓷紫砂产品等	11184	900	日本政府日元贷款	1998～2007	生态环保	呼市环保局
35	包头环保项目	三期煤气、阿东热源扩建、城市污水处理、稀土冶炼厂搬迁、粉煤灰治理、包钢煤气回收、和发稀土废水处理、包铝氟烟治理、包钢排水治理、搪瓷厂环境治理、明天科技公司三废治理	205390	8800	日本政府日元贷款	1998～2002	生态环保	包头市日贷项目办

1991～2005年内蒙古自治区国外贷款项目

序号	项目名称	建设规模及内容	总投资（万元）	贷款签约额（万美元）	资金来源	建设起止年限	所属行业	项目单位
36	黄河中游造林项目	项目涉及自治区黄河中游的4个盟市、11个旗（县）的169个建设地。项目内容包括人工造林80222公顷，风沙育林10018公顷、飞播造林16225公顷，改建和扩建苗圃10个	37400	3700	日本政府日元贷款	2002～2005	生态环保	林业厅
37	自治区风沙治理项目	项目涉及自治区的3个盟市、5个旗（县）的31个建设地。项目内容包括风沙育林10.62公顷、营造防风固沙林6.34公顷，苜蓿1533公顷，药材基地1000公顷，柠条采种基地2274公顷，苗圃地建设737公顷，渠道建设80.3公里，打井974眼，修建作业道路467公里等	132800	14000	日本政府日元贷款	2003～2007	生态环保	林业厅
38	呼和浩特市水环境治理项目	呼和浩特市城区新建扩建污水处理厂4座及管网工程及新建城市雨水管网改造工程管道150公里	143460	9400	日本政府日元贷款	2004～2014	基础设施	呼市水务局
39	包头大气环境治理项目	项目主要建设内容包括新建2座高中压调压站、扩建2座高中压调压站；新建54公里高压管道和52公里中压管网；新建专用高中压调压站8座，扩建3座，并改造270公里中压管道，改造14.7万户低压管网及生产管理调度系统等	104875	8000	日本政府日元贷款	2004～2014	生态环保	包头市日贷款办
40	内蒙古人才培养项目	自治区8所高校的教师培训；6所高校的教学楼、实验室、图书馆建设；7所高校的教学科研实验设备	63492	4700	日本政府日元贷款	2004～2008	文教卫生	教育厅
41	通辽市基础设施建设项目	城区供热热网建设	14500	1588	日本政府日元贷款	2005～2007	基础设施	通辽市财政局
42	1.5万锭纺纱设备改造	引进日本1.5万锭气流纺纱设备改造普通织机	2919	146.12	日本黑字还流贷款	1991～1994	工业	包头九九集团
43	羊绒制品染整项目	引进日本羊绒面料染整合羊绒纺纱设备	1404	316.12	日本黑字还流贷款	1991～1994	工业	鹿王羊绒集团
45	达拉特旗电厂（一期）项目	2×33万千瓦发电机组	309950	4000	法国政府贷款	1992～1996	能源	内蒙古电管局
46	内蒙古邮电管理局农村电话项目	引进14套一点多址数字微波系统	6240	551	法国国民信贷银行贷款	1995～1996	基础设施	内蒙古邮电管理局
47	内蒙古邮电管理局引进传输设备	农村电话	18302	2226	法国国家信贷银行贷款\巴黎银行	1998～1999	基础设施	内蒙古邮电管理局
49	鄂尔多斯市引进医疗设备项目	购置进口医疗设备	1890	150	德国政府贷款	2003～2004	文教卫生	杭锦旗医院
50	兴安盟人民医院引进医疗设备项目	引进医疗设备	400	336	德国复兴银行贷款	2003～2004	文教卫生	兴安盟人民医院
51	辉腾锡勒风电场项目	辉腾锡勒风电场设备	4000	320.2	德国复兴银行贷款	2001～2002	能源	内蒙古风电能源公司
53	赤峰皮毛总公司技术引进项目	设备技术引进	2200	330	西班牙政府贷款	1992～1994	工业	赤峰皮毛总公司
54	内蒙古邮电管理局引进程控交换机项目	引进西班牙西萨公司程控交换机17.2万门项目	45771	2565	西班牙政府贷款	1995～1996	基础设施	内蒙古邮电管理局
55	内蒙古林业总医院肿瘤防治中心项目	医疗设备引进	2800	275	西班牙政府贷款	1999～2001	文教卫生	内蒙古林业总医院

1991～2005年内蒙古自治区国外贷款项目

序号	项目名称	建设规模及内容	总投资（万元）	贷款签约额（万美元）	资金来源	建设起止年限	所属行业	项目单位
56	辉腾锡勒风电场项目	辉腾锡勒风电场设备	5000	360	西班牙官方信贷局	2000～2001	能源	内蒙古风电能源公司
57	察右中旗医院引进医疗设备项目	引进电子胃镜、肠镜、中心城电监护站等	1120	100	西班牙政府贷款	2002～2004	文教卫生	察右中旗医院
58	鄂尔多斯市引进医疗设备项目	购置进口医疗设备	1721	197	西班牙政府贷款	2004～2005	文教卫生	伊金霍洛旗医院
59	鄂尔多斯市公安交通指挥系统项目	公安交通指挥系统	9717	612	西班牙政府贷款	2004～2006	其他	鄂尔多斯市公安局
60	乌兰察布市职业学院引进教学设备项目	机电、汽修专业的实验实训设备、数控机床、车床等	1492.4	121	西班牙政府贷款	2004～2006	文教卫生	乌兰察布市职业学院
61	内蒙古邮电管理局引进程控交换机项目	全区建设交换机8.86万门	21044.3	2340	西班牙国家信贷协会贷款	1992～1994	基础设施	内蒙古邮电管理局
62	包头亚麻纺织厂亚麻纺织机械项目	引进意大利年产400万平方米的中高档亚麻面料生产线	3314	244	意大利政府贷款	1991～1996	工业	包头亚麻纺织厂
63	鹿王羊绒集团制鞋生产线	引进意大利年产量120万双皮鞋生产线	3851	269.2	意大利政府贷款	1994～1998	工业	鹿王羊绒集团
64	通辽市第一毛纺厂引进纺织设备项目	引进纺织设备	1810	159	意大利政府贷款	1995～1996	工业	通辽市第一毛纺厂
65	清水河县脱水蔬菜项目	清水河县脱水蔬菜生产线项目，年产4000吨脱水蔬菜	3960	250	意大利政府贷款	2002～2004	工业	清水河县脱水蔬菜厂
66	包头蓄电池厂蓄电池PE搁板	引进奥地利年产40平方米蓄电池PE搁板生产线	6117	495	奥地利政府贷款	1995～1998	工业	包头蓄电池厂
67	包头市电管局输变电项目	引进奥地利先进输变电节能生产线	3700	253	奥地利政府贷款	1996～1998	工业	包头市电管局
68	通辽市污水处理项目	城市污水处理设备	14410	303	奥地利政府贷款	1999～2002	基础设施	通辽市市政工程处
69	内蒙古医学院附属医院引进医疗设备项目	引进医疗设备	3200	390	奥地利政府贷款	2000～2002	文教卫生	内蒙古医学院附属医院
70	二连浩特市中蒙友好医院购置先进医疗项目	购置先进医疗设备	3169	410	奥地利政府贷款	2004～2005	文教卫生	二连浩特市中蒙友好医院
71	锡林浩特市节水灌溉项目	新增节水灌溉面积2万亩	3237	260	奥地利政府贷款	2001～2004	基础设施	锡林浩特市奶牛场
72	鄂尔多斯市引进医疗设备项目	购置进口医疗设备	1798	250	奥地利政府贷款	2005～2006	文教卫生	东胜区人民医院
73	克什克腾旗达里电厂风力发电项目	7×750千瓦风力发电机组	4200	380	荷兰政府贷款	1999～2002	能源	东电茂霖公司
74	内蒙古邮电管理局引进传输设备项目	建设2902公里SDH传输设备	17160	720	芬兰政府贷款	1995～1996	基础设施	内蒙古邮电管理局

1991～2005年内蒙古自治区国外贷款项目

序号	项目名称	建设规模及内容	总投资（万元）	贷款签约额（万美元）	资金来源	建设起止年限	所属行业	项目单位
75	包头市热力公司供热系统节能改造	供热节能系统改造	13725	495	芬兰政府贷款	2001～2004	基础设施	包头市热力公司
76	阿拉善盟医院引进医疗设备项目	引进医疗设备	1000	120	芬兰政府贷款	2005～2006	文教卫生	阿拉善盟医院
77	兴安盟玉米淀粉厂建设项目	玉米淀粉生产线	4279.2	488.3	丹麦政府贷款	1992～1995	工业	兴安盟玉米淀粉厂
78	辉腾锡勒风电场项目	辉腾锡勒风电场设备	6000	442	丹麦联合银行贷款	1994～1995	能源	内蒙古风电能源公司
79	包头九九集团引进整浆设备项目	引进瑞士年产100万平方米高档面料生产线	2983	146	瑞士政府贷款	1993～1997	工业	包头九九集团
80	引进大豆全脂精粉生产线	引进大豆全脂精粉生产线	2987	142.18	瑞士政府贷款	1996～1998	工业	内蒙古大公实业总公司
81	包头市药用胶囊生产线项目	引进加拿大生产部门13亿粒药用胶囊生产线	5860	497	加拿大政府贷款	1993～1996	工业	包头市药用胶囊有限公司
82	乌兰察布市乌兰水泥厂项目	水泥生产线	8000	1658.76	加拿大出口发展公司贷款	1994～1998	工业	内蒙古乌兰水泥厂
83	金兴药用胶囊生产线二期项目	引进加拿大年产量13亿粒药用胶囊生产线	2000	217.8	加拿大政府贷款	2001～2004	工业	包头市药用胶囊有限公司
84	锡盟畜牧业发展项目	正蓝旗五一牧场	3430	228	澳大利亚政府贷款	1996～2000	农牧业	正蓝旗五一牧场
85	赤峰红城实业公司牧草种子项目	更新苜蓿草地20万亩，建成万亩林成网草	3320	200	澳大利亚政府贷款	1998～2000	农牧业	赤峰红城实业公司
86	鄂尔多斯市铁路建设项目	准东铁路建设	80000	3000	科威特政府贷款	2002～2004	基础设施	准东铁路有限公司
87	鄂尔多斯市铁路建设项目	呼准铁路建设	162000	3500	科威特政府贷款	2003～2006	基础设施	呼准铁路有限公司
88	十省区农业开发水产巴盟养殖项目	水产养殖	2390	144	韩国政府贷款	1998～2000	农牧业	临河区水产公司
89	亿立资源集团生态建设项目	生态建设	4000	498	韩国输入银行贷款	2002～2004	生态环保	亿立资源集团
90	内蒙古邮电管理局引进传输设备项目	建设2902公里SDH传输设备		280	以色列政府贷款	1995～1997	基础设施	内蒙古邮电管理局
91	内蒙古医学院附属医院大型医疗设备项目	引进大型医疗设备	2800	300	以色列政府贷款	1995～1997	文教卫生	内蒙古医学院附属医院
92	内蒙古医学院附属医院医疗设备项目	引进医疗设备	400	47.7	以色列政府贷款	1995～1997	文教卫生	内蒙古医学院附属医院
93	包医一附医院包头急救中心项目	引进以色列产先进医疗诊疗设备	3652	400	以色列政府贷款	1999～2001	文教卫生	包医一附医院

1991～2005年内蒙古自治区国外贷款项目

序号	项目名称	建设规模及内容	总投资（万元）	贷款签约额（万美元）	资金来源	建设起止年限	所属行业	项目单位
94	内蒙古民族大学附属医院引进医疗设备项目	引进医疗设备	820	48	以色列政府贷款	2000～2002	文教卫生	内蒙古民族大学附属医院
95	包头市第七医院引进直线加速器项目	引进以色列直线加速器、腹腔镜等先进设备	2031	200	以色列政府贷款	2000～2002	文教卫生	包头市第七医院
96	包头市中心医院引进医疗设备项目	引进以色列8层螺旋CT等先进设备	2860	344.6	以色列政府贷款	2000～2002	文教卫生	包头市中心医院
97	内蒙古妇幼保健医院医疗设备项目	引进医疗设备	700	73.9	以色列政府贷款	2000～2002	文教卫生	内蒙古妇幼保健医院
98	内蒙古通辽市区医院引进设备项目	改进现有医院医疗设备	3475	393.5	以色列政府贷款	2001～2003	文教卫生	内蒙古通辽市区医院
99	乌兰察布市医院引进医疗设备项目	引进美国CE公司双层螺旋CT机和瑞典产医用直线加速器一套	2073.85	175	北欧投资银行贷款	2001～2003	文教卫生	乌兰察布市医院
100	巴彦淖尔市引进医疗设备项目	医疗设备采购	7470	450	北欧投资银行贷款	2002～2004	文教卫生	临河、杭后、磴口、乌后、五原、乌前旗、乌中旗卫生局
101	内蒙古根河森林工业公司木材深加工项目	引进木材深加工生产线	4000	496.3	北欧投资银行贷款	2004～2006	工业	内蒙古根河森林工业公司
102	锡盟医院引进医疗设备项目	购置先进医疗设备	3000	414	北欧投资银行贷款	2004～2006	文教卫生	锡盟医院
103	内蒙古龙的马铃薯有限公司引进设备项目	引进丹麦年产马铃薯淀粉2万吨生产线	5000	307.98	北欧投资银行贷款	2004～2006	工业	内蒙古龙的马铃薯有限公司
104	四子王旗凯润农业开发有限公司马铃薯淀粉生产线项目	引进马铃薯淀粉生产线	2500	324	北欧投资银行贷款	2005～2006	工业	四子王旗凯润农业开发有限公司
105	包钢医院引进医疗设备项目	引进美国产先进医疗诊疗设备	4530	490	美国政府贷款	1999～2001	文教卫生	包钢医院
106	辉腾锡勒风电场项目	辉腾锡勒风电场设备	5000	370	美国进出口银行贷款	1996～1997	能源	内蒙古风电能源公司
108	吉兰泰纯碱项目	年产低盐重质纯碱20万吨	32513	5000	香港中银集团贷款	1992～1995	工业	吉兰泰纯碱厂
109	包头市苏蒙特亚麻二期技术改造项目	技术改造，新增织机100台	6702	300	国际商业贷款	1992～1995	工业	包头市亚麻纺织厂
110	包头市鹿建羊绒纺织有限公司引进设备项目	年产羊绒呢系列产品10万平方米等	2532	150	香港盐业银行贷款	1992～1995	工业	包头市鹿建羊绒纺织有限公司
111	包头金丰电子有限公司片状电阻项目	片状电阻生产线	2355	150	香港盐业银行贷款	1992～1995	工业	包头金丰电子有限公司
112	包头鹿峰陶瓷有限公司瓷砖项目	引进年产75万平方米无釉瓷质墙地砖生产线	4968	112	国际商业贷款	1992～1994	工业	包头鹿峰陶瓷有限公司

1991～2005年内蒙古自治区国外贷款项目

序号	项目名称	建设规模及内容	总投资（万元）	贷款签约额（万美元）	资金来源	建设起止年限	所属行业	项目单位
113	伊建羊绒纺织有限公司引进设备项目	引进设备	500	106	香港盐业银行贷款	1992～1995	工业	包头市苏蒙特亚麻厂
114	丰镇电厂项目	2×20万千瓦发电机组	74648	4000	中银（香港）集团贷款	1993～1995	能源	丰镇电力开发公司
115	伊盟东乔陶瓷有限公司项目	引进生产线	2000	400	新加坡商业贷款	1993～1995	工业	伊盟东乔陶瓷有限公司
116	包头市棉纺厂引进设备项目	3.5万锭纺织设备改造	2000	380	英国商业贷款	1994～1997	工业	包头市棉纺厂
117	包头市苏蒙特亚麻厂技术改造项目	技术设备改造	1500	258	香港盐业银行贷款	1994～1997	工业	包头市苏蒙特亚麻厂
118	临河兆峰面粉有限公司	引进设备	2000	350	中行伦敦分行贷款	1995～1997	工业	临河兆峰面粉有限公司
119	内蒙金利模具有限公司	引进设备	500	90	伦敦银行贷款	1995～1997	工业	内蒙金利模具有限公司
120	达拉特旗电厂（二期）项目	2×33万千瓦发电机组	259300	3141	英国买方信贷	1995～1999	能源	内蒙古电管局
121	包头市鹿苑羊绒集团引进设备项目	改建混纺羊绒衫生产线	3826	200	国际商业贷款	1995～1997	工业	包头市鹿苑羊绒集团
122	乌海瓷质墙地砖项目	引进瓷质墙地砖生产设备	2000	380	国际商业贷款	1995～1997	工业	乌海瓷砖厂
123	包头市电子仪器厂石英晶体谐振器二期技改项目	引进设备	1158	39	国际商业贷款	1995～1996	工业	包头市电子仪器厂
124	包钢薄板坯连铸连轧项目	薄板坯连铸连轧生产线	150000	15000	西德意志州银行贷款	1998～2000	工业	包钢钢联股份公司
125	内蒙古赛立特尔纺织公司项目	引进设备	600	73.5	国际商业贷款	1998～2000	工业	内蒙古赛立特尔纺织公司

1991～2005年辽宁省国外贷款项目

序号	项目名称	建设规模及内容	总投资（万元）	贷款签约额（万美元）	资金来源	建设起止年限	所属行业	项目单位
1	林业技术发展项目（本溪）	进行贷款购技术推广必备器械设备，配套款土建2780平方米化验室，县乡建立紧密技术推广网	60	15	世界银行贷款	1986～2006	林业	桓仁县林业技术推广中心
2	中学师资培训项目（教委）	改善省、市教育学院的教学设备	2924	335	世界银行贷款	1988～1993	教育	辽宁省教育委员会
3	中学在职教师培训项目	教师培训、教学设备引进	608	80	世界银行贷款	1988～1993	教育	沈阳教育学院
4	沈阳交通走廊改善工程	十条道路改善、公交修造设备、信号改造	8910	800	世界银行软贷款	1990～1992	城市交通	沈阳市城市专项建设领导小组
5	职业技术教育项目	设备贷款	448	60	世界银行贷款	1990～1994	教育	沈阳市第一服装职业高中
6	职业技术教育项目	改善职业中学的办学条件	6669	735	世界银行贷款	1990～1995	教育	辽宁省教育委员会
7	职业技术教育项目	建设计算机、电化教学等七个实验室系统，引进先进的教学设备和手段	561	80	世界银行贷款	1990～1995	教育	沈阳市机电工业学校
8	辽宁省国家监林项目（林业局）	营造落叶松700万公顷，分别在6市15县施工	17067	2182	世界银行贷款	1990～1996	林业	辽宁省林业厅
9	换热器管焊接生产线	解决我国急需的各种换热器管材	960	145	世界银行硬贷款	1991～1993	有色	锦州市有色金属材料总厂
10	职业技术教育项目	建设计算机、电化教学等七个实验室系统，引进先进的教学设备和手段	449	60	世界银行贷款	1991～1996	教育	沈阳市职业教育中心
11	沈阳城市基础设施项目	沈阳大火房水库40万吨/日引水工程、阜新闹德海水库10万吨/日引水工程、营大辽河周家水库12万吨/日引水工程、沈阳公共交通改造示范工程	80000	7700	世界银行贷款	1991—1996	建设行业	省城建项目办
12	结核病控制项目	在全省14个市、44个县56个区实施；主要用于结核病人的发现、治疗和管理工作，以及在结核病防治工作过程中所需要的技术支持和实施性研究等项工作	4084	343	世界银行贷款	1992～2001	卫生	省财政厅、卫生厅和各市财政局、卫生局
13	师范教育发展项目	（1）提高初中的教学水平；（2）提高国家的管理和规划能力；（3）促进教学和教师的培训改革	9032	535	世界银行贷款	1993～1995	教育	辽宁省教育委员会
14	松辽平原农业发展项目	农田水利工程、畜牧、水产、药材、农副产品加工等六项内容	147730	8500	世界银行贷款	1994～1997	农业	辽宁省农业开发世行贷款项目办
15	"森林资源发展和保护"项目（林业）	营建林木3万公顷	10534	727	世界银行软贷款	1994～1998	林业	辽宁省林业厅世界银行贷款办公室
16	森林资源发展和保护项目	营造日本落松速生柏35000公顷	10534	727	世界银行贷款	1994～2000	林业	辽宁省林业厅世界银行贷款办公室
17	沈阳工业项目	组建沈阳机床股份有限公司发展国有民营企业经济加强环保治理与政府支援项目	363500	17500	世界银行硬贷款	1995～2001	机械	沈阳市利用世界银行工业项目办
18	辽宁城市环境项目（按项目库改）	建设一座25万吨/日一级污水处理厂，新建25公里截流干渠	216799	11000	世界银行贷款	1995～2004	建设行业	省城建项目办
19	锦化8万吨/年烧碱改造工程	8万吨/年离子膜法烧碱；一、二次盐水，电解，蒸发，氯氢，高纯酸，循环水等系统	42236	2067	世界银行硬贷款	1996～1999	石化	锦化化工有限责任公司

1991～2005年辽宁省国外贷款项目

序号	项目名称	建设规模及内容	总投资（万元）	贷款签约额（万美元）	资金来源	建设起止年限	所属行业	项目单位
20	第二个职业技术教育	购置教学仪器和人员培训	9130	550	世界银行贷款	1996～2002	教育	辽宁省仪器仪表工业学校等15所学校
21	贫困地区林业发展项目	新造速生丰产林26000公顷，经济林11460公顷	21148	1400	世界银行贷款	1998～2005	林业	辽宁省林业项目办公室
22	沈阳交通走廊改善工程	沈阳城市交通建设	168000	6500	世界银行贷款	1999～2003	交通	沈阳市建委
23	辽宁城市交通项目	沈阳市、鞍山市和抚顺市的城市快速干道建设、道路维修养护、交通管理和公共交通改造	370000	15000	世界银行贷款	1999～2005	建设行业	省城建项目办
24	节水灌溉项目	节水灌溉3.89万公顷	78471	3700	世界银行贷款	2001～2005	农林牧渔水	沈阳市水利局
25	辽河流域项目	营口、盘锦污水处理厂及截流工程、金城造纸厂污水处理工程、营口造纸厂污染治理工程、城市地理信息系统、环境检测系统等	160000	10000	世界银行贷款	2001～2007	建设行业	省城建项目办
26	结核病控制项目	在全省14个市、44个县56个区实施；主要用于结核病人的发现、治疗和管理工作以及在结核病防治工作过程中所需要的技术支持和实施性研究等项工作	5652	307	世界银行贷款	2002～2008	卫生	省财政厅、卫生厅和各市财政局、卫生局
27	城市地理信息系统	全省城市地理信息数据交换城市规划查询系统	291	35	世界银行贷款	2003.11～2207.12		省建设厅信息中心
28	丹东港大东港区续建工程	建设三个万吨泊位及相应配套设施，能力95万吨	32000	2000	亚洲开发银行贷款	1992～1995	港口	丹东港大东港区建设指挥部
29	沈阳至本溪一级汽车专用公路（交通厅）	建设74.69公里长的一级汽车公路	104898	5000	亚洲开发银行贷款	1992～1996	公路	辽宁省交通厅计划处
30	营口港鲅鱼圈区	九个深水泊位及港口配套设施	36500	2200	亚洲开发银行贷款	1993～1996	港口	营口港务局
31	沈阳至四平高速公路（交通厅）	建设沈阳至四平高速公路	238794	10000	亚洲开发银行贷款	1993～1999	公路	辽宁省交通厅
32	绥中（山海关）至沈阳高速公路	高速公路361公里	923909	20000	亚洲开发银行贷款	1997～2000	交通	辽宁省交通厅
33	改造企业扩大产品出口	开发车削加工中心及数控车床新产品，引进关键设备，完善能源动力配套设备增添检测仪器	946	200	日本黑字还流贷款	1989～1992	机械	沈阳第三机床厂
34	辽宁省观音阁综合利用水库	观音阁水库总投资约15亿元，水库总库容21.68亿立方米，坝长1040米，坝高82米	156000	13303	日本政府日元贷款	1989～1995	水利	辽宁省观水阁水库工程领导小组
35	高档手风琴技术改造项目（营口）	引进三条乐器生产线，新增高档手风琴10000架，间质100万片	824	200	日本黑字还流贷款	1990～1992	轻工	营口东北乐器公司
36	引进玉米油生产线（铁岭）	年产精制玉米油4000吨	1606	165	日本黑字还流贷款	1990～1992	轻工	铁岭玉米综合加工厂
37	鞍山市汤河水源供水工程	日供水20万吨：取水头部，水源泵站，输水管24千米	16000	1900	日本政府日元贷款	1990～1994	自来水	鞍山市自来水公司
38	石英晶体元器件生产线（辽阳）	改扩建2800平方米厂房，建成年产1206万只的石英晶体元器件生产线	1500	100	日本黑字还流贷款	1991～1992	电子	辽阳晶体器件厂

1991～2005年辽宁省国外贷款项目

序号	项目名称	建设规模及内容	总投资（万元）	贷款签约额（万美元）	资金来源	建设起止年限	所属行业	项目单位
39	引进纵剪机组	引进纵剪生产线全套设备	484	80	日本黑字还流贷款	1992～1993	机械	沈阳第三机床厂
40	海城市机电检测中心	建厂方及办公设备1千平方米	321	50	日本黑字还流贷款	1992～1994	其他通讯	海城市机电车检测中心
41	鞍山化纺引进自动落桶机	引进粗纺机等设备13套	578	100	日本黑字还流贷款	1993～1995	纺织	鞍山化纤毛纺织总厂
42	辽宁省环保局环境信息中心建设	建立辽宁省环境信息中心及信息网络系统	240	25		1993～1996	电子	辽宁省环境信息中心
43	沈阳床单厂大提花生产线	沈阳床单厂大提花生产线	2490	150	日本黑字还流贷款	1994～1994	纺织	沈阳床单厂
44	90万平方米/年高级瓷质外墙砖(朝阳)	新增60万平方米/年高级外墙砖	8700	200	日本黑字还流贷款	1994～1995	建筑	建平县陶瓷厂
45	进口针织设备	计划建设	700	40	日本黑字还流贷款	1994～1996	纺织	鞍山市针织总厂
46	辽宁省经济信息系统	全省十二个市经济信息系统建设	8500	615	日本政府日元贷款	1994～1998	科研	辽宁省信息中心
47	沈阳市经济信息系统	建国家信息系统子系统、沈阳市经济信息系统等10个系统	2474	100	日本政府日元贷款	1994～1998	其他行业	沈阳市经济信息中心
48	建设电解铜箔环境治理	环境治理	4541	227	日本政府日元贷款	1995～1999	有色	本溪铜加工厂
49	辽宁省白石水库	大凌河上大型控制性水利枢纽工程，以防洪、灌溉、供水为主，兼顾发电、养鱼，总库容16.45亿立方米	229000	8000	日本政府日元贷款	1995～2000	水利	辽宁省水利厅
50	本溪制药有限公司环保综合治理	建污水处理，给排水生产车间自动化等	1700	140	日本政府日元贷款	1996～1998	卫生	本溪制药有限公司
51	沈阳市大气污染治理项目	沈阳市大气污染治理	80000	5000	日本政府日元贷款	1996～1999	其他市政建设	沈阳市热电厂等
52	烧碱生产环境污染治理工程	环境治理	8098	491	日本政府日元贷款	1998～1999	化工	本溪化工塑料总厂
53	钼冶炼及酸雾治理	治理二氧化硫及废酸、碱气体、液体	3575	198	日本政府日元贷款	1998～1999	有色	本溪钨钼有限责任公司
54	北台钢铁总厂高炉煤气综合利用	主厂房，发电及配电系统，热工仪表监测，化学系统，三台75吨/小时锅炉	17832	838	日本政府日元贷款	1998～1999	有色	北台钢铁有限责任公司
55	本溪市水源上迁工程	35万吨/日取水水源	10976	495	日本政府日元贷款	1998～2000	市政建设	本溪市自来水总公司
56	本溪橡胶化工厂移地改造二甲基亚砜	年产二甲基亚砜2000吨	7239	499	日本政府日元贷款	1998～2000	化工	本溪市橡胶化工厂
57	本溪市大气自动监测和管理中心	建筑面积约4000平方米，引进大气自动监测系统和先进的仪器设备	2148	150	日本政府日元贷款	1998～2000	其他行业	本溪市环境监测中心站

1991～2005年辽宁省国外贷款项目

序号	项目名称	建设规模及内容	总投资（万元）	贷款签约额（万美元）	资金来源	建设起止年限	所属行业	项目单位
58	本溪化工矿业总厂电石厂环保治理工程	改造现有2万吨/年电石生产线，回收利用电炉尾气粉	3911	296	日本政府日元贷款	1998～2000	化工	本溪化工矿业总厂
59	本钢炼钢厂120吨转炉烟尘治理	本钢炼钢厂121吨转炉烟尘治理	9766	495	日本政府日元贷款	2000～2002	石化	
60	辽宁广播电视基础设施改造项目	2部电视转播车，1部广播转播车，65套电视专用设备及广播专用设备等，51个站点用光缆传输设备	51630	3000	日本政府日元贷款	2000～2004	科教文卫	辽宁省广播电视局
61	建设公共卫生基础设施项目	引进医疗设备和人员培训	33034	1990	日本政府日元贷款	2004.3～2034.3	卫生	辽宁省省市级疾控中心和传染病院（共30家单位）
62	沈阳大伙房水源引水工程	新增月供水40万立方米	32888	3520	法国政府混合贷款	1988～1993	自来水	沈阳市大伙房办
63	30万吨合成氨，52万吨尿素装置（锦西大化肥）	合成氨30万吨，尿素52万吨	81245	8701	法国政府混合贷款	1989～1992	化工	锦西大化肥工程建设指挥部
64	开原市邮电局利用西班牙政府贷款（铁岭）	程控数字电话交换机市话5000线，长途200线	1086	132	西班牙政府混合贷款	1989～1992		开原市邮电局
65	沈阳市北部污水处理厂	投资5.97亿元，建筑面积33200余平方米，排放污水（日）128万吨	59700	1177	法国政府混合贷款	1994～1998	机电轻纺	沈阳市北部污水处理厂建设处
66	增加棉纺20000锭（锦州）	引进西班牙梳棉机24台，并条机10台，棉纱机9台，国内配套清花二列5个头，细纱48台	2718	355	西班牙政府混合贷款	1988～1992	纺织	锦州女儿河纺织厂
67	纱厂技术改造项目（本溪）	增建主厂房，库房，生活用房23300平方米，新增精梳棉纱、普梳棉纱4801吨	4664	270	西班牙政府混合贷款	1988～1992	纺织	本溪市纺织厂
68	丹东纺织设备一条龙技术改造项目	纺织设备一条龙技术改造，提高产品档次，生产纯棉精梳纺布	4414	174	西班牙政府混合贷款	1989～1992	纺织	丹东纺织厂
69	改扩建25000万锭纺纱生产线（辽阳）	引进并条机12台，粗纱机9台，纺纱设备国内配套年产化纤与绵混纺普梳纱3584吨	3309	200	西班牙政府混合贷款	1990～1992	纺织	辽阳纺织厂
70	海城陶瓷三厂引进彩花陶瓷砖生产线	引进彩花陶瓷砖生产线，新增彩花陶瓷砖70万平方米	4994	452	西班牙政府贷款	1990～1992	建筑	海城陶瓷三厂
71	牙科综合治疗台椅项目	装备用牙齿治疗台椅，牙科全景X光机，为改善附属二院及口腔医院的教学、医疗、科研条件	679	41	西班牙政府混合贷款	1991～2002		中国医科大学
72	引进西班牙13.2万门程控电话	引进西班牙13.3万门程控电话	19000	2100	西班牙政府贷款	1993～1994	市政建设	沈阳市电信局
73	扩建抚顺市急救中心	引进具有国际水平的先进医疗设备39台（套），满足急救治疗需要	6640	210	西班牙官方信贷协会	1999～1999	科教文卫	抚顺市中心医院
74	万吨有机玻璃扩建工程（抚顺）	抚顺“万吨”有机玻璃扩建工程，主要生产MMA1300吨，PMMA1200吨，洗濑板1000吨硫安	18741	827	意大利政府混合贷款	1989～1992	化工	万吨有机玻璃扩建工程
75	年产5000吨腈氯纶纤维生产装置（抚顺）	年产5000吨腈氯纶纤维，白边纤维2000吨/年，染色纤维3000吨/年，占地5.15公顷，总建筑面积	16145	1395	意大利政府混合贷款	1991～1993	化工	年产5000吨腈氯纶纤维生产装置

1991～2005年辽宁省国外贷款项目

序号	项目名称	建设规模及内容	总投资（万元）	贷款签约额（万美元）	资金来源	建设起止年限	所属行业	项目单位
76	引进清钢联改造老设备	引进清钢联一列（配12台梳棉机）设备52台套全自动筒机6台	2984	270	意大利政府混合贷款	2000～2000	机械	国营鞍山化纤纺织总厂
77	桓仁热电厂(本溪)	计划建设	5760	549	奥地利政府混合贷款	1991～1994	电力	桓仁热电厂筹建处
78	本溪市合金总厂热电厂(第二热电厂)	2×12MW汽轮发电机3×75t/h气锅炉年供出电量12016M/kWH	10441	550	奥地利政府混合贷款	1991～1994	电力	本溪市合金总厂热电厂
79	桓仁热电厂(本溪)	计划建设	5760	549	奥地利政府混合贷款	1991～1994	电力	桓仁热电厂筹建处
80	抚顺引进WF轧机改造生产线	年产量55000吨，其中模具扁钢1.3万吨，出口4000吨	14460	1399	奥地利政府混合贷款	1994～1995	钢铁	抚顺钢厂
81	引进污水处理设备项目	建议日处理城市污水50万吨，另一级处理及污水截流暗渠道14.4公里	9760	384	奥地利政府贷款	1995～1998	市政建设	沈阳市排水公司
82	实训基地建设	购置教学仪器和人员培训	1200	586	奥地利政府贷款	2003～2005	教育	辽宁科技学院
83	北台钢铁厂球墨铸铁管项目	球墨铸铁管项目	34696	2100	荷兰政府软贷款	1990～1993	轻工	北台钢铁总厂球墨铸铁管厂
84	铁岭玉米深加工联合厂	日处理玉米250吨，年产淀粉5万吨	11132	805	荷兰政府软贷款	1990～1992	轻工	铁岭玉米深加工联合厂
85	引进比利时6.8万线交换机	引进6.3万门交换机项目	10200	1057	比利时政府贷款	1992～1994	邮电通信	沈阳市电信局
86	引进40000线程控电话交换机(抚顺)	引进40000万线程控电话交换机扩容工程	8775	1150	比利时政府混合贷款	1992～1994	邮电通信	抚顺市邮电局
87	引进21000线程控电话交换机(抚顺)	引进21000线程控电话交换机工程	4281	405	比利时政府混合贷款	1992～1994	邮电通信	抚顺市邮电局
88	盘锦市引进比利时8000门程控交换机	引进S−1240程控交换机8000门	1110	111	比利时政府混合贷款	1993～1994	邮电通信	盘锦市邮电局
89	引进程控交换机5000线	S−1240程控交换机5000线	1000	60	比利时政府贷款	1993～1994	邮电通信	丹东邮电局
90	铁岭市引进程控交换机(比利时政府贷款)	建44000线程控电话	8729	518	比利时政府贷款	1993～1994	邮电通信	铁岭市邮电局
91	阜新市引进比利时程控电话交换机(二期)	扩容引进S−1240程控交换机21000门，长途300线	5180	307	比利时政府贷款	1993～1994	邮电通信	阜新市邮电局
92	黑山程控电话交换设备	程控交换机6000线	1562	128	比利时政府混合贷款	1993～1995	邮电通信	锦州市邮电局
93	建昌县引进程控交换机一期(锦西)	引进比利时S−1240型程控交换机，市话5000线长途400路端	840	84	比利时政府贷款	1993～1995	邮电通信	锦西市邮电局
94	三分局程控电话(朝阳)	程控电话6000门	1000	96	比利时政府混合贷款	1994～1994	邮电通信	朝阳市邮电局

1991～2005年辽宁省国外贷款项目

序号	项目名称	建设规模及内容	总投资（万元）	贷款签约额（万美元）	资金来源	建设起止年限	所属行业	项目单位
95	程控电话16000门（朝阳）	程控电话16000门	3790	247	比利时政府混合贷款	1994～1994	邮电通信	朝阳市邮电局
96	建昌县引进程控交换机二期（锦西）	引进比利时S-1240程控电话交换机2000线（农话2000线）	678	68	比利时政府贷款	1994～1995	邮电通信	锦西市邮电局
97	绥中县引进程控交换机（锦西）	引进比利时S-1240程控电话交换机2000线	650	58	比利时政府贷款	1994～1995	邮电通信	（绥中）锦西市邮电局
98	辽阳引进比利时（四期）交换机	16000门程控电话	2314	266	比利时政府贷款	1994～1995	邮电通信	辽阳市邮电局
99	辽阳比利时程控交换机（三期）	8000门程控电话	757	145	比利时政府贷款	1994～1995	邮电通信	辽阳市邮电局
100	南票区引进程控电话交换机	4000线	1000	100	挪威政府贷款	1993～1994	邮电通信	葫芦岛市邮电局
101	海城三期挪威程控项目	利用挪威政府贷款引进爱立信公司市话程控交换机18000线	4791	291	挪威政府贷款	1994～1994	邮电通信	海城市邮电局
102	利用瑞士政府贷款引进气充造型生产线	形成年产12000吨薄壁铸件生产能力	5188	482	瑞士政府贷款	1989～1992	机械	沈阳柴油机厂
103	引进年产5000吨氢氟酸技术、设备（阜新）	年产54吨氢氟酸	7039	559	瑞士政府贷款	1990～1993	化工	阜新市氟化学总厂
104	抚顺引进59000线程控交换机	扩建59000线容量	9362	742	瑞士政府贷款	1995～1996	邮电通信	抚顺市邮电局
105	东港市邮电局程控电话	万门程控电话	1900	128	瑞典政府混合贷款	1990～1992	邮电通信	丹东邮电局
106	宁山路（64、65）程控电话	引进瑞典市话程控交换机20000线	5402	361	瑞典政府混合贷款	1991～1992	邮电通信	沈阳市电信局
107	中山路（70、71）分局程控电话	引进瑞典市话程控交换机20000线	5900	336	瑞典政府混合贷款	1991～1992	邮电通信	沈阳市电信局计划处
108	长途程控交换机1000线	引进瑞典长途程控交换机1000线	812	185	瑞典政府混合贷款	1991～1993	邮电通信	沈阳市电信局
109	第三期引进瑞典程控电话交换机（本溪）	市内电话程控交换机9000线	1461	155	瑞典政府混合贷款	1992～1992	邮电通信	本溪市邮电局
110	海城二期瑞典程控	继续利用瑞典政府贷款，增容引进爱立信公司程控交换机市话5000门，长途200线	1000	112	瑞典政府混合贷款	1992～1993	邮电通信	海城市邮电局
111	辽阳（二期）程控全数字式电话交换机	AXE-10程控电话交换机11000线，长途 700路端	2670	257	瑞典政府混合贷款	1992～1993	邮电通信	辽阳市邮电局
112	锦西市邮局二期引进程控交换机	市话10000线，长途1000线	2943	261	瑞典政府混合贷款	1992～1994	邮电通信	锦西市邮电局
113	引进瑞典11万门市话交换机	引进瑞典市话程控交换机24000门	15400	1512	瑞典政府混合贷款	1994～1995	邮电通信	沈阳市电信局

1991～2005年辽宁省国外贷款项目

序号	项目名称	建设规模及内容	总投资（万元）	贷款签约额（万美元）	资金来源	建设起止年限	所属行业	项目单位
114	锦西邮局三期引进程控交换机	2局扩容3000线，高桥5000线，3局扩容5000线，化工5000线，长途扩容3000线，葫芦岛1万线	5000	494	瑞典政府混合贷款	1994～1995	邮电通信	锦西市邮电局
115	兴城二期引进程控电话交换机	5局扩容15000线，东辛庄2000线，海口2000线，沙后所2000线	4129	291	瑞典政府混合贷款	1994～1995	邮电通信	锦西市邮电局
116	阜新市邮电局引进瑞典程控交换机2000线	引进程控电话交换机长途2055终端	579	43	瑞典政府混合贷款	1994～1995	邮电通信	阜新市邮电局
117	阜新引进瑞典程控交换机20000线（三期）	扩容引进瑞典AEX—10程控交换机20000线，长途800路端	4000	298	瑞典政府混合贷款	1994～1995	邮电通信	阜新市邮电局
118	海城邮电局四期引进瑞典程控交换机项目	利用瑞典政府贴息贷款引进瑞典爱利信公司的AXE—10市话程控交换机3100线	7318	634	瑞典政府混合贷款	1995～1995	邮电通信	海城市邮电局
119	引进程控电话交换机	引进程控交换机	16845	1373	瑞典政府混合贷款	1995～1996	邮电通信	鞍山市邮电局
120	辽阳引进瑞典程控交换机（五期）	20000门程控电话	1868	324	瑞典政府贷款	1995～1996	邮电通信	辽阳市邮电局
121	本溪第五期引进瑞典15000线程控电话交换机	市内电话程控交换机15000线	2429	192	瑞典政府混合贷款	1995～1997	邮电通信	本溪市邮电局
122	本溪第六期引进瑞典17000线程控电话交换机	引进瑞典17000万线程控电话交换机	5400	228	瑞典政府混合贷款	1995～1997	邮电通信	本溪市邮电局
123	本溪市公害防治研究中心	公害防治	1500	88	瑞典政府贷款	1995～1997	卫生	本溪市中心医院
124	本溪第四期引进瑞典长途交换机	长途6500路端	1800	145	瑞典政府混合贷款	1995～1997	邮电通信	本溪市邮电局
125	抚顺中部地区集中供热工程	热网改造	8198	400	瑞典政府混合贷款	1995～1997	其他市政建设	抚顺市热力公司
126	粉煤灰综合利用项目	年产15万立方米加气混凝土产品	6400	450	瑞典政府混合贷款	1999～1999	原材料	沈阳建设投资公司
127	抚顺11.5万吨乙烯工程	乙烯11.5万吨/年，聚乙烯8万吨/年；聚丙烯8万吨/年；EO 5万吨/年，EG 3万吨/年；丁烯1万吨/年	157875	26695	加拿大政府混合贷款	1989～1993	化工	抚顺乙烯工程建设指挥部
128	引进砂轮制造设备	引进陶瓷高厚砂轮生产线设备11台套，松散料等技术，年新增砂轮产量2300吨	1245	307	加拿大政府混合贷款	1990～1992	机械	沈阳第一砂轮厂
129	年产2.6万吨二硫化碳技术改造引进项目（辽阳）	改造二硫化碳生产工艺，引进克劳斯技术配套回收装置改造	11024	980	加拿大政府混合贷款	1990～1993	化工	辽阳电化厂
130	盘锦天然气化工厂苯乙烯、聚苯乙烯项目	苯乙烯6万吨/年；聚苯乙烯2万吨/年	52000	7810	加拿大政府混合贷款	1991～1994	化工	盘锦天然气化工厂二期工程指挥部
131	引进冷风恒温储藏库（纺织厅）	引进恒温冷库全套设备	758	121	澳大利亚政府混合贷款	1988～2008	纺织	辽宁省蚕茧总站
132	营口市水煤气两段工程	水煤气工程建设	6033	557	澳大利亚政府混合贷款	1994～1996	公用事业	营口市煤气公司

1991～2005年辽宁省国外贷款项目

序号	项目名称	建设规模及内容	总投资（万元）	贷款签约额（万美元）	资金来源	建设起止年限	所属行业	项目单位
133	中国医科大学附属二院购磁共振	购买磁共振仪器	3220	194	以色列政府贷款	1995～2003	科教文卫	中国医科大学附属二院
134	引进医疗设备项目	引进医疗设备	1660	200	以色列政府贷款	1999～2010	卫生	辽宁省肿瘤医院
135	引进医疗设备项目（大连）	引进医疗设备	3254	392	以色列政府贷款	2003～2014	卫生	大连医科大学附属第二医院
136	锦州市中心医院引进先进医疗设备	引进监护仪、呼吸机、多层CT等医疗机器18台（套）	1992	240	以色列政府贷款	2003～2005	卫生	锦州市中心医院
137	市城市生活垃圾处理工程	建设城市垃圾处理厂	1220	473	波兰政府贷款	2003～2006	环保	锦州市绿野环境工程开发中心
138	辽宁省利用外资4亿专项	辽宁省利用外资4亿专项	32000	2000	日本三和银行贷款	1989～1993	行业不清	辽宁四益投资公司
139	营口东大造纸厂	年产4万吨瓦楞纸原纸	3001	110	日本兴业银行贷款	1992～1993	原材料	营口东大造纸厂
140	辽宁创业集团	企业设备更新	8300	500	日本三和银行贷款	1992～1998	行业不清	辽宁创业集团
141	辽化二期工程	20万吨/年聚酯装置，6万吨/年涤纶短纤维	1048600	30316	日本三和银行贷款	1993～1996	行业不清	辽宁石油化纤公司
142	进口压缩机生产设备	进口压缩机生产设备	16146	2500	日本三和银行贷款	1993～1998	机械	沈阳华润三洋压缩机有限公司
143	培新预应力钢棒有限公司(中辽国际)	企业设备更新	8700	200	日本三和银行贷款	1994～1995	有色	辽宁国际经济技术合作公司
144	盘锦乙烯工业公司	乙烯生产	1700	100	日本东京银行大连分行贷款	1994～1995	石化	盘锦乙烯工业公司
145	金辽实业有限公司	企业设备更新	6100	416	日本三和银行贷款	1994～1996	行业不清	金辽实业有限公司
146	辽宁创业集团	企业设备更新	3320	200	日本住友银行贷款	1994～1996	行业不清	辽宁创业集团
147	辽宁创业集团辽宁金箱项目	企业设备更新	3200	200	日本兴业银行贷款	1994～1998	其他	辽宁信托投资公司
148	中辽有限公司	企业设备更新	13831	150	日本东京银行大连分行贷款	1995～1997	其他	中辽有限公司
149	沈阳三洋空调器有限公司空调生产线	沈阳三洋空调器有限公司空调生产线	23987	700	日本住友银行贷款	1995～1997	轻工	沈阳三洋空调有限公司
150	东风朝阳柴油机公司	企业技改	6433	290	日本东京银行大连分行贷款	1995～1998	机械	东风朝阳柴油机公司
151	引进医疗设备项目	引进医疗设备	1843	222	北欧投资银行贷款	2004.1～2013.12	卫生	辽宁省金秋医院
152	引进医疗设备项目	引进医疗设备	2158	260	美国进出口银行贴息贷款	2001.12～2009.9	卫生	辽宁省人民医院
153	长途程控交换机扩容	长途程控交换机扩容	309	35	里昂信贷银行瑞典分行贷款	1994～1995	邮电通信	朝阳市邮电局

1991～2005年辽宁省国外贷款项目

序号	项目名称	建设规模及内容	总投资（万元）	贷款签约额（万美元）	资金来源	建设起止年限	所属行业	项目单位
154	程控交换机扩容	引进瑞典程控交换机10000门	2150	223	里昂信贷银行瑞典分行贷款	1995～1995	邮电通信	朝阳市邮电局
155	引进程控电话交换机4500线	程控交换机4500线 市话5000线	2910	182	日本三菱银行贷款	1995～1996	邮电通信	东港市邮电局
156	旱冰鞋和五金工具补偿贸易(抚顺)	引进西德旱冰鞋和五金工具生产线，用二手设备生产的产品全部返销欧洲市场	723	194	西德康拉德豪斯机械工程有限公司	1988～1993	机械	抚顺机械设备总厂
157	引进颗粒饲料生产线(铁岭)	年产饲料6万吨	369	72	西德某公司	1990～1992	轻工	铁岭玉米综合加工厂
158	辽宁创业集团	企业设备更新	3300	200	德国重建银行贷款	1994～1996	石化	辽宁创业集团
159	本钢第二炼钢厂板坯连铸项目	由连铸代替原来的模铸开坯工艺，降低能源消耗，提高成材率	189146	5196	德国重建银行/奥地利银行贷款	1995～1998	有色	本溪第二炼钢厂
160	电除尘器产品专有技术转让(朝阳)	引进英国皮波迪公司电除尘专有技术	120	30	英国皮波迪斯凡特公司	1986～1993	机械	北票机械厂
161	辽河通讯网技术改造	辽河通讯网技术改造	3890	311	芬兰出口信贷公司	1994～1996	邮电通信	辽河石油勘探局
162	辽阳变压器厂与葡萄牙等公司合资生产变压器	引进国外设备311套，国内设备36台套，征地51亩	25655	1098	葡萄牙出口信贷及境外融资	1995～1997	机械	辽阳易发式电器设备公司
163	本钢冷轧薄板厂	建设冷轧、镀锌等8条生产线，年产70万吨，其中含20万吨镀锌板	297000	18933	外国银行和金融机构	1992～1997	钢铁	本溪钢铁公司
164	年产50万件铝轮毂项目	年产50万件铝合金轮毂、铝合金及其制品	24863	998	外国银行和金融机构	1996～1998	有色	抚顺市铝厂
165	高功率石墨电极技术改造(抚顺)	利用外资引进日本高压和二次烘烧设备生产高功率电极5400吨	4491	545	中国银行香港分行	1992～1994	钢铁	抚顺极远碳素有限公司
166	桓仁人造板厂中密度纤维板生产(本溪)	年产30000立方米中密度纤维板	8848	998	中国银行香港分行	1993～1995	林业	桓仁人造板厂
167	抚顺醇醚及其合成洗涤剂(二)	年产醇醚52000吨，醇醚硫酸盐21000吨，液体洗涤剂40000吨	41389	826	香港中银集团（商业贷款）	1992～1994	轻工	抚顺醇醚化学工程建设指挥部
168	锦州铁合金厂年产1.5万吨氯化法钛白粉	年产1.5万吨氯化法钛白粉	19922	2250	国际商业贷款	1990～1994	化工	锦州铁合金厂钛白粉工程指挥部
169	封面纸板生产系统技术改造项目(辽阳)	引进国外先进技术和设备，新建废纸处理，封面车间改进配套工程，高档封面纸板3.4万吨	21412	700	国际商业贷款	1995～1997	轻工	辽阳工业纸板有限公司
170	沈阳市企业改造项目	沈阳市企业改造	1331	83	国际商业贷款	1991～1992	机电轻纺	沈阳市工业企业
171	沈阳市企业改造项目	沈阳市企业改造	43080	2693	国际商业贷款	1992～1993	机电轻纺	沈阳市工业企业
172	利用外资引进超落水箱铜带生产线	年产铜带1.6万吨，土建2万平方米，新增设备29台和六项配套辅助设备(进口10台，国内配套10台)	19990	2220	国际商业贷款	1992～1995	有色	沈阳有色金属加工厂
173	辽河化肥厂自备热电站	厂电站建设规模48MW，一期工程建设规模为24MW	18891	2000	国际商业贷款	1992～1995		辽河化肥厂

1991～2005年辽宁省国外贷款项目

序号	项目名称	建设规模及内容	总投资（万元）	贷款签约额（万美元）	资金来源	建设起止年限	所属行业	项目单位
174	4500吨FDY涤纶超高速纺生产线	4501吨FDY涤纶超高速纺生产线	6765	480	国际商业贷款	1997～1999	纺织	鞍山合成（集团）股份有限公司
175	扩建2960吨/年FDY涤纶长丝	增加FDY生产能力3000吨	5184	340	国际商业贷款	1997～1999	纺织	鞍山合成（集团）股份有限公司
176	沈阳市企业改造项目	沈阳市企业改造	46570	2911	国际商业贷款	1994～1995	机电轻纺	沈阳市工业企业
177	沈阳市企业改造项目	沈阳市企业改造	2829	183	国际商业贷款	1995～1996	机电轻纺	沈阳市工业企业
178	沈阳市企业改造项目	沈阳市企业改造	11222	701	国际商业贷款	1995～1996	机电轻纺	沈阳市工业企业
179	沈阳市企业改造项目	沈阳市企业改造	30162	1885	国际商业贷款	1993～1994	机电轻纺	沈阳市工业企业

1991～2005年大连市国外贷款项目

序号	项目名称	建设规模及内容	总投资（万元）	贷款签约额（万美元）	资金来源	建设起止年限	所属行业	项目单位
1	船舶废弃物处理	船舶废弃物处理	2774	93	世界银行贷款	1992～1993	交通运输业	大连港务局
2	结核病控制	结核病控制	360	41	世界银行贷款	1992～1994	卫生医疗业	大连肺结核防治所
3	环境项目技术合作信贷	前期费用	198	23	世界银行贷款	1992～1995	环境保护业	大连排水公司 大连垃圾公司
4	马栏河污水处理厂	12万吨/日	28657	1111	世界银行贷款	1992～1996	环境保护业	大连城建局
5	春柳河污水处理厂	8万吨/日	9378	382	世界银行贷款	1993～1996	环境保护业	大连城建局
6	城市垃圾处理	建垃圾场	13302	616	世界银行贷款	1993～1996	环境保护业	大连城建局
7	大钢节水工程	大钢节水工程	539	37	世界银行贷款	1993～1994	水利管理业	辽宁特钢集团
8	水计量检测	水计量检测仪器	125	16	世界银行贷款	1993～1994	水利管理业	大连自来水公司
9	节水措施	自动控制节水装置	350	43	世界银行贷款	1993～1994	水利管理业	大连理工大学
10	节水工艺改造	水处理回收工艺	150	13	世界银行贷款	1993～1994	水利管理业	大连啤酒厂
11	期货信息	期货信息系统	998	117	世界银行贷款	1994～1995	金融业	大连商品交易所
12	师范教育发展	电化教学装备	1943	84	世界银行贷款	1991～1992	教育业	大连大学
13	远程教育	远程教育设备	150	15	世界银行贷款	1991～1992	教育业	大连广播电视大学
14	经济丰产林	33180亩	1865	65	世界银行贷款	1991～1993	林业	庄河市林业局
15	农村改水工程	实现农村自来水供给	5959	681	世界银行贷款	1991～2000	农业	大连市金州区等
16	扩大出口能力	出口基地建设	1245	150	世界银行贷款	1994～1998	公共管理业	大连市财政局
17	辽宁城建项目	辽宁城建项目前期调查费用	274	33	世界银行贷款	1993～1998	环境保护业	大连市财政局
18	经济开发	发展城市副食品供给	1943	222	世界银行贷款	1998～1999	农副食品加工业	大连三环集团
19	粮食流通	粮食装卸码头和中转设施等	820000	3977.4	世界银行贷款	1993～2000	仓储业	大连北粮有限公司
20	2万吨级5个泊位	2万吨级5个泊位		7247.85	世界银行贷款	1993～2000	仓储业	大连北粮有限公司
21	大窑湾港建设	前4个泊位年吞吐能力260万吨	100000	9600	世界银行贷款	1990～1993	交通运输业	大连港务局
22	大连引碧三期	新增供水67万吨/日	304816	16000	亚洲开发银行贷款	1995～1997	水加工和供给业	大连公用局 大连水利局
23	商业收款机	年能力1000台	1534	203	亚洲开发银行贷款	1992～1993	电子设备制造业	大连无线电厂
24	不定型耐火材料	5万吨	2597	261	亚洲开发银行贷款	1992～1993	非金属矿物加工业	大连摩根有限公司
25	漂白精生产线	5000吨/年	2564	469	亚洲开发银行贷款	1992～1994	化学原料加工业	大连氯酸钾厂
26	粗厚织物生产线	能力3万平方米/年	3100	395	亚洲开发银行贷款	1992～1993	纺织业	金州纺织厂
27	酿酒设备改造	酿酒装置更新	780	90	亚洲开发银行贷款	1992～1993	饮料制造业	大连酿酒厂
28	搪瓷制品装备	生产工艺装备	500	58	亚洲开发银行贷款	1993～1994	黑金属加工业	大连搪瓷厂

1991～2005年大连市国外贷款项目

序号	项目名称	建设规模及内容	总投资（万元）	贷款签约额（万美元）	资金来源	建设起止年限	所属行业	项目单位
29	扩大皮鞋出口能力	8.64万双/年	900	108	亚洲开发银行贷款	1995～1996		大连富足鞋业有限公司
30	程控电话	3万线	4280	554	瑞典政府贷款	1992～1993	信息传输业	大连市邮电局
31	程控电话	2.8万线	3653	416	比利时政府贷款	1993～1994	信息传输业	大连市邮电局
32	程控电话	3.2万线	4475	515	比利时政府贷款	1992～1993	信息传输业	大连市邮电局
33	农村电话	6万线	6567	731	挪威政府贷款	1992～1994	信息传输业	大连市邮电局
34	程控电话	1万线	1220	147	法国政府贷款	1994～1995	信息传输业	大连市邮电局
35	程控电话	30.5万线	39541	4523	北欧政府贷款	1994～1996	信息传输业	大连市邮电局
36	迪砂无型水平造型设备	生产线一条	2450	451	丹麦政府贷款	1991～1992	通用设备制造业	大连冰山集团
37	风力发电	16台	3135	340	丹麦政府贷款	1996～1997	电力生产供应业	大连供电公司
38	郑家屯污水处理厂	8万吨/日	15680	495	挪威政府贷款	1994～1995	环境保护业	大窑湾水质净化厂
39	海底电力电缆	15公里	3610	272	挪威政府贷款	1995～1996	电力生产供应业	长海县政府
40	集中供热技术及设备	300万平方米管网	3500	376	瑞典政府贷款	1994～1996	热力生产供应业	大连热电集团
41	寺儿沟热电厂一期	300万平方米2×1.2万汽轮发电机组	50500	351	英国政府贷款	1992～1993	热力生产供应业	大连热电集团
42	瓦房店热电厂	200万平方米2×1.2万汽轮发电机组	33845	365	英国政府贷款	1992～1994	热力生产供应业	瓦房店热电厂
43	30万吨合成氨工程	年产30万吨合成氨成套装置	207000	15238	德国政府贷款	1993～1995	化工原料制造业	大连化学工业公司
44	城市交通指挥控制系统	交通信号灯自动控制和指挥装备	4432	315	英国政府贷款	1995～1996	公共管理	市交通警察支队
45	集装箱运输船	三艘	45907	3576	北欧投资银行贷款	1995～1996	交通运输业	大连龙兴海运公司
46	蛋粉生产设备	蛋粉深加工设备	5608	495	丹麦政府贷款	1995～1996	食品制造业	大连境港集团
47	溶菌酶生产设备	蛋清深加工设备	2309	230	加拿大政府贷款	1995～1996	食品制造业	大连境港集团
48	凤凰山净水厂二期	15万吨/日	21000	346	荷兰政府贷款	1995～1997	水生产和供应业	开发区自来水公司
49	船舶专项贷款	二艘	49069	6800	德国政府贷款	1997～1999	交通运输业	大连龙兴海运公司
50	医疗设备	彩超和监护医疗设备	1386	155	芬兰政府贷款	1997～1998	卫生医疗业	市卫生局
51	数学微波传输系统	1920路(2+1)系统设备	1980	283	加拿大政府贷款	1991～1992	信息传输业	市邮电局
52	国家经济信息系统	信息系统设备	692	72	日本政府贷款	1995～1996	信息传输业	大连市信息中心
53	港口建设	集装箱泊位建设和装卸设备等	67800	6000	日本政府贷款	1997～2000	交通运输业	大连港务局
54	口岸商检装备	商品检验设备仪器等	5910	700	日本政府贷款	1997～1999	公共管理	大连商检局

1991～2005年大连市国外贷款项目

序号	项目名称	建设规模及内容	总投资（万元）	贷款签约额（万美元）	资金来源	建设起止年限	所属行业	项目单位
55	工业团地开发	2.17平方公里面积的土地开发	30000	5000	日本政府贷款	1993～1995	房地产业	大连工业团地有限公司
56	旅顺污水处理厂	6万吨/日	24930	741	日本政府贷款	2001～2002	环境保护业	旅顺污水处理厂
57	瓦房店城市供水	5万吨/日	14551	875	日本政府贷款	2001～2003	水加工和供应业	瓦房店自来水公司
58	瓦房店污水处理厂	6万吨/日	18595	763	日本政府贷款	2001～2003	环境保护业	瓦房店污水处理厂
59	制药厂环保一期治理工程	三废处理和回收装置	9800	638	日本政府贷款	2001～2002	医药制造业	大连制药厂
60	盐岛化工区热电厂一期	3×75吨锅炉2×1.2万千瓦机组	21998	1267	日本政府贷款	2001～2003	热力供应业	大连染化集团
61	炼钢炉污染治理	40吨AOD炉一台连铸机除尘系统	19575	1529	日本政府贷款	2004～2006	黑色金属冶炼加工业	辽宁特钢集团
62	水泥厂粉尘治理	粉尘系统设备更新改造等	8996	861	日本政府贷款	2005～2006	非金属矿物制品业	大连水泥集团
63	庄河镇供水	3.5万吨/日净水厂10公里输水管道	12543	379	日本政府贷款	2004～2006	水加工和供应业	庄河自来水公司
64	大连城市供水	2×20万吨/日净水厂86公里输水管线和泵站	81090	5000	日本政府贷款	1998～2000	水生产和供应业	市自来水集团公司
65	服装加工设备	剪裁机、缝纫机、热定型机等	115	22	日本黑字还流贷款	1992～1993	纺织服装制造业	大连第二服装厂
66	服装加工设备	剪裁机、定型机等	2310	59	日本黑字还流贷款	1991～1992	纺织服装制造业	杨树房服装厂
67	计算机辅助设计系统	计算机及其软件开发	220	42	日本黑字还流贷款	1991～1992	纺织服装制造业	大连衬衫厂
68	布料自动剪裁机	面料自动剪裁机	320	60	日本黑字还流贷款	1992～1993	纺织服装制造业	金州服装总厂
69	扩建西服出口能力	扩建西服加工能力	393	76	日本黑字还流贷款	1992～1993	纺织服装制造业	大连呢绒服装厂
70	纱线后整理设备	后整理设备	450	84	日本黑字还流贷款	1991～1992	纺织服装制造业	大连纺织厂
71	冷冻加工船设备	速冻加工设备	920	170	日本黑字还流贷款	1991～1992	交通运输业	大连粮油进出口公司
72	蘑菇生产线	年产1400吨厂房1.25万平方米自动控制系统等	1298	200	日本黑字还流贷款	1992～1993	农副食品制造业	大连华南集团
73	缝纫设备	缝纫机等	370	68	日本黑字还流贷款	1992～1993	纺织服装制造业	大连服装集团
74	服装设备	工业缝纫机和热定型设备	90	15	日本黑字还流贷款	1992～1993	纺织服装制造业	大连第五服装厂
75	平面分段流水加工线	自动剪裁切割设备	30983	3518	日本黑字还流贷款	1996～1997	交通运输业	大连造船新厂

1991～2005年大连市国外贷款项目

序号	项目名称	建设规模及内容	总投资（万元）	贷款签约额（万美元）	资金来源	建设起止年限	所属行业	项目单位
76	500万吨炼油	500万吨炼油装置	604000	3812	国际商业贷款	1993～1995	石油加工业	大连西太平洋石油化工公司
77	浮法玻璃	年237万重量箱	117000	1200	国际商业贷款	1993～1995	非金属矿物制造业	大连玻璃厂
78	涤纶长丝	1500吨FDY	14700	1200	国际商业贷款	1993～1995	纺织业	大连金丝合纤厂
79	聚丙烯	4万吨/年	25000	1585	国际商业贷款	1992～1993	化学原料制造业	大连石油七厂
80	集装箱船购置	购二手集装箱运输船舶	20000	470	国际商业贷款	1991～1992	交通运输业	辽宁轮船总公司
81	牛仔布设备	引进牛仔布生产设备	4900	561	国际商业贷款	1992～1993	纺织业	大连高达染织有限公司
82	仿真丝设备	引进仿真丝生产线	16000	749	国际商业贷款	1992～1993	纺织业	庄河宏大企业集团
83	港口机械	港口装卸设备等	4429	521	国际商业贷款	1991～1992	交通运输业	大连港务局
84	脂肪醇	脂肪醇1.5万吨脂肪胺1万吨	25000	1355	国际商业贷款	1991～1993	化学原料制造业	大连华能化工厂
85	顺林毛皮	人造毛皮生产装备	3570	701	国际商业贷款	1991～1992	皮革制造业	旅顺顺材毛皮有限公司
86	粘土制品	生产精地砖300万块	8452	1296	国际商业贷款	1991～1993	非金属矿物制品业	大连太平洋粘土制品有限公司
87	气流纺纱机	引进气流纺纱机等设备	12856	1888	国际商业贷款	1991～1993	纺织业	金州纺织厂
88	玻璃反射灯	年生产能力1万个	982	146	国际商业贷款	1991～1992	电器器材制造业	大连灯泡厂
89	电子元器件	2亿支	3298	192	国际商业贷款	1992～1997	电器器材制造业	大连达利凯有限公司
90	无纺布生产线	生产能力5万平方米	12750	780	国际商业贷款	1993～1994	纺织业	中行佛山分行
91	陶瓷生产线	成套生产线	7871	495	国际商业贷款	1993～1994	非金属矿物制造业	建行佛山分行
92	球头屑设备	引进关键设备	2300	170	国际商业贷款	1993～1994	交通运输设备制造业	吉林市汽车集团
93	车辆净化中心	引进主要设备和土建工程	1900	60	国际商业贷款	1994～1995	环境管理业	大连市公安局
94	树脂涂料	年产500吨	6511	211	国际商业贷款	1993～1994	化学原料制造业	辛寨子企业集团
95	包装制品	引进塑料注射和模具加工	1624	203	国际商业贷款	1991～1992	塑料制品业	大连联丰塑料包装制品公司
96	购二手集装箱船	一艘	13064	383	国际商业贷款	1992～1995	交通运输业	辽宁省轮船总公司
97	A_5大厦	写字间和公寓	24000	350	国际商业贷款	1993～1995	房地产业	大连国际信托投资公司投资

1991～2005年大连市国外贷款项目

序号	项目名称	建设规模及内容	总投资（万元）	贷款签约额（万美元）	资金来源	建设起止年限	所属行业	项目单位
98	异型钢管	产年5万吨	3500	204	国际商业贷款	1997～1998	有色金属加工业	大连耐火材料厂
99	境外投资	在香港成立信泽公司	3600	135	国际商业贷款	1994～1999	房地产开发	大连国际信托投资公司
100	扇贝养殖	2000亩滩涂开发	2500	242	国际商业贷款	1992～1994	渔业	大连长海水利开发总公司
101	工业树脂	密胺树脂生产工艺装备	1572	96.5	国际商业贷款	1992～1993	化学原料制造业	大连树脂厂
102	仿粘绒无纺布	引进仿粘绒无纺设备	6630	780	国际商业贷款	1993～1994	纺织业	中行佛山分行
103	集装箱船	二手船	26250	838	国际商业贷款	1993～1994	交通运输业	大连海运总公司
104	针织设备购置	成套生产装备	826	97	国际商业贷款	1991～1997	纺织业	大连佳地针织厂
105	水产品加工	设备购置	6700	780	国际商业贷款	1994～1995	渔业	大连海洋水产公司
106	购二手船	一艘	12000	450	国际商业贷款	1994～1995	交通运输业	大连集装箱船务
107	蛋粉加工	车间厂房等	6000	200	国际商业贷款	1994～1995	食品加工业	大连境港企业集团
108	房地产开发	居民住宅和写字楼公寓等	3000	350	国际商业贷款	1993～1995	房地产开发	大连信都房地产
109	纺织设备	引进纺织设备	1190	140	国际商业贷款	1992～1993	纺织业	大连金仑毛纺有限公司
110	能源开发	投资华能电厂等能源项目	140000	6501	国际商业贷款	1991～1997	电力生产和供应业	大连建设投资公司
111	建材开发	加工设备	2000	206	国际商业贷款	1993～1997	有色金属加工业	大连建材厂
112	织麦机	进口织麦机一套	640	77	国际商业贷款	1996～1997	纺织业	大连纺织局
113	印刷设备	进口彩色印刷设备	3300	420	国际商业贷款	1993～1994	印刷业	大连新世纪印刷有限公司
114	人造蟹肉	生产设备和包装机	767	96	国际商业贷款	1993～1994	食品加工业	大连友联海味品有限公司
115	PVC玻璃纸	成套生产设备	2500	300	国际商业贷款	1991～1992	塑料制品业	大连白云机械厂
116	港口起重设备	起重装卸设备	550	70	国际商业贷款	1991～1992	交通运输业	大连港务局
117	车轴承加工	高精度轴承磨床	7300	925	国际商业贷款	98～99	有色金属加工业	瓦房店轴承厂
118	炼油厂	500万吨/年	282778	3000	国际商业贷款	1993～1995	石油加工业	西太平洋炼油厂
119	时光地板	20万平方米/年	1330	100	国际商业贷款	1996～1997	木材加工业	大连市海洋副食品公司
120	电脑刺绣	电脑刺绣软件和设备	500	60	国际商业贷款	1996～1997	纺织制造业	大连市经贸公司
121	罐装线	年产果汁1万吨	3500	160	国际商业贷款	1996～1997	饮料制造业	大连金澳公司
122	国际会展中心	机电设备购置	24375	500	国际商业贷款	1997～1998	商务服务业	大连星海湾管委会
123	更新货船	购二手船一艘	9960	920	国际商业贷款	97～97	交通运输业	大连海运总公司
124	更新船舶	购二手船一艘	9975	950	国际商业贷款	1996～1997	交通运输业	大连港埠集团
125	果品储藏	引进气调库成套设备	2500	150	国际商业贷款	1996～1997	农业	大连荣和国际农产公司
126	畜产品加工基地	由食品加工设备进口5万头猪/年	5000	200	国际商业贷款	1996～1997	畜牧业	大连础明实业

1991～2005年大连市国外贷款项目

序号	项目名称	建设规模及内容	总投资（万元）	贷款签约额（万美元）	资金来源	建设起止年限	所属行业	项目单位
127	汽车音响模具	能力10万套/年	265	90	国际商业贷款	1995～1996	电气制造业	辽宁无线电一厂
128	冷藏箱运输船	一艘	5250	500	国际商业贷款	1995～1996	交通运输业	大连海运总公司
129	仿真丝	设备	6122	583	国际商业贷款	1995～1996	纺织业	庄河宏大公司
130	金石滩国家旅游度假区开发	旅游港口码头建设	6250	500	国际商业贷款	1998～1999	旅游业	金石滩管委会
131	滚装渡轮购置	三艘	20840	2384	国际商业贷款	1994～1995	交通运输业	大连龙兴海运公司
132	聚丙烯生产装置	6万吨/年	8962	969	国际商业贷款	1994～1995	化工原料制造业	大连西太平洋石油化工有限公司
133	医疗设备购置	多层螺旋CT等	1693	200	美国进出口银行贴息贷款	1994～1995	卫生医疗业	大连市中心医院
134	电信电缆	设备引进	25032	269	国际商业贷款	1995～1996	原材料加工业	大连万通公司
135	电信电缆	设备引进	6784	661	国际商业贷款	1997～1997	原材料加工业	大连万通公司
136	酒店设备	设备引进	6850	40	国际商业贷款	1995～1996	旅游业	大连金元大酒店
137	塑料发泡设备	进口设备	50	4	国际商业贷款	1998	轻工业	跃进发泡有限公司
138	通信设备	进口设备	1220	128	国际商业贷款	1992～1994	邮电通信	普兰店邮电局
139	通信设备	进口设备	2178	226	国际商业贷款	1992～1994	邮电通信	金州邮电局
140	通信设备	进口设备	850	95	国际商业贷款	1992～1994	邮电通信	庄河邮电局
141	通信设备	进口设备	2280	256	国际商业贷款	1992～1994	邮电通信	金州邮电局

1991～2005年黑龙江省国外贷款项目

序号	项目名称	建设规模及内容	总投资（万元）	贷款签约额（万美元）	资金来源	建设起止年限	所属行业	项目单位
1	教材开发项目	采购印刷设备及中小学课本印刷	2204	133.00	世界银行贷款	1989～1999	教育	省新闻出版局
2	结核病控制项目	医疗设备	219.2	27.40	世界银行贷款	1992～	社会事业	市传染医院
3	农村卫生项目	设备	28	3.50	世界银行贷款	1992	医疗	北安、爱辉区卫生局
4	结核病防治项目	设备	380.8	47.60	世界银行贷款	1992	医疗	县市区结防所
5	“贫四”教育项目	基础教学设备	312	39.00	世界银行贷款	1993	社会事业	饶河县
6	粮食流通项目	63.46万吨仓容储粮设施及附属	42992	2405.48	世界银行贷款	1993～2013	仓储业	黑龙江省粮食局
7	粮食流通项目	1.24万吨仓容储粮设施及附属	1367	81.76	世界银行贷款	1993～2013	仓储业	黑龙江省粮食局
8	森林资源发展与保护	营造速生丰产林4197公顷	1608.8	118.40	世界银行贷款	1994～2001	社会事业	宝清县林业局
9	世界银行转贷款	程控交换机扩容建设	16076.72	1467.00	世界银行贷款	1995～1996	邮电通信	黑龙江省通信公司
10	宝清县宝清第二粮库收纳库工程	建设1500吨×2砖筒仓2对，主料仓20万公斤，共增仓容620万公斤	954.4	112.00	世界银行贷款	1996～1998	仓储业	宝清城北国储库
11	光缆工程	光缆工程及长途路端	5160	498.00	世界银行贷款	1996～	邮电	网通公司
12	青冈县肉牛养殖	家庭养殖场441个，购肉牛7500头，建牛舍37519.2平方米	3419.13	178.39	世界银行贷款	1997～2000	农业	黑龙江省发改委项目办
13	明水县肉牛养殖	家庭养殖场294户，购肉牛5000头，建牛舍25012.8平方米	2273.43	120.18	世界银行贷款	1997～2001	农业	黑龙江省发改委项目办
14	兰西县生猪养殖	家庭养殖场365个，购种猪620头、育肥猪仔5010头，建猪舍19839.4平方米	1030.2	58.31	世界银行贷款	1997～2001	农业	黑龙江省发改委项目办
15	肇州大鹅加工	年加工大鹅50万只	1752	92.92	世界银行贷款	1997～2000	工业	肇州龙鹤公司
16	肇州大鹅养殖	年养殖大鹅50万只	1408	131.61	世界银行贷款	1997～2000	农业	肇州龙鹤公司
17	肇州玉米淀粉加工项目	年生产无水葡萄糖1万吨	15808	1171.10	世界银行贷款	1997～2000	工业	肇州神州药业公司
18	肇源大鹅养殖	年养殖大鹅50万只	1144	89.33	世界银行贷款	1997～1999	农业	肇源县
19	肇源种子加工	年加工种子2400吨	188	15.21	世界银行贷款	1997～1999	工业	肇源县
20	肇源水产养殖	年产商品鱼102.3万公斤	747.2	34.75	世界银行贷款	1997～1999	渔业	肇源县
21	肇源肉牛养殖	年出栏肉牛1000头	930.96	116.37	世界银行贷款	1997～1998	农业	肇源县
22	林甸肉牛养殖	年育肥肉牛2400头	840	61.00	世界银行贷款	1997～1998	农业	林甸县
23	“贫四”教育项目	基础教学设备	76	9.50	世界银行贷款	1997～	社会事业	双鸭山市师范学校
24	北安农业发展项目	年出栏肉牛2800万头	1004	102.40	世界银行贷款	1997～2002	农业	黑龙江省发改委项目办
25	五大连池农业发展项目	年出栏肉牛4200万头	1533.6	101.24	世界银行贷款	1997～2002	农业	黑龙江省发改委项目办
26	齐大黑河分校	电教化设备	309.6	38.70	世界银行贷款	1997～	教育	黑河学院
27	市话扩容	扩建0.8万门程控电话	2184	50.00	世界银行贷款	1997～	邮电	网通公司
28	移动通信	移动通信设备及配套	1682	118.00	世界银行贷款	1997～	邮电	移动公司
29	第四个贫困地区基础教育项目	设备:7.86%；培训:0.53%；图书:1.61%	160	10.00	世界银行贷款	1997～2002	教育	鸡西市师范学校

1991～2005年黑龙江省国外贷款项目

序号	项目名称	建设规模及内容	总投资（万元）	贷款签约额（万美元）	资金来源	建设起止年限	所属行业	项目单位
30	杜蒙水产养殖	年产商品鱼300万公斤	6592	410.02	世界银行贷款	1997～2000	渔业	杜蒙县
31	杜蒙奶牛养殖	养殖奶牛2400头			世界银行贷款	1998～2002	农业	杜蒙县
32	杜蒙肉牛养殖	养殖肉牛7500头			世界银行贷款	1998～2001	农业	杜蒙县
33	市话扩容	扩建7.3万门程控电话	5224	584.00	世界银行贷款	1998～	邮电	网通公司
34	北安生猪养殖项目	年出栏1万头	480	30.00	世界银行贷款	1998～	农业	黑龙江省发改委项目办
35	宝清清河收纳库工程	ϕ15M砖筒仓1，500吨/座×2座对仓，共计五对，新增仓容1.5万吨。日处理潮粮300吨谷物烘干设备一套。混凝土地坪2500平方米	785.6	98.20	世界银行贷款	1998～1999	仓储业	宝清清河粮库
36	林甸生猪养殖	年育肥生猪5600头	490.4	53.00	世界银行贷款	1998～	农业	林甸县
37	肇源大鹅加工	年加工大鹅50万只	1312	146.40	世界银行贷款	1998～2001	工业	肇源县
38	望奎县种子加工	年加工种子2800吨，土建工程360平方米，购置设备14台套	127.7	15.73	世界银行贷款	1998～2000	农业	望奎种子公司
39	肇东市种子加工	年加工种子2800吨，土建工程360平方米，购置设备14台套	127.7	14.98	世界银行贷款	1998～2000	农业	肇东种子公司
40	北林狐狸养殖	养殖场进口种狐840只，年提供种狐3840只，养狐棚舍5000平方米	1980.6	89.87	世界银行贷款	1998～1999	农业	绥化市经济动物养殖场
41	望奎县大鹅养殖	家庭养殖场3333个，购种鹅24250只，建鹅舍108562平方米	1186.5	92.56	世界银行贷款	1998～2002	农业	黑龙江省发改委项目办
42	肇东市大鹅养殖	家庭养殖场3430个，购商品鹅3333只，建鹅舍108563平方米	1186.5	92.56	世界银行贷款	1998～2000	农业	黑龙江省发改委项目办
43	青冈县生猪养殖	家庭养殖场730户，购买育肥仔猪10020头、种猪1240头，建猪舍30802.2平方米	2990.4	163.63	世界银行贷款	1998～	农业	黑龙江省发改委项目办
44	望奎县生猪养殖	家庭养殖场365个，购种猪620头、育肥仔猪5010头，建猪舍19839.4平方米	1030.2	58.56	世界银行贷款	1998～2000	农业	黑龙江省发改委项目办
45	肇东市肉牛养殖	家庭养殖场294个，购肉牛5000头，建牛舍25012.8平方米	2273.43	114.45	世界银行贷款	1998～2000	农业	黑龙江省发改委项目办
46	安达市肉牛养殖	家庭养殖场294个，购肉牛5000头，建牛舍 27940平方米	2273.43	95.50	世界银行贷款	1998～2001	农业	黑龙江省发改委项目办
47	肇东市奶牛养殖	发展家庭养殖场1072个，购养奶牛3652头，建设牛舍39600平方米	3619.14	256.46	世界银行贷款	1998～2002	农业	黑龙江省发改委项目办
48	安达市奶牛养殖	家庭养殖场1064个，购奶牛3652头，建牛舍49500平方米	3619.14	256.67	世界银行贷款	1998～2001	农业	黑龙江省发改委项目办
49	望奎县鹅加工	年屠宰加工大鹅50万只，年产羽绒15吨，熟食225吨。主要建设内容为改扩建厂房2230平方米，购置设备28台（套）	992	71.91	世界银行贷款	1998～2003	工业	望奎县龙鑫食品有限责任公司
50	安达市保鲜奶加工	年产保鲜奶5万吨，建主车间6043平方米，软包装保鲜奶灌装线两条，超高温灭菌生产线1条及牛乳分析仪	8465	738.32	世界银行贷款	1998～1999	工业	安达红星集团
51	兰西县环氧油	年生产高级大豆烹调油3394吨，环氧大豆油2000吨，购置设备115台（套），建筑面积5327平方米	3401	252.18	世界银行贷款	1999～2004	工业	兰西县天兴油脂有限责任公司
52	肇东市鹅加工	年屠宰加工商品鹅50万只，年产白条鹅1500吨，纯羽绒15吨及副产品37.5吨，片毛51.18吨，羽翎3.6吨。土建工程面积3926.7平方米，设备共计100（台）套	1657	124.22	世界银行贷款	1999～2000	工业	肇东市银鹅有限责任公司

1991～2005年黑龙江省国外贷款项目

序号	项目名称	建设规模及内容	总投资（万元）	贷款签约额（万美元）	资金来源	建设起止年限	所属行业	项目单位
53	绥棱县种子加工	年加工种子2500吨	180	14.98	世界银行贷款	1999～2000	农业	绥棱种子公司
54	粮库项目	粮库建设，购置设备	7120	890.00	世界银行贷款	2000～2001	仓储	粮食局
55	北林区肉牛养殖	家庭养殖场441个，购肉牛7500头，建牛舍37519.2平方米	3411.4	178.45	世界银行贷款	2000～2002	农业	黑龙江省发改委项目办
56	肇东市L-乳酸	年产食品级80%L-乳酸3500吨，土建6761平方米并购置进口设备	6688.5	714.04	世界银行贷款	2000～2004	工业	肇东市兴东生物化工有限公司
57	养老保险项目	用于省劳动厅、佳木斯市养老保险改革的设备采购、培训等	4134	250.00	世界银行贷款	2000～2005	民政	省政府
58	肇东市赖氨酸	年产7000吨饲料级L-赖氨酸盐，土建面积25898.5平方米，购置设备450台（套）	24384	2137.95	世界银行贷款	2000～2004	工业	黑龙江金滨玉米精深加工有限公司
59	北林区肉牛加工	年屠宰加工肉牛3万头，土建工程9764平方米，设备886台（套）	5347	304.24	世界银行贷款	2001～2003	工业	绥化市大众肉制品有限公司
60	饶河粮库码头	码头地坪	45.6	3.20	世界银行贷款	2001.07.15～2001.08.30	仓储业	饶河粮库
61	绥化市豆奶加工	年产液态豆奶1万吨，土建工程4750平方米，购置设备116台（套）	4327	220.35	世界银行贷款	2002～2004	工业	绥化银娃乳业有限责任公司
62	奶源基地建设项目	奶牛基地建设，本项目涉及哈尔滨、齐齐哈尔、佳木斯、大庆、鸡西、双鸭山、绥化、黑河8个市31个县和省畜牧局所属的2个事业单位及省奶业协会，约137个项目建设单位	148000	10000.00	世界银行贷款	2006～2011	农业	省政府
63	黑龙江化工厂	年产15万吨合成氨、26万吨尿素、20万吨复混肥技术改造	113886	3468.00	亚洲开发银行贷款	1994～1999	工业	齐齐哈尔市政府
64	黑化中氮	年产15万吨合成氨装置	101048	3840.00	亚洲开发银行贷款	1994～1998	化工	黑化集团
65	七台河热能与环境改善项目	2台35万千瓦机组	427000	22000.00	亚洲开发银行贷款	1997～2002	电力	黑龙江省电力公司
66	同江至三亚公路哈尔滨至拉林河省界段	高速公路99公里	360000	17000.00	亚洲开发银行贷款	1998～2001	交通	黑龙江省交通厅
67	东北地区公路水毁重建项目	二级公路361公里	199000	9300.00	亚洲开发银行贷款	1999～2001	交通	黑龙江省交通厅
68	洪水灾后恢复	三种水毁设施的恢复重建：（1）水利资源基础设施，（2）城市基础设施，（3）道路和桥梁	181940	11000.00	亚洲开发银行贷款	1999～2003	城市基础设施	省交通厅、哈尔滨市政府、大庆市政府
69	哈尔滨供水	建设一条输水管线及日供水45万立方米的净水、配水设施	324000	10000.00	亚洲开发银行贷款	2003～2007	城市基础设施	哈尔滨市政府
70	肇东松花江防洪工程	堤防加固68.03公里	21012	901.00	亚洲开发银行贷款	2005～2007	水利	肇东市水务局
71	三江湿地保护项目	（1）利用亚行贷款在13个市县营造速生丰产林55608公顷；（2）利用GEF赠款用于三江平原湿地地区的安邦河、七星河、大佳河、珍宝岛、兴凯湖、挠力河等6个自然保护区开展湿地保护区管理、流域管理等建设	33200	1500.00	亚洲开发银行贷款	2005～2010	农业	省政府
72	中心城区污水处理项目	处理污水10万吨/日，主要包括建设污水处理厂一座、电气外线及排水管道等项目	15960	560.00	奥地利政府贷款	2001～2003	基础设施	齐齐哈尔排水处

1991～2005年黑龙江省国外贷款项目

序号	项目名称	建设规模及内容	总投资（万元）	贷款签约额（万美元）	资金来源	建设起止年限	所属行业	项目单位
73	消防设备	引进消防车	4016	502.00	奥地利政府贷款	2002～	社会事业	市消防支队
74	肇东PP－R管材	年产1100万米PP－R管材、260万米3SPP静音排水管	7398	280.00	奥地利政府贷款	2005～2007	工业	肇东市华茂管材有限责任公司
75	农用飞机项目	购置农用飞机9架	1576	197.00	澳大利亚政府贷款	1993～2002	农业	总局航空站
76	依安奈伦有限公司淀粉加工设备	建设生产车间及附属设施	10920	498.00	北欧投资银行贷款	2004～2006	农产品加工	依安奈伦有限公司
77	绥化大豆生物蛋白肽	年产3000吨大豆生物蛋白肽，土建4670平方米生产车间及配套设备	4500	350.00	北欧投资银行贷款	2005～2006	工业	绥化金龙油脂有限责任公司
78	集贤万门程控交换机	程控交换机6000门	50.4	5.00	比利时政府贷款	1994～1995	邮电	集贤邮电局
79	饶河万门程控交换机	程控交换机4000门	85.44	8.19	比利时政府贷款	1994～1995	邮电	饶河邮电局
80	肇东铝塑复合管	年产900万米铝塑复合管	4146	301.00	德国政府贷款	2003～2004	工业	肇东市石化总厂
81	苏制汽轮机低压缸改造项目	210MW机组：双鸭山电厂2台，牡丹江二电厂1台	7650	847.64	德国政府混合贷款	2000～2001	电力	黑龙江省电力有限公司
82	市话扩容	扩建7.9万门程控电话	13976	910.00	法国、西班牙政府贷款	1994～1995	邮电	网通公司
83	万门程控交换机	程控交换机1.4万门	1602.56	133.83	法国政府贷款	1992～1993	邮电	双鸭山邮电
84	中心城区给水	引进10万立方米/日水处理设备，共281台套	12824	523.00	法国政府贷款	1994～1997	基础设施	自来水公司
85	市话扩容	扩建4.7万门程控电话	6264	375.70	法国政府贷款	1995～	邮电	网通公司
86	双鸭山市人民医院购置医疗设备	西门子螺旋CT	661.2	82.65	芬兰政府贷款	2000～	社会事业	双鸭山市人民医院
87		核磁、全自动生化、小C臂线机	398.08	49.76	瑞典政府贷款	2001～	社会事业	
88	急诊急救项目	设备	71.04	8.88	芬兰政府贷款	2001～	医疗	孙吴、五大连池人民医院
89	卫生医疗项目	购置设备	10.64	1.33	芬兰政府贷款	2002～2003	社会事业	讷河、泰来、克东
90	芬兰政府贷款项目	购置农业机械102台、畜牧机械50台	4064	508.00	芬兰政府贷款	2005～2017	农业	齐齐哈尔分局
91	黑龙塑料	黑龙塑料引进设备生产线	8272	420.00	国家商业贷款	1997～1998	轻工	黑龙塑料
92	北安农机项目	购置先进农业机械及配套农机具400台套	3992	499.00	加拿大政府贷款	1993～2002	农业	北安分局
93	垦区抗洪微波项目	购置微波通讯46套	2360	295.00	加拿大政府贷款	1996～2007	通信	总局通讯公司
94	微波网工程加拿大贷款	程控交换机扩容建设	5718.88	466.00	加拿大政府混合贷款	1993～1994	邮电通信	黑龙江省通信公司
95	双鸭山市人民医院购置医疗设备	购置设备如下：X线数字减影机、彩色超声多普勒诊断仪、病人监护系统信息中心等仪器	1128	141.00	美国进出口银行贴息贷款	2000～	社会事业	双鸭山市人民医院
96	大庆市人民医院	设备购置	3089.6	386.20	美国进出口银行贴息贷款	2001～2002	卫生	哈医大五院
97	第一医院	购置设备	1494.4	186.80	美国进出口银行贴息贷款	2001～	社会事业	第一医院
98	第二医院	购置设备	974.4	121.80	美国进出口银行贴息贷款	2001～	社会事业	第二医院

1991～2005年黑龙江省国外贷款项目

序号	项目名称	建设规模及内容	总投资（万元）	贷款签约额（万美元）	资金来源	建设起止年限	所属行业	项目单位
99	日棉项目	购置先进农业机械、水利机械270台套及配套农机具	16000	2000.00	日本日棉株式会社	1995～2004	农业	建三江分局
100	丸红项目	购置先进农业机械、水利机械625台套及配套农机具	16496	2062.00	日本丸红株式会社	1994～2005	农业	垦区农场
101	嫩江大桥	修路，建桥	26720	3340.00	日本政府日元贷款	1995～1998	交通	交通局
102	哈尔滨城市电网建设与改造	220kV、63kV输变电，中低压配电网及配电自动化，电力通讯和调度，营销管理现代化	153000	4335.71	日本政府日元贷款	1999～2002	电力	黑龙江省电力有限公司
103	黑河至北安公路	二级公路240公里	192000	126亿日元	日本政府日元贷款	2000～2003	交通	黑龙江省交通厅
104	黑龙江造纸厂	购置污水处理设备	3928.8	491.10	日本政府日元贷款	2000～2004	轻工	黑龙江造纸厂
105	东城区污水处理厂	日处理污水5万吨	14456	741.00	日本政府日元贷款	2000～2001	污水处理	大庆东城区部污水处理厂
106	绥化市传染病院	购置设备61台（套）	263.19	30.20	日本政府日元贷款	2003～2005	卫生	绥化市第一医院
107	三江平原商品粮基地项目	农业综合开发、购置先进的农业及水利工程机械14000台套	136000	15000.00	日本政府日元贷款	1996～2026	农业	垦区农场
108	龙头桥水库	总库容6.15亿立方米，大坝、输水洞、电站和管理房屋	53478	30.00	日本政府日元贷款	1998～2002	水利	省水利厅
109	龙头桥水库	水库大坝、溢洪道、输水洞、水电站	53976	3133.00	日本政府日元贷款	1998～2002	水利	黑龙江省龙头桥水库建设管理局
110	绥化市公共卫生建设	购置检验仪器设备	530	61.00	日本政府日元贷款	2003～2006	卫生	绥化市疾病预防控制中心
111	市疾病控制中心医疗设备	疾病预防控制中心设备购置和人员培训	560	70.00	日本政府日元贷款	2003～	社会事业	市疾病控制中心
112	传染病院医疗设备	传染病院设备购置	440	55.00	日本政府日元贷款	2003～	社会事业	传染病院
113	市急救中心医疗设备	急救中心设备购置	182.4	22.80	日本政府日元贷款	2003～	社会事业	市急救中心
114	黑字还流项目	购置先进农业机械、水利机械153台套及配套农机具	10400	1300.00	日本政府黑字还流贷款	1989～1999	农业	垦区农场
115	热网建设	热网建设	7758	469.00	瑞典政府贷款	1994～2000	基础设施	佳木斯热力公司
116	伊嘉公路五营至汤旺河段工程	公路总长49.1公里	32984	2293.00	沙特政府贷款	2003～2005	交通	伊春市交通局
117	万门程控交换机	程控交换机4000门	186.4	17.80	西班牙政府贷款	1992～1993	邮电	双鸭山邮电
118	黑河市第一人民医院	引进核磁等医疗设备	1696	120.50	以色列政府贷款	2001～2002	医疗	黑河市第一人民医院
119	双鸭山市双矿集团煤炭总院购置医疗设备	购置设备如下：多普勒超声波诊断仪、双层螺旋CT一台	600	75.00	以色列政府贷款	2002～	社会事业	双鸭山市双矿集团煤炭总院
120	大庆市人民医院	设备购置	1008	126.00	以色列政府贷款	2003～	卫生	哈医大五院
121	医疗设备购置	彩色多普勒超声诊断仪	128	16.00	以色列政府贷款	2003～	卫生	鹤岗市中医院
122	医疗设备购置	全数字超声诊断仪	48	6.00	以色列政府贷款	2003～	卫生	鹤岗市妇幼保健院
123	医疗设备购置	全自动生化分析仪数字化全自动超声诊断仪	82.4	10.30	以色列政府贷款	2003～	卫生	绥滨县人民医院
124	泰来医院医疗设备	购置设备	320	40.00	以色列政府贷款	2003～	社会事业	泰来医院
125	五官医院医疗设备	购置设备	120	15.00	以色列政府贷款	2003～	社会事业	五官医院

1991～2005年黑龙江省国外贷款项目

序号	项目名称	建设规模及内容	总投资（万元）	贷款签约额（万美元）	资金来源	建设起止年限	所属行业	项目单位
126	第一医院医疗设备	购置ECT机，骨密度仪	544	68.00	以色列政府贷款	2003～	社会事业	第一医院
127	双鸭山市商品混凝土搅拌站	年产商品混凝土15万立方米	2742.4	248.10	意大利政府贷款	2003～2028	建筑业	市天华建设开发有限公司
128	宝清万门程控交换机	程控交换机4000门	33.92	3.99	英国政府贷款	1994～1995	邮电	宝清邮电局
129	香港汇丰贷款	程控交换机扩容建设	17718.56	1600.00	国际商业贷款	1993～1994	邮电通信	黑龙江省通信公司
130	西班牙贷款	程控交换机扩容建设	23886.32	500.00	国际商业贷款	1994～1995	邮电通信	黑龙江省通信公司
131	香港汇丰贷款	程控交换机扩容建设	3287.68	300.00	国际商业贷款	1994～1995	邮电通信	黑龙江省通信公司
132	西班牙贷款	程控交换机扩容建设	49251.12	4000.00	国际商业贷款	1994～1995	邮电通信	黑龙江省通信公司
133	比利时贷款	程控交换机扩容建设	25337.84	1600.00	国际商业贷款	1994～1995	邮电通信	黑龙江省通信公司
134	美国贷款	光同步传输网建设	10389.68	900.00	国际商业贷款	1994～1995	邮电通信	黑龙江省通信公司
135	德国贷款	程控交换机扩容建设	20332.56	1000.00	国际商业贷款	1994～1995	邮电通信	黑龙江省通信公司
136	香港中芝贷款	程控交换机扩容建设	7671.28	700.00	国际商业贷款	1995～1996	邮电通信	黑龙江省通信公司
137	美国贷款	程控交换机扩容建设	5304.16	484.00	国际商业贷款	1995～1996	邮电通信	黑龙江省通信公司
138	二期法国贷款	程控交换机扩容建设	67156.64	4000.00	国际商业贷款	1995～1996	邮电通信	黑龙江省通信公司
139	比利时通用银行贷款	程控交换机扩容建设	10958.96	1000.00	国际商业贷款	1996～1997	邮电通信	黑龙江省通信公司

1991～2005年吉林省国外贷款项目

序号	项目名称	建设规模及内容	总投资（万元）	贷款签约额（万美元）	资金来源	建设起止年限	所属行业	项目单位
1	星火项目	生产汽车通风管道		2600	世界银行贷款	1991～1998	工业	吉林省科技厅
2	长春引松入长供水工程	日供水能力30万吨处理污水39万吨	90000	12000	世界银行贷款	1992～1995	供水与环境卫生	长春市水务集团
3	师范教育发展项目	土建、教学仪器购置、人员培训	3487.5	465	世界银行贷款	1993～2006	教育	北华大学、通化师院、长春师院、长春大学
4	延吉DVC薄膜项目		28.125	3.75	世界银行贷款	1993～2006	工业	延吉市薄膜厂
5	粮食流通项目	储粮仓建设	37731	3914.16	世界银行贷款	1993～2008	农业	农发办
6	松辽平原项目	农业开发	90000	12000	世界银行贷款	1994～2001	农业	农发办
7	延吉市食品包装项目		69.375	9.25	世界银行贷款	1995～	工业	延吉食品包装厂
8	延吉铝箔率制品项目		76.425	10.19	世界银行贷款	1996～	工业	延吉铝业集团
9	第三个基础教育项目	购置教学仪器、图书人员培训	3750	500	世界银行贷款	1996～2006	教育	大安、通榆、镇赉、汪清、靖宇教育局
10	织造设备及染整生产线	248台织造设备及生产线	11442.6	1138	世界银行贷款	1998～2002	工业	辽源市纺织集团
11	世行配套流动资金	生产用流动资金	751.92	96.4	世界银行贷款	1998～2002	工业	辽源市纺织集团
12	卫九项目	购置医疗设备	148418.4	1140	世界银行贷款	1999～	卫生	吉林省卫生厅
13	肉牛饲养	以金昌为龙头发展养牛户1610户	2609.52	114.9	世界银行贷款	2001～2002	农业	辽源市金昌公司及农户
14	卫十项目	购置医疗设备	2373.8	286	世界银行贷款	2001～	卫生	吉林省卫生厅
15	长春至四平高速公路	公路全长133公里	235000	12600	亚洲开发银行贷款	1992～1996	交通	交通厅
16	长春至拉林河高速公路	项目全长153公里	375300	12700	亚洲开发银行贷款	1998～2002.9	交通	交通厅
17	东北水灾紧急恢复重建项目	98洪水损坏的大安、洮南、白城镇赉、松源、辽源基础设施恢复建设		11000	亚洲开发银行贷款	1999～	城市建设	省救灾办
18	松花江防洪工程		41500	5000	亚洲开发银行贷款	2002～2007	城市建设	吉林省水利厅
19	吉林水环境综合治理工程		112465	10000	亚洲开发银行贷款	2005～2008	环境保护	吉林省建设厅
20	第二供水厂扩建	11万吨净水能力	19701	618	法国政府贷款	1991～1998	供水与环境卫生	吉林市自来水厂
21	通化市供水工程	新建日供水能力5万吨的净水车间一座，配水井一个，高位水池一个，5000立方米清水池一个等	1268.86	415	法国政府贷款	1996～1998	供水与环境卫生	通化市自来水公司
22	环氧乙烷	3.5万吨/年	45086	2420	加拿大政府贷款	1994～	工业	吉化股份公司
23	公主岭市柠檬酸生产线项目	年产无水结晶柠檬酸7500吨	9505.5	315	奥地利政府贷款	1995～	工业	公主岭市农业生产资料公司
24	奥地利政府贷款引进超声设备	购B超机	3353.52	447.1365	奥地利政府贷款	1995～2015	卫生	吉林省卫生厅
25	延吉市垃圾处理项目	引进垃圾处理设备	1660	200	奥地利政府贷款	2001～2006	环境保护	延吉市垃圾处理厂
26	吉林省消防局引进消防设备项目	引进消防设备	4243.79	489.23	奥地利政府贷款	2005～2029	城市建设	吉林省公安厅消防局

1991～2005年吉林省国外贷款项目

序号	项目名称	建设规模及内容	总投资（万元）	贷款签约额（万美元）	资金来源	建设起止年限	所属行业	项目单位
27	开山屯纤维浆厂精滤设备	精滤设备	1565.025	208.67	丹麦政府贷款	1995.4～2020.4	工业	开山屯县委浆厂
28	芬兰乳腺X光机项目	购X光机	42.75	5.7	芬兰政府低息贷款	1995～2005	卫生	吉林省卫生厅
29	花浆系统改造	板式蒸发器设备	3000	380	芬兰政府低息贷款	1992～	工业	吉林造纸厂
30	延吉市集中供热	供热面积935万平方米	9437.764	1137.08	芬兰政府贷款	2002～2006	能源	延吉市投资开发有限公司
31	西班牙政府贷款教学仪器采购项目	采购教学仪器	2324	280	西班牙政府贷款	2005.11～	教育	吉林农业大学
32	中国结核病控制项目	设备购置	67.645	8.15	英国政府贷款	2002～2003	卫生	辽源市结核病防止所
33	四平污水处理工程	一期工程日处理污水9万吨	17158.44	499.6	波兰政府贷款	2000～2004.9	环境保护	四平市污水处理厂
34	延吉市污水处理	每天10万吨污水	5810	700	挪威政府贷款	2001～2006	环境保护	延吉市污水处理有限公司
35	延边州机场扩建项目	购置航站设备	7500	1000	韩国政府贷款	1995.11～1998	交通	机场指挥部
36	延吉自来水改造工程	购置管网设备	3362.7	448.36	韩国政府贷款	1996～1997	供水与环境卫生	延吉自来水厂
37	吉林省高等学校人才培养	教学设备及人员培养	31540	3800	日本政府日元贷款	2003～2006	教育	北华大学、长春理工大学、农大等
38	第二供水厂扩建	10万吨净水能力	19700	400	日本政府日元贷款	1991～1998	供水与环境卫生	吉林市自来水厂
39	吉林省环境保护工程	污水处理	178566.5	12486.58	日本政府日元贷款	1998～2005	环境保护	环保局
40	吉林省广播电视及电化设备改造	购置设备	29928	3350	日本政府日元贷款	2004～2005	城市建设	吉林电视台、吉林教育电视台、吉林广播电视大学
41	通化市第一人民医院引进医疗设备项目	200万美元医疗设备	1660	200	以色列政府贷款	2003～2013	卫生	吉林省通化市
42	舒兰市人民医院医疗设备引进项目	CT核磁共振仪器	1054.1	127	以色列政府贷款	2004～	卫生	吉林省舒兰市人民医院
43	吉林省柳河医院引进医疗设备项目	270万美元医疗设备	2241	270	以色列政府贷款	2003～2004	卫生	吉林省柳河县医院
44	长春市卫生引进系统医疗设备项目	引进设备	7826.9	943	以色列政府贷款	2003～2004	卫生	
45	长春市人民制药厂项目		487.5	65	日本黑字还流贷款	1992～	卫生	长春制药厂
46	吉林低洼地开发项目	白城地区农业开发	28836.3	2690	国际农发基金贷款	1992～1997	农业	吉林省国际 农发基金综合开发项目办公室
47	苯酚丙酮	8万吨/年		4882	日本输出入银行贷款	1994～	工业	吉林石化公司

1991～2005年吉林省国外贷款项目

序号	项目名称	建设规模及内容	总投资（万元）	贷款签约额（万美元）	资金来源	建设起止年限	所属行业	项目单位
48	聚乙烯	10万吨/年		4896.255	日本输出入银行贷款	1994～1996	工业	吉林石化公司
49	联合芳烃	40万吨/年		3365.32	日本输出入银行贷款	1994～1996	工业	吉化股份公司
50	乙丙橡胶	2万吨/年		1742.5	日本输出入银行贷款	1994～1996	工业	吉化股份公司
51	丁烯－1	1万吨/年		484	日本输出入银行贷款	1994～1996	工业	吉化股份公司
52	ABS项目	10万吨/年		5270	日本输出入银行贷款	1994～1997	工业	吉林石化公司
53	联合芳烃	41万吨/年		4690.13	日本输出入银行贷款	1994～1997	工业	吉化股份公司
54	乙丙橡胶	3万吨/年		1719.8522	日本输出入银行贷款	1994～1997	工业	吉化股份公司
55	乙烯装置	30万吨/年		14008.2	韩车进出口银行贷款	1994～1996	工业	吉化股份公司
56	乙二醇项目	10万吨/年		4035.8	韩国进出口银行贷款	1994～1996	工业	吉林石化公司
57	乙烯装置	31万吨/年		2240.87	德国重建银行贷款	1994～1997	工业	吉化股份公司
58	高碳醇	10万吨/年		8334.93	法国东方汇理银行贷款	1994～1998	工业	吉林石化公司
59	哈达湾热电厂	2×12.5万千瓦双拍汽轮发电机组	19028	7000	日本政府不附带条件贷款	1999～2003	能源	吉林新力热电股份有限公司
60	苯乙烯	10万吨/年	65678	3255.5	日本输出入银行贷款	1998～	工业	吉化股份公司
61	吉林热电厂	发电机组	1000447.004	6000	日本政府不附带条件贷款	2000～2003	能源	吉林热电有限责任公司
62	吉林省公共医疗卫生防控项目	设备	10790	1300	日本政府日元贷款	2003～	卫生	吉林省卫生厅
63	丁辛醇	12万吨/年	68772	3172	美国大通银行贷款	1998～2000	工业	吉化股份公司
64	合成氨	30万吨/年	161264	11680	美国大通银行贷款	1999～2002	工业	吉化股份公司
65	大气自动监测系统	进口设备		43	美国进出口银行贷款	1999～	环境保护	吉林市环保局
66	购置医疗设备项目	设备	1095.6	132	美国进出口银行贴息贷款	2002.9～2003.2	卫生	四平市中心医院
67	设备租赁		217.5	29	奥斯米克公司	1995～	工业	吉林市八二七二厂
68	电力除尘器备件	12.5万千瓦发电机	1287.7821	278	员祖工程有限公司	1996～2003	能源	吉林热电厂

1991～2005年上海市国外贷款项目

序号	项目名称	建设规模及内容	总投资（万元）	贷款签约额（万美元）	资金来源	建设起止年限	所属行业	项目单位
1	星火项目（硬贷款）	贷款额90%用于农村工业技术项目开发，10%用于科技培训和科技信息系统建设。用于支持崇明农村工业（星火）项目的现代化及示范企业的分项目，旨在推动崇明星火计划的发展，并通过科技培训和科技信息系统的建设，提高农村企业人员技术培训和实施星火计划的水平，帮助现行的技术信息系统更好的转向为集体中小企业服务，加速崇明经济的发展	10000	1273	世界银行贷款	1991～1997	工业	星火项目办
2	星火项目（软贷款）	同上		820	世界银行贷款	1991～1997	工业	星火项目办
3	上海城建（1）	建设中山北路高架公路一期工程；更新部分现有路网；更新设置交通信号系统；提供有关公交改革、交通管理的技术援助	122400	6216	世界银行贷款	1992～1999	城建	市政工程公司
4	教材开发	本项目对上海高校重点课程及其教学方法进行系统设计和改革，结合新颁布的本科专业目录，结合课程设置，根据培养目标构建融会贯通、紧密配合、有机联系的课程体系；建设一批课程、一批配套CAI课件和一批系列教材，培训一批骨干教师和管理人员，同时创造与世界著名大学沟通、联系及合作研究的条件	800	100	世界银行贷款	1993～2002	教育	市教委
5	上海港改造	主要用于港口建设和设备更新，包括外高桥港区一期工程设备采购、罗泾煤码头工程、老港区设备更新等。项目提高了上海港的集装箱通过能力，提高了装卸效率	350000	15000	世界银行贷款	1993～1999	交通	港务局
6	农业支持服务	涉及农业部及十三个省市，旨在加强为农民提供支持服务的机构来帮助政府增加农业生产，提供农民收入。项目分市、县二级，上海涉及浦东新区奉贤、松江等区县。其主要组成部分有： 完善农技推广体系的组织机构。增加农技畜牧推广体系的物力，包括实验室、培训、办公设施及设备。通过提供在职培训，提供农技及畜牧推广人员的专业技能和知识。加强县级种子公司，提高种子的数量及质量	3800	463	世界银行贷款	1993～2001	农业	农林局
7	上海城建（2）	修建从南浦大桥至杨浦大桥长22公里的内环线；加强交通和安全管理，包括加强和改善交通控制设施，建立一个道路安全研究中心和实施一项扩展的交通管理规划；增加对公共交通的投资，修建公共汽车仓库、保养厂和公共汽车枢纽站；在交通管理、信息、设计环境保护方面提供技术帮助	543000	15000	世界银行贷款	1994～2000	城建	市政工程公司
8	上海环保	该项目包括四个分项目和18个技术援助项目，四个分项：PC1－黄浦江水质保护（上游引水二期工程），PC2－黄浦江上游水区污染控制（吴泾、闵行等地区污水外排工程），PC3－松江污水控制（松江污水处理厂扩建工程），PC4－污染源和水质监测。18个技援项目包括各类培训，部分设备采购、机构加强等	378000	16000	世界银行贷款	1994～2002	交通	环境项目办

1991～2005年上海市国外贷款项目

序号	项目名称	建设规模及内容	总投资（万元）	贷款签约额（万美元）	资金来源	建设起止年限	所属行业	项目单位
9	沪杭公路	建一条130公里、四车道、全封闭的沪杭高速公路，连接上海的松江和杭州的彭埠。上海段28公里的路段，连接莘松高速公路。包括服务设施和收费；交通监控、通讯和照明系统的电子、电气和机械设备的供应和安装等	35500	6000	世界银行贷款	1996～2001	交通	市政工程公司
10	疾病预防（卫七）	项目旨在以健康促进与健康教育为手段，选择若干上海城市社区、农村社区与工厂进行试点，确定目标人群，对非传染性疾病、意外伤害、性病/艾滋病进行预防干预，以取得经验，加以推广。该项目的实施分为四个领域，即政策改革、机构发展、干预、监测	1900	231	世界银行贷款	1996～2003	卫生	卫生局
11	上海污水（2）	项目内容包括：改善污水治理和卫生状况，包括主管、支管、泵站、及废水量管理工程和企业系统污水的接纳计划；改进雨水排放，粪便和化粪池系统的管理。废水处理和排放系统，包括白龙港预处理厂、出口泵站和海洋排放口，能力为170万吨/天；对曲阳、天山和龙华的污水处理设施和系统进行改造。财务和政策的制定、规划、机构和管理的改革等	552400	25000	世界银行贷款	1996～2003	供水与环境卫生	排水公司/水环境
12	种子商业化（软贷款）	该项目属中央打捆项目。项目帮助上海向明机械公司进行现代化建设，该公司生产较大范围的农业机械和种子加工设备。该项目将帮助该公司建立一个新的生产车间，引进必要的加工机械以及微机设计和制造设备	2600	63	世界银行贷款	1996～2002	农业	向明总公司
13	种子商业化（硬贷款）	同上		263	世界银行贷款	1996～2002	农业	向明总公司
14	外高桥火电（世行主贷款）	该火电项目为电厂的二期工程，建设2台单机容量90万千瓦超临界进口燃煤机组，并且利用世行贷款、荷兰银行联合融资及日本协力银行联合融资采购锅炉岛、汽机岛、仪控岛、GIS系统、出灰系统、脱硫装置等设备	744300	40000	世界银行贷款	1999～2006	能源	外高桥电厂
15	城市环境APL一期	项目一期包括污水处理、黄浦江上游给水，中心城区整治，城市固体垃圾处置等	423400	20000	世界银行贷款	2004～2009	环保	上海APL项目办
16	城市环境APL二期	项目二期的重点是巩固环境基础设施融资、加强政府管理能力、解决污染和燃料效率问题以及制定农业污染管理规定等创新措施。项目三期的重点是进一步扩大市政服务基础设施和开发政策，加强空气和农业污染治理	364000	18000	世界银行贷款	2006～2011	环保	上海APL项目办
17	南浦大桥（亚行主贷款）	南浦大桥于1988年动工兴建，1991年12月1日竣工通车。该桥总长8346米，主桥长846米、引桥长7500米，为预应力混凝土梁式桥。主墩采用钢管桩基础，跨径423米，通航净高46米。该桥为双塔双索面斜拉桥，呈“H”形的主桥塔高150米。主桥设有6条机动车道，桥面总宽为30.35米，日交通量5.5万辆汽车；两侧各设2米宽的人行道	83000	7000	亚洲开发银行贷款	1991～1995	交通	久事公司

1991～2005年上海市国外贷款项目

序号	项目名称	建设规模及内容	总投资（万元）	贷款签约额（万美元）	资金来源	建设起止年限	所属行业	项目单位
18	杨浦大桥（亚行主贷款）	杨浦大桥于1991年5月动工，1993年10月23日通车，设计日通过能力为4.5～5万辆机动车。桥总长7553.2米，主桥长1172米，主跨602米。两岸引桥采用预应力混凝土梁式桥。主桥采用悬浮体系、箱形钢梁与钢筋混凝土桥面板组成的叠合梁、双塔、扇形双索面，钢管桩基础。主塔高208米，为斜拉桥中之最，其中下部为菱形，造型美观，桥身从中穿过；上部为独柱，每塔两侧各铆有32对斜拉钢索，将桥身悬挂于通航水位之上50米处	132320	8500	亚洲开发银行贷款	1992～1996	交通	城投
19	平湖油气田（亚行主贷款）	平湖油气开发项目由两部分构成：第一部分为海上油气生产和运输以及陆上天然气处理，包括建造一座海上钻采平台和两条海底管线、提供钻井和完井服务、建造一个油终端和一座陆上气体处理厂以及培训等；第二部分为陆上天然气输配，包括建造两条总长约105公里的8英寸输气管线、天然气储藏设施和培训等	512000	13000	亚洲开发银行贷款和日本输出入银行联合融资	1996～2001	能源	石油天然气总公司
20	苏州河综合整治项目	苏州河治理一期工程包括水域整治和陆域整治两方面，重点是改善水质。水域整治范围包括苏州河上海境内53公里河道和相应的支流河网水体；陆域整治则包括苏州河两岸855平方公里范围内环境整治，主要是绿化工程。整个一期工程由苏州河支流污水截流、虹口港杨浦港地区旱流污水截流工程、石洞口城市污水处理厂建设工程、河道曝气复氧工程、综合调水工程等部分组成	861700	30000	亚洲开发银行贷款	2000～2005	环保	苏建公司
21	上海浦东生活垃圾焚烧厂项目	日处理生活垃圾1000吨，配套发电能力1.7万千瓦。主要建设内容：新建每台日处理365吨垃圾的焚烧炉3台，配套安装2×8500千瓦汽轮发电机组及辅助设施	53353	1357	法国政府贷款	2000～2002	环境保护	上海浦东投资经营有限公司
22	国家信息系统上海子系统日元贷款三期	政府部门、上海市浦东新区办公室、上海商务中心、上海四方锅炉厂等4家单位引进计算机等设备	5722	1096	日本政府日元贷款	1991～2001	政府机关、商务、制造等	上海市信息中心
23	上海轨道交通明珠线一期工程自动售检票系统	轻轨3号线自动售检票系统	91200	1000	西班牙政府贷款	2000～2003	轨道交通	上海轨道交通明珠线发展有限公司
24	上海江桥生活垃圾焚烧厂项目	占地200亩，引进垃圾焚烧设备和配套发电设备	73270	3262	西班牙政府贷款	2000～2002	环保、再生能源	上海环城再生能源有限公司
25	西班牙自控温室项目	引进4.5公顷自控温室设备及配套等	3152	283	西班牙政府贷款	2003～2006	现代农业	上海孙桥现代农业联合发展有限公司
26	特种消防设备项目	引进大型高盆化学事故处理教授车2辆，城市快速化学事故处理教授车5辆，大功率化学事故处理教授车1辆，大功率泡沫化学事故处理教授车2辆，消防员防护装具130套	4200	321	奥地利政府贷款	1999	消防	上海市消防局
27	上海市杨浦区中心医院引进医疗设备	引进医疗设备	5576	679	奥地利政府贷款	2003～2004	医疗卫生	上海市杨浦区中心医院

1991～2005年上海市国外贷款项目

序号	项目名称	建设规模及内容	总投资（万元）	贷款签约额（万美元）	资金来源	建设起止年限	所属行业	项目单位
28	上海市杨浦区市东医院引进医疗设备	引进医疗设备	4428	540	奥地利政府贷款	2006～2007	医疗卫生	上海市杨浦区市东医院
29	上海静安社会多层塔式停车库	252个车位立体停车库	5936	252	韩国输出入银行贷款	2005～2005	公用事业	上海静安城建配套发展公司
30	上海焦化厂三联供项目	190万立方米/天的城市煤气	167000	2162	法国政府贷款	1993～1995	化工	上海焦化总厂
31	自来水公司凌桥水厂项目	清水输配管网47.8公里，增加浦东新区供水能力21万吨/日	120758	1249	西班牙政府贷款	1996～1999	公用事业	上海市自来水公司
32	浦东国际机场一期	22.5万平方米候机楼及400×60米主跑道	1200000	714	法国政府贷款	1996～1999	公用事业	上海浦东国际机场公司
33	宝山泗塘医院项目	购置X光机500MA，800MA，螺旋CT机，彩色多普勒三维立体超声仪，黑白超声诊断仪，ICU床监护仪	4150	356	奥地利政府贷款	1998～2001	公用事业	上海市宝山区卫生局
34	明珠线一期车辆合同	24.975公里轨道交通	807800	9818	法国政府贷款	1998～2000	公用事业	上海轨道交通明珠线发展有限公司
35	青浦第二水厂水处理项目	引进自来水处理设备	15272	217	法国政府贷款	1998～2000	公用事业	上海青浦给水工程建设有限公司
36	明珠线一期信号系统	24.975公里轨道交通	807800	1175	法国政府贷款	1998～2000	公用事业	上海轨道交通明珠线发展有限公司
37	南市水厂制水系统改造项目	90万立方米/日制水系统改造工程	71192	1063	法国政府贷款	2002～2004	公用事业	上海自来水市南有限公司
38	上海焦化酸气治理项目	引进德士古酸性气体净化系统	2999	163	丹麦政府贷款	2004～2005	化工	上海焦化有限公司
39	上海放射性药物联合研究开发中心	引进放射性同位素专用加速器	4932	182	比利时政府贷款	1993～1994	科学研究	中国科学院上海应用物理研究所
40	上海血站	引进国外专用仪器设备	4148	425	芬兰政府贷款	1997～2000	医疗卫生	上海市血液中心
41	上海双界面智能卡	引进双界面智能卡生产线	2055	122	法国政府贷款	2001～2003	信息	上海邮电发展总公司
42	上海青浦污水处理项目	年处理污水4.5万吨	11000	418	丹麦政府贷款	2001～2005	公用事业	上海青浦水处理工程建设有限公司
43	上海东方医院利用西班牙政府贷款引进医疗设备项目	引进1981.9404万元人民币医疗设备	1982	239	西班牙政府贷款	2001～2006	医疗卫生	上海东方医院
44	上海市黄浦区中心医院法国政府贷款项目	3027.977万法国法郎，其中政府贷款1349.1万法国法郎和买方信贷1678.877万法国法郎	5154	539	法国政府贷款	1995～1996	医疗卫生	上海市黄浦区中心医院
45	西班牙政府混合贷款引进医疗设备	用于浦东新区拨款新建的上海市第七人民医院14层病房配套的医疗设备	2325	280	西班牙政府混合贷款	1997～1998	医疗卫生	上海市第七人民医院
46	溶菌酶生产设备以及微化预混合饲料项目	溶菌酶年产5吨，微化预混合饲料年产2100吨	1863	187	加拿大政府贷款	1992～1993	食品	上海市食品集团公司
47	西班牙政府混合贷款引进医疗设备	用于浦东新区拨款新建的浦南医院18层智能型综合病房配套的医疗设备	2325	280	西班牙政府贷款	1997～1998	医疗卫生	上海市浦南医院

1991～2005年上海市国外贷款项目

序号	项目名称	建设规模及内容	总投资（万元）	贷款签约额（万美元）	资金来源	建设起止年限	所属行业	项目单位
48	沉船抽油系统及溢油回收设备项目	该项目从挪威FRANK MOHN FLATOY AS 公司引进，项目总投资2520万元人民币，其中用汇189万美元，与中行签订153.9万美元转贷款协议，该局自筹资金924万元人民币，该项目主要包括沉船抽油和溢油水面回收设备，处理油污面积范围5万平方米，日处理回收油料能力500吨	2520	154	挪威政府贷款	1998～1999	交通	交通部上海海上救助打捞局，该局现已通过改制后更名为"交通部上海打捞局"
49	东海天然气早期开采供应上海城市燃气工程	市政工程	126300	4137		1996～1999	能源	天然气输配
50	引进轻油制气工程项目	"八五"期间发展110万煤气用户气源之一	70100	3889	意大利政府贷款	1994～1996	公用事业	上海煤气制气（集团）公司
51	齿科医械厂项目	引进芬兰FIMET公司的F1型齿科治疗设备技术和有关生产设备		127	芬兰政府贷款	1994～1999	机械加工	上海齿科医械厂
52	地铁一号线延伸段项目	购置美国信号设备、备品备件、支付外国专家咨询费、支付保险费	63800	2000	日本银行贷款	1994～1996	轨道交通	上海久事公司
53	地铁二号线一期项目	购置盾构机械	1050300	720	法国政府混合贷款	1995～1998	轨道交通	上海市地铁总公司
		向美国购买信号系统、自动售检票系统、防灾报警系统		5996	美国政府贷款		轨道交通	上海市地铁总公司
54	宝钢引进设备项目	引进意大利电炉设备	60049	627	意大利出口买方信贷	1994～2008	钢铁	上海宝钢集团公司
		引进意大利连铸设备		2414	意大利出口买方信贷	1994～2007	钢铁	上海宝钢集团公司
		购买法国电炉设备		672	法国出口买方信贷	1994～2001	钢铁	上海宝钢集团公司
		购买法国电炉设备		3242	法国出口买方信贷	1994～2007	钢铁	上海宝钢集团公司
55	扩建药用包装材料项目	生产丁基橡胶瓶塞		1495	西班牙政府贷款	1995～2025	轻工	上海玻璃厂
56	引进印染设备项目	引进园印花机		210	奥地利政府贷款	1991～2000	纺织	上海第五印染厂
57	引进印染设备项目	引进生产纯棉及T/C布设备		255	奥地利出口信贷	1991～1996 1991～2000	纺织	上海第一印染厂
58	引进食品生产设备项目	味精精制关键设备		210	日本政府黑字还流贷款	1996～2001	食品	上海冠生园天厨食品有限公司
59	上海红旗机筛厂项目	引进噪音治理设备	2086	200	瑞典政府贷款	1996～2008	机械加工	上海红旗机筛厂
60	改造乙部车项目	进口专用面粉生产线		255	西班牙政府贷款	1992～2007	食品	上海面粉厂
61	程控电话设备项目	引进台湾产S−1240型24.9万门，日本富士通F−150型3.5万门及1万门用户板	34000	1671	日本政府日元贷款	1994～1994	电信	上海市电信有限公司
62	铜管公司项目	引进84圆盘拉伸机辊底式光亮退火炉		308	英国出口信贷	1994～2000	有色金属	上海铜管公司
63	五钢技改项目	引进瑞士连铸设备		730	瑞士出口买方信贷	1995～2002	钢铁	上海五钢（集团）有限公司
64	引进机械制造设备项目	先进环保机械制造设备		213	瑞典政府贷款	1996～2007	机械加工	上海冶金矿山机械厂

1991～2005年上海市国外贷款项目

序号	项目名称	建设规模及内容	总投资（万元）	贷款签约额（万美元）	资金来源	建设起止年限	所属行业	项目单位
65	引进医用电子仪器项目	B超诊断仪生产设备及散件		168	澳大利亚政府贷款	1991～1996	机械加工	上海医用电子仪器厂
66	地铁项目	地铁2号线	1050300	48722	德国政府贷款	1997～2000	轨道交通	上海地铁总公司
67	三废处理项目	处理废旧蓄电池	6500	315	澳大利亚政府贷款	1996～1999	工业	上海飞轮实业有限公司
68	废水环保处理	建设固定氨废水加碱分解装置	1642	94.4	挪威政府贷款	1999～1999	工业	上海焦化有限公司
69	虹桥机场设计	候机楼设计	8000	52.96	荷兰政府贷款	1988～1993	交通运输	上海久事公司
70	浦东国际机场	航站楼建设	1070000	36760	日本政府日元贷款	1997～1999	交通运输	上海浦东国际机场公司
71	客船项目	购买德国客船	46028	5566	德国政府贷款	1994～1995	交通	上海海运（集团）公司
72	油轮项目	购买德国油轮	6781	820	德国政府贷款	1994～1995	交通	中海发展股份有限公司
73	电力设备项目	购买发电机组	22648	5995	德国政府贷款	1996～1998	电力	上海电力股份有限公司
74	日元武士债券	上海江湾机械厂、上海联合木材工业公司、上海华都集装箱有限公司等技术改造	60567	11598	境外发债	1992～1997	轻工、三资	上海国际信托投资有限公司
75	日元武士债券	上海锅炉厂、上海第一冷冻机厂、上海玻璃砖厂、上海家用空调机厂、上海化学纤维公司等技术改造	83734	16035	境外发债	1992～1995	机电、轻工、纺织	上海国际信托投资有限公司
76	亚洲美元债券	上海建国宾馆、上海国际机场宾馆、上海振华港口机械有限公司、上海中信隧道发展有限公司等技术改造	36555	7000	境外发债	1993～1998	宾馆、三资	上海国际信托投资有限公司
77	飞机融资租赁	B757-200、B767-300、B737-700等飞机及航材	293080	35439	美国进出口银行贴息贷款	1993～2012	交通运输	上海航空股份有限公司

1991～2005年江苏省国外贷款项目

序号	项目名称	建设规模及内容	总投资（万元）	贷款签约额（万美元）	资金来源	建设起止年限	所属行业	项目单位
1	扬州第二电厂项目	2×60万千瓦燃煤火电机组	935325	47000	世界银行贷款	1996～1999	电力	扬州第二发电有限公司
2	宜兴抽水蓄能项目	4×25万千瓦抽水蓄能机组	492481.5	13500	世界银行贷款	2003～2008	电力	华东宜兴抽水蓄能发电有限公司
3	改建一条日产2000吨熟料窑外分解生产线	年增产水泥64万吨	124042.74	2520	世界银行贷款	1988～1992	建筑	中国水泥厂
4	中学教师在职培训项目	中学教师在职培训项目	3036.88	90	世界银行贷款	1988～1993	教育	南京市教育学院
5	主要引进管理专业教学仪器设备	培训师资，建立示范性的职业管理教育中心，培养人才	1660.83	60	世界银行贷款	1990～1995	教育	南京十五中学
6	三万吨/年离子膜烧碱项目	三万吨/年离子膜烧碱	79937.69	876	世界银行贷款	1994～1997	化工	无锡市化工集团股份有限公司
7	白油技术设备引进	5000吨/年白油	30489.84	250	世界银行贷款	1994～1996	化工	无锡市炼油厂
8	引进V带生产线及治理环境污染	引进橡胶V带生产线及治理环境污染	42224.7	305.9	世界银行贷款	1995～1996	化工	无锡市橡胶厂
9	引进汽车骨架油封设备综合治理三废项目	引进汽车骨架油封设备综合治理三废项目	41458.59	224	世界银行贷款	1996～1998	化工	无锡市第四橡胶厂
10	改造双酚A工艺和综合治理三废项目	改造双酚A工艺和综合治理三废项目	30024.54	100	世界银行贷款	1995～1996	化工	无锡市石油化工总厂
11	综合治理轧钢烟尘废水	综合治理轧钢烟尘废水项目	13189.14	50	世界银行贷款	1995～1997	有色	无锡市第三钢铁厂
12	引进炼胶生产装置治理环境污染	引进炼胶生产装置治理环境污染	42287.31	250	世界银行贷款	1994～1994	化工	无锡橡胶集团
13	改造染料后处理工艺实施“三废”治理项目	改造染料后处理工艺	39730.11	250	世界银行贷款	1996～1997	化工	无锡市染料厂
14	水环境综合项目和电炉烟尘污染治理项目	水环境综合项目和电炉烟尘污染治理项目	225238.39	890	世界银行贷款	1996～1997	有色	江苏锡钢集团有限公司
15	调整改造胶管胶辊生产工艺综合治理环境污染	调整改造胶管胶辊生产工艺综合治理环境污染	21473.04	120	世界银行贷款	1996～1997	化工	无锡二橡胶股份有限公司
16	有害物质应急中心	引进医疗急救设备仪器	3510.9	50	世界银行贷款	1994～1994	卫生	无锡市第三人民医院
17	无锡化学品风险应急中心消防设施项目	引进消防设施	7723.98	110	世界银行贷款	1995～1995	市政建设	无锡市公安局消防支队
18	芦村污水处理厂工程二期	芦村污水处理厂工程二期	152917.89	1570	世界银行贷款	1993～2001	其他市政建设	无锡市排水管理处
19	马山污水处理厂	马山污水处理厂	7125	50	世界银行贷款	1993～1996	其他市政建设	原无锡市马山区人民政府
20	染织工艺污染治理	染织工艺污染治理	16894.8	128	世界银行贷款	1993～1996	纺织	江阴市向阳实业总公司

1991～2005年江苏省国外贷款项目

序号	项目名称	建设规模及内容	总投资（万元）	贷款签约额（万美元）	资金来源	建设起止年限	所属行业	项目单位
21	棉织机改造治理	棉织机改造治理	47379.36	335.3	世界银行贷款	1999～1999	纺织	江苏新伍集团
22	炼钢改造项目	炼钢改造项目	252914.85	400	世界银行贷款	1996～2001	有色	江苏沿山实业集团
23	涂布白板技改项目	涂布白板技改项目	269303.62	400	世界银行贷款	1994～1996	轻工	江阴造纸厂
24	分散兰60#和配套三废治理	分散兰60#和配套三废治理	13536	100	世界银行贷款	1994～1997	化工	宜兴市菲达化工厂
25	综合治理三废	综合治理三废	8550	120	世界银行贷款	1993～1996	轻工	无锡江洲生物制药有限公司
26	年产360吨优质绢丝及污染治理	年产360吨优质绢丝及污染治理	20508.6	350	世界银行贷款	1993～1996	纺织	江苏鼎球实业股份有限公司
27	常州市世行贷款中等城市发展工业项目	常柴厂、机床厂、牵引电机厂、有色铸造厂等子项目	20165.6	1939	世界银行贷款	1991～1997	机械	常州市
28	常州市世行贷款中等城市发展城市现代化管理系统	GIS、EIS等子项目	478.4	46	世界银行贷款	1991～1997	科技	常州市
29	常州市世行贷款中等城市发展卫生项目	妇产医院、一院、二院、红十字医院等子项目	4793.36	460.9	世界银行贷款	1991～1997	卫生	常州市
30	常州市世行贷款中等城市发展教育项目	省常中、一中、二中、三中、聋哑学校、职教中心、常州技工学校、市教育图书馆	7013.76	674.4	世界银行贷款	1991～1997	教育	常州市
31	常州市世行贷款中等城市发展城市基础设施项目	日产20万吨长江二期引水工程、关河西路拓宽等子项目	16599.44	1596.1	世界银行贷款	1991～1997	市政建设	常州市
32	常州市世行贷款中等城市发展房屋建设项目	红梅西村、浦南新村、西新桥三村、北直街三期工程等子项目	17613.44	1693.2	世界银行贷款	1991～1997	其他市政建设	常州市
33	常州市世行贷款中等城市发展环境保护项目	常州水泥厂、自行车总厂等子项目	3244.8	312	世界银行贷款	1991～1997	其他	常州市
34	治理环境污染、更新改造轧机	治理环境污染、更新改造轧机	14210.1	43.5	世界银行贷款	1996～1997	有色	苏州长青扎钢厂
35	改变产品结构、根治环境污染	改变产品结构、根治环境污染	22055.22	50	世界银行贷款	1995～1996	化工	姑城塑料粒总厂
36	张家港市化工厂迁建治理环境污染项目	迁建治理环境污染项目	19216.41	167.1	世界银行贷款	1993～1994	化工	张家港市化工厂
37	高峰热塑性弹性体星火计划项目	高峰热塑性弹性体星火计划项目	9707.1	150	世界银行贷款	1993～1994	化工	张家港高峰泡沫厂
38	年产6000吨脂肪胺治理环境污染项目	年产6000吨脂肪胺治理环境污染项目	30009.93	438	世界银行贷款	1993～1996	化工	张家港助剂厂
39	新工艺生产丙烯酸酯树脂改善环境	新工艺生产丙烯酸酯树脂改善环境	59099.86	382.4	世界银行贷款	1995～1997	化工	苏州安利化工厂

序号	项目名称	建设规模及内容	总投资（万元）	贷款签约额（万美元）	资金来源	建设起止年限	所属行业	项目单位
40	改造染料污染环保项目	改造染料污染环保项目	6232.5	75	世界银行贷款	1996～1998	化工	吴江平望染化厂
41	引进硫酸钾生产工艺、综合治理环境污染项目	引进硫酸钾生产工艺、综合治理环境污染项目	42173.1	399	世界银行贷款	1995～1996	化工	苏州助剂厂
42	改善城市环境、实施整厂搬迁	改善城市环境、实施整厂搬迁	82203.52	800	世界银行贷款	1998～1999	化工	苏州炭黑厂
43	张家港市真空镀层中心扩能技改项目	真空镀层中心扩能技改项目	16603.53	160.8	世界银行贷款	1993～1994	其他原材料	张家港市真空镀层中心
44	江苏化工农药集团公司2万吨/年离子膜法烧碱	2万吨/年离子膜法烧碱	60173.44	638	世界银行贷款	1995～1997	其他原材料	江苏化工农药集团公司
45	张家港市礼帽厂环境治理项目	环境治理项目	7529.4	50	世界银行贷款	1995～1995	轻工	张家港市礼帽厂
46	酒精糟液综合利用治理污染项目	酒精糟液综合利用治理污染项目	14957.28	84	世界银行贷款	1995～1996	轻工	太仓酿酒总厂
47	淘汰60台有梭织机，引进40台喷水织机	淘汰60台有梭织机引进40台喷水织机	4617.6	152	世界银行贷款	1991～1993	纺织	苏州新星丝织厂
48	引进分色描稿系统	引进分色描稿系统	967.2	40	世界银行贷款	1991～1992	纺织	苏州新星丝织厂
49	利用世行贷款对水厂扩建	利用世行贷款对水厂扩建	10261.18	57.5	世界银行贷款	1996～1997	纺织	吴县染织厂
50	轿车成型地毯	轿车成型地毯	23940	237	世界银行贷款	1993～1995	纺织	太仓江苏中联地毯集团
51	利用世行贷款建立2400T/YDTY配套项目	建立2400T/YDTY配套项目	10137.45	250	世界银行贷款	1993～1994	纺织	江苏中港化纤厂
52	漂染设备改造、废水治理工程	漂染设备改造、废水治理工程	13349.03	80	世界银行贷款	1994～1996	纺织	太仓针织印染总厂
53	张家港丝绒一厂环境污染综合治理项目	张家港丝绒一厂环境污染综合治理项目	4932.91	40	世界银行贷款	1992～1995	纺织	张家港丝绒一厂
54	引进丝织关键设备、治理喷水织机设备	引进丝织关键设备、治理喷水织机设备	6429.6	53.5	世界银行贷款	1994～1995	纺织	苏州新风丝织厂
55	改造染料厂污染设备	改造染料厂污染设备	19424.16	75	世界银行贷款	1995～1997	纺织	吴江工艺织造厂
56	利用世行贷款引进设备治理环境污染	利用世行贷款引进设备治理环境污染	13307.58	50	世界银行贷款	1995～1996	牧业	苏州牛奶公司
57	世界银行农业支持项目	世界银行农业支持项目	4324.59	61.8	世界银行贷款	1993～1997	其他农林水	吴江农技中心
58	苏南环保项目	苏南环保项目	1421.28	19.7	世界银行贷款	1995～1995	科研	苏州环境监测站

1991～2005年江苏省国外贷款项目

序号	项目名称	建设规模及内容	总投资（万元）	贷款签约额（万美元）	资金来源	建设起止年限	所属行业	项目单位
59	整厂搬迁、环境综合治理项目	整厂搬迁、环境综合治理项目	80307.72	320	世界银行贷款	1997～1998	其他市政建设	苏州枫桥水泥厂
60	苏州水环境综合治理工程	苏州水环境综合治理工程、吴中区城镇污水处理工程	64506	3170	世界银行贷款	2003～2006	其他市政建设	苏州市水务局
61	新建企业设备	新建企业设备	1184.4	140	世界银行贷款	1995～1997	其他	苏州天窿
62	清洁生产示范工程项目	清洁生产示范工程项目	8293.38	66	世界银行贷款	1996～1999	其他	苏州振亚丝织厂
63	苏州第五制药厂化学合成药搬迁治理项目	化学合成药搬迁治理项目	55734.48	280	世界银行贷款	1995～1998	医药	苏州第五制药厂
64	压电水晶板材及深加工	新增年产22.7吨压电水晶板材及深加工	1162.2	223.5	世界银行贷款	1991～1993	电子	东海县水晶厂
65	沿海滩涂开发	沿海滩涂开发	5973	1500	世界银行贷款	1987～2001	渔业	连云港市利用世行贷款开发滩涂办
66	职业技术教育	购置职业技术教育设备227台/套和配套设施	304.2	52.46	世界银行贷款	1990～1995	教育	连云港市教育局
67	国营农场商业化	300吨/年蚜虱净原药(100%)扩建	51264.03	250	世界银行贷款	1999～2000	其他农林水	江苏克胜集团公司
68	江苏省沿海滩涂开发(盐城)项目	江苏省沿海滩涂开发(盐城)项目	83069.58	2827	世界银行贷款	1987～1993	其他农林水	盐城市农业资源综合开发利用管理
69	电信	扩建程控交换机1000门	736.02	76.8	世界银行贷款	1994～1996	邮电通信	江都邮电局
70	引进设备	引进5台高低压铸造机及检测设备，新建厂房	2736	152	世界银行贷款	1993～1994	机械	高邮市制动件总厂
71	引进设备	引进BCO净化装置，年新增产值600万元人民币	685.26	20	世界银行贷款	1994～1998	机械	高邮市环保设备厂
72	引进设备	引进成型模床，年新增产值2744万元	2558.4	198.6	世界银行贷款	1992～1994	机械	仪征活塞环厂
73	引进生产线	引进高性能压力机生产设备，年新增产值1452万元	518.7	70	世界银行贷款	1993～1993	机械	邗江锻压设备厂
74	引进冰淇淋生产线	年新增产值1000万元人民币	370.5	61.5	世界银行贷款	1993～1993	轻工	扬州五一食品集团
75	引进设备	引进双层多股编织绳生产线，新增产值5000万元	900.6	155	世界银行贷款	1993～1995	轻工	宝应绳缆厂
76	引进设备	引进ME电器设备，新增产值500万元人民币	114	20	世界银行贷款	1993～1995	轻工	扬州三力电器公司
77	引进剑杆织机	引进剑杆织机，翻建厂房	2281.5	340.4	世界银行贷款	1990～1993	纺织	扬州大华巾被集团
78	引进设备	引进化纤绒后整理设备，新增产值4200万元人民币	266.5	50	世界银行贷款	1992～1993	纺织	扬州毛毯厂
79	扬州市高沙土改造项目	实现旱改水8.05亩，扩大水浇地4.4万亩，改善灌溉面积17.92万亩	3192	300	世界银行贷款	1993～1996	其他农林水	扬州市农业开发局
80	中国农业支持服务项目	农技推广体系建设、培训器材、教学	444.6	39.36	世界银行贷款	1993～1997	其他农林水	仪征市农技推广中心
81	支持中国农业服务建设扬州中心项目	教育培训、实验室设备、教学仪器	266.5	37.26	世界银行贷款	1992～1997	其他农林水	扬州市农业技术推广中心
82	炼铁环境综合治理	建设24立方米烧结机，120立方米高炉，3000千瓦资源综合发电	4956	400	世界银行贷款	1998～2000	钢铁	丹阳钢铁厂

1991～2005年江苏省国外贷款项目

序号	项目名称	建设规模及内容	总投资（万元）	贷款签约额（万美元）	资金来源	建设起止年限	所属行业	项目单位
83	镇江市冶炼总厂治理三废污染易地改扩建工程	建设RC系列产品生产线和不锈钢带生产线，RC系列年产800吨/年，不锈钢年产1500吨	2429.41	196	世界银行贷款	1992～1996	化工	镇江市冶炼总厂
84	脱硫锌精矿改造	年产4.6万吨脱硫锌精矿	3291.78	173	世界银行贷款	1994～1999	化工	丹阳磷肥厂
85	丹徒县水泥厂粉煤灰综合利用项目	年处理12万吨粉煤灰物理生产线;年处理1万吨粉煤灰化学分离线;年产水泥22.52万吨生产线	12097.8	634	世界银行贷款	1994～1999	建筑	丹徒县水泥厂
86	镇江水泥厂建设余热发电水泥项目	年产30万吨普硅水泥和矿渣水泥，利用废气余热发电，90%自给	4858.85	300	世界银行贷款	1996～1997	建筑	镇江市水泥厂
87	无内胎深槽轮圈系列车轮技术开发	新增50万只无内胎深槽车轮的年生产能力	1350.9	237	世界银行贷款	1993～1994	机械	镇江市汽车钢圈厂
88	利用世行贷款治理环境污染	新洗选改造，污水处理场，白水回收，白泥治理	8612.28	449	世界银行贷款	1995～1999	轻工	镇江金河纸业有限公司
89	镇江市制帽机绣厂出口工艺帽设备更新改造	引进高新技术设备6台套，配套设备50台套，改装厂房300平方米，新增电脑绣花工艺帽11万打	306.47	50	世界银行贷款	1992～1993	轻工	镇江市制帽机绣厂
90	镇江市第二化工厂“三废”治理搬迁	三废治理搬迁，建设2000t/a促进剂M系列生产装置	4540.48	181	世界银行贷款	1994～1996	轻工	镇江市第二化工厂
91	镇江市污水截流工程	铺设38.82公里截流管道，7个泵站，兴建占地10公顷的试验氧化塘系统	27918	1716	世界银行贷款	1994～1999	城市污水处理	镇江市给排水总公司
92	兴化市机械厂	年新增产值1590万元	1057.68	64.7	世界银行贷款	1991～1992	机械	兴化机械厂
93	冷摆碾成形新工艺开发与应用	年新增产值1640万元	786.71	69	世界银行贷款	1992～1995	机械	泰县粉末冶金厂
94	引进喷水织机，前道设备技改项目	引进喷水织机，前道设备技改项目	9866.7	280	亚洲开发银行贷款	1993～1995	纺织	常熟浒浦布厂
95	引进设备	引进设备，生产电缆180万付，接插件2910万件	846	100	亚洲开发银行贷款	1995～1996	机电轻纺	高邮电器厂
96	引进设备	引进设备，生产光电复合电缆	846	100	亚洲开发银行贷款	1995～1996	机电轻纺	宝胜电缆厂
97	高压钠灯系列产品	生产灯泡50万支，新增产值3000万元人民币	1066	76.5	亚洲开发银行贷款	1992～1993	电子	高邮市照明电器厂
98	引进完善工艺鞋流水线	达到年产360万双的能力	208	30	亚洲开发银行贷款	1991～1992	轻工	邗江县宁扬工艺鞋厂
99	生产线技改	新增真丝衬衫生产线，新增产值1000万元	159.9	15	亚洲开发银行贷款	1992～1993	纺织	扬州衬衫厂
100	经济信息系统建设	建设经济信息系统	86141.44	1400	日本政府日元贷款	1994～2000	其他	江苏省信息中心
101	引进5万门市话扩容设备	引进5万门市话扩容设备	97662.12	2190	日本政府日元贷款	1992～1993	邮电通信	南京电信局
102	北河口水厂扩建	按日供水60万吨进行规划设计，分二期建设一期工程日供水40万吨	46144.8	3324	日本政府日元贷款	1988～1992	自来水	南京市自来水扩建工程指挥部
103	徐州市自来水公司地面水厂一期工程	20万吨/日供水	196123.37	1530	日本政府日元贷款	1998～1992	自来水	徐州市自来水公司

1991～2005年江苏省国外贷款项目

序号	项目名称	建设规模及内容	总投资（万元）	贷款签约额（万美元）	资金来源	建设起止年限	所属行业	项目单位
104	苏州市区水环境综合治理－苏州清源建设公司	苏州市区水环境综合治理－苏州清源建设公司	982824.36	6261	日本政府日元贷款	1998～2003	其他市政建设	苏州清源建设公司
105	连云港墟沟港区一期工程	连云港墟沟港区码头一期工程	14384.39	4281.07	日本政府日元贷款	1986～1994	港口	连云港港口集团
106	连云港庙岭港区二期工程	连云港庙岭港区二期码头主体工程建设	52372.25	15586.98	日本政府日元贷款	1986～1992	港口	连云港港口集团
107	引进关键设备	引进关键设备	6026.43	307	日本政府黑字还流贷款	1989～1992	机械	南京机床厂
108	引进粉点涂层印染设备	粉点涂层印染设备	3648	100	日本政府黑字还流贷款	1993～1994	其他	南京第二印染厂
109	引进家禽屠宰加工设备	引进家禽屠宰加工设备	1360.68	67.4	日本政府黑字还流贷款	1989～1991	其他	南京鸡鸭加工厂
110	高级高岭土生产线技术改造项目	高级高岭土生产线技术改造项目	2741.96	14290.5	日本政府黑字还流贷款	1991～1991	建筑	苏州高岭土公司
111	万亩芦笋出口基地建设	万亩芦笋出口基地建设	475.81	131.44	日本政府黑字还流贷款	1987～1995	其他农林水利	连云港市蔬菜冷藏加工厂
112	引进设备	引进花边缝纫设备173台套，年增高档服装30万件	442.39	83	日本政府黑字还流贷款	1992～1993	纺织	仪征市服装厂
113	镇江邮电局日贷引进程控设备	引进程控交换机市话1万门、长途500路端	3168.15	373	日本政府黑字还流贷款	1992～1992	邮电通信	镇江市邮电局
114	扬州动力机械厂引进设备[美堰]	引进台湾机械加工中心	2693.66	318.4	日本政府黑字还流贷款	1995～1996	机械	上柴扬动股份有限公司
115	江苏泗阳绢纺厂利用日本政府贷款引进技术设备	利用136863210日本“黑字还流”贷款	719.55	118	日本政府黑字还流贷款	1992～1996	纺织	江苏泗阳绢纺厂
116	医用直线加速器	引进医用直线加速器	3147.06	180	德国政府贷款	2001～2003	卫生	射阳县人民医院
117	扬州市10万吨污水处理工程	10万吨污水处理厂一座	20650	490	德国政府贷款	1998～2001	城市污水处理	扬州市洁源排水有限公司
118	年产200万平方米复合强化地板	新建厂房6300平方米，全套引进德国温康纳公司地板生产线	6608	528	德国政府贷款	1998～1999	建筑	江苏福迈特纤维板有限公司
119	引进高速圆盘拉伸机项目	引进高速圆盘拉伸机项目	9416.4	251	英国政府贷款	1993～1997	机械	太仓钢材厂
120	10万吨/天水厂扩建	扩建项目	20114.4	413	法国政府贷款	1989～1992	自来水	南京市上元门水厂
121	引进19.9万门市话扩容设备	引进19.9万门市话扩容设备	243593.88	2640	瑞士政府贷款	1994～1994	邮电通信	南京电信局
122	10万吨/天水厂扩建	扩建10万吨/天水厂扩建	27930	303	奥地利政府贷款	1993～1996	自来水	南京浦口水厂

1991～2005年江苏省国外贷款项目

序号	项目名称	建设规模及内容	总投资（万元）	贷款签约额（万美元）	资金来源	建设起止年限	所属行业	项目单位
123	26万吨/天污水处理设施	26万吨/天污水处理设施	23400	430	奥地利政府贷款	1991～1995	城市污水处理	江心洲污水处理厂
124	医疗设备项目	引进核磁共振成像系统等医疗设备	6789.67	495	奥地利政府贷款	2003～2004	卫生	连云港市第一人民医院急救中心
125	引进设备	引进机体精密镗床曲轴数控铣床，提高柴油机产品质量和能力	2538	288	奥地利政府贷款	1995～1997	机械	扬州柴油机厂
126	多层共挤流涎膜生产线	引进三层共挤流涎膜生产线，年新增产值9300万元	5752.8	288	奥地利政府贷款	1994～1996	轻工	扬州塑料厂
127	引进4万门市话扩容设备	引进4万门市话扩容设备	36509.21	496	比利时政府贷款	1994～1995	邮电通信	南京电信局
128	新建10万吨/天水厂	新建10万吨/天水厂	72275.55	304.9	比利时政府贷款	1994～1996	自来水	南京六合第二水厂
129	金属化薄膜叠片电容器技术改造	金属化薄膜叠片电容器技术改造	29128.89	279.8	意大利政府贷款	1998～1999	电子	南京市电子局
130	颗粒膨化饲料技改项目	颗粒膨化饲料技改项目	1981.47	75.6	意大利政府贷款	1989～1991	其他农林水	南京预混合饲料厂
131	江宁水厂一期工程	工程总规模为日供水30万吨，其中一期工程规模为日供水15万吨	232775.37	700	意大利政府贷款	1996～2001	自来水	南京江宁长江供水有限公司
132	引进60台剑杆织机和生产工艺	引进60台剑杆织机和生产工艺	4329.91	480	意大利政府贷款	1994～1995	纺织	连云港市纺织厂
133	姜堰太平洋布厂引进剑杆织机	引进剑杆织机28台	1623.47	165	意大利政府贷款	1995～1995	机械	姜堰太平洋布厂
134	江苏天伦染织实业公司引进设备[靖江]	引进设备	4187.7	450	意大利政府贷款	1994～1995	纺织	江苏天伦染织实业公司
135	引进针织生产设备	引进针织生产设备	21152.5	202	西班牙政府贷款	1995～2000	机电轻纺	南京天鹅绒针织厂
136	建设城北水厂一期工程	新建城北水厂一期工程，日供水能力25万吨	312652.8	704	西班牙政府贷款	1997～1999	自来水	南京市自来水总公司
137	引进瓷质墙地砖生产线和生产工艺（一期）	引进瓷质墙地砖生产线和生产工艺（一期）	3761.79	502	西班牙政府贷款	1989～1992	建材	连云港市建筑陶瓷厂
138	瓷质墙地砖生产线技术改造（二期）	瓷质墙地砖生产线技术改造（二期）	3392.05	280	西班牙政府贷款	1996～1998	建材	连云港市建筑陶瓷厂
139	引进专用挂车技术和设备	引进专用挂车技术和设备	2089.65	480	西班牙政府贷款	1988～1992	机械	江苏东堡集团股份公司
140	淮安市第二人民医院利用西班牙贷款引进医疗设备	引进1000MA数字化胃肠机等医疗设备140台套	4713.9	499	西班牙政府贷款	2003～2004	卫生	淮安市第二人民医院
141	阜宁县东沟镇向阳农场有机蔬菜	引进蔬菜生产设备	3308	280	西班牙政府贷款	2002～2003	其他农林水	盐城富奇食品公司

1991～2005年江苏省国外贷款项目

序号	项目名称	建设规模及内容	总投资（万元）	贷款签约额（万美元）	资金来源	建设起止年限	所属行业	项目单位
142	新型汽缸体铸件	总投资8088万美元，其中注册资本3700万美元，中外方各占50%，主要经营生产汽车缸体铸件	66806.88	578	西班牙政府贷款	1999～2002	机械	华东泰克西汽车铸造有限公司
143	污水处理	总规模日处理污水10万立方米，一期3万	8891.7	476.8	西班牙政府贷款	1996～2000	城市污水处理	泰兴市污水处理厂
144	宿迁市人民医院利用西班牙政府贷款引进医疗设备	利用490万美元引进医疗设备	59009.44	499	西班牙政府贷款	2001～2005	卫生	宿迁市人民医院
145	引进3万门市话扩容设备	引进3万门市话扩容设备	50312.08	770	瑞典政府贷款	1991～1993	邮电通信	南京电信局
146	引进数字程控交换机	引进数字程控交换机	10038.08	260.2	瑞典政府贷款	1991～1991	邮电通信	常熟邮电局
147	引进数字程控电话交换系统项目	引进数字程控电话交换系统项目	13930.8	250	瑞典政府贷款	1991～1992	邮电通信	张家港邮电局
148	引进数字程控交换机	引进数字程控交换机	5219.24	966	瑞典政府贷款	1991～1992	邮电通信	吴江邮电局
149	引进瑞典AXE–10程控交换机工程	引进瑞典AXE–10程控交换机工程	8788	1169.8	瑞典政府贷款	1991～1993	邮电通信	太仓邮电局
150	张家港市引进AXE–10程控交换机	引进AXE–10程控交换机	11726	260.5	瑞典政府贷款	1992～1992	邮电通信	张家港邮电局
151	利用瑞贷余额引进AXE–10程控交换机	利用瑞贷余额引进AXE–10程控交换机	7845.76	157.8	瑞典政府贷款	1992～1993	邮电通信	太仓邮电局
152	引进6.1万门AXE–10程控交换机	引进6.1万门AXE–10程控交换机	9898.2	705.8	瑞典政府贷款	1994～1995	邮电通信	连云港市邮电局
153	引进9000门AXE–10程控交换机	引进9000门AXE–10程控交换机	836.81	94.8	瑞典政府贷款	1992～1992	邮电通信	连云港市邮电局
154	引进程控交换机设备	引进程控交换机设备	1311	129.7	瑞典政府贷款	1993～1993	邮电通信	连云港市邮电局
155	引进瑞典爱立信AXE–10程控交换机（市局）	引进瑞典爱立信AXE–10程控交换机（市局）	17485.92	521.4	瑞典政府贷款	1990～1992	邮电通信	盐城邮电局
156	引进瑞典爱立信公司AXE–10型程控交换机	引进瑞典爱立信公司AXE–10型程控交换机	4113.15	86.5	瑞典政府贷款	1996～1997	邮电通信	东台市邮电局
157	盐城市城东水厂	盐城市城东水厂	139594	490	瑞典政府贷款	1998～2001	市政建设	盐城市自来水公司
158	程控电话扩容	AXE–10 2000门	319.8	26	瑞典政府贷款	1992～1993	邮电通信	仪征邮电局
159	程控电话扩容	AXE–10 6000门	1861.2	78	瑞典政府贷款	1994	邮电通信	仪征市邮电局
160	程控电话扩容	AXE–10 16000门	1903.5	160	瑞典政府贷款	1995～1996	邮电通信	仪征市邮电局
161	镇江（丹阳）邮电局引进瑞典程控设备	程控交换机8000门，长途自动350条	1229.98	165	瑞典政府贷款	1990～1991	邮电通信	丹阳市邮电局
162	宿迁市电信局利用瑞典政府混合贷款引进程控数字交换设备	利用125.2万美元引进程控数字交换设备	799.84	125.2	瑞典政府贷款	1990～1993	邮电通信	宿迁市电信局

1991～2005年江苏省国外贷款项目

序号	项目名称	建设规模及内容	总投资（万元）	贷款签约额（万美元）	资金来源	建设起止年限	所属行业	项目单位
163	南通市洪港水厂	10吨/日	91709.78	3486.8	挪威政府贷款	1994～1999	自来水	南通市自来水公司
164	引进1.6万门市话800线长话程控交换机	引进1.6万门市话800线长话程控交换机	2259.92	424	挪威政府贷款	1992～1992	邮电通信	连云港市邮电局
165	引进PVC石英地砖生产技术设备项目	引进彩色PVC石英地砖生产技术设备，生产各种规格的彩色石英地砖78万平方米	1820	208	挪威政府贷款	1991～1992	建筑	高邮市第二化工厂
166	引进处理钛白粉生产中产生的废酸浓缩装置	引进处理钛白粉生产中产生的废酸浓缩装置	17898.14	323	芬兰政府贷款	1992～1994	化工	南京油脂化工厂
167	泰州造纸厂引进木材纤维制造技术	每年形成漂白麦草浆2000吨，胶印纸2500吨，回收烧碱4160吨	7958.8	250	芬兰政府贷款	1989～1992	轻工	泰州造纸厂
168	淮安市四季青污水处理厂	淮安市四季青污水处理厂二期工程6.5万吨/日	8260	400	丹麦政府贷款	1999～2001	自来水	淮安市自来水公司淮安市财政局
169	引进程控交换机设备	引进程控交换机设备	143.48	28.3	加拿大政府贷款	1990	邮电通信	连云港市公安局
170	连云港市新海污水处理工程	日处理10万吨污水装置和配套工程	8862.07	350	加拿大政府贷款	1998～2001	城市污水处理	连云港市建设局
171	响水盐化工总厂万吨氯化钠技改工程	响水盐化工总厂万吨氯化钠技改工程	34371	498	加拿大政府贷款	1993～1995	化工	响水县盐化工总厂
172	引进食用精炼油技术及设备	引进食用精炼油技术及设备	2513.7	90	加拿大政府贷款	1990～1991	轻工	国营射阳油脂化学厂
173	金西水厂一期工程	总规模为日供水30万立方米，分期建设，一期取水泵站30万立方米/日，净水厂10万立方米/日	11502.14	532	加拿大政府贷款	1992～1996	自来水	镇江市自来水公司
174	扬州市新建第四水厂	日供水10万立方米	5330	545	澳大利亚政府贷款	1992～1994	自来水	扬州市自来水公司
175	镇江路面机械制造总厂使用澳大利亚政府贷款	稳定土搅拌设备15台/年，稳定土搅拌设备制造专有技术引进	1678.04	250	澳大利亚政府贷款	1991～1993	机械	镇江路面机械制造总厂
176	引进大型影像设备	引进大型影像设备	8461	106	以色列政府贷款	1995～1998	卫生	南京市鼓楼医院
177	南京江宁人民医院进口医疗设备	进口医疗设备	17961.09	260	以色列政府贷款	2002	卫生	南京江宁人民医院
178	实验室监护设备、CCU监护设备各一套	实验室监护设备、CCU监护设备各一套	312.51	36.9	以色列政府贷款	1994～1999	卫生	江苏大学附属医院
179	太湖流域污染防治资金——吴江东风化工厂	太湖流域污染防治资金——吴江东风化工厂	4295.2	18.1	国际融资租赁	1998～1999	化工	吴江东风化工厂
180	苏州东方水泥成品有限公司	引进水泥设备	8460	100	国际融资租赁	1994～2004	建筑	苏州东方水泥成品有限公司
181	150万平方米/年化纤簇绒地毯	150万平方米/年化纤簇绒地毯	5802.86	283	国际融资租赁	1987～1991	轻工	射阳化工总厂
182	太仓液化石油气储库项目	液化石油气储库项目	25337.7	750	境外银行贷款	1995～1997	能源	苏州园区华能

1991～2005年江苏省国外贷款项目

序号	项目名称	建设规模及内容	总投资（万元）	贷款签约额（万美元）	资金来源	建设起止年限	所属行业	项目单位
183	调峰柴油机发电厂	调峰柴油机发电厂建设	10260	1000	境外银行贷款	1993～1995	电力	昆山
184	码头建设工程	码头建设工程	25380	1620	境外银行贷款	1995	港口	常熟兴华长江发展公司
185	苏州金山水泥有限公司	苏州金山水泥有限公司	25380	750	境外银行贷款	1995～1997	原材料	苏州金山水泥有限公司
186	东吴水泥生料有限公司	东吴水泥生料有限公司	25380	750	境外银行贷款	1995～1997	原材料	东吴水泥生料有限公司
187	苏州灵岩水泥熟料有限公司	苏州灵岩水泥熟料有限公司	25380	750	境外银行贷款	1995～2000	原材料	苏州灵岩水泥熟料有限公司
188	苏州天平电力有限公司	苏州天平电力有限公司	25380	750	境外银行贷款	1995～2003	原材料	苏州天平电力有限公司
189	10万吨PVC树脂、2万吨PVC薄膜	10万吨PVC树脂、2万吨PVC薄膜	73761.8	5830	境外银行贷款	1998～1999	化工	苏州华苏有限公司
190	建立合资苏州金宣商品混凝土有限公司	建立合资苏州金宣商品混凝土有限公司	16920	94	境外银行贷款	1994～1995	建筑	建立合资苏州金宣商品混凝土有限公司
191	罗马瓷砖引进技术设备	引进技术设备	24957	1138.4	境外银行贷款	1994～1995	其他原材料	罗马瓷砖有限公司
192	苏州惠普塑料建材有限公司	厂房建设、购置生产设备、土地	1425	200	境外银行贷款	1993～2004	其他原材料	苏州惠普塑料建材有限公司
193	新世纪大厦	新世纪大厦建设	6840	750	境外银行贷款	1993～1995	其他原材料	苏州长河房地产公司
194	江苏和诚建材有限公司	厂房建设、购置生产设备、土地	17100	328.4	境外银行贷款	1993～2004	其他原材料	江苏和诚建材有限公司
195	新建苏州爱斯克梯级有限公司	新建苏州爱斯克梯级有限公司	7783.2	460	境外银行贷款	1994～1995	机械	苏州爱斯克梯级有限公司
196	苏州万旭电子元件有限公司购原材料	苏州万旭电子元件有限公司购原材料	2707.2	40	境外银行贷款	1994～2004	电子	苏州万旭电子元件有限公司
197	香雪海电器公司与韩国三星合资	香雪海电器公司与韩国三星合资	86368.14	7900	境外银行贷款	1995～2000	电子	苏州三星电子公司
198	生产光学用玻璃及相关产品	生产光学用玻璃及相关产品	2368.8	280	境外银行贷款	1994～1995	轻工	常熟京浜光学制品公司
199	购设备原材料	购设备原材料	1751.22	25	境外银行贷款	1995～1998	轻工	苏州宝富塑料公司
200	大和针织服装	大和针织服装	8460	160	境外银行贷款	1994～2004	纺织	大和针织服装
201	中外合作经营大旺丝绸	中外合作经营大旺丝绸	12690	25	境外银行贷款	1995～2007	纺织	苏州大旺丝绸公司
202	柴油调峰发电机组	柴油调峰发电机组	53407.98	204.7	境外银行贷款	1994～1996	教育	昆山扬子能源公司
203	苏州吴宫大酒店	苏州吴宫大酒店建设	78379.92	2000	境外银行贷款	1996～1998	旅游业	苏州吴宫大酒店

1991～2005年江苏省国外贷款项目

序号	项目名称	建设规模及内容	总投资（万元）	贷款签约额（万美元）	资金来源	建设起止年限	所属行业	项目单位
204	苏州太湖国家旅游度假区太贵都酒店	太贵都酒店	13573.55	1000	境外银行贷款	1996～1998	旅游业	苏州林甲岩房产发展有限公司
205	建造苏州五洲大饭店	建造苏州五洲大饭店	28764	130	境外银行贷款	1994～1996	其他	五洲房产公司
206	苏州石路国际商城	苏州石路国际商城	102600	596	境外银行贷款	1993～1995	其他	苏州石路国际商城
207	厂房建设、购置生产设备、土地	厂房建设、购置生产设备、土地	175122	2500	境外银行贷款	1995～1996	其他	苏州碧迪医疗公司
208	苏州中展房地产开发有限公司	苏州中展房地产开发有限公司	6167.34	486	境外银行贷款	1995～2003	其他	苏州中展房地产开发有限公司
209	苏州中辉房地产开发有限公司	苏州中辉房地产开发有限公司	6852.6	540	境外银行贷款	1995～2003	其他	苏州中辉房地产开发有限公司
210	苏州鹰汉房地产开发有限公司	苏州鹰汉房地产开发有限公司	12157.02	958	境外银行贷款	1995～2003	其他	苏州鹰汉房地产开发有限公司
211	祯祥苏州食品有限公司	祯祥苏州食品有限公司	5076	300	境外银行贷款	1995～1996	其他	祯祥苏州食品有限公司
212	苏州南兴研磨材	苏州南兴研磨材	26682.84	190	境外银行贷款	1995～1997	其他	苏州南兴研磨公司
213	苏州泰隆房地产开发有限公司	苏州泰隆房地产开发有限公司	11065.68	872	境外银行贷款	1995～2003	其他	苏州泰隆房地产开发有限公司
214	金属涂装印刷	金属涂装印刷	930.6	26.2	境外银行贷款	1995	其他	常熟吉本公司
215	礼来苏州制药有限公司	礼来苏州制药有限公司	23268	2000	境外银行贷款	1996～1998	医药	礼来苏州制药有限公司
216	氨纶二期工程扩建	增加年产500吨氨纶丝	6270	920	境外银行贷款	1993～1995	纺织	连云港钟山氨纶有限公司
217	扬州威亨热电有限公司	装机容量为24万千瓦，年发电时间不低于6000小时，供热能力每小时80吨	20304	1280	境外银行贷款	1994～1996	能源	扬州威亨热电有限公司
218	程控电话交换设备	扩建市内程控电话7000门	1254	120	境外银行贷款	1993～1994	邮电通信	江都市邮电局
219	柴油机总装线、精加工	引进设备	8310	1000	境外银行贷款	1996～1997	机械	扬州扬子江发动机有限公司
220	扬州食品制造厂合资（大扬）中方股本金	年新增产值10500万元人民币	17100	200	境外银行贷款	1993～1994	轻工	扬州食品制造总厂
221	引进设备	引进设备、技改	5484.6	330	境外银行贷款	1996～1997	轻工	江苏大和制罐有限公司
222	邗江四方皮革厂合资配套资金	新增产值3393万元	1066	70	境外银行贷款	1992～1993	轻工	邗江四方皮革厂
223	南绕城公路建设	扬州南绕城公路建设	58170	2600	境外银行贷款	1996～1998	城市交通	扬州威通威桥建设投资开发有限公司
224	新型汽缸体铸件	总投资8088万美元，其中注册资本3700万美元，中外方各占50%主要经营生产汽车缸体铸件	66806.88	2570	境外银行贷款	1999～2002	机械	华东泰克西汽车铸造有限公司

1991～2005年江苏省国外贷款项目

序号	项目名称	建设规模及内容	总投资（万元）	贷款签约额（万美元）	资金来源	建设起止年限	所属行业	项目单位
225	江苏金东纸业有限公司	建成规模为年产120万吨高级铜版纸，包括2台纸机及2台涂布机生产线，以及配套码头	681195.6	53837	境外银行贷款	1997～2001	轻工	金东纸业（江苏）有限公司
226	CL11、CL21有机薄膜电容器出口	CL11、CL21有机薄膜电容器出口	22356	126	国际商业贷款	1997～1998	电子	南京容光达电子（集团）有限责任公司
227	年产160万只彩管生产设备	年产160万只彩管生产设备	268101.29	10083	国际商业贷款	1988～1991	电子	华飞彩色显示系统有限公司
228	合作经营酒店建设	合作经营酒店建设	7458.65	100	国际商业贷款	1987～1991	其他行业	南京市状元楼酒店
229	合作经营饭店建设	合作经营饭店建设	80978.21	1275	国际商业贷款	1989～1993	其他行业	南京市古南都饭店
230	南京状元楼酒店二期扩建工程	二期扩建工程	119700	1000	国际商业贷款	1993～1996	旅游业	南京状元楼酒店
231	徐州市机场筹建观音机场建设	4D级机场跑道3400米	71673.75	950	国际商业贷款	1996～1997	民航	徐州市观音机场
232	徐州毛纺厂开发高支薄型呢绒引进关键设备	技术改造引进毛纺设备，实际投资3174.13万人民币(含336.5万美元)	2846.79	336.5	国际商业贷款	1994～1995	纺织	徐州毛纺厂
233	苏州金猫水泥有限公司	引进设备	24780	597.6	国际商业贷款	1999～1999	原材料	苏州金猫水泥有限公司
234	迈大食品工业(苏州)有限公司	厂房建设、购置生产设备、土地	21150	260	国际商业贷款	1995～1998	其他原材料	迈大食品工业(苏州)有限公司
235	迁厂扩产解决污染	迁厂扩产解决污染	9753.53	50	国际商业贷款	1995～1997	机械	苏州平江起重机械厂
236	10万吨铜版纸项目	10万吨铜版纸项目	656949.15	26675	国际商业贷款	1992～1996	轻工	苏州紫兴纸业有限公司
237	流动资金——苏州中宝公司	流动资金	296.1	35	国际商业贷款	1995～2005	轻工	苏州中宝公司
238	生产销售涤纶细旦异形长丝	生产销售涤纶细旦异形长丝	131480.44	1700	国际商业贷款	1992～1993	纺织	吴江神鹰公司
239	年产生1000吨锦纶6细旦厂丝技改	年产生1000吨锦纶6细旦厂丝技改	16929	497.3	国际商业贷款	1993～1995	纺织	苏州振亚丝织厂
240	苏州三阳高尔夫球场	三阳高尔夫球场	17100	200	国际商业贷款	1993～2003	旅游	苏州三阳高尔夫球场
241	合资经营发光二极管，数字显示器	合资经营发光二极管6000万只，数字显示器2000万只，合资年限10年，产品75%以上外销国外市场	598	110	国际商业贷款	1991～1991	电子	丹徒县工业供销公司
242	江苏江山制药有限公司增资扩产3000吨VC	年产千吨VC	16644	1740	国际商业贷款	1993～1996	化工	江苏江山制药有限公司
243	连云港田湾核电站	利用国际商业贷款引进设备	2643200	183200	国际商业贷款	1999～2005	能源	江苏核电有限公司
244	引进设备	引进喷水织机60台套等，改建厂房	4653	233	出口信贷贷款	1994～1995	纺织	仪征布厂

1991～2005年浙江省国外贷款项目

序号	项目名称	建设规模及内容	总投资（万元）	贷款签约额（万美元）	资金来源	建设起止年限	所属行业	项目单位
1	浙江省杭甬高速公路项目	杭州至宁波高速公路145公里	381216	22000	世界银行贷款	1992～1995	交通	浙江沪杭甬高速公路股份有限公司
2	浙江城市开发项目	新建日供水杭州30万吨、宁波20万吨、温州10万吨，绍兴新区土地开发2.07平方公里	126253	11000	世界银行贷款	1993～1997	城建	杭州、宁波、温州、绍兴市政府
3	浙江天荒坪抽水蓄能电站	装机6×30万千瓦	353770	30000	世界银行贷款	1993～1998	电力	华东天荒坪抽水蓄能有限责任公司
4	浙江省红壤二期农业综合开发项目	金华、衢周、湖州等14个县市、29条小流域、9665公顷红壤综合开发治理	33182	2500	世界银行贷款	1994～1998	农业	浙江省农业厅红壤开发项目办公室和14个市县政府
5	浙江省森林资源发展和保护项目	松阳、开花等15个县集约经营人工林3.5万公顷	14299	986	世界银行贷款	1994～1998	林业	浙江省林业厅世行贷款项目办公室和15个市县政府
6	浙江电力发展项目（北仑电厂Ⅱ期）	3×60万千瓦燃煤发电机组及杭州、宁波城市电网改造	1376000	55000	世界银行贷款	1995～1999	电力	浙江省电力公司
7	上海至杭州高速公路（浙江段）	高速公路浙江段103公里	343400	20000	世界银行贷款	1996～1998	交通	浙江沪杭甬高速公路股份有限公司
8	浙江省杭嘉湖内河航道网改造项目	改造航道181公里，新建码头泊位49个	93521	4000	世界银行贷款	1996～1999	交通	杭州、嘉兴、湖州市政府，浙江省交通厅航管局
9	中国种子商业化浙江省项目	在诸暨、武义、遂昌各建1条种子加工线，在萧山建1条蔬菜加工线，引进种子检测仪器	8684	495	世界银行贷款	1998～2000	农业	浙江省种子公司
10	浙江省集装箱多式联运项目	杭州、湖州、萧山集装箱多式联运	17000	1081	世界银行贷款	1999～2001	交通	杭、湖、萧山三市政府
11	浙江桐柏抽水蓄能电站	4台30万千瓦抽水蓄能机组	420000	32000	世界银行贷款	2001～2008	电力	华东桐柏抽水蓄能发电有限责任公司
12	浙江省城建环保项目	杭州第二垃圾填埋场垃圾、绍兴市城市基础设施改造、宁波市江东南区污水处理厂、宁波市东钱湖环境综合整治、宁波市镇海污水处理厂、宁波市江北区慈城镇环境整治	253856	13321	世界银行贷款	2004～2010	城建	杭州、宁波、绍兴市政府，浙江省建设厅城市开发项目办公室
13	浙江省新能源发展小水电项目	文成、安吉、东阳、磐安、常山、江山、天台、仙居、莲都、松阳等10个县（市、区）的18个子项。新增装机67760千瓦，淘汰报废老旧机组40250千瓦	26719	1933	世界银行贷款	2005～2008	水利	浙江省水电开发管理中心，10个县市区的有关公司
14	浙江珊溪水利枢纽工程	水库最大坝高133.2米、总库容18.17亿立方米、装机20万千瓦	434750	10000	亚洲开发银行贷款	1998～2001	水利	浙江珊溪经济发展有限责任公司
15	杭州等六县市引进六万门程控交换机项目	杭州、萧山、余杭、绍兴、富阳、温州等扩装市话交换机设备6万门，长途交换设备2800路端	22565	2188	日本政府日元贷款	1991～1993	通信	浙江省电信公司
16	浙江省经济信息中心信息系统建设	经济信息系统化业务建设	5518	635	日本政府日元贷款	1995～1996	信息	浙江省经济信息中心
17	浙江省杭金衢高速公路	杭州至衢州高速公路236公里	703913	25000	日本政府日元贷款	1999～2002	交通	浙江杭金衢高速公路有限公司
18	杭州七格污水处理厂工程	日处理污水30万吨二级污水处理厂1座，进厂污水总管长25公里及排江管	69500	3718	日本政府日元贷款	2000～2002	环保	杭州市七格污水处理厂工程建设指挥部

1991～2005年浙江省国外贷款项目

序号	项目名称	建设规模及内容	总投资（万元）	贷款签约额（万美元）	资金来源	建设起止年限	所属行业	项目单位
19	嘉兴市污水处理工程	日处理污水30万吨污水处理厂1座，包括污水收集、泵站、排海工程及监控系统等	93304	2000	日本政府日元贷款	2000～2002	环保	嘉兴市联合污水处理有限责任公司
20	绍兴市污水处理二期工程	日处理污水30万吨污水处理厂1座，包括市区污水管道14.68公里	65156	3000	日本政府日元贷款	2000～2002	环保	绍兴县环境保护发展有限公司
21	杭州幸福丝织厂技改项目	引进剑杆织机20台及配套设备	1256	223	日本黑字还流贷款	1991～1992	纺织	杭州天成幸福工贸公司
22	杭州云裳丝织厂技改项目	引进片梭织机20台及配套设备	934	227	日本黑字还流贷款	1991～1992	纺织	杭州丝织总厂
23	绍兴花边总厂引进电脑飞梭刺绣机项目	引进电脑飞梭刺绣机6台及配套设备	3097	412	日本黑字还流贷款	1992～1993	纺织	绍兴市花边总厂
24	余杭临平绸厂引进片梭织机项目	引进片梭织机28台及配套设备	2962	490	日本黑字还流贷款	1992～1993	纺织	余杭市临平绸厂
25	浙江东海轴承集团新昌轴承厂技改项目	引进设备，年新产轴承180万台套	2426	239	日本黑字还流贷款	1994～1995	机械	浙江东海轴承集团公司新昌轴承厂
26	杭州华立集团公司引进覆铜箔层压板项目	年产覆铜箔层压板50万张	2900	300	日本黑字还流贷款	1995～1996	机械	杭州华立集团公司
27	杭州萧山国际机场有限公司	飞行区等级指标为4E级，建一条3600米长的跑道，航站楼面积8万平方米，年旅客吞吐量800万人次、年货运量8.6万吨	264280	8000	日本政府不附带条件贷款	1998～2000	交通	杭州萧山国际机场有限公司
28	浙江苍南风力发电场工程项目	引进15台600千瓦的风力发电机组	10407	722	德国政府贷款	1997～1999	能源	浙江省风力发电有限责任公司
29	浙江电力公司半山电厂脱硫项目	电厂脱硫工程引进设备	49013	2556	德国政府贷款	1998～2000	电力	浙江省电力公司
30	富阳市八一污水处理厂工程	日处理污水15万吨的处理厂1座、污水收集管网12.53公里及其他配套设施	23698	800	德国政府贷款	2002～2006	环保	富阳市八一污水处理厂
31	金华等六市引进程控电话交换机	金华、台州、舟山、衢州、江山、椒江等六市引进程控电话交换机35000门	7772	1333	西班牙政府贷款	1991～1993	通信	浙江省电信公司
32	浙江瑞安市江北水厂一期项目	日供水8万吨的自来水厂1座	17878	480	西班牙政府贷款	1997～1999	城建	瑞安市江北水厂
33	湖州金绫股份有限公司引进剑杆织机项目	引进剑杆织机20台及配套设备	2980	219	意大利政府贷款	1993～1994	纺织	浙江金绫股份有限公司
34	嵊州棉麻纺织厂苎麻深加工二期工程	引进剑杆织机48台及配套设备	3027	290	意大利政府贷款	1994～1995	纺织	嵊州市棉麻纺织印染总厂
35	诸暨市绸厂引进剑杆织机项目	引进剑杆织机38台及配套设备	3086	260	意大利政府贷款	1994～1995	纺织	诸暨市绸厂
36	浙江金陵股份有限公司引进剑杆织机	引进剑杆织机20台及配套设备	2405	220	意大利政府贷款	1995～1996	纺织	浙江金陵股份有限公司
37	舟山轻纺工贸总公司剑杆织机技改项目	引进剑杆织机70台及配套设备	4500	490	意大利政府贷款	1995～1996	纺织	浙江弘生实业有限公司

1991～2005年浙江省国外贷款项目

序号	项目名称	建设规模及内容	总投资（万元）	贷款签约额（万美元）	资金来源	建设起止年限	所属行业	项目单位
38	杭州市钱江水厂项目	日供水能力10万吨，配套按日供水15万吨设计	8490	450	奥地利政府贷款	1992～1994	城建	杭州市自来水总公司
39	浙江丽水市玉溪水利枢纽工程	装机容量2×2万千瓦	22700	1500	奥地利政府贷款	1994～1997	水利	丽水玉溪水利枢纽有限公司
40	湖州市城市公共消防设施项目	指挥中心、特种消防站和织里、南浔、菱湖消防站，引进消防车辆等器材	5469	270	奥地利政府贷款	2001～2003	消防	湖州市公安局消防支队
41	武义县第一人民医院引进医疗设备	引进螺旋CT、数字化血管造影仪、拍片机、X光机、实时四维彩色超声仪等医疗设备	2381	260	奥地利政府贷款	2004～2005	卫生	武义县第一人民医院
42	黄岩污水处理工程公司城市污水处理工程	日处理污水8万立方米	16800	480	荷兰政府贷款	1998～2000	环保	黄岩污水处理有限公司
43	余杭临平化学纤维厂丙纶牛津布生产线	引进剑杆织机和涂层生产设备	3670	496	比利时政府贷款	1992～1993	纺织	余杭临平化学纤维厂
44	浙西南地区引进S–1240程控交换机	引进S–240LS91216门、RSU互端2440门、十三端6344门、T4620门	11500	1600	比利时政府贷款	1993～1995	通信	浙江省电信公司
45	浙江长途光缆传输工程	引进长途光缆传输2145公里	9584	1580	芬兰政府贷款	1992～1994	通信	浙江省电信公司
46	湖州市自来水公司利用芬兰政府贷款改扩建城西水厂	城西水厂改造4万吨/日、扩建4万吨/日，达到8万吨/日	2878	250	芬兰政府贷款	1993～1995	城建	湖州市自来水公司
47	金华文荣医院（金华儿童医院）引进设备	引进开放式MRI、CT、DSA、X线机、ICU设备、麻醉剂、监护仪、超声影像系统、手术灯设备等设备	4140	499	芬兰政府贷款	2001～2003	卫生	金华文荣医院
48	萧山污水处理厂	日处理污水12万吨的处理厂1座	16006	470	挪威政府贷款	1997～1999	环保	萧山排水管理处
49	富阳第二自来水厂	日供水10万吨的自来水厂1座	9085	400	瑞典政府贷款	1994～1996	城建	富阳自来水总厂
50	浙江邮电引进二级光数据传输干线网设备工程	引进二级光数据传输干线网设备	13440	1000	瑞典政府贷款	1995～1997	通信	浙江省电信公司
51	杭州市“八五”供水应急工程	南星水厂扩建、祥符水厂改造、情泰赤山水厂配套管网改造，新增供水9.5万吨/日	5956	480	加拿大政府贷款	1993～1995	城建	杭州市自来水总公司
52	浙江电力公司浙南微波工程	引进PCM2GC/540微波设备33个站，程控交换设备2套，地区电网综合自动化设备1套	3798	446	加拿大政府贷款	1993～1995	电力	浙江省电力局
53	杭州运河截污处理工程污水提升泵站项目	杭州运河截污处理工程沿线的8座污水提升泵站	4596	353	加拿大政府贷款	1995～1997	城建	杭州市城乡建设委员会
54	杭州新华造纸厂滤纸纸机技术改造	年产滤纸2000吨，其中新增汽车滤纸1000吨	2998	460	境外银行贷款	1993～1994	轻工	杭州新华造纸厂
55	海宁富顺昌袜厂引进袜机100名	引进袜机100台及配套设备，年产袜子600万双	2957	300	境外银行贷款	1994～1995	纺织	海宁富顺昌袜厂
56	湖州纺织服装企业集团公司引进喷水织机	引进喷水织机200台及配套设备	2998	488	境外银行贷款	1994～1995	纺织	湖州纺织服装企业集团公司

1991～2005年浙江省国外贷款项目

序号	项目名称	建设规模及内容	总投资（万元）	贷款签约额（万美元）	资金来源	建设起止年限	所属行业	项目单位
57	湖州丝绸厂引进联合扦浆机项目	引进联合扦浆机38台（套）	1654	180	境外银行贷款	1994～1995	纺织	湖州丝绸厂
58	金华、舟山等18个县市引进程控交换机	金华、舟山等18个县市扩装市话交换设备50万门、长途交换设备50500路端	16418	1978	境外银行贷款	1994～1995	通信	浙江省电信公司
59	绍兴红光绸厂引进喷水织机	引进喷水织机100台及配套设备	2900	407	境外银行贷款	1994～1995	纺织	绍兴红光绸厂
60	新昌丝绸服装总厂引进缝纫设备	引进缝纫设备，年产丝绸服装105万件	997	99	境外银行贷款	1994～1995	纺织	新昌丝绸服装总厂
61	浙江三变集团新型节能变压器	年新增农用新型节能变压器80万千伏安	1476	150	境外银行贷款	1994～1995	机械	浙江三变集团有限公司
62	绍兴瓷砖厂引进瓷砖生产设备	引进瓷砖生产设备，年产瓷砖100万平方米	2992	462	境外银行贷款	1994～1996	建材	绍兴瓷砖厂
63	杭州华欧锦纶有限公司引进锦纶生产线	引进年产2800吨锦纶FDY生产线2条	16523	1700	境外银行贷款	1996～1997	纺织	杭州华欧锦纶有限公司
64	浙江世界贸易中心	宾馆、写字楼、展览厅等	65000	700	境外银行贷款	1996～1998	旅游	浙江世界贸易中心
65	浙江秦山核电二期工程	建设2×60万千瓦压水堆机组	1421500	38540	境外银行贷款	1996～2000	电力	浙江秦山核电联营有限公司
66	浙江秦山核电三期工程	建设2×70万千瓦重水堆核电机组	2390400	267900	境外银行贷款	1996～2005	电力	浙江秦山第三核电有限公司

1991～2005年宁波市国外贷款项目

序号	项目名称	建设规模及内容	总投资（万元）	贷款签约额（万美元）	资金来源	建设起止年限	所属行业	项目单位
1	北仑电厂一期	2台60万千瓦机组	550000	39000	世界银行贷款	1988～1994	电力	北仑电厂
2	北仑港二期	建设深水泊，年吞吐量350万吨	38900	3000	世界银行贷款		交通	北仑港务局
3	北仑电厂二期	3台60万千瓦机组	932780	55000	世界银行贷款	1996～2000	电力	北仑电厂
4	杭甬高速公路	145公里	381200	22000	世界银行贷款		交通	杭州湾高速公路指挥部
5	年产粉磨60万吨水泥熟料	年产粉磨水泥熟料60万吨，年产525#普硅酸水泥69万吨	14582	800	世界银行贷款	1993～1995	建筑	宁波北仑水泥厂
6	污水截流及其他基础设施改造项目	改造人民路、解放路、药行街、百丈街等四条街道的供水管道、排水管道及桥涵二处	35207	1526	世界银行贷款	1993～1998	城市交通	宁波市城市基础设施开发办公室
7	宁波市城市供水	引水25万吨/日，建设肖镇、北渡、江东泵站、肖镇—江东1600，江东—梅虚1200管道	26123	2121	世界银行贷款	1993～1997	自来水	宁波市供水办公室
8	宁波住房和社会保障制度改革	20年还贷通过出租、出售住房回收资金扣除还本付息后继续投入建设。预计建筑面积280万平方米	56243	5000	世界银行贷款	1993～2002	其他市政建设	世行住房和社会保障贷款办公室
9	江东南区污水处理厂及配套管网工程	43公里管道，4个提升泵站建设，包括能力为160000立方米/天污水厂（二级处理）一个	35092	4215	世界银行贷款	2003～2008	城建	宁波市排水公司
10	镇海区污水处理厂及配套管网工程	镇海污水干管基础设施（44公里管道，6个提升泵站）建设，包括开始能力为30000立方米/天污水厂（二级处理）一个，处理后排海	21510	1302	世界银行贷款	2003～2008	城建	镇海排水公司
11	宁波市东钱湖环境整治工程	建设环湖污水截流主干管55公里，污水输送管道12.5公里、9个泵站，建设沿湖四级公路33公里	34806	1641	世界银行贷款	2003～2008	城建	宁波市东钱湖开发投资公司
12	江北区慈城镇环境整治工程	建设城区污水管网12.2公里，污水输送管道12.7公里及泵站1座，城市道路18.3公里及护城河桥梁等	27723	800	世界银行贷款	2003～2008	城建	慈城镇政府
13	沿海资源可持续开发项目	水产品综合开发	20000	1285	世界银行贷款	2004～		宁波市财政局
14	宁波市水环境建设项目	50万吨水厂及引水、配水管线。15万吨污水处理厂及收集系统	242000	13000	世界银行贷款	2005～2010	城建	宁波市自来水公司/慈溪市排水公司
15	宁波市程控电话	市话13.4万门及长途电话2500线	23879	1745	澳大利亚政府贷款	1990～1993	邮电通信	宁波市邮电局
16	引进针织染整设备	引进针织染整设备及购买原、辅料	806	200	西班牙政府贷款	1991～1992	纺织	地方国营象山针织厂
17	引进喷气织机	喷气织机60台、浆纱机1台、整经机1台及配套空压机、配件	1708	340	日本黑字还流贷款	1991～1993	纺织	宁波市和丰纺织厂
18	引进肾功能透析器生产设备	预计1996年生产透析器30万只、血路管道30万套、血透机300台	2096	136	德国政府贷款	1995～1996	机电	宁波市江东区经济总公司
19	利用西班牙政府贷款剑杆织机技改项目	引进西班牙剑杆织机、年产各类布188.4米	3284	280	西班牙政府贷款	1997～1998	纺织	宁波镇海棉纺织厂
20	宁波明州医院利用以色列政府贷款项目	引进PET-CT\MRI-核磁共振仪等设备	44600	459	以色列政府贷款	2004～2006	医疗	宁波市明州医院
21	引进两万纱锭及设备	引进两万纱锭及设备，高支无结纱2540吨	2337	150	境外银行贷款	1992～1993	纺织	宁波镇海棉纺织厂

1991～2005年宁波市国外贷款项目

序号	项目名称	建设规模及内容	总投资（万元）	贷款签约额（万美元）	资金来源	建设起止年限	所属行业	项目单位
22	宁波大昌布厂	年产纯棉府绸473万米，涤纶提花布473万米	2970	105	境外银行贷款	1992～1993	纺织	宁波大昌布厂
23	LR6碱锰电池生产项目	LR6碱锰电池生产线一条及国内配套设备和原厂房改造	4985	440	买方信贷	1994～1995	轻工	中银（宁波）电池有限公司
24	慈溪第一棉纺厂	一万纱锭改造、引进清钢联合机一套、自动络筒机二台	1730	40	境外银行贷款	1992～1993	纺织	慈溪第一棉纺厂
25	引进喷气织机技改项目	引进80台喷气织机及配套设备，年产600万米长丝及短纤交织物	5086	295	境外银行贷款	1993～1994	纺织	宁海丝织厂
26	引进生产关键设备	引进史柯达公司生产的SKODAW/250镗床，日产CNT75×300螺杆加工机床和专用车间	1740	250	境外银行贷款	1994～1995	机械	宁波第一塑料机械厂
27	宁波市经济信息系统	市府办主机系统、计委微机局域网、信息中心主机系统、外经贸委双主机系统	1840	240	日本政府日元贷款	1993～1998	信息	宁波市经济信息中心
28	借用意大利贴息贷款引进自动络筒机	引进意大利自动络筒机6台、新增无接头纱3000吨/年	1430	124	意大利贴息贷款	1995～1995	纺织	余姚一棉
29	引进国外板带生产技术改造	年产银铜复合带3000吨、锡磷铜带7000吨	5528	300	境外银行贷款	1994～1995	有色	宁波兴业复合金属有限公司
30	引进水针缠结法不织布设备技改	年产1500吨水针缠结法不织布	2980	190	境外银行贷款	1995～1996	纺织	慈溪迅达化学纤维厂
31	宁波韵声集团股份有限公司引进音乐机芯生产设备	引进机芯生产设备	1260	110	境外银行贷款	1995～1996	机械	宁波韵声集团股份有限公司
32	引进蔟绒绗缝机及配套设备	年产高档纤绗缝被15万件	1260	120	境外银行贷款	1995～1996	纺织	宁波永丰布厂
33	宁海棉纺厂引进络筒机项目	引进意大利自动络筒机10台、新增无接头纱3000吨	2085	210	境外银行贷款	1995～1996	纺织	浙江宁海棉纺厂
34	引进铝板生产线	年产1200吨铝板、引进连铸连轧机组一套，扩建厂房1500平方米	2978	300	境外银行贷款	1995～1996	有色	宁波姚冶集团股份有限公司
35	引进年产12000吨聚酯薄膜双向拉伸生产线	年产12000吨BOPET，建筑面积52400平方米	22972	808	买方信贷	1995～1997	轻工	宁波镇海塑料八厂
36	宁波溪口抽水蓄能电站	装机容量80MW，年发电量126100000kW，年抽水电量172800000kWh	19845	1100	境外银行贷款	1994～1997	电力	宁波市电业局
37	高档针织T恤	年产高档T恤针织品120万件	2487	280	境外银行贷款	1996～1996	纺织	浙江光华纺织集团公司
38	幅照交联热收缩产品	引进3.00MEV加速设备、年产15万套电缆附件，7500万米电线热缩管	9960	480	境外银行贷款	1997～1998	机械	宁波天安集团股份有限公司
39	巨鹰面料生产基地	1000吨中高档面料	2450	200	境外银行贷款	1998～1999	轻工	象山巨鹰集团
40	SPFG五指袜生产线	引进SPFG五指袜生产线	3600	220	境外银行贷款	1997～1999	轻工	宁波富田集团公司
41	注塑机注射部件改造	新增年产200台塑料注射成型机	6500	490	境外银行贷款	1997～1998	机械	宁波海天股份有限公司

1991～2005年安徽省国外贷款项目

序号	项目名称	建设规模及内容	总投资（万元）	贷款签约额（万美元）	资金来源	建设起止年限	所属行业	项目单位
1	国家造林项目	在宣城、池州、黄山3市所辖的宣州、郎溪、广德、泾县、宁国、旌德、绩溪、贵池、青阳、东至、石台、祁门、休宁、黟县、歙县、徽州、黄山17个县（市、区）建设高标准速生丰产用材林9.73万公顷	28355	2401	世界银行贷款	1991～1995	农业	省林业厅
2	谯城区加强灌溉农业项目	农业节水灌溉、除涝	5739	346.21	世界银行贷款	1991～1996	农业	谯城区财政局
3	涡阳县加强灌溉农业项目	农业节水灌溉、除涝	2136	266.99	世界银行贷款	1991～1996	农业	涡阳县外资办
4	蒙城县加强灌溉农业项目	农业灌溉防洪除涝基础设施建设	14125	921.4	世界银行贷款	1991～1996	农业	蒙城县外资办
5	利辛县加强灌溉农业项目	农业灌溉防洪除涝基础设施建设	7106.6	390	世界银行贷款	1991～1996	农业	利辛县外资办
6	加强灌溉农业项目	开发治理中低产田14.2公顷（214万亩）内容：（1）平整土地11.5万公顷；（2）新建乡村道路1410公里；（3）植树2400万株，育苗1350公顷；（4）良种繁育；（5）农技推广；（6）购置农机	69852.86	4458	世界银行贷款	1991～1996	农业	阜阳农业外资办
7	农业灌溉一期	灌溉用设备和土建	12520	607	世界银行贷款	1991～1997	农业	淮南财政局
8	铜陵海螺水泥熟料生产线项目	建设日产4000吨水泥熟料生产线、石灰石矿山专用码头和铁路专用线等配套设施	140000	4000	世界银行贷款	1992～1996	工业	铜陵海螺公司
9	谯城区农村卫生人力开发项目	农村卫生防疫	159.13	19	世界银行贷款	1992～2001	卫生	谯城区卫生局
10	传染病与地方疾病控制项目	传染病与疾病控制工程	349	42.4	世界银行贷款	1992～2014	医疗卫生	铜陵市财政
11	师范教育发展项目	阜阳师范学院、安庆师范学院、芜湖师范、六安师范专科学校、淮南师范专科学校、徽州师范专科学校、滁州师范专科学校、宿州师范专科学校、巢湖师范专科学校、省级教育信息中心、改革课题	1530	266.07	世界银行贷款	1993～1998	教育	省教育厅
12	农村卫生人力发展项目	重点是进行农村卫生人力开发	20115	1428.84	世界银行贷款	1993～2001	卫生	卫生厅
13	粮食流通项目	建设粮库以及配套基础设施			世界银行贷款			
	子项目：庐江县兆河收纳库项目	建设1.8万吨房式仓及改建内河码头	1253	57.26	世界银行贷款	1993～1998	农业	庐江县兆河粮库
	子项目：秃矶山粮食中转码头	扩建5000吨级泊位，新建8000吨级筒裤一座，改建工作塔，建设1万吨级平房仓及配电房	4661.89	265.83	世界银行贷款	1993～2002	农业	芜湖粮油食品储运站
	子项目：南陵县徐镇收纳库	新建1.25万吨房式仓及建设库内道路5000平方米	789.5	36.21	世界银行贷款	1994～1997	农业	南陵县粮食局
	子项目：芜湖线湾池收纳库	新建1万吨房式仓	548	25.17	世界银行贷款	1994～1998	农业	芜湖线湾池大库

1991～2005年安徽省国外贷款项目

序号	项目名称	建设规模及内容	总投资（万元）	贷款签约额（万美元）	资金来源	建设起止年限	所属行业	项目单位
14	清洁生产示范工程	改造两套硫酸生产装置冷却系统，年产硫酸16万吨	950	79	世界银行贷款	1994～1996	工业	马鞍山金星化工（集团）有限公司
15	农村卫生人力资源开发项目	引进医疗设备及部分土建工程	4356	280	世界银行贷款	1994～1999	卫生	滁州市卫生局
16	森林资源发展与保护项目	在黄山、宣城、池州、安庆、六安5市所辖的霍山、金寨、岳西、太湖、望江、怀宁、桐城、宣州、广德、宁国、祁门、黟县、休宁、青阳、贵池、东至16个县（市、区）营造集约经营人工商品林3.73万公顷	13446	897	世界银行贷款	1995～1999	农业	省林业厅
17	世行“贫三”项目	土建农村学校60所，建筑面积30300m^{2}及部分仪器设备	3548.7	140	世界银行贷款	1996～1997	教育	无为县教育局
18	沪蓉高速公路	高速公路263公里	563619	20000	世界银行贷款	1996～2001	基础设施交通	省高速公路公司
19	中国种子商业化项目	项目覆盖全省5个市，7个县、6个项目单位的9家种子公司。主要建设内容和规模：平整土地3.3公顷，机井水泵11个，灌溉系统28.6公里，田间道路5.3公里，加工车间1660平方米，种子仓库4550平方米，企业中心1300平方米，公用设施房600平方米，零售商店1450平方米，低温库300平方米，玻璃温室800平方米，晒场7850平方米，征地0.75公顷，花费采购2350吨，库存种子18855吨，以及配置种子加工设备等	11729.6	704.6	世界银行贷款	1996～2002	农业	省农委
20	加强灌溉二期	主要建设内容为在合肥市、安庆市、六安市和巢湖市等4市所辖21个县区改造中低产田400万亩，以及机构支持	126000	5036	世界银行贷款	1998～2003	农业	省农发办
21	中国小规模肉牛发展项目	项目区包括阜阳市、亳州市、宿州市和濉溪县等16个县，重点是发展繁育农户35253户、育肥户1723户、奶牛户442户，改扩建育肥场25个和奶牛场1个，改造扩建省种公牛站、玉美牛羊肉加工厂、谯城活牛交易市场，资助了76个兽医服务站、251个人工授精站的建设	41400	2400	世界银行贷款	1998～2005	农业	省农委
22	基本卫生服务项目	农村卫生服务能力建设	15439.75	1786.3	世界银行贷款	1998～2007	卫生	卫生厅
23	安徽公路项目Ⅰ（合肥至安庆高速公路）	(1)合安路的建设（153公里） (2)地方道路改造(495公里) (3)道路安全 (4)机构加强	375000	20000	世界银行贷款	1999～2002	基础设施交通	安徽省交通厅
24	贫困地区林业发展项目	在巢湖、六安、宣城、池州、黄山、安庆等6个市所辖的无为、庐江、金寨、霍山、金安、裕安、舒城、广德、宁国、绩溪、青阳、石台、歙县、祁门、潜山、岳西、太湖、宿松、枞阳19个县（市、区）造林6.65万公顷，并完成5个小型林产品加工开发项目的建设	33122	1102	世界银行贷款	1999～2005	农业	省林业厅
25	蒙城县世行贷款农村供水与环境卫生项目	集镇自来水厂、学校公厕建设及农村卫生厕所改建	2450	186	世界银行贷款	1999～2006	医疗卫生	蒙城县爱卫办
26	农村供水与环境卫生项目	在农村建设适度规模的自来水厂，并开展相关的环境卫生和健康教育工作	11620	1400	世界银行贷款	2000～2006	卫生	卫生厅

1991～2005年安徽省国外贷款项目

序号	项目名称	建设规模及内容	总投资（万元）	贷款签约额（万美元）	资金来源	建设起止年限	所属行业	项目单位
27	安徽省淮河流域水污染治理项目	599公里污水管网，31个泵站，4座污水处理厂	111000	7125	世界银行贷款	2001～2007	环保	安徽省建设厅
子项目	蚌埠市污水管网工程	59公里污水管网，3个泵站	10503	841	世界银行贷款	2001～2007	环保	蚌埠市
	亳州市污水处理厂管网工程	61公里污水管网，4个泵站	7452	492	世界银行贷款	2001～2007	环保	亳州市
	淮南东部地区城市污水管网	107公里污水管网，4个泵站	8000	526	世界银行贷款	2001～2007	环保	淮南市
	阜阳市污水管网工程	45公里污水管网，3个泵站	8854	366	世界银行贷款	2001～2007	环保	阜阳市
	淮北市污水管网工程	80公里污水管网，4个泵站	8111	484	世界银行贷款	2001～2007	环保	淮北市
	宿州市污水管网工程	65公里污水管网，3个泵站	8166	650	世界银行贷款	2001～2007	环保	宿州市
	六安城市污水处理厂及配套管网工程	44公里污水管网，3个泵站，1座日处理能力4万吨污水厂	15600	748	世界银行贷款	2001～2007	环保	六安市
	涡阳城市污水处理厂及配套管网工程	25公里污水管网，1个泵站，1座日处理能力4万吨污水厂	9019	399	世界银行贷款	2001～2007	环保	涡阳县
	六安市新区污水管网工程	40公里污水管网，3个泵站	8600	500	世界银行贷款	2001～2007	环保	六安市
	淮南市污水处理二期(西部)工程	27公里污水管网，2个泵站，1座日处理能力5万吨污水厂	14000	880	世界银行贷款	2001～2007	环保	淮南市
	蚌埠市第三污水处理厂及配套管网工程	46公里污水管网，1个泵站，1座日处理能力2.5万吨污水厂	10000	741	世界银行贷款	2001～2007	环保	蚌埠市
28	军二路西线改造	无为县军二路西线改造	14365	580	世界银行贷款	2002～2004	基础设施交通	无为县公路局
29	中橡（马鞍山）公司新工艺炭黑项目	年产3.5万吨新工艺炭黑项目	2245	1100	世界银行贷款	2002～2009	工业	中橡（马鞍山）公司
30	林业持续发展项目	在黄山、宣城、池州、铜陵、安庆5市所辖的祁门、休宁、徽州、宣州、郎溪、广德、宁国、泾县、旌德、绩溪、东至、青阳、铜陵、桐城、怀宁、望江、宿松、太湖、潜山、岳西20个县（市、区）营造林9.17万公顷	41045	2485	世界银行贷款	2003～2008	农业	省林业厅
31	淮北市环境监测站购置监测仪器设备	购置先进环境监测仪器	48	5.8	世界银行贷款	2004～	环保	市环境保护监测站

1991～2005年安徽省国外贷款项目

序号	项目名称	建设规模及内容	总投资（万元）	贷款签约额（万美元）	资金来源	建设起止年限	所属行业	项目单位
32	安徽公路项目Ⅱ（铜陵至汤口高速公路）	(1)铜汤路的建设（116公里） (2)地方道路改造子项目（234公里） (3)道路安全 (4)机构加强	510000	25000	世界银行贷款	2004～2007	基础设施 交通	安徽省　交通厅
33	加强灌溉三期	主要建设内容为在合肥市、蚌埠市和滁州市等3市所辖16个县区改造中低产田400万亩，以及机构支持	56038	3080	世界银行贷款	2005～2009	农业	省农发办
34	农业科技项目	主要建设内容为农业科技示范推广	36388	2037	世界银行贷款	2005～2009	农业	省农发办
35	第四期技术合作信贷项目			21.83	世界银行贷款			
36	安徽省环保局信息中心			19.11	世界银行贷款			
37	环境系统建设项目			0.22	世界银行贷款			
38	安徽省气象学校			0.61	世界银行贷款			
39	合肥—九江铁路	重点是建设总里程319.826公里的合肥至九江铁路，其中干线铁路为279.083公里，安庆支线铁路40.743公里，总设计运量为：干线客车6对，货运量1650万吨；支线客车3对，货运量350万吨	288739	11000	亚洲开发银行贷款	1991～1998	交通	合九铁路公司
40	引进美国实型铸造生产线	引进三条实型铸造生产线，形成1万吨/年薄壁铸件生产能力，为10万台小缸经多缸单油机配套	3774	240	亚洲开发银行贷款	1992～1994	工业	安徽全椒柴油机总厂
41	年产5万吨丙烯腈、5万吨腈纶工程	建设年产5万吨丙烯腈、5万吨腈纶工程	294700	12000	亚洲开发银行贷款	1992～1995	工业	安庆石化
42	中国化肥行业改造项目	改扩建18万吨/年合成氨、30.5万吨/年尿素及配套装置	126614.31	5647.97	亚洲开发银行贷款	1996～2000	工业	安徽省淮化集团
43	巢湖污染治理项目		252600	14000	亚洲开发银行贷款	1998～2003	环保	省环保局
子项目	巢湖市污水处理工程	建设一座日处理量为6万吨的一级生化污水处理厂	14000	700	亚洲开发银行贷款	1998～2001	环保	巢湖市污水处理厂
子项目	合肥市王小郢污水处理厂二期工程	建设一座日处理量为15万吨的二级生化污水处理厂	43000	2100	亚洲开发银行贷款	1998～2001	环保	合肥市王小郢污水处理厂
子项目	合肥化肥厂13万吨/年尿素生产线装置和全厂污水处理工程	建设一座年产13万吨尿素的生产装置，以取代污染严重的碳铵产品，并对全厂总排废水进行治理	24100	1400	亚洲开发银行贷款	1998～2001	工业	合肥化肥厂
子项目	安徽氯碱化工集团有限责任公司5万吨离子膜烧碱及总排废水治理项目	建设一套年产5万吨离子膜烧碱生产线，并对全厂总排废水进行治理	19500	1400	亚洲开发银行贷款	1998～2001	工业	安徽氯碱化工集团有限责任公司
子项目	巢湖东亚水泥有限责任公司日产2000吨水泥熟料生产线	利用安徽维尼纶厂的工业废渣。建设日产2000吨水泥熟料生产线	70700	4000	亚洲开发银行贷款	1998～2001	工业	巢湖东亚水泥有限责任公司
子项目	合钢二厂区污水处理系统及焦炉清洁工艺项目	建设一套年产5万吨离子膜烧碱生产线，并对全厂总排废水进行治理	81300	4400	亚洲开发银行贷款	1998～2003	工业	合钢公司

1991～2005年安徽省国外贷款项目

序号	项目名称	建设规模及内容	总投资（万元）	贷款签约额（万美元）	资金来源	建设起止年限	所属行业	项目单位
44	宁西铁路（合肥段）	正线全长36公里		2400	亚洲开发银行贷款	2000～2003	基础设施交通	
45	长江沿岸大气污染治理和酸雨控制（市中心城区污水处理厂/垃圾处理厂）	处理工程	2568	1460	亚洲开发银行贷款	2002～2006	环保	黄山市自来水公司
46	安徽省南部地区酸雨控制及环境改善项目		238739	11750	亚洲开发银行贷款	2004～2006	环保	省环保局
	子项目 黄山风景区生态环境改善项目	建设一座5万吨/日污水处理厂及配套管网、一座600吨/日垃圾处理厂	25736	1428	亚洲开发银行贷款	2003～2005	环保	黄山风景区旅游集团公司
	铜陵金昌冶炼厂SO_2治理及污水处理项目	（1）熔炼主工艺改造，年产8万吨电铜；（2）硫酸系统改为两转两吸；（3）扩建氧气站；（4）增建余热发电站；（5）改造现有污水处理系统，规模为5240m^3/d。	43001	2600	亚洲开发银行贷款	2003～2006	工业	铜陵有色集团公司
	九华山风景区生态环境改善项目	（1）山上、山下分别建设日供水能力为4500吨、5000吨给水水厂2座及配水管网；（2）山上、山下分别建设日处理5000、1500、10000立方米的生活废水处理站3座以及收集污水管道系统；（3）建设日处理能力为50吨的垃圾处理厂及配套设施。	16535	990	亚洲开发银行贷款	2003～2006	环保	九华山风景区旅游集团公司
	芜湖山江化学有限公司污染综合治理项目	（1）建设30000吨/年离子膜烧碱；（2）新建热电厂，实行集中供热；（3）“三废”综合治理	38698	2512	亚洲开发银行贷款	2004～2006	工业	芜湖山江化学有限公司
	安徽省南部地区环境监测改善项目	加强对沿江、江南7市（马鞍山、铜陵、安庆、桐城、池州、黄山、宣城）的环境监测站建设，以强化对酸雨及废水的监测	2777	120	亚洲开发银行贷款	2004～2006	环保	安徽省环保局
	池州有色金属公司环境综合治理项目	（1）改造粗铜冶炼2万吨/年；（2）冶炼烟气SO_2、粉尘回收；（3）余热回收利用；（4）废水\废酸及废渣综合治理与配套工程	12835	1095	亚洲开发银行贷款	2005～2006	工业	池州有色金属公司
	铜陵亚星焦化厂及城市供气项目	采用侧装煤捣固高温炼焦技术，建2×50孔TJL4350炉型，年产70万吨冶炼焦炭；建设35吨/小时水处理设施及化产回收、热电联产资源综合利用设施	53265	3005	亚洲开发银行贷款	2005～2006	工业	铜陵亚星焦化亚星责任公司
47	皖西南农业综合开发项目	项目涉及金寨、霍山、岳西、太湖、潜山等5县，主要建设内容为：（1）基础设施建设。主要包括水库、防洪坝、乡村公路建设等。（2）作物生产。平整和改造土地、购置种子加工设备、完善农技站等。（3）畜牧渔业。共新增养牛6618头、养羊25549头、网箱养鱼6634只；培训农民276834工日；改造县级畜牧中心、渔业中心6个；新建乡级畜牧服务站26个。（4）经济林。新建改建毛竹园、板栗园、桑园、茶园等。（5）妇女发展、社会支持与服务	54000	3122	农发基金贷款	1998～2004	农业	省农委
48	铜陵长江大桥项目	建设铜陵长江大桥	71487	5926	日本政府日元贷款	1992～1995	基础设施交通	铜陵大桥局

1991～2005年安徽省国外贷款项目

序号	项目名称	建设规模及内容	总投资（万元）	贷款签约额（万美元）	资金来源	建设起止年限	所属行业	项目单位
49	异维生素C钠	年产异维生素C钠500吨	2347.6	120	日本黑字还流贷款	1994～1995	医疗卫生	来安县医药玻璃总厂
50	大气环境改善项目阜阳天然气利用工程	门站及中压管网、母站一座、子站四座	38800	1500	日本政府日元贷款	2001～2006	基础设施公共事业	阜阳国祯能源开发有限公司
51	安庆电厂	2×30万千瓦燃煤发电机组	246200	9050	日本政府不附带条件贷款	2002～2005	工业	安徽安庆皖江发电有限责任公司
52	亳州市传染病医院建设项目	引进呼吸机、心电监护仪、光度分析仪等12台套医疗设备	1550	70	日本政府日元贷款	2003～2006	医疗卫生	亳州人民医院
53	亳州市疾病预防控制中心建设项目	引进医疗设备、技术培训	900	44.82	日本政府日元贷款	2003～2006	医疗卫生	亳州疾病预防控制中心
54	安徽省高等学校人才培养项目	在安徽师范大学、淮北煤炭师范学院、安徽工业大学、安徽理工大学、安徽财经大学、安徽医科大学、安徽农业大学、安徽大学、合肥工业大学、安徽工程科技学院等学校购置教学和科研设备，并进行人员培训	32000	3732	日本政府日元贷款	2003～2007	教育	省教育厅
55	肥西农业科技中心	建设肥西县特色苗木花卉科技示范基地	2306	231	日本黑字还流贷款	2004～	基础设施农业	合肥市财政局农开办
56	安徽省公共卫生基础设施项目	市疾病预防控制体系和公共卫生医疗救治体系建设	993	110	日本政府日元贷款	2004～	医疗卫生	滁州市卫生局
57	建设公共卫生基础设施		1573	139.4	日本政府日元贷款	2004～2005	医疗卫生	芜湖市疾控中心传染病医院
58	安徽城市天然气管网工程	在合肥市、芜湖市、淮南市、马鞍山市、铜陵市、阜阳市、滁州市和巢湖市等八个城市建设天然气管网	247193.33	15337.19	日本政府日元贷款	2004～2007	基础设施公共事业	省计委
子项目	合肥市天然气管网工程	主要内容为门站、储配站、加气站和管网等建设	69313.33	4000.83	日本政府日元贷款	2004～2006	基础设施公共事业	合肥市燃气集团有限公司
	芜湖市天然气利用工程	主要内容为门站、SCADA系统、调压站、加气母站和管网等建设	51826.67	3149.59	日本政府日元贷款	2004～2006	基础设施公共事业	芜湖市燃气总公司
	淮南市天然气利用工程	主要内容为门站、储配站、加气站和管网等建设	28600	1809.92	日本政府日元贷款	2004～2006	基础设施公共事业	淮南市燃气总公司
	马鞍山市天然气利用工程	主要内容为门站和管网等建设	29506.67	1700	日本政府日元贷款	2004～2006	基础设施公共事业	马鞍山市燃气总公司
	铜陵市天然气利用工程	主要内容为门站、调压系统、加气站和管网等建设	17693.33	1131.4	日本政府日元贷款	2004～2006	基础设施公共事业	铜陵市燃气总公司
	阜阳市天然气利用工程	主要内容为门站、储配站、加气站和管网等建设	22900	1500	日本政府日元贷款	2004～2006	基础设施公共事业	阜阳市燃气总公司
	滁州市天然气管网工程	主要内容为门站、储配站、加气站和管网等建设	14093.33	1000	日本政府日元贷款	2004～2006	基础设施公共事业	滁州市燃气总公司
	巢湖市天然气利用工程	主要内容为门站和管网等建设	13260	1045.45	日本政府日元贷款	2004～2007	基础设施公共事业	巢湖市天然气有限公司

1991～2005年安徽省国外贷款项目

序号	项目名称	建设规模及内容	总投资（万元）	贷款签约额（万美元）	资金来源	建设起止年限	所属行业	项目单位
59	淮北市疾病预防控制中心购置设备	疾控中心的设备购置和人员培训	816	80	日本政府日元贷款	2004～2007	医疗卫生	市疾病预防控制中心
60	淮北市传染病医院购置设备	传染病医院购置设备和人员培训	656	70	日本政府日元贷款	2004～2007	医疗卫生	市传染病医院
61	传染病区设备	500毫安X光机，病床280张	700	70	日本政府日元贷款	2004～2008	医疗卫生	阜阳市第二人民医院
62	疾控中心设备	血球计算器、全自动萤光酶表检定仪、多功能超声仪	800	80	日本政府日元贷款	2004～2008	医疗卫生	阜阳市疾控中心
63	安徽省广播电视基础设施改造项目	主要建设内容为省广播电台、省广播电视传输发射总台、省监测台和省广电传输中心的基础设施改造和购置设备	37200	2200	日本政府日元贷款	2004～2009	基础设施公共事业	省广电厅
64	公共卫生疾病预防项目	医疗设施	353	58.63	日本政府日元贷款	2004～2044	医疗卫生	铜陵传染病院
65	淮南市疾病预防和控制中心	购置医疗设备（病毒分析仪器等）	1060	90	日本政府日元贷款	2005～2006	医疗卫生	市疾病预防和控制中心
66	淮南市垃圾处理项目	购置垃圾处理设备	23000	1800	日本政府日元贷款	2005～2007	环保	市容局和凤台市容局
67	安徽淮南市环境污染综合治理工程	项目建设主要内容为利用国际先进的技术和设备，对合成氨老系统原料路线进行改造。空分采用氧气内压缩全低压深冷工艺，气化采用GSP煤粉加压气化工艺，变换采用宽温耐硫变换节能工艺，脱硫脱碳采用低温甲醇洗和液氮洗，合成采用先进的合成塔内件和高效触媒及低压合成工艺，压缩采用蒸汽驱动的离心式大型压缩机。产品规模为日产800吨合成氨	147300	8000	日本政府不附带条件贷款	2005～2008	工业	安徽省淮化集团
68	合肥市四水厂扩建工程	供水能力25万吨/日	25000	2100	日本政府日元贷款		基础设施公共事业	合肥市自来水公司
69	安徽省高等教育项目			4013	日本政府日元贷款		教育	
70	市热力公司日元再贷款	供热管网建设，供热负荷约480.13MW	36700	2074	日本政府日元贷款		基础设施公共事业	合肥市热力公司
71	金寨县印染厂引进设备	印染机	1800	167.6	日本黑字还流贷款	1993～1995	工业	金寨县印染厂
72	蚌埠学院（日元贷款）	校园基础设施建设	7939	960	日本黑字还流贷款	2004～2005	教育	蚌埠学院
73	固镇良种肉鸡示范项目			325.43	英国政府贷款	2001～2004	农业	蚌埠市农委
74	城市煤气三期气源工程	炼焦制气产煤气10.5万标方/日	27464	490	法国政府贷款	1993～1997	基础设施公共事业	芜湖煤气公司
75	合肥市血液中心设备购置	购置血液辐照仪、大容量冷冻离心机、血液过滤、监控系统、血细胞单采及机等采供血医疗设备166台	2971	200	法国政府贷款	2004～	医疗	合肥市红十字中心血站
76	传染病医院设备购置	购置中心监护仪、X光机（800毫安）、彩超、全自动生化分析仪、全自动血气分析仪、荧光显微镜、PCR扩增仪	847.6	100	法国政府贷款	2004～	医疗	合肥市传染病医院
77	城市程控电话	程控电话1.5万门	4000	165	德国政府贷款	1993～1995	基础设施公共事业	安庆市邮电局

1991～2005年安徽省国外贷款项目

序号	项目名称	建设规模及内容	总投资（万元）	贷款签约额（万美元）	资金来源	建设起止年限	所属行业	项目单位
78	深度水处理项目	建设20万立方米/日供水厂	7860	402.56	德国政府贷款	1996～1998	基础设施公共事业	蚌埠市供水公司
79	安庆市三水厂	日供水20万吨	17589	700	德国政府贷款	1996～2000	基础设施公共事业	安庆市自来水公司
80	淮北市污水处理工程	日处理8万吨城市生活污水	11864	490	德国政府贷款	1998～2001	环保	淮北市污水处理厂
81	阜阳市茨淮新河给水工程（二水厂）	10万立方米/日取水输水管线净水厂配水管网	17740	400	德国政府贷款	1999～2002	基础设施公共事业	阜阳市第二自来水厂
82	PVC共挤膜塑料输液袋生产	年产PVC共挤膜塑料输液袋1000万袋	4135	290	德国政府贷款	2000～2002	工业	安徽新力药业股份有限公司
83	六安市第四医院引进设备	CT机	3700	211	德国政府贷款	2000～2005	医疗卫生	六安第四医院
84	市妇幼保健院引进医疗设备项目	电视腹腔镜、产科监护网络系统、染色体全自动分析仪	996	113	德国政府贷款	2001～2004	医疗卫生	蚌埠市妇幼保健院
85	寿县县医院引进设备	CT机	1200	100	德国政府贷款	2001～2004	医疗卫生	寿县县医院
86	利用外国政府贷款购置医疗设备	数字X光机、全自动生化分析仪	1088	136	德国政府贷款	2001～2006	医疗卫生	阜阳市妇保健院
87	滁州第二人民医院引进医疗设备项目	引进医疗设备	2238	237	德国政府贷款	2002～2003	医疗卫生	滁州第二人民医院
88	购置医疗设备	双排CT、数字胃肠机、黑白B超、500毫安X光机	3538.5	218	德国政府贷款	2003～2004	医疗卫生	宣城市人民医院
89	望江县医院引进设备	引进医疗设备18台套	1100.5	144	德国政府贷款	2003～2004	医疗卫生	望江县医院
90	引进医疗设备	引进螺旋CT机、钼靶乳腺机、彩超等11台套设备	1042	126	德国政府贷款	2003～2005	医疗卫生	芜湖市第一人民医院
91	安庆市城东污水处理厂	日处理污水12万吨	16319	400	德国政府贷款	2003～2006	环保	安庆市自来水公司
92	明光市中医院引进医疗设备项目	引进CT、彩超等先进医疗设备	1686	168	德国政府贷款	2004～	医疗卫生	明光市中医院
93	无为县中医院引进医疗设备	购置23台（套）医疗设备，扩建住院病房	1809.2	169	德国政府贷款	2004～2005	医疗卫生	无为县中医院
94	购置医疗设备	全自动生化分析仪、螺旋CT等	774.57	83	德国政府贷款	2004～2005	医疗卫生	宣城市绩溪县人民医院
95	凤台县医院购置医疗设备	购置医疗设备（CT、彩超等）	2104	200	德国政府贷款	2005～2007	医疗卫生	凤台县医院
96	淮北市人民医院购置先进医疗设备	购置直线加速器、体外循环机等先进医疗设备	4896	495	西班牙政府贷款	1997～1999	医疗卫生	淮北市人民医院
97	利用外国政府贷款引进污水处理设备项目	10万吨/日处理设备	19300	505	西班牙政府贷款	1998～2000	环保	阜阳市污水处理厂
98	引进精练油和混合油生产线	引进日产200吨、年产6万吨精炼油生产线	3093	280	西班牙政府贷款	2002	工业	安徽江坝油脂有限公司

1991～2005年安徽省国外贷款项目

序号	项目名称	建设规模及内容	总投资（万元）	贷款签约额（万美元）	资金来源	建设起止年限	所属行业	项目单位
99	怀宁县医院引进设备	引进螺旋CT机、X线机、B超等设备	1552.91	144	西班牙政府贷款	2003～2005	医疗卫生	怀宁县医院
100	蚌埠市消防支队引进消防设备项目	多功能抢险车1部；防化洗消车1部	1121	120	西班牙政府贷款	2003～2006	基础设施公共事业	市消防支队
101	利用外国政府贷款购置医疗设备	DR成像系统、麻醉机、血透机	1992	249	西班牙政府贷款	2003～2006	医疗卫生	阜阳市第二人民医院
102	利用外国政府贷款购置医疗设备	核磁共振、CT、800毫安X光机、血液、透析机	1760	220	西班牙政府贷款	2003～2006	医疗卫生	临泉县人民医院
103	蚌埠第二人民医院引进医疗设备项目	生化分析仪、X光机等58种107台套医疗设备	2694	300	西班牙政府贷款	2003～2007	医疗卫生	市二院
104	滁州学院引进教学仪器设备项目	引进教学仪器设备，加快专升本建设步伐	4308	400	西班牙政府贷款	2004～	教育	滁州学院
105	利用外国政府贷款购置医疗设备	引进双排螺旋CT、数字X光机、全自动生化分析仪	1056	132	西班牙政府贷款	2004～2006	医疗卫生	阜阳市第三人民医院
106	利用外国政府贷款购置医疗设备	购置DR、移动式X光机、C型臂、彩超等	1920	240	西班牙政府贷款	2004～2006	医疗卫生	阜阳市中医医院
107	市第二人民医院引进医疗设备	引进医疗设备	5965.2	302	西班牙政府贷款	2005～	医疗卫生	市第二人民医院
108	淮南师范学院购置教学仪器	购置教学仪器（数控车床及大型科研分析仪器等）	7088	540	西班牙政府贷款	2005～2006	教育	淮南师范学院
109	市第一人民医院购置医疗设备	购置医疗设备（CT、彩超等）	4627	492	西班牙政府贷款	2005～2007	医疗卫生	淮南市第一人民医院
110	引进PU人造革生产线	引进PU人造革生产线设备	3101.3	273.7	意大利政府贷款	1997～1998	工业	原巢湖市皮塑公司
111	安庆纺织厂	引进国外倍捻机，自动络筒机17套	3120	280	意大利政府贷款	2000～2001	工业	华茂集团
112	来安华峰公司扩建丁基胶塞项目	年产丁基胶塞10亿只	7596	275	意大利政府贷款	2005～	工业	来安华峰橡胶制品有限公司
113	全椒县二水厂	引进先进设备	5887	350	奥地利政府贷款	1999～2004	基础设施公共事业	全椒县自来水公司
114	购置进口设备	大型中空滚塑设备及加工中心	5600	280	奥地利政府贷款	2001～2002	工业	宁国天迈塑胶有限公司
115	医疗设备引进	螺旋CT、C型臂、全自动生化仪、五纬彩超等	2000	200	奥地利政府贷款	2001～2003	医疗卫生	界首市人民医院
116	利用外国政府贷款引进消防设备	30米多功能抢险救援喷车一部，4吨轻型多功能消防车	2160	270	奥地利政府贷款	2002～	基础设施公共事业	阜阳市消防支队
117	合肥市公安局消防支队	购置2辆消防车		370.76	奥地利政府贷款	2002～2003	基础设施公共事业	合肥市公安局消防支队
118	安徽琅琊山抽水蓄能电站	电站装机容量为60万千瓦，安装4台15万千瓦的单级可逆式抽水蓄能发电机组	233300	10100	奥地利政府贷款	2002～2007	工业	安徽琅琊山抽水蓄能有限责任公司

1991～2005年安徽省国外贷款项目

序号	项目名称	建设规模及内容	总投资（万元）	贷款签约额（万美元）	资金来源	建设起止年限	所属行业	项目单位
119	六安市第三医院引进设备	CT机	2200	200	奥地利政府贷款	2003～2004	医疗卫生	六安市第三医院
120	蚌埠电视台引进演播系统项目	引进成套演播系统设备项目	310万美元	280	奥地利政府贷款	2003～2005	基础设施公共事业	蚌埠电视台
121	宿州市立医院利用奥地利贷款购置医疗设备项目	主要引进核磁共振、CT、大型C臂、心肺机等设备	4250	399	奥地利政府贷款	2003～2006	医疗卫生	宿州市立医院
122	滁州市广播电视中心引进演播系统项目	引进广电演播系统	2101	200	奥地利政府贷款	2004～	基础设施公共事业	滁州市广播电视局
123	市消防支队购置消防设备	购置消防设备（云梯登高车、大型灭火车等）	3666	372	奥地利政府贷款	2004～2005	基础设施公共事业	淮南市消防支队
124	省有线电视台	引进设备		280	奥地利政府贷款		基础设施公共事业	
125	灵璧县肉牛综合加工厂	生产能力为年屠宰加工4万头肉牛和千吨冷库，单班生产能力为1.9万吨的饲料加工厂	798	498	荷兰政府贷款	1993～1995	农业	灵璧县农牧渔业局
126	中荷扶贫项目——淠源渠灌区	灌区续建配套	1500	90.25	荷兰政府贷款	1996～2003	水利	水利厅
127	界首市污水处理厂	日处理污水5万吨、二期工程续建，用外国政府贷款购买设备、引进技术	3960	495	荷兰政府贷款	1998～2002	环保	界首市污水处理厂
128	淮南市第一污水处理厂	日处理污水10万立方米（购置荷兰污水设备）	17301	490	荷兰政府贷款	1999～2003	环保	淮南市净化污水管理处
129	淮南二水源供水项目	日供水10万立方米。取水泵房，输水管线，净水厂	12331	450	荷兰政府贷款	1999～2003	环保	淮南市供水有限公司
130	黄山市引进卫生医疗设备项目	进口各类专业设备71台（磁共振仪/双层螺旋CT机/心血管造影机/胃肠机/呼吸机/血透机/彩超/内窥镜等）	4948	597.6	荷兰政府贷款	2000～2004	医疗卫生	黄山市人民医院、中医院、歙县卫生局及下属县乡医院
131	铜陵市人民医院引进医疗设备项目	引进医疗设备	2124	288	荷兰政府贷款	2000～2006	医疗卫生	铜陵市人民医院
132	望塘污水处理厂	日处理8万吨	14000	385.44	荷兰政府贷款	2001～2002	环保	
133	马鞍山市第二污水处理厂利用荷兰政府贷款项目	主要用于引进细格栅、沉砂去除系统、无轴螺旋压榨机、潜水搅拌器、表曝机、潜水推进器等设备；建设选择池、厌氧池、氧化沟、二沉池、污泥泵站等设备	17888	498	荷兰政府贷款	2001～2004	环保	马鞍山自来水公司
134	繁昌县人民医院扩建		2100	200	荷兰政府贷款	2003～2005	医疗卫生	繁昌县人民医院
135	天长市人民医院引进医疗设备项目	引进核磁共振、直线加速器、生化仪、彩超、中央监护仪、数字平板拍片机等医疗设备	3309	360	荷兰政府贷款	2004～	医疗卫生	天长市人民医院
136	定远县人民医院申请荷兰政府贷款项目	引进螺旋CT、X光机、直线加速器、彩超、监护仪及生化设备等	3500	350	荷兰政府贷款	2004～	医疗卫生	定远县人民医院

1991～2005年安徽省国外贷款项目

序号	项目名称	建设规模及内容	总投资（万元）	贷款签约额（万美元）	资金来源	建设起止年限	所属行业	项目单位
137	涡阳县医院利用国外贷款引进医疗设备项目	引进CT、X光机、彩超、磁共振等设备	1832	200	荷兰政府贷款	2005～2006	医疗卫生	涡阳县人民医院
138	安徽工贸职业技术学院教学仪器	购置教学仪器（购置数控车床、加工中心设备）	7000	595	荷兰政府贷款	2005～2006	教育	安徽工贸职业技术学院
139	购置医疗设备	螺旋CT、数字化胃肠机、数字化X光机等	3000	300	荷兰政府贷款	2005～2006	医疗卫生	宣城市中心医院
140	市教育局教学仪器	购置教学仪器(数控车床及语音设备等)	11427	470	荷兰政府贷款	2005～2007	教育	市教育局
141	宿县地区合成洗涤剂原料项目	酒精装置3万吨/年；比GS装置2.3万吨/年；乙烯装置1.7万吨/年；环氧乙烷装置2万吨/年；脂肪醇醚装置3.3万吨/年	10481	1835.5 2450 455.16	芬兰政府贷款 北欧投资银行贷款 挪威政府贷款	1993～2004	工业	安徽省贝斯特轻工化学有限责任公司
142	引进渔网生产设备	引进21台渔网织机	3399	205.7	芬兰政府贷款	1997～1998	工业	原巢湖市外贸局
143	淮南新集医院购置医疗设备	购置医疗设备(CT、彩超等)	5499	353	芬兰政府贷款	2001～2002	医疗卫生	国投新集能源股份有限公司
144	购置医疗设备	核磁共振、彩超、麻醉机	2391.08	277	芬兰政府贷款	2002～2003	医疗卫生	宣城市宁国人民医院
145	五河县人民医院引进医疗设备项目	呼吸机、宫腔镜、生化分析仪、麻醉机、彩超、B超等	1201	133.15	芬兰政府贷款	2003～2006	医疗卫生	五河县人民医院
146	利用丹麦政府贷款引进医疗设备	加速器，中央监控系统、B超、X光机	2360	295	丹麦政府贷款	1998～2001	医疗卫生	太和县中医院
147	淮南联合大学购置教学设备	购置教学仪器（购置数控车床、加工中心设备）	5319	498	丹麦政府贷款	2005～2007	教育	淮南联合大学
148	合肥五水厂扩建	供水能力25万吨/日	18000	600	丹麦政府贷款	2005～2006	基础设施公共事业	合肥市自来水公司
149	芜湖杨家门水厂	日供水10万吨、20万吨	25800	460	挪威政府贷款	1993～1996	基础设施公共事业	芜湖杨家门水厂
150	亳州市酒精厂利用外国政府贷款建设饲料加工生产线项目	从挪威引进年产1.5吨DDGS饲料生产线	6512	388	挪威政府贷款 北欧投资银行贷款	1996～1998	工业	亳州市财政局
151	宿州市城南污水处理厂项目	日处理污水8万吨提升泵站一座	1265	356.23	挪威政府贷款	1998～2004	环保	宿州市城南污水处理厂
152	合肥市清溪路水厂工程	供水能力10万吨/日	10664	325.8	挪威政府贷款		基础设施公共事业	合肥市自来水公司
153	分马力电机扩产	形成120万台分马力电机生产能力，引进关键生产设备及模具制作技术	5600	1313	瑞士政府贷款	1991～2003	工业	芜湖市微型电机厂
154	利用外国政府贷款购置医疗设备	核磁共振、加速器、彩色B超	1496	187	瑞典政府贷款	1996～1999	医疗卫生	阜阳市第二人民医院
155	铜陵年产20万吨硫酸项目	年产20万吨硫酸	14909.93	547	加拿大政府贷款	1991～2031	工业	铜陵磷铵厂

1991～2005年安徽省国外贷款项目

序号	项目名称	建设规模及内容	总投资（万元）	贷款签约额（万美元）	资金来源	建设起止年限	所属行业	项目单位
156	农业部肉鸡综合加工	（1）每小时颗粒饲料15～20吨生产线一条；（2）种鸡3万只；（3）每小时屠产加工肉鸡1万只；（4）每年出栏商品雏鸡500万只；（5）储藏库500吨。	9800	499	澳大利亚政府贷款	1992～1997	农业	萧县农工商公司
157	阜阳化工总厂	年生产13万吨合成氨，清洁治污系统	1464	183	澳大利亚政府贷款	1997～1999	工业	阜阳化肥总厂
158	滁州市城市环境综合改造项目	城市防洪工程、两湖一河水系治理、污水处理厂及道路、附属工程建设	49937	3500	科威特政府贷款	2004～2006	城市基础设施	滁州市城市建设基础设施有限公司
159	蒙城县韩国贷款农业综合开发项目	引进韩国农业机械联合收割机200台套	3247	163	韩国政府贷款	1998～1999	农业	蒙城县农机服务公司
160	安徽省利用韩国政府贷款建设水稻机械化示范区项目	水稻机械化示范区面积200万亩；农田改造45万亩；水稻机械化收割40万亩；谷物烘干4万吨；机插秧4.5万亩；水稻机械化服务中心8座；谷物烘干中心4座；	10790	650	韩国政府贷款	1999～2006	农业	安徽省农机局
161	利用外国政府贷款引进医疗设备	CT、电子内窥镜、腹腔镜	1000	100	以色列政府贷款	1998～2001	医疗卫生	阜南县人民医院
162	合肥市第一人民医院	购置SPECT、核磁共振（1.5）、全身DR	2250	350	以色列政府贷款	2002～2003	医疗	合肥市第一人民医院
163	淮北市中医院购置医疗设备	购置影响诊断设备等医疗设备	1584	196	以色列政府贷款	2002～2005	医疗卫生	淮北市中医院
164	购置医疗设备	螺旋CT、数字化胃肠机、数字化X光机等	2058	247	以色列政府贷款	2002～2003	医疗卫生	宣城地区医院
165	十七冶医院申请以色列政府贷款引进医疗设备项目	购置螺旋CT、数字X光机、数字化扫描仪等	943.55	100	以色列政府贷款	2003～2004	医疗卫生	十七冶医院
166	引进医疗设备	引进CT机、监护仪等10台套设备	2553	280	以色列政府贷款	2003～2004	医疗卫生	芜湖市第二人民医院
167	利用外国政府贷款引进医疗设备	螺旋CT、全自动生化仪等	280.86	280	以色列政府贷款	2004～2005	医疗卫生	阜阳市人民医院
168	来安县人民医院引进医疗设备项目	引进CT等医疗设备	2058	230	以色列政府贷款	2004～	医疗卫生	来安县人民医院
169	丁基橡胶瓶塞项目	通过引进意大利丁基胶塞关键设备和技术，形成年产6亿支丁基胶塞能力	4500	280	北欧投资银行贷款	1995～2000	工业	来安县橡胶厂
170	DDGS酒精槽污染治理工程	建设年产3万吨高蛋白饲料(DDGS)	7996	539.6	北欧投资银行贷款	1996～1997	工业	蚌埠市酒精厂
171	引进渔网生产设备	引进10台织绳机	562.4	40	北欧投资银行贷款	1997～1998	工业	原巢湖市外贸局
172	引进板纸生产线	引进年产1万吨铜版纸生产线	4647.7	400	北欧投资银行贷款	1998～2000	工业	原和县造纸厂
173	覆铜板项目	覆铜板	10423	400	北欧投资银行贷款	1999～2008	工业	华瑞公司
174	怀远县第二人民医院引进医疗设备项目	彩超、X光机、胃肠电子窥镜等设备	1092	118	北欧投资银行贷款	2002～2006	医疗卫生	怀远二院

1991～2005年安徽省国外贷款项目

序号	项目名称	建设规模及内容	总投资（万元）	贷款签约额（万美元）	资金来源	建设起止年限	所属行业	项目单位
175	蒙城县第一人民医院利用国外贷款引进医疗设备项目	引进CT、彩超、生化分析仪、电子胃镜等21台套	1760	180	北欧投资银行贷款	2002～2004	医疗卫生	蒙城县第一人民医院
176	蚌埠第三人民医院引进医疗设备项目	大型生化分析仪、超声刀、颅脑手术立体定位手术系统、直线加速器等39种66台/套设备	3703.7	400	北欧投资银行贷款	2003～2006	医疗卫生	蚌埠市三院
177	引进医疗设备	引进加速器、超声内镜、心脏彩超等20台套	2481	300	北欧投资银行贷款	2003～2005	医疗卫生	皖医弋矶山医院
178	购置医疗设备	CT、B超、血压计、C型臂等	950.5	106	北欧投资银行贷款	2003～2004	医疗卫生	宣城市广德县人民医院
179	利用外国政府贷款引进医疗设备	CE–ps800全数字X光机、日立7180全自动生化分析仪、GE–8800C臂X光机、呼吸机中央监护仪、重症监护车等	2100	256	北欧投资银行贷款	2004～2014	医疗卫生	阜阳市第五人民医院
180	市有线台有线网络改造	购置有线设备（购置数字信号有线设备）	5815	480	北欧投资银行贷款	2004～2005	基础设施公共事业	淮南市有线台
181	滁州市第三人民医院引进医疗设备项目	改善医疗资源区域布局，建设中西医结合医院	2741.71	295	北欧投资银行贷款	2004～	医疗卫生	滁州市第三人民医院
182	凤台广电局购置采编设备	购置采编设备（采编播设备）	1503	160	北欧投资银行贷款	2005～2007	基础设施公共事业	凤台广电局
183	全椒医院引进医疗设备项目	引进国外先进医疗设备	1660	65	美国进出口银行贴息贷款	1999～2000	医疗卫生	全椒县人民医院
184	城市空气质量自动监测系统			30.5	美国进出口银行贴息贷款	2000～2003	环保	蚌埠市环保局
185	城市环保空气质量自动监测系统	引进空气质量自动监测系统		30.14	美国进出口银行贴息贷款	2000～2003	环保	芜湖市环保局
186	引进医疗设备	引进彩超、监护仪、生化分析系统30台套	899	100	美国进出口银行贴息贷款	2002～2003	医疗卫生	芜湖市中医院
187	活性干酵母项目	年产3000吨活性干酵母	8996	270	出口信贷	1994～	工业	滁州明光酒厂
188	药用空心胶囊	年产机制药用空心胶囊16亿粒	3015	271	出口信贷	1997～	工业	来安医药玻璃总厂
189	安徽华林人造板有限公司	年产5万立方米中密度纤维板	19877.4	1280	国际商业贷款	1993～	工业	安徽华林人造板有限公司
190	冲压中心项目	引进冲压设备	16227	960	国际商业贷款	1993～	工业	安徽柯布克金属制品有限公司
191	引进无氟冰箱生产线	引进日本东芝技术及设备，年产60万台无氟冰箱	7070	500	国际商业贷款	1994～	工业	中国扬子集团电冰箱总厂
192	利用国外贷款引进程控交换机设备	全市4.3万门程控交换机	5340	426	国际商业贷款	1995～	基础设施公共事业	滁州市电信局
193	谯城区谯隆塑胶公司引进生产设备项目	引进生产设备	180	13	国际商业贷款	1996～1998	工业	谯城区谯隆塑胶有限公司

1991～2005年安徽省国外贷款项目

序号	项目名称	建设规模及内容	总投资（万元）	贷款签约额（万美元）	资金来源	建设起止年限	所属行业	项目单位
194	潜山县安徽杨程日化总公司	年产烷基苯磺（酸钠）200吨	1711.5	150	国际商业贷款	1997～2004	工业	安徽杨程日化总公司
195	蒙城县安驰集团微型汽车冲压线改造项目	扩建年产3万辆微型汽车生产线	4950	100	国际商业贷款	1998～1999	工业	蒙城县安驰汽车工业公司
196	扬子集团商业冷柜项目	年产30万台商业冷柜	9000	500	国际商业贷款	1998～1999	工业	扬子集团

1991～2005年福建省国外贷款项目

序号	项目名称	设规模及内容	总投资（万元）	贷款签约额（万美元）	资金来源	建设起止年限	所属行业	项目单位
1	引进PVC透明片材关键设备	购置生产硬质ＰＶＣ透明片材的国外关键设备和国内配套设备，改进旧车间７５９平方米	152	16	世界银行贷款	1984～1991	轻工	福州塑料片材包装公司
2	建瓯林业发展项目	用于基层推广科研成果和先进林业技术	189	22	世界银行贷款	1985～1991	林业	建瓯市林业技术推广中心
3	福建水口水电站	总装机140万千瓦（7×20），年发电量49.50亿度，电站建成后并入福建电网	641370	14200	世界银行贷款	1985～1997	电力	福建水口水电站
4	建阳地区红壤开发项目	种植果2580公顷，茶2407公顷，林1350公顷，饲料地245公顷	10082	850	世界银行贷款	1986～1991	农业	南平地区农业利用外资办
5	福建师大实验中心	福建省高校实验中心，福建师大实验中心建设	2642	361	世界银行贷款	1986～1991	教育	福州大学、福建师范大学
6	引进速冻，保鲜设备	年产5000吨速冻、保鲜果蔬	1664	290	世界银行贷款	1990～1991	其他农林水	福建省东山食品厂
7	教材开发项目	利用贷款引进二台对开彩色胶印机，提高了中小学教材的印刷质量	1021	73.5	世界银行贷款	1990～1991	其他科教文卫	福建新华印刷厂
8	职业技术教育项目	福州市职教中心（职教大楼），厦门市职教中心（实验楼）建设	1050	92	世界银行贷款	1990～1995	教育	福建省教委
9	国家造林项目福建分项	营造速生丰产林8.6万公顷	22052	504	世界银行贷款	1990～1997	林业	福建省林业厅世行贷款造林项目办公室
10	引进果汁生产设备	建设年产4000吨果汁厂	1510	195	世界银行贷款	1991～1993	轻工	福建省漳浦县果汁厂
11	第三个贫困地区基础教育发展项目	土建，采购设备，科研经费	12093	471	世界银行贷款	1993～1998	教育	福建省教委
12	农村卫生人力开发项目	农村卫生人力开发，包括卫生人力规划、卫生人力培训和卫生服务管理	23940.0	1834.0	世界银行贷款	1993～2000	卫生	福建省卫生厅项目办
13	泉厦高速公路和路网改造项目	高速公路：泉州—厦门81.4公里高速公路工程和2条连接线工程；路网项目：3条新建公路和4条改建公路	305957	14000	世界银行贷款	1994～1998	公路	福建省高速公路有限公司
14	福建省森林资源发展与保护项目	营造速生丰产用材林区3.5万公顷，其中：杉木0.5万公顷，马尾松0.85万公顷	14312	987	世界银行贷款	1994～2000	林业	福建省林业厅
15	世行红壤二期综合开发项目	18个县80个小流域综合开发治理，包括开垦果园，茶园，造林，低产田改造及配套加工	52200	3000	世界银行贷款	1994～2000	农业	省农业厅外资办
16	师范教育发展项目	采购仪器设备，科研、信息系统建设，人员培训等	7783	428	世界银行贷款	1996～2001	教育	福建省教委
17	中国沿海资源可持续开发项目	海岸带管理，海水养殖，750公顷虾池恢复生产，产品质量与安全厂房	139420.9	7000	世界银行贷款	1998～2008	渔业	福建省水产厅世行办
18	漳诏高速公路项目	漳州至诏安高速公路全长140.3公里以及路网改造	517000	20000	世界银行贷款	1999～2002	公路	漳诏高速公路有限公司
19	艾滋病/性病预防与控制子项目	增强对艾滋病/性病的预防与控制能力，更有效地控制其流行，包括政策开发和机构建设、干预、监测、血液管理	7552.0	540.0	世界银行贷款	2000～2004	卫生	省艾滋病中心，省健教所
20	中国农村供水与环境卫生项目	为55.01万农村人口提供安全饮用水，建造卫生厕所和普及与饮水和环境卫生相关的健康知识，对项目人员进行技术培训	16700.0	1000	世界银行贷款	2000～2006	医疗卫生	长汀、连城、平和、平潭4个县

1991～2005年福建省国外贷款项目

序号	项目名称	设规模及内容	总投资（万元）	贷款签约额（万美元）	资金来源	建设起止年限	所属行业	项目单位
21	中国结核病控制项目	全面推行现代结核病控制策略，积极发现和治愈肺结核病人，特别是传染性肺结核病人，包括规划管理、提供服务、以患者为中心的改革、机构建设、可持续发展	8906	638	世界银行贷款 英国政府赠款	2002～2009	医疗卫生	全省
22	福建平潭二期风电项目	装机容量10万千瓦	85994	6700	世界银行贷款	2005～2007	电力	龙源电力集团公司、控股组建项目公司
23	福建水土保持与乡村发展项目	水土保持与农业开发、水产养殖、农产品加工、农贸市场与小水电建设	125290	6500	亚洲开发银行贷款	1996～2002	其他农林水	福建省水土保持与乡发展项目办
24	棉花滩水电站	装机4×15万千瓦水电站，厂房、大坝、船机及库区移民等	563570	17000	亚洲开发银行贷款	1996～2002	电力	棉花滩水电开发有限公司
25	福州市洋里污水处理厂及管网一期	日处理20万吨污水厂及厂外41.5公里污水管网加三座污水提升泵站	91016	5500	亚洲开发银行贷款	1998～2002	城市环保	福州市洋里污水处理厂建设公司
26	福州供水及配套近网项目	日供水30万吨自来水厂，21.2公里引水隧洞配套供水管网	69532.9	4700	亚洲开发银行贷款	1998～2002	自来水	福州市熬江引水开发公司
27	福建水土保持与乡村发展二期项目	水土保持与农业开发、水产养殖、农产品加工、农贸市场与小水电建设、其他基础设施项目	153500	8000	亚洲开发银行贷款	2004～2008	农业	福建省水土保持与乡发展项目办
28	福州市水环境综合治理项目	包括连坂污水处理厂厂外管网、洋里污水处理厂二期厂外管网及南台岛内河整治工程等3个子项目	150040	5580	亚洲开发银行贷款	2005～2008	城市环保	福州市水环境建设开发公司、福州市市容建设开发公司
29	福州煤气工程	日产气30万立方米	12182	2273	日本政府日元贷款	1988～1991	城市煤气	福州市煤气工程指挥部
30	福州市水禽出口生产基地	年产出口水禽产品1820吨	1577	100	日本政府日元贷款	1989～1991	其他农林水	福州市农业经济开发服务中心
31	福建省改造扩建电话网工程	市话5万门长途4400路端移动通信设备一套（1个移动局，3个基地站，300个左右）	20336	2860	日本政府日元贷款	1990～1994	邮电通信	福建省邮电管理局
32	福建省漳泉肖铁路电气化项目	漳泉铁路湖泉肖段全长145.6公里	80485	6296	日本政府日元贷款	1992～1996	铁路	福建省漳泉铁路工程指挥部
33	福建经济信息系统建设项目	由宏观经济预测、国外贷款、固定资产、等七个系统及通信网络构成	832.5	75	日本政府日元贷款	1994～1999	其他科教文卫	福建省信息中心
34	福州长乐国际机场	一条3600×45米跑道，一条3600×23米滑行道，4条联络道，航站楼等	322178	8000	日本政府不附带条件贷款	1993～1997	民航	福州长乐国际机场总公司
35	漳浦县二水厂供水项目	日供水10万吨，一期工程5万吨/日	10978	545	法国政府混合贷款	1993～1996	自来水	漳浦县第二水厂工程建设指挥部
36	漳州龙海第一期供水工程	取水20万立方米/日，净水厂配水管网8万立方米/日	14461	548	法国政府混合贷款	1992～1995	自来水	龙海县自来水公司
37	薄型刨花板项目	年产薄型刨花板3000立方米，胶料（固体量计）3220吨	6348	970.8	德国政府软贷款	1989～1992	林业	福建省邵武贮木场
38	漳州二水厂净水项目	净水厂制水能力7.5万吨/日	5138	440	西班牙政府贷款	1991～1995	自来水	漳州市第二水工程指挥部

1991～2005年福建省国外贷款项目

序号	项目名称	设规模及内容	总投资（万元）	贷款签约额（万美元）	资金来源	建设起止年限	所属行业	项目单位
39	牙科综合治疗台椅项目	改善医院牙科治疗设备	249	30	西班牙政府贷款	1992～1993	卫生	协和医院
40	福建省龙岩污水处理项目	日处理生活及工业废水10万吨，采用前置厌氧组合生物池技术	21494	483	西班牙政府贷款	1997～1999	城市污水处理	龙岩污水处理厂筹建办
41	南平市城市污水处理工程	日处理污水8万吨	188899	244.4	西班牙政府贷款	1999～2002	城市污水处理	南平市延城污水净化有限公司
42	引进26台剑杆织机项目	引进FAST－1.9剑杆织机26台及备件，年产300万米牛仔布	1616	175	意大利政府混合贷款	1995～1996	纺织	福建省三明纺织厂
43	福州电线厂特种超细漆包生产线	年产3007吨特种及超微细漆包线	3704	568	奥地利政府贷款	1989～1991	机械	福州电线厂
44	南平纸厂2#、3#、4#纸机改造	年增长4.6万吨胶印新闻纸	1431	354.07	奥地利政府贷款	1989～1992	轻工	南平造纸厂
45	三明市污水处理工程	一级处理3.75万吨/日，二级处理1.5万吨/日，截流管道系统长6.7公里	4498	418	奥地利政府贷款	1992～1997	城市污水处理	福建省三明市污水处理厂
46	扩建年产15万吨商品木浆	利用硫酸盐制浆法，生产本色硫酸盐商品木浆，年产量15万吨	115593	10519.82	奥地利政府贷款 瑞典政府贷款 芬兰政府贷款	1991～1994	轻工	青州造纸厂
47	清流等十县程控电话	引进程控电话交换机市话5.5万门，长途3000路端	12200	937	比利时政府贷款	1993～1994	邮电通信	福建省邮电管理局
48	福州祥板污水处理厂项目	日处理污水10万吨	8900	423.3	芬兰政府贷款	1992～1995	城市污水处理	福州祥板污水处理厂
49	引进口腔治疗设备项目	引进牙科治疗设备	373.5	45	芬兰政府贷款	1995～1995	卫生	福建省机关医院、漳州市医院
50	引进防聋，防盲康复医疗设备	引进瑞士Leica公司眼科、通科手术显微镜	365.9	52.3	瑞士政府贷款	1995～1996	卫生	省立医院，协和医院等医院
51	引进显微外科手术设备	引进瑞士Leica等公司的显微外科手术显微镜、病理切片机	315.4	39.5	瑞士政府贷款	1996～1997	卫生	省立医院、市二医院
52	提高血液净化技术装备水平	引进瑞典血透机、水处理机	218.3	26.3	瑞典政府贷款	2000～2000	卫生	漳州、莆田市医院、顺昌县医院
53	福州市西区水厂扩建工程	60万立方米/日，分二期建设，一期供水30万立方米/日	15000	498	加拿大政府贷款	1990～1991	自来水	福州西区水厂扩建指挥部
54	生产漂白粉、竹浆、特号胶片印刷纸	建设年产漂白商品竹浆3.5万吨和特号胶版印刷纸2.5万吨	58189	3096	加拿大政府贷款 芬兰政府贷款	1992～1995	轻工	邵武市竹浆厂
55	福建省龙岩地区纸厂扩建项目	年产超级压光纸5.1万吨	44794	2687.7	加拿大政府贷款	1994～1996	轻工	福建省龙岩地区造纸实业公司
56	中银漳州经济开发区供水工程	漳州开发区供水工程规模近期20万吨/日（分两期，一期为10万吨/日、二期为40万吨/日）	20000	498	加拿大政府贷款	1996～1998	自来水	招商局中银漳州经济开发区管委会

1991～2005年福建省国外贷款项目

序号	项目名称	设规模及内容	总投资（万元）	贷款签约额（万美元）	资金来源	建设起止年限	所属行业	项目单位
57	福建省三明市污水处理二期项目	引进污水处理设备	19184	450	加拿大政府贷款	2002～2003	城市环保	福建省三明市污水处理厂
58	漳州市东区污水处理项目	日处理10万吨/日二级污水处理厂	19770	477.7	澳大利亚政府贷款	1996～1998	城市污水处理	福建省漳州市环保局
59	福建沙溪口水电站	总装机30万千瓦（4×7.5），年均发电量9.6亿度	74103	3069	科威特政府贷款	1987～1995	电力	福建沙溪口水电站
60	医疗急救设备项目	引进医疗急救设备	323.7	39	以色列政府贷款	1993～1994	卫生	协和医院等
61	加强危重疾病监测项目	引进危重疾病监测设备，心导管实验等系统	365.2	44	以色列政府贷款	1994～1995	卫生	厦门市第一医院等医院
62	医学影像设备项目	引进以色列Elscint公司医学影像设备	2374.6	286.1	以色列政府贷款	1998～1999	卫生	省立医院、肿瘤医院，莆田医院等
63	卫生系统引进医疗设备项目	引进CT、ECT等医疗设备	1490.7	179.6	以色列政府贷款	2002～2002	医疗卫生	福州市第一医院、省肿瘤医院、漳州市医院
64	南平市第一医院引进设备项目	引进螺旋CT、ECT等医疗设备	1391.4	152.4	以色列政府贷款	2004～2004	医疗卫生	南平市第一医院
65	福建医大附属第一医院引进设备项目	引进MRI、C臂X光机、彩超等医疗设备	1785.6	215	以色列政府贷款	2004～2005	医疗卫生	福建医大附属第一医院
66	福州市卫生系统引进医疗设备项目	引进麻醉机、监护仪、乳腺X光机、自动生化仪、手术床等医疗设备	1773.5	203.5	以色列政府贷款	2004～2005	医疗卫生	福州第一医院、第二医院、结核病院、中医院
67	龙岩市卫生系统引进医疗设备项目	引进MRI、螺旋CT、ECT等医疗设备	2218.0	254.5	以色列政府贷款	2005～2005	医疗卫生	龙岩市第一医院、第二医院，武平县医院，永定县医院
68	提高医院医疗技术装备水平项目	引进美国产手术床，手术灯，血凝分析仪，血气分析仪，除颤监护仪、新超等设备	1031.7	118.3	美国进出口银行贴息贷款	1999～1999	卫生	厦门市第一医院、莆田县医院
69	漳州市医院引进医疗设备项目	引进螺旋CT、X光心血管机	1464.0	168	美国进出口银行贴息贷款	2000～2000	医疗卫生	漳州市医院
70	泉州市第一医院引进医疗设备项目	彩超、监护仪、除颤起搏器、血管造影系统等医疗设备	1058	127.4	美国进出口银行贴息贷款	2000～2000	医疗卫生	泉州市第一医院
71	利用美国进出口银行贷款购买医疗设备项目	彩超、监护仪、除颤起搏器、血管造影系统等医疗设备	1058	127.4	美国进出口银行贴息贷款	2000～2001	其他科教文卫	泉州市第一医院
72	提高医院医疗技术装备水平项目	引进螺旋CT、彩超、DSA等医疗设备	3216.0	367.6	美国进出口银行贴息贷款	2002～2002	医疗卫生	医大协和医院、附一医院龙岩市第一医院
73	引进程控电话交换机	扩容程控电话设备市话44.16万门	90000	4993	境外银行贷款	1994～1995	邮电通信	福建省邮电管理局
74	扩建80万平方米瓷砖生产线	年产80万平方米瓷砖	464	122	国际融资租赁	1988～1991	建筑	漳州建筑瓷厂

1991～2005年福建省国外贷款项目

序号	项目名称	设规模及内容	总投资（万元）	贷款签约额（万美元）	资金来源	建设起止年限	所属行业	项目单位
75	引进石英谐振生产线	年产石英谐振器4560万只，外壳基座1.2亿只	3558	160	国际商业贷款	1989～1993	电子	莆田日山科技实业有限公司
76	三明斑竹水电站建设	规模3×1.5万千瓦	22005	1000	国际商业贷款	1994～1997	电力	三明中银斑竹水电有限公司
77	进口一艘2万吨级散装货船	购买2万吨散装货船一艘	2490	250	国际商业贷款	1997～1997	水运	福建省漳州轮船公司

1991～2005年厦门市国外贷款项目

序号	项目名称	建设规模及内容	总投资（万元）	贷款签约额（万美元）	资金来源	建设起止年限	所属行业	项目单位
1	厦门燃气轮机电站	引进9.8万吨燃气机组	29000	2539	世界银行贷款	1984～	工业	厦门燃气轮机电站
2	厦门东渡二期工程	新建v3.5万吨级集装箱泊位一个，2.5万吨级煤炭泊位一个，2万吨级件杂货泊位二个，新增吞吐量350万吨	56119.31	3600	世界银行贷款	1989～1994	交通	厦门港务局
3	电子职校教学设备	引进教学设备和实验设备	704.2	60	世界银行贷款	1990～1996	社会事业	电子职业中专学校
4	沿海资源可持续开发项目	①建造渔政船一艘；②建设濒危物种保护中心管理楼，征地1000平方米；建筑1500平方米；	1200	565	世界银行贷款	1999～2006	农业	厦门市海洋与渔业局
5	厦门水土保持项目	水土流失坡地治理开发	421	159.71	亚洲开发银行贷款	1996～1999	农业	厦门市水土办、集美区政府、同安区政府
6	厦门东渡三期工程	新建5万吨级集装箱专用泊位（编号10#、11#）设计年吞吐量为45万TEU，一个5万吨级通用泊位和四个杂货泊位吞吐量为100万吨杂货	70782.14	5000	亚洲开发银行贷款	1998～2002	交通	厦门港务局
7	邮电局万门程控电话	引进2万门程控电话、长途电路1500路端	12651	1107	日本政府日元贷款	1990～	基础设施	邮电局
8	厦门特区供水一期	52万吨/日江东取水泵站、39公里输水钢管、12万吨/日净水厂	5086	2663	日本政府日元贷款	1992～1996	基础设施	水务集团
9	信息网建设	引进信息网络设备	2857	250	日本政府日元贷款	1995～1996	基础设施	信息技术服务中心
10	贝劳海域远洋渔业	引进鱼船作业设备	900	80	日本黑字还流贷款	1993～	农业	海洋渔业局
11	海洋实业引进设备	引进海洋作业设备	2000	180	日本黑字还流贷款	1993～	农业	海洋渔业局
12	海沧大桥新建	主桥长1108米，建设总里程6427米，双向六车道加紧急停车带的高等级公路桥梁	287400	13000	日本政府不附带条件贷款	1997～1999	交通	厦门市路桥建设投资总公司
13	厦门特区供水二期（买方信贷）	高殿30万吨/日净水厂	2857	443 552	法国政府贷款 出口信贷	1995～1998	基础设施	水务集团
14	厦门污水处理工程（买方信贷）	污水二厂建设	4300	188 188	西班牙政府贷款 出口信贷	1992～1994	基础设施	水务集团
15	厦门医疗急救中心	购置医疗应急设备和车辆	5100	446	西班牙政府贷款	1993～1998	社会事业	厦门市医疗急救中心
16	蔡坑污水处理工程	东部污水厂建设	5738	460	奥地利政府贷款	1994～1995	基础设施	
17	厦门海沧污水项目	引进污水处理设备	5600	490	芬兰政府贷款	2000～	基础设施	海沧财税局
18	厦门污水二厂扩建	污水二厂扩建	7577	495	丹麦政府贷款	2002～2006	基础设施	水务集团
19	厦门市环卫综合处理厂 赠款40%CHF	处理量2×200吨/日，两条垃圾焚烧线、600千瓦发电机组	31200	1450 799.4	瑞士政府贷款	1998～2006	基础设施	厦门市环卫综合处理厂
20	员当湖排洪工程	排涝泵站建设	5165	452	瑞典政府贷款	1994～1997	基础设施	水务集团
21	厦华注塑厂	进口注塑机、机械手及中央供料系统等扩建	4787	276	加拿大政府贷款	2001～2006	工业	厦华电子公司
22	高崎国际机场一期	引进先进机场建设设备	21265	1800	科威特政府贷款	1983～	交通	机场
23	高崎国际机场二期	按4E级标准扩建机场.主要项目：跑道延长700米、新造一条3300米平行滑行道、扩建站坪面积17万平方米，新建12.9万平方米航站楼等	209600	1800	科威特政府贷款	1992～1996	交通	厦门国际航空港集团有限公司

1991～2005年厦门市国外贷款项目

序号	项目名称	建设规模及内容	总投资（万元）	贷款签约额（万美元）	资金来源	建设起止年限	所属行业	项目单位
24	厦门机场扩建项目	引进机场建设设备	5700	500	科威特政府贷款	1992～1996	交通	厦门国际航空港集团有限公司
25	厦门第一医院	引进危重疾病控制先进设备	502	44	以色列政府贷款	1994～1995	社会事业	厦门市第一医院
26	厦门市中山医院心脏中心	引进64排螺旋CT和1.5T双梯度核磁共振系统（MRI）	2744.56	300	以色列政府贷款	2003～2006	社会事业	厦门大学附属中山医院
27	B2819飞机	引进一架注册号为B2819的B757—200飞机	4076	5000	国际融资租赁	1992～2002	交通	厦门航空
28	B2828/29飞机	引进两架注册号为B2828、B2829的B757—200飞机	8990	9600	国际融资租赁	1993～2005	交通	厦门航空
29	B2848飞机	引进一架注册号为B2848的B757—200飞机	4678	5374.1734	国际融资租赁	1996～2007	交通	厦门航空
30	B2849飞机	引进一架注册号为B2849的B757—200飞机	4712	5453.0291	国际融资租赁	1996～2007	交通	厦门航空
31	B2991/92飞机	引进两架注册号为B2991、B2992的B737—700飞机	6089	5596.617195	国际融资租赁	1998～2010	交通	厦门航空
32	B2998/99飞机	引进两架注册号为B2998、B2999的B737—700飞机	6 126.7682	5520.610952	国际融资租赁	1998～2010	交通	厦门航空
33	B5212/15/16/18/19飞机	引进五架注册号为B5212/15/16/18/19的B737—700飞机	19663	13300	国际商业贷款	2005～2012	交通	厦门航空
34	厦信商业贷款	发放贷款	457	40	国际商业贷款	1991～	农业	厦门国际信托投资有限公司
35	厦信商业贷款	发放贷款	5779	505.68	国际商业贷款	1991～	工业	厦门国际信托投资有限公司
36	厦信商业贷款	发放贷款	7486	655	国际商业贷款	1991～	服务业	厦门国际信托投资有限公司
37	厦信商业贷款	发放贷款	229	20	国际商业贷款	1991～	房地产业	厦门国际信托投资有限公司
38	厦信商业贷款	发放贷款	14291	1250.5	国际商业贷款	1992～	工业	厦门国际信托投资有限公司
39	厦信商业贷款	发放贷款	8880	777	国际商业贷款	1992～	服务业	厦门国际信托投资有限公司
40	厦信商业贷款	发放贷款	229	20	国际商业贷款	1992～	旅游业	厦门国际信托投资有限公司
41	厦信商业贷款	发放贷款	30730	2688.9	国际商业贷款	1993～	工业	厦门国际信托投资有限公司
42	厦信商业贷款	发放贷款	3429	300.03	国际商业贷款	1993～	服务业	厦门国际信托投资有限公司
43	厦信商业贷款	发放贷款	3783	331	国际商业贷款	1993～	旅游业	厦门国际信托投资有限公司
44	厦信商业贷款	发放贷款	720	63	国际商业贷款	1993～	房地产业	厦门国际信托投资有限公司
45	厦信商业贷款	发放贷款	15115	1322.58	国际商业贷款	1994～	工业	厦门国际信托投资有限公司

1991～2005年厦门市国外贷款项目

序号	项目名称	建设规模及内容	总投资（万元）	贷款签约额（万美元）	资金来源	建设起止年限	所属行业	项目单位
46	厦信商业贷款	发放贷款	20286	1775	国际商业贷款	1994～	基础设施	厦门国际信托投资有限公司
47	厦信商业贷款	发放贷款	28194	2467	国际商业贷款	1994～	服务业	厦门国际信托投资有限公司
48	厦信商业贷款	发放贷款	1040	91	国际商业贷款	1994～	旅游业	厦门国际信托投资有限公司
49	厦信商业贷款	发放贷款	1714	150	国际商业贷款	1994～	房地产业	厦门国际信托投资有限公司
50	厦信商业贷款	发放贷款	62457	5464.98	国际商业贷款	1995～	服务业	厦门国际信托投资有限公司
51	厦信商业贷款	发放贷款	29331	2566.45	国际商业贷款	1995～	工业	厦门国际信托投资有限公司
52	厦信商业贷款	发放贷款	1714	150	国际商业贷款	1995～	旅游业	厦门国际信托投资有限公司
53	厦信商业贷款	发放贷款	5143	450	国际商业贷款	1995～	房地产业	厦门国际信托投资有限公司
54	厦信商业贷款	发放贷款	6071	531.24	国际商业贷款	1995～	基础设施	厦门国际信托投资有限公司
55	厦信商业贷款	发放贷款	31792	2781.83	国际商业贷款	1996～	工业	厦门国际信托投资有限公司
56	厦信商业贷款	发放贷款	20786	1818.76	国际商业贷款	1996～	基础设施	厦门国际信托投资有限公司
57	厦信商业贷款	发放贷款	51757	4528.73	国际商业贷款	1996～	服务业	厦门国际信托投资有限公司
58	厦信商业贷款	发放贷款	6857	600	国际商业贷款	1996～	房地产业	厦门国际信托投资有限公司
59	厦信商业贷款	发放贷款	179	15.69	国际商业贷款	1996～	农业	厦门国际信托投资有限公司
60	厦信商业贷款	发放贷款	35756	3128.65	国际商业贷款	1997～	工业	厦门国际信托投资有限公司
61	厦信商业贷款	发放贷款	49849	4361.76	国际商业贷款	1997～	服务业	厦门国际信托投资有限公司
62	厦信商业贷款	发放贷款	18286	1600	国际商业贷款	1997～	基础设施	厦门国际信托投资有限公司
63	厦信商业贷款	发放贷款	5371	470	国际商业贷款	1997～	旅游业	厦门国际信托投资有限公司
64	厦信商业贷款	发放贷款	5143	450	国际商业贷款	1997～	房地产业	厦门国际信托投资有限公司

1991～2005年江西省国外贷款项目

序号	项目名称	建设规模及内容	总投资（万元）	贷款签约额（万美元）	资金来源	建设起止年限	所属行业	项目单位
1	血吸虫病控制项目	疾病控制、疾病监测、健康教育、科研、培训	7940	934.05	世界银行贷款	1992～1998	卫生	省卫生厅
2	南昌大桥至南九公路一级路连接线	南昌大桥至南九公路连接线及互通共长26.67公里，建设为一级专用公路	20391	498.7	世界银行贷款	1992～1993	交通	省交通厅
3	红壤开发项目二期	开发红壤15394公顷，改扩建赣南饲料厂一座，玉山绸布厂一座	52000	4000	世界银行贷款	1993～1999	农业	省农业厅
4	粮食流通项目	粮库及专用码头建设	19525.8	841.47	世界银行贷款	1993～1996	商贸	省粮食局
5	综合性妇幼卫生	提供基本设备、在职培训、房屋设施的维修改建，降低贫困地区孕产妇和儿童死亡率和发病率	13778	1060	世界银行贷款	1994～2002	卫生	省卫生厅
6	师范教育	8所师专、教委信息中心教育管理信息系统建设	6956	650	世界银行贷款	1994～1999	教育	省教育厅
7	森林资源发展和保护项目	营造林6.06万公顷	21953	1369.77	世界银行贷款	1995～2000	林业	省林业厅
8	贫困地区林业发展项目	营造林12.59万公顷	26858	1756.38	世界银行贷款	1995～2005	林业	省林业厅
9	贫困教育二期	20个县11所中等师范学校教师、校长的培训，校舍建设，开展农村基础教学改革与推广以及购置教学设施	39088.5	1770	世界银行贷款	1995～2000	教育	省教育厅
10	改水Ⅲ项目	农村管网系统供水工程	17000	1600	世界银行贷款	1997～2002	卫生	省卫生厅
11	长江洪灾紧急恢复项目	修复水毁学校145所，医院、卫生院84所，道路72条，水厂16座	34850	2650	世界银行贷款	1999～2001	城建	江西省农业利用外资办
12	江西公路建设二期	昌傅－赣州高速公路262公里	367610	20000	世界银行贷款	2001～2004	交通	省交通厅
13	结核病控制项目	全省61个市（县），免费为省内结核病患者提供抗结核药品治疗	5672	402.42	世界银行贷款	2002～2008	卫生	省卫生厅
14	江西省综合农业现代化项目	改造农田水利103亩，中低产田改良11万亩，市场、小型农加工企业建设，农民营销组织，农业生产大户222个及培训等	130900	10000	世界银行贷款	2004～2009	农业	江西省农业利用外资办
15	九景公路项目	九江至景德镇高速公路项目134公里	302000	15000	亚洲开发银行贷款	1997～2000	交通	省交通厅
16	农村生态能源建设	建设猪－沼－果三位一体模式，农户6100户以及相应的道路等配套工程	18000	992.8	亚洲开发银行贷款	2003～2008	农业	省农业厅
17	赣州农业综合开发项目	扶助15万户贫困农户发展粮食、果茶及畜禽生产、农产品加工、技术培训	47803.8	2315	国际农发基金贷款	1996～2000	农业	赣州市农业利用外资办
18	江西九江电厂三期	2×350kW进口燃煤发电机组	371724	17229	日本政府日元贷款	1999～2002	能源	江西九江三期发电有限责任公司
19	九江大化肥建设项目	年产30万吨合成氨、52万吨尿素	284953	14405.1	日本政府日元贷款	1992～1996	化工	中国石化集团九江化工总厂
20	江西城市防洪	南昌、九江、景德镇、鹰潭、上饶、抚州六城市防洪工程	120000	10000	日本政府日元贷款	2001～2008	城建	江西省水利厅

1991～2005年江西省国外贷款项目

序号	项目名称	建设规模及内容	总投资（万元）	贷款签约额（万美元）	资金来源	建设起止年限	所属行业	项目单位
21	江西城市供水项目	景德镇、赣州、吉安、南康四城市水厂，总规模为日供水30万立方米	39000	3840	日本政府日元贷款	2003～2006	城建	江西省建设厅
22	江西省公共卫生项目	建立健全省、市疾病控制体系和医疗救治体系，提高疾病预防控制水平和应对突发公共卫生事件能力，并为下一阶段两个体系建设提供框架、管理经验和技术支持	27307	2370.42	日本政府日元贷款	2004～2006	卫生	江西省卫生厅
23	江西省人才项目	教学、实验、科研仪器设备、人员培训，土建配套工程	59247.7	4091.5	日本政府日元贷款	2004～2007	教育	江西省教育厅
24	江西省造林项目	营造林总规模219203 hm2，种植材料开发及机构和人力资源建设	70384.6	7000	日本政府日元贷款	2004～2010	林业	江西省林业厅
25	引进气流纺纱机技改项目	引进648头西德气流纺纱机	2996	174.4	日本政府黑字还流贷款	1994～1996	纺织	江西瑞华棉纺厂
26	洪景饶数字微波	微波电路599公里	5600	495	法国政府贷款	1993～1994	邮电通信	江西省邮电管理局
27	鹰潭程控交换机项目	S1240数字程控交换设备，长途3000路端，中继3000路端	1827.4	92.8	法国政府贷款	1994～1996	邮电通信	鹰潭市邮电局
28	引进中密度纤维板生产线	年产5万立方米中密度纤维板	27438	1452	德国出口信贷	1997～2000	建材	罗宾有限公司
29	速冻蔬菜生产线	年产速冻蔬菜2500吨	2491	150	西班牙政府贷款	1992～1994	轻工	江西赣东冷冻食品厂
30	牛仔布生产线	年产牛仔布574万米	2941	383.6	西班牙政府贷款	1995～1996	纺织	江西抚州第二棉纺厂
31	新余市第三水厂	日产水10万吨	11500	240	西班牙政府贷款	1999～2000	公用事业	新余市自来水公司
32	宜春市人民医院	引进医疗设备	2023	165.78	西班牙政府贷款	1999～2000	卫生	宜春市人民医院
33	江西省广播电视局广电设备	广播电视数字化制作、播控和转播设备	6225	495	西班牙政府贷款	2003～2006	广播电视	江西省广电局
34	南昌市青云水厂二期	自来水20万立方米，取水设施、净水设施、电气设施，输水管网	16967	861	荷兰政府贷款	1995～1997	公用事业	南昌市自来水有限责任公司
35	南昌市青云水厂三期	扩建日产水20万立方米设施	9000	450	荷兰政府贷款	1999～2001	公用事业	南昌市自来水有限责任公司
36	十八地市县引进程控电话	引进程控电话市话72800门	18327	1357	比利时政府贷款	1992～1996	邮电通信	江西省邮电管理局
37	九江市第三水厂	日产水10万吨	14925	375	比利时政府贷款	1996～1998	公用事业	九江市自来水公司
38	九江化纤厂粘胶短纤维建设项目	扩建年产3万吨粘胶短纤维	26747	1907.7	瑞士政府贷款	1990～1993	纺织	江西九江化学纤维厂
39	刨花板生产线技术改造	年产1.8万立方米刨花板	4204	421	芬兰政府贷款	1993～1995	森工	景德镇木材厂
40	樟树市人民医院	引进医疗设备	2452	180	芬兰政府贷款	2003～2005	卫生	樟树市人民医院
41	南昌市8万门程控电话	8万门AXE－10程控交换机及配套电源、传输设备	19228	945	瑞士政府贷款	1991～1995	邮电通信	南昌市邮电局
42	抚州市程控电话扩容	扩容安装程控电话11300门	2530	122.3	加拿大政府贷款	1992～1993	邮电通信	抚州市邮电局

1991～2005年江西省国外贷款项目

序号	项目名称	建设规模及内容	总投资（万元）	贷款签约额（万美元）	资金来源	建设起止年限	所属行业	项目单位
43	宜春市程控电话交换系统扩容	市话扩容13000门，长途扩线510线	3800	145	加拿大政府贷款	1992～1994	邮电通信	宜春市邮电局
44	鹰潭程控电话一期扩容	市话扩容13572门，长途电话线路420线	2671	151.3	加拿大政府贷款	1993～1995	邮电通信	鹰潭市邮电局
45	萍乡市程控电话扩容	程控交换机市话11000门，长途510线	2838	87.9	加拿大政府贷款	1993～1994	邮电通信	萍乡市邮电局
46	吉安市程控电话交换机系统扩容	DMS－100／200长市合一数字程控交换机258700门，TS840线，DMS10数字程控交换机4000门	2920.4	140	加拿大政府贷款	1993～1995	邮电通信	吉安市邮电局
47	赣州程控电话交换设备	市话22000门，中继25部，系统长市中继25部	4400	297.5	加拿大政府贷款	1993～1995	邮电通信	赣州市邮电局
48	鹰潭市程控电话三期扩容	程控电话交换机1200门	2547	159.3	加拿大政府贷款	1997～1997	邮电通信	鹰潭市邮电局
49	引进冰箱压缩机技术及生产线	年产100万台冰箱和冷柜	21000	3675.4	澳大利亚政府贷款	1991～1993	机械	华意电器总公司
50	景德镇机场建设	建设4C级标准机场	23000	628	科威特政府贷款	1992～1996	交通	景德镇罗家机场
51	赣州机场扩建工程	建设4C级标准机场	11500	581.2	科威特政府贷款	1992～1996	交通	赣州黄金机场
52	景德镇二医院	引进医疗设备	1200	130	以色列政府贷款	2003～2005	卫生	景德镇市第二人民医院
53	九江医专	引进医疗设备	250	29.5	美国进出口银行贴息贷款	1996～1997	卫生	九江学院附属医院
54	宜春市第二人民医院	引进医疗设备	680	79.5	美国进出口银行贴息贷款	2002～2003	卫生	宜春市第二人民医院
55	丰城市人民医院	引进医疗设备	70	8.5	美国进出口银行贴息贷款	2002～2003	卫生	丰城市人民医院
56	年产8万吨合成氨扩建工程	引进年产8万吨合成氨装置一套	21206.9	2500	国际商业贷款	1990～1993	化工	江西第二化肥厂
57	引进抛光砖设备	引进年产35万立方米玻化渗花抛光砖生产线	1062.5	80	国际商业贷款	1995～1996	建材	高安市高峰陶瓷集团公司

1991～2005年山东省国外贷款项目

序号	项目名称	建设规模及内容	总投资（万元）	贷款签约额（万美元）	资金来源	建设起止年限	所属行业	项目单位
1	华北平原农业项目	150万亩综合治理	6000	3000	世界银行贷款	1982～1991	农业	齐河、禹城、陵县项目办
2	农村卫生与医学教育项目	引进医疗设备、开展人员培训和招聘，改善基础设施	8765.81	942	世界银行贷款	1984～1991	卫生	山东省十五个贷款县（市区）
3	农业部教育项目	教学仪器设备引进	195.88	43.55	世界银行贷款	1984～1992	教育	山东省水产学校
4	泰安市岱岳区农村卫生和医学教育贷款项目	引进医疗设备，价值592062.56个特别提款权，折713935.11美元	571.2	71.4	世界银行贷款	1984～1994	卫生	泰安市岱岳区政府
5	山东省种子项目	建良种生产基地15504公顷	310	155	世界银行贷款	1985～1992	农业	齐河、禹城、陵县、平原县农业局
6	农村卫生与预防医学	基础配套设施建设，购置监测设备，开展国内外培训	460	55	世界银行贷款	1986～1992	卫生	山东省防疫站、省结防中心、省皮防所
7	在职教师培训项目	完善培训设施，开展在职教师培训	300	50	世界银行贷款	1988～1991	教育	烟台教育学院
8	山东省农业综合开发项目	对徒骇河流域水利设施进行扩建整修；建设良种场和繁育场等	27230	10900	世界银行贷款	1989～1993	农业	山东省徒骇河流域12个县、4个沿海县和鲁中南地区8个贫困县
9	农业开发项目	养殖虾等海珍品	9532	4730	世界银行贷款	1989～1994	农业	山东省无棣沾化寒亭蓬莱
10	山东省济青公路项目	建设济南至青岛高速公路318公里	336000	11000	世界银行贷款	1990～1993	交通	山东省交通厅
11	疾病控制项目	基建、设备、培训、药品	7431	613	世界银行贷款	1990～2000	卫生	山东省市县结核病控制机构
12	公路建设项目	建设国道220 河至马家店公路	4509.72	460	世界银行贷款	1991～1991	交通	山东省交通厅
13	公路建设项目	建设国道308晏城至高唐公路	4500	403	世界银行贷款	1991～1991	交通	山东省交通厅
14	职业技术教育项目	完善设施，提高职业技术教育能力	260	40	世界银行贷款	1991～1991	教育	烟台第一职业中专
15	国家造林项目	建设7.56万公顷速丰林	15885.5	1326.5	世界银行贷款	1991～1995	林业	山东省林业厅
16	加强灌溉农业项目	包括灌溉与排水、农业加强与服务、机构发展与服务三部分	27627	11546	世界银行贷款	1991～1996	农业	济宁、泰安、枣庄、莱芜、菏泽五市地28县农业局
17	世界银行贷款师范教育发展项目	引进教学设备，改革研究课题，购置图书	624	78	世界银行贷款	1993～1998	教育	泰安师专
18	教育发展项目	引进教学试验仪器设备	903	55	世界银行贷款	1993～1998	教育	临沂教育学院
19	畜牧开发项目	购置仪器设备	27636	1077	世界银行贷款	1993～1998	农业	临沂市畜牧局
20	结核病控制项目	引进设备，完善防制体系	216	27	世界银行贷款	1993～2001	卫生	泰安市结核病防治中心
21	邹县电厂三期工程	建设2×60万千瓦机组	653782	31000	世界银行贷款	1994～1999	能源	邹县电厂
22	烟台住房改革项目	建造住房60万平方米	45840	4000	世界银行贷款	1994～2014	城市建设	烟台市住房公司

1991～2005年山东省国外贷款项目

序号	项目名称	建设规模及内容	总投资（万元）	贷款签约额（万美元）	资金来源	建设起止年限	所属行业	项目单位
23	森林资源发展和保护项目	建设5.40万公顷速丰林	13354.1	901.4	世界银行贷款	1996～1999	林业	山东省林业厅
24	威海市卫生健康促进项目	引进设备，预防和控制慢性非传染性疾病、性病、艾滋病和意外伤害，形成健康促进网络	2138.6	114	世界银行贷款	1996～2000	卫生	威海市卫生健康促进中心
25	山东省种子商业化项目	平整改良种子田10692公顷；销售、检验、办公、培训设施建设；种子综合加工厂建设；开展培训	4673	1853	世界银行贷款	1996～2001	农业	山东省种子总公司及泰安、淄博、潍坊、济宁、无棣、禹城七市（县）地种子公司、章丘农场
26	威海热电项目	建设2台12MW发电机组和4台75t/h锅炉	40107	2507	世界银行贷款	1996～2001	能源	威海市第三热电厂
27	济宁结核病防治项目	济宁市12各县市区和市结核病诊所的建设与完善	332	20.84	世界银行贷款	1996～2001	卫生	济宁市卫生局
28	曲阜市世界卫生组织项目	引进医疗设备	1035	64.94	世界银行贷款	1996～2001	卫生	曲阜市卫生局
29	师范教育发展项目	引进教学仪器	1156	70	世界银行贷款	1996～2001	教育	济宁市师范学院
30	职业培训和劳动力市场建设项目	建设劳动力市场信息系统	8150	451	世界银行贷款	1996～2001	教育	潍坊市劳动和社会保障局
31	疾病控制健康促进子项目	基建、培训、设备、宣传教育	2139	127	世界银行贷款	1998～2001	卫生	威海市卫生局
32	加强灌溉农业项目二期	主要包括灌溉与排水、农业加强务、机构发展与服务三部分	18795	5193	世界银行贷款	1998～2003	农业	济宁、泰安、枣庄、济南、菏泽、德州6市22县开发办
33	济南市引黄供水鹊山调蓄水库项目	建设4600万立方米水库	55585	2408	世界银行贷款	1998～2003	供水与环境卫生	济南供水集团
34	济南污水处理厂项目	建设污水管网50.9公里	30408	1608	世界银行贷款	1998～2003	供水与环境卫生	济南市水质净化一厂
35	烟台500热力管网工程	建设热力网主干线30.22公里	39638	2401	世界银行贷款	1998～2003	城市建设	烟台市热力公司
36	小清河流域污染治理小额贷款项目	开展工业污染源治理，改善环境	8300	500	世界银行贷款	1998～2005	环境保护	山东省政府
37	沿海资源开发项目	海岸带建设管理	16600	1000	世界银行贷款	1999～2006	农业	威海及蓬莱市政府
38	菏泽市污水处理工程	建设8万吨/日污水处理厂	17730	1000	世界银行贷款	2000～2003	供水与环境卫生	菏泽市污水处理厂
39	菏泽成武造纸厂污染治理项目	引进碱回收设备，处理造纸污水	8346.24	504	世界银行贷款	2001～2005	环境保护	菏泽成武造纸厂

1991～2005年山东省国外贷款项目

序号	项目名称	建设规模及内容	总投资（万元）	贷款签约额（万美元）	资金来源	建设起止年限	所属行业	项目单位
40	日照污水处理项目	建设污水管网32.7公里，处理污水10万吨/日	16673	1102	世界银行贷款	2001～2005	供水与环境卫生	日照城市排水管理处
41	莒县绿源污水处理项目	建一座污水处理厂，污水管网15.6公里，形成4万吨/日能力	1253.5	99	世界银行贷款	2001～2005	供水与环境卫生	莒县绿源污水处理厂
42	肥城市城市污水处理工程	建设日处理4万吨的污水处理厂，19.5公里的截污管网，回用水2万吨	8557	544.3	世界银行贷款	2002～2004	供水与环境卫生	肥城市康龙排水有限公司
43	林业持续发展项目	建设1.99万公顷速丰林	18351.1	1111	世界银行贷款	2003～2007	林业	山东省林业局
44	蓬莱沿海资源开发项目	开展资源可持续开发	6250	585	世界银行贷款	2004～2006	农业	蓬莱市财政局
45	引进16台剑杆织机	填平补齐16台剑杆织机	984	160	亚洲开发银行贷款	1991～1992	纺织	昌邑市丝织一厂
46	引进24台剑杆织机及配套设备	更新改造24台剑杆织机及配套设备	2508	285	亚洲开发银行贷款	1991～1992	纺织	昌邑市丝织二厂
47	莱钢扩建改造工程	引进设备，扩大生产能力	413394	22100	亚洲开发银行贷款	1991～1998	冶金	莱钢
48	港口项目第一期	建设6个深水泊位，年吞吐量340万吨能力	76900	4480	亚洲开发银行贷款	1992～1997	交通	烟台港务局
49	文登通讯电缆项目	建设光线光缆一期工程	9800	45	亚洲开发银行贷款	1994～1994	邮电通信	文登通讯电缆厂
50	煤制气二期工程	形成75万立方米/日的能力	67400	5400	亚洲开发银行贷款	1994～1998	城市建设	青岛市煤制气公司
51	供热管网工程	形成40吨/小时的能力	24300	1600	亚洲开发银行贷款	1994～1998	城市建设	青岛市电厂
52	污水处理工程	建设8万吨/日污水处理厂	29000	2000	亚洲开发银行贷款	1996～1999	供水及环境卫生	青岛市李村河污水处理厂
53	港口发展第二期	建设4个深水泊位，年吞吐量255万吨的能力	133800	6300	亚洲开发银行贷款	1997～2001	交通	烟台港务局
54	文登农业综合开发项目	进行护林、果树栽培、土地深翻，养殖奶山羊、长毛兔	4564	256.6	国际农发基金贷款	1991～1999	农业	文登市农业局
55	烟台农业综合开发项目	植树造林，开展土地改良	37159	2387	国际农发基金贷款	1992～1996	农业	烟台市财政局
56	青岛港前湾一期项目	建设6个泊位，年吞吐能力1700万吨	216396	6171	日本政府日元贷款	1987～1993	交通	青岛港集团
57	山东省信息系统建设项目	建设全省信息系统	7875	750	日本政府日元贷款	1988～1992	其他	山东省信息中心
58	王曲电厂建设项目	建设2×60万千瓦等级汽轮机组	789725	51000	日本政府日元贷款	1988～1992	能源	山西鲁晋王曲发电有限责任公司
59	淄博第四砂轮厂项目	引进精密陶瓷砂轮生产设备	2400	260	日本黑字还流贷款	1991～1992	机械	四砂股份有限公司、省机械厅
60	日照港二期项目	建设3个1.5万吨通用杂货、1个万吨级通用散货、1个万吨级杂货兼集装箱泊位，年增吞吐量200万吨	40354.28	1870	日本政府日元贷款	1992～1996	交通	日照港务局
61	青岛市黄岛供水工程	形成4万吨/日的能力	36000	1760	日本政府日元贷款	1993～1995	供水及环境卫生	青岛市建委

1991～2005年山东省国外贷款项目

序号	项目名称	建设规模及内容	总投资（万元）	贷款签约额（万美元）	资金来源	建设起止年限	所属行业	项目单位
62	青岛港前湾二期项目	建设6个泊位，年吞吐能力315万吨	145099	984	日本政府日元贷款	1995～1999	交通	青岛港集团
63	烟台轴承厂轴承套圈项目	引进技术和设备，制造轴承套圈等产品	1650	210	日本黑字还流贷款	1996～1998	机械	山东烟台轴承厂
64	青岛黄岛污水处理工程	形成2.5万吨/日的能力	5800	340	日本政府日元贷款	1997～1998	供水及环境卫生	青岛市建委
65	千吨青霉素工业钾盐项目	形成年产千吨青霉素及系列产品的能力	109447	4000	日本黑字还流贷款	1997～1999	医药	济宁鲁抗集团
66	日照木浆项目	建设年产10.5万吨商品木浆、6.8万吨高档纸板	281095	17500	日本政府不附带条件贷款	1997～2002	轻工	山东亚太森博浆纸有限公司
67	山东重点煤矿改造工程	对兖州矿区、枣滕矿区、济北矿区进行改造	1205177	55000	日本能源贷款	1998～2002	能源	山东省煤炭局
68	烟台市供水工程	建设莱州湾地区供水系统	82500	5563	日本政府日元贷款	1999～2002	供水及环境卫生	烟台市莱州湾地区供水项目办公室
69	大芦湖农业综合开发项目	开展农业综合开发	27500	1666	日本政府日元贷款	2000～2004	农业	高青大芦湖农业总公司
70	黄河三角洲农业综合开发项目（下镇项目区）	开展农业综合开发	11609	5545	日本政府日元贷款	2000～2004	农业	东营市协力开发有限公司
71	山东泰安抽水蓄能电站项目	安装4台25万千瓦可逆式抽水蓄能机组	416952	13400	日本政府日元贷款	2001～2007	能源	山东省电力局
72	济南广播电视局项目	开展广播电视系统扩建	29139	2000	日本政府日元贷款	2002～2006	其他	济南广电局
73	山东枣滕矿区付村矿建设项目	建设年产300万吨煤矿	184000	10000	日本能源贷款	1992～2001	能源	枣庄矿业集团公司
74	烟台第二染织厂项目	引进剑杆织机	403	100	日本黑字还流贷款	1988～1991	纺织	烟台第二染织厂
75	烟台印染整理厂项目	引进印染整理设备	420	105	日本黑字还流贷款	1988～1991	纺织	烟台印染整理厂
76	烟台无线电四厂电子无器件项目	进口超薄型可变电容生产技术及设备	650	130	日本黑字还流贷款	1988～1991	电子	烟台无线电四厂
77	枣庄市纺织项目	引进设备，形成年产涤棉布699万米的能力	1818	200	日本黑字还流贷款	1988～1991	纺织	枣庄市纺织局
78	济南第一机床厂项目	引进数控机床制造设备技术	2490	480	日本黑字还流贷款	1988～1991	机械	济南第一机床厂
79	山东第二前进机械厂项目	引进旋开盖生产线及配套设备	1508	302	日本黑字还流贷款	1988～1992	机械	山东第二前进机械厂
80	临沂电缆厂项目	引进光缆生产设备5台	2423	462	日本黑字还流贷款	1988～1992	机械	临沂电缆厂
81	临沂钢球厂项目	引进球磨机等生产设备	1621	295	日本黑字还流贷款	1988～1992	机械	临沂钢球厂
82	潍坊第二印染厂项目	引进设备扩大生产能力，年产800万米特宽贴画布	6991	698	日本黑字还流贷款	1988～1992	纺织	潍坊第二印染厂
83	山东临沂坪上玻璃厂项目	引进罐头瓶生产线及配套设备	1456	273	日本黑字还流贷款	1988～1993	轻工	山东临沂坪上玻璃厂

1991～2005年山东省国外贷款项目

序号	项目名称	建设规模及内容	总投资（万元）	贷款签约额（万美元）	资金来源	建设起止年限	所属行业	项目单位
84	临沂工程机械项目	引进机加工、焊接、锻压等设备25台（套）	1860	350	日本黑字还流贷款	1988～1994	机械	临沂工程机械股份有限公司
85	高唐针织厂项目	引进先进设备，进行技术改造	1756	200	日本黑字还流贷款	1989～1991	纺织	高唐县针织厂
86	济南汽车配件厂项目	引进液压挺杆生产线，进行汽车配件生产	1934	489	日本黑字还流贷款	1989～1991	机械	济南汽车配件厂
87	烟台北极星钟表公司技术改造项目	引进101/2双历石英表技术软件及设备	993	200	日本黑字还流贷款	1989～1991	轻工	烟台北极星钟表公司
88	沂南制鞋总厂项目	引进PU注塑双色底运动鞋生产线，形成年产50万双高级运动鞋的生产能力	1340	200	日本黑字还流贷款	1990～1991	轻工	沂南制鞋总厂
89	聊城活塞环厂项目	引进活塞环生产线，扩大生产能力	1081	428.34	日本黑字还流贷款	1991～1994	机械	聊城活塞环厂
90	栖霞棉纺厂服装面料生产项目	引进喷气织机生产高档服装面料	2960	407	日本黑字还流贷款	1992～1994	纺织	栖霞棉纺厂
91	滕州市标准件总厂项目	引进生产不锈钢紧固件及异型件关键设备，扩大不锈钢产品出口	5567.1	335.77	日本黑字还流贷款	1997～1997	机械	滕州市标准件总厂
92	滨州活塞厂项目	引进活塞生产线1条、年产活塞100万只	2073	490	英国政府贷款	1991～1992	机械	滨州活塞厂
93	博山电机厂项目	引进汽车电机生产设备	2485	485	英国政府贷款	1991～1992	机械	博山电机厂
94	聊城毛纺织厂项目	引进兔毛纺织设备	2400	456	英国政府贷款	1991～1993	纺织	聊城毛纺织厂
95	济宁市浸出油厂项目	引进混合饲料设备，单班年产3万吨配合饲料	1134	150	英国政府贷款	1991～1993	轻工	济宁市浸出油厂
96	高档卫生洁具生产项目	年产高档卫生洁具40万件	4487	491	英国政府贷款	1991～1993	轻工	肥城县瓷厂
97	德州机床厂项目	引进开发数控机床11台	4327	495	英国政府贷款	1992～1993	机械	德州机床厂
98	无水柠檬酸生产项目	年产无水柠檬酸3000吨	2992	498	英国政府贷款	1992～1993	化工	上海新型发酵厂新太分厂
99	聊城油泵油嘴厂项目	引进喷油泵及偶件加工设备，年新增油泵3万台，偶件20万付	1613	286	英国政府贷款	1992～1994	机械	聊城油泵油嘴厂
100	济南仪表厂项目	形成年产pm智能仪表3000台能力	1620	300	英国政府贷款	1992～1994	机械	济南仪表厂
101	蓬莱民和牧业项目	引进牛奶加工设备	1520	232	英国政府贷款	1994～1996	轻工	蓬莱民和牧业有限公司
102	日照奎山水厂供水工程	形成10万立方米/日的能力，包括供水工程，输配水管线工程	15944	530	英国政府贷款	1995～1999	供水及环境卫生	日照市自来水公司
103	潍坊市污水处理厂项目	形成污水处理厂10万吨/日的能力	15000	730	英国政府贷款	1997～2000	供水及环境卫生	潍坊市污水处理厂
104	潍坊煤气工程	形成25万立方米/日的能力	9925	533	英国政府贷款	1997～2000	城市建设	潍坊市煤气公司
105	临朐汽缸套厂项目	引进汽缸套生产设备，扩大生产能力	1537	295	英国政府贷款	1997～2001	机械	临朐汽缸套厂
106	农业部山东青州良种肉鸡示范场（黄山）项目	2万套种鸡、500吨冷库、饲料加工、孵化、屠宰加工线等	625	552.5	英国政府贷款	1997～2002	农业	青州市农业局

1991～2005年山东省国外贷款项目

序号	项目名称	建设规模及内容	总投资（万元）	贷款签约额（万美元）	资金来源	建设起止年限	所属行业	项目单位
107	山东面粉项目	引进面粉加工机械	16259	1585	法国政府贷款	1988～1990	轻工	山东省粮食局
108	山东省粮食局面粉项目	引进面粉加工机械	5247	490	法国政府贷款	1988～1990	轻工	山东省粮食局
109	山东省粮食局饲料项目	引进饲料加工机械	1895	150	法国政府贷款	1988～1990	轻工	山东省粮食局
110	泰安啤酒厂项目	引进啤酒槽加工设备，年产颗粒饲料8000吨	1168	158	法国政府混合贷款	1989～1991	轻工	泰安啤酒厂
111	淄博市引黄供水工程	引进水厂系列设备，日供水25万立方米	81700	495	法国政府贷款	1992～1993	供水及环境卫生	淄博市引黄工程指挥部
112	济南面粉厂项目	引进粮食机械和面粉加工设备，扩大生产能力	5506	495	法国政府贷款	1995～1995	轻工	济南面粉厂
113	济宁市第二面粉厂项目	建设300吨/天面粉加工线	7013	501	法国政府贷款	1995～1998	轻工	济宁市第二面粉厂
114	煤气公司第二气源厂项目	建设20万立方米／日气源厂	15834	533	法国政府贷款	1996～1998	城市建设	潍坊市煤气总公司
115	农业加强喷灌示范项目	引进卷盘式喷灌机300台	2202.5	133	法国政府贷款	2000～2002	农业	荣成市水利科技推广中心
116	农业加强喷灌示范项目	引进卷盘式喷灌机150台	1987.2	120	法国政府贷款	2000～2002	农业	文登市乡村供水服务中心
117	济－临－青数字微波项目	济－临－青数字微波，建设22个微波站	3220	515	德国政府贷款	1988～1991	邮电通信	山东省邮电局
118	潍坊市程控电话项目	引进市话1.3万门，长途480路	2611	321	德国政府贷款	1988～1991	邮电通信	潍坊市邮电局
119	临沂市化纤厂备项目	引进聚丙烯长丝及装饰布生产线	3446	550	德国政府贷款	1988～1991	纺织	临沂市化纤厂
120	烟台套子湾污水处理工程	形成日处理污水25万吨的能力	35199	1367	德国政府赠款	1991～1993	供水及环境卫生	烟台市城市排水管理处
121	济南程控电话项目	市化程控交换机5.4万门	9558	1022	德国政府贷款	1994～1995	邮电通信	济南市电信局
122	烟台海运总公司购船项目	购进运输用船舶	5600	718	德国政府贷款	1994～1996	交通	烟台海运总公司
123	济南兴华实业公司	引进混凝土搅拌车等设备	5107	420	德国政府贷款	1996～1996	其他	济南兴华实业公司
124	青岛市团岛污水处理工程	形成10万吨/日污水处理能力	29000	1750	德国政府赠款	1996～1999	供水及环境卫生	青岛市建委
125	山东农话项目	建设农话22万线，光缆1100公里	28275	2500	德国政府贷款	1997～2000	邮电通信	山东省邮电局
126	山东光缆贴息贷款项目	进行光缆敷设	16900	1500	德国政府贷款	1997～2000	邮电通信	山东省邮电局
127	山东电话贴息项目	布设程控电话	41760	4000	德国政府贷款	1997～2000	邮电通信	山东省邮电局
128	山东造船项目	建造三艘599标箱集装箱船	60900	6300	德国政府贷款	1997～2000	机械	山东省交通厅

1991～2005年山东省国外贷款项目

序号	项目名称	建设规模及内容	总投资（万元）	贷款签约额（万美元）	资金来源	建设起止年限	所属行业	项目单位
129	济宁市污水处理工程	形成20万吨/日污水处理能力	40900	1200	德国政府贷款	1997～2000	供水及环境卫生	济宁污水处理厂
130	曲阜市污水处理工程	形成4万吨/日污水处理能力	10030	400	德国政府贷款	1997～2000	供水及环境卫生	曲阜市污水处理厂
131	兖州市污水处理工程	形成4万吨/日污水处理能力	11300	400	德国政府贷款	1997～2000	供水及环境卫生	兖州污水处理厂
132	兖州亚龙基础工程公司项目	引进设备5台（套）	3213	254	德国政府贷款	1997～2000	其他	兖州亚龙基础工程公司
133	淄博铝厂扩产项目	引进铝型材挤压机组	998	117	德国政府贷款	1997～2000	建材	淄博铝厂
134	潍坊建陶厂项目	引进生产设备	3278	280	德国政府贷款	1997～2000	建材	潍坊建陶厂
135	滕州污水处理项目	形成日处理污水8万吨的能力	21475	868.85	德国政府贷款	1998～2001	供水及环境卫生	滕州污水处理厂
136	青岛市小涧西垃圾处理工程	形成2000吨/日垃圾处理能力	33389	928	德国政府贷款	1998～2003	供水及环境卫生	青岛市建委
137	德州污水处理工程	引进8万吨/日污水处理设备	14750	450	德国政府贷款	1999～2003	供水及环境卫生	德州市建委
138	临沂污水处理工程	形成日处理污水10万吨的能力	14750	450	德国政府贷款	1999～2003	供水及环境卫生	临沂污水处理厂
139	山东三融环保工程	引进烟气脱硫设备	19000	204	德国政府贷款	2002～2005	环境保护	山东三融环保工程有限公司
140	东营鹏杰色织有限公司项目	引进清梳联合机	5171	200	德国政府贷款	2004～2005	纺织	东营鹏杰色织有限公司
141	威海市环翠区农牧局项目	引进速冻生产线罐头制罐设备	1018	199	西班牙政府贷款	1989～1991	轻工	威海市环翠区农牧局
142	滨州毛纺厂毛纺项目	引进兔毛加工设备	939	177	西班牙政府贷款	1989～1991	纺织	滨州毛纺厂
143	莘县棉纺织厂项目	引进内衣针织设备	2280	296	西班牙政府贷款	1989～1991	纺织	莘县棉纺织厂
144	山东滕州鲁南经编厂项目	引进设备和国内配套，年产针织服装400万件	1880	250	西班牙政府混合贷款	1989～1991	纺织	山东滕州鲁南经编厂
145	东营市棉纺厂项目	引进圆机40台等棉纺织设备	3034	369	西班牙政府贷款	1989～1991	纺织	东营市棉纺厂
146	临沂工艺布厂项目	引进纺织设备	3948	420	西班牙政府贷款	1989～1991	纺织	临沂工艺布厂
147	莱阳畜产公司项目	引进先进加工设备等	3741	400	西班牙政府贷款	1989～1991	农业	莱阳畜产公司
148	济宁第三毛纺厂项目	引进西班牙设备	760	135	西班牙政府贷款	1989～1992	纺织	济宁第三毛纺厂
149	冠县第一棉花加工厂项目	引进内衣针织设备	2467	296	西班牙政府贷款	1989～1993	纺织	冠县第一棉花加工厂
150	济宁袜厂项目	引进针织内衣生产线	570	97	西班牙政府贷款	1990～1992	纺织	济宁袜厂
151	东平麻纺厂项目	引进麻纺织设备	1470	160	西班牙政府贷款	1990～1992	纺织	东平麻纺厂

1991～2005年山东省国外贷款项目

序号	项目名称	建设规模及内容	总投资（万元）	贷款签约额（万美元）	资金来源	建设起止年限	所属行业	项目单位
152	威海市第二毛纺厂项目	引进先进针织设备，年生产真丝面料180万米	1986	185	西班牙政府贷款	1991～1992	纺织	威海市第二毛纺厂
153	滨州针织厂项目	针织大圆机、染色机、印花机13台	660	150	西班牙政府贷款	1991～1992	纺织	滨州针织厂
154	济宁针织厂项目	引进西班牙螺纹机等设备	560	100	西班牙政府贷款	1991～1992	轻工	济宁针织厂
155	济宁化肥厂项目	引进化肥生产设备，形成11万吨尿素生产能力	13800	1073	西班牙政府贷款	1991～1992	化工	济宁化肥厂
156	枣庄市东风毛巾厂项目	引进染整配套设备	2009	292	西班牙政府贷款	1991～1992	纺织	枣庄市东风毛巾厂
157	枣庄制革厂项目	引进制革设备，年产24万张羊革	1216	290	西班牙政府贷款	1991～1992	轻工	枣庄制革厂
158	东营市棉纺厂项目	引进大圆机棉纺织设备	1157	124	西班牙政府贷款	1991～1992	纺织	东营市棉纺厂
159	栖霞针织厂技术改造项目	年产针织品189万件	1893	199	西班牙政府贷款	1991～1993	纺织	栖霞针织厂
160	滨州港一期工程	引进港口机械设备	69100	1300	西班牙政府贷款	1992～1993	交通	滨州地区港口办公室
161	淄博丝织三厂项目	引进剑杆织机及配套设备，年产丝绸115万米	1300	285	西班牙政府混合贷款	1992～1993	纺织	淄博丝织三厂
162	博山锻压厂项目	引进设备及技术进行技术改造，形成年产50万件连杆的能力	772	150	西班牙政府贷款	1992～1993	机械	博山锻压厂
163	泰安电机厂项目	引进电荚具加工设备，增加生产能力3万千瓦	432	54	西班牙政府贷款	1992～1993	机械	泰安电机厂
164	山东莱阳拖拉机厂技术改造项目	引进模具及其制造设备	2890	490	西班牙政府贷款	1992～1993	机械	烟台汽车制造厂
165	山东机床附件厂项目	先进机加工设备，扩大生产能力	4064	280	西班牙政府贷款	1992～2001	机械	山东机床附件厂
166	威海市环翠区黄桃基地建设项目	引进速冻、制罐和封口设备，年产黄桃罐头3100吨	806	200	西班牙政府贷款	1992～2002	轻工	威海罐头厂
167	聊城制革厂项目	引进制革设备	2085	204	西班牙政府混合贷款	1995～2000	轻工	聊城制革厂
168	山东大象集团项目	电锤生产设备	3000	279	西班牙政府贷款	1996～1998	机械	山东大象集团
169	潍坊工模具总厂项目	模具生产设备	1200	160	西班牙政府贷款	1996～1998	机械	潍坊工模具总厂
170	肥城市水利开发总公司项目	引进水处理关键设备等	6242	350	西班牙政府贷款	2001～2002	供水及环境卫生	肥城市水利开发总公司
171	临邑县人民医院项目	引进医疗设备	1891	170	西班牙政府贷款	2004～2004	卫生	临邑县人民医院
172	临清市人民医院项目	引进先进CT等设备	2351	200	西班牙政府混合贷款	2005～2005	卫生	临清市人民医院
173	寿光市中医院项目	引进螺旋CT、C型臂X光机、彩色超声多普勒	1182.32	119.628	西班牙政府贷款	2005～2006	卫生	寿光市中医院
174	潍坊洗衣粉厂项目	引进洗衣粉生产设备，年产5万吨洗衣粉	2913	320	意大利政府贷款	1990～1992	轻工	潍坊洗衣粉厂
175	山东凤凰集团项目	引进生产线，形成2万锭针织纺纱能力	3600	295	意大利政府贷款	1993～1995	纺织	山东凤凰集团
176	临沂新盛纱厂项目	引进剑杆织机及配套设备	3215	207	意大利政府贷款	1994～1996	纺织	临沂新盛纱厂

1991～2005年山东省国外贷款项目

序号	项目名称	建设规模及内容	总投资（万元）	贷款签约额（万美元）	资金来源	建设起止年限	所属行业	项目单位
177	菏泽广源铜带有限责任公司项目	引进铜带生产设备，建设年产5000吨电子电器精密铜带工程	4636.8	280	意大利政府贷款	2000～2002	冶金	菏泽广源铜带有限责任公司
178	曲阜市红十字会医院项目	引进CT等医疗设备	4719.6	285	意大利政府贷款	2001～2002	卫生	曲阜市红十字会医院
179	山东大海集团项目	引进喷气织机及配套设备	4636.8	280	意大利政府贷款	2003～2005	纺织	山东大海集团
180	峡山水库给水工程	引进设备，扩大水库给水能力	2276	650	奥地利政府贷款	1988～1994	供水与环境卫生	潍坊市自来水公司
181	泰安市污水处理工程	形成日处理污水5万吨的能力	8300	480	奥地利政府贷款	1989～1992	供水与环境卫生	泰安市建设局
182	济南盖家沟污水处理工程	形成日处理污水22万立方米的能力	11500	1200	奥地利政府贷款	1989～1992	供水与环境卫生	济南市城建局
183	青岛市海泊河污水处理工程	形成日处理污水8万吨的能力	23000	825	奥地利政府贷款	1989～1993	供水与环境卫生	青岛市建委
184	淄博张店污水处理工程	达到日处理污水能力16万吨	7600	1000	奥地利政府混合贷款	1990～1992	供水与环境卫生	淄博市污水处理公司
185	生产PVC管材项目	引进生产线	3562	278	奥地利政府贷款	1990～1992	轻工	淄博宝山实业有限公司
186	腈纶毛毯生产项目	引进设备，扩大腈纶毛毯生产能力	2984	250	奥地利政府贷款	1990～1992	纺织	淄博毛毯厂
187	临沂华奥电子有限公司项目	薄膜开关生产设备，建设薄膜开关生产线	3562	272	奥地利政府贷款	1990～1992	电子	临沂华奥电子有限公司
188	烟台自来水公司供水工程	形成日供水5万吨的能力	7218	368	奥地利政府贷款	1990～1993	供水与环境卫生	烟台自来水公司
189	烟台宫家岛水厂扩建工程	形成5万吨／日的供水能力	11000	490	奥地利政府贷款	1990～1994	供水与环境卫生	烟台市建委
190	枣庄污水处理工程	建设日处理污水7万吨，回用水5万吨的能力	17600	376.12	奥地利政府贷款	1993～1997	供水与环境卫生	枣庄污水处理厂
191	高档曲木家具生产项目	引进高档板式家具、实木家具生产线，年产家具1万套	4826	280	奥地利政府贷款	1995～1996	轻工	滨州地区燃料木材集团公司
192	济南市妇幼保健院项目	引进彩超等设备，提高影像与检验装备水平	682	25	奥地利政府贷款	1995～2014	卫生	济南市妇幼保健院
193	山东菱花集团项目	引进生产线设备，建设食品威化生产线	3000	280	奥地利政府贷款	1996～1998	轻工	山东菱花集团
194	文登污水处理工程	形成日处理污水3万吨的能力	9800	450	奥地利政府贷款	1997～2000	供水与环境卫生	文登市建委
195	山东三联集团项目	先进生产设备	3444	280	奥地利政府贷款	1998～2000	其他	山东三联集团
196	山东汶上县医院项目	引进医疗设备	1030	110	奥地利政府贷款	1998～2000	卫生	山东汶上县医院
197	烟台电缆厂开发带状光缆项目	年新增生产能力5000千米	3678	280	奥地利政府贷款	1998～2000	机械	烟台电缆厂

1991～2005年山东省国外贷款项目

序号	项目名称	建设规模及内容	总投资（万元）	贷款签约额（万美元）	资金来源	建设起止年限	所属行业	项目单位
198	济南电子机械工程学校项目	引进教学实验实习仪器设备	2910	280	奥地利政府贷款	2003～2005	教育	济南电子机械工程学校
199	日照职业技术学院项目	引进实验实习设备33台	7981.9	482	奥地利政府贷款	2003～2006	教育	日照职业技术学院
200	蓬莱蔬菜公司项目	引进脱水蔬菜生产设备	2626	220	荷兰政府贷款	1990～1993	农业	蓬莱蔬菜公司
201	高唐肉牛项目	扩大肉牛养殖规模	6290	480	荷兰政府贷款	1995～1997	农业	高唐市农业局
202	高唐肉牛改良加工项目	引进肉牛加工设备	4562	480	荷兰政府贷款	1995～1998	农业	高唐市农业局
203	威海医用高分子厂项目	引进先进生产设备和生产医用材料	2341	268	荷兰政府贷款	1995～1999	医药	威海医用高分子厂
204	临沂华联PVDC项目	引进管材生产设备	4483	280	荷兰政府贷款	1996～1997	轻工	临沂华联公司
205	烟台毓璜顶医院项目	引进医疗设备	2616	200	荷兰政府贷款	1996～1998	卫生	烟台毓璜顶医院
206	山东聊城华通新型墙体材料有限公司项目	引进粉煤灰砌块生产线	4768	280	荷兰政府贷款	2001～2002	建材	山东聊城华通新型墙体材料有限公司
207	济宁市第一人民医院项目	引进腹腔镜等医疗设备	2902	297.35	荷兰政府贷款	2002～2004	卫生	济宁市第一人民医院
208	济南市第四人民医院项目	引进X光机等医疗设备	4553	490	荷兰政府贷款	2003～2006	卫生	济南市第四人民医院
209	程控电话二期项目	市话21.8万门	28275	2500	比利时政府贷款	1990～1993	邮电通信	山东省邮电局
210	程控电话一期项目	市话13万门	23612	1870	比利时政府贷款	1990～1993	邮电通信	山东省邮电局
211	临沂棉纺厂项目	引进喷气织机等先进纺织设备	2486	442	比利时政府贷款	1990～1993	纺织	临沂棉纺厂
212	济宁棉纺厂项目	引进剑杆织机，建设棉纺生产线	2394	440	比利时政府贷款	1992～1993	纺织	济宁棉纺厂
213	德州刨花板厂项目	引进刨花板生产设备，形成年产7000吨胶酸树脂的能力	4375	498	芬兰政府贷款	1989～1991	轻工	德州刨花板厂
214	济青光缆通信工程	开通140Mb/s系统，建设电路744公里	5442	496	芬兰政府贷款	1991～1993	邮电通信	山东省邮电局
215	济南裕兴化工厂项目	引进废酸回收技术和设备	4312	481	芬兰政府贷款	1995～1995	化工	济南裕兴化工厂
216	口腔病防治项目	引进牙科治疗台等设备	417.5	25	芬兰政府贷款	1995～2005	卫生	滨医附院、菏泽市医院、德州市人民医院等13家医院
217	省影像医学研究所项目	引进乳腺机，提高乳腺癌防治水平	217.1	13	芬兰政府贷款	1995～2005	卫生	省影像医学研究所、淄博市第三人民医院
218	临沂市出口食品加工厂项目	引进低温库生产设备，建设1000吨底温库	1893	176	丹麦政府贷款	1990～1993	轻工	临沂市出口食品加工厂
219	威海大菱鲜鱼养殖项目	引进养殖设备等	3060	280	丹麦政府贷款	1990～1993	农业	威海市水产局

1991～2005年山东省国外贷款项目

序号	项目名称	建设规模及内容	总投资（万元）	贷款签约额（万美元）	资金来源	建设起止年限	所属行业	项目单位
220	东营市水产局项目	引进冷库设备，建设200吨冷库1座	527	92	丹麦政府贷款	1991～1992	农业	东营市水产局
221	东营市养虾示范场项目	引进设备，建设1000吨冷库	1756	282	丹麦政府贷款	1992～1993	农业	东营市养虾示范场
222	利津县水产养殖公司项目	引进冷库设备，建设500吨冷库	620	88.6	丹麦政府贷款	1992～1993	农业	利津县水产养殖公司
223	烟台龙口扇贝加工项目	引进设备，建设扇贝综合加工厂	3839	220	丹麦政府贷款	1995～1996	农业	龙口市水产供销公司
224	山东淄博污水处理工程	形成污水处理厂10万吨/日的 能力	14600	498	丹麦政府贷款	1995～1998	供水与环境卫生	淄博市建委
225	淄博污水处理回用工程	引进设备，建设中水回用工程	8650	497	丹麦政府贷款	1995～1999	供水与环境卫生	淄博市建委
226	泰安铝制品厂项目	铝制品生产及配套设备	2690	200	丹麦政府贷款	1995～2000	轻工	泰安铝制品厂
227	潍坊塑料一厂项目	引进硬质塑料（PVC）块状地板生产技术、设备，建设地板生产线，年产70万平方米、200万平方米各一条	2818.4	438	挪威政府贷款	1990～1993	轻工	潍坊塑料一厂
228	济南汽车配件厂项目	引进生产设备和气门生产线	1888	490	瑞士政府贷款	1990～1991	机械	济南汽车配件厂
229	菏泽华瑞食品有限责任公司项目	引进面粉生产线和设备，形成日处理小麦250吨的能力	6000	220	瑞士政府贷款	1990～1992	轻工	菏泽华瑞食品有限责任公司
230	济宁煤化公司项目	引进生产设备，建设年产1万吨精萘的能力	3200	450	瑞士政府贷款	1993～1994	化工	济宁煤化公司
231	市地医院设施装备项目	引进手术显微镜，提高神经外科手术水平	964.0	58	瑞士政府贷款	1996～2005	卫生	德州市人民医院、济医附院、滨医附院、潍医附院、德州市人民医院
232	威海高技术开发区污水处理工程	形成日处理污水8万吨的能力	9500	490	瑞士政府贷款	2000～2003	供水与环境卫生	威海高技术开发区污水处理厂
233	济宁市第一人民医院项目	引进核磁共振等医疗设备	2300	198	瑞典政府贷款	1996～1998	卫生	济宁市第一人民医院
234	市地医院装备项目	人工肾，提高医院血液净化技术装备水平	745.2	45	瑞典政府贷款	2000～2004	卫生	曲阜市医院、肥城市医院、滨医附院、济宁医附院
235	东营市农牧局项目	引进奶加工设备	529	70	加拿大政府贷款	1989～1991	轻工	东营市农牧局
236	潍坊工具总厂项目	引进大型覆盖件模等设备	637	160	加拿大政府贷款	1989～1991	机械	潍坊工具总厂
237	泰安煤气工程	形成日供煤气16万立方米的能力	4997	480	加拿大政府贷款	1989～1991	城市建设	泰安煤气公司
238	泰安电机厂项目	引进电模具生产设备	1514	290	加拿大政府贷款	1989～1991	机械	泰安电机厂
239	单县玻璃纤维厂项目	引进玻璃纤维生产线	2586	408	加拿大政府贷款	1989～1991	轻工	单县玻璃纤维厂
240	青烟威数字微波工程	建设1920路数字微波422公里	3850	350	加拿大政府贷款	1990～1992	邮电通信	山东省邮电局
241	济南模具厂项目	精密型腔模具制造技术设备	1330	250	加拿大政府贷款	1990～1993	机械	济南模具厂

1991～2005年山东省国外贷款项目

序号	项目名称	建设规模及内容	总投资（万元）	贷款签约额（万美元）	资金来源	建设起止年限	所属行业	项目单位
242	莱阳拖拉机厂技术改造项目	达到年产轻型汽车5000辆的能力	2313	490	加拿大政府贷款	1991～1993	机械	烟台汽车制造厂
243	焦化煤气项目	达到日产煤气12万立方米的能力	12760	490	澳大利亚政府贷款	1989～1993	城市建设	淄博市焦化煤气公司
244	庆云县良种鸡示范场项目	达到年加工肉鸡200万只的能力	2999	499	澳大利亚政府贷款	1992～1993	农业	庆云县良种鸡示范场
245	济南引黄供水工程	形成日供水60万立方米的能力	69787	1300	澳大利亚政府贷款	1994～1995	供水与环境卫生	济南供水集团
246	威海市污水处理工程	形成8万吨/日的能力	11100	438	澳大利亚政府贷款	1995～1999	供水与环境卫生	威海污水处理厂
247	齐鲁建筑陶瓷厂建材项目	引进生产设备，形成年产面砖140万平方米、地砖140万平方米的能力	11275	700	科威特政府混合贷款	1989～1991	建材	淄博市建材公司
248	济南遥墙机场建设项目	修建二级机场主跑道2600米	23020	1050	科威特政府混合贷款	1990～1992	交通	民航总局
249	龙口港项目	建设多用途散杂货泊位	13996	642	韩国政府贷款	1996～1998	交通	龙口港务局
250	农业综合开发项目	治理塌陷地520公顷，改造中低产田5667公顷	3256	199	韩国政府贷款	1998～2027	农业	肥城市农业机械工程开发服务站
251	山东卫生项目	引进MRI、CT、ECT等医疗设备	4520	370	以色列政府贷款	1989～1991	卫生	山东省肿瘤医院、济医附院、潍医附院、栖霞中医院
252	山东省医学影像研究所项目	引进以色列影像设备	1896.4	110	以色列政府贷款	1994～1994	卫生	山东省医学影像研究所
253	省市医院装备项目	引进心脏监护设备，提高重症病人监护与治疗水平	827.5	48	以色列(I)	1994～2003	卫生	山东省立医院、济医附院、德州市人民医院、威海市人民医院、单县中心医院、省肿瘤医院
254	威海市立医院项目	引进CT机和MRI机各一台	2350	157.2	以色列政府贷款	1995～1996	卫生	威海市立医院
255	荣成第二人民医院项目	引进CT等设备	167	24.3	以色列政府贷款	1995～1996	卫生	荣成第二人民医院
256	山东省胸科医院项目	引进CT等医疗设备	3312	200	以色列政府贷款	1999～2000	卫生	山东省胸科医院
257	定陶县人民医院项目	引进医疗设备	872	96	以色列政府贷款	2001～2002	卫生	定陶县人民医院
258	曹县人民医院项目	引进医疗设备	1328	166	以色列政府贷款	2001～2002	卫生	曹县人民医院
259	巨野县人民医院项目	引进医疗设备	1272	159	以色列政府贷款	2001～2002	卫生	巨野县人民医院
260	济南槐荫人民医院项目	引进医疗设备	1250	120	以色列政府贷款	2003～2005	卫生	济南槐荫人民医院
261	临沂市妇幼保健院项目	引进医疗设备	5961.6	360	以色列政府贷款	2003～2006	卫生	临沂市妇幼保健院

1991～2005年山东省国外贷款项目

序号	项目名称	建设规模及内容	总投资（万元）	贷款签约额（万美元）	资金来源	建设起止年限	所属行业	项目单位
262	济宁造纸厂项目	引进牛皮箱板纸生产设备，年产1.7万吨牛皮箱板纸	4781	450	北欧投资银行贷款	1992～1994	轻工	济宁造纸厂
263	梁山造纸厂项目	引进轻量涂布纸设备，年产8700吨轻量涂布纸	5815	490	北欧投资银行贷款	1992～1994	轻工	梁山造纸厂
264	乳山蔬菜生产项目	引进设备，加工脱水蔬菜	1200	211	北欧投资银行贷款	1992～1996	轻工	乳山罐头厂
265	山东工程机械厂项目	购进3台加工中心，购进2台焊接机器人，购进1台数控折弯机，购进1台数控切割机	4700	470	北欧投资银行贷款	1993～1994	机械	山东山工机械有限公司
266	临朐造纸厂涂布白板纸项目	建设涂布纸生产线一条	7300	548	北欧投资银行贷款	1996～1998	轻工	山东万豪集团
267	山东单县出口包装箱厂项目	引进高档彩色瓦楞纸箱生产线，年产瓦楞纸箱2500万平方米	4800	295	北欧投资银行贷款	2000～2001	轻工	山东单县出口包装箱厂
268	济南市中心医院项目	引进医疗急救设备	3481	323	北欧投资银行贷款	2000～2001	卫生	济南市中心医院
269	青州市人民医院项目	购买医疗设备14台套	1300	96.2	北欧投资银行贷款	2001～2005	卫生	青州市人民医院
270	青州市妇幼保健院项目	购买医疗设备9台套	370	30.94	北欧投资银行贷款	2001～2005	卫生	青州市妇幼保健院
271	山东北投贷款六家医院项目	引进彩超、CT、生化等医疗设备	5183.3	313	北欧投资银行贷款	2004～2005	卫生	青州市人民医院、妇保院，沾化县医院，禹城医院，高唐医院，东平第一医院
272	山东海扬汉悦印刷有限公司项目	胶印设备的引进，年产扑克牌3亿副	14968.24	495	北欧投资银行贷款	2004～2005	轻工	山东海扬汉悦印刷有限公司
273	宁阳县卫生局项目	引进医疗设备	928	116	北欧投资银行贷款	2005～2006	卫生	宁阳县卫生局
274	威海市中医院项目	引进750型生化分析仪	244	30	美国政府贷款	1996～1998	卫生	威海市中医院
275	市地医院装备项目	引进彩超、监护仪、生化分析仪等设备，提高影像与检验装备水平	2193.8	132	美国政府贷款	1996～2005	卫生	威海市中医院、威海市疗养院、乳山市医院、青州市医院、烟台芝罘医院、牟平医院、泰安市中医院、德州市人民医院
276	山东卫生打捆项目	用于济宁、潍坊、千佛山等9家医院医疗设备引进	6292.8	380	美国贴息贷款	1998～1999	卫生	山东省卫生厅
277	曲阜市人民医院项目	引进骨密度仪	40	26.7	美国贴息贷款	1998～1999	卫生	曲阜市人民医院
278	淄博市中心医院项目	引进医疗设备，进行技术改造	3334	300	美国贴息贷款	1998～1999	卫生	淄博市中心医院
279	济宁医学院附属医院项目	引进直线加速器、X光机、麻醉机、监护仪等	2017	222	美国贴息贷款	1999～2000	卫生	济宁医学院附属医院
280	临沂市沂水中心医院项目	引进螺旋CT、ECT等设备	1152	130	美国贴息贷款	1999～2000	卫生	临沂市沂水中心医院

1991～2005年山东省国外贷款项目

序号	项目名称	建设规模及内容	总投资（万元）	贷款签约额（万美元）	资金来源	建设起止年限	所属行业	项目单位
281	医院装备项目	引进DSA、彩超、监护仪、手术室设备，提高医疗技术装备水平	5017.7	303	美国贴息贷款	1999～2000	卫生	千佛山医院、济医附院、曲阜市医院、日照市第二人民医院、肥城市医院、微山县医院、梁山县医院、潍医附院
282	济宁医学院附属医院项目	引进直线加速器、X光机、麻醉机、监护仪等设备	2017	222	美国贴息贷款	1999～2000	卫生	济宁医学院附属医院
283	山东单县中心医院项目	引进医疗设备	1352	143	美国政府贷款	1999～2001	卫生	山东单县中心医院
284	医院装备项目	引进彩超、监护仪、生化分析仪等设备，提高装备水平	1937.5	117	美国贴息贷款	1999～2007	卫生	千佛山医院、聊城市人民医院、莱芜市第二人民医院
285	兖州人民医院项目	引进螺旋CT等	1495	151	美国贴息贷款	2000～2001	卫生	兖州人民医院
286	潍坊医学院附属医院项目	引进彩超、中央监护仪等设备	770	80	美国贴息贷款	2000～2001	卫生	潍坊医学院附属医院
287	烟台毓璜顶医院项目	引进核磁共振、直线加速器、ECT等	5072	556	美国进出口银行贴息贷款	2000～2001	卫生	烟台毓璜顶医院
288	烟台山医院项目	引进核磁共振、彩超、ECT等医疗设备	3048	326	美国进出口银行贴息贷款	2000～2001	卫生	烟台山医院
289	青岛医学院附属医院项目	引进数字X线机、CT机等设备	4219	495	美国贴息贷款	2000～2001	卫生	青岛医学院附属医院
290	潍坊医学院附属医院项目	引进彩超、中央监护仪等设备	770	80	美国贴息贷款	2000～2001	卫生	潍坊医学院附属医院
291	山东省千佛山医院项目	引进MRI等设备	4802.4	290	美国贴息贷款	2000～2002	卫生	山东省千佛山医院
292	高唐县人民医院项目	引进医疗设备	1656	100	美国贴息贷款	2001～2003	卫生	高唐县人民医院
293	章丘人民医院项目	引进医疗设备	1355	130	美国政府贷款	2002～2003	卫生	章丘人民医院
294	泰山华侨大厦建设项目	建筑面积1.78万平方米，客房204套，床位417个	3280	316.7	国际商业贷款	1986～1991	其他	泰安市泰山华侨大厦
295	禹城制革厂项目	引进设备年产牛面革湿式PU二榔革800万平方英尺	4675	100	国际商业贷款	1991～1992	轻工	禹城制革厂
296	莒县涤纶厂项目	年产涤纶长丝2000吨	5757	500	国际商业贷款	1991～1996	纺织	莒县涤纶厂
297	淄博万杰医院项目	引进伽玛刀	5220	140	国际商业贷款	1992～1992	卫生	淄博万杰医院
298	淄博鹏飞实业总公司项目	引进生产线，生产明胶空心胶囊	209	46	国际商业贷款	1992～1992	医药	淄博鹏飞实业总公司
299	新建氨纶丝袜项目	引进生产线，年产氨纶丝袜500万双	2436	50	国际商业贷款	1992～1992	纺织	淄博富源化纤制品有限公司

1991～2005年山东省国外贷款项目

序号	项目名称	建设规模及内容	总投资（万元）	贷款签约额（万美元）	资金来源	建设起止年限	所属行业	项目单位
300	人造革用布项目	年产人造革用布600万平方米	1060	100	国际商业贷款	1992～1992	纺织	淄博第二毛纺厂
301	安全电容膜项目	年产安全电容膜600吨	3206	180	国际商业贷款	1992～1992	电子	淄博泰宝镭射全像有限公司
302	离子膜烧碱项目	年产离子膜烧碱3万吨	13935	400	国际商业贷款	1992～1992	化工	山东农药厂
303	淄博金海集团炭钢球项目	年产炭钢球500吨	1430	90	国际商业贷款	1992～1992	机械	淄博金海集团
304	宁津县晶体材料厂项目	引进设备年产石英晶体谐振器1500万只	2782	20	国际商业贷款	1992～1992	电子	宁津县晶体材料厂
305	潍坊华斯纺织有限公司项目	引进先进设备，生产高档巾被26万打	950	84	国际商业贷款	1992～1993	纺织	潍坊华斯纺织有限公司
306	脱水蔬菜项目	征地2万平方米，建筑面积8700平方米，引进设备，年产脱水蔬菜1000吨	425	60	国际商业贷款	1992～1993	轻工	高密鲁峰食品有限公司
307	木器加工项目	引进设备，年产高档实木餐桌15万张	640	60	国际商业贷款	1992～1993	轻工	高密瑞明顿木制品有限公司
308	针织服装项目	引进先进设备，年产高档针织内衣200万件	520	48	国际商业贷款	1992～1993	轻工	潍坊碧姬针织服装有限公司（原高密织布厂）
309	枣庄市邮电局项目	引进美国摩托罗拉公司移动交换机及移动基站等先进设备	1520.4	140	国际商业贷款	1992～1993	邮电通信	枣庄市邮电局
310	莒南县农业机械公司项目	机械加工、冲压等生产设备，扩大农业机械生产能力	652	50	国际商业贷款	1992～1995	机械	莒南县农业机械公司
311	山东省莒南县印刷厂项目	引进印刷机械，扩大生产能力	562	20	国际商业贷款	1992～1995	轻工	山东省莒南县印刷厂
312	临沂罗光实业公司项目	引进建材机械，扩大生产能力	814	80	国际商业贷款	1992～1995	机械	临沂罗光实业公司
313	蒙阴棉纺厂项目	棉纺织设备等，扩大棉纺织生产能力	704	60	国际商业贷款	1992～1995	纺织	蒙阴棉纺厂
314	山东省国际信托投资公司境外银行贷款项目	国际融资	58000	4000	国际商业贷款	1992～1997	其他	山东省国际信托投资公司
315	山东商业集团公司信息化项目	计算机系统联网	5722	490	国际商业贷款	1992～1997	其他	山东商业集团公司
316	山东国际投资实业股份有限公司丁二醇项目	引进生产设备	3200	200	国际商业贷款	1992～1997	化工	山东国际投资实业股份有限公司
317	商业大厦建设项目	引进电梯、扶梯、锅炉等设备	60000	220	国际商业贷款	1992～1997	其他	山东省商业集团
318	山东贸易中心项目	引进国外先进设备	5230	490	国际商业贷款	1992～1997	其他	山东贸易中心
319	上海山东齐鲁大厦建设项目	引进电梯、扶梯、锅炉等设备	40000	140	国际商业贷款	1992～1997	其他	海山东齐鲁大厦

1991～2005年山东省国外贷款项目

序号	项目名称	建设规模及内容	总投资（万元）	贷款签约额（万美元）	资金来源	建设起止年限	所属行业	项目单位
320	莱芜钢铁厂扩建改造项目	年增铁54万吨、钢40万吨、材90万吨	398301	6200	国际商业贷款	1992～1997	冶金	莱芜钢铁厂
321	莒县粮油总公司面粉加工项目	引进设备，年产精粉37500吨	4480	340	国际商业贷款	1992～1997	轻工	莒县粮油总公司
322	莱芜和兴制索工业有限公司项目	引进日本汽车、摩托车控制索生产设备，年产拉线200万套	2000	159	国际商业贷款	1992～1997	轻工	莱芜和兴制索工业有限公司
323	九龙能源发展有限公司项目	引进金属硫蛋白生产设备，年产金属硫蛋白2000吨	1700	80	国际商业贷款	1992～1997	化工	九龙能源发展有限公司
324	莱芜市林工商总公司项目	引进设备年产汽车、摩托车控制索35万套	975	30	国际商业贷款	1992～1997	轻工	莱芜市林工商总公司
325	汽车刹车片项目	引进设备，年产无石棉刹车片120万套	3784	230	国际商业贷款	1992～1997	机械	荣成市汽车工业公司
326	荣城大信人造革有限公司项目	引进设备年产人造革296万米、人造革制品2万件	4872	80	国际商业贷款	1992～1997	轻工	荣城大信人造革有限公司
327	威海威东日食品有限公司项目	引进设备年加工海产品、蔬菜等各类食品14000吨	6960	100	国际商业贷款	1992～1997	轻工	威海威东日食品有限公司
328	威海双丰电子传感有限公司项目	引进先进生产设备，电子传感器生产	2714	200	国际商业贷款	1992～1997	电子	威海双丰电子传感有限公司
329	山东连杆集团总公司项目	引进先进生产设备，汽车连杆生产	1952	100	国际商业贷款	1992～1997	机械	山东连杆集团总公司
330	文登宇宏木制品有限公司项目	引进家具生产设备	2321	180	国际商业贷款	1992～1997	轻工	文登宇宏木制品有限公司
331	威海技术开发区经济技术实业公司项目	引进先进生产设备，扩大生产能力	1659	100	国际商业贷款	1992～1997	轻工	威海技术开发区经济技术实业公司
332	不锈钢索具项目	引进设备年增不锈钢索具配件70万套	425	20	国际商业贷款	1992～1997	机械	无棣机械股份有限公司
333	山东秦池集团项目	引进俄罗斯先进设备58台（套），年产环戊二烯三羰基锰主剂240吨/年，复配制剂5000吨/年	4964.77	260	国际商业贷款	1992～1997	化工	山东秦池集团
334	淄博丝织一厂仿真丝项目	年产仿真丝织物610万米	2900	165	国际商业贷款	1993～1993	纺织	淄博丝织一厂
335	宁津县服装厂项目	引进设备年产高档衬衫300万件	800	50	国际商业贷款	1993～1993	轻工	宁津县服装厂
336	济南机床一厂项目	引进设备年产MH800系列加工中心398台	8927	282	国际商业贷款	1993～1993	机械	济南机床一厂
337	潍坊华美镀锌板有限公司项目	引进先进设备，年产镀锌板1万吨	60	30	国际商业贷款	1993～1994	机械	潍坊华美镀锌板有限公司
338	钢窗项目	引进设备，年产新型门窗20万套	100	30	国际商业贷款	1993～1994	建材	高密华美门窗有限公司（原高密钢窗厂）
339	荣成橡胶厂项目	引进设备，年增子午胎30万套	2995	457.6	国际商业贷款	1993～1997	化工	荣成橡胶厂
340	威海龙泰磁电项目	年产3.5寸软磁盘2000万片	1350	80	国际商业贷款	1993～1997	电子	威海泰鑫集团

1991～2005年山东省国外贷款项目

序号	项目名称	建设规模及内容	总投资（万元）	贷款签约额（万美元）	资金来源	建设起止年限	所属行业	项目单位
341	威海铝合金门窗项目	引进设备，年产铝门窗材料和异型材4000吨	2947	209.3	国际商业贷款	1993～1997	建材	威海铝门窗装潢厂
342	莒县天泰食品厂项目	引进“果菜汁”饮料生产线	1264	50	国际商业贷款	1993～1998	轻工	莒县天泰食品厂
343	淄博华龙实业总公司项目	引进先进设备，生产维生素C	2940	250	国际商业贷款	1994～1994	轻工	淄博华龙实业总公司
344	山东华星建材集团项目	引进生产线，生产大颗粒玻化砖	2992	210	国际商业贷款	1994～1994	建材	山东华星建材集团
345	淄博空调设备实业公司项目	溴化锂制冷	2501	80	国际商业贷款	1994～1994	轻工	淄博空调设备实业公司
346	张店陶瓷厂项目	引进设备，技术改造	3325	300	国际商业贷款	1994～1994	建材	张店陶瓷厂
347	淄博丝织一厂仿真丝项目	年产仿真丝织物610万米	2900	275	国际商业贷款	1994～1994	纺织	淄博丝织一厂
348	德州宁津德艺制革有限公司项目	引进皮革加工设备，年产羊皮制衣20.5万件	2500	205	国际商业贷款	1994～1994	轻工	德州宁津德艺制革有限公司
349	乐陵机械厂项目	购进成套生产设备，年生产盘式刹车片300万套、鼓式刹车片30万套、摩托车刹车片400万片	4976	200	国际商业贷款	1994～1994	机械	乐陵机械厂
350	山东木业集团项目	引进设备年产厨房家具4万件	270	20	国际商业贷款	1994～1994	轻工	山东木业集团
351	莒南武河煤矿项目	引进采矿设备	396	40	国际商业贷款	1994～1994	能源	莒南武河煤矿
352	临沂罗依斯自行车有限公司项目	切割、焊接等生产设备，扩大自行车生产能力	1035	100	国际商业贷款	1994～1994	机械	临沂罗依斯自行车有限公司
353	乳品生产加工项目	引进灭菌机、灌装机	4977	320	国际商业贷款	1994～1995	轻工	滨州天华集团公司
354	海水养殖项目	建设海水养殖基地	1873	196	国际商业贷款	1994～1995	农业	无棣县第一海水养殖公司
355	饲料营养酸膜项目	年产干粉3500吨	4723	260	国际商业贷款	1994～1995	轻工	无棣草业集团
356	络筒机械项目	引进自动络筒机	1010	100	国际商业贷款	1994～1995	机械	无棣第一棉纺厂
357	服装项目	引进设备，年产服装40万件	1385	70	国际商业贷款	1994～1995	纺织	无棣被服厂
358	无棣机械厂项目	引进设备，索具生产加工	425	20	国际商业贷款	1994～1995	机械	无棣机械厂
359	滨州针棉集团公司项目	引进先进生产设备扩大生产能力	1566	113	国际商业贷款	1994～1995	纺织	滨州针棉集团公司
360	服装商标项目	引进设备，年产服装商标800万打	1983	270	国际商业贷款	1994～1995	纺织	滨州华英实业公司
361	汽车活塞项目	引进设备，年产汽车活塞80万只	4560	270	国际商业贷款	1994～1995	机械	滨州活塞厂
362	鱼台合成胶厂项目	引进设备年产粉状脲醛树脂5000吨	2332	144	国际商业贷款	1994～1995	轻工	鱼台合成胶厂
363	微山县工业开发总公司项目	引进设备年产PE捆包拉伸膜750吨	1328	30	国际商业贷款	1994～1995	轻工	微山县工业开发总公司
364	高档皮鞋项目	引进设备，年产高档皮鞋24万双	2610	100	国际商业贷款	1994～1995	轻工	高密鞋业集团公司

1991～2005年山东省国外贷款项目

序号	项目名称	建设规模及内容	总投资（万元）	贷款签约额（万美元）	资金来源	建设起止年限	所属行业	项目单位
365	诸城市得利斯集团公司项目	建设生猪肉食品加工车间、购置国内及国外先进设备，年加工猪肉食品1万吨	5000	100	国际商业贷款	1994～1995	轻工	诸城市得利斯集团公司
366	山东晨鸣纸业集团项目	新上2640纸机	3103.2	180	国际商业贷款	1994～1995	轻工	山东晨鸣纸业集团
367	变压器生产项目	引进设备年产树脂浇铸干式变压器60万KVA	2800	110	国际商业贷款	1994～1995	机械	菏泽变压器厂
368	临沂市酒厂项目	扩大生产能力	1206	100	国际商业贷款	1994～1995	轻工	临沂市酒厂
369	墙地砖生产线项目	引进设备年产墙地砖100万平方米	2000	50	国际商业贷款	1994～1996	建材	烟台百丽陶瓷有限公司
370	西式瓦生产线项目	引进设备年产互扣式欧洲瓦1000万套	13050	200	国际商业贷款	1994～1996	建材	栖霞桃村三行实业总公司
371	西瑞姆食品有限公司果品加工项目	引进设备年产果粉324吨	5220	140	国际商业贷款	1994～1996	轻工	烟台大通集团公司
372	蘑菇生产加工项目	引进设备年产蘑菇产品2500吨	5298	143	国际商业贷款	1994～1996	轻工	烟台九发集团公司
373	特种漆包线扩产项目	引进设备年增特种漆包线2000吨	2031	100	国际商业贷款	1994～1996	机械	蓬莱特种漆包线厂
374	三合一麦片加工生产项目	引进设备年产三合一麦片1000吨	1041	50	国际商业贷款	1994～1996	轻工	烟台东山工贸实业公司
375	PC钢绞线项目	引进设备年产PC钢绞线13000吨	4516	300	国际商业贷款	1994～1996	机械	烟台五金企业集团公司
376	高档玻化砖生产项目	引进设备年产高档玻化砖150万平方米	8557	150	国际商业贷款	1994～1996	建材	蓬莱长城实业总公司
377	莱钢扩建改造工程	年增钢20万吨、材30万吨	142100	3200	国际商业贷款	1994～1997	冶金	莱芜钢铁厂
378	荣成连杆总厂项目	引进汽车连杆及凸轮轴生产线，年产50万支和20万支	2900	64.8	国际商业贷款	1994～1997	机械	荣成连杆总厂
379	威海兴威集团项目	引进设备年产低松弛高强度预应力钢丝、钢绞绳25000吨	4000	200	国际商业贷款	1994～1997	机械	威海兴威集团
380	山东轮胎厂项目	引进设备年产载重子午胎10万套	4986	185	国际商业贷款	1994～1998	化工	山东轮胎厂
381	济南福耀塑胶有限公司项目	引进设备年产PU树脂6000吨	4080	140	国际商业贷款	1995～1995	化工	济南福耀塑胶有限公司
382	济南化纤厂项目	引进设备年产锦纶长丝和超细纤维24000吨	84736	300	国际商业贷款	1995～1995	纺织	济南化纤厂
383	五莲建筑实业总公司项目	引进设备年加工大理石板材10万平方米	752	60	国际商业贷款	1995～1995	建材	五莲建筑实业总公司
384	日照开发区活塞厂项目	引进设备年产陶瓷活塞150万套	6090	140	国际商业贷款	1995～1995	机械	日照开发区活塞厂
385	日照东港区商业总公司项目	引进设备年产调味豆奶、花生奶72万箱	1653	40	国际商业贷款	1995～1995	轻工	日照东港区商业总公司
386	高档皮鞋生产项目	引进制鞋设备等	980	60	国际商业贷款	1995～1995	轻工	菏泽雅麟鞋业有限公司
387	莒南县磷肥厂项目	硫酸钾生产线，扩大化肥生产能力	1241	100	国际商业贷款	1995～1995	化工	莒南县磷肥厂
388	扩大塑胶生产项目	引进塑胶生产设备	362	30	国际商业贷款	1995～1995	化工	临沂华星塑胶有限公司
389	临沂凯华汽车检修项目	引进汽车检修设备	186	10	国际商业贷款	1995～1995	其他	临沂凯华汽车检修有限公司

1991～2005年山东省国外贷款项目

序号	项目名称	建设规模及内容	总投资（万元）	贷款签约额（万美元）	资金来源	建设起止年限	所属行业	项目单位
390	无棣机械厂不锈钢索具项目	引进设备，年产不锈钢精密铸件260吨	638	100	国际商业贷款	1995～1996	机械	无棣机械厂
391	抗菌阻燃布项目	引进国外设备，年产抗菌阻燃布500万米	4995	409	国际商业贷款	1995～1996	纺织	滨州印染厂
392	滨州针织厂服装项目	引进德国、英国设备，年产260万件服装	2660	180	国际商业贷款	1995～1996	纺织	滨州针织厂
393	交联聚乙烯塑管项目	年产2000万米乙烯塑管	4872	289	国际商业贷款	1995～1996	建材	沾化电力公司
394	细旦长丝项目	年产丙纶细旦长丝1500吨	2190	120	国际商业贷款	1995～1996	纺织	无棣化纤厂
395	针织服装项目	引进设备，年产漂白弹力衫360万件	878	50	国际商业贷款	1995～1996	纺织	滨州针织厂
396	烹调油项目	引进设备，年产烹调油6350吨	2600	120	国际商业贷款	1995～1996	轻工	无棣粮油公司
397	低压铸造设备项目	主要引进轮毂生产线所需的低压铸造机和模具等关键设备4台（套）	1600	200	国际商业贷款	1995～1996	机械	泰安市整铸轮圈总公司
398	剑杆织机项目	主要引进55台剑杆织机	3680	363	国际商业贷款	1995～1996	纺织	泰安市第二棉纺厂
399	泰安化工厂氯碱项目	引进设备年产离子膜烧碱5万吨，甲烷氯化物3万吨	58522	2700	国际商业贷款	1995～1996	化工	泰安化工厂
400	山东国华实业总公司项目	建材生产机械	2514	200	国际商业贷款	1995～1996	轻工	山东国华实业总公司
401	文登通讯电缆项目	引进设备，年产光缆1万皮长公里	6684	27	国际商业贷款	1995～1997	机械	文登通讯电缆厂
402	潍坊山东青州造纸股份有限公司项目	年产单涂防水抗碱标签纸12000吨	4980	350	国际商业贷款	1995～1997	轻工	山东青州造纸股份有限公司
403	潍坊坊子区粮食总公司项目	年产三文治5000吨	3029	177	国际商业贷款	1995～1997	轻工	潍坊坊子区粮食总公司
404	潍坊安丘棉纺织厂项目	引进高速罗纹织机、染色机、裁剪机，年产纯棉T恤衫20万打	1415	90	国际商业贷款	1995～1997	轻工	潍坊安丘棉纺织厂
405	潍坊市寒亭区钢窗厂项目	引进钢窗生产设备	2388	200	国际商业贷款	1995～1997	建材	潍坊市寒亭区钢窗厂
406	山东新华机器厂项目	引进先进生产设备	1662	130	国际商业贷款	1995～1997	机械	山东新华机器厂
407	潍坊国际海运公司项目	购买集装箱	3326	280	国际商业贷款	1995～1997	交通	潍坊国际海运公司
408	山东魁星化工公司项目	引进日本反应器等先进设备8台（套），年产模塑粉1500万吨、密胺餐具500吨	3212	204	国际商业贷款	1995～1997	轻工	山东魁星化工公司
409	山东兰凤针织集团有限公司项目	引进针织设备	2355	200	国际商业贷款	1995～1997	纺织	山东兰凤针织集团有限公司
410	高密毛巾厂项目	引进毛巾生产设备	2611	200	国际商业贷款	1995～1997	纺织	高密毛巾厂
411	潍坊华鑫股份有限公司项目	引进纺织设备	1979	120	国际商业贷款	1995～1997	纺织	潍坊华鑫股份有限公司
412	高密毛巾厂项目	引进生产设备	1680	100	国际商业贷款	1995～1997	纺织	高密毛巾厂
413	潍坊水箱厂项目	引进机加工、焊接等设备	1754	180	国际商业贷款	1995～1997	机械	潍坊水箱厂

1991～2005年山东省国外贷款项目

序号	项目名称	建设规模及内容	总投资（万元）	贷款签约额（万美元）	资金来源	建设起止年限	所属行业	项目单位
414	山东坊子酒厂项目	引进生产设备，年产纸箱300万个，酒盒4000万个	2992	190	国际商业贷款	1995～1997	轻工	山东坊子酒厂
415	氟碳铝塑复合板项目	年产铝塑复合板100万平方米	6000	450	国际商业贷款	1995～1997	建材	中国潍坊长城门窗集团公司
416	扩大高中压阀门出口创汇项目	引进日本美国先进设备20台，年新增高中压阀门产量2000吨	2025	150	国际商业贷款	1995～1997	机械	山东益都阀门厂
417	建设金属硫蛋白项目	引进美国、瑞典先进设备，年产金属硫蛋白2000克	1700	80	国际商业贷款	1995～1997	化工	潍坊市能源公司
418	寿光水产经贸公司项目	引进设备年产瓦式地板块10.5万平方米	583	40	国际商业贷款	1995～1997	轻工	寿光水产经贸公司
419	潍坊红龙新型建材公司项目	引进设备年产彩色装饰板96万张	2160	60	国际商业贷款	1995～1997	建材	潍坊红龙新型建材公司
420	昌乐新潮服装材料公司项目	引进设备年产条状拉链1100吨	2001	70	国际商业贷款	1995～1997	轻工	昌乐新潮服装材料公司
421	潍坊化工厂项目	引进设备年产氯化聚乙烯6000吨	7059	200	国际商业贷款	1995～1997	化工	潍坊化工厂
422	潍坊水坊食品有限公司项目	引进设备年产小红肠等KAP系列产品3000吨	870	40	国际商业贷款	1995～1997	轻工	潍坊水坊食品有限公司
423	寿光物资能源总公司项目	引进设备年产鱼粉2000吨、鱼油95吨	937	68	国际商业贷款	1995～1997	轻工	寿光物资能源总公司
424	寿光永立纸业有限公司项目	引进设备年产高档双胶纸2万吨	2240	170	国际商业贷款	1995～1997	轻工	寿光永立纸业有限公司
425	山东缪斯乐器有限公司项目	引进设备年加工乐器7万把	322	15	国际商业贷款	1995～1997	轻工	山东缪斯乐器有限公司
426	枣庄市织布厂项目	引进先进生产设备扩大生产能力	2166	150	国际商业贷款	1995～1997	纺织	枣庄市织布厂
427	伸缩自动门项目	年产伸缩自动门5400套	3720	244	国际商业贷款	1995～1997	机械	淄博致兴五金有限公司
428	新建建筑陶瓷项目	年产玻化瓷砖70万平方米	4000	250	国际商业贷款	1995～1997	建材	淄博华昆建筑陶瓷有限公司
429	汽车修理厂扩建项目	汽车检测及修理	5060	249	国际商业贷款	1995～1997	其他	博山万通达总公司
430	新建精密异型螺丝项目	年产异型螺丝850吨	7920	80	国际商业贷款	1995～1997	机械	淄博恒利螺丝制造有限公司
431	洪山矿产公司项目	引进设备，生产旅游箱包	2376	70	国际商业贷款	1995～1997	轻工	洪山矿产公司
432	新建高档釉面砖项目	年产高档釉面砖140万平方米	6400	210	国际商业贷款	1995～1997	轻工	淄博宏峰建陶有限公司
433	新建霹雳砖、陶瓷锦砖项目	年产种瓷砖各60万平方米	7750	212	国际商业贷款	1995～1997	轻工	淄博长鸿建材有限公司
434	粉煤灰混凝土制品项目	年产粉煤灰混凝土制品7.2万立方米	1700	100	国际商业贷款	1995～1997	建材	莘县城镇建设综合开发公司
435	大豆分离蛋白项目	年产大豆分离蛋白2000吨，豆粕渣4800吨	3254	200	国际商业贷款	1995～1997	轻工	山东环达集团

1991～2005年山东省国外贷款项目

序号	项目名称	建设规模及内容	总投资（万元）	贷款签约额（万美元）	资金来源	建设起止年限	所属行业	项目单位
436	茌平县化工厂项目	引进设备年产橡塑油封密封系列产品200万套	3915	240	国际商业贷款	1995～1997	化工	茌平县化工厂
437	山东黄埔集团公司项目	建材生产机械，扩大建材生产能力	2205	190	国际商业贷款	1995～1997	轻工	山东黄埔集团公司
438	山东常林机械集团项目	引进台湾立卧复合加工中心先进设备58台，年产多功能园艺作业机10万台	7600	478	国际商业贷款	1995～1997	机械	山东常林机械集团
439	果蔬生产项目	引进生产机械	2216	140	国际商业贷款	1995～1997	农业	临沂八糊果蔬厂
440	交流高压陶瓷电容器项目	引进设备年产交流高压陶瓷电容器2000万只	1205	70	国际商业贷款	1995～1997	电子	沂南电子元件厂
441	音响混频器生产项目	引进设备年产各种型号音响混频器7.2万只	1857	30	国际商业贷款	1995～1997	电子	临沭达利企业总公司
442	纤维彩色浪板、平板生产项目	引进设备年产纤维彩色浪板、平板80万张	2262	63	国际商业贷款	1995～1997	建材	临沭石门企业集团公司
443	蒙阴县棉纺厂染织分厂项目	引进设备年增蒙麻染纱3000吨	996	60	国际商业贷款	1995～1997	纺织	蒙阴县棉纺厂染织分厂
444	临沂地区种鸡厂养鸡项目	引进设备年产肉用父母代种鸡10万套、商品鸡1100万只	913	40	国际商业贷款	1995～1997	农业	临沂地区种鸡厂
445	烟台彩管荫罩项目	引进技术和设备生产彩电荫罩	38518	2380	国际商业贷款	1995～1997	电子	烟台正海网板有限公司
446	威海经区风林集团项目	引进自动梭式刺绣机及辅助设备，年产机织绣品19万米	1300	70	国际商业贷款	1995～1998	纺织	威海经区风林集团
447	彩管荫罩项目	引进设备年产平板彩色荫罩1054万张	5400	400	国际商业贷款	1995～1998	电子	烟台正海网板有限公司
448	威海医用高分子制品总厂项目	年产注射器2亿支、PVC粒料2700吨，留置针500万支	2610	200	国际商业贷款	1996～1996	医药	威海医用高分子制品总厂
449	吉信化纤项目	引进设备	3324	200	国际商业贷款	1996～1996	纺织	周村吉信化纤有限公司
450	临沭县电子材料厂项目	引进设备扩大生产能力	209	12	国际商业贷款	1996～1996	电子	临沭县电子材料厂
451	高密洁玉纺织有限公司项目	引进先进设备，生产高档巾被系列产品	1680	100	国际商业贷款	1996～1997	纺织	高密洁玉纺织有限公司
452	威海东亚公司项目	引进设备年产电控透光幕及其复合玻璃制品7500平方米	1938	69.8	国际商业贷款	1996～1998	电子	威海东亚公司
453	荣成齿轮箱厂项目	引进螺旋伞齿轮加工及检测设备，年产螺旋伞齿轮15万套	2300	110	国际商业贷款	1996～2000	机械	荣成齿轮箱厂
454	日照电厂一期工程	建设2×35万千瓦机组	518936	33733	国际商业贷款	1996～2004	能源	日照电厂
455	三联集团引进城市信息高速公路(城域网)项目	引进瑞典ATM交换机6.4G,形成容量为10000用户的城市信息高速公路系统	4978	405	国际商业贷款	1997～1997	邮电通信	三联集团
456	山东世界贸易中心建设项目	引进垂直电梯、自动扶梯、通讯设备及计算机网络系统	4861	350	国际商业贷款	1997～1997	其他	山东省商业集团
457	威海北洋电器集团项目	节能电光源技术改造，形成1200万只紧凑型电子节能灯管生产能力	5750	390	国际商业贷款	1997～1997	轻工	威海北洋电器集团

1991～2005年山东省国外贷款项目

序号	项目名称	建设规模及内容	总投资（万元）	贷款签约额（万美元）	资金来源	建设起止年限	所属行业	项目单位
458	文登花岗石加工厂项目	引进设备，年增花岗石材产量1.4万套	1969	150	国际商业贷款	1997～1997	建材	文登花岗石加工厂
459	济宁兖州产业用布厂项目	引进英国设备，年新增矿用输送带整体芯36万米	2880	120	国际商业贷款	1997～1997	轻工	济宁兖州产业用布厂
460	潍坊寒亭区捕捞公司项目	购买600马力钢质渔船4只	2115	184	国际商业贷款	1997～1997	农业	潍坊寒亭区捕捞公司
461	潍坊诸城服装针织股份有限公司项目	洒倩尔高档职业女装生产线，年新增高档梭针织内衣制品20万件(套)	3000	150	国际商业贷款	1997～1997	轻工	潍坊诸城服装针织股份有限公司
462	皮革加工项目	年产高档绵羊皮600万平方尺	4937	216	国际商业贷款	1997～1997	轻工	淄博金源皮革制品有限公司
463	轻量涂布纸项目	引进瑞典、德国涂布机、软压光机等先进设备18台（套），年产轻量涂布纸2万吨	9998	480	国际商业贷款	1997～1997	轻工	淄博博汇实业总公司
464	净水剂生产项目	引进设备年产硫酸钾1万吨	2871	50	国际商业贷款	1997～1997	化工	淄博净水剂厂
465	山东博山化工机械股份有限公司项目	引进机械加工等设备，扩大生产能力	3396	190	国际商业贷款	1997～1997	机械	山东博山化工机械股份有限公司
466	华光陶瓷集团项目	引进陶瓷制造设备	2305	220	国际商业贷款	1997～1997	建材	华光陶瓷集团
467	淄博电缆厂项目	引进电缆制造设备，扩大电缆生产能力	1952	200	国际商业贷款	1997～1997	机械	淄博电缆厂
468	沂源棉纺织厂项目	引进棉纺织设备，扩大生产能力	2635	288	国际商业贷款	1997～1997	纺织	沂源棉纺织厂
469	泰安钢板预处理厂项目	引进内螺纹生产线，年产内螺纹铜管2500吨	6782.72	480	国际商业贷款	1997～1997	机械	泰安钢板预处理厂
470	新泰市新汶棉纺织厂项目	引进棉纺织设备	3150.2	190	国际商业贷款	1997～1997	纺织	新泰市新汶棉纺织厂
471	泰安市京轮汽车电器制造厂项目	引进日本自动嵌线机等13台	3000	210	国际商业贷款	1997～1997	机械	泰安京轮汽车电器制造厂
472	新泰合力紧固件厂项目	引进紧固件加工设备，扩大紧固件生产能力	2900	190	国际商业贷款	1997～1997	机械	新泰合力紧固件厂
473	泰安活塞厂项目	引进国外先进设备及加工技术，年生产活塞150万只	1269	135	国际商业贷款	1997～1997	机械	泰安活塞厂
474	增加剑杆织机项目	引进西班牙、意大利剑杆织机46台，年产特宽幅提花装饰布150万米，高花格衬衫布150万米	3600	276	国际商业贷款	1997～1997	纺织	泰安岱银纺织股份有限公司
475	新汶棉纺厂项目	年产支精梳色布、装饰布252万米	3782.55	190.43	国际商业贷款	1997～1997	纺织	新汶棉纺厂
476	泰安赛德威克电子公司项目	引进设备年产传真机10万台、自动电话管理机50万台	1740	80	国际商业贷款	1997～1997	电子	泰安赛德威克电子公司
477	德州齐河发酵厂项目	引进美国、意大利头孢转化酶反应器等89台（套），年产头孢氨基烷酸80吨	9800	460	国际商业贷款	1997～1997	医药	德州齐河发酵厂
478	德州宁津德艺制革有限公司项目	引进意大利削匀机、片皮机等32台（套），年新增羊皮成品革100万张	2500	205	国际商业贷款	1997～1997	轻工	德州宁津德艺制革有限公司

1991～2005年山东省国外贷款项目

序号	项目名称	建设规模及内容	总投资（万元）	贷款签约额（万美元）	资金来源	建设起止年限	所属行业	项目单位
479	德州华光陶瓷集团项目	引进奥地利纤维分离机、复卷机等35台，年产高档涂布板纸5万吨	4980	220	国际商业贷款	1997～1997	轻工	德州华光陶瓷集团
480	山东华乐纺织集团公司项目	引进纺织设备，扩大纺织产品生产能力	3965	336	国际商业贷款	1997～1997	纺织	山东华乐纺织集团公司
481	济南啤酒集团项目	引进德国糖化设备，年新增啤酒生产能力5万吨	6134	420	国际商业贷款	1997～1997	轻工	济南啤酒集团
482	济南无线电十四厂项目	引进国外先进设备扩大温控器生产规模	688	52	国际商业贷款	1997～1997	电子	济南无线电十四厂
483	章丘鼓风机厂项目	引进日本RR系列改进罗茨风机生产技术，扩大产品生产能力	3117.04	188	国际商业贷款	1997～1997	机械	章丘鼓风机厂
484	济南市长清汽缸厂项目	引进摩托车发动机箱体生产线，年产各类摩托车发动机箱体50万套	9000	480	国际商业贷款	1997～1997	机械	济南市长清汽缸厂
485	日照五莲地毯厂项目	引进机织地毯生产设备，年产簇绒地毯160万平方米，提花地毯20万平方米	3252	251	国际商业贷款	1997～1997	纺织	日照五莲地毯厂
486	聊城高唐造纸厂项目	引进奥地利超级压光机等22台（套），年产80–350/M高档铜版纸6万吨	6530	480	国际商业贷款	1997～1997	轻工	聊城高唐造纸厂
487	聊城山东超凡集团玉米深加工项目	引进美国、瑞士低聚糖色谱分离机等17台，年产1.5万吨变性淀粉、1万吨低聚糖、5000吨玉米调和油	8327	350	国际商业贷款	1997～1997	轻工	聊城山东超凡集团
488	针织地毯项目	年增立毛针织印花绒毯12万条	1436	110	国际商业贷款	1997～1997	纺织	聊城蓝天股份
489	聊城莘县中苑对外经济技术合作公司精细橡胶粉项目	年产精细橡胶粉1万吨	2680	190	国际商业贷款	1997～1997	化工	聊城莘县中苑对外经济技术合作公司
490	单层小口径薄壁精密焊接管生产项目	年产单层小口径薄壁精密焊接管4000吨	4626	255	国际商业贷款	1997～1997	机械	菏泽鑫龙金化公司
491	扩大塑胶生产项目	引进塑胶生产设备	332	20	国际商业贷款	1997～1997	化工	临沂胜佳塑胶有限公司
492	临沂凯利实业公司项目	年新增包装能力2000吨	1540	110	国际商业贷款	1997～1997	轻工	临沂凯利实业公司
493	临沂费县工艺品厂项目	年产高中档needed纱工艺服装及室内装饰用品85万件（套）	2502	114.5	国际商业贷款	1997～1997	轻工	临沂费县工艺品厂
494	临沂进出口公司项目	斯利可紧固件厂更新改造设备，年产铆螺母8000万件	1732	123	国际商业贷款	1997～1997	机械	临沂进出口公司更新改造设备
495	临沂蒙阴塑料厂高档胶帽项目	引进德国先进设备5台(套),年产高档胶帽4000万只	1652.5	110	国际商业贷款	1997～1997	轻工	临沂蒙阴塑料厂
496	柴油机生产项目	引进韩国卧式加工中心，年新增K92型柴油机6万台	3612	250	国际商业贷款	1997～1997	机械	临沂沂南染油机厂
497	临沂沂蒙制动材料总厂项目	年新增刹车片生产能力300万片	2567	185	国际商业贷款	1997～1997	机械	临沂沂蒙制动材料总厂扩大刹车片生产能力

1991～2005年山东省国外贷款项目

序号	项目名称	建设规模及内容	总投资（万元）	贷款签约额（万美元）	资金来源	建设起止年限	所属行业	项目单位
498	临沂山东罗庄集团项目	扩建玻化砖生产线，年产各种型号玻化砖100万平方米	5260	280	国际商业贷款	1997～1997	建材	临沂山东罗庄集团
499	临沂山东华日集团项目	年新增压铸能力70万套	8454	481	国际商业贷款	1997～1997	机械	临沂山东华日集团
500	聊城客车厂项目	引进机加工、焊接等设备	14552	1363	国际商业贷款	1997～1998	机械	聊城客车厂
501	烟台金海石材公司石材加工项目	引进石材加工设备，年产板材13万平方米	3200	215	国际商业贷款	1997～1998	建材	烟台金海石材有限公司
502	烟台五金企业集团项目	冲压、电镀机械等，扩大五金件生产能力	1965	178	国际商业贷款	1997～1998	轻工	烟台五金企业集团
503	烟台电池厂技术改造项目	引进生产设备	960	100	国际商业贷款	1997～1999	机械	烟台电池厂
504	莱阳经济技术开发区招商公司项目	引进生产设备	1850	168	国际商业贷款	1997～1999	建材	莱阳经济技术开发区招商公司
505	新牟国际集团公司项目	引进高物理发泡电缆生产线，年生产各种规模电缆10万千米	5085	400	国际商业贷款	1997～1999	机械	新牟国际集团公司
506	蓬莱特种漆包线厂项目	年新增特种漆包线生产能力1000吨	1846	120	国际商业贷款	1997～1999	机械	蓬莱特种漆包线厂
507	蓬莱特种变压器厂项目	引进德国先进设备8台及相应技术软件，年新增电抗器生产能力200台	2196	164	国际商业贷款	1997～1999	机械	蓬莱特种变压器厂
508	绿叶制药中成药扩产改造项目	引进德国、意大利冻干机等设备，年产颗粒制剂1亿袋、冻干剂1500万支	4900	380	国际商业贷款	1997～1999	医药	烟台绿叶制药有限公司
509	蓬莱玛钢厂项目	引进台湾的设备24台，年新增低温热镀锌管件生产能力4300吨	1589	94	国际商业贷款	1997～1999	机械	蓬莱玛钢厂
510	日照海洋运输集团公司项目	购置26000吨级货轮	13778	1300	国际商业贷款	1997～2004	交通	日照海洋运输集团公司
511	潍坊衬衫厂出口衬衫设备填平补齐项目	引进CDM电脑自动裁剪系统和三自动缝纫机共305台（套）	1200	120	国际商业贷款	1997～2005	轻工	山东拳王实业集团有限公司
512	山东省国际信托投资公司境外银行贷款项目	国际融资	523000	35000	国际商业贷款	1998～1998	其他	山东省国际信托投资公司
513	山东省国际信托投资公司债务调整项目	借新还旧	66240	4000	国际商业贷款	1998～1998	其他	山东省国际信托投资公司
514	山东省工行境外银行贷款项目	国际融资	13500	1000	国际商业贷款	1998～1998	其他	山东省工行
515	山东省投行境外银行贷款项目	国际融资	21000	1000	国际商业贷款	1998～1998	其他	山东省投行
516	山东航运局购船项目	货船	160000	10000	国际商业贷款	1998～1998	交通	山东航运局

1991～2005年山东省国外贷款项目

序号	项目名称	建设规模及内容	总投资（万元）	贷款签约额（万美元）	资金来源	建设起止年限	所属行业	项目单位
517	承重砖生产项目	华德公司年产彩色承重砖950万块，彩色铺路砖83万平方米	5570	210	国际商业贷款	1998～1999	建材	山东省建材公司烟台分公司
518	硬木栈板生产线项目	引进德国高精度硬木栈板生产线，年产空心砖块生产用木质栈板10平方米	4240	250	国际商业贷款	1998～1999	轻工	山东省建材实业总公司烟台公司
519	绿叶制药中成药扩产改造项目	引进德国、意大利冻干机等设备，年新增果粒制剂6000万袋、冻干剂1400万支	3146	287	国际商业贷款	1998～1999	医药	烟台绿叶制药有限公司
520	烟台汽车内饰集团项目	成型模具等，扩大汽车内饰件生产能力	4021	350	国际商业贷款	1998～2000	机械	烟台汽车内饰集团
521	泰安化工总厂项目	年产甲烷氯化物3万吨	31000	1480	国际商业贷款	1999～2002	化工	泰安化工总厂
522	德州电厂三期工程	建设2×660MW机组	772000	15000	国际商业贷款	1999～2004	能源	德州电厂
523	丝光线项目	年产丝光线4000吨	1320	60	国际商业贷款		纺织	淄博第六毛纺厂
524	山东中华电力项目	菏泽电厂二期及聊城新电厂	295850	31170	出口信贷	1991～1993	能源	山东中华电力公司
525	新泰市漆包线厂项目	引进特种电磁线生产技术及设备，特种电磁线1204吨	4080	510	奥地利买方贷款	1991～1993	电子	新泰市漆包线厂
526	泰安煤气工程	日供煤气16万立方米	3840	480	加拿大出口信贷	1991～1993	城市建设	泰安市煤气公司
527	山东岚山海洋运输公司项目	外购二手船一艘	12690	1300	德国出口信贷	1991～1993	交通	山东岚山海洋运输公司
528	PVC石英地板砖项目	年产地板砖200万平方米	3654	295.5	买方信贷	1991～1993	轻工	临沂市正大实业总公司
529	高档拉舍尔棉毯项目	年产60万条	11600	300	其他国际商业贷款	1994～1994	纺织	威海鸭球毛纺织品有限公司
530	茌平富兴化工有限公司项目	年产2500吨癸二酸、375吨甘油	5440	340	其他国际商业贷款	1994～1994	化工	茌平富兴化工有限公司
531	毛精纺呢绒项目	年产130万米	6400	400	其他国际商业贷款	1994～1994	纺织	潍坊利通毛纺有限公司
532	康乐中心建设项目	客房、餐饮、娱乐	8000	195	其他国际商业贷款	1994～1994	其他	潍坊银河康乐中心
533	甲酸项目	年产甲酸2万吨	11560	700	其他国际商业贷款	1994～1994	化工	肥城阿斯德化工有限公司
534	华泰建筑陶瓷有限公司项目	年产10万平方米	8000	200	其他国际商业贷款	1994～1994	建材	华泰建筑陶瓷有限公司
535	东营胜利精细化工有限公司项目	年产2万吨	24000	1700	其他国际商业贷款	1994～1994	化工	东营胜利精细化工有限公司
536	临沂新华建陶有限公司项目	玻化砖100万平方米，内墙砖70万平方米	4800	250	其他国际商业贷款	1994～1994	建材	临沂新华建陶有限公司
537	绵羊绒项目	年产300万码	4000	240	其他国际商业贷款	1994～1994	纺织	临沂新华针织绒制品有限公司

1991～2005年山东省国外贷款项目

序号	项目名称	建设规模及内容	总投资（万元）	贷款签约额（万美元）	资金来源	建设起止年限	所属行业	项目单位
538	冷藏集装箱生产项目	冲压、焊接设备等	6500	588	其他国际商业贷款	1994～1994	机械	烟台月友冷藏集装箱有限公司
539	仿花岗岩瓷体砖项目	年产90万平方米	5760	194	其他国际商业贷款	1994～1994	建材	临沂纬光建材有限公司
540	山东济宁金利特精制食品有限公司项目	引进食品生产设备、生产线	417	140	其他国际商业贷款	1994～1996	轻工	山东济宁金利特精制食品有限公司
541	山东太阳纸业有限公司项目	年产2万吨白卡纸，1.4万吨白板纸	21781	720	其他国际商业贷款	1994～1996	轻工	山东太阳纸业有限公司
542	药用胶囊项目	引进生产线，年产胶囊12亿粒	3600	150	其他国际商业贷款	1994～1996	医药	淄博鹏飞实业总公司
543	万杰医院项目	引进PET设备	16000	400	其他国际商业贷款	1994～1996	卫生	淄博万杰医院
544	冷藏集装箱生产项目	年产4800只集装箱	12000	1113	其他国际商业贷款	1994～1997	机械	烟台月友冷藏集装箱有限公司
545	保健纤维项目	引进设备	18000	1500	其他国际商业贷款	1996～1996	纺织	淄博万杰集团
546	保健纤维项目	引进卷绕机	23840	500	其他国际商业贷款	1996～1996	纺织	淄博万杰集团
547	淄博爱尔科空调风机项目	空调生产设备	1300	120	其他国际商业贷款	1996～1996	机械	淄博爱尔科空调风机
548	淄博金圆卫生洁具有限公司项目	洁具生产设备	1500	120	其他国际商业贷款	1996～1996	建材	淄博金圆卫生洁具有限公司
549	助剂生产项目	年产助剂2700吨	4000	140	其他国际商业贷款	1996～1996	化工	山东绿野助剂有限公司
550	济南金銮酒店建设项目	总建筑面积15500平方米，四星级标准	11760	400	其他国际商业贷款	1996～1996	其他	济南金銮酒店
551	山东蒂森电梯有限公司境外融资	年产电梯1600台、自动扶梯500台	20000	285	其他国际商业贷款	1996～1996	机械	蒂森电梯公司
552	高级聚酯薄膜项目	年产聚酯薄膜13800吨	23920	1270.5	其他国际商业贷款	1996～1996	轻工	潍坊新立克塑胶有限公司
553	潍坊京春纤维有限公司项目	引进先进纺织设备	2180	270	其他国际商业贷款	1996～1996	纺织	潍坊京春纤维有限公司
554	泰安新泰欣龙食品工业有限公司项目	引进食品生产设备、生产线	620	120	其他国际商业贷款	1996～1996	轻工	泰安新泰欣龙食品工业有限公司
555	玻璃棉制品生产项目	引进玻璃棉制品设备	1670	480	其他国际商业贷款	1996～1996	轻工	东营华德得玻璃棉制品有限公司
556	精细化工项目	年产1.4—丁二醇10000吨	23400	630	其他国际商业贷款	1996～1996	化工	山东东港精细化工有限公司
557	山东东方电缆有限公司项目	进口韩国、日本生产设备，进口设备扩大生产能力	904	110	其他国际商业贷款	1985～1991	机械	山东东方电缆有限公司
558	高压电缆生产项目	进口芬兰高压生产线设备	2690	201	其他国际商业贷款	1985～1991	机械	阳谷电缆厂

1991～2005年山东省国外贷款项目

序号	项目名称	建设规模及内容	总投资（万元）	贷款签约额（万美元）	资金来源	建设起止年限	所属行业	项目单位
559	泰安泰山大酒店项目	总建筑面积1.3万平方米，包括主楼、餐厅、厨房锅炉房等附属工程	560	70	其他国际商业贷款	1985～1991	其他	泰安市泰山大酒店
560	枣庄华丰印刷包装有限公司项目	引进设备年产复合包装袋、新型墙皮布等1200吨	8700	110	其他国际商业贷款	1993～1993	轻工	枣庄华丰印刷包装有限公司
561	西湖地毯厂台湾亚兴股份有限公司项目	建设长绒地毯生产线一条	3106.4	81.26	其他国际商业贷款	1993～1994	纺织	西湖地毯厂台湾亚兴股份有限公司
562	鲁南机床厂下面	引进设备年增车床650台，立式加工中心90台	4420	200	其他国际商业贷款	1993～1995	机械	鲁南机床厂
563	高强度低松弛钢丝绳输送带生产项目	引进设备年产高强度低松弛钢丝绳输送带200万平方米	26100	50	其他国际商业贷款	1994～1994	化工	枣庄橡胶厂
564	东港区商业总公司引进豆奶生产线项目	引进设备年产调味豆奶、花生奶72万箱	1664	39.51	其他国际商业贷款	1994～1995	轻工	东港区商业总公司香港兴隆洋行
565	枣庄有机化工厂项目	年产5000吨苯酐	1300	90	其他国际商业贷款	1997～1997	化工	枣庄有机化工厂
566	枣庄橡胶厂项目	年产高压胶管400万米，新增钢丝缠绕胶管20万米	5575	472	其他国际商业贷款	1997～1997	化工	枣庄橡胶厂
567	枣庄玉米变性淀粉项目	淀粉生产线由1万吨扩建到3万吨	3589	120	其他国际商业贷款	1997～1997	轻工	枣庄玉米变性淀粉厂
568	高唐金铭企业集团总公司项目	引进轮胎强化生产线，年产量40000条	918	40	其他国际商业贷款	1997～1998	化工	高唐金铭企业集团总公司

1991～2005年青岛市国外贷款项目

序号	项目名称	建设规模及内容	总投资（万元）	贷款签约额（万美元）	资金来源	建设起止年限	所属行业	项目单位
1	在职教师培训	在职教师培训	1079	70	世界银行贷款	1998～1993	教育	青岛教育学院
2	职业技术教育	职业技术教育	937.9	60	世界银行贷款	1991～1995	教育	青岛商务学校
3	师范教育发展项目	师范教育发展项目	1063.1	65	世界银行贷款	1994～1998	教育	青岛大学师范学院
4	养老保险制度改革	养老保险制度改革	3402	148	世界银行贷款	2000～2005	社会保障业	青岛市劳动和社会保障局
5	节水灌溉项目	发展节水灌溉面积35万亩	23099.4	1000	世界银行贷款	2003～2006	农业	青岛市水利局
6	蔬菜加工	年加工蔬菜4100吨	1564.9	71	亚洲开发银行贷款	1994～1994	农产品加工业	青岛莱西市发达蔬菜脱水厂
7	子午线轮胎项目	引进年产30万套钢丝子午线轮胎生产技术	33900.7	3120	亚洲开发银行贷款	1989～1993	制造业	青岛黄海橡胶股份有限公司
8	帘子布生产项目	年产4000T棉轮6帘子布工程	49551	3040	亚洲开发银行贷款	1989～1993	制造业	联大集团青岛联每创实业有限公司
9	橡胶生产项目	建设3万吨/年新工艺	28814.7	2520	亚洲开发银行贷款	1989～1992	制造业	青岛振亚炭黑集团公司
10	污水处理项目	日处理污水8万吨	29656.7	2000	亚洲开发银行贷款	1993～1998	基础设施	青岛首创瑞海水务有限公司
11	煤气生产项目	日产煤气75万立方米	1 05078.5	5400	亚洲开发银行贷款	1994～1998	基础设施	青岛泰能燃气集团有限公司
12	供热设施项目	建蒸汽管理18公里，换热站14座	25557.3	1600	亚洲开发银行贷款	1993～1997	基础设施	青岛市热电集团有限公司
13	发电机组项目	新装3台1.2万千瓦发电机组	22835.8	1300	亚洲开发银行贷款	1993～1998	基础设施	华电青岛发电有限公司
14	开发区给排水工程	4万吨/日供排水工程	251299.1	2392.5	日本政府日元贷款	1992～1995	基础设施	青岛经济技术开发区供排水总公司
15	前港湾一期工程	建万吨级泊水位6个	254085	20398.2	日本政府日元贷款	1987～1993	交通运输业	青岛港（集团）有限公司
16	前港湾二期工程	建1-3.5万吨泊水位6个	165285	2571.4	日本政府日元贷款	1995～1999	交通运输业	青岛港（集团）有限公司
17	引进信息系统软件及设备	引进信息系统软件及设备	978.1	38.1	日本政府日元贷款	1996～2005	计算机软件业	青岛市信息中心
18	引进信息系统软件及设备	引进信息系统软件及设备	1275.7	59.2	日本政府日元贷款	1992～2006	计算机软件业	青岛市信息中心
19	环胶州湾公路建设	青岛至薛家岛高速公路85公里	209995.4	8381	日本政府日元贷款	1991～1995	交通运输业	青岛市公路管理局
20	市话交换机8万门	市话交换机8万门	31856.1	3838.1	日本政府日元贷款	1991～1993	信息传输业	山东省通信公司青岛市分公司
21	引进纺织设备	引进纺织设备	4150	107.6	日本黑字还流贷款	1996～1998	制造业	青纺联集团五棉有限公司

1991～2005年青岛市国外贷款项目

序号	项目名称	建设规模及内容	总投资（万元）	贷款签约额（万美元）	资金来源	建设起止年限	所属行业	项目单位
22	引进片梭织机项目	引进梭织机、整经机等65台，建厂房400平方米	5103	285.7	日本黑字还流贷款	1996～1998	制造业	青岛齐意纺织有限公司
23	免维护蓄电池生产线	年产20万只免维护蓄电池	6047	371.4	日本黑字还流贷款	1995～1996	制造业	中大集团股份有限公司
24	引进喷气织机及设备	引进喷气织机及设备	6268.1	1139.4	日本黑字还流贷款	1996～1999	制造业	青纺联集团六棉有限公司
25	引进纺织设备	引进自动络筒20台，倍拈机10台	6055.5	571.1	日本黑字还流贷款	1995～1997	制造业	青纺联集团八棉有限公司
26	年产6万吨离子膜烧碱工程	年产6万吨离子膜	29103.9	1268.7	日本黑字还流贷款	1997～1999	制造业	青岛海晶化工集团有限公司
27	6000吨/年氯磺化聚乙烯工程	改扩建厂房9000平方米	9449	636.1	日本黑字还流贷款	1996～1997	制造业	青岛海晶化工集团有限公司
28	30万只/年铝散热器	30万只/年铝散热器	10205.9	368.6	日本黑字还流贷款	1996～1997	制造业	青岛东洋汽车散热器有限公司
29	引进印刷设备	引进电子雕刻机等设备7台	2389.9	228.6	日本黑字还流贷款	1995～1996	制造业	青岛印刷股份有限公司
30	引进真空速冻干燥菜生产线	建生产线2条	5842.9	569	日本黑字还流贷款	1997～2000	制造业	大洋食品集团股份公司
31	引进德国啤酒生产线	7.2万听/小时听装啤酒生产线	6191.6	569	日本黑字还流贷款	1997～1997	制造业	青岛啤酒股份有限公司
32	引进卷烟设备	建PASSIM卷烟机生产线	5936.4	569	日本黑字还流贷款	1997～1999	制造业	颐中烟草（集团）有限公司
33	发电厂扩建工程	2×30万千瓦扩建工程	207724.6	2857	日本黑字还流贷款	1993～1996	能源业	青岛国信实业有限公司
34	改造曲臂登高消防车	年产高空消防车、混凝土泵车140辆	5247.5	360	日本黑字还流贷款	1996～1991	制造业	重汽集团专用汽车公司
35	冷冻菜及浓缩果汁生产线	年加工冷冻蔬菜4000吨，生产浓缩果汁4000吨	7433.3	566.5	日本黑字还流贷款	1996～1998	农产品加工业	三联集团青岛总公司
36	引进箱体加工生产线	引进加工中心，组合机床等设备14台	6928.8	569	日本黑字还流贷款	1995～1996	制造业	轻骑集团青岛公司
37	引进汽缸曲轴加工生产线	引进卧式加工中心组合机床等30台	8426.2	564	日本黑字还流贷款	1995～1996	制造业	轻骑集团青岛公司
38	引进异型镀膜玻璃生产线	引进镀膜机、水处理设备，建厂房1512平方米	7952.1	561	日本黑字还流贷款	1997～1998	制造业	青岛金晶股份有限公司
39	引进高档钢化安全玻璃生产线	引进钢化炉机组、切割机等设备4台	8139.2	570.5	日本黑字还流贷款	1997～1998	制造业	青岛金晶股份有限公司
40	引进普通镀膜玻璃生产线	引进普通镀膜玻璃生产线	7885	567	日本黑字还流贷款	1997～1998	制造业	青岛金晶股份有限公司
41	引进高档提花毛巾设备	年产高档提花毛巾被6万条，浴巾100万条	7399.3	553	日本黑字还流贷款	1998～2000	制造业	青岛喜盈门集团公司

1991～2005年青岛市国外贷款项目

序号	项目名称	建设规模及内容	总投资（万元）	贷款签约额（万美元）	资金来源	建设起止年限	所属行业	项目单位
42	引进PVC管材生产线	引进年产7200吨PVC管材机组5套	6038.5	396.2	日本黑字还流贷款	1997～1998	制造业	青岛圣大塑胶有限公司
43	引进高档混纺袜生产设备	引进日本韩国生产设备321台	1913.6	161.9	日本黑字还流贷款	1996～1998	制造业	青岛抽纱厂
44	引进高档皮革生产线	引进加工设备67台	6140.6	253	日本黑字还流贷款	1997～1998	制造业	胶南肉类联合加工厂
45	集装箱中转验放中心	集装箱中转验放中心	4980	569.1	日本黑字还流贷款	1997～1998	制造业	源远集装箱公司
46	引进微波炉项目	年产60万台微波炉	25497.8	492	日本黑字还流贷款	1995～1998	制造业	海尔集团公司
47	引进快艇项目	引进快艇1艘	1650	146	日本黑字还流贷款	1997～1998	制造业	青岛港（集团）有限公司
48	引进设备	网眼机.毛圈机15台	1020.6	62	日本黑字还流贷款	1994～1995	制造业	即墨市发制品有限公司
49	引进卷烟设备	引进卷烟机组	5936.4	571	日本黑字还流贷款	1997～1999	制造业	颐中烟草（集团）有限公司
50	引进卷烟设备	引进卷烟机组	5936.4	566	日本黑字还流贷款	1997～1999	制造业	颐中烟草（集团）有限公司
51	引进卷烟设备	引进卷烟机组	5936.4	565.2	日本黑字还流贷款	1997～1999	制造业	颐中烟草（集团）有限公司
52	热电厂四期扩建	一台12MW抽凝供热机组和一台65吨/小时煤粉炉	5205	373	日本黑字还流贷款	1996～1997	基础设施	即墨市热电厂
53	引进喷气织机项目	喷气机及配套设备	6293.7	569	日本黑字还流贷款	1996～1999	制造业	青岛第九棉纺织厂
54	无氟冰柜项目	年产30万台无氟冰箱	6293.7	561	日本黑字还流贷款	1997～1999	制造业	青岛澳柯玛电器公司
55	无氟冰柜项目	年产30万台无氟冰箱	6293.7	561	日本黑字还流贷款	1997～1999	制造业	青岛澳柯玛电器公司
56	引进年储运16万吨液化石油气浮舱及设备	引进年储运16万吨液化石油气浮舱及设备	7270.8	569.1	日本黑字还流贷款	1998～1999	制造业	青岛液体化工基地有限责任公司
57	建设液化品中转储运基地	建设液化品中转储运基地	8134	560	日本黑字还流贷款	1998～1999	制造业	青岛液体化工基地有限责任公司
58	引进设备提高产品档次项目	引进设备提高产品档次项目	2905	228	日本黑字还流贷款	1990～1991	制造业	青岛毛巾厂
59	引进自动梭式绣花机	引进自动梭式绣花机	1568.7	107	日本黑字还流贷款	1993～1994	制造业	青岛新亚工艺品厂
60	购买集装箱船	购买德国600标准集装箱船一艘	18591.8	2185.8	德国政府贷款	1994～1995	交通运输业	青岛海运公司
61	购买集装箱船	购买德国600标准集装箱船一艘	20658.5	2428.6	德国政府贷款	1997～1999	交通运输业	青岛海运公司
62	市话、长话交换机项目	市话、长话交换机项目	8743.1	830.9	德国政府贷款	1991～1992	信息传输业	山东省通信公司青岛市分公司
63	市话交换机1.7万门	市话交换机1.7万门	6506.3	186.6	德国政府贷款	1994～1995	信息传输业	山东省通信公司青岛市分公司
64	污水处理项目	日处理污水10万吨	32419.8	1369.3	德国政府赠款	1994～1998	基础设施	青岛团岛污水处理厂
65	T203交换机200线	T203交换机200线	774.6	93.3	瑞士政府贷款	1990～1992	制造业	山东省通信公司青岛市分公司

1991～2005年青岛市国外贷款项目

序号	项目名称	建设规模及内容	总投资（万元）	贷款签约额（万美元）	资金来源	建设起止年限	所属行业	项目单位
66	引进医疗设备	引进医疗设备	199.5	24	瑞士政府贷款	1997～2000	卫生业	青岛市卫生局
67	海泊河污水处理厂一期工程	日处理污水8万～10万吨	14679.5	1020.9	奥地利政府贷款	1991～1993	基础设施	青岛市海泊河污水处理厂
68	开发区引水工程	10万吨/日静水能力	9338.4	627.4	奥地利政府贷款	1999～2003	基础设施	青岛经济技术开发区供排水总公司
69	市话、长话交换机项目	市话、长话交换机项目	4932.9	330	比利时政府贷款	1993～1994	信息传输业	山东省通信公司青岛市分公司
70	1000万吨/年十溴二苯醚生产线	1000万吨/年十溴二苯醚生产线	5851.5	674.2	法国政府贷款	1990～1991	制造业	青岛阻燃材料厂
71	行政中心区集中供热	建100MW高温汽水换热站	12706.4	495	芬兰政府贷款	2001～2005	基础设施	青岛经济技术开发区热电烯气总公司
72	社会福利院集中供热	建保温管19公里，换热站36座	12595.8	400	芬兰政府贷款	2003～2008	基础设施	青岛市热电集团有限公司
73	黄岛集中供热项目	建一级管网8.45公里	6506.3	490	丹麦政府贷款	2000～2002	基础设施	青岛经济技术开发区热电烯气总公司
74	小涧西垃圾处理	日处理垃圾1500吨	31493.8	929	加拿大政府贷款	2004～2006	基础设施	青岛市固体废弃物处置有限责任公司
75	高科园集中供热项目	建29MW热水锅炉	14432.9	489	加拿大政府贷款	2002～2003	基础设施	青岛东亿实业总公司
76	国内卫星地面站项目	国内卫星地面站项目	1328	160	加拿大政府贷款	1989～1992	信息传输业	山东省通信公司青岛市分公司
77	引进饲料生产线	年产虾饲料、貂饲料各4000吨	2253.8	153	澳大利亚政府贷款	1989～1993	农产品加工业	青岛第一面粉厂
78	引进医疗设备	引进医疗设备	300.3	36.2	美国进出口银行贴息贷款	1996～1997	卫生业	青岛市卫生局
79	引进医疗设备	引进医疗设备	348.6	4	美国进出口银行贴息贷款	2001～2001	卫生业	青岛市卫生局
80	引进医疗设备	引进美国Ajilent—HP	348.6	37.6	美国进出口银行贴息贷款	2001～2001	卫生业	青岛市卫生局
81	多色胶印机及设备	引进200台多色胶印机及生产技术	3044.8	202.4	北欧投资银行贷款	1994～1996	制造业	青岛瑞普电器
82	引进生产线	建竹磁胶合板生产线2条	6174.6	400	北欧投资银行贷款	1994～1994	制造业	青岛金源公司
83	青岛啤酒扩建项目	异地并购及青岛基地建设	151060	18200	国外发行可转换债券	2002～2005	制造业	青岛啤酒股份有限公司

1931～2005年河南省国外贷款项目

序号	项目名称	建设规模及内容	总投资（万元）	贷款签约额（万美元）	资金来源	建设起止年限	所属行业	项目单位
1	国家造林项目（一期）	6市16县（市区）营造速生丰产林4.23万公顷	76171.8	797	世界银行贷款	1990～1996	农业	全省部分市\县
2	职业技术教育项目	图书、设备采购及教师、管理人员培训	11139	160	世界银行贷款	1990～1996	教育	河南职业教育师范学院
3	洛阳中等城市综合改造项目	城市道路改造，改善教育、卫生等基础条件	62820.8	5240	世界银行贷款	1991～1997	城建	洛阳市建委
4	河南农业开发项目	沿黄开封等市地20个县的农业综合开发	913400	11654.77	世界银行贷款	1991～1999	农业	焦作、新乡、濮阳、开封、商丘、鹤壁、济源
5	偃师火电项目	首阳山电厂二期扩建2×300MW火电机组	307752.4	18000	世界银行贷款	1992～1996	能源	首阳山电厂
6	环境技术援助项目B	省级环境信息基础数据库开发	283.77	24.67	世界银行贷款	1993～1995	环保	省环保局信息中心
7	河南公路项目	郑州至洛阳高速公路120公里和豫西北公路网改造	308100	12000	世界银行贷款	1993～1996	交通	省交通厅河南省高等级公路建设指挥部
8	农业支持服务项目	洛阳等三市6县及所属乡的畜牧支持服务体制建设	391516.1	421.96	世界银行贷款	1993～1998	农业	洛阳、平顶山、驻马店
9	师范教育项目	用于12所师范院校改善教学设施及师资培训。新增改革课题研究和信息系统建设	1358.8	1050	世界银行贷款	1993～1998	教育	河南大学、信阳师院及洛阳、南阳、安阳、许昌、商丘、周口、新乡、开封、平顶山和驻马店师专
10	农村卫生人才开发（卫四）	改善贫困地区卫生条件（信阳、南阳等7市地64个县农村卫生机构建设和卫生人员培训）	24750.7	1889	世界银行贷款	1993～2000	卫生	商丘、周口、信阳、南阳、驻马店、开封、濮阳
11	森林资源发展和和保护项目（二期）	9县植树造林，营造高标准集约经营人工林2.94万公顷	67300.5	592.7	世界银行贷款	1994～2001	农业	全省部分市\县
12	107国道项目	安阳—新乡高速公路124公里	218830	14000	世界银行贷款	1994～1997	交通	省交通厅河南省高等级公路建设指挥部
13	种子项目	宁陵、商丘、民权、淮阳及商丘地区种子公司建设	1560	420	世界银行贷款	1996～2000	农业	宁陵、商丘县、民权、淮阳、商丘地区种子公司
14	第三个贫困地区基础教育发展项目	110所中小学校土建、图书设备采购及人员培训，改革课题、信息系统建设	41396.4	2231	世界银行贷款	1996～2001	教育	三门峡、商丘、驻马店、洛阳、濮阳、南阳、平顶山、信阳、周口市28个贫困县
15	第Ⅱ河南公路项目	洛阳—三门峡高速公路142.5公里	440820	21000	世界银行贷款	1996～2001	交通	洛阳至三门峡高速公路建设指挥部
16	沁北电厂联合融资项目	2×60万千瓦发电机组建设	882841.5	5500	世界银行贷款	1997～2001	能源	沁北电厂
17	疾病预防卫生项目（卫七）	全省各级防疫机构建设	18730.9	1575	世界银行贷款	1997～2004	卫生	全省各级防疫机构
18	贫困地区林业发展项目（三期）	营造用材林4.1万公顷，经济林2.61万公顷，竹林240公顷（造林8.22万公顷）	38022.7	2440	世界银行贷款	1998～2005	农业	全省部分市（县）
19	加强农业灌溉项目二期	加强农业基础设施建设，改善农业基本生产条件	73000	6255	世界银行贷款	1999～2000	农业	省及济源、焦作、开封、洛阳、南阳、濮阳、商丘、新乡、驻马店

1991～2005年河南省国外贷款项目

序号	项目名称	建设规模及内容	总投资（万元）	贷款签约额（万美元）	资金来源	建设起止年限	所属行业	项目单位
20	农村基本卫生项目（卫八）	5市10个项目县农村卫生机构人员培训、土建及设备采购	14709.8	1210	世界银行贷款	1999～2007	卫生	省及洛阳、商丘、濮阳、南阳、信阳
21	第四技术合作项目	1.省属高校教师及管理人员培训，图书设备采购和改革课题研究 2.省级扶贫机构能力建设	2370	160	世界银行贷款	1999～2005	教育	省属高校 省扶贫办
22	小规模肉牛发展项目	发展肉牛养殖农户，扩建纯种肉牛繁育中心、交易市场，建设畜牧兽医服务中心103个，人工授精点225个	37967.4	2591.9	世界银行贷款	2000～2005	农业	商丘、周口、南阳、驻马店
23	第Ⅲ河南公路项目	驻马店—信阳高速公路133公里	343318.2	15000	世界银行贷款	2001～2004	交通	省交通厅
24	林业持续发展项目（四期）	建设营造用材林和经济林分别为2.2万公顷，5个苗圃	31916	2210	世界银行贷款	2002～2009	农业	全省部分市（县）
25	结核病控制项目（卫十）	全省18个省辖市结防机构的人员培训、设备采购，开展免费检查、治疗	20342.5	1274	世界银行贷款	2002～2008	卫生	全省各级结防机构
26	非典及其他传染病防治项目	贫困县非典定点医院的6600平方米传染病病区改造和救护车、B超等医疗设备的购置	1848.6	120.38	世界银行贷款	2003～2006	卫生	29个国家级贫困县
27	化肥项目	安化集团813改扩建项目，新增年产合成氨8万吨、尿素13万吨	64270.45	2620	亚洲开发银行贷款	1996～1999	工业	安化集团
		平顶山化肥厂改扩建工程，8万吨合成氨、13万吨尿素	63389.6	2560	亚洲开发银行贷款	1995～1999	工业	平顶山飞行化工（集团）有限公司
28	禹州电厂 电网二次系统建设	2×35万千瓦发电机组建设 全省电力市场技术支持系统、电力光纤通信网络及南阳回龙抽水蓄能电站建设	304576.6	24000	亚洲开发银行贷款 亚洲开发银行贷款	1995～2001 1999～2005	能源 能源	省电力公司 省电力公司
29	豫西农业综合开发项目	供水及灌溉项目、园艺、畜牧3类11个项目及配套服务	135627.2	6430	亚洲开发银行贷款	2001～2007	农业	豫西三门峡、洛阳等市县
30	农村能源生态建设项目	农村能源生态模式建设，扶持贫困农户沼气池建设及培训、技术服务	13351	817.3	亚洲开发银行贷款	2003～2008	农业	省农村能源环保总站
31	平顶山通用机械厂	年产碳化硅窑具2500吨	3792	400	日本黑字还流贷款	1995～1996	工业	平顶山通用机械厂
32	河南淮河流域水污染治理项目	城市污水处理项目5项，工业废水（造纸厂、化肥厂）治理6项，共11个子项目	222108.5	12175	日本政府日元贷款	1997～2005	环保	郑州市污水处理厂、平顶山市污水处理厂、许昌市污水处理厂、开封化肥厂、漯河银鸽有限公司、遂平县造纸厂、飞亚飞纸业公司、驻马店污水处理厂、驻马店地区化工总厂、舞阳明宇盐化集团、信阳城市污水处理厂
33	洛阳石化总厂大化纤工程	年产22万吨聚酯、9万吨长丝、10万吨长丝等化学纤维工程	564929	26953	日本政府不附带条件贷款	1997～2000	工业	洛阳石化总厂
34	河南省信息中心	河南省经济信息系统建设	1185	122.6	日本政府日元贷款	1998～1999	通信	河南省信息中心郑州市\平顶山市

1991～2005年河南省国外贷款项目

序号	项目名称	建设规模及内容	总投资（万元）	贷款签约额（万美元）	资金来源	建设起止年限	所属行业	项目单位
35	开封至商丘高速公路	开封—商丘高速公路204公里	402900	20000	日本政府不附带条件贷款	1998～2000	交通	商丘至开封高速公路建设有限公司
36	鹤壁淇河盘石头水库	建设库容量6.02亿立方米水库一座	96148.53	6447	日本政府日元贷款	2000～2005	水利	盘石头水库建管局
37	新乡至郑州高速公路	新乡—郑州高速公路82公里	396429.9	20000	日本政府日元贷款	2001～2005	交通	新乡—郑州高速公路建设有限公司
38	河南省天然气管网工程	5市及所属部分县级城市燃气管网工程	2002184	15946	日本政府日元贷款	2003～2008	城建	焦作市、漯河市、信阳市、平顶山市、驻马店市燃气公司
39	河南省高等学校人才培养项目	河南11所高校图书设备采购及人员培训	54747	3880	日本政府日元贷款	2003～2008	教育	郑州大学、河师大学、河南大学、河南农业大学、河南理工大学、河南财经学院、河南中医学院、郑州轻工业学院、信阳师范学院、商丘师范学院
40	河南省公共卫生基础设施项目	省级及18市疾控中心、17市传染病中心、17市急救中心设备购置共53个子项目	46159.7	4215	日本政府日元贷款	2004～2007	卫生	全省18个省辖市
41	新乡市织袜厂先进织袜机项目	引进先进袜机和配套设备	1185	140	日本黑字还流贷款	1992～1993	工业	新乡市织袜厂
42	新乡印染厂特宽幅泡泡纱装饰布生产线	引进园网印花机等六台设备	6185.7	450	日本黑字还流贷款	1993～1995	工业	新乡源丰印染有限责任公司
43	郑州国棉六厂	引进72台喷气织机及配套设备	1714.3	200	日本黑字还流贷款	1993～1995	工业	郑棉六厂
44	南阳变压器股份有限公司	引进高压箔绕机和浇筑设备各1台，生产变压器	1580	190	日本黑字还流贷款	1993～1994	工业	南阳变压器股份有限公司
45	河南省华新棉纺厂特宽幅技改项目	引进特宽幅无梭织机46台等设备	6952	600	日本黑字还流贷款	1993～1995	工业	河南省华新棉纺厂（卫辉）
46	周口通信电缆厂	引进诺基亚公司光缆生产线，形成年产单模、多模光缆1万公里规模	4740	600	日本黑字还流贷款	1994～1995	工业	周口通信电缆厂
47	冶金部金属制品研究院	引进奥氏体加热炉、流动粒子退火炉等设备各1台，建设年产1万吨的油淬回火钢丝生产线	1580	150	日本黑字还流贷款	1996～1997	工业	冶金部金属制品研究院
48	南阳金冠电器股份公司	购置喷雾选粒机、100吨全自动液压成形机等关键设备，建设年产360万片新型高压压敏电阻片	1422	173.8	日本黑字还流贷款	1996～1997	工业	南阳金冠电器股份公司
49	潢川华英三和樱桃谷鸭加工项目	年综合加工100万只樱桃谷鸭	2221.4	234	英国政府贷款	1991～1995	工业	潢川华英集团
50	淮滨三和樱桃谷鸭加工项目	年综合加工100万只樱桃谷鸭	3140.6	310	英国政府贷款	1991～1995	工业	潢川华英集团
51	平顶山市饲料生产项目	建设3万吨饲料厂	1106	110	英国政府贷款	1992～1994	工业	平顶山市饲料厂
52	郑州电缆技改项目	35kV辐照交联特种电线电缆技改	2370	297	法国政府贷款	1993～1994	工业	郑州电缆集团

1991～2005年河南省国外贷款项目

序号	项目名称	建设规模及内容	总投资（万元）	贷款签约额（万美元）	资金来源	建设起止年限	所属行业	项目单位
53	焦作污水处理厂项目	日处理10万吨污水项目	10325.3	411.55	法国政府贷款	1997～1999	环保	焦作市污水处理厂
54	省邮电局程控项目	19.1万门程控、中继4.29万条	19750	2471.93	德国政府贷款	1994～1995	通讯	省邮电局
55	漯河双汇集团高阻隔复合膜项目	引进德国PLAMEX和海得堡公司筒状膜机和胶印机，生产复合膜和胶印纸	7497.1	250	德国政府贷款	2000～2001	工业	双汇集团
56	河南洛阳三力公司引进无纺布项目	年产纺粘法产业用布5200吨	8389.8	459	德国中小企业中间信贷	2001～2002	工业	河南三力化纤公司
57	鸭河口电厂一期工程	2×350MW燃煤发电机组	494176.6	37180	西班牙政府贷款	1994～2001	能源	南阳鸭河口发电有限责任公司
58	河南电信	程控交换机建设	23700	2530	西班牙政府贷款	1994～1995	通讯	河南电信公司
59	郑州市第一棉纺厂引进剑杆织机项目	引进50台剑杆织机	2844	280	西班牙政府贷款	1994～2001	工业	郑州市第一棉纺厂
60	潢川棉纺织总厂引进剑杆织机项目	引进60台剑杆织机	3270.6	327.4	西班牙政府贷款	1995～1996	工业	潢川棉纺织总厂
61	滑县纺织印染总厂技改项目	引进毛巾服装先进生产设备	2370	285	西班牙政府贷款	1994～1995	工业	滑县纺织印染总厂
62	洛铜集团引进静电喷涂生产线	引进铝材静电粉末喷涂生产线，年产喷涂彩色铝带型材4000吨	2820.3	278	西班牙政府贷款	1995	原材料	洛阳铜加工集团
63	春都集团茶饮料生产线	引进一条年产15万吨饮料生产线	6762.4	280	西班牙政府贷款	1997～2000	工业	洛阳春都集团
64	郑州交通指挥监控系统	建立交通指挥信号控制系统	5914.967	400	西班牙政府贷款	2001～2004	城建	郑州市公安局
65	舞阳县医院项目	购置彩超、C型臂、腹腔镜X光机等医疗设备	1738	219.5	西班牙政府贷款	2003～2004	卫生	舞阳县中心医院
66	商丘市第一人民医院	螺旋CT、大型X光机、彩超和全自动生化分析仪	1422	190	西班牙政府贷款	2003～2004	卫生	商丘市人民医院
67	开封结核病防治所项目	引进全自动生化分析仪、B超机等医疗设备	142.2	18	西班牙政府贷款	2003～2005	卫生	开封市结核病防治所
68	焦作市中医院项目	购置C臂X射线系统、数字肠胃机、螺旋CT、彩超等设备14台（套）	1777.5	224.9	西班牙政府贷款	2003～2006	卫生	焦作市中医院
69	平顶山市第二人民医院	购置C臂X光机、数字化X光机、ECT、螺旋CT、彩超等医疗设备	2409.5	304.92	西班牙政府贷款	2004	卫生	平顶山市第二人民医院
70	浚县人民医院	购置100毫安X光机、自动生化分析仪、电子胃镜等医疗设备	7473.4	110	西班牙政府贷款	2004～2005	卫生	浚县人民医院
71	新乡市公安局	建设交通信号控制系统	4740	523	西班牙政府贷款	2005～2006	城建	新乡市公安局
72	濮阳中原石化乙烯装置	14万吨乙烯\丙烯腈4万吨\聚丙烯14万吨	237000	23928	意大利政府贷款	1992～1995	工业	中原石化公司
73	新乡市化纤毛纺织厂剑杆织机生产线	引进sm–190剑杆织机	2591.2	267	意大利政府贷款	1995～1996	工业	新乡市化纤毛纺织厂
74	漯河双汇集团废弃物综合处理项目	引进意大利GI公司废弃物处理及饲料加工设备，年产饲料15万吨和6000吨预混料	6604.4	261	意大利政府贷款	2000～2004	工业	漯河双汇集团
75	河南省电力公司信阳输变电工程	侯家湾输变电工程2×40HVA，110kV线路2公里	2401.6	257	奥地利政府贷款	1997～2000	能源	河南省电力公司

1991～2005年河南省国外贷款项目

序号	项目名称	建设规模及内容	总投资（万元）	贷款签约额（万美元）	资金来源	建设起止年限	所属行业	项目单位
76	平顶山塑料异型材生产线项目	建设PVC异型材生产线	5356.2	280	奥地利政府贷款	1996～1999	工业	平顶山三力化学建材厂
77	开封市西区污水处理项目	日处理污水8万吨	9448.4	584.37	奥地利政府贷款	1999～2002	环保	开封西区污水处理厂
78	商丘市污水处理项目	日处理污水8万吨	16123.9	600	奥地利政府贷款	1999～2001	环保	商丘市污水处理厂
79	濮阳市污水处理厂	日处理污水10万吨	15800	490	奥地利政府贷款	2001～2002	环保	濮阳市污水处理厂
80	开封市卫生系统项目	购进双排螺旋CT系统等医疗设备	2796.6	368	奥地利政府贷款	2003～2004	卫生	开封第二人民医院、儿童医院、口腔医院
81	原阳县人民医院项目	购置螺旋CT、彩超、麻醉机、透析机、电子胃肠镜、腹腔镜等医疗设备	348	100	奥地利政府贷款	2004～2005	卫生	原阳县人民医院
82	许昌长葛长盛陶瓷厂	年产20万立方米粉煤灰混凝土空心砌块	3665.6	335.2	奥地利政府贷款	2004～2005	工业	河南永兴铜材集团有限公司
83	汝南县人民医院项目	购置C臂X光机、血液透析机、彩超、关节镜等设备41台套	2069.8	262.12	奥地利政府贷款	2005～2006	卫生	汝南县人民医院
84	济源第二人民医院	购置直线加速器、螺旋CT、胃肠X光机等医疗设备	1975	200	奥地利政府贷款	2005～2006	卫生	济源第二人民医院
85	河南电信	建设程控交换机项目	11850	1500	荷兰政府贷款	1994～1997	通讯	河南电信公司
86	焦作中兴肉鸡生产线项目	年单班屠宰、分割肉鸡500万只等	2725.5	187	荷兰政府贷款	1996～1997	工业	焦作中兴实业总公司
87	河南豫美公司农业示范园项目	建设农业示范园温室大棚	2370	265	荷兰政府贷款	2002～2003	工业	河南豫美公司
88	双汇集团生猪屠宰项目	引进2条100万头/年生猪屠宰生产线	6817.7	350	荷兰政府贷款	2003～2004	工业	双汇集团
89	河南电信	程控交换机项目	23700	2800	比利时政府贷款	1994～1996	通信	河南电信公司
90	洛阳市自来水公司供水工程	日供水24万吨	41403.9	800	比利时政府贷款	1994～1999	城建	洛阳市自来水公司
91	漯河市第一人民医院X光机介入设备项目	购置X光机介入检查治疗设备	1603.7	220	比利时政府贷款	1997～1998	卫生	漯河市第一人民医院
92	新乡市无氧铜材总厂磷脱氧铜管生产线	引进芬兰小型号高精度铜管生产技术及关键设备生产无氧铜管7000吨	18944.2	670	芬兰政府贷款	1991～1994	工业	新乡市无氧铜材总厂
93	郑州市热力公司五彩供热工程	引进4台40吨蒸汽锅炉及辅助设备	3950	416.5	芬兰政府贷款	1995～1998	城建	郑州热力总公司
94	洛阳巨尔集团引进牛奶深加工生产线	引进鲜牛奶加工设备，年产液体牛奶8000吨	3531.3	238	芬兰政府贷款	1998～1999	工业	洛阳巨尔奶业公司
95	河南省泰斗食业有限公司高蛋白饲料项目	年产DDGS高蛋白饲料1.35万吨	3381.2	210.8	丹麦政府贷款	1995～1997	工业	河南省泰斗食业有限公司（夏邑县玉米综合加工厂）
96	安阳市污水处理厂	新建日处理10万吨污水处理厂	16289.8	498	丹麦政府贷款	2001～2004	环保	安阳市晁家村污水处理厂
97	开封造纸网厂	引进聚酯网关键设备项目	1501	185	挪威政府贷款	1991～1992	工业	开封造纸网厂

1991～2005年河南省国外贷款项目

序号	项目名称	建设规模及内容	总投资（万元）	贷款签约额（万美元）	资金来源	建设起止年限	所属行业	项目单位
98	河南电话1	程控交换机项目	5530	666	挪威政府贷款	1991～1993	通信	河南电信局
99	河南电话2	程控交换机项目	3950	487	挪威政府贷款	1993～1995	通信	河南电信局
100	平顶山汝州市宋宫酒厂	年产2万吨DDGS高蛋白饲料	5782.8	449	挪威政府贷款	1993～1995	工业	汝州市宋宫酒厂
101	河南电话3	程控交换机项目	3950	494	挪威政府贷款	1995～1997	通信	河南电信局
102	商丘柘城县酿酒总厂	年产1.5万吨DDGS高蛋白饲料	5166.6	398	挪威政府贷款	1997～1998	工业	柘城县酿酒总厂
103	开封造纸网厂	引进关键设备生产聚酯网9万平方米	1501	188	瑞典政府贷款	1991～1992	工业	开封造纸网厂
104	南阳污水处理一期工程	日处理污水10万吨	14591.3	441	瑞典政府贷款	1999～2001	环保	南阳市污水净化中心
105	洛阳瀍东污水处理项目	日处理污水20万吨	34033.2	1500	瑞典政府贷款	2001～2005	环保	洛阳市自来水公司
106	漯河煤气工程项目	日供气16万立方米，铺设煤气管网	3894.7	500	加拿大政府贷款	1993～1997	城建	漯河煤气公司
107	漯河双汇集团PVDC包装膜项目	引进加拿大麦克罗公司2条PVDC生产线，年产PVDC薄膜1000吨	4463.5	280	加拿大政府贷款	1995～1996	工业	漯河双汇集团
108	驻马店市煤气工程	建设气源厂、储配站、中低压管道等，日供气15万立方米	9203.5	400	加拿大政府贷款	1996～1998	城建	驻马店市石油液化总公司
109	许昌市煤气工程	日供气16万立方米	9480	495	加拿大政府贷款	1996～1998	城建	许昌市煤气公司
110	鹤壁市淇滨开发区集中供热工程	建设供热管网，购置设备和材料	12640	400	加拿大政府贷款	1996～1998	城建	鹤壁市建委
111	河南电信	数字程控电话交换系统建设	25280	3035	加拿大政府贷款	1996～1998	通讯	河南电信公司
112	电网调度自动化控制	水电资源调度自动化控制进口设备	2117.2	268	加拿大政府贷款	1998～2000	能源	河南省电力公司
113	洛阳春都集团引进PVDC食品包装材料生产线	引进PVDC五层共挤流延食品包装生产线，年产2000吨食品包装材料	4234.4	288.1	加拿大政府贷款	1998～2000	工业	洛阳春都集团
114	固始县人民医院项目	超导核磁、大C臂、800MA胃肠机等	1366.7	158	加拿大政府贷款	1999～2002	卫生	固始县中心医院
115	洛阳市涧西污水处理项目	日处理污水20万吨	36908.8	1030	加拿大政府贷款	1999～2001	环保	洛阳市自来水公司
116	全省电力调度系统计算机网络	全省计算机信息数据网络设备	2077.7	263	加拿大政府贷款	2000～2001	能源	河南省电力公司
117	洛阳市城市集中供热一期工程	新建4×35t/h热源厂，配套主管网60公里	21685.5	800	加拿大政府贷款	2000～2002	城建	洛阳市热力公司
118	商丘市第四水厂项目	日供水10万吨	15989.6	499	加拿大政府贷款	2000～2002	城建	商丘市第四水厂
119	新乡市污水处理工程	建设骆驼湾日处理15万吨污水处理系统	24948.2	740	加拿大政府贷款	2000～2003	环保	新乡市排水工程有限公司
120	许昌市第二水厂	日供水14万立方米，建设水源地工程及输水管道工程等	21875.1	900	加拿大政府贷款	2004～2006	城建	许昌市第二水厂
121	许昌长葛众品蔬菜加工项目	扩建5万亩特种蔬菜种植基地，年加工速冻蔬菜8000吨，罐头14600吨，速冻调理食品1万吨	13114	280	加拿大政府贷款	2002～2003	工业	河南长葛众品食业股份有限公司

1991～2005年河南省国外贷款项目

序号	项目名称	建设规模及内容	总投资（万元）	贷款签约额（万美元）	资金来源	建设起止年限	所属行业	项目单位
122	开封东区污水处理项目	日处理污水20万吨	34681	900	加拿大政府贷款	2005～2007	环保	开封市建委
123	洛阳中信公司引进煤气发生站项目	引进ø3.4米两段式煤气炉站四台套	5964.5	510	澳大利亚政府贷款	1993～1995	工业	洛阳中信重机公司（洛阳矿山机器厂）
124	义马煤气化工程	城市煤气120万立方米/日，甲醇8万吨/年	141726	6298	澳大利亚政府贷款	1997～2003	城建	义煤集团气化厂
125	开封三水厂—降氟改水工程	日供水10万吨（降氟改水扩建工程）	10404.3	498	澳大利亚政府贷款	1996～1998	城建	开封三水厂
126	安阳\平顶山输变电项目	安阳王村\平顶山九里山110kV输电线路及变电站	4266	540	澳大利亚政府贷款	2000～2001	能源	河南省电力公司
127	开封石墨电极工程项目	年产超高功率石墨电极2.2万吨	87808.5	3100	科威特政府贷款	1992～2005	工业	开封碳素有限责任公司
128	郑州新郑国际机场建设	建设4E级机场，起降波音747	123084	2310	科威特政府贷款	1993～1997	交通	薛店机场指挥部
129	郑州中牟农业综合开发	改造中低产田666.67公顷、新建养猪场一座、开挖鱼池213.37公顷	4068.5	152	韩国政府贷款	1997～1998	农业	中牟水产总公司
130	濮阳市第二人民医院项目	购置核磁共振设备	948	114	以色列政府贷款	1995～1996	卫生	濮阳市第二人民医院
131	信阳市中心医院项目	引进ECT医疗设备	410.8	35	以色列政府贷款	1997～1998	卫生	信阳市中心医院
132	信阳市中心医院项目	引进超导核磁、螺旋CT等设备	1674.8	210	以色列政府贷款	1999～2000	卫生	信阳市中心医院
133	洛阳市第二医院项目	引进螺旋CT、直线加速器等	892.7	93	以色列政府贷款	1998	卫生	洛阳中心医院
134	光山县中医院项目	购置单螺旋CT、彩超等医疗设备	1042.8	130	以色列政府贷款	2000～2002	卫生	光山县中医院
135	漯河市第一人民医院项目	CT机、乳腺X光机等	908.5	115	以色列政府贷款	2000～2001	卫生	漯河市第一人民医院
136	开封市第一人民医院项目	引进DSA系统等医疗设备	1350.9	160	以色列政府贷款	2000～2003	卫生	开封市第一人民医院
137	三门峡市人民医院项目	核磁共振、ECT、大C臂等设备	2188.3	240	以色列政府贷款	2001～2002	卫生	三门峡市人民医院
138	信阳市中心医院项目	购置血管造影机、彩超等5台设备	861.1	100	以色列政府贷款	2003～2004	卫生	信阳市中心医院
139	平顶山煤业集团总医院项目	购置血管介入X光机、ECT、彩超、螺旋CT、乳腺X光机、CR系统等医疗设备	18[illegible]7	230	以色列政府贷款	2003～2004	卫生	平煤集团总医院
140	驻马店市中心医院项目	购买核磁共振、螺旋CT、C型臂、数字X光机、彩超、钬激光等医疗设备	3768.3	413	以色列政府贷款	2004～2005	卫生	驻马店市中心人民医院
141	驻马店市中医院项目	购买中型C臂X光机、遥控X线胃肠机、乳腺X光机、移动式X线摄片机等医疗设备	533.25	60	以色列政府贷款	2004～2005	卫生	驻马店市中医院
142	漯河市一、二、三院、中医院项目（原为二个项目第一：234万；其他：55万，合289万）	购置彩超5台，核磁共振、CT机、X光机、运行平板、除颤仪、麻醉机、肾透析、血透析、C臂各1台	2528	313.45	以色列政府贷款	2005～2006	卫生	漯河市第一、二、三院、中医院四家医院
143	安阳谷朊粉项目	引进小麦谷朊粉生产线，建设年处理小麦面粉21600吨，年产谷朊粉2376吨，A淀粉11520吨，饲料粉4216吨	4368.7	445	北欧投资银行贷款	1993～1995	工业	安阳市面粉厂

1991～2005年河南省国外贷款项目

序号	项目名称	建设规模及内容	总投资（万元）	贷款签约额（万美元）	资金来源	建设起止年限	所属行业	项目单位
144	平顶山汝州市宋宫酒厂	DDGS高蛋白饲料生产线	5782.8	190	北欧投资银行贷款	1994～1995	工业	汝州市宋宫酒厂
145	郑州市热力公司五彩供热工程	引进4台40吨蒸汽锅炉及辅助设备	芬兰已列	73.5	北欧投资银行贷款	1995～1998	城建	郑州热力总公司
146	焦作电缆厂超高压项目	110～500kV超高压交联电缆生产线项目	10428	635	北欧投资银行贷款	1996～2005	工业	河南省金龙电缆有限公司（现汉和电缆焦作公司）
147	郑州电缆技改项目	引进芬兰诺基亚公司三层共挤悬链式交联电缆生产线。建设年产4000公里35kV及以下交联聚乙烯绝缘电力电缆生产线	3950	330	北欧投资银行贷款	1996～1997	工业	郑州电缆集团
148	安阳内黄县粮食局植物油项目	引进德国FH公司50t/d连续精炼植物油生产线	3033.6	260	北欧投资银行贷款	1997～1998	工业	内黄县油厂
149	南阳淅川高档文化用纸生活用纸生产线	年产铜版纸、无碳复写纸等1.19万吨	3112.6	226	北欧投资银行贷款	1997～2000	工业	淅川县造纸厂
150	柘城县酒精厂	DDGS高蛋白饲料生产线	1580	120	北欧投资银行贷款	1997～1998	工业	柘城县酒精厂
151	焦作市第二人民院项目	购置直线加速器、C型臂、介入性血管数字显影设备等	2061.9	240	北欧投资银行贷款	1999～2000	卫生	焦作市第二人民医院
152	鹤壁市第一人民医院	引进800毫安X光机、小C臂、彩超、核磁共振等医疗设备	1975	240	北欧投资银行贷款	2001～2002	卫生	鹤壁市第一人民医院
153	邓州市第一人民医院	购置螺旋CT及辅助设备8台，建设直线加速器专用楼	2054	210	北欧投资银行贷款	2001～2002	卫生	邓州市第一人民医院
154	电力调度系统豫北三级通信光缆	洛阳、焦作、新乡、安阳电力光缆通信系统	1935.5	244	北欧投资银行贷款	2001～2002	能源	河南省电力公司
155	焦作市结核病防治所	购置用于结核病防治的先进设备	355.5	40	北欧投资银行贷款	2003～2005	卫生	焦作市结核病防治所
156	焦作市五官医院项目	购置海德堡共焦激光眼底扫描系统生化分析仪等设备	647.8	80	北欧投资银行贷款	2003～2005	卫生	焦作市五官医院
157	平顶山市口腔医院项目	引进医疗设备及附属设施261台（套）	1738	220	北欧投资银行贷款	2003～2004	卫生	平顶山市口腔医院
158	信阳市第二人民医院	购置多排螺旋CT、三维彩超、1250MAX光机、RF等医疗设备	1714.3	190	北欧投资银行贷款	2003～2004	卫生	信阳市第二人民医院
159	西平县人民医院项目	购买螺旋CT、C型臂、数字胃肠机等医疗设备	1785.4	210	北欧投资银行贷款	2005～5006	卫生	西平县人民医院
160	商丘市中医院项目	C型臂X光机、中央监护系统、全自动生化分析仪	1580	200	北欧投资银行贷款	2005～2006	卫生	商丘市中医院
161	鹿邑县广电项目	购置电视发射塔和发射机、数字硬盘播出系统、前期采编系统等广电设备	1856.5	200	北欧投资银行贷款	2005～2006	广电	鹿邑县广电局
162	信阳市肿瘤医院项目	购置螺旋CT、彩超、中型C臂、半自动化仪、除颤监护仪等12台医疗设备	853.2	100	北欧投资银行贷款	2005～2006	卫生	信阳市肿瘤医院
163	洛阳市正骨医院	引进骨密度仪等医疗设备	237	30	美国进出口银行贴息贷款	1995～1996	卫生	洛阳正骨医院

1991～2005年河南省国外贷款项目

序号	项目名称	建设规模及内容	总投资（万元）	贷款签约额（万美元）	资金来源	建设起止年限	所属行业	项目单位
164	平顶山市第一人民医院	购置核磁共振、螺旋CT、X光拍片机、钼钯照相系统等医疗设备	1580	200	美国进出口银行贴息贷款	2000～2001	卫生	平顶山市第一人民医院
165	鹤壁市人民医院	购置彩超、监护仪等医疗设备	363.4	46	美国进出口银行贴息贷款	2000～2001	卫生	鹤壁市人民医院
66	安阳市人民医院	购买B超、彩超、监护仪等医疗设备	553	70	美国进出口银行贴息贷款	2000～2001	卫生	安阳市人民医院
167	安阳市肿瘤医院	购置监护仪、血气分析仪	316	38	美国进出口银行贴息贷款	2000～2001	卫生	安阳市肿瘤医院
168	焦作市人民医院项目	进口美国核磁共振，螺旋CT以及多功能彩超各一台	1753.8	222	美国进出口银行贴息贷款	2000～2001	卫生	焦作市人民医院

1991～2005年湖北省国外贷款项目

序号	项目名称	建设规模及内容	总投资（万元）	贷款签约额（万美元）	资金来源	建设起止年限	所属行业	项目单位
1	湖北磷矿	大峪口磷矿采选矿150万吨、磷酸20万吨、重钙56万吨；黄麦岭磷矿采选矿100万吨、磷铵18万吨	558500	13700	世界银行贷款	1991～1996	矿业	黄麦岭、大峪口磷矿
2	中等城市发展项目沙市分项目	新建或改扩建医院、学校、城市基础设施，对工业企业进行工艺设备改造	45103	4767	世界银行贷款	1991～1996	市政环保	湖北省建设厅
3	国家造林湖北项目	植树造林、水土保持	33494	2310	世界银行贷款	1991～1997	农林水利	湖北省林业局
4	长江上中游农业开发	新建果园3866公顷，改造老果园1633公顷；水果销售集散中心1000平方米，贮藏库8000平方米等	24008	2387	世界银行贷款	1991～1997	农林水利	湖北省农业厅
5	贫困地区教育发展	基础教育及高等教育教学基础设施建设	27737	1980	世界银行贷款	1992～1997	教育	湖北省教育厅
6	传染病与地方病控制	加强对重大传染病、地方病的监测与控制，包括血吸虫病和结核病两个控制子项目	26084	2583	世界银行贷款	1992～2002	医疗卫生	湖北省卫生厅
7	粮食流通（武汉青山机械化粮库改建）	新建1.5万吨房式仓一幢、3000吨级岸壁式固定码头一座及7500平方米站台仓	9227.81	567	世界银行贷款	1994～1998	农林水利	湖北省农业厅
8	森林资源发展与保护	集约经营人工林3万公顷，多功能防护林15公顷	38656	2720	世界银行贷款	1994～2002	农林水利	湖北省林业局
9	湖北长江水资源开发	对四湖、漳河、引丹、东风渠、温峡口5个大型灌区续建配套、更新改造，改善灌排面积551200公顷	151515	8000	世界银行贷款	1995～2001	农林水利	湖北省水利厅
10	铁路第七期贷款	武昌至广州电气化921公里及通讯、集装箱货运系统等	38656	2665	世界银行贷款	1996～2000	交通运输	铁路部门
11	湖北城市环保	污水、固体废物处理等	340000	15000	世界银行贷款	1996～2001	市政环保	湖北省环保局
12	疾病预防	扩大计划免疫覆盖面，增强免疫服务内容，提高免疫服务质量，降低计划免疫相关疾病发病率	18007	1090	世界银行贷款	1996～2001	医疗卫生	湖北省卫生厅
13	劳动力市场发展	武汉市劳动就业政策与立法改革、劳动力市场计算机信息系统、职业培训和机构建设等	11592	800	世界银行贷款	1996～2001	其他	武汉市劳动局
14	种子商业化	部分市县优良种子育选	12860	800	世界银行贷款	1996～2001	农林水利	湖北省农业厅
15	第三期中国农村供水与环境卫生湖北项目	为项目县市农民提供安全饮用水，兴建卫生厕所	28084	1700	世界银行贷款	1997～2003	市政环保	湖北省环保局
16	贫困地区林业发展	植树造林、水土保持	24810	1530	世界银行贷款	1999～2003	农林水利	湖北省林业局
17	湖北国道项目Ⅲ（京珠国道主干线湖北省北段）	大悟九里关—江夏郑店，全长224公里	682162	25000	世界银行贷款	1999～2004	交通运输	湖北省交通厅
18	长江水灾紧急恢复	恢复与重建供水、公路、学校等基础设施，加强部分灌溉和排水系统	36360	2700	世界银行贷款	1999～2004	农林水利	湖北省水利厅
19	长江干堤加固	建设武汉市江堤、汉南至白庙段长江干堤、荆南长江干堤、粑铺大堤、黄冈长江干堤和湖北省长江干堤险情监测系统，堤段总长421公里	258259	16700	世界银行贷款	1999～2005	农林水利	湖北省水利厅
20	湖北国道项目Ⅳ（京珠国道主干线湖北省南段）	起于江夏区郑店，止于湘鄂交界的土城，全长110公里	382900	15000	世界银行贷款	2000～2005	交通运输	湖北省交通厅
21	林业持续发展	植树造林、水土保持	6773	410	世界银行贷款	2002～2009	农林水利	湖北省林业局

1991～2005年湖北省国外贷款项目

序号	项目名称	建设规模及内容	总投资（万元）	贷款签约额（万美元）	资金来源	建设起止年限	所属行业	项目单位
22	结核病防治（卫10）	以国家2001～2010年全国结核病控制规划为指导，全面推广现代结核病控制策略	13497	816	世界银行贷款	2002～2010	医疗卫生	湖北省卫生厅
23	孝襄高速公路	孝感至襄樊，全长243公里	569940	25000	世界银行贷款	2003～2008	交通运输	湖北省交通厅
24	贫困地区水电发展	宣恩洞坪、来凤垃圾滩、南漳峡口、竹山松树岭四个水电项目	185597.58	10500	世界银行贷款	2003～2008	能源	各市州
25	武汉城市交通	道路基础设施、道路维护、交通管理与安全、公共交通、环境保护、技术援助六个子项	493600	20000	世界银行贷款	2004～2009	交通运输	湖北省交通厅
26	十堰至漫川关高速公路	十堰至陕西漫川关，全长107公里	454300	20000	世界银行贷款	2005～2010	交通运输	湖北省交通厅
27	内河航运Ⅴ（崔家营水电）	由船闸、泄水闸、电站厂房、挡水坝等四部分组成，装机容量88MW（6台机组），多年平均发电量4.13亿千瓦时	206141	10000	世界银行贷款	2005～2011	农林水利	武汉市交通局
28	汉江流域水污染防治	9个市县14个垃圾污水防治项目	114000	8400	世界银行贷款	2003～2012	环保	湖北省环保局
29	亚行工业节能二期	采用新型旋风预热器带分解炉的干法生产工艺，建设一条日产熟料4000吨的窑外分解窑（华新五号窑）	78273	5000	亚洲开发银行贷款	1997～2001	建材	华新水泥有限公司
30	武汉污水处理	建设汉口三金潭、武昌黄家湖、青山落步咀三座二级污水处理厂、配套的污水收集系统以及黄孝河、巡司河整治工程，处理总规模为52万吨/天	180000	10000	亚洲开发银行贷款	2003～2007	市政环保	武汉市环保局
31	亚行能源	农业能源生态建设	5644	680	亚洲开发银行贷款	2003～2008	能源	各市州
32	秦岭山区农业综合开发	十堰市相关县农村综合建设开发	8980	1082	国际农发基金贷款	2000～2005	农林水利	湖北省农业厅
33	宜昌市无水柠檬酸生产线项目	引进先进生产线和技术	4221	470.93	奥地利政府贷款	1991～1992	轻纺食品	宜昌市柠檬酸厂
34	襄樊市汉江王甫洲水利水电总公司水轮发电机组项目	装机10.9万千瓦	170000	5476	奥地利政府贷款	1994～1998	能源	汉江王甫洲水利水电总公司
35	鄂州市引进威化食品生产线项目	年产全营养食品1500吨	3862.63	293	奥地利政府贷款	1995～1996	轻纺食品	鄂州市佳宝饼业有限公司
36	仙桃市冶金机械厂引进CCP薄膜生产线项目	年产2千吨CCP流延膜	4587	275.94	奥地利政府贷款	1997～1998	机电仪器	仙桃市冶金机械厂
37	荆门市三水厂工程项目	日供水10万吨	10381	248.22	奥地利政府贷款	1997～1999	市政环保	荆门市三水厂
38	秭归医疗中心	引进医疗设备	1004	115	奥地利政府贷款	2005～2006	医疗卫生	秭归医疗中心
39	黄石市城市煤气二期工程项目	日供气14万立方米	5154	621	澳大利亚政府贷款	1994～1996	市政环保	黄石市煤气公司
40	黄石市离合器厂迪砂生产线项目	引进铸造生产线，年产铸造件4千吨	2315	280	北欧投资银行贷款	1994～1995	机电仪器	三环集团黄石市离合器有限公司
41	武汉黄浦路城市污水合理排江工程	建日处理5万吨的污水预处理厂一座	5450	50	北欧投资银行贷款	1997～1999	市政环保	武汉市市政局

1991～2005年湖北省国外贷款项目

序号	项目名称	建设规模及内容	总投资（万元）	贷款签约额（万美元）	资金来源	建设起止年限	所属行业	项目单位
42	咸宁市阻燃人造板项目	年产阻燃人造板3万立方米	11700	450	北欧投资银行贷款	1999～2002	建材	咸宁市兴林阻燃人造板有限公司
43	华中科技大学同济医学院附属协和医院	引进医疗设备	4241	499	北欧投资银行贷款	2005～2006	医疗卫生	武汉协和医院
44	武汉市喷气织机项目	引进喷气织机	1803	205	比利时政府贷款	1991～1997	轻纺食品	裕大华集团公司
45	宜昌市东山开发区给水工程项目	日供水10万吨	5974	315	比利时政府贷款	1995～1996	市政环保	宜昌市自来水公司
46	武汉南太子湖污水处理厂	日处理污水10万吨	16282	498	波兰政府贷款	2004～2005	市政环保	武汉市排水发展公司
47	东风汽车公司引进挤压造型机设备项目	引进挤压造型机设备	2694	238	丹麦政府贷款	1994～1995	机电仪器	东风汽车公司
48	黄石市2000T/D干法水泥生产线项目	年产水泥65万吨；设备订货	49275	1133	丹麦政府贷款	1995～1997	建材	黄石市华新集团
49	湖北程控电话（二）	城市程控电话22.7万门		3000	德国贴息贷款	1994～1996	邮电通信	湖北电信公司
50	湖北程控电话（三）	城市程控电话21万门		2500	德国贴息贷款	1994～1996	邮电通信	湖北电信公司
51	黄石市冶钢集团引进三辊扎管机组项目	年产无缝管10万吨；设备订货	67191	3400	德国政府贷款	1991～1993	钢铁冶金	黄石市冶钢集团
52	湖北省柴油机厂引进系列柴油机项目	引进先进生产线和技术	3381	286	德国政府贷款	1993～1994	机电仪器	湖北省柴油机厂
53	湖北省汉口轧钢厂无缝管生产线项目	引进先进生产线和技术	34183	923	德国政府贷款	1994～1995	钢铁冶金	武钢集团汉口轧钢厂
54	湖北省电信引进程控交换设备项目	引进先进设备	6000	517.3	德国政府贷款	1994～1995	邮电通信	湖北省电信公司
55	武汉市电信局电话项目	程控电话扩容	19920	1800	德国政府贷款	1995～1996	邮电通信	武汉市电信分公司
56	湖北省电信二级干线光缆项目	引进先进设备	9812.8	453	德国政府贷款	1995～1996	邮电通信	湖北省电信公司
57	中德财政合作长江三峡保护林项目	植树造林、水土保持	9203.5	778.46	德国政府贷款	1996～1997	农林水利	湖北省林业局
58	长航集团购船项目	购买化学品船项目		5400	德国政府贷款	1997～1998	交通运输	长航集团
59	宜昌市三聚氰氨耐磨地板项目	引进设备	4393	279.99	德国政府贷款	1999～2001	建材	湖北山山股份有限公司
60	湖北车桥公司汽车主从动齿轮	引进汽车零部件加工关键设备	5800	498	德国政府贷款	2001～2002	机电仪器	湖北车桥公司
61	神龙汽车有限公司神龙汽车一期项目	年产轿车15万辆，发动机20万台	1311000	90576.57	法国政府贷款	1992～2000	机电仪器	神龙汽车有限公司
62	武汉市汉阳煤气工程项目	引进法国直径3.6米水煤气两段炉3台，供气规模为24万立方米/日	13637.69	523.39	法国政府贷款	1993～1995	能源	武汉市煤气工程建设公司

1991～2005年湖北省国外贷款项目

序号	项目名称	建设规模及内容	总投资（万元）	贷款签约额（万美元）	资金来源	建设起止年限	所属行业	项目单位
63	湖北省电信程控交换设备项目	引进先进设备	8000	682.6	法国政府贷款	1994～1995	邮电通信	湖北省电信公司
64	武汉市程控电话扩容项目	程控电话扩容	25500	2300	法国政府贷款	1995～1996	邮电通信	武汉市电信分公司
65	东风汽车公司襄樊东汽仪表有限公司	引进先进设备		230	法国政府混合贷款	1996～1997	机电仪器	东风汽车公司襄樊东汽仪表有限公司
66	武汉市城市污水排江项目	建日处理5万吨的污水预处理厂一座	5450	234.23	芬兰政府贷款	1997～1999	市政环保	武汉市市政局
67	武汉东湖截污处理工程配套设备	建设日处理污水5万吨处理厂一座	5351	236	荷兰政府贷款	1991～1993	市政环保	武汉市市政局
68	武汉黄浦路城市污水合理排江工程	建日处理5万吨的污水预处理厂一座	5450	250	荷兰政府贷款	1997～1999	市政环保	武汉市市政局
69	荆州红光污水处理	日处理15万吨	18000	480	荷兰政府贷款	2001～2002	市政环保	荆州市建设委员会
70	武汉市二妃山垃圾处理	引进垃圾收运、处理和沼气回收等设备	13452	996	荷兰政府贷款	2001～2003	市政环保	武汉市二妃山垃圾处理场
71	鄂州市雨台山水厂项目	扩建日产10万吨水厂	10200	389.5	加拿大政府贷款	1992～1996	市政环保	鄂州市玉泉自来水公司
72	武汉市汉阳造纸厂扬木浆生产设备项目	对日产100吨杨木浆生产线进行技术改造	4306	520	加拿大政府贷款	1993～1995	轻纺食品	汉阳造纸厂
73	江汉石油管理局引进氯碱设备及制造技术项目	引进氯碱设备及制造技术项目	20569	543	加拿大政府贷款	1994～1995	石油化工	江汉石油管理局
74	江汉石油管理局引进漂粉精设备及制造技术项目	引进漂粉精设备及制造技术项目	10434	542	加拿大政府贷款	1995～1996	石油化工	江汉石油管理局
75	湖北省汉江防汛通讯网项目	引进微波通讯设备	6224.38	310	加拿大政府贷款	1995～1996	农林水利	湖北省水利财务咨询公司
76	襄樊市管道煤气总公司以近水煤气两段炉设备项目	日产煤气24万立方米	15000	660	加拿大政府贷款	1996～1997	市政环保	襄樊市管道煤气总公司
77	武汉市白沙洲水厂项目	新增供水量8万立方米/日	22224	422.2	加拿大政府贷款	1996～1997	市政环保	武汉市自来水公司
78	十堰市通达集团轻型车消声器项目	年产轻型车消声器10万辆份	2545	219.38	加拿大政府贷款	1998～1999	机电仪器	十堰市通达集团
79	宜昌长江公路大桥项目	悬索桥型，长1020米	89475	982	加拿大政府贷款	1998～2001	交通运输	宜昌市长江公路大桥建设公司
80	全省医院引进设备项目	引进关键医疗设备		1200	美国贴息贷款	2002～2003	医疗卫生	湖北省卫生厅
81	湖北省电信网管中心工程项目	引进先进设备	6005	615	美国政府贷款	1994～1995	邮电通讯	湖北省电信公司
82	武汉市程控电话扩容项目	程控电话扩容	23690	2140	美国政府贷款	1995～1996	邮电通讯	武汉市电信分公司
83	黄冈市引进供水设备项目	日供自来水10万吨	9120	316.81	挪威政府贷款	1997～1999	市政环保	黄州自来水公司
84	武汉长江二桥项目	正桥长1877米	34532	4160.48	日本政府日元贷款	1991～1995	交通运输	武汉城建投资开发公司
85	黄石市长江公路大桥项目	主桥长1200米，宽19.5米；设备订货	53883	3100	日本政府日元贷款	1992～1995	交通运输	黄石市长江大桥建设开发公司

1991～2005年湖北省国外贷款项目

序号	项目名称	建设规模及内容	总投资（万元）	贷款签约额（万美元）	资金来源	建设起止年限	所属行业	项目单位
86	武汉市轻轨一号线一期工程	从汉口宗关至汉口黄浦路，全长10.2公里，设10个车站	219900	2685	日本政府日元贷款	2001～2004	交通运输	武汉市轨道交通有限公司
87	武钢三炼钢项目	年产材400万吨	580000	25000	日本政府日元贷款	2002～2005	钢铁冶金	武汉钢铁（集团）公司
88	湖北城市防洪	武汉、荆州、黄冈、孝感等地市城市防洪项目修复	143469	10000	日本政府日元贷款	2002～2005	农林水利	湖北省水利厅
89	宜昌市城市环境治理工程	供水、污水处理及管网工程	77466	7000	日本政府日元贷款	2003～2005	市政环保	宜昌市政府
90	小水电项目	招徕河、大龙潭、保康寺坪水电工程	103700	8000	日本政府日元贷款	2003～2005	能源	各市州政府
91	湖北高等学校人才培养	重点普通高校教学设施建设及培训	63000	4300	日本政府日元贷款	2004～2006	教育	湖北省教育厅
92	长江上中游湖北造林	涉及10市37公项县，造林面积29万公顷，其中人工造林13.7万公顷，封山育林15.3公顷	75800	6000	日本政府日元贷款	2004～2006	农林水利	湖北省林业局
93	日元贷款湖北公共卫生基础设施建设	包括省直及13个市州疾控中心，传染病医院、急救中心的建设	22079	1900	日本政府日元贷款	2004～2006	医疗卫生	湖北省卫生厅
94	黄石市炼铁厂离心球墨铸管生产线项目	引进先进生产线和技术	3766	198	日本黑字还流贷款	1991～1993	钢铁冶金	黄石市鑫宝公司
95	荆州长江公路大桥	桥长4180米	137450	6000	日本政府不附带条件贷款	1998～2002	交通运输	荆州长江公路大桥建设开发公司
96	鄂州电厂一期工程项目	装机2×35万千瓦	438098	30920	日本政府日元贷款	1994～1997	能源	湖北鄂州电厂
97	武汉市数控机床国产化改造项目	数控机床国产化改造	833	101.64	瑞士政府贷款	1991～1993	机电仪器	中国东方资产管理公司
98	东风汽车公司汽车精冲模具中心项目	引进先进设备	6230	500	瑞士政府贷款	1993～1995	机电仪器	东风汽车公司
99	东风汽车公司汽车电机枢生产线项目	引进数控磨床等	3433.75	280	瑞士政府贷款	1995～1996	机电仪器	东风汽车公司
100	湖北车桥厂冷摆精锻机项目	年产汽车齿轮150万件	4200	250	瑞士政府贷款	1996～1997	机电仪器	湖北车桥股份公司
101	鄂州引进精密模具设备项目	年新增精密模具86标准副	2883	163.44	瑞士政府贷款	1997～1998	机电仪器	鄂州精密模具有限公司
102	荆州市公安县引进车桥切齿机项目	引进先进设备	5480	205	瑞士政府贷款	2000～2001	机电仪器	湖北车桥股份公司
103	湖北恩施市中心医院	引进医疗设备	1600	150	瑞士政府贷款	2004～2005	医疗卫生	湖北恩施市中心医院
104	宜昌市程控电话	宜昌市8.2万门程控电话		1000	西班牙贴息贷款	1994～1995	邮电通讯	宜昌电信公司
105	武汉机床厂	年新增产工具磨床1100台	2616	280	西班牙贴息贷款	1994～1995	机电仪器	武汉机床厂
106	湖北程控电话（一）	城市程控电话28.6万门，长途18900路端		4500	西班牙贴息贷款	1994～1996	邮电通讯	湖北电信公司
107	湖北程控电话（四）	城市程控电话38万门	58000	4700	西班牙贴息贷款	1994～1996	邮电通讯	湖北电信公司
108	枝城染织厂	引进56台剑杆织机	1820	280	西班牙贴息贷款	1995～1996	轻纺食品	枝城染织厂
109	武钢三炼钢项目	建设两座250吨转炉，一台双流板坯连铸机，扩建冷硅钢片厂等	652565	31132	西班牙政府贷款	1992～2000	钢铁冶金	武汉钢铁（集团）公司
110	黄石市程控电话	引进先进设备	520	53.94	西班牙政府贷款	1994～1995	邮电通讯	黄石市电信分公司

1991～2005年湖北省国外贷款项目

序号	项目名称	建设规模及内容	总投资（万元）	贷款签约额（万美元）	资金来源	建设起止年限	所属行业	项目单位
111	荆州市程控电话	引进先进设备	5100	532.55	西班牙政府贷款	1994～1995	邮电通讯	荆州市电信分公司
112	天门市程控电话	引进先进设备	1400	141.43	西班牙政府贷款	1994～1995	邮电通讯	天门市电信分公司
113	仙桃市程控电话	引进先进设备	1600	159.48	西班牙政府贷款	1994～1995	邮电通讯	仙桃市电信分公司
114	潜江市程控电话	引进先进设备	1300	131.29	西班牙政府贷款	1994～1995	邮电通讯	潜江市电信分公司
115	鄂州市程控电话	引进先进设备	2800	295.13	西班牙政府贷款	1994～1995	邮电通信	鄂州市电信分公司
116	十堰市程控电话	引进先进设备	2100	212.29	西班牙政府贷款	1994～1995	邮电通信	十堰市电信分公司
117	孝感市程控电话	引进先进设备	7800	820.21	西班牙政府贷款	1994～1995	邮电通信	孝感市电信分公司
118	咸宁市程控电话	引进先进设备	3500	358.48	西班牙政府贷款	1994～1995	邮电通信	咸宁市电信分公司
119	黄冈市程控电话	引进先进设备	3400	354.91	西班牙政府贷款	1994～1995	邮电通信	黄冈市电信分公司
120	襄樊市程控电话	引进先进设备	9000	942.96	西班牙政府贷款	1994～1995	邮电通信	襄樊市电信分公司
121	鄂州市引进针织服装生产线项目	针织服装200万件	4005	300	西班牙政府贷款	1995～1996	轻纺食品	鄂州市溢达针织有限公司
122	大冶有色金属公司景点粉末喷涂生产线项目	引进铝合金静电粉末喷涂生产设备及技术，年喷涂2000吨金属材料	2406	200	西班牙政府贷款	1995～1996	钢铁冶金	大冶有色金属公司
123	仙桃市干河企业集团公司彩色塑料板生产线项目	年产各种彩塑板2000吨	2450	190	西班牙政府贷款	1995～1996	建材	仙桃市干河企业集团公司
124	东风汽车公司引进数控铣床项目	引进先进设备	4825	266	西班牙政府贷款	1995～1996	机电仪器	东风汽车公司
125	武汉市程控电话扩容项目	程控电话扩容	13900	1253	西班牙政府贷款	1995～1996	邮电通信	武汉市电信分公司
126	武钢三炼钢接续项目	年产钢320万吨	121237	8149	西班牙政府贷款	1995～2000	钢铁冶金	武汉钢铁（集团）公司
127	东风汽车公司引进压铸模制造设备项目	引进先进设备	3950	280	西班牙政府贷款	1997～2000	机电仪器	东风汽车公司
128	东风汽车公司引进多功位压机项目	引进先进设备	3459	275	西班牙政府贷款	1998～2000	机电仪器	东风汽车公司
129	东风汽车公司引进模具及机械化装置项目	引进先进设备	3200	174.8	西班牙政府贷款	1999～2000	机电仪器	东风汽车公司
130	荆州市NPK三元复合肥项目	引进10万吨复合肥生产线	4500	280	西班牙政府贷款	2000～2002	石油化工	湖北大田化工股份有限公司
131	孝感安陆市普爱医院	引进医疗设备	954	109	西班牙政府贷款	2001～2002	机电仪器	孝感安陆市普爱医院
132	武汉市公安局交通控制系统	引进交通控制系统设备	4300	498	西班牙政府贷款	2001～2003	交通运输	武汉市公安局
133	公安县人民医院引进医疗设备	引进先进医疗设备	548	60	西班牙政府贷款	2002～2003	医疗卫生	公安县人民医院
134	随州市曾都区大棚蔬菜	引进全自动温控大棚	3000	287	西班牙政府贷款	2003～2004	农林水利	武汉天诚生物有限公司
135	蕲春卫生局医疗项目	引进先进医疗设备	2200	150	西班牙政府混合贷款	1998～1999	医疗卫生	蕲春县卫生局

1991～2005年湖北省国外贷款项目

序号	项目名称	建设规模及内容	总投资（万元）	贷款签约额（万美元）	资金来源	建设起止年限	所属行业	项目单位
136	武汉东湖雅兰医院医疗设备	引进医疗设备	4425	490	以色列政府贷款	1999～2002	医疗卫生	武汉东湖雅兰医院
137	十堰市太和医院引进医疗设备	引进先进医疗设备	2100	230	以色列政府贷款	2002～2003	医疗卫生	十堰市太和医院
138	湖北丹江口市第一医院	引进医疗设备	1305	150	以色列政府贷款	2002～2003	医疗卫生	湖北丹江口市第一医院
139	恩施利川医院	引进医疗设备	1080	100	以色列政府贷款	2003～2004	医疗卫生	恩施利川医院
140	麻城市人民医院	引进医疗设备	863	100	以色列政府贷款	2005～2006	医疗卫生	麻城市人民医院
141	随州市曾都医院	引进医疗设备	519	59	以色列政府贷款	2005～2006	医疗卫生	随州市曾都医院
142	宜城市人民医院	引进医疗设备	2050	200	以色列政府贷款	2005～2006	医疗卫生	宜城市人民医院
143	武汉瓷厂	年产卫生洁具40万件，玻化瓷砖80万平方米	8960	780	意大利贴息贷款	1995～1996	轻纺食品	武汉瓷厂
144	湖北襄棉集团有限公司引进自动络筒机项目	引进先进设备	2000	170	意大利政府贷款	1996～1997	轻纺食品	湖北襄棉集团有限责任公司
145	东风汽车公司引进压铸机项目	引进先进设备	4988	262.48	意大利政府贷款	1996～2000	机电仪器	东风汽车公司
146	湖北二级干线光缆传输（一）	汉襄、汉宜城市光缆传输730公里		850	英国贴息贷款	1994～1996	邮电通讯	湖北电信公司
147	武汉一面粉厂引进制粉技术与设备项目	引进英国汤姆斯罗宾逊公司高等级面粉生产线	5376	569	英国政府贷款	1992～1998	轻纺食品	武汉一面粉厂
148	湖北省二级干线光缆项目	引进先进设备	15700	845.74	英国政府贷款	1995～1996	邮电通信	湖北省电信公司
149	武汉钢铁公司	年产钢、铁各100万吨		18000	国际商业贷款	1991～1996	钢铁冶金	武汉钢铁公司
150	武汉钢铁公司三炼钢	年产钢100万吨、材100万吨		2900	国际商业贷款	1993～1995	钢铁冶金	武汉钢铁公司
151	武汉市话扩容	程控电话扩容	32740	1800	国际商业贷款	1994～1996	邮电通信	武汉市电信局
152	三江雷诺轻型汽车	年产轻型车2万辆		5000	国际商业贷款	1995～1997	机电仪器	三江雷诺集团
153	武汉国际信托投资公司境外融资	境外融资		3000	国际商业贷款	1995～1998	其他	武汉国际信托投资公司
154	黄石东贝冷机集团	现有100万台压缩无氟化改造	5906	475	国际商业贷款	1995～1998	机电仪器	黄石东贝冷机集团
155	神龙汽车有限公司	购买汽车散件		20000	国际商业贷款	1997～1999	机电仪器	神龙汽车有限公司
156	三峡工程	引进左岸14台发电机组		121100	国际商业贷款	1997～2007	能源	三峡总公司
157	东风轮胎集团轿车子午胎	年产180万套轿车子午胎		1800	国际商业贷款	1998～1999	机电仪器	东风轮胎集团轿车子午胎
158	黄石东贝无氟压缩机	引进无氟压缩机设计制造及检测等设备		2500	国际商业贷款	1998～2002	机电仪器	黄石东贝集团
159	鄂州汽车三滤纸	引进先进设备	15838	820	国际商业贷款	1998～2005	机电仪器	鄂州汽车三滤纸厂
160	三峡输变电工程	15台主变压器及相应配套工程		18010	国际商业贷款	1998～2005	能源	三峡总公司
161	神龙汽车有限公司	购买汽车散件		14300	国际商业贷款	1999～2002	机电仪器	神龙汽车有限公司
162	武航飞机融资租赁	融资租赁飞机		10000	国际商业贷款	2003～2004	交通运输	武汉航空公司

1991～2005年湖南省国外贷款项目

序号	项目名称	建设规模及内容	总投资（万元）	贷款签约额（万美元）	资金来源	建设起止年限	所属行业	项目单位
1	湘潭至耒阳高速公路	含联络线全长196公里	414273	20000	世界银行贷款	1996～2001	交通	湖南省交通厅
2	临湘至长沙高速公路	全长182.79公里	509100	20000	世界银行贷款	2000～2003	交通	湖南省交通厅
3	湘江航道二期整治工程	大源渡航运枢纽及株衡码头	189524	9000	世界银行贷款	1995～2001	交通	湖南省交通厅
4	株洲航电枢纽工程	装机15万千瓦	185000	10000	世界银行贷款	2001～2004	交通	湖南省交通厅
5	江垭水利枢纽工程	江垭发电及防洪工程	246000	9700	世界银行贷款	1994～2001	水利	湖南省水利厅
6	长江干堤加固	长江干堤加高、培厚、护坡及堤身处理等工程	146800	7000	世界银行贷款	2000～2003	水利	湖南省水利厅
7	森林资源发展与保护项目	营造4万顷丰产林	15917	1300	世界银行贷款	1994～2004	林业	湖南省林业厅
8	贫困地区林业发展项目	造林及林产品加工	24145	1600	世界银行贷款	1997～2004	林业	湖南省林业厅
9	长江流域洪灾紧急救援项目	6市15县公路供水学校医院的恢复与重建	36154	2650	世界银行贷款	1998～2001	社会发展	湖南省财政厅
10	耒阳电厂二期扩建	总装机2×30万千瓦	285000	20000	世界银行贷款	2000～2004	能源	湖南省电力总公司
11	湖南城市发展	湘江生态经济带沿江防洪景观道路等6个子项目	354687	15000	世界银行贷款	2004～2006	城建	湖南省利用世行贷款城市发展项目办
12	长沙至湘潭高速公路	全长45公里	130200	7400	亚洲开发银行贷款	1993～1996	交通	湖南省交通厅
13	常德至吉首高速公路	全长230公里，其中常德71公里，怀化103公里，湘西56公里，联络线12公里	1090000	31250	亚洲开发银行贷款	2003～2007	交通	湖南省交通厅
14	吉首至茶洞高速公路	全长75.3公里	489223	20800	亚洲开发银行贷款	2006～2009	交通	湖南省交通厅
15	凌津滩水电站工程	总装机24万千瓦	351100	11600	亚洲开发银行贷款	1995～2002	能源	湖南省五陵公司
16	湘乡水泥厂水泥生产线建设	建设一条干法水泥生产线	19000	1141	亚洲开发银行贷款	1993～1996	建材	湖南省韶峰水泥集团
17	沅水流域梯级开发一期工程	洪江、碗米坡水电站	400895	12988	日本政府日元贷款	1998～2003	能源	湖南省五陵公司
18	洞庭湖区城市防洪工程	长沙、岳阳、常德、益阳四市防洪工程	423200	20000	日本政府日元贷款	1999～2002	水利	湖南省水利厅
19	湘江流域环境污染治理	湘江沿岸城市污染治理	198000	10000	日本政府日元贷款	1997～2001	环保	湖南省利用日元贷款环保项目办公室
20	邵阳至怀化高速公路	全长256公里	1090000	30000	日本政府日元贷款	2001～2004	交通	湖南省交通厅
21	长沙引水及水质环境工程近期	引水30万吨/日，污水处理28万吨/日	340000	15000	日本政府日元贷款	2005～2009	环保	长沙引水及水质环境工程有限公司
22	武陵山区扶贫开发	在10个国家贫困县市区建设医院、学校、供水等项目	70286	6354	日本政府日元贷款	2004～2006	扶贫	湖南省湘西开发办公司
23	公共卫生基础设施建设	全省疾控中心、急救中心及传染病医院建设	56046	1900	日本政府日元贷款	2004～2005	卫生	湖南省卫生厅
24	高校人才培养	全省11所高校建设教学楼房、购置设备及师资培训等	47455	3770	日本政府日元贷款	2002～2004	卫生	湖南省教育厅
25	湖南省防汛水情信息采集系统	引进水情信息采集设备	21000	450	法国政府贷款	2003～2006	电子	湖南省水利厅
26	吉首市污水处理厂	引进污水处理设备	9300	500	德国政府贷款	2002～2004	环保	吉首市城市建设投资公司
27	湖南酒鬼酒股份有限公司彩印生产线项目	引进彩印生产线	11000	480	德国政府贷款	2002～2004	轻工	湖南酒鬼酒有限公司

1991～2005年湖南省国外贷款项目

序号	项目名称	建设规模及内容	总投资（万元）	贷款签约额（万美元）	资金来源	建设起止年限	所属行业	项目单位
28	岳阳纸业集团胶印书刊纸技改工程	年产20万吨胶印书刊纸	138853	4540	西班牙政府贷款	2002～2004	轻工	湖南泰格林纸集团
29	岳阳纸业集团废水治理项目	引进制浆废水和造纸白水处理设备	5400	386	西班牙政府贷款	2003～2004	环保	湖南泰格林纸集团
30	益阳市粮食局油脂厂	建设年产8万吨高档植物油生产线	4380	278	西班牙政府贷款	2003～2004	轻工	湖南益阳市粮食局油脂厂
31	湖南酒鬼酒股份有限公司灌装项目	引进灌装设备	7300	253	意大利政府贷款	2002～2004	轻工	湖南酒鬼酒有限公司
32	长沙市消防支队引进消防装备项目	购置消防装备	5000	599	奥地利政府贷款	2005～2006	消防	长沙市消防支队
33	长沙市中心医院	建设综合型医院	25000	1200	荷兰政府贷款	2002～2004	卫生	长沙市中心医院
34	湖南酒鬼酒股份有限公司蛋白饲料项目	引进蛋白饲料生产线	6100	280	丹麦政府贷款	2002～2004	轻工	湖南酒鬼酒有限公司
35	株洲市龙泉污水处理工程	引进污水处理设备	10300	450	挪威政府贷款	2001～2003	环保	株洲市排水公司
36	株洲市建宁港环境综合整治工程	建宁港水系及渠道综合治理	12000	450	挪威政府贷款	2002～2004	环保	株洲市排水公司
37	医疗单位引进医疗设备项目	引进医疗设备	42000	498	以色列政府贷款	1998～2000	卫生	湖南省卫生厅
38	株洲市一医院	引进医疗设备	2000	150	以色列政府贷款	2003～2004	卫生	株洲市一医院
39	衡阳医学院附属医院引进医疗设备项目	引进医疗设备	2200	240	以色列政府贷款	2003～2004	卫生	衡阳医学院附属医院
40	长沙市一医院	引进医疗设备	2600	115	以色列政府贷款	2004～2005	卫生	长沙市一医院
41	宁乡县人民医院	引进医疗设备	3000	300	以色列政府贷款	2004～2005	卫生	宁乡县人民医院
42	安化县第二人民医院购置医疗设备项目	购置螺旋CT等设备	1900	106	以色列政府贷款	2005～2006	卫生	安化县第二人民医院
43	怀化市第二人民医院购置医疗设备项目	购置螺旋CT等设备	3100	370	以色列政府贷款	2005～2006	卫生	怀化市第二人民医院
44	长沙市一医院	引进医疗设备	2600	160	北欧投资银行贷款	2002～2003	卫生	长沙市一医院
45	省内光缆干线建设	新建光缆2332公里	32000	1000	国际商业贷款	1993～1995	邮电	湖南省邮电局
46	华天大酒店国际会议厅改造	会议厅改造	6000	650	国际商业贷款	1992～1993	旅游	华天大酒店
47	湘潭市第四塑料厂技改项目	引进塑料拉丝生产线	5800	350	国际商业贷款	1993～1994	轻工	湘潭市第四塑料厂
48	湖南远洋运输公司引进二手户装箱船	引进二手集装箱船2艘	2500	240	国际商业贷款	1994～1995	运输	湖南远洋运输公司
49	华天电脑板卡有限公司电脑板卡项目	引进电脑板卡整机生产线	4200	300	国际商业贷款	1994～1995	电子	华天电脑板卡有限公司
50	新建摩托车无缝钢圈	引进南方125摩托车无缝钢圈生产线	9600	200	国际商业贷款	1994～1995	机械	南方动力公司
51	内燃机配件生产技改项目	引进内燃机配件生产线	13000	125	国际商业贷款	1994～1995	机械	长沙内燃机总厂
52	湖南省国际信托投资公司境外发行债券	在日本债券市场发行债券融资		1000	国际商业贷款	1995～1996		湖南省国际信托投资公司

1991～2005年广东省国外贷款项目

序号	项目名称	建设规模及内容	总投资（万元人民币）	贷款签约额（万美元）	资金来源	建设起止年限	所属行业	项目单位
1	港口船舶废弃物处理项目	船舶废弃物处理		236.73	世界银行贷款	1992～1997	交通	广州市港务局
2	广东高速公路项目	高速公路建设		24000	世界银行贷款	1992～1997	交通	广东省交通厅
3	广东农业综合开发项目	农业发展建设		10495.69	世界银行贷款	1992～1998	农业	广东省海洋与水产厅、广州、深圳、珠海、汕头、肇庆、江门、中山、潮州揭阳、汕尾、清远、阳江、湛江、茂名、梅州、惠州市财政局
4	传染病和地方病控制项目	结核病防治工作建设		493.5	世界银行贷款	1992～2002	卫生	广东省卫生厅、广州、深圳、珠海、佛山、汕头、肇庆、江门、中山、潮州、揭阳、汕尾、清远、阳江、湛江、茂名、梅州惠州
5	中国环境技术援助	机动车污染控制研究		114.78	世界银行贷款	1993～1998	技援	广州市环境监测中心站
6	中国环境技术援助	机动车污染控制研究		20.66	世界银行贷款	1993～1998	技援	市环保局
7	中国环境技术援助	机动车污染控制研究		18.42	世界银行贷款	1993～1998	技援	省环保局
8	中国环境技术援助	机动车污染控制研究		13.97	世界银行贷款	1993～1998	技援	省环保局
9	中国环境技术援助	机动车污染控制研究		0.24	世界银行贷款	1993～1998	技援	省环保局
10	师范发展教育项目	师范教育建设		634.1	世界银行贷款	1993～1998	教育	广东省教育厅
11	职业教育改革项目	职业教育建设		548.42	世界银行贷款	1996～2002	教育	广东省教育厅、交通厅、水利厅、建设工程总公司、广州、深圳、佛山、肇庆、江门
12	国道II（京珠高速路）项目	高速公路建设		20000	世界银行贷款	1997～2002	交通	广东省交通厅
13	职业培训与劳动力市场发展项目	培训中心及网络建设		462.16	世界银行贷款	1997～2003	教育	广州市财政局
14	广州市中心区交通项目	城市交通建设	468800	20000	世界银行贷款	1998～2006	城建	广州市财政局、市政园林局
15	内河航道II项目	航道疏浚	136600	5000	世界银行贷款	1998～2006	交通	广东省航道局
16	珠江流域综合整治（Ⅰ期）项目	污水及固体废物处理设施建设	366850	12800	世界银行贷款	2004～2009	城建	广州市财政局
17	内河航道IV项目	航道疏浚	93000	4600	世界银行贷款	2004～2009	交通	广东省航道局
18	广东腰茂铁路工程项目	广东腰茂铁路建设		6750	亚洲开发银行贷款	1991～1994	交通	广东三茂铁路公司
19	广梅汕铁路工程项目	广梅汕铁路建设	520000	20000	亚洲开发银行贷款	1992～1997	交通	广梅汕铁路股份有限公司
20	工业节能与环境改善项目	购买水泥生产设备		1872	亚洲开发银行贷款	1993～1998	工业	广东省英德水泥厂
21	广州抽水蓄能电站项目二期	电站建设	392200	20000	亚洲开发银行贷款	1994～2000	能源	广东蓄能发电公司
22	广州抽水蓄能电站项目二期	电站建设	392200	6300	联合融资	1994～1998	能源	广东蓄能发电公司

1991～2005年广东省国外贷款项目

序号	项目名称	建设规模及内容	总投资（万元人民币）	贷款签约额（万美元）	资金来源	建设起止年限	所属行业	项目单位
23	省信息中心外贷项目	网络建设等	10624	741	日本政府日元贷款	1991～	信息	省信息中心
24	省邮电局日元贷款项目	引进通讯设备		6471	日本政府日元贷款	1991～	通讯	省邮电局
25	佛山市第二针织厂项目	引进设备		97	日本政府日元贷款	1991～	纺织	佛山市第二针织厂
26	珠江包装公司彩印厂项目	引进设备		90	日本政府日元贷款	1991～	轻工	珠江包装公司彩印厂
27	广州丝绸印花厂项目	引进设备		190	日本政府日元贷款	1992～	纺织	广州丝绸印花厂
28	东方纸箱厂（瓦楞纸）项目	引进设备		235	日本政府日元贷款	1992～	轻工	东方纸箱厂
29	新会电机厂项目	引进设备		218	日本政府黑字还流贷款	1992～	机械	新会电机厂
30	汕头超声电子仪器公司项目	引进设备		400	日本政府黑字还流贷款	1992～	电子	汕头超声电子仪器公司
31	省机械进出口公司蓄电池	引进设备		250	日本政府黑字还流贷款	1993～	化工	省机械进出口公司
32	顺德先锋电器厂项目	引进设备		302	日本政府黑字还流贷款	1993～	电子	顺德先锋电器厂
33	东方纸箱厂技改项目	引进技术和设备		130	日本政府黑字还流贷款	1994～	轻工	东方纸箱厂
34	广州信息中心项目	引进信息设备		578	日本政府黑字还流贷款	1994～	信息	广州信息中心
35	佛山市粤佳公司项目	引进设备		173	日本政府黑字还流贷款	1994～	纺织	佛山市粤佳公司
36	阳江市国营小刀厂项目	引进设备		120	日本政府黑字还流贷款	1994～	轻工	阳江市国营小刀厂
37	省信息中心日元贷款项目	建设经济信息系统		738	日本政府日元贷款	1995～	信息	省信息中心
38	广州地铁一期	地铁建设		778	英国政府贷款	1993～	交通	广州地铁公司
39	广州地铁（赠款）	地铁建设		77	法国政府贷款	1992～	交通	广州地铁公司
40	江门市自来水公司项目	引进设备	5840	498	法国政府贷款	1993～	市政	江门市自来水公司
41	揭阳二水厂项目	日供水10万立方米	17872	499	法国政府贷款	1995～	市政	揭阳二水厂
42	广东省人民医院引进设备项目	购置先进医疗设备	3664	400	法国政府贷款	1997～	医疗卫生	广东省人民医院
43	广州地铁项目	地铁建设		34838	德国政府贷款	1993～	交通	广州地铁公司
44	广州海运集团公司项目	引进设备		5868	德国政府贷款	1995～	交通	广州海运集团公司
45	市政局猎德污水处理厂（赠款）			1293	德国政府贷款	1995～	市政	市政局猎德污水处理厂
46	惠来县海湾石风电场项目	建设海湾石风电场	10400	700	德国政府贷款	1998～	能源	广东省电力局等
47	广州糖果厂技术设备项目	引进设备		201	西班牙政府贷款	1991～	轻工	广州糖果厂
48	茂名机床总厂项目	引进设备		284	西班牙政府贷款	1992～	机械	茂名机床总厂

1991～2005年广东省国外贷款项目

序号	项目名称	建设规模及内容	总投资（万元人民币）	贷款签约额（万美元）	资金来源	建设起止年限	所属行业	项目单位
49	肇庆华宁陶瓷厂项目	引进设备	4608	450	西班牙政府贷款	1993～	建材	肇庆华宁陶瓷厂
50	电白县瓷厂项目	引进设备		445	西班牙政府贷款	1994～	建材	电白县瓷厂
51	三水纺织发展公司项目	引进设备	6688	496	西班牙政府贷款	1995～	纺织	三水纺织发展公司
52	梅州齿轮厂项目	引进设备	11544	920	西班牙政府贷款	1995～	机械	梅州齿轮厂
53	花都染织实业总公司项目	引进设备		215	意大利政府贷款	1995～	纺织	花都染织实业总公司
54	广东金泰企业集团公司项目		3968	495	意大利政府贷款	1995～	纺织	广东金泰企业集团公司
55	珠海拱北污水处理厂项目	日处理污水8万吨	14400	420	意大利政府贷款	2000～	市政	珠海拱北污水处理厂
56	汕头市第三自来水厂项目	引进设备		486	奥地利政府贷款	1991～	市政	汕头市第三自来水厂
57	汕头特种漆包线项目	引进设备		496	奥地利政府贷款	1991～	机械	
58	韶关第三水厂项目	引进设备		520	奥地利政府贷款	1991～	市政	韶关第三水厂
59	佛山镇安生活污水处理厂项目	建设日处理生活污水10万立方米	21256	400	奥地利政府贷款	1992～	市政	佛山镇安生活污水处理厂
60	河源东江自来水厂项目	水的净化系统		537	奥地利政府贷款	1994～	市政	河源东江自来水厂
61	佛山市第二污水厂项目	引进设备		327	奥地利政府贷款	2000～	市政	佛山市第二污水厂
62	江门甘化厂废纸脱墨漂白项目	引进设备	6888	407	奥地利政府贷款	2000～	轻工	江门甘化厂
63	广州开发区东区污水处理项目			398	奥地利政府贷款	2001～	市政	广州开发区东区
64	江门甘蔗化工厂制浆废液综合利用项目	年处理红液43万吨	22416	230	奥地利政府贷款	2001～	轻工	江门甘蔗化工厂
65	湛江市对虾饲料联合公司项目	对虾饲料项目		262	荷兰政府贷款	1993～	农业	湛江市对虾饲料联合公司
66	广州市一棉厂项目	引进设备		450	比利时政府贷款	1992～	纺织	广州市一棉厂
67	茂名市自来水公司项目	日供水9万立方米	13072	500	比利时政府贷款	1993～	市政	茂名市自来水公司
68	广东湛江玻璃厂项目	引进设备	14400	505	比利时政府贷款	1994～	轻工	广东湛江玻璃厂
69	台山市自来水厂项目	引进设备		360	芬兰政府贷款	1991～	市政	台山市自来水厂
70	惠州荃湾实业联合总公司项目	引进码头装卸机械和配套设备	4328	541	芬兰政府贷款	1991～	交通	惠州荃湾实业联合总公司
71	珠海港务投资公司项目	引进设备		220	芬兰政府贷款	1991～	交通	珠海港务投资公司
72	广宁竹浆造纸厂项目	引进设备		250	芬兰政府贷款	1992～	轻工	广宁竹浆造纸厂
73	云浮市自来水公司项目	引进设备	18680	336	芬兰政府贷款	1993～	市政	云浮市自来水公司
74	广东连县人造板厂项目	引进设备	5472	425	芬兰政府贷款	1995～	建材	广东连县人造板厂
75	鹤山市供水项目	日供水10万立方米	14008	391	芬兰政府贷款	1996～	市政	鹤山市供水公司
76	惠阳市供水项目		18008	425	芬兰政府贷款	1996～	市政	惠阳市供水厂

1991～2005年广东省国外贷款项目

序号	项目名称	建设规模及内容	总投资（万元人民币）	贷款签约额（万美元）	资金来源	建设起止年限	所属行业	项目单位
77	南澳风力发电项目	进口发电机组	4000	422	丹麦政府贷款	1995～	能源	南澳风能开发公司
78	惠州污水处理项目	日处理污水10万吨	37256	503	丹麦政府贷款	1996～	市政	惠州污水处理厂
79	茂名第一污水处理厂项目	日处理污水9.5万吨	15000	490	丹麦政府贷款	1996～	市政	茂名第一污水处理厂
80	湛江非金属矿精选项目			199	丹麦政府贷款	2001～	化工	
81	茂名污水处理厂项目	建设污水处理系统		470	丹麦政府贷款	2001～	市政	茂名污水处理厂
82	汕尾市风力发电项目			1500	丹麦政府贷款	2002～	能源	汕尾市风力发电
83	广东利会彩板联合公司项目	引进设备		263	挪威政府贷款	1991～	建材	广东利会彩板联合公司
84	省邮电局（肇庆微波）项目	引进通讯设备		410	挪威政府贷款	1992～	通讯	省邮电局
85	潮州供水项目	建设供水系统	10232	383	挪威政府贷款	1993～	市政	潮州供水
86	广州造纸厂污水处理项目			227	挪威政府贷款	1997～	市政	广州造纸厂
87	广东韶关齿轮厂项目	引进设备		455	瑞士政府贷款	1993～	机械	广东韶关齿轮厂
88	省邮电局一期	引进爱立信通讯设备		4303	瑞典政府贷款	1992～	通讯	省邮电局
89	省邮电局二期	引进通讯设备		8957	瑞典政府贷款	1993～	通讯	省邮电局
90	南海市南庄镇自来水厂项目	引进设备		313	瑞典政府贷款	1993～	市政	南海市南庄镇自来水厂
91	省邮电局瑞贷三期	引进通讯设备		25500	瑞典政府贷款	1994～	通讯	省邮电局
92	顺德市供水项目	日处理水9万立方米	8000	357	瑞典政府贷款	1994～	市政	顺德市供水
93	广东土产公司振华木材厂项目	引进设备	3720	400	加拿大政府贷款	1991～	建材	广东土产公司振华木材厂
94	广宁竹浆造纸厂项目	引进设备	112184	2427	加拿大政府贷款	1992～	轻工	广宁竹浆造纸厂
95	广州造纸厂项目	引进设备		676	加拿大政府贷款	1993～	轻工	广州造纸厂
96	广州人民造纸厂项目	引进技术和设备		502	加拿大政府贷款	1994～	轻工	广州人民造纸厂
97	茂名果菜冷冻真空干燥生产线项目	引进设备		280	加拿大政府贷款	1997～	农业	
98	江门市文昌沙污水处理厂	建设污水处理厂	13200	450	加拿大政府贷款	1998～	市政	江门市文昌沙污水处理厂
99	省卫生厅引进癌症治疗设备项目	引进医疗设备		238	加拿大政府贷款	2000～	医疗卫生	省卫生厅
100	华南邦迪管厂贷款项目	引进设备		243	澳大利亚政府贷款	1991～	机械	华南邦迪管厂
101	中山大学第三附属医院项目	引进医疗设备	3600	450	以色列政府贷款	2003～	医疗	中山大学第三附属医院
102	广州医学院第一附院设备项目	引进医疗设备	3472	414	以色列政府贷款	2004～	医疗卫生	广州医学院第一附院
103	广东连县人造板厂项目	引进设备和技术	6392	109	北欧投资银行贷款	1991～	建材	广东连县人造板厂
104	怀集山梨糖醇项目	引进设备	11768	610	北欧投资银行贷款	1991～	轻工	

1991～2005年广东省国外贷款项目

序号	项目名称	建设规模及内容	总投资（万元人民币）	贷款签约额（万美元）	资金来源	建设起止年限	所属行业	项目单位
105	广东省移动通信局项目	引进设备		1630	北欧投资银行贷款	1992～	通讯	广东省移动通信局
106	湛江高岭土开发联合公司生产高岭土项目	年产10万吨高岭土	28480	2000	北欧投资银行贷款	1994～	建材	湛江高岭土开发联合公司
107	中南机械表面强化处理厂项目	引进设备		550	北欧投资银行贷款	1995～	机械	中南机械表面强化处理厂
108	汕头黄原胶项目			550	北欧投资银行贷款	1995～	轻工	
109	南海市中南模具厂项目	引进设备	4000	500	北欧投资银行贷款	1996～	机械	南海市中南模具厂
110	广州造纸厂纸机技改项目	技术改造		550	北欧投资银行贷款	1997～	轻工	广州造纸厂
111	广东渔珠木材厂项目		5392	450	北欧投资银行贷款	1998～	建材	广东渔珠木材厂
112	广州地铁一期	地铁建设		3595	美国政府贷款	1993～	交通	广州地铁公司
113	茂名市人民医院项目	引进医疗设备	1960	245	美国政府贷款	2000～	医疗卫生	茂名市人民医院
114	茂名市骨伤科医院项目	引进医疗设备	272	29	美国政府贷款	2000～	医疗卫生	茂名市骨伤科医院

1991～2005年深圳市国外贷款项目

序号	项目名称	建设规模及内容	总投资（万元）	贷款签约额（万美元）	资金来源	建设起止年限	所属行业	项目单位
1	深圳市农业利用世行贷款项目	包括8个子项目：果菜速冻保鲜项目、活力宝酸奶项目、天然果汁饮料项目、肉制品加工项目、螺旋藻保健食品加工项目、方便面项目、饲料添加剂项目、苏云金杆菌项目	15669	1432	世界银行贷款	1992～1994	轻纺食品	深圳市农科中心、深圳深宝罐头有限公司、深圳市光明华侨畜牧场、中国农垦南方公司等
2	结核病控制项目	建立412个结核病督导点，购买药品和医疗设备	300	16	世界银行贷款	1992～1993	科教卫生	深圳市慢性病防治院
3	广东省“职业教育II”项目	购买电脑、通讯设备等教学仪器	650	40	世界银行贷款	1996～1997	科教卫生	深圳市电子学校
4	第四期技术援助项目贷款TCP～4	《深圳市综合交通体制改革及可持续发展规划》项目研究：《深圳市综合交通可持续发展战略研究》与《深圳市巴士快速交通研究与近期实施方案》	1361	100	世界银行贷款	2000～2006	交通运输	深圳市交通局
5	深圳市盐田港集团有限公司盐田港建设项目	一期码头建设，设计能力年处理集装箱50万标箱；码头配套工程，惠盐高速公路深圳段36公里与平盐铁路24公里建设	158986.97	4878.74	日本政府日元贷款	1991～1994	交通运输	深圳市盐田港集团有限公司
6	深圳市盐田港集团有限公司盐田港建设项目		158986.97	3575.12	日本政府日元贷款	1991～1994	交通运输	深圳市盐田港集团有限公司
7	深圳出入境检疫检验局盐田港配套商检项目		2701.66	314.26	日本政府日元贷款	1993～1994	交通运输	深圳出入境检验检疫局
8	深圳市统计信息局国家经济信息系统项目	统筹规划各局内部管理系统建设（MIS）基础上，实现全市范围的联网以建成完整、全面的宏观调控信息系统	13373.21	285.38	日本政府日元贷款	1992～1996	其他	深圳市统计信息局
9	深圳市统计信息局国家经济信息系统项目		13373.21	182.00	日本政府日元贷款	1992～1996	其他	深圳市统计信息局
10	深圳市统计信息局国家经济信息系统项目		13373.21	181.66	日本政府日元贷款	1992～1996	其他	深圳市统计信息局
11	中国爱地集团无土栽培项目	占地300亩，年产蔬菜水果600万公斤	2566.65	230.98	法国政府贷款	1998～2000	农林水利	中国爱地集团
12	深圳市好威实业发展有限公司无土栽培果菜项目	占地562亩，年产蔬菜水果1000万公斤	5691	262.45	法国政府贷款	尚未开工	农林水利	深圳市好威实业发展有限公司
13	深圳市三九精细化工有限公司软管生产线项目	引进软管生产线，年产铝质软管5400万支	3922.3	352.99	德国政府贷款	2000～2002	轻纺食品	深圳市怡之彩铝制软管制造公司
14	深圳市桑达通讯联合有限公司无线多址通信系统项目	年产无线多址通信系统2万套	4258.18	504.69	西班牙政府贷款	1991～1993	邮电通信	深圳市桑达通讯联合有限公司
15	深圳市高速公路开发公司梅观公路交通监控系统项目	建设高速公路收费系统	51268.04	280	西班牙政府贷款	1994～1995	交通运输	深圳市高速公路开发公司
16	深圳市高速公路开发公司机荷公路交通监控系统项目	建设高速公路收费系统	73718.69	268	西班牙政府贷款	1997～1999	交通运输	深圳市高速公路开发公司

1991～2005年深圳市国外贷款项目

序号	项目名称	建设规模及内容	总投资（万元）	贷款签约额（万美元）	资金来源	建设起止年限	所属行业	项目单位
17	深圳市盐坝高速公路项目	建设18.8公里高速公路	7800	442.26	西班牙政府贷款	1997～2001	交通运输	深圳高速公路股份有限公司
18	深圳市广信生物工程公司乙肝疫苗生产线项目	建设年产乙肝疫苗6000万支生产线	3465.36	262.5	荷兰政府贷款	1998～1999	科教卫生	深圳市广信生物工程公司
19	深圳市给排水工程指挥部污水处理项目	新增污水处理能力90万立方米/日	69153.59	501.72	比利时政府贷款	1992～1999	环保城建	深圳市给排水工程指挥部
20	深圳市给排水工程指挥部污水排海工程项目	新增污水处理能力100万立方米/日，污水排海量70万立方米/日	77297.17	277.48	芬兰政府贷款	1991～2002	环保城建	深圳市给排水工程指挥部
21	深圳市特发信息股份有限公司微波通信系统项目	年产PCM540路微波通信系统300套	4639.35	500	加拿大政府贷款	1992～1994	邮电通信	深圳市特发信息股份有限公司
22	深圳市特发信息股份有限公司网络节点交叉连接系统项目	年产Mainstreet3600系统2000套	5053.29	550	加拿大政府贷款	1992～1994	邮电通信	深圳市特发信息股份有限公司
23	深圳市通讯工业股份有限公司光电缆监测管理系统项目	年产光电缆监测管理系统5000套	3218.69	280	加拿大政府贷款	1995～1996	邮电通信	深圳市通讯工业股份有限公司
24	深圳市特发信息股份有限公司有线电视加解密系统项目	建设年产25万台加解密器生产线	2460.86	280	加拿大政府贷款	1996～1997	其他	深圳市特发信息股份有限公司
25	深圳市特发信息股份有限公司能源与监控系统项目	引进先进技术，年产RTU200台、系统控制单元10套	3128.78	280	加拿大政府贷款	1996～1997	能源	深圳市特发信息股份有限公司
26	深圳市天益公司蛋粉生产线项目	建设蛋粉生产线，年处理新蛋2万吨	4097.96	495	北欧投资银行贷款	1992～1994	轻纺食品	深圳市天益公司
27	深圳市招商局蛇口工业区有限公司客船项目	在挪威建造“迅隆二号”高速双体客船	4139.56	490	北欧投资银行贷款	1998～2000	交通运输	深圳市招商局蛇口工业区有限公司
28	深圳妈湾电厂二期工程	安装两台30万千瓦国产燃煤机组	353000	25000	国际商业贷款	1994～1998	能源	深圳市西部电力有限公司
29	深港超大规模集成电路项目（一期）	建筑面积3.73万平方米，年加工能力3.18亿块集成电路和解密件	74000	5240	国际商业贷款	1995～1999	其他	深圳赛格高技术投资股份有限公司
30	深圳页岩空心砖项目	年产页岩空心砖5000万块	4819	400	国际商业贷款	1995～1996	其他	深圳市新产业投资股份公司
31	国际会议中心	建设会议中心，首期建筑面积10000平方米	6000	400	国际商业贷款	1995～1997	环保城建	深圳茂源投资发展有限公司
32	南山区管道燃气工程	铺设管道，新建液化气站，供气1.5万户	3500	250	国际商业贷款	1995～1996	环保城建	深圳市南山石油化工股份公司
33	龙岗区第二通道公路工程	建设5座立交桥、12处收费站、21公里公路	8000	250	国际商业贷款	1995～1997	环保城建	深圳市龙城吉发投资有限公司
34	大容量光电一体化局用程控交换机	建设大容量光电一体化局用程控交换机生产线，年产16万线	6000	200	国际商业贷款	1995～1996	邮电通信	深圳市华为技术有限公司
35	弱光非晶硅太阳能电池项目	建设生产线，年产5000万片弱光非晶硅太阳能电池	5000	250	国际商业贷款	1996～1997	其他	深圳先科企业集团
33	金卡工程开发中心项目	银行电脑网络、软件开发	4980	250	国际商业贷款	1996～1997	其他	深圳赛格企业集团

1991～2005年深圳市国外贷款项目

序号	项目名称	建设规模及内容	总投资（万元）	贷款签约额（万美元）	资金来源	建设起止年限	所属行业	项目单位
37	辅热交联热收缩电缆附件技改项目	年产电缆附件40万套，热收缩管200万米	2967	150	国际商业贷款	1996～1997	其他	深圳长园新材料有限公司
38	粉煤灰、火山灰加气混凝土砌块项目	年产10万立方米粉煤灰、火山灰加气混凝土砌块	3600	250	国际商业贷款	1996～1997	其他	深圳市建筑材料工业集团公司
39	华士达细菌鉴定系统项目	年产鉴定仪200台	2100	200	国际商业贷款	1996～1997	科教卫生	深圳市高新技术产业投资服务有限公司
40	饲料生产线扩建及综合配套工程项目	建设高档水产饲料生产线，年产2.5万吨；建设大型现代化饲料厂两座，年产30万吨大众化饲料产品；建设生猪饲养基地，年出栏生猪8万吨	13400	300	国际商业贷款	1996～2001	轻纺食品	深圳康达尔（集团）股份有限公司
41	一次性刻录光盘项目	年产150万片C～DR	3400	250	国际商业贷款	1996～1997	其他	深圳市先科数字光盘有限公司
42	HJD04局用数字程控交换机技改项目	年新增HJD04局用数字程控交换机150万线	3500	250	国际商业贷款	1996～1997	邮电通信	深圳市信诺电讯股份有限公司
43	通信用高强度光纤光缆项目	年产10万公里光纤、1万公里光缆	7300	300	国际商业贷款	1996～1997	邮电通信	深圳市通讯工业股份有限公司
44	协调货运中心项目	建设货运中心，建筑面积7000平方米	3500	300	国际商业贷款	1996～1997	其他	中信深圳公司
45	节能建筑制品项目	年产节能建筑制品62520万块	5811	250	国际商业贷款	1996～1997	其他	深圳市新产业建材有限公司
46	ZXJ10数字程控交换系统生产线改扩建项目	年新增ZXJ10数字程控交换系统200万线	6500	400	国际商业贷款	1997～1998	邮电通信	深圳中兴新通讯设备有限公司
47	水果蔬菜系列产品深加工项目	年产脱水蔬菜1710吨，提取磷脂1500吨	7350	400	国际商业贷款	1997～1999	轻纺食品	中国爱地集团公司
48	DVD光盘及放送机项目	年产各类光盘3000万片，其中DVD光盘800万片	8000	980	国际商业贷款	1997～1999	其他	深圳先科企业集团

1991～2005年广西壮族自治区国外贷款项目

序号	项目名称	建设规模及内容	总投资（万元）	贷款签约额（万美元）	资金来源	建设起止年限	所属行业	项目单位
1	广西农村供水与环境保护卫生项目	建设农村供水工程、环境卫生、健康教育等	22923	2100	世界银行贷款	1992～1998	卫生	广西卫生厅
2	师范教育发展项目广西分项	9所师范院校建设	8440	678	世界银行贷款	1993～1998	教育	广西教育厅
3	广西改善粮食流通和市场建设项目	建仓规模12.5万吨，分12个项目点	16698	2569	世界银行贷款	1993～1996	商贸	广西粮食局
4	农业支持服务项目广西分项	建设农业、畜牧兽医技术服务中心	11900	1131	世界银行贷款	1993～2000	农业	广西农业外资项目管理中心
5	综合性妇幼卫生保健项目广西分项（卫六）	在30个贫困县实施妇幼卫生、医疗保健三级网络建设	11732	890	世界银行贷款	1994～2002	卫生	广西卫生厅
6	中国红壤二期开发项目广西分项	红壤地区、小流域综合治理	52200	3300	世界银行贷款	1995～2000	农业	广西农业外资项目管理中心
7	第二个贫困地区基础教育项目广西分项	建设、完善20个县中小学教学设施	36958	1920	世界银行贷款	1995～2000	教育	广西教育厅
8	内河航运一期贵港航运枢纽工程	建设拦河坝、1000吨级船闸、4×30MW水电站；航道整治	200828	8000	世界银行贷款	1995～2000	水运	广西交通厅
9	森林资源发展和保护项目广西分项	在10个县营造速丰林7.54万公顷，竹林1.00万公顷	27803	1893	世界银行贷款	1995～2001	林业	广西利用外资林业项目办
10	西南农业开发扶贫	桂西南、桂西北地区12个县农业综合开发	94263	11350	世界银行贷款	1995～2002	农业	广西外资扶贫项目管理中心
11	疾病预防计划免疫子项目广西分项（卫七）	在全区建设计划免疫系统、完善免疫服务范围	9935	723	世界银行贷款	1996～2004	卫生	广西卫生厅
12	种子产业化项目广西分项	建设种子基地、市场等	20685	1229	世界银行贷款	1997～2002	农业	广西种子公司
13	性病艾滋病预防控制项目广西分项（卫九）	在全区36个医疗单位建设性病和艾滋病干预、监测、血液管理系统	6880	510	世界银行贷款	1999～2007	卫生	广西卫生厅
14	第三期贫困地区林业发展项目广西分项	在15个县营造用材林7.14公顷，竹林0.95公顷，经济林0.98万公顷	32349	2200	世界银行贷款	1999～2005	林业	广西利用外资林业项目办
15	广西城市环境项目——南宁朝阳溪综合整治工程	朝阳溪综合治理、建设排污管网51.9公里、江南污水处理厂一期工程（日处理污水24万吨）	106600	4800	世界银行贷款	1996～2006	环境治理	南宁市世行贷款项目办公室
16	广西城市环境项目——桂林市漓江环境综合整治工程	改善漓江环境，对桂林市垃圾、污水、漓江两岸护岸、植树等工程建设	61650	3607	世界银行贷款	1998～2006	环境治理	桂林市漓江环境综合整治工程办公室
17	广西中心城市SDH传输	广西10个本地网共4×2.5Gb/s SDH传输系统环	6233	416	世界银行贷款	1999年完工	邮电	广西区邮电管理局
18	桂北地区直埋光缆	河池—桂林，宾阳—桂林直埋光缆	6050	403	世界银行贷款	1998年12月完工	邮电	广西区邮电管理局
19	SDH市话中继传输	桂林、梧州、北海市话局间2.5Gb/s SDH传输系统环	5746	383	世界银行贷款	1999年1月	邮电	广西区邮电管理局

1991～2005年广西壮族自治区国外贷款项目

序号	项目名称	建设规模及内容	总投资（万元）	贷款签约额（万美元）	资金来源	建设起止年限	所属行业	项目单位
20	桂东地区直埋光缆	桂林—梧州，柳州—梧州直埋光缆	6339	423	世界银行贷款	1998年12月完工	邮电	广西区邮电管理局
21	主要城市数据交叉设备	南宁数字交叉机（DXC）工程	7085	472	世界银行贷款	1999年完工	邮电	广西区邮电管理局
22	桂南地区直埋光缆	南宁—北海，贵港—梧州直埋光缆	7203	480	世界银行贷款	1998年12月完工	邮电	广西区邮电管理局
23	南宁—北海SDH微波	南宁—北海，SDH 622Mb/s数字微波系统	3882	259	世界银行贷款	1999年完工	邮电	广西区邮电管理局
24	广西公路河池（水任）至南宁高等级公路	建设高速公路141公里，二级公路97公里	447200	20000	世界银行贷款	2001～2005	公路	广西交通厅
25	中国结核病控制项目广西分项（卫十）	全区94个医疗单位结核病防治系统建设	15170	924	世界银行贷款	2002～2010	卫生	广西卫生厅
26	贫困地区基础教育广西分项	18个贫困县基础教育	25900	2100	世界银行贷款	2002～2007	教育	广西教育厅
27	中国急性传染性非典型肺炎及其他传染病应对项目广西分项	急性传染性非典型肺炎及其他传染病防治设备采购、培训和咨询服务	2230	110	世界银行贷款	2003～2006	卫生	广西卫生厅
28	桂北山区少数民族综合扶贫项目	在桂北6个县扶持建设农村基础设施和农业开发	35440	3000	世界银行贷款	2005～2009	农业	广西外资扶贫项目管理中心
29	内河航运Ⅲ期那吉航运枢纽工程	建设拦河坝、1000吨级船闸、4×22MW水电站；航道整治	109109	4500	世界银行贷款	2005～2009	水运	广西交通厅
30	柳州市环境综合治理工程	竹鹅溪环境综合治理、白沙污水治理、龙泉山污水治理、阳和污水处理、拉堡污水处理工程及公厕和垃圾收运等6个子项	162093	10000	世界银行贷款	2006～2009	城建环保	柳州市世行贷款环境综合治理工程项目办公室
(1)	竹鹅溪综合治理工程	河道综合治理10960米，铺设截污管13070米，景观绿化15.8万平方米。	37224	2024.1	世界银行贷款	2006～2009	环境治理	柳州市污水治理有限
(2)	白沙污水处理厂工程	建设日处理10万吨污水处理厂一座，排水干渠14.5公里，污水提升泵站2座	27914	902.9	世界银行贷款	2006～2009	污水处理	柳州市污水治理公司
(3)	龙泉山污水处理厂工程（二期）	建设三组每组日处理污水5万吨的初沉池，A2/O生物池、二沉池三位一体的三池，沉砂池	21266	1791.1	世界银行贷款	2006～2009	污水处理	柳州市污水治理公司
(4)	阳和污水处理厂工程	建设日处理12.5万吨污水处理厂一座，铺设污水收集管69.9公里，污水提升泵站1座	36911	2739.9	世界银行贷款	2006～2009	污水处理	柳州市污水治理公司
(5)	拉堡污水处理厂工程	建设日处理能力2.5万吨污水处理厂一座，铺设污水收集管28.6公里，污水提升泵站1座	9231	735.2	世界银行贷款	2006～2009	污水处理	柳州市污水治理公司
(6)	城市公厕和垃圾收运系统	建设城市公厕62座，新增移动公厕30座，建设垃圾收运系统，日处理能力450吨	12036	837	世界银行贷款	2006～2009	城建	柳州市环境卫生管理处
31	河池氮肥厂扩建工程	年新增8万吨合成氨、13万吨尿素装置	62280	2870	亚洲开发银行贷款	1995～1998	原材料	广西河池化工股份有限公司
32	电讯发展广西分项	呼和浩特—北海干线光缆		2000	亚洲开发银行贷款	1996～1999	邮电	广西区邮电管理局
33	防城港9#、10#泊位	港口建设（9#、10#泊位）、疏港公路	103400	5200	亚洲开发银行贷款	1996～2000	水运	广西交通厅

1991～2005年广西壮族自治区国外贷款项目

序号	项目名称	建设规模及内容	总投资（万元）	贷款签约额（万美元）	资金来源	建设起止年限	所属行业	项目单位
34	广西公路发展一期南宁—友谊关公路	建设高速公路179公里	346800	15000 5000	亚洲开发银行贷款 欧洲投资银行贷款	2002～2006年	公路	广西交通厅
35	广西公路发展二期南宁（坛洛）至百色公路	建设高速公路188公里	481000	20000	亚洲开发银行贷款	2005～2007	公路	广西交通厅
36	桂西农村综合发展项目	桂西10个县农业综合开发、教育、卫生、林业、交通、水利等农村基础设施和农业种养	78900	3040	国际农发基金贷款	2000～2005	农业	广西农业外资项目管理中心
37	南宁—昆明铁路	单线电气化铁路870公里	750000	42700	日本政府日元贷款	1990～1997	铁路	铁道部
38	天生桥一级电站	装机容量4×30万千瓦及输变电线路	848490	30000	日本政府日元贷款	1991～1999	水电	国家电力公司南方电力公司
39	广西鹿寨化肥有限责任公司	年产硫酸40万吨，合成氨6万吨，磷酸12万吨，磷铵24万吨，氧化铝0.6万吨	113570	9000	日本政府日元贷款	1993～1999	原材料	广西鹿寨化肥有限责任公司
40	柳州市酸雨和环境综合治理工程	建设烟气脱硫、集中供气、供热等六个子项	106745	9685	日本政府日元贷款	1996～2006	城建环保	
(1)	柳化硝酸一系统尾气NOx治理工程	建设加压碱吸收装置	1610	100	日本政府日元贷款	1996～2002	环保	柳州化学工业集团
(2)	柳钢焦炉煤气脱硫综合利用工程	建设一套焦炉煤气脱硫、脱苯装置及储气柜	5110	332	日本政府日元贷款	1996～2002	环保	广西柳州钢铁（集团）公司
(3)	柳州市民用煤气第三期工程	建混气站3座，铺设中、低管线120公里，发展用户12万户	20900	1216	日本政府日元贷款	1996～2005	城建	柳州市煤气公司
(4)	立冲沟垃圾卫生填埋场工程	占地64公顷，日处理垃圾量600吨	8870	436	日本政府日元贷款	1998～2006	城建	柳州市环境卫生管理
41	广州—北海—昆明—成都光缆干线工程广西分项	一级光缆干线4186公里		2481	日本政府日元贷款	1997～1999	邮电	广西区邮电管理局
42	广西经济信息中心信息系统建设	建设信息系统及公共通讯网络	1330	80	日本政府日元贷款	1997～1999	信息	广西经济信息中心信息
43	三津水厂一期工程	建设规模20万立方米/日，主要建设内容为取水泵房、净水厂及输配水管网	29885	1800	日本政府日元贷款	2001～2005	自来水	南宁市自来水公司
44	桂林城北水厂	日供水10万吨	20852	1200	日本政府日元贷款	2000～2005	自来水	桂林市自来水公司
45	广西高等学校人才培养项目	改善10所高校教研设备和教学实验设施	40164	3800	日本政府日元贷款	2004～2008	教育	广西教育厅
46	南宁城市水环境综合治理项目	竹排冲环境综合整治工程、江北片污水管网工程、琅东污水处理厂二期	131214	10000	日本政府日元贷款	2004～2007	城建环保	南宁市投资开发公司
(1)	竹排冲环境综合整治工程	河道整治及景观工程，重点整治河道段9.52公里，雨污水管网工程及配套道路桥梁工程	87014	5878	日本政府日元贷款	2004～2007	环境治理	南宁市投资开发公司

1991～2005年广西壮族自治区国外贷款项目

序号	项目名称	建设规模及内容	总投资（万元）	贷款签约额（万美元）	资金来源	建设起止年限	所属行业	项目单位
(2)	江北片污水管网工程	主要建设内河流域的污水干管及主要支线，管线总长度116.7公里	17500	1373.5	日本政府日元贷款	2005～2007	污水处理	南宁市排水有限责任公司
(3)	琅东污水处理厂二期	日处理污水10万立方米	26700	2638.6	日本政府日元贷款	2005～2008	污水处理	南宁市排水有限责任公司
47	柳州市华侨针织服装厂	引进宽幅定型机	261	48.1	日本黑字还流贷款	1991～1993	机电轻纺	柳州市华侨针织服装厂
48	南宁棉纺织印染总厂引进精梳机及自动络筒机项目	引进PX2精梳机、SR80条并卷机、SH2D并条机、吸落棉机等设备	1338	241.5	日本黑字还流贷款	1992～1994	机电轻纺	南宁棉纺织印染总厂
49	广西南珠集团公司提高海水珍珠质量改造	引进国外珍珠养殖、加工设备	870	80	日本黑字还流贷款	1995～1997	农业	广西南珠集团公司
50	北海市专用面粉厂	建设年产4万吨面粉厂，主要内容为引进英国日处理200吨小麦专用面粉生产制备与技术	2890	351.7	英国政府贷款	1991～1994	机电轻纺	北海市专用面粉厂
51	柳州市柳西水厂二期扩建工程	日供水20万吨	2503	578.5	英国政府贷款	1993～2000	自来水	柳州市自来水公司
52	合浦县廉州水厂	建设日处理10万吨净化水厂	8900	506	英国政府贷款	1999～2000	自来水	合浦县自来水公司
53	北海机场扩建工程	建设候机楼、导航站、停机坪和联络道等	43285	1800	英国政府贷款	2001～2002	航空	北海扩建机场工程指挥部
54	南宁琅东污水处理厂一期工程	南宁琅东污水处理厂一期工程规模10万立方米／天	17300	497.7	法国政府贷款	1995～1997	污水处理	南宁市排水公司
55	南宁程控交换工程（SIEMENS）	市话4万门	6150	512	德国政府贷款	1992年完工	邮电	广西区邮电管理局
56	柳州程控交换工程（SIEMENS）	市话3万门	4125	434	德国政府贷款	1992年完工	邮电	广西区邮电管理局
57	梧州程控交换工程（A～SEL）	市话2.5万门	3225	270	德国政府贷款	1992年完工	邮电	广西区邮电管理局
58	利用德国政府贷款引进程控交换设备（SIEMENS合同）	农话项目13万门	16969	1616	德国政府贷款	1996年05月完工	邮电	广西区邮电管理局
59	利用德国政府贷款引进程控交换设备（A－SEL合同）	农话项目6万门	7781	741	德国政府贷款	1996年05月完工	邮电	广西区邮电管理局
60	南宁市城市交通管理现代化工程项目引进交通管理系统	引起交通控制、交通管理、交通地理信息、交通诱导、车辆卫星定位等管理系统	3736	280	西班牙政府贷款	1995～1996	交通管理	南宁市公安局交警支队
61	南宁瓶盖厂引进套压旋开式瓶盖生产技术设备项目	引进年产1亿只套压旋开式瓶盖生产技术设备	1294.6	258.6	西班牙政府贷款	1991～1992	机电轻纺	南宁瓶盖厂
62	柳州市棉纺厂	引进大圆机及染整设备	2511	174	西班牙政府贷款	1993～1994	机电轻纺	柳州市棉纺厂
63	南宁急救医疗中心	引进救护车、呼吸机、彩色超声波机、基础麻醉工作站、监护仪、X线机、大C臂等设备	3876.6	478	西班牙政府贷款	2002～2005	卫生	南宁急救医疗中心
64	北海医疗急救中心	医疗急救设备购置	5052	502	西班牙政府贷款	2003～2003	医疗	北海市卫生局

1991～2005年广西壮族自治区国外贷款项目

序号	项目名称	建设规模及内容	总投资（万元）	贷款签约额（万美元）	资金来源	建设起止年限	所属行业	项目单位
65	田东县人民医院购置医疗设备项目	购置螺旋CT机、数字X光机等医疗设备共27台（套）	1660	280	西班牙政府贷款	2004～2005	医疗	田东县人民医院
66	南宁职业技术学院实训基地项目	引进数控机床实训中心、现代CAD/CAM实训中心及汽车检测与维修实训中心等七个实训教学设备	5355.3	669.9	西班牙政府贷款	2006～2007	教育	南宁职业技术学院
67	北海高级建筑陶瓷生产线	规模为引进年产150万平方米仿花岗岩墙地砖生产设备及技术	7011	495.55	意大利政府贷款	1992～1994	机电轻纺	北海高级建筑陶瓷公司
68	柳州市柳城县大埔水电站	装机容量3×3万千瓦	42900	2726	奥地利政府贷款	1992～2005	水电	广西柳州市桂柳水电有限责任公司
69	广西京南水利枢纽工程项目	引进两台奥地利水轮机组，建设总装机容量6.9万千瓦的水电站	34700	2125	奥地利政府贷款	1993～1998	水电	梧州市电力开发公司
70	桂林第四污水处理厂	10万吨/日处理污水处理厂	8755	416	奥地利政府贷款	1994～2000	污水处理	桂林市排水公司
71	北海北郊水厂	建设日供水15万立方米水厂	6750	400	奥地利政府贷款	1994～1996	自来水	北海市自来水公司
72	南宁市消防系统工程	建设指挥中心1座、4个消防站，引进一批先进消防设备	8130	637.8	奥地利政府贷款	2000～2002	市政	南宁市高新技术开发投资公司
73	柳州机械厂	引进376Q发动机技术及设备	1810	217.4	奥地利政府贷款	1994～1996	机电轻纺	柳州机械厂
74	南宁程控交换机设备	市话2万门	6105	407	比利时政府贷款	1995年完工	邮电	广西区邮电管理局
75	梧州程控交换机设备	市话2万门	5775	385	比利时政府贷款	1995年完工	邮电	广西区邮电管理局
76	北海程控交换机设备	市话1万门	2280	152	比利时政府贷款	1995年完工	邮电	广西区邮电管理局
77	柳州程控交换机设备	市话1万门	2280	152	比利时政府贷款	1995年完工	邮电	广西区邮电管理局
78	百色、河池程控交换机设备	市话2万门，长途1000线	5475	365	比利时政府贷款	1995年完工	邮电	广西区邮电管理局
79	玉林、钦州程控交换机设备	市话2万门，长途500线	5016	334	比利时政府贷款	1995年完工	邮电	广西区邮电管理局
80	南宁引进程控交换设备	市话10万门	32360	1409	比利时政府贷款	1995年完工	邮电	广西区邮电管理局
81	柳州引进程控交换设备	市话7万门	24013	1050	比利时政府贷款	1995年完工	邮电	广西区邮电管理局
82	北海引进程控交换设备	市话6万门	18831	941	比利时政府贷款	1995年完工	邮电	广西区邮电管理局
83	利用比利时政府贴息贷款引进程控交换设备	市话10万门	16310	1600	比利时政府贷款	1995年完工	邮电	广西区邮电管理局
84	南宁—凭祥光纤通信	PDH 140Mb/s传输设备	1920	128	芬兰政府贷款	1994年完工	邮电	广西区邮电管理局
85	南宁—北海光纤通信	PDH 140Mb/s传输设备	2055	137	芬兰政府贷款	1994年完工	邮电	广西区邮电管理局
86	桂林—梧州光纤通信	PDH 140Mb/s传输设备	3450	230	芬兰政府贷款	1994年完工	邮电	广西区邮电管理局
87	南宁—梧州光纤通信	PDH 140Mb/s传输设备	3705	247	芬兰政府贷款	1994年完工	邮电	广西区邮电管理局
88	玉林—梧州光纤通信	PDH 140Mb/s传输设备	2070	138	芬兰政府贷款	1994年完工	邮电	广西区邮电管理局
89	利用芬兰贷款引进光缆、PDH传输设备	南宁—天等，西林—隆林，梧州—贺州，PDH 140Mb/s传输设备	5100	340	芬兰政府贷款	1996年10月完工	邮电	广西区邮电管理局

1991～2005年广西壮族自治区国外贷款项目

序号	项目名称	建设规模及内容	总投资（万元）	贷款签约额（万美元）	资金来源	建设起止年限	所属行业	项目单位
90	广西卫生厅利用芬兰政府贷款购置医疗设备项目	广西区人民医院、区妇幼保健院等医院购置CT、核磁共振等医疗设备	4000	245.6	芬兰政府贷款	2000～2004	卫生	广西卫生厅
91	柳州市妇幼保健院利用芬兰政府贷款购置医疗设备项目	购置医疗设备	2690	300	芬兰政府贷款	2002～2005	医疗卫生	柳州市妇幼保健院
92	平果铝一期利用丹麦政府贷款引进设备项目	引进设备	4100	498.5	丹麦政府贷款	1991～1995	原材料	中国铝业广西分公司
93	南宁市陈村水厂一期工程	建设规模20万吨/日，引进取水、净水、送水等公益设备及自控设备	18700	550	挪威政府贷款	1994～1996	自来水	南宁市自来水公司
94	梧州市锅炉厂	引进环保节能锅炉设备，年产锅炉3500蒸吨	5693	260	瑞典政府贷款	1998～	工业	梧州市锅炉股份有限公司
95	梧州市平浪水厂项目	建设日供水10万吨的自来水厂一座	10442	317	瑞典政府贷款	1995～1998	自来水	梧州市自来水公司
96	龙泉山污水处理厂（一期）工程	日处理污水10万吨	13383	450	瑞典政府贷款	1998～2005	污水处理	柳州市污水治理有限责任公司
97	广西电网桂西北微波通信工程	建设桂西北微波通信工程	4982	286	加拿大政府贷款	1998～2000	通信	广西电力公司
98	北海市红坎污水处理厂	一期工程规模为日处理污水20万吨，主要内容是污水厂区和海洋放流管建设	16488	589	加拿大政府贷款	1996～1997	污水处理	北海市红坎污水处理厂
99	北海市白水塘生活垃圾处理厂	建设日处理400吨生活垃圾工程，其中卫生填埋250吨，焚烧发电处理150吨	14500	890	加拿大政府贷款	1997～2000	垃圾处理	北海市白水塘生活垃圾处理厂
100	利用加拿大贷款引进SDH微波传输设备	南宁—梧州SDH 622Mb/s沿江微波传输系统	6600	440	加拿大政府贷款	1997～2003	邮电	广西区邮电管理局
101	钦州港二期工程	2个3万吨级通用泊位，设计年吞吐能力115万吨	28438	1950	科威特政府贷款	2000～2005	水运	钦州市港口（集团）有限责任公司
102	广西滨海公路钦州港至犀牛脚段一级公路	建设一级公路长22.6公里	49815	3000	科威特政府贷款	2001～2006	公路	钦州恒远交通投资有限公司
103	广西卫生厅利用以色列政府贷款购置医疗设备项目	广西区肿瘤医院和柳州工人医院购置CT、核磁共振等医疗设备	4880	498	以色列政府贷款	2004～2006	卫生	广西卫生厅
104	利用北投贷款引进移动通信设备	GSM数字移动3万门	6500	500	北欧投资银行贷款	95年12月完工	邮电	广西区邮电管理局
105	利用北投贷款引进梧州程控电话通信设备	市话3万门	8500	500	北欧投资银行贷款	96年06月完工	邮电	广西区邮电管理局
106	广西公安移动通信系统	引进移动通信设备	3385	241	北欧投资银行贷款	1999～2000	通信	广西公安厅
107	广西电网电能计量自动化系统工程	引进电能计量自动化系统	3989	280	北欧投资银行贷款	1998～2002	电力	广西电力公司
108	桂林医疗急救中心	购置医疗设备	3984	538	北欧投资银行	1994～2005	卫生	桂林市人民医院
109	平果铝一期利用法国商业贷款引进设备项目	引进设备	1500	175	境外银行贷款	1991～1995	原材料	中国铝业广西分公司

1991～2005年广西壮族自治区国外贷款项目

序号	项目名称	建设规模及内容	总投资（万元）	贷款签约额（万美元）	资金来源	建设起止年限	所属行业	项目单位
110	平果铝一期利用商业贷款引进设备	引进设备	3500	400	境外银行贷款	1991～1995	原材料	中国铝业广西分公司
111	平果铝一期利用美国贴息贷款引进设备	引进设备	4200	500	美国进出口银行贷款	1991～1995	原材料	中国铝业广西分公司
112	平果铝一期利用美元发放债券贷款引进设备	引进设备	5000	600	境外发债	1991～1995	原材料	中国铝业广西分公司
113	柳钢集团中板项目	引进数控双边剪	6221	498	国际商业贷款	1996～1998	原材料	柳钢集团
114	桂林电子电容器引进金属化膜及镀铝积层材料先进技术与设备	引进真空镀铝机等设备	2349	360	其他国际商业贷款	1993～1995	机电轻纺	桂林电力电容器总厂
115	玉林至石南汽车专用道	建设汽车专用道27.7公里	3452	490	境外银行贷款	1993～1998	公路	广西玉林南超公路建设有限公司
116	桂林化纤总厂PDY～DJY生产线	生产DJY丝1412吨	7153	423	其他国际商业贷款	1995～1996	机电轻纺	桂林化纤总厂
117	桂林化纤总厂PDY～FDY全牵丝生产线	生产FDY全牵丝1000吨	4016	340	其他国际商业贷款	1995～1996	机电轻纺	桂林化纤总厂
118	梧州合成纤维厂	年产600吨涤纶尼龙加弹丝	659	65	出口信贷	1991～1992	机电轻纺	梧州市合成纤维厂
119	钦北铁路	建设钦州—北海铁路98公里	22805	2520	境外银行贷款	1991～1994	铁路	北海钦北铁路建设开发公司
120	贵州盘县火电厂一期	3×20万千瓦燃煤机组	163970	2000	境外银行贷款	1991～1996	火电	贵州盘县发电厂
121	北海市金海湾旅游客运公司	购高速客船和海底观光船各一艘	1987	306.9	境外银行贷款	1992	旅游	北海市金海湾旅游客运公司
122	柳州火电厂	2×20万千瓦汽轮机组	121575	1400	境外银行贷款	1992～1995	火电	广西柳州发电有限公司
123	岩滩水电站	总装机容量4×30.25万千瓦	356300	1300	境外银行贷款	1992～1996	水电	广西岩滩水力发电厂
124	北海生产专用面粉项目	年产专用面粉4万吨	4187	423	境外银行贷款	1992～1994	机电轻纺	北海祥利面粉有限公司
125	广西三林陶瓷有限公司	年产200万平方米玻化砖的冲压及窑炉	2560	320	出口信贷	1992～1993	机电轻纺	广西三林陶瓷有限公司
126	北海金信创业公司科技开发中心	建设科技开发中心	992	90	境外银行贷款	1992～1994	商贸	北海金信创业公司
127	南宁燃气轮机发电有限公司	购置1.5万千瓦联合循环发电机组	7949	1000	境外银行贷款	1992～1993	燃气发电	南宁燃气轮机发电有限公司
128	北海市金海发电厂二期扩建工程	引进2×1.12万千瓦柴油发电机组	6157	1300	境外银行贷款	1993～1994	火电	北海市金海发电厂
129	南宁国际大酒店	建设面积为3万平方米的酒店	16000	800	境外银行贷款	1993～1996	旅游	广西斯壮股份有限公司
130	广西百龙滩水电站	3×3.2万千瓦灯泡贯流式水轮发电机组，装机容量9.6万千瓦	26000	1337	出口信贷	1993～1997	水电	广西桂冠电力股份有限公司
131	南宁停车城与骏达汽车城维修中心	建设大型停车场和汽车维修中心	24557	500	境外银行贷款	1994～1997	商贸	广西银兴实业公司

1991～2005年广西壮族自治区国外贷款项目

序号	项目名称	建设规模及内容	总投资（万元）	贷款签约额（万美元）	资金来源	建设起止年限	所属行业	项目单位
132	南宁机场扩建工程	建设航站楼、停机坪	22000	495	其他国际商业贷款	1995～1997	航空	南宁市投资开发公司
133	利用美元贷款引进美国SDH传输设备（长途南、北环）	长途南、北环2.5Gb/sSDH传输系统环	7500	500	美国进出口银行贴息贷款	1997年1月完工	邮电	广西区邮电管理局
134	利用美元贷款引进美国SDH传输设备（南宁、梧州市话）	南宁、梧州市话局间2.5Gb/s SDH传输系统环	2850	190	美国进出口银行贴息贷款	1997年1月完工	邮电	广西区邮电管理局
135	钦州港铁路支线建设工程	钦州港进港铁路37公里	23037	1000	境外银行贷款	1997	铁路	钦州铁路发展总公司
136	广西医科大附院利用美国贴息贷款引进医疗设备	引进急救医疗设备	820	88	美国进出口银行贴息贷款	1997～2001	卫生	广西医科大学附属医院
137	广西国投债务重组借新还旧项目			2600	境外银行贷款	1997～2002	金融	
138	利用波兰出口信贷进口汽车底盘项目	进口200台（套）汽车底盘组装大客车	26592	1300	出口信贷	1998～	工业	北海基础设施开发公司

1991～2005年海南省国外贷款项目

序号	项目名称	建设规模及内容	总投资（万元）	贷款签约额（万美元）	资金来源	建设起止年限	所属行业	项目单位
1	大广坝水利水电枢纽工程	装机容量24万千瓦，一期灌溉19万亩	162800	6877	世界银行贷款	1992	水利、电力	省电力股份有限公司
2	师范教育发展项目	提供师范服务	10000	192	世界银行贷款	1993	教育	省教育厅
3	结核控制项目	免费提供治疗	1660	92	世界银行贷款	1992	医疗	省卫生厅
4	国家造林项目	营造速生丰产林2万公顷	4585	655	世界银行贷款	1990	林业	省林业局
5	世行贫困地区基础教育项目	改善贫困地区中小学办学条件	8139	96	世界银行贷款	1997	教育	省教育厅
6	海南农业与自然资源发展项目	天元果蔬加工运输、椰子种植与加工、香草兰种植与加工、尖峰岭周边经济林带建设等四个项目组成	97000	160	亚洲开发银行贷款	1996	农业	省供销社、海南天元实业发展有限公司、达美香草兰有限公司、海南生态实业发展有限公司
7	新大洲川崎发动机项目	开发BJ250型发动机5万台，BN175型发动机10万台	24817	480	亚洲开发银行贷款	1997	机械制造	海南新大洲摩托车股份有限公司
8	海南环岛东线高速公路	公路全长252公里	223270	9700	日本政府日元贷款	1991	交通	海南高速公路股份有限公司
9	环岛东线高速公路扩建（海口至琼海段）	公路全长110公里	71672	3178	日本政府日元贷款	1991	交通	海南高速公路股份有限公司
10	海南省通信系统工程	10.5万门程控电话，365公里光缆，24个数字微波站	28533	3508	日本政府日元贷款	1995	电信	海南省电信局
11	海口港一期	两个2万吨泊位设备95台/套，新增吞吐量80万吨	50125	2589	日本政府日元贷款	1991	交通运输	海口港务局
12	海南信息系统工程	宏观预测、企业管理、价格管理、国外贷款投资项目管理等信息系统建设	10210	749	日本政府日元贷款	1995	信息	海南省信息中心
13	洋浦港二期工程	一个2万吨级多用途泊位，两个2万吨级通用泊位	7800	1035	日本政府日元贷款	1997	交通运输	海南国投洋浦港有限公司
14	海口美兰机场	4E级民用机场	250000	10000	日本政府不附带条件贷款	1997	交通运输	海口美兰机场有限责任公司
15	美兰机场供油项目	建万吨级油码头、输油管道	26500	2200	日本政府不附带条件贷款	1997	石化	海口美亚实业公司
16	南山至八所天然气管道工程	管道干线总长146公里，设两个工艺站场	35670	3000	日本政府不附带条件贷款	1997	石化	海南南海天然气有限公司
17	海口世纪大桥	总长3500米的跨海大桥	66707	5000	日本政府不附带条件贷款	1998	交通运输	海口市城市建设有限公司
18	海南高速公路配套工程	总建筑面积6.4万平方米商业广场	24614	2000	日本政府不附带条件贷款	1997	商业	海南商业广场投资有限公司
19	海南诚诚制药厂	年产口服片剂1.6亿片；水针注射剂卡肌宁200万支；冻干风疹活疫苗700万人份；冻干腮腺炎疫苗600万人份	37583	3000	日本政府不附带条件贷款	1997	医药	海南诚诚制药厂
20	海南现代音像器材厂	年产180万张电脑光盘	26000	2000	日本政府不附带条件贷款	1997	文化	海南大华实业有限公司

1991～2005年海南省国外贷款项目

序号	项目名称	建设规模及内容	总投资（万元）	贷款签约额（万美元）	资金来源	建设起止年限	所属行业	项目单位
21	海南天然气化肥厂	30万吨合成氨、53万吨尿素	240000	15900	日本黑字还流贷款	1994	化工	海南富岛化工有限公司
22	海南昌江水泥厂	新建一条年产熟料60万吨、分解81.4万吨窑外分解生产线	58600	2600	日本黑字还流贷款	1995	建材	海南国投昌江水泥厂
23	欣龙无纺（续建）	第三条水刺布生产线	38600	368	日本政府不附带条件贷款	1997	纺织	海南欣龙无纺实业有限公司
24	乐东腰果综合加工开发	年产500吨腰果	1600	187	日本黑字还流贷款	1993	食品	乐东腰果综合加工厂
25	琼中鸦胆子油	扩建年产20万吨鸦胆子油系列产品	2900	187	日本黑字还流贷款	1994	医药	海南五指山制药厂
26	省纺喷气织机	引进喷气织机	20000	200	日本黑字还流贷款	1992	纺织	海南省纺织工业总公司
27	磨石磨料	年产各种设备117万套	3494	337	日本黑字还流贷款	1994	轻工	海南经济技术开发建设总公司
28	远洋渔业船队	购买20条500吨200匹远洋捕捞船队	1600	151	日本黑字还流贷款	1994	渔业	海南中兴房地产综合开发公司
29	进口二手油轮	进口7000吨化工品运输船	3178	480	日本黑字还流贷款	1996	运输	南洋航运集团股份有限公司
30	进口二手货轮	进口二手货轮	4600	539	日本黑字还流贷款	1995	运输	海南青龙船务实业总公司
31	三亚凤凰机场	跑道340×60m，起降波音737—200型飞机	141700	4000	法国政府贷款	1991	交通运输	海南凤凰机场总公司
32	海口市污水处理工程	日处理污水30万吨	34000	802	德国政府贷款	1995	公共事业	海口市城市建设局
33	海口市米铺水厂二期工程	扩大供水能力16.5万吨	25000	420	德国政府贷款	1995	公共事业	海口市城市建设局
34	面前坡风力发电	16台25千瓦发电机组	7946	758	德国政府贷款	1996	电力	省电力局、海南国信能源公司
35	国信集装箱运输船	8500吨级两艘多用途运输船	41000	4813	德国政府贷款	1997	运输	海南国信能源公司
36	海南南方饲料厂	年产12万吨饲料	6500	231	荷兰政府贷款	1991	生产资料	南方饲料厂
37	海口新埠岛北部岸防护工程	引进荷兰海狸3800型绞吸式泥船一艘	20000	490	荷兰政府贷款	1995	公共事业	海口市新埠岛港口开发建设总公司
38	三亚饲料厂	年产饲料10万吨	5918	240	荷兰政府贷款	1996	生产资料	海南经济技术开发（集团）公司
39	三亚蛋鸡项目	养蛋鸡44万只，产蛋667万公斤	4924	280	荷兰政府贷款	1998	养殖	海南经济技术开发（集团）公司
40	龙湾港疏浚吹填工程	购买两艘挖泥船	18621	1670	荷兰政府贷款	1998	基建	海南龙湾港开发建设有限公司
41	三亚红沙污水处理厂	日处理污水8万吨	19872	383	奥地利政府贷款	1995	公共事业	三亚市城建局
42	果蔬脆片加工	年加工各种果蔬5000吨，产脆片5600吨	3240	258	荷兰政府贷款	1998	食品	海南国信能源公司
43	那大供水工程	日供水10万吨	10260	223	挪威政府贷款	1995	公共事业	儋州市城建局
44	万宁市供水项目	日供水10万吨	9800	440	挪威政府贷款	1997	公共事业	万州市政建设工程公司
45	保亭毛拉洞水电站	装机1万千瓦，年发电量6000万kWh	8600	498	芬兰政府贷款	1997	电力	保亭毛拉洞水电开发有限公司
46	通什淡水净化工程	日供水10万吨	14358	380	比利时政府贷款	1997	公共事业	通什市城建局
47	海南田园热带果蔬深加工	年加工菠萝4万吨，年产500毫升鲜芒果汁720万盒	9000	544	北欧投资银行贷款	1997	食品	海南万邦发展公司
48	六合蔬菜水果加工项目	年加工脱水干鲜果1000吨	4995	281	西班牙政府贷款	1998	食品	海南安信绿康科技有限公司

1991～2005年海南省国外贷款项目

序号	项目名称	建设规模及内容	总投资（万元）	贷款签约额（万美元）	资金来源	建设起止年限	所属行业	项目单位
49	金盘仿花岗岩项目	年产210万平方米瓷砖	12500	850	意大利政府贷款	1995	建材	海口市金盘建筑材料公司
50	海口至儋州光缆设备引进	主干光缆332公里，支线光缆168公里	15500	247	德国政府贷款	1995	通信	海南省邮电局
51	罗牛山生猪屠宰加工生产线	时宰200头生猪，冷库容量1000吨	10600	244	丹麦政府贷款	1995	食品	海口农工贸（罗牛山）股份有限公司
52	三亚凤凰机场	跑道340×60m，起降波音737—200型飞机	141700	671	美国商业贷款	1992	交通运输	海南凤凰机场总公司
53	海宇镀锡薄板厂	年产10万吨镀锡薄板	55286	1500	韩国商业贷款	1996	冶金	海口海宇镀锡薄板厂
54	琼山程控电话工程	引进交换机3560门	7130	559	德国商业贷款	1995	通信	琼山市邮电局
55	海口帘子布厂	7000吨尼龙66帘子布，560吨尼龙66民用丝	73662	4156	意大利商业贷款	1992	纺织	海南金轮实业股份有限公司
56	海口帘子布厂	7000吨尼龙66帘子布，560吨尼龙66民用丝	73662	1000	中行发行债券转贷款	1993	纺织	海南金轮实业股份有限公司
57	海口帘子布厂	7000吨尼龙66帘子布，560吨尼龙66民用丝	73662	1000	香港发债	1992	纺织	海南金轮实业股份有限公司
58	海口三亚环岛光缆通信	主干光缆332公里，支线光缆168公里	15500	313	美国商业贷款	1995	通信	海南省邮电管理局
59	海口、三亚、儋州程控电话	引进JESS2000型程控交换机8.6万门，TS1200路端及配套	39408	1305	美国商业贷款	1995	通信	海南省邮电管理局
60	欣龙无纺水刺生产线	年产3700吨各类无纺布	38600	479	德国商业贷款	1996	纺织	海南欣龙无纺股份有限公司
61	欣龙无纺水刺生产线	年产3700吨各类无纺布	38600	216	法国商业贷款	1996	纺织	海南欣龙无纺股份有限公司
62	寰岛大酒店	建设海南第一家5星级涉外酒店	20000	928	加拿大商业贷款	1993	酒店服务	海南寰岛大酒店有限公司
63	海南赛格国际大厦	建酒店、写字楼	50000	1950	美国商业贷款	1996	酒店服务	海南赛格国际大厦有限公司
64	海星铜鼓岭度假村	度假村开发	10000	650	英国商业贷款	1995	酒店服务	海南海星铜鼓岭度假村有限公司
65	康乐园三期工程	度假村开发	25000	980	美国商业贷款	1993	酒店服务	海南兴隆温泉康乐园有限公司
66	康乐园三期工程	度假村开发	25000	720	美国商业贷款	1998	酒店服务	海南兴隆温泉康乐园有限公司
67	海南PVC石英砂地板胶	年产600万平方米彩色石英砂地板胶	19055	1448	法国商业贷款	1992	建材	海口海通新型建筑材料工业有限公司
68	海南国际大酒店	进口酒店装修设备	2297	350	日本商业贷款	1994	酒店服务	海南侨海实业总公司
69	海南卷烟厂扩建	年产卷烟10万大箱	8715	700	美国商业贷款	1992	烟草	海南卷烟厂
70	海南化纤厂二期	引进超细旦涤纶长丝POL生产线	21185	1950	日本商业贷款	1993	化纤	海南化纤厂
71	海口金盘工业区厂房	引进工业产房主件	6300	624	日本商业贷款	1993	租赁	金盘工业区

1991～2005年四川省国外贷款项目

序号	项目名称	建设规模及内容	总投资（万元）	贷款签约额（万美元）	资金来源	建设起止年限	所属行业	项目单位
1	农村卫生和预防医学	邛崃、中江、盐亭等10个县的农村卫生建设；华西医科大学培训基地建设；眉山、简阳两个县的农村健康保险制度的试点	9036.8	564.8	世界银行贷款	1986～1992	卫生	省卫生厅
2	林业持续发展项目（四川造林）	在成都都江堰营造林0.3万公顷	2511	157.63	世界银行贷款	2003～2008	林业	省林业厅
3	林业发展项目	洪雅、合江、南江、峨眉山市、沙湾区等10个林场的商品林基地建设	15711.2	1786	世界银行贷款	1985～1991	林业	省林业厅
4	泸天化大化肥装置节能改造项目	大化肥装置节能改造项目	66465.92	4154.12	世界银行贷款	1987～1992	工业	泸天化
5	地方大学发展项目	四川师范大学、四川农业大学改扩建、引进教学设备等	6211.2	388.2	世界银行贷款	1986～1991	教育	省教育厅
6	四川公路项目（成渝高速公路）	双向四车道高速公路226公里	250504	7500	世界银行贷款	1990～1995	交通	成渝高速公路公司
7	中学在职教师培训项目	中学在职教师培训	5727.36	357.96	世界银行贷款	1988～1994	教育	省教育厅
8	教材开发项目（含重庆）	教材的综合开发	4777.92	298.62	世界银行贷款	1989～1995	教育	省新闻出版局
9	职业技术教育项目	建设4所职业中学扩大学校规模、改善办学条件	3333.28	208.33	世界银行贷款	1990～1995	教育	省教育厅
10	国家造林项目四川省分项目	在宜宾、泸州、雅安、成都、眉山等6市州的21个县（市、区）营造7万公顷人工林	17900	2022.00	世界银行贷款	1990～1996	林业	省林业厅
11	长江中上游农业（水果）开发项目	宜宾、泸州两市长江沿岸水果种植综合开发	25161.92	1572.62	世界银行贷款	1990～1995	农业	省农业厅
12	四川省内二级干线光缆建设	二级干线光缆3000公里	24000	2001.82	世界银行贷款	1997～1999	通信	四川省邮电管理局
13	传染病、地方病控制（卫五）	21个市（州）疾病预防控制中心、血防所、和结防所对肺结核病、血吸虫病防治的机构建设和人员培训	22688	1418.00	世界银行贷款	1993～2000	卫生	省卫生厅
14	中国农业支持服务（农技部分）	加强农技推广体系建设，开发农业畜牧新技术	10096	631.00	世界银行贷款	1993～2002	农业	省农业厅
15	中国农业支持服务（畜牧部分）	包括二市八县62个乡镇建设畜牧兽医服务中心73个，购置实验室和培训设备，开展应用研究和培训	8064	504.00	世界银行贷款	1993～2000	农业	省畜牧局
16	师范教育发展项目	11所师范学校的建设教育管理信息系统	1566.8	871.32	世界银行贷款	1993～1998	教育	省教育厅
17	四川农业综合开发项目	武都、升钟水库渠系配套工程和29个市县的农业创收、扶贫等	235200	14700.00	世界银行贷款	1993	农业	四川农业引进外资领导小组项目办公室
18	四川天然气开发与节能项目	川东气田开发，川中气田改造，输气管网改造和扩建	408000	25500	世界银行贷款	1994～2002	能源	西南石油公司
19	森林资源发展和保护	营造5.7万公顷多功能防护林（川东）	17044.5	1190.25	世界银行贷款	1995～2000	林业	省林业厅
20	德阳市劳动力市场发展项目	信息系统建设、职业培训	6400	400.00	世界银行贷款	1996～2001	教育	德阳市劳动局

1991～2005年四川省国外贷款项目

序号	项目名称	建设规模及内容	总投资（万元）	贷款签约额（万美元）	资金来源	建设起止年限	所属行业	项目单位
21	成都市住房与社会保障制度改革贷款项目	新建住房105万平方米	128000	8000	世界银行贷款	1995～2002	房地产	成都利用世行住房保障项目办
22	第二贫困及少数民族地区基础教育	在项目县修建中、小学校舍；补充教学仪器设备、图书、课桌椅；培训校长、教师和管理人员；开展九年义务教育改革课题研究	32611.20	1607.60	世界银行贷款	1995～1999	教育	21个县9所中学
23	妇幼卫生发展（卫六）	全省19个市（州）妇幼卫生保健事业	22224	1924.00	世界银行贷款	1995～2000	卫生	省卫生厅
24	二滩水电站送出工程	二滩至自贡、成都、重庆50万伏输变电工程	432000	27000.00	世界银行贷款	1996～2000	能源	省电力公司
25	二滩水电站	水电站，总库容58亿立方米，总装机容量3300MW，多年平均发电量170亿千瓦时	2769519	78148	世界银行贷款	1991～2000	能源	二滩水电开发有限责任公司
26	四川秦巴山区扶贫项目	旺苍、通江、南江、宣汉、渠县、仪陇等12个县农业开发、农村基础设施建设、劳务输出、农村企业与农贸市场等综合扶贫开发7个分项目375个子项目	144000	9000	世界银行贷款	1997～2003	农业	四川省扶贫开发办公室外资项目管理中心
27	贫困四秦巴教育子项目	在项目县修建中、小学校舍；补充教学仪器设备、图书、课桌椅；培训校长、教师和管理人员	11440.00	750.00	世界银行贷款	1997～2002	教育	省教育厅
28	贫困地区林业发展项目	在叙永、平昌、茂县、沐川、马边、北川等11个国定贫困县造林43368公顷	22659	1562.5	世界银行贷款	1999～2005	林业	省林业厅
29	四川安宁河流域农业开发扶贫	覆盖凉山州、攀枝花两市15县261万人口。修建大桥、胜利、晃桥水库及渠系，土地开荒改造，粮食、蔬菜、水果基地；畜牧、农产品、茧丝绸加工	211953.98	12000	世界银行贷款	1998～2005	农业	四川农业引进外资领导小组项目办公室
30	四川城市环保工程项目	成都、乐山、泸州、德阳4个城市给水、排水、垃圾处理、信息系统、文化遗产保护共8个子项目	15700	10200	世界银行贷款	2001～2005	城建	四川省城建环保项目办公室
31	四川龙蟒矿项目	年产10万吨饲料磷酸氢钙	182848	11428.00	世界银行贷款	1996～1999	工业	四川龙蟒钛业有限责任公司
32	疾病预防四川子项目（卫七）	成都市为疾病预防项目中的健康促进子项目实施现场	1840	109.00	世界银行贷款	1996～2004	卫生	省卫生厅
33	四川秦巴卫生项目（卫八）	土建、设备、人员培训、特困医疗救助	8448	805.00	世界银行贷款	1998～2004	卫生	省卫生厅
34	西部（四川）基础教育项目	修建校舍，购置教学仪器设备、图书和课桌椅，培训行政管理人员和校长，购置管理系统设备，培训教师，开展教育改革活动进行“学校发展计划”和“参与式教学”的试点	31340.80	2700.00	世界银行贷款	2003～2008	教育	省教育厅
35	中国贫困农村社区发展项目	由山区农业、农村基础设施、基础教育、基本卫生、社区能力建设、建立和运行项目管理和监测系统6个分项目组成	40000	3500	世界银行贷款	2005～2010	农业	四川省扶贫开发办公室外资项目管理中心
36	渠江水泥厂节能技改	水泥厂节能技改	10400	650.00	亚洲开发银行贷款	1993～1996	工业	渠江水泥厂
37	丝佳丝绸印染	丝绸印染	7920	495.00	亚洲开发银行贷款	1995～1996	工业	丝佳丝绸厂
38	泸县蹋踏米	生产蹋踏米	540.8	33.80	亚洲开发银行贷款	1995～1996	工业	泸县蹋踏米厂

1991～2005年四川省国外贷款项目

序号	项目名称	建设规模及内容	总投资（万元）	贷款签约额（万美元）	资金来源	建设起止年限	所属行业	项目单位
39	成都绿色食品加工	绿色食品加工项目	800	50.00	亚洲开发银行贷款	1995～1996	工业	成都绿色食品加工
40	达州—万县铁路（四川部分）	国家Ⅰ级铁路干线162公里	160000	1155	亚洲开发银行贷款	1997～2001	交通	四川地方铁路局
41	成都—南充高速公路	新建成都至南充高速公路208.61公里，成都连接线6.84公里	634856	25000	亚洲开发银行贷款	1999～2002	交通	四川成南高速公路责任有限公司
42	西昌—攀枝花高速公路	双向四车道高速公路162公里	857832	30000	亚洲开发银行贷款	2002～2006	交通	四川西攀高速公路责任有限公司
43	川东北农业综合开发	南充、万县二市11县，改土养畜、修河、造林、扶贫等内容	13584	1132	国际农发基金贷款	1997～2002	农业	各项目县项目乡镇
44	畜牧发展项目	南部县、阆中市、嘉陵区、仪陇县、荥经县、天全县、芦山县等畜牧发展项目以及广元市蜀门肉类综合加工项目	24000	2000	国际农发基金贷款	1989～2003	农业	各项目县项目乡镇
45	成都市自来水六厂工程	建设日产40万吨自来水厂一座及二条24公里管线	10744	1778	日本政府日元贷款	1987～1992	城建	成都市自来水六厂
46	陶瓷色料熔块生产线	年产熔块4000吨，色料350吨	3439	323.5	日本政府黑字还流贷款	1990～1992	工业	成都新型建筑材料厂
47	改造建设彩色显像管玻壳生产线	年产彩管玻壳315万套，其中18英寸210万套21英寸FS型105万套	28308	3423	日本政府黑字还流贷款	1989～1991	工业	红光电子管厂
48	成都硬质量合金刃具扩建项目	总投资4394万美元，建筑面积为1081万平方米，炭化钨粉与硬质合金刃具生产技术引进	4394	600	日本政府黑字还流贷款	1989～1991	工业	成都量刃具总厂
49	成都市自来水六厂五期工程	建设18公里管线及一座日产40万吨自来水厂	71097	6000	日本政府日元贷款	2001～2007	城建	成都市自来水六厂
50	四川省经济信息系统第三批日元贷款项目	23家单位信息网络系统	7952.00	800.00	日本政府日元贷款	1994～2000	信息	四川省经济信息中心
51	南充绸厂剑杆织机项目	引进剑杆织机项目	2001	269	日本政府黑字还流贷款	1991～1994	工业	南充绸厂
52	建设5万吨离子膜烧碱生产装置项目	建设5万吨离子膜烧碱生产装置项目	10679.76	1026.9	日本政府黑字还流贷款	1995～1998	工业	自贡市鸿鹤化工总厂（自贡市鸿鹤化工股份有限公司）
53	四川人才培养项目	四川农业大学、西南科技大学、西南石油学院、成都理工学院、四川师范大学、四川工业学院、成都中医药大学和成都信息工程学院等8所院校（省教育厅）修建教学科研大楼，增建教学科研设备以及人员培训	6971.60	4905.00	日本政府日元贷款	2002～2007	教育	省教育厅
54	四川长江上游生态环境综合治理项目	嘉陵江、岷江、沱江流域、广元市元坝区、南充市西充县、巴中地区巴中市、达州市通川区、内江市威远县、绵阳市梓潼县、平武县，成都市都江堰市、德阳市什邡市、自贡市大安区、宜宾市长宁县、泸州市江阳区等12市（县）生态建设	62400	6000	日本政府日元贷款	2005～2008	环保	四川省引进外资项目办
55	四川旅行车厂建筑卫生陶瓷色料及熔块生产线	建筑卫生陶瓷色料及熔块生产线	3474	346	日本政府日元贷款	1988～1991	工业	四川旅行车厂

1991～2005年四川省国外贷款项目

序号	项目名称	建设规模及内容	总投资（万元）	贷款签约额（万美元）	资金来源	建设起止年限	所属行业	项目单位
56	成都市公用局城市供水工程项目一、二期	城市供水工程项目一、二期	15490	1873	日本政府日元贷款	1988～1991	城建	成都市公用局
57	绵阳针织厂二期技改工程	二期技改	241	65	日本政府黑字还流贷款	1988～1991	工业	绵阳针织厂
58	筠连县利用日本政府"黑字还流"贷款建设优质茶叶基地项目	购化肥发展茶叶生产	377	43	日本政府黑字还流贷款	1989～1994	农业	筠连县外贸公司
59	绵阳罐头食品厂接焊生产线	引进高频电阻焊接罐生产线	756	91	日本政府黑字还流贷款	1988～1993	工业	绵阳罐头食品厂
60	绵阳针织厂二期技改工程	技改二期	241	65	日本政府黑字还流贷款	1988～1993	工业	绵阳针织厂
61	泸州长江起重机厂引进设备	引进关键设备	5151.224	495.31	日本政府黑字还流贷款	1994～1999	工业	泸州长江机重机厂
62	引进振动式压路机专用设备及关机设备	年产压路机450台销售收入33750万元利税总额2600万元，税后利润1126万元	6526	280	西班牙政府贷款	1997～2000	工业	成都工程机械企业集团
63	长江挖掘机厂等引进关键设备	机械行业技改限下项目3个：长征机床厂、长江挖掘机厂、华西通用	8180	1018	西班牙政府贷款	1991～1993	工业	长征机床厂、长江挖掘机厂、华西通用
64	雅安市第二人民医院（原雨城区人民医院）引进医疗设备项目	购置医疗设备28台（件）	1067.67	122.00	西班牙政府贷款	2003～2005	卫生	雅安市第二人民医院
65	石棉县人民医院引进医疗设备项目	购置医疗设备29台（件）	1196.00	122.00	西班牙政府贷款	2003～2005	卫生	石棉县人民医院
66	利用外资建设3万吨/年甲烷氯化物生产装置项目	建设3万吨/年甲烷氯化物生产装置项目	34989	1700	西班牙政府贷款	2001	工业	自贡市鸿鹤化工总厂（自贡市鸿鹤化工股份有限公司）
67	省妇幼保健院引进医疗设备打捆项目	引进关键医疗设备	2695.5	319.3	西班牙政府贷款	2000～2005	卫生	省妇幼保健院、德阳市第三人民医院、眉山市第二人民医院
68	仪陇县人民医院引进医疗设备项目	引进关键医疗设备	1148	127.23	西班牙政府贷款	2003～2004	卫生	仪陇县人民医院
69	通江县中医医院院引进医疗设备项目	引进关键医疗设备	1060	120	西班牙政府贷款	2004～2005	卫生	通江县中医医院院
70	四川电信局程控交换机项目	购西班牙SESA程控交换机6万门	49120	5110.08	西班牙政府贷款	1990～1991	通信	四川省邮电局
71	四川电信局程控交换机项目	购西班牙SESA程控交换机5万门	39600	4084	西班牙政府贷款	1992～1993	通信	四川省邮电局
72	四川省邮电局A9800无线接入项目	购美国朗讯传输及DDN设备	36800	3899	西班牙政府贷款	1995～1996	通信	四川省邮电局

1991～2005年四川省国外贷款项目

序号	项目名称	建设规模及内容	总投资（万元）	贷款签约额（万美元）	资金来源	建设起止年限	所属行业	项目单位
73	成都工程机械厂引进设备项目	引进全液压振动压路机	8647	257	西班牙政府贷款	1996	工业	成都工程机械厂
74	四川长江挖掘机有限责任公司引进设备项目	引进设备	2324	280	西班牙政府贷款	1992～1995	工业	四川长江挖掘机有限责任公司
75	四川华西通用机器厂引进设备项目	引进关键设备	1345	203	西班牙政府贷款	1993	工业	四川华西通用机器厂
76	通信线路接续用系列热缩制品开发	引进一台ICT3Mev30mA电子加速器和自动化传输线生产通信线路接续用热缩制品	3219	280	法国政府贷款	1995～1996	工业	成都电缆股份有限公司
77	成都市天然气开发利用工程	日供天然气20立方米，内容包括：气田开发、长输管线、市内管网输配、技术开发	28954	1400	法国政府贷款	1992～1993	能源	成都市煤气公司
78	第三水厂一期建设项目	土建及设备购置	16688	431.2	法国政府贷款	1991～1997	城建	绵阳市水务（集团）有限公司
79	南椏河水电一期工程治理电站	装机容量37.2万千瓦	250632.00	3660.00	法国政府贷款	2000～2005	能源	国电公司
80	长城特殊钢股份有限公司直流电弧炉	引进直流电弧炉	8737	1055	法国政府贷款	1995	工业	长城特殊钢股份有限公司
81	南充中心医院引进医疗设备项目	引进关键医疗设备	787	101	法国政府贷款	1988	卫生	南充中心医院
82	四川巴蜀电力开发公司江油电厂扩建	江油电厂三期扩建	311085	19484	法国政府贷款	1987	能源	四川巴蜀电力开发公司
83	攀枝花市中心医院第三期以色列政府贷款项目	医院核磁共振、CT项目建设	1936	229.6	以色列政府贷款	1995～1996	卫生	攀枝花市中心医院
84	泸州市新视广播电视传输公司电视网络建设	引进广播电视信息网络系统	4623	498	以色列政府贷款	2004～2005	信息	泸州市新视广播电视传输公司
85	绵阳中心医院引进设备项目	设备购置	1520	150	以色列政府贷款		卫生	绵阳中心医院
86	绵阳四〇四医院引进设备项目	0.5T磁共振1台、螺旋CT1台	1500	150	以色列政府贷款	1998～1999	卫生	绵阳四〇四医院
87	富顺县医院购置医疗设备项目	引进关键医疗设备	1300	150	以色列政府贷款	2004	卫生	富顺县人民医院
88	达县人民医院购置医疗设备项目	引进关键医疗设备	2243	210	以色列政府贷款	2004～2005	卫生	达县人民医院
89	川北医学院附院引进设备项目	医疗设备	1360	165	以色列政府贷款	1998	卫生	川北医学院附院
90	公安信息系统建设	改建公安通信系统	325.2	47.5	加拿大政府贷款	1990～1993	信息	成都市公安局
91	雅安纸浆造纸厂年产5.5万吨浆板合成品纸项目	年产5.5万吨浆板合成品纸	135680.00	3184.00	加拿大政府贷款	1991～1997	工业	雅安纸浆造纸厂

1991～2005年四川省国外贷款项目

序号	项目名称	建设规模及内容	总投资（万元）	贷款签约额（万美元）	资金来源	建设起止年限	所属行业	项目单位
92	宜宾纸业引进加拿大设备贷款项目（Ⅲ期）	引进设备进行技术改造，形成日产200吨过氧化物机浆生产能力	6469	280	加拿大政府贷款	1992～2001	工业	宜宾纸业
93	四川聚酯股份有限公司聚酯工程项目	聚酯工程项目	106274	3069	加拿大政府贷款	1994～1997	工业	四川聚酯股份有限公司
94	四川聚酯股份有限公司建设聚酯生产线项目	建设聚酯生产线	24648	3068.5	加拿大政府贷款	1991～1994	工业	四川聚酯股份有限公司
95	四川聚酯股份有限公司建设纺织生产线项目	建设纺织生产线	3687	340	意大利政府贷款	1991～1994	工业	四川聚酯股份有限公司
96	四川职业教育项目	省烹饪高专、纺织高专等6所职业教育学校扩建项目	8100	1000	意大利政府贷款	2003～2007	教育	四川省职业教育意大利贷款项目办公室
97	四川邮电局程控交换机项目	购ALCATEL意大利程控交换机	32000	3370.56	意大利政府贷款	1995～1996	通信	四川省邮电局
98	四川天华股份有限公司	合成氨	225875	11231	意大利政府贷款	1993～1998	工业	四川天华股份有限公司
99	泸天化（集团）有限责任公司	合成氨	19887	1261	意大利政府贷款	1990～1993	工业	泸天化（集团）有限公司
100	四川华纺银华有限责任公司引进剑杆织机项目	引进剑杆织机	3505	270	意大利政府贷款	2004～2004	工业	四川华纺银华有限责任公司
101	成都市自来水六厂三期工程	供水能力为20万吨每日以及直径为4160mm管线31km	14756	300	瑞典政府贷款	1995～1997	城建	成都市自来水六厂
102	宜宾纸业股份有限公司	宜宾造纸（Ⅱ期）	1047	200	瑞典政府贷款	1988～1991	工业	宜宾纸业股份有限公司
103	四川众望牛业有限责任公司肉牛产业化项目	肉牛产业化项目	5177	498	瑞典政府贷款	1999	工业	四川众望牛业有限责任公司
104	扩建特种漆包生产线技术改造	年新增特种漆包线1200吨引进3台包漆机	2279.7	225	奥地利政府贷款	1997～1998	工业	成都国光电子管厂
105	成都内燃机总厂铸造分厂技术改造项目	技术改造	2463	286	奥地利政府贷款	1992～1995	工业	成都内燃机总厂
106	成都市第五期引进程控市内电话交换系统	扩建EWSD程控市话3万门	15904	1656.3	奥地利政府贷款	1990～1992	通信	成都市电信局
107	引进特种漆包线生产线技术改造	建成年产2964吨特种漆包线生产线，引进关键生产设备26台及配套的模具、备品、备件	2924	591	奥地利政府贷款	1989～1991	工业	成都国营国光电子管厂
108	攀枝花学院奥地利政府贷款	购置先进教学设备	1141.8	570.9	奥地利政府贷款	2005～2008	教育	攀枝花学院
109	改性沥青项目	内宜路等项目用改性沥青生产	3980	485	奥地利政府贷款	1997～1999	交通	省交通厅
110	四川金润实业有限公司多层共挤流延膜项目	建设年产3200吨共挤流延复合膜，PE保鲜膜，PP薄膜等主要用于食品包装的工厂	6300	280	奥地利政府贷款	2003～2006	工业	四川金润实业有限公司

1991～2005年四川省国外贷款项目

序号	项目名称	建设规模及内容	总投资（万元）	贷款签约额（万美元）	资金来源	建设起止年限	所属行业	项目单位
111	内江市自来水总公司第二水厂建设项目	二水厂建设	18165	430	奥地利政府贷款	1994～1997	城建	内江市自来水总公司
112	马回电力股份公司引进水力发电设备项目	水力发电设备	30069	1639	奥地利政府贷款	1987～1992	能源	马回电力股份公司
113	四川省交通厅改性沥青项目	内自、川陕路使用改性沥青生产	4643.6	255	奥地利政府贷款	1997～2000	交通	省交通厅
114	成都铝箔厂建设项目	扩建和引进设备	19754	4000	科威特政府贷款	1990～1993	工业	成都铝箔厂
115	科威特政府贷款攀枝花机场项目	攀枝花机场建设	49600	3100	科威特政府贷款	2001～2004	交通	攀枝花市民航局
116	宜宾—长宁公路项目	二级公路45.9公里	41400	2731	科威特政府贷款	2003～2005	交通	宜宾市交通投资公司
117	九寨黄龙机场	九寨黄龙机场建设	13012	2045	科威特政府贷款	2001～2003	交通	九寨黄龙机场建设开发有限公司
118	程控交换机93～1001比利时贷款	1.1万门交换机	8800	900	比利时政府贷款	1993～1994	通信	成都市电信局
119	绵阳塔子坝污水处理厂	日处理污水10万吨	16000	480	比利时政府贷款	1999～2002	环保	绵阳市塔子坝污水处理厂
120	成都风雅电缆厂PEX塑铝管复合管建设项目	PEX塑铝管复合管建设项目	3771	415	德国政府贷款	2003～2006	工业	成都风雅电缆制造公司
121	全省19个疾病预防控制中心项目	19个疾控中心医疗检验设备1114台（件）、部分实验室改建	17571.4	2205	德国政府贷款	2004～2007	卫生	省卫生厅
122	成都第二纺织总厂建立纺织绒布生产基地项目	引进40台梭织机及部分配套设备形成年产高档防羽绒布106万米的生产能力	2983	498	瑞士政府贷款	1992	工业	成都市第二纺织总厂
123	成都内燃机总厂铸造分厂技术改造项目	铸造分厂生产能力由1300吨/年增长到25900吨/年，引进与铸造线配套的结构设备	12573	438.2	瑞士政府贷款	1990～1994	工业	成都内燃机总厂
124	凉山州第一人民医院引进医疗设备	引进关键医疗设备	5784	480	丹麦政府贷款	2001～2004	卫生	凉山州第一人民医院
125	成都污水处理厂二期工程	处理污水30万吨	42700	1200	荷兰政府贷款	1996～1999	城建	成都污水处理厂
126	广安广门至前锋一级路建设	一级路35公里	4791	2506	沙特政府贷款	2004～2005	交通	广安市交通局
127	绵阳机场韩国输银EDCF贷款项目	4D级土石方、跑道、后机楼、通讯导航及其他附属工程	89000	1500	韩国政府贷款	1997～2001	交通	绵阳机场（集团）有限公司
128	成都无缝钢管厂	引进钢包精炼装置	3637	374	挪威政府贷款	1990～1993	工业	成都无缝钢管厂
129	自贡市第一人民医院项目引进医疗设备项目	购置关键医疗设备	1597.13	130	北投政府贷款	2004—2005	卫生	自贡市第一人民医院

1991～2005年四川省国外贷款项目

序号	项目名称	建设规模及内容	总投资（万元）	贷款签约额（万美元）	资金来源	建设起止年限	所属行业	项目单位
130	内江循环流化床锅炉示范电站	内江循环流化床锅炉示范电站	30500	3800	芬兰、北投政府贷款	1992～1996	能源	白马电厂
131	龚嘴、铜街子梯级电站自动化	龚嘴、铜街子梯级电站自动化	4351.2	531.4	澳大利亚政府贷款	1995～1997	能源	省电力公司
132	成都玻璃厂扩建500吨浮玻玻璃生产线项目	日融化玻璃500吨年产266.4万重量箱2～19mm厚度优质玻璃	47566	350	商业贷款政府贷款	1995～1997	工业	成都玻璃厂
133	引进法国先进设备改造卷烟纸生产线	年产高档卷烟纸3150吨	13600	300	商业贷款政府贷款	1994～1995	工业	成都市造纸工业公司
134	炼钢配套轧机扩建	年产连铸坯31.5万吨，无缝钢管20万吨	39542.9	8374	商业贷款政府贷款	1990～1992	工业	成都无缝钢管厂
135	5万吨离子膜烧碱生产装置项目	建设5万吨离子膜烧碱生产装置项目	6760.16	845.02	日商贷款政府贷款	1995～1998	工业	自贡市鸿鹤化工总厂（自贡市鸿鹤化工股份有限公司）
136	二滩水电站工程	装机容量6×55万千瓦	2769519	15000.00	国际银团政府贷款	1996～2001	能源	二滩水电开发有限责任公司
137	四川省泸州交通机械厂引进设备项目	引进设备	1262	140	日本/瑞士政府贷款	1992～1995	工业	四川省泸州交通机械厂
138	广汉涤纶厂、华西公司境外发行债券	广汉涤纶厂、华西公司日元债券	25600	3200	日元债券政府贷款		工业	广汉涤纶厂、华西公司
139	宜天化本体法聚氯乙烯工程	宜天化本体法聚氯乙烯工程	10032	1254	法国出口信贷政府贷款	1993～1995	工业	宜天化
140	泸天化引进菜籽油综合利用油脂化工项目	利用菜籽油进行油脂化工综合开发项目	189896	2373.7	买方信贷政府贷款	1991～1993	工业	泸天化（集团）有限公司
141	川航飞机租赁	引进飞机	131927.92	16490.99	融资租赁政府贷款	1998～1999	民航	四川航空公司
142	西航飞机租赁	引进飞机	1070323.6	133790.45	融资租赁政府贷款	1990～2000	民航	西南航空公司（原）
143	长江造纸厂	引进设备	2083.2	260.4	瑞典出口信贷政府贷款	1994～1995	工业	长江造纸厂
144	新都铜线厂、自贡双峰电子等11家公司	委托海南国投在日本发武士债券	15600	1950	日本债券	1996～1997	工业	四川聚酯股份有限公司、新都铜线厂、内江俗华鞋业、自贡双峰电子、绵阳铝厂、四川四达生物工程公司、绵阳内燃机配件厂、广汉纳塞硬质合金、泸州长江机械厂、自贡庆华密封件公司、国营八九三厂、绵阳东绝聚酯薄膜

1991～2005年重庆市国外贷款项目

序号	项目名称	建设规模及内容	总投资（万元）	贷款签约额（万美元）	资金来源	建设起止年限	所属行业	项目单位
1	重庆师范教育发展项目	土建和设备	3262	367	世界银行贷款	1993～1998	教育	重庆市财政局
2	妇幼卫生项目	土建和设备	489	55	世界银行贷款	1995～2000	卫生	重庆市财政局
3	森林资源开发和保护项目	防护林建设	12444	1400	世界银行贷款	1995～2000	农业	重庆市财政局
4	贫困及少数民族基础教育发展	教学设备、人才培训	2924	329	世界银行贷款	1998～2001	教育	重庆市财政局
5	贫困地区卫生项目（卫8）	土建和设备	10311	1160	世界银行贷款	1998～2005	医疗	重庆市财政局
6	重庆城市环境项目	主城排水、污水处理、供水	400000	20000	世界银行贷款	2001～2007	城市基础设施	重庆市财政局
7	中国结核病控制项目	土建和设备	8300	617	世界银行贷款	2002	医疗	重庆市财政局
8	重庆小城镇基础设施改善项目	供水、道路、防洪	320000	18000	世界银行贷款	2005～2010	城市基础设施	重庆市财政局
9	重庆特殊钢集团有限公司	热电站	8000	600	亚洲开发银行贷款	1993	工业	重庆特殊钢集团有限公司
10	四川维尼纶厂设备引进项目	引进FDY卷绕设备	4650	495	亚洲开发银行贷款	1997	工业	四川维尼纶厂
11	渝黔路项目一期	道路建设	355000	15000	亚洲开发银行贷款	1997～2002	交通	重庆市南方高速公路有限公司
12	渝黔路项目二期	道路建设	300000	12000	亚洲开发银行贷款	1992～2005	交通	重庆市南方高速公路有限公司
13	川东北农业开发项目	农业开发	15467	1160	国际农业发展基金会	1997～2002	农业	重庆财政局
14	西南铝加工厂设备租赁项目	设备租赁	20000	2500	日本黑字还流贷款	1991	工业	西南铝加工厂
15	重庆市城市建设局长江二桥项目	主桥和引道	57800	4330	日本政府日元贷款	1991～1996	建筑	重庆市城市建设局
16	重庆江北梁沱水厂新建工程	自来水设备和土建	53000	4000	日本政府日元贷款	1992～1995	城市基础设施	重庆水务集团
17	重庆第三棉纺厂	引进棉纺设备	3111	350	日本黑字还流贷款	1993	工业	重庆第三棉纺厂
18	重庆经济信息系统项目	引进设备	6000	675	日本政府日元贷款	1995～1999	通讯	重庆经济信息中心
19	重庆市电力公司	变电站增容、扩容	168800	12500	日本政府日元贷款	1999～2005	能源	重庆电力公司
20	万县至梁平高速公路	67公里高速公路	285000	16064	日本政府日元贷款	1999～2005	交通	重庆高速公路建设有限公司
21	重庆城市环境示范项目	天然气系统改建、电厂脱硫、重点污染源监测	111900	6370	日本政府日元贷款	2001～2006	环保	重庆市财政局
22	轻轨二号线	车辆、信号、设备等	320000	24157	日本政府日元贷款	2001～2007	城市基础设施	重庆市轨道交通总公司

1991～2005年重庆市国外贷款项目

序号	项目名称	建设规模及内容	总投资（万元）	贷款签约额（万美元）	资金来源	建设起止年限	所属行业	项目单位
23	重庆梁平—长寿高速公路	修建高速公路114公里	320000	19277	日本政府日元贷款	2001～2006	交通	重庆高速公路建设有限公司
24	丰收坝水厂	土建和设备	120000	5000	日本政府日元贷款	2001～2005	城市基础设施	重庆市自来水公司
25	重庆主城排水二期工程	唐家沱、鸡冠石二级污水处理厂	90000	7500	日本政府日元贷款	2002～2006	城市基础设施	重庆市排水公司
26	重庆高等教育人才培养项目	土建、设备、培训	48000	3750	日本政府日元贷款	2002～2007	教育	重庆市教委
27	重庆雷崇公路项目	新建高速公路	300000	12000	日本政府日元贷款	2002～2007	交通	重庆高速公路建设有限公司
28	中国石化四川维尼纶厂川东氯碱工程	引进氯碱装置	9600	1080	日本黑字还流贷款	2003	工业	中国石化四川维尼纶厂
29	重庆工业日本政府“黑字还流”贷款项目	引进纱厂设备	9822	1105	日本黑字还流贷款	1993～2002	工业	重庆市财政局
30	重庆市第四人民医院医疗设备购置项目	购医疗设备	5333	480	法国政府贷款	2002	医疗	重庆市第四人民医院
31	重庆汽车制造厂设备引进项目	引进关键设备及检测仪器	4196	472	德国政府贷款	1991～1992	工业	重庆汽车制造厂
32	重庆大江车辆总厂设备引进项目	引进设备	4000	450	西班牙政府贷款	1992	工业	重庆大江车辆总厂
33	国营重庆铸钢厂设备引进项目	铸造生产线	1858	209	西班牙政府贷款	1993	工业	国营重庆铸钢厂
34	重庆长安汽车有限责任公司技改项目	发动机缸体制造设备等	13956	1570	西班牙政府贷款	1994	工业	重庆长安汽车有限责任公司
35	重庆医科大学附属儿童医院设备引进项目	引进医疗设备	2667	300	西班牙政府贷款	1999	医疗	重庆医科大学附属儿童医院
36	中国电信集团重庆公司二期数网项目	一点多站电话通讯系统	26600	1181	西班牙政府贷款	2000～2002	通信	中国电信集团重庆公司
37	铁山坪、华山隧道机电工程	机电工程	10000	697	西班牙政府贷款	2003～2005	交通	重庆高速公路建设有限公司
38	重庆三铃机械厂	引进膜片弹簧，热处理生产线	1831	206	意大利政府贷款	1992	工业	重庆三铃机械厂
39	冠生园食品工业公司引进设备项目	食品生产设备	1298	146	意大利政府贷款	1993	食品	冠生园食品工业公司
40	重庆医科大学附属口腔医院	医疗设备	1778	200	意大利政府贷款	2002	医疗	重庆医科大学
41	涪陵中心医院设备引进项目	医疗设备	1778	200	意大利政府贷款	2003	医疗	涪陵中心医院
42	铜梁县中医院引进医疗设备项目	医疗设备	4000	500	奥地利政府贷款	2005	医疗	铜梁县中医院

1991～2005年重庆市国外贷款项目

序号	项目名称	建设规模及内容	总投资（万元）	贷款签约额（万美元）	资金来源	建设起止年限	所属行业	项目单位
43	重庆市乳品公司设备引进项目	引进酸奶生产线	1778	200	芬兰政府贷款	1993	食品	重庆市乳品公司
44	唐家桥污水处理肠	污水处理设备	5067	570	丹麦政府贷款	1993	基础设施	重庆市政养护管理处
45	重庆市电信局设备引进项目	引进3.4万门程控电话交换机	4444	500	瑞典政府贷款	1993	通信	重庆市电信局
46	重庆市电信局设备引进项目	引进瑞典20万门程控交换机设备	23111	2600	瑞典政府贷款	1994	通信	重庆市电信局
47	重庆市电信局设备引进项目	引进瑞典程控交换机	9938	1118	瑞典政府贷款	1995～1996	通信	重庆市电信局
48	重庆市电信局设备引进项目	引进6万门程控电话交换机	7111	800	比利时政府贷款	1993	通信	重庆市电信局
49	重庆市电信局设备引进项目	引进10万门程控交换机	13333	1500	比利时政府贷款	1994	通信	重庆市电信局
50	重庆市电信局设备引进项目	引进加拿大北方电讯程控交换机	9627	1083	加拿大政府贷款	1995～1996	通信	重庆市电信局
51	重庆市电信局设备引进项目	引进加拿大数字微波	8596	967	加拿大政府贷款	1995～1996	通信	重庆市电信局
52	重庆市电信局设备引进项目	引进程控交换机	8889	1000	加拿大政府贷款	1997	通信	重庆市电信局
53	重庆外科医院设备购置项目	医疗设备	2880	324	以色列政府贷款	1998	医疗	重庆外科医院
54	重庆医科大学第一附属医院设备引进项目	医疗设备	2844	320	以色列政府贷款	2000	医疗	重庆医科大学第一附属医院
55	重庆医科大学附属第二医院设备引进项目	医疗设备	4400	495	以色列政府贷款	2003	医疗	重庆医科大学附属第二医院
56	铜梁县中医院引进医疗设备项目	医疗设备	2311	260	奥地利政府贷款	2005	医疗	铜梁县中医院
57	工程机械设备购买项目	国道319线彭黔公路项目购工程机械设备	4000	450	韩国政府贷款	2004	城市基础设施	彭水交通开发总公司
58	重庆东风化工厂	红矾钠项目	8471	953	美国进出口银行	1994	工业	重庆东风化工厂
59	重庆长新化工有限公司	万吨苯胺技改工程	2142	241	意大利出口信贷	1992	工业	重庆长新化工有限公司
60	重庆冷冻机厂设备引进项目	引进镗铣加工中心	7813	879	意大利出口信贷	1992	工业	重庆冷冻机厂
61	四川维尼纶厂设备引进项目	涤纶整经牵伸上浆设备	2222	250	意大利出口信贷	1992	工业	四川维尼纶厂
62	重庆电线总厂	生产设备	3120	351	意大利出口信贷	1992～1994	工业	重庆电线总厂
63	重庆精美卫生洁具五金件有限公司设备引进项目	引进卫生洁具五金件	6391	719	意大利出口信贷	1993	工业	重庆精美卫生洁具五金件有限公司

1991～2005年重庆市国外贷款项目

序号	项目名称	建设规模及内容	总投资（万元）	贷款签约额（万美元）	资金来源	建设起止年限	所属行业	项目单位
64	四川陶瓷厂	釉面砖生产线	5129	577	境外银行贷款	1993	工业	四川陶瓷厂
65	重庆精萃装饰材料有限公司设备引进项目	抛光砖生产线	4942	556	境外银行贷款	1993	工业	重庆精萃装饰材料有限公司
66	重庆庆兰塑料制品有限公司引进生产线项目	引进生产线	2773	312	境外银行贷款	1993	工业	重庆庆兰塑料制品有限公司
67	重庆手动葫芦厂设备引进项目	引进高速度链条生产线	2000	225	境外银行贷款	1993	工业	重庆手动葫芦厂
68	重庆市邮电管理局设备引进项目	引进电报交换机	1093	123	境外银行贷款	1993	通信	重庆市邮电管理局
69	重庆金联陶瓷有限公司	引进意大利墙地砖生产线	5280	594	境外银行贷款	1994	工业	重庆金联陶瓷有限公司
70	渝兴进出口公司	引进生产线	3556	400	境外银行贷款	1996	工业	
71	重庆松山化工厂	年产2040吨塑料制品生产线	836	94	国际商业贷款	1992	工业	重庆松山化工厂
72	重庆塑料六厂	汽车塑台板总成及配件	400	45	国际商业贷款	1992	工业	重庆塑料六厂
73	长寿化工总厂化肥项目	6万吨/年合成氨，11万吨/年尿素	12889	1450	国际商业贷款	1991～1993	化工	长寿化工总厂
74	重庆兆瓷有限公司设备引进项目	年产600件高档日用瓷生产线	2622	295	国际商业贷款	1993	工业	重庆兆瓷有限公司
75	四川维尼纶厂	涤纶整经牵伸上浆设备	10222	1150	国际商业贷款	1993	工业	四川维尼纶厂
76	重庆特殊钢进出口公司	45Nm3/h制氢空分装置	3387	381	国际商业贷款	1993	工业	重庆特殊钢进出口公司
77	重庆制皂总厂设备引进项目	引进油脂水解工程	2773	312	国际商业贷款	1993	工业	重庆制皂总厂
78	重庆轴承工业公司设备引进项目	引进意大利设备	1182	133	国际商业贷款	1993	工业	重庆轴承工业公司
79	重庆啤酒股份有限公司设备引进项目	引进啤酒罐装线	3867	435	国际商业贷款	1994	工业	重庆啤酒股份有限公司
80	重庆通信实业发展有限公司设备引进项目	800MHZ集群通信设备	684	77	国际商业贷款	1994	通信	重庆通信实业发展有限公司
81	重庆渝港钛白粉股份有限公司设备引进项目	15000吨/年钛白粉工程	1644	185	国际商业贷款	1994	工业	重庆渝港钛白粉股份有限公司
82	重庆干电池总厂	LR6碱锰电池生产技术及设备	1831	206	国际商业贷款	1994	工业	重庆干电池总厂
83	重庆国际信托投资公司	引进设备	8818	992	国际商业贷款	1994	工业	重庆国际信托投资公司
84	华能重庆珞璜发电有限责任公司	珞璜电厂	12889	1450	国际商业贷款	1995～1999	能源	华能重庆珞璜发电有限责任公司
85	四川维尼纶厂设备引进项目	引入设备生产线	498	56	国际商业贷款	1995	工业	四川维尼纶厂
86	重庆川仪股份有限公司	调节阀技改	1511	170	国际商业贷款	1995	工业	重庆川仪股份有限公司

1991～2005年重庆市国外贷款项目

序号	项目名称	建设规模及内容	总投资（万元）	贷款签约额（万美元）	资金来源	建设起止年限	所属行业	项目单位
87	重庆大足宾馆设备引进项目	引进宾馆设备	89	10	国际商业贷款	1995	商业	重庆大足宾馆
88	重庆皇田实业发展有限公司设备引进项目	花卉生产	978	110	国际商业贷款	1995	农业	重庆皇田实业发展有限公司
89	重庆机械设备进出口公司设备引进项目	引进设备生产线	480	54	国际商业贷款	1995	工业	重庆机械设备进出口公司
90	重庆仪表厂设备引进项目	减震器	1511	170	国际商业贷款	1995	工业	重庆仪表厂
91	重庆卷烟厂设备引进项目	高速卷接机	2667	300	国际商业贷款	1996	工业	重庆卷烟厂
92	重庆四联技术进出口公司设备引进项目	引进设备生产线	444	50	国际商业贷款	1996	工业	重庆四联技术进出口公司
93	重庆一坪高级润滑油公司设备引进项目	引进设备生产线	1778	200	国际商业贷款	1996	工业	重庆一坪高级润滑油公司
94	重庆印制第十二厂设备引进项目	三色平张凹印机生产线	1840	207	国际商业贷款	1996	工业	重庆印制第十二厂
95	重庆市电信局设备引进项目	引进程控交换机	8889	1000	国际商业贷款	1997	通信	重庆市电信局
96	重庆对外贸易进出口公司设备引进项目	引进设备生产线	450	50	国际商业贷款	1997	工业	重庆对外贸易进出口公司
97	重庆电力公司设备引进项目	购买发电厂脱硫装置	4500	500	国际商业贷款	1998	工业	重庆电力公司

1991～2005年贵州省国外贷款项目

序号	项目名称	建设规模及内容	总投资（万元）	贷款签约额（万美元）	资金来源	建设起止年限	所属行业	项目单位
1	农村卫生人力开发项目	7个市、州、地，65个县进行农村卫生人力规划、培训、管理与使用	25268	1824	世界银行贷款	1991～1995	医疗卫生	省卫生厅
2	贫困省教育发展项目	20个贫困县、3所高校基础设施建设、仪器设备采购和人员培训	38300	2219	世界银行贷款	1992～1996	教育	教育厅
3	国家造林项目	黎平、锦屏、榕江、从江、天柱、三穗、黄平、三都、赤水、习水、册亨等11个县天然林保护	19211.45	650	世界银行贷款	1994～1996	林业	省林业厅
4	宏福公司190万吨/年磷精矿项目	开采原矿250万吨/年，配套建设250万吨/年生产能力的选矿厂。生产190万吨/年磷精矿	140000	5717	世界银行贷款	1993～1996	化工	贵州宏福有限责任公司
5	疾病预防项目免疫子项目	在全省9个市、州、地和870个县进行计划免疫针对的传染病预防	9387	696	世界银行贷款	1994～1997	医疗卫生	省卫生厅
6	森林资源发展和保护项目	黎平、锦屏、榕江、从江、天柱、黄平、台江、凯里、凤冈、绥阳	7815	460	世界银行贷款	1994～1998	林业	省林业厅
7	西南扶贫项目	13个国家级贫困县基础设施建设、仪器设备采购和人员培训	107880	6200	世界银行贷款	1996～2000	扶贫开发	省扶贫办
8	贵州省种子公司	种子商业化项目	7930.7	418.2	世界银行贷款	1996～1999	农业	贵州省种子公司
9	第四个贫困省基础教育发展项目	20个贫困县、10所中等师范学校基础设施建设、仪器设备采购和人员培训	25000	1700	世界银行贷款	1997～2002	教育	教育厅
10	农村贫困地区基本卫生服务项目	在全省五个市、十个县	13200	1001	世界银行贷款	1998～2007	医疗卫生	省卫生厅
11	世行贷款卫生九项目妇幼卫生子项目	全省9个市州地、22个县开展妇幼卫生保健	9308	724	世界银行贷款	1998～2003	医疗卫生	省卫生厅
12	贫困地区林业发展项目	黎平县、丹寨县、榕江县、锦屏县、从江县、平塘县、荔波县、瓮安县、沿河县、德江县、印江县、思南县、水城县、正安县、威宁县、赫章县、龙里县、绥阳县、黔西县、赤水市共57534.94公顷	20982.05	1200	世界银行贷款	1998～2004	林业	省林业厅
13	世行贷款改4项目	贵阳市、毕节地区、遵义市等14个县农村改水供水项目	15000	900	世界银行贷款	1999～2001	医疗卫生	省卫生厅
14	世行贷款四期	农村供水与环境卫生项目	20010	1200	世界银行贷款	2000～2002	环保、公共设施	贵州省环保局
15	贵州赤天化工业节能项目	改造合成氨和扩建尿素装置，吨氨能耗降到33.5GJ，增产合成氨6.6万吨和尿素11万吨	20159	2169	亚洲开发银行贷款	1993～1996	化工	贵州赤天化有限公司
16	贵州化肥厂扩建项目	年增产8万吨合成氨，13万吨尿素	58481.3	2610	亚洲开发银行贷款	1996～1999	化工	贵州化肥厂
17	贵州水柏铁路项目	建设水城至柏果铁路	285000	10000	亚洲开发银行贷款	1997～2000	交通	贵州水柏铁路有限公司
18	贵钢工业节能项目二期	贵阳市特殊钢有限公司炼钢改造项目	62870	4000	亚洲开发银行贷款	1998～1999	钢铁	贵阳市特殊钢有限公司
19	遵崇公路	GZ50国道主干线贵州境北段，全长117.9公里，北起贵州与重庆交界的崇溪河，南止于遵义南的红花岗区	676100	20000	亚洲开发银行贷款	2001～2006	交通	贵州省交通厅
20	遵义凤冈县食用油项目	建设50T/D食用色拉油生产线	3457.16	280	丹麦政府贷款	2002～2003	食品	凤冈县油脂厂
21	卫生急救项目	省、地、县16个项目单位临床急救	1600	204.57	丹麦政府贷款	1991～1995	医疗卫生	省卫生厅

1991～2005年贵州省国外贷款项目

序号	项目名称	建设规模及内容	总投资（万元）	贷款签约额（万美元）	资金来源	建设起止年限	所属行业	项目单位
22	贵州省轮胎厂工程轮胎项目	年产16/70-24-10pr至29.5-25-22pr工程轮胎2.56万套	2584.9	495	德国政府贷款	1991～1993	轮胎制造	贵州省轮胎有限公司
23	遵义市自来水工程	新增日供水能力5万吨	3263.7	364	德国政府贷款	1992～1994	城市供水	遵义市自来水公司
24	安顺市自来水供水工程	扩建新增日供水5万吨，4级提升，dg800输水管20公里，dg700-500配水管7公里，水头10万吨	5524	499.2	德国政府贷款	1993～1996	城市供水	安顺市自来水公司
25	织金县毫微矿厂项目	建设重晶石处理生产线	1677	140	德国政府贷款	1998～2000	矿产	织金县毫微矿厂
26	贵州汉方实业公司	建设注射器生产线一条	2883.9	235	德国政府贷款	1999～2000	医疗卫生	贵州汉方实业股份公司
27	凯里市污水处理	黔东南州凯里市8万吨污水处理	16820	490	德国政府贷款	2004～2006	城市污水处理	凯里市污水处理公司
28	贵州申一橡胶厂橡胶设备项目	橡胶缠绕生产线设备进口	2694.4	296.6	西班牙政府贷款	1992～1995	轮胎制造	贵州申一橡胶厂
29	矿山机械厂压路机项目	引进135-77和185-77全液压震动压路机，形成年产200台能力.引进全套技术资料	3540	280	西班牙政府贷款	1995～1997	机械制造	贵州矿山机械厂
30	贵阳纺纱厂剑杆织机项目	引进西班牙剑杆织机60台，和配套相应的辅助设备，年产重磅牛仔布537万米	4532	345	西班牙政府贷款	1996～1997	纺织	贵阳纺纱厂
31	贵航集团三〇三医院	引进医疗设备项目	1250	198	西班牙政府贷款	2005～2007	医疗卫生	贵航集团三〇三医院
32	遵义市垃圾无害化工程	建设垃圾处理设施	14132.2	495	西班牙政府贷款	2001～2003	公共卫生	遵义市环保局
33	贵州汽车城蔬菜项目	贵州汽车城有限责任公司无土大棚栽培蔬菜、花卉65000平方米	2816	260	西班牙政府贷款	2002～2005	农业	贵州汽车城有限责任公司
34	乳腺癌防治，牙科综合防治项目	4个市、州医院	180	24	芬兰政府贷款	1993～1996	医疗卫生	省卫生厅
35	贵阳市市属六所医院大型医疗设备采购项目	贵阳市肺科医院、第一人民医院、第三人民医院、第五人民医院、妇幼保健院、口腔医院采购医疗设备	5649.68	655.1	芬兰政府贷款	2005～2006	医疗卫生	贵阳市卫生局
36	贵阳市信息中心地理信息系统工程项目	建设贵阳市地理信息系统	4090	275	芬兰政府贷款	2005～2007	信息化建设	贵阳市信息中心
37	奥地利政府优惠贷款医学影像与临床检验项目	引进日本岛津1000毫安X光机等医疗设备	2600	265.15	奥地利政府贷款	1995～1997	医疗卫生	省卫生厅
38	贵州润丰公司奥地利贷款项目	建设流延膜生产线	4896	280	奥地利政府贷款	1997～1998	农业	润丰集团实业有限公司
39	医疗影像与检验项目二期	市地县17个项目单位	4000	462.45	奥地利政府贷款	1997～1999	医疗卫生	省卫生厅
40	贵阳市北郊水厂项目	贵阳市北郊水厂10万吨/日供水能力	31996.21	517	奥地利政府贷款	2002～2005	城市供水	贵阳市自来水公司
41	毕节供水项目	新增供水能力8万吨	8647.4	358.6	比利时政府贷款	1998～2000	城市供水	毕节市城市公用事业公司
42	铜仁市供水项目	铜仁市自来水厂扩建工程	11800	480	挪威政府贷款	1998～2000	城市供水	铜仁市供水总公司
43	铜仁地区污水处理	铜仁市锦江5万吨/日污水处理	10395	495	挪威政府贷款	2002～2004	污水处理	铜仁市环保局
44	贵阳市第二人民医院项目	引进直线加速器等设备	1748	160	瑞典政府贷款	1999～2000	医疗卫生	贵阳市第二人民医院

1991～2005年贵州省国外贷款项目

序号	项目名称	建设规模及内容	总投资（万元）	贷款签约额（万美元）	资金来源	建设起止年限	所属行业	项目单位
45	黔西南州中医院引进医疗设备项目	黔西南州中医院引进彩色B超、多功能数字化X线系统等	855.1	99	意大利政府贷款	2001～2002	医疗卫生	黔西南州中医院
46	贵阳白云区污水处理项目	采用SBR工艺日处理污水10万吨。	14620	480	瑞士政府贷款	2005～2007	城市污水处理	贵阳市白云区自来水公司
47	天生桥电站项目	天生桥一级电站建设	510000	1695	日本政府日元贷款	1992～1996	电力	贵州省电力公司
48	宏福公司重过磷酸钙项目	80万吨/年重过磷酸钙项目	446127.5	13000	日本政府日元贷款	1993～1997	化工	贵州宏福有限责任公司
49	贵新高等级公路项目	贵阳至都匀一级公路143公里，都匀至新寨二级公路115公里	310000	15000	日本政府日元贷款	1996～2002	交通	贵州省交通厅
50	贵阳市西郊水厂项目	新增贵阳市西郊水厂供排水能力	110142	5000	日本政府日元贷款	1998～2001	城市供水	贵阳市供水总公司
51	贵州省信息中心项目	建设贵州经济信息系统	1311	100	日本政府日元贷款	1998～1999	信息产业	贵州省信息中心
52	贵阳市煤气输配扩建工程	新增供气量15万立方/日、达到30万立方/日的输配能力	12800	771	日本政府日元贷款	1999～2001	公共设施	贵阳市煤气公司
53	贵阳环境示范城市	贵阳空气质量与污染源在线监测、贵州水泥厂粉尘综合治理项目、贵阳林东洁净煤工程、贵钢大气污染治理工程项目等	95000	13000	日本政府日元贷款	2000～2002	环保	贵阳市环保局
54	日元贷款贵州省高等学校人才培养项目	8所项目高校基础设施建设、仪器设备采购和人员培训	46000	3800	日本政府日元贷款	2003～2006	教育	教育厅
55	贵阳水环境治理工程项目	贵阳两河水环境治理工程	75000	11000	日本政府日元贷款	2005～2008	城市污水处理	贵阳市环保局
56	贵州省环境与社会发展项目	铜仁地区及黔东南自治州12个项目县，200个乡镇、3399个行政村社会发展项目	91966	8500	日本政府日元贷款	2005～2008	扶贫开发	贵州省扶贫办
57	危重领域急救项目	省、地、州7个项目单位	615	58.76	以色列政府贷款	1992～1995	医疗卫生	省卫生厅
58	贵阳市脑科医院大型医疗设备项目	建立一所脑科医院，引进核磁共振、CT机	2135	248	以色列政府贷款	1996～1996	医疗卫生	贵阳市第二人民医院
59	遵义市污水处理项目	新增污水处理能力5万吨	12832	480	澳大利亚政府贷款	1997～1998	城市污水处理	遵义市自来水公司
60	白云区自来水公司供水项目	日供水10万吨项目	13362	490	加拿大政府贷款	2000～2001	城市供水	贵阳市白云区自来水公司
61	加拿大政府贷款清镇东郊水厂	日供水10万吨	10670	418.6	加拿大政府贷款	2005～2007	城镇供水	清镇市东郊水厂
62	贵阳市妇幼保健院	美国贴息贷款引进高速螺旋CT	3965	443	美国政府贴息	2000～2001	医疗卫生	贵阳市妇幼保健院
63	铜仁武陵山心血管医院利用美国贴息贷款引进医疗设备	引进GE公司螺旋CT和800MA数字X光机各一台	628.43	61	美国政府贷款	2C01～2002	医疗卫生	铜仁地区武陵山心血管医院
64	安顺市人民医院大型医疗设备项目	引进美国GE-OEC9800系统SUPERC臂系统X光机	190.9	23	美国政府贷款	2002～2004	医疗卫生	安顺市人民医院
65	农发基金农业发展项目	粮油生产开发2万公顷、经济作物1万公顷、畜牧水产开发、农副产品加工设施43处以及农田基础设施建设等	42500	2500	国际农业发展基金	1997～2001	农业	贵州省农业厅

1991～2005年贵州省国外贷款项目

序号	项目名称	建设规模及内容	总投资（万元）	贷款签约额（万美元）	资金来源	建设起止年限	所属行业	项目单位
66	贵州都匀刨花板项目	年产18000立方米木质刨花板，贴面（双面）8800立方米	7995.9	480	北欧投资银行贷款	1996～1998	木材加工	贵州都匀林业发展有限公司
67	省木业总公司项目	宏森木业刨花板生产线	8981.3	539	北欧投资银行贷款	1997～1998	林业	省林业厅
68	肿瘤防治项目	遵义医学院附属医院引进直线加速器项目	650	120	北欧投资银行贷款	1998～2000	医疗卫生	省卫生厅
69	贵阳市八所医院项目	引进大型医疗设备项目	4370	495	北欧投资银行贷款	2000～2001	医疗卫生	贵阳市第一人民医院等八所医院
70	毕节地区肉联厂速冻生产线项目	年生产加工系列产品5000吨，其中熟肉2500吨，速冻食品2500吨	3635.61	280	北欧投资银行贷款	2002～2004	食品	毕节地区肉联厂
71	安顺市人民医院大型医疗设备项目	引进1.5T高场超导磁共振等大型医疗设备	1432.1	150	北欧投资银行贷款	2005～2005	医疗卫生	安顺市人民医院

1991～2005年云南省国外贷款项目

序号	项目名称	建设规模及内容	总投资（万元）	贷款签约额（万美元）	资金来源	建设起止年限	所属行业	项目单位
1	世行贷款第二期农村供水与环境卫生项目	在项目地区进行供水设施建设、环境设施建设、开展健康教育活动，向128万农村人口提供安全卫生水，有效控制受益区与水有关的疾病发病率	18720	1762.34	世界银行贷款	1992～1997	卫生	曲靖、楚雄、保山、巧家、弥勒、巍山、云县，共7个州（市）7个项目县
2	世行贷款传染病与地方病控制项目	采用化疗方式降低项目地区人群血吸虫感染率，降低黄牛、水牛血吸虫感染率，通过药物灭螺加上有限的环境改造，控制血吸虫病以及在某些地区阻断其传播的目标	5655.19	491	世界银行贷款	1992～1998	卫生	大理、洱源、巍山、鹤庆、南涧、弥渡、剑川、宾川、祥云、永胜、丽江、楚雄，共3个州（市）12个项目县
3	世行贷款综合妇幼保健项目	改善项目地区妇幼卫生服务条件，降低孕产妇和婴幼儿死亡率和疾病发生率，增进妇女健康，C55使贫困人群能公平地享受妇幼卫生服务	16228.84	1163	世界银行贷款	1994～1999	卫生	14个州（市）40个项目县
4	中国西南扶贫项目	10个项目县扶贫	10788	6200	世界银行贷款	1995～2002	扶贫	省扶贫办
5	丽江地震恢复重建项目	震后恢复重建	52560	4200	世界银行贷款	1996～1999	其它	省建设厅
6	森林资源和发展保护项目（林二）	营造速生丰产林3.96万公顷	14552.78	1003	世界银行贷款	1996～2006	林业	马关、文山、新平、元江等10个县林业局
7	贫教一期项目	贫困教育发展	29920	2292	世界银行贷款	1997～2002	教育	省教育厅
8	世行贷款疾病预防控制项目（计划免疫卫七）	建立符合云南省实际的有效的计免经常性费用筹资与冷链设备更新补充机制，提高计免专业人员业务素质与组织管理水平，全面促进计免工作的巩固、扩大发展	14000	816	世界银行贷款	ˊ997～2003	卫生	全省各级卫生行政部门、疾病控制机构
9	世行贷款第三期农村供水与环境卫生项目	进行供水设施建设、环境设施建设、开展健康教育活动，向63万农村人口提供安全卫生水，有效控制受益区与水有关的疾病发病率	18260	1100	世界银行贷款	1997～2003	卫生	个旧、元阳、石屏、会泽、陆良、元江、姚安、鲁甸，共5个州（市）8个项目县
10	云南环境项目	由21个子项目打捆构成，覆盖昆明滇池流域、红河州、曲靖市，类别包括城市供水、城市污水收集管网及处理、城市生活垃圾收集清运及处置、工业控制、环境管理能力建设、流域农村卫生控制面等内容	229800	15000	世界银行贷款	1997～2004	城建环保	云南省环境项目管理办公室（上有省项目领导小组，下在州/市一级项目管理办公室，组织协调单位）具体有昆明市排水公司等15个业主单位
11	贫困地区林业发展项目（林三）	营造速生丰产林、经济林25632万公顷	18000	1300	世界银行贷款	1999～2019	林业	广南、丘北、屏边、元阳等15个县林业局
12	贫教四项目	县乡级义务教育	301909	1800	世界银行贷款	2002～2014	扶贫	
13	世界银行贷款/英国政府赠款结核病控制项目（卫十）	在全省发现和治愈结核病人，控制传染源，降低患病率，提高人民的整体健康水平	11783.4	624	世界银行贷款	2002～2008	卫生	全省各级卫生行政部门、疾病控制机构

1991～2005年云南省国外贷款项目

序号	项目名称	建设规模及内容	总投资（万元）	贷款签约额（万美元）	资金来源	建设起止年限	所属行业	项目单位
14	云南省九大高原湖泊水质监测管理系统能力建设项目	昆明（滇池/阳宗海）、玉溪（抚仙湖/星云湖/杞麓湖）、红河（异龙海）、大理（洱海）、丽江（程海/泸沽湖）湖泊水质监测设备采购	2894.6	258	世界银行贷款	2002～	环保	省环保局及九湖所在地/市环保局
15	西部地区教育项目		33410	2700	世界银行贷款	2004～	教育	省教育厅
16	中国贫困农村社区发展项目（贫四）	保山、临沧、思茅6个县扶贫	41350	3500	世界银行贷款	2005～2010	扶贫	省扶贫办
17	云南思茅森林开发及木材永续利用项目	森林开发及林纸一体化	114275	7700	亚洲开发银行贷款	1995～1999	工业	云南云景林纸股份有限公司
18	楚雄—大理公路	178公里高速公路	398000	15000	亚洲开发银行贷款	1996～1999	交通	楚大高速公路公司
19	沾益化肥厂	增产合成氟8万吨，尿素13万吨改扩建工程	43102	2350	亚洲开发银行贷款	1998～1995	工业	云南云维集团公司
20	大朝山电站输变电工程		309800	10000	亚洲开发银行贷款	1999～2004	能源	云南电力集团
21	元江—磨黑公路	147公里高速公路	660000	25000	亚洲开发银行贷款	2000～2003	交通	云南元磨高速公路公司
22	保山—龙陵公路	76公里高速公路	557000	29200	亚洲开发银行/法国开发署贷款	2004～2007	交通	保龙高速公路公司
23	大丽铁路项目	大理—丽江高等级公路	451000	22020	亚洲开发银行/法国开发署贷款	2005～2009	交通	云南滇西铁路公司
24	思茅农发项目	少数民族农业发展	22260	2579	国际农发基金会贷款	1993～1999	农业	农业厅
1	昆明煤气工程	煤气配套完善工程	5612.00	499	加拿大政府贷款	1991～1994	城建环保	昆明煤气公司
2	西班牙混合贷款项目（三地市程控）	引进西班牙（SeSA）公司程控电话；其中：市内电话96340（门）、长途中继720（线）、传输光缆23公里	15050.00	2288.9	西班牙政府贷款	1991～1995	电信	云南省电信有限公司
3	32位微机	引进电子设备	3000	250	意大利政府贷款	1992～1999	工业	南天电子信息公司
4	法国口岸微波贷款项目	引进法国SAT公司数字微波系统及光缆系统设备；其中：传输光缆475（公里）、数字微波388（公里）	4100.00	577.11	法国政府贷款	1993～1995	电信	云南省电信有限公司
5	加拿大六地市程控电话扩容贷款项目	引进加拿大北方电讯公司生产的DMS型程控电话交换设备；其中：市内电话110400（门）、长途中继26040（线）	20433.12	1500	加拿大政府贷款	1993～1994	电信	云南省电信有限公司
6	加拿大数字微波贷款项目（四地市光纤）	引进加拿大哈里斯（法里浓）数字微波系统；其中：传输光缆42公里、数字微波1065公里	6100.00	499.9	加拿大政府贷款	1993～1995	电信	云南省电信有限公司
7	第二污水处理厂	污水处理	9969.59	300	瑞典政府贷款	1993～1995	城建环保	昆明市市政公用局
8	西班牙程控电话贴息贷款项目（六地市程控）	引进西班牙（SeSA）公司程控电话；其中：市内电话132800（门）、长途中继39000（线）	34153.00	2300	西班牙政府贷款	1994～1995	电信	云南省电信有限公司
9	加拿大程控电话贴息贷款项目（七地州程控）	引进加拿大EDC公司程控电话；其中市内电话190800（门）、长途中继28920（线）	40302.00	2800	加拿大政府贷款	1994	电信	云南省电信有限公司
10	法国光缆贷款项目（八地州光纤）	引进法国SAT公司光纤通信设备；其中：传输光缆3003（公里）	22073.00	1580	法国政府贷款	1995～1997	电信	云南省电信有限公司

1991～2005年云南省国外贷款项目

序号	项目名称	建设规模及内容	总投资（万元）	贷款签约额（万美元）	资金来源	建设起止年限	所属行业	项目单位
11	第三污水处理厂	昆明市政公用局第三污水处理厂项目	12426	499	澳大利亚政府贷款	1996～1997	城建环保	昆明市市政公用局
12	施普瑞	引进螺旋藻提取液项目及其精华、防护膏项目		210	北欧投资银行贷款	1996	工业	云南施普端有限责任公司
13	昆明市威远街变电站	增容技改		285.55	澳大利亚政府贷款	1997	能源	云南电网公司
14	昆明南过境高架桥	高速公路6.2公里	58900	490	韩国政府贷款		交通	云南省交通厅
15	加拿大五期EDC贷款项目	引进加拿大EDC公司程控电话交换设备；其中：市内电话481723（门）、长途中继113200（线）、7#信令设备350（套）、光端口331394（个）	87000	3626.33	加拿大政府贷款	1997～1999	电信	云南省电信有限公司
16	柳坝变电站增容技改	增容技改	7000	280	奥地利政府贷款	1999	能源	云南电网公司
17	大理污水处理厂	污水处理	13000	496.88	意大利政府贷款	1999	城建环保	大理市供排水有限责任公司
18	云南省州市中心血站建设项目	建立健全云南省采供血网络，防止经血液途径传播疾病，确保医疗临床用血安全	3158	260	瑞士政府贷款	1999～2001	卫生	全省16个州市中心血站
19	大理医院利用西班牙政府贷款购置医疗设备	利用国外政府贷款购置医疗设备131台（套）	4643	388	西班牙政府贷款	2000～2002	卫生	大理市第一人民医院
20	开远市人民医院利用国外政府贷款购置医疗设备项目	利用国外政府贷款购置医疗设备20台（套）	2375	250	北欧投资银行贷款	2001～2003	卫生	开远市人民医院
21	嵩明县医院项目	购置医疗设备	1831.38	255	德国政府贷款	2004～2007	卫生	嵩明县医院
22	石屏县医院项目	购置医疗设备	2021.44	158	德国政府贷款	2002～2007	卫生	石屏县医院
23	蒙自县医院项目	购置医疗设备	2348.4	214	德国政府贷款	2004～2007	卫生	蒙自县医院
24	德宏州医疗集团项目	购置医疗设备9种18台（套）	2175.49	250	以色列政府贷款	20003～2005	卫生	德宏州
25	水稻机械化示范项目	购置先进的农业技术及机械	9960	600	韩国政府贷款	2003～2005	农业	农业厅
26	云南润凯实业有限公司	引进国外主体生产设备达到年加工6万吨马铃薯变性淀粉加工能力	9736.35	495	北欧投资银行贷款	2003～2007	工业	云南润凯实业有限公司
27	黄磷工业基地	磷肥工业公司工业基地一期工程	64247.00	11989	日本政府日元贷款	1991～1995	工业	云南磷肥工业公司
28	昆明第六水厂	昆明自来水公司第六自来水厂项目	12400.00	2088.11	日本政府日元贷款	1992～1996	城建环保	昆明第六水厂建设指挥部
29	云南经济信息系统网络	经济信息系统网络建设	1280	100	日本政府日元贷款	1998	其他	省信息中心
30	昆明掌鸠河引水供水	饮水供水配套工程	354000	18206.51	日本政府日元贷款	1999～2007	城建	昆明市自来水公司
31	云南高等教育项目	11所高校土建、设备、人员培训项目	55984	4130	日本政府日元贷款	2001～2007	教育	11所高校（云南大学、昆明理工大学、云南师范大学、云南农业大学、昆明医学院、云南财经大学、西南林学院、云南民族大学、云南艺术学院、云南中医学院、大理医学院
32	云南广电项目	广播电视基础设施改造项目	24900	2619.97	日本政府日元货款	2004～2008	科教文卫	省广电局

1991～2005年云南省国外贷款项目

序号	项目名称	建设规模及内容	总投资（万元）	贷款签约额（万美元）	资金来源	建设起止年限	所属行业	项目单位
1	保山复合板厂	年产50万平方米三层复合模地板条	7000	300	国外银行贷款	1994～1997	工业	保山复合板厂
2	文山复烤厂	设备引进		330	国外银行贷款	1995～1997	工业	文山复烤厂
3	楚雄卷烟厂	设备引进		310	国外银行贷款	1996～1998	工业	楚雄卷烟厂
4	红河卷烟厂	设备引进		434	国外银行贷款	1997～1999	工业	红河卷烟厂
5	重点医院设备引进项目	购置医疗设备9套	6190.373	567	美国贴息贷款	1998～1999	卫生	附一院、肿瘤医院、红会医院、曲靖市一院等医院
6	昆明空气质量检测系统	引进监测系统及相关仪器、人员培训	769	70	美国贴息贷款	1999～2005	科教文卫	昆明市环境监测中心
7	昆明市利用美国政府贷款提高医院医疗技术装备水平项目	购置医疗设备6台（套）	414	48	美国贴息贷款	1999～2000	卫生	昆明市第一人民医院、第三人民医院、儿童医院
8	悦容酒店	酒店基础及配套设施		200	国外银行贷款	2001～2003	其他	中甸县
9	中甸碧塔海酒店	酒店基础及配套设施		150	国外银行贷款	2002～2004	其他	中甸县

1991～2005年陕西省国外贷款项目

序号	项目名称	建设规模及内容	总投资（万元）	贷款签约额（万美元）	资金来源	建设起止年限	所属行业	项目单位
1	陕西农村信贷		4200	497	世界银行贷款	1991～	农业	陕西省农业银行
2	贫困省教育发展项目	土建工程、设备采购	23552	2472	世界银行贷款	1992～1998	教育	8个地（市）20个县，以及三所高校
3	陕西农业支持服务		7504	671	世界银行贷款	1993～1999	农业	陕西省农发办
4	陕西省黄土高原水土保持世行贷款一期项目	完成水土保持治理面积1427.6平方公里	535000	3700	世界银行贷款	1994～2002	生态环境	陕西省黄土高原水土保持世行贷款项目办公室
5	综合性妇幼卫生保健	基本卫生服务提供，设备与土建	15400	1135	世界银行贷款	1996～2001	卫生	陕西省卫生厅
6	疾病预防项目计划免疫	冷链设备、人员培训、计划免疫管理与监测、信息传播和社会劳动	10567	795	世界银行贷款	1996～2001	卫生	陕西省卫生厅
7	陕西公路项目II	高速公路和农村道路的新建和改建	462000	21000	世界银行贷款	1997～2001	交通	陕西省交通厅世界银行贷款项目执行办公室
8	第四个基础教育项目	土建、教育仪器采购等	9200	600	世界银行贷款	1997～2002	教育	陕南的10个贫困县
9	秦巴山区扶贫项目	扶贫	119500	7200	世界银行贷款	1997～2004	扶贫	陕西省扶贫办外资项目管理中心
10	陕西省黄土高原水土保持世行贷款二期项目	治理水土流失面积1215.51平方公里	56700	4100	世界银行贷款	1999～2005	生态环境	陕西省黄土高原水土保持世行贷款项目办公室
11	基本卫生服务项目秦巴卫生子项目／秦巴卫生支持性项目	医疗卫生设施建设	7258	533	世界银行贷款	1999～2007	卫生	陕西省卫生厅
12	陕西省关中灌区改造工程	维修和改造大坝及干渠系统	166000	10000	世界银行贷款	2000～2006	水利	陕西省关中灌区改造工程世行贷款项目办公室
13	陕西结核病控制	结核病控制	14326	757	世界银行贷款	2002～2008	卫生	陕西省卫生厅
14	陕西农业科技推广	农业科技推广和服务体系建设	66400	4000	世界银行贷款	2005～2009	扶贫	陕西省扶贫办
15	陕西化肥项目	尿素生产	28000	3300	亚洲开发银贷款行	1994～1997	工业	陕西省石化厅
16	亚行贷款神延铁路	神木到延安北铁路382.4公里	647000	20000	亚洲开发银行贷款	1998～2001	交通邮电业	陕西省外贷办
17	亚行贷款陕西环境保护项目	6个子项目：西安西郊热电厂、咸阳城市天然气工程、陕西秦岭水泥（集团）股份有限公司	256000	15600	亚洲开发银行贷款	1998～2002	环保	陕西省外贷办
18	陕西公路发展项目	阎良－禹门口高速公路，农村道路改善	592000	25000	亚洲开发银行贷款	2001～2005	交通	陕西西禹高速公路公司
19	西安城市交通项目	改善城市交通及环境的捆绑项目	712555	27000	亚洲开发银行贷款	2004～2008	市政工程	西安市三环路建设发展有限公司
20	秦岭山区农业综合开发	农业综合开发	15000	1800	国际农发基金贷款	2001～2004	农业	陕西省农发办
21	陕西金融改革		6500	750	国际农发基金贷款	2005～2007	工业	
22	西安依莱新食品包装有限公司	食品包装	2075	250	国际商业贷款	1994	扶贫	高新开发区
23	西安渭河精密工具公司	设备引进	2141	258	国际商业贷款	1995	工业	高新开发区

1991～2005年陕西省国外贷款项目

序号	项目名称	建设规模及内容	总投资（万元）	贷款签约额（万美元）	资金来源	建设起止年限	所属行业	项目单位
24	西安电线电缆总厂	辐照交联特种电线电缆关键设备	619	163	国际融资租赁贷款	1987～	通信	市机电化工国有资产管理公司
25	西安飞机工业公司	引进美国仍皮拉伸自动钻铆机	7766	936	日本黑字还流贷款	1997～1999	工业	西安飞机工业公司
26	陕西省宏观经济信息中心	建设宏观经济信息系统	747	90	日本黑字还流贷款	1998～2000	交通邮电业	陕西省电信公司
27	西安三菱电机开关公司	引进开关	1200	145	日本黑字还流贷款	1999～2000	机电	西安三菱电力公司
28	黄河中下游陕西植树造林项目	造林10万公顷	45152	3888	日本政府日元贷款	2001～2006	林业	陕西省林业厅
29	西安城市环境综合治理一期工程	建设第三污水处理厂、第四污水处理厂和城市排水管网改造一期工程共三个子项目	129273	8500	日本政府日元贷款	2002～2007	市政工程	西安市基础设施建设投资总公司
30	陕西省城镇供水项目	新增供水能力62.5万m^3/d	797389	7000	日本政府日元贷款	2005～2007	供水	陕西省城镇供水利用日本政府贷款项目领导小组办公室
31	西安城市环境综合治理二期工程	城市排水管网改造工程	325883	18500	日本政府日元贷款	2005～2011	市政工程	西安市基础设施建设投资总公司
32	西安市市话网改扩建工程1	引进11.8万门程控交换机及配套设备	11487	3023	日本政府日元贷款	1991～	电力及基础设施服务业	西安市电信分公司公司
33	西北国棉三厂建设高档宽幅织物生产线	引进2.8米宽幅喷气织机60台	2365	280	日本黑字还流贷款	1992～1993	工业	西北国棉三厂
34	陕西渭河化肥厂	尿素生产线改扩建工程	350000	19100	日本政府日元贷款	1992～1996	工业	陕西渭河化肥厂
35	西北国棉二厂引进喷气织机及配套设备	引进国际先进的日本津田驹宽幅喷气织机64台及相关配套设备	815	300	日本黑字还流贷款	1993～1994	工业	西北国棉二厂
36	西安黑河引水二期工程	建设黑河金盆水利枢纽，库容2亿立方米	166000	6154	日本政府日元贷款	1995～2001	电力及基础设施服务业	西安市水利局
37	陕西省靖西天然气输气管道工程	建设天然气输送管道482.35公里，关井426毫米	88684	5000	日本政府不附带条件贷款	1995～1996	电力及基础设施服务业	陕西投资集团公司
38	陕西灞桥热电厂改扩建工程	建设2×100MW双轴发电机组	140828	7000	日本政府不附带条件贷款	1999～2003	电力及基础设施服务业	西安灞桥热电有限责任公司
39	渭河化肥厂	年产30万吨合成铵，52万吨尿素	350000	19100	日本政府日元贷款	1991～1999	工业	渭河化肥厂
40	西安—安康铁路	西安—安康铁路正线全长267.8公里	950000	14400	日本政府日元贷款	1996～2001	交通邮电业	中国铁路工程发包公司
41	陕西韩城第二发电厂	装机容量240万千瓦	520000	55000	日本政府日元贷款	1998～2005	电力及基础设施服务业	陕西韩城第二发电有限责任公司
42	陕西高等学校人才培养项目	扩建、改建、土建工程，人才培养	70831	653	日本政府日元贷款	2002～2003	教育	陕西省教育厅

1991～2005年陕西省国外贷款项目

序号	项目名称	建设规模及内容	总投资（万元）	贷款签约额（万美元）	资金来源	建设起止年限	所属行业	项目单位
43	西安咸阳国际机场航站区扩建项目	5.7万平方米的航站楼及配套的供电、供水、供气制冷及道路绿化等工程	134200	3000	日本政府“特别日元贷款”	2001～	交通邮电业	西安咸阳国际机场，主管部门为陕西省机场管理集团公司
44	延安番茄浆、杏原浆加工厂	浓缩生产线一条	3486	280	奥地利政府贷款	1996～1998	农业	延安市外贸局
45	省17家医院	购买医疗设备	1064	128	奥地利政府贷款	1998～2010	卫生	陕西省卫生厅
46	临潼城区供水	建设临潼城区供水设施	8300	280	奥地利政府贷款	1999～2008	城市供水	西安市临潼区第二自来水厂
47	富平县城供水	购置供水设备	2800	330	奥地利政府贷款	2001～2005	城建	富平县城建局
48	延安市购置消防装备	购置设备	498	60	奥地利政府贷款	2002～2006	部队	延安市消防支队
49	泾阳县医院	引进医疗设备20台件	2000	241	奥地利政府贷款	2002～2008	卫生	咸阳市泾阳县医院
50	陕西省医药妇幼项目	购置医疗设备	1900	207	奥地利政府贷款	2003～2005	卫生	陕西省卫生厅
51	西安市第二医院	购置医疗设备	3743	451	奥地利政府贷款	2004～2006	医疗卫生	西安市第二医院
52	铜川市公安消防支队	购置消防设备	1494	180	奥地利政府贷款	正在和转贷银行签协议	公用	铜川市公安消防支队
53	电网改造项目	引进设备	9119	1099	澳大利亚政府贷款	1995～	电力及基础设施服务业	陕西省电力公司
54	宝鸡—汉中110千伏输变电工程	引进设备	4464	538	澳大利亚政府贷款	1998～	电力及基础设施服务业	陕西省电力公司
55	西安市北石桥污水净化中心	日处理污水15万立方米	23000	545	北欧投资银行贷款	1994～1998	环保	西安市北石污水处理厂筹建处
56	渭南市引进广播电视设备项目	广播电视设备	4300	498	北欧投资银行贷款	1998～2004	广电	渭南市广播电视中心
57	省医院等四家医院	购买医疗设备	4200	481	北欧投资银行贷款	2002～2006	卫生	陕西省卫生厅
58	陕西省肿瘤医院	购置医疗设备	3000	350	北欧投资银行贷款	2003～2005	卫生	陕西省卫生厅
59	延安市人民医院	购置医疗设备23个，品种45台件	4147	490	北欧投资银行贷款	2004～2005	卫生	延安市人民医院
60	西安黑河引水一期工程			363	北欧投资银行贷款			
61	西安市电信局	扩建电话网	3040	800	比利时优惠贷款	1992～	通信	西安市电信局
62	西安市市话网改扩建工程2	引进贝尔电话公司5.5万门程控交换机	7453	898	比利时政府贷款	1994～	电力及基础设施服务业	西安市电信分公司公司
63	冯家山引水工程	城市供水建设规模为8万立方米/日	30000	385	比利时政府贷款	1997～2000	水利	宝鸡市城建局
64	西安市解放路、和平路集中供热工程	4台40T/H，1台65T/H燃煤热水锅炉，外网管线16公里	21713	419	丹麦政府贷款	1996～2003	城市供热	西安市热力公司
65	西安市污水处理厂改扩建工程	引进污水处理技术和设备	10900	345	丹麦政府贷款	1997～2001	电力及基础设施服务业	西安市污水处理厂

1991～2005年陕西省国外贷款项目

序号	项目名称	建设规模及内容	总投资（万元）	贷款签约额（万美元）	资金来源	建设起止年限	所属行业	项目单位
66	渭南市污水处理工程	日处理污水10万吨及设备	15000	513	丹麦政府贷款	1998～2004	城建	渭南市排水有限公司
67	西安解和集中供热项目	引进设备，建设5台高温热水锅炉	14681	419	丹麦政府贷款	1999～2002	电力及基础设施服务业	西安市公用事业局
68	汉中市城市污水处理	日处理污水10万吨	21455	400	丹麦政府贷款	2000～2004	环境保护	汉中市城市污水处理厂
69	西安市邓家村污水处理	购置污水处理设备	3300	387	丹麦政府贷款	2003～2005	城建	西安市城建局
70	镇巴县人民医院	引进医疗设备	1942	232	德国政府贷款	2001～2006	卫生	汉中市镇巴县人民医院
71	汉中市人民医院	购置基础医疗设备	2490	300	德国政府贷款	2001～2006	医疗卫生	陕西省汉中市人民医院
72	勉县人民医院	引进医疗设备	1000	121	德国政府贷款	2001～2006	卫生	汉中市勉县医院
73	铜川市人民医院	引进医疗设备	4482	540	德国政府贷款	项目正在进行招标采购	卫生	铜川市人民医院
74	陕西复肥厂	废渣磷石膏药综合利用	4100	495	德国政府贷款		工业	渭南发改委
75	中德财政合作医疗卫生二期项目	9个地市16县医疗卫生改善	7120	515	德国政府混合贷款		卫生	陕西省卫生厅
76	五县市程控电话扩容	五县市引进德国西门子程控交换机55618线	4614	556	德国政府混合贷款	1995～	交通邮电业	陕西省电信公司
77	西安黑河引水一期工程	建设86公里输水渠道	131000	400	法国政府贷款	1989～1996	电力及基础设施服务业	西安市水利局
78	西安市城市天然气气化一期工程	年供气3.67亿立方米	85905	2412	法国政府贷款	1995～2001	市政公用事业	西安市天然气总公司
79	西安秦川机械厂2	引进奥拓轿车生产线	12500	1497	法国政府贷款	2000～2002	工业	西安秦川机械厂
80	西安市第四医院	购置医疗设备	4158	479	法国政府贷款	2003～2006	医疗卫生	西安市第四医院
81	陕西新黄工机械有限公司	引进液压挖掘机生产线	1743	210	法国政府混合贷款	1996～1998	工业	陕西新黄工机械有限责任公司
82	陕西新黄工机械有限公司	推土机生产线改扩建	2322	280	法国政府混合贷款	1997～1999	工业	陕西新黄工机械有限责任公司
83	西安奶业科学研究所	购置多层无塑料包装膜设备	2075	250	芬兰政府贷款	1994～1996	食品加工	西安奶业科学研究所
84	省级两家医院	提高医院乳腺防治装备水平	95	12	芬兰政府贷款	1994～2005	卫生	陕西省卫生厅
85	延川县城镇及永坪集中供热	购置供暖设备	10234	480	芬兰政府贷款	1998～2006	工业	延川县城供暖有限责任公司
86	洛川县供销社果品气调库	4000吨气调库及选果生产线一条	3586	245	芬兰政府贷款	2002～2006	农业	延安市洛川县供销联社
87	咸阳市西区集中供热工程	西区集中供热工程建设	5600	436	芬兰政府贷款	2004～2006	市政公用事业	咸阳市西区集中供热有限公司
88	扶风县果品气调库	果品气调库5952平方米	3187	260	芬兰政府贷款	2005～2006	食品	宝鸡市扶风县供销社
89	十省市农业综合开发项目陕西子项目	建设中低产田综合示范基地	1660	200	韩国政府贷款	1998～	农业及其相关产业	咸阳市秦都区农业机械开发总公司

1991～2005年陕西省国外贷款项目

序号	项目名称	建设规模及内容	总投资（万元）	贷款签约额（万美元）	资金来源	建设起止年限	所属行业	项目单位
90	咸阳市秦都农机开发	购置设备	1300	153	韩国政府贷款	2003～2005	农业	咸阳秦都
91	咸阳富安果汁有限公司浓缩胡萝卜汁生产线	年产浓缩胡萝卜汁10000吨	3532	354	荷兰贷款	2005～2006	工业	咸阳富安果汁有限公司
92	省电网微波通信工程	引进设备，建设37个微波站工程	1896	499	加拿大政府混合贷款	1991～	电力及基础设施服务业	陕西省电力公司
93	西北电网总调度自动化控制项目	引进CAE公司电网自动控制系统	4228	509	加拿大政府混合贷款	1993～	电力及基础设施服务业	陕西省电力公司
94	七地县程控电话扩容	引进加拿大9.4万门程控交换机设备对程控电话进行扩容	9545	1150	加拿大政府混合贷款	1993～	交通邮电业	陕西省电信公司
95	九地市程控电话扩容	引进北方电讯公司程控交换机	30710	3700	加拿大政府混合贷款	1994～	交通邮电业	陕西省电信公司
96	省电网微波通讯工程3	引进通讯设备	2164	261	加拿大政府混合贷款	1995～2001	电力及基础设施服务业	陕西省电力公司
97	省电网微波通讯工程2	引进设备、建设22个微波站	2204	266	加拿大政府混合贷款	1995～2001	电力及基础设施服务业	陕西省电力公司
98	西安市市话网改扩建工程3	引进北方电讯公司14.4万门程控交换机	18293	1470	加拿大政府贴息贷款香港贴息贷款	1994～	电力及基础设施服务业	西安市电信分公司公司
99	西安市电信局	引进5万门程控电话	24900	3000	加拿大政府贷款	1994～	通讯	市电信局
100	渭南市十一县区程控电话扩容	电话扩容8.8万门	11000	1127	加拿大政府贷款		电力通讯	渭南发改委
101	蒲城电厂	购置微波设备	4200	495	加拿大政府贷款	2003～2005	电力	陕西省供电局
102	西安—宝鸡高速公路	高速公路145公里	109716	4000	科威特政府贷款	1992～1995	交通	陕西省高速公路建设集团公司
103	榆林—靖边高速公路	高速公路116公里	176000	3500	科威特政府贷款	1999～2003	交通	陕西省公路局榆林市交通局
104	省级一家医院	提高医院医疗装备水平	178	21	美国政府贷款	1995～2005	卫生	陕西省卫生厅
105	榆林地区中医院	引进医疗设备	515	62	美国政府贷款	2000～2001	医疗卫生	榆林中医院
106	西安市结核病医院等四家医院	购置医疗设备	701	84	美国贴息贷款	1998～2007	医疗卫生	市二院、市结核、市中医、市八院
107	西安市中心医院、西安儿童医院、高陵县医院	购置医疗设备	250	30	美国贴息贷款	2002～2004	医疗卫生	西安市儿童医院
108	西安市印染厂2	引进印染设备	430	53	瑞士政府贷款	1994～1996	工业	西安市印染厂
109	陕西专用面粉厂	引进专用面粉生产线	3090	372	瑞士政府贷款	1995～2000	工业	陕西专用面粉厂
110	西安华山机械厂	引进塑料制管技术及设备	2905	350	瑞典政府贷款	1996～	工业	西安华山机械厂
111	中瑞合作智力残疾与康复合作项目	智力残疾预防与康复	307	21	瑞典政府贷款	1996～1998	社会公益	安康市汉阴县残联
112	古城墙（朝阳门）输变电工程	引进设备	611	74	瑞士政府贷款	1996～2001	电力及基础设施服务业	陕西省电力公司

1991～2005年陕西省国外贷款项目

序号	项目名称	建设规模及内容	总投资（万元）	贷款签约额（万美元）	资金来源	建设起止年限	所属行业	项目单位
113	西安红旗机械厂	改造剑杆织机生产线项目	2141	258	瑞士政府贷款	1997～	工业	西安红旗机械厂
114	蒲城电厂	购置SF6高压断路器	950	109	瑞士政府贷款	2003～2005	电力	陕西省供电局
115	蒲城电厂送出工程1	引进330千伏SF6高压断路器	416	109	瑞士政府混合贷款	1992～	电力及基础设施服务业	陕西省电力公司
116	西安市第一医院和勉县医院	引进显微外科医疗器械	33	4	瑞士政府混合贷款	1994～2005	卫生	陕西省卫生厅
117	咸阳、铜川变电站改造和蒲城电厂建设	引进设备	2858	344	瑞士政府混合贷款	1995～	电力及基础设施服务业	陕西省电力公司
118	蒲城电厂送出工程2	引进18台SF6高压开关	2268	273	瑞士政府混合贷款	1995～	电力及基础设施服务业	陕西省电力公司
119	宝鸡汉中一点多址通讯工程	引进通讯设备	1660	200	西班牙政府贷款	2000～2001	电力及基础设施服务业	陕西省电力公司
120	西安秦川机械厂	购置冲压设备建设轿车冲压生产线	15836	1908	西班牙政府贷款	2000～2001	工业	西安秦川机械厂
121	延安市广播电视中心	购置演播设备	4133	498	西班牙政府贷款	2000～2001	社会事业及其他	延安市广电局
122	杨凌示范区医院进口医疗设备项目	进口医疗设备	3267	345	西班牙政府贷款	2002～2002	医疗	杨凌示范区医院
123	西安市城市天然气气化二期工程	年供气4.12亿立方米	87150	4039	西班牙政府贷款	2002～2008	市政公用事业	西安市天然气总公司
124	陕西电梯公司开关柜门板生产线项目	生产线引进设备	2300	280	西班牙政府贷款		工业	渭南发改委
125	汉江工具厂	引进制造技术和设备	950	223	西班牙政府混合贷款	1992～1993	切削刀具	汉中市汉江工具厂
126	西安印染厂	扩建宽福涤、棉布染色、印花生产线	1615	425	西班牙政府混合贷款	1992～	轻工	碑林区
127	宝鸡氮肥厂	新建13万吨尿素生产线工程	1084	285	西班牙政府混合贷款	1992～1994	工业	宝鸡氮肥厂
128	宝鸡、咸阳长途电话工程	引进S1240长途程控交换机5000路端	2240	294	西班牙政府混合贷款	1995～	交通邮电业	陕西省电信公司
129	西安市印染厂1	引进印染设备	4100	415	西班牙政府混合贷款	1995年建成	工业	西安市印染厂
130	西安红旗机械厂	航空零部件生产线技术改造及引进设备	2324	280	西班牙政府混合贷款	1996～	工业	西安红旗机械厂
131	陕西新黄工机械有限公司	推土机生产线技术改造	2322	280	西班牙政府混合贷款	1996～1998	工业	陕西新黄工机械有限责任公司
132	陕西新黄工机械有限公司	引进液压生产技术及设备	2322	280	西班牙政府混合贷款	1997～1999	工业	陕西新黄工机械有限责任公司
133	陕西省人民医院等10家医院	医院危重病症监测救护设备	770	93	以色列政府贷款	1995～2005	卫生	陕西省卫生厅
134	咸阳市第二人民医院	引进医疗设备	935	103	以色列政府贷款	1999～2000	医疗卫生	咸阳市第二人民医院

1991～2005年陕西省国外贷款项目

序号	项目名称	建设规模及内容	总投资（万元）	贷款签约额（万美元）	资金来源	建设起止年限	所属行业	项目单位
135	安康市中心医院	购置医疗设备	2507	302	以色列政府贷款	2003～2005	卫生	安康市中心医院
136	宝鸡市城市天然气工程	储配站球罐、调压器、流量计、加臭设备等	4133	498	意大利政府贷款	1997～2005	城建	宝鸡市城建局
137	陕西省历史博物馆	唐墓壁画保护	4000	480	意大利政府贷款	2001～2005	文物	陕西省文物局
138	西安市红十字会医院	购置医疗设备	1250	150	意大利政府贷款	2001～2005	卫生	陕西省卫生厅
139	陕西职业培训项目	职业培训	16485	1286	意大利政府贷款	2003～	教育	陕西省商务厅
140	西北国棉二厂引进意大利剑杆织机及配套设备	引进施密特剑杆织机48台	2777	284	意大利政府贴息贷款	1995～1996	工业	西北国棉二厂
141	西北国棉六厂引进自动络筒机	引进意大利自动络筒机10台	2414	208	意大利政府贴息贷款	1996～	工业	西北国棉六厂

1991～2005年甘肃省国外贷款项目

序号	项目名称	建设规模及内容	总投资（万元）	贷款签约额（万美元）	资金来源	建设起止年限	所属行业	项目单位
1	甘肃农村供水与环境卫生项目	全省17个项目县的供水工程、环境卫生改善及农民健康教育等	15590	1854	世界银行贷款	1992～1997	卫生	甘肃省农村卫生改水项目领导小组
2	传染病与地方病控制项目	开展结核病防治工作，建立健全省、地、县三级专职预防机构	2785	273	世界银行贷款	1992～2000	卫生	甘肃省卫生厅
3	京—呼—银—兰干线光缆工程	建设干线光缆200公里	5241	135	世界银行贷款	1994～1995	邮电通信	甘肃省邮电管理局
4	黄土高原治理（马莲河）一期项目	开展水土保持治理，涉及庆阳6个县的51个乡镇，受益人口50.8万人	46000	4000	世界银行贷款	1994～2001	水利	马莲河流域水土保持治理世行贷款办公室
5	综合性妇幼卫生保健项目（卫六）	完善妇幼卫生三级网建设	13448	862	世界银行贷款	1995～2000	卫生	甘肃省卫生厅
6	甘肃农垦种子商业化项目	改造种子田780公顷，并引进3条种子加工生产线和种子检验仪器	4550	324	世界银行贷款	1996～1999	农业	甘肃省农垦总公司
7	第三个贫困地区基础教育项目	项目覆盖全省10个市、州的23个国家贫困县，普及初等义务教育	34000	1817	世界银行贷款	1996～2000	教育	甘肃省教育厅
8	甘肃省卫生计划免疫项目（卫七）	使全省636万人接受免疫服务	7931	592	世界银行贷款	1996～2001	卫生	甘肃省卫生厅
9	世行贷款疏勒河农业综合开发项目	水利灌溉、移民安置，综合利用水、土、光、热资源，开发和改善农业生产条件	253155	15000	世界银行贷款	1996～2007	农业	疏勒河农业综合开发管理局
10	甘肃高等级公路项目	建设国道312线兰州过境段柳沟河－忠和高速公路34公里，徐家磨－界牌村二级公路64公里	210000	10000	世界银行贷款	1998～2002	交通	甘肃省交通厅
11	世行贷款农村基本卫生服务项目	项目覆盖10个县，建设乡镇卫生院，合作医疗及特困人口救助	12848	1014	世界银行贷款	1998～2005	卫生	甘肃省卫生厅
12	世行贷款黄土高原水土保持甘肃项目	新增水土流失治理面积1322平方公里	62250	4500	世界银行贷款	2000～2004	水利	甘肃省水利厅水保局
13	甘肃扶贫开发项目（含新增部分）	项目区为19个国家扶贫县，通过项目实施，稳定解决项目区贫困人口的温饱问题	142300	8478	世界银行贷款	2000～2005	农业	甘肃省扶贫办
14	世行贷款职业培训和劳动力市场建设项目	劳动力市场网络建设	700	93	世界银行贷款	2002～2003	教育	甘肃省劳动厅
15	甘肃省农村供水与环境卫生项目（三期）	为5个县农户提供安全饮用水以及环境卫生设施的建设	7248	434	世界银行贷款	2002～2004	水利	甘肃省水利厅改水办
16	甘肃省林业持续发展项目	营造人工林3143公顷	3021	182	世界银行贷款	2002～2004	林业	甘肃省林业厅
17	甘肃省结核病控制项目	建立健全结核病防治服务网络体系，控制结核病传染源，降低疫情发生的可能性	8046	702	世界银行贷款	2002～2005	卫生	甘肃省卫生厅
18	铁路贷款第八期（国铁一期）项目	宝兰复线电气化及通信、信号、电气化设备		14767	世界银行贷款	2003～2004	铁路	兰州铁路局

1991～2005年甘肃省国外贷款项目

序号	项目名称	建设规模及内容	总投资（万元）	贷款签约额（万美元）	资金来源	建设起止年限	所属行业	项目单位
19	西部地区基础教育发展项目	项目涉及17个县60个乡中小学危房改造等建设内容	12380	1000	世界银行贷款	2003～2007	教育	甘肃省教育厅
20	甘肃省畜牧综合发展项目	优质细毛羊品种繁育，肉羊、肉牛养殖及草场建设，市场体系建设等	47155	2200	世界银行贷款	2003～2007	牧业	甘肃省农牧厅
21	西部地区远程培训项目	建设远程教育培训网络	300	30	世界银行赠款	2003～2004	教育	甘肃省行政学院
22	甘肃张掖黑河小孤山水电站项目	总装机容量98MW	76100	3500	亚洲开发银行贷款	2003～2006	电力	甘肃张掖小孤山水电有限责任公司
23	罗汉洞至定西高速公路	建设高速公路294公里	640000	30000	亚洲开发银行贷款	2003～2008	公路	甘肃省交通厅
24	甘肃省沙漠化防治优化方案技援项目	项目区荒漠化防治综合治理	623	60	亚洲开发银行技援	2001～2002	农业	甘肃省林业厅
25	甘肃省水电项目技术援助	水电站建设前期技术研究	850	90	亚洲开发银行技援	2002～2002	电力	甘肃张掖小孤山水电有限责任公司
26	甘肃省IFAD农村综合发展项目	中南部10个县为项目区，改善农业生产条件和生态环境，促进农业发展和农村社会进步	50916	2867	国际农发基金贷款	2004～2008	农业	甘肃省农牧厅
27	甘肃民航通讯导航系统改造项目	改造通讯导航系统	3500	360	日本政府日元贷款	1995～1997	交通	甘肃省民航局
28	甘肃省经济信息系统工程	购置设备，建立甘肃省经济信息系统	480	53	日本政府日元贷款	1998～1999	科技	甘肃省信息中心
29	兰州—西宁—拉萨光缆干线工程	建设甘肃段总长226公里的30芯一级光缆干线	5044	280	日本政府日元贷款	1996～1998	邮电通信	甘肃省邮电管理局
30	程控电话项目	新增市内程控电话14万门，引进部分SDH数字微波和光缆传输设备	65381	2300	日本政府日元贷款	1996～1999	邮电通信	甘肃省邮电管理局
31	兰州中川机场扩建工程	候机楼、跑道及通信导航系统建设	123000	6723	日本政府日元贷款	1996～2000	交通	甘肃省民航局
32	兰州市环境综合整治工程	环境整治	103364	7700	日本政府日元贷款	1997～2002	城建	兰州市建委
(1)	兰州煤气管道工程	建设煤气长输管道34.37公里，市区管道167.8公里，调压站3座	23069	1100				
(2)	兰州第二热电厂供热管网工程	建设热力管线32公里，供热面积540万平方米，热力站69座	29237	1720				
(3)	兰州自来水供水扩建	新增日供水能力45万吨	10910	3451				
(4)	兰州污水处理	日处理污水20万吨	40148	1429				
33	陇南文县汉坪咀水电站	总装机容量3×2.4万千瓦	49912	3500	日本政府日元贷款	2001～2004	电力	甘肃省南部水电开发公司
34	甘肃省日元贷款农业节水灌溉项目	在全省发展120万亩节水灌溉面积，涉及河西四市及兰州市	79200	5000	日本政府日元贷款	2002～2006	农业	甘肃省水利厅水管局
35	甘肃省高校人才培养项目	增补、更新基本教学、科研和实验仪器设备及基础设施建设	58379	3500	日本政府日元贷款	2002～2005	教育	甘肃省教育厅
36	刘寨柯至白银高速公路项目	建设全长约110公里的高速公路	303123	15000	日本政府日元贷款	2002～2006	公路	甘肃省交通厅

1991～2005年甘肃省国外贷款项目

序号	项目名称	建设规模及内容	总投资（万元）	贷款签约额（万美元）	资金来源	建设起止年限	所属行业	项目单位
37	北方四省（区）重点风沙区生态环境综合治理工程——甘肃项目	项目涉及河西五市及农垦总公司农场，工程包括草地治理、防风固沙林草及与之配套的小型水利工程等，总治理面积为91071公顷	110660	10000	日本政府日元贷款	2003～2008	林业	甘肃省财政厅农发办
38	西固热电厂改建工程	引进14.2万千瓦双抽供热机组主机设备	86500	2050	日本政府不附带条件贷款	1995～1996	电力	西固热电厂
39	兰化公司1.5万吨丁腈橡胶项目	建设年产1.5万吨丁腈橡胶工程	19727	1100	日本政府不附带条件贷款	1997～1999	化工	兰州化学工业公司
40	甘肃省省内二级光缆传输工程	引进省内二级光缆传输设备	6451	505	日本贴息贷款、芬兰政府贷款	1995～1996	邮电通讯	甘肃省电信传输局
41	金昌化工总厂磷二铵工程	扩建年产12万吨磷酸二铵工程	49383	1506	法国政府混合贷款	1993～1995	化工	金昌化工总厂
42	甘肃省电力微波通讯项目	引进程控交换机及微波通讯设施，建设微波站30个	6000	578	法国政府混合贷款	1994～1999	电力	甘肃省电力公司
43	天水市城市供水工程	扩建城市供水工程	9589	593	法国政府混合贷款	1995～2000	城建	天水市自来水公司
44	武威等九县农村电话引进点对多点微波通讯传输系统及SDH设备项目	引进点对多点微波通讯传输系统设备	4648	560	法国政府混合贷款	1996～1997	邮电通信	甘肃省农村电话局
45	金昌煤气工程	建设煤制气工程	8390	417	法国出口信贷	1991～1994	城建	金昌化工总厂
46	临洮县三江公司马铃薯深加工项目	新建年产7000吨马铃薯颗粒全粉生产线一条	4970	292	德国政府贷款	2001～2005	轻工	临洮县三江公司
47	甘肃省卫生厅德国政府贷款医疗卫生项目	8家地县级医院引进彩超、CT等医疗设备	6216	499	德国政府贷款	2002～2003	卫生	甘肃省卫生厅
48	张掖地区人民医院引进医疗设备项目	引进核磁共振、直线加速器等医疗设备	2490	300	德国政府贷款	2002～2003	卫生	张掖地区人民医院
49	天水市卫生局医疗卫生项目	天水卫生局7家医院引进彩超、螺旋CT等医疗设备	3054	368	德国政府贷款	2002～2003	卫生	天水市卫生局
50	临洮县腾胜公司马铃薯预糊化淀粉、雪花全粉生产项目	新建年产2万吨马铃薯精淀粉生产线	4499	253	德国政府贷款	2002～2004	轻工	临洮县腾胜公司
51	甘肃省中德财政合作医疗卫生二期项目	省、市共6家疾病预防控制中心购置检验、监测设备	6670	920	德国政府贷款	2003～2006	卫生	甘肃省卫生厅
52	甘肃省太阳能光伏发电工程德国政府技术援助项目	解决省内70多个无电村用电问题	9800	1000	德国技术援助赠款	2004～2006	电力	甘肃省汇能公司
53	永登水泥厂年产100万平方米彩釉内墙砖项目	建设年产100万平方米彩釉内墙砖生产线	4538	280	西班牙政府贷款	1996～1998	建材	永登水泥厂
54	甘肃省地区电网调度自动化引进一点多址微波通讯设备项目	引进一点多址微波通讯设备	4628	275	西班牙政府贷款	1997～1998	电力	甘肃省电力公司

1991～2005年甘肃省国外贷款项目

序号	项目名称	建设规模及内容	总投资（万元）	贷款签约额（万美元）	资金来源	建设起止年限	所属行业	项目单位
55	甘肃省电网调度自动化微波系统设备引进项目	引进一点多址数字微波设备	4000	275	西班牙政府贷款	2001～2002	电力	甘肃省电力公司
56	酒泉大禹节水灌溉设备公司滴灌管（带）生产线项目	年产农用滴灌管（带）16000万米	3435	280	西班牙政府贷款	2002～2004	轻工	酒泉大禹节水灌溉设备公司
57	临洮县新兴千亩花卉高科技示范园项目	引进智能温室及苗木组培仪器等	3095	305	西班牙政府贷款	2002～2005	农业	临洮县新兴公司
58	敦煌市医院引进医疗设备项目	引进核磁共振、数字成影仪等医疗设备	3595	380	西班牙政府贷款	2002～2004	卫生	敦煌市医院
59	玉门市生物制品厂扩建南瓜粉生产线项目	建设年产速溶南瓜粉1000吨生产线一条	4278	280	西班牙政府贷款	2002～2005	轻工	玉门市生物制品厂
60	兰州甘草环保建材公司粉煤灰空心砌块生产线项目	建设年产30万立方米粉煤灰空心砌砖生产线一条	4735	280	西班牙政府贷款	2002～2005	建材	兰州甘草环保建材公司
61	武威市人民医院引进医疗设备项目	引进医疗设备	4084	492	西班牙政府贷款	2002～2006	卫生	武威市人民医院
62	兰州市天然气城市管网改建工程	建设天然气储配站等9个子工程，总供气达16亿标准立方米/年	73076	4305	西班牙政府贷款	2002～2007	城市煤气	兰州市燃气集团公司
63	庆阳绿鑫草畜公司草产品加工项目	建设畜牧种子繁育、种植基地及草产品加工厂	4792	280	西班牙政府贷款	2003～2005	农业	庆阳绿鑫草畜公司
64	甘肃玉门风电二期工程	装机14×850千瓦	8967	498	西班牙政府贷款	2003～2005	电力	甘肃省洁源风力发电有限责任公司
65	兰州医学院附属二院引进医疗设备项目	引进医疗设备	4142	488	西班牙政府贷款	2003～2006	卫生	兰州医学院附属二医院
66	武威天马药业有限公司屠宰加工生产线项目	引进屠宰加工生产线	5198	276	西班牙政府贷款	2003～2006	轻工	武威天马药业有限公司
67	白银市广电局引进广播电视设备项目	引进广播电视设备	3292	400	西班牙政府贷款	2004～2005	文化	白银市广电局
68	嘉峪关市卫生局引进医疗设备项目	嘉峪关市7家医疗机构引进医疗设备	3940	355	西班牙政府贷款	2004～2006	卫生	嘉峪关市卫生局
69	临洮县人民医院引进医疗设备项目	引进医疗设备	1494	180	西班牙政府贷款	2004～2006	卫生	临洮县人民医院
70	甘肃程控电话项目（西班牙政府贷款）	14个地、州、市引进程控电话交换机及数字微波传输设备	23652	2891	西班牙政府混合贷款	1992～1994	邮电通信	甘肃省邮电管理局
71	甘肃省电信传输局引进数字微波通讯项目	引进数字微波通讯	4920	407	西班牙政府混合贷款	1992～1994	邮电通信	甘肃省电信传输局

1991～2005年甘肃省国外贷款项目

序号	项目名称	建设规模及内容	总投资（万元）	贷款签约额（万美元）	资金来源	建设起止年限	所属行业	项目单位
72	张掖脱水厂蔬菜年产2000吨脱水蔬菜生产线	建设年产2000吨脱水蔬菜生产线	5425	250	西班牙政府混合贷款	1997～1998	轻工	张掖脱水厂
73	长城电器公司扩大中低压电器生产线能力项目	引进国外先进设备及检测仪器10台	6265	308	西班牙政府混合贷款	1997～1998	机电	长城电器公司
74	甘肃酒泉玉门风电厂工程	建设装机12×600千瓦的风力发电厂	9500	498	西班牙政府混合贷款	1997～2001	电力	甘肃洁源风电公司
75	酒泉钢铁公司中板工程	建设中板生产线	256248	2700	西班牙政府贴息贷款	1994～1998	冶金	酒泉钢铁公司
76	高台县蕃茄制品厂扩建番茄酱及果蔬汁生产线项目	扩建6000吨番茄酱生产线	3606	250	意大利政府贷款	2001～2002	轻工	高台县番茄制品厂
77	白银市城市供水工程	建设城市供水工程	4000	385	奥地利政府混合贷款	1993～1996	城建	白银市城市供水工程指挥部
78	张掖市有年金龙公司年产3000吨马铃薯雪花粉生产线项目	年产3000吨马铃薯雪花粉	4463	280	荷兰政府贷款	2001～2002	轻工	张掖市有年金龙公司
79	武威市污水处理工程	形成日处理污水9万立方米的规模	12612	495	荷兰政府贷款	2002～2005	城市污水处理	武威市城市建设投资有限责任公司
80	平凉市建设3000吨气调库项目	引进3000吨气调保鲜设备一套	2154	180	芬兰政府贷款	2001～2002	轻工	平凉西郊经济开发公司
81	甘肃省张掖市城区集中供热工程	新增总供热面积350万平方米	14122	490	芬兰政府贷款	2002～2004	城建	张掖市恒达热力燃气有限责任公司
82	武威市城南集中供热工程	新建供热厂，实现集中供热面积256万平方米	16063	498	芬兰政府贷款	2004～2005	城建	武威市城市建设投资有限责任公司
83	酒泉市城区集中供热工程	新增集中供热面积120万平方米	6966	300	芬兰政府贷款	2004～2006	城建	酒泉市热力公司
84	兰州市段家滩110kV变电站项目	引进主变压器2台及配套设备	5008	260	挪威政府贷款	1997～1999	电力	兰州市供电局
85	西北铁合金厂实施清洁生产项目	引进电炉除尘关键设备、硅粉加密技术和加密装置	8088	498	挪威政府贷款	1997～1998	冶金	西北铁合金厂
86	兰州医学院第二附属医院引进核磁共振设备	引进医疗设备	2300	209	瑞典政府贷款	1998～1999	卫生	兰州医学院第二附属医院
87	天水市城区集中供热工程	供热面积120万平方米	7217	536	瑞典政府贷款	2002～2006	城建	天水瑞华热力有限公司
88	张掖市城市供水工程	扩建达到日供水能力8万吨	8736	466	加拿大政府贷款	1995～1998	城建	张掖市自来水公司
89	甘肃电力输送工程（天水北道110千伏、陇南成县220千伏变电站）	建设天水北道110千伏变电站及陇南成县220千伏变电站	27119	700	加拿大政府贷款	1996～1998	电力	甘肃省电力局
90	嘉峪关市城区供水工程	扩建城市供水工程	12291	518	加拿大政府贷款	1996～2002	城建	酒泉钢铁公司
91	甘肃电网调度自动化二期工程	引进系统关键设备及部分高层软件	4360	400	加拿大政府贷款	1997～1999	电力	甘肃省电力公司

1991～2005年甘肃省国外贷款项目

序号	项目名称	建设规模及内容	总投资（万元）	贷款签约额（万美元）	资金来源	建设起止年限	所属行业	项目单位
92	甘肃省邮电局农话引进点对多点数字微波通讯设备项目	引进点对多点数字微波通讯设备	7610	415	加拿大政府贷款	1997～1999	邮电通信	甘肃省邮电管理局
93	酒泉市广电中心引进多媒体综合信息网络系统设备项目	对现有广电传输网络进行升级改造	4655	430	加拿大政府贷款	2003～2005	文化	酒泉市广电局
94	张掖市广电中心引进多媒体综合信息网络系统设备项目	对现有广电传输网络进行升级改造	4228	350	加拿大政府贷款	2003～2005	文化	张掖市广电局
95	天水市广电中心引进多媒体综合信息网络系统设备项目	对现有广电传输网络进行升级改造	5220	420	加拿大政府贷款	2003～2005	文化	天水市广电局
96	西安—兰州—伊宁光缆工程	建设省内干线光缆1765公里	21000	2166	澳大利亚政府贷款	1992～1995	邮电通信	甘肃省邮电管理局
97	甘肃省第二批程控电话项目	引进程控电话交换机及数字微波传输设备	39007	2858	澳大利亚政府贷款	1994～1996	邮电通信	甘肃省邮电管理局
98	兰州市110kV中心广场变电站工程	建设110kV变电站	13000	310	澳大利亚政府贷款	1995～1999	电力	兰州市供电局
99	兰化公司30万吨合成氨、52万吨尿素工程	建设30万吨合成氨、52万吨尿素工程	293650	15698	澳大利亚政府贷款1747万美元、国际商贷13951万美元	1993～1997	化工	兰州化学工业公司
100	武威市城市供水工程	新增日供水能力8万吨	9145	495	韩国政府贷款	1998～2001	城建	武威市自来水公司
101	甘肃农业大学引进教学科研设备项目	引进国外教学、科研设备，进一步改善办学条件	2700	200	韩国政府贷款	2001～2002	教育	甘肃农业大学
102	甘肃省人民医院引进磁共振成像仪项目	引进磁共振成像仪	1150	146	以色列政府贷款	1994～1996	卫生	甘肃省人民医院
103	兰州医学院第一附属医院引进ECT设备项目	引进ECT等医疗设备	462	55	以色列政府贷款	1994～1996	卫生	兰州医学院第一附属医院
104	兰州医疗急救项目	引进医疗设备	240	26	以色列政府贷款	1995	卫生	兰州医学院第二附属医院
105	甘肃乳腺癌预防诊断项目	引进乳腺癌诊治设备	150	14	以色列政府贷款	1995	卫生	兰州医学院第二附属医院
106	甘肃农垦引进滴灌及水果精选设备	在农垦系统6个农场实施滴灌面积20000亩，并引进部分水果精选设备	3962	300	以色列政府贷款	1996～1998	农业	甘肃省农垦总公司
107	甘肃省卫生厅以色列政府贷款引进医疗设备项目	全省5家医院引进核磁共振、螺旋CT、彩超等医疗设备	5290	425	以色列政府贷款	2002～2003	卫生	甘肃省卫生厅
108	天水407医院引进医疗设备项目	引进医疗设备	1200	100	以色列政府贷款	2003～2005	卫生	天水407医院

1991～2005年甘肃省国外贷款项目

序号	项目名称	建设规模及内容	总投资（万元）	贷款签约额（万美元）	资金来源	建设起止年限	所属行业	项目单位
109	甘肃省人民医院购置医疗设备项目	购置医疗设备	4067	490	以色列政府贷款	2004～2006	卫生	甘肃省人民医院
110	刘家峡水电厂购置220kV电缆项目	购置220kV交联电缆3000米，电缆终端及其他配件	2888	193	北欧投资银行贷款	1997～1998	电力	刘家峡水电厂
111	白银公司职工医院购置医疗设备项目	引进医疗设备	2581	230	北欧投资银行贷款	1998～2000	卫生	白银公司职工医院
112	黄河企业集团公司引进无巴氏杀菌啤酒瓶装线设备项目	引进啤酒灌装生产线	5705	498	北欧投资银行贷款	2000～2001	轻工	黄河企业集团公司
113	临洮县新兴淀粉有限责任公司马铃薯加工项目	新建马铃薯精淀粉、变性淀粉生产线	4701	312	北欧投资银行贷款	2001～2005	轻工	临洮新兴淀粉有限责任公司
114	平凉市引进医疗设备项目	平凉市中医院等8家医院引进医疗设备	2950	375	北欧投资银行贷款	2002～2004	卫生	平凉市卫生局
115	甘肃加荣塑料有限公司引进青贮缠绕膜生产设备项目	引进年产6000吨青贮缠绕膜生产设备	5500	480	北欧投资银行贷款	2002～2005	轻工	甘肃加荣塑料有限公司
116	酒泉市人民医院引进医疗设备项目	引进医疗设备	2770	294	北欧投资银行贷款	2003～2005	卫生	酒泉市人民医院
117	甘南华羚乳品公司牦牛乳加工项目	引进乳品加工设备	4344	280	北欧投资银行贷款	2003～2005	轻工	甘南华羚乳品公司
118	张掖市有年金龙集团公司马铃薯全粉扩建项目	扩建年产6000吨马铃薯全粉生产线	3000	280	北欧投资银行贷款	2003～2005	轻工	张掖市有年金龙集团
119	临泽雪莲公司10000吨/年乳制品生产项目	引进超高温、无菌罐装设备	2203	180	北欧投资银行贷款	2003～2005	轻工	临泽雪莲乳品公司
120	金昌市卫生局引进医疗设备项目	金昌市5家医疗机构引进医疗设备	2133	257	北欧投资银行贷款	2004～2006	卫生	金昌市卫生局
121	兰州炼油厂40万吨润滑油加氢	建设40万吨润滑油加氢工程	24000	2860	美国出口信贷	1993～1995	石化	兰州炼油厂
122	甘肃省利用美国出口信贷引进医疗设备项目	引进医疗设备	780	78	美国出口信贷	1999～2000	卫生	甘肃省卫生厅
123	刘家峡水电厂五号机组设备引进项目	引进水轮机、发电机及配套设备	21100	1760	出口信贷国际商贷	1996～1998	电力	刘家峡水电厂
124	兰化公司高密度聚乙烯装置项目	建设年产7万吨高密度聚乙烯装置	73860	1513	国际租赁	1995～1997	石化	兰州化学工业公司
125	兰化公司年产16万吨乙烯配套改造项目	包括4万吨/年PP、6万吨/年STY、5万吨/年ABS等7个子项目	111273	2787	国际租赁	1997～2000	石化	兰州化学工业公司
126	张掖番茄制品厂	建设番茄酱生产线	2285	195	补偿贸易现汇偿还部分	1991～1992	轻工	张掖番茄制品厂

1991～2005年甘肃省国外贷款项目

序号	项目名称	建设规模及内容	总投资（万元）	贷款签约额（万美元）	资金来源	建设起止年限	所属行业	项目单位
127	兰州飞天购物中心项目	建设兰州飞天购物中心	1181	250	国际商业贷款	1991～1993	城建	甘肃省飞天贸易公司
128	兰州平板玻璃厂六机窑浮法生产线	建设六机窑浮法生产线	19932	160	国际商业贷款	1993～1996	建材	兰州平板玻璃厂
129	刘家峡水电厂五号机组引进主变压器项目	引进主变压器	1800	210	国际商业贷款	1995	电力	刘家峡水电厂
130	兰州国际贸易中心建设二期“国际贸易博览厅”项目	引进设备及部分装饰材料	35000	480	国际商业贷款	1996～1998	城建	兰州国际贸易中心
131	兰州炼油化工总厂烷基苯项目	60万吨/年重整	97927	997	国际商业贷款	1996～1998	石化	兰州炼油化工总厂
132	甘肃节能投资公司氯化聚乙烯项目	建设年产3000吨氯化聚乙烯生产线	4960	63	国际商业贷款	1997～1999	化工	甘肃节能投资公司

1991～2005年青海省国外贷款项目

序号	项目名称	建设规模及内容	总投资（万元）	贷款签约额（万美元）	资金来源	建设起止年限	所属行业	项目单位
1	环保技援项目	环保设备引进	160	20	世界银行贷款	1993～1995	环境保护	青海省环保局
2	综合性妇幼保健项目	妇幼卫生服务、妇幼卫生人员培训、扶贫医疗救助	5477	387	世界银行贷款	1995～2000	医疗卫生	青海省卫生厅
3	世行贷款“贫三”项目	校舍建设、仪器图书采购、师资培训、助学基金	9960	800	世界银行贷款	1996～2000	扶贫开发	青海省教育厅
4	世行贷款“卫八”项目	改善农村贫困地区卫生服务提供能力、服务水平	9075	710	世界银行贷款	1998～2005	医疗卫生	青海省卫生厅
5	职业培训和劳动力市场建设项目	劳动力市场信息化建设	1160	145	世界银行贷款	2001～2005	劳动保障	青海省社会保障厅
6	远程培训项目	远程培训教室改造	160	20	世界银行贷款	2004～2005	教育	青海行政学院
7	青海省海南州农业综合开发项目	农林牧、水利、乡镇企业、扶贫、妇女特别信贷	34800	2000	国际农发基金贷款	1995～2001	扶贫开发	青海省农业厅
8	海东地区农业综合开发项目	农林牧、水利、乡镇企业、扶贫开发	5570	522	国际农发基金贷款	1997～2002	扶贫开发	青海省水利厅
9	扩建年产600吨骨明胶生产线项目	引进骨明胶生产线	2015	176	日本黑字还流贷款	1989～1991	医药制造	青海骨胶厂
10	年产机制空心胶囊12亿粒项目	引进机制空心胶囊加工生产线	3182	209	日本黑字还流贷款	1992～1994	医药制造	青海骨胶厂
11	日元贷款六省区电话项目	程控交换设备引进	34083	2505	日本政府日元贷款	1995～1999	通信	青海省邮电管理局
12	青海省经济信息系统项目	经济信息系统设备引进	715	50	日本政府日元贷款	1997～2000	信息	青海省计委信息中心
13	青海高校人才培养项目	土建、设备引进、人才培养	22022	2000	日本政府日元贷款	2005～2008	教育	青海省教育厅
14	广电设备引进项目	引进广播电视制作设备	17430	1800	日本政府日元贷款	2005～2009	广播电视	青海省广电局
15	青海湖流域周边地区生态环境综合治理项目	土地沙漠化、退化草地综合治理，高效畜牧业基地建设	70878	6000	日本政府日元贷款	2003～2010	生态治理	青海省农牧厅
16	李家峡电站微波送出工程项目	微波送出设备引进	4100	351	法国政府贷款	1996～1997	电力	青海省电力公司
17	海南地区地震灾区复建项目	地震灾区基础设施建设	1500	340	德国政府贷款	1991～1992	基础设施	青海省计委
18	西宁交换及共和传输网项目	通信传输设备引进	11300	765	德国政府贷款	1996～1998	通信	青海省邮电管理局
19	德国医疗二期疾病控制中心项目	引进疾控设备116台套		662	德国政府贷款	2004～2005	医疗卫生	青海省卫生厅
20	引进医疗设备项目	医疗设备引进	2800	218	西班牙政府贷款	1996～1998	医疗卫生	青海省儿童医院
21	第六水源项目	自来水处理设备引进	19540	500	西班牙政府贷款	1996～1998	基础设施	西宁市自来水总公司
22	格尔木城市供水项目	自来水处理设备引进	11032	300	西班牙政府贷款	1998～2001	基础设施	格尔木市自来水公司
23	5000吨胡萝卜汁生产线项目	引进胡萝卜汁生产线	5192	380	西班牙政府贷款	2003～2004	工业加工	青海省牧羊仔商贸公司

1991～2005年青海省国外贷款项目

序号	项目名称	建设规模及内容	总投资（万元）	贷款签约额（万美元）	资金来源	建设起止年限	所属行业	项目单位
24	清真牛羊肉加工生产线项目	引进牛羊肉 加工线	5337	280	西班牙政府贷款	2003～2004	工业加工	青海省牧羊仔商贸公司
25	扩建色拉油生产线项目	引进色拉油生产线	4380	280	西班牙政府贷款	2004～2005	食品加工	青海芳谱精炼油有限公司
26	西宁污水处理一期工程项目	污水处理设备引进	16000	495	奥地利政府贷款	1999～2001	基础设施	西宁市排水公司
27	青海藏羊集团机织藏毯项目	引进机织毯生产线	6200	480	比利时政府贷款	2005～2007	工业加工	青海省藏羊集团
28	引进精粉生产线项目	引进精制面粉加工生产线	2632	242	瑞士政府贷款	1991～1992	食品加工	青海省马坊面粉厂
29	面粉加工项目	精制面粉加工生产线引进	4468	280	瑞士政府贷款	1993～1995	食品加工	青海丁香粮油集团有限公司
30	引进创伤急救医疗设备项目	创伤急救设备引进	3480	220	瑞典政府贷款	1996～1998	医疗卫生	青海省医学院附属医院
31	青海电网调动自动化系统项目	电网调动自动化设备引进	2650	289	加拿大政府贷款	1995～1997	电力	青海省电力公司
32	引进程控电话交换设备项目	程控交换设备引进	12600	1000	澳大利亚政府贷款	1994～1996	通信	青海省邮电管理局
33	青海精炼油项目	引进精炼油加工生产线	5450	355	以色列政府贷款	1997～1998	食品加工	青海丁香粮油集团有限公司
34	5万吨铝塑复合管材生产线项目	引进铝逆复合管材生产线	9800	460	北欧投资银行贷款	2002～2003	工业加工	青海通路铝塑门窗厂
35	新型铝型材加工生产线项目	引进铝型材加工生产线	11490	499	北欧投资银行贷款	2004～2005	工业加工	青海金溢铝型材有限公司
36	海西购置医疗设备项目	医疗设备引进	768	80	北欧投资银行贷款	2004～2005	医疗卫生	青海省海西州卫生局
37	5万吨铝塑管材配套工程（管件）项目	引进铝塑管材生产线	6000	490	北欧投资银行贷款	2004～2005	工业加工	青海通路铝塑门窗厂
38	青海金溢铝材二期项目	引进铝材加工生产线	7706	490	北欧投资银行贷款	2005～2007	工业加工	青海金溢铝型材有限公司
39	青藏高原生物资源保护研究中心项目	中藏药研究实验设备引进	6641	480	北欧投资银行贷款	2005～2006	医药制造	青海唐古拉药业有限公司

1991～2005年宁夏回族自治区国外贷款项目

序号	项目名称	建设规模及内容	总投资（万元）	贷款签约额（万美元）	资金来源	建设起止年限	所属行业	项目单位
1	卫二项目	改善县级综合卫生服务状况，提高卫生防疫站的疾病监测，监督能力。主要内容是基本建设、设备采购及人员培训	801	72	世界银行贷款	1987～1992	医疗卫生	宁夏卫生厅
2	卫五项目	在项目期间加强区级结核病防治机构 建设，采取以发现和彻底治疗传染病——涂阳病人为主的综合性现代结核病防治措施，减少感染和发病，以1990年流行病为基线，在项目期满时涂阳率下降60%	1245	91	世界银行贷款	1992～1998	医疗卫生	宁夏卫生厅
3	卫八项目	与国家卫生政策目标相一致，向农村地区提供高质量卫生保健服务，公平和效率。项目内容：妇幼卫生保健，计划免疫覆盖率达到85%，儿童蛔虫投药率达到100%，合格村卫生室覆盖率达到85%，贫困救济，重点疾病干预	2640	230	世界银行贷款	1998～2005	医疗卫生	宁夏卫生厅
4	贫二项目	该项目主要用于改善南部山区八县小学和中学的办学条件，培训校长和教师，促进各项目县义务教育的普及。在项目实施完工后，各项目县基本普及小学阶段的义务教育，建立健全宁夏教育管理信息系统，提高地方教育行政部门的决策能力和管理水平，提高教学质量和教育水平	8700	520	世界银行贷款	1995～1999	基础教育	宁夏教育厅
5	贫四项目	项目覆盖学校消除危房，按国家规定标准新建扩建校舍（新建校舍20900平方米，翻建校舍11510平方米，大修校舍7500平方米）；配备教学仪器设备267套，购置图书186700册，购置课桌椅3800套；培训校长267人，培训教师和各级教育管理人员1032人，同时本项目还将建立健全“小学在职师资培训与服务网络”，为边远地区教师提供日常教学咨询和经验交流的条件	2500	150	世界银行贷款	1995～1999	基础教育	宁夏教育厅
6	教材开发项目	该项目是为了加强师资培训，改善办学条件，大力加强教材建设改变教材落后的状况。其项目内容是培训教材的编审及出版管理人员，使之掌握现代化的编辑出版技术和手段；改进教材的排、印、装技术；改进设备；增加教材品种，提高教材质量	285	55	世界银行贷款	1989～1995	基础教育	宁夏教育厅
7	秦巴扶贫项目	该项目的实施结束时要实现44814户，受益人口235597人，受益农户人均年纯收入达到500元以上。人均基本农田2亩左右。90%以上的农户中，每户有1名劳动力掌握除粮食种植以外的1项农村实用技术。80%以上的行政村解决人畜饮水问题户均补充灌溉农田面积1亩以上	29880	1800	世界银行贷款	1997～2004	扶贫开发	宁夏农建委
8	三省公路项目	银川至青岛高速公路宁夏段94公里（一是主项目古窑子至王圈梁段一级公路，二是子项目盐池至兴仁二级公路）	130000	5000	世界银行贷款	1998～2003	交通运输	宁夏交通厅
9	宁夏环境信息项目	为自治区和国家进行环境管理和决策提供信息支持	247	20	世界银行贷款	1994～1998		宁夏环保局
10	宁夏北方灌溉项目	减轻宁夏的绝对贫困。是一项以水利工程为主，包括供电工程，土地开发，移民安置，乡村文卫建设和道路林网建设等工程在内等综合开发性工程	30993	3700	世界银行贷款	1989～1994	农业	宁夏农建委

1991～2005年宁夏回族自治区国外贷款项目

序号	项目名称	建设规模及内容	总投资（万元）	贷款签约额（万美元）	资金来源	建设起止年限	所属行业	项目单位
11	银川市世行第四期技援项目	用于开展银川市城市建设中长期规划	8300	100	世界银行贷款	2003～2007	城建	银川市政府
12	西部地区基础教育项目	覆盖全区19个市县中小学基础设施改造，师资培训，教学能力提高。（项目完工后项目覆盖区15岁人口完成初等教育百分比达到98%，其中女生92%，17岁人口完成初中教育百分比达到90%，其中女生82%；课桌椅配齐率达到98%，培训中小学教师11648人次）	17600	1485	世界银行贷款	2004～2008	基础教育	宁夏教育厅
13	广夏葡萄酿酒项目	在宁夏贺兰山东麓一带我国酿酒葡萄的最佳生态区建设两个葡萄酿酒基地：永宁县玉泉东侧基地和青铜峡县树新林场南侧基地，总占地面积20000亩，另建设两个葡萄酒加工厂年生产量共计30000吨	12000	498	世界银行贷款	1998～2000	食品加工	广夏（银川）实业公司
14	大荣化工项目			1800	世界银行贷款	2004～2005	化工	大荣化工集团
15	宁夏公路发展项目	项目建成后将与国道主干线丹东至拉萨公路相连接，将银北、银川、银南和固原地区有机地联系起来，对促进区域间的优势互补，加快宁夏经济发展，增进东西合作具有重要意义	525180	25000	亚洲开发银行贷款	2003～2007	交通运输	宁夏交通厅
16	宁夏中部干旱带扶贫和环境改良项目	农业基础设施建设、生态环境改善、农村金融服务、农村社会金融发展、能力建设和项目管理	12450	1500	农发基金组织贷款	2002～2008	农业生态环境	宁夏农牧厅
17	贴面板刨花板生产线	扩建年产50万立方米奥克贴面板生产线及1.68万立方米刨花板生产线	5155	470	北欧投资银行	1992～1994	工业加工	吴忠益木家具厂
18	干法成型特种纸	建设4500吨干法成型特种软纸生产线	6062	420	北欧投资银行	1994～1996	造纸	吴忠特种纸厂
19	宁夏人民医院采购医疗设备项目	采购医疗设备		310	北欧投资银行贷款	2005～2006	医疗卫生	宁夏人民医院
20	市话扩容改造项目	利用日元贷款，迅速改善自治区通讯落后、供需矛盾突出的问题	5501	468	曰本政府日元贷款	1997～1999	邮电通信	银川市电信局
21	程控电话改造项目	利用日元贷款，迅速改善自治区通讯落后、供需矛盾突出的问题	6982	530	日本政府日元贷款	1997～1999	邮电通信	吴忠市电信局
22	程控电话改造项目	利用日元贷款，迅速改善自治区通讯落后、供需矛盾突出的问题	8416	435	日本政府日元贷款	1997～1999	邮电通信	石嘴山市电信局
23	程控电话改造项目	利用日元贷款，迅速改善自治区。通讯落后、供需矛盾突出的问题	8270	388	日本政府日元贷款	1997～1999	邮电通信	银川市电信局
24	程控电话改造项目	利用日元贷款，迅速改善自治区通讯落后、供需矛盾突出的问题	2752	179	日本政府日元贷款	1997～1999	邮电通信	固原市电信局
25	经济信息宁夏网络	建立公共信息网络环境、宏观经济信息系统、国外贷款项目管理信息系统	780	55	巳本政府日元贷款	1997～1999	电子信息	宁夏信息中心

1991～2005年宁夏回族自治区国外贷款项目

序号	项目名称	建设规模及内容	总投资（万元）	贷款签约额（万美元）	资金来源	建设起止年限	所属行业	项目单位
26	宁夏重点风沙区生态环境综合治理项目	通过围栏封育、人工造林、人工种草等措施，使项目区内林草植被得到有效恢复，并在有条件的地方利用打井、小型水利工程配套、节水灌溉等方式，发展经济林木和优质牧草，把生态环境保护与林牧业的发展有机结合起来，使项目区经济与环境得到可持续发展	70913	6400	日本政府日元贷款	2001～2007	生态治理	宁夏财政厅
27	宁夏广播电视基础设施改造项目(彩电中心)	通过各类节目普及科学文化知识、扫除文盲，使山区近百万的贫困人口通过电视节目的传播，摆脱愚昧，开阔眼界，提高自身文化素养和民族地区人口素质。让贫困山区的人民摆脱落后、封闭的状态，脱贫致富	36825	3581	日本政府日元贷款	2004～2009	广播电视	宁夏广电局
28	宁夏高等学校人才培养项目	通过对全区部分普通本科高等院校办学条件的改造、教学实验设备的更新以及师资队伍的培训，缓解项目区院校教学、实验设备严重短缺的状况，提高办学质量，以适应全区社会经济发展对人才的需求	30343	2210	日本政府日元贷款	2004～2009	教育	宁夏教育厅
29	异型股钢丝绳项目	建设12850平方米的厂房，购置设备（各种拉丝机12台，各种捻股机10台，各种成绳机3台），钢丝热处理生产线3条	9503	298	日本黑字还流贷款	1994～1997	工业加工	恒力集团
30	大容量电石炉项目	建设一台8000伏安的电石炉以及相应的配套设施	1283	90	日本黑字还流贷款	1995～1997	工业加工	民化集团
31	夏进奶牛养殖项目	引进2000头奶牛及奶牛养殖厂设备和技术，头均年产鲜奶7.5吨，年总产鲜奶1.125万吨	4200	138	荷兰政府贷款	1998～1999	食品加工	夏进乳品厂
32	吴忠金玉淀粉项目	引进美国道尔公司设备和先进工艺技术加工淀粉，年加工玉米5万吨，为粮食加工及转化、增加农民收入开辟新途径	6759	126	荷兰政府贷款	1997～1999	食品加工	吴忠金玉淀粉公司
33	吴忠塑料编制厂	引进西班牙改性塑料及制品生产设备，其生产规模为年产7200吨改性塑料及2300吨改性塑料制品	1900	223	西班牙政府贷款	1991～1993	工业加工	吴忠塑料编制厂
34	奶粉生产线技改项目	引进荷兰奶粉生产线易地进行技术改造	4814	371	荷兰政府贷款	1993～1994	食品加工	银川市乳品厂
35	宁夏泾源清真肉联厂	引进丹麦屠宰、剔骨、加工生产线设备	2920	95	丹麦政府贷款	1990～1992	食品加工	泾源清真肉联厂
36	银川市急救中心	建设一座建筑面积8150平方米的业务楼，其他配套用房840平方米，引进装备一批国外先进的急救医疗仪器设备，救护车辆	4620	353	瑞典政府贷款	1996～1998	医疗卫生	银川市医院
37	宁夏清真罐头厂扩建工程	引进芦笋、玉米笋空、实罐头生产线及生产设备	2418	246	西班牙政府贷款	1993	食品加工	宁夏清真罐头厂
38	特种水泥生产线	引进年产10万吨特种水泥回转窑生产线，建设规模为年产水泥7.8万吨，可生产油井水泥、大坝水泥、道路水泥等特种水泥5万吨，普通525号水泥2.8万吨，填补自治区该项工业产品空白	3000	454	西班牙政府贷款	1992～1996	工业加工	灵武特种水泥厂
39	引进成套制粉设备易地技术改造	用于引进日加工小麦200吨专用面粉生产线以及异地技术改造，年生产各种面粉3.75万吨	4000	225	法国政府贷款	1994	工业加工	青铜峡粮油加工厂
40	S—1240型数字程控电话交换机	引进S—1240型程控电话改造银川地区电信局、石嘴山电信局、平罗县邮电局、吴忠市邮电局、中卫邮电局市话系统	5209	550	比利时政府贷款	1994～1995	邮电通信	宁夏邮电管理局

1991～2005年宁夏回族自治区国外贷款项目

序号	项目名称	建设规模及内容	总投资（万元）	贷款签约额（万美元）	资金来源	建设起止年限	所属行业	项目单位
41	S－1240型数字程控电话交换机	引进S－1240型程控电话改造银川地区电信局、石嘴山电信局、平罗县邮电局、吴忠市邮电局、中卫邮电局市话系统	9545	1150	澳大利亚政府贷款	1994～1995	邮电通信	宁夏邮电管理局
42	SR－500型一点多址数字微波	引进加拿大SR公司一点多址微波通信设备，改造银川等地区落后农村电话网通信设备	7835	600	加拿大政府贷款	1995～1996	邮电通信	宁夏邮电管理局
43	青铜峡330变电站	引进5台33万伏断路器及相配套的15台33万伏电流互感器	5300	127	瑞士政府贷款	1996～1999	电力	青铜峡电厂
44	青铜峡水电厂更新改造工程	该项目是青海李家峡水电站送出工程的组成部分，为西北电网的一个大型枢纽变电站，是将青铜峡220kV变电站扩建升压为330kV变电站，安装2台24 万千伏安变压器及相配套的高压断路器、电流互感器等高压开关设备，新建输电线路20公里	5300	229	瑞士政府贷款	1997～1998	电力	区电力公司
45	宁夏电网调度自动化设备	引进加拿大CAF电子有限公司开发的能量管理系统，改善宁夏电网的调度自动化，保证电网安全，提高电网供电质量	3485	472	加拿大政府贷款	1993～1996	邮电通信	区电力公司
46	宁夏电网微波通讯设备	引进法国SAT公司微波通讯设备，建设银川至西安微波通讯线路，线路全长499公里，沿线共13个微波站。打通了宁夏至西安的直达通讯通道	3701	230	法国政府贷款	1993～1997	邮电通信	区电力公司
47	河东机场	引进机场建设所需设备	538881	330	韩国政府贷款	1995～1997	城市建设	民航管理局
48	宁夏农业综合开发银北灌区排水项目	引进排水技术及施工设备，实施35万亩暗管排水，解决宁夏耕地盐碱化问题	10800	275	荷兰政府贷款	1995～2001	农业	宁夏农业综合开发办
49	宁夏扶贫扬黄灌溉一期工程项目	利用宁夏黄河水资源和黄河两岸可供开发利用的宜农荒地，开发建设红寺堡、固海灌溉，马场滩和红临扬黄新灌区13.33公顷；安置宁夏南部山区100万贫困群众	276800	6600	科威特政府贷款	1996～2002	农业	宁夏扶贫扬黄灌溉工程指挥部
50	十省市农业综合开发项目宁夏子项目	改造中低产田1000 公顷，建设水产养殖场8座，开挖鱼池266.7公顷，建设水产鱼苗旱繁中心一座，建设池塘33.3公顷	4100	200	韩国政府贷款	1997～1999	水产养殖业	区水产局
51	塑料整板门及装饰板材生产线	引进奥地利格瑞纳公司年产5000吨型材的五条生产线和三套模具，用于生产印文整板门2500吨，印花装饰门1500吨，塑料门窗型材7500吨，塑料复色型材1000吨	4926	201	奥地利政府贷款	1998～1999	工业加工	宁夏圣学绒国际集团总公司
52	石嘴山市以色列医疗贷款项目	购置医疗设备		108	以色列贷款	2003～2005		
53	中宁县人民医院以色列医疗贷款项目	购置医疗设备		201	以色列贷款	2003～2005		
54	宁夏区医院利用以色列贷款项目	购置医疗设备		190	以色列贷款	2004～2006		
55	宁夏煤炭医院以色列政府贷款项目	购置医疗设备		220	以色列政府贷款	2005～2007	医疗卫生	宁夏煤炭职工医院
56	吴忠市医院	购置医疗设备	1245	165	以色列政府贷款	2005～2007	医疗卫生	吴忠市医院

1991～2005年宁夏回族自治区国外贷款项目

序号	项目名称	建设规模及内容	总投资（万元）	贷款签约额（万美元）	资金来源	建设起止年限	所属行业	项目单位
57	宁夏区医院利用科威特贷款项目	医院新址改扩建，总建筑面积109988平方米，改善医疗卫生条件，增设相关科室，增加总病床数		3400	科威特政府贷款	2007～2009	医疗卫生	宁夏区医院
58	宁夏发酵厂柠檬酸技改工程	通过技术改造扩产增效二期工程，扩产2000吨无水柠檬酸，使年生产能力达到6000吨以上	3321	100	奥地利政府贷款	1993～1999	工业加工	宁夏发酵厂
59	利用国际商贷改造金属镁生产线	生产线扩建，购置设备，建设年产4000吨镁碇生产线	10538	500	国际商业贷款	1997～1999	工业加工	宁夏金属镁厂
60	光盘制造数字压缩及多媒体	为宁夏计算机研究所引进国外先进设备和技术，用于激光主盘制造、数字压缩及多媒体制作，建设规模为年产10500片光盘，产值1.1亿元人民币	4800	500	国际商业贷款	1994～1995	工业加工	宁夏计算所
61	宁夏有色金属冶炼厂钽粉深加工	用于扩大产品生产及出口规模，引进生产关键设备电子束熔炼炉可新增产品产量17吨，产值3165万元，利润326万元，税金1520 万元，可出口创汇270 万美元	1717	100	国际商业贷款	1994～1998	工业加工	宁夏有色金属冶炼厂钽粉深加工
62	美洁纸业贷款项目	进行高档生活用纸技改扩建	4413	498	国际商业贷款	1997	工业加工	宁夏美洁纸业公司
63	宁夏化工厂大化肥二期扩建	年产合成氨30万吨，年产尿素52万吨的大化肥项目		1900	国际商业贷款	1997～1999	工业加工	宁夏化工厂
64	西北轴承分厂技术改造项目	扩建铁路货车轴承生产面积14978平方米，引进国外先进设备7台，国内配套设备58台，以及用微电子技术改造旧设备	4935	100	日本长期信用银行香港分行	1994	工业加工	西北轴承分厂

1991～2005年新疆维吾尔族自治区国外贷款项目

序号	项目名称	建设规模及内容	总投资（万元）	贷款签约额（万美元）	资金来源	建设起止年限	所属行业	项目单位
1	地方大学项目（新疆农业大学）	6580平方米中心实验楼建设、人员培训、图书采购、设备购置等	2084	167	世界银行贷款	1986～1992	科教	新疆农业大学
2	中学在职教师培训项目（新疆教育学院）	土建工程、设备购置及人员培训，其中建设理化实验楼3151平方米、技术楼2000平方米，购置设备4544台（件）	1150	102	世界银行贷款	1988～1993	科教	新疆教育学院
3	中学在职教师培训项目（新疆师范大学）	土建工程、仪器、设备、图书购置及人员培训，其中购置仪器设备2035台（件），购置图书17922册，引进仪器设备1510台（套、件），建设文科综合楼12950平方米、培训部教学楼5004平方米	1062	80	世界银行贷款	1988～1993	科教	新疆师范大学
4	新疆新华印刷厂教材开发项目	引进设备3台（国产四色胶印机、海德堡102v四色胶印机、瑞士产自动胶订联动机装订设备各1台），人员培训等	1280	93	世界银行贷款	1989～1995	科教	新疆新华印刷厂
5	塔里木盆地农业灌排与环保第一期工程	建设防渗渠道1008公里、水渠964公里，新建3座渠首、4片水源地、205眼机井，新垦荒地8万公顷，新增耕地2.12万公顷，改造低产田12万公顷，新建卡群一级水电站，总装机21兆瓦，架设输变电线路209公里，建设变电站5座，建设和完善了农业机械和畜牧技术服务体系、水盐监测体系、塔里木生态恢复系统、技术援助及培训体系等	165477	13615	世界银行贷款	1991～1997	生态	自治区世界银行贷款项目协调委员会执行办公室
6	农村供水与环境卫生项目	解决100.38万人饮水困难，为10个项目县每县建设1个环境卫生示范村，每村每户建1座通风改良式无蝇、无臭、无害化厕所	14000	1000	世界银行贷款	1991～1997	环保	新疆世行贷款农村供水与环境卫生项目办公室
7	传染病与地方病控制项目（世卫五）	在全区所有县市开展对结核病人的检查、治疗与管理工作，并对部分病人实行免费医疗服务	4100	326	世界银行贷款	1992～2002	卫生	自治区卫生厅结核病控制项目办公室
8	吐鲁番—乌鲁木齐—大黄山高等级公路项目	总建设里程283.9公里，其中高速公路170.6公里，二级汽车专用公路113.3公里	308279	15000	世界银行贷款	1994～1998	交通	新疆高等级公路建设指挥部
9	第二个贫困地区基础教育发展项目	加强和改善喀什地区、和田地区、克州、伊犁州（直）、塔城地区、阿勒泰地区6地州的教育基础设施，包括中小学校舍新建、扩建和危房改造，仪器设备、图书、课桌椅配备，师资和管理人员培训，教育实验研究及教育管理信息系统建设等	38172	1960	世界银行贷款	1994～1996	科教	新疆教育外资项目办公室
10	疾病预防、计划免疫子项目（世卫七）	巩固和发展自治区儿童计划免疫工作，加强贫困地区疾病预防与控制	6665	429	世界银行贷款	1996～2004	卫生	自治区卫生厅
11	乌鲁木齐—奎屯高速公路项目	总建设里程266公里，其中高速公路248公里，二级汽车专用公路18公里	450286	24000	世界银行贷款	1997～2000	交通	新疆高等级公路管理局
12	塔里木盆地农业灌排与环保第二期工程	包括水利工程、开荒、中低产田改造、农业支持服务、环境保护和监测、机构支持与发展、经济自立灌区建设、自治区直属项目等7个子项目：建成水库1座、渠首4座、泵站1座、防渗渠2167公里，新建水渠10212公里、水源地12个，修建配套建筑物22646座、水资源监测站41座，土地平整及土壤改良41536公顷，改造中低产田123386公顷，农业支持服务土建工程47987平方米，采购设备1711件（台、套）	236189	14733	世界银行贷款	1998～2004	生态	自治区世界银行贷款项目协调委员会执行办公室

1991～2005年新疆维吾尔族自治区国外贷款项目

序号	项目名称	建设规模及内容	总投资（万元）	贷款签约额（万美元）	资金来源	建设起止年限	所属行业	项目单位
13	艾滋病/性病子项目（世卫九）	开展艾滋病/性病预防与控制政策开发、机构建设、预防与控制干预活动、监测、血液管理等，以增强自治区艾滋病/性病的预防和控制能力，有效控制艾滋病/性病的流行	5755	400	世界银行贷款	1999～2007	卫生	自治区卫生厅
14	妇幼保健子项目（世卫九）	妇幼机构的基本建设、设备和车辆购置、国内外培训、健康教育、妇幼卫生监督指导、妇女儿童保健综合服务、技术援助、医疗救助等	7662	600	世界银行贷款	1999～2007	卫生	自治区卫生厅
15	乌鲁木齐市城市交通改造项目	包括路网改善、交通管理与交通安全、公共交通改善、环境改善、机构加强5个子项目。其中路网改善即外环路工程，共有21个合同段，主要由团结路、金银大道、东环路、五星路、七道湾路、新医路、南湖路、苏州路、阿勒泰路、西过境公路、西山路、宝山路、钱塘江路等组成，全长30.16公里	226000	6066	世界银行贷款	2000～2007	城建	乌鲁木齐市城市交通改造项目执行办公室
16	奎屯—赛里木湖高等级公路项目	总建设里程303公里，其中高速公路18公里，一级汽车专用公路285公里	305500	15000	世界银行贷款	2002～2005	交通	新疆高等级公路管理局
17	结核病控制项目（世卫十）	发现传染源，提高治疗率，彻底根治结核病	7966	442	世界银行贷款、英国赠款	2002～2008	卫生	自治区卫生厅
18	畜牧业综合发展项目	包括草地改良与建设、畜牧生产、市场营销体系建设、应用研究、培训、科技推广及技术援助、项目管理及监测评价5个子项目	40196	2800	世界银行贷款	2004～2009	畜牧	自治区世行贷款畜牧业发展项目领导小组办公室
19	新疆华强食品有限公司咸牛肉罐头食品加工项目	建筑11栋，土建工程总面积6152.93平方米，购置碎肉切块、配料搅拌、自动灌装、封罐包装等设备	3714	125	亚洲开发银行贷款	1994～1997	食品	新疆牧工商联合企业总公司
20	新疆美克国际家私制造有限公司木材加工项目	引进台湾和意大利先进设备和技术，在新疆建立高档家具出口基地	6313	247	亚洲开发银行贷款	1994～1995	食品	新疆美克实业总公司
21	引进日本程控电话交换机项目	引进日本F150程控电话交换机设备31001门	10036	345	日本政府日元贷款	1993～1994	通讯	自治区邮电管理局
22	自治区经济信息系统建设项目	开发信息业务系统，包括宏观经济预测系统、国外贷款项目管理信息系统、政府投资项目管理信息系统和经济法规信息系统；建设自治区经济信息公用网络平台，包括1个网络中心、4个信息服务结点（政研、政府、计委、财政）、16个信息采集结点（16个地州信息中心）和5个有关厅局信息采集接口	1430	100	日本政府日元贷款	1997～1999	科教	自治区经济信息中心
23	新疆邮政电信局引进数字程控交换机项目和卫星通信项目	引进BISC公司ESWD交换机，新建44万线，扩容7万线程控交换机。引进日本NEC公司卫星通信设备，建设新疆卫星通信网工程。新建哈密、阿克苏、库尔勒、奎屯4个卫星通信地球站，扩建原有乌鲁木齐、喀什、伊宁、和田、阿勒泰、塔城6个卫星通信地球站	42000	3571	日本政府日元贷款	1998～1999	通信	自治区邮政电信局
24	新疆高等学校人才培养项目	新疆农业大学、新疆医科大学、新疆师范大学、新疆财经学院、新疆艺术学院、伊犁师范学院、昌吉学院、喀什师范学院8所自治区普通本科院校的教学仪器采购、土建和师资培训	43488	3922	日本政府日元贷款	2003～2006	科教	自治区教育厅

1991～2005年新疆维吾尔族自治区国外贷款项目

序号	项目名称	建设规模及内容	总投资（万元）	贷款签约额（万美元）	资金来源	建设起止年限	所属行业	项目单位
25	伊宁市城市环境综合治理项目	城市排水和污水处理工程、城市供水改扩建工程、城市生活垃圾处理工程、城市集中供热工程、城市LNG气化工程、城市生态防护林工程	83300	6058	日本政府日元贷款	2005～2008	环保	伊宁市联创城市建设（集团）有限责任公司
26	乌鲁木齐河滩路改扩建工程	乌鲁木齐市河滩路道路及桥梁建设	88000	4469	日本政府不附带条件贷款	1995～1998	城建	乌鲁木齐市城市建设委员会
27	呼图壁县针织厂技术改造项目	引进部分漂白、染色整理设备进行技术改造	1826	202	日本黑字还流贷款	1991～1993	轻纺	呼图壁县财政局
28	玛纳斯县番茄酱厂年产3000吨番茄酱生产线扩建项目	引进番茄酱生产线，年产番茄酱3000吨	4643	505	日本黑字还流贷款	1991～1993	食品	中国出口商品基地建设新疆公司
29	吐鲁番中新食品饮料有限公司葡萄酒厂设备更新改造项目	年加工葡萄8600吨，其中年产内销中档葡萄酒5000吨，增加出口高档葡萄酒3000吨	3811	409	日本黑字还流贷款	1991～1993	食品	吐鲁番中新食品饮料有限公司
30	中新食品饮料公司引进彩印铁及涂料铁生产线项目	引进彩印铁及涂料铁生产线1条，年印铁及涂黄1万吨	2000	180	日本黑字还流贷款	1991～1993	食品	新疆基地公司吐鲁番中新饮料有限公司
31	新疆七一棉纺织厂引进喷气织机及印染设备项目	喷气织机及印染技术改造	2441	109	日本黑字还流贷款	1991～1993	轻纺	新疆纺织工业（集团）公司
32	屯河华新番茄制品有限公司番茄制品项目	年产浓度为28%～30%的无菌包装（222公斤/包）番茄酱8000吨	2741	298	日本黑字还流贷款	1991～1992	食品	新疆屯河华新番茄制品有限公司
33	伊犁毛纺厂5000锭配套织机生产线项目	引进5000锭配套织机生产线	2979	308	日本黑字还流贷款	1995～1997	轻纺	伊犁州财政局
34	节水灌溉项目	渠道防渗改造1264.65公里，喷灌25392公顷，滴灌43135公顷，低压管道灌6536公顷，沟畦灌1333公顷，新打机井425眼，更新井675眼，改造井645眼	197500	12857	日本政府日元贷款	2003～2007	水利	新疆日本国际协力银行贷款节水灌溉工程项目执行办公室
35	中油股份独山子石化分公司14万吨乙烯工程项目	14万吨/年裂解装置、2.7万吨/年丁二烯装置、12万吨/年聚乙烯装置、7万吨/年聚丙烯装置、4万吨/年乙二醇装置	545902	37500	英国政府混合贷款1.69亿美元、西班牙政府混合贷款1.57亿美元、意大利出口信贷0.49亿美元	1992～1995	化工	中石油股份独山子石化分公司
36	中油股份乌石化分公司聚酯二期项目	引进精对苯二甲酸（PTA）、对苯二甲酸（PX）装置	235232	14567	英国政府混合贷款	1993～1995	化工	乌鲁木齐石油化工总厂
37	新疆乙烯工程利用国外贷款项目	年产乙烯100万吨	2620000	39500	英国政府混合贷款1.69亿美元、西班牙政府混合贷款1.74亿美元、意大利出口信贷	2005～2008	化工	中石油股份独山子石化分公司

1991～2005年新疆维吾尔族自治区国外贷款项目

序号	项目名称	建设规模及内容	总投资（万元）	贷款签约额（万美元）	资金来源	建设起止年限	所属行业	项目单位
38	中油股份乌石化分公司聚酯一期项目	进口部分国外设备	120284	15139	法国政府贷款	1990～1993	化工	中油股份乌鲁木齐石化分公司
39	新疆电力微波数字通信工程	乌鲁木齐至托克逊/丰收、乌鲁木齐至奇台、楼兰220变至哈密/乌鲁木齐、奎屯至博乐/乌鲁木齐4条480路微波电路和一点多址工程	8878	404	法国混合贷款	1997～1999	通讯	新疆电力公司
40	引进德国程控交换机扩容改造项目	引进德国西门子公司的EWSD程控交换机76000门	10214	1000	德国政府贴息贷款	1993～1994	通讯	自治区邮电管理局
41	新疆昌吉棉纺厂引进剑杆织机项目	引进剑杆织机项目	871	106	德国政府贷款	1995～1996	轻纺	昌吉棉纺厂
42	新疆屯河型材PVC管材项目	引进3条2000吨/年pvc异型材及4000吨/年pvc管生产线	3660	326	德国政府贷款	1999～2000	建材	屯河型材有限公司
43	喀什市污水处理厂扩建项目	建设日处理污水8万立方米的污水处理厂及50公里城区配水管网	14500	531	德国政府贷款	2005～2008	环保	喀什市污水处理厂
44	和田至若羌至库尔勒光缆通信工程光电设备安装单项工程	在和田至若羌至库尔勒全程安装（1+0）2.5Gb/s同步光传输系统及相应配套设备，传输总长度1536公里	3077	153	德国商业银行贷款	1998～1999	通信	自治区邮电管理局
45	新疆天凯皮革有限公司引进毛革两用生产线项目	年加工羊皮50万张，革皮服装5万件，革皮手套4万打，产品以外销为主	3000	282	西班牙政府贷款	1992～1993	轻纺	新疆天凯皮革有限公司
46	新疆金海皮革有限公司引进皮革加工设备项目	引进部分皮革加工设备，对企业实行技术改造	5142	403	西班牙政府贷款	1993～1994	轻纺	新疆金海皮革有限公司（阿勒泰地区皮革毛皮工业公司）
47	新疆通信网长市电话技术改造扩容工程项目	引进程控交换设备对新疆部分县市的长、市话设施进行扩容改造，共改造扩容市话10多万门，长途13180路端	58792	2700	西班牙贴息贷款	1993～1995	通信	自治区邮电管理局
48	引进西班牙程控电话交换机改造电话设施项目	引进西班牙西萨公司S1240程控交换机设备市话43000门、长途7230路端	18278	650	西班牙政府贴息贷款	1993～1994	通信	自治区邮电管理局
49	新疆天牧现代设施高科技农业园项目	现代设施科技农业园建设	4890	272	西班牙政府贷款	1999～2002	农业服务	新疆天牧畜产品贸易中心
50	乌苏市辉煌农业发展有限责任公司农林综合开发项目	开发土地20000亩	5350	280	西班牙政府贷款	2001～2003	农林水利	乌苏市辉煌农业发展有限责任公司
51	昌润盐业有限公司5000吨气调保鲜库建设项目（一期）	建设5000吨气调保鲜库及附属设施	3560	299	西班牙政府贷款	2001～2006	农业服务	昌润蔬菜盐业有限公司
52	昌润盐业有限公司5000吨气调保鲜库建设项目（二期）	建设5000吨气调保鲜库及附属设施	2064	258	西班牙政府贷款	2001～2006	农业服务	昌润蔬菜盐业有限公司

1991～2005年新疆维吾尔族自治区国外贷款项目

序号	项目名称	建设规模及内容	总投资（万元）	贷款签约额（万美元）	资金来源	建设起止年限	所属行业	项目单位
53	乌鲁木齐市消防局建设城市消防应急系统项目	引进国外先进的泡沫消防车、水罐泡沫车、水罐消防车、登高车、排烟车、头盔式无线电台、充气机等消防专用设备	4628	576	西班牙政府贷款	2003～2006	城建	乌鲁木齐市公安局、消防局
54	乌苏市哈图布呼农场奶牛养殖及加工项目	包括奶牛场扩建工程、奶粉厂扩建工程、草料基地扩建工程、其他辅助工程等子项目；引进优质奶牛胚胎1万枚、母牛1000头，形成万头奶牛养殖规模；新增40吨离心喷雾干燥设备和相应配套设备，鲜奶处理能力达到100吨，鲜奶成粉率达到9%，奶粉产量达到3554吨	6008	280	西班牙政府贷款	2004～2005	农业服务	乌苏市哈图布呼农场
55	若羌县气调保鲜库项目	新建库容为5000吨的气调保鲜库及配套设施	4190	288	西班牙政府贷款	2005～2007	农业服务	巴州投资公司
56	且末县气调保鲜库项目	新建库容为5000吨的气调保鲜库及配套设施	4295	374	西班牙政府贷款	2005～2007	农业服务	巴州投资公司
57	轮台县万亩杏树节水灌溉及产品深加工项目	建设10000亩杏树灌溉工程及配套设施，万吨杏浓缩汁深加工	4000	299	西班牙政府贷款	2005～2007	农业服务	轮台县绿源农林开发有限责任公司
58	新疆屯河工贸有限公司微滴灌节水农用产品生产线项目	引进意大利滴灌生产线2条，年产滴灌管1200吨，管件、滴头1100吨	3471	270	意大利政府贷款	2000～2002	农业服务	新疆屯河工贸有限公司
59	巴州天磊石材有限公司年产40万平方米花岗岩项目	引进砂锯、连续磨机等关键设备和技术，年产花岗岩板材40万平方米、蘑菇石8万平方米	5300	269	意大利政府贷款	2002～2005	建材	巴州天磊石材有限公司
60	中油股份乌石化分公司二化肥项目	引进合成氨和尿素装置各1套	182200	7412	商业贷款、意大利买方信贷和日本商业贷款	1994～1997	化工	乌鲁木齐石油化工总厂
61	新疆德隆农业公司		4029	342	奥地利政府贷款	1997～1999	农林水利	新疆德隆国际实业总公司
62	哈密市污水处理厂建设项目	日处理污水10万立方米，一期6万立方米/日，二期达到10万立方米/日	14086	281	奥地利政府贷款	1998～2000	环保	哈密市城乡建设环境保护局
63	和硕青鹤农业发展有限公司高效农业开发项目	开发土地30000亩，计划种植番茄11000亩、小麦5000亩、玉米1000亩、棉花3000亩、瓜菜及其他作物2000亩、人工林3500亩	5070	341	奥地利政府贷款	2000～2004	农业服务	和硕青鹤农业发展有限公司
64	昌吉市生活垃圾综合处理厂项目	日处理生活垃圾450吨，日处理医疗垃圾5吨	6371	280	奥地利政府贷款	2001～2006	环保	昌吉市环卫处
65	察布查尔县农业综合开发有限责任公司引进农牧机具及节水灌溉设备项目	种植3万亩优质牧草，引进30台大型指针式喷灌机、12台卷盘式喷灌机及55台牧草收割机械	3937	338	奥地利政府贷款	2001～2002	农业服务	察布查尔县农业综合开发有限责任公司
66	塔城市绿原良种牛业有限公司饲草料基地建设项目	引进农牧机具及节水灌溉设备，建设3万亩饲草料基地，其中饲料玉米0.5万亩，多穗玉米1万亩，苜蓿1万亩，牧草0.5万亩	3259	283	奥地利政府贷款	2003～2004	农业服务	塔城市绿原良种牛业有限责任公司
67	木垒县引进高标准灌溉设备及牧草机具项目	开发人工草料地32000万亩，建设防护林5000亩，引进节水灌溉及牧草机具106台（套）	3000	350	奥地利政府贷款	2004～2006	农业服务	木垒县新泉草业开发有限公司

1991～2005年新疆维吾尔自治区国外贷款项目

序号	项目名称	建设规模及内容	总投资（万元）	贷款签约额（万美元）	资金来源	建设起止年限	所属行业	项目单位
68	巩留县牛场引进农机设备项目	引进节水灌溉配套技术和设备8台（套）、农田耕作设备83台（套）、牧草收割设备48台（套），建设优质人工草场3万亩	3803	350	奥地利政府贷款	2005～2008	农业服务	巩留县牛场
69	额敏县高标准节水灌溉项目	引进大型喷灌机57台，推广应用节水灌溉技术4056万亩	2621	300	奥地利政府贷款	2004～2005	农业服务	额敏县抗旱服务公司
70	新疆电力公司达坂城风电二期项目	引进51台500千瓦风力发电机组	23709	944	荷兰政府贷款	1998～2001	能源	新疆达坂城风力发电有限责任公司
71	乌鲁木齐天然气管道工程项目	城市天然气管网控制设备购置	4000	338	荷兰政府贷款	1999～2003	环保	乌鲁木齐市燃气总公司
72	新疆电力公司达坂城风电一期项目	引进10台750千瓦发电机组	6973	325	荷兰政府贷款	2002～2003	能源	新疆达坂城风力发电有限责任公司
73	新疆医科大学第二附属医院购置医疗设备项目	购置1.5T双梯度核磁共振系统、中型C型臂X光拍片机等设备17台（套）	3989	458	荷兰政府贷款	2005～2006	医疗	新疆医科大学第二附属医院
74	新疆德隆农牧业发展有限责任公司农业综合开发项目	农业开发建设，建设节水型高技术示范农场，引进各类收割设备37台	13133	242	芬兰政府贷款	1997～1998	农林水利	新疆德隆农牧业发展有限责任公司
75	乌鲁木齐城市供水工程	扩建和新建柴窝堡及西山2个水源地，日供水10万立方米。其中柴窝堡水源地工程日供水7万立方米，建设深井泵房8组，布井16眼，输水管线总长9.2公里，采用DN1000毫米预应力钢筋混凝土管；西山水源地工程日供水3万立方米，钻深井15眼，输水管道总长16.6公里，采用DN500–DN600毫米承担铸铁管，水管网25公里，日处理污水3万立方米	13821	230	芬兰政府贷款	1997～1998	城建	乌鲁木齐市城市建设委员会
76	昌吉市第二污水处理厂项目	日处理能力10万吨的二级污水处理厂、冬季蓄水库和配套水管网改造等工程建设	14679	495	芬兰政府贷款	1998～2001	环保	昌吉市排水管理处
77	乌苏市污水处理厂扩建项目	引进污水处理设施及配套设施，建设城市排水管网25公里，日处理污水30000立方米	5300	423	芬兰政府贷款	2001～2004	环保	乌苏市城乡建设环保局
78	石河子市热力公司集中供热站项目	建筑面积51636平方米，建筑规模为2台35兆瓦高温热水锅炉，6个热交换站，2.5公里供热管网，规划供热面积100万平方米	6510	408	丹麦政府贷款	1997～1999	环保	石河子市热力公司
79	奎屯至克拉玛依至阿勒泰及塔城数字微波技改扩容工程	引进NERA公司的SDH数字微波设备；建设19个微波站，4个无人中继站的站房、围墙、塔基，4座铁塔，13个无人中继站的电源改造更新。奎屯至克拉玛依至阿勒泰及塔城按（1+1）155MB/S方案配置	4717	230	挪威出口信贷	1998～1999	通信	自治区邮电管理局
80	乌鲁木齐至伊犁及博乐数字微波技改扩容工程	引进NERA公司的SDH数字微波设备；建设17个微波站，5个无人中继站的站房、围墙、塔基，5座铁塔，11个无人中继站的电源改造更新。乌鲁木齐至奎屯微波系统按（2+0）155MB/S方案配置，奎屯至伊犁及博乐按（1+1）155MB/S方案配置	4290	381	挪威出口信贷	1998～1999	通信	自治区邮电管理局

1991～2005年新疆维吾尔族自治区国外贷款项目

序号	项目名称	建设规模及内容	总投资（万元）	贷款签约额（万美元）	资金来源	建设起止年限	所属行业	项目单位
81	苇湖梁发电厂“以大代小”技术改造项目	按2台125兆瓦供热机组规划，本期工程先上1台机组，汽轮机选用瑞士ABB公司与上海汽轮机厂合作生产的125兆瓦抽汽凝汽式汽轮机	104606	892	瑞士混合贷款	1993～1995	能源	新疆电力局
82	喀什地区卫生局引进医疗设备项目	引进国外先进的运动实验系统、中央监护站、心电图、麻醉机、呼吸机、牙科治疗仪等医疗设备	3586	432	瑞典政府贷款	2001～2004	医疗	喀什地区肺科医院、老年病医院、妇幼保健医院、疏附县人民医院、疏勒县人民医院、岳普湖县人民医院、英吉沙县人民医院、巴楚县人民医院
83	乌鲁木齐市卫生系统引进医疗设备项目	引进瑞士样本处理工作站、酶免分析仪、眼科治疗设备、监护产品、扫描断层系统、X光机系统、B超设备、眼科超声诊断系统等医疗设备	3835	644	瑞士政府贷款	2002～2003	医疗	乌鲁木齐市卫生局
84	新疆电网调度自动化项目	引进自动化控制设备	2075	263	加拿大政府贷款	2000～2001	能源	新疆电力公司
85	南北疆光缆及农村电话网扩容改造工程	引进光缆及光通信系统，光缆经过9个地州市、34个县，全长2930公里	45173	3000	澳大利亚政府混合贷款	1994～1995	通信	自治区邮电管理局
86	新疆农村通信网技术改造工程	建设线路1176公里，其中新铺光缆705公里，采用14—18芯光缆，开放1550NM波长窗口，传输设备采用SDH622MB/S（2+0）系统，全局设局站19个，其中新建无人站6个	6857	356	澳大利亚政府贷款	1996～1997	通信	自治区邮电管理局
87	吐鲁番至喀什、乌鲁木齐至伊犁数字微波技改项目	引进加拿大设备建设长途通信传输工程。乌鲁木齐至奎屯、吐鲁番至库尔勒均采用2个3次群、34MB/S各960路，每个系统可开放路边业务电路60路。北疆向西通达伊宁、博乐，并与阿勒泰等地微波连接	6835	606	加拿大政府混合贷款	1990～1991	通信	自治区邮电管理局
88	克拉玛依至阿勒泰、喀什至和田数字微波线路改造项目	引进加拿大哈里斯法里农公司的数字微波设备。克拉玛依至阿勒泰数字微波工程全长376公里，喀什至和田微波工程全长489公里	4994	330	加拿大政府贷款	1991～1993	通信	自治区邮电管理局
89	南疆数字微波线路改造项目	引进国际先进水平的S155MB/S数字微波，对吐鲁番至喀什原有系统进行扩容改造，新建微波站1个，扩建微波站40个，并增加相应的附属配套设施	3507	271	加拿大政府贷款	1998～1999	通信	自治区邮电管理局
90	阿克苏市城市基础设施建设及城市生态环境改善项目	主要实施城市道路、天然气综合利用、集中供热、防护林建设等工程	83709	2200	沙特阿拉伯政府贷款	2005～2008	城建	阿克苏市及有关单位
91	吐鲁番市万亩生态渔业基地建设项目	开发土地693公顷，修建灌排水渠40公里、各种道路19公里，新建饲料加工厂1座。贷款主要用于引进自卸翻斗车、加长槽子车等机械设备	4160	160	韩国政府贷款	1999～2001	农业服务	新疆吐鲁番市红柳河园艺场
92	库尔勒市外环路项目	新建主线里程全长16.65公里，红线宽度43米，机动车道6车道，机动车宽度24米，新建桥梁4座132米，其中大桥2座，中桥2座	19992	1000	韩国政府贷款	2003～2005	城建	库尔勒市市政工程建设公司

1991～2005年新疆维吾尔族自治区国外贷款项目

序号	项目名称	建设规模及内容	总投资（万元）	贷款签约额（万美元）	资金来源	建设起止年限	所属行业	项目单位
93	新疆化肥厂改扩建工程	年产10万吨合成氨、11万吨尿素	52738	774	韩国输出入银行	1996～1999	化工	新疆化肥厂
94	新疆农村电话卫星系统工程	在14个地州市建设VSTA站1050个；在乌鲁木齐建设主站1个，配置VSTA设备网管系统1套，IC卡电话机2500部，IC卡电话机网管系统1套	9470	850	以色列政府贷款	1999～2000	通信	自治区邮电管理局
95	巴州人民医院购置医疗设备项目	购置C型臂系统、心电监护仪、HS系统、全自动双能X线密度仪、CE全数字多功能单探头系统等仪器	2523	129	以色列政府贷款	2001～2003	医疗	巴州人民医院
96	卫生厅购置医疗设备项目	石河子市人民医院购置中央监护仪1台；石河子大学医学院第一附属医院购置磁共振成像仪1台；新疆军区临床医学研究所购单光子断层扫描仪1台；新疆医科大学第一附属医院购单光子断层扫描仪1台、乳腺摄影检查仪1台；巴州人民医院购多导电生理仪1台、运动监护测试平台1台、床边监护仪4台；新疆医科大学附属肿瘤医院购多导电生理仪1台	2637	319	以色列政府贷款	2003～2004	医疗	石河子市人民医院、石河子大学医学院第一附属医院、新疆军区临床医学研究所、新疆医科大学第一附属医院、巴州人民医院、新疆医科大学附属肿瘤医院
97	阿勒泰地区人民医院购置医疗设备项目	购买全身0.5T 核磁共振1套、数字化CR-X光成像系统、彩色B超声诊断仪系统、乳腺X线机、麻醉机等医疗设备6台（套）	1327	127	以色列政府混合贷款	2003～2005	医疗	阿勒泰地区人民医院
98	自治区人民医院购置医疗设备项目	购置64排多层螺旋CT扫描仪、数字平板血管造影机、双探头SPECT、1.5T双梯度核磁共振系统和多功能泌尿介入系统各1套	4012	495	以色列政府贷款	2005～2006	医疗	自治区人民医院
99	伊犁州友谊医院购置医疗设备项目	引进单探头ECL、16层多排螺旋CT扫描仪、数字血管造影仪等设备	1554	160	以色列政府贷款	2005～2007	医疗	伊犁州友谊医院
100	乌鲁木齐市河东污水处理厂项目	日处理污水20万立方米，引进YIT公司技术设备。工程主要接纳处理乌鲁木齐市天山区、水磨沟区、卡子湾地区及沙依巴克区的部分工业污水和生活污水	30900	1000	北欧基金会和北欧投资银行贷款	1994～1998	环保	乌鲁木齐市河东污水处理厂
101	新疆润德实业有限责任公司建设4万亩环保育苇、3万亩速生杨生态项目	人工育苇面积4万亩，种植速生杨3万亩	5959	498	北欧投资银行贷款	1998～2004	生态	新疆润德实业有限责任公司
102	昌吉州卫生系统购置医疗设备项目（一期）	引进先进X线机、C臂系统、呼吸机等医疗设备	4133	498	北欧投资银行贷款	2000～2003	医疗	昌吉州医院、呼图壁县医院、昌吉市医院、昌吉州红十字会医院、阜康市医院、米泉市医院、木垒县医院、吉木萨尔县医院、奇台县医院、奇台县妇幼保健院
103	巴州医疗卫生机构购置医疗设备项目	巴州5个县市的10个医疗单位引进螺旋CT、X线机、彩超、呼吸机、麻醉机、C型臂、照相床等国外先进医疗设备	4133	365	北欧投资银行贷款	2001～2003	医疗	巴州卫生局
104	昌吉州人民医院引进医疗设备项目（二期）	购置螺旋CT、核磁共振、CR等国外先进设备	2324	280	北欧投资银行贷款	2001～2003	医疗	昌吉州人民医院

1991～2005年新疆维吾尔族自治区国外贷款项目

序号	项目名称	建设规模及内容	总投资（万元）	贷款签约额（万美元）	资金来源	建设起止年限	所属行业	项目单位
105	库尔勒新隆热力有限公司集中供热项目	引进板式换热器、循环水泵、自控系统等关键设备，建设3×46兆瓦高温热水锅炉房及相关附属工程，实现集中供热面积200万平方米，新建一次水供热管道2×7400米，新建10座小区换热站，改建2座小区换热站及站外供电供水、排水等工程	12467	490	北欧投资银行贷款	2002～2003	环保	库尔勒新隆热力有限公司
106	吐鲁番地区人民医院引进医疗设备项目	引进医学影像存储系统、全身拍片机、多功能悬吊式中型C臂、数字胃肠机、永磁型磁共振系统、肺功能仪、中央监护仪、麻醉机、呼吸机等设备	2273	189	北欧投资银行贷款	2002～2005	医疗	吐鲁番地区人民医院
107	和硕伟业环保开发有限公司5万亩育苇项目	5万亩生态环保育苇	4679	270	北欧投资银行贷款	2002～2003	生态	和硕伟业环保开发有限责任公司
108	昌吉州卫生系统购置医疗设备项目（三期）	引进数字化多功能X线诊断系统、彩超等设备72台套	5015	623	北欧投资银行贷款	2003～2006	医疗	昌吉州中医院、昌吉市医院、吉木萨尔医院
109	昌吉州农机系统引进农牧业机械设备项目	引进国外先进大型农机设备142台（套）	4108	495	北欧投资银行贷款	2003～2006	农业服务	昌吉州农机局
110	昌吉州消防局购置消防设备项目	引进9大类11台(套)消防装备	2324	280	北欧投资银行贷款	2003～2006	城建	昌吉州消防局
111	卫生厅引进医疗设备项目	自治区肺科医院购彩超；博州人民医院购CT机、颈颅多普勒运动平板、电子胃镜；喀什地区第一人民医院购呼吸机、监护仪、C型臂、CT口腔综合治疗仪；哈密市人民医院购监护仪、中央监护站、口腔综合治疗仪；空军医院购彩超、麻醉监护系统、监护仪伺服呼吸机系统等	2342	283	北欧投资银行贷款	2003～2004	医疗	自治区胸科医院、博州人民医院、喀什地区第一人民医院、哈密市人民医院、空军医院
112	昌吉州卫生系统购置医疗设备项目（四期）	购置核磁共振等设备72台套	4160	498	北欧投资银行贷款	2003～2006	医疗	昌吉州人民医院、呼图壁县医院、昌吉市医院、昌吉州红十字会医院、阜康县医院
113	新疆麦趣尔公司引进乳品生产线项目	引进国外先进乳品生产线	4987	280	北欧投资银行贷款	2003～2006	食品	新疆麦趣尔集团有限责任公司
114	塔城地区卫生局引进医疗设备项目	塔城地区人民医院、塔城地区民族中医院、塔城市人民医院、额敏县人民医院、托里县人民医院购买核磁共振系统、螺旋CT、数字肠胃X光机、全身彩色多普勒超声系统、移动式X光机、心脏C臂、乳腺机、电子胃镜等先进医疗设备23台(套)	4294	519	北欧投资银行贷款	2003～2005	医疗	塔城地区卫生局
115	阿克苏地区第一人民医院引进医疗设备项目	购买核磁共振系统、数字胃肠X光片等先进医疗设备7台	2550	270	北欧投资银行贷款	2003～2004	医疗	阿克苏地区第一人民医院
116	阿勒泰地区卫生局引进医疗设备项目	阿勒泰市人民医院、富蕴县人民医院、布尔津县人民医院、青河县人民医院和地区哈萨克医院等7家医院引进螺旋CT、数字化胃肠机等先进医疗设备107台	4000	488	北欧投资银行贷款	2004～2007	医疗	阿勒泰地区卫生局

1991～2005年新疆维吾尔族自治区国外贷款项目

序号	项目名称	建设规模及内容	总投资（万元）	贷款签约额（万美元）	资金来源	建设起止年限	所属行业	项目单位
117	新疆青鹤生态农业有限责任公司牛（羊）肉深加工项目	年屠宰肉牛7000头、牦牛3000头、羊100000头，年产肉制品2980吨	7060	490	北欧投资银行贷款	2004～2005	食品	新疆青鹤生态农业有限责任公司
118	拜城县引进大型农牧业机械设备项目	引进国外先进的大型农牧业机械设备46台	3084	350	北欧投资银行贷款	2004～2007	农业服务	拜城县畜牧局
119	昌吉州卫生局引进医疗设备项目	引进螺旋CT、核磁共振、CR、眼底荧光照相机、眼底激光治疗机、多功能麻醉机、血气分析仪、贝克曼生化分析仪、彩超、腹腔镜、无影灯、多功能手术台、移动式小型C臂等医疗设备	4110	497	北欧投资银行贷款	2004～2007	医疗	昌吉州卫生局
120	伊犁州部分医院购置医疗设备项目	伊犁州直13家医疗机构引进骨科C臂、乳腺X线机、彩超、全身照相机、多功能X线机等医疗设备	4133	498	北欧投资银行贷款	2004～2006	医疗	伊犁州卫生局
121	喀什地区第一人民医院引进医疗设备项目	引进数字胃肠X光机、悬吊球管X光机、移动式X光机、血球计数仪等设备	2324	269	北欧投资银行贷款	2004～2006	医疗	喀什地区第一人民医院
122	伊犁州直畜牧系统引进大型农牧机械设备项目	引进大功率轮式拖拉机、动力驱动耙、圆盘式割草压扁机、方捆捆草机、牵引式玉米青贮机、自走式玉米青贮机等设备105台	2739	264	北欧投资银行贷款	2005～2007	农业服务	伊犁州畜牧局
123	博州人民医院引进医疗设备项目	引进数字化X光机R200等先进医疗设备17台	2900	289	北欧投资银行贷款	2005～2007	医疗	博州人民医院
124	自治区胸科医院购置医疗设备项目	购置先进医疗设备18种32台（套）	3648	400	北欧投资银行贷款	2005～2006	医疗	自治区胸科医院

1991～2005年新疆生产建设兵团国外贷款项目

序号	项目名称	建设规模及内容	总投资（万元）	贷款签约额（万美元）	资金来源	建设起止年限	所属行业	项目单位
1	种子项目	建立粮、棉、甜菜共六条种子加工线，在一、八师和农科院建立3个棉、粮良种繁育基地	7550.6	1247	世界银行贷款	1985～1991	农业	一、二、四、六、七、八师
2	农科院特产中心建设项目	购置科研仪器，建设特产中心	500.2	135.2	世界银行贷款	1985～1992	科技	农科院
3	农学院教学设备项目	购置教学仪器设备	670.4	181.2	世界银行贷款	1986～1992	科技	农学院
4	新疆农垦综合开发项目	进行开荒种植、草场改良、葡萄种植等农牧业项目，以及建设四师西部毛纺织厂、皮革厂扩建、五师油脂厂、肉联厂、九师通心面厂、毛条厂、皮革厂扩建、哈管局葡萄干加工厂等8个农副产品加工厂	61926	7680	世界银行贷款	1987～1993	农业	四、五、九师、十二师、十三师
5	农村供水与环境卫生项目	在一、三、五、六、七、八、十师进行水改和环境卫生建设	6561	600	世界银行贷款	1992～1996	文教卫生	一、三、五、六、七、八、十师
6	卫Ⅶ项目	购置设备、疫苗、培训等	987.2	74.57	世界银行贷款	1994～1998	文教卫生	兵团
7	农六师日本黑字还流农业贷款项目	建设棉花基地12万亩	6000	400	日本黑字还流贷款	1989	农业	农六师
8	节水灌溉项目	节水灌溉面积35万亩，渠道防渗230公里，更新井295眼，改造井407眼	54274.17	3300	日本政府日元贷款	2003～2007	农业	六、七、八、十三师
9	十二师牛奶软包装项目	引进牛奶软包装生产线	300	73	芬兰政府贷款	1986	工业	农十二师
10	农二师29团暗管排水项目	建设暗管排水面积6.5万亩	4335	427	荷兰政府贷款	1989～1993	农业	农二师29团
11	兵团血站瑞士贷款项目	引进血站检验检测设备	3243	285	瑞士政府贷款	2001	文教卫生	兵团血站
12	农十师184团奥地利节水灌溉项目	购置大型喷灌机47台，大马力拖拉机4台	4942	245	奥地利政府贷款	2001	农业	农十师184团
13	新疆南疆垦区农机项目	购置大马力拖拉机35台及配套农机具55台（套）	2118	219.83	芬兰政府贷款	2002	农业	三师
14	新疆新湖农场农机项目	购置大马力拖拉机60台及相应配套农机具72台（套）	3782	429.94	芬兰政府贷款	2002	农业	农六师、农二师
15	新疆伊犁垦区农机项目	购置大马力拖拉机58台及相应配套农机具66台（套）	2729	295.08	芬兰政府贷款	2002	农业	农四师
16	兵团奎屯医院医疗设备项目	购置医疗设备	3458.5	324	西班牙政府贷款	2002	文教卫生	农七师医院
17	新疆阜北农工商公司葡萄酒生产线	引进葡萄酒生产线一条和罐装生产线一条	8315	250	意大利政府贷款	2002	工业	新天酒业
18	新天公司葡萄酒生产线	引进葡萄酒生产线一条和罐装生产线一条	6236	250	意大利政府贷款	2002	工业	新天酒业
19	新疆南疆垦区农业示范项目	购置大马力拖拉机36台，农机具56台	2339	264.81	芬兰政府贷款	2003	农业	农二、三师
20	新疆车排子垦区精准农业示范项目	购置大马力拖拉机61台，农机具35台	2477	282.08	芬兰政府贷款	2003	农业	农七、二、八师

1991～2005年新疆生产建设兵团国外贷款项目

序号	项目名称	建设规模及内容	总投资（万元）	贷款签约额（万美元）	资金来源	建设起止年限	所属行业	项目单位
21	新疆伊犁霍城垦区精准农业示范项目	购置大马力拖拉机28台，农机具42台	1813	202.37	芬兰政府贷款	2003	农业	农四师
22	新天公司高效农业项目	智能化温室1座（7.5万亩），组培中心300平方米，配套设备23台，割草机、打捆机和喷灌机及收获机械105台	3618	282.67	西班牙政府贷款	2003	农业	222团
23	农六师101团、芳草湖医院设备项目	购置医疗设备	1141	127	北欧投资银行贷款	2003	文教卫生	农六师101团芳草湖医院
24	二师库尔勒医院医疗设备项目	购置医疗设备	3452	393	北欧投资银行贷款	2003	文教卫生	农二师库尔勒医院
25	新疆石河子西部牧业公司精准农业项目	购置大马力拖拉机70台、进口牧草收割机械105台、购置国产搂草机35台和打捆机25台，新建农机服务站6座，停车库70间，3360平方米，牧草收割机械停放棚105座，5250平方米	4495	439.7633	芬兰政府贷款	2005	农业	农八师
26	新疆奎屯垦区农业机械项目	购置大马力拖拉机23台及配套农机具40台（套）	3451	394.2644	芬兰政府贷款	2005	农业	农七师
27	新疆博乐垦区农业机械示范项目	购置大马力拖拉机50台及相应的配套农机具110台（套）	3747	393.1659	芬兰政府贷款	2005	农业	农五师
28	新天公司222团大马力拖拉机项目	购置各种农机具103台套，其中：大马力型拖拉机25台，四铧翻转犁25套，五铧翻转犁10套，打捆机42台，挖掘机1台	2730	276.2228	北欧投资银行贷款	2005	农业	222团

后记

从改革开放初期至今，我国借用国外贷款工作已走过了30年历程，取得了巨大成绩，积累了大量经验。由于时间跨度长，主管工作人员的变动，这些宝贵经验如不及时总结整理，有可能随着时间的流逝逐渐湮没。在马凯、陈德铭、张晓强等委领导的批示和关怀下，国家发展和改革委组织各地方发展改革委、各有关部门和中央直属企业，以课题研究的形式，对各单位借用国外贷款工作进行回顾和总结。对各地方而言，借用国外贷款始于1981年，至“十五”末的2005年为25年，课题名称因此定为“借用国外贷款25年回顾与总结”。随后，国家发展改革委外资司和外经所也成立了联合课题组，在各地方、部门、企业研究成果的基础上，开展了“中国借用国外贷款回顾与展望”课题研究，对1979年至2005年我国借用国外贷款的历程、成就、经验、教训等，进行全面系统的回顾和总结，以期为“十一五”及未来时期进一步提高借用国外贷款工作水平，充分发挥国外贷款对我国经济和社会发展的积极作用提供参考和借鉴。

各单位借用国外贷款25年回顾与总结工作自2005年12月12日国家发展改革委办公厅发文布置后正式启动，历时近两年完成。全国29个省市自治区、5个计划单列市、国务院十几个行业部门、一些大型国有企业（集团）的许多从事国外贷款工作的同志花费大量时间和精力分别开展了这项工作，经过深入研究和总结提高，形成了各自的分报告。在此基础上，联合课题组经过几十次研讨，多次实地调研，进行了大量筛选、修改和提炼工作，最终形成了《中国借用国外贷款回顾与展望》，即本书的总报告。参加研究人员包括国家发展改革委外资司主管国外贷款工作的领导及贷款一处和贷款二处的全体工作人员、国家发展改革委对外经济研究所研究人员、行业主管部门和地方主管部门的同志，还邀请了世界银行和国际金融公司的专家(由于参加人员众多，在此不列出具体名单)。

本书有四个突出特点：一是在回顾改革开放以来借用国外贷款工作的基础上，经过大量研究、调研和讨论形成，是改革开放以来借用国外贷款工作的全面总结。二是在国务院有关行业部门和地方发展改革委从事外资实际工作人员、国内外专家学者通力合作基础上，在老领导、老同志的指导和参与下完成，是集体智慧的结晶。三是资料翔实全面，包括综合篇、地方和部门篇的研究报告，及企业及专题篇的典型案例以及国外贷款项目数据，还配有一些具有代表性的彩色图片。各具特色，从不同视角反映了借用国外贷款工作的成就和经验。四是不仅回顾了改革开放以来、历经五个“五年计划”期间借用国外贷款工作的基本情况和工作重点，而且对未来继续借用国外贷款面临的国内外形势、贷款趋势以及未来的贷款战略进行了探讨和展望。本书希望能够为借用国外贷款的工作人员、研究人员以及其他对中国借用国外贷款相关问题感兴趣的人士提供参考和帮助。

考虑到各部分研究视角、研究重点不同，不同地方和不同领域项目具有不同特点，本书对写作体例没有统一要求。书中所采用的数据源自国家发展改革委国外贷款项目管理信息系统、各地方和各部门提供的贷款项目信息、有关部门的工作统计以及国际金融组织的统计资料。这些资料比较准确、全面地反映了改革开放以来我国借用国外贷款的情况。但由于数据来自多个渠道以及汇率折算等因素，书中数据仅供参考，不宜作为统计数据使用。

《1979～2005中国借用国外贷款》的研究、撰写和出版由国际金融公司（IFC）提供帮助，国家开发银行、铁道部外资中心等也给予了大力支持，中国计划出版社对本书出版非常重视。在此，本书编委会表示衷心感谢！并对所有参与该项工作和课题研究的行业主管部门和地方同志、研究所、老领导、老同志等表示深切的谢意！最后，向曾经以及仍然奋斗在借用国外贷款工作岗位上的所有同志道一声：辛苦了！

《1979～2005年中国借用国外贷款》编委会

2008年1月3日